U0943108

民國朔方道志

【民國】馬福祥　陳必淮　馬鴻賓　修
【民國】王之臣　纂
胡玉冰　校注

寧夏珍稀方志叢刊

主編　胡玉冰

上海古籍出版社

圖書在版編目(CIP)數據

〔民國〕朔方道志 / 馬福祥,陳必淮,馬洪賓修　王之臣纂;胡玉冰校注. —上海:上海古籍出版社,2018.8
(寧夏珍稀方志叢刊)
ISBN 978-7-5325-8737-7

Ⅰ.①民…　Ⅱ.①馬…　②陳…　③馬…　④胡…　Ⅲ.①寧夏—地方志—民國　Ⅳ.①K294.3

中國版本圖書館 CIP 數據核字(2018)第 033533 號

寧夏珍稀方志叢刊
〔民國〕朔方道志
(民國)馬福祥　陳必淮　馬洪賓　修
(民國)王之臣　纂　胡玉冰　校注
上海古籍出版社出版發行
(上海瑞金二路 272 號　郵政編碼 200020)
(1)網址:www.guji.com.cn
(2)E-mail:guji1@guji.com.cn
(3)易文網網址:www.ewen.co
啓東市人民印刷有限公司印刷
開本 710×1000　1/16　印張 49.75　插頁 3　字數 894,000
2018 年 8 月第 1 版　2018 年 8 月第 1 次印刷
ISBN 978-7-5325-8737-7
K·2444　定價:248.00 元
如有質量問題,請與承印公司聯繫

國家社科基金重大項目（批准號：17ZDA268）成果

國家社科基金重點項目（批准號：12AZD081）成果

寧夏大學哲學社會科學重大創新項目（項目編號：SKZD2017002）成果

《寧夏珍稀方志叢刊》編審委員會

主　　任: 姚愛興

副 主 任: 崔曉華　金能明　張　廉　何建國　許　興　劉天明　謝應忠

委　　員: (按姓氏筆畫排序)　方建春　田富軍　安正發　李進增　李學斌　李建設　邵　敏　負有強　馬春寶　湯曉芳　楊　浣　劉鴻雁　薛正昌　韓　超　韓　彬　羅　豐

學術顧問: 陳育寧　吳忠禮

主　　編: 胡玉冰

總　序

胡玉冰

地方舊志在中國傳統的古籍“四分法”中屬於史部地理類，但它所記載的内容遠遠超出了歷史學、地理學範疇，舉凡政治、經濟、語言、文學等亦多有涉及，故舊志往往被稱爲一地之全史，其學術研究價值也就不言而喻。對舊志進行規範整理與研究，既有助於準確理解其内容，也有助於客觀分析其價值，從而達到古爲今用、推陳出新的目的。規範的舊志整理會爲今人研究提供極大的便利，否則就會有誣古人，貽誤後人。開展陝甘寧三省地方舊志整理與研究工作，是以筆者爲學術帶頭人的學術團隊長期堅持的學術方向。2012 年，筆者著《寧夏地方志研究》由中國社會科學出版社正式出版。2018 年，該書修訂後改名《寧夏舊志研究》，由上海古籍出版社正式出版。該書首次對寧夏舊志進行了系統全面的研究，基本摸清了寧夏舊志的家底，尤其梳理清楚了寧夏舊志的版本情況。2012 年，筆者主持的“寧夏地方文獻整理與研究”獲批爲國家社科基金重點項目。以此爲契機，筆者提出了全面整理寧夏舊志的科研設想，計劃用三年（2015—2018）時間，將傳世的寧夏舊志全部規範整理，成果分批出版，匯編爲叢書《寧夏珍稀方志叢刊》，首批 8 部成果由中國社會科學出版社 2015 年正式出版。

自元迄清，嚴格意義上的寧夏舊志有 38 種，傳世的寧夏舊志有 33 種，其中 9 種爲孤本。寧夏舊志中，元代《開成志》成書時代最早，惜已亡佚；完整傳世者最早編修於明代；清代編成者傳世數量最多。傳世舊志中，成於明代者 6 種，成於清代者 20 種，成於民國者 7 種。從舊志編纂類型看，有通志 7 種，分志（州志、縣志）26 種。除中國外，日本、美國等也藏有寧夏舊志。日藏數量最多，種類較全，8 家藏書機構共藏有 13 種原版舊志，其中兩種爲孤本。日本主要通過商貿活動與軍事掠奪這兩種方式輸入寧夏舊志。寧夏舊志整理研究工作主要始於 20 世紀 80 年代，在文獻著録、綜合或專題研究、文本整理刊佈等方面取得了一定的成就，爲寧夏文史研究奠定了資料基礎。但也要實事求是地認識到，隨着各種與寧夏有關的新資料不斷發現，尤其是多學科研究視角的創新，已有成果中存在的諸多不足越來越明顯。如在文獻著録時因部分舊志未能目驗，或者學術見解不同,致使著録内容存在分歧甚至錯誤。研究成果多爲概括性、提要式介紹,多角度、多學科深入分析的成果缺乏。整理成果只是部分解決了舊志存在的文字或内容問題,整理方法不規範、質量不高的現象較爲突出。學術發展的需要,要求舊志整理要更加規範化,整體質量要進一步提高。整理研究寧夏舊志,需要科學的理論與方法來指導。在充分吸收他人學術經驗的基礎上,通過整理研究實踐工作,我們也形成了一些自己的認識,在此想總結出來,與大家一起交流探討。

一、整理前的準備工作

整理舊志,前期需要全面了解整理對象,對其編修者、編修經過、主要内容、文本的語言風格、版本傳世情況等要深入研究。規範整理舊志,要以扎實的研究成果爲基礎,以便選擇最佳底本,準備合適的參校文獻,制定規範的整理方法。

(一) 確定整理對象

爲保證舊志整理工作的順利開展,提高工作效率,確定整理對象是正式開始舊志整理前首先要做的,也是必須要做的工作。確定整理對象時,要綜合分析其學術價值、史料價值、傳世情況及今人閱讀理解該對象的困難程度等,一方面要認真通讀原作,另一方面,要同步查檢古今目録文獻對原作的著録情況。

通讀原作,有助於全面了解志書的内容及其史源、結構體例及其語言特點等情況。對内容及其史源的了解,可以幫助我們確定該志有無整理的必要。如傳世的民國十四年(1925)朱恩昭修纂6卷本《豫旺縣志》一直被學界當作寧夏同心縣重要的地方文獻在利用。實際上,這部舊志是撮抄之作,並非編者獨立編修。編纂者直接把《〔民國〕朔方道志》中與同心縣前身鎮戎縣有關的内容撮抄出來,參考《朔方道志》的體例,再雜以《〔光緒〕平遠縣志》的部分内容,把資料匯爲一編,取名《豫旺縣志》行世。在明晰了《朔方道志》與《豫旺縣志》的關係後,我們認爲没有必要再整理《豫旺縣志》,只需將《朔方道志》整理出來即可。

對舊志結構體例的了解有助於對舊志存真復原。如天津古籍出版社1988年版《寧夏歷代方志萃編》、海南出版社2001年版《故宫珍本叢刊》等叢書都影印出版了明朝楊壽等纂修的《〔萬曆〕朔方新志》,所據底本原有補版現象,某些版面的内容重複,特别在卷二有幾處嚴重的錯頁、錯版現象,天津、海南的影印本都未能給予糾正。這些問題若不能發現,整理成果就會出現内容錯亂現象。

每種舊志的編修都有其具體的時代背景,舊志的語言與内容一樣具有時代性,通讀舊志,了解其語言特點,掌握其語言規律,有助於更好地開展標點、分段工作。凡古籍,遣詞造句都有一定的時代風格和特點,只要其内容或文字無誤,就不能按當代行文習慣或理解對原文進行增、删、改等,否則就是替古人寫書。有些舊志語句原本就是通順的,符合特定時代的語言規範,若整理者在原志語句中隨意增加"之""於""以"等字,看似符合當代人的閲讀習慣了,實則畫蛇添足。

同步查檢古今目録文獻對舊志原作的著録情況,將著録内容與通讀舊志時了解的情況相對照,一方面,可以加深對舊志基本情況的了解,使得對舊志的了解更具條理性。另一方面,可以驗證著録是否準確,糾正存在的問題,以求對舊志基本信息的了解更符合實際。如朱栴編修的《寧夏志》,明朝周弘祖編《古今書刻》上編中就有著録,這是目録學著作中最早著録《寧夏志》的。張維 1932 年編《隴右方志録》時,據《〔乾隆〕寧夏府志》所載内容著録《寧夏志》,由於他未經眼《寧夏志》,以爲該書已佚,故著録其爲佚書,且將書名誤著録爲《永樂寧夏志》,《寧夏地方志存佚目録》《稀見地方志提要》等,都沿襲了張維的錯誤。較早披露日藏《寧夏志》信息的是《日本主要圖書館研究所所藏中國地方志總合目録》,但將"朱栴"誤作"朱梳"。《中國地方志聯合目録》《寧夏地方文獻聯合目録》《甘肅省圖書館藏地方志目録》《中國地方志總目提要》等對《寧夏志》也作了著録或提要。其中《中國地方志聯合目録》以《寧夏志》重刻時間定其書名爲《萬曆寧夏志》,巴兆祥《中國地方志流播日本研究》下編《東傳方志總目》沿襲此説。

(二) 了解整理對象的研究現狀

確定整理對象,並對其有基本的認識和了解後,還需要梳理、分析整理對象的學術研究現狀,主要包括目録著録、研究論著、整理成果等三方面的信息。

1. 目録著録

查檢古今目録的著録内容,可以對舊志修纂者、卷數、流傳、内容、館藏、版本等情況有基本的了解。對著録的每一條信息,都要結合原志進行核查,發現問題,一定要深入研究。如《中國地方志聯合目録》《甘肅省圖書館藏地方志目録》均著録了一部《〔乾隆〕平凉府志》,爲"清乾隆間修,光緒增修,抄本"。[①] 此書孤本傳世,原抄本藏於南京圖書館。甘肅省圖書館有傳抄本,筆者在開展陝甘舊志中寧夏史料輯校工作時,最初設想把此志作爲重要的參校文獻。國家圖書館出版社 2012 年版《南京圖書館藏稀見方志叢刊》第十五和第十六册即爲《平凉府

① 中國科學院北京天文臺編:《中國地方志聯合目録》,中華書局 1985 年版,第 212 頁。

志》。筆者通過研究發現，古代目録書中没有著録過乾隆時期編修的《平凉府志》，且乾隆以後的平凉各舊志的編纂者也未曾提到過乾隆時期編修《平凉府志》一事，通過對比發現，南圖藏本實際上是撮抄《〔乾隆〕甘肅通志》中的平凉府部分而成，且成書時間不會早於同治十三年(1874)，故其雖爲孤本，但無校勘整理價值，所以我們放棄了以此書做參校本的最初設想。

2. 研究論著

充分梳理、分析他人對整理對象的研究成果，一方面，可以使我們清晰地看到學界對整理對象研究的角度及深入程度，避免重複勞動。另一方面，發現已有成果中存在的問題，結合自己的研究糾正這些問題，提高對整理對象的研究水準。如現藏於日本東洋文庫的海内外孤本《〔光緒〕寧靈廳志草》是研究寧靈廳的一手材料，張京生最早撰文研究，[①]巴兆祥研究最爲詳實，[②]胡建東、張京生提供了整理文本。[③] 各家整理研究各有優長，部分整理研究成果亦多值得商榷之處。通過研究，我們的結論是：該本係編纂者稿本，正文内容有 67 頁。是書類目設置上全同《甘肅通志》，撰寫方法及輯録内容則多同《〔嘉慶〕靈州志迹》。因其非定稿，故編修體例、内容、文字等方面尚需進一步完善、充實、修訂，但其在研究寧靈廳歷史、地理、經濟、教育、語言等方面的價值還是應該值得肯定。

3. 整理成果

充分重視研讀已有的整理成果，可以幫助我們了解目前整理所達到的水準，明確重新整理所要達到的目標。如《寧靈廳志草》出版過兩種整理本，通過比較研究，我們發現，兩整理本在整理體例、整理方式、整理結論等方面都存在缺憾。兩書出現多處標點錯誤，誤識原抄本文字，任意剪接原書内容，變亂原書體例，校勘粗糙，原稿中的多處錯誤未能校出，注釋不嚴謹，出現多處誤注現象，等等。有鑒於此，儘管《志草》已出版了兩種整理本，但我們决定還是要重新整理它。

(三) 確定底本，選擇參校本及其他參考文獻

通過查檢目録著録，實地開展館藏調查，將目驗的各本進行分析比較，梳理出舊志的版本系統後，最終確定一種爲工作底本。原則上，底本當刊刻或抄録質量較優，内容最全。底本確定後，還要確定一批參校本和他校資料。一般而言，若舊志版本系統不複雜，建議將傳世各本都列爲參校本，以最大限度地發現底本

---

① 張京生：《〈寧靈廳志草〉考述》，《圖書館理論與實踐》1992 年第 1 期；《歷史的見證——日本藏清稿本〈寧靈廳志草〉的學術價值探析》，《圖書館理論與實踐》2008 年第 6 期。

② 巴兆祥：《日本藏孤本寧夏〈寧靈廳志草〉考述》，《寧夏社會科學》2002 年第 5 期。

③ 寧夏人民出版社 2008 年版胡建東整理本《光緒寧靈廳志》，陽光出版社 2010 年版張京生整理本《光緒寧靈廳志草》。

中存在的問題，整理出最優的文本。

他校資料的選擇，在通讀舊志時就開始着手進行。整理者可在通讀原本的基礎上，將舊志中明確提到的他書文獻進行梳理，列爲基本參考文獻，並在其後的整理實踐中不斷充實、完善。他校資料的確定，有的可以根據舊志本身提供的信息來選擇。如《〔弘治〕寧夏新志·凡例》言："宦迹在前代者據正史，在國朝者序其時之先後而不遺其人，備參考也。"這就提示我們，校勘《〔弘治〕寧夏新志》的《人物志》《宦迹》時，一定要以正史如《史記》《漢書》等爲他校材料。《凡例》又説："沿革、赫連、拓跋三《考證》，悉據經史及朱子《通鑑綱目》、本朝《續綱目》摘編。"這提示我們，《〔弘治〕寧夏新志》的三卷考證内容，必須要以宋朝朱熹、趙師淵撰《資治通鑑綱目》、明朝商輅撰《續資治通鑑綱目》爲基本的對校資料。《凡例》之後的《引用書目》列舉了編修《〔弘治〕寧夏新志》所引的 42 種文獻，基本按引書成書時代排序。這些文獻，只要有傳世，就一定要將其列入參考文獻之中，因爲它們都是《〔弘治〕寧夏新志》最直接的史料來源。

選擇他校資料時，切不可畫地爲牢，只關注某一地區，而是要結合一地的地理沿革情況，擴大他校資料的搜集範圍。歷史上，西北地方陝甘寧三地的地緣關係和政治、文化等關係都非常密切。寧夏在明朝隸屬陝西布政使司管轄，在清朝則隸屬甘肅省管轄，成於明清時期的陝西、甘肅地方文獻特別是舊地方志中，散見有非常豐富且重要的寧夏歷史資料。《〔嘉靖〕陝西通志》《〔萬曆〕陝西通志》《〔康熙〕陝西通志》等三志是陝西舊通志中寧夏史料最豐富者。《〔嘉靖〕平凉府志》所載明朝固原州、隆德縣史料非常系統、豐富。《〔乾隆〕甘肅通志》《〔宣統〕甘肅新通志》是甘肅舊通志中寧夏史料最豐富者。上述六種陝甘舊志中的寧夏史料，爲明清寧夏舊志編纂提供了最豐富、最系統的基本史料。明清寧夏舊志多因襲陝甘通志的材料和編纂體例。如寧夏《〔萬曆〕朔方新志》自《〔嘉靖〕陝西通志》取材，嘉靖、萬曆《固原州志》自《〔嘉靖〕平凉府志》取材，《〔光緒〕花馬池志迹》自《〔嘉慶〕定邊縣志》取材，《〔乾隆〕寧夏府志》《〔民國〕朔方道志》從體例到内容分別受《〔乾隆〕甘肅通志》《〔宣統〕甘肅新通志》的影響，等等。同時，明清時期的寧夏舊志也是研究陝甘文史、整理陝甘舊志的重要資料，如明朝正德、弘治、嘉靖三朝《寧夏志》成書時間均早於《〔嘉靖〕陝西通志》，都可爲整理後者提供重要的參校資料。所以，整理陝、甘、寧任何一省的舊志，尤其是通志及相鄰地區的舊志，確定他校資料時一定要同時關注另外兩省的舊志資料。

另外，出土文獻和檔案材料也是重要的他校資料，過去的研究者均未予重視。如慶靖王朱㰘之名，文獻中還出現過"朱栴""朱旃"等兩種寫法，筆者據出土於寧夏同心縣的《慶王壙志》，結合明清傳世文獻，考證認爲，慶王之名當爲"朱㮙”而非“朱栴”，更非“朱旃”。[①] 再如，《寧夏府志》卷十三《人物》載，寧夏鄉賢謝王寵“壽七十三卒”，而據寧夏靈武出土的《清通義大夫謝觀齋墓志銘》載，謝王寵生於康熙十年(1671)，卒於雍正十一年(1733)，享年六十三(虚歲)，故可據以改正《寧夏府志》記載的錯誤。[②]

(四) 編寫整理説明

整理説明的主要作用有二，一是規範整理方法，二是方便利用整理成果。整理説明要扼要、準確，方法力求易於操作，切忌繁瑣。一篇規範的整理説明是需要反復完善的。舊志正式整理之前，可先據常規的古籍整理規範，就標點、注釋、校勘等工作草擬出基本的整理要求，選擇部分舊志内容先開展預備性整理工作。再結合遇到的具体問題，對整理説明不斷完善。凡多人合作開展舊志整理工作，或在相對固定的時間内整理多部舊志時，整理説明的這些完善步驟尤其重要。必要時，可選擇典型問題，集體討論，形成統一意見。待整理方法合乎規範、易於操作之後，再最後定稿整理説明，讓它成爲大家都要遵守的原則要求，不能輕易改變。

二、整理的具體環節及方法

整理的前期準備工作結束後，就進入到具體的整理環節了。下面主要從“録文”“標點”“校勘”“注釋”等幾方面談談具體的整理方法。

(一) 録文、標點

具體整理舊志的第一個環節就是録文。高質量地將底本文字轉録爲可以編輯的文檔，可以有效減少由出版機構照原手稿重新録排造成的錯誤。一般來説，録文要求在内容上一仍底本原貌(包括卷帙、卷次、文字、分段等)，不改編，以保持内容的原始性、完整性和獨立性，便於整理者與底本對校。將以繁體字出版的舊志，特别需要重視底本存在的異體字、俗體字、通假字、古今字等用字現象，除因特殊的出版要求外，志書原字形不當以意輕改。如有的整理者改“昏”爲“婚”，改“禽”爲“擒”，改“地里”爲“地理”，等等，均顯係誤改。利用軟件進行繁簡字轉换時，要注意其識别率。有些簡體字，軟件無法將其轉换成繁體字，有些甚至會

---

① 參見胡玉冰：《寧夏舊志研究》，上海古籍出版社 2018 年版，第二章第一節。

② 參見胡玉冰、韓超：《清代寧夏人謝王寵生平及其〈愚齋反經録〉考略》，《圖書館理論與實踐》2015 年第 2 期，第 105—108 頁。

轉换錯誤，如動詞“云”誤轉作“雲”，地支“丑”誤轉作“醜”，職官名“御史”誤轉作“禦史”，表示距離的“里”誤轉作“裏”。因出版要求，還要注意新舊字形問題，如“戶”“呂”“吳”“黃”“彥”等爲舊字形，相對應的新字形則是“户”“吕”“吴”“黄”“彦”。舊志用字，常有字形前後不一現象，如“强、彊、強”“蹟、跡、迹”“敕、勅、勑”“爲、為”等幾組字，可能會在同一部舊志中交替出現，這類字的字形統一當慎重。整理時原則上遵從舊志原版的用字習慣，盡量用原書字形（俗字或異體字）。多種字形混用者，可統一爲出現頻次較多的字形。但有的整理者將“並、并、竝、併”“采、彩、綵、採”“升、陞、昇”三組字分别統改爲“並”“采”“升”，就很值得商榷了。

不同的字形，若有其特殊的用途或意義，就不能隨意地合并統改。特别是地名用字，一定不能以今律古。如寧夏平羅縣之“平羅”係清朝開始使用的地名用字，《〔萬曆〕朔方新志》卷一《地理》中作“平虜”，《〔康熙〕陝西通志》卷二《疆域・寧夏衛》避清朝諱改作“平羅”。整理時不能將《朔方新志》的“平虜”改爲“平羅”，因爲明朝原本就叫“平虜”，清朝因避諱而改，因此不能因其今名而改動明朝舊志的地名用字。同樣，整理清朝舊志，就需要把明朝的地名回改爲當時的用字。如《〔乾隆〕寧夏府志》卷二《地里・疆域・邊界》“北長城”條“雖有平虜城”“以故於平虜城北十里許”兩句，“平虜”原均作“平羅”，當據《〔萬曆〕朔方新志》卷二《外威・邊防》回改爲“平虜”。

整理者録文時對文稿要做一定的文檔編輯工作，認真閱讀原志，合理區别内容層次及隸屬關係，規範標注各級標題。舊志常用不同的版式風格和大小字體來區分不同類型的内容，録文時要給予充分的考慮。舊志常用不同類型的符號來標示内容的層級隸屬關係，充分理解了這一點，有助於録文時對内容進行分段。舊志原版中多雙行小字，有的雙行小字是補充説明性質的文字，有的雙行小字是解釋性文字。録文排版舊志原版中的雙行小字，若字體、字號同正文文字，就有可能使讀者不能正確判斷原志内容的隸屬關係，有的還可能造成標點符號的混亂，影響對文意的理解。故録文時，最好以不同的字體、字號把舊志原版雙行小字與正文區别開來。

處理舊志中的地圖等圖像文獻時要注意，舊志往往不用一整幅版面來呈現完整的圖像，而是分兩個半版來呈現，今人整理時最好能將其合二爲一。合成後的圖像文獻盡可能保持版面清晰，必要時可將原版中模糊不清的字迹、綫條等修飾清晰，以便他人的正確利用，但有一個原則，那就是不能以意亂改。不要改變原字體，不能改變原綫條走向等，盡量保持原版原貌。有些整理者會請專業的繪圖人員照舊圖另外繪制新圖，上述原則也應該遵守。修飾原版中模糊不清的文字時，盡量結合正文中的相應内容如《疆域》《城池》等内容，避免出錯。

舊志標點，可根據現行標點符號的用法，結合古籍整理的通例，進行規範化標點，具體可參考中華書局編寫的《古籍校點釋例（初稿）》（原載《書品》1991 年第 4 期）。爲統一舊志的標點工作，某些要求可以細化。如整理寧夏舊志時統一規定，凡原書中用以注明具體史料出處的“通志”“府志”“郡志”“縣志”“新志”“舊志”之類，能考證確定所指文獻者，在正文中均加書名號，標點作《通志》《府志》《郡志》《縣志》《新志》《舊志》，並脚注説明具體所指文獻。如：“府志：指《〔乾隆〕寧夏府志》。”凡不能確定具體所指者，則不加書名號，亦脚注説明。如：“縣志：具體所指文獻不詳。”

（二）注釋

以往舊志整理，多注重對疑難字詞、典故、人名、地名等的注解，爲進一步提高舊志的利用價值，還應加强以下幾方面内容的注釋工作：

1. 史料出處的注釋

舊志於行文中有時會注明史料出處，但無定制，如朱㮵《寧夏志》卷上《河渠》所引史料出處包括：“酈道元水經”“周禮”“西羌傳”“唐吐蕃傳”“李聽傳”“地理志”“會要”“元和志”“元世祖紀”“張文謙傳”“郭守敬傳”等，考其諸文，分别指酈道元《水經注》、《周禮・地官司徒・遂人》、《後漢書》卷八七《西羌傳》、《新唐書》卷二一六下《吐蕃傳》、《新唐書》卷一五四《李晟傳附李聽傳》、《新唐書》卷三七《地理志》、《唐會要》、《元和郡縣圖志》、《元史》卷五《世祖本紀》、《元史》卷一五七《張文謙傳》、《元史》卷一六四《郭守敬傳》，如果整理者不對其引文細加考究并給予注明，讀者恐怕很難判斷引文的具體出處。

2. 原文體例中資料互見者的注釋

地方舊志行文時，常常會出現“見前”“見《進士》”“見《藝文》”“詳見《人物》”“詳見《鄉賢》”等字樣，對這些内容進行注釋，一方面可以驗證原志記載是否可信，另一方面，省去讀者查檢之勞。

3. 干支紀年及缺省内容的注釋

舊志紀年多以干支爲主，有的會承前省略帝王年號，有些行文中常常不出現人物全名，只稱某公，或只稱其職官名，具體年代及人物在原文中没有交代，故整理者當結合上下文來注釋，以幫助讀者正确理解。如多種寧夏舊志中均收録有唐朝楊炎《靈武受命宫頌并序》一文，記載了唐肅宗李亨至德元年（756）至靈武即皇帝位事，其中有“丁卯，廣平王俶、太尉光弼、司徒子儀、尚書左僕射冕、兵部尚書輔國”句。“丁卯”指何時，廣平王等具體指何人，若不熟悉該序寫作時間及歷史背景的話，很難搞清楚。有關唐肅宗李亨至靈武即皇帝位事，《舊唐書》卷十

《肅宗本紀》、《新唐書》卷六《肅宗本紀》、《資治通鑒》卷二一八《唐紀三十四》、《通鑒紀事本末》卷三一中《安史之亂二》等有記載，有的記載相同，有的則相異。如肅宗李亨至靈武和即位的時間，四書記載一致，均記載他於七月辛酉（七月初九）至靈武，甲子（七月十二）即位。而大臣奏請李亨即皇帝位的上奏時間，《舊唐書》記載在七月辛酉，即李亨到達靈武的當天。《新唐書》記載在七月壬戌，是李亨到達靈武的第二天。《資治通鑒》《通鑒紀事本末》記載在七月甲子，是李亨到達靈武的第四天，也就是他即皇帝位的當天。而《靈武受命宫頌》記載的時間"丁卯"（七月十五）則是李亨到達靈武的第七天，是他即位後的第三天了，《資治通鑒》《通鑒紀事本末》都載，這天，上皇制以太子亨充天下兵馬元帥，領朔方、河東、河北、平盧節度都使，南取長安、洛陽。很明顯，楊炎所記時間與事實不符。關於上奏人，《舊唐書》《資治通鑒》《通鑒紀事本末》都記爲"裴冕、杜鴻漸等"，《新唐書》記爲"裴冕等"。而《靈武受命宫頌》所提及的李光弼、郭子儀此時均不在靈武。因此，整理者通過梳理文獻當注明，人物分别指廣平王李俶、太尉李光弼、司徒郭子儀、尚書左僕射裴冕、兵部尚書李輔國，但李光弼、郭子儀此時均不在靈武。所記上奏時間史書記載不一，楊炎所記"丁卯"疑誤。

（三）校勘

以往寧夏舊志的整理本中，有價值的校勘成果非常少見，更説明舊志整理一定要加强校勘工作。校勘的方法，常用的是校勘四法，即對校、本校、他校、理校，此四法往往需要綜合運用，不能只是簡單地運用其中的某一种方法。筆者校勘《寧夏志》卷上《祥異》"永樂甲戌歲金波湖産合歡蓮一"句，查明成祖"永樂"年號紀年干支名（自癸未至甲辰，1403—1424）中無"甲戌"。《寧夏志》卷下《題詠》録有凝真（朱㮵之號）七律《戊戌歲金波湖合歡蓮》一首，所詠即爲永樂年間金波湖出"祥瑞"合歡蓮一事。故知"永樂甲戌歲金波湖産合歡蓮一"句中"甲戌"當作"戊戌"，永樂戊戌歲即永樂十六年（1418）。

古籍整理要充分吸收已有研究成果，以最大限度地减少原始文本中存在的錯誤，避免利用者以訛傳訛。朱㮵編修《寧夏志》卷下録有兩篇重要的西夏文獻，其中《大夏國葬舍利碣銘》有"大夏天慶三年八月十日建"句，朱㮵考證後認爲，葬舍利時間"乃夏桓宗純祐天慶三年、宋寧宗慶元二年丙辰也"。寧夏舊志編者甚至許多當代學者都認同這一結論。據牛達生先生考證，[1]"天慶三年"句當作"大

[1] 參見牛達生：《〈嘉靖寧夏新志〉中的兩篇西夏佚文》，《寧夏大學學報》1980年第4期，第44—49頁。

慶三年”,故朱栴的考證結論當改作“乃夏景宗元昊大慶三年、宋仁宗景祐五年戊寅也”。

校勘所用他校資料不能失之過簡,亦不能失之過濫,某些關係明確的他書資料當作爲重要的他校資料重點利用,如《〔乾隆〕寧夏府志》大量内容來自《〔萬曆〕朔方新志》和《〔乾隆〕甘肅通志》,我們就要將這兩種舊志作爲《寧夏府志》最主要的他校資料。關於這一點,可以結合整理前要進行参校文獻篩選工作來理解。校勘成果的表達要規範、簡練,術語使用要準確。校勘時凡改必注,改動一定要有堅實的證據,否則只出異文即可。

三、整理研究舊志規範

(一) 整理力求存真復原

整理舊志,不能變亂舊式,隨意在原文中增加原本没有的文字内容,切忌以今律古。舊志,特别是明清舊志,都有一定的編修體式,不應隨意去變亂它。如許多舊志每條凡例之前都會有“一”這一符號,以使凡例眉目清晰,可有的整理者誤認爲其爲序號,將其改成阿拉伯數字或漢語數目字等。有舊志整理者爲便於讀者統計,往往在山名、河名、人名、詩題、文題等之前添加序數詞,看似眉目清晰了,實則違反了古籍整理的原則。實際上,古人在刻舊志時,往往有一套符號系統表示層次及隸屬關係,今人隨意增加,實在有畫蛇添足之嫌。更有甚者,會調整原書内容的次序、位置,任意删並原志,這就完全變成是當代整理者編修的地方志了。宋人彭叔夏在其《文苑英華辨證自序》中記載:“叔夏嘗聞太師益公先生(指宋人周必大)之言曰:‘校書之法:實事是正,多聞闕疑。’”舊志整理要力求做到存真復原,按照一定的整理原則對舊志進行規範的整理。

(二) 研究需要實事求是

評價舊志,一定要實事求是,充分了解舊志編纂的時代性特點,不可苛求古人、求全責備。評價一部舊志的價值,常常從體例、内容兩方面着手,而内容猶重。譚其驤先生曾説過:“舊方志之所以具有保存價值,主要在於它們或多或少保留了一些不見於其他記載的原始史料。”[①]這實際上要求我們,在評價舊志内容價值時,要區别看待,只有獨見於志書的内容價值才更高些,而那些因襲其他

① 譚其驤:《地方史志不可偏廢,舊志資料不可輕信》,載《中國地方史志論叢》,中華書局 1984 年,第 12 頁。

志書，或者自其他史書中摘抄的内容，其價值就要另當别論了。如寧夏舊志，其科舉、賦税、公署、學校、藝文等資料多獨見於志書者，而人物類資料多自他志承襲，評價内容價值時，就要慎言人物類資料的價值。另外，寧夏舊志承襲前代史料時多未加以辨别考證，致使其中的錯誤也被承襲，甚至錯上加錯。如隋朝人柳彧徙配地在"朔方懷遠鎮"，自明朝《〔弘治〕寧夏新志》始，一直被作爲流寓寧夏的歷史名人而載之史册。明朝胡侍《真珠船》"懷遠鎮"條考證認爲，柳彧徙配地"朔方懷遠鎮"在遼東，與今寧夏無關。《〔弘治〕寧夏新志》《〔嘉靖〕寧夏新志》《〔嘉靖〕陝西通志》《〔萬曆〕朔方新志》等均誤以爲柳彧流放在今寧夏故地，故載柳彧爲寧夏流寓者。《〔乾隆〕甘肅通志》亦襲其説。過去研究寧夏舊志者都僅限於舊志本身談其價值，没能從史料流傳上分析其價值。如評價《〔乾隆〕銀川小志》内容及學術價值時，有學者認爲該志幾乎將與寧夏有關的歷代詩文全部輯録在志書中，所輯録的水利、學校、風俗等資料都很有研究價值，等等，這些觀點值得進一步商榷。實際上，《〔乾隆〕銀川小志》相當多的内容都是照録明朝人所編寧夏舊志，並非汪繹辰的獨創。從内容的完整性和全面性來看，該志尚不能與明朝所編的寧夏舊志相比。[①] 有學者認爲，寧夏舊志中以資料而論有三條最爲珍貴，其中的一條就是《〔乾隆〕寧夏府志》中的《恩綸記》。可事實上此段史料最早出自《平定朔漠方略》，《〔乾隆〕寧夏府志》還將左翼額駙"尚之隆"誤抄作"尚之龍"。[②]

加强舊志的比較研究，會有助於提升舊志的研究水準。比如，以往從事西北古代文史研究特别是寧夏古代文史研究者常將寧夏舊志當作第一手資料來利用，而從史源學角度看，這些資料實際上並非"一手"，而多是從陝甘地方志中輯録的。從現有的寧夏舊志整理成果看，學者也多没有把陝甘方志資料當作必需的參校資料來利用，致使寧夏舊志沿襲自陝甘方志的文字錯訛衍倒、内容遺漏及新增的文字、内容錯誤問題都没有得到糾正，使後人以訛傳訛。同時，從事陝甘古代文史研究、開展陝甘舊方志整理研究，也要注意借鑒寧夏舊志的整理研究成果。辨明史料正誤，以避免以訛傳訛。

（三）成果確保完整呈現

一部完整的舊志整理之作，至少要包括五部分内容：第一，前言。主要介紹舊志的整理研究現狀、編修始末、編修者、版本、内容、價值等方面。第二，校注説

① 參見胡玉冰：《寧夏舊志研究》，上海古籍出版社 2018 年版，第三章第一節。
② 參見韓超：《甘肅舊志中的寧夏史料述考》，寧夏大學 2014 届碩士畢業論文，第 43 頁。

明。説明底本、校本等選擇情況，列舉標點、注釋、校勘等原則。第三，新編目録。舊志一般都有原編目録，但不便今人利用，故要據整理成果編輯眉目清晰、層次分明、使用方便的新目録。第四，舊志正文。第五，參考文獻。目前出版的舊志中，有些不列舉參考文獻，有些參考文獻或按文獻出版時間排序，或按在文中出現的順序排序，或按或書名、作者名首字的音序排序，這些都起不到指導學術研究的作用。參考文獻要便於按圖索驥，最好能分類編排。依四庫法進行排列，就是很好的選擇。某些舊志，可根據需要增加索引、附録等内容。編索引可方便使用者查找相關專題資料，附録可在一定程度上彌補舊志正文内容不足的缺點。如民國時期寧夏地區對土地、資源等進行過較爲詳細地調查，形成的調查報告是最原始的檔案資料，這些資料往往散見且不能單獨成書，但它們對有關舊志而言具有很好的補充作用，故應該在附録中予以保留。

目　録

前　言

一、整理與研究現狀

《朔方道志》是寧夏民國時期唯一一部地方通志。關於該志取名,《朔方道志・凡例》載:"志以'朔方道'名者,明慶王創修《朔方志》[①],是宜於古也。民國改'寧夏'爲'朔方道',並宜於今也。"《朔方道志》纂修王之臣亦持此説。實際上該志的取名,除了因襲明朝志書取名、合乎現行政建置地名等理由外,還有一個原因,即避免與朔方道轄縣"寧夏縣"縣名相混,故取名《朔方道志》。

《隴右方志録》《中國地方志聯合目録》《寧夏地方文獻聯合目録》《甘肅省圖書館藏地方志目録》《中國地方志總目提要》等方志書目對《朔方道志》都有著録或提要[②]。《方志與寧夏》對於《朔方道志》也有簡介和研究。由於對志書編修始末的認識有問題,各書在提及《朔方道志》編修者及出版時間時有異説(詳後)。

高樹榆撰《寧夏方志考》《寧夏方志録》《寧夏方志評述》《寧夏回族自治區地方志述評》,王桂雲撰《銀川方志述略》等論文對《朔方道志》都有提要式的介紹。沈克尼《簡談民國〈朔方道志〉》、李習文《〈朔方道志〉淺介》二文全面簡介《朔方道志》。豫蔡《〈朔方道志〉淺析》一文主要從水利角度考察《朔方道志》的内容特點及研究價值。李樹儼《〈朔方道志〉在寧夏方言研究方面的學術價值》一文主要從語言學角度考察《朔方道志》對於寧夏方言研究的資料價值。余振貴《評寧夏舊志有關回族記述的史料價值》提及了該志記載的與回族有關的史料價值。吴和《〈朔方道志〉勘誤》(一、二、三)及陳永中《靈州"三賢祠"——〈乾隆寧夏府志〉、〈靈州志蹟〉、〈朔方道志〉校勘三則》等文對《朔方道志》中的史料進行了校勘。

---

① 明慶靖王編修志書名當爲《寧夏志》而非《朔方志》,參見胡玉冰、孫瑜校注:《〔正統〕寧夏志》,中國社會科學出版社 2015 年版。

② 《中國地方志聯合目録》將出版者"天津華泰印書館"誤作"天津華泰書局",《寧夏地方文獻聯合目録》《甘肅省圖書館藏地方志目録》將出版時間"民國十六年(1927)"誤作"民國十五年(1926)"。《寧夏地方文獻聯合目録》另著録臺灣成文出版社 1968 年影印本是據"民國二十年"鉛印本影印亦有誤,實據民國十六年(1927)華泰版影印。

《朔方道志》最早由天津華泰印書館於民國十六年(1927)鉛印 8 册行世[①]。1968 年臺北成文出版社出版《中國方志叢書》、1969 年臺北華文書局股份有限公司出版《中華文史叢書》(王有立主編)、1987 年天津古籍出版社出版《中國回族古籍叢書》[②]、2003 年學苑出版社出版《中國西藏及甘青川滇藏區方志彙編》第三輯《甘肅藏區及涉藏方志》、2004 年學苑出版社出版《地方志・書目文獻叢刊》、2008 年甘肅文化出版社和寧夏人民出版社聯合出版《回族典藏全書》,同年鳳凰出版社、上海書店、巴蜀書社聯合出版《中國地方志集成・寧夏府縣志輯》,都影印出版了華泰印書館出版的《朔方道志》。1991 年,上海古籍出版社據民國鉛印本出版單行本[③],附有姜俊俊、任亞民新編索引。2015 年,學苑出版社影印出版《寧夏舊方志集成》,其中包括華泰印書館版的《朔方道志》。

二、編刊始末

關於《朔方道志》編修、刊行,可綜合民國十四年(1925)王之臣、十五年(1926)馬福祥《〈朔方道志〉序》、十六年(1927)焦沛南《重校〈朔方道志〉跋》及《朔方道志・凡例》來梳理。

王之臣在序中首先對寧夏特殊的歷史、地理進行總結,然後又回顧了民國以前寧夏舊志的編修史。他談到,寧夏舊志自明藩慶靖王創修《朔方志》後,巡撫王珣、楊守禮、楊應聘等相繼續修,乾隆四十五年(1780)寧夏知府張金城又續修《寧夏府志》,此後一百三十餘年,再未進行過修志活動[④]。民國五年(1916),國民政府教育部會同内務部諮文各地纂修地方志,六年(1917),内務部又下令還未開展修志活動的地方要積極徵求文獻,纂修縣志。同年,寧夏護軍使馬福祥、道尹陳必淮聘寧朔縣舉人吴復安主任編修朔方志書[⑤]。不久,吴復安去世,修志事遂擱

---

① 天津華泰印書館印刷出版《朔方道志》的時間有民國十五年(1926)和民國十六年(1927)兩種説法,且持第一種説法者居多。查華泰版《朔方道志》第 1 册有馬福祥民國十五年(1926)序,故多據此序時間定其出版時間爲民國十五年(1926)。實際上,華泰版《朔方道志》第 8 册附焦沛南民國十六年秋(丁卯秋,1927)《重校〈朔方道志〉跋》一文中説得非常清楚,志書書稿是民國十六年(1927)春天運抵天津的,經過焦沛南兩次校閲後於當年秋天正式印刷出版。故天津華泰印書館印刷出版《朔方道志》的正確時間應該是民國十六(1927),而非民國十五年(1926)。

② 本叢書《重印説明》中,將天津華泰印書館印書出版《朔方道志》時間“民國十六年”誤作“民國十五年”。

③ 上海古籍出版社影印本版權頁將“王之臣”誤作“王志成”。

④ 《朔方道志・凡例》第一條亦同王之臣之序所言。明慶靖王編修志書名當爲《寧夏志》而非《朔方志》,王珣監修《〔弘治〕寧夏新志》,楊守禮監修《〔嘉靖〕寧夏新志》,楊應聘監修《〔萬曆〕朔方新志》。王之臣及《凡例》言此 4 種明朝志書“年湮代遠,書皆失傳”,《〔乾隆〕寧夏府志》“兵災之餘,亦鮮完帙”。實際上,這幾種寧夏志書都有較爲完整的傳世本。

⑤ 《朔方道志》卷十七《人物・學行》“吴復安”條載,民國七年(1918),吴復安“續修道志”。蓋民國六年(1917)動議修志,七年(1918)正式修志。

置起來。

民國十三年(甲子,1924)王之臣重游來寧,馬福祥此時已調任綏遠都統,其姪子馬鴻賓繼任。因王之臣民國八年(1919)任靈武縣知縣期間曾續修過靈武州志,有編修志書的經驗,故陳必淮與馬鴻賓商量後請王之臣主持編修朔方志書。同年五月初一,修志局正式設立,編修工作又重新啓動。王之臣審閲吴復安等所修朔方志發現,多半系直接抄録清朝光緒末年升允等所修的《甘肅新通志》,與朔方(即寧夏)有關的宣統元年(1909)以後事多缺略未載。於是在劉鶴泉(劉振清)、梁善卿(梁生祥)、馬子良(馬德)、楊葆卿等人協助下,重新編寫,"起訖於民國十四年,以《舊府志》爲主,《新通志》爲輔,並參考他書暨新採訪以增益之。分門别類,正僞訂訛,閲十九月而功始竣,成書三十二卷。以前明迭修《朔方志》,且寧夏近改朔方,府已改道,因名之曰《朔方道志》。"(王之臣序語)《朔方道志·凡例》第二條亦明確説明,《朔方道志》於民國十四年(1925)修成。《隴右方志録》著録《朔方道志》成書時間即從此説。

焦沛南民國十六年秋(丁卯秋,1927)《重校〈朔方道志〉跋》言,民國重修《朔方道志》係馬福祥首倡,"前年纂定",即民國十四年(1925)編成。因朔方當地印刷技術條件落後,不能滿足《朔方道志》的印刷要求,於是在民國十六年(1927)春,全部書稿被運至天津印刷。正式印刷前,馬福祥在審閲志稿時發現"其中語句有尚須酌易者,字畫亦尚多錯誤者"(焦沛南跋語),故擬重新找人校閲。碰巧焦沛南從湖南抵達天津,因他對寧夏諸事較爲熟悉,馬福祥就邀請他校正書稿。焦沛南認真細閲兩遍,對志書從内容到文字都作了部分修改,"訛者正之,遺者録之。如科舉應標出,引語有未妥叶者,酌取易之。志餘有重叙,歌序有不能分者,提出併之,彙詩分門,以詞爲殿"(焦沛南跋語)。第一次校閲完書稿後,先印出様書,結果又發現問題,"校完付手民印出,又多魯魚帝虎、遺字闕文,帥屬帳友劉君子振核後仍交南過目。自春徂秋,始克蕆事。計共印二千部,費洋三千元。幾經讎校,蔚爲成書。"由焦沛南跋語可知,民國十六年(1927)秋,《朔方道志》在天津經過幾次校稿後才正式印行,《中國地方志聯合目録》著録《朔方道志》出版時間即從此説。《朔方道志·修志銜名》載負責"校對"者只有1人,爲朔方道署庶務科科員彭鼐,實際上,他只是《朔方道志》抄本的"校對",而非印本的"校對"。也就是説,《朔方道志》在民國十六年(1927)印刷過程中,焦沛南實際負責校對書稿,發現並改正了部分文字錯誤和内容編排不妥的地方。

關於該志完成時間,馬福祥序稱"經始於丁巳,告蕆於丙寅,首尾十年",即始於民國六年(1917),終於十五年(1926)。由前引王之臣序、焦沛南跋及《凡例》可知,《朔方道志》的編修,當動議於民國六年(1917),七年(1918),吴復安等開始編修，惜未成。十三年(1924)，王之臣等又編纂，十四年(1925)書編成，十六年(1927)正式印行。故馬福祥所記是不準確的。

1926年4月13日，國民政府内務部曾下達《内務部通咨各縣呈送新舊志書》公文，規定各地要及時呈送當地新舊志書。1928年12月17日，政府曾通報過各省送到志書情況，甘肅省呈送通志1種，縣志10種。與寧夏關係密切的、已經正式印行的《朔方道志》未出現在呈送名單中。

三、編修者生平

《朔方道志·修志銜名》共列舉出41位參與編修志書者的姓名、身份、分工等，其中"主修"爲馬福祥、陳必淮等2位，"監修"爲馬鴻賓，"纂修"爲王之臣，"前纂修"爲吴復安，"幫纂修"爲劉振清、楊泰等2位，"同纂修"者有景琪等7位，"調查"爲梁生祥等4位，"採訪"有王本立等17位，"圖畫"有黄光質等3位，"繕寫"有彭鼐、陳捷勳等2位，"校對"爲彭鼐，"收發"爲陳必炎。根據舊志編修署名特點及《朔方道志》實際成書情况看，馬福祥、陳必淮最先聘請吴復安編修志書，吴氏未能完成全志的編寫就離世了，不久，馬福祥也調離寧夏，馬鴻賓繼任。陳必淮、馬鴻賓又聘請王之臣主持編修志書事宜，劉振清等人襄助完成。故《朔方道志》署名中，每位的角色分工都是有根據的。今人方志目録著録《朔方道志》纂修者時，均著録王之臣是編纂人，而主修人的著録没有統一認識。

《中國地方志聯合目録》著録馬福祥、陳必淮爲主修人，《寧夏地方文獻聯合目録》著録馬福祥、王之臣合纂，《甘肅省圖書館藏地方志目録》著録馬福祥主修，均未提及馬鴻賓。實際上，馬福祥、王之臣等序都提到，編修《朔方道志》正是馬鴻賓在任寧夏鎮守使期間，所以《朔方道志·修志銜名》給馬鴻賓的身份是"監修"，這是符合實際的。按照方志目録著録編纂者的體例要求，《朔方道志》編修者中應當增加馬鴻賓，即著録爲"馬福祥、陳必淮、馬鴻賓修，王之臣纂"，這才符合歷史事實。

(一) 馬福祥

馬福祥(1876至1932)字雲亭，回族，原籍甘肅河州(今甘肅省臨夏)韓集陽窪山人。事蹟見馬福祥、馬鴻逵編《馬氏族譜》等，《朔方道志》卷二二《人物志·流寓》有《馬福祥傳》，卷十三《職官志·民國職官表》、卷三〇《志餘·歷史》等亦載其事。丁明俊著《馬福祥傳》、王正儒著《馬福祥》記述馬福祥事甚詳。

據《馬福祥傳》載，馬福祥於光緒二十三年(1897)中武舉，三十二年(1906)任西寧鎮總兵。民國元年(1912)任寧夏鎮總兵,二年(1913)兼任寧夏駐防將軍,同年寧夏鎮總兵改設爲寧夏護軍使,馬福祥任護軍使。十年(1921)就任綏遠都統。十八年(1929),先後任蒙藏委員會副委員長,青島市市長。十九年(1930)先後又任安徽省主席、蒙藏委員會委員長等職。"縱觀馬福祥一生,爲人沉穩,勤於好學,關心時政,能識大體,他不同於西北各舊軍閥,具有一定的政治遠見和愛國精神,能順應歷史的發展……這就使他成爲近現代西北回族中頗有影響的歷史人物。"[①]馬福祥傳世的著述主要包括《磨盾餘墨》《蒙疆紀晝》《蒙藏狀况》《積善堂訓戒子姪諸孫書稿》《先哲言行類鈔》《家訓》等。另外還參與創辦中國回族史上刊期時間最長、影響最大的學術類雜志《月華》,出資刊印了明清著名回族學者王岱輿、馬注、劉智等人著作 30 多種,創辦 60 多所清真高初級學校。首倡編修《朔方道志》,該志《藝文志》録其文 7 篇。

(二) 陳必淮

陳必淮字三洲,湖南岳陽人,生卒年不詳,《〔光緒〕靈州志・歷朝宦蹟志》載其事蹟較詳。光緒三十一年(1905)冬權知靈州州事,三十二年(1906)解任回省,三十四年(1908)二月又重守斯土。守靈州期間,曾主持續修《靈州志》,惜傳世本皆爲殘本。《朔方道志》卷十三《職官志・民國職官表》載,民國元年(1912),陳必淮爲首任寧夏分巡道員,民國三年(1914)寧夏道改名朔方道,陳必淮爲首任道尹。

(三) 馬鴻賓

馬鴻賓(1884 至 1960)字子寅,回族,甘肅臨夏人。《朔方道志》卷十三《職官志・民國職官表》載,民國八年(1919)任寧夏護軍使,十年(1921)寧夏護軍使改設爲寧夏鎮守使,馬鴻賓爲首任鎮守使。1930 年初被馮玉祥任命爲寧夏省主席。1935 年率部赴隴東堵截紅軍,受打擊。抗日戰争期間,曾率部在綏西一帶抵禦日寇侵略。1949 年 9 月,與其子馬惇靖率八十一軍起義,爲和平解放寧夏作出了貢獻。新中國成立後歷任寧夏省副主席、甘肅省副主席等職,先後當選第一、二届全國人大代表。《朔方道志》卷二七《藝文志・記序》録其《新室記》1 篇。

(四) 王之臣

王之臣字汝翼,湖南寧鄉人,生卒年不詳。《朔方道志》卷十三《職官志・民

---

① 丁明俊著:《馬福祥傳》,寧夏人民出版社 2000 年版,第 166 頁。

國職官表》載，民國二年(1913)任鹽池縣知事，三年(1914)轉任平羅縣知縣，五年(1916)卸任，八年(1919)任靈武縣知縣，九年(1920)卸任。據王之臣《〈朔方道志〉序》載，他在任靈武期間編修過靈州志書，可惜書稿未見有傳世。十三年(1924)王之臣重游來寧，陳必淮、馬鴻賓請之臣主持編修朔方志書，十四年(1925)編成。十五年(1926)，與馬福祥等編纂甘肅《〔民國〕民勤縣志》成書。

(五) 其他人員

《朔方道志》卷十七《人物・學行》載，"前纂修"吴復安字心齋，朔方道寧朔縣(今寧夏賀蘭縣)舉人。潛心經史，淡於名利。在寧朔縣中學、師範等學校充任監督。民國七年(1918)，寧夏護軍使馬福祥、道尹陳必淮聘吴復安編修朔方志書。吴復安等主要參考《甘肅新通志》進行編修。不久，吴復安去世，修志之事遂寢，時論惜之。《朔方道志》卷二七《藝文志・記序》録其文《新建寧夏中學堂碑記》1 篇，卷二九《藝文志・賦詩》録其詩《賀蘭懷古》(2 首)、《青銅禹蹟》共 3 首。

四、志書内容

《朔方道志》最早的版本是天津華泰印書館鉛字排印本。華泰版書衣頁印有馬福祥書"朔方道志"4 字，次頁印有"天津華泰印書館代印"9 字圓印一枚。白口，單、黑魚尾，四周雙邊，每半頁 11 行，行 26 字至 27 字。版心自上而下依次注明書名、卷次、類目名、頁次及"天津華泰印書館代印"9 字。該志由序、《修志銜名》、卷首、正文卷一至卷三一及跋等幾部分内容組成。

序、《修志銜名》共 8 頁。序有 3 篇，依次是：馬福祥民國十五(1926)序，落款後印有"馬福祥印"陰文方印、"雲亭"陽文方印；王之臣民國十四年(1925)序；王宋雲《〈寧夏府志〉後序》①。《朔方道志》録清乾隆間人王宋雲序，例仿明清寧夏通志。《修志銜名》共録 41 位與志書編修有關者的姓名、職官或身份等。

卷首共 15 頁，包括《命令》《目録》《凡例》。對於民國的建立，《朔方道志》編者認爲"由專制朝廷之臣僕一躍而爲共和平等之人民，實中華無上之光榮，亦世界罕聞之盛舉"。故在《朔方道志》内容編排上，首列《命令》。《命令》之設，實仿《〔乾隆〕寧夏府志》及《甘肅新通志》的做法，《凡例》曰，舊志"均以《綸音》列之卷首，以示統於一尊。兹仿擇開國命令數則，謹冠諸首，不入總目者，昭崇敬也"。

---

① 《朔方道志》題作"舊《寧夏府志》後序"。

由此也可看出，民國時期官僚意識中仍然有很濃的封建皇權情結。《命令》共選録民國元年至十年間(1912至1921)13條總統令[①]，最後4條爲黎元洪、馮國璋、徐世昌等三任總統封賞馬福祥、馬鴻賓的命令，這也説明，《朔方道志》的編寫有馬氏家族欲借此光宗耀祖等政治目的在内。《目録》爲二級目録，既有各卷志名，還有各志下小類名。《凡例》共23條，説明本志編寫原則、方法，最後一條説明地圖圖例。

正文共31卷11志75目，附7目[②]。爲闡明編輯主旨，該志"既於總目之首各用弁言，復或於子目加以小引，或於篇尾跋以論説"(《凡例》語)。《朔方道志》編修時對内容還有所辨析，《凡例》曰："其志内向來沿訛襲謬，或徵引未全，則悉本《通志》，並參考他書，添補更正，或加按語以明之，總期擇精語詳而免舛錯。"阿拉善、鄂爾多斯、烏審等三旗地之近寧夏者，軍務雖歸寧夏節制，但由於歷史上自治程度高，政教不同，故《朔方道志》只叙其邊界、世系、風俗、建築、營棚等事，其山川、形勝、建置、職官、人物等概未詳叙。

卷一《天文志》共3目，包括《星野説》《井宿圖》《鬼宿圖》，附《祥異》。有關天文的内容，《〔乾隆〕寧夏府志》(即《朔方道志》所謂"舊府志")統屬於"地理"類，《甘肅新通志》(即《朔方道志》所謂"通志"，或"新通志")則把這部分内容獨立爲一類，列之於首卷，《朔方道志》編者認爲《寧夏府志》做法不妥，採納了《甘肅新通志》的做法。隨着人們對天文認識水準的提高，逐漸有新學家認爲，舊志中所謂"分野""星野"的説法是不科學的。《朔方道志》對於這樣的現象作了變通處理。既輯録有《寧夏府志》《甘肅新通志》的説解内容，又輯録了部分新學家的内容，爲後人深入考證留有餘地。《井宿圖》《鬼宿圖》均照《甘肅新通志》附圖繪製。所附《祥異》，舊志編入"雜記"，通志附於"天文"，《朔方道志》效法《甘肅新通志》做法，附於《天文志》後。《祥異》記述内容始自北魏太武帝始光三年(426)，止於民國十三年(1924)，共記一千四百九十八年的祥異事件，其中始光三年至乾隆四十年(426至1775)共一千三百四十九年間事全部録自《寧夏府志》，又補充了乾隆十四年(1749)、二十二年(1757)、嘉慶四年(1799)以後的所謂祥異事。

卷二、卷三《輿地志》共兩卷9目，包括《疆域總圖》《疆域分圖》《沿革表》[③]《邊界》《形勝》《山川》《風俗》(附《方言》)《物産》《古蹟》(附《陵墓》)。《朔方道志》認爲，《寧夏府志》只繪製疆域總圖，失之太略，故仿《甘肅新通志》做法，又詳繪分

---

① 最後一條爲北洋政府徐世昌總統令，特晋授馬福祥以"勳二位"，原印本發佈時間只有月份爲"十月"，年份原空一格，未詳。據丁明俊《馬福祥傳》，此令當發佈於民國十年(1921)。

② 馬福祥序稱"計分類者十"，《凡例》亦曰"爲總目十"，都未將《志餘》統計在内。馬福祥序、王之臣序及《凡例》均載志書爲三十二卷，是將"卷首"統計在内了。

③ 《朔方道志・目録》標目作"沿革"。

圖。總圖有兩幅，一爲《朔方道疆域總圖》，一爲《朔方道疆域特圖》，前者附有圖例，後者主要繪製的是寧夏鎮守使所轄蒙古阿拉善旗、額濟納旗的疆域範圍。圖後又附朔方道道治所在地、四至八到及到省城、京城里數的文字説明。《疆域分圖》包括寧夏縣、寧朔縣、中衛縣、平羅縣、靈武縣、金積縣、鹽池縣、鎮戎縣等 8 縣轄境圖，每圖後分别附文字説明其縣治所在地及四至八到的里數。某些縣的文字説明中還有内容變動的説明，如中衛縣，"按：舊志未注東北、西北界，今照《新通志》增補之"。平羅縣，"按：《新通志》所載平羅疆界與舊志多異，新採訪與舊志同，應從舊志"。《沿革表》對民國時期朔方道所轄寧夏、寧朔等 8 縣自秦、漢至民國的建置沿革用圖表方式羅列出來，一目了然。表後又用文字對朔方道及所轄各縣歷史變遷一一細述，最後還在"按"中對有關沿革問題進行了考證。《邊界》引《甘肅新通志》等文獻，結合調查採訪，用較多篇幅對朔方轄境内的長城進行介紹，並對歷史上蒙古與寧夏轄境紛争過程也有叙述。《形勝》引古代文獻特别是與寧夏有關的志書，對各地的地理形勢進行高度概括。《山川》主要參考《寧夏府志》《甘肅新通志》，對朔方境内各主要的山川一一梳理，説明其所處地理位置及特點，部分山川還附有歷史掌故。對於内容的增減還有説明。如寧夏、寧朔二縣"山"後，"據《舊府志》，無回軍山、石嘴山、黄草山，今照《新通志》增入"。"川"後，"按《舊府志》，夏、朔無三塔湖、金波湖、千金湖，今照《新通志》增入"。《風俗》主要記載朔方當地漢族的年節禮俗、冠禮、婚禮、喪禮、祭禮等禮制特點，特别附有蒙古族和回族的風俗及禮俗特點、四季節日等。《風俗》後附《方言》，記載了調查所得的 86 個有一定代表性的方言詞彙，對每一個詞彙都有簡單説明。《物産》分穀類、蔬類等 14 類對當地所産進行記載，對每一種物産都有簡單的注釋説明。其中礦類、貨類内容具有民國舊志的特點，主要記載當地的礦物及商貿物品。《古蹟》記載海寶塔、西塔等古蹟所處地理方位、興建情況及與它有關的歷史掌故。其後附《陵墓》記載有西夏王陵、明慶靖王墓等所在位置信息。

卷四、卷五《建置志》共兩卷 11 目，包括《城池并圖》《公署并圖》《壇廟》(附《寺觀》)《堡寨》《關梁》《倉庫》《員警》《郵政》《電政》《坊表》《市集》。《城池》主要以文字説明朔方道城及所轄寧朔縣等縣縣城興修史，及各縣屬城池距縣治所在地里數、興築簡史。道城、縣治所在地都繪製有平面簡圖，縣屬城池没有繪製。《公署》對朔方道尹公署、鎮守使署、甘肅第三高等審判檢察分廳等 3 家公署以文字説明其所在位置、修建歷史、建築佈局等，並附各署的平面圖。其他各轄縣公署都只有文字説明，未繪圖。朔方道其他辦公機構(即"公所")和《寧夏府志》所載圮廢公所附在最後。《壇廟》(附《寺觀》)主要記載朔方道及所轄各縣社稷、風雲雷雨、先農各壇及文武、文昌、城隍、龍王各廟所在位置、相關祭祀制度等，並對某些制度略加考辨。有關祭祀制度在《甘肅新通志》中被作爲專門内容，獨立於《建置》之外進行詳細説明，《朔方道志》則散記在《建置》各壇廟之下，且没有詳細介紹，《朔方道志・凡例》解釋這樣做的理由爲："惟自民國革命，孔祀亦幾議廢，何况其他。"《堡寨》《關梁》《倉庫》等3目主要記載朔方各轄縣堡寨、關梁、倉庫名稱及所在位置，並據《寧夏府志》對各縣堡寨、關梁、倉庫舊有及新建情况補充説明。與員警有關的事宜，《甘肅新通志》列入"兵防"記述，《朔方道志》編者認爲應該歸入行政範圍，故把《員警》列在《建置志》中，記載朔方道及各縣警察局編制情况，在"按語"中簡單介紹其設置歷史。《郵政》《電政》主要記載其設置歷史，及道路里程。《坊表》先列49處牌坊，其中12坊均旌表寧夏之有功勳者，33坊均旌表寧夏之有節義者，4坊均民人表揚寧夏之有功德者，後附明朝所立，但分别毁於萬曆二十年(1592)兵變、乾隆三年(1738)大地震者。《市集》記載朔方道及各縣市集數量、所在地及各集市交易時間。在朔方道市集又附《寧夏府志》所載但現在已廢的平善等6處集市，還附有朔方道的治所所在地即今銀川市城内各街巷名稱及所在位置。

卷六、卷七《水利志》共兩卷4目，包括《河渠源流》《渠道建置》《渠工則例》《渠務格言》。諺云"天下黄河富寧夏"，寧夏獨得河水之利，境内各渠多賴黄河以滋灌溉。同時，每年因興修水利而耗資巨大，《朔方道志》編者以爲"河渠爲寧民命脉，且每歲費修以億萬計。其興作之期間，開水之遲早，物料之攤派，均有一定章程"。因此，"兹特溯其源流，采其成法，彙集編次，以便司水利者之考證焉"。《河渠源流》考證自漢至清朔方境内河渠興修簡史，並附《夏朔平羅金靈五屬管道總圖》《中衛縣屬管道總圖》。《渠道建置》主要記載唐徠渠、漢延渠等朔方境内25條主幹渠的興修歷史、流經地域、長度、灌溉田畝數、管道附屬工程如水閘、暗洞、飛槽等，這些内容既有以往志書的記載，亦有新近實地採訪調查，資料非常詳實。其後又附各主幹管道的支渠數量、名稱及其所在位置和長度。《渠工則例》總結了治水過程中的各種經驗之談，如閘壩説、堤埂説、暗洞説等。《渠務格言》輯録了甘肅巡撫楊應琚《浚渠條款》、寧夏水利同知王全臣《言渠務書》、董凝極《言渠務利弊書》等3篇與治渠有關的文獻，據此可以瞭解清朝地方官員治渠的辦法及主張。前2篇在《寧夏府志》有録，《朔方道志》補録了第3篇。

卷八、卷九《貢賦志》共兩卷7目，包括《賦則》《額征》《鹽法》《茶法》《錢法》《統捐》《雜税》，附《户口》。《賦則》概述寧夏明清時期賦税的具體數額及變化情况。《額征》分縣介紹賦税情况，寧夏縣、寧朔縣、中衛縣、平羅縣、靈武縣、鹽池縣等6縣的賦税，先據《寧夏府志》記載乾隆四十五年(1780)前賦税情况，然後據新調查採訪資料補充其後至民國十一年(1922)賦税情况。金積縣、鎮戎縣兩縣據其設置時間分别記載不同時期的賦税情况。《鹽法》《茶法》《錢法》分别對寧夏鹽法、茶法、錢法的歷史進行了簡要梳理,《統捐》《雜税》等列舉寧夏賦税名目及數目。附録《户口》,既載民國時期各縣人口數量,亦據《寧夏府志》録清乾隆以前人口數量,通過比較兩組資料,《朔方道志》編者指出因戰争原因而導致寧夏户口减少這一事實時感歎道:"清初寧夏户口最爲繁盛。道、咸以降,迭遭兵燹。同治之變,十室九空。宣統三年,又值匪亂,民之死亡以數萬計。户口凋零,職是之故。膺斯土者,懲前毖後,消患未萌,孑遺黎民,庶有豸乎?"

卷十《學校志》共7目,包括《學宫》《書院》《試院》《學額》《社學義學》《學田》《學校》。《寧夏府志》將"學校"歸入《建置》,《朔方道志》編者以爲不妥,認爲時下"歐瀛各國以學校之多寡睹國勢之盛衰,幾如無事不學,無人不學。中國京師設教育部,省設教育廳,學校之在今日似尤爲立國最重之點"(《凡例》)。故仿《甘肅新通志》,將其獨立爲一類,進行記載。《學宫》《書院》《試院》《學額》《社學義學》《學田》等主要記載舊式學校教育的有關情况,《學校》則專記民國時期寧夏各縣教育情况,包括各地設立學校數量、師生規模、學校規模、學習課程、圖書、教學儀器、學校經費、師生待遇等,其中包括多所清真學校,説明當時寧夏回族人口已經達到了相對較高的比例。至民國十三年(1924)總計有高級學校35所,初級學校217所。

卷十一《兵防志》共3目,包括《兵制》《防地》《營盤》。寧夏地理位置險要,《寧夏府志》將有關"兵防"的内容原載入"職官"中,《朔方道志》編者認爲這樣做不能突出寧夏在全國的軍事戰略意義,故仿《甘肅新通志》,將其獨立爲一類,進行記載。《兵制》主要據《寧夏府志》對寧夏明清時期軍事制度進行簡介,並補充民國時期寧夏軍事編制情况。與《兵制》有關的歷代官制、戰事,《朔方道志》分别在《職官志》《歷史》中有詳述,故《兵防志》中省略不載。《防地》主要記載寧夏重要的邊界地之地理位置、長度及重要的關口等。《營盤》主要記載馬鴻賓任寧夏鎮守使期間,爲防止其他地方軍事勢力侵入寧夏而修建石嘴山營盤、河拐子營盤等基本情况,内容涉及營盤所在地理位置及其主要的功用等。

卷十二至卷十五《職官志》共4卷6目,包括《明代官制》(附《明藩制》)、《清代官制》《民國官制》《歷代職官表》《民國職官表》《宦蹟》(附《客官》)。該志主要記載明、清、民國等時期文武職官制度。由於資料檔案的缺失,該志於《明代官制》(附《明藩制》)、《清代官制》中,文官主要參考《甘肅新通志》所載録止於州縣一級,武官參考《寧夏府志》録止於參將、游擊。《明朝官制》主要記載其職官名、數量,《清朝官制》還記載各官設置時間、俸餉等。《民國官制》除説明各官設置時間、數量、俸餉及政府開支外,還引《組織道官制令》14 條、《組織第三高等分廳及附設地方庭暫行章程》15 條、《組織縣官制令》9 條,分别對朔方道道尹、審判分廳監督推事和檢察分廳監督檢察官、各縣知事等官員的職掌、許可權等作出説明。《歷代職官表》據有關文獻,録秦至元朝在寧夏境内任職者 124 人的姓名、官名等,其中秦朝 1 人,漢朝 7 人,魏朝 4 人,北魏 3 人,北齊 3 人,隋朝 10 人,唐朝 60 人,五代 4 人,宋朝 25 人,元朝 7 人。由於寧夏在明、清兩朝有相對獨立的府級建置了,故分不同官稱分别録其官名、任職人數、姓名、籍貫、任職時間等,清朝任職時間具體到"年",明朝的較爲籠統,只具體到哪一代皇帝,如"嘉靖間任""萬曆間任"。明朝各級官員共 372 人,清朝各級官員共 943 人次。《民國職官表》記載内容較清朝官員更詳細些,某些官員還記其字,共計 107 人次[①]。《宦蹟》共有 213 人入傳,附《客官》有 14 人入傳。入《宦蹟》者依時代先後排序,傳主必須有政績可傳且已去世者,即所謂"賢者"且"蓋棺論定"。

卷十六至卷二三《人物志》共 8 卷 13 目,包括《鄉宦》《學行》《孝友》《薦辟》《忠義》《節烈》《耆壽》《流寓》《隱逸》《技藝》《釋道》《任俠》《殉難》。本志類目設置基本沿襲了《寧夏府志》,唯《學行》爲獨創。《朔方道志》編者認爲,"昔人有言,行道者君相,明道者師儒,道不明則道即不行,故師儒其最重也。因特輯學問醇正、品行端方者爲一類,以爲士之矜式焉"。也就是説,入《學行》者,其學問、品行都足堪後世效法。入《鄉宦》者,自漢魏至明清,代有其人,其中明朝有 21 人入傳,清朝有 88 人入傳。《學行》載明清兩朝人,明有 6 人入傳,清有 52 人入傳。入《孝友》者唐朝 2 人、元朝 1 人、明朝 11 人、清朝 47 人。《選舉》包括歷代選舉科舉與民國選舉兩部分内容。歷代選舉、科舉事多録自《寧夏府志》,乾隆四十五年(1780)即《寧夏府志》成書後,寧夏屢遭天災人禍,檔案資料遺失嚴重,故此後有關資料《朔方道志》多付闕如。有關民國選舉,輯録縣議員 7 人,省議員 7 人,衆議院議員 3 人。入《忠義》《節烈》《殉難》3 目者頗多,以元、明、清三朝爲主。由於《朔方道志》編者所持的政治立場,其中有許多都是民族起義的鎮壓者、劊子手,當然也有無辜百姓,對此讀者當明辨。《耆壽》載清朝朔方道長壽者。《流寓》載自晋至清曾客居寧夏的名人。《隱逸》多載清朝朔方道德行高尚、無意於仕途者。《技藝》載元、明、清三朝或精通醫術,或工書畫,或有一技之長者。《釋道》載北周至清朔方道修行較高的僧人、道士。《任俠》載明清時期朔方道樂善好施、喜做善事者。

---

① 清及民國官員中有多人任職有重複,故統計以"人次"計。

卷二四至卷二九《藝文志》共6卷8目，包括《公牘》《記序》《議説》《書傳》《銘贊》《頌歌》《賦詩》《歌詞》。共録詩文338篇(首)，其中《公牘》18篇，《記序》84篇，《議説》6篇，《書傳》4篇，《銘贊》6篇，《頌歌》2篇，《賦詩》208首，《歌詞》10首。入選藝文者在内容和創作水準上都有一定的要求。内容上需要"有關於世道人心及山川形勝"，"有關掌故可以考見山川形勝及時事因革"，創作上要求"詞復雅馴"。從輯詩文看，《寧夏府志》所輯《疏奏》14篇，《朔方道志》全部輯録，又增漢傅燮《治内疏》、清左宗棠《劉松山進攻金積陣亡請恤疏》《馬化灐投誠辦理情形疏》《籌辦金積善後事宜疏》等4篇。《寧夏府志》所輯《賦》《議》《頌》《銘》《贊》《序》《説》《傳》《書》《記》等，除個别篇目外，絶大多數都被輯入《朔方道志》。《朔方道志》新增詩文中，有參與修志的景琪、許景魯等人詩文，更有多篇或爲馬福祥撰，或與馬福祥政績有關。如《記序》新增《重修護軍使署碑記》《修築護軍使署圍牆記》《重修朔方北城門樓記》《五原剿匪寧軍諸烈士殉難碑記》《寧夏河東剿匪陣亡諸烈士碑記》《寧軍援剿定邊圍攻昭化廟諸烈士殉難碑記》《寧夏剿平僞皇陣亡諸烈士碑記》等7篇均爲馬福祥撰，而王樹枏《馬護軍使紀功碑記》、羅經權《馬上將軍紀功碑記》、梁雋冕《馬護軍使德政碑》等3篇很明顯是爲馬福祥歌功頌德之文，王文墀《甘軍援五原表功記》、梁雋冕《寧軍剿匪紀略》等2篇雖然以記叙有關戰事爲主，但實質上也是在爲馬福祥樹碑立傳。

卷三〇、卷三一《志餘》共兩卷4目，包括《歷史》《蒙古世系》《軼事》《著作》。關於《志餘》，其小序對其編輯之由説明得較爲清楚，小序曰："前十篇條分縷析[①]，凡百事體，依類相從，已無餘藴。惟歷代事蹟有不能爲之聯屬者。東、西兩蒙，既歸節制，有不能不詳其世系者。野史别録，半係傳疑，亦有可與正史互相發明者。各家著作，雖未盡傳，亦有不能不爲表章者。存之則各門難入，棄之則遺憾良多，用特搜殘網失，彙爲《志餘》，以終其篇。"《歷史》類目之設，實仿《寧夏府志》之設《紀事》、《甘肅新通志》之設《戎事》，《朔方道志》編者認爲這兩志的取名不妥，故輯録朔方歷代大事，彙爲一篇，名曰《歷史》。其記事，始於周"命南仲城朔方，防玁狁"[②]，止於民國"六年二月，護軍使馬福祥擒僞皇帝吴達兒六吉，誅之"。《蒙古世系》簡述阿拉善額魯特部一旗、鄂爾多斯右翼中旗的世系。輯録11則《軼事》，亦仿《寧夏府志》，其中前10則全部同《寧夏府志》，只不過第10則

---

① "前十篇"即指《朔方道志》之《天文志》至《藝文志》等10志。

② 有學者認爲，此"朔方"與民國所設"朔方郡"無關，《朔方道志》沿襲舊誤，誤將此事輯入志書。參見張維：《隴右方志録》，《中國西北文獻叢書》據北平大北印刷局1934年版影印，蘭州古籍書店1990年版，第77册第536至537頁。魯人勇、吴忠禮等先生對西周"朔方"亦有考辨，參見魯人勇等：《寧夏歷史地理考》，寧夏人民出版社1993年版；吴忠禮等：《寧夏歷史地理變遷》，寧夏人民出版社2008年版。

《寧夏府志》注史料出處爲《朔方志》,《朔方道志》則注出處爲《靈州舊志》。最後一則是《朔方道志》新採訪所得[①]。《著作》爲朔方道地方著述專目,共著録 26 種著作,其中西夏人著作 2 種,明人著作 4 種,清人著作 20 種。

正文最後附焦沛南民國十六年秋(丁卯秋,1927)《重校〈朔方道志〉跋》,落款後印有"沛南私印"陰文方印、"澍恩"陽文方印。

五、志書編修質量及文獻價值

張維《隴右方志録》對《朔方道志》的編修質量有較爲中肯的評價,他從考證寧夏歷史沿革的角度出發,認爲《朔方道志》官制資料中提及"朔方道尹"而未提及"寧夏道尹",這與寧夏官制事實不符。《朔方道志》設"水利""兵防"專志,相比過去的寧夏志書而言是可取的。而卷首設《命令》一目,多與寧夏無關,與志書體例不符。最後一卷《志餘》立 4 目,從各目内容看,可分别歸併到其他志目當中,單獨立卷設目則不妥。張維最後還對《朔方道志》沿襲舊説,把與寧夏無關的"夏州""朔方"事輯入志中,"城池""堡寨"部分内容重複等存在的問題提出了批評意見。

除張維所指出的問題外,《朔方道志》在編輯印刷上還存在誤字現象。有些是很明顯的,如卷一《天文志·祥異》"與群臣謀伐夏"句之"伐"誤作"代",卷十一光緒三年(1877)任寧靈撫民同知的湖南"寧鄉"(今湖南省寧鄉縣)人喻光容誤作"寧化"人,卷十二《職官志·清代官制》"韋州寧夏群牧所"之"群"誤作"郡",卷十三《職官志·歷代職官表》載清朝寧夏知府王賜均"嘉慶間任"誤作"嘉靖間任",卷十四《職官志·宦蹟》載明人王越,誤作"王鉞",卷二九《藝文志·賦詩》録有朱㮵詩詞,但《登宜秋樓》作者名誤作"朱旃",《塞垣秋思》作者名又誤作"朱稱",等等。有些錯誤則需要考辨,方能明其誤之源。如卷二《輿地志·山川》"青沙峴"條載:"嘉靖十三年,套虜吉囊入寇,兵部尚書劉虎遣劉文邀擊於此。"其後附按語中指出這是從平遠舊志即《〔光緒〕平遠縣志》中采入的。查該志卷四"青沙峴"條載,嘉靖十三年(1534)吉囊入寇,是兵部尚書"劉龍"遣劉文擊敗之,注明史料出處是《固原州志》。那麽到底是"劉龍"派兵還是"劉虎"派兵呢?《〔萬曆〕固原州志·藝文志第八》載明朝康海嘉靖十三年(1534)十二月撰《平虜碑記略》載,嘉靖十三年(1534)七月吉囊入寇時,是兵部尚書"唐龍"遣劉文率兵擊敗入寇者。同

① 《朔方道志》所載《軼事》,其史料源頭當溯至《〔弘治〕寧夏新志》,此後《〔嘉靖〕寧夏新志》、《〔萬曆〕朔方新志》、《〔乾隆〕寧夏府志》、《〔嘉慶〕靈州志蹟》等相繼襲用弘治志的資料,但出現了文字上的錯誤。

書《官師志第六》"唐龍"條也載此事。故知,《平遠縣志》"劉龍"當作"唐龍"。也就是説,《平遠縣志》先把"唐龍"誤作"劉龍",《朔方道志》又把"劉龍"誤作"劉虎"了。某些記載前後矛盾,如關於鹽池縣屬城毛卜喇城距鹽池縣城的距離,《朔方道志》卷四《建置志·城池》作"距縣城一百三十里",卷五《建置志·堡寨》又作"在城西一百七十里"。《〔民國〕鹽池縣志》卷二《建置志》之《城垣》、《堡寨》"毛卜喇城"條,均爲"一百五十里"。

《朔方道志》體例上亦有不完善之處,如卷二四《藝文志·公牘》載《請復兵餉原額疏》《請復兵餉額疏》兩篇奏疏,前者題爲明朝楊應聘撰,後者未題作者,據《朔方道志》編修體例,此當爲疏漏。據《寧夏府志》知,第二篇作者爲明朝黄嘉善。另外,沿襲了舊志的編纂指導思想及原則,對民族起義仍以明顯的仇視、鄙視態度來評價。

特别需要注意的是,《朔方道志》在對原始資料進行剪輯時,往往把一些比較重要的信息捨棄掉了,這從某種程度上影響了史料的完整性。如卷三《輿地志·古蹟》"鎮戎舊邊牆"條載:"鎮戎舊名'平遠',東城外有邊牆,因火篩及小王子連兵入寇,明弘治十八年,總制楊一清奏築,唐龍、王瓊、王憲、劉天和輩踵成之,袤延五百餘里……"注其出處爲《平遠縣志》。《平遠縣志》卷五《古蹟·長城》載:"長城,在縣東城外,火篩及小王子連兵入寇,平固不能耕。明弘治十八年,三邊總制楊一清築邊牆以禦之,工方興,閹人劉瑾憾一清不附己,以勞費蹙境罷其役。嗣總制者唐龍、王瓊、王憲、劉天和輩踵成之,袤五百餘里。張珩復添設敵臺、墩鋪,而防禦益固,虜遂不敢犯……"兩相比較就會發現,後者的資料更爲詳盡些。由後者可知,鎮戎縣境内修築長城是因爲外族入寇,致使平凉、固原一帶百姓不能正常耕作,所以楊一清才奏請修築長城以防禦,但由於宦官劉瑾從中作梗,楊一清未能完成自己的修築計劃,修築計劃是其繼任者唐龍等人相繼完成的,張珩又進一步加固修築,外族才不敢隨意入犯。很顯然,這些細節如果僅僅閲讀《朔方道志》是不會獲知的。

儘管如此,作爲傳世的民國時期寧夏唯一的通志,《朔方道志》還是有積極的學術研究價值的。從記載内容看,除沿襲舊志傳統記載内容外,部分新增加的内容有一定的學術研究價值。例如,《朔方道志》附録疆域、管道地圖 12 幅,在寧夏舊志中,圖畫的總數量雖然僅次於《〔宣統〕新修固原直隸州志》,但附録地理圖數量最多。由於採用了較爲先進的繪製方法,地圖内容也更加詳細、準確,這些地圖文獻爲研究民國時期寧夏疆域沿革、水利變化等都無疑是難得的資料。《風俗》附《方言》,記載 86 個有一定代表性的方言辭彙,對每一個辭彙或釋音,或釋義,或明音變,或明語法,這些資料對研究以銀川話爲代表的寧夏川區方言有一定價值[①]。《志餘·著作》爲朔方道著述專目，共著録 26 種朔方道人著作。雖然這份目録遺漏頗多，不能全面反映朔方人著作全貌，但由於在寧夏舊志中，除《〔弘治〕寧夏新志》曾設《經籍》著録寧夏著作情況外，鮮有設置專門類目著録寧夏人著述者，故《朔方道志》的做法值得肯定。民國時期軍閥混戰，《朔方道志》新增馬福祥撰《五原剿匪寧軍諸烈士殉難碑記》、王文墀撰《甘軍援五原表功記》、梁雋冕撰《寧軍剿匪紀略》等文，雖然在評價戰事時難免主觀臆測，但對戰事過程的記載還是有一定的可信度的。

從編修體例而言，有繼承亦有創新。《朔方道志》繼承以往舊志的特點，對於輯自其他文獻的資料一般都注明其出處，如引自《中衛舊志》《鹽池志稿》《明一統志》《天方典禮》等。創新之處在於不拘泥於以往志書的陳規，而是根據寧夏實際特點，在類目設置上有所變通。例如，將"水利"獨立爲專題進行記載，既有文字説明，更有地圖標示。不僅有對寧夏水利興修史的概述梳理，更有對寧夏興修水利經驗的總結。今天梳理寧夏水利史，甚至在具體的水利建設活動中，這些内容仍有借鑒意義。於《人物志》中增設《學行》一目，使專注於學術者亦得入志，這就爲讀書人樹立了另一類效仿學習的榜樣，引導學子不要只效仿仕途有建樹者，這對於社會風尚的轉變顯然有積極意義。在《志餘》中專設《歷史》，把寧夏歷代大事輯爲一編，很好地補充了志書建置、沿革内容的不足。民國十八年(1929)十二月，民國政府内政部曾頒佈《修志事例概要》，其中規定:"各省志書，附將建置沿革，另列入沿革志外，並須特列大事記一門。"[②]《朔方道志》成書早於此規定的頒佈，可知其做法是有一定遠見的。

總之，《朔方道志》所載與寧夏有關的歷史、政治、經濟、軍事、文化、人物等方面的内容，是研究寧夏特别是近代寧夏的必讀内容，其編修水準代表了民國時期寧夏舊志的最高水準，在寧夏舊志編纂史上具有一定的影響和學術研究意義。《朔方道志》集全道(省)之力，把當時所轄寧夏縣、寧朔縣、中衛縣、平羅縣、靈武縣、金積縣、鹽池縣、鎮戎縣等 8 縣内容全部匯於一編，如果將每一縣的内容單獨輯録出來，按相關體例進行編輯，都可以獨立成各自的民國時期縣志，這對後人很有啓發意義。與同心縣有關的《〔民國〕豫旺縣志》正是把《朔方道志》中鎮戎縣的内容都輯録出來，冠以《豫旺縣志》的書名傳世的。

---

① 參見李樹儼:《〈朔方道志〉在寧夏方言研究方面的學術價值》,《寧夏大學學報》1985 年第 4 期,第 74 至 79 頁。

② 中國地方志指導小組辦公室選編:《中國方志文獻彙編》,附録二《中華民國時期修志文獻》,方志出版社 1999 年版,第 1445 頁。

整理説明

一、本書主要以標點、校勘、注釋等方式對《〔民國〕朔方道志》進行整理，以天津華泰印書館民國十六年(1927)鉛印本爲底本，以清朝乾隆四十五年(1780)《寧夏府志》、宣統元年(1909)《甘肅新通志》等爲對校本。《朔方道志》大量節録《寧夏府志》《甘肅新通志》内容，前者簡稱“舊志”或“舊府志”，後者簡稱“通志”或“新通志”。除特殊説明外，本書凡標點作“《舊志》”“《舊府志》”者均指《寧夏府志》，標點作“《通志》”“《新通志》”者均指《甘肅新通志》。本書於首見處説明，其餘不再一一標注説明。

二、本整理成果以繁體横排形式出版。注釋條目以當頁脚注形式注明，用圈碼①②③之類排序。校勘以[1][2][3]之類排序，放在卷末。正文或脚注中以“□”符號表示原本漫漶不清或破損的文字，一個“□”符號代表一個字；原本缺漏内容較多者脚注説明，並以“……”符號表示；正文中以“〔　〕”符號括注的文字，均係整理者增加。

三、卷末注校勘成果。校勘以校異文爲主，酌校内容異同。因用字習慣不同而出現人名、地名、族名等同名異寫現象，均出校説明。底本或對校本中存在明顯的誤、脱、衍、倒等現象，於正文中校改後出校説明。雖有異文但意可兩通者，不改正文，僅在校記中説明。除特殊需要外，校本有誤，一般不出校。

四、《朔方道志》在刊刻時明顯誤刻之字，如“戊”“戌”誤作“戍”，“己”“已”“巳”及“曰”“日”互混等，校勘時徑改，不一一出校説明。“飢渴”“飢寒”“飢餓”等詞語之“飢”誤作“饑”，“征伐”之“征”誤作“徵”，姓氏用字“侯”誤作“候”，等等，皆徑改，不一一出校。

五、《朔方道志》排印或引用他書文獻時，沿襲前朝舊志避諱例，如“慶曆”“弘治”“萬曆”分别作“慶歷”“宏治”“萬歷”等，人名用字“弘”作“宏”等，均於首見處出校説明，餘皆徑改，不再一一出校。舊志編者站在封建階級立場上，污蔑同治年間回民起義，且以“回亂”“奸回”“回匪”“賊”之類歧視性字詞表達其敵視、仇視情緒，對鎮壓起義者給予褒揚，凡此當加以批判。爲保持文獻原貌，整理時對這些字詞一仍其舊。

六、底本用字中存在的異體字、俗體字、通假字、古今字等現象，如“煙烟”“關関”“志誌”之類，一律不出校説明其字形相異。某些不規範的異體字、俗體字、古今字等，或前後用字不一者，均按出版要求適當統改成規範、統一的字體，不出校記。《朔方道志》轉引他書文字内容，引文若與該書通行版本文字不同，除引文確實有誤，如誤録人名、地名、時間等需要出校説明外，凡不影響文意理解者一般不改動引文。

七、當頁脚注徑出注釋條目。注釋内容主要包括：原文易致惑者（如文獻簡稱或省稱、干支紀年等）、原文提及的詩文或史料出處、原文體例中資料互見者、整理者對輯補史料的出處説明和整理者的補充文字等。

八、脚注中，凡言“本志”者，均指《朔方道志》。凡言“本志書例”者，均指《朔方道志》編修體例。徵引文獻之版本，凡“中華書局點校本”簡稱“中華本”，“文淵閣《四庫全書》本”簡稱“《四庫》本”。書名較長者沿用習慣簡稱，具體簡稱參見《參考文獻》。

九、脚注中，凡引古代文獻，均只注明書名、卷次、篇名等，其作者、版本等詳見《參考文獻・古代文獻》。凡引現當代文獻，均只注明作者、書名或論文篇名、頁碼等，其出版社、刊物名、發表時間等詳見《參考文獻・現當代文獻》。若被引用古代文獻已有整理成果，一般直接吸收其合理意見，不再重複叙述校注理由，注明“參見××”字樣。引文出處、他校資料或他人校勘、考證成果，亦注明“參見××”字樣。

十、《參考文獻》分《古代文獻》和《現當代文獻》分別著録。其中，《古代文獻》分陝甘寧舊志、經、史、子、集等五類著録，《現當代文獻》分著作、論文兩類著録。

〔馬福祥〕朔方道志序

朔方名稱，至古詩所謂“王命南仲，往城于方”①。方，朔方也。漢統於北地郡分治之處，是曰“寧夏”。“寧夏”之見於史，此爲權輿。經魏晋、隋唐迄今，迭置郡縣。民國三年，復改寧夏郡爲朔方道。《公羊傳》“名從主人”②，至是始還其舊矣。其地左河右塞，形勢險固，屹然西北重鎮。風俗敦龐，物産闐溢，鹽池、石油，天然之利。淵嶽雄深，代生偉人。文德既懋，武功特著。宜乎志乘流傳，炳焉焕焉。自明藩慶靖王刱修《朔方志》於前③，乾隆朝張守金城續修《寧夏府志》於後，當時董其役者，何嘗不摭採故實、網羅散佚，蔚爲一代成書。兵燹洊更，殘闕失次，致使采風之使、考古之儒不免感歎於杞宋無徵、文獻不足。余用滋懼。癸丑歲④，以護軍使兼寧夏將軍駐節鄉邦。俯仰今昔廢興之陳蹟，爽然有懷。乃亟商之道尹陳君必淮，設局纂修。功未及竟，余旋調綏遠都統，幸從子鴻賓繼任鎮使，猶得與陳君賡續不懈。一時局中在事之員，亦能殫心經營，初終無間。《舊志》之所不備⑤，則採《新通志》以輔之⑥，又雜取他書以參證之。書成，名之曰《朔方道志》。計分類者十，分卷者三十有二。經始於丁巳⑦，告蕆於丙寅⑧，首尾十年，用力可謂勤且瘁矣。而於百數十年之後，復值灰燼廢壞之餘，所見異詞，所聞異詞，所傳聞又異詞。其僅有可考者，補苴掇拾，略大概已耳，謂能詳慎無遺，備一方之掌故，匪惟諸君子之所不敢自信，抑亦余所躊躇却顧，而不能不深望於後人之摘其疎謬、增益而訂正之也。

中華民國十五年丙寅夏曆六月望日，馬福祥書於京寓。

---

① 《詩經·小雅·出車》：“王命南仲，往城于方。出車彭彭，旂旐央央。”

② 參見《春秋公羊傳注疏》卷二二“昭公元年”。

③ 《朔方道志·凡例》第一條、王之臣《朔方道志序》均同本序。實際上，明慶靖王朱㮵編修志書名當爲《寧夏志》而非《朔方志》。

④ 癸丑：民國二年(1913)。

⑤ 舊志：指《〔乾隆〕寧夏府志》。下同。

⑥ 新通志：指《〔宣統〕甘肅新通志》。下同。

⑦ 丁巳：民國六年(1917)。

⑧ 丙寅：民國十五年(1926)。

〔王之臣〕朔方道志序

粤稽上世，王朝有書，列國有紀，載筆有官，所以觀風而問俗也。迨至後代，事更加詳。國有史，家有乘，而一省一郡一邑，莫不有志焉以志其事，志之義詳矣。寧夏古爲朔方郡，星分井、鬼，地接蒙疆，居塞北而號江南，背賀蘭而面黄水。萬山聳翠，百派匯流，以故晋之勃勃、唐之師都、宋之元昊胥欲竊此以自逞焉。洎夫有明，套虜屢犯，烽臺之置、邊牆之築，防範幾無虚日。前清懷柔得宜，夷情帖服。至我民國，各旗軍務均歸節制，始不啻胡越一家矣。

溯自明藩慶靖王栴修《朔方志》，後巡撫王珣、楊守禮、楊應聘相繼續修，年湮代遠，書皆失傳[①]。致數千年之流風善政、文物典章，若存若没，殊可惜矣。清乾隆四十五年，郡守張公金城續修《寧夏府志》，秉筆者爲朔邑進士楊君子瀛。窮源竟委，考核精詳，兵災之餘，亦鮮完帙，迄今又一百三十餘年矣。雖山川猶是，風物依然，而其間建置、官師之異，賦税、教養之殊，人文、武功之代興，忠孝、節義之間出，歷年既久，半即銷沉。民國肇興，制度更易，府州之稱謂已非兵官之體制，又別當此改革之時代，猶忍令杞、宋之無徵，以後雖有好學之士、稽古之儒，恐亦徒費漁郎之過問矣。民國丁巳[②]，護軍使馬公雲亭、道尹陳公三洲殷殷焉以修志是亟，聘朔邑舉人吴君心齋以主任之。未幾，吴君物故，其事遂寢。甲子[③]，之臣重游來寧，時馬公已調任綏遠都統。陳公以之臣前在靈州續修州志，頗能耐勞，商鎮守使馬公子寅命之以繼其任。檢閱前稿，半係照抄前清光緒季年所修《甘肅通志》，其自宣統至今，多未之及，不無闕點。竊思志體，郡與省不同，一省事緒甚繁，自應删蕪就簡，一郡事務較少，惟恐語焉不詳。特未可以文獻無徵，糅雜夫行間字裏，此郡志之體也。劉君鶴泉深以爲然，復經梁君善卿、馬君子良照擬修志目録，從新調查，於甲子五月朔日設局治事。夫志，史事也。自非才大學博且能洞悉夫地方之人情風俗，何敢率爾操觚？况寧夏邊塞之區，藏書既寡，兵燹之後，

---

① 明朝王珣監修《〔弘治〕寧夏新志》、楊守禮監修《〔嘉靖〕寧夏新志》、楊應聘監修《〔萬曆〕朔方新志》等志書皆有傳。《〔弘治〕寧夏新志》、《〔萬曆〕朔方新志》殘本傳世，《〔嘉靖〕寧夏新志》完整傳世。

② 民國丁巳：民國六年(1917)。

③ 甲子：民國十三年(1924)。

檔卷盡亡，各屬志乘，如朔邑之《朔方志稿》、靈州之《續修志稿》，非缺即遺。《中衛志》修自道光後，此亦未續修。鎮戎、鹽池志剏修伊始，亦只言其大略。此外如寧夏平羅、金積，則未之聞焉。人往風微，抱殘守缺，蟻負千鈞，其有不躓且顛者鮮矣。所賴吳孝廉心齋倡之於前，劉鶴泉、楊葆卿諸君子勸之於後，從開闢修，起訖於民國十四年。以舊府志爲主，《新通志》爲輔，並參考他書暨新採訪以增益之。分門别類，正僞訂訛，閲十九月而功始竣，成書三十二卷。以前明迭修《朔方志》，且寧夏近改朔方，府已改道，因名之曰《朔方道志》。

雖然，之臣竊有説焉。孟子述孔子之言曰[①]："知我者，其惟《春秋》乎？罪我者，其惟《春秋》乎？"孔子作《春秋》以非在位，而擅褒貶，其意因未自安也，此固非所比倫。然以局外而參局中之議，且從百餘年之後而欲續叙百餘年以上之事，其中之是是非非、善善惡惡而謂胥能得情理之正，且無遺軼之虞，可備邦人士之徵信焉，此亦非之臣之所敢必而理得心安者也。知我罪我，又不禁誦孔子之言，而翻然悔惕然懼矣。是爲序。

民國十四年乙丑夏曆良月朔日，五等金質單鶴章、前任命鹽池縣知事，楚潙王之臣敬書。

① 參見《孟子·滕文公下》。

〔王宋雲〕舊寧夏府志後序

寧夏乃漢朔方地，闢土舊矣，而前世紀載無成書，明藩慶靖王始爲朔方志。越弘治辛酉①，巡撫王公珣修之，郡之胡大司馬汝礪筆也。其後嘉靖己亥②，巡撫楊公守禮重修，管給諫律實主其事。萬曆丁巳③，都御史楊公應聘又修，楊主事壽裁訂焉，皆郡人也。自是而後，續者無聞。天〔啓〕、崇〔禎〕之間，僅編奏記數篇。國朝順治初，唐采臣先生以户部主事督餉來此，得遺文數首，因與中丞黄公〔圖安〕奏議附刻於後。朔方舊志如是而已。

乾隆癸酉④，寧夏道定州楊公〔灝〕有志欲新之，未成而罷。其後太守新安王公〔應瑜〕甫議修舉，以調任去。又其後朔邑令長沙周公〔克開〕爲《朔縣志》，稿就未刊，亦以遷任去。嗚呼，何其事之難如斯耶，豈其一書之成，亦自有待於其時與其人，而不可强者耶？今太守公任事之三年，政通人和，百度修舉。爰及斯志，命雲等相與編纂，而公裁定焉。删舊志之繁蕪，[1]詳本朝之制度。稽之列史以補缺漏，衷之通志以一體裁。徵考之於案牘，以著因革之由；採詢之於閭閻，以彰幽隱之蹟。於是一州四邑方數千里之地，二百餘年間之事，披卷瞭然，可指諸掌矣。夫寧夏自震災後，故家藏書世牒與鄉先賢之撰述，灰燼之餘，十不存一。使早得搜羅於數十年之前，必尤有炳如蔚如可觀者。然使非遇太守公卓識宏材，毅然搆此，更聽之數十百年後，并今紀録且泯滅不可考，此亦勢之必然者。然則太守公此舉，其於我寧文獻，爲功豈淺鮮哉！

抑雲更有感焉。憶雲始受書即聞諸先輩，以郡志不修爲憾。定州楊觀察始創修時，先伯父信庵以明經與參訂。長沙周邑宰修朔邑志，又委之以採訪。而二書皆不就。今荏苒二十餘年，雲得沐太守公雅化，復與編輯，纘先人未竟之志，而卒覩此書之成，附名其間，且感且愧。因述其源委贅於簡末，用以見斯書之成，實

---

① 弘治辛酉：弘治十四年(1501)。
② 嘉靖己亥：嘉靖十八年(1539)。
③ 萬曆丁巳：萬曆四十五年(1617)。
④ 乾隆癸酉：乾隆十八年(1753)。

有待於我太守公。既爲邦人慶,并以志私幸於無窮也。

王宋雲謹跋。

【校勘記】

[1] 删舊志之繁蕪:"删""蕪"原無,據《〔乾隆〕寧夏府志》載王宋雲撰《寧夏府志後序》補。

修志銜名

主修

一等大綬文虎嘉禾章、陸軍上將銜、勳二位、西北邊防會辦　馬福祥

二等大綬文虎嘉禾章、上大夫銜、朔方道道尹　陳必淮

監修

二等大綬文虎嘉禾章、陸軍中將、勳四位、寧夏鎮守使　馬鴻賓

纂修

五等金質單鶴章、前任命鹽池縣知事　王之臣

前纂修

清舉人、前夏朔縣議會議長　吴復安

幫纂修

清貢生、考試職員、前夏朔議會副議長　劉振清

清舉人、寧朔縣初級中學校校長　楊泰

同纂修

清寧夏駐防協領、鎮守使多署書記官　景琪

清貢生、師範學校兼中學校校長　徐宗孺

清貢生、師範學校兼中學校教員　許景魯

清拔貢、師範學校兼中學校教員　鄧雲路

清貢生、前省議會議員　喬熙

清拔貢、補用州判、前夏朔縣議會副議長　李斌

清拔貢　蔡之璧

調查

清拔貢、前夏朔縣議會議長　梁生祥

清附生、前夏朔縣議會副議長　馬德

清貢生、漢延渠局長　于鎔

清補用游擊、惠農渠局長　吴成基

採訪

清附生　王本立

清附生　李培源

清舉人　朗察

清附生　張虎榜

清舉人　劉佩黻

清舉人　蔣飛熊

師範學校畢業生　張光普

師範學校畢業生　王啓監

清貢生、靈武第二高級小學校校長　柴維棟

清貢生　吴定邦

清拔貢、前靈武勸學所長　李鳴鷺

清拔貢　景耀光

畢業生、金積高級小學校校長　雷金龍

清貢生、鎮守使署書記官　劉炳

清貢生、鹽池高級小學校校長　聶從善

清貢生　李文炳

清貢生　田多稼

圖畫

清附生、師範學校兼中學校教員　黄光蕡

薦任職大清渠局長　殷邦德

朔方道署教育科科員　張良桂

繕寫

朔方道署庶務科科員　彭鼐

朔方道署實業科科員　陳捷勛

校對

朔方道署庶務科科員　彭鼐

收發

朔方道署財政科科長　陳必炎

朔方道志卷之首

命令

清宣統三年八月癸丑，武昌起義，各省響應。十一月癸酉，在江寧開選舉大總統會。丙子，孫大總統〔中山〕宣誓就職。是日即爲陽曆一月一日，民國元年紀元以此始。二月己未，清帝遜位。三月己丑，甘肅承認共和。四月丁未，議決臨時政府移於北京。不數月間，由專制朝廷之臣僕一躍而爲共和平等之人民，實中華無上之光榮，亦世界罕聞之盛舉。因仿舊志首列《綸音》之例，謹擇開國命令數則弁之卷首。不列卷數，以昭崇敬。

民國元年二月己未，奉組織臨時政府袁〔世凱〕令："現在共和國體業經宣布，世凱忝膺組織臨時政府之任，力小荷重，深惧弗勝。竊念政府機關不容有一日之間斷，現值組織臨時政府，所有舊日政務，目下仍當繼續進行。庶政方新，百端待舉，全賴群策群力，互相匡濟，務以保全治安，共維大局爲要務。在新官制未定以前，凡現有内外大小文武官署人員，均應照舊供職毋曠厥官。所有應行公務、應司職掌以及公款公物，均應照常辦理，切實保管，不容稍懈。倘有藉端規避、曠厥職官者，不獨違背官規，抑且放棄國民義務。竊願在官諸君子共懔此意。此令。"

同日，又奉令："現在改定國體，採用共和，業經大清皇帝明白宣布。凡我國民，須知此次改革爲我國家從來未有之剏局，非舍故君而戴以新君，乃由帝政而變爲民政。自茲以往，我中國之統治權非復一姓所獨擅，而爲四百兆人所公有。我中華民國不論滿、漢、蒙、回何種民族，均由專制朝廷之臣僕一躍而爲共和平等之人民，實我中華無上之光榮，亦世界罕聞之盛舉。惟當新陳代謝之際，正禍福攸分之時，始基不慎，貽害何窮。吾人同屬國民，各有天職，艱難締造，義不容辭。凱以菲才謬膺組織臨時政府之任，力小荷重，其何能堪？所賴我賢士大夫竭盡知能，共謀匡濟。諸公久膺疆寄，外觀世局，内察民情，必有以慰同胞望治之心，方不負大清皇帝致政之意。其或愚氓無識，胥動浮言，亦宜剴切詳明，廣爲勸導。總之，共和國家輿論即爲法律之母。國是一定，萬難動摇。無論何人，均有服從國法之義務。凱雖不敏，願與諸公努力行之。此令。"

三月乙酉，奉大總統袁〔世凱〕令："本大總統於中華民國元年三月初十日舉行受職禮訖。自念德薄能鮮，膺兹重任，兢兢業業，惟以隕越是懼。維我民國，建設伊始，千端萬緒，肇造維艱，是皆賴我内外文武百官協力同心，共擔義務。當此瘡痍未復，國步艱難，苟有可以破除私見，保持公安，謀秩序之挽回，籌政事之統一者，本大總統當與諸君竭力圖之。此令。"

同日，又奉令："國體變更，首在蕩滌繁苛，與民更始。自中華民國元年三月初十日以前，我國民不幸而罹於罪者，除真正人命及强盜外，無論輕罪重罪，已發覺未發覺，已結正未結正者，其皆免除。此令。"

同日，又奉令："國民積苦專制，重罹兵禍，農民損失甚鉅，豈宜催督逋欠，重滋擾累。所有中華民國元年以前應完地丁、正雜、錢粮、漕粮，實欠在民者，其皆免除，有司勿得催索。此令。"

同日，又奉令："現在民國法律未經議定頒布，所有從前施行之法律及新刑律，除與民國國體抵觸各條應失效力外，餘均暫行援用，以資遵守。此令。"

五月壬寅，奉令："共和以法治爲基，民權以財産爲重。保護財産，世界各國法律所同。自頃戰事告終，元氣未復，正宜同謀樂利，以奠民生。况保護公産，保護私産，禁止濫捕撞騙，均經前孫大總統辦理有案。乃捕人索銀之事，迭有所聞，國法何存？民業奚恃？本大總統既膺公選，即當以國利民福爲己任，特申戒國人須知：人民權利，載在《臨時約法》，保有財産自由，無故不得侵犯。從前用兵之際，雖有將無主財産及官吏私産充公等事，乃出於軍事上之權宜，斷難沿爲習慣。現在政府成立，自應實行法治，嚴戒武斷。嗣後應由各省長官及各軍隊長官恪遵約法，嚴飭所屬，切實保護人民財産。倘再有逞私謀奪情事，一經告發，務必按法懲治。其從前迫脅立約尚未履行者，自奉令之日始概失效力。至於坐贓犯科應行籍没者，自可按照法律由檢察官提起公訴，歸司法衙門審斷，决無盡人可得越俎之事。本大總統爲恢復秩序、尊重人權起見，深願國民同享幸福，共保和平，其各懔遵。此令。"

六月辛未，奉令："中國尊孔，始於漢武帝擯黜百氏，表章六經，自是學説遂統於一尊。顧孔學博大，與世推移，以正君臣爲小康，以公天下爲大同。其後歷代人主專取其小康學派鞏固君權，傳疏諸家，變本加厲，而專制之威，能使舉世學者不敢出其範圍。近自國體改革，或謂孔子學説與今之平等自由不合。淺妄者流，至悍然倡爲廢祀之説，此不獨無以識孔學之精微，並且昧平等自由之真象。孔子生當貴族專制時代，憫大同之不行，乃退而祖述堯舜，删修六經。春秋撥亂之後，爲昇平、太平之世，禮於小康之上，進以大同共和之義，此其導源。遠爲顔〔淵〕、曾〔子〕、〔子〕思、孟〔子〕，近如顧〔炎武〕、黄〔宗羲〕、王〔夫之〕諸儒，多能發明宗旨，擇語精詳，大義微言，久而益著。醞釀欝積，遂有今日民主之局。天生孔子爲萬世師表，既結皇煌帝締之終，亦開選賢與能之始，所謂反之人心而安，放之四海皆准者。本大總統證以數千年之歷史、中外學者之論説，蓋灼然有以知日月之無傷，江河之不廢也。惟民國以人民爲主體，非任其自由信仰，不足以證心理之同。前經國務院通電徵集國民意見，兹據尹昌衡電請，令全國學校仍行釋奠之禮，所見極爲正大，應俟各省一律覆到，即照民國禮制，根據古義將祀孔典禮詳細規定，以表尊崇而垂久遠。此令。"

民國四年三月二十日，奉令："民國肇基，承前清積衰之後，當暴徒斲喪之餘，萬端待理，若治棼絲，鋭意經營，日不暇給。予以憂患餘生，不忍萬姓顛連，出任國家之重，所以朝作夜思，不敢自逸者，爲救國救民計耳。我官吏等各有職守，即同有救國救民之責任。自當以予心爲心，協力進行，國家庶有自危而安、自弱而强之望。夫以今日國勢之不振，民困之未蘇，即上下一心，卧薪嘗膽，猶恐於時無補，不免危亡。詎意京外官吏，習於晏安，罔知懲毖，或偷惰曠官，或瞻徇誤事，或奢靡害俗，或嬉游耗時。當此存亡危急之秋，曾無戒慎恐懼之念。哀莫大於心死。人心若此，國何以存？徵諸前史，立國之初，類皆法令嚴明，官無留事，斷無有文恬武嬉而可以坐致治安者。誠以人人奉職，國不期强而强，身受其福，澤及子孫；人人廢職，國不期亡而亡，身罹其殃，遑恤厥後。爲一時之偷安，致萬劫之不復。志趣頹放，精氣銷亡。人非至愚，何忍出此？三載以來，迭加訓戒，而泄沓之習仍未盡除，逸樂之風勢且日甚。固自藐躬德薄，感化無方，亦所司陽奉陰違，視爲具文，故不能收懲一儆百之效。予視官吏如子弟，憫其昏迷不憚，言之諄諄，以期改悔。兹特明垂四誡，永作官箴，百爾在位，凛之毋忽。

"一曰戒偷惰。設官分職，各有責任。辦公時間，固宜兢惕從事，即當退食，猶應盡力研求。古人所謂進思盡忠，退思補過，其敬事可知。一人敬事，一事見功；人人敬事，事無不舉。國家何患不强？若旅進旅退，毫無實心，大吏畫行，小吏書到，於公事之原委若何、辦法若何絶不研究，號爲當差，日復一日，其人不必顯有過失，即此偷惰曠官，而庶事之墮壞於無形者多矣。聖人爲委吏乘田，尚有會計當牛羊茁壯之責任，況有大於委吏乘田者乎？長官職在表率，屬吏職在奉行。秩有尊卑，急公則一。素餐尸位，當共恥之。

"一曰戒瞻徇。我國生計艱難，人浮於事，自食其力者寡，浮游無業者多。此輩倚賴性成，營求無厭，而官吏瞻徇情面，轉相屬託，相習成風，毫不爲怪。不知此類游民專以餬口謀利爲宗旨，絶無愛國思想，亦無任事能力，稍加引用，鮮不僨事。且公家用人有定，庸劣者以徇情而進，則幹練者將以失援而退，極其流失，必至無一人辦事而後已。前經嚴令戒飭，嗣後各長官應切禁所屬互相請託，如有犯者立予彈劾。若長官有請託情事，並准屬吏據實舉發，以絶瞻徇。

“一曰戒奢靡。國用浩繁，財政支絀，所有文武官俸，非出之於水深火熱之民生，即挹之於剜肉補創之國債。雖重禄勸士，國有常經，而古人於一絲一粟，尚思來處不易。今爲何時，禄從何出，心目間時懸一民力拮據之狀、國債窘迫之情，稍有天良，顧忍以奇痛之金錢，供無名之揮霍乎？近有藉口進化，務爲虚縻，一餐之費，至數十金，一日之醵，至數千金。禄不足給，勢須改操，假公濟私，何所不至？蓋奢侈雖爲私德之失，其流毒足以蕩公德而無遺。既失之奢，必敗之貪，此是相因之勢。前清之亡，由於在位者用財無節，寵賂滋章，鬻爵於朝，伏戎於莽，百事敗壞，顛覆隨之。殷鑒不遠，匪細故也。

“一曰戒嬉游。前清末造，不肖士夫游戲徵逐，風氣所趨，至於亡國。一博萬金[1]，爲世詬病。改革以來，此風未絶，賭博之禁，迭申嚴令，而京外官吏竟有明知故犯者。昔人所謂牧猪奴戲，今則高位素族，夷然爲之。且賭者貪之漸、盜之媒，衣冠之人，行同敗類，是何心肝，言之可耻。須知平民賭博，猶犯刑章，官吏爲之，何以服衆？亦有本非所好，受人牽率，不知有志之士，貴能轉移風氣，詎可爲風氣所轉移。或藉詞於餘力消遣，無害公事，不知人生精力有限，於無益之事多一分消耗，必於應用之處少一分運行。國家阽危至此，而官吏舍業以嬉，不知危亡爲何事，玩時愒日，尚何盡職之可言？官吏賭博爲近日惡風，其尤著者予所稔知，冀其自新，稍留餘地，長此不改，惟有執法，以繩其後，言盡於斯，各宜猛省。自經此次誥誡之後，儻有不知警悟仍蹈前轍者，一經查出，或被人舉發，定當治以上玷官箴、下害風俗之罪。予固不願察察爲明，然國家非一人之私，治國家亦非一手足之烈，官吏之敬事與否，實國家隆替所關，予亦何能曲徇？京外文武長官有表率之責者，務各切實申儆所屬。如尚沿前弊，除將該官吏等依法懲戒外，仍惟該管長官是問。著將此次申令各録一道，懸掛京外各公署，並著内務、陸軍兩部印刷，分寄京外有職人員，互相規戒，暨由政事堂飭銓叙局於給發任命狀時印發一紙，俾各官吏觸目警心，視爲厲禁。醫不攻疾，無以處方；國不去蠹，無以施政。天鑒有赫，君子懷刑。毋負予耳提面命之意。此令。”

民國五年四月十八日，奉大總統黎〔元洪〕令：“蓋聞畫壁圖形，乃焕雲臺之績；據鞍報國，終成銅柱之勛。陸軍中將馬福祥，隴右威名，雲中宿將。河湟扼險，義渠夙典邊兵；虜騎無塵，李牧常居代地。念成功於既往，爰錫命以昭來。兹依勳位第一條，特授以勳四位，用嘉乃績。功在邊陲，息賀蘭之烽火；封同茅土，勉新息之勳猷。此證。”

五月十二日，奉大總統黎〔元洪〕令：“蓋聞瀚海天驕，鳴鏑多風塵之警；崆峒人武，吹鞭仗梟散之材。陸軍少將馬鴻賓，勇略無前，忠謀自奮。馳蠮螉之絶塞，狼望塵清；褫烏鼠之餘魂，虎頭威著。殊勳聿著，懋賞宜加。本大總統依勳位令第一條，特授以勳伍位，以酬乃庸。盟府載書，偉烈耀鏤金之版；河湟作鎮，壯猷揚仗鉞之稜。此證。"

民國六年五月七日，奉大總統馮〔國璋〕令："蓋聞猛士守方，貴有安邊之略；靈臺偃伯，乃酬捍國之庸。勳四位上將銜、陸軍中將馬福祥，險扼金城，勳高銅柱。抗威稜於新息，陣肅貔貅；倚雄劍於崆峒，氣吞龍虎。嘉兹偉烈，特予崇封。本大總統依勳位令第一條，晋授以勳三位，用嘉乃績。壯雄師於靈武，永無西顧之憂；緬圖畫於凌煙，竚望東來之氣。此證。"

民國十年十月[2]，奉大總統徐〔世昌〕令："蓋聞開府九邊，賀蘭獨居重鎮；分珪五等，太常特紀奇勳。上將銜、陸軍中將馬福祥，勇著金城，勳高銅柱。充國素嫻邊事，紓籌策以屯田；文淵洞悉虜情，畫山川而聚米。合頒異數，用獎成勞。本大總統依照勳位令第二條，特晋授以勳二位，以彰乃功。建虎節於朔方，益懋西陲之績；啓龍圖於奕世，彌增東壁之光。此證。"

朔方道志目録

朔方道志凡例

一、寧夏自明藩慶靖王創修《朔方志》,後巡撫王珣、楊守禮、楊應聘相繼續修,書皆失傳[①]。清乾隆四十五年,知府張金城修《寧夏府志》,兵燹之餘,亦鮮完帙。兹集以《舊府志》爲主,《新通志》爲輔,並參考他書暨新採訪以增輯之,名之曰《朔方道志》。

一、《舊府志》爲總目八[②],固已綱舉目張,但今昔攸殊,若僅照舊志續輯,闕漏必多。今仍從開闢修,起訖於民國十四年,爲總目十,曰《天文》,曰《地輿》,曰《建置》,曰《水利》,曰《貢賦》,曰《學校》,曰《兵防》,曰《職官》,曰《人物》,曰《藝文》。總目之下隸以子目,依類相從。其歷代事實之未能聯屬者,另列《志餘》一門,以期完備。查《府志》《通志》均以綸音列之卷首,以示統於一尊,兹仿擇開國命令數則,謹冠諸首,不入總目者,昭崇敬也。

一、總目統子目,既於總目之首各用弁言,復或於子目加以小引,或於篇尾跋以論説者,此亦班書提綱索隱述贊之義。其志内向來沿訛襲謬,或徵引未全,

---

① 《凡例》所言巡撫王珣、楊守禮、楊應聘相繼續修寧夏志書,且志書皆已失傳之事與史實不符。參見本書正文第 2 頁脚注①。

② 《寧夏府志》正文内容共八大類,包括:卷一《恩綸紀》,卷二至卷四《地理》,卷五、卷六《建置》,卷七、卷八《田賦》,卷九至卷十二《職官》,卷十三至卷十七《人物》,卷十八至卷二一《藝文》,卷二二《雜記》。

則悉本《通志》，並參考他書，添補更正，或加按語以明之，總期擇精語詳而免舛錯。

一、寧夏自秦漢以降，名稱不一，載在沿革。至前清爲寧夏府，控靈州、寧夏、寧朔、中衛、平羅一州四縣，同治十一年，增置寧靈廳，民國二年改金積縣。又以靈州改靈武縣，花馬池分州改鹽池縣。又鎮戎舊爲平遠縣，隸固原直隸州，民國二年易名鎮戎，改隸寧夏。裁府缺，改寧夏分巡兵備道爲朔方道。計一道八縣，稱謂既殊，版圖又廓，其一切因革損益，均不無今非昔是之殊。自不得不循名核實，條分縷析[4]，以期一目了然。

一、阿拉善、鄂爾多斯、烏審三旗地之近寧夏者，軍務歸寧夏節制，是東西兩蒙近均在寧夏範圍之中。但該兩蒙向歸自治，政教不同，故集中僅敘邊界、世系、風俗及建築營棚等事，其山川、形勝、建置、職官、人物，概未詳敘。

一、天文，《舊志》隸於輿地，律以分野之義，尚非剌謬。但三才自有定位，《通志》列之首册當矣。惟近來新學家言星野之説不無穿鑿，亦曾言之。然太白入東井，自古有占驗之者，天道遠而人道邇，鄭子産已有明言。爰全録《舊志》，而以新説附之，以俟後來深於天文者考正焉。

一、輿地、建置均關緊要，《舊志》於輿地城池祇列總圖，未免太略。兹仿《通志》例，於總圖外各繪分圖，并列篇首，以便查對。衙署則祇於鎮、道、法廳三署各繪一圖，他屬略之，以限於尺幅，未克從詳故也。至山川、形勝、物産等事關乎輿地，堡寨、橋梁等事關乎建置，各以類從，毋庸贅述。

一、祠祀，《通志》另爲一門。在前代，以祀戎爲國大事，固不得不列專門。惟自民國革命，孔祀亦幾議廢，何况其他？兹仍照《舊志》列入《建置》。警察，《通志》列入《兵防》，然其始意設科警以汰書差，似屬行政範圍以内之事，因并入《建置》。

一、《舊志》水利、貢賦均隸輿地。查天下黄河富寧夏，是河渠爲寧民命脉，且每歲費修以億萬計，其興作之期間、開水之遲早、物料之攤派均有一定章程，罔敢逾越。至賦税維正之供，爲人民應盡義務，其中荒墾增減，代有不同，若非詳爲登載，後此何所考查？兹并爲分列，以昭詳悉。

一、學校爲造就人才之地，夏曰校，殷曰序，周曰庠，其義一也。近歐瀛各國以學校之多寡覘國勢之盛衰，幾如無事不學，無人不學。中國京師設教育部，省設教育廳，學校之在今日似尤爲立國最重之點。《舊志》列入《建置》，未盡合宜，兹照《通志》，另爲一門。

一、兵防所以保衛地方，安寧秩序。文事武備，相輔而行。前明寧夏置兵最多，分駐邊塞，謂之"擺邊"。清改緑營，民國改練新軍，制雖不同，其保護地方人民則一。《舊志》附於武職，亦未合宜，兹并照《通志》，另爲一門。

一、職官姓氏，自乾隆四十五年後百有餘年，既題名之多疏，亦兵燹之迭遇。同治一役，檔卷盡失，而耆老之流離得歸故土者又什不獲一，非獨難查，實無可查也。兹文職照《通志》至州縣止，武職照《舊府志》至參、游止，其中多由《通志》採入。蓋同治之役，省城未陷，卷尚完全，差可徵信也。至官制則斷自有明始，宋元以前僅存髣髴，自當付之杞宋無徵之列。

一、職官、人物之可入傳者，唯分年代先後，不論文武官階，免繁瑣也。但必其人本有可傳，且必人已去世。蓋賢否宜分，亦蓋棺乃論定也。《通志》以宋之張俊陷害忠良，擯不入傳，現在名人，恐涉標榜，概不立傳，深得古人守正不阿之意，兹本此以爲去取焉。

一、選舉、科舉姓氏，在《舊志》前即多缺略，乾隆以降，屢遇兵燹，光緒季年，學官又廢，更屬無可查考。兹照《通志》，科舉至副、拔、優三貢止。至民國議員，投票則另爲選舉之一例，學校畢業，又新開選士之一端，此亦因時制宜之道。《舊志》以選舉、科舉列入人物，今從之。

一、《舊志》以鄉宦、儒林總名"鄉獻"，自爲合宜，但其中究有分别。昔人有言，行道者君相，明道者師儒，道不明則道何以行？是師儒其首重矣。兹以《鄉宦》爲一目，而於士之學問醇正、品行端方者另爲《學行》一目，以爲後之矜式，其餘則悉照《舊志》，未敢另立名目。過爲區别，致滋方人之誚。

一、孝友忠義，所以維綱常、勵風化，罔敢或遺。但必擇其事實可據，不得以空談虚譽致失不經。至節婦，例以年未三十守節及守節過三十年者爲限。其守節未及三十年而身故者，亦在旌表之列。無論已旌未旌，均應入志。其耆壽、流寓、隱逸、方技、釋道、任俠，亦紀載家所不廢。附以殉難，慰幽魂也。

一、藝文雖爲表章人文之盛，然必有關於世道、人心及山川、形勝，而詞復雅馴者方可分類選入。一切流連風景、華靡綺麗之詞，概置不録。

一、志餘紀事，提綱用單行，叙事用雙行，以便觀覽。

一、志自有體裁，雖義主紀事，而宜雅正，一切時新語，未敢羼入。

一、志又宜簡括，然應有者亦須盡有，至文獻無徵，則從史闕文之例。

一、志以"朔方道"名者，明慶王創修《朔方志》，是宜於古也。民國改"寧夏"爲"朔方道"，並宜於今也。

一、寧夏既改朔方，集中"寧夏"字均應改"朔方"字，方合體裁，惟名稱已久，其中因有未能遽易之處，閲者諒之。

一、圖畫計里定方，附各圖末，其餘城池用"□"，堡寨用"○"，路用"／"，水用“”，山用“”，川用“”，長城用“”，沙漠用“”，寺用“”，關用“”，界綫用“”“”，以爲標識。

【校勘記】

[1] 一博：此二字前原衍“一博”二字，據文意刪。

[2] 十年：“十”字原爲空格，丁明俊《馬福祥傳》考證此令發佈於民國十年(1921)，據補。

[3] 疆域：原作“彊域”，據本志正文及文意改。下同。

[4] 析：原作“柝”，據文意改。

朔方道志卷之一　天文志

星野説　井宿圖　鬼宿圖祥異附

按《周禮》：保章氏以星土辨九州之地[1]，所分封域皆有分星[2]，以觀妖祥。先儒恒非之。然晋升平元年四月，太白入東井，六月，苻堅弑其主，天道垂象，匪盡無徵。因特本井鬼分野舊説，詳爲校正，以備稽考。志《天文》第一。

星野説

《舊志》云①，《春秋元命苞》曰②："東井、鬼宿爲秦。"《史記・天官書》③："東井、輿鬼，雍州之分。"《漢書・地理志》④："秦地於天官，東井、輿鬼之分野也。"《唐書・天文志》[3]："東井、輿鬼，鶉首也。自漢三輔及北地、上郡、安定，西自隴坻至河右。"寧夏在秦漢屬北地郡，居秦雍之西境。此志寧夏分野者皆主井、鬼、鶉首之次所由本也。

又云，東井、輿鬼、鶉首之次爲雍州分野。寧夏郡在雍州之西境，歷世天官家或謂兼尾，或謂兼柳、尾，其躔次度數言各不同。考古測驗，大抵主井、鬼者居多，甘肅舊通志僅列二宿圖，不爲無據，故仍之而不及其他。

---

① 參見《寧夏府志》卷二《地里・星野》。
② 《春秋元命苞》原書已佚，《藝文類聚》卷六《地部・雍州》引曰："東井、鬼星散爲雍州，分爲秦國。"
③ 參見《史記》卷二七《天官書》。
④ 參見《漢書》卷二八下《地理志》。

〔井宿圖〕

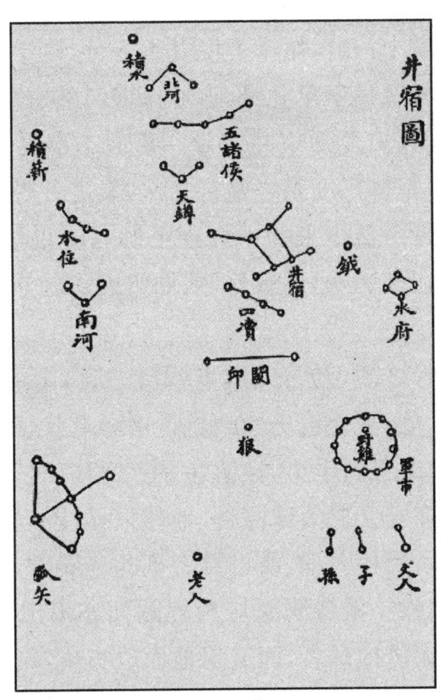

〔鬼宿圖〕

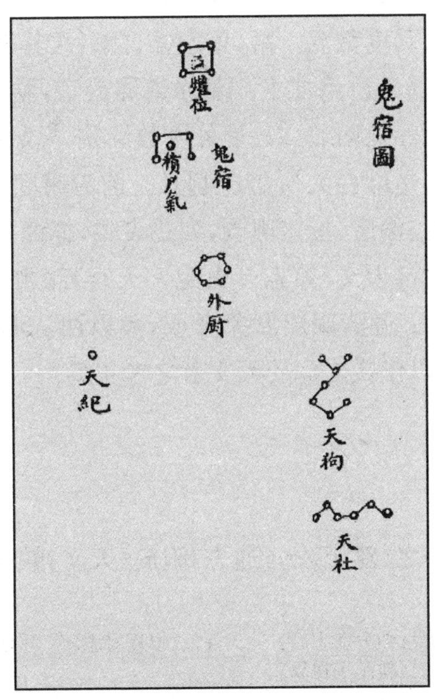

據《大統曆》①：井八度三十四分九十四秒[4]，入鶉首之次，辰在未[5]。赤道：井三十三度三十分，鬼二度二十分，尾十九度一十分，柳十三度三十分。黄道：井三十一度一分，鬼二度十一分，尾十七度九十五分，柳十三度。

按《舊志》主東井、輿鬼爲寧夏分野，自非無據。然中衛舊志云，中衛，寧夏屬境，《禹貢》雍州之域，《唐志》夏州東井之分。舊通志寧夏北地郡地入尾十度，蔡邕《月令章句》自井十度至柳三度謂之鶉首之次，秦之分野。秦太史張猛謂，箕尾燕之分野，東井秦之分野。蓋自東井十六度至柳八度爲鶉首，於辰在未，秦分屬雍州。合參諸説，夏境在西北隅，爲秦分，則夏州東井之分爲有據，以輿鬼分主則混矣。

又《新通志》云，分野之説，乃古人因事觸機之言，未可據爲定論。如齊、魯、宋不過數百里，而分虚、危、奎、婁、房、心六宿，視秦之井、鬼，趙之分胃、昴、畢，迥然不同。揚州合江南等處五六千里，僅值斗、牛二宿。而地球上五洲萬國同兹覆載，何以並無一宿所值耶？又况天球西轉，地球東移，既以子午定天頂，即以卯酉分地平。環而北極出地，南極入地，所可見者祇此半周天，安得統四象、限黄道宿鈐而牽合附會於十二州歟？雖各國疆域對列圓面亦不出乎三百六十度，然三垣諸曜隨天旋運，其體有大於地球者，而云緣地面以布羅，一任下民剖分割據，如家人子姪之各占産業，無此理矣。大抵恒星與二十八宿未嘗有度，因天道冲漠，曆家難於推測，惟以二十八宿爲體，而隸度於其上，以星宿距離之數相絜，用紀日躔焉。斗、井不當日躔，故其度數寬。觜、鬼適當日躔，故其度數窄。若欲以天球之定位合地球之定位，要以赤道爲之主。蓋赤道麗於宗，動天别南北而分内外，乃天體正中界限也。其在赤道南北二三度外度數漸狹，里數漸減，直至南北九十度樞紐處始無經度、里數，是即西人所謂橢圓耳。前清康熙法堯四宅，命臺官分測各省及外藩之北極高度、偏度，量畫輿圖，列爲表式，經緯井然，允足爲萬世圭臬。如徒恃考據，而援引漢晋《天文》等志、《史記・天官》諸書以爲確證，未免毫釐千里之謬也。按《新通志》：遵清康熙曆象考成，参以西法測算，詳言躔度，不主分星，其説又異，并附之，以俟後之深於天文者之考正焉。

附祥異

《舊志》以《祥異》列之《雜記》②，《通志》附於《天文》較妥，因從之。

---

① 以下《大統曆》引文參見《朔方新志》卷一《天文》、《寧夏府志》卷二《地里・星野》。

② 參見《寧夏府志》卷二二《雜記・祥異》。

〔北〕魏

始光三年，與群臣謀伐夏，皆以爲不可。崔浩曰："往年熒惑再守羽林，鉤己而行[6]，其占秦亡。今年五星並出東方，利於西伐。天人相應，不可失也。"竟滅夏。

太和三年正月，統萬鎮獻白雉[7]。

正始三年，夏州獻白鳩。

正光元年九月，沃野鎮官馬爲蟲入耳，死者十四五。蟲似螅，長五寸以下，大如箸[8]。

二年，夏州大水。

五月丁酉，日有食之，夏州以聞。

八月己亥，朔、夏州暴風賈霜[9]。

三年，夏州獻白雉。

四年八月己亥，月在畢，掩熒惑，邊城兵亂之象也。

十月乙卯，太白入斗口，距第四星三寸[10]，光芒相掩。占曰"大兵將戮辱"。明年，沃野鎮破落汗拔陵反，臨淮王彧討之，敗績於五原。嗣是杜洛周、葛榮之亂起矣。

延興三年十二月，月蝕在七星，京師不見，統萬鎮以聞。

唐

武德六年秋，夏州蝗。

貞觀二年六月，天狗隕於夏州城中。

二十年九月辛亥，靈州地震，有聲如雷。

二十三年四月，靈州河清。

大中三年十月辛巳，上都及靈武、鹽、夏等州地震，壞廬舍，壓死數十人[11]。

調露元年，鳴鵽群飛入塞[12]，相繼蔽野。至二年正月，還復北飛。至靈、夏北，悉墮地死，視之皆無首。吏人有識者曰："此名突厥雀，虜必至。"明年，裴行儉爲定襄道行軍大總管[13]，率師與虜戰黑山，破之，其下斬泥熟匐以降。

長慶元年九月[14]，靈州奏黄河清[15]。

二年冬，夏州大風，飛沙爲堆，高及城堞。

咸通十四年，靈州陰晦。

乾符三年六月，雄州地震裂，水湧出，壞州城及公私廬舍皆盡。雄州故城在寧夏衛靈州城西南。

六年秋，夏州雲霧晦冥，自旦及禺中乃解[16]。

宋

至道二年十月，靈、夏等州地震，城廓廬舍多壞。占曰“兵、饑”。是時，西夏寇靈州。

祥符元年，天書降夏州，詔賜加守正功臣[17]。

二年，德明出侵回鶻。恒星晝見，懼而還。

三年，夏州饑，德明表求粟百萬賑濟。王旦曰：“宜詔德明：已命有司具粟百萬，可自來取之。”德明曰：“朝廷有人。”

景德七年[18]，夏國甘露降。

天聖八年，火星入南斗[19]。

慶曆二年[20]，龐籍言夏境鼠食稼，且旱。元昊求内附。

元符元年十二月，慧星見，乾順赦國中。

紹興中，夏大德五年[21]，靈芝生於後堂高守忠家。乾順作《靈芝歌》[22]，俾中書相王仁宗和之[23]。

紹興十二年九月[24]，夏國饑。

十三年三月，地震，逾月不止，地裂，泉湧出黑沙[25]，歲大饑。

十四年，慧星見坤宫，五十餘日而滅，占其分在夏國。

元

至大四年三月己亥，寧夏路地震[26]。閏七月甲子[27]，寧夏地震。

泰定二年[28]，寧夏路饑。鳴沙州大雨水溢。

三年十二月丁亥，寧夏地震如雷，發自西北，連震者三。

四年九月壬寅，寧夏地震。

致和元年七月辛酉，寧夏地震。

明

洪武初，都督馬鑑宅所畜兔鶻忽生一卵，訪於老者，曰：“此不祥也，城其空乎？”後詔徙寧夏民於長安，城遂空。

洪武間，指揮徐呆斯出兵河套，地名梧桐樹。一日午間，有大星墜於河中，火發，延及岸上，營中有被傷者。

十一年丁卯夜，寧夏衛風雨，兜鍪旗槊皆有火光。是年四月乙巳，寧夏地震，城垣壞。

永樂元年十一月甲午，寧夏地震。

三年，鎮産兩歧麥數莖。

永樂間①，金波湖内生合歡蓮一。

十三年，中護衛卒胡鼙兒妻一産三男[29]。

宣德間，有玄兔二、白黄鼠一[30]，太監海壽購而獻之。

七年，海壽又獻連理瓜二。

正統十二年，寧夏産異馬，白色拳毛，夜行則火光見。

成化十年十月丁酉，靈州大沙井驛地震，有聲如雷。自後晝夜累震。至十一月甲寅，一日十一震，城堞房屋多圮。

十三年四月戊戌，寧夏地大震，聲如雷，城垣崩壞八十三處。

十八年，靈州李景芳家白鼠晝游。次年，其子中鄉試。

二十年，寧夏豬生子如象，羊生一羔八足。

二十二年，衛學生胡璉家黑豕變白，人以爲凶，胡獨曰："此善變者，殺而爲牲。"是年，其子汝礪領鄉薦，明年登進士。

正德元年，寧夏左屯衛紅氣亘天，既而火作，城樓臺堡俱盡。

弘治六年三月，寧夏地連震三年，共二十震。

八年三月，寧夏地震十二次，聲如雷，傾倒邊牆廬舍，壓傷人。

嘉靖元年②，寧夏地震，有聲如雷。

四十年六月壬午，寧夏地震，城垣、墩臺、屋舍皆摧，地湧黄黑沙水[31]，壓死軍民無算。

四十一年正月丙申，京師、寧夏同震，圮邊牆。

隆慶二年三月甲寅，陜西慶陽、西安、寧夏、漢中，山西蒲州、安邑，湖廣鄖陽及河南十五州縣同日地震。

是年四月癸未，懷慶、南陽、汝寧、寧夏同日地震。

〔正統〕十三年七月[32]，寧夏大水，河决唐、漢二壩。

萬曆二十六年正月丁亥，寧夏地震。

天啓元年，寧夏風霾大作，墜灰片如瓜子，紛紛不絶，逾時而止。日將沉，作紅黄色，外如炊煙，垂罩畝許，日光所射如火焰，至夜分乃没。

是年正月朔，寧夏地震③。十二月戊辰，寧夏石空寺地震，礌山石殿傾倒，壓

① 《〔正統〕寧志》卷下《題詠》有凝真撰《戊戌歲金波湖合歡蓮》詩，知金波湖内生合歡蓮事在永樂戊戌（十六年，1418）。

② 《明史》卷三〇《五行志》未載嘉靖元年（1522）寧夏地震事，在嘉靖四十年（1561）之前只載二十一年（1542）九月甲戌有地震事。

③ 《明史》卷三〇《五行志》未載天啓元年（1621）正月朔寧夏地震事，本志不知何據。

死僧人。

七年，寧夏各衛自正月己巳至己亥，凡百餘日地震，[33]聲大如雷，小如鼓，城垣、房屋悉圮。

崇禎七年，寧夏遍地皆鼠，銜尾食苗。

清

康熙九年，寧夏河溢，靈州南門居民悉被淹。

十八年，惠安堡生員張璧家豬生八子[34]，皆有肉角、四目、三足[35]、五足者，旋死。

二十三年三月，寧夏天鼓鳴於西南。

二十六年六月，寧夏地震。

三十三年，靈州民王邦彦妻一産四男。

三十四年六月，寧夏大雨，水溢。

四十二年，寧夏老民莫進忠年一百二歲。

四十七年，靈州井中龍見。

四十八年九月，寧夏地震。

雍正八年，寧夏麥秀兩歧。是歲又産瑞穀，一莖九穗。

十一年又十月，霜花雪綹四十餘日。

乾隆三年十一月二十四日酉時[36]，寧夏地震，從西北至東南，平羅郡城尤甚，東南村堡漸減。地如奮躍，土皆墳起。平羅北新渠、寶豐二縣城皆塌圮，[37]地多斥裂，寬數尺，或盈丈，黑水湧溢，其氣皆熱，村堡堤壩屋舍存者寥寥，知府顧爾昌、鎮標千總沈邱、把總哈義德、滿城佐領佛爾屯、諸古佐領僧保常、驍騎校三海皆與難。共壓死官民男女五萬餘人。

十四年二月，中衛田蛙化鼠遍地生，至夏傷禾，歷秋季，彌野皆是。其先，人家所畜猫犬捕食，之後鼠與猫戲，不復捕。鄉人每掘一窟多至數十，有尚半蛙形者，次年春始滅。

二十二年五月初七日，中衛大雨雹，田禾傷，雹有大如胡桃、鷄子者。是年六月初六日，中衛有黄氣，自西北起，大風晝晦，室中點燈，其風氣觸人皆鬱熱。

三十一年，有白燕巢於南城外文昌閣，飛鳴甚馴。見者咸以爲瑞，多歌咏之。

三十五年九月二十五日戌時，小壩火。居民共計一百五十餘家俱延燒，惟貢生王克鑑宅無恙。

四十年十月，霜花雪綹，歷旬乃止。

嘉慶四年秋七月，寧夏大水，冲决唐渠四十八口。

道光十年三月十八日卯時，晝爲之晦，室皆燃燈。

十七年，中衛宣和堡麥秀兩歧。

咸豐二年夏四月，中衛地大震，轟如雷者三次。地裂房倒，湧出黑沙泥，壓傷男女數百口。自是震動無常，月餘始息。

三年三月十六日午後，中衛西北有黄、黑氣二道忽起忽落，有頃，黄氣消滅，黑氣直衝天際，向東南飛奔二三里許，即時黑暗，對面不相見，雖燃燈燭，光彩盡蔽。久之，黑轉爲紅，房舍人物盡似血染，旋即狂風大作，沙礫飛揚，入夜漸息。是月十八日，靈州晝晦，咫尺不見人，翼日始明。

同治元年，彗星見於西北，大如箕，光芒數十丈。

八年，寧夏地震，歷時乃止。是年九月，靈州桃李華。是年冬，惠安堡民人惠澤之妻孕三年産，忽小腹潰裂，子從孔出，如人形。頃之，子死，腹復合無痕。

光緒三年，靈州蝗飛蔽天，是年又大旱。

七年，寧夏蝗，不爲災。

十五年，靈州地大震，傾倒房屋甚多。九月，地又震。

十六年，天鼓晝鳴，其聲如雷。

十九年，靈州東門外井中青龍見。

二十年六月，靈州東南無雲而雷。

二十一年，龍見納家閘井中。是年，彗星見。

二十二年，靈州城内東北井中黄龍見。

二十五年，霪雨爲災，兼地震，傾塌民房無算，逾月乃止。

三十年，寧夏黄河溢，四渠均决，淹没民田、廬舍無算，平羅、石嘴山尤甚。

三十一年十月十六日，靈州一星大如斗，從東方起，落於正西賀蘭山後，其聲如雷。落後光芒衝入天中，其形蜿蜒，越時始滅。

三十四年，彗星見於東北，光芒長數丈。

〔宣統〕二年秋七月，[38]城隍廟災，正殿兩廡全燬。

三年秋七月，烏鴉集於郡城東北隅演武廳前，如列陣然，月餘始散。是年九月，城陷。是年九月初一日，日蝕，象星晝見。

民國

二年正月十五日子時，天南北平分兩半，作藍、白二色。

四年三月二十九日，大風拔樹，沙石飛鳴，晝爲之晦。六月正月，日生九環。

七年二月，寧夏地震。十月，又地震。

八年四月初八日，鹽池隰寧堡薛姓土窨哨眼出蛇數百條，辰出午入，未出申入，每日二次出入，均東西向，日久始没。

八年五月二十六日，鹽池暴風大起，塵霾四塞，屋瓦齊飛，逾時乃已。

九年十一月初七日申刻，寧夏地大震，人不能立，如舟行大江狂風巨浪之中。繼微震月餘，人多野宿，不敢入室。隴東一帶尤甚。海城民屋、衙署、祠宇牆垣坍圮無存，張家川兩岸山圮，川爲之平，餘亦地多坼裂，黑水噴湧，共壓傷斃約十萬餘人。

十年，寧夏地震無常。

十三年二月，地震。三月，又地震。

按：《春秋》書災不書祥，且不著事應，意在使人觸目驚心，恐懼修省而已。自劉歆立災異之學，諸必求事應以實之，則穿鑿附會矣。然和氣致祥，戾氣致異，天人感召，理有一定，未可忽也，因志之以備通理數者之考焉。

【校勘記】

[1] 九州：原作"九洲"，據《周禮注疏》卷二六改。

[2] 封：原作"分"，據《周禮注疏》卷二六改。

[3] 天文：原作"地理"，據《新唐書》卷三一《天文志》改。

[4] 秒：原作"杪"，據《朔方新志》卷一《天文》、《寧夏府志》卷二《地里·星野》改。下同。

[5] 辰：此字原脱，據《元史》卷五四《曆志》、《朔方新志》卷一《天文》補。

[6] 鉤己：原作"旬已"，據《魏書》卷三五《崔浩傳》、《資治通鑑》卷一二〇改。

[7] 統萬鎮：原作"統萬城"，據《魏書》卷一一二下《靈徵志》改。

[8] 箸：原作"楮"，據《魏書》卷一一二上《靈徵志》改。

[9] 據《魏書》卷一一二上《靈徵志》，此當爲北魏宣武帝元恪景明元年(500)事，本志同《寧夏府志》卷二二《雜記·祥異》均誤繫於北魏孝明帝元詡正光二年(521)。

[10] 距第四星三寸："距""三寸"三字原脱，據《魏書》卷一〇五之四《天象志》補。

[11] 數十人：原作"數千人"，據《新唐書》卷三五《五行志》改。

[12] 鳴鵽群飛："鳴鵽"原作"鳴啜"，據《舊唐書》卷三七、《新唐書》卷三四《五行志》，《唐會要》卷四四《雜災變》改。"群"字原脱，據《舊唐書》卷三七、《新唐書》卷三四《五行志》補。

[13] 明年裴行儉爲定襄道行軍大總管："明年"，據文意當指調露三年(681)，然調露無三年。《資治通鑑》卷二〇二載，裴行儉任大總管在調露元年(679)，戰於黑山在調露二年(680)三月。"定襄道"原作"定州"，據《舊唐書》卷八四、《新唐書》卷一〇八《裴行儉傳》改。

[14] 元年：原作"七年"。"長慶"年號紀年僅四年，《唐會要》卷二九載，長慶元年"九月，靈州奏黄河清，從硤口至定遠界二百五十里見底。"據改。本志與《〔嘉靖〕陜志》卷四〇《政事》、《〔康熙〕陜志》卷三〇《祥異》、《〔乾隆〕甘志》卷二四《祥異》、《寧夏府志》卷二二《雜記·祥異》同誤。

[15] 元年九月靈州奏黄河清：此十字原同《寧夏府志》卷二二《雜記・祥異》，位於下文"高及城堞"四字後，據本志及《寧夏府志》書例移置於此。

[16] 六年秋夏州雲霧晦冥自旦及禺中乃解：《新唐書》卷三六《五行志》載："咸通十四年七月，靈州陰晦。乾符六年秋，多雲霧晦冥，自旦及禺中乃解。"未言夏州事。《寧夏府志》編者顯將靈州事誤繫爲夏州事，本志亦襲《寧夏府志》之誤。

[17] 守正功臣：原作"正守臣"，據《宋史》卷四八五《夏國傳》改。

[18] 景德七年：《宋史》卷四八五《夏國傳》繫此事於大中祥符七年(1014)，同卷《校勘記》[十二]曰此事疑爲舛出。本志同《寧夏府志》卷二二《雜記・祥異》均作"景德七年"，不知何據。

[19] "景德七年"句至"火星入南斗"句：此十八字原同《寧夏府志》卷二二《雜記・祥異》，位於下文"元昊求内附"五字後，據《宋史》卷四八五《夏國傳》改。

[20] 慶曆二年：原作"康定元年"，據《長編》卷一三八、《宋史紀事本末》卷三〇改。《宋史》卷四八五《夏國傳》繫此事於慶曆元年(1041)，疑誤。

[21] 五年：原作"九年"，《宋史》卷四八六《夏國傳》載，《靈芝歌》作於紹興九年(1139)，即西夏崇宗乾順大德五年。1975年，寧夏博物館在西夏陵區七號陵(夏仁宗仁孝之壽陵)發現《靈芝歌》殘碑，楷書陰刻，存3行31字，即："……《(靈)芝頌》一首，其辭曰：於皇□□……俟時効祉，擇地騰芳。金暈曄□……德施率土，賚及多方。既啓有□……"參見李範文《西夏陵墓出土殘碑粹編》圖版肆陸。

[22] 靈芝歌：原作"靈芝頌"，據《宋史》卷四八六《夏國傳》改。

[23] "紹興中"句至"俾中書相王仁宗和之"句：此條原同《寧夏府志》卷二二《雜記・祥異》，位於上文"元符元年十二月"條前，據《宋史》卷四八五《夏國傳》改。

[24] 十二：原作"十一"，據中華本《宋史》卷四八六《校勘記》[二三]改。

[25] 泉湧：原倒作"湧泉"，據《宋史》卷四八六《夏國傳》改。

[26] 地震：原作"地裂"，據《元史》卷五〇《五行志》改。

[27] 閏七月："閏"字原脱，據《元史》卷五〇《五行志》補。

[28] 二年：原作"元年"，據《元史》卷五〇《五行志》改。

[29] 胡鼙兒：原作"魏定兒"，《〔正統〕寧志》卷上、《〔弘治〕寧志》卷二、《〔嘉靖〕寧志》卷二《寧夏總鎮・祥異》均作"位定兒"，《〔嘉靖〕陜志》卷四〇《政事六・災祥》作"伍定兒"，《〔康熙〕陜志》卷三〇《祥異》作"伍定"。據《明太宗實録》卷一六一"永樂十三年二月辛卯"條改。

[30] 白黄鼠："黄"字原脱，據《〔弘治〕寧志》卷二、《〔嘉靖〕寧志》卷二、《朔方新志》卷三《祥異》補。

[31] 湧：原作"擁"，據《明史》卷三〇《五行志》改。

[32] 十三年七月：指正統十三年(1448)七月，本志同《寧夏府志》卷二二《雜記・祥異》均誤繫於"隆慶"年。

[33] 地震：原文無，據《〔乾隆〕寧夏府志》卷二二《雜記・祥異》補。

[34] 張璧：原作"張辟"，據《〔乾隆〕甘志》卷二四《祥異》改。

［35］三足：《〔乾隆〕甘志》卷二四《祥異》作“三目”。

［36］酉時：《明清宫藏地震檔案》上卷載《寧夏將軍阿魯奏報十一月二十四日寧夏府地震滿城被災嚴重折》作“戌時”。

［37］平羅北新渠、寶豐二縣：“北”原脱，“二”原作“三”，均據《〔乾隆〕寧夏府志》卷二二《雜記·祥異》補改。

［38］七月：底本描改作“四月”。

朔方道志卷之二　輿地志上

疆域總圖　疆域分圖　沿革表　邊界　形勝　山川

朔方東連延、綏，西接蘭、涼，南通平、固，北達包、鎮。疆域之宏，甲於各道。民生其間，今昔何以殊、俗尚何以異、保障奚以固、物産奚以宜，必於是乎權輿矣。至登臨玩眺，考往蹟，吊遺墟，亦不可以無徵也。志《輿地》第二。

〔朔方道疆域總圖〕

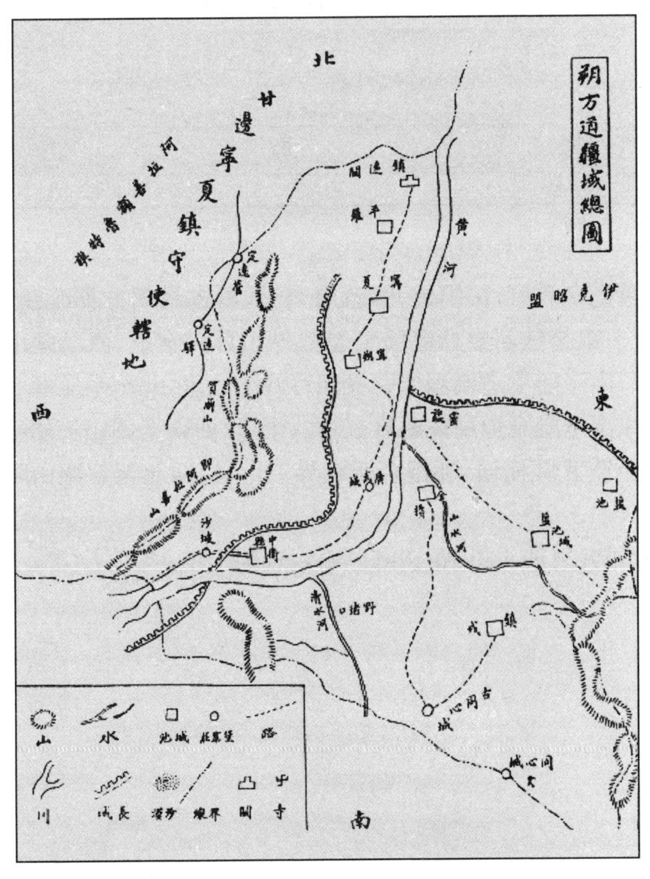

〔朔方道疆域特圖〕

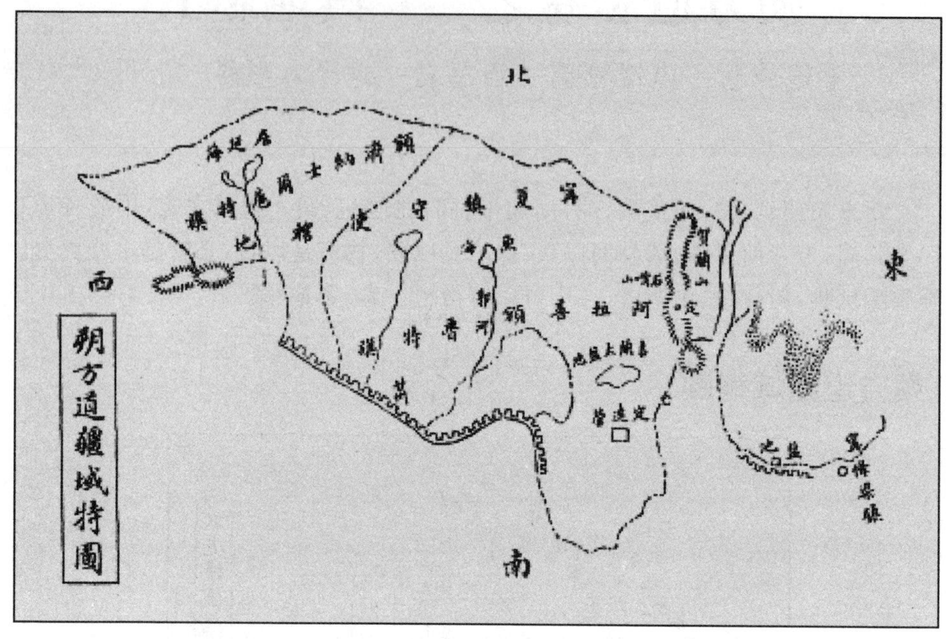

朔方道，舊爲寧夏府，民國建元，改府爲道，以古爲朔方郡改朔方道，治在甘肅省城之東北。東至陝西榆林道屬定邊縣界三百六十里，西至蘭山道屬紅水縣界七百一十里，南至隴東道屬固原縣界四百八十六里，北至平羅縣石咀口邊界二百三十五里，東南至隴東道屬環縣界三百八十里，西南至蘭山道屬靖遠縣界六百三十里，東北至靈武縣横城、鄂爾多斯旗界三十里，西北至賀蘭山阿拉善旗界一百三十里。

距甘肅省城九百四十里，距京師三千六百四十里。

〔寧夏縣疆域分圖〕

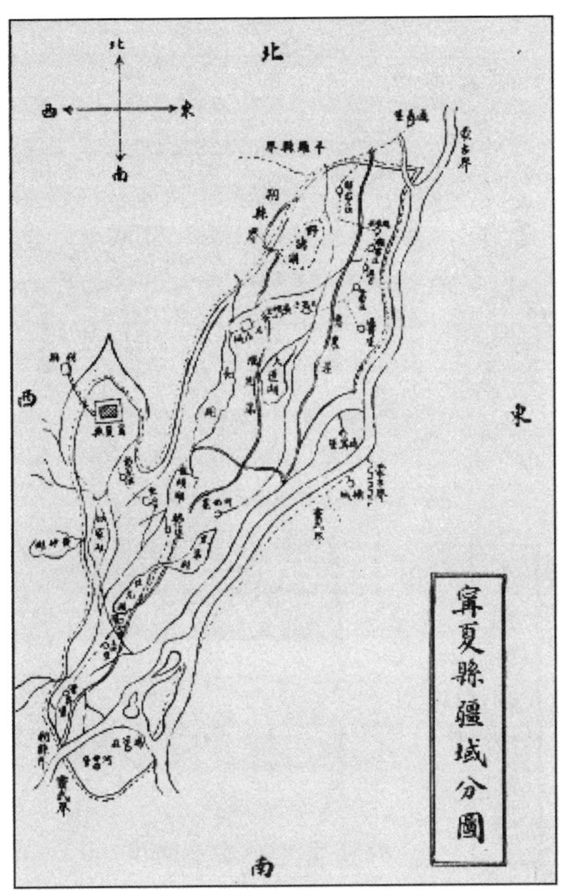

寧夏縣，治在郡城内。東至靈武縣臨河堡界三十里，西至寧朔縣豐盈堡界十五里，南至寧朔縣林皋堡界九十里，北至寧朔縣謝保堡界二十里。

〔寧朔縣疆域分圖〕

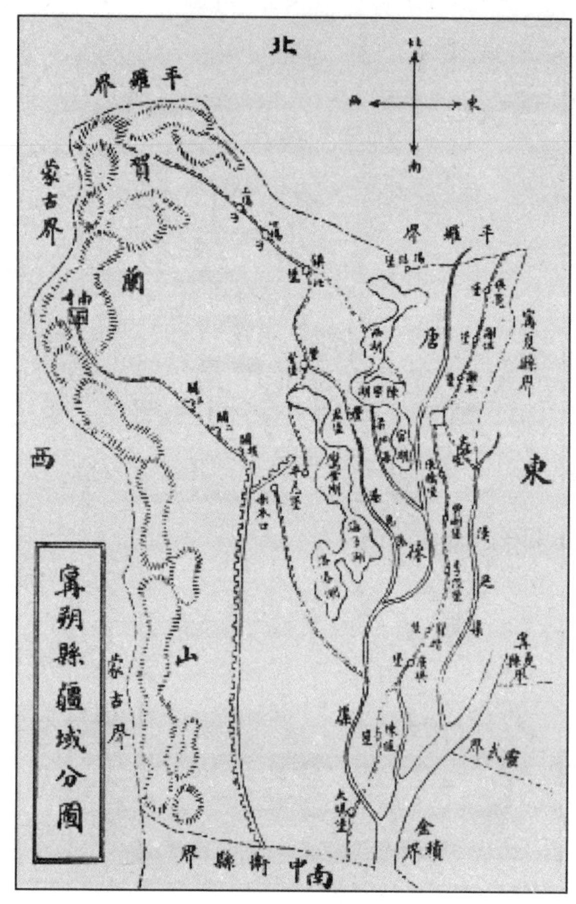

寧朔縣，治在郡城之西。東至寧夏縣張政堡界十五里，西至賀蘭山阿拉善旗界一百三十里，以入山六十里爲界。南至中衛縣分守嶺界一百六十里，北至平羅縣李剛堡界四十里。按：寧夏、寧朔縣地同在附郭，互相毘連，故《舊志》衹詳四至，不復分東南、東北、西南、西北，以省繁複，非略之也。

距朔方道治十里。

〔中衛縣疆域分圖〕

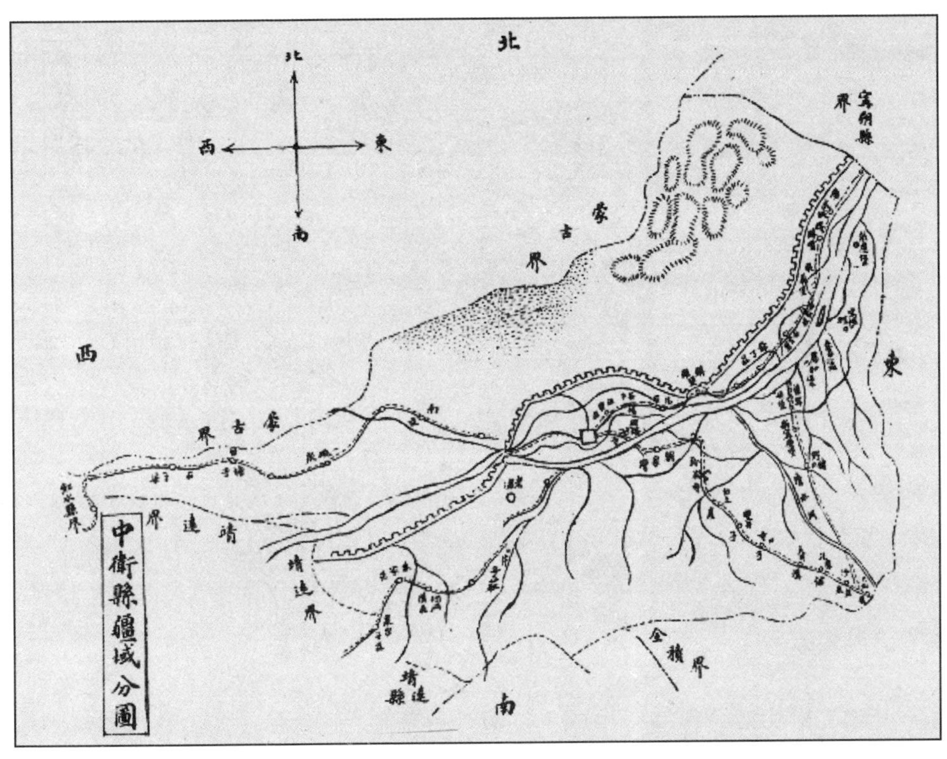

中衛縣，治在郡城之西南。東至分守嶺寧朔縣界二百二十里，西至營盤水皋蘭縣界二百一十里，南至隴東道海源縣打拉池界七十里，北至邊牆界十里，東南至金積縣界一百五里，西南至蘭山道屬靖遠縣界二百里，東北至寧朔縣界二百里，西北至蒙古界四十里。按：《舊志》未注東北、西北界，今照《新通志》增補之。

距朔方道治三百六十里。

〔平羅縣疆域分圖〕

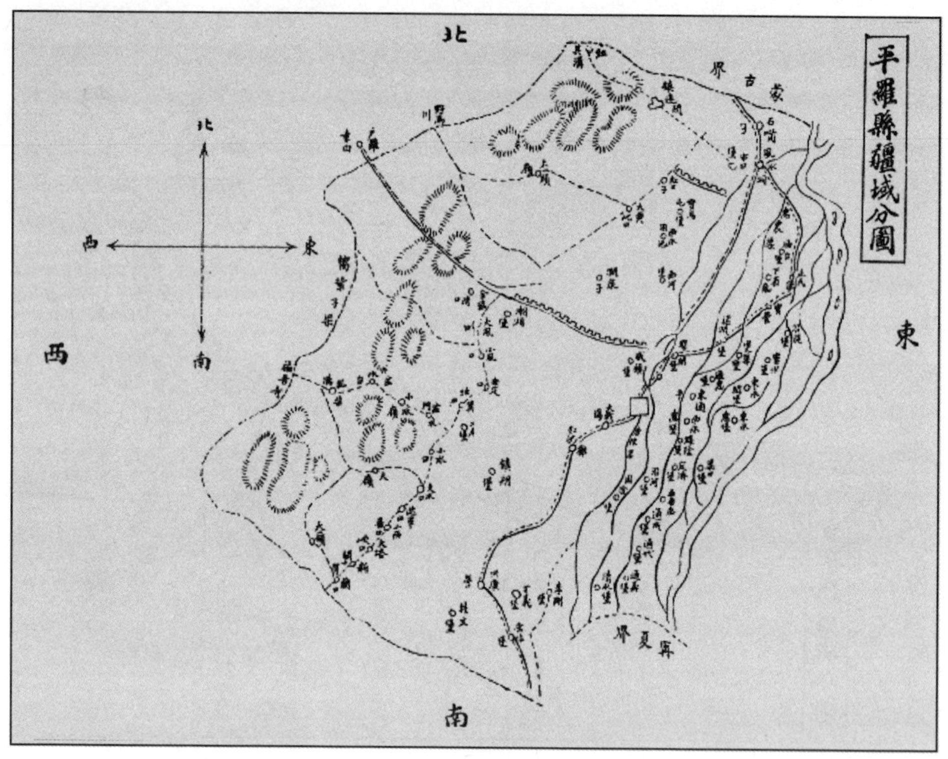

平羅縣，治在郡城之西北。東至黄河岸界三十里，西至賀蘭山外邊界一百一十里，以入山六十里爲界。南至寧朔縣張亮堡界八十里，北至石嘴口鎮遠關外界一百一十五里，東南至寧夏縣王澄堡界八十里，西南至寧朔縣豐登堡界九十里，東北至黄河界七十里，西北至賀蘭山打磴口界一百一十里，以入山六十里爲界。按：《新通志》所載平羅疆界與《舊志》多異，新採訪與《舊志》同，應從《舊志》。

距朔方道治一百二十里。

〔靈武縣疆域分圖〕

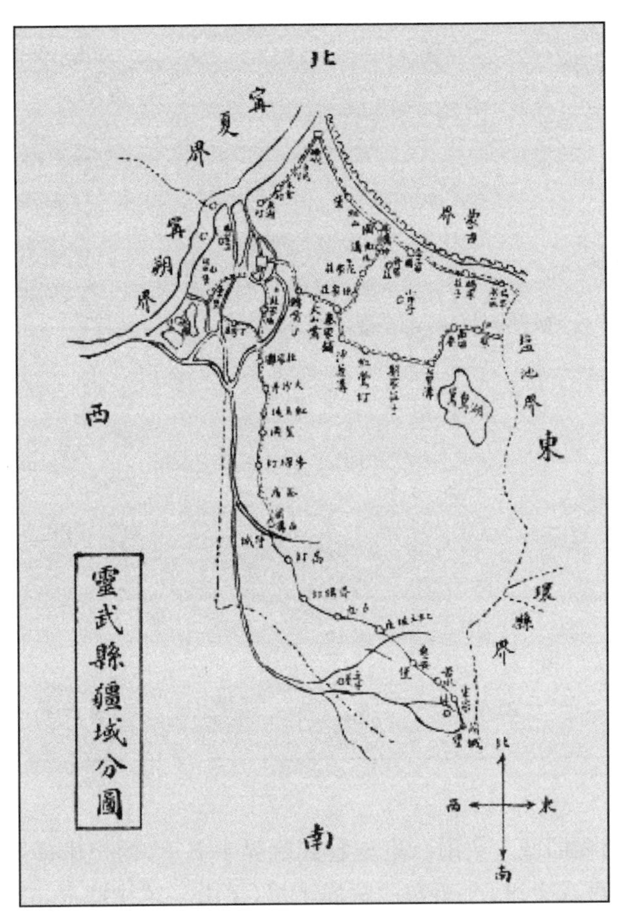

靈武縣，治在郡城之東南。東至鹽池縣寶塔界七十里，西至寧夏縣界五里，南至鎮戎縣界一百一十里，北至横城邊牆外鄂爾多斯旗界七十里，東南至鹽池縣屬惠安堡界一百七十里，西南至金積縣界四十里，東北至鹽池縣興武營界一百四十里，西北至寧夏縣界七十里。

距朔方道治九丨里。

〔金積縣疆域分圖〕

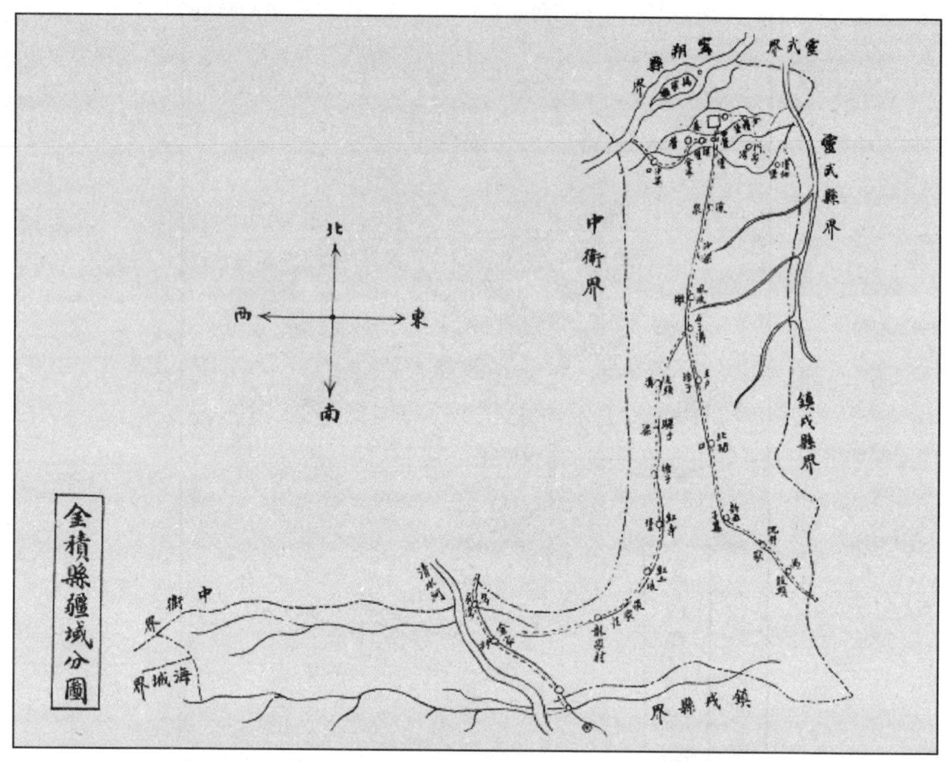

金積縣，治在郡城之東南。東至靈武縣界十五里，西至中衛縣界四十里，南至鎮戎縣界二百八十里，北至靈武縣界十里，東南至鎮戎縣界二百六十里，西南至隴東道屬海源縣界二百八十里，東北至靈武縣界二十里，西北至寧朔縣界三十里。

距朔方道治一百二十里。

〔鹽池縣疆域分圖〕

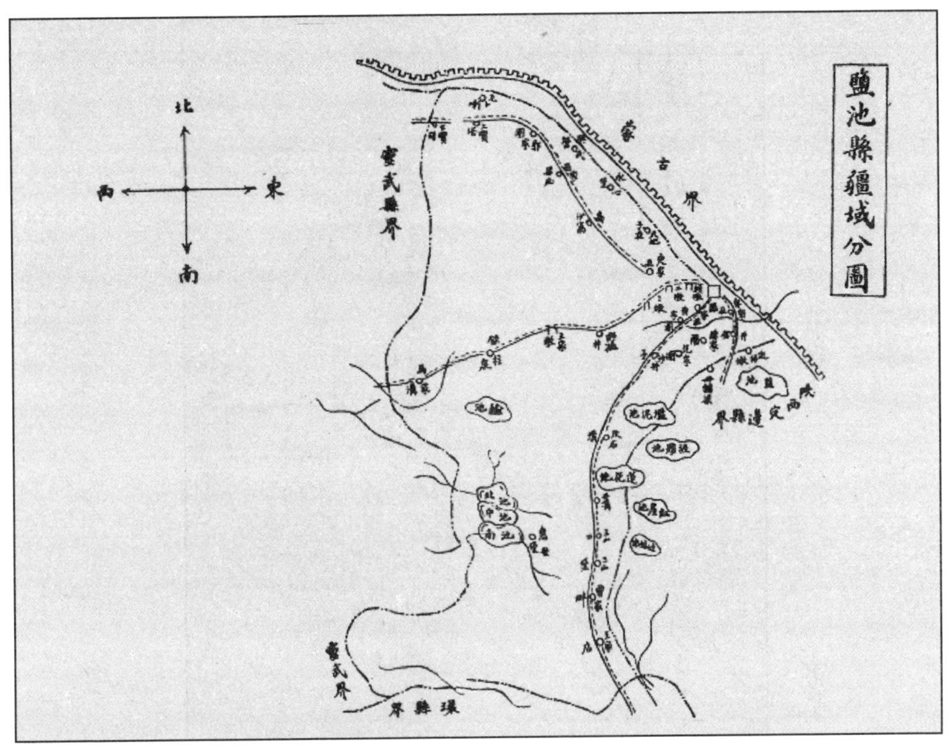

鹽池縣,治在郡城之東北。東至陝西榆林道屬定邊縣界三十里,西至靈武縣白家灘界一百七十里,南至隴東道屬環縣界二百一十里,北至二道邊牆土堆蒙古界一百四十里,東南至陝西榆林道屬定邊縣界四十里,西南至靈武縣海子井界二十里,東北至邊牆外土堆約百餘里,西北至邊牆外土堆約百餘里。

距朔方道治三百三十里。

〔鎮戎縣疆域分圖〕

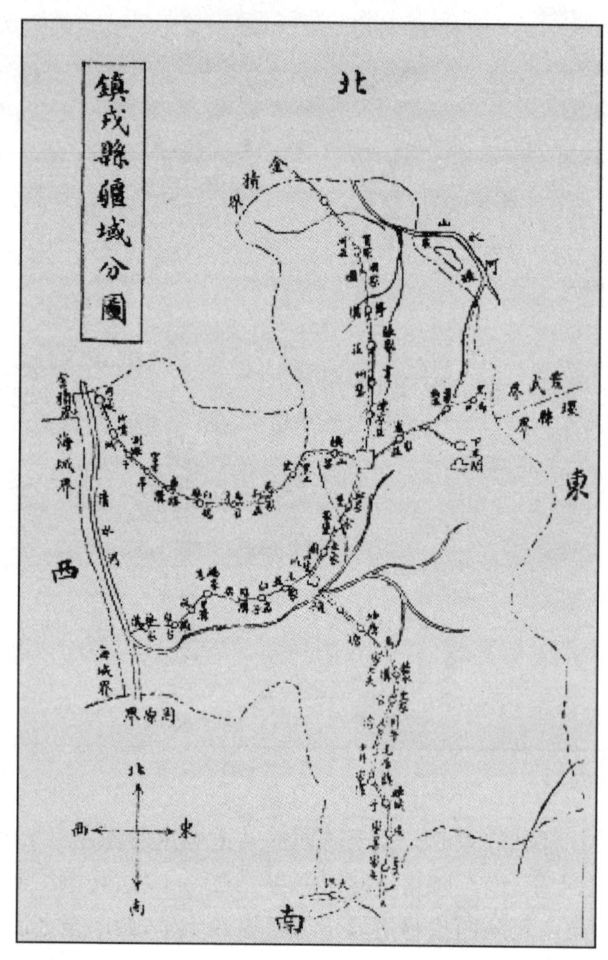

鎮戎縣，治在郡城之南。東至隴東道屬環縣界一百七里，西至隴東道屬海源縣界九十二里，南至隴東道屬固原縣界一百五十七里，北至金積縣界六十二里，東南至隴東道屬固原縣界一百三十四里，西南至隴東道屬海源縣界一百九里，東北至靈武縣界五十九里，西北至金積縣界六十二里。

距朔方道治三百三十六里。

朔方道沿革①

秦	北地郡。始皇攘匈奴，取河南北地千里，徙民充之，號曰新秦中[1]。
漢	北地郡，朔方郡②。後漢末入西羌。元朔二年，衛青逐匈奴，取河南地，置朔方郡，築朔方城，屬并州刺史。
後漢	北地郡，凉州刺史。朔方郡，并州刺史。
晋	惠帝後，赫連勃勃據統萬城，曰夏州，又曰忻都。
南北朝	夏州。後魏始光四年，爲統萬鎮。太和十二年改置[2]。又置化政郡，領巖緑縣，隸州。西魏於縣置弘化郡[3]。後周始置懷遠郡，治懷遠縣。
隋	朔方郡，靈武郡。開皇初，廢弘化、懷遠二郡，分置。
唐	夏州朔方郡，靈州靈武郡，各置都督府。僖宗時，拓跋思恭鎮州，世有其地。
五代	
宋	咸平中，西夏置興州。尋建國，升興慶府，又曰中興府。
元	寧夏路。至元八年，立西夏中興等路行省。二十五年，改置路。尋罷行省，屬甘肅行省。
明	寧夏衛。初置府，洪武五年，府廢。九年，改置衛，隸陝西都司。
清	寧夏道。順治十五年裁衛改置，雍正三年改置寧夏府。
民國	朔方道。民國元年，以寧夏道改置。初改朔方觀察使，後改朔方道。

《禹貢》雍州渠搜地。春秋時，羌戎所居。秦攘匈奴，取河南北地千里徙民充之，號曰新秦，屬北地郡。漢仍爲北地郡，武帝元朔二年，收河南地，置朔方郡，隸并州刺史。東漢因之。

晋亂，爲赫連氏所據，築統萬城曰夏州，又曰忻都。在河套中黑水之南，去今鎮城二百餘里，所謂黑水故城是也。後魏置弘化郡，領巖緑縣，隸夏州。西魏亦爲弘化郡。後周始置懷遠郡及帶普樂郡。

隋開皇三年郡廢，又置朔方、靈武二郡。唐以夏州朔方郡領朔方、静德、寧朔

① 本志原有總《沿革表》，總述朔方道及所屬各地歷史沿革。兹將總述之表分拆，隸屬在各地之下，以便閲讀。下同。

② 西漢、東漢之朔方郡在今内蒙古自治區境内，均與今寧夏無關，彼時寧夏處於北地郡與安定郡轄下。本表下文所列魏之化政郡、南北朝之夏州、隋之朔方郡、唐之朔方郡等均在今陝西轄境内，均與今寧夏無涉。

三縣，而靈州靈武郡領迴樂、靈武、懷遠、保静四縣，更以統萬城爲定難節度使治，均屬關内道。唐末拓拔思恭鎮夏州，其弟思謙代之，遂世有其地。歷五代及宋，其孫繼捧入朝獻地。景德間，其弟繼遷復據靈州，傳子德明，城懷遠鎮爲興州居之，即今鎮城。其子元昊僭號，陞興州爲興慶府，又改中興府，遂爲西夏國都，疆域與宋延慶、熙河分界。宋寶慶中，元滅夏，置寧夏路，立總管府，以靈州、鳴沙州、應理州隸焉。

明初設寧夏府。洪武五年，府廢，徙其民於長安。九年，改置寧夏衛，遷五方之人實之，又增前、中、左、右，共五屯衛，隸陝西行都司。清初因其舊。順治十五年，以前屯衛併入寧夏衛，以中屯衛併入右衛，隸寧夏道。雍正三年，陞爲寧夏府，領州一、縣六。乾隆四年，裁新渠、寶豐二縣，併入平羅縣，領州一、縣四。同治十一年，以靈州治南之金積堡亂後，且距州遠，裁寧夏水利同知，改爲撫民同知，置寧靈廳，領廳一、州一、縣四。

民國建元，改府爲道，以"寧夏"字與首縣同，且古爲朔方，改爲朔方道。又以靈州改爲靈武縣，以寧靈廳改爲金積縣，以花馬池分州改爲鹽池縣，以隴東道屬之平遠縣改爲鎮戎縣以隸之，凡領縣八。兼採《新通志》。

寧夏縣沿革

秦	
漢	富平縣、廉縣、靈武縣，屬北地郡。
後漢	
晋	
南北朝	巖緑縣，後魏置，屬化政郡。懷遠縣，縣後周置。仍置郡。建安縣，後周置。
隋	巖緑縣，屬朔方郡。又爲懷遠、靈武、弘静三縣地[4]，屬靈武郡。
唐	朔方縣，貞觀三年改名，屬夏州朔方郡。懷遠、靈武、保静，屬靈武郡。
五代	懷遠縣，保静縣。
宋	懷遠鎮。西夏置静州，後廢。
元	屬寧夏路。
明	寧夏衛。
清	寧夏縣。雍正三年，裁衛改置。
民國	

漢北地郡富平縣地，魏曰巖緑，周曰懷遠，又曰建安。隋亦曰巖緑，曰懷遠，又改靈武，置弘静。唐曰朔方，亦曰懷遠，曰靈武，又改保静。五代亦曰懷遠。宋初爲懷遠鎮，後入西夏。元屬寧夏路。明置寧夏五衛。清順治十五年，併前衛入寧夏衛。雍正三年，裁衛，改置寧夏縣，屬寧夏府。民國元年，府改爲道，隸朔方道。兼採《新通志》。

寧朔縣沿革

秦	
漢	富平縣。
後漢	
晋	
南北朝	懷遠縣、寧朔縣，後周置。
隋	懷遠縣、寧朔縣，屬朔方郡。
唐	懷遠縣、寧朔縣，屬夏州朔方郡。
五代	懷遠縣。
宋	懷遠鎮。
元	屬寧夏路。
明	寧夏右衛。
清	寧朔縣。雍正三年，裁衛改置。
民國	寧朔縣。民國四年，移治滿城。

漢北地郡富平縣地，後周置寧朔縣。隋屬朔方郡。唐隸夏州朔方郡。宋爲懷遠鎮，入西夏。元屬寧夏路。明爲寧夏右衛。清順治十五年，併中衛入右衛。雍正三年，裁衛，改爲寧朔縣，屬寧夏府。民國二年，移治於道西相距十里之滿城府，改爲道，隸朔方道。兼採《新通志》。

中衛縣沿革

秦	
漢	眴卷縣，屬安定郡。

續表

後漢	
晋	
南北朝	魏靈州地[5]。周置會州,尋廢。
隋	鳴沙縣,開皇十九年置,屬靈武郡。豐安縣,開皇十年置,屬靈武郡。
唐	鳴沙縣。神龍後,移置於廢豐安城。威州。
五代	鳴沙縣。
宋	鳴沙縣,入西夏。
元	應理州,初置,屬寧夏路。鳴沙州,初升,屬寧夏路。
明	寧夏中衛。洪武初廢州,三十二年移建衛,屬陝西都司。
清	中衛縣。雍正三年,裁衛改置。
民國	中衛縣。

秦北地郡地,漢置眴卷縣,屬安定郡。後魏爲靈州地。隋爲靈武郡地。唐爲靈州鳴沙縣地,宋没於西夏。元置應理州,屬寧夏路。明洪武初州廢,三十二年建寧夏中衛,屬陝西行都司。清初因之。雍正三年,裁衛,改爲中衛縣,屬寧夏府。民國二年,府改爲道,隸朔方道。兼採《新通志》。

平羅縣沿革

秦	
漢	北地郡北境。方渠縣,屬北地郡,後漢廢。
後漢	
晋	
南北朝	
隋	
唐	定遠城,先天二年置,隸靈州。景福初,又置景州。
五代	
宋	定州。西夏因之,西夏築省嵬城,後廢。
元	

續 表

明	平羅所,洪武初置,屬寧夏衛。
清	平羅縣。清初,爲平羅所。雍正三年,裁所改置。新渠縣、寶豐縣,雍正四年置。即漢北地郡方渠縣及宋定州地,旋裁併入平羅。
民國	平羅縣。

漢北地郡北境,唐爲羅州定遠城北境。明洪武初,置平虜千户所,屬寧夏衛。清初爲平羅所,雍正三年裁所,改爲平羅縣,縣屬有唐之定遠城。《元和志》①:靈州有定遠城,在州東北二百里,漢北地方渠縣之地。又名警州。《新唐志》②:警州本定遠城,一名"景州"。宋初置定州,西夏因之。元廢。明,寧夏衛地。《明志》③:定州城,在衛北六十里。又曰有田州城,在衛北六十里。田州,蓋定遠之訛也。雍正四年,建縣曰新渠,在田州塔南,今通福堡地。曰寶豐,漢方渠縣地,宋定州地,西夏築有省嵬城於此,後廢。寶豐在省嵬城西,近名查漢托護。康熙三十六年,套夷渡河,漸徙而南,去舊鎮城僅半舍。四十八年,鎮臣始令徙出。今均裁併歸平羅,後又設寶豐分縣,以司水利。又設有石嘴山主簿,兼司番漢交易。民國二年,並裁。屬寧夏府。民國二年,府改爲道,隸朔方道。兼採《新通志》。

靈武縣沿革

秦	
漢	靈洲縣、眴衍縣,屬北地郡。
後漢	
晋	
南北朝	靈州,魏太延二年置薄骨律鎮,孝昌中改置州。後周又置普樂郡。鹽州大興郡,魏置郡,西魏改五原郡,置西安州,復改名五原縣。
隋	靈武郡,大業元年改置。迴樂縣。鹽川郡,五原縣。
唐	靈州,靈武郡,屬關内道。鹽州五原郡,貞元初,陷吐蕃,九年,收復。迴樂縣,五原縣,白池縣。
五代	靈州,迴樂縣,鹽州,五原縣。

① 參見《元和郡縣圖志》卷四《關内道·靈州》。
② 參見《新唐志》卷三七《地理志》。
③ 參見《大明一統志》卷三七《寧夏衛》。

續 表

宋	靈州。咸平五年,陷於西夏,改西平府,又改翔慶軍。迴樂縣、鹽州、五原俱入西夏。
元	靈州復名,屬寧夏路。鹽州,廢爲環州地。
明	靈州所。初改置所,屬寧夏衛[6],宣德三年移治。
清	靈州。雍正三年,改所置州。
民國	靈武縣。民國二年,以靈州改置。

秦北地郡地。漢惠帝四年,置靈洲縣。以洲在河渚之中,隨水上下,未嘗淪没,故號曰靈洲,徙廢。後魏太延二年,置薄骨律鎮。孝昌中,改置靈州。西魏又爲鹽州地。後周置帶普樂郡及迴樂縣。隋初,郡廢。大業三年,改爲靈武郡。唐爲靈州,又爲靈武郡,置大都督府,屬關内道。開元中,置朔方節度使。天寶初,復改州,爲靈武郡。十五載,肅宗即位於靈武。五代仍爲朔方軍治。宋咸平時,李繼遷叛據,改爲西平府,又名翔慶軍。元復曰靈州,屬寧夏路。明初,州廢。弘治十五年,置守禦千户所。正德元年,改寧夏後衛,仍以所千總攝之,屬寧夏道。清初因之。雍正三年,改爲州,並省寧夏守禦所附之,屬寧夏府。民國二年,改靈武縣,隸朔方道。兼採《新通志》。

金積縣沿革

秦	
漢	靈洲,屬北地郡。
後漢	屬靈洲。
晋	
南北朝	後魏屬薄骨律鎮,又爲鹽池地,後周屬迴樂縣。
隋	靈武郡。
唐	靈州地[7]。
五代	朔方軍。
宋	入西夏。
元	靈州地。

續　表

明	屬守禁所,後改寧夏後衛。
清	靈州地。雍正三年,仍改靈州屬地。寧靈廳,同治十二年,移寧夏水利同知改置。
民國	金積縣。民國二年,以寧靈廳改置。

古羌戎地。秦屬北地郡,漢屬靈洲。後魏屬薄骨律鎮。西魏爲鹽池地。後周屬迴樂縣。隋屬靈武郡地。明屬寧夏後衛。清初,因之。雍正三年,改爲靈州屬地。同治十一年,改寧夏水利同知爲撫民同知,置寧靈廳,屬寧夏府。民國二年,改金積縣,隸朔方道。採《新通志》。

鹽池縣沿革

秦	
漢	靈洲,屬北地郡。
後漢	
晋	
南北朝	元魏爲大興郡,西魏爲五原郡,又爲鹽州,又爲西安州。
隋	五原縣,大業初改置,又爲鹽州。
唐	貞元初陷吐蕃。
五代	鹽州。
宋	咸平五年,陷於夏。
元	廢爲環州地。
明	寧夏後衛,又改爲花馬池所。
清	花馬池分州。
民國	鹽池縣。民國二年,以花馬池分州改置。

古羌戎地。秦屬北地郡,漢爲靈洲。元魏爲大興郡。西魏爲五原郡,又爲西安州,又爲鹽州。隋大業初,改爲五原縣,又爲鹽州。唐仍之。貞元初陷吐蕃[8],九年收復。五代及宋皆爲鹽州。咸平五年,陷於西夏。元廢,爲償州地。明爲寧夏後衛,又改爲花馬池所。清仍之,屬寧夏府。民國二年,改鹽池縣。四年,復將靈武舊靈州所屬之惠安;舊設鹽捕通判,今裁,鹽積,舊名"鹽池堡",以與縣名同,今改鹽

積堡;萌城、隰寧四堡劃歸鹽池管轄,隸朔方道。《鹽池志稿》。

鎮戎縣沿革

秦	
漢	安定郡地。
後漢	
晋	
南北朝	周屬原州。
隋	屬平涼郡。
唐	復爲原州。元和中,陷於吐蕃。
五代	陷於吐蕃。
宋	屬安西州。隨陷於夏[9],爲東牟會地。韋州,西夏置。
元	平虜所。亦名平遠所。
明	固原衛。以安西、平遠、鎮戎三所隸焉。萬曆五年,建下馬關。
清	平遠縣。同治十三年,以下馬關改置,屬固原州。
民國	鎮戎縣。民國二年,以平遠改置,隸朔方道。

古羌戎地,秦屬北地郡。漢武帝析屬安定。晋仍之。周屬原州。隋别置平涼郡以屬之。唐復屬原州,元和中陷於吐蕃。宋元符二年收復,置安西州,隨陷於夏。元爲平虜所,亦爲平遠所。明洪武二十年,以地賜韓、肅、楚、慶諸藩爲牧場。成化五年,滿俊據石城反,討平之,因設固原衛,以安西、平遠、鎮戎三所隸焉。萬曆五年,建下馬關。清爲固原州轄地。同治十三年,因亂後,且距州過遠,置平遠縣,割固原州今固原縣屬之元城子、毛居士井、永固堡及白馬堡十分之七,海城縣今海源縣屬之預旺堡、"預旺"爲"豫王"之訛,豫王曾駐於此,故名。可可水夾道堡及李旺堡十分之三,寧靈廳今金積縣屬之韋州堡及同心城十分之三(同心城舊設巡檢,今裁。)以隸之,屬固原直隸州。民國二年,改鎮戎縣,隸朔方道。採《新通志》平遠沿革。

《舊志》沿革書後云,按:今寧夏地在漢屬三郡十七縣,後魏置夏州,領四郡,又别有靈州,亦計十餘縣。隋唐之代,朔方、靈武二郡並建,各領屬縣,加以軍府錯雜其間,名號時易,代更不可紀數。《甘肅通志》據《明一統志》謂,寧夏爲漢北地郡，而於朔方十縣不復旁引朔方舊志，則只載三封、朔方等十縣，而於北地郡下富平、方渠等六縣，又概置弗道。前朔邑令周君有《朔縣志稿》，引《水經》証寧夏爲朔方郡甚詳，而《漢書》北地郡之富平、方渠、廉縣，魏之薄骨律鎮，亦未能别今何地以當之。邊土多沙磧平壤，賀蘭、黄河外絶少山溪澗谷，可爲標志。又自前代河套淪没，此地已非漢魏舊都全局，必欲分疆劃界，指其孰爲脩都，孰爲臨河，孰爲新囯，孰爲啓寧，年遠蹟湮，紀載荒略，誠有不容穿鑿附會者矣。

按：朔方，古用武地。分合遷徙，代有異同，《舊志》於歷代沿革考核甚精。而民國因時定制，規模尤遠，凡改設析置諸邑，均宜循流溯源，以期美備用。特參考《新通志》詳爲補輯，以便後之有所考証焉。

邊界

寧夏三面距邊。西邊以賀蘭爲障，隘口四十餘處，皆通人騎往來。其中赤木口尤衝，口闊八丈，通車輿，容千騎。明巡撫楊守禮扼險築關，有石砌邊牆一道、斬山一道。

西長城，《舊志》不載修築年歲。有閭門，去中衛縣西四十里。今爲蘭、靖孔道，設驛孤山、營棚水、長流水等處，經番部二百里。《中衛縣志》①：鳴沙州南有舊邊墻一道，跨山直至定邊[10]，俗稱“古長城”。西長城自靖遠蘆溝界迤北接賀蘭山山沿，長四百一十一里，迤北接北長城。自西而東三十里接黄河，河一百三十里。自北而南逾岸接東長城，三百六十里接延綏界。凡周一千一百七十里。

北長城，在平羅縣西南五十里。有鎮遠關，關南五里爲黑山營。正德初，棄之於外。後王圮口自河抵山又築北門關，北去平羅四十里。巡撫楊守禮疏謂②：“鎮遠關在山河之交，最爲要地。南五里故有黑山營，西沿山四十里有打磑口[11]，東西聯屬，烽火嚴明，賊難輕入。弘治前，餉缺卒逋，關營不守。打磑口山水俱從此出，竟至衝塌，蹟尚可考。正德間，大賊奔入，或從旁乾關、棗兒溝、桃坡等口入，或渡河而過。雖有平虜城[12]，軍馬不足，實難戰守。以故於平虜城北十里許，自山至沙湖，東西築城約五十里。盡西又設臨山堡，居民始敢樵牧。”清以石嘴口爲界，去縣城北一百一十五里，有市口與東西兩番部交易，月三次。清設主簿，以鎮攝交易之事，今市廢，主簿亦裁。

東長城，在河東。舊邊牆自黄河嘴至花馬池，今鹽池縣。長三百八十七里。成化時，巡撫余子俊奏築，巡撫徐廷璋、總兵范瑾贊成之。新牆自横城至花馬池，

---

① 參見《中衛縣志》卷八《古蹟考・古蹟》。
② 參見《朔方新志》卷二《外威・邊防》。

接延綏界三百六十里。有長城關在花馬池城北六十里，明總制王瓊所築。關上有樓，高聳雄壯。下設闇門，外立市場，番漢交易，月三次。横城堡闇門一，亦通市，月三次。横城即紅城子。舊市場去闇門三十里，今即在門外。安定營、興武營、紅山堡皆各有闇門，今並廢。

又横城迤北土牆，西抵河堰，水漲即傾，水退復爲平地，虜乘間竊入，邊患靡寧。巡撫羅鳳翱改建石牆[13]，長七十五丈，外捍以敵臺，始絶寇路。兵變半毁。巡撫黄嘉善檄參將吴繼祖驅石甃城[14]，直接河堧。城上創建敵臺，視前規制宏敞[15]，爲長城雄觀。興武營邊土沙相半，不堪保障。明嘉靖十六年，總制劉天和沿邊内外挑壕塹各一道，袤長五十三里[16]，深一丈五尺，闊一丈八尺。

今鎮戎縣東城外有長城一道，因明弘治間火篩及小王子常連兵入寇，平固民人不得耕作，三邊總制楊一清創築邊牆，唐龍、王瓊踵成之。袤五百餘里，復設敵臺、墩鋪，虜遂不敢犯。《平遠志》。

賀蘭山邊外，係阿拉善“拉”一作“蘭”。厄魯特“厄”一作“額”。扎薩克、和碩親王多羅額駙羅布藏多爾濟一旗游牧，住宿嵬口外定遠營，距口五十二里。共分佐領七，每佐領一百五十丁，協理台吉二員，輔國公一員，護國公一員。地界自寧夏西北賀蘭山之布爾噶素大口起，至肅州所屬金塔寺之厄濟内河止。沿邊一帶接壤内地與民人，以闇門外六十里爲界。其西北界連土爾古忒，北界烏拉忒三公，東北以黄河爲界。河東北岸即鄂爾多斯地。

河東邊外，鄂爾多斯七旗游牧。正南扎薩克，鄂套多羅貝勒東羅布塞楞，共佐領八十三。東南扎薩克，武勝貝子布彦圖，共佐領三十六。正東扎薩克，郡王、正盟長策令多爾濟，共佐領十七。東北扎薩克，台吉旺扎爾色布騰多爾濟，共佐領十二。雍正十三年，增正北扎薩克，中噶爾貝子那木扎爾多爾濟，共佐領四十二。西北扎薩克，達賴貝子、副盟長丹把達爾濟，共佐領四十四。西南扎薩克，杭蓋貝子拉什達爾濟[17]，共佐領三十六。每旗各台吉二員。地界自寧夏横城口起，至陝西所屬府谷縣止，皆面邊牆，背黄河，所稱“河套”是也。

河北即土默特蒙古，並山西歸化城所屬之薩拉齊、托克托城等處，俱以黄河爲界。各蒙古與内地民人交易，有花馬池、横城、石嘴子三市口，俱十日交易一次。硝磺、鋼鐵、軍器、白米、白麪、莞豆，奉文禁止出口售賣。除三市口交易外，阿拉善蒙古曾經議給腰牌三十面，各准十人以下隨時進赤木、黄峽[18]、宿嵬三口，與寧夏城内民人交易，以羊隻、毛毡、皮張、大鹽易换布疋、米粮。

鄂爾多斯除横城等三市外，尚有靖遠縣口外之寧條梁、榆林府城、神木縣城，并山西歸化城、托克托城等處，並得各就近交易。寧夏三市口惟石嘴通蒙古最多，哈爾哈、土爾古忒、烏拉忒等部皆赴口通市。民人出口，非奉官遣，不得私越。

蒙古入口，並喇嘛朝廟進香者，悉由部郎衙門給印票，各汛守驗放。

黄河自寧夏東北流，經榆林西、舊豐州西，折而東，經三受降城南，折而南，經舊東勝衛，又東入山西平虜衛地界，可二千里。大河三面環之，所謂“河套”也。明洪武中爲内地，天順後，元裔阿羅出、毛里孩、孛羅出相繼居之，遂棄邊外。

定遠營初屬寧朔縣地，設守備，駐緑營兵。清雍正時，世宗以其地賞給額駙阿保居住。

賀蘭山厄魯特者，俗所稱阿拉善蒙古也。阿拉山即賀蘭山，亦名阿拉善，亦語音之轉，地在河套以西。東寧夏，西甘州，南涼州，北瀚海，袤延七百餘里，至京師五千里。山陽爲内地，山陰爲蒙古游牧。漢北地、武威、張掖三郡西北境，唐爲吐蕃，宋爲西夏，明爲邊外地。清初，厄魯特種類蕃盛，分牧套西者謂之套夷，住牧青海者謂之西海諸台吉，其駐牧天山北路者謂之北厄魯特，各有部長。清順治初，鄂齊圖汗遣使入貢，且請助攻喀爾喀。康熙十六年，準部噶爾丹娶鄂齊圖女，旋以兵襲殺鄂齊圖，破其部，遣使獻所俘弓矢、甲冑，詔却之，於是西套厄魯特潰散，或投西藏，或被虜歸伊犁，而和羅理族避居大草灘。廬帳萬餘，守汛吏驅之不去，並有準噶爾逃人數百從之，騷擾近地。詔宥其饑困竄掠之罪，和羅理求達賴喇嘛，表請甘州東北之龍圖山，蒙古謂之阿拉善山陰者，賜其游牧，以距邊六十里爲界。節採《綏服蒙古記》。

厄魯特界[19]，自清康熙二十五年，經侍郎喇提督孫率同蒙古部落，自中衛邊牆起，至石嘴沿河一帶止，指定界址，公議奏准。由賀蘭山之陰六十里以内爲内地，給民樵採牧放，六十里以外爲夷地，蒙古插帳駐牧。漢夷各守定制，彼此不得越界侵佔。乾隆六年，額駙阿寶一作“保”。請定邊界，經理藩院咨川陝部堂尹，檄令地方官將蒙古民人游牧耕種地方公定界址，仍照依康熙二十五年題定界址踏看定議，詳覆咨部，重申前禁，口内民人不得出邊六十里外樵採牧放，蒙古不得在近邊六十里駐牧。節採《中衛舊志》。

乾隆三十四年，復争地界。先是，阿拉善旗在賀蘭迤南造一南寺，距定遠營六十里，名曰廣宗寺，在漢地界内，該處因無樹木，漢民未曾過問。嗣又於山北造一北寺，距定遠營亦六十里，名曰福蔭寺。該處林木茂盛，民人查在漢地界内，恐其後日藉寺佔山，阻其修蓋。欽派侍讀學士福德、陝甘總督明山，會同由小水口邊牆丈量至建寺之處約六十里，倣照康熙二十五年題定六十里爲界成案，丈至响𤫊子大山梁定界。所建之寺，准其蓋完。蒙古當夏令時准居住山梁那邊，連絡山内有水草之地乘凉。除夏令外，不得安籍游牧。又新造未成寺二里内不准砍伐樹木，二里之外，周圍所有之地准民人取柴砍木，亦不准民人作爲本業。奏准立案。新採成案。

光緒四年，寧夏大亂之後，阿拉善又以漢民越界，請定界址。經陝甘爵督左公宗棠檄委寧夏道耆公彬、寧夏府海公容、寧夏鎮馮公南斌，會同阿拉善自小水口邊勘至响㯗子大山梁約六十里，與乾隆三十四年福、明兩欽差丈量之案悉符，取該旗三十四年老案，與前平羅縣令張悌抄存圖案對，因兵燹遺失，由省抄存。餘俱相同，惟蒙文内多"中嶺有一鄂博"一語，以石壘堆爲界石，名之"鄂博"。地圖亦無福、明兩欽差印信，阿拉善仍堅以中嶺即小水嶺，反覆置辯。光緒九年，陝甘總督譚公鍾麟據案理折，並分行寧夏道不准争執，其案始寢。文詳《藝文志・公牘類》①。耆公又將起事顛末詳叙暨碑賀蘭山蒙漢交界處所，碑文詳《藝文志・碑記類》②。呈省咨旗，彼此立案，以垂久遠。新採成案。

民國元年，時值鼎革，阿拉善又以漢民越佔攘蒙利權[20]，呈由蒙藏院行省轉道。道尹陳公必淮不忍拋棄領土，絶民生路，堅執前案。旋又以入山漢民窩藏匪類，謀爲不軌，在蒙藏院再三控告。民國九年，始變計以籌辦警政，保護蒙境，及入山伐木漢民爲詞。護軍使馬公福祥以言尚近理，且恐釀生别故，商令少爲抽捐，俾助警餉，仍嚴立簡章六條，以杜後患：一，從前入山抽收燒柴領牌，一切名目，概行取消；一，由出山各溝口抽捐一道，以作阿旗籌辦警政經費；一，此項捐錢，應由砍山人完納，惟因設卡在山溝口，自應由運木人代納其錢，仍准買木人即由木價内按照捐章扣除，以昭公允；一，完捐後由卡發給印票，無論經過蒙地何處，驗票放行，不准重征；一，木料無分桁條、椽子，每驢一馱，征足錢二十文，此外再無别費；一，捐票注明何項木料馱數及完過錢數，如有改用車運，驗明數目相符，立即放行，不得留難。示貼卡所，並呈省咨旗，彼此立案，永遠遵守。新採成案。

按：朔方三面距邊，均與蒙古連界。河東自横城口起，東至陝境，均有邊牆。漢蒙間隔，故與鄂爾多斯尚屬相安。然前年定邊，亦漸起拆毁。鄂博之案，西蒙阿拉善則時起争端。竊思朔方土肥野沃，有險可憑，故自晋唐以來，屢爲竊據。間嘗過横城、興武、花馬一帶，墩臺林立，步步爲營。自有明巡撫王瓊、余子俊等增築邊牆，絶其水草，靈武、平慶、鄜延等處無虜患者數百年。河西蒙古，經清聖祖大彰撻伐，嗣又以宫主下嫁，始怵以威，復結以恩，其操縱固盡美矣。但以定遠營賞給額駙阿保居住，自失險阻，以致得寸進尺，今日争地，明日争山。尤可慮者，河東邊牆，節節坍圮，而河西闇門，昔之設以防人者，今則反爲人用。駐兵設卡，太阿倒持，亦可謂不寒而慄矣。鎮遠關孤懸於二百餘里之外，今亦僅存遺址，邊口交易，僅屬虚文，給帶腰牌，亦成故事。幸而蒙人長此孱弱則已，苟再有赫

① 參見本志卷二四《藝文志・公牘》載譚鍾麟撰《飭將賀蘭山界遵照老案辦理札》。
② 參見本志卷二七《藝文志・記序》載耆彬撰《賀蘭山界碑記》。

連、元昊其人，則朔方之患，恐有不在晋宋下者矣。

形勝

朔方道

背名山而面洪流，左河津而右重塞。《夏京都頌》①。左距豐勝，右帶蘭會。舊志②。黄河繞其東，賀蘭聳其西。西北以山爲固，東南以河爲險。《一統志》③。東起鹽場，西盡中衛。《三大征考》④。帶河渠之重阻，奠屯戍之基張。《朔方形勝賦》。

按：河自南來，入青銅峽，與山相會。出峽口北流三百餘里，又與山會。而夏地包絡其中，可謂四塞險固矣。西夏據此二百餘年，雖經韓、范經營，不能恢復，雖曰繼遷、元昊梟雄難制，亦以所憑恃者險也。有明中葉，河套盡失，而黄河以西、賀蘭以東屹然保障，此亦據險以守之明驗也。

寧夏縣

附郭，形勝同。

寧朔縣

近在滿城，形勝同。

中衛縣

左聯寧夏，右通莊浪，東阻大河，西據沙山。前有大河之險，後接賀蘭山之固[21]。《元史》⑤。北背邊牆，南面大河，據朔方之上游。其東則青銅、牛首，鎖鑰河門。其南則香巖雄峙，列若屏障。左倚勝金之固，右憑沙嶺之險。中衛舊志⑥。

按：中衛倚賀蘭之險，面洪流之阻，左聯寧夏，右接莊浪，誠邊陲要地也。説

---

① 参見《晋書》卷一三〇《載記·赫連勃勃》、《十六國春秋》卷六九《夏録四·胡義周》。本段引文在《〔弘治〕寧志》《大明一統志》《朔方新志》《〔乾隆〕甘志》《寧夏府志》等皆有引用，標其文題曰《赫連夏京都頌》或《夏京都賦》等。

② 舊志：具體書名不詳。《大明一統志》卷三五《平凉府》轉引元朝《開成志》載："左控五原，右帶蘭會。黄流在其北，崆峒阻其南。"参見《〔弘治〕寧志》卷一《寧夏總鎮·形勝》。

③ 参見《大明一統志》卷三七《寧夏衛》。

④ 参見《萬曆三大征考·寧夏圖》。

⑤ 参見《元史》卷六〇《地理志》。按："左聯寧夏右通莊浪""前有大河之險後接賀蘭之固"等句始見於《〔嘉靖〕寧志》卷三《中衛·形勝》，原文作："後接賀蘭之固，前有大河之險。左聯寧夏，右通莊浪，邊陲之要路也。"《〔乾隆〕甘志》卷四《疆域附形勝·寧夏府·中衛縣》、《寧夏府志》卷二《地里·疆域》注此段史料均出自《元史》，本志襲《〔乾隆〕甘志》《寧夏府志》之説。據本志書例，惟"東阻大河西據沙山"句出自《元史》。

⑥ 参見《中衛縣志》卷一《地理考·疆域》。

者曰："賀蘭雖稱天險，而通城隘口甚多。自鎮關東至勝金關之九十餘里，俱敵騎出没之處。若備觀音口鎮關墩，至黄河一百八十里之邊，則内而廣武、玉泉大壩亦得所捍禦矣。"

平羅縣

黄河流於東南，賀蘭峙於西北。地當北面之衝，鎮遠關、黑山營、洪廣營實爲外險。《九邊考》①。

按：自青銅峽三百餘里至石嘴山口，又爲山河之一大交會，哈爾哈、土爾古忒、烏拉忒等部舊皆交易於此。土肥野沃，而大風溝之炭尤甲於天下，夏、朔兩邑，胥取給焉。誠邊地之要衝，富庶之勝地。據險以守，則門户完固，寧夏無北顧憂矣。

靈武縣

西陲巨屏。《朔方志》②。北控河朔，南引慶凉，黄河爲帶，金積如礪。他如峽口、螺追遥峙西南，馬鞍、東山環抱河北[22]，舟車駢會，壤接平〔凉〕、慶〔陽〕，誠寧鎮之控扼，實關陝之襟喉。舊志。

按：靈武居朔方之中，迫近大河。唐開元中，建朔方節度於此，士馬强盛，甲於諸鎮。至宋咸平始陷於趙保吉，自是而平固、環慶、鄜延迄無休息。論者謂靈武據諸路上游，縱横四出，虜騎出没，悉由於此，誠用武之要會、邊陲之保障也。

金積縣

大河西環，牛首南峙，依峽口之險阻，實靈武之左臂。新採訪。

按：金積，俗傳古金沙灘，爲宋與西夏鏖戰處，其事雖不見於史，而黄水縈洄，層巒怒聳，亦可守可戰地也。故清同治初年，馬化漋叛據於此，竭天下之財力、兵力始得克之，此亦可見天時不如地利之一端矣。

鹽池縣

關聳長城，泉湧鐵柱。既鹽積之爲富，復寶塔之稱雄。新採訪。

按：鹽池即舊花馬池，自有明棄套以後，深山大河，勢反在虜。沿邊百里，盡

---

① 《九邊考》十卷，明魏焕著。本志引文參見《〔乾隆〕甘志》卷四《疆域》、《寧夏府志》卷二《地里·疆域》转引。

② 參見《長編》卷五〇"咸平四年十二月"條、《宋史》卷二七七《劉綜傳》，《〔弘治〕寧志》卷三《靈州守禦千户所·形勢》引自《宋史·劉綜傳》。

屬敵衝。是故虜窺平固，則犯花馬，虜掠環慶，則出花馬，虜趨靈武，取道清水、興武一帶，又無一不連花馬。築邊城，建營寨，古人之經營至矣。今雖情勢略異，而邊防籌畫，要不容以今昔分也。

鎮戎縣

峰巒環拱，溝澗縈旋，形壯邊陲，勢頗險阻。黄河回繞其北，蕭關雄鎮其南。東北扼慶寧咽喉，西南連鞏固肘腋。控制羌胡之地，屏藩沙漠之區。舊《平遠志》。

按：鎮戎舊名"平遠"，介乎平、固、寧、慶之間。地極高寒，雖盛夏亦如東南各省四月清和之時，無所酷熱。唐宋以後，或爲元豫王之盤踞，或爲韓、肅諸藩之牧場。大蠡、哆唛山環水繞，亦可謂四塞險固、邊地雄封矣。

《舊志·形勝總論》曰①：寧夏之境，賀蘭環於西北，黄河繞於東南，地方數百里，[23]山川險固，土田肥美。溝渠數十處，皆引河以資灌溉，歲用豐穰。而烏、白、花馬等池，出鹽甚多，度支收糴，其利又足以佐軍儲，誠用武之要會、雄邊之保障也。漢瀕河置戍，關輔緩急，視此地之安危。晋邊備不修，巖疆盡成戎藪。故涇、渭以北，訖無寧宇。後魏既併赫連，緣邊列鎮，薄骨律與高平、沃野相爲形援，而後關隴無禍患者幾百年。西魏以迄周、隋，亦以靈州爲關中之捍蔽。唐開元中，建朔方節度於此，士馬强盛，甲於諸鎮，肅宗中興，實賴此爲根本。迄於唐之末造，朔方猶列版圖。至宋咸平五年，靈州始陷於趙保吉，自是西夏遂成强敵。天聖以後，涇原、環慶、關内不啓，而東至鄜延，西至邠鳳，[24]亦皆耗殘。蓋靈武據諸路上游[25]，縱横四出，關中且不知所備也。元太祖滅夏，始置寧夏路總管府。明初建寧夏衛，亦以爲重鎮，即有寇鈔，不過河西一帶。自正統以後，駐牧套内，而患乃更在河東，其禍切備急者，則尤在花馬池。即今鹽池縣。必花馬池之備密，而寧夏之肩背始可稍息，何也？河西所當備者，若洪廣，若廣武，若玉泉，若中衛，雖皆爲窺伺之所，而猶有山谿隔礙，有險可憑。花馬池則川原平曠，北騎馳突於此最易。由花馬池而西，則興武營。興武營而西北則爲靈州[26]，靈州居寧夏之中，迫近大河，其南與固原邊相接。靈武者，實南北之喉舌，而花馬池，則靈州之門户也，備可一日緩乎哉！若夫賀蘭盤峙寧夏西[27]，套匪闌入河東，往往取道於此。而徐斌水在寧夏西南，又爲固原西路之險。河凍則守舊邊，春融則守新邊，此前人之成算也。夫恃河爲險，實非遠猷。明萬曆中，嘗得松山之地。說者謂，自索橋而上，直接鎮番，增築保障，廣布耕屯，則賀蘭以西皆爲内境。而黄河之險，我不與敵共，將莊浪、蘭靖以迄固原之間，皆可安枕而卧矣。

---

① 參見《〔乾隆〕甘志》卷四《疆域·寧夏府》、《寧夏府志》卷二《地里》。

山川

寧夏、寧朔二縣

賀蘭山，在縣西六十里，番名“賀蘭鄯山”。陽屏西夏，陰阻北番，延亘五百餘里，邊境倚以爲固。上有廢寺百餘、元昊故宫遺址，樹木青白，望如駁馬。北人呼“駁”爲“賀蘭”，故名。從首至尾，形如偃月，環蔽郡城，儼若屏障。其山高寒，巔常戴雪。水泉甘洌，以下限沙磧，故及麓而止，不能溉遠田。山出鉛、礬①。

省嵬山，在郡東北一百四十里，黄河東岸。舊有省嵬城，横枕河濱，爲防禦要地，今屬套地内。

卑移山，在郡西北，《漢志》在廉縣西北②。《五邊考》[28]：“衛西北境有寧羅山，其西南爲龜山、松山、揹次山，與莊浪衛相接，皆有險塞可憑。”按：此皆在賀蘭山之後。

莎羅模山，在郡西南一百里，近賀蘭山之靈武口，有水湧出。

筆架山，在賀蘭山小滚鐘口，三峰矗立，宛如筆架。下出紫石，可爲硯，俗呼“賀蘭端”。

回軍山③，又名尖峰山，在廣武城西北三十五里。其高不及一里，有西征軍士遇大雪迷道，惟見此山一峰獨青，望之而行，四日得還，故有此名。

石嘴山，在縣北四十里，山石突如嘴。

黄草山，在縣北二百十六里，其上草色多黄，故名。

大青山，在賀蘭山後。隆慶三年，寧夏把總哱拜出邊，邀擊套虜於大青山，敗之，是也。

占茂山，在賀蘭山後，去黄峽口三十里。乾隆二十一年，山後郡王建喇嘛寺祝釐，欽賜匾額。地本在六十里邊境内，經會勘奏明，於山頂立石定界。

麥垛山，在郡東北二百里，其山出鐵，山勢高聳如麥垛。

宗高谷，在郡西，唐天祐三年[29]，靈武帥韓遜奏吐蕃營於宗高谷，將西擊涼州，蓋在賀蘭山後。

快活林，在郡西十里，豐水草，宜孳牧。

據《舊府志》，無回軍山、石嘴山、黄草山，今照《新通志》增入。

---

①　參見《〔正統〕寧志》卷一《山川》、《〔弘治〕寧志》卷一及《〔嘉靖〕寧志》卷一《寧夏總鎮・物産》、《朔方新志》卷一《食貨・物産》。

②　參見《漢書》卷二八下《地理志》。

③　《寧夏府志》卷三《地里・山川》載回軍山在中衛縣境内。

黄河，在郡東南三十里[30]。《明一統志》："衛東四十里，自中衛流入，又東北入平羅縣界。"《水經注》："水自薄骨律城北逕典農城東，又北逕上河城東，又東北逕廉縣故城東，又北與枝津合，又東北逕渾懷障東，又北至石崖山。"

三岔河，《舊志》"在衛東南黄河東岸曲折處。明成化中，虜寇韋州還，總兵劉聚邀擊之於三岔河"，即此。按黄河嘗爲中國患，而寧夏獨受其利，引渠溉田凡數萬頃，無旱澇之災。司馬遷《河渠書》①："朔方、西河、河西、酒泉皆引河及川谷以溉田。"後漢順帝從虞詡言②，復朔方、西河、上郡，使激河濬渠爲屯田，省内郡費億計。

黑水河，在郡東九十里河套内，源出邊外，由闇門入境，經郡西流入黄河。《明一統志》③："番名'哈喇兀速河'。"

清水河，在縣南三百五十里，河流甚狹。自固原州流經寧夏，注黄河，一名"葫蘆河"。

大鹽池，在郡北四百里。又小鹽池，在郡東南一百七十里。其鹽皆不假人力，自然凝結。

長湖，在縣南十五里，淵渟浩渺，水光澄碧。

觀音湖，在縣西北九十三里[31]，賀蘭山水聚於山下大水口成湖。

月湖，在郡北三十五里[32]，以形似月故名。

沙湖，在郡東二十里。

巽湖，在郡東南三十五里。

三塔湖，在郡東北三十里。

高臺寺湖，在郡東十五里。

金波湖，在縣東北青陽門外，沿岸垂柳蔽日，中有芰荷，爲一方勝境。

暖湖，在郡西北八十里。

千金波[33]，在縣南。《元和志》④："在靈武縣北四十二里，長五十里，闊十里。"

清水湖，在葉昇堡。

黑渠湖，在楊和堡。

大蓮湖，在鎮河堡。

新頭湖[34]，在魏信堡。

---

① 參見《史記》卷二九《河渠書》。

② 後漢順帝從虞詡言事，參見《後漢書》卷八七《西羌傳》。

③ 參見《大明一統志》卷三七《寧夏衛》。

④ 參見《元和郡縣圖志》卷四《關内道・靈州》。

張浪湖，在許旺堡。

滋泥湖，在王全堡。

白家湖，在王洪堡。

陳家湖、解而湖，均在玉泉堡。

野猪湖，在潘昶堡。

楊家湖，在邵剛堡。

位光湖，在王泰堡。

蒲湖，在李祥堡。

平列湖，在瞿靖堡，産魚。

老鸛湖，在李俊堡，周圍數十里，産魚。

葦子湖，在宋澄堡。

慶家湖，在城外東北。

雙塔湖、黄沙湖，均在曾剛堡。

海子湖，在靖益堡。

洛洛湖，在寧化寨。

膠泥湖、牛毛湖，均在楊和堡[35]。

駕馬湖、鷹食湖、張家湖、段子湖、上湖、瓦一湖、官湖、孟家湖、周家湖、化牙湖、下湖，均在豐盈堡。

陳家湖、西湖、鍋底湖、新生湖、金淩湖、路家湖、池子湖，均在豐登堡。

按：《舊府志》夏、朔無三塔湖、金波湖、千金波，今照《新通志》增入。

中衛縣

石空寺山，在縣東八十里[36]，石壁峭立，中空如陶穴狀，宏敞可坐數百人。内設佛像，每夜，僧燃燈，遠望如星懸天際。

黑山，在縣東三十里，石色皆黑，盛夏積雪不消。按《寧夏志》云："沙嶺從西來，綿亘起伏，拱衛若屏，至衛東北三十里，結爲石山，名黑山。又三十里，至勝金關，與黄河會。河自蘭、靖來，穿崖觸石，激射而下，至衛西四十里始落平川，繞城而東折。而北抵勝金關，山則石峰突兀，槎枒錯出，水則洪波瀰漫，旋折相向。兩勢緊逼，中通一線，斯則中衛之形勝地。"

香山，縣之南山總名，周環五百餘里，山巔舊建香巖寺。

米鉢山，在縣南七十里，因山有米鉢寺，故名。

炭山，在縣西南三十里，山産石炭。近西一帶有火歷年不息，俗呼爲"火焰山"。

冷山、雪山,俱在大河之南。

沙山,在縣西五十里。《元志》①:“應理州西據沙山。”《明一統志》②:“在縣西五十里,因沙所積,故名。”一名“沙嶺”。

大沙子山,在縣西北七十里。舊應理州西南,俗呼“扒里扒沙”[37],迤西近宋州府平番諸界。

啓剌八山,在縣大河之西北。

觀音山,在縣北五十里,山有觀音洞,故名。北即邊界。

羊頭山,在縣東北一百九十里[38],長城經其下。

青銅峽,在縣東北,兩山對峙,河水經焉。中有禹王廟,又有新月、白黿、美女彈箏諸峰。

羚羊山,即永康山[39],其近山有羚羊角、羚羊殿、羚羊夾各渠,多因山得名。又有羚羊寺。

分守嶺,在縣東北廣武堡北二十里,爲中衛、寧朔二縣分界處。

天景山[40],在宣和堡東[41],或稱“天成山”[42]。《廣輿記》有天都山③,殆即此。

紫金山,在廣武堡大河之東,俗名“牛首山”。有文華、武英二峰,上有梵宫十餘所。山嶺有池,名金牛池,半屬金積縣地。

磨盤山,即牛首山西南之支,形似故名。産花石,紫質黑文。

大泉山,在白馬灘南,西連平山,東接牛首。

聚寶山,山麓有白馬寺,在縣東南一百五十里。

豐臺山,在古水南,與雪山、冷山相接,山勢高聳,産青羊。

麥垛山,在鎮羅堡之北三十里,形似故名。山頂有舊營址。

泉眼山,在寧安堡西三十里,爲七星渠口。相傳山下有泉七眼,若列星,故以名渠云。

平山,在鳴沙州紅柳溝迤北,爲土人孳牧之地。

大洪溝山,在寧安堡西南七十里[43],産石炭。

簡尖山,在香山之南,其東南接長流水、胭脂川、靈川界。山上有墩,爲古營汛界。

高泉山,在香山七眼井東南,相傳山頂舊有泉,故名。

硯瓦石井山,在棗園石空之北,産石,純黑色,可以爲硯。

---

① 參見《元史》卷六〇《地理志》。

② 參見《大明一統志》卷三七《寧夏衛》。

③ 參見《增訂廣輿記》卷九《臨洮府》。

按《新通志》：中衛有“羚羊洞”，而《舊府志》祗有“羚羊山”，殆“洞”即“山”之訛與。

黄河，在縣南十里。河自蘭、靖來，至縣西四十里始落平壤，而東北抵勝金關，行至廣武，入青銅峽、寧靈廳界。

山河，在鳴沙州南，距縣二百五十里，古所謂“葫蘆河”者是也。河流甚狹，自平凉界來，西注黄河，一名“高平水”。

南河，自固原來，至寧安堡西二十里入河。

長流水，在縣西七十里，源出窵沙坡下，東南流至冰溝峽入河，其地爲蘭、凉二州驛路。

一盌泉[44]，在縣西一百一十里，倚山巨石如臼，水生其中，取之不竭。

石井水，在縣西一百六十里乾塘子之南十餘里。

營盤水，在縣西二百一十里。

紅石崖水，在縣南香山寺口，四時不竭。

紅柳溝水，在縣東南，源出寧靈螺山下，流入河，跨溝環洞爲飛槽，渡七星渠水，溉白馬灘田。

馬槽湖，在縣東三十里[45]，形似故名。東南流入大河。

艾泉，在沙坡下，泉三眼，自沙中湧出，合爲池。泉畔産艾頗佳，故名。

龍潭泉，在縣西二十里。其水夏則瀦蓄，冬不凝冰，一名“暖泉”，禱雨有應。

野馬泉[46]，在縣北二十里。

蒲塘，在縣北四十里，塘中多産蒲草，因名。亦注於河。

瑜井，在廣武營蔭子山，水色白而味甘冽，井深莫測。以竿探之，失手，竿如矢上。

沙梁泉，在鎮羅堡北，自沙湧出，流里餘入地。

石棚水[47]，在香山教佛臺南，水出上石棚，又合，石縫滴水下流，四時涓涓不息。

高泉水，在永康堡東南五十里。

七眼井，在香山南，相傳泉眼有七。

寬口井，在天景山下，夏秋雨後可瀦澆附近田禾。

魏鎖井，在要崖西南，日可飲羊數千。

紅泉，在香山北。

石甕水，在大澇壩，水自山崖流注，其下石池若甕，所注水四時不絶。

楊柳泉，在青銅峽，其地石徑險窄，今設汛防。

裴家川，在縣西南，接靖遠北境，其地有腴田萬頃。

洛陽川，在縣西二十五里。

平羅縣

賀蘭山，在縣西北六十里，東抵河。其抵河之處又名“乞伏山”。

西瓜山，在縣北二十八里，以形似故名。

石崖山，在縣東北。《水經注》①：“河水經石崖山西，去北地五百里。崖上自然有文，若戰馬之狀，粲然成著[48]，類圖焉。故亦謂之畫石山。”

老虎山，在縣東北一百八十里黄河岸上。《九邊考》云：“自老虎山而西爲長流水、蒲草泉等險，距郡境可數百里，皆可收爲外險。”②

黑山，在縣西北百餘里[49]，賀蘭山之尾也，形似虎踞，飲河扼隘。

省嵬山，在縣東北黄河東岸，舊有省嵬城横枕河濱，爲防禦要地。

不老山，在縣東北塞外[50]。

石嘴山，在縣北一百一十五里，過山即爲蒙地。

按：平羅老虎山、不老山，棄套以後均爲塞外地矣。

黄河[51]，在縣東二十里。

西河，在縣東五里，自北流三百五十餘里入黄河。

蒲草溝，在縣西北二百里。明弘治十一年，總制王越分兵討賀蘭山後叛寇，北哨擊賊於花果園，南哨至蒲草溝。賊從沙窩遁去，合兵追至大把都城，又追敗之於柳溝兒，寇遂西遁。

澗泉，在縣北三十五里。

九泉，在縣西北四十五里。

靈武縣

馬鞍山，在州東北五十里，形似故名。

磁窑山，在州東六十里[52]，舊爲陶冶之所[53]，出石炭。明成化九年，巡撫馬文升議築磁窑堡於此，以接靈州之邊界。

炭山，在州南五十里[54]。

長樂山，在州南。《元和志》③：“迴樂縣有長樂山，舊名‘達樂山’，又曰‘鐸落山’，以山下有鐸落泉故名，舊吐谷渾部所居。”《寰宇記》引《十道記》云④：“山近

① 參見《水經注》卷三《河水》。
② 本段内容亦見引於《大清一統志》卷二〇四《寧夏府》、《〔乾隆〕甘志》卷六《山川》。
③ 參見《元和郡縣圖志》卷四《關内道·靈州》。
④ 參見《太平寰宇記》卷三六《關西道十二·靈州》。

安樂州[55]。”

囉龐山，在州西。乾道六年，夏相任得敬脇其主仁孝欲分夏國，仁孝分西南路及靈州囉龐嶺與之，即此。

歡喜嶺，在州東。明成化中，虜入州東永隆墩，諸戍官軍追敗之於此。

按：《舊府志》所載靈武峽口山、金積山已歸金積，大蠡山、小蠡山、打狼山、三山[56]、桲子山、黑鷹山[57]、打剌坡山、琥八山已歸鎮戎，方山、五原已歸鹽池，今不再入。

黄河，在州西。《水經》云①：“河水又北，逕臨戎縣故城西，又北有枝渠東出，謂之銅口，東逕沃野故城南。”州境田多沃饒，賴黄河之灌溉。

蒲草湖，在州東南十里[58]。

安樂川[59]，在州南稍東一百八十里。《寰宇記》：“川近於安樂山。”

天麻川，在州東北。

草場湖，在州南三十里。

暖泉，舊寧夏所北三十里，鹽池西南三十里。明萬曆四十一年，總制黄嘉善檄操守盧文善拓其基，建亭鑿池，爲行邊暫憩之所。《元和志》迴樂縣温泉即此。

按：《舊府志》靈武所載東湖、鴛鴦湖、富泉、旱海已歸鎮戎，滚泉、滴水已歸金積，沙窩井、羊坊井已歸鹽池，今不再入。

金積縣

牛首山，又名紫金山，在縣東北四十里，峰巒聳峙。又有文華、武英二峰，上有梵宫，有池名金牛池，山西南屬中衛界。

金積山，在縣三十里，産五色紋石。土色如金，因名。其北石崖水滴如雨，歲旱祈禱有應。

平山，在縣南三十里，山頂平衍，居民耕之。

峽口山，在縣南五十里，岸左列古塔一百零八，不知所始。東北岸爲中衛縣界。

按《新通志》：金積所載大蠡山、小蠡山已歸鎮戎，今不再入。

黄河，由縣西南青銅峽入境，經縣西折而北流三十餘里入靈武境。

馬家河，在縣南，源出平遠縣之山水河，由平遠北流入境，約百餘里折而西北，流十里許入中衛縣界。

滚泉，在金積山東，水自湧出，高丈許，其沸如湯。

① 參見《水經注》卷三《河水》。

滴水，在滚泉南，水自石巖懸滴如雨。

按《新通志》：金積所載富泉亦歸鎮戎，今不再入。

鹽池縣

方山，在縣城東北一百里。

五原，在縣北。《元和志》："故五原郡以其地有五原，故名。五原謂龍游原、乞地千原、青嶺原、可嵐貞原、横槽原。"

靈應山，在縣南七十里，山含石質。

玄洞山，在縣南一百一十里，山含石質。

麥垛山，在縣西一百里。

寶山，在縣南一百二十里。

按：《舊府志》方山、五原均載入靈州，今既設縣，應行移入。餘採《鹽池志稿》。

沙窩井，在惠安堡北五里許，味甘而清，雖旱不竭，居民行旅，咸利賴之。

羊坊井，在惠安堡北五里。

按：上兩井，《舊府志》均載入靈州。民國四年，已將惠安堡劃歸鹽池，應即移入。

鎮戎縣

大蠡山，在縣西六十里[60]。宋時有避秋者悟道於此。層巒疊障，蒼翠如染。明慶藩長史劉昉以其峰如蠡[61]，故名之曰"蠡"。多奇花異卉、良藥珍禽。山東有寺名雲青寺，雨暘禱之輒有應。慶藩諸墓皆在其下，舊有宫殿，今毁。

小螺山，在縣西二十里，亦曰"小蠡山"，套虜入寇，常駐牧於此。

琥八山，在韋州堡南八十里[62]。"琥八"，方言，猶華言"色駁雜"也。

打剌坡山，在韋州堡南四十里。

打狼山，在縣南三十里。《明一統志》①："狼山即北套虜由韋州入犯鎮原、平凉道。"今改之。蓋俗呼"打拉頂"也。

三山，在韋州堡東一百里，三峰對峙。

椁子山，在三山南，溪澗險惡，豺虎所居，人蹟罕到。

黑鷹山，[63]在韋州堡南一百五十里，近琥八山。

---

① 《大明一統志》不載下文，本志襲《〔乾隆〕甘志》卷六《山川·寧夏府》之説，《〔乾隆〕甘志》不知何據。

青沙峴，在縣西北八十里。明嘉靖十三年，套虜吉囊入寇，兵部尚書劉虎遣劉文邀擊於此。

麥垛山，在縣西北九十里，鐵可爲兵，柳可爲笴。今查河西亦有麥垛山，豈山異而名同歟？

青龍山，在縣東北四十里。有楊將軍廟斷碑稱，宋時楊將軍業遇契丹戰死。按：史載楊業與契丹戰死陳家谷，其子廷玉殉之，在朔州地，今立廟於此，又以其子廷玉陪祀，殆如俗傳自蕭關至靈武，楊家血戰多年，立廟祀以答其忠勇歟？然山下亦有陳家谷，姑存以備考。

殿灣山，在縣南三十里，山形蜿蜒，上有玄真觀，土人春秋祭祀焉。

青羊泉山，在縣西南一百里，山頂有泉，故名。

太陽山，一名"炭窑山"，在韋州北，距縣七十里。

東山，在李旺堡滿四川之東，距縣一百里，乃豫王部落把丹之孫滿四川駐牧地也，廣宅基址尚存。

天台山，在預望堡北，距縣四十里。上有千佛洞，法像鐘乳結成，亦奇觀也。

林山，在縣西南六十里，産煤，附近數百里均賴以爨。昔有爲陶冶者，明設千總一員司其事，今廢。

按：《舊府志》自大蠡至黑鷹山均載入靈州，今分歸鎮戎，應一併移入，餘由平遠舊志採入。

哆唛河，在縣東南二百三十里。宋政和四年[64]，夏人李訛哆闕地藏穀以書統軍哆唛，若徑擣定遠，可坐而飽，哆唛遂以軍萬人來踞藍河側[65]。轉運使任諒知其謀，募兵發窖，哆唛失其所藏而歸，因此而名。

大里水[66]，即清水河，距縣一百二十里。宋紹聖四年[67]，夏王乾順奉其母入冠，駐輿於此。

葫蘆水，一名"清水河"，一名"蔚茹水"，在縣西一百三十里。水源出固原東南，北入寧夏中衛。今按：清水河有兩源，一出固原之西海子，一出牛營子。兩水合流於固原州城之南，再北至里城子，而黑水亦合派，總之名清水河。北流中衛，入黄河，此平遠西川水道也。

苦水河，發源於慶陽環縣之仙城驛，繞至韋州太陽山下，始與縣川水合，北流靈州，入黄河，此平遠東川水道也。平遠即今鎮戎。

東湖，在韋州堡東一里。

鴛鴦湖，在東湖北三里。

富泉，在縣西北三十里，大蠡山之南[68]，引以灌田，即今之紅城水也。

旱海，在縣北四十里。宋張洎曰[69]："自威州抵靈州，有旱海七百里，斥鹵枯潟,無溪澗川谷。"趙珣曰①:"鹽、夏、清遠軍並係沙磧,俗謂旱海。自環州出青岡川本靈州大路[70],自北過美利砦,漸入平夏,徑旱海,中至耀德、清邊鎮,入靈州。"按:旱海皆沙磧,距韋州堡東北或數里,或數十里,抵靈州屬之海子井,東極蒙古,浩渺無際。

按:《舊府志》東湖、鴛鴦、富泉、旱海亦載入靈州,今分歸鎮戎,應一併移入,餘由平遠《舊志》採入。

【校勘記】

[1] 中:此字原脱,據《寧夏府志》卷二《地里·沿革》補。

[2] 十二年:原作"十一年",據《魏書》卷一〇六下《地形志》改。

[3] 弘化:原避清高宗弘曆諱改作"宏化",據《隋書》卷二九《地理志》回改。下同。

[4] 弘静:原避清高宗弘曆諱改作"宏静",據《隋書》卷二九《地理志》、《舊唐書》卷三八《地理志》、《新唐書》卷三七《地理志》、《元和郡縣圖志》卷四《關内道·靈州》、《輿地廣記》卷十七《陝西路化外州》回改。下同。

[5] 靈州:原作"靈洲",據《魏書》卷一一〇六上《地形志》及本志下文改。下同。

[6] 屬:原作"爲",據本志書例、《明史》卷四二《地理志》改。

[7] 靈州:原作"靈川",據《寧夏府志》卷二《地里·沿革》改。

[8] 吐蕃:原作"吐番",據《舊唐書》卷一九六《吐蕃傳》、《新唐書》卷二一六《吐蕃傳》等改。下同。

[9] 隨:原作"隋",據文意改。

[10] 跨山直至定邊:《中衛縣志》卷八《古蹟考·古蹟》無此六字。

[11] 打磑:本志多處内容又作"打磴"。

[12] 平虜:原作"平羅",據《朔方新志》卷二《外威·邊防》改。下文"以故於平虜城北十里許"之"平虜"同。

[13] 羅鳳翱:原作"羅鳳翔",據《山西通志》卷一二五《人物》、《寧夏府志》卷九《職官》等改。下同。

[14] 吴繼祖:此同《寧夏府志》卷二《地里·疆域·邊界》,《朔方新志》卷二《外威·邊防》作"吴雄祖"。又,據《朔方新志》卷二《外威·邊防》、《寧夏府志》卷二《地里·疆域·邊界》載,巡撫黄嘉善檄參將吴雄祖驅石甃城事在萬曆三十五年(1607)。

[15] 敞:原作"廠",據《朔方新志》卷二《外威·邊防》、《寧夏府志》卷二《地里·疆域·邊界》改。

[16] 里:原作"丈",據《朔方新志》卷二《外威·邊防》、《寧夏府志》卷二《地里·疆域·邊

---

① 參見《資治通鑑》卷二八五胡三省注引趙珣《聚米圖經》。按:《聚米圖經》已佚,參見胡玉冰《傳統典籍中漢文西夏文獻研究》第一章第四節《宋代漢文西夏地理文獻》。

界》改。

[17] 蓋:《寧夏府志》卷二《地里・疆域・邊界》作“鍪”。

[18] 黄峽:原作“札峽”,據《寧夏府志》卷二《地里・疆域・邊界》改。

[19] 厄魯特:原作“卮魯特”,據前文地名用字改。

[20] 阿拉善:原作“拉阿善”,據本志前文及實際地名用字改。

[21] 接:《寧夏府志》卷二《地里・疆域》作“倚”。

[22] 河北:《寧夏府志》卷二《地里・疆域》作“東北”。

[23] 數百里:《〔乾隆〕寧夏府志》卷二《地里・疆域》作“五百里”。

[24] 邠鳳:《〔乾隆〕寧夏府志》卷二《地里・疆域》作“秦鳳”。

[25] 靈武:《〔乾隆〕甘志》卷四《疆域・寧夏府》作“靈州”。

[26] 西北:“北”字原脱,據《〔乾隆〕甘志》卷四《疆域・寧夏府》補。

[27] 寧夏西:“西”字原脱,據《〔乾隆〕甘志》卷四《疆域・寧夏府》補。

[28] 五邊考:原作“五邊備考”,據《大清一統志》卷二〇四《寧夏府》、《〔乾隆〕甘志》卷六《山川》改。又,本段内容亦載於《大清一統志》卷二〇四《寧夏府》、《〔乾隆〕甘志》卷六《山川》。

[29] 天祐:原作“天佑”,據唐哀帝李柷年號用字改。

[30] 東南三十里:“東南”,此同《大明一統志》卷三七《寧夏衛》、《〔乾隆〕甘志》卷六《山川》,《寧夏府志》卷三《地里・山川》作“東”。“三十”,此同《〔乾隆〕甘志》卷六《山川》、《寧夏府志》卷三《地里・山川》,《大明一統志》卷三七《寧夏衛》作“四十”。

[31] 九十三里:此同《〔弘治〕寧志》卷一、《〔嘉靖〕寧志》卷一《寧夏總鎮・山川》、《寧夏府志》卷三《地里・山川》,《大明一統志》卷三七《寧夏衛》作“九十五里”,《〔嘉靖〕陝志》卷四《山川下・寧夏衛》作“九十里”。

[32] 三十五里:此同《〔嘉靖〕陝志》卷四、《〔康熙〕陝志》卷三、《大清一統志》卷二〇四《寧夏府》、《〔乾隆〕甘志》卷六《山川》,《〔弘治〕寧志》卷一《寧夏總鎮・山川》、《大明一統志》卷三七《寧夏衛》均作“七十五里”,《寧夏府志》卷三《地里・山川》作“三十里”。

[33] 波:《元和郡縣圖志》卷四《關内道》作“陂”。

[34] 新頭:《寧夏府志》卷三《地里・山川》作“龍頭”。

[35] 楊和:《寧夏府志》卷三《地里・山川》作“楊顯”。

[36] 八十:此同《寧夏府志》卷三《地里・山川》,《〔弘治〕寧志》卷三《寧夏中衛・山川》、《〔嘉靖〕陝志》卷四《山川下・寧夏中衛》均作“七十”。

[37] 呼:原作“乎”,據文意改。

[38] 在縣東北一百九十里:《寧夏府志》卷三《地里・山川》作“在廣武西南三十里”。

[39] 永康山:《中衛縣志》卷一《地理考・山川》作“永康南山”。

[40] 天景山:原作“大景山”,據《寧夏府志》卷三《地里・山川》、《中衛縣志》卷一《地理考・山川》及下文“寬口井”条改。

[41] 東:《中衛縣志》卷一《地理考・山川》作“東南”。

［42］或：原作“盛”，據《寧夏府志》卷三《地里・山川》、《中衛縣志》卷一《地理考・山川》改。

［43］西南：《中衛縣志》卷一《地理考・山川》作“南”。

［44］一盌泉：“一”字原脱，據《中衛縣志》卷一《地理考・山川》補。

［45］東三十里：此同《〔乾隆〕甘志》卷六《山川》、《寧夏府志》卷三《地里・山川》，《大明一統志》卷三七《寧夏中衛・山川》、《〔嘉靖〕陜志》卷四《山川下・寧夏中衛》均作“東北二十五里”，《〔弘治〕寧志》卷三《寧夏中衛・山川》作“東北二十里”。

［46］野馬泉：此同《〔乾隆〕甘志》卷六《山川》，《寧夏府志》卷三《地里・山川》作“野馬水”。

［47］石棚：《寧夏府志》卷三《地里・山川》作“石硼”。

［48］成：原作“咸”，據《水經注》卷三《河水》、《寧夏府志》卷三《地里・山川》改。

［49］縣西北百餘里：《〔弘治〕寧志》卷一、《〔嘉靖〕寧志》卷一《寧夏總鎮・山川》，《朔方新志》卷一《山川・寧夏》均作“城東北二百里”，《寧夏府志》卷三《地里・山川》作“北三百里”。

［50］東北：此同《〔乾隆〕甘志》卷六《山川》，《寧夏府志》卷三《地里・山川》作“北”。

［51］黄河：原作“黄山”，據《寧夏府志》卷三《地里・山川》改。

［52］東：此同《〔乾隆〕甘志》卷六《山川》、《寧夏府志》卷三《地里・山川》，《〔弘治〕寧志》卷三、《〔嘉靖〕寧志》卷三《靈州守禦千户所・山川》及《〔嘉靖〕陜志》卷四《山川下・靈州守禦千户所》均作“東北”。

［53］陶冶：原作“陶治”，據《寧夏府志》卷三《地里・山川》改。

［54］南：《〔嘉靖〕陜志》卷四《土地二・山川下》作“東南”。

［55］州：原作“川”，據《太平寰宇記》卷三六《關西道十二・靈州》改。

［56］三山：《〔正統〕寧志》卷上《山川》、《〔弘治〕寧志》卷三《韋州・山川》及《〔弘治〕寧志》、《〔嘉靖〕寧志》附《國朝混一寧夏境土之圖》、《〔嘉靖〕陜志》卷六《土地四・寧夏衛》所附《寧夏衛疆域圖》等均作“三山兒”。

［57］黑鷹：原作“里鷹”，據《寧夏府志》卷三《地里・山川》改。下同。

［58］東南十里：此同《古今圖書集成》卷五七六《職方典・寧夏衛山川考》、《〔宣統〕甘志》卷七《輿地志・山川下》，《〔乾隆〕甘志》卷六《山川》、《寧夏府志》卷三《地里・山川》均作“南二十里”。

［59］安樂川：此同《元和郡縣圖志》卷四《關内道・靈州》。《太平寰宇記》卷三六《關西道十二・靈州》引《十道記》云：“安樂州在靈武南稍東一百八十里，近長樂山下。”本志同《寧夏府志》卷三《地里・山川》，轉引自《太平寰宇記》，“州”作“川”，“長樂山”作“安樂山”，疑有引誤。參見魯人勇等《寧夏歷史地理考》卷十“安樂州”“長樂州”條。

［60］六十里：《寧夏府志》卷三《地里・山川》作“二十五里”，《古今圖書集成》卷五七六《職方典・寧夏衛山川考》作“二十里”。

［61］長史：原作“長吏”，據《寧夏府志》卷三《地里・山川》改。

［62］八十里：《〔弘治〕寧志》卷三、《〔嘉靖〕寧志》卷三《韋州・山川》均作“八十餘里”。

［63］黑鷹山：原作“里鷹山”，據《寧夏府志》卷三《山川・靈州》改。下同。

［64］政和：原作“正和”，據《宋史》卷四八六《夏國傳》及北宋徽宗趙佶年號用字改。

［65］《宋史》卷四八六《夏國傳》僅載哆唆以萬人來迎，未言"踞藍河側"，本志疑誤。

［66］大黑水：原作"大里水"，據《平遠縣志》卷四《山川·水》改。

［67］紹聖：原作"紹勝"，據《平遠縣志》卷四《山川·水》及北宗哲宗趙煦年號用字改。

［68］大蠡山之南："大"字原脱，據《〔弘治〕寧志》卷三、《〔嘉靖〕寧志》卷三《韋州·山川》，《〔乾隆〕甘志》卷六《山川》補。《〔正統〕寧志》卷上《山川》作"居大小蠡山之間"，《〔嘉靖〕陝志》卷四《土地二·山川下》作"蠡山下"。

［60］張洎：原作"張泊"，據《長編》卷三九、《〔乾隆〕甘志》卷六《山川》改。

［70］環州出青岡川：原作"儇州出青崗川"，據《資治通鑑》卷二八五、《寧夏府志》卷三《地里·山川》改。

朔方道志卷之三　輿地志下

風俗附方言　物産　古蹟陵墓附

風俗

寧夏地廣人稀，逐水草畜牧，以兵馬爲務。《寰宇記》①。强梗尚氣，重然諾，敢戰鬭。《金史》②。性勇鋭，尚畜牧，信釋重巫。明初徙五方之民於此，風俗不純。《明一統志》③。人以支技藝[1]，趨利畜牧爲資。《明一統志》④。雜五方，尚詩書，攻詞翰[2]。朔方舊志。重耕牧，嫻禮義。朔方舊志。

近競時務，漸有昌明氣象。寧夏、寧朔新採訪。人性勇幹，以耕獵爲事，孳畜爲生。中衛舊《府志》。風氣近趨浮靡，尚奢侈，鄙質樸，務詐僞，好争訟，惟不信異教，尚有質直之風。中衛《新通志》。民務稼穡，事牧畜，不治蠶桑。中衛舊志。川原遼闊，人民稀少，尚武務農，重巫崇釋。平羅《新通志》。本雜羌戎之俗，後周遷江左之人於此，崇禮好學，習俗相化。《靈武戎宇記》。尚耕牧，工騎射，信機鬼[3]。富强日倍，禮義日新。《靈州志》。俗雜五方，尚詩書，重耕牧，閑禮義。金積縣採訪。地近蒙疆，居民咸賴畜牧。《鹽池志稿》。以畜牧爲利，以産鹽爲資。鹽池新採訪。漢回雜處，風氣剛勁，民性淳良。鎮戎《新通志》。山川雄壯，民性健勁。漢回分教，而性情無甚差等。耕殖而外，多務畜牧。鎮戎《新通志》。地多沙漠，風氣滯塞。畜牧而外，依貿易生活，人猶古直。鎮志新採訪。居室惟公署、宦族覆瓦，民家皆板屋，覆以土，猶秦風之遺。中堂供先祖，或懸佛像。《舊府志》⑤。食主稻稷，間以麥。貧者飯粟，中人之家恒以一釜並炊稻、稷，稻奉尊老，稷食卑賤。《舊府志》。衣布褐，冬羊裘。近世中家以上，多襲紈綺矣，女服尤競鮮飾。《舊府志》。

---

① 參見《太平寰宇記》卷三七《關西道十三・夏州》。

② 參見《金史》卷一三四《西夏傳》"贊曰"。

③ 參見《大明一統志》卷三七《寧夏衛》。

④ 參見《大明一統志》卷三七《寧夏衛》。

⑤ 參見《寧夏府志》卷四《地里・風俗》。下同。

時令

元旦，男女夙興，肅衣冠，燃香燭，拜天地先祖。卑幼拜尊長畢，出賀親友，呼曰“拜年”。又預爲三日炊，曰“年飯”，四日乃更炊生米。《舊府志》。四日三鼓，熾鐵或炭，盛之以盆，沃之以醋，繞屋行，道吉語，以除不祥，及大門外覆之，曰“打醋罈”，又曰“送五窮”。《舊府志》。五日，黎明洒掃，地上雜沓備香表，舉以送之於街，鄉村則送之於大路。名曰“送五窮”。是日拘忌，非至戚不相往來。靈州新志[①]。新歲必擇吉日，備香楮，就郊外喜神方迎拜，然後外行、作事始無禁忌，俗名“出行”。《舊府志》。七日，黄昏後弱女幼子懷餅焚香，赴街相呼，鄉村則於門外呼之。名曰“招魂”。靈州新志。七日，食麵餅，擊銅器，相呼名，曰“招魂”。《舊府志》。上元，食元宵，前後三夜，街市皆燃燈。有閣燈、牌燈、亭燈、鰲山燈諸名色，以紗紙糊之，近亦有用玻璃燈者。照徹通衢，有如白晝，觀者擁擠。《舊府志》。上元，預以泥塑秦檜夫婦像於通衢，中空實以柴炭，竟日燒之，名曰“燒秦檜”[②]。至夕，婦女游觀，皆以手摸長舌臂足，名曰“游百病”。靈州新志。上元，前後四五日，以人裝土地神，或五色花臉，或高脚，又裝一婦人手持掃帚前行，亦掃除不祥之意，鳴鑼擂鼓，游行街道，名曰“社賀”。新採訪。二十三夕，家户堆蒺藜於門外，以火焚之，撒以鹽，老幼越跳，名曰“燎疳”。既而揚其灰，名曰“六穀花”，以占豐年。靈州新志。

二月二日，家户炒豆黍麵麥各花以啖之，俗謂“炸臭虫”。鹽地志稿。二月二日，將元旦所作爐餅集老幼於庭食之，名“團圓餅”，取一年團圓之意。靈州新志。二月上丁後至清明，擇吉日，具牲醴，載紙標，爲墓祭，名“修治先塋”。《舊府志》。清明日，拜掃祖塋，携酒榼郊外踏青，焚香於掩骨寺，士女雜遝。平羅新採訪。清明日，挈榼提壺，相邀田野或梵刹間，共游飲，曰“踏青”。插柳枝於門户，婦女並戴於首，袚除不祥。《舊府志》。清明前，沿鄉樹鞦韆，至清明日，士女雜沓出游，商集諸貨相貿易。中衛舊志。

三月二十八日，東門外爲東嶽廟會，前後三日，市陳百貨相貿易。老幼男女晋香游觀，道爲擁塞。《舊府志》。

四月朔八日，西門外土塔寺爲洗袚會，老幼男女晋香游觀，有逾東嶽。《舊府志》。四月八日，諸寺僧尼爲浴佛會，婦女俱集。中衛舊志。

端午，貼符插菖蒲、艾葉，飲雄黄酒，啖角黍。閨中並以綵絲作符，剪艾虎相餽送。《舊府志》。五月六日，儲水作麵，經月不腐。中衛舊志。

---

① 參見《靈州志蹟》卷一《風俗物産志第七・風俗》。下同。

② “燒秦檜”之俗不載於清代《寧夏府志》《靈州志蹟》等寧夏舊志，疑此俗係新採訪。

孟秋七夕，閨人以針工茗菓作乞巧會，亦有群聚歌舞稱爲“跳巧”者。《舊府志》、中衛志。望七日，北門外寶塔會，游者如雲。新採訪。

中秋祀月，作月餅，陳瓜菓，比屋皆然。餅筵瓜市，嘗遍衢巷。《舊府志》。中秋，家有孕婦，閨中用祀月之瓜，從中信手切如雉堞形，遇單成男，遇雙成女。新採訪。

重陽，食糕，飲菊酒，亦有爲登高會者。《舊府志》。

季秋九日，釀酒曰“重陽酒”。是月，採蔬鹽漬以備冬。中衛舊志。

孟冬之朔，祀先祖，薦湯餅。《舊府志》。冬至日，祀先祖。家人親友相拜賀，肉雜粉腐爲羹，和酒啜之，曰“頭腦酒”。“冬至一陽生”，取作事有頭腦意。《舊府志》。臘八，煑粥，雜以豆、肉，曰“臘八粥”。是月初旬，取水釀酒，曰“臘酒”。《舊府志》。二十三夜，以雞、酒、餅飴祀竈，曰“送竈”[4]。雞陳而不殺，至除夕始薦熟，曰“接竈”。《舊府志》。除歲貼春聯，易門神，具酒餚，長幼以次稱壽，燃燈徹夜，曰“守歲”。中衛舊志。除夕，祀先祖，拜尊長，焚香爆竹，飲酒守歲。閨中以棗、柿、芝蔴及雜菓堆滿盞，著茶葉奉翁姑及尊客，曰“稠茶”。女筵以爲特敬。新婦拜見舅姑，鍼工外尤重此。多者至百餘盞，一盞費數十錢，相傳始於明王府，至今不改。《舊府志》。

冠禮

久廢不行，惟於婚禮納徵時，女家以冠履衣物相答，必有梳篦鏡匣，曰“冠巾”，蓋亦存其意云。《舊府志》。冠禮，成人之始，俗不講久矣。中邑惟成童則隨俗冠之，三加之禮闕焉。中衛舊志。

婚禮

媒妁既通，必取男女年庚，對合無冲尅，然後定議，此古“問名”之意。定禮，男家用綵幣鐲鏁或梭布簪珥，女家以冠佩或鍼黹相答，此古“納吉”之意。婚期既定，男家備禮盒酒菓，倩賓送期於女家，曰“通信”，此古“請期”之禮。既復，送采幣、茶菓、羊酒并衣物、首飾送女家，曰下聘，亦古“納徵”之禮。先期，女家備妝奩送男家，曰鋪床。至期，男家又以大蒸饅并菓盤隨綵輿赴女家，曰“催妝”。倩女賓爲新婦冠笄，曰冠帶。女家請女賓隨輿至男家，曰“送親”。接親多用綵轎鼓吹，貧者以車。世族之家亦有奠鴈、親迎者。新婦三日謁翁姑，贄以鍼黹，同室長幼各拜見，曰分大小。《舊府志》。問名、納采、納聘，行古之道。具酒食，會賓客，獨不親迎。花燭之次日，男攜盒至女家，曰“謝親”，并拜其親族，女之親族亦往答焉。三日，新婦廟見翁姑，具酒食，會見夫之親族於堂。中衛舊志。婚不書庚帖，但憑媒妁一言爲定。初定親，送茶葉、燒酒，次送財禮、首飾、布疋，豐約不等。娶不親迎。新婦入門，偕壻行禮。次日謁翁姑，九日，壻偕新婦如岳家，謁其尊長，並謁新婦之外舅，禮如前。鎮戎舊志。

按：古者婚禮有六，納采、問名、納吉、納徵、請期、親迎是也。納采、問名、納吉、納徵、請期，郡俗多仿而行之，至親迎，則不講久矣。豈知齊不親迎，風人刺之，紀不親迎，《公羊》譏之，人倫之始，可不重耶？前清通禮厥明，新婦夙興，見舅姑於堂，拜獻如禮，三日見祖禰於寢，如常薦禮，而俗則徧拜賓客，此亦失禮之尤者。夫婚姻論財，夷虜之道。曩時郡中偶有之，亦不過十數金而止，近來此風大熾，不分貧富，動需百金，甚至因索重聘激爲搶親之舉，雖經嚴禁，習俗不移，良可嗤也。

喪禮

俗最重衰絰，冠履多遵古制，麻巾衰衣，必大祥後始易。惟期功以下，近亦多就簡便，未能盡如古禮。七日行大殮，親戚多會吊。及葬，前一日親友各以奠儀往祭，喪家備酒食相酬。每進食羹，孝子必出稽顙，謝禮甚煩瑣，羸弱者至憊不支。中衛、靈武俗尤尚送葬，男女多至數十百人，喪家爲備酒食、車乘。力薄不能辦者，或至留殯數十年不敢舉。相傳明季近邊各堡，黠虜常伺葬，出劫衣物。故葬時，必多請姻戚以爲之備。迄今數百年，以備虜之舉，竟易而爲喪家之累，亦可笑矣。《舊府志》。喪用佛事，動鼓樂，近來鮮有禁者。親隣赴吊，不問服制，送帛必徧。每七日奠，客至則宴，以多爲勝。俑送尚華飾，或演劇爲觀。近俗漸改，多有講求文公《家禮》者。中衛舊志。

按：三年之喪，《家禮》《通禮》俱以二十七月釋服，郡俗則仍期以三年，此猶天下之通喪也。至期功而即釋服，則未免予之不仁矣。又人之有喪，易服往吊，食於喪側，未敢用飽，聖賢之道也。今則親友之赴吊者，孝布未給，酒食未豐，即起衝突，抑何戾古之甚歟！又近世陰陽家有避殃、斬殃之説，劉氏榛謂父母死而忍加以殃名，不孝之罪通天矣。而郡俗又甚之以斬罪，更可容誅乎！僧道懺度，雖非古禮，然命意在求父母之超昇，其於爲子之情，尚不大謬，固無容深辯云。

祭禮

世族之家有宗祠、家廟，會祭多用羊。士庶多祭於寢。用恒品隨豐儉，無定。春秋祭墓，孟冬朔及冬至、除夕皆設祭必備物，懸遺像，其禮尤重。《舊府志》。祭無宗祠，各奉主於其家。凡除夕、新歲必設饌，清明出郊展墓，具酒餚，會親族，秋亦有祭墓者。十月朔，具紙楮，剪紙衣，奠酒户外，曰“送寒衣”。午月中秋，奠於堂。中衛舊志。

按：朱子《家禮》時祭外别有冬至、立春、季秋、忌日等祭之儀，郡俗上丁等日及生卒日之祭頗爲近之。先儒言古不祭墓，蓋以經無明文。若傳記，則椎牛祭墓、東郭墦間，不一而足，故墓祭之文，《家禮》《通禮》俱載之。郡俗之崇墓祭，蓋本諸此。至崑山徐氏云，假上塚之名，招客宴會，類於踏青籍草之游。夏、朔、平、靈，尚無此俗，惟中衛稍有之。

舊志《風俗》書後云[①]，寧夏在雍州之西，其人剛果質直，重信義，勇戰鬬。明初盡徙其民於長安，遷他方之人以實之，而吴、楚爲多，故尚詞翰，矜儒雅。今觀其節物禮儀，多與《荆楚歲時》相合[②]。前清以來，人物之豐、風氣之盛頗甲一時，震劫之後，凋殘殆盡，而豪華結習，終或未改。婚喪吉凶之舉，靡文盛而禮意輕；交游徵逐之場，飲食豐而真誼薄。不惜終歲之積，苟且旦夕之歡。生齒日繁，三農懸磬；用物益多，百貨騰貴。甚至尚巫覡，信緇黄，修醮立會，勉力佈施，獻戲賽神，連朝屢夜，游手聚賭，少長紛集，雖有有志之士，亦爲習俗所持，蓋舉國趨之，而欲以一二人矯之，自昔安之，而欲以旦暮革之，此事誠未易言。然國奢則示之以儉，敦本實，務蓋藏，固今日之急務矣。前人有言[③]："轉移之機，操之在上。表正之責，則在士大夫。"其信然哉。

蒙俗

人性好勇，不適農業，以游牧爲本。以病爲辱，病則燒石自熨。有徵會，刻木爲信。隨畜薦居，以氈爲廬，以馬頭爲絶品，貴者食之。上下山谷，疾如風雨。其近邊者濡染華風，間有築室而居，且耕且牧。其畜牧以馬、牛、羊爲主，駱駝、驢、贏次之，兼畜猪、犬。伺夜者曰守犬，馳獵者曰獵犬。其人均奉喇嘛教。採《新通志》。

時令

元旦，赴寺中向喇嘛叩頭，回帳房吃茶畢，仍赴寺，繞行寺外十餘周，有病者以身貼地行一二周。不賀年。請親友吃茶，忌以火與人。十五日，皆赴大喇嘛處摸頂。喇嘛以木竿繫紅布，環而擊之，被擊者喜，未及擊者求之，或四五日不去。六月十五日亦然。各寺喇嘛正月、六月自初一日誦經至十五日，大喇嘛臺坐唸經，對面具着彩服蟒袍異色者三十二人，爲天王菩薩、牛頭馬面、護法諸像，於寺中壇上跳舞。其始以鼓樂、喇叭、號筒自中迎之，兩兩繼出，其後乃合跳。以炒麫

① 參見《寧夏府志》卷四《地里・風俗》。
② 《荆楚歲時》即《荆楚歲時記》，一卷，南朝梁人宗懍撰。
③ 參見《朔方新志》卷一《地里・風俗》。

和酥油做赤身人形，置三角木盤内，下襯三角綢幅天王，一人以小木劍而支解之。誦經畢，又以鼓樂鳴鑼送之寺外一二里而還。是日，執事者收番漢民人布施過年，取河冰列牆上，塊塊相接。除夜，於房中燒香唸經，其父母已故者叩首哭泣，乃團坐吃茶而睡。採《新通志》。

婚娶

先私會，不由父母，不通媒妁，以賽跑馬賭勝爲定。婚妝奩亦豐，牛羊財物，各自經守。夫婦不和，則揚土以離婚。採《新通志》。

喪

有天葬、火葬。父母没，男女聚哭盡哀，請喇嘛卜葬。天葬：則委尸山林或沙漠，次日往覘，禽獸食之則吉，否則痛哭，移尸他處，再請喇嘛唸經祝禱，必俟禽獸食之而後已。火葬：馱尸至山後直坑傍，開竈門，置尸於内，以火焚之。孝服：男女各解散髮辮，衣服反穿，一月乃止。每逢忌日，亦請喇嘛唸經。不上墳，不墓祭。採《新通志》[5]。

回教風俗

勤苦潔静，不染烟酒，有尚武精神。喜負販，近多業農焉。

婚姻

無貧富，必擇良善，使媒妁通言，問名籍，立主親，以納聘禮爲定，遂延教長書婚。及親迎之前一二日，女氏備嫁妝，遣使往男氏鋪陳壻室，但妝資稱貧富多寡，須依教條。分家例女得一男之半。親迎成禮，次日，婦出見舅姑，嗣壻具禮物，亦往見婦之父母。

喪葬

病危，内外止静。病者正寢，其子男知事者時誦清真言以提覺之，使病人心存於道，不繫於世。蓋靈魂出體，要緊關頭，不容忽也。既絶，安位立主喪，延執喪事者易服，居室三日，不讌客，不治饌，親知僚友饋食於其家，親鄰戚友具賻以吊。殮服：男三件，女四件，俱用細白布爲之，富貴貧賤一也。治櫝造輿，穿壙而葬，不看風水，不擇時日，三日必葬。葬之日，昧爽浴亡尸，襲殮入柩，遷於堂，延掌教及賓客行殯禮。及墓，孝子視壙，禱而封。既葬之七日、四十日、百日、周年、三年及生歿之年，均行祀典，以游墳誦經、施財散穀爲要也。

時令

回教以日行一周天，計三百六十五日又四分晝夜之一爲一歲，以月行十二月，計三百五十四日又三分晝夜之一爲一年。歲以步天時，年以紀人事。故凡屬典禮，皆以十二月一周計之。回教篤信造化天地有一真主宰，不屬色像，不落空無,至靈至妙,無始無終,實人物性命之大原,而萬有形色所資始者也。其敬事主宰有五功焉:一曰念,不忘主也;二曰禮,日拜主也;三曰齋,鍊性也;四曰課,濟衆也;五曰朝,歸真也。凡此五功,悉穆罕默德聖人奉真宰明命,定爲回民大經大法,以爲萬世率由之準者也。以上婚喪、時令悉採於《天方典禮》[①]。

按:前人有言"千里不同風,百里不同俗"[②],蓋居鄉者多樸,近城者多佻,居山者多魯,近水者多秀。習俗移人,賢者不免,而奚分夫漢與回、蒙焉。《記》有之[③]:"修其教不異其俗,齊其政不異其宜。"言俗之所宜正,不必强之使同也。因條記風俗而附以方言,以備異日輶軒之採擇云。

附方言

吽,音如牛,魚候切,發語詞,重言之。

哨,戲呼之詞,亦發語詞。

嘈,俗讀如"走"音,發語詞,怒而呼之將詈也。

呿,發語詞,叱之使去也。

㕤,音"求",讀如"秋",助語詞也。又《説文》,高氣也。

哈,俗發語詞。

喝,讀入聲,亦發語詞。

嗯、呵,音如"阿",轉入麻韵。

嗑,音"盎",皆諾詞也。又口然而心不然也。

吠,音如"代",平聲,叱聲也。又戲相呼也。

子,本子孫之稱,俗指物皆帶一"子"字,竟似語助詞,如房子、帽子、棹子、盆子之類。

聊,音讀如平聲,俗謂"看"曰"聊之"。

掕,俗讀如平聲,擲遠之意。

揊,音"而",俗以委置物件謂之揊。

扔,俗讀如平聲,謂其委置也。

奘,在黨切,駔大也,俗以凡物粗大謂之"奘"。

角,俗轉"各"音,如牛各、羊各之類。

我,俗轉"卧"音。

---

① 參見清朝劉智《天方典禮擇要解》卷五《五功篇》、卷七《齋戒》、卷十九《婚姻篇》、卷二〇《喪葬篇》。

② 參見《文獻通考》卷二一三《經籍考·子》之《風俗通義》條轉引漢朝應劭自序。

③ 參見《禮記·王制》。

折,俗轉"蛇"音。

三,俗轉"薩"音。

崽,音"篵",俗轉裁韵。揚子《方言》:崽,子也。

兀,五忽切。《説文》:兀,高而上平也。郡俗指示途路曰"兀呢",或轉"閙呢"。"兀長"則路遠,"兀短"則路近是矣。

阿,或轉"沃"音,自稱之辭。

找,音"爪",尋覓曰"找"。

扎,刺謂之"扎"。

摩,去聲,音如"磨",俗謂覆田之器,即耰也,非"磨麪"之"磨"。

鴉,俗轉"哇"音。

舀,伊鳥切,音"遥",上聲。俗舀水、飯舀之類,隴右爲恒言。

胡,俗謂菓核爲"胡"。

箸,俗謂"快子"。

可,俗轉"渴"音,如"渴不是"之類。

阿子,稱男娃兒曰"阿子"。

了頭,稱女娃兒曰"了頭"。

婆婆,稱夫之母爲"婆婆"。

翁翁,婦稱夫之父曰"翁翁"。

爹、媽,俗稱父曰"爹",母曰"媽"。

爺爺,祖父之稱。

奶奶,祖母之稱。

爸爸,滿人稱父曰"爸",其漢回皆叔父稱。

嬸嬸,叔母之稱。

今日,俗轉"節而"。

明日,轉如"滅而"。

親家,兩姻相謂之稱。

挑擔,即連襟之謂,民間兩壻俗稱也。

可惡,俗謂人兇。

高興,俗譏人浮躁輕狂也。

冒失,謂言行唐突也。

揚氣,即揚眉吐氣之謂。

標緻,俗以品貌骨格雋峭者爲標緻。

體面,謂有光采也。

睡覺,“覺”讀“教”音。就寢曰“睡”,睡醒曰“覺”。

窩囊,俗以人不整潔爲“窩囊”。

夥計,俗轉爲“夥結”,同貲合夥之謂。

刁乖,“乖”俗轉“拐”音,詭僻之謂。

真哥,即“真箇”之訛語。

衣裳,衣服通稱,俗每二字連説,非古所謂上衣下裳也。

勞忉,俗謂煩瑣。

些許,“些”轉“學”音,“許”轉“薄”音,俗言少也。

科氣,俗以局面大方爲“科氣”,或謂“課氣”。

窮漢,即貧窮之人也。

吃席,俗謂吃酒席也。

打醮,俗轉“教”音,即誦經也。

啾勢,俗謂像貌不順,本病劇之謂。

藏藏,“藏”讀“蒼”,去聲。閒游之謂曰“浪浪”。

連枷,打穀具也。隴右無二名。

這裏,“裏”或“呢”音。

那裏,俗以爲“兀呢”。“兀”讀平聲,方合俗音。

牲口,亦曰“頭口”,騾馬之謂。

坌壘,俗和土塊爲“坌壘”。

跳神,尫尪之劇,俗呼“跳神”。

淌田,澆灌田禾也。

熱頭,俗呼“太陽”爲“熱”,即“日”也。“頭”爲語助詞。

萁蓆,俗謂之“萁萁”。《甘州志》稱爲“藉藉”,《寧夏渠務書》稱爲“席其”,《寧夏府志》又名“芨芨”。

没來頭,即無理由之謂。

煞自話,即“甚麽話”之轉音。

海昧有,即“還莫有”之轉音。

大漢子,謂身體長大也。

老漢家,“漢”俗平聲轉,長老之通稱。

嘓嚕子,指博徒誘拐者。

拉謊溜皮,即言語不信實之謂。

依托弗事,即諷人不自立之謂。

得故要意,即炫己愚美他人之謂。

强狠曰“歪”，謂人强暴不直之意。

債人曰“訣”[6]，音如“央”，上聲，問也，告也。郡俗債人謂之“訣請”，或云“訣及”，或云“訣求”，皆與問告同意。

盈掬曰“抔”，音“裒”。郡俗以手掬物謂之“抔”。

里鎮曰“堡”，俗轉“普”音，小城也。

按：《方言》始於揚子雲，仿《爾雅》而作。今《皋蘭志》《甘肅新通志》亦皆仿而行之。其旨在明繹訓釋，徹悟語聲，亦語言學之權輿也。至物産俗名，其已見於各物下者，兹不複出。

物産

穀類

稻，旱稻曰“秔”，晚稻曰“秈”，性粘曰“糯”，各處皆産。

黍，黑、白二種，米皆黏，俗呼爲“黄米”，穗可製帚。

稷，紅、黑、白三種，俗謂之穀，所製與黍同。

粱[7]，黄、白、青、紅、龍爪、羊角、蠟燭、芝蔴、長角，凡九種，釀酒佳。

麥，紅、白二色，稭可製帽，可製粗紙。

大麥，成熟頗早，釀酒甚佳，磨麪等於青稞。

蕎麥，甜、苦、大稜、小稜四種。

莜麥，亦曰“油麥”，炒半熟，磨爲麪，作餅、飯俱佳，俗誤呼爲“燕麥”。

燕麥，一名“苜麥”，穗細長而疏，可飼牲畜，不待糞壅，易於種植。

玉麥，較小麥尤微細，氣香性黏，夏種秋收，處處産之。

小麥，種類甚多，白色者名“白麥”，紅色者名“火麥”，皆仲春下種，謂之春麥，以别於冬麥也。

青稞，有大、小二種，似大小麥而粒皮薄，多麪無麩。

粟，俗名“小穀”，成熟最早，又名“六十日穀”。

沙米，《中衛志》作“登粟”，産於沙地，形如小米，色黑，雨澇始生[8]，須早儲之。

玉蜀黍，俗名“御麥”，一名“包穀”，粒大如豌豆而微扁，黄白色，亦有紅色者。

豌豆，麻、白二種，積可耐久，炒食磨粉，同麥食。

蠶豆，俗曰“大豆”，堪作馬料，並可作粉。

扁豆，小而扁，可作粉。

緑豆，可作粉，生芽作菜佳。性凉，能解諸藥毒。

菽，豆之大者，有黄、黑、紅、緑四種，俗以色呼之。

黄豆，小如黑豆，可作醬，亦能作腐。

黑豆，可作腐，亦可生芽作菜，並能炒食。

豇豆，角嫩而長，可作蔬。

腦孩豆，一名“那孩豆”，形如櫻桃，紅白色，味香。

小豆。

白豆。

赤豆。

西番豆。

回回豆。

番穀。

胡麻，一名“狗虱”，一名“方莖”，一名“鴻藏”。苗梗如麻，而葉圓鋭，嫩時可蔬，子可出油。

芝蔴，黑、白二種，可作香油。

苴麻，子可取油，皮作布、作繩、作綫，其稭可作燭心[9]。

穈，黑、黄各種。

大麻，俗名“蓖麻”，子可作油。

荏子，黑、白二種，可出油。

蔬類

菘，俗曰“白菜”，有蓮花、捲心、箭桿、紫花等類。

萵苣，二種，葉圓而薄者名“生菜”，葉尖而生笋者名“萵苣”，俗呼“萵笋”。

蓮花菜，俗呼“包包菜”，又呼“蓮花白”。

莧菜，紫、白二種，忌與鱉同食。

菠薐，俗名“菠菜”。

恭菜，俗名“甜菜”，其根赤色，煮食尤美。

同蒿，一名“蓬蒿”。

茄藍，一名“茄連菜”，似藍靛。

辣椒，其味甚辣，有羊角辣、皮羅辣、羊角椒、朝天椒等名。

蘿蔔，黄、紅、白、胡、花葉、鈕子、天鵝蛋諸種。

芫荽，原名“胡荽”，出自胡地，故名。

羊芋，可作穀食。又一種紅芋，味甘美，植之易生，兼可救荒。

芸薹，一名“油菜”。冬採葉爲蔓青，春採薹爲蕓，作蔬均佳，子可取油。

馬齒莧，俗謂埋之土中可生水銀。

山藥，一名“薯蕷”。

芹，青、紫二種。

芥子，易於生長，多種，可供油。

蔥，餉菜最佳。

蒜，入山含之可避瘴氣。

韭，冬以熱地鬱出者爲韭黄，又有沙韭、山韭，皆野生。

茄，形長色紫，多食令人氣脹。

芥，一名“辣菜”，有青芥、紫芥、白芥，子如粱米[10]，味極辛美。

雪裏蕻。

蘑菇，大者爲菌，小而結者爲蘑。菇内有紋如羊肚形者爲羊肚菌，最小者爲香信。

頭髪菜，形如頭髪故名，靈武東山最多。

苦豆，俗名“甘露子”，於花開時連莖葉采之，研用糝餅佳。

春頭，俗名“大刁菜”，醃作鹹菜良。

蔓青，一名“蕪青”，一名“諸葛菜”，一名“九英崧”。

地耳，一名“轜地”。

薺，一名“護生草”，生野中。

苦菜，一名“苦蕒”，一名“荼”[11]，生野中，又呼爲“苦蕒”。

蕨麻，狀似麻，根如貫珠而紫色。

薇。

蕨。

藜。

藿。

苦苣，莖有白汁，即《詩》所謂“芑”也。

瓜類

西瓜，有青、白、黑、緑數色，子有黑、赤、白三色，瓤有紅、白、黄三色。又有子瓜，瓤不堪食，專取其子，俗名“打瓜”。

甘瓜，即甜瓜，又名“哈密瓜”[12]，以其種自哈密來也。

醉瓜，實圓如毬，味甘似蜜，漿多有酒氣，故名。

香脆瓜，俗名“脆梨瓜”，有長、橢圓數種，緑瓤者味甘，皮瓤俱白者味尤甘脆。

北瓜，俗名“胎裏紅”，味與西瓜同，而形較小，皮有青、白二色。

南瓜，俗名“窩瓜”，大小形狀不一，皮分紅、緑、黄三色，味同。

番南瓜，俗名“番瓜”，狀如南瓜。

東瓜，亦名“冬瓜”。

黄瓜，《禮》作王瓜。

絲瓜，細長者良，作羹佳。

苦瓜，一名“錦荔枝”，一名“癩葡萄”。苦以味名，皮如荔枝，實如葡萄，故名。

稍瓜，俗名“菜瓜”，味同黄瓜，形粗色白，故又名曰“白瓜”。

胡瓜，有兩種。一種俗名“地黄瓜”，蔓縈地上，瓜長尺餘，子多漿多。一種俗名“架黄瓜”，蔓用架扶，瓜長如絲瓜，子少漿亦少。色俱青緑，味甘，皆宜生食。

壺蘆瓜，長、圓二種，腰細，故俗又名“藥壺盧”。

瓠，俗名“長菜”，長約二尺餘，色味俱如冬瓜。

果類

蘋果，一名“蘋婆”，果似林檎而大。

林檎，一名“來禽”，又名“紅禽”。雨霽日烘，則半邊成紅色，其汁可製糕，假名“山查”。

柰子，有三種，大而長者爲柰，圓者爲林檎，皆夏熟。小者爲楸子，秋熟，故名。

香水果，一名“金林檎”，俗名“沙菓”，有紫、白二種。紫者味甘脆，有香水，故名“香水”。

梨，種類不一。色黄，上洒碎猩點如蘇木曰“蘇木梨”，又曰“酥蜜梨”，狀如雞骰，曰“長把梨”。

桃，有旱桃、水桃、六月桃、七月桃等名，肉不黏核者又名“離胡桃”。

李，一名“家慶子”，有紅、黄二種。

杏，名類甚多，一名“甜梅”，實如彈丸，味最上，麵杏、山杏爲下，核有甜、苦之别。

棗，一名“木蜜”。中衛棗園堡産者形圓而小，核亦極細，較他産頗勝。

櫻桃，一名“含桃”，一名“金桃”。其形似桃，故名“櫻桃”。

胡桃，俗名“核桃”。外有青皮肉包之，其形如桃，胡桃乃其核也。

郁李，子如櫻桃，六月熟，可食，仁可入藥。

沙棗，樹枝多生刺，葉似桂而青白色，故俗又名“沙桂”。黄、紅二色，大小如棘，實中有末如細沙，故名“沙棗”。

葡萄，有水晶、雞心、瑣瑣等名，青白色者味酸，紅白色者味甘，雞心色紫味甘，瑣瑣即雞心之小者。

金豆，俗名“酸棗”，一名“金豆柑”，實多味酸，仁可入藥。

無花果，一名“映日果”，一名“優雲鉢”，盆植，多味。

花類

梅，有紅、黄、白各色，又有四季梅、蠟梅、洋梅、五香梅、迎春梅，多於盆中植之。

探春，有紫、白二色，花開最先。

麗春，一名“虞美人”，色最艷，種類亦多。

珍珠，一名“玉屑”，三四月開細白花。

萱，又作“蘐”，一名“忘憂”，一名“宜男”，色深紅者俗名“鳳頭萱”，色淡黄者俗名“金簪”，或謂之“黄花菜”。

牡丹，有紅、黄、黑、白、青、緑等色，一名“鼠姑”，一名“木芍藥”，一名“鹿韭”，周濂溪稱爲“富貴花”[13]。

荷包牡丹，草本，根可分栽，花類荷包，故名。

芍藥，有紫、赤、黄、白數色，初夏開花，稱爲花相，根可入藥。

山丹，一名“連珍”，一名“紅花葉”，一名“紅百合”，有紅、白二色。

石竹，一名“石菊”，又名“綉竹”，又名“瞿麥”。千葉者名“洛陽花”，葉如苕，纖細而青翠。花夏開，有紅赤、深紫數色。

天竹，俗名“小竹”，一名“大椿”，葉如竹，開翠白花。

鳳仙，俗名“海納”，又名“指甲草”。其花頭翅羽尾俱翹然如鳳狀，故名。

鷄冠，有紅、黄、白三色，儼如鷄冠，故名。

繡毬，俗名“剪絨六月菊”，其蒂色緑，圓如小毬，故名。

粉團，有大、小二種，其花千瓣成簇，大者曰“玉粉團”，小者曰“洋粉團”。

薔薇，有紅、白二種，一名“刺紅”，一名“山棗”，一名“買笑”，藤叢生，莖青多刺。

玫瑰，有紅、白二種，一名“徘徊”，莖青多刺，俗名“刺荆花”，採之釀酒，色香味俱佳絶，名曰“玫瑰酥”。

月季，一名“長春花”，一名“月月紅”，莖與葉俱有刺，花開紅、白、淡紅三色。

碧桃，花似桃花，葉如榆葉，三月開花，不結實。

夾竹桃，花五瓣而長筒微尖，淡紅色，嬌艷類桃花，葉狹長類竹，故名。

石榴，來自海外，又名“海石榴”，結實可食。

荷，花名“蓮花”，其實蓮，其根藕，均可食。周濂溪稱爲“花中君子”。

藏金蓮，一名“雪蓮”，又名“西番蓮”，生積雪中，色深紅，狀如雞冠。

蜀葵，有兩種，一種花瓣重重，一種單瓣。一種衛足，一名“一丈紅”，有深紅、粉紅、淡白三色。

向日葵，花黄，其形如盤，高約丈餘，隨太陽回轉，故俗稱“向陽花”。

水仙，一名“金盞銀臺”，根似蒜頭，冬生，葉如萱草，葉中細莖，莖頭開花數朵，大如簪頭。色白，中心色黄，故有“金盞銀臺”之名。

玉簪，紫、白各種，七月初抽莖，莖出細葉，每葉出花一朵，本小末大，開時如白玉搔頭，故名。

桂，有紅桂、黄桂、白桂、丹桂、月桂，其花甚香。

菊，種類甚多，各色俱有。有六月開花、七月開花、九月開花者，而九月菊爲最盛。

藍菊，本不甚高，秋即開花，色藍。

紫葵，莖葉如蜀葵，惟花紫色，染色獨用則青紫，與槐子合則緑。

木類

松，有白松、黄松、油松、刺松諸種。黄松脆不中用，餘可作屋材枋板。

柏，有數種，扁柏、檜柏、瓔玲柏、側柏、刺柏，堅緻可用。

柳，青柳折枝可栽，白柳不種自生。紅柳木質盤曲，可編籠笟。黄柳止可供爨。尖葉柳木堅細，可製器具。

桑，葉可飼蠶作絲，椹及子可備荒，木可供薪，大利所在，惜種植者未之深思也。

檜，柏葉松身，今人名“圓柏”，以别“側柏”，即上之所謂“檜柏”。

樗，香者名“椿”，臭者爲“樗”，故名“臭椿”。

椿，有香椿、白椿、紅椿三種，其葉皆可作菜食。

桐，木質甚輕，作板及箱櫃，可禦陰濕。

槐，質堅重，可爲器具。

榆，皮味甘而黏，和麵食可充飢。木甚堅硬，筴形圓如小錢，故俗呼“榆錢”。

楊，有數種。白楊葉似梨而稍厚大，皮有白茸，樹身聳直。青楊身亦聳直，葉似杏而稍大，俗呼“鑽天梢鬼”。白楊性柔，如人手分五指，俗呼爲“鬼拍手”。黄楊遇閏則縮，故曰“黄楊厄閏”，亦細緻可用。

觀音柳，一名“沙柳”，一名“三看柳”，開紅花。

檉，俗名“江柳”，亦名“西河柳”。

樺，紅、白二種，繁茂易生。可爲車頭、農器、駝鞍之用，以皮捲蜡，可作燭照。

沙棗木，質堅有花紋，作棹几等器佳。

暖木，惟寧夏屬出。

草類

藍，刈葉漬汁，和以石灰，可作染靛。

紅藍，即紅花，可染紅，亦可入藥。《通志》與紅花作兩種，誤。

紫草，一名"紫丹"，一名"紫芺"，根可染繹。

茜草，根可染繹。

苜蓿，一名"光鳳草"，一名"連枝草"，芽嫩可食。

馬藺，俗名"馬藺"，亦呼"馬蓮"，可作粗紙。

莎，俗呼"莎冰"，又呼"莎竹"。

艾，可入藥，故一名"醫草"。

箕蓆，俗名"箕箕"，一名"藉藉"，又名"芨芨"。織帽、織席、作帚、編綯囤索，其用甚廣。

烟草，俗名"菸"，有兩種，一曰"藍菸"，一曰"棉菸"，五泉出者最佳。

慈姑，歲生十二子，如慈姑之乳諸子，故名。

黑果，生稻田中，狀如鹿葱。

稗，紅、白二種，紅名"野稗"，白名"家稗"，臼米如魚子狀，味亦甘香。

藋，俗名"灰滌"，有紅、白二色。紅者有毒，白色又名"麪灰"，可作菜。

蒿，有紅、白二種，白者初生爲茵陳。

沙蒿，刈之可以糞田。

羊眼豆，秋熟，生村徑間。

蕢草，生田岸間，刈可飼馬。

檉柳，枝幹柔而勁，各處皆有。

沙蓬，子名"沙米"，雨澇始生，飢年亦可充腹。

水蓬，燒其汁以爲蓬灰，麪食中多用之。

蒲，初生爲蒲筍，可作菜食。

苴麻，俗名"綫麻"，可以綯索織布。

蕤麻，初生可食，老則葉有芒刺，觸之如爲蜂蠆所螫。

草香，採以囊盛，香氣經久不散。

獨箒，一名"地膚子"，俗名"鐵掃箒"，一莖枝多，故名。

鵝郎草，俗名"羊奶頭"，今用爲戒烟之藥。

藻，水草也。有水藻，又名"馬藻"，兩兩相對，即馬藻也。有聚藻，節節連生，即水蘊也。

萍，飄浮水面，根不著泥。

藥類

甘草，一名“國老”，中黑者名“鐵心甘草”，最良。

枸杞，刺如枸之刺，莖如杞之條，故名。子色紅潤，根名“地骨皮”。寧安堡產者佳。

苦參，形如參而味苦，故名。

沙參，色白，宜於沙地，故名。

肉蓰蓉，馬精落地所生，凡驢、馬多處皆有。

瑣陽，鱗甲櫛比，九頭者良。

知母，一名“蚳母”。宿根之旁生子，根如蚳蝱之狀，故謂之“蚳母”。“知”即“蚳”也。

遠志，似麻黄，赤華，葉鋭而黄。

黄芩，内實者名“子芩”“條芩”，中空者名“枯芩”。

升麻，其葉似麻，其性上升，故名。

柴胡，一作“茈胡”。嫩則可茹，老則爲柴，故名“柴胡”。

秦艽，根有羅紋交糾者佳。

防風，防者禦也，能禦外風，故名。

青木香，一名“南木香”，後人因呼“馬兜鈴”根爲青木香，乃呼此“南木香”以别之。

荆芥，氣味辛香，如薑如芥，故名。

薄荷，産於南方者佳，故又名“南薄荷”。

紫蘇，氣味辛香，並能餉魚。

益母草，即茺蔚也。

茵陳，蒿之白者名“茵陳”。

旋覆花，一名“金沸草”，一名“金錢花”。

蒼耳，一名“蒼耳”，叢生如盤。

麻黄，一名“龍沙”，根名“狗骨”，叢生，子如覆盆子。

木賊，有節而糙澀，治木骨者用之磋擦則光淨，猶云木之賊也。

瞿麥，一名“石竹子”，頗似麥，故名。

葶藶，實葉皆似芥，有甜、苦二種。

車前，好生道邊。

萹蓄，一名“扁竹”，好生道旁。
穀精，穀田餘氣所化，故名“穀精”。
蓖麻，葉似大麻子。其子有麻點，故名。仁有油，可配印色。
惡實，俗名“鼠粘子”，又名“牛蒡子”。其實狀惡而多刺，故名。
莨菪，俗名“天仙子”，其子服之令人放宕，故名。
商陸，一名“蓫募”，多當陸路而生。
牽牛，黑者名“黑丑”，白者爲“白丑”。
蒲公英，俗名“黄花郎”，又名“黄花地丁”。莖葉斷之，皆白汁。
菖蒲，乃蒲類之最盛者。
蒲黄，花上有黄粉，故名“蒲黄”。
地椒，苗覆地蔓生，莖葉甚細，花色紫白，即蔓椒之小者。
芍藥，一名“可離”，故將離者贈之以芍藥。
蘹香，粒有大小，大者名“大茴香”，小者名“小茴香”。
葫巴蘆，王不留行。
大戟。
側柏葉。
酸棗仁。
郁李仁。
桃仁。
杏仁。
木瓜。
桑白皮。
黄精，苗名“筆管菜”。
地骨皮。
菟絲子。
三稜草。
草血竭。
烏藥。
千金子。
狗尾草。

羽類

雞，雄能司晨，雌善生卵，亦民間生利之一端。

鴨，一名“家鳧”，其鳴呷呷，自呼其名。

鵝，一名“家鴈”，重四五斤，夜鳴應更。

馬雞，一名“㸒雞”，重四五斤，尾毛翠藍，可以飾翎。

沙雞，一名“鵽”，鳥身鼠爪，春夏入冬，自南飛至。

竹雞，形如小雞，無尾，善食白蟻。諺云：“家有竹雞啼，白蟻化爲泥。”

錦雞，即鵕鸃鳥，毛羽金翠爛然。

雀，一名“瓦雀”，俗呼“麻雀”，躍而不步。

黄雀，似麻雀而小，色純黄，人多以籠畜之。

麻鷚，金翅而毛色青黄，鳴聲清揚宛轉，人多畜之。

山雀，似家雀稍大，嘴脚微長，俗爲“麻雀”。

翠雀，似麻雀而小，羽毛翠藍，項及腹緋色，或黄色，嘴、脚俱赤。

花雀，似山雀而小，翅尾青黑，飛時兼露白彩。

練鵲，似山雀而小，頭上披一帶，尾長色白，雌者短尾。一名“帶鳥”，一名“拖百練”。

紫燕，一名“乙燕”，一名“玄鳥”，一名“天女”。大如雀，身長，籋口，豐頷，布翅，岐尾。

胡燕，俗名“沙燕”，形如火燕而大，身褐色，群飛。

火燕，形如燕而尾不岐，有青黄、丹褐諸色。腹及翅俱赤，或雜黄色，喙黑脚紅。

雉，俗名“山鷄”，毛文五色。

鷩雉，俗名“錦鷄”，又名“金鷄”。

卜雉，俗名“鴻鴻雉”，似鴿。頂有長毛，如鷄冠，或赤或黄。其名自呼，見人則“撲嗤”一聲，冠毛開裂，氣甚躁[14]。

半翅，似山鷄而小，嘴距亦紅，身褐色而兼紅彩。翅短，飛不能遠，集山澗畔。

鶻鵃，一作“鶻頭”，小而尾禿，羽多蒼黑色。

鵰，力能摧斷牛筋，似鷹而大。尾長翅短，翮可爲箭羽，尾可爲扇。有“芝蔴”“玉帶”等名，靈武出最多。

鶚，俗名“魚鷹”，似鷹而土黄色，深目，好翱翔水上，能捕魚。

鷹，有黄、黑二色。一歲曰“黄鷹”，二歲曰“鴘鷹”，三歲曰“鶬鷹”。

鸇，俗名“鴿虎”，似鷂黄色，燕鴿勾喙，因風疾擊鳩、鴿、燕雀食之。

鷂，似鷹而小，爪目俱黄，善啄燕雀。

鵟，似鷂而小，同鷂屬。

鳶，俗名“鷂鷹”，即鴟鳥也。盤旋空中，攫鷄肉食之。

鴞，形大如鷂鷹，頭目爪如猫，夜鳴人山後，主不祥。南人呼“猫虎頭”，《詩》云“鴟鴞”即此鳥也[15]。

天鵝，形同家鵝而稍大，好群飛，其鳴嘔嘔。

鴻鴈，大曰“鴻”，小曰“雁”。

鴛鴦，大如小鴨，有文彩，不獨宿。

鷺鷥，一名“白鷺”，項有長毛，潔白如霜，今用之以作帽纓。

鸕鷀，一名“鷧”，一名“水老鴉”。長喙微曲，善喙魚。

鳧，一名“水鴨”，一名“野鶩”[16]。

鷗，一名“水鴞”。形色如白鴿，長喙短脚。

鸚鵡，俗名“鸚哥”，能言鳥也。

百舌，俗名“百玲”，一名“反舌”，一名“鶷鸛”。蒼毛尖喙。

烏，俗名“鴉”，一名“鴿鴉”，一名“孝鴉”，一名“寒鴉”。初生，母哺六十日，長則反哺其母，孝鳥也。

鵲，俗呼“喜鵲”，尾翮黑白交雜。七夕駕鵲橋，即此鳥也。

斑鳩，一名“錦鳩”，俗名“唤雨鳥”。

鶉鳩，俗名“播穀”，一名“郭公”。穀雨時叫，夏至時止。

鷽，俗名“山鵲”。

鸒，俗亦名“鴉”。

鶉鳩，似鴿差小，褐色無班，鳴曰“姑姑”。

鴿，其形如鳩，有青、白、皂、褐、斑數色，有野鴿，有家鴿，名數甚多。

黄鸝，蒼庚也，一名“黄鶯”，其音圓滑，如織機聲。

畫眉，似鶯而小，黄黑色。其眉如畫，巧作千聲，如百舌。

桑鳸，俗名“鐵嘴”，一名“竊脂”，人多畜之。

毛類

馬，牡馬曰“兒”，牝馬曰“騍”，剦割曰“騸”。一歲曰“馵”，二歲曰“駒”，三歲曰“騑”，四歲曰“駣”，名色甚多。

贏，其類有五，爲贏、爲駃騠、爲駝䭾、爲騊駼、爲駏驉，俗統以“騾”呼之。以驢配馬生也。其形甚健。其力在腰股，有瑣骨不能開，故不孳乳。

驢，有褐、黑、白三色。夜鳴應更，力能馱負，略小於馬。

駝，俗名“駱駝”，能耐飢寒，力能負重。其絨温暖，遠勝於棉。

牛，有黄、黑、褐、犂四色，《禮》有“一元大武”之名。

羊，俗名“綿羊”，曰“羚”，曰“牂”，無角曰“羶”，剦割曰“羯”。《禮》曰柔毛，毛可爲氈，爲民間生利之一大端。

羱羖羊，一名“沙羊”，亦名“山羊”。此羊爬山便捷，肉亦鮮美。毛曰“沙毛”，有黑、白二種。

羳羊，俗名“黄羊”。其耳甚小，狀與羊同，角似羖羊，喜卧沙地。

青羊，一名“石羊”，大如緜羊，亦有犂色者。

羱羊，善鬬，狀如驢而群行。

犬，俗名“狗”，名色甚多。性極靈警，能守夜，家不可少之畜。

豕，俗名“猪”，又名“豚”。雄者爲“豭”，牡者爲“彘”。

猫，一名“家貍”，善捕鼠。有黄、黑、白、駮數色，面似虎。

鹿，牡曰“麚”，牝曰“麀”，子曰“麛”，黄質白斑。牡者無角，小而無斑，毛雜黄色。

獾，一爲豬獾，穴居，似小猪形。一爲狗獾，形似小狗，與豬獾略殊。

麞，一名“麕”，似鹿而小。

麝，一名“香麞”，形與麞似。

豹，似虎而圜文，分金錢、艾葉兩種。

狼，似犬，鋭頭白頰，高前廣後，瘦者爲豺，肥者爲狼。其皮可爲褥，亦可製裘。

狐，有黄、黑、白三色，皮可爲裘，死則首邱。

貍，似狐，毛雜黄黑，皮可爲裘，俗名“厓臊”。狐食猫，猫見貍則不復逃走，故名猫曰“貍奴”，皮可以混猞猁。

獺，似狐而小，青黑色。

猬，一作“蝟”，俗名“刺猬”，又名“毛刺”，又名“刺鼠”。

兔，有黑、白二色。野兔多褐色，耳大而鋭，上脣缺而無脾，鬚長而前足短。

熊，似豕山居，面掌如人形，亦有如犬馬形者。皮可爲褥，膽可入藥。

虎，寧屬不多見。

犛，養以供食，毛可爲纓。

野馬，今亦不多見。

野豕，俗名“野猪”，形如猪而嘴略長。

野牛，寧屬不多見，青海出產。

鼠，俗名“老鼠”，此人家常鼠，形似兔而小。

鼲鼠，俗名“黄鼠”，晴煖則出坐洞口，見人則交其前足，爲拱揖狀，乃竄入穴。《詩》謂“相鼠有體”者是也[17]。

松鼠，俗名“鼺鼲”，通體豹文，長三寸許，尾與身埒，粗如穀穗，人多養之。

鼬鼠，俗名“黄鼠狼”，又一名“鼪鼠”，一名“鼨鼠”，土人豢馴，使之捕捉黄鼠。

夜猴兒，俗名“跳兒”，前股短而後股長，似猴善跳，晝伏夜出，故名。

沙狐子，似狐而小，皮可爲裘。

鱗類

鯉，三十六鱗，惟河鯉最佳，故《詩》云，食魚必河之鯉①。

鯽魚，形似小鯉，有扁、圓、白、黑等種。

鮎魚，别名“鯷”，又名鮧、名鰋。

鱔魚，長如蛇，無鱗，寧屬不多見。

鱣魚，似鱏而短，鼻口在頷下，背上腹下皆有甲。

鰍魚，生下田淺水淖中，色黄黑，有漦，濡滑難握，與他魚牝牡。

白魚，似鯉而形長色白，肉中多刺。

沙魚，亦鯉類而色黄，口如猪嘴，生沙河中。

五色魚，係蠶子化生，有青、黄、黑、白各色，大如蝴蜨。一種眼珠平圓，一種眼珠突出，俗名“龍眼魚”，人多缸畜之。

石魚，一名“石首魚”，頭内有小石子數枚。

鼈，俗名“團魚”，形圓可食，水居陸生，龜屬也。

蚌，俗名“蚌蛤”，然與蛤爲二物。長者曰“蚌”，圓者曰“蛤”，不可混稱。

海蠃，俗名“螺”，一名“蠡”。按：鼈、蚌、螺皆介類，以其類少，故未另列。

蟲類

蝙蝠，形如鼠而有翅，好棲屋簷，俗名“簷飛鼠”，屎名“夜明砂”。

蜜蜂，一名“蠟蜂”。人家懸籠簷下，内敷以蜜，引蜂入内，即成蜂房。采花釀蜜，甘美無比。浮在蜜之上者爲蠟，有黄、白二色，故又名“蠟蜂”。亦有穴壁以養蜂者。

黄蜂，大而黑色者名“胡蜂”，又名“瓠蜂”。細腰色黄者名“黄蜂”，俗名“黄虹”，尾針虹人有毒。

蛺蜨，一作“蝶”，俗名“蝴蜨”，又名“蝴蝶”，名類甚繁，皆四翅，好嗅花香。

蜻蜓，有紅、緑二種，好飛水際，六足四翼。

螳螂，一名“螳蜋”[18]，逢樹便産，以桑上産者爲佳。

蟬，有二種，一種青緑色，俗名“緑秋蟬”。一種褐色有文，俗名“麻秋蟬”。皆

---

① 《詩經・陳風・衡門》：“豈其食魚，必河之鯉？”

生於秋，以翼鳴，聲大而長。

促織，似蝗而小，正黑色，光澤如漆。有翅及角，善跳好鬬。立秋後則夜鳴，鳴亦以翼。又名“蟋蟀”，又一名“蛬”。

蟲螽，大小不一，性慎善跳[19]。緑色者俗名“耽耽哥”。灰色黑斑，翅下及骽腹赤者俗名“跳螞蚱”，以股鳴者俗名“夾夾斑”，在草上者曰“草蟲”，在土中者曰“土蟲”，似草蟲而大者曰“螽斯”，皆一物也。

螻蛄，俗名“土狗”，穴土而居，短翅四足。雄者善飛鳴，雌者腹大而小，不能飛翔。

蝸牛，形似小螺，白色，頭有四黑角，行則頭出，驚則縮入殼中。

蝦蟆，種類甚多，喉中有薄膜，故鳴聲最高。又名“蝦蟇”[20]，“蝦”言其聲，“蟇”言其斑也。

蠶，古重蠶桑，以蠶吐絲，可作衣服。大如指，長寸餘，白色，殭可入藥。

蝌蚪，蝦蟆子也。

蜘蛛，種類甚多，有簷端結網者，有草上絡幕者，有土中布網者。一作“鼅鼄”。

壁錢，似蜘蛛而形扁斑，結白幕如錢，貼牆壁間。

蜈蚣，鷄好食之，而蜈蚣亦喜放毒於鷄肉中，故有蜈蚣之家，鷄肉不敢坦置也。

蠍，長尾爲“蠆”，短尾爲“蠍”，均有毒。

蜣螂，遇有屎糞即轉丸而推之，俗名“推車漢”，又名“逞屎蟲”，又名“屎爬牛”。

礦類

鉛，一在“黑錫”[21]，賀蘭山産，今無開採者。

鐵，《舊志》麥垛山産，今無開採者。

硯石，産賀蘭山小滚鐘口筆架山峰下，有青、紫二色，質堅而潤，不亞端石。

寒水石，俗名“石膏”，又名“糜糜石”。或云石膏、寒水石係兩種。

樸硝，一作“消”，俗名“皮消”，生於鹽鹵之地。煎鍊凝結，粗者爲“樸硝”，有芒者爲“芒硝”，有牙者爲“牙硝”。

餤硝，一作“消”，消石以地霜煎鍊而成，一名“餤硝”，一名“火硝”，一名“地霜”。

白礬，《舊志》産賀蘭、中衛一帶，今皆不開採。

蓬沙，《舊志》賀蘭山亦有産生之處，今不開採。

鹽，賀蘭山右蒙古地産者有青、白二色，青者味佳，白者次之。鹽池縣産者粒小而色白，又次之。惠安堡産者更次之。夏、朔窪鹵之處所産硝鹽，味苦不堪食，土人用供醃菜之用。

鹻，寧屬舊産馬牙鹻，今不復見，衹有土消鹻。

乾炭，産平羅大風溝，質堅無烟，爲燃料之上品。

烟炭，産中衛黄河南岸，質疏多烟，亞於乾炭。

末煤，産平羅打磴口，有輭、堅二種。輭者和水土爲塊，可代薪爨，堅者用之伐鐵。

碴子炭，産靈武磁窑，着火即燃，無烟，殊爲佳品。

石灰，一名"堊灰"，一名"礦灰"，用石燒成。

貨類

毛，羊、駝皆有毛，可以織呢綾毡毯，惜未精於製造，多爲外商購去。

皮，馬、牛、羊皮皆爲出境之大宗貨物品。

羢，羊羢、駝羢、牛羢皆可作毡衣備用。

裘，羊皮、狐皮皆可作裘，而洪廣之羊皮最勝，俗名"灘皮"。

氈，一作"毡"，清水毡精細耐久，平羅山羊羢毡尤佳。

罽，俗名"栽絨罽"，織造五采，精緻耐久。此罽惟新省纏頭回回能織之。

毛口袋，用牛羊毛捻小繩織布製成，最耐用。

鹿茸，賀蘭山出，名"血尖茸"。

鹿角，鹿之老角可熬鹿膠。

麝香，賀蘭山産，亦不甚多。

鵰扇，鵰尾製成，靈武出者甚佳。玉帶爲上，芝蔴次之，雲板、黄尖、潔白又次之。

麻紙，質頗潔白，惟欠細緻，尚難與外來之紙争勝耳。

麻，亦出境貨之一大宗。

牛黄，此物尚難成莊。

酒，玫瑰露酒爲寧夏特出，白柑燒酒多出中衛，近寧夏、金積均出。

油，有胡蔴、芝蔴、牛、羊、豕等油。

蘆蓆，水湖産蘆最多，織蓆銷路亦廣。

蒲紙，蒲草所製。

毛襪，羊羢、駝羢製造，滿城新出。

按：物類凡非寧屬所有概不闌入，名曰"物産"，惟當以此地之所産而言也。《舊志》載有明貢物多非寧屬所産，若非給事張翀奏罷，則貢物至今存矣。名實之副，可不慎歟！

古蹟

海寶塔，在郡城振武門外三里，挺然插天，莫知所始。相傳爲赫連勃勃重修，故又呼爲“赫寶塔”。連天盤共十一層，連頂高十四丈五尺，鉅觀也。

西塔，在郡西城承天寺中，高十三級。西夏大慶三年，元昊修[22]，塔影倒垂。清乾隆五年，地震傾圮。嘉慶年重修，影不復倒。

銅鐘，在郡城内小關帝廟，明成化五年造，由南門外水湖得之，高六尺餘，置南關關帝廟。夜静，不叩自鳴。清同治年，賊用鑄炮，火不能化，以八牛拽之不動。後郡人移置城内小關帝廟，舁以四輪，砉然而起。

岳忠武碑，在郡城忠武廟，乃忠武自書《送張紫巖北伐詩》云：“號令風霆迅，天聲動北陬。長驅渡河洛，直擣向燕幽。馬喋閼氏血，旗梟克汗頭[23]。歸來報明主，恢復舊神州。”碑高六尺餘，寬三尺餘，共五行，每字大約四五寸。首行《送紫巖張先生北伐》，二三四行題詩，末行“紹興五年秋日岳飛□”。清乾隆五年，地震碑失。後住持夢神人示以處，掘得之，碑斷，合之不遺一字。筆力雄健，與所書《出師表》同。刊建始末，無從查考。郡人仍移置忠武廟内，建亭護之，朔縣儒學張思孝跋語於後，以記其事。

慶王府，在郡城南薰門内通衢之右[24]，明洪武三十四年[25]，慶靖王自韋州遷此。

金波湖，在都城清和門外麗景園中。垂楊沿岸，青陰蔽日，有荷芰畫舫蕩漾，湖西有臨湖亭，湖北有鴛鴦亭，湖南有宜秋樓。明慶靖王建，爲北方盛觀。

南塘，在郡城南薰門外永通橋西南，舊爲停潦之區。明嘉靖間，都御史楊守禮因勢修濬，植柳千株，繚以短牆，注以河流。周方百畝，菰蒲蘋藻，鷗鷺梟魚，雜然於中。泛以樓舡，人目之如西湖。萬曆兵變毁，三十二年，巡撫黄嘉善重修，榜曰“濠濮間想”。

明時名園：麗景園，在清和門外；小春園，在麗景園南。樂游園，在光化門外。擷芳園，在南董門外。盛實園，在德勝門外。逸樂園，在慶府内。永春園、凝和園，在鞏昌王府内。賞芳園，在真寧王府内[26]。静河園、寓樂園，在弘農王府内。真樂園，在豐林王府内。今並廢。

明時軒館：漣漪軒，知止軒，延賓館，慶府内，康王建，爲儀賓路昇讀書之所[27]。芳林宫，芳意軒，清暑軒，擬舫軒[28]，凝翠軒[29]，群芳館，清賞軒，清趣齋，大覺殿。今並廢。

明時樓臺亭沼：望春樓，來清樓，擁翠樓，眺遠臺，望春亭，水月亭，清漪亭，涵碧亭，芍藥亭，牡丹亭，八角亭，湖光一覽亭，山光水色亭，荷香柳影亭，鴛鴦池，鵝鴨池，月榭，滄洲[30]，桃溪，杏塢，杏莊，菊井，鶴汀，梟渚，碧沼。今並廢。

高臺寺城，在郡東一十五里，有廢城臺，在其東，元昊建寺於此。

上河城，在郡南。《水經注》①："河水自胡城又經上河城東，世謂之漢城。又北經典農城，皆馮參爲都尉所屯以事農者。"

懷遠故城，今郡城，漢富平縣地，後周置懷遠縣。唐儀鳳二年爲河水泛損，三年乃更築新城於故城西。宋乾興二年，李德明城懷遠鎮爲興州，元昊升爲興慶府。元伐夏，改中興府[31]。至元二十五年，置寧夏路。明洪武九年，改置寧夏衛。

保静廢縣[32]，在郡東南靈州界。隋開皇十一年[33]，置弘静縣。唐屬靈州，後改安静縣。至德元年，又改保静。宋咸平四年，李繼遷改懷遠縣。《舊府志》：在鎮南六十里。

靈武鎮，亦唐鎮，宋靈州，夏順州，在郡南六十里，與定遠、保静咸有遺址。

靈武廢縣有三，一爲漢縣，在郡西北，《地里志》屬北地郡，後漢省；一爲隋縣，在郡東北，即渾懷鄣；一爲唐縣，在郡南，即《水經注》所謂胡城也，後魏破赫連昌收其户徙之於此，因名。

新堡城，《元和志》②："在懷遠縣西北四十里。永昌元年置，舊名'千金堡'。"[34]

元昊故宫，在賀蘭山之東，有遺址。又，振武門内有元昊避暑宫，明洪武初遺址尚存，後改爲清寧觀。廣武西大佛寺口亦有元昊避暑宫。

宥州，漢三封縣地。唐立六胡州刺史以統之。天寶間，改寧朔郡。後爲夏所據。

廢夏州。《初學記》③："夏州，赫連之都。"魏滅赫連，以爲統萬鎮，太和十一年置夏州。隋改州爲朔方郡，唐復爲夏州城。在古鹽州東北三百里。今河套哈剌兀速之南，即華言"赫水"[35]，"赫"一作"黑"。有廢城曰"忻都"，即夏州也。

百八塔，在青銅峽内黄河岸左，有古塔一百八座，又有坎離窑、青崖窟不計其數。

禹王廟，在青銅峽内，鑿石穴爲殿。相傳此峽爲禹王所開鑿，栗爾璋《過峽口詩》云："銅峽中間兩壁蹲，何年禹廟建山根。隨刊八載標新蹟，疏鑿千秋有舊痕。憑溯源流推遠德，採風作述識高門。黄河水著安瀾頌，留取豐功萬古存。"題咏

① 參見《水經注》卷三《河水》。
② 參見《元和郡縣圖志》卷四《關内道·靈州》。
③ 參見《初學記》卷八《州郡部·關内道》。

甚多。

艾山舊渠，後魏刁雍爲薄骨律鎮將，上表請自艾山南鑿渠通河，溉公私田四萬頃。

洪門鎮，唐邠寧節度使張獻甫所築，夏號洪州。

應理州，今中衛縣治。《元志》①："寧夏府路領應理州[36]，與蘭州接境。唐靈武郡地。"洪武初州廢，三十二年，移建寧夏中衛於此。

眴卷廢縣，在中衛縣東，漢置，屬安定郡。《舊志》："城在靈州所西二百里。"

鳴沙廢州，在中衛縣東北一百五十里。舊稱此地沙人馬經行，踐之有聲，故名。《隋志》②："靈武郡領鳴沙縣。"唐貞觀九年，州廢，縣屬靈州。神龍二年，爲默啜所破，遂移縣於廢豐安城，即今縣治。咸亨三年歸復，因其地置安樂州，移吐谷渾部落於此。至德後，復陷吐蕃。大中三年，靈武節度使朱叔明收復，改威州，仍領鳴沙縣。元立鳴沙州，屬寧夏路。明初廢。

東皋蘭州，在中衛縣東。《舊唐志》③："東皋蘭州，突厥九姓部落[37]，開元初置[38]，寄治鳴沙縣界。"

豐安軍故城[39]，杜佑《通典》云[40]："豐安軍在靈武西黄河外百八十餘里[41]。"武德四年，分靈州迴樂縣置豐安縣[42]。

廢雄州，在中衛縣東。《新唐志》④："雄州在靈州西南一百八十里[43]。中和元年，徙治承天堡，爲行州。"五代時廢。

古將臺，在平羅縣北。其地平曠，圍三十里，有將臺旗礩遺址。

廢定州，在郡東北，舊新渠縣界[44]，唐置。《元和志》⑤："靈州有定遠城，在州東北二百里。先天二年，郭元振以西城遠闊，豐安勢孤，故置此城，募兵鎮之。"杜佑《通典》云在黄河外，俗呼爲"田州"。

省嵬城，在省嵬山下西南，去郡一百四十里，西夏所築。

石堡鎮，本延州西邊鎮塞，宋至道中陷於元昊，號"龍州"[45]。

塔塔裏城，今黑山北，去郡二百餘里。唐郭元振以西城無援，豐安勢孤[46]，置定遠鎮，此蓋豐安鎮城也[47]。元爲塔塔裏千户所。

得補兒湖城，在忻都北。

察罕腦城，在忻都東北。

---

① 參見《元史》卷六〇《地理志》。

② 參見《隋書》卷二九《地理志》。

③ 參見《舊唐書》卷三八《地理志》。

④ 參見《新唐書》卷三七《地理志》。

⑤ 參見《元和郡縣圖志》卷四《關内道・靈州》。

靈州故城，在靈武縣北。《地里志》①："惠帝四年置。"唐曰靈州，天寶初改靈武郡。宋初，改翔慶軍。元復曰靈州。

迴樂廢縣，《輿地廣記》云②："在靈州故城之内，唐肅宗即位於此。"

薄骨律城，在靈武西南。《後魏書》③："太平真君五年，刁雍爲薄骨律鎮將[48]。九年，表求造城，詔名曰刁公城。"《水經注》云④："城在河渚上，赫連菓城也。但語出戎方，不究城名。訪諸耆舊，咸言赫連之世有駿馬死，此取馬色以爲邑號，故目城爲白口騮，韵轉之謬⑤，遂仍今稱也。"

富平廢縣，在靈武西南。漢置，屬北地郡，永初五年徙郡於池陽，永建四年又徙馮翊，自是故縣遂廢。

燕然廢州，唐開元初置，寄治迴樂縣界。至德後廢。

新昌廢郡[49]，在靈州東北。西魏置臨河郡。開皇元年改曰新昌，三年廢。《新唐志》⑥："靈州黄河外有新昌軍。"即此。

白池廢縣，南至靈武九十里。景龍三年置，以近白鹽池爲名。本興寧縣，宋陷於西夏，遂廢。

丁奚城，在靈武北[50]。後漢永初六年，漢陽賊杜季貢降於滇零羌，别居於此，任尚破之。

豐寧城，《新唐志》⑦："靈州有武略、河間、静城[51]、鳴沙、萬春五府，豐寧、保寧等城。"

臨河鎮，宋置巡檢使管蕃部三族[52]，後陷於夏。

漢御史、尚書、填漢三渠[53]。唐大曆十三年，虜酋馬重英以四萬騎寇靈州[54]，奪御史、尚書、填漢三渠以擾屯田[55]。常謙光逐之[56]。

唐光禄渠，即漢光禄渠也。廢塞歲久，大都督長史李聽復開决以溉屯田。

唐特進渠[57]。《地理志》⑧："靈州迴樂有特進渠。長慶四年七月詔開[58]，溉田六百頃[59]。"

鹽州廢城，今屬鹽池縣地。《舊志》："在靈州東南三百里。"[60]今花馬池營是。隋置鹽川郡，西魏置西安州。《元和志》⑨："貞觀二年，平梁師都，復置鹽

① 參見《漢書》卷二八下《地理志》。
② 參見《輿地廣記》卷十七《靈州》。
③ 參見《魏書》卷三八《刁雍傳》。
④ 參見《水經注》卷三《河水》。
⑤ 《水經注集釋訂訛》卷三《河水》注曰："朱云'韻'字下當有'轉'字，謂'白口騮'轉讀'薄骨律'耳"。
⑥ 參見《新唐書》卷三七《地理志》。
⑦ 參見《新唐書》卷三七《地理志》。
⑧ 參見《新唐書》卷三七《地理志》。
⑨ 參見《元和郡縣圖志》卷四《關内道・鹽州》。

州。"《新唐志》①:"貞元三年,没於吐蕃。九年,復城之。有鹽川府[61],又有保塞軍。"宋咸平以後入西夏,仍曰鹽州。

温池廢縣,今屬鹽池縣地,在惠安堡北。唐神龍元年置[62],屬靈州,縣側有鹽池,五代時廢,産鹽。

鐵角城,今屬鎮戎縣地,與鹽州相近,亦名"三角城"。明初爲官軍屯戍處。

五原廢縣,今屬鹽池縣地。漢置眗衍縣,屬北地郡。西魏改五原郡。正統九年,建興武營五原西。按:縣在榆林界。

韋州廢城,今屬鎮戎縣地,西夏置。《宋史》②:嘉祐七年[63],夏人改韋州監軍司爲祥祐軍,後又改静塞軍[64]。元廢。

地宫,在今鎮戎縣韋州堡慶府内,明慶王建以避暑者。

楊將軍廟,在今鎮戎縣東北四十里青龍山。有斷碑稱,宋時楊將軍遇契丹戰死處,其子都尉楊廷玉陪祀,與史載不同。

豫王城,在今鎮戎縣西南七十里,元豫王建。今誤爲"預望城"。

細腰城,宋之鎮戎所,今之李旺東堡也,宋宣撫使范仲淹建。

長城,隋開皇五年,司農少卿崔仲方發丁男三萬於朔方、靈武築長城。東距黄河,西至綏州,南至勃山嶺,綿歷七百里。六年春,復令仲方發丁男十餘萬人修長城。

河東舊邊牆,自黄河嘴至花馬池,長三百八十七里。成化時,巡撫余子俊奏築新牆,自横城至花馬池,接延綏界三百六十里。有長城關在花馬池北六十里,明總制王瓊奏築。《舊府志》③。

鎮戎舊邊牆,鎮戎,舊名"平遠"。東城外,有邊牆。因火篩及小王子連兵入寇,明弘治十八年,總制楊一清奏築,唐龍、王瓊、王憲、劉天和輩踵成之,袤延五百餘里。秦之長城,在固原州北十里有遺址,《綱目》"秦滅義渠,築長城以拒胡"即此④。距鎮戎二百九十里。然則鎮戎在秦昭王長城外也,迨始皇遣蒙恬逐匈奴,立朔方郡,築長城,以陰山爲限,而鎮戎又在秦始皇長城内矣。平遠志。

受降城,唐景龍二年[65],朔方總管張仁愿築三受降城。《新唐志》⑤:"東城南直榆林,中城南直朔方,西城南直靈武。三疊相距各四百餘里[66],其北皆大磧也。"宋白曰⑥:"東受降城,東南至朔州四百里,西南渡河至勝州八里,西至中受

---

① 參見《新唐書》卷三七《地理志》。
② 參見《宋史》卷四八五《夏國傳》。
③ 參見《寧夏府志》卷二《地里・疆域・邊界》。
④ 參見《資治通鑑綱目》卷二上。
⑤ 參見《新唐書》卷一一一《張仁愿傳》。
⑥ 宋白字太素,宋朝大名人,曾參與編修《太平御覽》《文苑英華》等,《宋史》卷四三九有傳。本志引宋白之語不載於本傳,係轉引自《〔乾隆〕甘志》卷二三《古蹟》、《寧夏府志》卷四《地里・古蹟》。

降城三百里，本漢雲中郡地。中受降城，西北至天德軍二百里，南至麟州四百里[67]，北至磧口五百里[68]，本秦九原郡地，在榆林，漢更名五原。西受降城，東南渡河至豐州八十里，西南至定遠城七百里。”按此則去寧夏極爲遼遠，姑因《舊志》列之以備考。

陵墓附

宋

西夏李氏墓，在寧朔縣賀蘭山之東，數塚累累然，皆繼遷等墓，即僞夏所謂嘉、裕諸陵是也①。

明

慶王墓，在鎮戎韋州堡大蠡山下，即明靖王、康王、懷王、莊王、恭王、定王、惠王、端王、憲王、端和世子，並慶藩分封之真寧、安化、弘農、豐林、壽陽、延川、華陰諸王墓也。

安塞宣静王墓，在寧朔縣賀蘭山乾溝口孤山之下，亦慶藩分封者。

總兵張泰墓，在寧夏縣東十里。

邱希孔並姪子賢墓，在鎮遠門外，有碑記。

經略馬世龍墓，在城東蝗蟲廟，子負圖、呈圖、獻圖三忠墓在漢渠東岸。

鎮朔將軍江應詔墓，在城東蝗蟲廟。

清

太保劉芳名墓，在郡城東南十餘里。

忠愍公陳福墓，在郡城正東十餘里。

勇略將軍趙良棟墓，在城東張鎮堡渠東[69]。

知府吕際韶墓，在城内七真觀南，今銀川舜臺後。同治年，城陷殉難，一家三十餘人共爲一塚，旁有張烈女塚。

【校勘記】

[1] 文：此字原脱，據《大明一統志》卷三七《寧夏衛》補。

---

① 經科學考古發掘表明，寧夏賀蘭山東麓之九座西夏帝陵中，六號陵爲夏太宗德明之嘉陵，七號陵爲夏仁宗仁孝之壽陵，其他帝陵陵主需要進一步考古才能確定。參見孫昌盛《西夏六號陵陵主考》。

［2］攻：此字原脱，據《〔弘治〕寧志》卷一、《〔嘉靖〕寧志》卷一《寧夏總鎮·風俗》補。

［3］機鬼：此同中華本《宋史》卷四八六《夏國傳》、《〔嘉靖〕寧志》卷六《拓跋夏考證》，《四庫》本《宋史》卷四八六《夏國傳》、《〔弘治〕寧志》卷三《靈州守禦千户所·風俗》、《朔方新志》卷一《地里·風俗》均作"禨鬼"。

［4］曰送竈：此三字原脱，據《寧夏府志》卷四《地里·風俗》補。

［5］採新通志：原作"採志通新"，據本志書例改。

［6］訣：原作"詇"，據文意改。下文"訣請"之"訣"同改。

［7］粱：原作"梁"，據文意改。

［8］雨：原作"兩"，據文意改。

［9］稭：原作"楷"，據文意改。

［10］粱：原作"梁"，據文意改。

［11］荼：原作"茶"，據文意改。

［12］哈密：原作"哈蜜"，據地名用字改。下同。

［13］濂溪：原作"蓮溪"，據北宋理學家周敦頤字號改。下文"荷花"條"周濂溪"之"濂溪"同改。按：周敦頤(1017—1073)，字茂叔，號濂溪，學者稱其爲濂溪先生，湖南道州營道(今湖南道縣)人，北宋著名理學家。

［14］躁：原作"臊"，據文意改。

［15］鴟鴞即此鳥："鴟鴞"原作"此鴞"，"此"字下原有"二"字，據《詩經·豳風·鴟鴞》改。按：鴟鴞，俗名"貓頭鷹"，本志原編者誤以爲"鴟""鴞"是兩種不同的鳥。

［16］鶩：原作"騖"，據文意改。

［17］體：原作"禮"，據《詩經·鄘風·相鼠》改。

［18］螳蜋：原作"螳螂"，據本志書例，此二字當與前文"螳螂"二字有别，因據《禮記·月令》改。

［19］慎：原作"傎"，據文意改。

［20］蝛：原作"螟"，據本志書例及下文釋意改。

［21］在：據本志書例，疑當作"作"或"名"。

［22］大慶三年元昊修：原作"天慶三年諒祚修"，據牛達生撰《〈嘉靖寧夏新志〉中的兩篇西夏佚文》改。

［23］馬蹀閼氏血旗梟克汗頭：《岳武穆遺文》作"馬蹀沙場血旗翻朔野秋"，《兩宋名賢小集》卷一四七作"痛飲黄龍府鏖兵木葉樓"，《石倉歷代詩選》卷一七一作"痛飲黄龍府先登木葉樓"。

［24］南薰門：原作"南董門"，據《寧夏府志》卷四《地里·古蹟》改。下同。

［25］三十四年：原作"三十五年"，據寧夏同心縣出土《慶王壙志》、《明史》卷一〇二《諸王世表》改。

［26］真寧王：原作"直寧王"，據《寧夏府志》卷四《地里·古蹟》改。

［27］路昇：原作"路升"，據《〔嘉靖〕寧志》卷一《寧夏總鎮·游觀》改。

[28] 擬舫軒：原作“凝芳軒”，據《〔弘治〕寧志》卷一《寧夏總鎮・軒》、《〔嘉靖〕寧志》卷二《寧夏總鎮・游觀》改。

[29] 凝翠軒：原作“游翠軒”，據《〔弘治〕寧志》卷一《寧夏總鎮・軒》、《〔嘉靖〕寧志》卷二《寧夏總鎮・游觀》改。

[30] 滄洲：原作“滄州”，據《〔弘治〕寧志》卷一《寧夏總鎮・軒》、《〔嘉靖〕寧志》卷二《寧夏總鎮・游觀》改。

[31] 此同《〔乾隆〕甘志》卷二三《古蹟・寧夏府》、《寧夏府志》卷四《地里・古蹟》。《元史》卷六〇《地理志》、《大明一統志》卷三七《寧夏衛》、《朔方新志》卷一《建置沿革》、《〔乾隆〕甘志》卷三下《建置沿革・寧夏府》等均載，夏景宗元昊陞興州爲興慶府，又改爲中興府，非元朝討伐西夏而改名。本志及《〔乾隆〕甘志》《寧夏府志》均誤。

[32] 保静：原作“保靖”，據《舊唐書》卷三八《地理志》、《新唐書》卷三七《地理志》、《元和郡縣圖志》卷四《關内道・靈州》、《〔乾隆〕甘志》卷二三《古蹟・寧夏府》改。下同。

[33] 隋：原作“隨”，據朝代用字改。下同。

[34] 千金堡：原作“十金堡”，據《元和郡縣圖志》卷四《關内道・靈州》改。

[35] 赫水：《〔乾隆〕甘志》卷二三《古蹟》音譯作“黑水”。

[36] 寧夏府路：“府”字原脱，據《元史》卷六〇《地理志》補。

[37] 突厥：《舊唐書》卷三八《地理志》無此二字。

[38] 開元初置：《舊唐書》卷三八《地理志》無此四字。

[39] 豐安軍：原倒作“安豐軍”，據《通典》卷一七二、《資治通鑑》卷二一一胡三省注改。下同。

[40] 杜佑：原作“杜祐”，據《舊唐書》卷一四七、《新唐書》卷一六六《杜佑傳》改。下同。本志引文參見《通典》卷一七二《州郡二》。

[41] 餘：此字原脱，據《通典》卷一七二《州郡二》補。

[42] 靈州迴樂縣：“靈州”原同《資治通鑑》卷二一一胡三省注作“豐州”，據《新唐書》卷三七《地理志》改。“迴樂”原作“回樂”，據《新唐書》卷三七《地理志》改。下同。

[43] 在：原作“左”，據《新唐書》卷三七《地理志》改。

[44] 新渠：原作“方渠”，據《寧夏府志》卷四《地里・古蹟》改。

[45] 龍州：原作“龍川”，據《武經總要》前集卷十八下《西蕃地理》改。

[46] 豐安：原倒作“安豐”，據《元和郡縣圖志》卷四《關内道・靈州》、《太平寰宇記》卷三六《關西道十二・靈州》改。

[47] 豐安鎮：原作“豐鎮”，據《元和郡縣圖志》卷四《關内道・靈州》、《太平寰宇記》卷三六《關西道十二・靈州》改。

[48] 薄骨律：原同《〔乾隆〕甘志》卷二三《古蹟》、《寧夏府志》卷四《地里・古蹟》作“薄古騮”，據《魏書》卷三八《刁雍傳》等改。

[49] 新昌：原作“興昌”，據《輿地廣記》卷十七《陝西路化外州》、《〔乾隆〕甘志》卷二三《古蹟・寧夏府》改。下同。

[50] 丁奚城在靈州北：《東觀漢記》卷三《恭宗孝安皇帝傳》載，東漢安帝元初二年(115)冬十

月，安定太守“杜恢與司馬鈞等并威擊羌，恢乘勝深入至北地靈州丁奚城，爲虜所害。鈞擁兵不救，收鈞下獄。”蓋言丁奚城屬北地郡靈州縣所轄，《〔乾隆〕甘志》卷二三《古蹟》、《寧夏府志》卷四《地里・古蹟》均誤理解爲“丁奚城在靈州北”，本志襲此誤。

[51] 静城：原作“保静”，據《新唐書》卷三七《地理志》改。

[52] 蕃部三族：原作“番部”，據《武經總要》前集卷十八下《邊防・西蕃地界》、《朔方新志》卷三《古蹟》改。

[53] 填漢：原作“光禄”，據《資治通鑑》卷二二五、《玉海》卷二一《地理・河渠》改。

[54] 酋：原作“酉”，據《資治通鑑》卷二二五、《寧夏府志》卷四《地里・古蹟》改。

[55] 奪御史尚書填漢三渠：原作“塞御史尚書光禄三渠”，據《資治通鑑》卷二二五改。

[56] 常謙光：原作“常讓光”，據《新唐書》卷二一六下《吐蕃傳》、《資治通鑑》卷二二五、《玉海》卷二一《地理・河渠》改。

[57] 特進渠：《四庫》本《唐會要》卷八九《疏鑿利人》作“時逐渠”。

[58] 七月：此同《朔方新志》卷三《古蹟》，《新唐書》卷三七《地理志》無此二字。

[59] 溉田：《舊唐書》卷十七上《敬宗本紀》、《唐會要》卷八九《疏鑿利人》、《册府元龜》卷五〇三《邦計部・屯田》均作“置營田”。

[60] 在靈州東南：原作“東南至靈州”，據《朔方新志》卷三《古蹟》改。

[61] 鹽川府：原作“鹽州府”，據《新唐書》卷三七《地理志》、《寧夏府志》卷四《地里・古蹟》改。

[62] 元年：原作“五年”，據《舊唐書》卷三八《地理志》、《太平寰宇記》卷三六《關西道十二・靈州》改。

[63] 七年：原作“六年”，據《宋史》卷四八五《夏國傳》改。

[64] 祥祐軍與静塞軍是兩個不同的軍事區劃，非前後之異名。《宋史》卷四八五《夏國傳》載：“又改西壽監軍司爲保泰軍，石州監軍司爲静塞軍，韋州監軍司爲祥祐軍。”故本志沿襲《寧夏府志》卷四《地里・古蹟》曰“後又改静塞軍”誤。

[65] 景龍二年：此同《資治通鑑》卷二〇九，《舊唐書》卷九三、《新唐書》卷一一一《張仁愿傳》均作“神龍三年”，《新唐書》卷三七《地理志》作“景雲三年”，《輿地廣記》卷十七作“景雲二年”。“景龍二年”疑是。參見王亞勇《三受降城修築時間考》。

[66] 餘：此字原脱，據《新唐書》卷一一一《張仁愿傳》補。

[67] 麟州：此同《元和郡縣圖志》卷四《關内道》，《太平寰宇記》卷三九《關西道十五・豐州・中受降城》作“靈州”。

[68] 磧口：原作“磧石”，據《元和郡縣圖志》卷四《關内道》、《太平寰宇記》卷三九《關西道十五・豐州・中受降城》改。

[69] 渠東：原作“橋東”，據《寧夏府志》卷四《古蹟・陵墓附》改。

朔方道志卷之四　建置志上

城池並圖　　公署並圖

朔方自漢晉以降，分合遷徙，城署建置，代有異同。逮至前清，規制略定。民國肇造，百度維新。舉凡神明之妥、守望之助、行旅之利，駸駸乎臻大備焉。膺斯土者，固其封守，慎其修葺，萬里金湯，不是過矣。志《建置》第三。

朔方道城

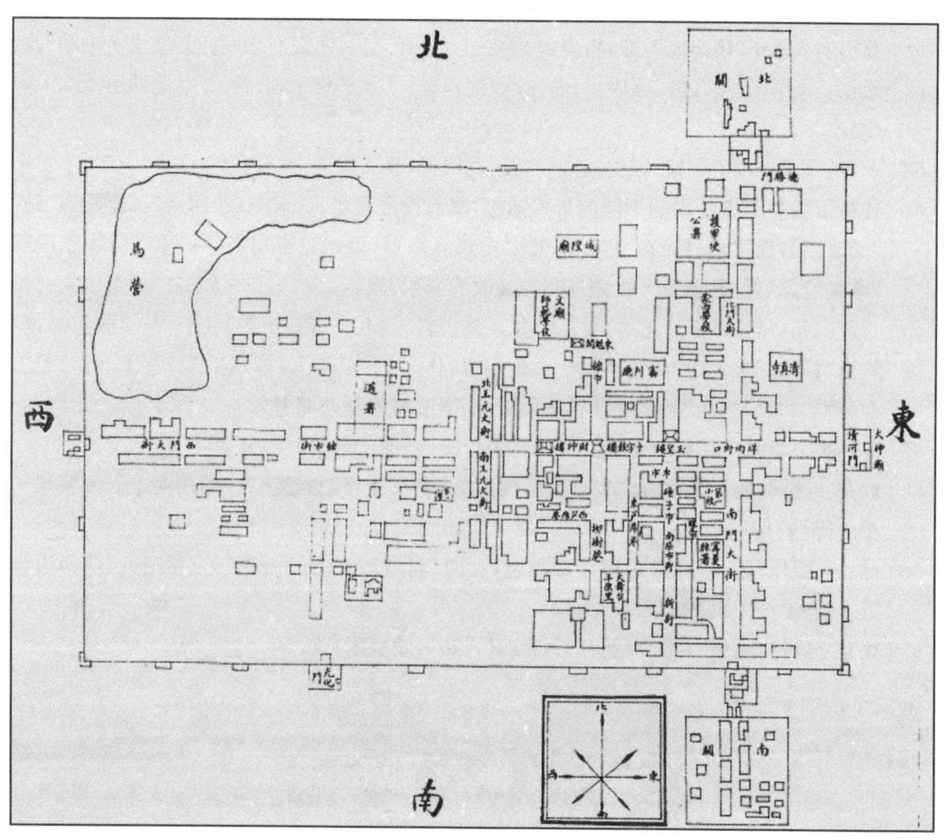

宋興州城故址，景德間趙德明所築[1]。舊制周圍一十八里，東西袤於南北[2]，相傳以爲“人”形。元末，因寇亂難守，棄其西半。明正統間，生齒繁庶，復築所棄。統甃磚石，四角刓削，以示不滿之意。歲久失制，猶闕艮方①。環城引水爲池，南北門有關。萬曆三年，巡撫羅鳳翱增建。二十年兵變[3]，湧水灌城，間有傾圮。事平，巡撫周光鎬修葺。後巡撫楊時寧、黄嘉善、崔景榮相繼重修。

清順治十三年，巡撫黄圖安重修。康熙元年，巡撫劉秉政繼修。乾隆三年地震，城盡毁。乾隆五年，發帑重建。周圍二千七百五十四丈，東西徑四里五分，南北徑三里一分，高二丈四尺。址厚二丈五尺，頂厚一丈五尺，並磚石包砌。外垛口牆高五尺三寸，内女牆高三尺。城門六：東曰清和，西曰鎮遠，東南曰南薰，西南曰光化，東北曰德勝，西北曰振武。城樓六座，甕城門六，樓六座，角樓四座，炮臺鋪樓二十四座。水溝六十二道。六門馬道六座，水關四座。南薰門外，關厢土城一座，周圍共長五百九十八丈，計三里三分二釐，高二丈，址厚二丈，頂厚一丈，外磚砌。垛口牆高五尺二寸，内女牆高一尺八寸。關門一座，曰朝陽。門樓一座，馬道一座，便門一座，東西梢門二座，水溝二十三道，水關六道。德勝門外，關厢土城一座，周圍長四百三十丈六尺，計二里四分，高厚制與南關同。關門一座，舊曰平虜，今改曰永安，門樓一座，馬道一座，東西梢門二座，水溝一十三道，水關二道。城河一道，寬三丈，深一丈。乾隆五年五月興工，六年六月告竣，共費帑三十一萬四千五百二十九兩零。

同治二年十月，匪亂自西北振武門入，陷其城，因將是門封閉焉。宣統間，西門外城磚坍圮三十餘丈。民國二年，寧夏道尹陳必淮、護理總兵馬忠孝籌款修補。又宣統三年，匪亂城陷，焚燬南熏門城樓，北門城樓年久亦圮。民國六年，寧夏護軍使馬福祥捐廉自修北門城樓，旋又與寧夏道尹陳必淮各捐廉集款，飭寧夏縣知事余鼎銘監修南門城樓四、鼓樓、財神樓。初名寧夏府城，民國二年，改府爲道，名朔方道。

寧夏縣附郭

縣屬無城。

---

① 艮方：即東北方。

寧朔縣城

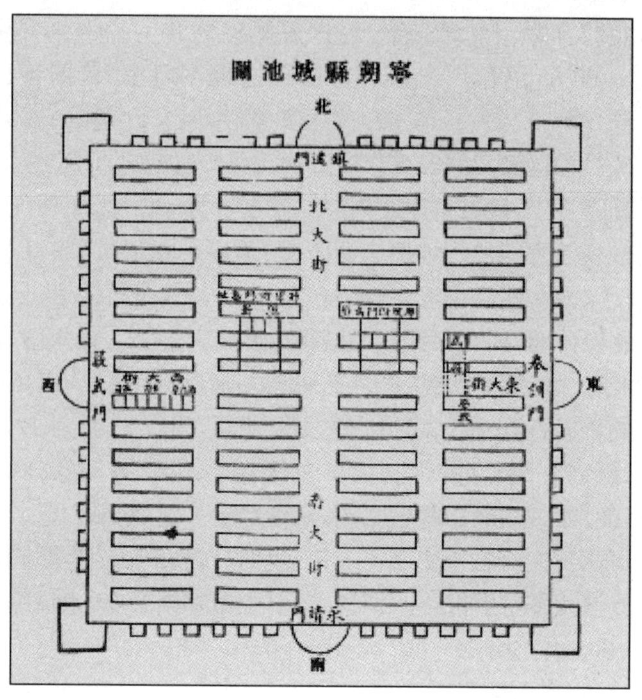

係滿城改置。清雍正元年，旗兵駐防寧夏，於寧夏郡城外東北五里築城曰滿城。乾隆三年，地震坍圮。五年，移建郡城西十五里，平湖橋東南。城東西三里七分半，南北亦如之，共延長七里五分。高二丈四尺，址厚二丈五尺，頂厚一丈五尺，垛牆高五尺三寸，俱甃以磚。城門四：東曰奉訓，西曰嚴武，南曰永靖，北曰鎮朔[4]。城樓四座，馬道四座，甕城門四，門樓四座。角樓四座，鋪房八座，炮臺二十四座。水溝二十四道。城河一道，寬三丈，深一丈。乾隆五年五月興工，六年六月告竣，共費帑銀一十五萬六千五百二十三兩零，寧夏道阿炳安承修。民國五年，取銷旗制，移置寧朔縣治於此。

附縣屬城池

玉泉營城，係土城。距縣城九十里，周圍三里。明萬曆十五年築，清駐游擊、守備，今裁。城圮。

平羌堡城，係土城。距縣城三十里。明置操守，清乾隆三年震圮，五年重修，駐把總，今裁。城圮。

鎮北堡城，係土城。距縣城四十里。明置操守，清乾隆三年震圮，五年重修，駐把總，今裁。城圮。

大壩堡城，係土城。距縣城一百二十里。明置操守，清乾隆三年震圮，五年重修，駐把總，今裁。城圮。

中衛縣城

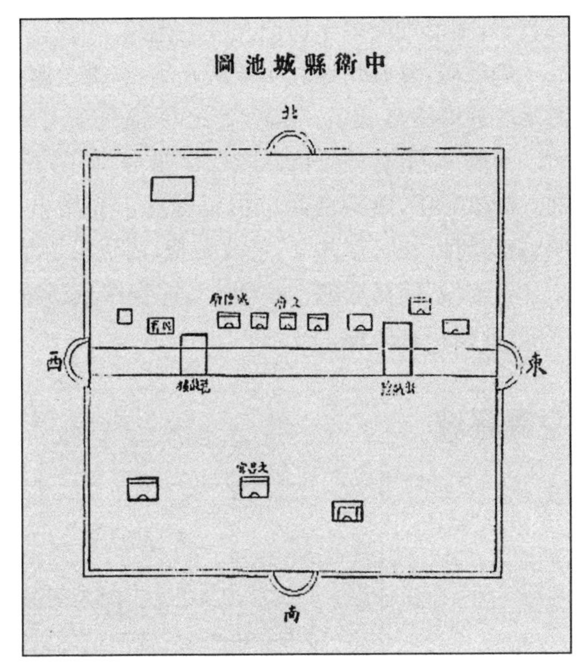

元應理州故址。明正統二年，都指揮仇廉增拓之，周圍五里八分。天順四年，參將朱榮增修。萬曆三年，參將張夢登奏請甃磚。舊城東、西二門，嘉靖時參將周尚文始開南門。清康熙四十八年震圮，官吏捐修，未及完備。乾隆三年寧夏地震，城垣俱毁，督撫會奏，中衛縣城一併修建。其舊基東西長，南北縮，周圍五里七分。高二丈四尺，址厚二丈五尺，頂厚一丈五尺。垛牆五尺九寸，女牆三尺[5]。城門三：東曰振威，西曰鎮遠，[6]南曰永安。上皆有樓，外有月城。角樓三座，敵樓八座，門臺六座，砲臺十四座。環城河一道，深一丈，寬三丈。東門外有關，萬曆初，巡撫羅鳳翱奏建，周圍二百四十八丈。萬曆十一年，巡撫張一元甃以磚，清康熙己丑地震後多圮①。光緒十八年，知事潘炳辰領帑補修外城磚工。十九年，知縣楊增新補修内城土工。三十二年，知縣王秉章又籌款補修砲臺、垛口、子牆、女牆，共用銀五千餘兩。清駐副將，今裁。

附縣屬城池

石空堡城，明萬曆十三年，巡撫張一元題建。清乾隆四年重修。南門一，外

① 康熙己丑：康熙四十八年(1709)。

有甕城,甃以磚石。城樓三,角樓四,炮臺二。同治年重修,八年,回亂破毁。光緒二十年,堡民大爲補修。明設守備防守,清仍駐守備,今裁。

鎮羅堡城,明弘治元年建,清乾隆四年重修。南門一,外有甕城,甃以磚石。城樓三,角樓四,炮臺二。年久傾圮,僅存門樓三座。同治四年,被回逆焚燬。明設把總防守,清仍駐把總,今裁。

棗園堡城,明弘治元年建,清乾隆四年重修。周圍四百二十四丈六尺。南門一,有月城。甃以磚石,上皆有樓。同治元年補修,後被回逆攻破,門樓、角樓均爲焚燬,牆垣雉堞多半坍圮。清駐把總,今裁。

廣武城,夏興州地。明正統九年,巡撫金濂奏築[7],周圍二里。成化九年[8],游擊陳連展築爲三里。弘治十三年,巡撫王珣又拓之。高二丈五尺,池深一丈五尺。南門一,上有樓。清乾隆四年重修,周圍五百七十丈[9],門樓牆堞較舊制有加。同治元年,堡紳白尚忠捐資補修。光緒十七年復修,城門洞三,甃以磚石。明駐都指揮,領官軍防守,後改游擊,清仍駐游擊。今裁。

古水城,明萬曆四十一年[10],巡撫崔景榮題請,孟應熊剗山築城。明設兵防守守備,清仍駐守備。今裁。

平羅縣城

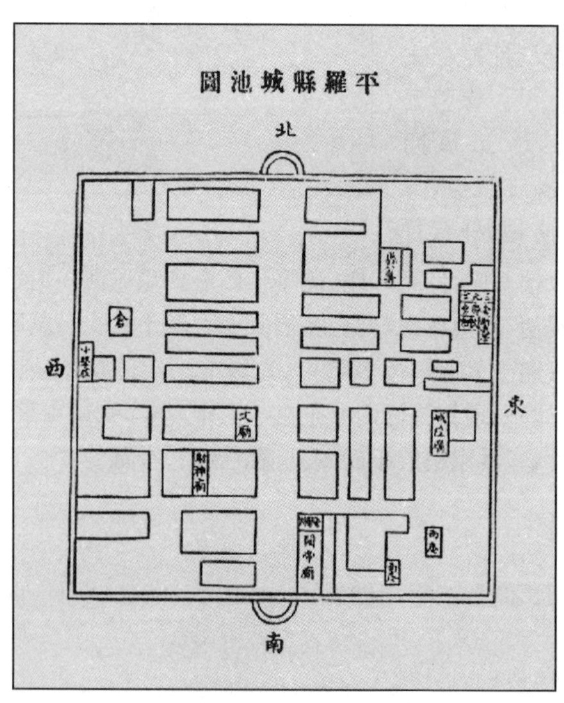

明永樂初建。萬曆三年，巡撫羅鳳翱甃以磚石。清乾隆三年震圮，四年，發帑重修。周圍四里三分，高二丈四尺，址厚二丈四尺，頂厚一丈五尺。南北二門，南曰永安，北曰鎮遠。門樓二座，馬道二座，角樓四座，敵樓八座，東西堆房二座，南北堆房二座。城河一道，寬五丈，深八尺。鳳翔府鹽捕廳耿覲業、知平羅縣何世寵監修，共費帑銀七萬餘兩。

附縣屬城池

洪廣營，係土城，距縣城六十里。舊城周圍二里一百六步。明萬曆三十三年，巡撫黃嘉善拓其西北，共一百六十四丈。池深一丈，闊倍之。清乾隆三年震塌，四年重修。周圍二里六分，高二丈四尺，址厚二丈四尺，頂厚一丈五尺。南門一座，門樓一座，角樓四座，敵樓三座。駐游擊、守備，今裁。

寶豐城，距城五十里。清雍正五年設縣[11]。乾隆三年震圮，乾隆十二年改設縣丞司渠務，今裁，城存遺址[12]。

新渠縣城，距城三十里，在田州塔，今通福堡。雍正四年築[13]，乾隆三年地震城圮，縣裁，遺址尚存。

靈武縣城

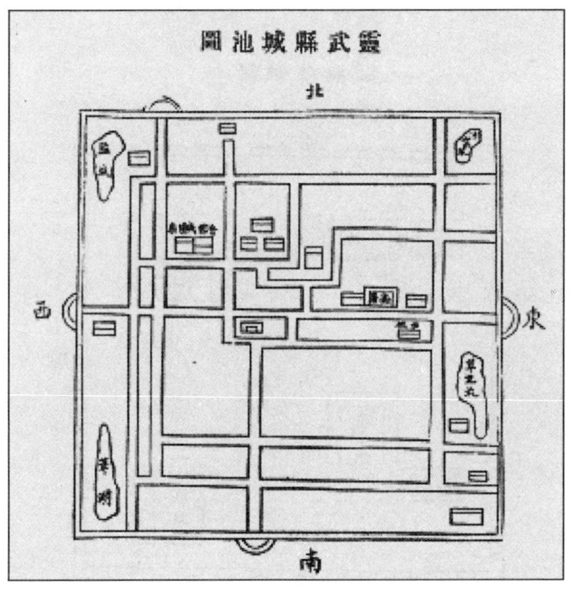

舊名"靈州"。舊在黃河南。明洪武十七年，城爲河水所囓，移築於河北七里。宣德三年，河又崩塌，移築於東北隅五里。景泰三年展築之，並南關周圍七里八分。萬曆五年，巡撫羅鳳翺甃以磚石，高三丈一尺，址厚二丈五尺，頂厚一丈五尺。城門四道：東曰澄清，西曰孕秀[14]，南曰弘化，北曰定朔，上皆有樓，外有月城。角樓四座，敵樓四座，門臺四座，炮臺四座。環城河一道，深一丈，寬三丈。清乾隆三年震圮，五年，重修。知府朱佐湯、千總索雲飛、把總邸得倫[15]、孫洗監修，共費帑銀六萬七千一百餘兩。清設知州，駐參將，均裁，今改縣治。

附縣屬城池

清水營城，距縣城七十里，周圍一里。明弘治間，巡撫王珣拓以二里。清乾隆六年重修，高三丈[16]，址厚二丈五尺，頂厚一丈五尺。城門一道，門樓一座，周圍磚包。駐把總，今裁。

横城，距縣城七十里，周圍二里。明正德時，總制楊一清築，後巡撫楊時寧甃以磚石。清乾隆六年重修，高三丈，址厚二丈五尺，頂厚一丈五尺。城門一道，門樓一座。乾隆二十五年，河水泛漲冲塌，靈州知州西岷峨詳請修築，委江南銅沛營守備李永吉、外河營千總劉德監督，共費帑銀三千三百三十五兩零。駐都司，今裁。

金積縣城

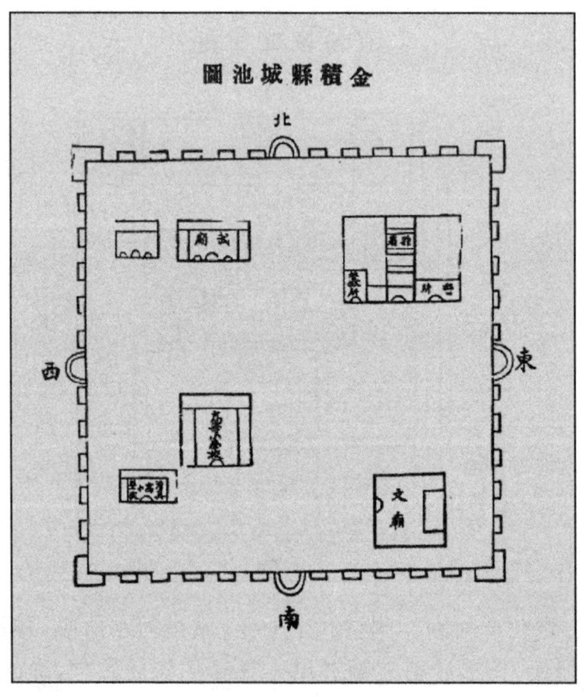

舊金積堡址。清同治初，馬化滗叛據於此。九年，戡定，後就遺址築土城，周圍一千一百三十丈，高二丈二尺八寸，女牆高五尺，垛口一千二百一十一道。東西址寬一丈五尺，頂寬七尺。南北址寬一丈，頂寬四尺三寸。東西二門。光緒九年，總督譚鍾麟奏建新城，款絀未果。二十六年，紳商捐修東西甕城、月城，環城壕溝一道，寬二丈五尺，深五尺，引水暢流。東西城外各建官橋一。清設寧靈廳，駐同知、參將，均裁，今改縣治。

鹽池縣城

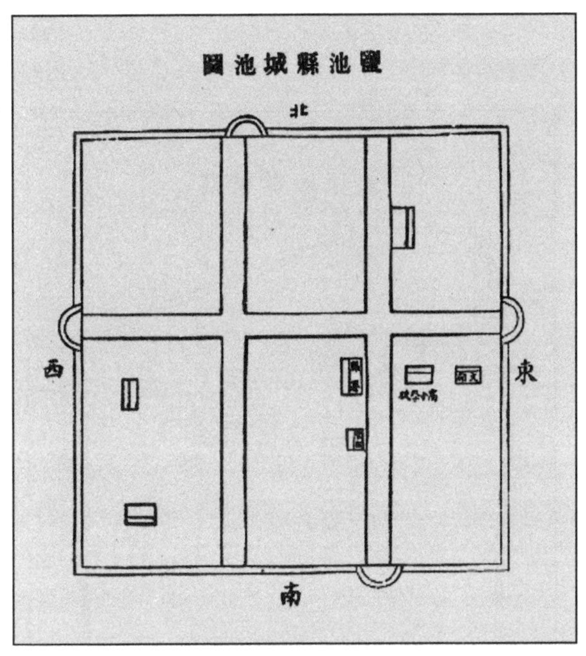

即舊花馬池城，明爲後衛所，舊城築於正統八年，在塞外花馬鹽池北。天順間，改築今地。城門二：東曰永寧，北曰威勝。萬曆三年，開南門曰廣惠。八年，巡撫蕭大亨甃以磚石。清乾隆六年重修，周圍七里三分，址厚二丈五尺，頂厚一丈五尺。門樓三座，角樓四座[17]。池深一丈，寬二丈。清駐州同、參將，均裁，今改縣治。

附縣屬城池

興武營城，距縣城一百二十里，周圍三里八分[18]。明正統間巡撫金濂築[19]。萬曆十二年[20]，巡撫晋應槐甃以磚石。清乾隆六年重修，高二丈五尺，址厚二丈七尺，頂厚一丈五尺。東[21]、南二門，門樓二座。池深一丈，寬二丈。

清駐都司，今裁。

惠安堡城，距縣城一百八十里，周圍二里四分。明巡撫黄嘉善甃以磚石，巡撫崔景榮題設鹽捕通判。高三丈，址厚二丈五尺，頂厚一丈五尺。門二道，門樓二座，南北敵樓三座。清仍駐通判，今裁。

鐵柱泉城，距縣城一百二十里，明嘉靖十五年，總制劉天和築。周圍四里，高四尋，厚亦如之。置兵五千，兼募土人守之，以絶套虜水草。今盡爲沙淹矣。

安定堡城，係土城，距縣城六十里。明設守備，清仍之，今裁。

毛卜喇城，係土城，距縣城一百三十里。清駐把總，今裁。

鎮戎縣城

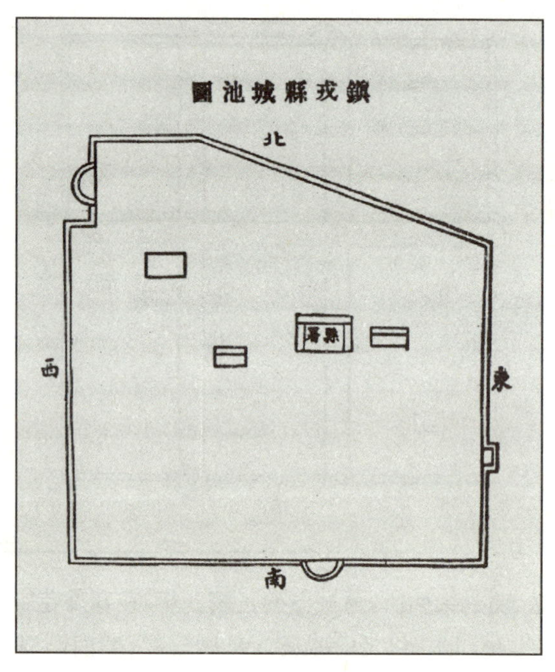

舊名"平遠"。即明下馬關。初名"長城關"，後以總制防秋必先下馬於此，故易名"下馬"。嘉靖五年築，外磚内土，周圍五里七分，高厚均三丈五尺。西城没於溪。清光緒二年，平凉道魏光燾飭部將吴禧德等新築西面土城一道，周圍四里五分，炮臺八座，雉堞七百有二，南北櫓樓俱備。明先設守備，萬曆二十二年題改參將。每秋防，總制移師駐焉。清由固原提標派守備一員、把總二員、外委二員分駐，均裁，今改縣治。

附縣屬城池

韋州堡城，距縣城四十里，周圍二里，明弘治間巡撫王珣築，東關門二道。清駐把總，今裁。

同心城，舊名“半角城”，距縣城一百二十里，明弘治年間重修，周圍二里五分，内外皆土。清駐巡檢、守備，今裁。

豫王城，距縣城七十里，因元豫王所城，故名，今俗名預旺城。周圍五里三分，高厚各三丈二尺。明設守禦千户所。嘉靖中改築西北關，周圍三里二分，高闊各三丈。清駐把總，今裁。

細腰城，又名細腰葫蘆峽城，即宋之鎮戎所，今之李旺東堡也，距縣城一百五十里。宋仁宗慶曆五年，西夏宣撫使范仲淹築，今圮，遺址尚存。

白馬堡城，距縣城一百九十里[22]，土城，周圍五里三分，高闊各三丈。明嘉靖四年，總制楊一清築，今圮。白馬城東二十里有圓兒城，三十里又有磚兒城，均圮，尚存遺址。

朔方道署

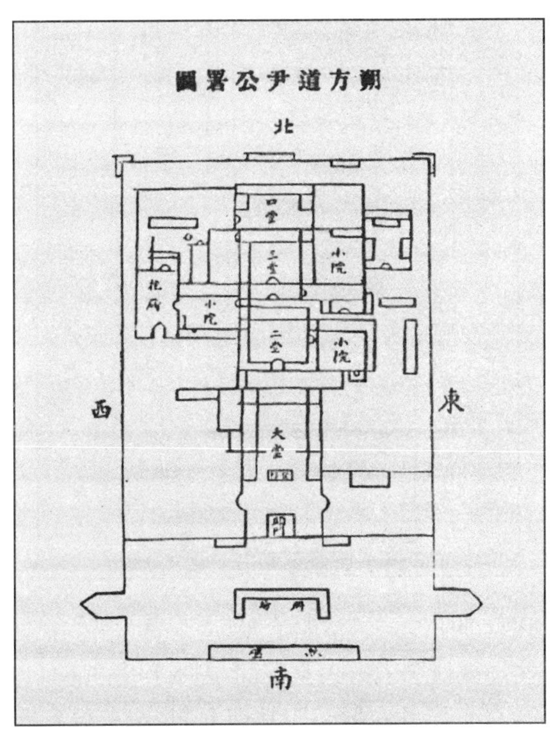

舊在城隍廟西，清乾隆三年地震傾圮，四年，於城西猪市街東就舊理刑廳署故址重爲修建。民國元年，改爲觀察使，二年，改府爲道，易名朔方道尹。大堂五間，中三通間，東西兩間爲庫房。二堂五間，中三通間，東間爲辦公室，西間爲客廳。堂下左右房各五間，爲收發雜務棲止處。三堂五間，東西房各五間，爲寢室。前爲宅門，宅門外左右房各三間。左爲廚房，右爲茶室。四堂五間，東西房各二間。二堂東邊兩小院，爲科員辦公室。西邊一小院西入，上爲西廳五間，左右房各四間。前爲戲樓，爲賓客往來宴會之所。大堂下左右各五間，舊爲房書辦公藏卷之所，前爲宜門，外爲頭門。頭門内迤東入爲土地祠，迤西入爲馬王廟，今圮。頭門外牌坊一座，又外爲照壁。左右爲東西轅門，轅門外各小池一，四圍柳木蔭護，每當春夏，欣欣向榮，耐人玩賞。署年久失修，房屋圍牆類多坍圮，道尹陳必淮歲加修葺。民國九年，又加築圍牆，長六十丈，寬四十丈，建角亭二座後牆上，當中建凉亭三間。頭門改建牌樓，署之曰“朔方道尹公署”。

鎮署

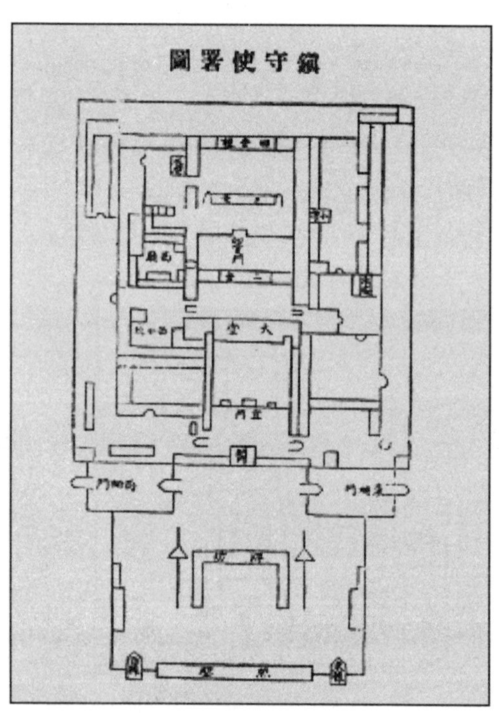

在城北門大街西，即明帥府。清順治元年，改總兵官。民國二年，改護軍使。民國十年，改鎮守使。規模廓大。大堂五間，左右房各五間。二堂五間，左右房各六間。三堂五間，左右房各六間。四堂樓五間，左右房各四間。三堂前爲宅門。民國二年，前護軍使馬福祥於三堂東邊添建小樓二座，西邊添建西樓一座，下爲兩小院。民國十年，鎮守使馬鴻賓於二堂東邊小院添建東樓一座，以資辦公。二堂西邊爲西廳，大堂西邊爲兩小院。大堂前爲宜門，又前爲頭門。外東西栅門各二座。前牌坊一座，圍桿二桿。又前爲照壁，東西轅門各一座。照壁内左右房各五間，舊爲各營將官參謁集會之所。署自前明創修，歷數百年，其中雖或修理，不過聊爲補苴，房屋圍牆大半傾圮。民國二年，前護軍使馬福祥大加補修添築，圍牆見方二十五丈，並建角亭。民國十年，鎮守使馬鴻賓又重加修葺，益壯觀瞻。共計大小房屋二百二十二間，署之曰“鎮守使署”。

第三審檢分廳

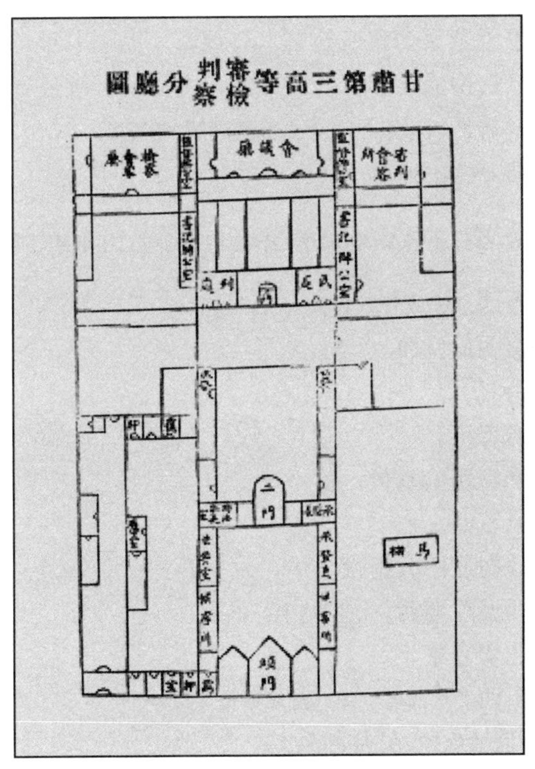

在城北柴市街西。民國九年，法部派監督推事褚辛培來寧籌備，就寧朔縣舊署改建。分審、檢兩廳，計三院。中院上會議大廳五間，下東西走廊十五間，中間居東民庭兩大間，居西刑庭兩大間。向前東邊審判收發室、承發長室各兩間，西邊檢察收發室、司法警長室各兩間，再向前二門樓一座，東邊承發吏室三間，候審室一大間[23]，西邊向上法警室三間，向右候審所一大間。又東偏院大廳五間，爲審判監督辦公及寢室，左右房各五間，爲推事書記辦公室，對庭三間，爲録事辦公室，外房兩間，爲庭丁室。又西偏院大廳五間，爲檢察監督辦公及寢室，左右房各五間，爲檢察書記辦公室，對庭五間，左爲偵查室，右爲録事辦公室。側門内小房一間，爲庭丁室。又十二年，監督檢察李學源於大門西邊續修看守所一院，外爲所官室兩間，夫役、廚房室各一間，頭門、二門兩座，内院羈押室六大間，看守室兩間，厠所一處。大門署之曰“甘肅第三高等審判檢察分廳”。

寧夏縣公署

寧夏縣署，在郡城南門大街西。初，設縣無署，清乾隆四年始建，同治二年兵燹全燬。光緒二十九年，知縣林壽鈞仍其舊址捐廉重建。宣統三年，頭門被匪焚燬。民國二年，知事張鋆禀請就府廢署木料補修。民國七年，知事余鼎銘於二堂左側小院建戲樓一座，房屋均加修葺，署之曰“寧夏縣行政公署”。

管獄員署，在縣署西，民國二年，典史署改設獄，在署後。

警察所，寓民房，民國二年設。

附縣屬取銷公署以下各公署、公所、公地均於民國二年取銷，歸入公産。

典史署，在縣署西。今改管獄員署。

教諭署，在學宫明倫堂西。

府署，在柴市街北。

府經歷署，在府署東。

府教授署，在學宫明倫堂後。

府訓導署，在學宫西。

理藩院部郎署，在北門大街東。

水利同知署，在城隍廟西。清同治十一年裁。

萬壽宫，在城北學宫東。

考院，在文廟街西。今改省立第八師範學校。

鎮標左營游擊署兼中營，在大倉西。

左營守備署，在城隍廟街西。

右營守備署，在舊北門大街東。

前營守備署，在瓦倉後。

後營守備署，舊在城隍廟前，後移大南門西。

火器局，在城北真武廟。

軍器局，在各守備署。

教場，在德勝門外。

馬廠，在河西寨南堤埂外。

府税局，在南關外。

養濟院，舊在預備倉北，後移破車市東。夏、朔二縣合建，養孤貧一百三十二名，每名月支粮三斗，在二縣支撥。

公館二所，一在楊和堡，一在葉昇堡。

草場，在城西南隅。明五衛草場舊地，與朔縣草場連。

寧朔縣公署

寧朔縣署，舊在城西大街，清乾隆四年，由舊道署基址改建。同治二年，兵燹全燬。光緒二十年，知縣傅維祜拓地地藏庵北巷，從新創建。民國二年，移治滿城，以將軍署改建，規制甚宏。西邊花園一所，樹木陰濃，怡人性情，共計房屋二百餘間。署之曰"寧朔縣行政公署"。

管獄員署，在縣署側，民國二年設。獄在署側。

警察所，在城内，民國二年設。

附縣屬取銷公署以下公署、公所、公地均於民國二年取銷，歸入公産。

典史署，原在郡城舊縣署側，後移四鼓樓南。

教諭、訓導署，均在郡城學宫明倫堂西。

理事同知署，在郡城雷神廟街東。

將軍署，在城西大街，今改縣署。

左翼都統署，在城東大街。

右翼都統署，在城西大街。移駐涼州公署，久廢。

八旗官兵營房，鑲黄、正白在城東北，正黄、正紅在城西北，鑲白、正藍在城東南，鑲紅、鑲藍在城西南。

協領、佐領、防禦、驍騎校署，各在本旗。

筆帖式署，在城東北。

滿營火藥局在城北，軍器庫在各旗擋子房，教場在東門外，馬廠在通義十三堡沿河堤埂外。丈清地五百五十頃八十三畝八分。

鎮標右營游擊署，在郡城舊北門大街東。

前營游擊署，在郡城西万井街東。

後營游擊署兼城守營都司，在郡城羊市街北。

玉泉營游擊署，在玉泉營城西北。

玉泉營守備署，在玉泉營城東南，火器局在城北，教場在城外西南。

平羌堡把總署，在平羌堡内，火藥局在堡内北，教場在堡外東南。

鎮北堡把總署，在鎮北堡内，火藥局在堡内，教場在堡外。

大壩堡把總署，在大壩堡内，火藥局在堡内，教場在堡外東南。

草場在郡城西南隅。明五衛草場舊地，與夏縣草場連。

中衛縣公署

中衛縣署，在縣城西，明掌印守備署改建，清康熙四十八年地震傾圮，知縣李隸通、艾春年，守備陳紀依次修復。同治初年，馬化瀧之亂，寧夏郡縣悉被攻破，惟中衛城未失陷，故公署獨得完全。署之曰“中衛縣行政公署”。

管獄員署，在縣署内。民國二年，典史署改設獄，在縣署右。

警察所，在城内，民國二年設。

附縣屬取銷公署以下公署、公所、公地均於民國二年取銷，歸入公産。

典史署，在縣署内。舊無署，乾隆四十五年典史王伯儒建。今改管獄員署。

教諭、訓導署，俱在學宫旁。

渠寧巡檢署，在舊寧守堡。

西路同知署，在城内大街。缺裁改縣。

副將署，在城東。

都司署，在城西北，軍器局在署内，火藥局在城東南，大教場在東門外，小教場在西門外。

廣武營游擊署，在堡東。

廣武營守備署，在堡西北，軍器局在堡東南，火藥局在堡西，教場在堡外西北。

石空寺守備署，在堡北，軍器局在署内，火藥局在署東，教場在堡外北灘。

古水井守備署，在堡内，軍器局在署内，火藥局在署東，教場在堡南大溝灘。

棗園堡把總署，在堡東北，火藥局在堡内，教場在堡外。

鎮羅堡把總署，在堡北，火藥局在堡内，教場在堡外。

公館五處，一在本城，一在乾塘子，一在勝金關，一在鳴沙州，一在寧安堡。

養濟院，在城西門外。養孤貧二十名，每名月支粮三斗。

草場，在縣城西南。

平羅縣公署

平羅縣署，在城北街，明守禦所千總署，清乾隆四年就署擴修。同治、宣統年間兩次兵燹，諸形腐敗，惟二堂、大堂頭門規模尚在，差壯觀瞻。署之曰“平羅縣行政公署”。

管獄員署，在城東北。民國二年，吏目署改設獄，舊在署西北，今改縣署前。

警察所，在城東北。民國二年設。

附縣屬取銷公署以下公署、公所、公地均於民國二年取銷，歸入公產。

典史署，在城東北。今改管獄員署。

教諭署，在學宫明倫堂後。

縣丞署，在寶豐縣城。

主簿署，在石嘴山。清嘉慶十二年由紅城移駐於此。

參將署，在城東街。

守備署，在城南街，軍器局在署内，火藥局在城東北，教場在城外南。

洪廣營游擊署，在洪廣堡城内。

守備署，在洪廣堡内東北，軍器局在署内，火藥局在堡西，教場在堡外西南。

威鎮堡把總署，在威鎮堡内西北，火藥局在堡内，教場在堡外西南。

李剛堡把總署，在李剛堡内正東，火藥局在堡内，教場在堡外西南。

養濟院，在城北門外。養孤貧二十名，每名月支粮三斗。

草廠，在城内西北。

靈武縣公署

靈武縣署，在城東街，明中路廳署，清雍正時改靈州治。民國二年，改靈武縣，年久失修。民國四年，知事秦學堅籌款修補。民國六年，知事余鼎銘復加修葺。署之曰“靈武縣行政公署”。

管獄員署，在城西街。民國二年，吏目署改設獄，在城内西北，圮廢，今改縣署右側。

警察所，在縣署左側。民國二年設。

附縣屬取銷公署以下公署、公所、公地均於民國二年取銷，歸入公產。

吏目署，在城西街。今改管獄員署。

學正、訓導署，俱在學宫旁。

參將署，在城北街。

守備署，在城西街，軍器局在火神廟南，火藥局在廟北，教場在城東門外。

横城都司署，在横城内，軍器局在署内，火藥局在城西北，教場在城外東南。

臨河堡把總署，在臨河堡内，火藥局在堡内，教場在堡外。

紅山堡把總署，在紅山堡内，火藥局在堡内，教場在堡北。

清水堡把總署，在清水營，火藥局在城内，教場在城北。

養濟院，在白衣巷。養孤貧二十八名，每名月支粮三斗。

普濟堂，官房一所，在南門外。

草場，在東門外。

金積縣公署

金積縣署，在城東街偏北，舊爲靈州地。同治九年，馬化漋亂平，分設寧靈同知。民國二年，改爲金積縣。中爲縣署，左爲警察所，右爲管獄所。署之曰"金積縣行政公署"。

管獄員署，在縣署右。民國二年設。

警察所，在縣署左。民國二年設。

附縣屬取銷公署以下公署均於民國二年取銷，歸入公産。

照磨署，在城内。

教授、訓導署，俱寄寓學宫北側官房。

參將署，在城西南。

守備署，在城内，軍器、火藥局均在署内。

鹽池縣公署

鹽池縣署，在城東街，舊花馬池州同署，規模狹隘。清同治年，被回蹂躪。宣統三年，復陷於匪，二堂全燬，三堂僅存廂房。民國二年，改鹽池縣。三年，知事王之臣稟將參將廢署改建，去任未果。民國四年，知事姚家琳請以參將廢署木料補修，二堂頭門、三堂均加修葺。署之曰"鹽池縣行政公署"。

管獄員署，在縣署右。民國二年設。獄在縣署右。

警察所，在鼓樓北街。民國二年設。

附縣屬取銷公署以下公署均於民國二年取銷，歸入公産。

鹽捕通判署，在惠安堡城内。原屬靈州。民國四年，劃歸鹽池。《舊志》：舊有鹽大使署，久廢。

參將署，在城大街，軍器局在署内，火藥局在城北，教場東門外。

興武營都司署，在興武營城内，軍器局在城東，火藥局在城西北，教場在城外東南。

安定堡把總署，在安定堡内，火藥局在署内，教場在城外北。

毛卜喇把總署，在毛卜喇堡内，火藥局在堡内，教場在堡外。

鎮戎縣公署

鎮戎縣署，在城中街。舊名“平遠”，清同治十三年設[24]，即明之下馬關也。舊爲固原直隸州屬，民國二年，改隸寧夏道，易名“鎮戎”。署之曰“鎮戎縣行政公署”。

管獄員署，在縣署右。民國二年，典史署改設。獄在署側。

警察所，寓民間。民國二年設。

附縣屬取銷公署以下公署均在民國二年取銷，歸入公産。

典史署，在縣署右。今改管獄員署。

儒學署，在城東。

守備署，在城内。舊值秋防，由固原提標派守備駐此。

同心城巡檢署，在同心城内。

同心城守備署，在同心城内，軍器、火藥局俱在署内。

韋州堡把總署，在韋州堡内，軍器、火藥局俱在署内。

豫王城把總署，在豫王城内，軍器、火藥局俱在署内。

公所附

唐來渠局，在城北訥家巷西[25]。

漢延渠局，在城東騾馬市街東。

大清渠局，在城西北郎家巷北。

惠農渠局，在城中小園巷内。

商務會，在四鼓樓北。民國十二年，移新華街公園内。

百貨徵收局，在城東北柴市街北。一在中衛縣城，一在平羅石嘴山，一在靈武横城吴忠堡，一在花馬池惠安堡，一在磴口。分卡未及備載。

電報局，在城東北柴市街北。一在寧安堡。

郵政局，賃民房。各縣市鎮均設分所。

牲畜税局，賃民房。分卡未及備載。

茶捐局，賃民房。分卡未及備載。

烟酒局，賃民房。分卡未及備載。

皮毛局，賃民房。分卡未及備載。

包裹局，賃民房。商務繁盛，設郵之處均設有局。

産鹽局。一在花馬池，一在惠安堡。分銷局未及備載。

禁烟局。在本城。

工藝廠。在寧朔縣城内，知事鍾文海設。

附舊志所載圮廢公所①

寧夏衛有寧夏倉、在報恩寺東。左倉、右倉、在儒學前。前倉、在鸞駕庫東，新倉、在城隍廟後。預備倉、在報恩寺西。平虜所倉、金貴、李剛[26]、威鎮各有倉。洪廣營倉、鎮朔、鎮北各有倉。玉泉營倉、平羌、大壩各有倉。廣武營倉、所屬棗園倉。中衛應理倉、石空、鎮虜、鳴沙、古水各有倉。靈州倉、横城、紅山、清水、鹽池、紅寺、石溝、韋州等各有倉。興武營倉、所屬毛卜喇倉[27]。後衛常濟倉、備急倉、安定、鐵柱泉各有倉。廣裕庫。在寧夏倉内，庫大使帶領之。

又有批驗鹽引所、原設萌城，明弘治末改慶陽府北關内。嘉靖間，巡撫張潤奏仍其舊，後改惠安堡。鹽課司、巡檢司[28]。皆在惠安堡。

又有兵車廠、明正統間，總兵官張泰奏置兵車六百輛，建兵車廠貯之。嘉靖間，總制劉天和奏置雙輪全勝車千輛[29]。神機庫、貯大砲、鎗銃。雜造局二、一造寧夏衛兵器，一造中衛兵器。營房三百間、在振武門内，明巡撫楊守禮建給操軍之無屋者，後兵變燬。藥局、在南薰門内。馬營、在城西北隅，以居備寓官軍[30]。受降館二。一在養濟院北，一在馬神廟西。今皆廢。

【校勘記】

［1］景德間：《長編》卷九六載，宋真宗天禧四年(1020)，趙德明始城懷遠鎮而居之，號興州。

① 參見《朔方新志》卷二《内治·倉庫》。

《宋史》卷四八五《夏國傳》載德明城興州事於宋仁宗天聖元年(1023),均不在宋真宗景德年間(1004至1007)。本志沿襲《寧夏府志》卷五《建置・城池》之説,疑誤。

[2] 袤:《〔弘治〕寧志》卷一《寧夏總鎮・城池》、《〔嘉靖〕寧志》卷一《寧夏總鎮・建置沿革》均作"倍"。

[3] 二十:原作"三十二",據《朔方新志》卷一《城池》、《銀川小志・城池》改。

[4] 鎮朔:上《城池圖》作"鎮遠"。

[5] 三尺:《〔宣統〕甘志》卷十四《建置志》作"五尺餘"。

[6] 鎮遠:原作"振遠",據《〔乾隆〕中衛縣志》卷二《建置考・城池》改。

[7] 金濂:原作"金廉",據《寧夏府志》卷五《建置・城池》改。

[8] 九年:原作"元年",據《〔弘治〕寧志》卷三《廣武營》、《〔嘉靖〕寧志》卷三《西路廣武營》改。

[9] 七十:《中衛縣志》卷二《建置考・城池》作"五十七"。

[10] 四十一年:原作"四十三年",據《朔方新志》卷一《衛砦》改。

[11] 五年:原作"三年",據《清世宗實録》卷七五改。參見魯人勇等《寧夏歷史地理考》卷十五。

[12] 遺址:原作"遺趾",據文意改。下同。

[13] 四年:原作"三年",據《清世宗實録》卷四四改。參見魯人勇等《寧夏歷史地理考》卷十五。

[14] 孕秀:《〔弘治〕寧志》卷三《靈州守禦千户所・城池》、《〔嘉靖〕寧志》卷三《靈州守禦千户所・建置沿革》、《朔方新志》卷一《城池》等均作"臨河"。

[15] 邸得倫:原作"邸德倫",據《寧夏府志》卷五《建置・城池》改。

[16] 三丈:原作"二丈",據《寧夏府志》卷五《建置・城池》改。

[17] 角樓四座:此四字原脱,據《寧夏府志》卷五《建置・城池》補。

[18] 三里八分:此同《朔方新志》卷一《城池》,《〔弘治〕寧志》卷三《興武營守禦千户所・城池》作"二里八分"。

[19] 金濂:原作"金廉",據《〔弘治〕寧志》卷二《宦蹟》改。

[20] 十二年:原作"十三年",據《朔方新志》卷一《城池》改。

[21] 東:《〔弘治〕寧志》卷三《興武營守禦千户所・城池》、《〔嘉靖〕寧志》卷三《東路興武營守禦千户所・建置沿革》載,無東門,有西門。

[22] 一百九十里:《〔嘉靖〕固志》卷一《白馬城堡》作"州東一百二十里",《〔萬曆〕固志》卷上《建置志第二・城堡》作"州東九十里",《平遠縣志》卷五《古蹟》作"東南一百九十里"。

[23] 候:原作"侯",據文意及下文"候審所"改。

[24] 同治十三年:原作"光緒三年",據《清穆宗實録》卷三七二、《平遠縣志》載陳日新撰序改。

[25] 訥:疑當作"納"。

[26] 李剛:《朔方新志》卷二《内治・倉庫》作"李綱"。

[27] 毛卜喇:《朔方新志》卷二《内治・倉庫》作"毛卜剌"。

[28] 巡檢司:《朔方新志》卷二《内治・草場》作"巡查司"。

[29] 隻:原作"雙",據《寧夏府志》卷五《建置・公署》改。

[30] 寓:原作"禦",據《寧夏府志》卷五《建置・公署》改。

朔方道志卷之五　建置志下

壇廟寺觀附　堡塞　關梁　倉庫　警察

郵政　電政　坊表　市集

壇廟祠宇、寺觀附

朔方道寧夏、寧朔附

社稷壇，在光化門外。每歲春秋二仲上戊日致祭。舊例祭祀銀由司庫支領，祭品祝一、帛一、爵一、羊一、豕一、鉶一、籩四、豆二、簠一、簋一，各屬同。

風雲雷雨壇，在光化門外。清咸豐八年列入祀典，每歲春秋二仲上戊日致祭。舊例祭祀銀由司庫支領，祭品同社稷壇，各屬同。

先農壇，在清和門外。每歲春耕耤日致祭[1]。舊例祭祀銀由耤田變價，祭品同社稷壇，各屬同。

文廟，在城北。明永樂元年①，郡人朱真奏請建設[2]。《舊志》列在《學校》，今照《新通志》移入《壇廟》。初在效忠坊，後移今地。成化六年，巡撫張鎣重修，後巡撫劉憲、羅鳳翺、黄嘉善相繼重修②。清順治十八年，巡撫劉秉政、河西道李嵩陽增修。康熙三十八年，監收同知李珩重修。雍正十年，本郡官紳復捐修。乾隆三年震圮，四年發帑重修。

大成殿五間。正中先師聖位，兩旁四配位，東復聖顔子、述聖子思子，西宗聖曾子、亞聖孟子。東西殿十二哲位，東閔子騫、冉子雍、端木子賜、仲子由、卜子商、有子若，西冉子耕、宰子予、冉子求、言子偃、顓孫子師、朱子熹。東西廡各七間。東廡從祀先賢四十位。《舊志》東廡先賢三十九位，加入公孫僑爲四十位。先儒三十八位。《舊志》東廡先

---

① 吴忠禮據《明太祖實録》等文獻考證認爲，寧夏儒學當設立於明太祖洪武二十八年（1395），無其他文獻記載明惠帝建文三年（1401）廢除寧夏儒學事，明成祖永樂四年（1406）改“寧夏中屯等衛儒學”爲“寧夏等衛儒學”。本志及《寧夏府志》卷六《建置・學校》載寧夏儒學興廢時間蓋襲《〔正統〕寧志》誤説。參見吴忠禮《寧夏志箋證》，第125頁《箋證》[二一]。

② 《朔方新志》卷二《内治・學校》載，成化六年（1470），巡撫張鎣重修學校，同書卷四載彭時撰《重修儒學碑記》記其事；弘治十六年（1503），巡撫劉憲重修學校，同書卷四載張嘉謨撰《重修儒學碑記》記其事；萬曆二年（1574），巡撫羅鳳翺重修學校，同書卷四載張大忠撰《重修儒學碑記》記其事；三十三年（1605），巡撫黄嘉善重修學校，同書卷四載李維禎撰《巡撫都御史黄公嘉善重修儒學記》記其事。

儒二十三位,加入清乾隆以後增祀各位爲三十八位。西廡從祀先賢三十九位。《舊志》西廡先賢三十八位,加入公明儀爲三十九位。先儒三十七位。《舊志》西廡先儒二十三位,加入清乾隆以後增祀各位爲三十七位。下爲戟門三間,左爲名宦祠三間,右爲鄉賢祠三間。又下爲甬門,東西各一間。角門外,東爲更衣廳三間,西爲省牲所三間。又下爲欞星門三間,前泮池環牆一道,雲路前牌坊一座,照牆一座,柵門、牌坊東西二座,外牌坊二座。殿東爲講堂三間,左爲忠孝祠,右爲節義祠。殿西爲明倫堂三間,東西齋房各五間。殿後爲尊經閣,每歲春秋二仲丁日致祭。清設教授、訓導兼司祀事,光緒二十六年改設奉祀官,三十二年升爲大祀。廟通覆黄瓦,牌位金地青書,神幄案衣改用黄雲緞。民國四年,頒祀孔典禮,仍從大祀。牌位、前後殿通用朱地金書,兩廡位次均有移易。

東廡先賢姓氏:公孫僑、林放、原憲、南宫适、商瞿、漆雕開、司馬耕、梁鱣、冉儒、伯虔、冉季、漆雕徒父、漆雕哆、公西赤、任不齊、公良儒、公肩定、鄡單、罕父里、榮旗、左人郢、鄭國、原亢、廉潔、叔仲會、公西輿如、邽巽、陳亢、琴張、步叔乘、秦非、顔噲、顔何、縣亶、牧皮、樂正克、萬章、周敦頤、程灝、邵雍。

西廡先賢姓氏:蘧瑗、澹臺滅明、宓不齊、公冶長、公皙哀、高柴、樊須、商澤、巫馬施、顔辛、曹丘[3]、公孫龍、秦商、顔高、壤駟赤、石作蜀、公夏首、后處、奚容蒧[4]、顔祖、句井疆、秦祖、縣成、公祖句兹、燕伋、樂欬、狄黑[5]、孔忠、公西蒧、顔之僕、施之常、申棖、左丘明、秦冉、公明儀、公都子、公孫丑、張載、程頤。

東廡先儒姓氏:公羊高、伏勝、毛亨、孔安國、毛萇、杜子春、鄭玄、諸葛亮、王通、韓愈、胡瑗、韓琦、楊時、謝良佐、尹焞、胡安國、李侗、吕祖謙、袁燮、黄幹、輔廣、何基、文天祥、王柏、劉因、陳澔、方孝孺、薛瑄、胡居仁、羅欽順、吕柟、劉宗周、孫奇逢、黄宗羲、張履祥、陸隴其、張伯行、湯斌。

西廡先儒姓氏:穀梁赤、高堂生、董仲舒、劉德、后蒼、許慎、趙岐、范寧、陸贄、范仲淹、歐陽修、司馬光[6]、游酢、吕大臨、羅從彦、李綱、張栻、陸九淵、陳淳、真德秀、蔡沈、魏了翁、趙復、金履祥、陸秀夫、許衡、吴澄、許謙、曹端、陳獻章、蔡清、王守仁、吕坤、黄道周、王夫之、陸世儀、顧炎武。

廟制。清乾隆二年上諭,國學文廟易蓋黄瓦,神牌舊用朱地金書,神幄案衣用銷金紅緞。光緒三十二年升爲大祀,廟通覆黄瓦,神牌金地青書,神幄案衣用黄雲緞。民國四年,經開會全體議決,仍從大祀。其禮節、服制、祭品與祭天一律,前後殿神牌通用朱地金書。

封謚。漢平帝謚褒"成宣父",東漢和帝封褒"尊侯",後魏孝文帝謚"文宣尼父",後周静帝封"鄒國公",隋煬帝贈"先師尼父"。唐高祖尊爲"先師",太宗升爲"先聖",後又尊爲"宣尼父"。高宗封"太師",後又封"隆道公"。元宗謚"文宣王”。宋真宗謚“至聖文宣王”。元成宗稱“大成”，武宗、文宗稱“大成至聖文宣王”。明世宗稱“至聖先師”。清順治稱“大成至聖文宣王先師”，十七年，改稱“至聖先師孔子”。

扁額。宋徽宗詔賜殿名“大成”，此名“大成殿”之始。明憲宗詔，孔子廟庭所在，凡過門者皆下馬，此立下馬碑之始。清康熙二十五年，欽頒匾額曰“萬世師表”。雍正三年，欽頒扁額曰“生民未有”。乾隆三年，欽頒扁額曰“與天地參”。嘉慶年，欽頒扁額曰“聖集大成”。道光年，欽頒扁額曰“聖協時中”。又鐘鼓亭曰“金聲玉振”，欞星門曰“道冠古今”，東西牌坊曰“聖域賢關”，又曰“禮門義路”，皆後人所擬詞也。

祭器。舊制爵三、登一、鉶一、簠二、簋二，均用銅；籩十，用竹；豆十，用銅；篚一，用竹；俎一，用木；尊一，用銅。清光緒三十二年升爲大祀，爵改用玉，加二籩、二豆，合爲十二籩、十二豆。配位四案：爵各三，鉶各二，簠各二，簋各二，籩各八，豆各八，篚各一，尊二，俎各一。東西哲位：爵各三，鉶各一，簠各一，簋各一，籩各四，豆各四，篚二，俎二，尊二。東西廡六十二案：爵一百二十，三獻爵六，簠各一，簋各一，籩各四，豆各四，篚二，俎二，尊二。

祭品。祝一，白色帛一，牛一，鹿一，羊一，豕一，登肉一，鉶羹二，簠二，簋二，其實黍、稷、稻、粱[7]。籩十二，其實形鹽、鱐魚、棗、栗、榛、菱、芡、鹿脯、白餅、黑餅、糗餌、粉餈。豆十二，其實韭菹、酸醢、菁菹、鹿醢、芹菹、兔醢、筍菹、魚醢、脾析、豚膊、酏食、糝食。尊一、爵三，其實清酔。配位帛一、羊一、豕一、鉶二、簠二、簋二，其籩八，殺黑餅、白餅，其豆八，殺脾析、豚膊，尊一、爵三。東西哲位，帛一、豕一、鉶一、簠一、簋一，其籩四，其實形鹽、棗、栗、鹿脯，其豆四，其實菁菹、鹿醢、芹菹、兔醢，尊一、爵三。東西廡如哲位，無鉶羹、無牲。

樂器。金鎛鐘二，春用夾鐘之鐘，秋用南呂之鐘。玉特磬二，春用夾鐘之磬，秋用南呂之磬。編鐘十六，編磬十六，琴六，瑟四，簫六，笛六，篪四，大鼓一，搏拊二，柷一，敔一，排簫二，壎二，笙六。

舞器。舊用六佾文舞，光緒三十二年升爲大祀，用八佾，添武舞。木笏六，羽籥六十四，干戚六十四，麾一，旌節二。

按：民國三年，經開會全體議決，僉以爲崇祀孔子，乃因襲歷代之舊典，議以夏時春秋兩丁爲祀孔之日。隋制[8]：國子寺每歲四仲上丁釋奠，州縣春秋仲月釋奠，此春秋仲丁釋奠之始。仍從大祀，其禮節、服制、祭品當與祭天一律。京師由大總統主祭，各地方文廟應由該長官主祭，其他開學首日、孔子生日，仍聽各從習慣，自由主祭，不必特爲規定。並頒祀孔典禮，位次編校，用特恭録，以便遵用。惟樂章、歌舞多不諳習，故未備載。

崇聖祠，在學宫之東，原名“啓聖祠”。清雍正元年，追封五代皆爲王，因易今名。正殿五王神位；中肇聖王本金父[9]，左裕聖王祈父，右治聖王防叔，次左昌聖王伯夏，次右啓聖王叔梁紇。東配先賢三位；孔氏孟皮，曾氏點，孟孫氏激。西配先賢二位；顔氏無繇，孔氏鯉。東廡先儒三位；周氏輔成，程氏珦，蔡氏元定。西廡先儒二位。張氏迪，朱氏松。

祭器。舊制正位五案，祝一，帛五，爵各三，鉶各二，簠各二，簋各二，籩各八，豆各八，篚各一，俎各一，尊各一，祭品如正殿配位。清光緒三十二年，先師升爲大祀，各增籩二、豆二，爲十籩、十豆。配位四案，爵各三，簠各一，簋各一，籩各四，豆各四，篚各一，俎二，尊二，祭品如正殿。哲位無鉶羹，無牲。兩廡三案，爵九，簠各一，簋各一，籩各四，豆各四，篚二，俎二，尊二，祭品如正殿。哲位無鉶羹，無牲。

關帝廟，在城東北隅。相傳自唐時建，明巡撫羅鳳翱、總兵蕭如薰重修[10]。清乾隆三年震圮，四年，動帑重建。每歲春秋二仲致祭。咸豐三年，奉旨五月十三日加祭一次。四年，升入中祀。民國四年，奉政府命令，關岳合祀。廟大門首署關岳廟，二門爲武成門，正殿爲武成殿，並頒祭祀典禮。每歲春秋二仲戊日致祭，所有經費查照祀天、祀孔前案就地籌發。一在南薰門外永通橋東，明成化間巡撫崔讓建，乾隆三年震圮，郡人重修。一在南關外，有立馬祠像。一在蘆蓆巷北。一在王泰堡，清光緒年軍功于自樂修。一在滿城南街。

岳武穆廟，在城東北隅。明萬曆間，巡撫黄嘉善、總兵蕭如薰建。清乾隆三年震圮，知府牟融、生員王家彦等募貲重修。內有石碑刊武穆自書《送張紫巖北伐詩》云：“號令風霆迅，天聲動北陬。長驅渡河洛，直擣向燕幽。馬蹀閼氏血，旗梟克汗頭[11]。歸來報明主，恢復舊神州。”未詳刊建原始。民國四年，奉政府命令，關、岳合祀，每歲春秋二仲戊日致祭，典制詳上。

文昌祠，在城外東南。清順治間郡人捐建。乾隆三十三年，生員張映槐、任岱宗等募貲重修。嘉慶六年列入祀典，咸豐八年奉旨每歲加祭一次。按：梓潼帝君相傳生於周宣之時，姓張名仲詩，所稱張仲孝友是也。又《臯蘭志》云：《明史·禮志》梓潼帝君記①，神姓張，名亞子[12]，居蜀七曲山[13]，仕晋，四川七曲山《清虚觀碑》“帝君生於唐時”，與此異。戰没，人爲立廟。唐明宗西狩，追封左丞。僖宗入蜀，封濟順王。宋咸平中改封英顯王。其説不同，道家謂梓潼掌文昌府事及人間禄籍，故元加號“文昌帝君”，此學校祀文昌所由始。

城隍廟，在城北。明成化間巡撫張鵬修，萬曆間巡撫楊時寧、黄嘉善重修。

---

① 參見《明史》卷五〇《禮志·諸神祀》。

清乾隆三年震圮，動帑重建。每歲春秋同祭於山川社稷壇，朔望則行香於廟。按《皋蘭志》云：天子大蜡，伊耆氏始爲蜡，蜡祭八神水，庸居其七，水則隍，庸則城，此正祭城隍之始。李陽冰《縉雲城隍記》謂祀典所無，然唐李德裕建城隍廟，張説、張九齡皆有《祭城隍文》。元天曆二年加大都城隍封號，明洪武二年封天下城隍，府爲公，州爲侯，縣爲伯。三年，去封號，止稱某府州縣城隍之神，置木主，撤塑像。據此則城隍之祭，始於堯時，與山川社稷之神同。寧夏春秋同祭於山川社稷壇，尚存古意。而後則遷就附會，或指一人爲神，姓名或傳爲漢時之紀信，或謂都城隍以五月十一日爲誕辰，邑城隍以五月二十八日爲誕辰，且有夫人及繪滎陽誑楚、陰曹地獄，蓋皆濫觴於元明後之邪説，誣神甚矣。又按明洪武二十年詔劉三吾曰："朕設京師城隍，俾統各府州縣之神，以鑒察民之善惡，而禍福之舉，不得倖免。其書所由於石。"因改建廟宇如公廨，設座判事，如長史狀，此即陰曹地獄之作俑也。

龍王廟，在鎮遠門外唐來橋。每歲立夏開水日致祭，祭品用羊、豕，經費舊由水利同知公項備用。一在城内道署南，清乾隆三十八年生員劉夢齡、趙樞等重建。民國五年，提調黄國華重修，並將四渠圖碑由大壩移豎此廟。一在任春堡惠農正閘，乾隆七年動帑建。一在大壩堡唐來渠口，乾隆四十二年寧夏道王廷贊建。一在小壩堡漢渠正閘，一在昌潤渠口堡，一在莎蘿模山靈武口。一在城北，光緒年修。按《舊志》云[①]，前代無"龍王"之稱，至宋始有"五龍""九龍"之號，大抵出於道家者流。寧夏各渠龍神載在祀典，其他村堡亦所在多有廟。塑像每以三，初不解其故，嗣閲王遜《莎羅模龍王祠記》[②]，乃知三龍神者，即所稱莎羅模、祈答剌模、失哈剌模。觀其名號，亦類番僧繹語，蓋由來相沿久矣。寧夏享河水之利，宜祀河神，顧《記》稱其神潛宅莎羅模山下三泉中，旱澇雨暘，禱輒有應。自前明至今，爲一方庇蔭，公私報祀，因而弗改。揆以有舉莫廢之義，即以三龍神爲寧夏河渠之專祀，不亦宜乎。

東魁閣，在學宫東。清乾隆三年震圮，乾隆五年郡人捐貲重建。

西魁閣，在學宫西。清乾隆三年震圮，乾隆四十年郡人捐貲重建。

文昌閣，在城西北隅。清光緒十八年，知府謝威鳳倡修。一在賀蘭山大滚鐘口，清康熙年建。

尊經閣，在文廟後。

明倫堂，在文廟西。

火神廟，在清和門甕城内，每歲春秋致祭。一在鐵局北街，清光緒年忻州客商修。

---

① 参見《寧夏府志》卷六《建置・壇廟・府城》之"龍王廟"條。

② 参見《朔方新志》卷四《詞翰》載王遜撰《莎羅模龍王祠碑記》。

馬神廟，在鎮署西北，每歲春秋致祭。

豐收廟，在城東南隅。清乾隆二十六年，寧夏道富泥漢建。

八蜡廟，在清和門外七里。

三皇廟，在城西，明萬曆時弘親王建。一在南薰門外。

雷祖廟，在城西，清光緒年重修。

三官廟，在城西北隅馬營。

東嶽廟，在城東門外，清光緒年重修。

賀蘭廟，在小滚鐘口。

真武廟，在城西北。

洞賓廟，在城隍廟西，清光緒年建。

藥王廟，在城東南隅，清光緒年建。

娘娘廟，在德勝門甕城，大佛寺基改建。

魯班廟，在什字街南，清嘉慶年建。

老祖廟，在木頭市街，清道光年建。

西火神廟，在鐵局街北，清光緒年忻州客商修。

黑虎廟，在糠市街，清光緒年修。

鐵局廟，在鐵局街，清光緒年重修。

玉皇樓，在城東柴市街，旁建文昌閣。

四鼓樓，在城正中，清寧夏府趙宜暄創始。光緒三十四年，紳商捐貲，貢生張錫保監修。民國六年，夏縣知事余鼎銘重修。

財神樓，在米粮市街西。

厲壇，在鎮遠門外，以祀無主之鬼。

名宦祠，在學宮戟門左。

鄉賢祠，在學宮戟門右。

忠孝祠，在學宮講堂左。

節義祠，在學宮講堂西。

黄公祠，在米粮市，祀明巡撫黄嘉善。

左公祠，在騾馬市，祀清謚“文襄”陝甘總督左宗棠。

金公祠，在地藏庵北巷，祀謚“忠介”清將軍金順。

侯公祠，在南門内。清寧夏道侯登雲於同治年間回賊陷城死之，奉旨專祀。

吕公祠，在七真觀前。清寧夏府知府吕際韶於同治年回賊陷城，一家三十餘口同時殉難，葬七真觀前今銀川舞臺後，奉旨專祀。旁有張烈女塚，相傳係幕友女之殉難者。

公園，在城東南新華街。民國八年，修前護軍使馬福祥、道尹陳必淮生祠。

兩湖賓館，在騾馬市左公祠西。

陝西會館，在城西南鐵局街。

平陽會館，在城西草巷東。

太汾會館，在城東南新華街西。

郃陽會館，在城東羊市街口南。

寧靈會館，在城北山貨市街北。

海寶塔，在振武門外，治建無考。五代時赫連勃勃重修，故俗又名"赫寶塔"。清康熙四十八年地震，頹其顛四層，僧照埜募修。乾隆三年，地震塔廢。四十三年，山後郡王、寧夏滿漢官吏軍民人等捐貲重修。

承天寺，在光化門内東，夏諒祚建。明洪武初，一塔獨存，萬曆間重修，增建毘盧閣。清乾隆三年，地震塔圮。嘉慶年間，募貲重修。

土塔寺，在鎮遠門外。明正統時建，清乾隆年地震塔廢，今改建廟。

高塔寺，舊在城東二十里，爲黄河冲没。明萬曆時，慶府移修於清和門外紅花渠東。清乾隆二十三年，郡人捐貲補修。

喇嘛寺，在府署西，即前明報恩寺。

護國寺，在梅家巷口。

永祥寺，在城西南，明正統間建。清乾隆三年震圮，郡人重修。

觀音寺，在四府街南，清光緒年重修。

廣宗延福寺，在朔縣境古茂山。乾隆三十一年，阿拉郡王多爾濟建，欽賜廟額。

福寧寺，在草場東。

牛王寺，在鎮遠門外唐渠西，清光緒年重修。

濟孤寺，在永通橋東。

清真寺，一在寧静寺西，一在什子街北，一在鎮遠門南。

清寧觀，在振武門東，祀北帝真武，夏元昊避暑於此。

三清觀，在南薰門東，明慶靖王建。

七真觀，在新華街西。

牛王臺，在鎮遠門外。

鐵錘臺，在清和門外。

平佛臺，在鎮遠門外。

正覺臺，在南薰門外。

三教堂，在光化門外。

給孤堂，在南薰門外，每歲清明，設祭無祀之鬼。

三聖庵，在喇嘛寺西。

準提庵，在西方井街。

地藏庵，一在城東南隅，一在三皇廟南。

救苦庵，在草廠街，民國七年重修。

附圮廢廟寺

武成王廟，在清寧觀東。明萬曆時建①，祀吕尚父，以孫武子、黄石公等配[14]，兵變殘毁，清改爲火藥局，今亦廢。

旗纛廟，在新譙樓西。明時建②，祀鎮守此地之有勞績者。圮廢，地入寧夏道署。

寶纛壇，在山川壇西。明時建，霜降日明王府祭，今廢。

遺愛祠，在永通橋西[15]。明時建，祀撫夏之有德政者，今廢。

忠烈祠，在城西。明正德五年建，祀死於寘鐇之亂者，圮廢。

北祠，在北關。明嘉靖十九年建，祀本鎮死敵之官，圮廢。

咸寧侯祠[16]，在新關帝廟西。明正德六年，游擊將軍仇鉞平寘鐇之亂，鎮人立祠祀之，廢。

功德祠，在城南，明時建，祀明巡撫王鑑〔崇古〕、黄梓山〔嘉善〕、羅念山〔鳳翱〕、楊小林〔應聘〕，總兵蕭如薰，圮廢。

顯忠祠，在馬營，明時建，祀萬曆壬辰兵變被害官民③，圮廢。

貞烈祠，在馬營，明時建，祀萬曆壬辰兵變死難烈女，圮廢。

三忠祠，在城東，祀馬世龍子獻圖、呈圖、負圖，圮廢。

方妃祠，在寧夏縣署前，清乾隆三年震燬，神主移入節孝祠。

永壽寺，在明鞏昌王府南，廢。

興國寺，在清和門南，廢。

以上係《舊志》前之圮廢者④。

上帝廟，在梨花尖街北。

北龍廟，在北關外。

晏公廟，在府學南。

---

① 《朔方新志》卷三《壇祠》載，韓文建武成王廟前射圃事在弘治七年(1494)，楊守禮重修事在嘉靖十九年(1540)。後因兵變殘毁，萬曆三十六年(1608)修復。

② 《朔方新志》卷三《壇祠》載，嘉靖十九年(1540)，楊守禮重修旗纛廟。

③ 萬曆壬辰：萬曆二十年(1592)。

④ 參見《朔方新志》卷三《壇祠》、《寧夏府志》卷六《建置・壇廟・府城》。

洞賓祠，在永通橋東。
汪公祠，在府署東，祀明汪文輝。
王公祠，在府署東，祀清王金臣。
藥王祠，在永通橋東。
北斗臺，在馬營南。
吕祖臺，在南薰門外。
牛王臺，在鎮遠門外。
無量臺，在承天寺東。
觀音堂，在清和門外。
三義堂，在永通橋。
下院，在城北。
十方院，在城南。
三元宫，在蘆蓆巷。
寧静寺，在清和門内。
白衣寺，在鐵局街。
大佛寺，在德勝門甕城。
休休寺，在送子庵北。
吉祥寺，在喇嘛寺西。
邊寧寺，在西方井街東。
華嚴寺，在城隍廟前。
濟孤寺，在永通橋東。
静正觀，在府署南。
送子庵，在清和門外。
崇壽庵，在東柴市街。
祝壽庵，在王元大街。
永樂庵，在經堂巷。
波羅庵，在疊柳坡。
大悲庵，在草場北。
姑子庵，在馬營南。
以上係《舊志》後之圮廢者。

中衛縣

社稷壇，在城西南，清雍正六年建。

風雲雷雨壇，在城南，清雍正十年建。

先農壇，在城南，清雍正十年建。

文廟，舊在城東北，明正統八年，巡撫徐廷璋移建東南。清康熙四十八年秋地震，兩廡、明倫、齋房盡圮，教授劉追儉、西路同知高士鐸籌款修復。乾隆五年重修。道光二十二年，知縣鄭元吉倡捐重修[17]。咸豐二年地震，半圮。十年，知縣恒𩔖重修。同治年兵燹損壞，光緒十二年，知縣匡翼之重修大成殿、東西廡各八間，餘如郡廟制。

崇聖祠，在學宫東。清乾隆二十五年，西路同知黄恩錫修。

關帝廟，在東門外。清道光八年，知縣李隸通、副將邢承誥捐修。同治年兵燹拆毁，十二年，統領蜀軍黄鼎重修。光緒九年，營員劉福德等創建牌坊一座。二十八年，營員焦登元創建武侯祠。三十三年，於中復建戲樓。

文昌祠，在南門。清道光元年，知縣李隸通建。二年，復重修。

城隍廟，在城鼓樓東。

河渠龍王廟，在城内。清乾隆二十四年建，同治年被賊焚燬，光緒二年重建。

魁星閣，在東南城臺。

藏經閣，在協署前。

明倫堂，在學宫。

火神廟，在南門外。

馬神廟，在東門外。

八蜡廟，在東門外。

三皇廟，在東門外。

元壇廟，在城西門。

聖母娘娘廟，在縣治。

東嶽廟，在東關。

真武廟，在城西。

玉皇閣，在城北臺。

蘇武廟，在寺口。

晏公廟，在永康渡口。

厲壇，在城西北。

名宦祠，在學宫戟門左。

鄉賢祠，在學宫戟門右。

忠義祠，在名宦祠左。

王公祠，在廣武堡，祀游擊王正。

鈕公祠,在鳴沙州,祀清寧夏道鈕廷彩。

高公祠,在東關外,祀清西路同知高士鐸。

表忠塔,在縣北,蜀軍統領黄鼎建,祀同治年提督梁生嶽軍戰没於勝金關之役者。

牛王寺,在城東南。

華嚴寺,在城外東南十里,有破塔,俗呼"破塔寺"。

香山寺,在香山。

羚羊寺,在永康堡。

塔兒寺,在寧安堡西四十里。

白馬寺,在白馬灘。

大佛寺,在渠口,夏元昊建。

慶壽寺,在廣武。

安慶寺,在鳴沙州。

石空寺,在石空寺堡。

米缽寺,在縣南七十里。

金龍王寺,在鳴沙州。

屏山寺,在棗園堡。

元壇寺,在城西門。

平羅縣

社稷壇,在城東門外,清乾隆六年建。

風雲雷雨壇,在城東門外,清乾隆六年建。

先農壇,在城東門外,清乾隆六年建。

文廟,在城南。清乾隆三年震毁,動帑重修大成殿、東西廡各五間,餘如郡廟制。一在寶豐城,清雍正四年建。

崇聖祠,在學宫後。清道光二十年,知縣鄭元吉重修。

關帝廟,在城正南。清乾隆六年,動帑重修。一在李剛堡。

文昌閣,在城外東南。清乾隆二十八年,生員龔弼等捐建。

城隍廟,在城東南。清乾隆六年,動帑重修。民國二年,正殿、兩廡俱燬,尚未修復。

龍王廟,一在南門外。一在寶豐。一在賀蘭山大水口,石崖有泉,一股從神座後流,一股前流下山。一在拜寺口廟,有泉水。今皆圮。

火神廟,在城東。

三官廟，在城東北[18]。

牛王廟，在南門外。

馬神廟，在城東北。

八蜡廟，在城外東北。

東嶽廟，在東門外。

玉皇閣，在北門外。

藥王廟，在城西，有萬曆年鐘，明嘉靖二年重修。

厲壇，在城北門外。

名宦祠，在學宫戟門内。

鄉賢祠，在學宫戟門内。

忠孝祠，在學宫東。

節義祠，在學宫内。

忠節祠，在常信堡，祀明萬曆壬辰兵變死難士民，圮。

掩骨寺，在北門外。

天臺寺，在周澄堡。

白衣庵，在城西北，明時建，清乾隆、道光年間重修。

水月庵，俗呼"南庵"，在城内正南，清乾隆三年建。

長壽庵，俗呼"東庵"，在城東南，清乾隆五十三年建。

三清壇，在永安門東南。清乾隆十六年，知縣宋維孜重修。

保安寺，在城南，今圮。

福蔭寺，又名"北寺"，一呼"福音寺"，在小水口入山五十餘里，山後多爾濟王建。清乾隆三十四年，民以寺建在漢地界内，阻其修蓋，控，經欽差福、陜甘總督明會同勘丈，近寺二里准其漢護風水，餘仍聽保漢民砍伐樹木。

靈武縣

社稷壇，在城西門外，今圮。

風雲雷雨壇，在城南門外，今圮。

先農壇，在城東門外，撥有香火田三畝。

文廟，在城東南。明洪武十五年，設州置學。十七年，州裁學廢。正德十三年復立，十五年，寧夏巡撫王時中興建。清順治十六年，巡撫黄圖安重修。康熙四十六年，中路同知祖良貞、舉人季秋橋等重修，大成殿七間，東西兩廡各九間，餘如郡廟制。

崇聖祠，在學宫東。

關帝廟，在城内北街。一在胡家灣，一在吴忠堡。

岳武穆廟，在城北街，附文光會，有毛市拐市鋪一所。清嘉慶五年，邑紳賀邦直起建，安如磐、孫訾科、張訾第等前後六次集貲，至道光甲午始克告成[①]。頭門署"精忠廟"，鐵鑄奸相夫婦跪於兩旁。同治癸酉[②]，譚提督冠英、知州王協亭、邑紳孫翰垣捐貲補修，費銀一千餘兩。

文昌閣，在城東南。

城隍廟，在城北街，北門外撥有香火田四畝二分四釐，東門外撥有香火田六畝一分六釐，城内南街市鋪三所，北街市鋪一間，東街市鋪五間，地基一塊，西街市鋪一所，南街民房一院，又空基一塊。

龍王廟，在南門外。一在秦渠口，清光緒三年被水冲毁，移建於秦壩減水壩之南，今金積縣地也。

火神廟，在城内北街，北門外撥有香火田七畝一分五釐，東門外撥有香火田三畝八分七釐，城内西街市鋪房院一所，南街市鋪二間。一在吴忠堡。

藥王廟，在吴忠堡。

旗纛廟，在城南大街。

東嶽廟，在南門外，光緒年間修。

名宦祠，在學宫戟門内。

鄉賢祠，在學宫戟門内。

忠孝祠，在學宫西。

節義祠，在學宫外。

三賢祠，在城内，祀明總督楊一清、王瓊，河東道張九德，今廢。

忠義祠，在城東街。

三忠祠，在城東街，祀清同治年間殉難之知州訥穆額楝、尹泗、鍾蘭。光緒五年，知州孫承弼籌款補修，並將舊有養濟院田七十畝稟請撥作香火之資，由書院齋長輪流經管，以垂久遠。

劉忠壯公祠，在城北街。同治九年，湘軍統領劉松山由靈州進攻金積，陣亡，謚忠壯，奉旨專祀。中路撥有香火田二百七十六畝八分三釐，吴東鄉撥有忠勇墳田一百二十一畝五分七釐，又城内南街市鋪房二院，後街房院二所，南街典業房屋一院。

劉襄勤公祠，在忠壯祠西，忠壯猶子也。同治九年，接統湘軍，克復金積，肅

---

① 道光甲午：道光十四年(1834)。

② 同治癸酉：同治十二年(1873)。

清關内，外擢新疆巡撫，晋太子太保一等男爵，謚襄勤，奉旨專祀。

張壯勤公祠，在城西街，祀謚壯勤甘肅提督武衛軍翼長張俊。

三省會館，在吴忠堡。

千佛寺，在城東。

華藏寺，在城北。

卧佛寺，在城東南。

白衣寺，在城西。

永静寺，在城内，今廢。

興教寺，在城内，今廢。

石佛寺，在城北，今廢。

三清觀，在城西。

真武觀，在城南，今廢。

金積縣

社稷壇，尚未建置，現於關帝廟祀之。

風雲雷雨壇，尚未建置，現於關帝廟祀之。

先農壇，尚未建置，現於城外西面隙地祀之。

文廟，在城東南隅。

關帝廟，在城北。

文昌閣，在城西，頹圮多年，現移祀書院。

龍王廟，一在城西，一在城西南三十里青銅峽口。

禹王廟，在城西南三十里青銅峽口。

地藏廟，在城西北。

劉猛將軍廟，在城西。

桓侯廟，在城東北。

三光廟，在城西北。

藥王廟，在城北。

老君廟，在城北。

娘娘廟，在城西南。

名宦祠，在學宫内。

鄉賢祠，在學宫内。

劉忠壯公祠，在城南，祀謚忠壯湘軍統領劉松山，字壽卿。

簡勇節公祠，在城東南，祀謚勇節統領楚軍提督簡敬臨，字紹雍。

昭忠祠，在城西南，蜀軍統領雷正綰、黄鼎，皖軍統領金運昌，奉旨合建，以祀蜀皖官弁死於馬化漋之亂者。

牛首寺，在城西三十里牛首山。

米谷寺，在城西南八里。

百塔寺，在城西南三十里青銅峽口，共一百八塔，相傳創始於宋，今尚煥然一新，亦古蹟也。

鹽池縣

社稷壇，尚未建置，現於城外廟内祀之。

風雲雷雨壇，尚未建置，現於城外廟内祀之。

先農壇，在城北門外。

文廟，在城内東街。一在惠安堡，清初建，乾隆時重修，同治年兵燹燬。

關帝廟，在城内南街。一在惠安堡南關西隅，清同治年兵燹燬，光緒年堡紳劉學恭重修，宣統年紳商劉炳、張復元重修。

文昌宫，在城東街。一在惠安堡南關外，清初建，同治年兵燹燬。一在惠安堡東南，康熙時建，尋圮，乾隆時通判李閶棱重修，同治初燬於匪。

城隍廟，在西城根。

龍王廟，在惠安堡鳳池，清同治年燬於匪。

火神廟，在城内東南隅。

奎文閣，在惠安堡東南隅，清初建，乾隆時通判李閶棱與堡紳移建之，同治年焚於匪。

風神廟，在城東南隅。

三官廟，在南城根。

玄帝廟，在城内西城頭。

東嶽廟，在城東門外。一在惠安堡南關外，清初建，同治年燬於匪。

太白廟，在西水頭。

鹽神廟，在惠安堡，清同治年燬於匪，光緒十年，堡紳劉學恭重修。

玉皇閣，在惠安堡北城門上，坍圮，宣統元年，堡紳劉炳、茹馨補修。

娘娘廟，在城東門外。

馬王廟，在城内中街。

財神廟，在城内西街。

眼光廟，在城内北城頭。

山陝會館，在惠安堡南關外，清初建，同治年燬於匪。

弘福寺,在城内什字南街。
城頭寺,在城内東南隅。
廣慈庵,在城内西街。
三清殿,在城内北城頭。
無量殿,在城南十里。

鎮戎縣

社稷壇,尚未建置,現於城外廟内祀之。
風雲雷雨壇,尚未建置,現於城外廟内祀之。
先農壇,尚未建置,現於城外隙地祀之。
文廟,在城内鐘鼓樓南。
關帝廟,一在豫王城内,一在豫王城外,一在毛居士井。
文昌宫,在城南門根。
武廟,一在城内鐘鼓樓南,一在同心城。
魁星閣,在南門城樓。
城隍廟,在鐘鼓樓東南。一在豫王城。
龍王廟,在南門外,附祀風神。又紅城水三座。
玉皇閣,在豫王城外。
玉皇廟,在紅城水。
無量廟,一在城北門外,一在紅城水,一在毛居士井無量山。
娘娘廟,一在鐘鼓樓東,一在紅城水。
佛祖廟,在城南門外。
三官廟,在豫王城内。
財神樓,在韋州堡内。
財神廟[19],在北門外,以觀音大士附祀。
牛王廟,在北門外,以藥王、馬王附祀。
老君廟,在鐘鼓樓東北。
楊將軍廟,在青龍山。有斷碑稱宋大將楊業與契丹戰没處,其子廷玉陪祀之。
忠義祠,在城南門根。
節孝祠,在城南門根。
雲興寺,在大蠡山,一名雲青寺。
康濟寺,在韋州堡内,今廢。
清真寺,一在豫王城,一在同心城,一在韋州堡。又,另有禮拜寺五處。

按：壇廟載在祀典，此指社稷、風雲雷雨、先農各壇，文、武、文昌、城隍、龍王各廟而言。專祠之設，亦所以崇德報功外，此禦災捍患，德澤及民，因義致敬，禮亦宜之。若夫琳宫梵宇，事涉荒唐，然去果來因，亦足警愚醒世，其於古人神道設教之意，尚非大相剌謬，因附及之。

堡寨

寧夏縣

張政堡，在城東十五里。

鎮河堡，在城東二十里。舊黄河冰结，套匪乘夜抵城下，俟晨，民放牲畜，潛掠而去。明嘉靖十七年，巡撫吴鎧檄都指揮吕仲良城之，置操守。

金貴堡，在城東三十里。舊設防河兵二十名，北路平羅縣經管，明駐操守。

通朔堡，在城東三十里。

李祥堡，在城東南三十里。

河西寨，在城東南三十里。

通寧堡，在城東南三十里。

河中堡，在城東南九十里。舊在河西，後河西趨，隔在河東，距靈武城五里。

魏信堡，在城南三十里。

楊和堡，在城南四十里。

王泰堡，在城南五十里。

王鋐堡，在城南六十里。

任春堡，在城南七十里。

葉昇堡，在城南九十里。

許旺堡，在城西南三十里。

王金堡，在城西南四十里。

潘昶堡，在城東北二十里。

王澄堡，在城東北三十里。

通貴堡，在城東北三十五里。

通昶堡，在城東北三十五里。

通吉堡，在城東北四十里。

又有前在城在城西北，左在城在城東北，寧在城在城西南。

按：《舊志》載通寧、通朔、通貴、通昶、通吉五堡皆清雍正三年新設，屬新渠縣，後縣廢，歸併寧夏縣。均曰“通”者，以侍郎通智新設而命名也。又《舊志》載，夏縣二十一堡，無前、左、寧在城三處，今照新採訪增入之。

寧朔縣

楊顯堡，在城南三十里。
楊信堡，在城南三十里。
靖益堡，在城南五十里。
曾剛堡，在城南五十里。
宋澄堡，在城南五十里。
唐鐸堡，在城南六十里。
李俊堡，在城南七十里。
馬站堡，在城南八十里。
林皋堡，在城南九十五里。
瞿靖堡，在城南一百里。
漢壩堡，在城南一百里。
陳俊堡，在城南一百一十里。
蔣頂堡，在城南一百一十里。
大壩堡，在城南一百二十里。
豐盈堡，在城西二十里。
豐登堡，在城西三十里。
平羌堡，在城西三十里，明置操守。
鎮北堡，在城西四十里，清駐把總。
寧化寨，在城西南六十里。
玉泉營，在城西南九十里，清駐游擊、守備。
邵剛堡，在城西南九十里。
謝保堡，在城北十五里。
張亮堡，在城北三十里。

又有更名户在城東北，張滕户在城南，邵必户在城東南，謝谷俊户在城北。

按：《舊志》載寧朔縣二十三堡，無更名、張滕、邵必、謝谷俊四户，今照新採訪增入。又，各堡所稱距城若干里，係以寧朔舊治前在郡城而言，現移滿城，則堡城相距又自不同，惟新採訪未能確查，因仍照舊登録之。

中衛縣

柔遠堡，在城東十里。同治四年，堡民重修，俗稱“中所營”。

鎮羅堡,在城東三十里。明正統間建,城周二里,清駐把總。

永興堡,在城東六十里。明萬曆時建,没於河,今築小寨於其北。

香山堡,在城東七十里,城周三里。

石空寺堡,在城東八十里。明永樂年建,城周三里。清咸豐年間震圮,同治三年重修,八年,陜回攻陷。光緒二十一年,堡民重修。清駐守備。

張義堡,在城東一百一十里。明萬曆時建,明設把總,今圮。

渠口堡,在城東一百七十里,城周一里。今圮。

鎮靖堡,在城東南二十里,俗稱"前所營"。

永康堡,在城東南三十里。

宣和堡,在城東南五十里,俗稱"七百户"。

寧安堡,在城東南一百里。有新舊二堡。舊堡築於明成化二十二年,新堡築於嘉靖九年,去舊堡三十里。東南通靈武、固原,西南通靖遠、蘭州,爲河南通衢。清駐巡檢。

恩和堡,在城東南一百一十里。舊名"武威",明萬曆間建,清乾隆十一年改名"恩和",俗稱"四百户"。道光間傾圮,民皆築莊以居。

鳴沙州堡,在城東南一百四十里。漢鳴沙鎮地,後周移置會州於此,隋置鳴沙縣。唐神龍初爲默啜所據,咸亨中收復,置安樂州,以處吐谷渾部,後没於吐蕃。大中時收復,改威州。元置鳴沙州,明初廢,隸中衛。今城大半没於河。

白馬灘,在城東南一百六十里。

張恩堡,在城東南二百八十里[20]。

古水井堡,在城南五十里,清駐守備。

常樂堡,在城西南二十里。南接大澇壩,通蘆溝驛。西有邊牆一道,跨西南山,直抵蘆溝堡。

棗園堡,在城東北一百三十里。明正統間建,城周二里。清駐把總。

鐵桶堡,在城東北一百五十里,明天啓七年建,今圮。

廣武營堡,在城東北一百九十里,明正統間建,城周三里。清道光二十一年重修。游擊金永清於南門外加築甕城,内外甃以磚。清駐游擊。

按:《舊志》載中衛縣一十九堡,無香山、白馬灘,今照《通志》增入。又將新舊寧安合爲一堡,共二十堡。惟查《通志》有鎮虜堡,而《舊志》、新採訪均無鎮虜,大約係"鎮羅"之訛耳。

平羅縣

周澄堡,在城南三十里。

姚伏堡,在城南四十里。

李剛堡,在城南六十里,清駐把總。

洪廣堡,在城西南六十里,清駐游擊。

鎮朔堡,在城西南七十里,清駐把總。

常信堡,在城西四十五里。

虞祥堡,在城西四十六里。

丁義堡,在城西五十二里。

高榮堡,在城西五十四里。

桂文堡,在城西六十五里。

徐合堡,在城西七十里。

惠威堡,在城北十五里。

威鎮堡,在城北十五里。

寶豐城,在城北五十里。以上十四堡皆舊户。

西通平,在城東十里。

東通平,在城東十五里。

六羊堡,在城東十五里,一名"緑楊"。

西永惠,在城東十五里。

東永惠,在城東二十里。

東永潤,在城東十五里。

西永潤,在城東十五里。

通惠堡,在城東二十里。

渠口堡,在城東二十里。

交濟堡,在城東二十里。

正閘堡,在城東二十里。

雙渠堡,在城東二十五里。

外紅崗,在城東二十五里。

靈沙堡,在城東三十五里。

渠陽堡,在城東四十里。

沿河堡,在城南四十里。

六中堡,在城南二十里。

五香堡,在城南二十五里。

通成堡,在城南三十五里。

通福堡,在城南四十里。

清水堡，在城南五十五里。

通義堡，在城南六十里。

潮湖堡，在城西賀蘭山邊。

冲厚堡，在城西賀蘭山邊。

打磑堡，在城西賀蘭山邊，即“打磑口”。

簡泉屯，在城北十五里。

下寶閘，在城北十五里。

内紅崗，在城北十五里。

上寶閘，在城北二十里。

惠北堡，在城北二十里。

南長渠，在城北二十五里。

北長渠，在城北二十五里。

西寶池，在城北二十五里。

西河堡，在城北三十里。

通潤堡，在城北三十五里。

渠中堡，在城北四十里。

通豐堡，在城北四十五里。

東永固，在城北六十里。

西永固，在城北六十里。

尾閘堡，在城北六十里。

上省嵬，在城北六十里。

廟臺堡，在城北六十里。

下省嵬，在城北七十里。

永固池，在城北七十里。

萬寶屯，在城北七十里。

萬寶池，在城北七十里。

寶馬屯，在城北八十里。

聚寶屯，在城北八十里。

永屏堡，在城北八十里。

沿堤堡，在城北八十里。

市口堡，在城北九十里。以上皆新户。

按：《舊志》載平羅六十二堡，無潮湖、冲厚、打磑三堡，今照《新通志》增入。又叙堡皆從東起，兹獨從南起者，以周澄至寶豐城十四堡皆舊户，其餘皆新户，新舊未敢混亂耳。至潮湖、冲厚、打磴三堡額徵從新從舊，採訪未能確查，因未備載。

靈武縣

磁窑堡，在城東七十里，出碴灰，其土可陶。

石溝驛，在城東南十九里，清設把總。

大沙井，在城東南四十里，明設驛遞。

崇興寨，在城南十二里，俗呼"大寨子城"，周三里。

胡家堡，在城南二十里，今分胡回、胡漢兩堡。

吴忠堡，在城南四十里，城圮。今分左營、吴東鄉、吴南鄉、吴西鄉，商賈雲集，爲靈武菁華之地。

棗園堡，在城西南五十里，濱黄河。

新接堡，在城西三十里，濱黄河。

臨河堡，在城北六十里，濱黄河，清設把總。

横城營，在城北七十里，城周二里。里有闇門，舊爲漢蒙交易市口，清設都司。

紅山堡，在城東北六十里，清設把總。

清水營，在城東北七十里，磚城周圍二里。清設把總，城無民居。

又有東路在城東，中路在城南，西路在城西。

按：《舊志》載靈武三十六堡内，金積、漢伯、忠營、紅寺、秦霸關已劃歸金積縣，同心城韋州堡已劃歸鎮戎縣，惠安、興武、花馬等十餘堡已劃歸鹽池縣，所存磁窑等十一堡。新採訪又增入崇興寨，東、中、西三路共十五堡。又《舊志》有城北二十里夏家堡，城北四十里河東關，今皆廢。

金積縣

漢伯堡，在城東十五里。

漢衛堡，在城東北八里。

忠營堡，在城南十五里。

紅寺堡，在城南一百五十里，城周二里，明嘉靖間築。

秦壩堡即秦壩關，在城西北十里。瀕河往來船隻輻輳於此，縣境西北之咽喉也。

按：金積縣原名"寧靈廳"，清同治十一年設，即金積堡也，各堡均由舊靈州劃分，其同心城韋州堡，光緒四年又由寧靈劃歸平遠，即今鎮戎縣。

鹽池縣

孫家水，在城東南一百九十里。

南水頭，在城南九十里。

高平堡，在城西十里。

安定堡，在城西六十里，有闉門，清設守備。

西水頭，在城西六十里。

鐵柱泉，在城西一百二十里，有泉甘冽。明嘉靖間，總制劉天和以套匪出入必飲馬於此，因築城包其泉，絶虜水道，城周四里，今盡爲沙壓，僅露門樓。

興武營，在城西一百二十里，城周三里八分，有闉門，清設都司。

毛卜喇堡，在城西一百七十里，清設把總。

張貴堡，在城西一百二十里。

寺兒掌，在城西南一百六十里。

惠安堡，在城東南一百八十里，城周二里四分，清駐鹽捕通判。

鹽積堡，原名"鹽池堡"，以與縣名同，因易今名，在城東南一百九十里，明置操守。

隰寧堡，在城東南一百七十里。

萌城堡，在城東南二百二十里。

按：鹽池縣係舊靈州花馬池分州改設，所有各堡由靈州劃分。民國四年，又劃歸惠安、鹽積、隰寧、萌城四堡。又《舊志》載，靈州東南一百四十里有柳楊堡，一百八十里有野狐井，核其地勢，似在鹽池境内，而新採訪及《鹽池志稿》均未之及，應付闕如。

鎮戎縣

韋州堡，在城北四十里，夏元昊築。宋嘉祐七年[21]，夏人改韋州監軍司爲祥祐軍[22]，後改静塞軍[23]。明弘治間，巡撫王珣重修，城周二里。清康熙十四年，提督陳福遣兵復惠安韋州。

同心城，在城西一百二十里。舊名"半角城"，明弘治間重修，城周二里。嘉靖十三年，王縉與指揮田國破套虜於此[24]。清駐巡檢守備。

豫王城，在城西南七十里，俗名"預旺堡"，即舊平遠所。明弘治十四年，總督秦紘題設千户所[25]，轄墩臺二十四座。山産煤炭，民以爲利。地無井泉，蓄潦水供飲。

李旺東堡，在城西南一百五十里，即舊鎮戎所，舊名"細腰城"，又名"葫蘆峽城”。宋范仲淹築,周三里。明成化九年,馬文升重修。嘉靖三年,增築,轄墩臺十九座。今圮。

白馬堡,在城東南一百九十里。古撒都地,城周五里。明弘治四年[26],總督楊一清築。城東北塹山,增築關城,轄民堡五,墩臺十九座。今廢。

可可水堡,在城西南一百五十里。

夾道堡,在城西南。

元成子,在城西南。

毛居士井,在城東南。

永固堡,在城東南。

王家團莊,在城東南。

按:鎮戎縣原名“平遠”,清同治十三年新設[27],即明之下馬關也。縣之西南域豫王城可可水、夾道堡及李旺堡十分之三皆割之海城縣地。今海源縣。元城子、毛居士井、永固堡及白馬堡十分之七皆割之固原州地。今固原縣。東北域韋州全堡、同心城十分之三皆割之新設寧靈廳地。今金積縣。舊屬固原直隸州,今改名“鎮戎”,隸朔方道。

按:《舊志》云①,寧夏堡寨,或以人名,或以事名,或以地名。明洪武初,盡徙寧夏之民於他所,其後復遷謫秦晋、江淮之人以實之,分屯建衛,築堡以居,因即以其屯長姓名名堡,若葉昇、王鉉、李祥、張政、吴忠之類是也。如侍郎通智新設各堡所,有通寧、通朔、通貴、通昶、通成、通福之類皆是。其以事名、以地名者,大抵據扼塞,駐軍屯以遏寇虜,若鎮河、平羌之類是也。以人名者十之六七,以事名、以地名者十之二三。惟代遠年湮,未能悉爲查考耳。

按:各屬堡寨,新設之堡大半無城,而舊有之堡,又因年久失修,風雨剥蝕,不過虚存其名。堅壁清野,古意蕩然。時當多事,此守土者之亟宜注意者也。

關梁

寧夏縣

橋三十四:張政橋在張政堡,小新橋在張政堡,蔡家橋在張政堡,大官橋在楊和堡,板橋在河西寨,通家橋在河西寨,許旺橋在許旺堡,小官橋在魏信堡,五渡橋在鎮河堡,潘昶橋在潘昶堡,畢樑橋在潘昶堡,王全橋在王全堡,娘娘廟橋在金貴堡,沙窩橋在金貴堡,王澄橋在王澄堡,丁家橋在王澄堡,馬家橋在王澄堡。

① 參見《寧夏府志》卷五《建置·堡寨》之“寧朔縣”條。

以上十七橋皆在漢延渠上。按:《舊志》《新通志》均載,寧夏縣屬漢延渠橋,除六閘外有橋二十六道,兹據新採訪查明内所載之南關外,永通、紅花渠等橋皆唐來支渠之橋,漢延橋實共二十一道,内李俊、唐鐸、林皋、馬站四橋在朔縣境,其在夏縣地段者止十七道而已。

北通寧橋在城東二十里,通朔橋在城東二十八里,南通寧橋在城東三十五里,通和橋在城東五十里,通泰橋在城東六十里,跨虹橋在城北七十里,通春橋在城南七十五里,正閘橋在城南八十二里,躍浪橋在城南九十里,龍門橋在城南九十五里,通貴橋在城東北三十五里,通昶橋在城東北四十里,通濟橋在城東北四十五里。以上十三橋皆在惠農渠上。

永通橋在城南關外,紅花渠橋在城東一里,新渠橋在城東五里,王元橋在城南十五里。以上四橋皆唐來支渠之橋。又有西河溝橋在西河,舊均列入漢延渠,殊誤。

渡口三:高岸渡、李祥渡、横城渡,俱在漢渠迤東大河之岸。

寧朔縣

關一:赤木關,在郡城西南賀蘭山。山爲鎮之壁,其蹊徑可馳入者五十餘處,而赤木口尤易入,衝劇散涣,可容千馬。明嘉靖中,巡撫楊守禮扼險築關,有石砌關牆一道,斬山一道。

南路邊口十:曰哈剌木,曰林泉,曰雙山南,曰磨石,曰獨樹兒,曰赤木,曰峽口,曰雙山,曰靈武,曰金塔。

北路邊口六:曰黄峽,曰水吉,曰鎮北,曰宿嵬,曰白寺,曰賀蘭。

橋二十二:西門橋在郡城西門外,社稷橋在郡城南二里,大壩橋在郡城南一百二十里,保安橋在郡城西南一里,寧化橋在郡城西南七十里,玉泉橋在郡城西南九十里,站馬橋在郡城西北四十四里。以上七橋皆在唐來渠上。李俊橋在郡城南八十里,陸泉橋在郡城南九十里,龍泉橋在郡城南一百里,漢壩橋在郡城南一百一十里。以上四橋皆在漢延渠上。朱家橋在郡城南六十里,古閘橋在郡城南七十五里,上橋在郡城南九十里,下橋在郡城南九十里,尚家橋在郡城南一百里,牛家橋在郡城南一百里,石板橋在郡城南一百里,寧家橋在郡城南一百五里,申家橋在郡城南一百五里,沈家橋在郡城南一百一十五里,陳俊橋在郡城南一百一十里。以上十一橋皆在大清渠上。

按:寧朔縣治新移滿城,各橋距縣里數,新採訪未能確查,因仍舊登録。又按:《舊志》云,唐、漢兩渠舊共四十八橋,賀蘭橋在猪市街口,前未接築西城,屬西門外橋,此外又有魏信、王保、楊順、金貴、新立、天生、閻貴、張淮、吴華、郭陽、鄭家、閔家、楊芳、新墩、苑家、上紅花、下紅花、王原、葦莊、紅廟、倒灣、校尉、駱駝、黄泥崗、李福榮、王木匠、侯儀賓、陳油房、葉卜花、盛實園等橋，或移造，或易名，今皆不能詳考矣。

中衛縣

關一：勝金關，在城北六十里。傍山臨河，路通一線，一夫當關，萬夫莫過，中衛之吭也。明參將韓玉築，萬曆間重修。又新採訪云，舊稱勝金爲縣北雄關，然其地三面受敵，一面臨河，無險可恃，似屬絕地。清同治四年，梁提督生嶽全軍覆没於此。

邊口十二：曰鹹井兒，曰何陽墩，曰寧安墩，曰燕子窩，曰靖虎墩，曰永安墩，曰殺虎墩，曰鎮北墩，曰崇安墩，曰鎮夷墩，曰馬槽湖墩，曰鎮口。

墩要隘十三：曰黑山嘴，在城北二十五里；曰西沙嘴，在城西，明成化間，因西路永安墩至西沙嘴舊牆低薄，改築高牆；曰黄沙口，在城東北一百二十里；曰觀音口，在城東北一百四十里；曰寺口，在城南九十里，爲通蘭靖、平鞏要路，兩山雄峙，僅通石徑；曰大佛寺北裏口，在城東北一百九十里；曰大佛寺北外口，在城東北二百一十里；曰野猪口，在寧安堡南二十里，爲通固原要路；曰沙坡，在城西四十里，兩山壁立，黄河中流，由上渡口入河順流，約八里始達岸，邑西要口也；曰驢圈子溝，在白馬灘南，又中渡溝在倪家灘南，又峽門口由井溝口，俱可通海城靖寧，皆山路小徑也；曰大洪溝，在寧安堡，南入金積縣界；曰小徑溝，在鳴沙州南，今通天梁[28]，又紅柳溝今名中行洞；曰崾峴溝口，南通香山堡。

橋十五：大通橋在城東；鎮遠橋在城西；緑楊橋在城南；官渠橋在城西三里；長橋在恩和堡西北五里；油梁溝橋在勝金關西五里，爲往來邊路之衝；迎水橋在美利渠，距城二十里，每年立夏前後，從橋下决壩放水入渠；履坦橋在迎水橋西，路通凉蘭，久壞未修；新堡橋距七星渠口三十六里；拖尾橋距七星渠口七十六里；石橋距七星渠口十一里，在雙定閘下；蘇武橋在寺口，雙峰夾峙，中隔深溝，横木橋其中，東建蘇武廟，俗稱“蘇武斷橋”；南河橋在寧安堡南二里，清乾隆二十五年修；南橋在寧安堡關門外，通新寧安堡；山河橋有二，一爲自寧安通寺口之道，清乾隆十七年重修，一在紅崖子東，爲自宣和通寧安之道，乾隆二十年重修，皆因崖壘石，懸空而行，僅可渡人馬，光緒八年，土人重修，在宣和者高三丈，寬八尺，長二十丈，三洞流水，行人便之。

渡口十一：永康渡在城南二十里，即莫家樓房渡；常樂渡在城南五里；新墩南渡口在馬路灘；寧安堡渡在石空堡南，距城九十里；南渡口在田家灘，通平固路；廣武渡在廣武東二十里，即峽口通金積一帶；老鼠嘴渡在鐵桶堡東，爲寧夏通蘭州、平凉必由之道；張義渡，渡河至寧安堡；青銅峽渡，渡河至金積、靈武；冰溝渡口，爲古水渡河至長流水；泉眼山渡在寧安堡，清嘉慶七年設。

平羅縣

關二：鎮遠關，在城北一百一十五里，爲寧夏北境邊地，關南五里爲黑山營。《朔方志》云①：夏之邊，左河右山，而鎮遠關瑣其交，東西長城絡其端，誠天險也。《九邊考》：平虜當北面之衝，而鎮遠關實爲外險。自鎮遠以至大沙溝皆有臺堡相接，以斷夷人西行之路。明正德初棄之於外，以至夷人出入無忌，後於王圯口自河抵山築北門關，去平羅四十里，始得有守，平羅即平虜，蓋舊爲平虜所也。鎮北關，在城北四十里，明齊之鸞《北關門記略》云[29]："由沙湖西至棗兒溝凡三十五里[30]，皆内牆外塹，爲關門二，東曰平虜，中曰鎮北。爲二堡，圍一百二十步，徙故威鎮[31]、鎮北軍實之。又徙内堡軍之無屯粮者於西限爲臨山堡[32]。爲敵臺四，燧臺八，沙湖東至河五里，漲則澤，竭則壖，虜可竊出，皆爲牆，以旁窒其間道，於是河山如故，而險塞一新矣。"

邊口十四：曰挑柴；曰貴德；曰小風；曰大風，此口内出炭，名乾板子炭，平羅、夏、朔胥取給焉；曰汝箕；曰大水；曰小水，自此口入六十里，至向紮子大山梁，樹木茂盛，山邊居民採伐，賴以養生；曰西番；曰塔峽；曰打磑；曰王圯，此口舊爲虜夷出入之道，明築關於此；曰簡泉子；曰韭菜；曰柔遠，柔遠舊有市口，清雍正時設堡城，周八十五丈，每月與蒙人開市交易三次，舊由威鎮營分兵防守。

橋二十七：太平橋在城南門外，張桂橋在城西南三十五里，閻桂橋在城西南四十里，張明橋在城西南四十五里，站馬橋在城西南六十里，滿達喇橋在城西南九十里，龍鳳橋在城東一里，沙窩橋在城北一里，四道渠橋在城東北一里。以上九橋皆在唐來渠上。通平橋在城東十五里；通澄橋（一作"通成"。）在城東南二十五里；通福橋在城東南四十里；通義橋在城東南六十里；單家橋在城東北六里；通惠橋原名"通惠閘"，在城東北十里；通潤橋在城東北三十五里，即黄渚橋，爲平羅市集之所；通豐橋在城北五十里。以上八橋皆在惠農渠上。魏家橋在城東十五里，《舊志》在城東南四十里；黄家橋在城東南二十里；征家橋在城東南三十里；唐家橋在城東南三十五里，《舊志》有康家橋無唐家橋。以上四橋皆在昌潤渠上。西河橋在城東五里，緑楊橋（一名"六羊"。）在城東十里，納秀橋在舊新渠縣門外，柳陌橋在縣北二十里。以上四橋俱跨西河。

渡口：平羅河東屬鄂爾多斯地，原無渡口。近因河塌，地多隔在河中，而蒙地五堆子至紅崖子一帶，清光緒年，綏遠將軍貽穀招民開墾，如李剛堡、頭閘、紅

---

① 參見《朔方新志》卷二《外威・邊防》。

崖子等處均設有私渡，此亦守土者之不可不知者也。

靈武縣

橋十四：黑渠橋在城北三里，韓家橋在城南十五里，迎門橋在吴忠堡西南半里，上橋，下橋，郭家橋，吴家橋，赫家橋，獨不橋，撒板橋，梁家橋，唐家橋，解家橋，過關橋。以上各橋皆在秦渠上。

按新採訪：秦渠共十七橋，内秦橋、板橋、蔡家橋在金積境，靈武地段共十四橋。《舊志》祇載城東三里之哈達橋、城南二里之興梁橋，及韓家、黑渠等四橋，《新通志》加入舊廢之定朔橋，而新採訪又於興梁、哈達二橋亦未之及。大抵世殊事異，興廢不時，未能詳爲調考耳。

渡口三：馬頭渡在城東三十里，臨河渡在城東七十里，（一作“寧河”。）高崖渡在城東南四十里。

金積縣

橋十：滂河橋在城東十五里，廖家橋在城東二十里，梨花橋在城東南二里，尹家橋在城東南十七里，周家橋在城東南二十里，俞家橋在城西南二十里，大麥橋在城西北六里。以上七橋皆在漢渠上。秦橋在秦壩關，板橋，蔡家橋。以上三橋皆在秦渠上。

渡口一：峽口津渡在城西三十里青銅峽口。

鹽池縣

關一：長城關，在城北六十里，即明總制王瓊所築之溝壘也，長五十里，關上有樓，高聳雄壯。下設閶門，外立市場，漢蒙交易月三次，舊設守備監守營兵防守，今廢。

鎮戎縣

關一：下馬關，初名“長城關”，後以總制防秋，必先下馬於此，故易名“下馬”。明嘉靖五年築，外磚内土，西城後没於溪。清光緒二年，平凉道魏光燾新築西面土城一道，今改縣治。

倉庫

寧夏縣倉一，在城東南角。庫在堂左。按：《舊志》載，寧夏縣倉四，一在左營游擊署東,一在左營守備署東,一在府署西,一在南門大街東。又社倉二,一在楊和堡,一在任春堡。今僅存在城一倉,餘皆廢。庫舊儲經費銀四百兩,今無存。

寧朔縣倉二,民國五年,就前通益庫改建廒四座。民國十年,就前左右司改建廒二座。庫在堂左。按:《舊志》載,寧朔縣倉四,一在郡城文廟南,一在郡城大倉後,一在郡城喇嘛寺西,一在玉泉營。今移治滿城,皆廢。舊縣署庫原儲經費銀四百兩,今無存。

中衛縣倉七,一在本城,一在石空寺堡,一在棗園堡,一在廣武堡,一在寧安堡,一在恩和堡,一在鳴沙州。庫在堂左。按:《舊志》載,中衛倉七,一在南門大街,一在關帝廟巷。今存一倉外堡倉,有古水堡倉,無鳴沙州倉,餘無異。庫舊儲經費銀四百兩,今無存。

平羅縣倉二,一在本城西,一在洪廣營。庫在堂左。按:《舊志》載,平羅縣倉五,一在縣城西,一在洪廣營,一在李剛堡,一在寶豐城,一在府城東南。今僅存本城、洪廣營二倉,餘皆廢。庫舊儲經費銀三百兩,今無存。

靈武縣倉一,在本城中街,庫在堂左。按:《舊志》載,靈州倉五,一大倉在本城中街,一草場倉在東城,一東園倉、新府倉俱在文廟街,一道府倉在中廟。今存大倉,餘廢。庫舊儲經費銀四百兩,今無存。

金積縣倉一,在本城。庫在堂左。按:金積舊名"寧靈廳",清同治年由靈州分設。民國初易名"金積縣"。倉庫皆係新建,庫無存儲。

鹽池縣倉一,在本署西偏。庫在堂左。按:鹽池舊爲花馬池分州,國初改爲鹽池縣,清宣統三年,衙署庫房均被賊燬,現尚未能全行修復。

鎮戎縣倉一,在本城。庫在堂左。按:鎮戎舊名"平遠",清光緒初年,知事陳日新創修,庫無存儲。

又按:《舊志》載,道署堂左有廣裕庫,無存儲。府有儲備倉,在城西南木頭市街。清光緒十五年,知府黄自元建,今歸道管。府署堂左有廣裕庫,額儲備用軍需銀三萬兩,無存。國初,府缺取銷,地歸公産。鎮署庫在署東偏,其取銷武職各庫軍裝,均交各縣代爲存庫。

警察

寧夏縣本城總局一所,分局五處,警官一員,巡兵一百二十名。

按:寧夏郡城警察始由夏、朔二縣分段巡防,國初以朔縣移治滿城,統歸夏縣辦理,以一事權。

寧朔縣本城總局一所,分局五處,警官一員,巡兵一百二十名。

中衛縣本城總局一所，分局二處，警官一員，巡兵一百二十名。

平羅縣本城總局一所，分局三處，警官一員，巡兵一百二十名。

靈武縣本城總局一所，分局二處，警官二員，巡兵一百二十名。

金積縣本城總局一所，警官一員，巡兵八十名。

鎮戎縣本城總局一所，分局三處，警官三員，巡兵六十名。

按：清光緒三十二年，總督升允以保甲稽察奸宄，日久玩生，奏請改設巡警。先於省城創設，推及各縣。大縣警兵一百六十名，中縣一百二十名，下縣八十名。民國三年，改編警備，六年，又改編警察，分段梭巡，就地籌款辦理得法，較之保甲有過之無不及云。

郵政

從前公文用馬按站傳遞，謂之驛站。《通志》載，寧夏西路舊由平番縣三眼井驛一百二十里至寧夏中衛縣屬營盤水驛，驛丞管理馬三十匹，夫十五名。七十里至三塘水驛，長流水驛丞管理馬三十匹，夫十五名。七十里至長流水驛，驛丞管理馬三十匹，夫十五名。七十里至西路廳，西路廳管理中衛，舊爲西路廳，馬四十五匹，夫二十二名。六十里至勝金關驛，西路廳管理馬三十匹，夫十五名。一百一十里至渠口驛，驛丞管理馬四十五匹，夫三十三名。南至寧安驛，從此驛分。七十里至大壩驛，寧夏府管理馬四十五匹，夫三十三名。六十里至王鋐驛，寧夏府管理馬四十五匹，夫三十三名。六十里至郡城在城驛，寧夏、寧朔二縣管理馬六十匹，夫四十二名。三十里至横城驛，寧夏府管理馬三十匹，夫十五名。四十里至紅山驛，靈州管理馬四匹，夫三名。南至靈州，從此驛分。六十里至清水驛，靈州管理馬四匹，夫三名。一百里至興武營驛，靈州管理馬四匹，夫三名。六十里至安定堡驛，靈州管理馬四匹，夫三名。六十里至花馬池驛，靈州管理馬四匹，夫三名。外屬陝西定邊縣境矣。上自渠口驛迤南八十里至寧安驛，渠口驛丞管理馬十一〔匹〕，夫九名。七十里至沙泉驛，驛丞管理馬十一匹，夫九名。九十里至同心驛，沙泉驛丞管理馬十二匹，夫九名。九十里至李旺驛，舊屬固原州管理，今屬鎮戎縣，馬十一匹，夫八名。九十里至三營站驛，則屬固原州境矣。上自紅山驛迤南六十里至靈州驛，靈州管理馬四匹，夫三名。共計寧夏所屬各驛連後加入鎮戎所屬之李旺驛，共安馬三百二十九匹，夫一百六十七名，連閏歲支工料外，備站價等銀一萬二千一百三十三兩一錢。日久弊生，清光緒三十一年，議改郵局包辦，專用人夫，頗著成效。國初，將驛站一律取銷，寧夏本城設郵分局一所，由省總局派人經理，各屬市鎮均分設信櫃，並能匯銀寄貨，較驛站省便多矣。

電政

甘肅電政創自前清光緒十七年，由陝西至固原州，由固原北門起，三百九十里至寧夏寧安堡，設有報房。又二百八十里至寧夏郡城。光緒二十九年始抵寧郡，設有分局。此南路枝綫也。民國二年，以東道多梗，又由北路添設電綫，由寧夏北行三百六十里至磴口，設有報房。又七百里至五原，由五原直接包綏。此北路枝綫也。《新通志》載，光緒三十二年，核計全省收數，除開支並撥還舊管，僅不敷銀一千三百二十兩九分，今則入款數倍於前，得人而理，亦甘省生財之一端也。

坊表

"總理六師"坊，在郡城二府街口，明賜經略馬世龍。

"同胞三義"坊，在郡城外南塘，明賜馬世龍子馬獻圖、馬呈圖、馬負圖。

"謀勇兼備"坊，在郡城清和門大街，清賜勇略將軍趙良棟。又聯曰："憶昔鷹揚能百勝，每思方略冠三軍。"地震燬。

"雅鎮海服"坊，在郡城南薰門内東，清賜兩廣總督趙弘燦。

"風清畿甸"坊，在郡城南薰門大街，清賜直隸總督趙弘爕，地震燬。

"焜耀虎符"坊，在中衛廣武城内，清賜左都督俞益謨。

"夫忠婦節"坊，在郡城永通橋南，清賜臺灣參將羅萬倉夫婦，地震燬。

"小桓侯"坊，在墓前，清賜雲南提督張國樑。

"建牙統衆"坊，在郡城光化門大街，清賜雲貴總督張文焕。

"雲林幽"坊，在郡城鐵局街西，清賜雲貴總督張文焕之父張應賦。

"矍鑠專閫""節鎮耆英"坊，在郡城光化門大街，清賜古北口提督吴進義。

"萱幃春永""功在桑梓"坊，在郡城北大街，民國政府頒給前寧夏護軍使、現任綏遠都統馬福祥。

以上十二坊均旌表寧夏之有功勳者。

"孝慈全節"坊，在郡城西大街，清乾隆九年建。庠生田大有之妻彬靄，總兵田玉之祖母江氏。

王氏坊，在郡城柳樹巷，拔貢李杼之妻。

陳氏坊，在郡城柳樹巷，武生馮長健之妻。

王氏坊，在郡城東遲巷，儒童高迪吉之妻。

陳氏坊，在郡城東遲巷，儒童高誘之妻。

李氏坊，在郡城東遲巷，武生朱耀滄之妻。

周氏坊，在郡城西大街，儒童馮朝鼎之妻。

徐氏坊，在郡城寧静寺後，監生趙秉鉞之妻。

王氏坊，在郡城東遲巷，民人王鷂之妻。

李氏坊，在郡城碴子市，民人胡恒之妻。

陳氏坊，在郡城振武門大街，民人張蓁之妻。

郭氏坊，在郡城德勝門大街，民人高登第之妻。

王氏坊，在郡城德勝門大街，民人馬化龍之妻。

陳氏坊，在郡城鹹巷，民人王元之妻。

駱氏坊，在郡城鹹巷，民人王進之妻。

孫氏坊，在郡城馬神廟街，民人王欽之妻。

高氏坊，在郡城猪市街口，民人姚振之妻。

源氏坊，在郡城哈八巷，儒童王琮之妻。

“清苦貞節”坊，在中衛廣武城内，生員俞樂謨之妻陳氏。

王氏坊，在平羅城内，民人江孔漢之妻。

閻氏坊，在平羅城内，民人王福恩之妻。

錢氏坊，在平羅城内，民人李攀桂之妻。

侯氏坊，在平羅城内，民人程思茂之妻。

葉氏坊，在平羅高榮堡，民人馬之駱之妻。

賀氏坊，在平羅李剛堡，民人侯璧之妻。

蕭氏坊，在靈武磁窑堡，乾隆元年建，夫張姓，名失考。

李氏坊，在靈武城西南，乾隆三十六年建，夫之姓名失考。

姚氏坊，在靈武城東，監生朱士梴之妻。

魏氏坊，在靈武城内，民人文運祥之妻。

周氏坊，在靈武城西，民人許眼之妻。

李氏坊，在靈武城南，生員王式間之妻。

蔡氏坊，在靈武韓家橋，民人馬健明之妻。

“好善樂施”坊，在靈武西街南，清光緒三十三年給民婦許侯氏姑媳。

以上三十三坊均旌表寧夏之有節義者。又查各坊除新建之馬福祥、許侯氏兩坊，其存者不過三四，旌表字樣則泯然澌滅矣。兹照舊登載，俾幽光潛德，歷久常存，以爲後來之觀感云。

“抗逆孤忠”坊，在平羅城内，爲明寧夏總兵蕭如薰立。

“精忠固圉”坊，在平羅城米粮市，爲清平羅參將孫應舉立。

“五世封疆”“三鎮元戎”坊，在郡城四鼓樓東，爲清寧夏總兵吴鼎、副都統吴坤、鶴麗總兵吴開圻、温州總兵吴開增、江南提督吴進義立。

“頂鬪風雲”坊，在郡城光化門西，爲清進士丁斗柄立。

以上四坊均民人表揚寧夏之有功德者。

“恩隆三錫”“賢冠宗藩”在郡城欞星門南，爲明慶惠王立。

“遺愛”爲明巡撫羅念山立。

“司馬”爲兵部尚書徐琦立。

“尚書”爲兵部尚書胡汝礪立。

“三桂”爲王元、賈萬鎰、杜文錦立。

“文宗柱史”爲直隸學政黄綬立。

“黄門清要”爲潘九齡立。

“青瑣”爲管律立。

“都憲”爲楚書、馬昊立。

“天官大夫”爲劉思唐立。

“黄堂司牧”爲李徽立。

“進士”爲劉慶、楚書、黄綬、張嘉謨、劉思唐立。

“麟經魁選”爲山岳立。

“群英繩武”爲歷科鄉舉立。

“一鳳鳴陽”爲屈伸立。

“父子登科”爲梅信、梅羹立。

“兄弟魁名”爲夏景芳、景華立。

“鵬搏萬里”爲吴過立。

“黄甲蜚英”爲王元立。

“武帥”爲史鏞、保勣立[33]。

“忠烈”爲楊忠、李睿立。

“兩京都督”爲郭震立。

“兩鎮元戎”爲吕經立。

“大都督”[34]“三膺樞府”爲趙應立[35]。

“蘭山三鳳”爲王繼祖[36]、李彦、丁文亨立[37]。

“一門雙節”爲曹潤立。

“六世同居”爲安廷瑞立[38]。

“三邊統帥”“七鎮元戎”爲史昭立[39]。

“五桂聯芳”爲王師古[40]、楚書、文淵、梁仁、劉伸立。

“經元”爲程景元、李暹、濮頤[41]、駱用卿[42]、吕渭、吴冕、楊經、秦聘[43]、吕用賓①。

以上均前明所立，萬曆壬辰兵變燬。

“宗烈”爲慶憲王方妃立[44]。

“宗義”爲宗室倪㘨等六十三人立[45]。

“功德”爲中丞王崇古立。

“賢帥遺思”爲總兵蕭如薰立[46]。

“十年遺愛”爲中丞黄嘉善立。

“奕世承恩”爲蒯諫立。

“彤廷弼直”“天綸重賁”爲侯廷佩立[47]。

“天朝耳目”“京卿”爲穆來輔立。

“進士”爲李廷彦立。

以上均前明所立，清乾隆三年地震燬。

按：《舊志》以署廟、牌樓、柵門及貨物之坊併入坊表，頗失體裁，兹於署廟、牌樓、柵門已列各署廟内者概不闌入，貨坊則列之市集，較見分曉。又坊表所以表揚殊勛潛德，乃國家激濁揚清之舉，典至重也，若自爲立坊，任意貢諛，則有力者皆可自爲，戾旨甚矣。但又有功德昭著，民不能忘，秩躋貴顯，人爲代表，亦足使後人聞風興起，仍照舊附録，以備查考。

市集

郡城

市集十七處。

四牌樓，俗呼“四鼓樓”，在大什子街，通衢四達，百貨雜陳，爲郡城中心點。

米粮市，在四牌樓西大街。

騾馬市，在新街口北。

炭市，在羊肉街口南。

羊市，在舊城守營署前。

猪市，在南關。

楂子市，在會府西。

東柴市，在古樓街。

---

① 據《朔方新志》卷一《坊市》載，“經元”坊共有九，一人各立一坊。

西柴市，在鎮武門東。

青菓市，在會府南。

番貨市，在四牌樓南。

舊木頭市，在箱櫃市西。

新木頭市，在道署南。

故衣市，在羊肉街口。

麻市，在什子東。

箱櫃市，在管達街口西。

蔴生市，在什子東。

又《舊志》載，平善坊，市胡麻、糟糠、雜項貨物。感應坊，市布帛。清寧坊，市菓品、顔料、紙、筆、韡、帽、山貨等物。毓秀坊，市五穀並蘇杭等物。凝和坊，市猪羊肉脯、菓菜等物。永春坊，市馬、牛、騾、驢、豕、羊等物。今皆廢。

附街巷

東門頭道巷、寧静寺街、禮拜寺巷、樊家園、桑椹園、平羅倉巷、祠堂街。以上在南薰門東。

驛馬坊、杜府街口、方妃祠巷、侯家巷、喇嘛寺巷、薩家巷、審理所巷、新華街、原名"新街"。硝房巷、會府巷、楂子市街、鷄市街口、騾馬市巷、小院巷、柳樹巷、番貨市街、羊市街、府倉街、東蘆蓆巷、西蘆蓆巷、關帝廟巷、魯班廟巷、疊柳坡、管達街口、左司衙門巷、西方井街、白衣寺巷、鹹巷、儀賓府街、三聖庵巷、波羅庵巷、邊寧寺巷、鹽池巷、棺材庵、宗茂庵、鐵局街、哈八巷、西哈八巷、薛家巷、三官廟巷、西塔寺街、老君廟街、新木頭市街、龍王廟巷、南門頭道巷。以上在光化門東。

西頭道巷、東高耳巷、西高耳巷、福寧寺街、三皇廟街、紅菓樹巷、猪市街口、大井巷、三堂街口、羅家井巷、書院街、草場街、祁家樓南巷、西門頭道巷、禮拜寺街。以上在鎮遠門南。

北頭道巷、二道巷、送子庵巷、井巷、花園巷、羊肉巷、馬府街、關帝廟巷、岳廟巷、紅牌樓街、稻草巷、磚巷、左營衙門巷、休休寺街、總府東栅口。以上在德勝門東。

馬神廟街、總府西栅口、真寧府街、二司街口、貴家巷、東柴市古樓街、萬壽宫街、城隍廟街、庵北朝巷、陸紗帽巷、糠市街、中禮拜寺街、晏公廟灣、祠門巷、水利府街、倉巷、華嚴寺巷、梨花尖子、敲牛巷、上帝廟巷、王銀大街、鐘鼓樓巷、納家巷、堡子市、雷祖廟街、圓通寺街、經堂巷、鞏昌府街、大渠巷、道府西巷、火器庫巷、道府東巷、宏農府街、真武廟街、梅家街口、七府街口。以上在振武門東。

七府巷、姑子巷、牛王寺巷、水巷、馬營樓、姑子庵巷、永祥寺街、觀音堂巷、西門頭道街。以上在振遠門北。

寧夏縣

市集四處。

葉昇堡。列肆數十處，三、六、九日交易。

楊和堡。列肆數十處，逐日交易。

許旺堡。列肆十餘處，逐日交易。

金貴堡。列肆十餘處，三、六、九日交易。

寧朔縣

市集三處。

本城。列肆數十處，逐日交易，百貨無缺。

李俊堡。列肆數十處，二、五、八日交易，稱繁富焉。

瞿靖堡。列肆數十處，一、四、七日交易。

中衛縣

市集七處。

本城。内外列肆，而南關尤盛。

寧安堡。列肆數十處，近駐電局、郵局、徵收局，交易甲於各堡。

宣和堡。列肆十數處，逐日交易。

恩和堡。列肆十餘處，三、六、九日交易。

鳴沙州。列肆十餘處，逐日交易。

白馬灘。列肆十餘處，二、五、八日交易。

廣武堡。元明列肆最多，清初亦盛，咸、同以降，屢被回擾，城中市肆，頗覺荒凉，近漸有起色矣。

平羅縣

市集七處。

本城。列肆數十處，每逢二日交易。

黄渚橋。列肆最多，三、六、九日交易。

石嘴山。爲通蒙古道，舊與蒙每月交易三次，民間逢初一、初十、二十交易。

寶豐。列肆十餘處，三、五、八日交易。

頭閘。列肆十餘處，一、四、七日交易。

李剛堡。列肆十餘處，逐日交易。

洪廣堡。列肆十餘處，逐日交易。

靈武縣

市集四處。

本城。列肆數十處，一、四、七日交易。

崇興寨。列肆十餘處，二、五、八日交易。

吴忠堡。列肆數十處，三、六、九日交易。逢集至者駢肩累足，極爲繁盛。

横城。列肆十餘處，逐日交易。

金積縣

市集四處。

本城。列肆數十處，逐日交易，商賈雲集。

秦壩堡。一名"秦壩關"，列肆十餘處，逐日交易。

忠營堡。列肆十餘處，逐日交易。

漢伯堡。列肆十餘處，逐日交易。

鹽池縣

市集四處。

本城。列肆數十處，逐日交易。

惠安堡。列肆十餘處，逐日交易。

大水坑。列肆數十處，三、六、九日交易。

寶塔。列肆十餘處，逐日交易。

鎮戎縣

市集四處。

本城。列肆十餘處，三、六、九日交易。

韋州堡。列肆十餘處，逐日交易。

同心城。列肆十餘處，逐日交易。

豫王城。列肆十餘處，逐日交易。

按：寧夏郡城，人烟輻凑，商賈駢集，闤闠紛列，貨物雜陳，夙稱西陲一大都會。其餘各屬，地小而僻，多就通衢貿易，街市故不分載。各堡寨距城稍遠者，或以日中市，或間數日一市，或合數堡共趨一市，大抵米麵油鹽、鷄豚日用之物而已。其布帛重器多市於城，若靈武之吴忠堡、中衛之寧安堡，平羅之石嘴山、黄渚橋，當孔道，通商販，雖難與郡城並論，而市集之盛，要亦不在自鄶以下矣。

【校勘記】

[1] 耤：《寧夏府志》卷六《建置・壇廟》作"籍"。下文"耤田"之"耤"亦同。

[2] 朱真：原作"宋鎮"，據《〔嘉靖〕寧志》卷一《寧夏總鎮・學校》、《朔方新志》卷二《内治・學校》改。又，"朱真"，《〔弘治〕寧志》卷一《寧夏總鎮・學校》作"朱貞"。

[3] 曹丘：原作"曹䘏"，據《史記》卷一〇〇、《漢書》卷三七《季布傳》改。下同。

[4] 奚容蒧：原作"奚容藏"，據《寧夏府志》卷六《建置・學校》改。下文"公西蒧"之"蒧"同改。

[5] 狄黑：原作"林黑"，據《寧夏府志》卷六《建置・學校》改。

[6] 司馬光："司"字原脱，據《寧夏府志》卷六《建置・學校》補。

[7] 粱：原作"梁"，據文意改。

[8] 隋：原作"惰"，據文意改。

[9] 本：原作"木"，據《寧夏府志》卷六《建置・學校》改。

[10] 蕭如薰：原作"萧如董"，據《寧夏府志》卷六《建置・壇廟》改。下同。

[11] 馬蹀閼氏血旗梟克汗頭：參見本志第97頁《校勘記》[23]。

[12] 亞子：原作"亞字"，據《明史》卷五〇《禮志・諸神祀》改。

[13] 蜀：此字原脱，據《明史》卷五〇《禮志・諸神祀》補。

[14] 等：此字原脱，據《朔方新志》卷三《壇祠》補。

[15] 西：此字原脱，據《朔方新志》卷三《壇祠》補。

[16] 咸寧侯：原作"威寧候"，據《朔方新志》卷三《壇祠》改。

[17] 鄭元吉：原作"鄭元佶"，據《續中衛縣志》卷二《建置考・祠祀》改。下同。

[18] 城東北：原作"東城"，據《寧夏府志》卷六《壇廟》改。

[19] 財神廟：原作"財神樓"，據文意改。

[20] 八十：原作"里十"，據《寧夏府志》卷六《建置・堡寨》改。

[21] 七年：原作"六年"，據《宋史》卷四八五《夏國傳》改。

[22] 爲：原作"馬"，據文意改。

[23] 祥祐軍與静塞軍是兩個不同的軍事區劃，參見本志第99頁《校勘記》[64]。

[24] 套虜：原作"套勇"，據文意改。

[25] 秦紘：原作"秦竑"，據《明史》卷一七八《秦紘傳》、《〔嘉靖〕陝志》卷十九《文獻七・全陝名宦》等改。

[26] 弘治：原作"宏靖"，據明孝宗年號用字改。

[27] 同治十三年：原作"光緒四年"，據《清穆宗實録》卷三七二、《平遠縣志》載陳日新撰序改。

[28] 粱：據文意，疑當作“梁”。

[29] 北關門：原同《寧夏府志》卷十九《記》作“北門關”，據《〔嘉靖〕寧志》卷一《五衛・北路平虜城》、《入夏録》卷下《朔方天塹北關門記》改。下同。

[30] 三十五里：原作“二十五里”，據《入夏録》卷下《朔方天塹北關門記》、《寧夏府志》卷十九《記・平虜北關門記略》、本志卷二五《藝文志・平虜北關門記略》改。

[31] 威鎮：此二字原脱，據《入夏録》卷下《朔方天塹北關門記》、《寧夏府志》卷十九《記・平虜北關門記略》、本志卷二五《藝文志・平虜北關門記略》改補。

[32] 軍：此字原脱，據《入夏録》卷下《朔方天塹北關門記》、《寧夏府志》卷十九《記・平虜北關門記略》、本志卷二五《藝文志・平虜北關門記略》改補。

[33] 保勳：原作“保勛”，據《〔弘治〕寧志》卷三《寧夏後衛・宦蹟》、《〔嘉靖〕寧志》卷二《寧夏總鎮・宦蹟》、《朔方新志》卷一《坊市》改。下同。

[34] 都督：原作“都都”，據《寧夏府志》卷六《建置・坊市》改。

[35] 趙應立：此三字下原有“武帥爲史鏞立”六字，前文已載“武帥爲史鏞保勳立”，此重出，據删。

[36] 王繼祖：原作“王李祖”，據《朔方新志》卷一《坊市》及卷三《文學・科貢》、《寧夏府志》卷十四《科貢・進士》改。

[37] 丁文亨：原作“丁文亭”，據《朔方新志》卷一《坊市》及卷三《文學・科貢》、《寧夏府志》卷十四《科貢・舉人》改。

[38] 安廷瑞：原作“安延瑞”，據《朔方新志》卷三《義・安廷瑞》、《寧夏府志》卷十六《義》改。

[39] 史昭：原作“史釗”，據《明宣宗實録》卷八八、《明史》卷一七四《史昭傳》改。參見本志第271頁脚注⑤。又，《朔方新志》卷一《坊市》未載此兩坊。

[40] 王師古：原作“王思古”，據《朔方新志》卷一《坊市》及卷三《文學・科貢》、《寧夏府志》卷十四《科貢・舉人》改。

[41] 濮頤：原作“濮順”，據《〔弘治〕寧志》卷二《寧夏總鎮・人物・國朝科目》、《〔嘉靖〕陝志》卷三一《文獻十九・寧夏衛・科貢》、《〔嘉靖〕寧志》卷二《寧夏總鎮・選舉》、《朔方新志》卷一《坊市》、《寧夏府志》卷十四《科貢・舉人》改。

[42] 卿：此字原脱，據《朔方新志》卷一《坊市》、《寧夏府志》卷六《建置・坊市》補。

[43] 秦聘：原作“秦勝”，據《〔嘉靖〕陝志》卷三一《文獻十九・寧夏衛・科貢》、《〔嘉靖〕寧志》卷二《寧夏總鎮・選舉》、《朔方新志》卷一《坊市》、卷三《文學・科貢》、《寧夏府志》卷十四《科貢・舉人》改。

[44] 宗烈：此同《朔方新志》卷一《地里・坊市》，同書卷二《内治・藩封》作“宗烈春秋”。下同。

[45] 倪爋等六十三人：“倪爋”原作“倪勳”，據《朔方新志》卷一《坊市》、《明史》卷一一七《諸王傳》改。“六十三”，原倒作“三十六”，據《朔方新志》卷一《坊市》改。

[46] 遺思：此二字原脱，據《朔方新志》卷一《坊市》補。

[47] 綸：原作“論”，據《朔方新志》卷一《坊市》、《寧夏府志》卷六《建置・坊市》改。

朔方道志卷之六　水利志上

渠道源流　渠道建置並圖

諺云"天下黄河富寧夏"，謂寧夏獨得河水之利也。黄河自崑崙至積石，歷石門大小峽以入寧境，中衛之美利、七星，夏、朔之漢、唐、惠、清，平羅之昌潤，金、靈之漢、秦，以及各小渠等，莫不受其灌溉。然利之所在，害亦隨之。每渠歲修，動以萬計。兹特溯其源流，採其成法，彙集編次，以便司水利者之考證焉。志《水利》第四。

河渠源流

源流考

《史記・河渠書》①："自武帝築宣房後，朔方、西河、河西皆引河以溉田。"又《匈奴傳》云②："驃騎封狼居胥山。漢渡河自朔方以西至令居，往往通渠置田，官吏卒五六萬人[1]。"此寧夏河渠所由昉也。《西羌傳》又云③，虞詡奏復朔方、西河[2]、上郡，使謁者郭璜激河濬渠爲屯田，則開漢渠者虞詡、郭璜矣。

唐渠不見開鑿原始。《唐書》④："李聽爲靈州大都督長史，於境内復故光禄廢渠以溉田。"寧夏在唐時爲懷遠縣，隸靈州。凡《唐書》所言靈州，皆兼寧夏。五原有光禄塞，漢光禄勳徐自爲所築，渠名"光禄"，意亦自爲所開。然則今之唐渠，或亦漢舊渠而復濬於唐耳。《吐蕃傳》載[3]："虜酋馬重英寇靈州，奪御史、尚書、填漢三渠[4]。"皆謂漢渠。惟靈州有特進渠[5]，《地理志》云"長慶四年詔開"⑤，而亦不著其人。

---

① 參見《史記》卷二九《河渠書》。
② 參見《史記》卷一一〇《匈奴傳》。
③ 參見《後漢書》卷八七《西羌傳》。
④ 參見《舊唐書》卷一三三、《新唐書》卷一五四《李聽傳》。
⑤ 參見《新唐書》卷三七《地理志》。

又後魏刁雍請自富平西南三十里有艾山[6]，鑿以通河①。富平，即寧夏地西三十里，今有廢渠，疑即艾渠。

宋劉昌祚圍夏城，城人決黄河七級渠以灌營。《元和志》言②："千金陂在靈武縣北四十二里，漢渠在縣南五十里，從漢渠北流四十餘里始爲千金陂。其左右又有胡渠、御史、百家等八渠。"宋楊瓊，史稱其開渠溉田，今皆不知其處。

元郭守敬、董文用修復唐徠、漢延各渠，更立插堰，今漢、唐二壩是也。舊制以薪木，明僉事汪文輝易以石，工益固。

清康熙四十七年，水利同知王全臣開大清渠。雍正四年，侍郎通智、單疇書等開惠農、昌潤二渠，與漢、唐並列，河渠之利益廣。

靈州、中衛各有渠。《舊志》：元張文謙疏"興州古唐來、漢延二渠，及夏[7]、靈、應理、鳴沙四州正渠十，支渠大小共六十八。"然大抵唐、漢故蹟，文謙爲增治疏濬者居多，不自元始也。

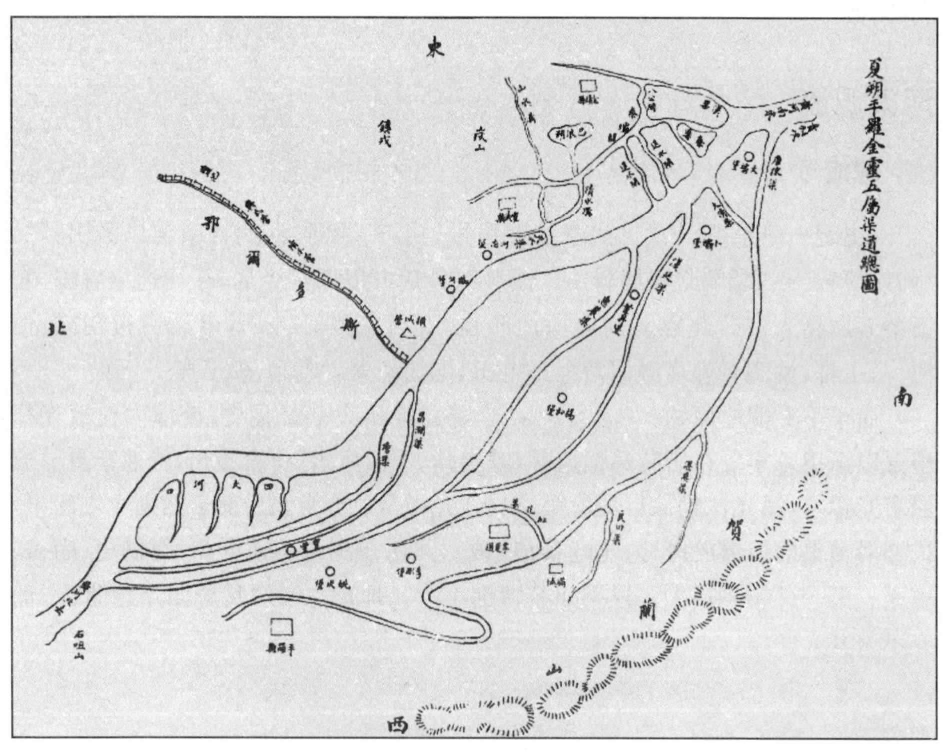

① 據《魏書》卷三八《刁雍傳》載，刁雍上表，非提議鑿艾山以通河，而是如《寧夏府志》卷四《地里・古蹟》所載，刁雍"上表，請自艾山南鑿渠通河，溉公私田四萬頃"。刁雍上表提議，在艾山以南的平地上鑿渠通水。

② 參見《元和郡縣圖志》卷四《關内道・靈州》。

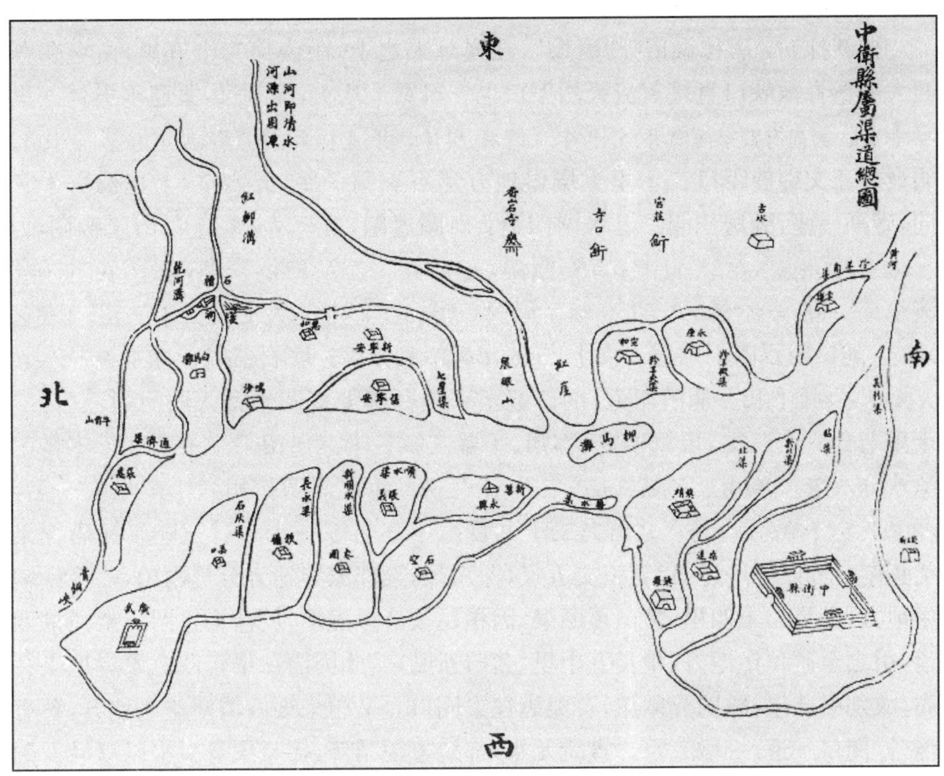

渠道建置

唐徠渠在河西，現溉夏、朔、平羅三縣田一十七萬九千三畝八分八釐。

唐徠渠，不見開鑿原始，然《唐書》載，李聽復故光禄廢渠。今不見此渠，或由漢舊渠而復浚於唐，因名爲唐渠，未可知耳。渠口開在寧朔縣大壩堡青銅峽口，經郡城西而北，至平羅縣上寶閘堡，歸入西河，長三百二十里七分一十三丈，大小陡口共四百四十六道，澆灌寧夏、寧朔、平羅三縣田五千七百六十三分。自正閘起至站馬橋，陡口一百四十五道，溉寧夏、寧朔二縣田三千二百三十五分。自站馬橋起至稍，陡口三百零一道，溉平羅縣田二千五百二十八分。新採訪：現溉田十七萬九千三畝零。清順治十五年，巡撫黄圖安奏請重修。雍正九年，侍郎通智、御史史在甲、寧夏道鄂昌、寧夏知府顧爾昌、水利同知石禮圖領帑重修。乾隆四年，寧夏道鈕廷彩請帑重修。乾隆四十二年，寧夏道王廷贊借帑大修。宣統元年，寧夏都統志鋭請帑，由寧朔縣靖益堡，在唐渠西塀舊開渠口，接築渠堤，引水分注，沿賀蘭山陂一帶新墾之地長百餘里，以便旗民學習農業，名之曰“湛恩渠”，究屬唐渠之大支渠也。

宣統以下續增。

按新採訪：唐徠渠俗呼“唐渠”，在漢延渠之上，距漢渠二十五里，由寧朔縣西大壩堡青銅峽口直接黄流天然渠口也。口寬十八丈，深七尺，築迎水埽長三里零十丈。舊尚有賈家河溝埽、窄津埽、大灣埽、馬神廟埽、王祥埽、張貴埽、城牆埽等，今半廢。明僉事汪文輝於距口二十里大壩堡地方建石正閘一座，計六空，上建橋房十三間，碑亭一座，旁房三間。退水閘四道：曰關邊閘，四空，在□□堡①；曰滙暢閘，四空，有舊名“平頭”，在□□□堡；曰安瀾閘，五空，在□□堡；曰寧安閘，四空，在□□堡。滚水壩一道，今名“跳水”，在□□堡。尾閘一道，在□□堡。大支渠二十二道，支渠名詳後。陡口四百四十六道。橋十二道，橋名詳《關梁》②。底石三處，一在正閘下，一在大渡口，一在西門橋。飛槽四道，從口起至平羅縣屬上寶閘堡歸入西河，長三百二十里七分一十三丈，現溉寧夏、寧朔、平羅三縣三十三堡田一十七萬九千零零三畝八分八釐。《舊志》：原額田五千七百六十三分。每歲修濬按田六十畝出夫一名，《舊志》：六十畝名爲一分。共出夫二千九百八十三名零一十一日三晌。又唐徠渠從正閘口分貼渠一道，口寬三丈五尺，深六尺，至郭家寺地方分爲兩稍，一至漢壩堡地方，稍長二十四里，名曰舊貼渠，因稍遠被清渠隔斷，於清渠正閘下架飛槽四道，引之至蔣頂堡地方，稍長五十里，名曰新貼渠，此因唐徠渠正閘之東岸地土甚高，故別引此渠，雖閘分兩派，實與唐徠渠同口。又唐來渠西埽靖益堡地方，舊有滿營，開口一道，一墩二空。宣統元年，都統志鋭請帑，接長渠身引水以溉沿賀蘭山陂一帶新墾之地，係滿營馬廠地所開，以便旗民學習農業，名曰湛恩渠，長百餘里，亦與唐渠同口，其實皆唐徠渠之大支渠也。是爲唐來渠[8]。

漢延渠在河西，現溉寧夏、寧朔二縣田一十二萬八千一百五十四畝三分四釐。

《西羌傳》云，漢虞詡使謁者郭璜激河浚渠爲屯田，此爲漢延名渠之始。渠口開在寧朔縣陳俊堡二道河，經郡城東而北至寧夏縣王澄堡歸入西河，長一百九十五里八分，大小陡口共四百七十一道，澆灌寧夏、寧朔二縣田五千六百九十七分。自葉昇堡張天渠起至王澄堡殷家口，陡口二百八十七道，灌寧夏縣田四千八百八十七分。自渠口起至唐鐸堡後渠，陡口一百九十四道，灌寧朔縣田八百三分。新採訪：現共溉田十二萬八千一百五十四畝零。清順治十五年，巡撫黄圖安奏請重修。康熙四十年，河西道鞠宸咨復修。康熙五十一年，水利同知王全臣重修各暗洞，並甃以石。雍正九年，寧夏道鈕廷彩、水利同知石禮圖領帑重修。乾隆四年，寧夏道鈕廷彩請帑重修。乾隆四十二年，寧夏道王廷贊請帑大修。光緒二十五年，寧夏道胡景桂委紳

① “在”字下原空格，疑原編者不詳其所在，故空格，待補充地點資料。整理者以“□□”代之。
② 參見本志卷五《建置志下・關梁》。

士于自樂等重修魏信暗洞，費制錢五千七百餘緡。光緒以下續增。

按新採訪：漢延渠俗呼“漢渠”，在唐渠之下。口初開在寧朔縣陳俊堡二道河，距唐渠二十五里，并築有石子、蔣淮、王峴、晏公等埂。舊尚有銅青、野虎、城牆等埂，今廢。明寧夏道汪文輝於距口十二里漢壩堡地方建石正閘一座，計四空，每空寬一丈。上建橋房九間，碑亭一座，旁房三間。前清時河水東趨，將渠口改移馬關嵯。光緒癸卯[①]，口又冲壞，節經改至菖蒲溝卡子口後，又移至劉家灘。民國三年，水仍不暢，渠紳于鎔呈請於大壩堡九道溝地方改開新口，寬三十丈，滚水壩一道，今名跳水，長二十丈，寬十丈，距正閘二十五里。退水閘三座：曰永定閘，三墩四空，在上新工下；曰永慶閘，原名“永寧”，三墩四空，在正閘橋前；曰新建閘，原名“平泰”，一墩二空，在正閘橋下半里。近口有要埂三處，一上新工，距渠口十八里，長二百餘丈，寬三丈；一下新工，距渠口二十一里，長二百丈，高五丈；一晏公埂，距渠口二十四里，長三百丈，寬六丈。均係内渠外河，勢甚危險，爲漢渠之咽喉。每歲修築，需費甚鉅。暗洞五道：曰林皋洞，在林皋堡。曰唐鐸洞，在唐鐸堡。曰魏信洞，在魏信堡。曰張政洞，在張政堡，今淤廢。曰王澄洞，在王澄堡，今淤廢。尾閘一道，在王澄堡。大支渠二十道，舊十三道，續增七道，渠名詳後。陡口三百一十二道，《舊志》四百八十一道。橋二十三道，内官橋八道，定水分數，橋名詳《關梁》[②]。底石五處，一在正閘下，一在龍泉閘，一在李俊閘，一在王全閘，一在板橋下。飛槽四道。稍至王澄堡，歸入西河渠，長一百九十五里八分，現溉寧夏、寧朔二縣二十三堡田一十二萬八千一百五十四畝三分四釐。《舊志》：原額田五千六百九十分。每歲修濬，按田六十畝出夫一名，《舊志》：六十畝名爲一分。共出夫二千一百三十五名零二十七日。是爲漢延渠。

大清渠在河西，現溉寧朔縣田一萬六千二百四十畝零一分。

大清渠，係清康熙四十七年，水利同知王全臣所開，修自大清，故名大清渠。口開在寧朔縣大壩堡馬關嵯，至宋澄堡歸入唐渠。渠介漢、唐二渠間，以濟二渠高田水難灌溉者。長七十二里，新採訪：長七十五里三分。大小陡口一百二十九道，新採訪：一百二十八道。灌溉寧朔縣田一千零九十六分六畝七分。新採訪：現溉田一萬六千二百四十畝零一分。康熙四十七年九月初一日興工，十三日告竣。雍正十二年重修。乾隆四年，寧夏道鈕廷彩請帑重修。乾隆四十二年，寧夏道王廷贊請帑大修。光緒十三年，寧夏府知府黄自元重修漢壩、宋澄各暗洞，並甃石底，歷

① 光緒癸卯：光緒二十九年(1903)。
② 參見本志卷五《建置志下·關梁》。

年淤滞，爲之一空。光緒以下續增。

按新採訪：大清渠俗呼“清渠”，介漢、唐兩渠之中。舊有小渠名賀蘭渠，寬數尺，長十餘里，前清寧夏道管竭忠所開，别引黄河之水，灌田數頃。康熙四十七年，水利同知王全臣見河水直冲渠口，第口低身小，導引不得其方，莫能遠達，遂借此渠形勢，另闢一渠，以助唐渠水之所不逮。於舊賀蘭渠口之上三里大壩堡馬關嵯地方，直迎水勢開口，至馬家莊，引入舊渠而擴之使寬，行三四里，至陳俊、漢壩之交即棄舊渠，而西引水，以達於唐渠。其口上距唐渠二十五里，下距漢渠五里，寬八丈，深五尺。於距渠口十三里建石正閘一座，計二空。上建橋房五間，碑亭一座，旁房三間。退水閘三座：曰盈寧閘，二空，俗呼“頭閘”，在□□；曰清閘，二空，俗呼“二閘”，在□□；曰底定閘，二空，俗呼“三閘”，在□□。滚水壩一道，今名跳水。坍二道，曰楊家河坍，曰施家坍。暗洞二道，曰漢壩洞，在漢壩堡，去河二十里；曰宋澄洞，在宋澄堡，去河五十里。支渠十六道，支渠名詳後。陡口一百二十八道。橋六道，橋名詳《關梁》。底石一處，在正閘下。後因河水東趨，將渠口移下十餘里韋家灘地方，另開新口，寬十丈。建迎水坍一道，長里餘。築大跳水壩一道，長一里。築小跳水壩一道，長百餘丈餘。仍舊從口起至尾稍宋澄堡歸入唐渠，長七十五里三分，現溉寧朔縣田一萬六千二百四十畝零一分。《舊志》：原額田一千零九十六分六畝七分。每歲修濬，按田三十畝出夫一名，《舊志》：六十畝名爲一分。共出夫五百四十二名零一天一分。是爲大清渠。

惠農渠在河西，現溉寧夏、平羅二縣田一十一萬一千四百七十一畝三分七釐。

惠農渠，係清雍正四年，侍郎通智、寧夏道單疇書奉旨所開，賜名惠農渠。口開在寧夏縣葉昇堡俞家嘴南，並漢渠而北，稍至平羅縣西河堡，歸入西河，長二百里。乾隆五年，經震災，奏請修復。自俞家嘴至通潤橋即黄渠橋，在平羅通潤堡，增長一十里有奇。乾隆九年，寧夏府知府楊灝詳請通潤橋以下接築渠尾至市口堡，又增長三十里。乾隆十年，又改口於寧朔縣林皋堡朱家河。乾隆三十九年，因河流東注，又改口於漢壩堡剛家嘴，至平羅縣尾閘堡，歸入黄河，共長二百六十二里。新採訪：二百六十里。陡口一百三十六道，澆灌寧夏、平羅二縣田四千五百二十九分五釐。自口東岸起渠通吉堡寶塔，至陡口一十三道，灌寧夏縣田二百餘頃。自通義橋以下至稍，陡口三百二十三道，灌平羅縣田四千三百餘頃。新採訪：現溉田十一萬一千四百七十一畝零。雍正四年七月興工，七年五月告竣，費帑銀十六萬兩。乾隆五年，寧夏道鈕廷彩重修。乾隆四十二年，寧夏道王廷贊請帑重修，五十一年再修。嘉慶十七年，寧夏道蘇成額領帑重修。道光四年，寧夏道瑞慶請帑重修。光緒二十七年，河流西趨，外坍刷没二十餘里，屢修屢圮，數年不得水澤。至三十一年，寧夏府知府高熙喆改築道於楊和堡之東，渠流復舊，民困始紓，今所謂楊和堡新工者是也。嘉慶以下續增。

按新採訪：寧夏地勢，高於西南而窪於東北，新增東北之田，舊屬查漢托護地方，距漢、唐漸遠，水澤不能波及。清雍正四年，侍郎通智仿漢唐舊制，新開惠農渠一道，口開於寧夏縣葉昇堡俞家嘴南，後以入水不利，移至馬家嵯。於去渠口十二里建石正閘一座，計五空，上建橋房九間，碑亭一座，旁房三間。退水閘四座：曰滌閘，四空，在葉昇堡，距渠口八里；曰建瓴閘，五空，在葉昇堡，距渠口九里；曰平濤閘，咸豐年間廢；曰慶瀾閘，咸豐年間廢。滾水壩一道，今名"跳水壩"。尾閘一道，在尾閘堡，塘房二十七處，今廢。暗洞四道，曰美利洞，在葉昇堡；曰王洪洞，原名"永泓"，在王洪堡；曰黑羊洞，在李祥堡；曰黄羊洞，原名"通寧"，在通寧堡。舊尚有永□、永連、永宏、通和、永涵、永固、彙歸等暗洞，有廢、有易名者。支渠二十三道，支渠名詳後。陡口一百三十六道，橋二十七道，内官橋十一道，兼定放水分數，橋名詳《關梁》。底石二處，一在正閘下，一在通寧橋下。飛槽六道，堤埂二道，以防河水沖刷渠堺。曰舊堤埂，自王泰堡起築，至平羅石嘴口，長三百五十里。曰新堤埂，乾隆五年復修，自王泰堡起築，至平羅縣北賀蘭山坂，長三百二十里。今僅存遺蹟。乾隆十年，河水不暢，改口於寧朔縣林皋堡朱家河。乾隆三十九年，又改口於漢壩堡剛家嘴，後又移至馬關嵯，與漢渠相竝。光緒初年，因争壓迎水，與漢渠興訟，經總督左判定，西溝作爲漢渠口，東溝作爲惠渠口。光緒二十五年，渠口冲壞，又下移至葉昇堡張家灘。宣統二年，河水東趨，又上移於林皋堡方家巷。民國三年，又上移於漢壩堡施家河地方，另闢新口，寬三十丈。另築跳水壩二道：一在方家巷，長六十丈；一在俞家河，長八十丈。添退水閘二座：曰永康閘，二空，在楊和堡，距口六十里；曰永祥閘，二空，在李祥堡，距口八十里。此因光緒二十七年楊和堡渠身冲斷，寧夏府知府高熙喆由黑泉湖改闢渠身，添此二閘。近口有要工二處：一張家灘，原係渠口，後作跳水，改築長堺；一雷家灘，長堺冲壞，民國十二年，改由龍王廟後經過，長四百丈，歲修費款甚屬不饮。渠身從口起共長二百六十里，《舊志》：二百六十二里。尾稍歸入黄河。現溉寧夏、平羅二縣四十九堡田一十一萬一千四百七十一畝三分七釐。《舊志》：原額田四千五百二十九分五釐。每歲修濬，舊每田一分出夫一名，近視渠工大小，先年計估，或四五十畝出夫一名，或六七十畝出夫一名，無一定夫數，與各渠辦法不同。是爲惠農渠。

昌潤渠在河西平羅縣，現溉田一千六百九十七分半。

昌潤渠，在新渠縣東四十里。新渠縣在田州塔南，今通福堡南。乾隆五年，震災廢，今尚存遺蹟。今併歸平羅，係清雍正四年侍郎通智、單疇等所開。原接引惠農之水，後因兩渠一口，不敷分灌，乾隆三十年，寧夏府知府張爲旃詳請受水户民自備夫料，另由寧夏縣通吉堡溜山子開口，至永屏堡歸入黄河，長一百三十六里，大小陡口一百一十三道，灌溉平羅埂外田一千六百九十七分五釐。乾隆四十二年，寧夏道王廷贊重修。嘉慶十七年，寧夏道蘇成額重修。嘉慶二十一年，寧夏道宜清安重修。道光四年，蘭州道楊翼武、寧夏道瑞慶重修。嘉慶以下續增。

按新採訪：昌潤一渠原本惠農渠下段一大支渠也，地居稍末，在寧夏縣通吉堡下界溜山子開口起，至永屏堡歸入黄河，計長一百三十六里，支渠三十道，支渠名詳後。澆灌平羅埂外田一千六百九十七分半。退水閘一道，下游有漾水閘八道，草椿力役之供亦如之。蓋惠農渠之附庸也。先是，雍正四年五月，侍郎通智開建。乾隆五年，寧夏地震，塌閃廢弛，田畝俱由惠農渠支流六墩、交濟、仁義三渠接入灌溉，只有惠農之名，無昌潤之分，每歲夫草俱由惠農渠交納。後因昌潤附近河濱田畝日墾，六墩等三支渠不敷澆灌，於平羅通福堡地方開挖新口，水勢微小。又於通義堡地方另闢一口，名復興昌潤渠，進水充暢，足灌田畝。迨四十三年，士民即控告分壩，昌潤渠受水田分、額夫、額草各自收支，不隨惠渠公用，原委寶豐縣丞分理。民國二年，縣丞裁撤，歸平羅縣，呈請寧夏道尹委員經理堤埂一道，自寧夏王泰堡高崖子起，至平羅縣石嘴口止，沿長三百二十里，以防河水冲刷，即侍郎通智創修惠農渠所築堤埂也。是爲昌潤渠。

滂渠在河西平羅縣，溉田四百四十四分。

滂渠口開在平羅縣北温家橋地方。先是，清雍正四年，侍郎通智奉旨創修惠農渠，於下段復開昌潤渠，接引惠農支流，後因兩渠不敷分溉，乾隆三十年，改由寧夏縣通吉堡溜山子開口。水仍不暢，復又於平羅縣屬通義堡另闢一口，名復興昌潤渠。又於昌潤渠分水閘開口，分東西兩岔。西岔昌渠，東岔滂渠，此滂渠之名所自始。道光五年，河崩渠廢，知縣徐保字豁除災户錢粮，於距原口下之數里温家橋地方另闢新口，至渠陽堡歸入黄河，計長六十里，澆灌渠口等堡田四百四十四分。支渠七道，與昌潤渠同歸寶豐縣丞管理。民國元年，縣丞裁撤，改由寧夏道尹委員辦理。新增。

按新採訪：滂渠原在昌潤渠分水閘開口，昌渠一口兩岔，西岔昌渠，東岔滂渠。《舊志》因均列爲昌潤支渠。道光五年，河崩渠廢，在於距原口數里下之温家橋地方，由河另開新口，歷三十里，至東永潤中閘子復分兩岔，東岔貼滂渠，西岔正滂渠。又歷三十里至渠陽堡合流入黄河，共長六十里，澆灌渠口等堡田四百四十四分。支渠七道，支渠名後詳。歲修夫料與昌潤渠一致進行，同歸寶豐縣丞兼管。民國元年，縣丞取銷，由縣呈請道尹委員辦理。《新通志》以原係昌潤支流，復列入昌潤支渠，名實似有不符，今特標出，俾免淆混。又滂渠下有永惠渠、永潤渠、東官渠、西官渠，又名之曰四大河溝，均另由河開口，本應分列，惟此皆小溝，所以輔滂渠之不逮，且與滂渠之溉田數萬畝者亦不同也。是爲滂渠。

秦渠在河東靈武縣，現溉田七百餘頃。

秦渠一曰秦家渠，相傳創始於秦。自靈州屬青銅峽開口，今屬金積，至州北門外洩入滂河渠口。上下閘二座，上口一墩二空，下口二墩三空，沿長一百五十里。新採訪：長一百二十里。支渠十二道，溉田一十一萬七百畝零。新採訪：溉田七百餘頃。渠口原係土底，歲費修築。清康熙年，參將李山重修，甃以石底，歲省夫料無算。後又續開支渠十三道，口大一尺二三寸至七八寸不等，俱木口。光緒三十年决口，知州廖葆泰籌修，費銀八萬有奇。三十二年，知州陳必淮重修，費三萬餘金。三十三年復决，知州陳必淮大加修理，共費銀四萬有奇。又《新通志》載，靈武有薄骨律渠，又有光禄、七級、特進等渠，《舊府志》不載，今並廢。續開支渠以下續增成案。

按新採訪：靈武秦渠，一曰秦家渠，開口於金積縣屬青銅峽口，舊爲靈州地。秦、漢二渠原均屬靈州之渠，因清同治十一年馬化漋亂後，總督左宗棠以金積堡漢回雜處，靈州鞭長莫及，添設寧靈廳，以資控制，而漢渠遂爲寧靈所有。民國二年，改廳爲縣，易金積，峽口遂爲金積縣地，同時靈州亦改名靈武縣。其渠口與金積漢伯渠口並列，有上下二口。上口一墩二空，下口二墩三空。每空高八尺，寬六尺，屬土口，歲需修築。康熙時，參將李山易甃以石，口乃堅固，獨惜渠身自渠口至秦壩關沿河二十餘里外瀕黄流，内傍高岸，不能移易，遂爲秦渠之一大消耗品。靈州舊在河渚中，自明洪武甲子至天啓癸亥①，城凡三徙。河東道張公九德蒞任，城又議徙，張公曰："河能徙城，人獨不能徙河乎？"旋於渠口下築長塀數百丈，逼水中流。長塀下數里許，有一猪嘴碼頭，斜插河中，尤爲吃緊，惜不詳修築姓氏。今觀《張公堤記》②，聚石投之，一日盡八百艘，三日基始定，纍石四十餘丈，其即爲張公所修無疑。道光二十九年，碼頭冲没。又值馬化漋亂，碼頭無復過問，自是險工迭出。至光緒以後，水勢益東，沿河崩塌，而漕河、江家灣、蔡家嘴、棗園居民又紛紛議遷議徙。三十三年，陳公三洲復蒞靈州，相度形勢，决議非復碼頭，必難獲效，爰於三十四年清明興工，日投石亦以數百艘計，上覆以土，逾月始成。寬十八丈，長八十餘丈，斜亘河中，水始循其故道。退水閘二座，一在秦

① 洪武甲子至天啓癸亥：洪武十七年（1384）至天啓三年（1623）。
② 參見《朔方新志》卷四《詞翰》載明朝張九德撰《新築靈州河堤碑記》，《寧夏府志》卷十九題作《靈州河堤記》。

壩閘，二墩三空；一在秦壩閘之上三里許，寬數尺。暗洞三道：曰清水洞，在吴東鄉，以洩金積巴浪湖之退水；曰永寧洞，在胡家堡山水溝，以洩由慶陽、固原流入靈境之山水；曰黑眼洞，在東路頭牌，以洩東山發源之山水。支渠二十六道，《舊志》：支渠十二道。續增十四道，支渠名詳後。陡口二百二十八道，靈人稱小渠口，無陡口名。橋一十七道，橋名詳《關梁》。尾閘一道，曰黑渠閘。自渠口起沿河二十里，至秦壩關始入内地，歷棗園、吴忠、胡家等堡，至縣北門外稍水歸入澇河，共長一百二十里，現溉田七百餘頃，《舊志》：原額田一十一萬零七百畝零。而金積縣之金四里、秦四里同受水焉，溉金秦四里田四千餘畝。歲攤夫料，每歲修濬每田一頃出夫一名，共出夫七百餘名，料草開水湪封一如唐、漢、清、惠各渠例。是爲秦渠。

漢渠在河東金積縣，現溉田千餘頃。

漢渠，一曰漢伯渠，相傳創始於漢，在金積縣渠口。於青銅峽之麓與靈武秦渠口相並，至靈武胡家堡洩入澇河，延長一百里。建正閘一座，一墩二空，曰漢閘。其後河勢偏西，常苦無水。清康熙四十五年，中路同知祖良貞改深閘底，又增長迎水堺，水乃足用。康熙五十二年，同知祝兆鼎重修東岸，以洩山水冲决之害。先是，漢渠苦無洩水，田成巨浸。明河東道張九德創開蘆洞，即今清水溝洞，長三十丈五尺，高廣各三尺五寸。自秦渠北岸抵窑橋，疏溝三十餘里，洩水入河，復故田數百頃。其秦渠東岸一帶二十餘里每被山水渰没田房，康熙五十二年，同知祝兆鼎重修東岸，以洩其流。乾隆三十八年，靈州知州黎珠創修迎水新口，隨流壘石，築爲長堺，利賴至今。大支渠九道，灌溉田一十二萬五千八百畝零。新採訪：現溉田一千餘頃。每歲修濬，俱係民間自備夫料。兼採《新通志》。

按新採訪：漢渠一曰漢伯渠，舊屬靈州。自清同治初年，馬化漋叛據金積堡，勞師費餉，至九年始得克復。十一年，總督左文襄奏請添設寧靈廳，以金積、漢伯、忠營、秦壩上四水堡之屬漢渠者歸廳管轄，而漢渠遂爲寧靈獨得之水。查渠源，向自青銅峽秦渠上開口，行百里至靈州屬之胡家堡洩入澇河，其後渠勢偏西，常苦無水。康熙四十五年，經中路同知祖良貞改深閘底，又增長迎水堺，水乃足用。乾隆三十八年，靈州知州黎珠又於原口上十里之楊柳泉地方改創迎水新口，隨流累石，築爲長堺，利賴更得擴充。惟楊柳泉至龍王廟地方之迎水堺其工尚小，而由龍王廟至渠口之堺春秋兩工竭盡民力，漢渠要工全在乎此。或謂廟西二里許有馬化漋創修未成之渠蹟，若成此渠，則事半功倍。不知此處渠高河低，且其中有石坎三道，難於攻鑿，化漋中止，殆以是歟？漢渠在秦渠之上，苦水無洩時。明河東道張公九德因創開蘆洞洩水入河，奈歲久淤塞。康熙五十二年，中路同知祝兆鼎重修東岸。嘉慶己未[9]，靈州知州李培榮又重修南北澇河，而水不瀦蓄，始免漫淹之患。渠口建石正閘一座，計二空，曰漢閘。退水閘二座，支渠九道，支渠名詳後。渠沿長一百里，現溉田一千餘頃。《舊志》：原額田一十二萬五千八百畝零。自渠口至板橋三十里，則分受靈武秦渠之水焉。金四里，秦四里，共田四千餘畝，分受秦渠之水，歲攤夫料。每歲修濬，民間自備夫料，開放湪封，均如各渠例。是爲漢渠。

天水渠在河東，灌溉寧夏縣河忠堡田數千畝。

天水渠，在寧夏縣河忠堡，由靈武秦渠清水溝洞接引金積漢渠退水。緣清順治初，黄河西徙，將河忠堡隔在河東，常苦無水。光緒三十四年，寧夏府知府趙維熙擬修渠灌溉，未得開口地點，因議接清水蘆洞漢渠退水，旋開渠，沿靈武縣屬之新接堡以達河忠堡，其新接地之隔在天水渠西者則架飛槽以渡其水，新接退水之不能歸河者則修暗洞以洩其水，命名曰天水渠。共長三十餘里，溉田數千畝，荒地可墾數萬畝，惟缺水灌溉，難於耕種。每歲修濬，堡民公同合作，自爲經理。又《新通志》載，〔河〕忠堡舊受漢延渠水，有支渠名河忠堡渠，順治初，靈州被水衝囓，因於河忠堡西岸挑溝以分水勢，後河竟西趨，將河忠隔在河東，距靈武城僅五六里許，堡民開有小渠二道，《舊府志》未載，意者爲乾隆四十五年修志後所開歟。新採訪。

美利渠在中衛河北，現溉田四萬五千畝。

美利渠，在中衛縣西沙坡下石龍口尾開口，繞縣東北，至馬槽湖八塘灣出油樑溝勝金關西入河，沿長二百里。元時名“蜘蛛渠”。嗣因岸徙，渠淤口窒，不能受水，明嘉靖壬戌[10]，撫軍毛中丞命道參文武督本衛丁夫改濬於舊口之西六里，月餘功成，易名“美利”。至清康熙中，渠岸漸高，不能引水。康熙三十年，乃於渠口上流議開石渠，勞費工料，數載弗成。至四十年，副總兵袁公鈐開石壩疊坍，水復通流。第渠口稍狹，山岸石根堅勁，南岸口埂低缺，渠口受水不多。四十五年，西路同知高士鐸鳩工開鑿，比舊加深三尺，廣闊一丈，南岸亦砌石爲坍，從斯水利溥焉。前此荒廢地墾復五百餘頃，皆成稻田。渠口下至迎水橋十五里建開水閘一道，計六空。旁開減水閘一道，計五空。其下有趙通閘、頭閘、營兒閘、王家閘、汪家閘、李家閘、官閘，爲堵水分入支渠。渠身闊三丈五尺，深一丈，澆灌田四萬五千畝。《舊志》：原額田四萬六千五百畝。歲通力合作，向計工五旬，且須撥門夫助役，自高公整飭後，按田出夫，月可竣事，咸利賴之。宣統三年，夫差不齊，渠漸廢弛，知縣張心鏡設局清查，按田均差配搭夫，頭坍壩官橋一律修固，蓋又整頓一新云。

七星渠在中衛河南，現溉田二萬七千八百九十畝。

七星渠，在中衛河南寧安堡泉眼山開口引水東南流。明撫軍焦馨委韓洪珍改修澆屯田，由新寧安、恩和至鳴沙灌田既多，工費視他渠亦倍。清康熙間，復經西路同知高士鐸督修石口，創修流恩、鹽池二閘，挑濬蕭家、馮城兩陰洞，渠乃通暢，無山水之患。雍正十二年，寧夏道鈕廷彩於紅柳溝請帑建環洞，五空。上爲石槽，引水下行，墾白馬灘至張恩堡地三萬八百餘畝。乾隆十六年，紅柳環洞下山水冲崩八十九丈，知縣金兆琦請帑修補。二十一年夏，山水復冲崩環洞上三十七丈，而馮城陰溝石洞盡爲冲去，西路同知伊星阿詳請，飭知縣黄恩錫於舊洞之上新建環洞。後因環洞當紅柳溝山水之冲，屢修屢圮，士民集議，請於塘馬窑地方改建新暗洞於溝身，導水下流，上改渠道，沿山根另開新渠，長二千二十餘丈，引水入七星渠之下段。按渠自泉眼山至白馬、張恩段，延長一百四十里，去口五里，建正閘一道，洩水閘二道，石橋一道。舊有橋房，今圮。渠流二十里，下至寧安茶房，建有宜民、蕭家閘。再流二十里，至恩和堡，有鹽池閘，閘下有蕭家溝陰洞、馮城環洞、紅柳環洞，洞下十里許舊有乾河溝木槽以避山水，後爲瀑布冲廢。每歲山水過，築土埂以障水，接渠而下行，渠稍至張恩堡入河，共澆田七萬八千一百六十畝。新採訪：現溉田二萬七千八百九十畝。同治初，復被冲壞。光緒二十四年，知縣王樹枬於口下鷹石嘴建閉水閘三道，退水閘二道，下流四里修石閘三座，費帑二萬餘金。又渠上游里餘每有山水由峽冲出，源出慶固，爲大渠害，後修大壩一道，名曰山河大壩，近又加修石墩六座，以資抵禦，折流入河，頗著成效。民國七年，渠紳王楨又就地籌款，創修暗洞三孔、金剛牆子一道，未及三月，山水暴發冲圮。八年，渠紳王汝霖、張從善復又重修。此皆爲七星渠之最要工也。

太平渠在中衛河北，現溉城南柔遠堡，〔溉〕田一萬七千六百餘畝。

太平渠，元時爲貼渠，在中衛縣西南邊牆抵河處開口，後廢。清康熙四十五年，西路同知高士鐸復開引水，東北流至柔遠堡黎家莊、范家莊，下歸油櫟溝入河。延長六十里，閘七道，退水三處，橋三道，暗洞一道，飛槽九處，灌城南及柔遠堡田二萬三千一百餘畝。新採訪：現溉田一萬七千六百餘畝。近年岸徙口窒，如河水低落，即不受水，多賴美利渠之洩水灌溉。近年以下採《新通志》。

北渠在中衛河北鎮靖堡，現溉田三千零七十畝。

北渠，在中衛縣南鎮靖堡河沿開口引水，東北流過甎塔寺，繞堡東南。渠身闊二丈五尺，深五尺，自口至身，有三百户閘、北渠閘，渠閘杜家樹退水，雍家莊、潘家灣二退水，暗洞有堡門。南大橙槽、富家橙槽等處延長三十里，溉田一萬一千八百四十畝。新採訪：現溉田三千零七十畝。清同治五年，河水冲斷，接用太平渠稍之水。同治以下新採訪。

鎮興渠在中衛河北鎮羅堡，現溉田一萬五百餘畝。

鎮興渠原名"新北渠"，在中衛縣南鎮羅堡河沿開口引水，東北流至李家莊，繞堡東南抵石家渠入河，出水洞一道，暗洞一道，延長四十里，渠身闊二丈五尺，深四尺，溉田一萬九百五十畝。清咸豐六年，渠口冲壞。同治五年，又冲斷，接教塔溝水並美利太平稍水。民國八年，堡民捐貲，在原口偏上之陳家園子南修築新口，改名鎮興渠。建閘十道，減水閘三道，橋四道，現溉田一萬五百餘畝。北支渠稍由張家閘尾入油樑溝，南支渠稍由孟家河溝尾入永興復盛渠。咸豐以下新採訪。

勝水渠在中衛河北石空寺堡，現溉田一萬六千九百餘畝。

勝水渠，在中衛縣石空寺堡。自縣城東南得勝墩開口引水，向東流至本堡東北，環過東南倪家營，支渠八道，閘九道，減水五道，橋四道，渠身闊二丈五尺，深三尺，延長七十里，溉田二萬餘畝。新採訪：現溉田一萬六千九百餘畝。渠稍入河。新採訪：渠稍現入張義堡之順水渠。

復盛渠在中衛河北永興堡，現溉田六千零二十畝。

復盛渠舊名"新渠"，在中衛縣永興堡。自鎮靖堡東南之馮家大莊子南高家灘壓坍引水，又在鎮羅堡之西南李家嘴子挨開龍口，寬二丈，深一丈，引水向東北流。分南北二渠，南渠從高家莊子經馬家閘至原坍灘尾稍入石空勝水渠，北渠從官路繞凱歌墩至雷家沙窩尾入美利渠稍。先清同治年，河勢北行，渠身崩塌，將高家莊子田五百餘畝均塌於河。民國六年，河漸向南，渠身遂改定於高橋子南。橋四道，南渠橙槽二道，北渠湖嘴閘渠口一道，橙槽一道，現灌田三千六百七十畝，《舊志》：溉田六千二十餘畝。改名曰復盛渠。新採訪。

順水渠在中衛河北張義堡，現溉田七百餘畝。

順水渠，在中衛縣張義堡。自石空寺堡西南河沿開口引水，向東北流至棗園西北山脚。渠身濶一丈五尺，深三尺，延長十五里，溉田三千三百七十七畝。清同治年間，河勢北行，渠口冲没，田畝亦陸續崩塌，惟接石空勝水渠稍水灌溉，歲修幫助石空夫料，僅存田七百餘畝，河水仍向北冲，現存田畝，亦難定數。同治以下新採訪。

新順水渠在中衛河北棗園堡，現溉田連石空、張義共三萬六千八百餘畝。

新順水渠，在中衛縣棗園堡，舊與石空、張義共爲一渠。明天啓五年，堡人郭珠倡衆自石空寺東南倪家營另開新口引水，向東北流至炭窑墩，延長七十里，濶一丈八尺，深四尺。又自石空寺趙家灘開口引水，至朱家臺，名曰貼渠，延長二十里，濶一丈，深三尺。兩渠共溉田一萬九百餘畝。新採訪：現棗園、石空、張義三堡均用勝水渠水，共灌田三萬六千八百六十畝。兩稍均入河。清乾隆十五年，本堡生員陸嵩管渠，續開减水閘五道，渠口屢被冲圮，後又於雍家墩另作新口。光緒三十年，渠埂又被冲塌十餘里，貼渠亦壞，知事張心鏡請帑，並變社粮委員劉學元接引石空稍水。今堡西民聊資灌溉，而堡東受旱，民多流離，而河仍不定，無處開口，未能修復。光緒以下新採訪。

長永渠在中街河北鐵桶堡，現溉田二千三百餘畝。

長永渠，在中衛縣鐵桶堡，舊自俞家營河沿入口，工力浩費。清乾隆二十三年秋，渠埂岸盡爲河流冲汕，崩壞四里有餘，岸高水下，民不能修。知縣黄恩錫適代行水利，另於舊引水塌埂微上小支河北岸棗園堡于家莊下跟尋舊渠水道，於李姓田中近河買田四畝，因勢作口。時棗園近渠民糾衆控阻，縣爲手自舉鍤，導以渠路，始得成工，得達舊渠，接流而下。二十五年，水勢頗溢於前，乃於堡東越石灰渠架木槽渡水，於新淤灘墾復舊荒焉。渠身濶一丈六尺，深四尺，大支渠一道，減水二道。渠稍至炭窑墩下入河，延長二十五里，溉田四十五頃。新採訪：溉田二千三百餘畝。嗣因石灰渠冲崩，復移上開新口，改新淤灘至渠外。光緒三十年，新淤灘又被水冲崩。尾採《新通志》。

豐樂渠在中衛河北渠口堡，現溉田二千六百餘畝。

豐樂渠，舊名“石灰渠”，在中衛縣渠口堡。渠自鐵桶碾盤灘起，至廣武五塘溝止，延長六十里，溉田一萬二千三百餘畝。清康熙時，渠壩壅崩，歲修夫少，力不能及。提督俞益謨爲捐千金，建閘疏滯，因有“千金渠”之譽。舊有上水閘四道，曰攔河閘、李祥閘、起行閘、上沙渠閘，退水閘四道，曰永安閘、雙閘、小閘、拖尾閘。後渠口冲塌，灘地多荒，堡東熟田，亦不免旱。堡紳魏宗禹等督率本堡及廣武受水之户，在碾盤灘口下築石龍口三十餘丈迎河，引水向東北流至龐家庄，入廣武界，延長三十三里。《新通志》：延長二十里。上水閘二道，減水閘五道，大支渠三道，橋二道，現溉田二千六百餘畝，改名曰豐樂渠。渠口冲塌下新採訪。

羚羊角渠在中衛河南常樂堡，現溉田一千一百七十畝。

羚羊角渠，在中衛縣常樂堡。清康熙四十四年，西路同知高士鐸創建，自堡西南邊牆石敞溝開口引水，東流至陸家園灣，延長二十八里，溉田二千四百畝。新採訪：現溉田一千一百七十畝。渠身闊一丈五尺，深三尺，稍至棗林庄入河。該渠口受水頗高，工大夫少，修濬不易，近復於堡西建水車十輪。渠口受水下採《新通志》。

羚羊壽渠在中衛河南永康堡，現溉田六千九百五十畝。

羚羊壽渠，《舊志》名羚羊殿渠，在中衛縣永康堡。自堡西燕子窩灘開口引水，自楊家灘東流至宣和堡東嶽廟，延長四十里。多石難濬，稍入宣和堡渠。渠身闊二丈，深四尺，渠口緊逼燕子窩溝。去口二里許爲山水口子兩處，山水一發，渠流中斷。清康熙四十七年，西路同知高士鐸委本堡貢生閻風寧於山水口子建暗洞一道，長百餘丈，至今賴之。暗洞東北爲左張坍，洪流激盪漸廢。雍正十二年，同知吴廷元倡捐築壩八百餘丈，以堵禦之。三年始成，易名甘來坍。去坍五里許爲藉家嘴，南逼山，北近河，渠埂一綫，約長二百餘丈，爲通行往來官路。其下有艾家山溝、林家石排溝、大山溝、雙山溝、左家山溝、曹家山溝，皆爲渠害。每歲秋夏，挑濬不時。通渠有楊家灘退水一道、閘一道，閻家閘一道，劉家灣退水一道、閘一道，晏公廟減水一道，曹家山溝閘一道，溉田一萬四百餘畝。新採訪：現溉田六千九百五十畝。道光十五年，知縣馮傳稷濬晏公廟東渠，嗣又因燕子窩口窒，不能得水，於倪家灘上流復開新口。近因河漲，渠北官路被宣和堡水衝斷七十餘丈，渠埂僅存一綫。光緒三十三年，左張壩又被河冲圮，申襄元砌石牆里餘，大勞心力，渠路得全。道光以下採《新通志》、新採訪。

羚羊峽渠在中衛河南宣和堡，現溉田一萬五千三百三十畝。

羚羊峽渠，在中衛縣宣和堡，舊與羚羊殿渠一渠使水，至清康熙十五年，自永康堡東北三里許買田開口引水，東流至泉眼山，延長四十餘里。共退水八道，閘七道，暗洞四道，渠身濶二丈，深五尺，溉田一萬八千一百六十畝。後因河勢無定，口不得水。光緒五年，在距舊口十五里二百户灘東北復開新口，並修石坍，水乃暢旺。光緒二十二年，河勢又南，重開舊口。近數年，二口均不得水，嗣又在二口之間另開一口，至紅崖子東入河，延長六十餘里。洩水閘十三道，大支渠十三道，現溉田一萬五千三百三十畝，渠稍入河。光緒以下新採訪。

柳青渠在中衛河南舊寧安堡，現溉田二萬九千六百九十畝。

柳青渠，在中衛舊寧安堡，自堡西泉眼山下開口引水，東流至堡南，統入恩和堡葫蘆灘。延長四十里，溉田二萬九千八百餘畝。渠身寬一丈五尺，深四尺，渠稍入河。柳青渠開口，莫考其詳。清道光二十三年，河水暴漲，渠口岌岌，堡廩生馬程萬塾資修築大埧，衛護渠口，至今堅固如故。寧安幅幀遼闊，南北兩河橫亘境内，地土不能一片粘連，柳青渠原十九閘，新南渠開，而稍之五閘廢，又有貼渠一道，有李家灘渠、大灘渠、孔家灘渠、田家灘渠、康家灘渠。光緒八年，蜀軍統領黄彝封又於堡北創開順水渠。民國六年，堡人王光臨創開新南渠，一堡之田，八渠受水，均在泉眼山北，開口盡由大埧穿入，現溉田二萬九千六百九十畝。渠稍歸入南北兩河。道光以下新採訪。

通濟渠在中衛河南張恩堡，現溉田二千五百五十二畝。

通濟渠，在中衛縣張恩堡。明萬曆四十年，傅朝宇自堡之西南三道湖開口引水，繞堡東流至高家嘴子入河，延長四十里，灌田二千四百二十畝。《舊志》：原額田二千五百五十二畝。閘四道，退水七道，支渠二十三道。又有硝磺灘渠，於清乾隆年間自堡西南由灘腦開口，至灘尾入河，延長二十里，灌田一千餘畝。又乏馬灘渠，於清康熙年間自堡西北由灘腦開口，至灘尾入河，延長十五里，灌田八十餘畝。此二渠均另開口，蓋皆輔通濟之所不及者也。新採訪。

按：黄流由崑崙積石歷石門大小峽以入中衛，兩岸緊束，水不散漫，故中衛之得水利爲最多。自出青銅峽口，唐、秦兩渠直迎水勢，亦天然渠口也。但唐來渠身不寬，中段多沙，易於淤滯。秦渠沿河二十餘里，動被冲刷。金積漢渠雖與秦渠並列，而地勢略高，迎水不易，故迎水埧常纍石至二十餘里。峽口以下，水勢平鋪，又時東時西，以故漢、惠、大清各渠口並無一定地點。小民終歲勤動，其耗於渠之歲修者，已不啻去其大半焉。或有爲久遠計者，謂於峽口下之數里修一鐵橋，設閘堵水，將河西唐渠開闊，漢、惠、大清分接其水，而漢、惠、大清歲修之費可免。河東將秦渠開闊，下溉河忠堡及靈武下段荒地，可新增沃壤十餘萬畝，其費即於新墾項下取值彌補，綽有裕餘。其言似迂，其策實善。惟凡事易於圖成，難於創始，築室道旁，中人通病，此全球所以不獨不崇拜於蘇彝士也。

支渠

按：支渠係正渠之分流，《舊志》以唐來、貼渠另爲一渠，新採訪又以湛恩另爲一渠。頭外安頭，徒炫人目。兹以凡沿河開口者則爲獨立之渠，如唐、漢、清、惠等渠是也。由各渠分流者則爲各渠之支渠，如貼渠、湛恩、大新、三官等渠是也。由各支渠分流者則爲各支渠之小支渠，如城東南、城西北、南飛槽，穿實引唐渠紅花支渠之水入城，以便汲飲。光緒二十九年，拔貢張昉倡修白雀寺渠，接用滿達喇支渠水諸小支渠是也。各有統屬，庶得一目了然。

唐徠渠支渠二十二道：曰貼渠，舊貼渠由唐渠正閘旁開口，自南迤北，至漢壩堡稍入漢渠，長二十四里，溉大壩、陳俊二堡。新貼渠由舊貼渠分水，自南迤北，至清渠沿稍，長五十六里，溉大壩、陳俊、蔣頂、瞿靖、玉泉等堡。曰湛恩渠，原滿營在靖益堡唐渠西岸開口，以溉滿田。清宣統元年，志都統接長渠堤以溉滿營，賀蘭山邊一帶新墾之地長百餘里。曰大新渠，在城南，繞東而北，長七十六里。曰紅花渠，在城東南，北流，長二十八里。明總兵何福由此渠引水入城，周流汲飲。曰良田渠，在城西，北流，長九十九里。曰滿達喇渠，在城西北，轉東北流，長六十里，光緒二十八年，拔貢張昉由此渠接開白雀寺渠，長五里。曰他他渠，在靖益堡，長十五里。曰掠米渠，在豐登堡，長十八里。曰亦的小新渠，在張亮堡，長二十里。曰白塔渠，在桂文堡，長二十九里三分。曰大羅渠，在洪廣堡，長二十五里。曰小羅渠，在常信堡，長二十里。曰羅哥渠，在常信堡，長六十里。曰新濟渠，在鎮朔堡，長六十五里。曰高榮渠，在高榮堡，長二十里。曰菓子渠，在高榮堡，長二十三里五分。曰和集渠，在周澄堡，長十七里。曰柳新渠，在平羅城，長九里。曰黑沿渠，在平羅城，長十五里。曰柳郎渠，在平羅城，長二十里五分。曰曹李渠，在平羅城，長十里。曰揚招渠。在平羅城，長二里半。

漢延渠支渠二十道：曰水磨渠，在葉昇堡，距口三十里，長八里。曰大北渠，在葉昇堡，距口三十五里，長七里。曰撒水渠，新增，在任春堡，距口三十二里，長二十里。曰菓子渠，在任春堡，距口三十五里，長三十里。曰丁字渠，新增，在王洪堡，距口三十八里，長二十五里。曰穆須渠，新增，在王洪堡，距口四十里，長二十里。曰楊字渠，新增，在王洪堡，距口四十二里，長十五里。曰瀉渾渠，在王泰堡，距口四十五里，長六里。曰南皋渠，在王泰堡，距口四十六里，長六里。曰北皋渠，在王泰堡，距口四十七里，長六里。曰小新渠，新增，在王泰堡，距口四十八里，長六里。曰大營後渠，在鎮河堡，距口一百二十里，長二十里。曰畢家渠，在金貴堡，距口一百三十里，長十八里。曰各陡渠，在金貴堡，距口一百四十里，長十二里。曰小營後渠，在金貴堡，距口一百五十里，長二十四里。曰大高渠，在潘昶堡，距口一百六十里，長七里。曰南毛渠，在潘昶堡，距口一百六十五里，長五里。曰北毛渠，在潘昶堡，距口一百七十里，長二十里。曰迎門中渠，新增，在王澄堡，距口一百八十里，長八里。曰柳虎中渠。新增，在澄堡，距口一百九十里，長七里。

惠農渠支渠二十六道：曰三官渠，新增，在通福堡，距口一百四十里，長十五里。曰泮池渠，在通福堡，距口一百五十里，長十四里。曰新泮池渠，新增，在通成堡，距口一百六十里，長五里。曰六中堡，舊名“六墩”，在六中堡，距口一百七十里，長十里。新採訪：

長十三里。曰交濟渠，在交濟堡，距口一百八十里，長二十五里。新採訪：長七里。曰隆業渠，在沿河堡，長十里。曰任吉渠，在沿河堡，長十五里。曰惠威渠，在惠威堡，長二十五里。曰新渠，新增，在沿河堡，距口二百里，長八里。曰邊渠，新增，在南長渠，距口二百二十里，長十五里。曰老渠，新增，在南長渠，距口二百二十五里，長十七里。曰尖新渠，新增，在南長渠，距口二百三十里，長十九里。曰二渠，新增，在南長渠，距口二百三十五里，長二十里。曰南長渠，在南長渠，長二十五里。曰北長渠，在北長渠，長二十五里。曰小三渠，在北長渠，距口二百三十八里，長十九里。曰滚珠渠，在北長渠，距口二百四十里，長十八里六分。曰官四渠，在渠中堡，長五十里。曰仁義渠，在六羊堡，距口二百四十五里，長十里。曰新仁義渠，新增，在六羊堡，距口二百四十五里，長十里。曰上新渠，新增，在內西河，距口二百四十六里，長十里。曰普潤渠，在內西河，距口二百四十七里，長五里。曰元元渠，在內西河，距口二百四十八里，長七里。曰下新渠，新增，在內西河，距口二百五十里，長十里。曰萬濟渠，在萬寶屯，距口三百五十一里，長十五里。曰寶閘渠。在萬寶屯，距口二百五十四里，長十四里。

又清光緒中，葉民人由通義堡惠農渠東開口溉馬廠及河灘地，名馬廠地渠，長十餘里。光緒三十年，由王澄堡惠農渠西開口溉漢延渠稍缺水之地，名三道湖渠。民國二年，接用惠農渠東退水溉李祥堡馬廠及河灘地，名永祥閘渠，長二十里。民國三年，惠農渠東河西寨堡接黄陽溝稍水溉馬廠河灘地，名黄楊溝稍渠，長十餘里。此皆近年由各渠而推廣之者也。新採訪。

大清渠支渠十六道：曰魏家渠，曰鴨子渠，曰長行渠，曰臺壩渠，曰王渠，曰大邊渠，曰小邊渠，曰董渠，曰高渠，曰紅廟渠，曰地渠，曰姜家渠，曰曹家渠，曰羅家渠，曰蔣家渠，曰李家渠。採《新通志》。

昌潤渠支渠二十九道：曰徐家渠，長七里。曰王家渠，長十五里。曰暗洞渠，長十五里。曰邵家渠，長五里。曰克家渠，長十里。曰蔣家渠，長七里。曰陳家渠，長八里。曰秦家渠，長九里。曰趙家渠，長七里。曰宋家渠，長十二里。曰永惠二渠，長十五里。曰孟家渠，長十里。曰官三渠，長十七里。曰穆家渠，長十五里。曰毛家渠，長八里。曰楊家渠，長七里。曰貼五渠，長十六里。曰張家渠，長九里。曰田家渠，長十五里。曰西邊渠，長十里。曰西官渠，長十三里。新採訪：長五里。曰白茨渠，長十里。曰天生渠，長十里。曰貼六渠，長十二里。新採訪：長十一里。曰倉灣渠，長九里。曰新五渠，長六里。曰小六渠，長十里。曰五大支渠，長十里。曰西七渠，長十三里。

滂渠支渠七道：曰金家渠，曰黄家渠，曰尹家渠，曰陳家渠，曰中閘子渠，曰何家渠，曰大五渠。

秦渠支渠二十六道：曰瓦渠，在早元堡。曰李閘渠，在吴西鄉。曰李壩渠，在吴西鄉。曰西渠，在董左營。曰迎門渠，在董左營。曰黄沙渠，在吴東鄉。曰魯家渠，在吴東鄉。曰所樂渠，在吴東鄉。曰車木渠，在吴南鄉。曰狗燥渠，在胡回堡。曰汴梁渠，在胡回堡。曰東渠，在胡漢堡。曰西渠，在胡漢堡。曰大楊渠，在中南路。曰管不得渠，在董右營。曰龍渠，在胡漢堡，溉西路地畝。曰中渠子，在中北路。曰白瓜渠，在中北路。曰新渠，過吴東胡漢西路，溉新接堡地。曰乾渠，在東路五牌。曰馮渠，在東路三牌。曰新王渠，在東路二牌。曰沙渠，在東路頭牌。曰大紅閘渠，在縣南門外。曰毛家渠，在縣東門外。曰高口子渠。在縣北門外。新採訪。

漢渠支渠九道：曰舊新渠，曰黑渠，曰閻家渠，曰新閻家渠，曰馬蘭渠，曰波羅渠，曰瓜連渠，曰沙渠，曰朱渠。採《新通志》。

按：各渠支渠，有昔無而今有者，如惠農新泮、池上、新渠等之新增是也；有昔有而今無者，如唐徠營門、前渠等之廢置是也。兹本新採訪，而以《舊志》參證，其間庶無差錯。其餘支渠，未經採訪呈册，《舊志》亦鮮注明，無憑查考，應照例爲之從闕云。

【校勘記】

[1] 五六萬人：此四字原脱，據《史記》卷一一〇《匈奴傳》補。

[2] 西河：原作"河西"，據《後漢書》卷八七《西羌傳》改。

[3] 吐蕃傳：原作"吐魯番傳"，據《新唐書》卷二一六下《吐蕃傳》改。

[4] 奪御史尚書填漢三渠：原作"塞漢御史尚書光禄三渠"，據《資治通鑑》卷二二五改。

[5] 特進渠：《四庫》本《唐會要》卷八九《疏鑿利人》作"時逐渠"。

[6] 西南：原作"西"，據《魏書》卷三八《刁雍傳》改。

[7] 興州古唐來漢延二渠及：此十字原脱，據《朔方新志》卷二《内治・宦蹟》補。

[8] 爲唐：原倒作"唐爲"，據本志書例改。

[9] 己未：原作"乙未"，據《靈州志蹟》卷二《水利源流志第十》載李培榮撰《南北澇河記》改。嘉慶己未，嘉慶四年(1799)。

[10] 壬戌：原作"壬戊"，據干支名改。嘉靖壬戌，嘉靖四十一年(1562)。

朔方道志卷之七　水利志下

渠工則例　渠務格言

渠工則例

閘壩説

各渠既引河水入口，其旁則有滚水壩，今名“跳水壩”。用碎石樁柴鑲砌，水漲，任從上溢出，以消其勢。過此有退水閘，或二或三，水小則閉之，使盡入渠水，大則酌量啓之，使洩入河。又過此爲正閘，則渠之咽喉也。唐、漢二渠閘壩，皆元郭守敬、董文用舊制。向皆用木，歲久易朽，勞費不㰱。明隆慶六年，僉事汪文輝始易以石，工巧備至，甫成漢閘，即擢尚寶卿去。萬曆元年，巡撫羅鳳翱檄僉事解學禮、周有光竟其事，六年始竣，各渠皆倣其制。各渠閘壩，已詳各渠按語内，兹不重叙。

堤坍説

渠逼河岸，恐河水泛漲，渠被冲決，沿河築埂以護之，名曰堤。渠口閘壩，恐被河水冲刷，相險要處築堤以障之，名曰坍。按：坍，各渠均有，有迎水者，有護閘壩者，今人統呼渠堤曰“渠坍”。堤埂惟惠渠最大。舊堤自王泰堡至平羅石嘴山，新堤自王泰堡至平羅縣北賀蘭山陂，長數百里，今半廢。又靈武自渠口起築至漕河，明張公九德創築，靈武之得免再徙者，賴有此堤及猪嘴碼頭耳。

暗洞説

渠勢横亘，堤高於岸，則上段之水必不能向下段流去，前人因於渠底穿洞甃石，以輸洩之，如漢渠西各湖之水阻漢渠不能達西河，河西寨以上湖水阻惠渠不能入西河，金積漢渠之水阻秦渠不能入大河者是也。暗洞之建，可謂巧奪天工。暗洞各渠皆有，已詳各渠按語内，兹不重叙。

飛槽説

各渠分布，東西阻隔，往往有此渠之地，而因勢乘便接引彼渠之水以接濟者，則用木槽跨渠上以通之，名曰飛漕。飛槽各渠均有，已詳各渠本文或按語内，兹不重叙。

底石説

“底石”何名乎？以製石埋於渠底而名之也。每歲春濬，而民之狡猾者、懶惰者往往不肯深挑，敷衍了事，前清侍郎通智洞悉此弊，因製石，上鐫“准底”字樣，埋於工次，疏濬時總以挑見此石爲准，各渠多師其法。底石處所，詳各渠按語内，兹不重叙。

物料説　舊名“顔料”

物料者，草、椿、柳茨、芀苫等類是也[1]，和土築埽，堵塞渠口，非草不行。釘埽固土，非椿不行。芀苫則爲繩纜，柳茨則鋪墊閘底，固護堤埽，皆爲渠工必需之物，故曰物料。

舊例每田一分，出草四十八束，每束重十六斤。沙椿十五根，每根長三尺。於先年冬月徵貯，以備來春工用。紅柳、白茨、芀苫，則令民完納，抵其應交之草。需用石灰，則於草内折銀燒買。每草一束，折銀一分。需用石塊，亦於先年仲冬估計採辦，並在折色開銷。嗣以柴料過多，議請減半①，每田一分，減草二十四束。後又議以六本四折徵收②，本色六成，折色四成。近交本色，遠交折色。每草一分，折錢三百五十文，沙椿一分，折錢六十文。以供各項採買之用。惟清渠物料無多，全徵本色。乾隆二十六年，巡撫明以每年積弊，包折夫料無濟實用，令議減徵。經前寧夏道薩估勘以各渠工料不敷，全徵本色，其需用採買錢文，於漢、惠二渠人夫折價充用。二十七年，又議定七本三折徵收③。折夫之例，永行停止。

同治亂後，舊例爲之一變。唐、漢兩渠分上、中、下段，以工之大小估計，上段徵收本色，以草近而易交也。中、下段折收錢文，以草遠而難運也。例如，上段每畝徵草一束，中段則折收錢三十文，下段則以七成折收錢二十一文。清渠徵草若干，折錢若干，視工程大小估計，一律徵收，不分上、中、下段。惠渠亦酌量工程，均徵錢文，不徵本色。所需物料俱行採買，亦不分上、中、下段，惟分額田、馬廠田。例如，額田每畝徵錢一百文，馬廠田則徵錢五十文，以此類推。各渠料款由渠長催掃。唐、漢兩渠渠長經費於徵款内除給一成，清渠除給五分，惠渠則由民間酌給，不除分數。各渠辦法，大致相類。

---

① 《寧夏府志》卷八《水利·渠道·顔料》載，康熙四十八年(1709)，寧夏道鞠宸議請。

② 《寧夏府志》卷八《水利·渠道·顔料》載，雍正八年(1730)，同知靳樹錗詳請。

③ 《寧夏府志》卷八《水利·渠道·顔料》載，乾隆二十七年(1762)，寧夏道富尼漢、寧夏道蘇凌阿議定。

夫役説

每年冬至後，各渠紳耆來城，各就内擇派熟悉渠務數人，赴渠踏勘工程大小，估計夫料，並各舉廉勤紳耆，管理銀錢工料曰首士，分段督修曰委管，催派夫料曰渠長，專司各閘啓閉並呈報水勢消長曰水手。唐漢渠各四十名，每名給額田一分。惠渠四十四名，每名給靈州營灘敞地一分。昌潤二名，每名給額田五十畝。均不徵銀粮草束。於來年清明率作興事。夫擇精壯，各帶鍬籠。舊例每田一分出夫一名。唐渠額夫五千七百六十三名零五日，漢渠額夫五千六百九十二名零十二日四分，清渠額夫一千九十六名零九日，惠渠額夫四千九百二十九名零十二日，昌潤額夫一千六百九十七名[2]。清明日上工，立夏日竣工，共挑濬一月。田半分者挑十五日。又有零夫挑一二日者，皆計畝分挑。冬月捲埽，例撥半分田人夫抵其次年春工之夫，春工後又挑挖西河。自夏縣河西寨起至平羅縣北，東入於河，長三百五十里曰西河。唐、漢各渠剩水洩於群湖，群湖之水滙而洩於西河，以入黄河。派夫曰熱夫，歲有定額。西河雖在寧夏、平羅地，而朔縣田畝宿水皆由之出，故派三縣夫協挑。舊例夏縣夫二百二十名，朔縣四十名，平羅六百零一名。其各渠正夫皆出自本渠受水各堡，到工遲延或有逃避者皆計日倍罰，以免效尤夫不上渠之弊。同治亂後，奸民希免夫料，匿田不報，夫役僅得三分之一。近年夫數，已詳各渠按語，兹不重贅。渠之廢弛，有自來矣。今渠之弊，半在匿田，希免夫料。夫多則功倍，故欲渠之修，非復夫額不可，欲夫料之足，非復田額不可。夫役既足而又策之以勤廉，嚴之以賞罰，欲渠之廢弛，不可得矣。

捲埽説

每歲冬水既畢，河冰結凍，於十一月時，用柴土堵塞渠口，名曰捲埽。使春融時河水不能溢入，渠身乾涸，乃可修濬。至立夏工竣，則决去所捲之埽，開水入渠。

開水説

春工自清明上工，擇其工程關緊之處趕爲修理。渠口固要，而渠身疏濬亦不可緩。各處堤垻，先須踏看清楚，何者宜培，何者宜補，各工既畢，即擇日祭告龍神，决去捲埽，開水澆灌。大約以立夏前三日爲準。開水之後，宜督率水手、夫役沿渠梭巡，以防穿漏。水宜先灌稍段，自下而上，不可紊亂。

測水説

渠水既開，則於正閘立木一竿，以測水勢。五寸爲一分，以十二分半爲率，王全臣《渠務書》以十二分爲率。水小則閉退水閘，逼水盡入正閘，水大則開退水閘，使水分洩入河。唐渠之西門橋、漢渠之張政橋、惠渠之永固橋皆有測水木尺。西門張政、永固橋水以十四分爲率，少則爲不及，多則爲太過。蓋三橋居三渠之中，測水分數可知到稍早晚。各渠官橋皆有測水尺寸。又舊例峽口水過八尺，由寧夏官飛報南河防護河工。各渠皆嚴定測水分數，以防水小不能到稍、水大漲裂渠身之弊，最爲關緊。

封湶説

每歲立夏開水，例委員封水。將上游各支渠陡口閘閉，逼水至稍，取稍民得水結狀以爲驗，名曰封水。封水之時，於各支渠酌留水二三分不等，名曰湶。水到稍後，自下而上，以次開放頭水、二水，以至冬水，皆如是。然因時酌劑，往來稽查，惟在司其事者，若徒循成例，僅委衙役，則偷水賣水之弊，悉由此生焉。

用水節候説

各渠長百餘里或數百里不等，欲使渠流三時給足，令民間自酌物候，隨宜澆灌，勢必不能，故有頭輪水、二輪、三輪水之説，皆官爲封湶。民自修理者則由各渠首士督率封湶。上下始給初開水爲頭輪水，澆大小麥、莞豆、扁豆，名曰夏田。其次胡麻、青豆、高粱[3]、蠶豆及瓜菜。各渠下段又多種早糜穀，亦須澆灌。立夏後十日内外得水者爲及時，半月後得水即減分數，二十日或一月不得水，雖有穫，僅二三分矣。小滿後種穀子，芒種前後種稻，夏至種糜子、菉豆，曰秋田。秋田年前不澆冬水，俟新水澆漑，乃可下種，過期便少穫，故二輪水最要，秋夏田皆須灌。三輪水亦添灌夏秋田。小暑、大暑時稻地尤不可一日絶水，立秋後漚麻，末伏種冬菜，唯白露前後夏田已收，秋田皆熟，此時水可稍退，然亦須酌留四五分澆蕎麥、遲糜子及冬菜。冬水霜降後封湶，至立冬後須遍，此爲來歲夏田根本，須灌足，及春方可下種。此後水無所用，然往往有浸灌道塗者，亦須禁。大抵各色麥豆得水四次大穫，三次者亦豐收，二次減半，一次或過遲皆無濟矣。種稻須水最多。夏、朔二縣地多低下，易生鹹，種麥豆三四年必輪約種稻一次，藉水浸以消鹹氣，亦出於不得已。

渠務格言

濬渠條款　巡撫　楊應琚

維甘省之寧夏一郡，古之朔方。其地乃不毛之區，緣有黄河環繞於東南，可資其利。昔人相其形勢，開渠引流，以灌田畝，遂能變斥鹵爲沃壤，而民以饒裕，此其所以有“塞北江南”之稱也。考其渠道，如漢延、唐來二渠，由來舊矣。顧水之利已興，而其澤猶未周，唐、漢兩渠而外，尚有灌溉不及之地。我朝制度維新，百廢俱舉，於是復有大清渠肇修於前，而惠農、昌潤二渠繼之。由是寧夏、寧朔、平羅等縣，無不灌溉之田畝，而水澤周遍矣。然每歲之中，尤以春濬爲首務。舊例按田出備夫料，於清明日開工，立夏日放水，竭此一月之勤勞，以收終歲之利濟。成規俱在，班班可考。倘其草率從事，必致貽誤渠工。或垻岸不能修築堅厚，或渠身不能挑挖深通，非引灌不及，即冲决爲患。縱於夏秋之間復行竭力修治，已後而失其時，無能爲也已。今皇上御極之乾隆十六年，余奉命巡撫甘肅。次年壬申二月①，正值春濬之期，因念渠工之關係民生者重，不遑寧處，減從輕騎，親歷其地。將各渠道自口至尾詳勘形勢，並與工員講求春濬事宜。不惟在工各員均能悉心經理，即寧民之在工應役者，亦因余之來，莫不踴躍争先，共勤其事。越一月而春工畢，開閘放水，處處流通，灌溉既遍，沖决無餘。又展挖西河尾閘五十餘里，直達黄河，增建昌潤渠退水閘，是年麥秋遂獲大有，西成亦屬有慶，益信一年之計在春，誠未可忽也。使嗣後春濬歲歲依此而行，屢豐之兆，當如操左券然。時楊副使灝往來各渠，指示工員，督率興修，整剔諸弊，可謂殫厥心力矣。爰與之共相參酌，思垂永久。於工竣後，定《春濬規條》十二則，堪爲法守。因勒之石，以告後之官斯土者。

一，分塘須五丈爲定，以便查點也。查每歲春工分塘一丈，派夫二十五名，地窄人稠，難以查點，因而移星换斗，以少報多，百弊叢生。嗣後每塘以五丈爲定式，五丈之内定夫二十五名，用鍬用籠，判若列眉。官到點工，一目了然，無須停止候點，以致延緩。其背土人夫，重籠來者由左，空籠來者由右，不許擁擠礙路，違則監工官是問。

一，民夫不許影折代充，以免虚曠也。查每歲上工，多有字識、鍬頭、堡長、火頭等名色，暗行折夫肥己。更有本工夫役原少，賄囑附近閑人代爲充點之弊。嗣後塘夫二十五名之内，止許派火頭一名與衆夫作飯。每官一員及委管共派夫火頭一名，伺候茶飯。其餘名色，盡行革除。敢有仍行包折及代替充點之弊，查出一並枷示工所。

一，鍬鐝背籠，不許破壞、碎小也。查每歲有一等巧詐之夫，故用破壞鍬鐝、碎小背籠，以圖省力偷懶。所背之土隨路滲漏，是一鍬無一鍬之用，一籠無一籠之益。監工官宜細加查點，如有小籠壞鍬，立諭更换，不得狥默。更須酌量遠近，以均勞逸。垻岸有高低之不同，運土有遠近之各别，須計其工程，令鐝籠相配。

① 壬申：乾隆十七年(1752)。

總之一鍁可供五籠，若以鍁待籠則加籠夫，以籠待鍁則加鍁夫。庶遠近勞逸，均得其平矣。

一，堆土宜相度堺岸形勢也。凡挑挖之土，必須先行相度堺岸形勢。如左堺高厚，即將所挖之土堆於右堺，如右堺高厚，即將所挖之土堆於左堺。務須兩岸高厚相均，不得聽其偷懶，近左則堆於左，近右則堆於右，以圖省事。更須留岸六尺，務令在六尺之外堆成平頂，以免鬆土塌入渠内，違者監修委管是問。

一，各工料宜留心稽查也。凡用料之處皆係險工，全賴物料寬裕，鑲墊高厚堅實，方足以資抵禦。而水手人等，先存偷料之心，有"掛甲""戴帽"名色，用少報多，任其開銷。及至水漲被冲，無可查考，即使查出，而貽害已多。嗣後凡長堺、馬頭各工，務須細加確查。工完之日，水利廳仍抽斷刨驗，真假立見。監工官目擊鑲墊，責任綦重，尤不可不預爲察查，自干賠罰也。

一，挖高墊低、遇凍重修之弊宜除也。查渠内有轉嘴沙墩高阜之處，必須深挖一律，然後水行無阻。乃有巧詐之夫，故將挖去高處之土就勢墊於凹處，以致渠身不能寬平，水溜旁趨，每致疎虞，貽害實深。嗣後春工，務加嚴察，不許將凸處之土墊填凹處。如遇轉嘴沙墩，必挖取與凹處相等，庶渠身自然通暢。再間有凍處，一時不能挑挖，先改做他處，俟開凍後再爲重修，原係歷年相沿辦理，及至工程將滿，凍處仍未挖，因放水在邇，無暇重修，不得不任其草率。遂有本未遇凍，挖不及尺寸，藉名凍尚未開，即去此而就彼，此皆係巧詐渠長夥同書役影射之弊。嗣後凡遇此等工程，監工官務須親驗，報明尺寸，插出牌記，必俟凍開重修如式。立夏前五日驗明，方許放水，如此則影射巧詐之弊可除也。

一，上下工必須相照應也。查分工之後，監工者各管各段，彼此不相照顧，每致上段淺而下段深，或有上段深而下段淺，不能上下一律，以致放水之後，間斷阻隔，停留淤澄，皆由於此。嗣後春工務須上下接連，一律深通。如第一段深二尺者，二段必須挖至二尺二寸，使渠身漸次而下，自無停淤阻隔之虞矣。

一，支渠陡口，宜嚴督修理堅固也。查支渠陡口，官多不爲經理，民間自爲修作。巧詐之徒，每以減省工料爲得計。遇有損壞之處，並不用料經理，或以草塞，或以土填，苟且了事。及至放水之後，晝夜淘刷，不能抵禦，甚至連陡口冲去，往往淹損田廬，貽患匪淺。嗣後務須嚴加督責，其各陡口必用板片、樁木，修整堅固。此係各渠長、看丁之專責，宜留心察查。

一，挑濬宜復舊制也。查通侍郎〔智〕復修唐、漢、大清各渠，每工較准上下地形，各安藏底石一塊，石上有"準底"二字。每歲自應挑見底石，依勢深挖。乃日久弊生，希圖省事，略加疏濬，便爲合式，以致年復一年，竟置底石於不問。無怪每歲夏秋争水告水，官民俱累。不知渠本未深，水本未足，春工潦草，未見底石之故也。嗣後務須將上下渠挑挖與底石一律深平，方爲完竣。如有抗違不遵者，一體究治。則舊制可復，渠水充足，自無争告之紛擾矣。

一，渠口下石子急宜挖除淨盡，以清水口也。查壩口卷埽，自冬至春，水勢蕩漾，河水石子隨水而滚至埽下停滯。春工放水，但知折埽，初不知埽下石子暗積猶如門檻。若不乘時挖除淨盡，河水稍減，渠流即緩。水緩沙停，淤澄甚速。此乃通渠之咽喉，不可不慎。嗣後春工凡遇埽下石子，務須挖除淨盡，以清水路，不可稍有苟簡。水利同知當親詣督查，切勿輕信水手荒報爲要。

一，各工人夫，宜詳查變通也。查工程有平險難易之分，渠道有越日變遷之異。清明前渠内凍結未化，其工程之難易不能確定，况渠身迂回綿長，其轉嘴沙墩每年原無定所，若執定上年之難工仍估難工，多派人夫，上年之平工仍估平工，少派人夫，不特勞逸不均，亦且平險失宜。全賴監工者按册、按段，再加詳查。如本工本係平易，已估難工而夫多者，即商酌水利同知抽撥他處。如本工實係險要，已估平工，人夫不敷應用，亦即商酌水利同知，於平易工段抽撥協幫。務須權宜變通，以收實效，以均勞逸，慎勿因循故習，觀望緘默也。

一，各處橋閘、飛槽、暗洞，宜嚴督修整堅固也。查各渠多以橋作閘，而飛槽即架於橋上。橋閘木料細小，自春至秋，水勢激蕩，每見樁歪橋卸者，或以繩繫，或以草填，希冀僥倖於一時。及至緊要須水之際，而橋塌、槽折，引用無及。須逐一查明，凡有損壞之處，嚴加料理，修整堅固。至暗洞乃是各湖出水之咽喉，安藏於大渠之下，稍至壅滯破漏，不特漫淹田畝，更恐有害大渠。如林皋暗洞，是其明驗也。春工宜急刨挖驗看，不妥即修補完整，以洩湖水，以保大渠，萬勿疎忽，致貽事後之悔。

〔張金城〕按：河渠爲寧夏生民命脉，其事最要。然人知寧夏有渠之美，而不知寧夏辦渠之難。何者？他處水利，或鑿渠，或築堰，大抵勞費在一時，而民享其利遠者百年，近者亦數十年，然後議補苴修葺耳。今寧夏之渠，歲需修濬，民間所輸物料率數十萬，工夫率數萬。然河水一石，其泥六斗，一歲所濬，且不能敵一歲所淤。往往渠高流淺，灌溉難周，枯旱立見。稍民赴訴喧填，官吏奔走不暇，上下交病，未如之何。嘗考歷世河渠制度，可謂盡善矣，古人論治渠利弊，亦可謂詳矣。金城承乏斯郡以來，於今三歷歲修，與僚吏各殫心力。幸值借帑大修後，又連年河流頗盛，雨澤及時，五渠田畝，灌溉粗給。然求其大要，大概疏濬、封俵二者兼資。疏濬得法，則渠道深通，受水既多，封俵固易爲力。封俵得法，則渠流宣洩，沙隨水刷，來歲疏濬亦易爲功。疏濬之要，首在足夫料。夫足而後淤滯可去，料足而後坍岸可堅。若夫料不足，雖有智力，不能爲無米之炊。聊草塗飾，放水稍多，即虞衝决。一經衝决，退水修築，動輒經旬，澆灌失時，喧争愈急。農畝之歉收，官司之勞攘，殆無以善其後矣。誠能於春濬時，一切澱淤盡爲挑挖，閘壩埂岸各令堅固，則渠口之水可儘數開放。當盛夏初秋，惟慮灌溉不周，斷不至受水無地耳。此疏濬得失，關一歲利害，誠不可不亟講也！至於封俵之説，由來已久。況今土田日高，墾辟日廣，唐、漢二渠之水，若非官爲封俵，大抵終歲不能及中段，何況下稍？但前人立法，自下而上，原恐上游據水，淤灌湖灘閑地，或致下稍有偏枯之害。若定拘成法，有封無俵，及至稍田灌足，官吏並撤，上流一齊開放，則中段立涸。逮上流足後，下稍又須封二輪水矣。中段之民，若盡遵法静聽，一歲中將無澆灌之期。此所以冒法偷水，賄役買水，百弊叢生。雖有"嚴封逼稍，自下而上"之説，而其實上、中段未嘗不偷買澆灌，到稍之期亦未見迅速。官法愈峻，則水價愈昂。灌溉不匀，蠹役乘機，貧民滋困。此封之積弊，不可不察也。大抵開水之初，田苗需水尚不甚急，上游陡口，大者酌與分數，小者竟令開放。如水不足，於渠口盡數加添。數日後，以次封閉，入中、下段。初修之埂岸既可免疎虞，而下流得水時，上、中段澆灌者已多，再爲補給亦不費事。如此封俵兼行，上下兼濟，稍變通乎前法，究無礙於到稍取結之期也。至二輪、三輪水，不必俟下稍告水時然後嚴封實閘。當頭輪水足後即與中、上段，酌限時日令其澆灌，過某日則封某段，至某段。其渠長田多者，再就中酌俵數目。三輪水亦然。如此則各段得水有期，偷買之患自可少，即欲封稍，其勢亦易矣。夫以黄河萬里之流，灌寧夏不盈千里之地，其勢宜無不給，而田高稍遠，小民往往抱向隅之嘆。蓋各渠周道數百里，當封俵時，司事者勢不能遍履身親。工夫、物料動數十萬，疏濬徵收時，亦不能不假手吏役。舞弊者多，則官民並累。然則欲使夫料皆足，蓄洩有備，封俵得法，調濟有方，亦惟躬親巡視，嚴爲防範，但除積弊，自利生民矣。寧夏雖稱沃壤，而田止一熟，實少蓋藏。國家於水利既設專官，又董以本路監司，每渠澆灌既足，例必呈報，或遇日久澱淤，更加官修。誠以一方利賴，萬姓生資，實藉於此。金城究覽前規，採酌輿論，就所見聞利弊附志於後，庶爲後來從事者聊效一得云。

言渠務書[4]　**水利同知　王全臣**

唐、漢兩渠，寧夏民命攸關。康熙四十八年正月内，蒙飭水利都司王應龍盡力春工，而令職全贊理其事，幸覩成效。兹蒙以各渠情形及修濬利弊下詢，謹詳陳之。

寧夏，古朔方也。黄河繞於東，賀蘭峙於西，相距四五十里，遠者亦不過百餘里。南至唐壩堡之分守嶺，北至威鎮堡之邊牆，僅二百七十五里。延袤不甚寬廣，而所屬寧夏衛並左、右二衛及平羅所，共轄五十二堡，約計田地九千八百二十九頃有餘。其正供除麥饌等項納銀二千六百五十兩有零外，田土之賦，計納粮九萬八千三百八十餘石，納七斤穀草並年例秋青草共三十八萬三百餘束零，納壩草六十一萬零，納地畝銀八百六十餘兩，其湖灘又納潮鹹銀一千五百九十兩。賦亦綦重矣。況地大半盡屬沙鹹，必得河水乃潤，必得濁泥乃沃。古人於黄河西岸開濬唐、漢兩渠，誠萬世利也。四十七年春，職全蒞任之時，值春工方興，隨本道鞠宸咨親詣各渠細勘。竊查黄河自南而北，其入寧夏之處，兩岸俱係石山，名曰峽口。河初向東北流入峽，微折注於西北，不一二里即仍向東北出峽。峽之盡處有一觀音堂，古人於此傍石山之麓，開唐渠一道。渠口寬十八丈，深七尺。至明代，寧夏道汪文輝於右衛之唐壩堡，距渠口二十里，建石正閘一座。閘之外，建石退水閘四座。正閘下，入渠之水以五寸爲一分，止以十分爲率。水小則閉塞退水各閘，使水入渠，水大則開退水，以洩其勢。其正閘係六空，西四空爲唐渠，東兩空爲貼渠，每空各寬一丈。

唐渠自閘以下，西北至玉泉橋，名曰上上段，寬八丈，深三五尺，長五十里。自玉泉橋向東北流，復微轉西至良田渠口，名曰上段，寬七丈，深五六尺，長七十里。自良田渠口西北至西門橋，名曰上中段，寬六丈，深七尺，長四十里。自西門橋西北至站馬橋，名曰下中段，寬六丈，深七尺，長六十里。自站馬橋北至威鎮堡稍止，名曰下段，寬三丈，深三四尺，長一百三里。合計共長三百二十三里。其貼渠一道，寬三丈五尺，深六尺。至郭家寺地方分爲兩稍：一至漢壩堡稍止，長四十里，名曰舊貼渠；一至蔣鼎堡稍止，長五十里，名曰新貼渠。此因唐渠正閘之東岸，地土甚高，故引此渠。雖閘分兩派，而實與唐渠同口，蓋唐渠之附庸也。渠兩岸之堤及堵水之壩，俱名曰埂。沿埂居民，挖小渠以引水入田，名曰支渠。大者或百餘里，小者或數十里，及七八里不一。各於埂上建小木閘，以便蓄洩，名曰陡口。唐渠東、西兩岸，共陡口四百三十六道。

舊例百姓有田一分者，歲出夫一名，計力役三十日，又納草一分，計四十八束，每束重十六斤，又納柳椿十五根，每根長三尺。此輸將定額也。其或需用紅柳、白茨、芀苦[5]，則於草内折收。每草一分，折紅柳四十八束，又或折白茨或折芀苦各四十八束，每束重七斤。總名曰顔料。或石灰亦於草内折銀燒造，每草一束折銀一分。其草曰壩草，以備於險要處和土築埂，及啓閉各閘堵疊渠口也。椿曰沙椿，或釘閘底，或釘埂岸，使土堅固也。渠内水冲之處，必用土草築一墩以逼水。而外用紅柳、白茨護之，更釘以沙椿，名曰馬頭。芀苦則繩纜之具也。或修理閘底，亦必用紅柳、白茨鋪墊，而以沙椿釘之，乃蓋以石條，使無冲動之患也。每歲河凍之時，將渠口用草閉塞，名曰捲埽。至清明日，派撥夫役赴工挑濬[6]，各官分段督催。以一月爲期，名曰春工。至立夏日，掣去所卷之埽，放水入渠，名曰開水。開水之後，田地澆灌，其法先委官閉塞上流各陡口，以逼水至稍，其名曰封。封之之際，各陡口仍酌量留水一二分，其名曰俵。俗作"淲"。迨水已至稍，乃開上流各陡口任其澆灌。既足，又逼令至稍。封與俵，周而復始，上流下稍，皆澆灌及時也。唐渠、貼渠原灌寧、左、右三衛，及平羅所，共三十四堡，田地六千二頃有餘。衛所各官，分段封俵。一歲須輪灌數次，乃穫豐收。

至於漢渠，在唐渠之下，左衛陳俊堡四道河口地方，距唐渠口三十里，地形低窪，直迎河流，水勢易入。其渠口寬三十一丈，深七尺五寸。明汪文輝於漢壩堡距渠口十二里，建石正閘一座，計四空，每空寬一丈。閘外建石退水閘三座。自正閘北至唐鐸橋，名曰上段，寬五丈，深六七尺，長六十五里。自唐鐸橋西北至張政橋，名曰中段，寬四丈五尺，深六七尺，長七十五里。自張政橋北至殷家夾道稍止，名曰下段，寬三丈，深五六尺，稍末寬一丈，長九十八里。共長二百三十八里。渠之東、西兩岸，共陡口三百六十九道。原灌溉寧、左、右三衛所屬十八堡田地，共三千八百二十七頃有餘。後因開導西河，水勢變遷，何忠堡竟隔在河中，各自開引小渠，灌田三十餘頃。今漢渠止灌溉十七堡田地，共三千七百九十七頃有餘。其挑挖封俵，與唐渠一例。此渠得水甚易而又稍短田少，所以通利如故。

比年以來，唯唐渠淤塞過甚，瀕於廢棄，居民雖紛紛借助於漢渠，不過稍分餘瀝，地之高者竟屢年荒蕪，而漢渠亦因以受困。職全細按唐渠之大病有三：一苦於渠口之不能受水也。相傳先年唐渠口下，河中有一石子沙灘，障水之勢以入渠。厥後灘漸消没，河流偏注於東，而渠口竟與河相背，其入渠者，不過旁溢之水耳。水之入渠也無力，遂往往有澄淤之患。一苦於地渠之不能通水也。唐壩以下，自杜家嘴至玉泉營，盡係淤沙，每大風起，輒行堆積。唐渠經由於此，實爲咽喉。向者以風沙不時，旋去旋積，遂相與名曰"地渠"，蓋因兩岸無塀，與平地等，故名之也。此處自來不在挑濬之列，因循既久，竟至渠底與兩岸田地齊平，甚有渠底高於兩岸田地者，較唐壩閘底約高三四尺。河水汛漲時，入渠之水非不有餘，乃自入閘以來，至此阻梗，由是旁灌月牙、倒沙兩湖。迨兩湖既滿，然後溢於渠内。徐徐前行，不知費幾許水力，經幾許時日，乃得過玉泉橋也。況有此阻梗，水勢紆回，水未前行，而挾入之濁泥已淤積閘底數尺矣。一苦於渠身之過遠也。水之入口也[7]，原自無多，而又苦於咽喉之不利，以有限之水，流三百餘里，供數百陡口之分洩，其勢自難以遍給。若遇河水減落，則束手無策矣。唐渠有此三大病，而又加以年年挑濬失法，積弊多端。如渠夫、渠草，除紳衿優免外，豪衿地棍，及奸胥猾吏，肆意侵蝕，每將百姓應納草束、沙樁，折收銀錢代爲買辦輸納[8]，名曰"包納"。草則多係朽爛，樁則盡屬短小。又巧立名色，隱射規避。若橋梁，若陡口，倘有損壞，俱屬官修。乃借稱須人看守，每處免夫草一二分，名曰"看丁"，又曰"坐免"。甚至徒杠亦有坐免，有力盡爲看丁。即曰陡口須人啓閉，未聞天下橋梁俱須人看守者也。是渠夫、渠草，衹爲奸猾之利窟，而渠工已受病實多矣。每年興工之時，並不查明某處淤塞，某處阻梗，量度工程之輕重，酌用夫役之多寡。唐渠自口至稍止，分三工五段。漢渠自口至稍止，分兩工三段。如某工舊例用夫五百名，年年撥給五百。某工舊例用夫三百名[9]，年年撥給三百。工輕之處，夫多怠玩，工重之處，夫實短少。且催納顏料之役，必故爲遲延，及時至工迫，各段督工者，即令挑渠之夫役採取顏料，兩岸園林莊柳，任其砍伐。微論止半供渠工，半充私囊。額徵顏料，盡被乾没，而所撥三百、五百之夫，亦止虚有其數而已。

渠道灣曲之處，東岸高者西必低，西岸厚者東必薄，以高厚者力逼水勢，刷洗對岸也。每年挑濬之法，如夫一百名，止有三、四十名在渠内取土，餘五、六十名俱排列高厚岸上，遞相轉運，一鍬之土，經七八人之手。而對面低薄之岸，必不肯加幫尺寸，謂低薄岸底必有刷洗深溝，恐因加幫撒土填塞。以致高厚者愈增，低薄者愈減，是以每年有冲崩之虞。或水由堺底鑽(俗作"汖"。)潰，或水由堺上漫(俗作"垐"。)倒，皆不肯加幫低薄所致也。至渠夫，則止由衛所經承派撥，名曰"安渠"。賄囑者，派之路近而工輕；貧窮者，派之路遠而工重。且將一段之夫雜派數十堡之人，聽其自赴工所，管工者莫知誰何。中有逃者，報官查册拘題[10]，往返動至半月。而一堡一夫，又分派數處，必遠至百里，或二百里以外，使之奔走不遑。更將撥夫單内故意填寫錯亂，使之赴各工段自行查問。總欲令民不得不致遲誤，以便定取罰工。又各工段設立委管、渠長等役，各五六人，或七八人，每人免渠一二分。彼俱係用賄鑽營充當者，一到工所，每人包折夫役一二十名不等。更有豪衿地棍，指稱旁支小渠請討人夫，多至五六十名，少亦二三十名，官必如數撥給，實無一名赴彼所請之處，伊等竟折錢分肥。是以額夫雖一萬一千有零，而在渠挑濬者，僅可得半，又率以老弱充數。官司查渠，只走大路。沿途問夫在何處，就彼查點。委管、渠長人等探知，即雇附近莊農應名，點後即散。甚且預知官司到來，令人夫於渠内挖土，堆積如塔形。以堆土之高，詐爲挑挖之深，使高低莫辨。官司一見，便誇稱工好，並不問及上段如何，下段如何。官司去後，夫役仍將所堆之土攤平渠内。其運上高岸者，不過數十鍬。八段之内，官司必由之處，或挑挖數里，其僻遠不到之處，亦夫役足蹟之所不到也。總因兩渠分爲八段，每段必遠至數十里，無一定之責成，無一定之程式，而奸棍折去夫役，因循延至一月，遂相率而散。其未經挑挖者，雖有十之六七，衹謂工多夫少，付之無可如何。渠道之淤塞，實由於此。

職全於涖任之初，巡視渠工，見漢渠口之上有一小渠，名曰賀蘭渠，寬數尺，長十餘里，乃前任寧夏道管竭忠據居民所請開濬者，别引黄河之水灌田數頃。職全上下相度，見河水直冲渠口，而第苦於口低身小，導引不得其方，莫能遠達。乃謀諸司水王應龍，請於本道，欲藉此渠形勢另開一渠，以助漢、唐水力之所不逮。本道謂："此渠曾奉前撫憲據士民呈請，飭委惠安堡鹽捕通判王惠民勘驗形勢，甚有裨益。後以工程浩大，約計用夫萬餘，一月尚不能竣，又慮修理閘壩，需費不貲，遂爾中止。吾有志久矣，汝第力行之。"職全謂："用夫不得其法，雖數里亦覺艱鉅。若量土以計工，量工以計夫，此數十里之渠，計日可成。渠若告成，閘壩自易易也。"本道乃令職全與都司役用額夫，距舊賀蘭渠口之上三里許，直迎水勢，另開一口，至馬家莊地方引入舊渠，而擴之使寬。行三四里，至陳俊、漢壩兩堡之交，即棄舊渠而西，引水由高處行，以達於唐渠。雖遠至數十里，而莊園、墳墓皆繞以避之，毫無所傷。其所損田畝盡爲除厥差徭，居民莫不歡忻樂役，於四十七年九月初七日興工，至十三日渠成。十五日，本道親詣渠口開水，不崇朝而遍注田間。自來高亢之地，一旦水盈阡陌，婦女孩童，咸出聚觀，驚喜之狀，若有意外之獲。其渠口上距唐渠口二十五里，下距漢渠口五里，乃右衛唐壩堡所屬剛家嘴地方。口寬八丈，深五尺，渠身長七十五里二分。上三十里，寬四丈，深六七尺。下三十里，寬三丈五尺，深五六尺。稍末十五里二分，寬一丈六尺，深五尺。東、西共陡口一百六十七道，灌溉陳俊、蔣鼎、漢壩、林皋、瞿靖、邵剛、玉泉、李俊、宋澄九堡田地，共一千二百二十三頃有餘。至宋澄堡地方，仍匯入唐渠。本道以此渠閱十數年聚議，止爲道旁之築者，今告成於七日，且相度形勢，較王惠民向所勘驗，引水更易，不覺喜形於色，謂移此用夫之法以修唐、漢兩渠，不難坐令各渠疏通也。於是於四十八年，竟以此渠聞之憲臺。當蒙倡捐俸資，於陳俊堡地方建石正閘一座，計兩空，每空寬一丈，閘外建石退水閘三座。工既成，蒙命其閘曰大清閘，渠曰大清渠。職全復於閘上建橋房五間，左側建游亭一所，其規模竟與漢、唐兩壩鼎峙矣。此建閘之處，乃舊貼渠經由之地。貼渠較清渠高六尺有餘，竟爲清渠截斷。職全乃造木筧置諸閘後兩旁石牆之上，中更用大木架之，傍橋房之欄，以渡貼渠之水自西而東。筧寬四尺，長三丈，名曰"過水"。此不特貼渠無傷，而閘上、閘下，水流交錯，波聲互應，風景殊有可觀也。彼陳俊等九堡田地，乃素用唐渠之水者。清渠既成，則不須唐渠灌溉，其入唐渠之水，可使之直趨而下。而所省灌溉九堡之水，實足以補唐渠水利之不足，不患渠身之過遠矣。況清渠餘水之匯入唐渠者，又能大助其勢也。唐渠之病去其一。至於唐渠口，則於黄河内築迎水埽一道。用柳囤數千，内貯石子，排列兩行，中間用石塊、柴草填塞，上復用石草加疊，過於水面，更用大石塊襯其根基，其埽寬一二丈，高一丈六七尺不等。自觀音堂起至石灰窑止，共長四百五十餘丈，逆流而上，直入峽内，中劈黄河五分之一，以爲渠口。口寬至二十餘丈，較舊渠口約高數尺，挽河流東注之勢，逼令西折入渠。是迎水坍之力，已能逆水使之高，束水使之急，吞噬洪流，勢若建瓴，不患澄淤矣。而口又加寬，受水實多，渠内之水，賴以倍增。唐渠之病又去其一。歷年不挑之地渠，則多用夫役挑濬，使之低於閘底，以通水路。兩旁復立高厚坍岸，使渠流至此得以疾趨，不致繞道於湖。水行既疾則沙隨水走，莫能淤積。唐渠之病又去其一。由是口内洋溢，咽喉無阻。向之唐渠以有限之水灌溉三十四堡田地常慮不足者，今以有餘之水，又省九堡之分洩，止灌溉二十五堡，自無不充裕矣。不須借助於漢渠，而漢渠亦並受其益矣。

至若奉委協助都司挑濬各渠，則革盡從前積弊，唯以新渠用夫之法爲例，於清明興工前一月，將漢、唐各渠自口至稍，逐細查丈，更用水平量其高低。如某處渠道淤塞，應挖深若干，寬若干；某處坍岸低薄，應築高若干，厚若干；某處工重，應用夫若干；某處工輕，應用夫若干。預造一工程册，乃以額夫合算，除修理閘壩、迎水，及各大支渠用夫若干外，計挑挖唐、漢、大清各渠實止夫若干，於是量土派夫。每夫一日，以挖方一丈、深三尺爲率。夫數既定，乃自下而上，挨堡順序。如威鎮堡在唐渠之稍，該堡額夫若干名，以土合算，應挖若干里，即定以里數，分立界限，開明寬、深丈尺，令從稍末挖起。至分界處，接連即用平羅堡之夫，又接連，即用周澄堡之夫。餘逐堡順派，以近就近，各照分定界限挑挖。其夫即用本堡堡長督率，每工開一丈尺細單，務挑挖如式[11]。挑挖之土，俱令加疊低薄坍岸。高厚之處，不許妄排多人，致妨正工。其支渠之大者，但度量工程，撥給夫役。但往歲於各堡中混派，今則止令受水之民自行挑挖。夫數或稍减於舊額，而用工則不啻數倍。至十餘里，及三五里之小支渠，即算入正渠工程之内一併挑挖，不另撥夫役，以杜隱射、包折之弊。職全復每日於渠身内往返巡查，如某堡分工幾里，其挑挖不合單開丈尺，致渠底不平，或低薄之岸疊築不堅，即責究堡長。工程無包折之弊，夫役無遠涉之勞，而逐段皆有責成，皆有程式，自相率盡力，不敢怠玩。况興工之後，復蒙憲臺遣標下守戎王捷督查其工，又蒙廉察壩草六十一萬，不無侵漁，特對半減免三十萬有餘。民間有田一分，舊例納草四十八束者，今止納二十四束。以是寧民踴躍趨事，争先恐後。各渠疏通無阻，坍岸又極堅固。所以立夏開水之日，黄河水不加增，而每年開水月餘水不能到稍者，今不過四五日，稍末即澆灌遍足矣。鎮城以北往年不沾涓滴者，今且遍種稻、稗矣。

寧鎮各渠之情形及修濬之利弊如此，此皆差員王捷所目擊者。獨是職全革弊太盡，立法太嚴，委管、渠長盡遭革除，豪衿地棍勢難包折，隱射之弊俱爲清出，支渠之夫不能分肥，而奸胥猾吏歲歲恃渠工以填欲壑者，今且無所施其巧。是數萬生靈雖云受利，而積年奸宄未免側目矣。竊思古人之於渠務，額設有夫，力役有期，物料有備，分五工八段，使各盡其力，立法何嘗不善，迄於今非徒無益，而又害之，總皆趨利之輩作弊於所忽，懷法於不覺，竟使利民者反以累民，古人立法之美意泯没殆盡。職全亦何人斯，安保其所立之法不即壞於旋踵耶。伏乞嚴飭司水利者，每年以去歲春工爲例，而再爲神明變通於其間，不使已效之法復致更張，已通之渠復致淤塞，憲恩直與河流並永矣。

言渠務利弊書　水利同知　董凝極

竊惟寧夏古制，清、唐、漢、惠農、昌潤五渠普潤寧夏、寧朔、平羅三縣，乃通郡民命所關也。乾隆四十七年夏四月，奉委署理寧夏水利同知事務。抵任，適當俵封頭輪水澤，即刻意經營，不遑寧處。歷夏、秋、冬三輪俵水，幸仰賴憲臺洪庥，各渠普暢，澆灌十數年不得涓滴之高田皆挹注通徹，萬民莫不懽忻鼓腹焉。而一年之内所閲各渠情形及修濬利弊，其間法之所由良、弊之所由革，竊頗能得其大略焉。兹謹爲我憲臺詳細陳之。

寧夏，古朔方也。黄河繞於東，賀蘭峙於西，相距或四五十里，或八九十里，遠者或一百餘里。南自大壩堡之分守嶺，北至威鎮堡之邊牆，僅二百七十五里，延袤不甚寬廣，而中間所屬寧夏、寧朔、平羅共受水民一百一十二堡。寧郡田户，以六十畝爲一分，新户以百畝爲一分，一分即一頃也，共田一萬六千五百十二分。乃其地土大半盡屬沙鹹，必得河水乃潤，必得濁泥乃沃，否則霖雨雖多，而潮鹹易起。古人於黄河西岸開濬唐、漢兩渠，迨至我朝，復於唐、漢渠而下開濬大清、惠農兩渠，又附之昌潤一渠，誠萬世之利也。其制從黄河旁各作迎水湃一道，或三五十丈、七八十丈不等，以石作埂，迎水入渠口。距一二十里各建正閘一座，閘内入渠之水，以五寸爲一分，止以十二分爲率。閘之上各建退水閘，河水小則閉塞退水各閘，使水入渠，河水大則開退水閘，以洩其勢。其閘架石成梁，各四空，每空各寬一丈。兩岸堵水成渠，以草築土，名曰湃岸。而閘外中腰作滚水壩一道，長六七十丈，以石堆壘，低於草湃數尺。河水泛漲，則從此而滚出外河。正閘之水，止循分寸。水入渠内，沿湃居民挖小渠以引水入田者名曰支渠。大者或百餘里，小者數十里及七八里不一，各於湃岸上建小木閘以便灌田，名曰陡口。有受此渠之高，田相隔彼渠而不能得水者則架木爲槽，引水而過，名曰飛槽。渠水灌田，復從稻田澄出，歸入窪下之湖。唐渠之東岸曰解面湖、曰楊家湖、曰陳家湖、曰洛洛湖，漢渠之西岸曰平列湖、曰老鸛湖、曰雙塔湖，清渠之東岸曰姚家湖、曰葦子湖、曰張喇湖，漢渠之東岸曰明水湖、曰龍太湖，惠農渠之西岸曰黑渠湖、曰塔橋湖，坎坎相連，名曰十二連湖。外又有草湖、黄沙湖、明水、張喇小湖，皆所以蓄田水也。盈科後進入西河，而仍入歸黄河。有被大渠所阻者則渠底架石，築出水洞以通之，名曰暗洞，所以洩水也。舊例，每歲冬至，民間除田賦正供而外，按田一分，輸納草四十八束，每束重十六斤，椿十五根，每椿長三尺，作一分，共納草六十一萬，水利都司經辦。康熙四十八年，寧夏道廉察其中不無侵漁，特對半減免三十餘萬，今止以草二十四束、椿十五根作一分，共草、椿一萬六千五百十二分，夫役一萬六千四百餘名，遂爲輸將定額。然猶必需用紅柳、白茨、芀苦、石塊、木條、草梱等物，總名曰料，則於草、椿内折色三分採買支用，實收本色草、椿七分。其草曰壩草，以備於險處和土築垪，及啓閉各閘，堵疊渠口也。椿曰沙椿，或釘閘底，或釘垪岸，使土堅固也。渠内水衝之處，必用土草築一墩，以逼水而外，用紅柳、白茨護之，更釘以沙椿，名曰碼頭。芀苦則以爲繩纜也。或修閘底，亦必需紅柳、白茨鋪墊，而以沙椿釘之，仍蓋以石條，使無衝動之患也。每歲冬餘河凍之時，將渠口用草閉塞，名曰捲掃。至清明日派撥額夫赴渠挑挖，加疊垪岸，官司親臨，董率委派紳士六七十名，分段監督工程。力役三十日，名曰春工。至夏至日掣去所捲之掃，放水入渠，名曰開水。開水之後，田地正須澆灌。其法將上段各陡口閉塞，先行趕水到稍，取民間澆灌滿足甘結，名曰封水。又防水大冲決渠口，一面將大口開放一二分水，名曰俵水。迨水已至稍，乃開上流各陡口，任其澆灌。既足，又逼令至稍。封與俵周而復始，上下段皆須澆灌及時。到夏至日止，以長夏禾，名曰頭輪水。立秋日起，封俵之法亦如之，至寒露止，以長秋禾，名曰二輪水。立冬日起，封俵亦如之，至小雪止，以備春耕，名曰三輪冬水。大抵頭輪總以立夏後十日内外得水爲佳，秋田年前不澆冬水，俟新水灌漑，乃可下種，故二輪水尤最要。冬水至立冬須淌遍，緩則結凍無及。夏秋兩禾，得水四次者大穫，三次亦豐收，二次減半，一次或過遲皆無濟矣。此寧夏渠務利弊之大概情形也。

【校勘記】

[1] 芀苦：原作"芀苫"，據《寧夏府志》卷八《水利·渠道》改。下同。

[2] 本志所載額夫數量與《寧夏府志》卷八《水利·渠道》所載相異，該志載："唐渠額夫六千六百六十五名零五日一分，漢渠額夫四千八百七十二名零十二日四分，清渠額夫九百一十二名零九日，惠農渠額夫三千九百七十二名零十二日，昌潤渠額夫二千二百五十九名，共額夫一萬八千六百八十名有零。"

[3] 高粱：原作"高梁"，據文意改。

[4] 言渠務書：《〔乾隆〕甘志》卷四八《藝文》題作《上巡撫言渠務書》，《寧夏府志》卷八《水利》題作《上撫軍言渠務書》。

[5] 芀苦：《〔乾隆〕甘志》卷四八《藝文·上巡撫言渠務書》作"席萁"。下同。

[6] 赴工：《〔乾隆〕甘志》卷四八《藝文·上巡撫言渠務書》作"赴渠"。

[7] 入口也：《〔乾隆〕甘志》卷四八《藝文·上巡撫言渠務書》作"入口者"。

［8］買辦：《〔乾隆〕甘志》卷四八《藝文・上巡撫言渠務書》作"買備"。

［9］某工：《〔乾隆〕甘志》卷四八《藝文・上巡撫言渠務書》作"某段"。

［10］拘題：《〔乾隆〕甘志》卷四八《藝文・上巡撫言渠務書》作"拘提"，疑是。

［11］務：《〔乾隆〕甘志》卷四八《藝文・上巡撫言渠務書》作"務令"。

朔方道志卷之八　貢賦志上

賦則　額徵

《禹貢》①：咸則三壤[1]，成賦中邦[2]。雍州厥田上上，厥賦中下。説者謂，雍州之域，土厚水深，故賦定中下，若寧夏享河渠之利，而厥賦攸同，踐土食毛，亦云幸矣。民國肇興，恪遵前制。兹特謹將維正之供，窮源竟委，并將鹽法、茶法、錢法、釐税、户口繫之於後，俾邊疆之民，群知食德服疇，輸將恐後，得共維持我民國億萬年有道之基，豈不懿歟。志《貢賦》第五。

賦則

寧夏賦則始於明巡撫羅汝敬，初議每畝税麥四升、莞豆六升、秋税粟米二升，夏忠靖公〔原吉〕謂邊地恐難經久，汝敬復奏曰："黄河自崑崙入中國數萬里，爲害於汴梁，獨利於寧夏。一斗二升起科，猶爲輕則。"迨後歷年既久，地利漸微，又加以宿水停滯，土脉積寒，民力困於徵輸，逋轉内地，屯田半荒。嘉靖十一年，巡撫王華[3]、楊志學奏准麥二升、莞豆二升，皆以青茶豆抵之，民困稍舒。萬曆時巡撫朱笈奏請捐除河崩、沙壓、高原、宿水、抛荒、無影等田一千餘頃②。

甘肅緣邊地多枯瘠不毛，寧夏擅黄河之利，號稱沃野。然方輿數千里，入額之田僅二萬三千二百餘頃，其中高者砂礫，下者斥鹵，膏腴之壤實不及半。而且近山多風沙覆壓，瀕河則濁浪冲崩。懸賦浮租，往往而有。或抵撥新墾，或勘報捐除，是以賦額亦時有損益。大率田分數等起科，夏、秋二税外，草束、丁銀亦因田輕重。其間名目繁多，每因前代屯田舊則，今或有不可考者矣。前明寧夏屯田，以五十畝爲一分，一軍承之。餘丁則田無定數，彼此許其過割。初，每百户軍三屯七，蓋以二人之耕供一軍之用。田有鱗次，皆約束於總旗。故田之肥瘠廣狹、丁之多寡老幼，無不周知，事易集而差易辦。其後屯役浩繁，人皆夤緣應軍而

① 參見《尚書·禹貢》。
② 參見《寧夏府志》卷十八《藝文·疏奏》載朱笈撰《豁免屯粮賠累疏》。

棄田。總旗又以陞陟爲謀，棄屯入操。至嘉靖時，原額屯軍十止三四，頂補餘丁十乃六七。丁壯力富者，又爲旗甲所隱，以致差撥不均，逋亡相望。户口凋耗，視昔過半。至於天〔啓〕、崇〔禎〕之世，邊黎困敝，殆不可言矣。

有表田供總府進表用，公用田貯藥局供官軍藥餌、各衙紙筆燭炬。樣田折銀貯寧夏庫，供祭壇廟。今制廢而名僅存，其餘名目，皆有取義，惟代遠未能悉考耳。

明初原額田一萬八千八百三十二頃餘。萬曆七年後，河沙囓没。壬辰兵變，人田兩無，税粮銀草虛懸無著者一千九百八十餘頃。入額田一萬六千八百四十餘頃。七衛二所，歲額徵夏秋粮一十二萬七千五百一十石餘[4]，草十八萬六百二十六束零，地畝銀一千二百一十一兩零，折粮草銀一千六百一十三兩零。春三月發羨卒修浚各渠，秋八月各採秋青草數十萬束不等，今則減少多矣。詳下《額徵》。

額徵

寧夏縣

原額地四千三百二頃二十畝四釐一毫四絲六忽八微九纖九塵六渺五漠。

自清雍正十年起至乾隆四十二年，續次招墾，入額地四百九十三頃二畝四分七釐。

自雍正十年後，歷年勘報捐除水冲、沙壓地二百一十二頃六畝九分六釐三毫六絲。

乾隆四年，建築滿城、郡城及改挖渠道，佔用地五十畝四分。

乾隆十年，在於"河水湧漲、冲陷粮田"案内，豁除葉昇、任春等堡地八十三頃七十一畝八分。

實額地四千四百八十五頃九十三畝三分四釐七毫八絲六忽八微九纖九塵六渺五漠。内：

上則全田。三千七十二頃七十六畝零，每畝徵粮一斗二升、草四分六釐二毫九絲、地畝銀一釐。

上則樣田。一十頃八十六畝零，每畝徵粮一斗二升、草四分六釐四毫。

上則公用養廉、學表等田。一十四頃九十六畝零，每畝徵粮一斗五升。

上則蘆湖全田。八十九頃七十一畝零，每畝徵粮一斗二升、地畝銀一釐。

中則蘆湖減田。二百七十二頃六十六畝零，每畝徵粮六升。

中則易田。五十六頃一十三畝零，每畝徵粮六升、地畝銀一釐。

中則穀田。三頃五畝,每畝徵粮七升。

中則公用田。一十六頃四十七畝零,每畝徵地畝銀二錢八分六釐八毫二絲四忽二微五纖四塵一渺九漠。

中則灘田。八十畝,每畝徵地畝銀二錢四分八釐六毫四絲三忽七微五纖。

中則湖田。一頃,每畝徵地畝銀一錢四分。

下則沙減田。一十二頃二十六畝零,每畝徵粮三升。

下則硝鹹全田。四百三十頃六十畝零,每畝徵地畝銀一釐、折粮草銀一分二釐五毫二絲九忽二塵七渺二漠。

下則硝鹹、蘆湖全田。七頃八畝零,每畝折粮草銀一分二釐。

下則硝鹹易田。一百五十五頃四十五畝零,每畝徵折粮草銀六釐。

下則硝鹹田。三百四十二頃二十畝零,每畝徵地畝銀六釐。

應徵夏、秋粮夏税小麥、莞豆,秋税青豆、粟米、穀子。四萬三百三十五石二斗五升四合七勺七抄三撮九圭九粟七粒五顆八糠。内:小麥六千三百一十六石八斗五升六合七勺一撮二圭八粟九粒七顆八糠,莞豆一萬四千三百二十九石八斗九升一合五勺九抄三撮四圭二粟一粒八糠,青豆一萬三千三百一十三石四斗九升三合二勺七抄九撮九圭九粟九粒八顆八糠,粟米六千三百一十六石八斗五升六合七勺一撮二圭八粟九粒七顆八糠,穀子五十八石一斗五升六合四勺。

應徵穀草七斤一束,按六十畝爲一分,每分二十六七束不等。一十四萬二千七百四十二束九釐二毫一絲九忽二纖五塵一渺九漠五埃。

應徵年例秋青七斤一束,按六十畝爲一分,每分二十六七束不等。一萬五千四百二十束。

應徵地畝併折粮草銀一千七百一十七兩八錢七分三釐三毫二絲一忽六纖三塵五渺二漠四埃。

原額身差人丁共三千九百五十四丁。雍正五年,在於"請倣以粮載丁之例"案内,准其通省以粮載丁,按照實徵地畝銀粮均載,丁銀每粮一石,均載丁銀一分六毫一絲五忽。共徵銀四百五十七兩八錢八毫五絲一微一纖九塵九渺六漠。

原額人丁牛車一百一十四輛。每輛歲納銀四錢四釐三毫。共徵銀四十六兩九分二毫。

原額葫蔴市每年徵税銀二兩四錢二分五釐七毫。

原額魚湖、柴湖二處,歲徵銀七十九兩五錢。

原額黑渠、塔下湖二處,歲徵銀五兩三錢一分。

原額園圃、官房,歲徵銀七兩二錢三分七釐四毫。

上地畝、人丁以及官房、園圃、湖灘雜地,歲共徵銀二千三百一十六兩二錢九分六釐。内除歲支壇廟祭祀銀九十七兩三錢七分，道憲俸薪銀二十兩八錢二釐，各役工食銀二百三十四兩，空缺鄉飲銀二兩五錢。又文武舉人每逢會試，每名應領盤費銀五兩五錢二分四釐。起運銀一千九百六十一兩六錢二分四釐。

以上係《舊志》所載清乾隆四十五年以前之額徵。

自乾隆四十五年後，新採訪，寧夏原額屯田四十四萬八十六畝。

應徵正糧三萬八千一百四十九石五斗三升二合七勺，耗羨糧五千七百二十二石四斗二升九合九勺。

應徵地丁正銀二千二百七十八兩九錢七分二釐二毫，耗羨銀三百四十一兩八錢四分五釐八毫。

應徵馬廠銀一千一百四十四兩五錢七分五釐。無耗羨。

應徵七斤穀草一十五萬九百五十二束七分五釐。

自乾隆四十五年至宣統三年止，歷年荒蕪無徵田二十六萬三千六百四十四畝七分五釐八毫。内：

除歷年荒蕪無徵正糧二萬二千九百二十六石九斗四升二勺，耗羨糧三千四百三十九石四升一合。

除歷年荒蕪無徵地丁正銀一千五百九十九兩二分二釐，耗羨銀二百三十九兩八錢五分三釐。

除歷年荒蕪無徵馬廠銀九百九十二兩三分三釐五毫。

除曆年荒蕪無徵小草一十萬一千七百八十七束七分四釐。

又自民國元年起至民國十一年止，續次勘報河崩、沙壓、逃絶、荒蕪無徵田九千七百一十一畝一分三釐。内：

除荒蕪無徵正糧一千一十九石六斗六升八合八勺。

除荒蕪無徵正銀五十一兩五錢八分八釐一毫。

除荒蕪無徵小草三千三百七十九束八分一釐四毫。

民國二年，造報盈餘案内加出已徵未報正糧五百二十三石一斗二升一合二勺，加出已徵未報正銀五十四兩二錢二分六釐三毫，加出已徵未報小草二千九十五束二分九釐六毫。

民國三年，加出新墾升科正糧四百二十九石五斗六升四合八勺，加出新墾升科正銀八十兩二分一釐八毫，加出新墾升科小草一千三百一十束二分四釐，加出招墾升科馬廠地租銀二十五兩七錢四分八釐。

今實成熟田一十六萬六千七百三十畝九釐。

今實徵正糧一萬四千二百二石九斗二升三合六勺，耗羨糧二千一百三十石四斗五升八合五勺。

今實徵地丁正銀六百二十八兩三錢六分九釐，耗羨銀九十四兩二錢五分四釐一毫。

今實徵馬廠地租銀一百七十八兩二錢八分九釐五毫。無耗羨。

今實徵七斤小草四萬五千八百八十五束一分九釐六毫。

寧朔縣

原額地二千六百四十五頃五十七畝九分七釐四毫四絲五忽。

清雍正三年，收左衛地一千四百八十四頃三十八畝四分四釐五毫九絲三忽三纖三塵二渺八漠。

雍正六七年，續次收入新墾地一百三十九頃一十八畝五分八釐一毫。

乾隆四年，收入新墾地三頃九畝四分五釐。

乾隆十三年，收開墾旗地、滿城移建隙地八頃四十九畝三分。

乾隆十八年，收沙壓墾復地七頃一十二畝六分七釐。

乾隆十九年，收蔣頂堡新墾地一頃八十五畝。

乾隆二十三年至四十三年，續次收入新墾地二百一十四頃四畝五分。除修築新渠、滿城佔用地一百六十一頃八十四畝三分八釐二毫九絲三忽。

雍正三年，在於"慶藩遺粮累民"案内，豁除荒地四頃五十一畝二分。

乾隆四年，豁除佔用表粮地三畝。

乾隆十八年，豁除河水冲崩地十頃四十三畝一分。

乾隆二十三年至四十四年，續次豁除河崩沙壓地一百三頃四畝七分。

實額地四千二百三十二頃七十三畝六分四釐六毫。内：

全田。三千七十一頃六十八畝零，每畝徵粮一斗二升、草四分五釐九毫五絲八忽三微、地畝銀一釐。

蘆湖全田。六頃五十二畝零，每畝徵粮一斗二升、地畝銀一釐。

蘆湖減田。二百七十六頃九十畝零，每畝徵粮六升。

沙磧田。一十六頃零，每畝徵粮七升。

沙減田。二十七頃零，每畝徵粮三升。

硝鹹全田。一百五十九頃零，每畝徵折粮草銀一分二釐五毫四絲、地畝銀一釐。

硝鹹減田。五百四十八頃零，每畝徵折粮草銀六釐。

湖田。六十二頃一十九畝零，每畝徵湖銀五分九毫八絲八忽一微九塵五渺二漠。

養廉學租田。六十六畝零，每畝徵粮一斗八升。

公用田。四頃一十九畝零，每畝徵銀三錢四分三釐七毫四絲八忽四微一纖八塵七渺。

上則全田。八十畝零，共徵粮九石六斗七升零、草三十七束三分零、地畝銀八分零。

中則蘆湖減田。四十一畝零,共徵粮二石五斗零。

下則硝鹹。全田二頃二十七畝,共徵地畝折粮草銀三兩七分零。

中則易田。七十一畝零,共徵粮四石二斗七升零。

中則沙減田。八十四畝,共徵粮二石五斗二升零。

下則硝鹹田。二頃八畝,共徵銀一兩二錢四分零。

中則易全田。六十一畝,共徵粮三石六斗六升、地畝銀六分零。

中則沙減田。六十四畝,共徵粮一石九斗二升。

下則硝鹹。全田二十畝,共徵地畝折粮草銀二錢七分零。

下則硝鹹減田。四十畝,共徵銀二錢四分。

原額更名地二百一十三頃六十二畝八分四釐八毫三絲。內:

府地全田。九十四頃六十六畝零,每畝科粮一斗五升、草九分二釐五毫七絲一忽四微二纖八塵五渺、地畝銀一釐。

鹹田。二十六畝零,每畝科粮一斗二升、地畝銀一釐。

花檔田。四十二畝零,每畝科銀三錢七釐三毫二絲八忽六微六塵六渺六漠。

靛田。八十一畝零,每畝科銀一錢九分六釐一毫二絲。

銀田。一百一十七頃四十七畝零。內有十頃六十三畝零,每畝科銀一錢六分九釐五毫六絲八忽。又有二頃七十五畝零,每畝科銀五分六釐四毫四絲。又有一百四頃九畝零,每畝科銀五分三釐八毫五忽七微五纖二塵三渺。

按:更名地係前明廢藩租地,至清編入正額,每畝徵粮一斗八升,徵銀三錢七釐零。歷年河水冲崩,田去粮存,民間苦之。乾隆二年,廣東道監察御史、郡人栗爾璋奏請寧夏更名田照民屯田上、中、下減則完納,豁免水冲沙壓,以甦民困。部議交本省督撫詳查。經知縣辛禹籍查出,寧朔縣偏重地一百一十二頃零,應減粮五百六十九石零、銀一百八十八兩零。水冲沙壓地九千四百三十七畝零,應免粮一千七百八石零。部議,令其酌減,不得全行豁除。至乾隆十六年議准:更名田上則每畝減三升,下俱實納一斗。花檔減銀一錢七分。靛田減銀一錢五分。銀田上則減銀一錢五分,中則減銀九分六釐九毫,下則減銀六分九釐。而更名田始定。

上原額、更名兩地共四千四百四十六頃三十七畝四分九釐四毫三絲。

應共徵夏、秋粮夏税小麥、莞豆,秋税青豆、粟米、穀子。三萬七千九百四十五石二斗四升三合九勺,內有各堡無着懸粮六十八石四升六合。小麥五千九百八十二石二斗二升八合二勺,莞豆一萬三千二百一十八石五斗六升四合九勺,青豆一萬二千五百八十四石九斗六升二合六勺,粟米六千五石三斗六合九勺,穀子一百五十四石一斗八升一合三勺。

應共徵穀草七斤一束,按六十畝爲一分,每分二十六七束不等。一十五萬一千三百二束二分二釐。內有各堡無着懸草二百一十五束一分九釐二毫九絲。

應共徵年例秋青一萬二百八十束。

應共徵地畝並折粮草銀一千六百兩六錢三分一釐五毫六絲四忽九微七塵八渺八漠二埃。内有各堡無着懸銀三兩七分二毫六絲。

原額身差人丁一千四百七十丁。雍正五年，在於“請倣以粮載丁之例”案内奉准按實徵地畝粮銀均載，丁銀每粮一石，均載丁銀一分六毫一絲五忽。共徵銀四百二十二兩三錢八分三釐七毫七絲四忽六微九塵一渺八漠。

更名田均載丁銀三十二兩八錢八釐七毫五絲六忽二微。

應徵公用銀一百四十四兩八分二釐。

應徵柴湖四處，共銀三十兩二錢四分五釐九毫九絲。

應徵柴湖灘一十四處，共銀一百六十六兩二錢六分一釐五毫三絲八忽。

應徵官店房地基三處，共銀二百八十八兩一錢九分一毫。

應徵園圃二處，共銀六兩一錢五分六釐一毫。

應徵膠泥採柴湖灘一座，銀八錢五分。

上地畝、人丁並湖灘雜地、園圃、官房，共實徵銀二千六百九十二兩五錢九分八釐。内除續次河冲沙壓停徵銀三十一兩九錢七分一釐，又除歲支壇廟祭祀銀九兩三錢二分，空缺鄉飲銀二兩五錢。文武舉人，每逢會試，每名應領盤費銀五兩五錢二分四釐。起運銀二千六百四十八兩八錢七釐。

以上係《舊志》所載清乾隆四十五年以前之額徵。

自乾隆四十五年後，新採訪，寧朔原額屯田四十四萬七百六十六畝八分四釐。

應徵正粮三萬五千七百四十五石六斗五升八合一勺，耗羨粮五千三百六十一石八斗四升八合九勺。

應徵地丁柴湖正銀二千六百四十二兩九錢五分三釐，耗羨銀三百九十六兩四錢四分三釐。

應徵七斤小草一十四萬二千八百五十一束四分一釐。

自乾隆四十五年至宣統三年止，歷年荒蕪無徵田二十六萬三千三十三畝五分五釐九毫。内：

除歷年荒蕪無徵正粮二萬二千一百四十八石二斗八升八合九勺，耗羨粮三千三百二十二石二斗四升三合三勺。

除歷年荒蕪無徵地丁柴湖正銀一千三百三十二兩九分六釐五毫，耗羨銀一百九十九兩八錢一分四釐六毫。

除歷年荒蕪無徵七斤小草九萬三千四百二十九束。

又自民國元年至民國十一年止，續次勘報河崩、沙壓、逃絶、荒蕪無徵田九千八十六畝五釐七毫。内：

除荒蕪無徵正粮九百四十石一升一合。

除荒蕪無徵地丁柴湖正銀四十七兩四錢八分四釐八毫。

除荒蕪無徵小草三千五百八十束九釐。

民國二年,造報新墾盈餘已徵未報案内加出正粮七百九十石九斗八升,加出正銀一十四兩二錢五分二釐二毫,加出小草二千二百八十三束九分四釐。

民國五年,新墾馬營官産加出地丁正銀一兩二分。

民國七年,新墾旗民墓地加出地畝正銀一十一兩三錢九分一釐六毫。

今實成熟田一十六萬八千六百四十七畝六分六釐一毫。内湖田一萬五千一百二十二畝一分七釐,銀田二萬八千七百六十二畝六分五釐。

今實徵正粮一萬三千四百四十八石四斗一升九合二勺。内湖米四百五十三石六斗六升五合,耗羨粮二千一十七石二斗六升二合九勺。

今實徵地丁柴湖正銀一千二百九十兩三分五釐四毫。内銀田銀九百三十三兩三錢七分九釐五毫,耗羨銀一百九十三兩五錢五釐三毫。

今實徵七斤小草四萬八千一百二十七束二分六釐。

中衛縣

原額地三千一百二十五頃四分八釐零。

乾隆二十三年,查出開墾地九十頃七十九畝二分五毫。

乾隆四十四年,查出香山磙子井開墾地八頃六十二畝。

乾隆二十三年,豁除河崩地一百二十頃八十三畝二分一釐七毫。

乾隆二十六年至四十三年,續次捐除河崩沙壓地一百七十八頃三十畝一毫。

實額地二千九百二十五頃二十八畝四分六釐七毫。内:

上則全田。一千八百八十四頃一十畝四分三釐,每畝科粮一斗二升、草三分、銀一釐。内有地二十五頃七十一畝一分六釐,其地稍薄,例不徵銀。

中則全蘆湖田。二百四十頃五十一畝四分,每畝徵粮六升、草三分、銀一分七毫。

下則半蘆湖田。一百頃一十四畝六分八釐,每畝徵粮三升、草三分。

公用田。五頃,每畝徵粮三錢。

下則全鹹田。六百三頃一十一畝八分四釐,每畝徵銀一分三釐、草三分。内有全鹹田九十頃五十七畝八分四釐,例不徵草。

下則半鹹田。八十八頃六十七畝九分七釐八毫,每畝徵銀六分四釐、草三分。

下則半硝鹹田。七十一頃一十畝一分三釐,每畝徵銀六釐五毫、草三分。

山田。八頃六十二畝,每畝徵銀六釐。

應徵夏、秋粮夏税小麥、莞豆,秋税青豆、粟米。共三萬五千一百六十四石五斗一升七合。内：小麥八千九百四十一石一斗，莞豆九千四十一石四斗，青豆一萬一千四百二十一石五斗三升八合一勺，粟米五千七百六十石七斗七升二合。

應徵穀草八萬七千五百七十一束五分。

應徵地畝銀一千八十四兩二錢八分四釐三毫九絲五忽。

原額身差人丁，雍正五年，在於"請做以粮載丁"案内奉准按實徵地畝粮銀均載，丁銀每粮一石，均載丁銀一分六毫一絲五忽。共徵丁銀二百六十一兩四錢一分五釐六毫五忽。此條丁數，舊志漏未及載。

上共徵銀一千三百四十五兩七分。内歲支壇廟祭祀銀四十三兩八錢四分，渠寧巡檢司養廉銀六十兩，典史養廉銀六十兩，文武舉人每逢會試，每名應領盤費銀五兩五錢二分四釐，浮額孤貧銀七兩四錢七分六釐五毫。起運銀一千一百七十四兩七錢一分四釐。

以上係《舊志》所載乾隆四十五年以前之額徵。

自乾隆四十五年至道光二十一年，《中衛續修縣志》載除荒原額實地二千七百四十五頃六十二畝三分零。

應徵粮二萬一千二百四石三斗零。

應徵地畝銀一千二百九十九兩二錢五分六釐。

應徵均載丁銀二百七十三兩八錢三分一釐。

應徵七斤小草七萬八千二十四束。

又自道光二十一年至民國十一年止，續次勘報河崩、沙壓、荒蕪、無徵地七百二十六頃八十八畝三分零。内：

除歷年荒蕪無徵粮六千五百八十石一斗七升零。

除歷年荒蕪無徵地丁銀三百七十八兩六錢八分。

除歷年荒蕪無徵草一萬八千九百九十六束五分二釐。

今實成熟地二千一十八頃七十四畝。

今實徵正粮一萬四千六百二十四石一斗三合一勺，耗羨粮二千一百九十三石六斗一升五合零。

今實徵地丁銀一千一百九十四兩四錢七釐，耗羨銀一百七十八兩五錢六分六釐零。

今實徵七斤小草五萬九千二十八束八分。

平羅縣

原額地四千七十三頃四十一畝五分六釐。

歷年收入新墾地四千六十九頃二十二畝，又收入額地五十畝。

清乾隆三十年，豁除上下寶閘沙壓地一百一頃六十二畝。

乾隆三十二年，豁除新舊户、東永惠等二十七堡沙壓地一百二十八頃九十一畝一分。

乾隆三十九年，豁除新户、渠口等堡河崩地一百二十五頃七十畝。

實額地七千七百八十六頃九十畝五分六釐。内：

舊户科則全田。六百一十頃五畝零，每畝徵粮一斗二升、草四分六釐二毫九絲、地畝銀一釐。

蘆湖全田。三頃四十七畝四分五釐，每畝徵粮一斗二升、地畝銀一釐。

易田。六十六頃五十六畝八分五釐，每畝徵粮六升、地畝銀一釐。

減田。一千五百二十一頃四畝零，每畝徵粮六升。

高亢田。一十九頃三十一畝一分四釐，每畝徵粮七升。

新户科則全田。四百三十頃二十畝零，每畝徵粮一斗二升、地畝銀一釐。

減田。一千二百二十三頃二畝零，每畝徵粮六升。

硝鹹全田。二千五百九十七頃六十二畝，每畝徵鹹銀一分二釐五毫四絲、地畝銀一釐。

硝鹹減田。一千三百一十五頃六十畝零，每畝徵鹹銀一釐。

應共徵夏、秋粮夏税小麥、莞豆，秋税青豆、粟米、穀子。三萬三百三石五斗五升八合九勺。内：小麥七千六百九十九石三斗五升六合七勺，莞豆一萬五百八石四升七合六勺，青豆四千二百七十九石六斗六升四合九勺，粟米七千六百九十九石三斗五升六合七勺，穀子一百一十七石一斗三升三合。

應共徵穀草七斤一束，按六十畝爲一分，每分二十六七束不等。四萬四千二百二十束四分七釐。

應共徵地畝銀四千三百八十八兩六錢二分八釐。

原額身差人丁三十四丁。雍正五年，在於“請做以粮載丁”案内，奉准按照實徵地畝銀粮均載，丁銀每粮一石，均載丁銀一分六毫一絲五忽。共徵丁銀一百四十三兩五錢一分九釐。此條“三十四丁”恐有脱誤。

上地畝、人丁共實徵銀四千五百三十二兩一錢四分七釐。内：此條歲支起運，《舊志》漏未備載。

以上係《舊志》所載清乾隆四十五年以前之額徵。

自乾隆四十五年後，新採訪，平羅原額屯田七十六萬一千六百五十三畝七分。

應徵正粮二萬九千二百二十六石一斗零五合一勺，耗羨粮四千三百八十三石九斗一升五合八勺。

應徵地丁正銀四千三百七十兩零一錢零五釐，耗羨銀六百五十五兩五錢一分五釐八毫。

應徵廠租田一萬五千九百九十三畝八分三釐。查廠租乃由馬廠領墾之地，上地每畝徵銀四分六釐，中地每畝徵銀二分八釐，下地每畝徵銀一分四釐。

應徵七斤小草四萬五千二百束四釐。

自乾隆四十五年至宣統三年止，歷年勘報無徵荒蕪田五十二萬六千八百六畝二分三釐。內：

除歷年荒蕪無徵正粮一萬六千四百一十二石三斗九升九合六勺。

除歷年荒蕪無徵正銀三千二百七十三兩七錢四分七釐。

除歷年荒蕪無徵七斤小草二萬二千三百一十九束七分八釐一毫。

又自民國元年至民國十一年止，續次勘報河崩、沙壓田一萬五千一百四十畝零五分八釐。內：

除歷年荒蕪無徵正粮七百八十四石九斗四升八合。

除歷年荒蕪無徵正銀四十四兩五錢一分八釐七毫。

除歷年荒蕪無徵廠租銀一百三十二兩八錢四分六釐一毫。

除歷年荒蕪無徵小草一千九百七十束零八分五釐一毫。

今實成熟地二十一萬九千七百零六畝八分九釐。老户銀粮地七萬六千五百六十一畝二分，新户銀粮地一十三萬一千零一十五畝七分一釐，廠租地一萬二千一百二十九畝九分八釐。

今實徵正粮一萬二千零二十八石七斗五升七合五勺，耗羡粮一千八百四十三石一斗三升六合二勺。

今實徵地丁正銀一千零五十一兩八錢三分九釐三毫，耗羡銀一百五十七兩七錢七分五釐九毫。

今實徵廠租銀七百兩二錢一分一釐二毫，無耗羡。

今實徵七斤谷草二萬零九百二十一束七分九釐。

靈武縣

原額地三千四百一十六頃九十四畝三分八釐。

額外牛息糜粮四百五石一斗九升。

節年收入開墾地六十七頃六十四畝三分二釐。

養廉牛犋湖田等地六十九頃四十七畝八分四釐。

除歷年河冲沙壓地四百三十頃七十五畝八分一釐。

雍正九年，設花馬池州同，分管地八百二十二頃八十五畝二分六釐。除牛息糜粮四百五石一斗九升。

實額地二千三百頃四十五畝四分六釐二毫。內：

上則全田。一百三十一頃八十四畝零，每畝徵粮一斗二升、草四分六釐三毫、銀八釐八絲五忽。

中則全田。五百七十四頃四十六畝零，每畝徵粮一斗二升、草四分六釐三毫、銀三釐一毫八絲。

中全田。八頃，每畝徵粮一斗二升、草四分六釐三毫、銀一釐八毫一絲。

上民田。三百六十八頃七十四畝零，每畝徵粮八升、草三分二釐、銀八釐八絲五忽。

中民田。二百九十五頃二十七畝零，每畝徵粮八升、草三分、銀三釐一毫八絲。

土兵田。五頃九十九畝零，每畝徵粮八升、草三分三釐、銀三釐一毫八絲。

一則沙田。五十五畝零，每畝徵粮三升，銀七釐八絲五忽。

二則沙田。四十三頃四十八畝零，每畝徵粮三升、銀二釐一毫八絲。

一則山田。一十三頃六十一畝零，每畝徵粮三升三合九勺七秒七圭八粟、銀二分六釐九毫七絲二忽八微一纖四塵二渺。

二則山田。一十八頃七畝，每畝徵粮三升三合、銀一分八釐一絲一忽六纖八塵七渺。

三則山田。二百八十三頃二十四畝零，每畝徵粮七合、銀七毫六絲八忽七微六纖七塵七渺一漠。

沙薄田。一百四十七頃四十五畝零，每畝徵粮三升、草一分三釐四毫四絲八微五塵九渺八漠[5]。

硝全田。一百四十二頃九十二畝零，每畝徵銀一分五釐七毫二絲。

硝鹹全田。五十二頃三十三畝零，每畝徵折粮草銀一分二釐五毫四絲、地畝銀一釐。內有三十畝，每畝徵“九釐銀”七釐八絲五忽。折粮草銀、地畝銀並同。

硝鹹減田。四十一頃二十六畝零，每畝徵銀一分三釐三毫五絲七忽。內有二十一頃八十二畝零，每畝徵硝銀一分二釐五毫四絲、地畝銀八毫一絲七忽。

硝鹹田。五頃五十六畝零，每畝徵折粮草銀一分二釐五毫四絲。

硝田。三頃二十畝零，每畝徵銀一分二毫四絲。

硝鹹民田。二十三頃一十四畝零，每畝徵地畝銀一釐、折粮草銀一分二釐五毫四絲。內有二頃七十畝零，每畝徵地畝銀七釐八絲五忽，折粮草銀並同。

硝民田。二十五頃八十三畝零，每畝徵銀一分二釐五毫四絲。

民銀田。四十一頃八十畝零，每畝徵折粮草銀三分，地畝銀二釐一毫八絲。

原額更名地四百八十九頃六十二畝。內：

全田。一百四頃四十五畝零，每畝徵粮一斗二升、草三分、銀三釐一毫八絲。

糜穀上田。三十三頃六十三畝零，每畝徵粮一斗二升、銀二釐一毫八絲。

糜穀中田。一百三十四頃五十七畝零，每畝徵粮七升五合、銀二釐一毫一絲。

糜穀下田。一十三頃八十四畝零，每畝徵粮五升五合、銀二釐一毫八絲。

一則鹹田。九十一頃四十二畝零,每畝徵粮八升、銀二釐一毫八絲。

二則鹹田。二十九頃四十七畝零,每畝徵粮六升四勺四秒三撮七圭、銀二釐一毫八絲。

口粮。田九頃八十四畝零,每畝徵粮七升五合、銀三釐一毫八絲。

銀田。十頃,每畝徵粮三分三釐一毫。

硝田。四十二頃三十五畝零,每畝徵銀一分三釐五毫四絲。

硝全田。一十三頃九十畝零,每畝徵銀一分五釐七毫七絲七忽二纖四塵一渺四漠六埃。

半硝田。六頃六畝零,每畝徵粮六釐二毫七絲五忽四微三纖八渺八漠。

實共原額、更名地二千七百九十頃七畝四分零。

應徵夏、秋粮夏税小麥、莞豆,秋税青豆、粟米。一萬八千二百二十一石七斗七升九合五勺,内除冲壓停徵粮六百二十三石三斗九升四合七勺。實徵粮一萬七千五百九十八石三斗八升四合八勺,内:小麥二千五百二十八石二斗四升五合二勺,莞豆五千六百一十三石一斗五升一合一勺,青豆五千三百四十五石二斗七升九合三勺,粟米四千一百一十一石七斗九合二勺。

應徵穀草七斤一束,按六十畝爲一分,每分二十六七束不等。六萬一千二百七十二束五分六釐。

應徵地畝並折粮草銀六百一十三兩一錢三分二釐。

"九釐銀"八百七十兩五分八釐。

應徵銀田布價銀二百一十四兩四錢四分二釐。

應徵牛犋銀四十四兩一錢八分二釐。

原額身差人丁,雍正五年,在於"請做以粮載丁"案内,奉准按照實徵地畝銀兩均載,丁銀每粮一石,均載丁銀一分六毫一絲五忽。共徵丁銀二百一十六兩七錢五分七釐。

上共徵銀一千九百五十八兩五錢七分一釐。内除冲壓停徵銀一百四十二兩五錢六分九釐。實徵銀一千八百一十六兩二釐。州庫存留自支銀二百五十五兩二錢四分。歲支壇廟祭祀銀三十二兩七錢二分,惠安堡鹽捕通判俸銀二十兩[6],各役工食銀一百七十四兩。餘銀四十六兩五錢二分,係裁汰鹽課大使各役原額俸工銀四十三兩五錢二分,空缺鄉飲銀三兩。文武舉人每逢會試,每名應領盤費銀五兩五錢二分四釐。起運銀一千五百六十兩七錢六分二釐。

以上係《舊志》所載清乾隆四十五年以前之額徵。

自乾隆四十五年後,新採訪,靈武原額地二千四百一十頃零六十一畝七分六釐。

應徵正粮一萬五千八百六十五石零九升七合六勺,耗羡粮二千三百七十九石七斗六升四合六勺。

應徵地丁正銀一千七百二十九兩一錢六分七釐，耗羨銀二百五十九兩三錢七分五釐。

應徵七斤穀草五萬五千五百六十八束二分零三毫。

自乾隆四十五年至宣統三年止，歷年劃撥荒蕪田一十四萬七千一百四十一畝八分八釐。內。劃撥金積縣田一十二萬四千五百三十畝零六分五釐，劃撥鎮戎縣田一萬九千五百一十四畝五分，劃撥鹽池縣田二千四百二十二畝零四分，河崩、沙壓、荒蕪田六百八十四畝六分九釐。按：劃撥鹽池縣之惠安、鹽積、萌城、隰寧四堡係民國四年事，列入宣統年前，少誤。

除劃撥荒蕪無徵正粮九千四百二十三石零三升三合六勺。

除劃撥荒蕪無徵地丁銀九百四十六兩零八分七釐四毫。

除劃撥荒蕪無徵小草三萬二千六百三十三束三分八釐五毫。

又自民國元年起至民國十一年止，歷年勘報河崩、沙壓無徵田一萬零六百三十七畝一分一釐。內：

除歷年荒蕪無徵正粮五百八十七石一斗三升二合九勺。

除歷年荒蕪無徵正銀七十七兩一錢三分四釐七毫。

除歷年荒蕪無徵七斤小草二千二百九十一束三分六釐一毫。

今實成熟地八萬三千二百八十二畝四分一釐。

今實徵正粮五千八百五十四石九斗三升一合一勺，耗羨粮八百七十八石二斗三升九合七勺。

今實徵地丁正銀七百零五兩九錢四分四釐九毫，耗羨銀一百零五兩八錢九分一釐五毫。

今實徵七斤穀草二萬零六百四十三束四分五釐七毫。

金積縣

原由靈州分撥屯地一千三百三十三頃八十三畝五分五釐，内除歷年荒蕪未墾地四百一十一頃一十二畝八分二釐，實額地九百二十二頃七十畝七分三釐。

應徵正粮八千六百四十三石一斗一升七合五勺，耗羨粮一千二百九十六石四升六升七合八勺。

應徵地丁正銀六百九十七兩六錢九分四釐，耗羨銀一百四兩六錢五分四釐一毫。

應徵七斤小草二萬八千四百六十一束四分三釐。

自清同治十一年分撥至民國十一年止，除歷年荒蕪無徵粮二千七百八十三石七斗二升二合八勺，除歷年荒蕪無徵地丁銀二百五十兩三錢三分九釐七毫，除歷年荒蕪無徵草七千六百三十二束六分八釐七毫。

今實徵正粮夏税小麥、莞豆，秋税青豆、粟米。五千八百五十九石二斗九升四合七勺，耗羨粮八百七十八石八斗九升四合二勺。

今實徵地丁正銀四百四十七兩三錢五分四釐三毫，耗羨銀六十七兩一錢三釐一毫。

今實徵七斤小草二萬八千四百六十一束四分三釐。

鹽池縣

原由靈州分管額地八百九十五頃五畝三分八釐。内民地，八百八十九頃一十五畝三分八釐，每畝徵黄米七合。屯地。五頃九十畝，每畝徵青豆三升。

應徵粮六百四十石一斗七合七勺。内：黄米六百二十二石四斗七合七勺，青豆一十七石七斗。

應徵地丁銀一十兩一錢八分二釐。

以上係《舊志》所載清乾隆四十五年以前花馬池州同分管靈州之額徵。

自乾隆四十五年後至民國十一年止，除歷年荒蕪無徵粮四百石七斗八升七合九勺，除歷年荒蕪無徵地丁銀三兩九錢五分。

民國二年，又由靈州撥歸萌城、隰寧、鹽積三堡原額地三十一頃六十三畝四毫内。原撥四堡内，惠安向徵鹽課，未額丁粮。

一則田。一十五頃八十四畝三分。

二則田。一十頃三十九畝二分四毫。

三則田。五頃三十九畝五分。

應徵粮九十五石二斗一升二合四勺。

應徵地丁銀九十八兩四錢九分六釐。

又自民國二年至民國十一年止，除歷年荒蕪無徵粮七十六石九斗五升三合四勺，除歷年荒蕪無徵地丁銀八十一兩一錢九分八釐。

今實徵正粮二百五十八石五斗五升五合四勺，耗羨粮三十八石七斗七升五合零。

今實徵地丁正銀二十三兩五錢三分一釐，耗羨銀三兩五錢二分五釐零。

鎮戎縣

原撥田二千八百八頃七十畝二分七釐，内由海城縣分撥夾道堡、可可水堡、預旺堡地一千一百一十三頃七十三畝七釐。内：

民地。三十三頃七十畝一分。

屯地。二百四十頃九十畝五分五釐，除荒實熟地一百一十四頃一十五畝二分三釐。

更名地。六百九十八頃四十七畝三分三釐，除荒實熟地四百四十頃五十四畝七釐。

養廉地。一百四十一頃五分九釐。

由固原州分撥毛居士井、白馬城、永固堡地一千五百九十五頃八十六畝六分五釐。内：

牧地。一千一百四十六頃六十三畝六分五釐，除荒實熟地六十九頃二十六畝六分九釐二毫。

養廉租地。四百四十九頃二十三畝，除荒實熟地二十九頃二十四畝四釐。

由靈州分撥韋州堡及同心城三甲半地九十九頃一十畝六分。内：

更名地。二三則、硝民、半硝共九十九頃一十畝六分，除荒實熟地九十五頃二十九畝八分三釐。

應共徵粮八百五十三石八斗五升四合。

應共徵地丁連閏銀一千九百二兩五錢三分六釐。

應共徵七斤小草三千六百二十二束一分七釐。

自前清光緒初年分撥至民國十一年止，原荒蕪無徵地一千八百五十四頃二十六畝七分二釐。内：

除荒蕪無徵粮三百三十四石六斗九升三合八勺。

除荒蕪無徵地丁連閏銀一千一百四十八兩六錢三分四釐。

除荒蕪無徵七斤小草一千一百八十二束五分二釐。

今實成熟田九百五十四頃四十三畝六分五釐。

今實徵正粮五百四十二石七斗七升，耗羨粮八十一石三斗一升二合。

今實徵地丁正銀八百四十兩一錢八分二釐，耗羨銀一百二十六兩一錢八分四釐。

今實徵七斤小草二千三百六十四束二分八釐。

按：寧夏額徵，《舊府志》採訪甚詳。清乾隆四十五年以後，代遠年湮，同治、宣統又迭遭變亂，案卷蕩然。《新通志》所載與《舊志》亦多未符，守闕抱殘，殊堪浩嘆。兹全録《舊志》，而以新採訪所呈近年荒蕪實徵數目詳繫於後，聊得查考，或亦不幸中之一幸歟。

【校勘記】

[1] 咸則三壤：原作"則壤"，據《尚書・禹貢》、《寧夏府志》卷七《田賦》改。

[2] 中邦：此二字原脱，據《尚書・禹貢》、《寧夏府志》卷七《田賦》補。

[3] 王華：此二字原脱，據《朔方新志》卷一《食貨・賦役》。

[4] 二：原作"三"，據《寧夏府志》卷七《田賦》改。

[5] 銀：原作"草"，據本志書例及《靈州志蹟》卷二《丁税賦額志第九》改。

[6] 二十：原脱"十"字，據《寧夏府志》卷九《職官・皇清文職官制》補。

朔方道志卷之九　貢賦志下

鹽法　茶法　錢法　統捐雜税户口附

鹽法

《唐·食貨志》載①："鹽州五原有烏池、白池、瓦池、細項池。靈州有温泉池、兩井池、長尾池、五泉池、紅桃池、迴樂池、弘静池。會州有河池。三州皆輸米以代鹽[1]。"寧夏鹽池，至唐始見於史。

宋初鹽筴，只聽州縣給賣，初未嘗有官鈔也[2]。慶曆八年[3]，以兵部員外郎范祥鈔法[4]，令商人就邊郡入錢四貫八百售一鈔，至解池請鹽二百斤，任其私賣，得錢以實塞下，省數十郡搬運之勞。行之既久，鹽價時有低昂。又於京師置都鹽院，陝西轉運司自遣官主之。京師食鹽，斤不足三十五錢則斂而不發，以長鹽價[5]，過四十則大發庫鹽，以壓商利，使鹽價有常而鈔法有定。行之數十年[6]，人以爲利。

至元二年，監察御史帖木兒不花及廉訪使胡通奉疏："陝西百姓許食解鹽，地遠脚力艱澀。今後若因大河以東之民分定課程，買食解鹽，大河以西之民，計口攤課[7]，任食韋紅之鹽，則官不被擾，民無蕩産之禍矣。且解鹽結之於風，韋紅鹽産之於地，東鹽味苦，西鹽味甘，又豈肯舍其美而就其惡乎。使陝西百姓一概均攤解鹽之課，令食韋紅之鹽，則鹽吏免巡禁之勞[8]，而民亦受惠矣。"因命陝西行省等官與總帥汪通議，俱稱當從帖木兒不花、胡通奉所言，以黄河爲界，聽民食用。

明嘉靖三十四年，奏准陝西行鹽地方，每鹽二百斤爲一引，每引收銀四錢五分。西鹽二分搭配漳鹽八分。俱聽分守隴右道監理收銀，年終解送花馬池營管粮衙門防秋兵馬支用。隆慶五年，題准花馬池大、小二池鹽，每引照鹽四倍。河東令各商報納，每引增銀一錢二分，共五錢二分，其卧引銀一錢二分。西路斗底銀一錢五分，共增課銀七千有奇。

① 參見《新唐書》卷五四《食貨志》。

清初，設寧夏鹽捕廳管理靈州花馬小池。其産鹽地方周圍三十六里零，池設有壕牆，按年疏築，限隔内外。舊鹽井二百眼，撈鹽六萬一千四百四十石，原額每石一引，共引六萬一千四百四十張，每引徵課銀一錢一分五釐五毫。康熙十五年至二十五年，遞有加增。雍正六年，又查出新井二百二眼共四百二眼。雍正十三年，增引六千張，共引六萬七千四百四十張，每引徵銀二錢一分五釐五毫，共徵課銀一萬四千五百三十三兩三錢二分，按年解布政司。額産鹽六萬七千四百四十石，在於平、慶兩府各廳州縣並寧夏、河東各營堡行銷。原額中衛所屬鳴沙等十堡額引一千三百八十九張，徵課銀二百九十九兩三錢二分九釐五毫，靈州所屬吴忠等十九堡額引二千三百八十六張，徵課銀五百一十四兩一錢八分三釐。《新通志》載，横城堡尚有額課銀二十七兩五錢八分四釐，安定堡額課銀八兩六錢二分。寧夏共課銀八百五十六兩六錢一分三釐，與《舊志》稍異。同治後廢引行票，課化爲釐，光緒末年又改統捐。民國六年，又改商包辦，聽民買食，舊制一律取銷。

《舊志》云[①]：鹽池之在三山兒者曰"大鹽池"，在故鹽城之西北者曰"小鹽池"。其他名"孛羅"等池最多，皆分隸大鹽池。其鹽大都不勞人力，因風自生，殆天産以資邊需者也。又《地里志》"懷遠縣有鹽池三"[②]，去城北各三十里俱有池一[9]，其産不多，官亦不禁，不知於古何名。河東邊外有花馬、紅柳、鍋底三池，以邊外棄。

按新採訪：花馬小池，在鹽池縣屬惠安堡之西，即舊白鹽池。又相傳舊有鳳棲於池畔，亦名"鳳池"。自北而南，相接十餘里，分北、中、南三池，故又名"三池"。新舊共井四百二眼，壩夫四百二名。築土爲畦，汲井水溉其中，數日成鹽。額鹽六萬一千四百四十石，額引六萬一千四百四十張，每引徵課銀一錢一分五釐五毫。清康熙十五年至二十五年，兩次增加銀一錢。雍正十三年，增引六千張，共引六萬七千四百四十張，共徵課銀一萬四千五百三十三兩三錢二分。除動支文廟、鹽神廟祭祀银三十二兩九錢九分九釐，餘悉解司。同治亂後，廢引行票，課化爲釐，有比較，無定額。光緒末年，又改統捐，每鹽一石抽銀一錢五分，漸增至一兩二錢。民國六年，又改商包辦，每鹽百斤，取洋銀二元。八年，奉文減洋四角，今因之。

又按：花馬小池爲惠安堡池，而花馬大池則即鹽場堡大鹽池也。明初，屬寧夏衛，以鹽易馬，故名"花馬"。嘉靖九年，總制王瓊以去靈州遠，改歸定邊衛。清同治年，陝甘總督左宗棠進兵甘肅，仍請歸甘，由甘委員經徵，以助軍餉。嗣又改爲統捐，與小池一例。近則用作外債抵押品矣。《舊志》以花馬等池棄在邊外，未

---

① 參見《寧夏府志》卷七《田賦・鹽法・附歷代鹽法》。

② 參見《舊唐書》卷三八《地理志》。

免失考。大池西南十六里尚有爛泥池，周十六里，在鹽、定二縣交界地，東九里屬定邊境，西七里屬鹽池境。又大池西南三十里有蓮花池，一名連環池，周十八里，亦在兩縣交界地，東南角十里屬定邊境，西北角八里屬鹽池境。又有紅崖池，周十二里。哇哇池三池相連，周十里，波羅池有水無鹽，均在定邊境。惟無紅柳、鍋底等池，今昔異名，亦未可知。至邊牆外之大池周八十里，狗池周三十里，倭波池周八里，則在鄂爾多斯境。《定邊志》論之甚詳①，附録以備參考。

《定邊縣志》云，大鹽池，在鹽場堡城外，曰花馬池。《明史·食貨志》[10]：洪武三年，户部奏陝西察罕腦兒地有大小二鹽池，請設鹽課提舉司。此即大鹽池也。明初隸寧夏衛，嘉靖九年改屬定邊衛，地周十六里許。南風至即水成鹽，自然凝結。郡志：按花馬大池坐落定邊縣地方，距府城五百五十里，距縣城二十里，周圍一十六里。《舊志》②：周圍二十七里。本西秦牧地，即土治鹽，故名花馬池。原隸甘肅靈州，明嘉靖九年，總制王瓊以大池去靈州遠，且密邇延綏，奏准改屬延綏鎮鹽場堡，每年二月間於池内開治壩畦，引水入池灌畦，風起波生，日晒成鹽，用力極易。惟天旱水少，或雨水過溢，所産差少。

爛泥池，在大池西南一十六里，周廣一十六里，東九里屬定邊，西七里屬甘肅靈州。今鹽池縣。

蓮花池又名連環池，在大池西南三十里，周廣一十八里，東南角一十里屬定邊，西北角八里屬甘肅靈州。

花馬名池，明天順中以鹽易馬，故名之。

又《鹽池圖説》，花馬大鹽池，在鹽場堡北，距縣二十里，池周十六里許。每歲春間開治壩畦，引水灌溉，風起波生，自然凝鹽，此官池也。其餘爛泥、波羅、蓮花、哇哇、紅崖五池，産鹽無定，向聽居民撈晒食用。至蒙古大池、倭波、狗池，均係口外鄂套貝勒所轄地方。

茶法

寧夏茶引，原額四百道，每引額茶一百一十四斤，納課銀三兩九錢。清順治九年，招商承辦，寧夏商額引二百五十道，靈州商額引一百道，中衛商額引五十道。嗣因食茶人少，消售維艱。康熙時，寧夏商告繳引八十道，靈州商告繳引三十道，中衛商告繳引二十道。存額引二百七十道。舊例皆湖廣黑茶，後因禁止市

① 定邊志：指黄沛鑒定、江廷球檢校、宋謙增輯《定邊縣志》。

② 參見《〔雍正〕陝志》卷四一《鹽法》。

口以茶交易，康熙五十年，各商呈請改色，赴浙採辦，便内地消售。議定每十引，浙茶九，湖茶一。各商採買由潼關廳查照，截角驗放。雍正四年，靈州商採辦無力，道、府議詳，將額引併歸寧夏各商照例行銷。雍正十三年，中衛商亦呈請在府一體行銷。每歲共納課銀一千零五十三兩，俱歸本府收解。自是以後，代有更易。嘉〔慶〕、道〔光〕間，茶斤多僞，茶篦復輕，猾民騙引，爲逋逃之藪，而茶法壞。咸豐初，粤匪猖獗，茶商時被劫掠，引滯課懸，茶法愈壞。

同治初，陝回又亂，道途梗塞，官茶法片引不行。同治十年，軍務漸平，總督左宗棠奏請以票代引，招商試辦。五十引爲一票，三年爲期，每引納課銀三兩，每票共納課銀一百五十兩、釐銀七十二兩。又於茶釐議增案内每票加增銀二十一兩，統於三年領票之期先繳課銀，嗣因商以連年虧累，請照鹽章先繳銀二分，其餘一分以茶運到同釐並繳。寧商共領十六票，計引八百道，三年一期，共納課銀二千四百兩、釐銀一千四百八十八兩，採運官茶，行銷各屬。私茶充斥，銷仍不暢。民國以來，票引停領，十二年設立茶捐局，專徵散茶，而票引猶俟招領云。

錢法

錢法由來已久。太昊氏謂之金，高辛氏謂之貨，陶唐氏謂之泉。商周謂之布，布帛廣二尺二寸爲幅，長四丈爲匹。齊莒謂之刀，大者爲齊刀，小者爲莒刀，齊與莒所造也。太公立九府圜法，九府者，太府、王府、内府、外府、泉府、天府、職内、職幣、職金也。黄金方寸而重一斤，錢圓函方，輕重以銖。周景王鑄大錢，文曰"寶貨"。秦幣爲二等，黄金以鎰名，爲上幣。銅錢質如周錢文，曰半兩，重如其文，爲下幣。二十兩爲鎰，改周一斤之制，半兩則八銖也。

漢以秦錢重而難用，鑄筴錢。孝文五年，鑄四銖錢，其文爲半兩，後更鑄三銖錢。孝武元狩五年，以三銖輕，改鑄五銖錢。天鳳元年，罷大小錢，改鑄貨布。長二寸五分，廣一寸，首長八分，廣八分。其圜好徑三分半，足枝長八分，間廣二分，其文右曰貨，左曰布，重二十五銖，直貨泉二十五。

唐高祖武德四年，鑄"開元通寶"。徑八分，重二銖四參。積十錢爲一兩，千錢以六斤四兩爲率。乾封元年，鑄"乾封泉寶"。重二銖六分，以一當舊錢之十。開元初，禁用惡錢，行二銖四參錢。即開元錢也，得錢之中，開元爲最。宋初鑄錢曰"宋通元寶"，太宗改元，更鑄"太平通寶"。自後改元必更鑄，以年號爲文，自宋始。

明洪武初，鑄"大中通寶"，旋又鑄"洪武通寶"，與歷代錢兼行。太宗九年，鑄"永樂通寶"。宣宗九年，鑄"宣德通寶"。弘治十六年，鑄"弘治通寶"。嘉靖六年，鑄"嘉靖通寶"。洎夫前清，每值改元，必更鑄錢。順、康、雍、乾之世，國用饒裕，錢色最佳。降至咸、同、光緒，私錢充斥，商民交困。甘省開鑄，始自康熙六年。先在鞏昌開爐鼓鑄，一面鑄"康熙通寶"，一面鑄"鞏"字，後停。雍正四年，巡撫石文焯設寶鞏局，置爐十二座，不久亦停。咸豐四年，總督易棠復開寶鞏局，初鑄當千、當五百紫銅大錢，窒礙不行，繼鑄當百、當五十黄銅大錢，行而不暢，嗣又改鑄當十、當五黄紫銅各半大錢，又增鑄八分錢，與制錢以配搭之，仍衹能行省城。同治元年，增鑄鐵錢，更失效力。三年，撤局，同時又行鈔法。久之鈔價大賤，鈔一串僅抵制錢六文，百物昂貴，民困愈甚。十二年，總督左宗棠奏請給價收銷，錢局亦撤。光緒十三年，户部行文復開寶鞏局，總督譚鍾麟奏止之。二十三年，總督升允復設官銀錢局，石印銀票數十萬張，准完錢粮釐税，行之稍久，百弊叢生，國初亦廢。民國十年，督軍陸洪濤創鑄銅幣，旋亦停止。

寧夏自民國以來，制錢日少，商民坐困，護軍使馬福祥、道尹陳必淮籌設官銀錢局，佐以鈔法。邊地偏僻，未能開通。近年鄉市流行，惟恃外間輸入之當十、當二十紫銅元幣，與孑遺之制錢相與周轉而已。寧夏原無鼓鑄，故《舊志》不載，然貨幣之通塞，實即地方之治亂所關，因詳叙顛末[11]，以備都人士留心圜法者之一覽焉。

統捐

統捐即釐金之易名。清咸豐年，東南多事，議請抽釐以佐軍餉，此釐金之名所自始。原定事平即止，不料時局多艱，内患外憂，紛來沓至，釐金遂恃爲籌餉之一大宗。甘肅釐金，設自同治回亂戡定以後。寧夏郡城原設總局一所，中衛、惠安堡、花馬池各設分局，旋又於石嘴山、横城、吴忠堡、白土崗、銀條梁陸續添設。白土崗、銀條梁二處收數不暢，不久議裁。光緒末年，一律改爲統捐，各收各解。初徵百貨，兼收土藥，其牲畜皮毛，尚歸府縣帶收，嗣又分設土藥局、皮毛局、牲畜税局，後因烟禁森嚴，土藥改爲禁烟局。民國三年，以各屬産駝極多，設駝捐局。四年，又於石嘴山將平羅船税提出，設船關局，又分設菸酒局、宰殺税局，其宰殺税逾年即停。十年，以子口税漫無稽查，於磴口設子口税局，其子口由陜北之入寧境者，又於吴忠堡設分卡以堵截之。十二年，於百貨統捐内提出藥材，設藥材局。又以茶引無商承領，設茶捐局，專徵散茶。又以郵局包帶貨物，設包裹局。名目繁多，分卡林立。有比較，無定額，均由各局直接財政廳，惟駝捐由地方官徵解。此寧夏建設統捐之大概情形也。至於印花税，以及當税、契税、各行牙帖税，經常之制，向由地方官經理者，另列雜税，兹不贅叙。

雜税

寧夏縣徵收印花税洋二千一百六十元，民國三年，增設印花，發商粘貼。契税銀無定數，《通志》載，舊銀五十四兩二錢四錢。當税舊領帖十二張，炭牙行帖二張，斗行帖數張。清宣統三年，城陷焚燬，現未請領，惟每年各認捐助警款。馬牙舊亦有帖，今因騾馬均歸牲畜税局經收，牙帖亦廢。

寧朔縣徵收印花税洋二千一百六十元，民國三年，增設印花，發商粘貼。契税銀無定數。《通志》載，舊收雜税銀三兩。

中衛縣徵收印花税洋二千四百元，民國三年，增設印花，發商粘貼。契税銀無定數。《通志》載，舊銀一十一兩一錢三分。當税銀，《通志》載，舊銀二百六十兩。煤税銀三兩二錢。本城暨宣和各堡共花布、山貨、菸油、斗行牙帖十七張，共税銀一十一兩二錢，後加增銀五兩六錢。民國初，本城斗行換領新帖二張，共税洋三十二元。寧安堡新領一張，税洋一十二元，畜牙行新領一張，税洋四元，燒鍋舊六家，税銀五兩，新添十三家，盡盛魁領帖一張，税洋十二元，餘各年助學款二十四串。舊尚有畜税、闇門、枸杞等税，今歸省城包辦。

平羅縣徵收印花税洋二千四百元，民國三年，增設印花，發商粘貼。契税銀九十四兩二錢，油磨課洋八元，礦區税銀七兩二錢四分二釐，礦産税銀一十九兩零四分。

靈武縣徵收印花税洋一千六百元，民國三年，增設印花，發商粘貼。契税洋四百五十元，當税、炭税、斗行、牛馬牙行舊均領帖。清宣統三年，城陷焚燬，現未請領，惟每年各認捐助警款、學費兩項。

金積縣徵收印花税洋五百元，比較一千四百四十元收未足額，民國三年，增設印花，發商粘貼。契税銀五兩三錢五分五釐，當税洋二百一十六元，燒鍋税洋二十四元，斗行牙税洋一十二元，騾馬牙帖税洋一十二元，油磨行税洋八十四元。

鹽池縣徵收印花税洋四百元，民國三年，增設印花，發商粘貼。契税銀無定額，牙帖二張，共税洋八分。

鎮戎縣徵收印花税洋四百元，民國三年，增設印花，發商粘貼。契税銀無定額，牙帖二張，共税洋八元。

附户口

寧夏縣一萬二千五百五十三户，男女共六萬八千七百八十五丁口。按：《舊志》載,清乾隆前,寧夏縣共六萬一千二百二十八户,男女共三十萬零三百五十一丁口。

寧朔縣一萬一千九百七十七户,男女共五萬二千三百六十一丁口。按:《舊志》載,清乾隆前,寧朔縣共三萬四千二百户,男女共三十二萬二千二百四十四丁口。

中衛縣一萬四千八百六十四户,男女共八萬八千三百一十一丁口。按:《舊志》載,清乾隆前,中衛縣四萬一千九百八十户,男女共二十八萬六千七百九十四丁口。

平羅縣一萬三千二百九十八户,男女共六萬四千九百九十四丁口。按:《舊志》載,乾隆前,平羅縣共一萬六千四百九十户,男女共一十五萬八千三百六十五丁口。

靈武縣八千九百三十九户,男女共三萬八千一百七十三丁口。按:《舊志》載,乾隆前,靈州共四萬五千八百八十五户,男女共二十八萬四千七百七十六丁口。

金積縣六千三百七十八户,男女共三萬六千五百四十七丁口。按:金積舊爲寧靈廳,專享漢渠之利,土地饒沃。清同治末年,董字營安插於此,又未受宣統三年土匪之亂,户口日蕃,有自來矣。

鹽池縣四千五百一十六户,男女共一萬六千八百三十七丁口。按:鹽池舊爲靈州花馬池分州,地方遼闊,專靠天水,惟宜畜牧。民國二年,加入惠安、萌城、鹽積、隰寧四堡,户口始駸駸稱蕃庶矣。

鎮戎縣四千四百七十八户,男女共二萬四千九百六十九丁口。按:鎮戎舊爲平遠,清同治十三年設[12]。《平遠志》載,原二千六百九十一户,男女共一萬五千一百一十八丁口,今增加過半,甚可觀已。

又按:清初,寧夏户口最爲繁盛,道、咸以降,迭遭兵燹。同治之變,十室九空。宣統三年,又值匪亂,民之死亡以數萬計。户口凋零,職是之故。膺斯土者懲前毖後,消患未萌,孑遺黎民,庶有豸乎。

【校勘記】

［1］輸米:原作"輸粟",據《新唐書》卷五四《食貨志》改。

［2］官鈔:原作"客鈔",據《宋史》卷一八一《食貨志》改。

［3］慶曆:原作"天聖",據《宋史》卷一八一《食貨志》、《長編》卷一六五改。

［4］兵部員外郎范祥:"兵部",此同《夢溪筆談》卷十一《官政》,《長編》卷一六五、《治蹟統類》

卷二八《用度損益》作“屯田”。“范祥”原作“范詳”，據《長編》卷一六五、《治蹟統類》卷二八《用度損益》改。

[5] 鹽價：原作“下價”，據《夢溪筆談》卷十一《官政》改。

[6] 數十年：“十”字原脱，據《夢溪筆談》卷十一《官政》補。

[7] 口：原作“日”，據《元史》卷九七《食貨志》改。

[8] 鹽：原作“監”，據《元史》卷九七《食貨志》改。

[9] 一：此字原脱，據《寧夏府志》卷七《田賦・鹽法・附歷代鹽法》補。

[10] 史：此字原脱，據《定邊縣志》卷五《田賦志・鹽法》補。參見《明史》卷七五《職官志・鹽課提舉司》。

[11] 詳：原作“祥”，據文意改。

[12] 同治十三年：原作“光緒二年”，據《清穆宗實録》卷三七二、《平遠縣志》載陳日新撰序改。

朔方道志卷之十　學校志

學宫　書院　試院　學額　社學　義學　學田　學校

古之設學詳矣，近歐洲各國專重科學，論者謂兵戰在一時，而學戰在萬世。當此競争時代，猶謂可以摛華掞藻，爾雅温文，角勝於槍林彈雨之下，雖愚者亦知其有不能矣。人之言曰："取人之長，補我之短。"《易》之言曰[1]："窮則變，變則通。"其即今停科目、設專科之旨歟？昧者猶或以棄聖學、趨洋學譏之，謬矣。志《學校》第六。

學宫

學宫附設文廟，西偏額曰明倫堂，詳《建置》。

古者教育，首重學宫。夏曰校，殷曰序，周曰庠，其義一也。秦變古法而學亡。漢興，設立太學，唐宋後參以考試，漸尚詞章。清沿明制，國皆立學，内則太學曰國子監，外則府州縣皆有學宫，諸生肄業其中，而又設教諭、訓導，以分掌教之事。學成，貢之太學，以備選用，名曰貢士。貢士初尚得人，行之既久，請託納賄，援黨樹私，所貢之士，率不堪用，而用人之途，遂全歸於考試。光緒季年，又將教諭、訓導而並廢之，學宫遂與故宫禾黍同一感慨矣。

書院

學宫制廢，士皆肄業書院。明清以來，學制即已漸變。

《舊志》載，朔方舊有養正書院，在學宫東。明嘉靖時巡撫吴鎧建，二十九年，巡撫王崇古移建於奎星樓西，改名揆文書院，久廢。四十五年，户部郎中蔡國熙於後衛城建朔方書院，後亦圮。清乾隆十八年，知府趙本植拓地於光化門内街西，建銀川書院。同治二年，回亂焚毁。十年，知府李藻移建於文廟偏西，仍名"銀川"。是年，學使按臨，以舊有猪市街試院焚燬，改作試院。光緒三十一年，知

① 參見《周易・繫辭下》。

府高熙喆另建學堂於馬府街，馬世龍府。規模甚狹。三十二年，知府趙維熙以考試既停，仍將試院修葺，改爲府中學堂。宣統三年，毁於匪。民國二年，以經費不給，改辦高等小學。七年，由省教育廳撥銀三千兩，改省立第八師範學校，附設第五中學校。寧夏縣、寧朔縣書院附。《通志》載，寧夏有鼎新書院，《舊府志》、新採訪俱無，自係錯誤。

滿城維新書院，係雍正年滿營籌建，爲寧夏駐防八旗子弟肄業之所。光緒二十九年，副都統志鋭改爲駐防滿營兩等小學校。民國四年，寧朔縣治移駐滿城，知事鍾文海改爲寧朔縣第一高級小學校。

中衛縣應理書院，在南門内，係康熙年西路同知高士鐸建。嘉慶二十年，知縣周又溪移建於文昌宫右。咸豐二年震圮，四年，知縣封景岷重修。今改爲中衛縣模範初級學校。

平羅縣又新書院，在城西南隅。同治年燬，光緒三年，知縣宋維孜重修。民國四年，知事王之臣設爲學堂，并增修齋舍十餘間，添製棹櫈器具。十一年，知事廖元佶改爲平羅縣本城高級小學校。

靈武縣舊有鍾靈書院，在西門外，係乾隆三十八年知州周人傑建，圮廢，後於城内東南隅建奎文書院。同治二年，回亂焚燬。光緒二年，知州孫承弼就其遺址改建靈文書院。三十二年，知州陳必淮改爲學堂，增修齋房二十間，上房三間。今改爲靈武縣第一高級小學校。

金積縣鍾靈書院，在城東南隅，係同治十二年同知趙興雋建，初爲寧靈廳。光緒年，同知洪翼重修。今改爲金積縣本城高級小學校。

鎮戎縣鼇山書院，在城内文昌宫側。光緒十九年，知縣王賓鏞建，規模狹小，今已廢置。

鹽池縣舊係靈州花馬池分州，附靈州靈文書院。

試院

前清考試，縣府均有考棚，學政歲科按臨。各郡則有試院，《舊志》載，寧郡試院舊在西街猪市街西北。同治二年，城陷焚燬。十年，學使按臨，適銀川書院重修落成，假爲試院。光緒年停止考試，知府趙維熙改爲府中學堂。今改爲省立第八師範學校，附設第五中學校。

學額

前清專重考試，府州縣皆有學額。州縣學額則視文風之盛衰爲多寡，府學額則由各州縣撥充,有廩、增、附諸生等名。

《舊志》載寧夏府學額:廩生四十,缺;增生四十,缺。一年一貢,每歲考,撥入文武生各二十名,科考撥入文生二十名。

寧夏縣學額:廩生二十,缺;增生二十,缺。二年一貢,歲考取文生十七名、武生二十名。雍正三年,以寧夏弓馬最優,增額三名。科考取文生十七名。

寧朔縣學額:廩生二十,缺;增生二十,缺。二年一貢,歲考取文生十七名、武生二十名,增額三名,例見前。科考取文生十七名

寧夏商學額:廩生五,缺;增生五,缺。三年二貢,歲考取文武生各八名,科考取文生八名。商學籍,明天啓元年巡撫周懋相爲鹽政題設,以寧夏等衛教官攝之。童生由鹽捕通判考送,學宫在惠安堡。清雍正三年,改衛歸府學。乾隆四十三年詔,本省商人子弟不准冒入商籍,應試商籍生童各改歸本籍,商學並裁。

中衛縣學額:廩生二十,缺;增生二十,缺。二年一貢,歲考取文武生各十四名,科考取文生十四名。

平羅縣學額:廩生二十,缺;增生二十,缺。二年一貢,歲考取文武生各八名,科考取文生八名。

靈州學額:即今靈武縣。廩生三十;缺;增生三十,缺。二年二貢,歲考取文武生各十一名,科考取文生十一名。

寧靈廳學額:即今金積縣。廩生二十,缺;增生二十,缺。二年一貢,歲考取文武生各八名,科考取文生八名。

平遠縣學額:即今鎮戎縣。廩生十,缺;增生十,缺。四年一貢,歲考取文武生各五名,科考取文生五名。

鹽池縣舊屬靈州花馬池分州,學額附靈州。

按《舊志》:府與夏、朔兩縣各有佾舞生額六十四名,《通志》無之,故未列入。又鎮戎原隸固原直隸州,學額自以建邑之年爲始,因并及之。

社學、義學

社學爲同社公建,以教其同社之子弟者。義學由好義之人獨建,或合建,以教其貧難入學之子弟者。

《舊志》載,寧夏縣社學五,葉昇堡、楊和堡、金貴堡、魏信堡、本城黄公祠各一所,每歲修脯銀共一百一十八兩。黄公祠官鋪十七間,收租錢二十二串二百文,餘由本官捐墊。

寧朔縣社學四,張亮堡、唐鐸堡、靖益堡、郡城西門甕城各一所,每歲修脯銀

九十八兩。郡城米粮市官鋪五間，收租錢二十八串，餘由本官捐墊。

中衛縣社學十，本城、宣和堡、廣武堡、鎮羅堡、棗園堡、寧安堡、永康堡、恩和堡、白馬灘、鳴沙洲各一所，每歲修脯，就學田、市鋪收租籌備。

平羅縣社學五，本城武廟、西河堡、洪廣營、李剛堡、寶豐城各一所，每歲修脯，就地籌備。

靈州社學五，本城、吴忠堡、惠安堡、花馬池、大沙井各一所，每歲修脯銀四十四兩餘，由本官捐墊。

寧靈廳，即今金積縣。義學一處，在文廟西。

平遠縣，即今鎮戎縣。《通志》載義學五處。光緒六年，知縣英麟捐置，地點未詳。

鹽池縣，原係靈州分州，社學一處，載入靈州，不贅。

按：前清各屬社學、義學有廢置者，有改爲國民學校者，採訪未能確查。兹不過照舊登録，以備學校之故事云爾。

學田

《舊志》載，平羅縣田共一百八頃六畝五分，係新渠、寶豐二縣廢地，後重墾。前寧夏道楊灝、知府朱佐湯詳請收租爲書院膏火，歲共收租粮九百一十五石五斗八升五合。乾隆三十三年詳報升科粮一百四十七石五斗八升，餘粮六百七十五石六斗七升六合，原係寶豐縣丞徵收解府，變價給書院費，後均歸平羅。又乾隆四十一年，寧夏道王廷贊清查地畝，平羅埂外民人私墾田八頃四十二畝，詳請收租歸入書院，歲收租銀九十二兩一錢。

又《通志》載，寧夏縣學田原額地六頃九十三畝，徵粮三百七十七石，除康熙二年裁去寧夏等衛學租粮外，歲徵租粮一百三十七石，與《舊府志》所載寧夏學田徵收銀粮不符。

又《舊府志》《通志》均載，中衛學田一百畝，而租粮闕之，其各屬均無學田名目，豈采訪之疏耶？抑各屬本無此項耶？檔册遺失，無從查考。

學校

自前清道、咸以降，中外交涉日棘，舉凡交通、法律、製造、測算及海陸軍法，盈廷濟濟，茫乎若迷。光緒季年，始悟其學非所用，毅然改弦，停科目，設專科，書院、學堂俱改學校。其制：鄉設初級學校，爲學生入學始基，縣設小學校，省設中學校，京師設大學校。小學畢業則升中學,中學畢業則升大學,與古貢士之法差同。此中華數千年來教育改良之一大關鍵也。

省立第八師範學校,在郡城西北隅。民國七年,由省教育廳撥銀三千兩,就府中學堂改建。教室二十一間,實驗室十二間,寄宿室十七間,儲用室二十間,運動場面積五千八百三十五方尺。附設高、初兩級學校。

課程：修身、歷史、國文、地理、數學、理科、手工、博物、圖畫、體操、樂歌、英語。

職員四員,教員十三員,學生畢業甲種講習一班十九名。

圖書：中國文圖書三百五十三册,外國文圖書四十五册。

器械標本：物理、化學、博物各器械標本共三百一十四件。

經費：職員薪金一千零三十二元,教員薪金二千三百二十六元,學生膳宿費三百九十二元,雜費一千九百一十元,由基金利息捐款,官廳補助籌備。

附設小學校職員一員,教員五員,學生四班一百一十九名。常年經費,概由本校經費内分配。

省立第五中學校,在郡城西北隅,與師範校合併,教室五間,實驗室三間,寄宿室十七間,儲用室二十間,運動場與師範校合併。

課程：修身、歷史、國文、地理、博物、數學、化學、手工、體操、圖畫、國語、樂歌。

職員三員,教員十二員,學生畢業一次二十一名。

圖書：中國文圖書三百六十一册,外國文圖書七十册。

器械標本：物理標本八十七件,化學標本一百八十五件,博物標本四十二件。

經費：職員薪金五百二十八元,教員薪金三千二百零九元,雜費一千六百九十九元,由捐款,官廳補助籌備。

蒙回師範學校,在鎮守使署前。民國八年,護軍使馬福祥創辦。教室六座,教員室五座,學生自習室二十八間,儲藏室兩間,操場二百九十方丈,附設高小學校、初級學校。全係自置自修私産。

課程：修身、歷史、國文、算學、地理、經學、理科、體操、手工、圖畫、樂歌、國語、英語、蒙文。

監督一員,校長一員,教員十一員,學生師範科畢業三十二名,高小科三次畢業共六十八名。

圖書：修身掛圖,作法圖,歷史掛圖,地理圖,需用教科器械架槓、啞鈴、槍枝、皮球、風琴及手製地球儀、計算器,共十餘種。

經費：職教員薪金二千三百四十元,學生膳宿費一千二百五十元,書記一名，校役四名，共工費二百二十元，雜費六百元有奇，均由綏遠馬都統捐款發給。

寧夏縣學校

第一高級小學校，在郡城騾馬市東北。民國三年，就前藝徒學堂改建。校長室一間，教員室三間，學生自習室十二間，閱報室一間，雜役室七間，課程、圖書、設備同中學校。附設初級小學校。校長一員，教員三員，學生畢業七次共四十八名。學款、教員薪俸錢八百四十串，校内工資錢一百六十串，雜費錢四百六十九串，由舊有學田、新開灘地、柴湖當鋪、甘草莊籌捐，歸勸學所常年支領。

第二高級小學校，在郡城西南隅棕木巷。民國九年建。教員室三間，學生自習室十二間，閱報室一間，雜役室七間，勸學所一所，操場一處，課程、圖書、設備同前。附設初等初級小學校。校長一員，教員三員，學生畢業三次共十八名。學款、職教員及雜役、薪工、柴炭、紙筆共費錢一千四百餘串，由豐登、馬營學田、新開灘地、柴湖當鋪、甘草莊籌捐，歸勸學所常年支領。

葉昇堡高級小學校，在葉昇堡。民國初，監生席登階、廪生花神州等就舊社學基址建初等小學校。十一年，增生路步青等改組高級小學校，課程、圖書、設備同前。附設初級小學校。校長一員，教員二員，學生四十九名。學款年開支錢七百九十串，就地籌備。

楊和堡高級小學校，在楊和堡，民國五年二月成立。教室三座，寢室、休息室共二十餘間，課程、圖書、設備同前。附設初級學校。校長一員，教員二員，學生五十二名。學款年開支薪工、柴炭、紙筆等錢一千三百五十串。

納家户清真高級小學校，在納家户東門外。民國八年，護軍使馬福祥捐款創辦建修。教室三座，寢室、休息室數十間，操場一處。課程、圖書、設備同前。附設初級小學校。教員二員，學生五十名。學款，馬護軍使福祥捐銀一千五百兩，餘就地籌備。

縣屬初級小學校十五：任春堡馬家廟，十年成立；王洪堡玉皇臺，十年成立；河忠堡第一校，十三年立；河忠堡第二校，十三年立；王泰堡于家大廟，十三年立；王全堡，九年成立；許旺堡，七年成立；魏信堡三寶寺，九年成立；河西堡三皇廟，九年成立；王元橋，八年成立；洪化寺，八年成立；張政堡，九年成立；李祥堡，八年成立；潘昶堡，九年成立；王澄堡，九年成立。學校各一所，教員各一員。學款均由本地籌備。

縣屬清真初級小學校四：保家户，八年成立；通昌堡，八年成立；通貴堡，八年成立；司家橋，八年成立。學校各一所，教員各一員。學款，保家户，馬護軍使福祥捐錢一百一十串，通昌堡捐錢一百串，通貴堡捐錢一百五十串，司家橋捐銀六十兩，餘就地籌備。

寧朔縣學校

第一高級小學校，在城東大街。民國四年，知事鍾文海就維新書院改建。第一、第二、第三教室各三楹，教員室三楹，學生寢室二座，各四楹，接待室、儲積室、東西齋房、禮堂各十餘間，課程、圖書、設備同前。附設初級小學校，勸學所附校側。教員三名，畢業五次，共二十三名。學款，南門外前將軍花園地及楊顯堡、豐登南堡、金貴堡各學田共五百七十餘畝，城内官鋪七百二十間，基本金二百兩年收租息開支。

第二高級小學校，在李俊堡。初設國民學校，民國十三年，知事彭懷智改組第二高級小學校。教員室二間，教室三間，雜役室二間，課程、圖書、設備同前。校長一員，教員二員，學生三十三名。學款、薪工、雜費年開支銀二百零八元九角九毫，就地籌備。

第三高級小學校，在瞿靖堡。初設國民學校，民國十三年，知事彭懷智改組第三高級小學校。教員室三間，教室三間，雜役室二間，課程、圖書、設備同前。校長一員，教員一員，學生五十二名。學款、薪工、雜費年開支銀二百零二元三角，就地籌備。

初級中學校，在城内。民國十三年，知事彭懷智就前滿營中學堂改建。教室五間，教員室三間，學生自習室二十間，辦公室三間，儲藏室二間，廚室三間，操場面積二十方丈，課程、圖書、設備同前。校長一員，教員四員，學生三十名。學款、薪工、雜費年開支一千五百餘元，由基本金三千元生息開支。不敷，就本地商業税務抽收彌補。

縣屬初級小學校十八：豐盈堡，國初立；楊信堡，國初立；謝保堡，國初立；張亮堡，國初立；張縢堡，國初立；邵必堡，國初立；曾剛堡，國初立；宋澄堡，國初立；寧化堡，國初立；唐鐸堡，國初立；邵剛堡，國初立；馬站堡，國初立；大壩堡，國初立；漢壩堡，國初立；蔣頂堡，國初立；林皋堡，國初立；陳俊堡，國初立；玉泉營，國初立。學校各一處，教員各一員，學款均就地籌備。

縣屬清真初級小學校五：南關，八年立；西門外，八年立；新城門，八年立；新水橋，八年立；大禮拜寺，八年立。學校各一處，教員各一員。學款：南關，馬護軍使福祥捐錢五百五十串，西門外捐錢三百八十串，新城門捐錢四百五十串，新水橋捐錢三百串，大禮拜寺捐錢九十串，餘就地籌備。

中衛縣學校

第一區高級小學校，在城中街。民國元年，知事王瀚就大公館改建。東設閱報室，門首設講演所、勸學所、教育會，另設文昌宫，課程、圖書、設備同前。校長一員，教員二員，學生畢業十次，共九十五人。學款就舊應理書院膏伙錢一千二百串生息開支，不敷，就地籌補。

模範初級小學校，在城中街。民國七年，由縣提倡，就應理書院改建、教員一員，學生數十人。學款年由地方公費項下提錢六百串。

女子初級小學校，在城中街文昌宫三代祠。民國十一年，勸學所長劉佩瀫，勸學員張顯庭、李文茂倡辦。教員一員。學款年由河常公炭税項下提錢二百串，縣補助錢一百串。

第一區初級小學校十四：城内東南隅圓通寺，九年立；西南隅經堂廟，九年立；東關武廟，九年立；東北莊聖帝廟，九年立；西南莊新墩聖帝廟，九年立；西南莊大板槽聖帝廟，九年立；西北莊聖帝廟，七年立；西北莊四塘橋廟，九年立；柔遠堡高廟，六年立；柔遠堡高橋廟，十二年立；柔遠堡大廟，九年立；柔遠堡沙渠廟，九年立；鎮靖堡聖帝廟，九年立；鎮靖堡經堂廟，十二年立。學校各一所，教員各一員。學款年由各處廟産、會産提款開支。

第二區第一高級小學校，在鎮羅堡文昌宫。民國三年，本堡拔貢生劉希天創辦，課程、圖書、設備同前。校長一員，教員二員，學生畢業三次，共四十六名。學款年由田租、會産、牙行提錢四百八十串。

第二區第二高級小學校，在石空堡。民國九年，本堡貢生徐秉章就守備廢署改建，課程、圖書、設備同前。校長一員，教員二員，學生畢業一次，十七名。學款由田租、會産、牙行提錢五百一十串。

第二區初級小學校四：鎮羅堡文昌宫，三年立；石空堡守備署，九年立；石空堡沙窩廟，十二年立；永興堡西聖帝廟，九年立。學校各一所，教員各一員。學款年由會産提錢開支。

第三區高級小學校，在棗園堡聖帝廟。民國七年，貢生陳全善創辦，課程、圖書、設備同前。校長一員，教員二員，學生畢業二次，共十五名。學款由田租、廟産、牙行提錢四百五十串。

第三區初級小學校四：棗園堡娘娘殿，七年立；棗園堡聖帝廟，十二年立；渠口堡經堂廟，十二年立；廣武堡聖帝廟，九年立。學校各一所，教員各一員。學款由會産提錢開支。

第四區高級小學校，在宣和堡東娘娘廟。民國七年，本堡廩生張長齡創辦，課程、圖書、設備同前。校長一員，教員二員，學生畢業二次，共十三名。學款由船斗、田房租提錢六百五十串。

第四區初級小學校五：宣和堡東娘娘廟，七年立；宣和堡娘娘廟，七年立；常樂堡聖帝廟,九年立;永康堡聖帝廟,九年立;宣和堡圓通寺,九年立。學校各一所,教員各一員。學款由會産、鹽課提錢開支。

第五區第一高級小學校,在寧安堡東文廟。民國二年,本堡廩生郭鎮畿創辦,課程、圖書、設備同前。校長一員,教員二員,學生六次畢業,共七十二名。學款年由田租、枸杞牙行籌錢一千五百七十四串。

第五區第二高級小學校,在恩和堡文廟。民國六年,廩生張燮庭創辦,課程、圖書、設備同前。校長一員,教員二員,學生畢業二次,共二十一名。學款年由枸杞、田房租、會産提錢一千四百串。

第五區第三高級小學校,在鳴沙州堡聖帝廟。民國十三年,本堡紳士胡維楨創辦,課程、圖書、設備同前。校長一員,教員二員,學生尚無畢業。學款年由會産、田租提錢八百串。

第五區初級小學校十五:寧安堡文廟,二年立;恩和堡文廟,六年立;寧安堡西舟塔寺,九年立;寧安堡鎮遠寺,九年立;寧安堡東東華寺,九年立;恩和堡東經堂廟,九年立;恩和堡西經堂廟,九年立;鳴沙州堡文廟,九年立;新寧安堡經堂廟,九年立;恩和堡下經堂廟,九年立;恩和堡聖帝廟,九年立;恩和堡東雙廟,九年立;白馬灘白馬寺,九年立;鳴沙州黄辛灘,九年立;張恩堡聖帝廟,十二年立。學校各一所,教員各一員。學款年由田租、會産提錢開支。

縣屬清真初級小學校二:耍崖山,九年立;張恩堡,十三年立。學校各一所,教員各一員。學款:耍崖山,馬護軍使捐錢五十串,餘就地籌備。

平羅縣學校

本城高級小學校,在城西南隅。民國四年,知事王之臣就又新書院改建學堂。十一年,知事廖元佶改爲本城高級小學校。講室九間,職教員及學生寄宿室共三十一間,操場一所,課程、圖書、設備同前。附設初級學校,勸學所附側。校長一名,教員三名,學生共一百一十餘名。學款年由田租、羊捐、炭捐、當捐等項籌款開支。

寶豐高級小學校,在寶豐城外龍神祠。民國初,武生馬義農就舊有社學改爲學堂。民國七年,改組學校。講室五間,職教員及學生寄宿室共二十四間,操場一所,課程、圖書、設備同前。附設初級學校。校長一名,教員三名,兩級學生共一百二十餘名。學款年由牲畜、甘草、當鋪、髮菜、羊隻行規等籌捐銀九百八十五元。

石嘴山高級小學校,在石嘴山。民國七年,就地廟宇設立。講室五間,職教員及學生寄宿室共一十八間,操場一所,課程、圖書、設備同前。附設初級學校。教員三名,兩級學生共一百一十餘名。學款年由牲畜、羊炭行規、田租、當商等籌捐銀六百三十元。

洪廣營高級小學校，在洪廣營城内前游擊署。民國初年改建。講室五間，職教員及學生寄宿室共十五間，課程、圖書、設備同前。附設初級學校。教員三名，兩級學生共六十餘名。學款年由田房、羊隻、牲畜各項籌款開支。

寶豐清真高級小學校，在寶豐城。民國七年二月成立，課程、圖書、設備同前。附設初級小學校。教員一員，學生二十餘人，學款就地籌支。

石嘴山清真高級小學校，在石嘴山。民國七年二月成立，課程、圖書、設備同前。附設初級小學校。教員一員，學生十餘人，學款就地籌支。

縣屬初級小學校，新採訪四十七處，設立各堡粗具規模，教科多不完備，故未能逐項詳注。

縣屬清真初級小學校十四：黄渠橋，七年立；南長渠，七年立；北長渠，七年立；東永潤東甲，七年立；東永潤西甲，七年立；靈沙堡，七年立；外紅崗，七年立；李剛堡，七年立；惠威堡，七年立；渠口堡，七年立；通福堡，七年立；清水堡，七年立；靈沙堡下甲，十三年立；本城老户，七年立。學校各一所，教員各一員。學款：李剛堡，馬護軍使福祥捐錢二百五十串，清水堡捐錢二百一十串，餘就地籌備。

靈武縣學校

第一高級小學校，在本城東南隅靈文書院。清光緒三十一年，知州陳必淮改爲學堂。民國初年，改爲第一高級小學校。教員室三間，學生自習室二十餘間，講堂一座，雜役室十餘間，勸學所一所，操場一處，課程、圖書、設備同前。附設初級小學校。校長一員，教員二員，學生五十七名，女學生十七名。學款年由學田及商業斗牙各項籌款開支。

第二高級小學校，在吴忠堡西街文廟。民國六年，知事余鼎銘創辦，課程、圖書、設備同前。附設初級小學校。校長一員，教員三員，學生三十二名。學款基本金四百元，餘由田租、商業斗牙各行籌款開支。

崇興寨清真高級小學校，在崇興堡内。民國七年，護軍使馬福祥創辦，課程、圖書、設備同前。教員一員，學生十餘人。學款：馬護軍使捐錢二百一十串，餘就地籌備。

吴忠堡清真高級小學校，在吴忠堡。民國七年，護軍使馬福祥創辦，課程、圖書、設備同前。教員一員，學生二十餘人。學款：馬護軍使捐錢五百串，餘就地籌備。

縣屬初級小學校七：東塔寺，六年立；東路頭牌，六年立；東路二牌，六年立；崇興寨，六年立；棗園堡，六年立；吴東鄉，六年立；胡家堡方廟，八年立。學校各一所，教員各一員。學款年由勸學所及各商行籌備。

縣屬清真初級小學校四：崇興寨，七年立；吴忠堡，七年立；吴東鄉，七年立；胡回堡，七年立。學校各一所，教員各一員。學款均就地籌備。

金積縣學校

本城高級小學校，在城東南隅舊鍾靈書院。清光緒三十一年，改爲學堂。民國初，改爲高級小學校，課程、圖書、設備同前。附設初級小學校。教員一員，學生二十二名。學款就地籌備。

本城清真高級小學校，在城内。民國七年，護軍使馬福祥創辦，課程、圖書、設備同前。附設初級小學校。教員一名，學生二十餘名。學款：馬護軍使捐錢六百串，餘就地籌備。

縣屬初級小學校六：本城，國初立；金積堡，國初立；忠營堡，國初立；秦壩堡，國初立；漢伯堡，國初立；紅寺堡，國初立。學校各一所，教員各一員。學款均就地籌備。

縣屬清真初級小學校八：本城，七年立；金積堡，七年立；秦壩堡，七年立；漢伯堡，七年立；忠營堡，七年立；漢王堡，七年立；大紅溝，八年立；馬家河，十年立。學校各一所，教員各一員。學款均就地籌備。

鹽池縣學校

本城高級小學校，在城内文昌宫。民國七年，紳士聶瑗等創辦。講堂六間，校長室六間，教員室八間，學生自習室十四間，禮堂三間，廚室三間，操場一處，課程、圖書、設備同前。附設初級小學校。校長一員，教員二員，學生畢業兩次，共十五名。學款基本金一千兩發商生息，餘就地籌捐。

惠安堡高級小學校，在惠安堡武廟。民國初，貢生劉炳、紳士張復元等創辦，課程、圖書、設備同前。附設初級小學校。校長一員，教員二員，學生畢業一次十三名。學款就地籌備。

縣屬初級小學校七：西水堡，國初立；南水堡，國初立；鐵柱泉，國初立；大水坑，國初立；萌城堡，國初立；裹三堡，國初立；邊三堡，國初立。學校各一所，教員各一員。學款均就地籌備。

鎮戎縣學校

本城高級小學校，在城内北街。清光緒三十三年，就守備廢署改建，課程、圖書、設備同前。教員二名，學生三十二名。學款基本金四百五十元發商生息，餘就地籌備。

韋州堡清真高級小學校，在韋州堡内。民國八年，護軍使馬福祥創辦，課程、圖書、設備同前。附設初級小學校。教員一名，學生二十餘人。學款：馬護軍使福祥捐錢一千串，餘就地籌備。

預望堡清真高級小學校，在預望堡。民國八年，護軍使馬福祥創辦，課程、圖書、設備同前。附設初級小學校。教員一名，學生十餘人。學款：馬護軍使福祥捐錢五百串，餘就地籌備。

同心城清真高級小學校，在同心城。民國八年，護軍使馬福祥創辦，課程、圖書、設備同前。附設初級小學校。教員一名，學生二十餘人。學款：馬護軍使福祥捐錢五百串，餘就地籌備。

縣屬初級小學校七：南街，國初立；北街，國初立；紅城水，國初立；韋州堡，國初立；預望堡，國初立；同心城，國初立；可可堡，國初立。學校各一所，教員各一員。學款均就地籌備。

縣屬清真初級小學校六：韋州堡，八年立；夾道堡，四年立；八方，四年立；溝南排，四年立；溝北排，四年立；顧家堡，四年立。學校各一所，教員各一員。學款均就地籌備。

按：各屬學校初名高等小學校、國民學校。民國十三年奉令，"高等"改爲"高級"，"國民"改爲"初級"，共計閤屬高級三十五校，初級二百一十七校。學業發達，擅從來未有之奇。第韓文公有言[①]："莫爲之前，雖美弗彰。莫爲之後，雖盛弗傳。"慎始圖終，開來繼往，是所望於有維持風化之責者。

---

① 參見《東雅堂昌黎集注》卷十七《與于襄陽書》。

朔方道志卷之十一　兵防志

兵制　防地　營盤

朔方三面隣蒙，秦築長城，明築邊牆，設防詳矣。今雖東西兩蒙同歸節制，黄河無復防秋之事，然版圖式廓，形勝是規，亦鎖鑰干城之任也。思患預防，是不能不有望於守土者。志《兵防》第七。

兵制官制詳《職官》，戎事詳《歷史》。

宋元以前兵制無考。《舊志》載①，前明兵制，寧夏七衛、四所並王府慶王府儀、長二司，兵有七等：有正額，有召募，有抽補，有報效，有土軍，[1]有甲軍，有帶管，共六萬一千九百有奇[2]。又陝西備禦額軍一萬一千二百有奇[3]。備禦西安左衛等派撥，分戍河東河西兩路，逮後賦役繁重，軍民逋轉相避，故絶者不復清勾，司隊者徑自收補，户籍無稽，軍伍日耗。至嘉靖間，實軍二萬四百有奇，儀、長二司軍八百有奇，甲軍一千五百有奇，壯士軍二百七十有奇，備禦軍九千三百有奇，家丁七千八百有奇②。鎮城分正兵、奇兵、游兵三營，兵八千有奇。前、後司在城驛兵六百有奇。外分東、西、南、北、中五路。中路靈州各營堡兵六千二百有奇，東路花馬池各營堡兵三千有奇，西路中衛、廣武各營堡兵五千有奇，南路玉泉各營堡兵二千有奇，北路平羅、洪廣各營堡兵三千一百有奇。京運馬價銀一萬五千餘兩[4]。始以鹽易馬，上者引百二十，中者引百，下者引八十。銀易亦然。弘治間奏改，每百引布政司收銀十五兩，更送延〔綏〕、寧〔夏〕二鎮。其後馬價漸減，馬亦無良。

餉有京運銀，有鹽引銀，有客兵銀，有民運銀，西安、鳳翔、平凉、慶陽四府運。又有軍需樣田粮，寧夏左、右、前三衛出。官兵歲支本色粮二十二萬二千三百石有奇、折色銀一十二萬四千三百有奇、馬駝芻一百九十五萬八千有奇，又折芻價一萬一

---

①　參見《朔方新志》卷二《内治・兵馬》。

②　《朔方新志》卷二《内治・兵馬》統計數據分别是：實軍二萬四百二十九，儀、長二司軍八百六十，甲軍一千五百三十九，壯士二百七十九，備禦實軍九千三百八十，家丁七千八百有三。

千一百兩有奇、豆六萬八千八百石有奇。

又《舊志》載，前清滿營兵制，雍正三年，設鎮守寧夏等處將軍都統，分駐八旗兵三千五百五十七名，内：坐甲隨丁三十一名，前鋒校一十六名，領催一百二十八名，前鋒一百八十四名，步甲頭目二十四名，馬甲一千八百七十二名，步甲五百七十六名，養育兵六百名，弓匠頭目二名，箭匠、鐵匠頭目四名，匠役六十六名，將軍坐甲八名，兩都統各坐甲三名，後右都統裁，各食隨丁甲二十名。嗣經歷年裁汰坐甲空粮等項，實兵三千四百七十二名，實馬四千五百九十六匹。

餉項：每歲官員俸銀六千七百三十八兩三錢五分一釐，兵餉銀七萬二千一百九十二兩，官兵本色粮一萬九千八百五十石五斗七升四合，折色粮銀五萬八千一百五十五兩四錢二分六釐，馬料豆二萬六千三百四石，草二十二萬二千零四十五束，又草料折色銀四萬六千八百七十七兩九錢五分。除本色粮草，歲共支銀一十八萬七千二百四十三兩七錢二分七釐。

又《舊志》載，清沿明制，初設寧夏撫標左、右二營，旋裁。順治十八年裁。順治三年，設寧夏鎮標五營，並陸續分設中衛、平羅、靈州、花馬池、洪廣、興武、横城、廣武、玉泉等營。其中屢有更易。原額馬、步、守兵九千五百四十六名。雍正十三年，城守營增守兵一百名。乾隆五年，酌併營制，又屢次抽補新疆。

又除各官養廉八百四分，公費、公粮一千一百一十九分，實存馬兵二千五百六十名，步兵一千四百五十一名，守兵二千九百二十八名，共馬、步、守兵六千九百三十九名。内：鎮標左營兵四百九十八名，右營兵四百九十七名，前營兵四百九十九名，後營兵四百九十八名，城守營兵三百四十五名，中衛營并分防石空、古水二堡兵九百二十八名，平羅營並分防李剛、威鎮二堡兵五百一十九名，靈州營并分防同心城、臨河堡二處兵五百六十一名，花馬營并分防安定、惠安、韋州三堡兵四百七十六名，興武營并分防毛卜喇堡兵三百二十六名，横城營并分防清水、紅山二堡兵二百三十五名，洪廣營并分防鎮朔、鎮北二堡兵五百三十名，玉泉營并分防大壩、平羌二堡兵六百六名，廣武營并分防棗園堡兵四百二十一名。各營馬共二千五百六十匹。以馬、步、守相地配搭。同治亂後，添設靈武營，駐靈廳，檔册遺失，原額兵餉數目未詳。旋經總督左宗棠以制兵難恃，大加裁汰，參以召募。光緒中再汰冗兵，所存不及十分之二。其召募之寧夏巡防中旗步隊、左旗步隊、右旗步隊、中旗馬隊小馬隊四處分紮，初尚可用，光緒季年則亦成弩末矣。

制兵餉項，每歲四季季月支本色，餘八月支折色。折色：馬兵月支銀二兩，步兵一兩五錢，守兵一兩。本色：馬兵月支粮二石，步兵一石五斗，守兵一石。馬：秋夏每匹月支銀五錢，春冬月支料九斗，草六十束。每歲官兵俸餉，馬乾紙燭共需銀一十二萬二千六百一十二兩八錢九分三釐八毫八絲，官兵馬匹歲支本色粮料七萬一千六百二十七石八斗、草一百二十六萬六千一百二十束。俸餉由布政司支領給散,本色粮草在各州縣附近倉場支給,巡防各旗另照防軍章程支領。

民國建元,前清兵制一律取銷,以寧夏總鎮改設護軍使。十年,又改鎮守使,組織新軍。按照九年裁減二成通案,新軍步隊三營,每營官弁兵夫二百四十八員名,合計七百四十四員名。馬隊三營,每營官弁兵夫一百零五員名,馬九十七匹,合計官弁兵夫三百一十五員名,馬二百九十一匹。炮隊一營,官弁兵夫二百一十七員名。又司令部參謀副官、書記、軍需弁兵二十八員名,馬二十匹,總計官弁兵夫一千三百零四員名,馬三百一十一匹。

昭武軍舊制,每營官弁兵夫五百員名。民國元年改編,每營官弁兵夫三百二員名。九年,奉令裁減二成,現步隊三營,每營官弁兵夫二百三十八員名,合計七百一十四員名。馬隊二營,每營官弁兵夫一百三十九員名,馬一百一十匹,合計官弁兵夫二百七十八員名,馬二百二十匹。又衛馬隊一營,官弁兵夫一百三十九員名,馬一百一十匹,總計官弁兵夫一千一百三十一員名,馬三百三十匹。以上新軍昭武衛隊,大共一十三營,官弁兵夫二千四百三十五員名,軍馬六百二十一匹。

薪餉。新軍步、騎、炮七營,暨司令部官弁兵夫,按照九年三月減支通案,歲共支統費薪公餉乾等項,共洋一十四萬五千六百九十四元四角。衛馬隊,暨昭武軍統領部馬、步六營,按照九年三月減支通案,歲共支統費薪公餉乾等項,共洋一十一萬九千三百四十九元六角。外新軍公攤服裝費,共洋四千九百零八元二角七分。衛隊昭武軍公攤服裝費,共洋四千五百四十二元三分。以上新軍衛隊昭武共一十三營,全年共支洋二十九萬一千五百九十元一角二分八釐。臨時活支,向無定額。

防地

《舊志》載,寧郡東至陝西定邊界三百六十里,西至紅水分縣界七百一十里,南至固原州界三百八十里,北至平羅石嘴口邊界二百三十五里,東距西一千零七十里,南距北六百一十五里。防地之寬,甲於各鎮。五方雜處,野曠山深。近又加入鎮戎,並節制鄂托克、烏審、阿拉善三旗軍務,雖曰五族共和,而莽伏奸藏,患生肘腋,常有事也,因詳叙防務,以資考鏡云。

西長城,在中衛縣境,長四百一十一里。起自靖遠蘆溝界,迤北接賀蘭山,山迤北接北長城,至大河,河迤而南,逾河而東有東長城玉定邊界,凡周一千一百七十里。

北長城，在夏境，長三十里。自西而東接黄河，黄河一百三十里，自北而南。

東長城，在河東，長三百六十里，自横城馬頭接延綏界。

河東邊牆，故牆自黄河嘴至花馬池，長三百八十七里。明成化間巡撫余子俊築。新牆自横城至花馬池，長三百六十里。明嘉靖間，總制王瓊、唐龍等築。

中衛縣城迤北邊牆一道，自寧朔大壩交界起，至西南越黄河，抵蘆溝堡山沿，長四百八十二里。

以上採《通志》，與《舊府志》邊界門所載稍異。

赤木關，在寧朔縣西南賀蘭山。山爲鎮之壁，其蹊徑可馳入者五十餘處，而赤木口尤易入，衝劇散涣[5]，可容千馬。明嘉靖中，巡撫楊守禮扼險築關[6]，有石砌關牆一道，斬山一道。

勝金關，在中衛縣城北六十里。傍山臨河，路通一線。一夫當關，萬夫莫過，中衛之吭也。明參將韓玉築。新採訪舊稱勝金爲縣北雄關，然其地三面受敵，一面臨河，無險可恃，似屬絶地。清同治四年，梁提督生嶽全軍覆没於此。關今圮。

鎮遠關，在平羅縣北一百一十里，爲寧郡北境邊地。關南五里爲黑山營。《朔方志》云①：夏之邊，左河右山，而鎮遠瑣其交，東西長城絡其端，誠天險也。明廷巡撫楊守禮疏略云[7]："平虜城百七十里有鎮遠關，在山河之交，最爲要地。南五里，故有黑山營，西沿山四十里有打硙口。東西聯屬，烽火嚴明，賊難輕入。弘治前，餉缺卒逋，關營不守。打硙口山水俱從此出，竟致冲塌，蹟尚可考。正德間，大賊奔入，或從旁乾關、棗兒溝、桃坡等口入，或渡河而過。雖有平虜城，軍馬不足，實難戰守。以故於平虜城北十里許[8]，自山至沙湖築城，東西約五十里。盡西又設臨山堡，居人始敢樵牧。"關今廢。

鎮北關，在平羅縣城北四十里。明齊之鸞《北關門記略》云[9]："由沙湖西至棗兒溝，凡三十五里[10]，皆内牆外塹。爲關門二，東曰平虜，中曰鎮北。爲二堡，圍一百二十步。徙故威鎮[11]、鎮北軍實之，又徙内堡軍之無屯粮者於西隈爲臨山堡[12]。爲敵臺四，燧臺八。沙湖東至河五里，漲則澤，竭則壖，虜可竊出，皆爲牆，以旁窒其間道。於是河山如故，而險塞一新矣。"關今圮，尚存遺址。

長城關，在鹽池縣，明總制王瓊所築之溝壘也，長五十里。關上有樓，高聳雄壯。下設閘門，外立市場。漢蒙交易，月三次。明設守備監守營兵防守，今圮。

下馬關，即今鎮戎縣治。初名長城關，後以總制由固原涖花馬池防秋，必先下馬於此，故以名"下馬"，今改鎮戎縣治。

賀蘭山口邊汛五十八處。

① 參見《朔方新志》卷二《外威・邊防》。

中衛石空寺營汛三處：崇慶口、小關兒口、大寺口。

廣武營汛十處：紅井口、井溝口、鎮賊口、北城兒口、水頭井口、水泉兒口、大佛寺口、石砌界口、三岔溝口、黄沙外口。

玉泉營汛十七處：獨樹口、乾溝口、山嘴口、金塔口、杏樹口、赤木口、柳泉口、磨石口、北岔口、永安口、雙山口、青羊溝口、紅井溝口、紅山夾道口、靈武高口、大盧溝口、大沙溝口。

平羅營汛九處：石嘴子口，有闇門互市。鎮遠關口、紅口、子王圮口、打磑口、棗兒口、鎮北關、韮菜口、歸德口。

洪廣營汛十九處：大風口、小風口、安定口、汝箕口、小大口、大水口、逃軍口、西番口、白塔口、新開口、賀蘭口、宿嵬口、拜寺口、鎮北口、水吉口、黄峽口、大塔峽口、小塔峽口、大滚鐘口，以上各口防兵各三五名不等。

長城邊汛五十處。

横城營墩十四處：通關闇門，有互市。石嘴邊墩，出水壑，以上屬横城營。安邊墩、大鶯墩闇門、鎮羅邊墩、窑兒邊墩，以上屬紅山堡。廟兒邊墩、塔兒邊墩、定遠邊墩、金湯墩闇門、靖邊墩、古寺邊墩、柔遠墩。以上屬清水堡。

興武營墩十六處：苦水邊墩、平安墩、闇門墩闇門、沙溝邊墩、雙溝邊墩、鹹口邊墩、西沙邊墩、沙嶺邊墩、興武營闇門、高梁邊墩、硝池邊墩、乾溝邊墩、中沙邊墩、半箇城墩、清字邊墩、鎮邊墩。

花馬池營墩二十處：芨芨溝邊墩、十一鋪邊墩、七鋪邊墩闇門、四鋪邊墩，以上屬安定堡。二十三鋪邊墩、二十一鋪邊墩、十九鋪邊墩、十六鋪邊墩、十三鋪邊墩、八鋪邊墩、三鋪邊墩、二鋪邊墩、長城關闇門、二鋪邊墩、五鋪邊墩、七鋪邊墩、九鋪邊墩、十三鋪邊墩、十七鋪邊墩、二十一鋪邊墩，以上屬花馬池，與延綏定邊營接界。以上各墩防兵各三名。

内地塘汛一百三十三處。

中衛營二十九處：咸井兒墩、鎮永墩、永安墩、芮家營墩、紅廟兒墩、朱家營墩、石崗墩、德勝墩、凱歌墩、拒險墩、甘塘子墩、長流水汛、長山頭汛、大紅溝汛，以上屬中衛營。城門墩、雍家墩、舊疃莊墩、餘丁渠墩、上山河橋汛、野猪口汛、李家溝汛、雙井子汛、麻黄溝汛，以上屬石空寺。營盤水汛、石梯子樑汛、紅腰線汛、寺口子汛、下山河橋汛、烟洞溝汛。以上屬古水井。

廣武營八處：五塘墩、六塘墩、沙梁墩、渠口墩，以上屬廣武營。炭窑兒墩、柳條渠墩、紅寨兒墩、沙棗兒墩。以上屬棗園堡。

玉泉營十七處：三尖墩、新沙嘴墩、舊沙嘴墩、羅家凹墩、三岔墩、沙嘴墩，以上屬玉泉營。分守嶺墩、雙峰山墩、駱家莊墩、張通莊墩，以上屬大壩堡。五塔墩、馬圈墩、三其營墩、張義湖墩、過寨兒墩、小鹽湖墩、新渠墩。以上屬平羌堡。

平羅營十五處：虎尾渠墩、雙渠墩、定遠墩、王奉閘墩、白沙崗墩，以上屬平羅營。田州墩、界牌墩、卞家崗墩、振武墩、鳥谷墩、四十里店墩、小新渠墩、瓦子崗墩、保安墩、德勝墩。以上屬李剛堡。

洪廣營十九處：黑埂墩、寧遠墩、羅歌墩、尖塔墩、雷家崗墩、中埂墩、新興墩，以上屬洪廣營。周胡疃庄墩、王千户橋墩、靖羅墩、舊常沙窩墩、新常沙窩墩，以上屬鎮朔堡。高家閘墩、甜水井墩、北沙城墩、平湖堡墩、夏家堡墩、馬鞍橋墩、鹽池灣墩。以上屬鎮北堡。

靈州營二十五處：磁窑寨墩、新墩、子墩、茨烟墩、上十里墩、麥崗子墩、白土墩、舊石溝墩、紅窑墩、深沙溝墩、晏湖墩、馬站湖墩、夏家堡墩、魚湖墩、野馬墩，以上屬靈州營。大紅溝汛、白崖口汛、紅石崗汛、胭脂川汛，以上屬同心城。紅寺兒汛、水頭兒汛、滚泉汛、大壑子水汛，以上屬紅寺堡。河東關汛木場墩、平湖墩。以上屬臨河堡。

横城營五處：大墩塘房墩、石嘴塘房墩，以上屬横城營。出水塘房墩、鎮羅塘房墩，以上屬紅山堡。廟兒塘房墩。以上屬清水堡。

興武營四處：哨及塘房墩、西倒墩塘房墩，以上屬興武營。鎮安塘房墩、石山塘房墩。以上屬毛卜喇。

花馬池營十一處：二道溝汛、傅家地坑汛、武家淌汛，以上屬花馬池。十里墩、紅墩子墩、湯房墩，以上屬惠安堡。威遠墩、雄峰墩、大口子汛、石板泉汛、石頭板汛，以上屬韋州堡。西路塘房汛、東路塘房汛。以上屬安定堡。

外又有塘撥，自寧夏至蘭州二十五處，至肅州四十七處，至西安省城三十八處，各安馬兵三四五名不等。

鎮戎縣原名"平遠"，其防地舊由固原提標派兵駐紮，今隸朔方道，改屬朔方分防範圍之中。

按：明嘉靖時築河東新牆後，盡减其馬，以省草料之費。惟置兵沿壘防守，謂之"擺邊"。前清沿襲其制，至末年尚未全改。郡人管律曾著論以非之，略曰："亘三百六十餘里，皆虜之路。步計一軍該十二萬[13]，猶虞稀闊，矧現軍未及十之三乎[14]？《法》曰①：'以逸待勞者勝。'擺邊，晝夜戒嚴，恐非逸道也。倘虜衆分道而來，則十萬之衆豈能一呼成陣，首尾勢不相援。爲今之計，宜息肩養鋭，聯絡於諸寨，待其來也，相機禦之。如不果禦，隨向往而追逐之。况兵貴奇正，患無應

① 參見《孫子·軍争篇》。

援;將貴主一,患在勢分。擺邊之舉有五弊焉[①]:無奇正,無應援,主將不一,士軍分散。以五弊之謀,禦方張之虜,不資敵之利乎?”時人以爲名言。民國建元,此制盡廢。二年,加入鎮戎。四年,又奉令節制鄂托克、烏審、阿拉善三旗軍務,版圖式廓,防務更自不同。十年春,鎮守使馬鴻賓相度險要,建築營棚,聲勢聯絡,自非擺邊之散漫無紀者可比,詳録於下,以備查考。

營盤

民國十年,鎮守使馬鴻賓因五年盧占魁、金占魁由東蒙出天池子進犯金、靈,六年,高士秀擁僞皇達兒六吉由西蒙襲磴口,上犯平羅石嘴山,邊地崎嶇,頭頭是道,相度險要,修建營盤,得資扼守,亦兵家之要著也。

石嘴山營盤一座,在平羅縣北一百一十五里。東西通蒙,北達後套。舊爲漢蒙互市之地,朔方北路咽喉也。新修營房百餘間,並築砲臺一座,爲三角形,分紮步騎,最爲扼要。

河拐子營盤一座,在西蒙地面,界石咀、磴口之間,距石、磴各百餘里。東西通蒙,平沙無垠,敻不見人,行旅常有被劫之患。新築營房十餘間,酌駐騎兵,得與石、磴互爲聲援。

磴口營盤一座,亦西蒙地面,距河拐子百餘里。上通寧郡,下達包鎮,東西通蒙,商賈駢集,賊匪必争地點也。因就舊廟修蓋營房數十間,並築砲臺二座,分駐步隊,有事則可添騎。蓋該處有商無農,料草維艱,騎隊未能久駐也。

南粮臺營盤一座,亦西蒙地面界,大灘、磴口之間。前距大灘八十里,後距磴口一百二十里,爲入北套之道口。設有教堂。新修營房數十間,以與大灘、磴口相距甚遠,聲勢難於通應,宜駐騎兵,以資敏捷。

紅崖子營盤一座,在平羅縣東七十里,靠河東岸。該處設有私渡,爲東西蒙往來之捷徑,人烟稀少,匪徒竊發,即入腹地。因築垣爲卡,河濱水草甚便,少駐騎兵,頗爲合宜。

五堆子營盤一座,在平羅縣東南五十里,靠河東岸,通東蒙草地。河水凍結,往來甚便。因築垣爲卡,分駐騎兵。該處草灘甚寬,前此軍馬,常藉此以爲牧養焉。

六山子營盤一座,在郡城東北七十里,靠河西岸,東通蒙地,爲盜匪出没之區。築垣爲卡,少駐騎兵。平時捕盜緝賊,有警得與沿河防卡靈通消息。

---

① 五弊:下文僅列出四弊。《〔嘉靖〕寧志》卷三《寧夏後衛·邊防》載:“今擺邊之謀,一舉而五弊存焉:無奇正,無應援,主將不一而運用參差,士卒分散而氣力單弱,悉難於節制矣。”

冰溝口營盤一座，在郡城東北五十里，靠河西岸。東通蒙地，係漢蒙民人往來畜牧之渡口。築垣爲卡，少駐騎兵，藉查緝奸匪，並與沿河防卡有靈應之便。

横城營盤一座，在郡城東四十里，靠河東岸。清設都司，爲東西往來要渡口也。舊無營防，因新修房屋數十間，分駐步兵，并築砲臺一座，旁置兵房，以便駐守。

寶塔營盤一座，在横城之東，距横城百里，爲通陝北大道，接壤東蒙。新修營房數十間，並築砲臺一座，駐紮步騎，與横城、鹽池各營可爲掎角。

白塔水營盤一座，在金積、靈武之東，各距百里，爲金、靈通陝大道。山密溝深，易於藏匪。築垣爲卡，駐紮騎兵，以便各防互通聲息。

陳麻子井營盤一座，在金積東南百餘里，接壤海原、鎮戎，通隴東環縣。地多山溝，潛匪甚易。築垣修卡，駐紮騎兵。平時稽查盜賊，有警可與白塔、金積各防互相聲援。

白牙口營盤一座，在中衛縣寧安堡南百二十里，接壤海原，南通隴東，西達蘭靖。高山深澗，居民零散，爲朔方南路之要隘。修築營房，駐紮騎步，可與陳麻子井、寧安堡各防遥爲接應。

按：朔方右山左河，地勢險固。明初，兵額六萬有奇，其季年，猶三萬有奇，内外烽燧之數六百餘所，然虜騎出入，片刻靡寧。至於耕者挾弧矢，居者疲瞭望，荷戈之士衣甲不解，遣戍之衆道路相屬，雖以一方爲關隴屏蔽，而擾攘亦已甚矣。迨至前清，聖祖視師寧夏，大張撻伐，後又以宫主下嫁，始怵以威，繼示以恩，以故滿漢兵額不逮明半，而二百餘年東西虜騎均無出没者，懷柔之道得也。惟外患難除，而内訌不免。同治初年，馬化潍亂，兩河蹂躪者近十年。賊旗一舉，軍兵四散，曾未聞有一卒一騎出一矢以相遺。總督左宗棠謂“國家養兵數百年，而倉卒時不能得一兵之用”[①]，良非誣語。此雖由饟糈之薄，不能得兵死力，究亦當事者之未克先事籌備、思患預防也。民國建元，盡除舊制，另練新軍，合昭武防軍，僅得前清三分之一。其防地又加寬，而農安於野，商安於市，行旅往來，無刁斗之警者，何也？蓋古人設險守土，有内險以立疆界，必有外險以資捍蔽、扼衝要，靈應援進，可以制敵命，而後退可以固吾圉。若徒憑尺寸，苟且便安，守者有無險可依之憂，敵人有乘間可發之慮，未可云有備無患也。孟子云“天時不如地利”[②]，此次營盤之設，沿邊形勝咸歸控制，是即能得地利之一端矣。

① 參見《左宗棠全集・奏稿》第 694 篇《閩浙兵制急宜變通謹擬減兵加餉就餉練兵折》、第 2 618 篇《甘省兵制亟宜變通情形折》。

② 參見《孟子・公孫丑下》。

【校勘記】

［1］土軍：原作“士軍”，據《〔萬曆〕朔方新志》卷二《内治・兵馬》改。
［2］有奇：《朔方新志》卷二《内治・兵馬》作“有一”。
［3］有奇：《朔方新志》卷二《内治・兵馬》作“七十八”。
［4］餘兩：《朔方新志》卷二《内治・兵馬》作“四十七兩六錢”。
［5］渙：原作“漁”，據本志卷五《建置志下・關梁》之“寧朔縣”條改。
［6］扼險：原作“危險”，據本志卷五《建置志下・關梁》之“寧朔縣”條改。
［7］巡撫：原作“廷撫”，據本志卷二《輿地志上・邊界》、《朔方新志》卷二《外威・邊防》改。
［8］北：此字原脱，據本志卷二《輿地志上・邊界》、《朔方新志》卷二《外威・邊防》補。
［9］北關門：原作“北門關”，參見本志第124頁脚注③。
［10］三十五里：原作“二十五里”，參見本志第124頁脚注④。
［11］威鎮：此二字原脱，參見本志第125頁脚注①。
［12］軍：此字原脱，參見本志第125頁脚注②。
［13］該：《朔方新志》卷二《外威・邊防》作“皆”。
［14］軍：此字原脱，據《朔方新志》卷二《外威・邊防》、《寧夏府志》卷十一《營汛》補。

朔方道志卷之十二　職官志一

明代官制明藩制附　清代官制　民國官制

寧夏分治，至漢始見於史。漢朔方、靈武統於北地郡，魏晋南北朝皆有郡縣，隋又置大總管，唐開元中置節度使，宋有知州事及巡檢、安撫、部署等名，元寧夏府統於甘肅行中書省，代遠年湮，僅存髣髴。至明清，而其詳始可得而聞矣。民國因時制宜，規模益遠，設官分職，各有專司。遺臭流芳，可爲龜鑑，後之君子，寧不慎歟？志《職官》第八。

官制

明代官制

三邊總制一員，明弘治十年設，嘉靖四年始定制開府固原，防秋駐花馬池。

寧夏巡撫一員，明宣德間設。

户部督儲郎中一員，明嘉靖十七年設，隆慶初奏屬延綏。

河西兵粮道一員，初屬關西道分巡管粮，弘治十七年，銓僉事一員，給寧夏督儲道關防。嘉靖中，又兼管鹽法兵備靈州地。

河東兵備道一員，明隆慶初，總督王崇古奏設，後改太僕司少卿兼制河東道，駐靈州。尋又專設河東道，移駐花馬池。萬曆壬辰，仍改駐靈州。

總兵官一員，明永樂初設。

副總兵二員，明永樂初設。

游擊將軍一員，明正統間設，成化二十年革，弘治十六年仍奏設。

參將三員，明永樂初設。

游擊四員，明永樂初設。

同知五員，鎮城理刑屯田水利同知，鎮城監收同知，中路監收同知，東路監收同知，俱慶陽府帶銜。西路監收同知，平涼府帶銜。

通判一員，明萬曆四十一年設，平涼府帶銜。

都司五員。領班都司，永樂初設。地方都司，天順間設。撫標中軍都司，隆慶三年設。屯田都司，嘉靖十三年設。坐營都司，嘉靖十三年設。

守備七員。撫夷守備，隆慶間設。東路安定堡、東路清水營、東路横城堡、西路石空寺堡、西路古水堡、南路大壩各一員，俱萬曆間設。

寧夏衛指揮同知僉事二十員，經歷司一員，知事一員，衛鎮撫一員，千户正、副二十八員，百户實授、試署七十一員，所鎮撫五員，驛遞所百户九員，寧夏等衛儒學教授一員，訓導二員，寧夏倉大使一員，税課局大使一員，漢僧綱司正、副各一員，番僧綱司正、副各一員，道紀司都紀一員。

左屯衛指揮使同知僉事一十八員，經歷司一員，衛鎮撫一員，千户正、副一十九員，百户實授、試署六十四員，所鎮撫七員，左倉副使一員，右屯衛指揮使同知僉事一十八員，經歷司一員，衛鎮撫一員，千户正、副十員，百户實授、試署五十一員，所鎮撫五員，右倉大使一員。

中屯衛指揮使同知僉事一十六員，經歷司一員，衛鎮撫一員，千户正、副一十三員，百户實授、試署二十六員，所鎮撫一員，新倉副大使一員。

前衛指揮使同知僉事一十八員，經歷司一員，鎮撫司一員，千户正、副一十五員，百户實授、試署四十員，所鎮撫二員，前倉副使一員。

後衛指揮使同知僉事十員，衛鎮撫一員，千户正、副六員，百户實授、試署八員，經歷司一員，儒學教授一員，常濟倉大使一員。

中衛指揮同知僉事一十八員，經歷司一員，所鎮撫一員，千户正、副一十八員，百户實授、試署二十一員，衛鎮撫一員，儒學教授一員，訓導一員，應理州倉大使一員，廣武倉副使一員。

興武營指揮一員，千户二員，所鎮撫一員，試署百户三員，興武倉大使一員。

靈州守禦千户指揮六員，千户正、副十員，百户實授、試署十八員，儒學學正一員，所鎮撫一員，吏目一員，靈州倉大使一員，靈州鹽課司大使、副使各一員，靈州巡檢司一員。

韋州寧夏郡牧所千户一員，百户五員，倉大使一員，韋州驛丞一員。

平羅指揮僉事一員，千户所正、副千户六員，吏目一員，實授、試署百户一十九員，倉大使一員。

附明藩制

慶王朱㮵[1]，明太祖第十六子。洪武二十四年封慶陽，二十五年徙韋州，建文三年徙寧夏，薨，謚曰靖。

靖王子四。秩煃襲慶王爵，薨謚曰康。秩熒封真寧王[2]，秩炵封安化王，秩炅封安塞王。

康王子四。邃壆襲慶王爵，無子。邃塀紹封慶王，薨謚曰莊。邃埂封弘農王[3]。嗣王鼒桴好學尚義[4]，捐置學田。邃垷封豐林王，嗣王鼒械亦捐禄助置學田。

莊王子二。寘鍪襲慶王爵，薨謚曰恭。寘釧封鞏昌王。

恭王子二。台浤襲慶王爵，因罪降，薨，復爵，謚曰定。台濠封壽陽王，嗣王倪爀遭哱〔拜〕、劉〔東暘〕之亂，完節以死。

定王子六。鼒樻襲慶王爵，册封慶世子，早薨。鼒枋襲爵，薨謚曰惠。鼒櫃封延川王。鼒棬、鼒札、鼒棲未封。

惠王子二。倪熉襲慶王爵，以孝聞，助修唐、漢渠等閘，薨謚曰端。倪焯封華陰王。嗣王伸堣好善樂施[5]，重修土塔寺。

端王子二。伸域，襲慶王爵，薨謚曰憲。伸埴封鎮原王[6]。遭哱〔拜〕、劉〔東暘〕之亂，首被幽縶，矢節不屈。

憲王子二。帥鋅襲慶王爵。帥鉀封蒙陰王。各長子世襲，餘封鎮國將軍，其下有輔國將軍、奉國將軍、鎮國中尉、輔國中尉，各以世次降封，其下名粮八分。

王府官屬儀衛司正副各一員，典仗十員，承奉司正副各一員，内典寶、典膳、典服、門官正副各一員，左右長史各一員，典簿一員，教授一員，伴讀一員，紀善一員，良醫正副各一員，寄理正副各一員，工正正副各一員，典寶一員，典膳一員，典儀一員，引禮舍人一員，奉祀一員，典樂一員，書辦官五員，廣濟庫大使一員，廣濟倉大使一員。

按：藩府初有中護衛官并旗軍，正德六年改作中屯衛。又真寧等王亦有教授、典膳等官，校尉傳從人，並分撥慶府護衛、儀衛及中屯衛，兹不備列。

清代官制

巡撫寧夏都御史一員，沿明巡撫，順治二年增設撫標左右二營，設旗鼓守備一員，又各設游擊以下等官城守營都司一員，平羅協、花馬池協副將各一員，及協標官中衛營、靈州營参將各一員，洪廣營、玉泉營、廣武營、興武營游擊各一員，石空寺、古水井、同心城、安定、横城、大壩、清水等營守備各一員。十八年，裁左右二營游擊以下等官。

分巡寧夏道一員，以河西道改設，兼管水利兵備，歲俸銀一百五兩，養廉銀三千兩。今改朔方道尹，各屬官初沿明制，後改爲四縣一州。同治年，增設寧靈廳。今轄八縣。

理藩院部郎一員，康熙四十八年設，駐郡城，管理蒙古民人事務。今裁。

寧夏府知府一員，雍正三年裁衛改設，歲俸銀一百五兩，養廉銀二千兩。今裁。

理事同知一員，雍正三年設，管理滿旗事務，駐郡城，歲俸銀八十兩，養廉銀八百兩。今裁。

水利同知一員，雍正三年設，專司唐、漢、清、惠四渠水利，駐郡城，歲俸銀八十兩，養廉銀八百兩。同治十一年，改撫民同知移駐寧靈廳。

寧靈廳撫民同知一員，同治十一年由靈州撥地，以水利同知改設，歲俸銀八十兩，養廉銀八百兩。今改金積縣。

惠安堡鹽捕通判一員，由鹽大使改設，舊帶平凉衙，清歸寧夏府，專司惠安三池鹽務，俸銀二十兩三錢二分，養廉銀六百兩。今裁。

靈州知州一員，雍正三年以中路同知改設，歲俸銀八十兩，養廉銀六百兩，公費銀三百六十兩。今改靈武縣。

知縣四員，由明衛所改設。寧夏縣、寧朔縣、中衛縣、平羅縣知縣各一員，歲俸銀各四十五兩，養廉銀各六百兩，公費銀各三百六十兩。

花馬池州同一員，靈州分州，雍正八年設，歲俸銀六十兩，養廉銀一百二十兩。今改鹽池縣。

府經歷一員，駐郡城府署西，歲俸銀四十兩，養廉銀一百兩。今裁。

寶豐縣丞一員，平羅分縣，乾隆十一年設，歲俸銀四十兩，養廉銀二百兩。今裁。

石嘴山主簿一員，嘉慶年由紅城移駐，管理河道岸口，歲俸工銀三十三兩，養廉銀八十兩。今裁。

巡檢二員，中衛縣渠寧巡檢一員，寧靈廳同心城巡檢一員。同心城巡檢同治十一年設，光緒四年改歸平遠，即今鎮戎，歲俸銀各三十一兩五錢二分，養廉銀各六十兩。今俱裁。

寧靈廳照磨一員，同治十一年設。今改管獄員。

靈州吏目一員，歲俸銀三十一兩五錢二分，養廉銀六十兩。今改管獄員。

典史四員，寧夏、寧朔、中衛、平羅各一員，歲各俸銀三十一兩五錢二分，養廉銀各六十兩。今均改管獄員。

府教授一員，歲俸銀四十五兩。今裁。

教諭三員，寧夏、寧朔、中衛各一員，歲各俸銀四十兩。今俱裁。

訓導三員，府一員，中衛、平羅各一員，歲各俸銀四十兩。今俱裁。

靈州學正一員，歲俸銀四十兩。今裁。

僧、道官各六員，府各一員，寧夏、寧朔、中衛、平羅、靈州各一員。今俱裁。

陰陽官、醫官各六員，府各一員，寧夏、寧朔、中衛、平羅、靈州各一員。今俱裁。

寧夏總兵官一員，順治三年設，又設鎮標旗鼓守備一員，分中、左、右、前、後五營，各設游擊以下等官。

寧夏提督一員，康熙十五年裁總兵官，改設提督，並改鎮標中營游擊爲提標中營參將。

寧夏鎮總兵官一員，二十年又裁提督改設，並設鎮標中、左、右、前四營，各設游擊以下等官，統轄寧夏城守營都司以下等官，中衛協、花馬池協各設副將以下等官，平羅營、靈州營各參將以下等官，洪廣營、玉泉營、廣武營、興武營各游擊以下等官，及石空寺堡、古水井堡、大壩堡、横城堡、同心城、安定堡守備各一員，臨河堡、清水營、惠安堡把總各一員。

鎮守陝西寧夏將軍一員。寧夏舊屬陝西，乾隆二十八年始改隸甘肅，設將軍一員，左右副都統各一員，滿洲協領四員，佐領、防禦、驍騎校各十六員，蒙古協領二員，佐領、防禦、驍騎校各八員，左右翼防禦各一員，另築城於郡城之西。乾隆三十四年，以兵丁無多，裁右翼副都統一員，三十五年又裁左翼蒙古協領一員、滿洲佐領二員、右翼滿洲佐領二員、蒙古佐領一員，其佐領事務令協領五員兼管。

按：清初，寧夏設有理刑、監收，中路、東路同知，水利都司、衛守備、所千户等官，雍正三年並裁。又有西路同知駐中衛縣，水利通判駐新渠縣，鹽大使駐惠安堡，又有寶豐縣知縣，并典史、訓導等官，亦裁。又靈州有沙泉、同心二驛，中衛有長流水、渠口、寧安、大澇、蘆溝各驛，驛丞各一員，均裁。又新渠、寶豐，自三年震壞，所設水利通判、知縣等四年一律裁併歸平羅，其與夏縣相近之通寧、通朔、通貴、通吉、通昶五堡改隸寧夏縣，於寶豐設縣丞，經理昌潤渠務，其惠農渠務改歸寧水利同知兼管。

民國建元，改分巡道，爲朔方道觀察使。民國四年，改朔方道道尹。寧靈同知、靈州知州、花馬池州同均改縣，典史均改管獄員。餘自知府以次，一律取銷。

鎮守寧夏等處將軍一員，駐滿城，歲俸銀一百八十兩，養廉銀一千五百兩，薪紅紙張銀八十兩，門炮火藥銀一百二十兩，衙役工食銀六百八十八兩，又坐甲八名。今裁。

左翼副都統一員，駐滿城，歲俸銀一百五十五兩，養廉銀七百兩，衙役工食銀一百九十二兩，又坐甲三名，又各食隨丁甲二十名。今裁。

右翼副都統一員，駐滿城，歲俸銀一百五十五兩，養廉銀七百兩，衙役工食銀一百九十二兩，又坐甲三名，又各食隨丁甲二十名，乾隆二十八年裁。

左翼協領三員，每員俸銀一百三十兩、米七十五石。今裁。

右翼協領三員，每員俸銀一百三十兩米、七十五石。後裁一員，今俱裁。

左翼佐領十二員，每員俸銀一百五兩米、六十石。今裁。

右翼佐領十二員，每員俸銀一百五兩米、六十石。後裁五員，今俱裁。

左翼防禦十四員，每員俸銀八十兩米、四十二石。今裁。

右翼防禦十四員，每員俸銀八十兩米、四十二石。今裁。

左翼驍騎校十二員，每員俸銀六十兩米、三十六石。今裁。

右翼驍騎校十二員，每員俸銀六十兩米、三十六石。今裁。

筆帖式二員，每員俸銀二十一兩一錢一分四釐、米三十石。今裁。

襲雲騎尉，俸銀八十五兩米、四十二石。今裁。

恩騎校，俸銀四十五兩米、三十六石。今裁。

民國六年，酌給滿營籽種銀十八萬餘兩，遣散歸農官，營制一律取銷。

鎮守寧夏等處總兵一員，駐郡城，月支俸薪、紙燭銀四十二兩六錢三分一釐三毫三絲三忽，養廉粮六十分，馬三十六分，步二十四分，坐馬一十六匹。前改設護軍使，今改鎮守使。

協鎮中衛等處副將一員，駐中衛城，月支俸薪、紙燭銀三十一兩四錢五分四釐八毫三絲三忽，養廉粮三十分，馬十五分，步十五分，坐馬十二匹。今裁。

按：舊沿明制，設有中協副將，順治十三年裁。又設有花馬池副將，乾隆二十八年改設參將。

參將四員，平羅營、花馬池營、靈州營、靈武營各一員，各月支俸薪、紙燭銀二十兩二錢七分八釐三毫三絲三忽，養廉粮二十分，馬十分，步十分，坐馬八匹。今俱裁。

按：花馬池營舊設副將，乾隆二十八年改設參將。同治十一年，馬化灉亂平，以靈州營鞭長莫及，增設靈武營參將。

游擊七員，鎮標左、右、前、後四營各一員，玉泉營一員，洪廣營一員，廣武營一員，各月支俸薪、紙燭銀一十九兩二錢七分八釐三毫三絲三忽，養廉粮十五分，馬九分，步六分，坐馬六匹。今俱裁。

按：初沿明制，設有撫標左營游擊、右營游擊，順治十八年裁。又設鎮標游擊。雍正十三年，以中營移改左營，兼中軍，以左營移改右營，以右營移改前營，以前營移改後營，原設之後營游擊裁。又興武舊設游擊，乾隆十一年改設都司。

都司四員，城守營一員，横城營一員，興武營一員，中衛營中軍一員，各月支俸薪、紙燭銀一十一兩七錢八分二釐八毫三絲三忽，養廉粮一十八分，坐馬四匹。今俱裁。

守備十五員，鎮標左、右、前、後，靈州、花馬池、平羅、玉泉、廣武、洪廣、靈武等營中軍守備各一員，安定堡、同心城、石空堡、古水堡守備各一員，各月支俸薪、紙燭銀七兩五錢五分八釐八毫三絲三忽，養廉粮十分，馬四分，步六分，坐馬四匹。今俱裁。

千總十三員，各月支俸薪、紙燭銀四兩，養廉粮五分，馬二分，步三分，坐馬二匹。今俱裁。

把總四十七員，各月支俸薪、紙燭銀三兩，養廉粮四分，馬二分，步二分，坐馬二匹。今俱裁。

外委六十八員，除本身馬粮外每員養廉步粮一分。今俱裁。

民國建元，總兵改護軍使。十年，又改鎮守使，另練新軍，官兵舊制，一律取銷。

民國官制

朔方道道尹一員，由清寧夏分巡道改置。民國建元，裁府缺。以“寧夏”與首縣同名，且古爲朔方郡，改“朔方道”。初，改朔方觀察使，三年，改朔方道道尹，列三等缺。

《組織道官制令》

第一條　道置道尹，隸巡按使，今改督軍、省長。爲一道行政長官，依法律命令，執行道内行政事務，並受巡按使之委任，監督財政及司法、行政及其他特别官署之行政事務。

第二條　道尹就道務之行政事務，依其職權，或特别之委任，得發道令。

第三條　道尹於所轄各縣知事之命令或處分，認爲違背法令，妨害公益，或侵越權限時，得停止撤銷其命令或處分，仍詳報巡按使。

第四條　道尹於所轄各縣知事認爲應付懲戒者，詳請巡按使核辦。

第五條　道尹於所轄各縣知事認爲應給獎勵者，詳請巡按使核辦。

第六條　道尹於所轄各縣知事遇有事故或出缺時，得委員代理，並就分發該省之知事内遴選數員，詳請巡按使核擇薦任之。

第七條　道尹對於特别官署之監督方法，各依其官制定之。

第八條　道尹受巡按使之命令時，於住紮本道之巡防警備各隊，得節制調遣之。

第九條：道尹於非常事變之際需用兵力，或爲防衛起見需兵備時，得詳由巡按使請住紮隣近之陸軍或軍艦長官派兵處理，但因特别情形不及詳請時，得逕向各該軍隊及軍艦長官請其出兵。

第十條　道尹遇有非常緊急或特别重要事件，於詳報巡按使外，得逕呈大總統。

第十一條　道尹有事故時，以同城或隣近之縣知事護理之。

第十二條　道尹得自委掾屬，其職掌員額詳由巡按使核定之，並咨陳内務部分别叙等注册。

第十三條　道尹公署之經費另定之。

第十四條　本官制自公布施行。

民國三年五月二十三日，奉大總統電令公布。

署設秘書一員，承道尹之命，掌機密文牘及檢閲各科稿件，凡不屬各科之事皆隸之。分設四科：一，内務科：科長一員，科員五員，今减三員，掌理本道内務行政及其監督事項，但關於典守印信、保存卷宗、收發各項公文函件等事，須以該科科員分掌之。二，財政科：科長一員，科員三員，今减一員，掌理本道行政經費之出入會計，並預算、决算及其監守事項。三，教育科：科長一員，科員二員，掌理本道教育、學藝及其監督事項。四，實業科：科長一員，科員二員，掌理本道農、工、商、礦各項交通及其監督事項。各科科長有事簡不必備設者，得由各道酌量合併，擬具相當員數，報由行政長官呈請國務總理核定之。又各科繕寫文件、辦理庶務，得隨時酌設僱員。各道爲辦理技術事務須設技正、技士者，應將必須酌設理由報由行政長官，分别呈請任命委任。

原定三等道尹，俸給與一二等同，月支俸洋五百元。秘書一員，科長四員，每員月支俸洋一百元。惟科員减爲八員，技士二員，每員月支俸洋五十元。月共支俸洋一千六百元，年計一萬九千二百元。經費項下，電報費洋三百元，紙墨、交際、役食三項各一百元，調查、雜費、僱員三項各二百元，月共支費洋一千二百元，年計一萬四千四百元，後技士取銷。民國三年，護理民政長張炳華規定官俸案内核减俸洋一成、公費洋五成。民國九年一月，又核减一成。民國十年十一月，甘肅財政支絀，財政會議議决行政俸費再核减一成。除三次核减外，實月支俸費洋一千二百七十九元八角，年計實共支洋一萬五千三百五十七元六角。

鎮守使一員。民國三年，由寧夏總鎮改爲寧夏護軍使，十年，改寧夏鎮守使，駐郡城舊總兵署，即前明帥府也。

清沿明制，設鎮守寧夏等處總兵一員。民國三年一月，改設寧夏護軍使。十年三月，改設寧夏鎮守使。初，並奉令節制阿拉善旗軍務。其鄂托克、烏審二旗軍務，以距寧較近，暫歸節制。三年八月，奉令鄂托克、烏審二旗劃歸綏遠，阿拉善旗民事歸寧夏道道尹處理，軍事仍歸使署節制。四年八月，奉令烏、鄂兩旗距寧較近，責成寧夏護軍使於該兩旗防務邊務不分畛域，隨時會商綏遠都統，妥爲籌辦。事關急速者，由寧夏護軍使徑報辦理，現均照舊管。

署設參謀處參謀長一員、參謀三員、測繪員一員、繙譯員一員、僱員二員，副官處副官長一員、副官三員，軍務課軍務課長一員、課員二員、僱員二員，軍需課軍需課長一員、課員二員、僱員三員，軍法課軍法官一員、軍法員一員，書記處書記官一員、書記四員，又監印官一員，核對官一員，蒙旗辦事員二員，軍警稽查處稽查長一員、稽查四員。

鎮署衛馬隊暨昭武軍統領部馬、步各營，按照民國九年三月減支二成通案，年支統費薪公餉乾等項共洋一十一萬九千三百四十九元六角外，公攤服裝費共洋四千五百四十二元三分，全年共支洋一十三萬一千六百二十元零二角三分。

鎮使部屬新軍、步、騎、炮各營，按照民國九年三月減支二成通案，年支統費薪公餉乾等項共洋一十四萬五千六百九十四元四角外，公攤服裝費共洋四千九百零八元二角七分，全年共支洋一十五萬九千九百六十九元八角九分八釐。臨時活支，向無定額。

審判分廳監督推事一員。第三高等審判分廳，就郡城柴市街西頭巷寧朔縣舊署改設，民國九年八月報告成立，住署東頭，與第三高等檢察分廳對峙，總理本分廳一切事務，監督司法、行政及分配民刑各案於推事，並受理上訴與覆判各案件。

檢察分廳監督檢察官一員。第三高等檢察分廳，就郡城柴市街西頭巷寧朔縣舊署改設，民國九年八月報告成立，住署西頭，與第三高等審判分廳對峙，總理本分廳一切事務，監督司法、行政及處分所屬各縣司法事項，兼辦各縣上訴並覆判案件。

《組織第三高等分廳及附設地方庭暫行章程》

第一章　《組織》

第一條　高等審判分廳置推事四員，以一員爲監督推事。高等檢察分廳置檢察三員或二員，以一員爲監督檢察官。

第二條　高等審判分廳暫設一廳，兼理民刑案件，即以監督推事兼充庭長。

第三條　高等審判分廳置書記長一員，書記官三員。高等檢察分廳置書記長一員，書記官二員。

第四條　高等分廳内附設地方庭，其人員仍由高等分廳人員兼任之。

第二章《管轄》

第五條　第三高等分廳設於寧夏郡城，以寧夏、寧朔、中衛、平羅、靈武、金積、鹽池、鎮戎等八縣爲其管轄區域。

第六條　高等分廳之事務管轄如左：（一）不服地方庭及所屬各縣司法公署並兼理司法縣知事所爲民刑地方管轄之判決而上訴者；（二）不服地方庭及所屬各縣司法公署並兼理司法縣知事所爲民刑地方管轄之裁決、或命令、或批諭，按照法令而抗告者。

第七條　高等分廳兼任地方庭職務，但同一案件既參與第一審之推事，不得參與第二審兼任地方庭職務所爲，第二審之判決或裁決當事人不服，提出上訴或控告時，由高等分廳送由本廳省高等廳受理，第一高等分廳兼任地方庭第一審管轄區域,以寧夏、寧朔縣區域爲限,第二審管轄區域均與高等分廳同。

第八條　兼任地方庭之事務管轄如左:第一審按照民刑事訴訟條例,應受初級地方管轄之案件。第二審(一)不服該庭民刑初級管轄之判决而上訴,及不服其裁决或命令,按照法令而抗告之事件;(一)不服所屬各縣司法公署及兼理司法縣知事初級管轄之判决而上訴,及不服其批諭,按照法令而抗告之案件。

第九條　高等分廳按照覆判章程辦理覆判案件。

第三章　《權限》[7]

第十條　監督推事承甘肅高等審判廳長之命令,監督該審判分廳司法行政事務;監督檢察官承甘肅高等檢察長之命令,監督檢察分廳司法行政事務。

第十一條　高等分廳對於司法部及省長有呈請報告時,除有特别規定外,應呈由本廳省高等廳。核轉,其對於管轄區域内同等以下各官署之文件,以分廳名義行之。

第十二條　高等分廳書記官長承監督推事及監督檢察官之命令,監督所屬書記官。

第十三條　高等分廳處務細則另定之。

第十四條　本章程以奉到司法部核定之日施行。

第十五條　本章程如有應行變更之處,應由本兩廳轉呈司法部修改。

民國十二年四月五日,甘肅高等審判廳長蘇兆祥、甘肅高等檢察廳長張藎臣奉准抄發。

高審分廳設推事三員,承監督推事之分配命令,受理民刑各案件與上訴。而判决或决定之書記官長一員,受監督之命令,指揮辦理司法行政事務,并督率各書記官及書記分科辦事。書記官三員,受監督之命令,指揮分辦記録、管卷、會計、庶務各事項。承發吏六名,受監督或推事之指揮,傳唤民事當事人,及送達判詞等事。

高檢分廳設檢察官一員,承監督之命令,指揮分辦地方庭及初級管轄刑事案件與其他之相驗事件。書記官長一員,受監督之命令,指揮辦理司法行政事件,並督率各書記官及書記分科辦事。書記官二員,受監督之命令,指揮分辦記録、管卷、會計、庶務各事項。法警十名,受監督或檢察官之命令,傳訊、緝拘刑事被告嫌疑各人犯。檢驗吏一員,受監督或檢察官之命令,指揮隨同相驗殺傷命案事件。看守所附設於高檢分廳西偏,民國十一年四月成立,設所官一員,受高等檢察分廳之命令,指揮管理民刑羈押被告人犯。監獄係就寧夏縣舊獄改置,設典獄官一員,管理刑事已决各犯,同受高檢分廳監督之命令指揮,其囚粮均視人數多寡,由檢廳按月呈請省長,指令財政廳轉令寧朔、寧夏兩縣知事照撥。

兩分廳常年經費,按照民國十年十月減支一成通案,月共支庫平銀一千二百一十九兩七錢，審六檢四，由夏、朔、中、平、靈、金六縣正供項下遇月解交。

知事八員。寧夏、寧朔、中衛、平羅、靈武、金積六縣列二等缺，鹽池、鎮戎二縣列三等缺。

《組織縣官制令》

第一條　縣置知事，隸屬道尹，爲一縣長官，依法律命令執行縣内行政事務。

第二條　知事就縣内之行政事務，依其職權，或特別之委任，得發縣令。

第三條　知事於所轄警獄及佐助各員吏處分，認爲違背法令、妨害公益，或逾越權限時，得停止或撤銷之。

第四條　知事遇特別重要事件，於詳道尹外，得逕詳巡按使。

第五條　知事於住紮本縣之警備隊得調用之。

第六條　知事於非常事變之際需用兵力，或爲防衛起見需用兵備時，得詳巡按使或道尹，請住紮隣近之陸軍或軍艦長官派兵處理，但因特別情形不及詳請時，得逕向各該軍隊、軍艦長官請求之。

第七條　知事得自委掾屬，其職掌員額詳由道尹轉詳巡按使核定，分別叙等注册，並咨陳内務部。

第八條　知事公署之經費另定之。

第九條　本官制自公布日施行。

民國三年五月二十三日，奉大總統電令公布。

初以寧夏、寧朔、中衛、平羅四縣事務較繁，分設四科，一科科長一人、科員四人，二、三、四科科長一人、科員二人、技士二人。靈武、金積、鹽池、鎮戎四縣事務較簡，分設兩科，每科科長一人、科員二人、技士一人，嗣減去科長、技士，通設兩科，二等缺科員三人、三等缺科員二人。第一科掌關於内務事件兼管司法事件。司法係獨立性質，此不過暫時權宜辦法，一俟地方審判成立，此項兼管自然取銷。第二科掌關於財政事件、教育事件、實業事件，繕寫文件，辦理庶務，得酌設僱員，其員數由各縣酌擬報告之。又地方審判尚未成立，事務繁者得設帮審二員，事務簡者得設帮審一員，專辦審判事宜，由各知事呈請本省司法籌備處處長委任之。現本省高等審判成立，司法籌備處取銷，自應向審判廳長呈請。

二等缺原定每知事月支俸洋二百六十元，科員三員，每員月支俸洋五十元，公費如紙墨、僱員交際、役食等項月支洋三百六十元，月共支俸費洋七百七十元，年計共支洋九千二百四十元。民國三年，護理民政長張炳華規定官俸案内核減俸洋三成，公費洋五成，每知事月支俸洋一百八十二元，科員每員月支俸洋三十五元，公費月支洋一百八十元。民國九年一月，又核減洋十五元。所減之數如何支配，由各該長官酌辦。前項核減十五元歸知事薪俸項下，計月支俸洋一百六十七元。其公費及科員薪俸悉仍舊。民國十年十一月，甘肅財政支絀，財政會議議決行政俸費再核減一成，計二等知事每知事月支俸洋一百五十元三角，科員三員，月共支俸洋九十四元五角，公費月支洋一百六十二元，實共月支俸費洋四百零六元八角，年計實共支洋四千八百八十一元六角。按季由財政廳核發。

三等缺原定每知事月支俸洋二百四十元，科員二員，每員月支俸洋五十元，公費月支洋二百一十元，月共支俸費洋五百五十元，年計共支洋六千六百元。民國三年，護理甘肅民政長張炳華規定官俸案内核減俸洋三成，公費洋五成，每知事月支俸洋一百六十八元，科員每員月支俸洋三十五元，公費月支洋一百零五元。民國九年一月，又核減洋十元。所減之數如何支配，由各該長官酌辦。前項核減洋十元歸知事薪俸項下，計月支俸洋一百五十八元。其公費、科員薪俸悉仍舊。民國十年十一月，甘肅財政支絀，財政會議議決行政費再核減一成，科員薪俸、公費仍舊計，三等知事每知事月支俸洋一百四十八元，科員二員，月仍共支俸洋七十元，公費月仍支洋一百零五元，共月支俸費洋三百二十三元，年計實共支洋三千八百七十六元。按季由財政廳核發。

管獄員八員。寧夏、寧朔、中衛、平羅、靈武、金積、鹽池、鎮戎八縣各一員，每員月支薪貲二十四元，年共支二百八十八元，管理民刑羈押被告人犯及刑事已决各犯等事。

勸學員八員。寧夏、寧朔、中衛、平羅、靈武、金積、鹽池、鎮戎八縣各一員，薪貲由本縣學款項下動支，管理勸學、會計、庶務等事。

警察官八員。寧夏、寧朔、中衛、平羅、靈武、金積、鹽池、鎮戎八縣各一員，現因款項支絀，由各縣知事兼充，不另支薪。其警佐等員，就地籌款，管理巡查稽察、維持秩序等事。

縣議長各一員。議會爲立法機關，法用投票選舉，以得票多者爲議長，次者爲議員，爲一縣人民之代表，朔方各屬，自民國三年解散，尚未組織。

商務總會長一員。民國二年五月，奉令組織成立，法用投票選舉，以得票多者爲會長，次者爲副會長。寧郡爲朔方工商業總匯之區，得設總商會，並設會董、辦事等員，管理工商事務，維持市面秩序等事，其餘各屬市集，多者或設一二員不等。

【校勘記】

[1] 㮵：原作“㫋”，據《慶王壙志》、《明史》卷一〇〇、卷一〇二《諸王世表》、卷一一七《慶王㮵傳》改。下同。

[2] 秩煃：原同《明太宗實録》卷二三六、《明史》卷一〇二《諸王世表》作“秩榮”，據《慶王壙志》、《明太宗實録》卷一四〇、《〔弘治〕寧志》卷一及《〔嘉靖〕寧志》卷一《寧夏總鎮・藩封》、《〔嘉靖〕陝志》卷五《土地三・封建》改。下同。

[3] 弘農王：原避清高宗弘曆諱作“宏農王”，今回改。下同。

[4] 鼒㮮：原作“鼒楹”，據《明史》卷一〇二《諸王世表》、《〔嘉靖〕寧志》卷一《寧夏總鎮·藩封》、《朔方新志》卷二《内治·藩封》改。

[5] 伸堣：原作“伸隅”，據《明史》卷一〇二《諸王世表》改。

[6] 伸埴：原同《明神宗實録》卷一〇二作“伸誰”，據《明史》卷一〇二《諸王世表》、卷一一七《慶王㮵傳》改。下同。

[7] 章：此字下原衍“程”字，據本志書例删。

朔方道志卷之十三　職官志二

歷代職官表　民國職官表

歷代職官表

秦

蒙恬，内史。

漢

衛青，以車騎將軍擊匈奴。
杜延年，北地太守。
谷永，北地太守。
夏育，北地太守。
皇甫嵩，北地太守。
郭昌，拔胡將軍，屯朔方。
鄧遵，以度遼將軍擊零昌於靈州。

魏

劉豐，靈州鎮大都督。
宇文顯和，夏州刺史。
源子邕[1]，夏州刺史。
宇文泰，夏州刺史。

北魏

赫連達，夏州總管。
蔡紹，夏州鎮將。
蔡祐，夏州都督。

北齊

庫狄迴洛,夏州刺史。
張保洛,夏州刺史。
魏蘭根,夏州平北長史。
金祚,靈州刺史。

隋

李充,朔方總管。
段文振,靈州總管。
李恒,鹽州刺史。
陰嵩周,夏州刺史。
源雄[2],朔方郡公。
虞祥周,靈武太守。
元胄[3],靈州總管。
楊素,靈州行軍總管。
賀若誼,靈州總管。
吐萬緒,夏州總管。

唐

李道宗,靈州都督。
李勣,朔方道行軍總管
王方翼,夏州都督。
魏元忠,靈武道行軍總管。
郭元振,朔方軍大總管。
張仁愿,朔方軍總管。
路嗣恭,朔方節度留後。
張説,朔方節度大使。
王晙,朔方節度大使。
牛仙客,朔方行軍大總管。
李光弼,朔方節度使。
安思順,朔方節度使。
郭子儀,朔方河中節度使副元帥。

李文悦，鹽州刺史。
李聽，靈鹽節度使。
裴識，靈武節度使。
杜叔良，朔方節度使。
楊則，靈州長使。
劉旻，夏州長史。
劉蘭，夏州都督長史。
唐持，朔方昭義節度使。
回秀，朔方大總管。
蕭嵩，朔方節度使。
唐璿，字休璟，靈州都督。
崔日知，朔方判官。
姚崇，靈武道大總管。
史敬奉，靈武牙將。
杜希全，朔方節度使。
李福，夏綏節度使。
崔知温，靈州司馬。
張齊邱，朔方節度使。
解琬，朔方大總管。
李國臣，鹽州刺史。
郭晞，領朔方軍。
魏少游，朔方轉運使。
高固，朔方節度使。
韓全義，夏綏銀宥節度使。
韋光乘，朔方節度使。
崔寧，靈州大都督。
韓潭，夏綏銀節度使。
信安王禕，朔方節度使。
王忠嗣，朔方河東節度使。
傅良弼，夏綏銀節度使。
劉濛，宣尉寧夏使。
劉潼，朔方靈武節度使。
王泌，朔方靈鹽節度使。

時常春，夏州刺史。
戴休顔，鹽州刺史。
柳鎮，佐郭子儀，朔方府。
范希朝，朔方靈鹽節度使。
李懷光，朔方節度使。
李景略，朔方節度使巡官。
王晏平，朔方靈鹽節度使。
唐弘夫[4]，靈武節度使。
諸葛爽，夏綏銀節度使。
薛訥，朔方道行軍大總管。
韋博，靈武節度副使。
鄭克鈞，靈夏二州運粮使。
杜黄裳[5]，辟佐朔方郡。
竇静，夏州都督。

五代

張希崇，唐靈武節度使。
康福，河西節度使。
馮暉，晋靈武節度使。
藥元福[6]，威州刺史。

宋

董遵誨，通遠軍使。
段思恭，知靈州事。
安守忠，知靈州事。
尹憲，知夏州。
侯贇，知靈州。
郭密，靈州兵馬都部署。
曹燦，知靈州徙河西鈐轄。
李繼隆，靈環十州都部署。
王昭遠，靈州路都部署。
楊瓊，靈慶路副都部署。
田紹斌，環慶靈州清遠軍部署。

張凝,邠寧環慶靈州安撫使。
潘羅支,朔方節度使。
王侁,靈州副將。
裴濟,知靈州。
石保,夏綏麟府州鈐轄。
馮繼業,朔方軍節度使。
王杲,靈州副部署徙知夏州。
孔守正,夏州部署
尹繼倫,靈慶兵馬副都部署。
王明,靈武觀察巡官。
孫金照,護屯兵於夏州兼知州事。
侯延廣,知靈州兼兵馬都部署。
唐斌,銀夏兵馬鈐轄。
厮鐸督,朔方節度使。

元

斡札簀[7],中興路管民官。
朵爾赤,中興路新民總管。
袁裕,中興等路新民安撫使。
張文謙,中書左丞行省西夏中興等路。
董文用,中興等路行省郎中。
郭守敬,從行省西夏提舉河渠。
焦德裕,西夏中興道按察副使。

明

三邊總制,計五十七人。
項忠,浙江嘉興人,正統間任。
馬文升,河南鈞州人,景泰間任。
王越,直隸濬縣人,弘治間任。
秦紘[8],山東單縣人,弘治間任。
楊一清,雲南安寧人,弘治間任。
才寬,直隸遷安人,正德間任。
張泰,直隸肅寧人,正德間任。

鄧璋，順天涿州人，正德間任。
彭澤，蘭州人，正德間任。
李鉞[9]，河南祥符人，嘉靖間任。
王憲，山東東平人，嘉靖間任。
王瓊，山西太原人，嘉靖間任。
唐龍，浙江蘭谿人，嘉靖間任。
姚鏌，浙江餘姚人，嘉靖間任。
劉天和，湖廣麻城人，嘉靖間任。
楊守禮，山西蒲州人，嘉靖間任。
張珩，山西石州人，嘉靖間任。
曾佐，南直江都人，嘉靖間任。
王以旂，南直江寧人，嘉靖間任。
賈應春，北直真定人，嘉靖間任。
王夢弼，山西代州人，嘉靖間任。
魏謙吉，北直柏鄉人，嘉靖間任。
郭乾，北直任丘人，嘉靖間任。
程軏，山東臨渭人，嘉靖間任。
喻時，河南光州人，嘉靖間任。
陳其學，山東登州人，嘉靖間任。
霍冀，山西孝義人，嘉靖間任。
王崇古，山西蒲州人，隆慶間任。
王之誥，湖廣石首人，隆慶間任。
戴才，北直滄州人，隆慶間任。
石茂華，山東益都人，萬曆間任。
董世彦，河南禹州人，萬曆間任。
郜光先，山西長治人，萬曆間任。
高人薦，四川成都人，萬曆間任。
石茂華，再任。
郜光先，再任。
梅友松，四川内江人，萬曆間任。
魏學曾，陝西涇陽人，萬曆間任。
葉夢熊，廣東歸善人，萬曆間任。
李汶，北直任丘人，萬曆間任。

徐三畏，北直任丘人，萬曆間任。
黄嘉善，山東即墨人，萬曆間任。
顧其志，南直長洲人，萬曆間任。
劉敏寬，山西安邑人，萬曆間任。
楊應聘，南直懷遠人，萬曆間任。
李起元，北直南和人，天啓間任。
李從心，北直南樂人，天啓間任。
王之采，山西蒲州人，天啓間任。
史永安，山東武定人，天啓間任
武之望，陝西臨潼人，崇禎間任。
楊鶴，湖廣武陵人，崇禎間任。
陳奇瑜，山西保德人，崇禎間任。
洪承疇，福建南安人，崇禎間任。
丁起睿，河南永城人，崇禎間任。
傅宗龍，雲南人[①]，崇禎間任。
汪喬年，浙江遂安人，崇禎間任。
孫傳廷，山西代州人，崇禎間任。
寧夏巡撫，計八十一人。
羅汝敬，江西吉水人，宣德間任[②]。
郭智，南直蕪湖人，正統間任[③]。
金濂，南直山陽人。景泰間任。
盧睿，浙江東陽人。景泰間任。
羅綺[10]，河南磁州人，景泰間任[④]。
韓福，山東膠州人。天順間任。
陳翌[11]，南直虹縣人，天順間任[⑤]。
陳價，四川銅梁人，成化間任[⑥]。

---

① 《明史》卷二六二《傅宗龍傳》載，傅宗龍爲雲南昆明人。

② 《明宣宗實録》卷七六載，羅汝敬於宣德六年(1431)二月丁酉任職。

③ 《明英宗實録》卷十四載，郭智於正統元年(1436)二月庚子任職。

④ 《明英宗實録》卷一一三載，命監察御史羅綺於正統九年(1444)二月丙戌參贊寧夏軍務，非景泰年間始任職。

⑤ 《明英宗實録》卷二九一載，天順二年(1458)五月癸丑，鑄給巡撫甘肅、寧夏、大同三處關防，從右副都御史芮釗、陳翌、僉都御史李秉奏請也。

⑥ 《明英宗實録》卷三五五載，陳價於天順七年(1463)閏七月己未被命巡撫寧夏，非成化間始任職。

張鎣，南直華亭人，成化間任①。
徐廷璋，河南羅山人，成化間任②。
張鵬，北直淶水人，成化間任③。
賈俊，北直束鹿人，成化間任④。
崔讓，山西石州人，成化間任⑤。
張瑋，北直景州人，弘治間任⑥。
韓文，北直新城人，弘治間任⑦。
孫仁，江西新淦人，弘治間任⑧。
張禎叔[12]，四川巴縣人，弘治間任⑨。
王珣，山東曹縣人，弘治間任⑩。
劉憲，湖廣長沙人，弘治間任⑪。
冒政，南直揚州人，正德間任⑫。
曲銳，山東萊縣人，正德間任⑬。
馬炳然[13]，四川内江人，正德間任。
安惟學，山西臨汾人，正德間任⑭。
張勛，北直完縣人，正德間任。
馮清，浙江餘姚人，正德間任⑮。
邊憲，北直任丘人，正德間任⑯。
鄭暘，北直安肅人，正德間任⑰。
王時中，山東黄縣人，正德間任⑱。

---

① 張鎣於成化三年(1467)七月己丑任職。
② 徐廷璋於成化八年(1472)任職。
③ 張鵬於成化十年(1474)六月壬申任職。
④ 賈俊於成化十三年(1477)任職。
⑤ 崔讓於成化十九年(1483)八月甲申任職。
⑥ 《明孝宗實録》卷十七載，張瑋於弘治元年(1488)八月丁巳任職。
⑦ 韓文於弘治三年(1490)五月乙卯任職。
⑧ 孫仁於弘治七年(1494)任職。
⑨ 張禎叔於弘治九年(1496)任職。
⑩ 王珣於弘治十一年(1498)任職。
⑪ 劉憲於弘治十五年(1502)任職。
⑫ 《朔方新志》卷二《内治・宦蹟・巡撫》載，冒政於正德二年(1507)任職。
⑬ 曲銳於正德三年(1508)任職。
⑭ 安惟學於正德四年(1509)十二月乙巳任職。
⑮ 馮清於正德七年(1512)任職。
⑯ 邊憲於正德九年(1514)任職。
⑰ 鄭暘於正德十二年(1517)任職。
⑱ 王時中於正德十二年(1517)四月戊午任職。

張潤[14]，山西臨汾人，正德十六年任[15]。
張璿[16]，北直晋川人，嘉靖間任①。
林琦，順天大興人，嘉靖間任②。
孟洋，河南信陽人，嘉靖間任③。
毛伯温，江西吉水人，嘉靖間任④。
翟鵬，北直撫寧人，嘉靖間任⑤。
胡東皋，浙江餘姚人，嘉靖間任⑥。
楊志學，湖廣長沙人，嘉靖間任⑦。
張文魁，河南蘭陽人，嘉靖間任⑧。
吴鎧[17]，山東陽穀人，嘉靖間任⑨。
楊守禮，山西蒲州人，嘉靖間任⑩。
范鏓[18]，瀋陽衛人，嘉靖間任⑪。
張珩，山西石州人，嘉靖間任⑫。
李士翱[19]，山東長山人，嘉靖間任⑬。
王邦瑞，河南宜陽人，嘉靖間任⑭。
張鎬，北直定州人[20]，嘉靖間任⑮。
王夢弼，山西代州人，嘉靖間任⑯。
王鎬，北直灤州人，嘉靖間任⑰。
霍冀，山西孝義人，嘉靖間任⑱。
謝淮，北直任丘人，嘉靖間任⑲。

---

① 張璿於嘉靖二年(1523)任職。
② 林琦於嘉靖四年(1525)任職。
③ 孟洋於嘉靖六年(1527)九月辛卯任職。
④ 毛伯温於嘉靖六年(1527)任職。
⑤ 翟鵬於嘉靖七年(1528)正月壬辰任職。
⑥ 胡東皋於嘉靖九年(1530)任職。
⑦ 楊志學於嘉靖十一年(1532)任職。
⑧ 張文魁於嘉靖十二年(1533)十二月乙未任職。
⑨ 吴鎧於嘉靖十六年(1537)四月乙丑任職。
⑩ 楊守禮於嘉靖十八年(1539)任職。
⑪ 范鏓於嘉靖二十年(1541)二月癸亥任職。
⑫ 張珩於嘉靖二十一年(1542)十二月丁酉任職。
⑬ 李士翱於嘉靖二十二年(1543)十二月乙未任職。
⑭ 王邦瑞於嘉靖二十六年(1547)任職。
⑮ 張鎬於嘉靖二十八年(1549)任職。
⑯ 王夢弼於嘉靖三十一年(1552)十二月癸酉任職。
⑰ 王鎬於嘉靖三十六年(1557)任職。
⑱ 霍冀於嘉靖三十七年(1558)任職。
⑲ 謝淮於嘉靖三十九年(1560)九月丙子任職。

毛鵬，北直棗强人，嘉靖間任[①]。

王崇古，山西蒲州人，嘉靖間任[②]。

朱笈，南直桃源人，隆慶間任[③]。

沈應時，河南洛陽人，隆慶間任[④]。

張蕙，山東平原人，隆慶間任[⑤]。

羅鳳翱，山西蒲州人，萬曆間任[⑥]。

蕭大亨，山東泰安人，萬曆間任[⑦]。

晋應槐，山西洪洞人，萬曆間任[⑧]。

張九一，河南新蔡人，萬曆間任[⑨]。

梁問孟，河南新鄉人，萬曆間任[⑩]。

姚繼可，河南襄城人，萬曆間任[⑪]。

黨馨，山東益都人，萬曆間任[⑫]。

朱正色，北直南和人，萬曆間任[⑬]。

周光鎬，廣東潮陽人，萬曆間任[⑭]。

楊時寧，河南祥符人，萬曆間任[⑮]。

黄嘉善，山東即墨人，萬曆間任[⑯]。

崔景榮，北直長垣人，萬曆間任[⑰]。

臧爾勸，山東諸城人，萬曆間任[⑱]。

楊應聘，直隸懷遠人，萬曆間任[⑲]。

---

① 毛鵬於嘉靖四十一年(1562)任職。
② 王崇古於嘉靖四十三年(1564)任職。
③ 朱笈於隆慶元年(1567)任職，六年(1572)復任。
④ 沈應時於隆慶二年(1568)十二月己丑任職。
⑤ 張蕙於隆慶五年(1571)任職。
⑥ 羅鳳翱於萬曆元年(1573)任職。
⑦ 蕭大亨於萬曆八年(1580)任職。
⑧ 晋應槐於萬曆九年(1581)任職。
⑨ 張九一於萬曆十一年(1583)任職。
⑩ 梁問孟於萬曆十四年(1586)任職。
⑪ 姚繼可於萬曆十六年(1588)任職。
⑫ 黨馨於萬曆十七年(1589)十二月乙亥任職。
⑬ 朱正色於萬曆二十年(1592)任職。
⑭ 周光鎬於萬曆二十一年(1593)任職。
⑮ 楊時寧於萬曆二十三年(1595)任職。
⑯ 黄嘉善於萬曆二十九年(1601)六月戊子任職。
⑰ 崔景榮於萬曆三十九年(1611)任職。
⑱ 楊應聘於萬曆四十二年(1614)。
⑲ 臧爾勸於萬曆四十六年(1618)任職。

周懋相，江西安福人，萬曆間任①。
王之采[21]，山西蒲州人，天啓間任②。
李從心，北直南樂人，天啓間任③。
魏雲中，山西武鄉人，天啓間任④。
郭之琮，山西蒲州人，天啓間任⑤。
史永安，山東武定人，天啓間任⑥。
焦馨，山東章邱人，天啓間任⑦。
楊嗣修，江西河内人，崇禎間任⑧。
耿好仁[22]，北直定興人，崇禎間任⑨。
王振奇，江西安福人，崇禎間任⑩。
王楫，山東泰安人，崇禎間任⑪。
鄭崇儉[23]，山西鄉寧人，崇禎間任⑫。
樊一亨[24]，四川人，崇禎間任。
李虞夔，山西平陸人，崇禎間任。
寧夏河西道，計四十四人[25]。
張添錫[26]，宣德間任。
劉瓚，天啓間任。
金濂，江南山陽人，天啓間任。
馬謙，天啓間任。
郭紀，山西大同人，天啓間任
何楚英，湖廣攸縣人，天啓間任
李皋，山東德州人，天啓間任。
孫逢吉[27]。天啓間任。
王瀛，天啓間任。

---

① 周懋相於萬曆四十八年(1620)任職。
② 王之采於天啓元年(1621)任職。
③ 李從心於天啓二年(1622)任職。
④ 魏雲中於天啓四年(1624)任職。
⑤ 郭之琮於天啓五年(1625)任職。
⑥ 史永安於天啓五年(1625)十一月癸亥任職。
⑦ 焦馨於天啓七年(1627)任職。
⑧ 楊嗣修於崇禎元年(1628)任職。
⑨ 耿好仁於崇禎二年(1629)任職。
⑩ 王振奇於崇禎六年(1633)任職。
⑪ 王楫於崇禎七年(1634)任職。
⑫ 鄭崇儉於崇禎九年(1636)任職。

王琄，河南許州人，天啓間任

劉謙，山西陽曲人，天啓間任。

曹奇，四川重慶人，天啓間任。

姚明，江西貴溪人，天啓間任。

王瓚，河南陝州人，天啓間任。

羅明，天啓間任。

余金[28]，天啓間任。

李經，天啓間任。

王弁，天啓間任。

張貫[29]，天啓間任。

李隆，天啓間任。

陳經[30]，弘治間任。

陳珍[31]，弘治間任。

李端澄，河南人，弘治間任①。

孟逵，順天人，嘉靖間任。

尚繻[32]，河南睢陽人，嘉靖間任。

李政，葉縣人[33]，嘉靖間任。

賈時，河南歸德人，嘉靖間任。

白金，南直常州人，嘉靖間任。

張檄，山西代州人，嘉靖間任。

黎堯卿，四川忠州人，嘉靖間任。

舒表，銅梁人，嘉靖間任。

王璽，山西猗氏人，嘉靖間任②。

劉淮，河南睢州人，隆慶間任。

張崇德，山東沂州人，隆慶間任。

齊之鸞，南直桐城人[34]，隆慶間任。

劉恩，北直保定人，隆慶間任。

譚誾，四川蓬溪人，隆慶間任。

孟霦，山西澤州人，隆慶間任。

白金，山西人，隆慶間任。

---

① 《朔方新志》卷二《内治・宦蹟》載，李端澄於弘治十年(1497)任職。

② 《朔方新志》卷二《内治・宦蹟》載，王璽於嘉靖元年(1522)任職。

王朝相，永年人[35]，隆慶間任。
殷學，山東東阿人[36]，隆慶間任。
栗應麟，山西人，隆慶間任。
許用中，山東東阿人，隆慶間任。
潘璵[37]，四川成都人，隆慶間任。
許天倫，山西人，隆慶間任。
胡賓，光州人，隆慶間任。
王三捷[38]，山西人，隆慶間任。
謝莆，山西代州人，隆慶間任。
張橋，雲南人，隆慶間任。
方岳，山東萊州人，隆慶間任①。
馬文建，鉅野人，萬曆間任。
汪文輝，直隸蠡縣人，萬曆間任。
劉之蒙，順天霸州人，萬曆間任。
解學禮，山西安邑人，萬曆間任②。
周有光，山西滎河人，泰昌間任。
劉堯卿，北直保定人，泰昌間任。
任極，山西平定人，天啓間任。
趙惟卿，北直柏鄉人，天啓間任。
戴光啓，山西祁縣人，天啓間任。
李春光，山西解州人，天啓間任。
石繼芳，山東益都人，天啓間任。
馬鳴鸞，内江人，天啓間任。
尹應元，湖廣漢川人，天啓間任。
王道增，南直人，天啓間任。
高世芳，河内人，天啓間任。
張我繩，北直邯鄲人，天啓間任。
龔文選，四川人，天啓間任。
趙可教，温江人，天啓間任。
周懋相，安福人，天啓間任。

---

① 《朔方新志》卷二《内治・宦蹟》載，方岳於隆慶元年(1567)任職。
② 《朔方新志》卷二《内治・宦蹟》載，解學禮於萬曆二年(1574)任職。

馮從龍，四川人，天啓間任。

吴文企，湖廣景陵人，崇禎間任。

張崇禮，山西代州人，崇禎間任。

沈應時，崇禎間任。

譚性教，山東萊蕪人，崇禎間任。

吴暐，山東萊蕪人，崇禎間任。

劉錫元，南直長洲人，崇禎間任。

丁啓睿，河南永城人，崇禎間任。

王裕心，山西孝義人，崇禎間任。

李虞夔，山西平陸人，崇禎間任。

張鳳翼，堂邑人，崇禎間任。

寧夏河東道，計二十六人[39]。

張守中[40]，山西聞喜人，萬曆間任。

侯東萊，山東萊州人，萬曆間任。

王惟善，河南新蔡人，萬曆間任。

陳燁[41]，山東諸城人，萬曆間任。

姚繼可，襄城人，萬曆間任。

馬時泰，河南陳留人，萬曆間任①。

郭汝，山東濟寧人，弘治間任。

焦子春，河南登封人，弘治間任。

劉復禮，山海衛人，泰昌間任。

姚繼先，四川成都人，泰昌間任。

陳學曾，遵化人，泰昌間任。

隨府，魚臺人，泰昌間任。

馬鳴鸞，内江人，泰昌間任。

荆州俊，山西猗氏人，泰昌間任。

王道增，南直潁州人，泰昌間任。

王登才，北直開州人，泰昌間任。

李起元，南和人，泰昌間任。

秦尚明，河南太康人，泰昌間任。

楊文忠，陵縣人，泰昌間任。

---

① 《朔方新志》卷二《内治・宦蹟》載，馬時泰於萬曆八年(1580)任職。

任應徵，四川閬中人，泰昌間任。
張崇禮，山西代州人，泰昌間任。
張九德，浙江慈谿人，泰昌間任①。
張維樞，福建晋江人，天啓間任②。
周汝璣，商城人，崇禎間任。
葛汝麟，德平人，崇禎間任③。
曹夢吉，崇禎間任。
督理寧夏粮儲郎中，計四十一人。
高翀，湖廣安陸人。
侯佩，山東人。
周建邦，四川巴縣人。
王太平，山東人。
張子順，山東德州人。
洪遇，山東歷城人。
黄澄，四川富順人[42]。
田汝麟，順天涿州人。
陳治，山東德州人。
唐世龍，北直獻縣人。
蘇存，北直任丘人。
楊宗振，四川墊江人。
蔡國熙，北直永平人。
黄鶴，河南杞縣人。
蕭大亨，太安人。
趙大倫，山西沁水人。
張體乾，北直真定人。
李木，山西解州人。
張國華，四川巫山人。
譚起，四川夔州人。
田時秀，北直保定人。
李大嘉，山西平陽人。

---

① 《朔方新志》卷二《内治・宦蹟》載，張九德於泰昌元年(1620)任職。
② 《朔方新志》卷二《内治・宦蹟》載，張維樞於天啓五年(1625)任職。
③ 《朔方新志》卷二《内治・宦蹟》載，葛汝麟於崇禎元年(1628)任職。

李丁，山東兗州人。

張仲儒，山東兗州人。

張悌，河南南陽人。

喻思恪，四川重慶人。

鄭璧[43]，四川成都人。

高拱辰，山西平陽人。

陳良知，山東青州人。

秦尚明，河南開封人。

孫敦化，河南開封人。

楊文忠，山東陵縣人。

張我繩，直隸邯鄲人。

金煉，山東德州人。

顧言，江陰人。

楊相，江南人。

張踵芳，陝西人。

宋聯奎，山東人。

范學顔，山西人。

南廷錫，陝西人。

孫光前，廣東人。

寧夏鎮總兵，計八十七人。

馬鑑，景泰間任[44]。

胡原，景泰間任。

何福，景泰間任。

王俶，景泰間任。

柳升[45]，景泰間任。

張麟，景泰間任。

費瓛[46]，陝西人，景泰間任。

梁銘①，保安人，景泰間任。

吴傑，陝西人②，景泰間任。

陳懋，景泰間任。

---

① 梁銘事蹟，《〔弘治〕寧志》卷二《寧夏總鎮・宦蹟》載於下文吴傑之後、陳懋之前。其事蹟，參見《明宣宗實録》卷三一“宣德二年(1427)九月乙未”條。

② 陝西：原作“西陝”，據改。

史釗,景泰間任。

黄真,景泰間任。

張泰,本鎮人,景泰間任。

張義[47],景泰間任。

翁信,天順間任。

李杲,成化間任。

吴琮,弘治間任。

沈煜,弘治間任。

范瑾,弘治間任。

神英,弘治間任。

岳嵩[48],弘治間任。

周玉,弘治間任。

焦俊,弘治間任。

陳桓,弘治間任。

周璽,正德間任。

李俊[49],正德間任。

郭鍧,正德間任。

李祥,正德間任。

張安,嘉靖間任。

温恭,嘉靖間任。

姜漢,榆林人,嘉靖間任。

史鏞①,本衛人,嘉靖間任。

楊英,嘉靖間任。

仇鉞,嘉靖間任。

保勳,本鎮人,嘉靖間任。

魏鎮[50],慶陽人,嘉靖間任。

潘浩,嘉靖間任。

郤永,宣府人,嘉靖間任。

安國,綏德人,嘉靖間任。

路瑛,静遠人,嘉靖間任。

張輗,陝西人,嘉靖間任。

---

① 《〔弘治〕寧志》卷二、《〔嘉靖〕寧志》卷二《寧夏總鎮·宦蹟》均不載史鏞。

种勛，鞏昌人，隆慶間任。

杭雄，延安人[51]。隆慶間任。

趙瑛，延綏人，隆慶間任。

周尚文，陝西人，隆慶間任。

王效，延綏人，隆慶間任。

任傑①，陝西人，隆慶間任。

李義，涼州人，隆慶間任。

王縉，山西人，隆慶間任。

黄振，固原人，隆慶間任。

吉象，莊浪人，隆慶間任。

姜應熊，隆慶間任。

趙應，本鎮人，隆慶間任。

李琦，榆林人，隆慶間任。

吴鼎，本鎮人，隆慶間任。

牛秉忠[52]，榆林人，隆慶間任。

謝朝恩[53]，榆林人，隆慶間任。

張傑，甘州人，萬曆間任。

劉濟，永昌人，萬曆間任。

張臣，榆林衛人，啓間任

李昫，固原人，天啓間任

秦尚明，太原人，天啓間任

劉承嗣，振武衛人，天啓間任。

張維忠[54]，延安人，天啓間任。

孫敦化，開封人，天啓間任

董一魁，宣府人，天啓間任

蕭如薫，延安衛人，天啓間任。

金前煉，德州人，天啓間任。

解一清，宣府前衛人，天啓間任。

李如柏，鐵嶺衛人，天啓間任。

杜桐[55]，榆林衛人，天啓間任。

---

①　任傑之前尚有一任寧夏總兵，《明世宗實録》卷二〇四載，仇鸞於嘉靖十六年（1537）九月辛卯任職。

韋子宣，宣府人，天啓間任
姚國忠[56]，宣府人，天啓間任。
杜文焕，天啓間任。
蕭如蕙，天啓間任。
王如金[57]，甘州衛人，天啓間任
魏世德，大同前衛人，天啓間任。
吴守德，密雲中衛人，崇禎間任。
談世德，西寧衛人，崇禎間任。
杜弘域[58]，崇禎間任。
尤世禄，榆林衛人，崇禎間任。
賀虎臣[59]，保定後衛人，崇禎間任。
馬世龍，本鎮人，崇禎間任。
祖大弼，遼東人，崇禎間任。
馬科，天成衛人，崇禎間任。
官撫民，榆林人，崇禎間任。
顧言，江陰人，崇禎間任。

清

寧夏巡撫，沿明制，康熙四年，裁計七人。
黄爾性，奉天蓋縣人，順治二年任。
焦安民，滿洲人，順治二年任。
黄圖安，山東堂邑人，順治三年任①。
胡全才，山西文水人，順治三年任。
李鑑，四川人，順治五年任。
孫茂蘭，滿洲人，順治九年任。
劉秉政，奉天廣寧人，順治十六年任。
寧夏分巡道，河西道改置，今改朔方道，計六十四人。
楊聲華，山西翼城人，順治二年任。
袁噩，直隸保定人，順治二年任②。

① 《〔乾隆〕甘志》卷二八《皇清文職官制》載，順治二年，黄圖安任職巡撫甘肅都御史，三年，任巡撫寧夏都御史。本志同《〔乾隆〕甘志》。而《清世祖實録》卷二五載，順治三年（1646）四月己亥，陞張尚爲都察院右僉都御史，巡撫寧夏。與本志及《〔乾隆〕甘志》異。又，《清世祖實録》卷八一載，順治十一年（1654）二月壬午，起原任都察院右僉都御史、寧夏巡撫黄圖安爲原官。

② 《清世祖實録》卷二八載，順治三年（1646）十月癸巳，袁噩任職參議寧夏道。

宗灝，江南揚州人，順治六年任[①]。
曹叶卜，河南南陽人，順治九年任。
郭之培，直隸任丘人，順治十五年任。
陳子達，福建閩縣人，順治十七年任[②]。
李嵩陽，河南封丘人，順治十八年任[③]。
楊春芳，直隸清苑人，康熙三年任。
趙如郊，四川安居人[④]，康熙六年任。
劉顯績，順天大興人，康熙七年任。
吴毓珍，奉天遼陽人，康熙九年任。
黄宣泰，江南山陽人，康熙十三年任。
黎士弘[60]，福建長汀人，康熙十五年任。
柏成棟，奉天寧遠人，康熙十七年任。
孫景梅，奉天海州人，康熙二十一年任。
丹達禮，正白旗人，康熙二十七年任。
李焕斗，江西新淦人，康熙三十年任。
蘇良嗣，正紅旗人，康熙三十一年任。
吴秉謙，正紅旗人，康熙三十四年任。
曾大升，福建侯官人，康熙三十六年任。
管竭忠，鑲黄旗人，康熙三十八年任。
鞠宸咨，山東人，康熙四十一年任。
雷有成，順天人，康熙五十二年任。
單疇書，山東高密人，雍正元年任。
董新策，四川合江人，雍正四年任。
李元英，正藍旗漢軍，雍正三年任。
陳履中，河南商丘人，雍正四年任。
高鐙，鑲黄旗漢軍，雍正五年任。
鄂昌，鑲藍旗人，雍正七年任。
鈕廷彩，鑲白旗漢軍，雍正十年任。

---

① 《清世祖實録》卷三八載，順治五年(1648)五月己丑，陞宗灝爲本省按察使司副使、寧夏兵備道。

② 《清世祖實録》卷一二七載，順治十六年(1659)七月辛巳，陞陳子達爲陝西按察使司副使，分巡寧夏道。

③ 《清世祖實録》卷一三九載，順治十七年(1660)八月戊戌，陞李嵩陽爲陝西按察使司副使，分巡寧夏道。

④ 《〔康熙〕陝志》卷十七《職官》載，趙如郊爲四川安居籍，江南涇縣人。

蔣嘉言，鑲黄旗漢軍，乾隆三年任。
阿炳安，正紅旗人，乾隆四年任。
馬靈阿，正黄旗人，乾隆九年任。
楊灝，定州人，乾隆十一年任。
孔繼泂，山東人，乾隆十八年任。
吴雲從，浙江人，乾隆二十二年任。
勒爾謹，鑲白旗人，乾隆二十六年任。
富尼漢，鑲黄旗人，乾隆二十七年任。
蘇凌阿，正白旗人，乾隆二十八年任。
干從廉[61]，江西人，乾隆三十年任。
秦雄飛，金匱人，乾隆三十二年任。
魏椿年，直隸人，乾隆三十九年任。
王廷贊，關東人，乾四隆十一年任。
福明安，鑲白旗人，乾隆四十二年任。
永齡，正黄旗人，乾隆四十四年任。
自乾隆十五年至同治五年，檔案遺失，未能盡考。
楊能格，正黄旗人，咸豐初年任。
侯登雲，河南商丘人，咸豐十一年任。
陶斯咏，浙江會稽人，同治六年任。
魏喻義，湖南桂陽人，同治十二年任。
龍錫慶，湖南安化人，光緒四年任。
耆彬，正白旗人，光緒五年任。
福裕，正紅旗人，光緒十年任。
徐錫麒，四川邛州人，光緒十二年署。
世杰，鑲黄旗人，光緒十三年任。
謝威鳳，湖南寧鄉人，光緒二十年護。
胡宗濉，安徽桐城人，光緒二十年署。
祝維城，江西鉛山人，光緒二十二年署。
胡景桂，直隸永平人，光緒二十三年任。
崇俊，正白旗人，光緒二十五年護。
志崇，鑲黄旗人，光緒二十五年任。
趙維熙，江西南豐人，宣統元年護。
孫庭壽，江蘇金匱人，宣統二年署。

傅秉鑑，山東人，宣統三年署。

理藩院部郎，康熙四十八年設，地震案失，玆從乾隆三年始，計十六人。

六智，滿洲人，乾隆三年任。

巴蘭泰，蒙古人，乾隆九年任。

占泰，滿洲人，乾隆十二年任。

海常，蒙古人，乾隆十五年任。

儲爾汗，蒙古人，乾隆十八年任。

積蘭泰，蒙古人，乾隆二十年任。

兆堅，滿洲人，乾隆二十三年任。

對泰，滿洲人，乾隆二十六年任。

三常，滿洲人，乾隆二十八年任。

成德，蒙古人，乾隆三十年任。

保亮，滿洲人，乾隆三十三年任。

福寧，滿洲人，乾隆三十五年任。

巴陽阿，滿洲人，乾隆三十七年任。

玉桂，蒙古人，乾隆四十年任。

札爾炳阿，滿洲人，乾隆四十一

珠隆阿，蒙古人，乾隆四十五年任。

以下檔案遺失，未能盡考。

寧夏府知府，雍正三年設，計四十九人。今裁。

張拔世，順天寶坻人，正三年任。

卜瑗，山東東平人，雍正四十年任。

鈕廷彩，鑲白旗人，雍正五年任。

顧爾昌，江南長洲人[62]，雍正十年任[63]。

臧珊，山東人，乾隆三年任。

牟灦，正白旗人，乾隆六年任。

楊灝，北直人，乾隆八年任。

朱佐湯，山西人，乾隆十二年任。

趙本植，浙江人，乾隆十八年任。

童其瀾，廣西人，乾隆二十年任。

王應瑜，江南人，乾隆廿二年任。

王允浩，江西人，乾隆二十五年任。

伊興阿，鑲黃旗人，乾隆二十六年任。

張爲栴[64]，直隸人，乾隆二十九年任。
顧光旭，江蘇金匱人，乾隆三十三年任。
吴玉衡，河南光州人，乾隆三十四年任。
江世琳，廣西人，乾隆三十六年任。
王廷贊，奉天寧遠人，乾隆四十一年任。
張金城，直隸人，乾隆四十一年任。
以下至光緒元年，檔案遺失，未能盡考。
王賜均，陝西神木人，嘉慶間任。
趙宜暄，江西南豐人，道光間任。
明崑，正藍旗人，咸豐間任。
吕際韶，陝西咸寧人，同治二年任。
張家槐，湖南善化人，光緒二年署。
海容，正黄旗人，光緒五年任。
徐韋佩，陝西涇陽人，光緒七年任。
胡孚駿，湖北江夏人，光緒九年署。
繼良，鑲白旗人，光緒九年任。
廷蔭，鑲白旗人，光緒十一年代。
董建凌，湖北大冶人，光緒十一年署。
黄自元，湖南安化人，光緒十一年任。
胡孚駿，見前，光緒十四年署。
慶熙，正白旗，光緒十五年任。
安福，鑲黄旗人，光緒十八年任。
謝威鳳，湖南寧鄉人，光緒十八年署，十九年又署。
祝維城，江西鉛山人，光緒十八年任。
惠榮，正黄旗人，光緒二十年任。
羅鎮嵩，湖南湘鄉人，光緒二年。
胡景桂，直隸永平人，光緒二十二年任。
崇俊，正白旗人，光緒二十三年任。
高熙喆，山東滕縣人，光緒三十年任。
盧求古，江蘇泰州人，光緒三十二年護。
張炳華，四川人，光緒三十二年署。
趙維熙，江西人，光緒三十二年任。
陳元驤，岳陽人，宣統二年護。

慶隆,滿洲人,宣統三年任。
陳必淮,岳陽人,宣統三年署。
水利同知,計十一人。同治十一年裁。
王全臣,湖北人,康熙四十七年任。
傅樹崇,河南人,乾隆五年任。
羅緒,四川人,光緒八年任。
張綸炳,陝西人,乾隆十三年任。
范全仁,江南人,乾隆十六年任。
逢爾吉善,鑲紅旗人,乾隆二十一年任。
李奇齡,山西人,乾隆二十九年任。
廷毓,鑲白旗人,乾隆三十六年任。
五諾璽,鑲藍旗人,乾隆三十七年任。
德慧,正黄旗人,乾隆四十二年任。
董凝極,乾隆年任。
以下至同治十一年裁,檔案遺失,未能詳考。
理事同知,計十人。今裁。
蘇彰阿,鑲黄旗人,乾隆五年任。
成貴,鑲白旗人,乾隆二年任。
文德,正黄旗人,乾隆四年任。
碩岱,鑲紅旗人,乾隆四年任。
福德,鑲黄旗人,乾隆十六年任。
書麟,滿洲人,乾隆二十四年任。
薩郎阿,鑲黄旗人,隆隆三十一年任。
岱禄,鑲白旗人,乾隆三十八年任。
文光,正白旗人,乾隆四十三年任。
以下至宣統,乾隆案遺失,未能詳考。
文陞,宣統三年任。
西路同知,計二十人。乾隆年裁。
張羽翀,大興人,順治二年任。
董巽祥,江南人,順治十四年任。
李加允,江南人,順治十七年任。
王維旌,山東人,康熙二年任。
方從吉,浙江人,康熙六年任。

唐龍，黃陂人，康熙七年任。
湯裔振，河間人，康熙十一年任。
張輔，閬中人，康熙十二年任。
王維楫，揚州人，康熙十四年任。
宋士顯，康熙二十五年任。
高士鐸，正白旗人，康熙四十四年任。
佟士奇，正藍旗人，康熙五十六年任。
常璽，康熙六十年任。
臧琮，諸城人，雍正三年任。
吴廷元，正白旗人，雍正十一年任。
傅樹崇，登封人，乾隆五年任。
戴國珍，江夏人，乾隆九年任。
王機，福山人，乾隆十三年任。
王伸，諸城人，乾隆十五年任。
伊星阿，鑲黄旗人，乾隆年任。
寧靈廳同知，計八人。今改金積縣。
趙興雋，湖南湘鄉人，同治十一年任。
喻光容，湖南寧鄉人，光緒四年任。
方仰歐，廣東普寧人，光緒二十三年任。
洪翼，湖南寧鄉人，光緒年署。
成謙，滿洲人，光緒三十一年任。
封啓雲，雲南普洱人，宣統元年署。
饒守謙，湖北咸豐人，宣統二年署。
黄英，四川嘉定人，宣統三年署。
以上自同治十一年新設，至宣統三年改金積縣，檔卷遺失，未能盡考。
惠安堡鹽捕通判，乾隆震災檔卷遺失，兹從乾隆元年始，計二十一人。今裁。
朱亨衍，廣西桂林人，乾隆元年任。
蔡永寧，正白旗人，乾隆七年任。
李闓陵，山西安邑人，乾隆十三年任。
徐廷璐，順天大興人，乾隆二十四年任。
鄭景，安徽涇縣人，乾隆三十年任。
承裕，鑲黄旗人，乾隆三十四年任。
尚玉琅，鑲藍旗人，乾隆三十六年任。

崔泳，浙江嘉興人，乾隆四十四年任。
以下至同治年檔卷遺失，未能盡考。
程魁，湖南人，同治末年任。
劉闊，湖南人，同治末年任。
龍璉，光緒初年。
喻長銘，湖南人，光緒初年任。
桂森，鐵嶺漢軍旗人，光緒初年任。
徐光興，湖北人，光緒年任。
熊振槩，湖南人，光緒年署。
陳鎧，湖北安陸人，光緒年署。
鍾文海，湖南寧鄉人，光緒三十二年任。
邵韵棠，陕西人，光緒年署。
余人，湖南人，光緒年署。
黄瑞淵，湖南湘鄉人，宣統二年署。
荆士莪，山東濟南人，宣統三年署。
靈州知州，舊設中路同知，雍正三年改設知州，計二十七人。今改靈武縣。
祖良楨，盛京人，康熙四十一年任。
祝兆鼎，直隸天津人，康熙五十一年任。
以上皆中路同知，雍正三年改設知州。
蔡書雲，江南人，雍正三年任。
朱佐湯，山西臨汾人，乾隆三年任。
劉輝祉，直隸安平人，乾隆十一年任。
謝玉琰，江南武進人，乾隆十八年任。
江鯤，直隸天津人，乾隆二十年任。
西岷峨，鑲白旗人，乾隆二十二年任。
賈建奇，河南祥符人，乾隆二十七年任。
奇明，鑲白旗人，乾隆三十七年任。
黎珠，鑲白旗人，乾隆四十年任。
以上至同治年檔卷遺失，未能盡考。
訥穆棟額，正藍旗人，咸豐十一年任。
張瑞珍，安徽壽州人，同治元年任。
訥穆棟額，見前，同治二年任。
尹泗，雲南昆明人，同治五年任。

鍾蘭,雲南昆明人,同治七年任。
王鎮墉,湖南湘鄉人,同治十二年任。
孫承弼,正白旗人,光緒二年任。
洪翼,湖南寧鄉人,光緒年署。
廖葆泰,雲南石屏人,光緒二十九年任。
陳必淮,湖南岳陽人,光緒三十一年署。
陳昌言,光緒三十二年署。
廖葆泰,見前,光緒三十三年任。
陳樹棠,湖南湘潭人,光緒三十三年代理。
陳必淮,見前,光緒三十三年署。
曾麟綬,湖南長沙人,光緒三十四年署。
余重基,江西人,宣統三年署。
寧夏縣知縣,計二十九人。今改知事。
郝士鋐,直隸霸州人,雍正三年任。
趙世揚,雲南太和人,雍正四年任。
偏武,正黄旗人,雍正六年任。
武梓,山西靈邱人,雍正七年任。
沈頊年,江南鹽城人,乾隆四年任。
靳夢麟,直隸天津人,乾隆五年任。
張嗣炳,江蘇金山人,乾隆十二年任。
舒鴻儒,湖北光化人,乾隆十七年任。
錢元炆,浙江麗水人,乾隆十八年任。
歸夢熣,江蘇常熟人,乾隆二十一年任。
賈建奇,河南祥符人,乾隆二十二年任。
魯克寬,直隸豐潤人,乾隆二十七年任。
李承弼,山東海陽人,乾隆二十八年任。
徐朗元,順天宛平人,乾隆三十七年任。
宋學淳,鑲紅旗人,乾隆四十三年任。
以下至光緒年檔卷遺失,未能盡考。
英麟,滿洲人,光緒四十年任。
汪鳳述,光緒六年任。
張珩,江西人,光緒七年署。
劉至順,江蘇人,光緒十三年署。

方仰歐,廣東人,光緒年署。
王樹槐,湖南人,光緒二十年署。
杜翻,山東人,光緒年署。
林壽鈞,湖南湘潭人,光緒年署。
朱進賢,湖南湘鄉人,光緒年任。
姚鈞,陜西人,光緒年署。
高光斗,湖北人,光緒三十一年署。
盧求古,光緒年任。
朱秉仁,雲南人,宣統元年署。
陳元驤,湖南岳陽人,宣統三年署。
寧朔縣知縣,計二十七人。今改知事。
李鋐,福建侯官人,雍正三年任。
辛禹籍,直隸新安人,乾隆元年任。
錢孟揚,江南太倉人,乾隆五年任。
張永淑,直隸人,乾隆五年任。
董淑英,直隸文安人,乾隆九年任。
魯克寬,直隸豐潤人,乾隆十四年任。
王錫書,山西榆次人,乾隆二十一年任。
周克開,湖南長沙人,乾隆二十三年任。
諸爲霖,桂林人,乾隆三十年任。
費承勳,浙江仁和人,乾隆三十三年任。
趙杭林,直隸保定人,乾隆三十七年任。
陸瑋,浙江仁和人,乾隆四十二年任。
以下至光緒年檔卷遺失,未能盡考。
吳樹德,光緒年任。
姚鈞,安徽人,光緒年任。
傅維祜,四川人,光緒十一年任。
袁範,光緒年任。
李瑞徵,山東人,光緒二十一年任。
李建唐,山東人,光緒年任。
張廷武,河南人,光緒二十四年任。
宋運貢,河南鄭州人,光緒二十五年任。
湯霖,湖北人,光緒二十六年任。

朱進賢，湖南湘鄉人，光緒二十八年任。
趙樹棠，湖南人，光緒三十一年任。
胡鵬年，直隸人，光緒三十二年任。
李祚長，湖南人，光緒三十三年任。
張鑑淵，四川人，光緒三十四年任。
高秉彝，陝西人，宣統二年任。
中衛縣知縣，計六十一人。今改知事。
嚴禹沛，安徽常熟人，雍正二年任。
傅樹崇，登封人，雍正七年任。
甄汝翼，平定州人，雍正十年任。
姚廷柱，潮州人，雍正十二年任。
錢應榮，湖州人，乾隆五十年任。
姚恪，四川人，乾隆十年任。
金兆琦，宛平人，乾隆十四年任。
黄錫恩，雲南人，乾隆二十一年任。
許鉞，浙江人，乾隆二十七年任。
劉若珠，鑲紅旗人，乾隆三十三年任。
王臣，奉天人，乾隆三十七年任。
明福，鑲黄旗人，乾隆四十七年任。
胡紀謨，順天人，乾隆五十三年任。
邱卿雲，廣東人，乾隆五十八年任。
文楠，四川人，乾隆六十年任。
田均晋，貴州人，嘉慶九年任。
翟樹滋，安徽人，嘉慶十二年任。
李清葵，山西人，嘉慶二十二年任。
李棣通，直隸人，道光元年任。
艾春年，四川人，道光十一年任。
馮侍稷，浙江人，道光十二年任。
蘇得坡，雲南人，道光十六年任。
鄭元吉，江西人，道光十九年任。
崔景烇，安徽人，道光二十三年任。
鄭元吉，見前，道光二十四年任。
楊維屏，福建人，道光二十六年任。

許鉞，鑲藍旗人，道光三十年任。
封景岷，雲南人，咸豐元年任。
陳鏞，浙江人，咸豐七年任。
封景岷，見前，咸豐八年任。
恒頤，咸豐九年任。
馬象奎，雲南人，咸豐十年任。
尹泗，雲南人，咸豐十一年任。
馬象奎，見前，同治元年任。
尹泗，見前，同治二年任。
張志仁，陝西人，同治三年任。
顧衷，貴州人，同治六年任。
鐵珊，鑲黄旗人，同治七年任。
顧衷，見前，同治八年任。
冒沂，順天人，同治九年任。
湛宗和，湖南人，同治十年任。
邵杜，江西人，同治十二年任。
劉然亮，湖南人，光緒三年任。
賀昇運，湖南人，光緒六年任。
明邦忠，四川人，光緒七年任。
顧衷，見前，光緒八年任。
俞志敬，江蘇人，光緒九年任。
匡翼之，湖南人，光緒十年任。
潘炳辰，陝西人，光緒十三年任。
楊增新，雲南人，光緒十九年任。
吕恕，湖南人，光緒二十一年任。
盧世堃，湖南人，光緒二十二年任。
陳昌，四川人，光緒二十四年任。
王樹枏，直隸人，光緒二十五年任。
朱世材，湖南人，光緒二十九年任。
張心鏡，江蘇人，光緒三十年任。
王秉章，直隸人，光緒三十一年任。
蔣康，江蘇人，光緒三十三年任。
朱海，江蘇人，光緒三十四年任。

張心鏡，見前，宣統元年任。

趙先椝，湖南人，宣統三年任。

平羅縣知縣，雍正三年設，乾隆三年地震，卷燬無考，兹自乾隆四年何世寵始，計二十九人。今改知事。

何世寵，陝西人，乾隆四年任。

宋維孜，正黄旗人，乾隆十五年任。

郭昌泰，榆次人，乾隆二十二年任。

方張登，桐城人，乾隆二十四年任。

蔣全迪，歙縣人，乾隆二十八年任。

李鳴壎，四川人，乾隆三十三年任。

楊士模，吴縣人，乾隆四十一年任。

杜耕書，静海人，乾隆四十二年任。

以下至同治年檔卷遺失，未能盡考。

常謙，正白旗人，同治元年任。

熊運昌，湖南人，同治八年任。

張悌，同治年任。

任懋修，河南人，光緒元年任。

吕恕，湖南人，光緒四年任。

左壽源，湖南人，光緒五年任。

喬宗岳，陝西人，光緒七年任。

明邦忠，江西人，光緒七年任。

惠斌，河南人，光緒八年任。

黄誦芬，江西人，光緒十一年任。

陳季芳，福建人，光緒十四年任。

文培夏，湖南人，光緒十六年任。

潘遠曜，湖南人，光緒十七年任。

李含菁，四川人，光緒十九年任。

王樹槐，湖南人，光緒二十年任。

傅維祜，四川人，光緒二十年任。

榮春，正白旗人，光緒年任。

姚鈞，安徽人，光緒年任。

雷光甸，陝西人，光緒三十一年任。

張孝全，河南人，光緒三十三年任。

盧求古，江蘇人，宣統元年任。

李九波，江蘇人，宣統二年任。

寧夏駐防將軍，計三十四人。民國三年裁。

席伯①，正藍旗人，雍正三年任②。

卓鼐，滿洲人，雍正八年任③。

常賚，滿洲人，雍正九年任。

傅泰，滿洲人，雍正九年任。

阿魯，鑲藍旗人，雍正十三年任④。

都賚，正藍旗人，乾隆五年任⑤。

巴海，正紅旗人，乾隆十六年任。

和起，鑲藍旗人，乾隆二十一年任⑥。

舍圖肯[65]，正紅旗人，乾隆二十二年任。

達色，正黄旗人，乾隆二十四年任⑦。

永泰，鑲黄旗人，乾隆三十一年任⑧。

額僧額⑨，鑲藍旗人，乾隆三十二年任。

偉善，鑲藍旗人，乾隆三十三年任。

傅良，鑲黄旗人，乾隆三十八年任。

三全，正紅旗人，乾隆四十年任。

和隆武，正黄旗人，乾隆四十三年任。

扎什嘉木磋，正黄旗人，乾隆四十四年任。

莽古賚，正藍旗人，乾隆四十四年任。

以下至道光二十年，檔案遺失，未能盡考。

嵩椿，鑲白旗人，道光二十一年任。

和世泰，鑲黄旗人，道光二十五年任。

---

① 席伯之前，蘇丹任寧夏將軍。《清世宗實録》卷二六載，雍正二年(1724)十一月丁未，以正黄旗蒙古都統署陝西西安將軍蘇丹爲陝西寧夏將軍。

② 《清世宗實録》卷二九載，席伯於雍正三年(1725)二月乙酉任職。

③ 《清世宗實録》卷一〇九載，雍正九年(1731)八月甲辰，陞卓鼐爲陝西寧夏將軍。

④ 《清世宗實録》卷一四一載，阿魯於雍正十二年(1734)三月辛丑任職。

⑤ 《清高宗實録》卷一一〇載，都賚於乾隆五年(1740)二月辛巳任職。

⑥ 《清高宗實録》卷四八一載，和起於乾隆二十年(1755)正月辛卯任職。

⑦ 《清高宗實録》卷五七九載，乾隆二十四年(1759)正月己亥，調青州將軍達色爲寧夏將軍。

⑧ 《清高宗實録》卷七四九載，永泰於乾隆三十年(1765)十一月癸巳任職。

⑨ 《清高宗實録》卷七八一載，乾隆三十二年(1767)三月丙戌，以京口副都統穆爾泰爲寧夏將軍。同書卷八一九載，三十三年(1768)九月己酉，調寧夏將軍穆爾泰爲杭州將軍，以凉州副都統偉善爲寧夏將軍。未載額僧額任寧夏將軍事。本志同《寧夏府志》卷十《職官・歷任姓氏》疑誤。

特依順,鑲紅旗人,咸豐二年任。
奕梁,鑲黄旗人,咸豐六年任。
慶昀,正藍旗人,咸豐十年一任。
穆圖善,鑲黄旗人,同治三年任。
金順,滿洲人,同治五年任。
豐紳,滿洲人,同治七年任。
克蒙額,鑲紅旗人,光緒元年任。
善慶,正藍旗人,光緒六年任。
奕榕,鑲黄旗人,光緒九年任。
維慶,鑲黄旗人,光緒十二年任。
鍾泰,正藍旗人,光緒十五年任。
色普徵額,正藍旗人,光緒二十六年任。
台布,正紅旗人,光緒三十四年任。
常連,正紅旗人,宣統三年任。

左翼副都統,計二十一人。民國六年裁。

蘇圖,滿洲人,雍正三年任①。
僧保[66],滿洲人,雍正九年任。
喀拉,正白旗人,乾隆二年任②。
色爾圖[67],鑲紅旗人,乾隆七年任。
保住,正白旗人,乾隆十八年任。
常格,鑲白旗人,乾隆二十七年任。
趙琦,正藍旗人,乾隆二十九年任。
傅森布,鑲黄旗人,乾隆四十年任。
德爾賽,鑲紅旗人,乾隆四十三年任。
永多,鑲藍旗人,乾隆四十三年任。
以下至咸豐年檔案遺失,未能盡考。
常升,滿洲人,咸豐十一年任。
三壽,滿洲人,同治元年任。
謙禧,鑲黄旗人,同治六年任。
奕榕,鑲黄旗人,光緒六年任。

---

① 《清世宗實録》卷二六載,蘇圖於雍正二年(1724)十一月丁未任職。
② 《清世宗實録》卷一二八載,喀拉於雍正十一年(1733)二月辛酉任職。

常星阿，滿洲人，光緒十二年任。

色普徵額，正藍旗人，光緒二十一年任。

成鶴，鑲紅旗人，光緒二十六年任。

志鋭，鑲紅旗人，光緒二十六年任。

常連，正紅旗人，宣統二年任。

綽爾泰，正白旗人，宣統三年任。

右翼副都統，計十二人，乾隆二十八年裁。

阿林[68]，滿洲人，雍正三年任。

蘇穆爾濟[69]，滿洲人，雍正四年任。

海福，滿洲人，雍正七年任①。

卓鼐，滿洲人，雍正八年任②。

劉敬思[70]，滿洲人，雍正十年任。

佟善[71]，滿洲人，雍正十年任。

恭格[72]，正白旗人，雍正十年任。

董達色，正黄旗人，乾隆七年任③。

和起，鑲藍旗人，乾隆十三年任。

巴爾聘，正黄旗人，乾隆二十一年任。

哈寧阿，鑲黄旗人，乾隆二十二年任。

同福住，正藍旗人，乾隆二十三年任。

德雲，鑲黄旗人，乾隆二十四年任④。

寧夏鎮總兵，計四十八人，民國三年改護軍使，十年，改鎮守使。

南一魁，神木人，順治元年任。

劉芳名，延綏人[73]，順治二年任。

周國貞[74]，遼陽人，順治十七年任。

胡茂禎[75]，榆林人，康熙二年任。

桑格，滿洲人，康熙四年任。

陳福，延綏人，康熙十三年任。

趙良棟，延綏人，康熙十五年任。

---

① 《清世宗實録》卷七九載，海福於雍正七年(1729)三月乙卯任職。

② 《清世宗實録》卷八九載，卓鼐於雍正七年(1729)十二月丁未任職。

③ 《清高宗實録》卷一七二載，董達色於乾隆七年(1742)八月癸巳任職。

④ 《清高宗實録》卷五九四載，德雲於乾隆二十四年(1759)八月己卯任職。又，德雲之後尚有一任寧夏右翼副都統。《清高宗實録》卷六五八載，乾隆二十七年(1762)四月丁卯，以寧夏協領常阿禮爲寧夏右翼副都統。

趙弘燦，延綏人，康熙二十年任。

高孟，甘州人，康熙二十二年任。

李嗣興，正黄旗人，康熙二十六年任。

馮德昌，榆林人，康熙三十年任。

殷化行，咸陽人，康熙三十二年任[76]。

葉曰芳，甘州人，康熙三十七年任。

劉官統，河南人，康熙四十二年任。

聶開元，延安人，康熙四十六年任。

范時捷，鑲黄旗人，康熙四十八年任。

楊啓元[77]，寧夏人，雍正元年任。

王嵩，直隸人，雍正二年任。

張君烈，凉州人，雍正四年任。

郭成功，凉州人，雍正五年任。

張善，寧夏人，雍正七年任。

李繩武，正黄旗人，雍正八年任。

蕭生岱，膚施人，雍正十年任。

邱名揚，四川人，雍正十二年任。

楊大凱，山東人，乾隆二年任。

周開捷，湖廣人，乾隆四年任。

吕瀚，山東人，乾隆六年任。

施延專，鑲黄旗人，乾隆九年任。

那爾泰，鑲黄旗人，乾隆十四年任。

韓琦，直隸人，乾隆十七年任。

李中楷，陝西人，乾隆十九年任。

五福，正白旗人，乾隆二十二年任。

福永，鑲黄旗人，乾隆二十七年任。

張玉琦，正白旗人，乾隆三十二年任。

裴慎，鑲藍旗人，乾隆四十一年任。

武靈阿，正紅旗人，乾隆四十四年任。

以下至同治十二年兩次城陷，檔案遺失，未能盡考。

譚拔萃，湖南人，同治十三年任。

馮南斌，廣東人，光緒元年任。

陶世貴，湖南人，光緒八年任。

馮南斌,見前,光緒十年任。
李泰山,湖南人,光緒十一年任。
湯仁和,湖南人,光緒十五年任。
李培榮,貴州人,光緒十六年任。
李良穆,湖南人,光緒十九年任。
李泰山,見前,光緒二十年任。
王鉞安,陝西人,光緒二十二年任。
和色本,陝西駐防旗人,光緒二十五年任[78]。
湯咏山,湖南人,光緒二十七年任。
永明,滿洲人,光緒三十年任。
張永清,河南人,光緒三十二年任。
張紹先,循化人,宣統元年任。
中衛協副將,計三十五人。今裁。
潘雲騰,漢中人,順治元年任。
猛先功,寧夏衛指揮,順治二年任。
謝正榮,奉天人,順治三年任[79]。
董熙昌,奉天人,順治六年任。
吴自得[80],奉天人,順治九年任。
馮源淮,涿州人,順治十三年任。
陳維新,大興人,順治十五年任。
宣有才,遼陽人,順治十七年任。
吴三畏,順天人,康熙八年任。
賈從哲,潞安人,康熙十二年任。
賴塔,正白旗人,康熙十五年任。
趙彝鼎,延安人,康熙十九年任。
謝明德,平凉人,康熙二十一年任。
許靖國,奉天人,康熙二十七年任。
許完,漳浦人,康熙二十八年任。
袁鈐[81],徐州人,康熙四十二年任。
馮君洗,凉州人,康熙四十四年任。
王登朝,順天人,康熙四十九年任。
李山,上元人,康熙五十三年任。
馬紀勳,寧夏人,雍正三年任。

曹勷，交河人，雍正四年任。

韓良卿，合州人，雍正五年任。

巨有德，張掖人，雍正八年任。

盧度瑾，靈州人，乾隆元年任。

米彪，宛平人，乾隆三年任。

海福，正黄旗人，乾隆十二年任。

滿福，鑲紅旗人，乾隆十年任。

福昌，鑲白旗人，乾隆二十二年任。

五十九，正藍旗人，乾隆三十三年任。

竈保，正藍旗人，乾隆三十七年任。

僧額多爾濟，蒙古人，乾隆四十一年任。

以下宣統年檔卷遺失，未能盡考。

王有德，皋蘭人，光緒年任。

李春林，陝西人，光緒年任。

賈鴻增，宣統年任。

馬福壽，河州人，宣統年任。

平羅營參將，計三十四人。今裁。

孫應舉，奉天人，順治二年任①。

馮源淮，涿州人，順治九年任。

蔡應科，江都人，順治十五年任。

龔澍，紹興人，康熙九年任。

大必免，鑲藍旗人，康熙十三年任。

熊虎，湖廣人，康熙十四年任。

趙彝鼎，山西人，康熙十五年任。

全鄉[82]，鄧州人，康熙十五年任。

王弼，陝西人，康熙二十一年任。

崔耀，甘州人，康熙二十三年任。

趙文實，歷城人，康熙二十八年任。

陳焰，侯官人，康熙三十四年任。

楊應鸞，鑲黄旗人，康熙四十一年任。

王登朝，大城人，康熙四十五年任。

---

① 《清世祖實録》卷十七載，順治二年(1645)六月壬子，將材孫應舉爲游擊，管寧夏平羅副將事。

周廣，陜西人，康熙四十九年任。
劉業浦，大興人，康熙五十年任。
董玉祥，鑲黄旗人，康熙五十三年任。
金民安，正白旗人，康熙六十一年任。
張嘉翰，新安人，雍正四年任。
高雄，成都人，雍正六年任。
劉順，天津人，乾隆三年任。
李佐善，代州人，乾隆九年任。
馬乾，長安人，乾隆十三年任。
福昌，隆滿人，乾隆二十二年任。
左秀，山東人，乾隆二十四年任。
福連，滿洲人，乾隆二十五年任。
阿林達，滿洲人，乾隆三十二年任。
姚元奮，太原人，乾隆三十二年任。
珠隆阿，滿洲人，乾隆四十年任。
以下至宣統年缺裁，卷失，未能盡考。
汪明山，鑲藍旗人，光緒年任。
譚榮興，湖南人，光緒年任。
劉希延，皋蘭人，光緒年任。
承厚，滿洲人，光緒年任。
蔣文焕，河州人，宣統年任。
靈州營參將，計四十六人。今裁。
盧養元，靈州人，順治元年任。
蔣國泰，淮安人，順治二年任。
杜茂松，榆林人，順治四年任。
程天壽，奉天人，順治七年任。
張國俊，河間人，順治十二年任。
劉君榮，寧遠人，順治十七年任。
周元，江西人，康熙元年任。
楊三虎，金華人，康熙十年任。
張靖，通州人，康熙十七年任。
吕自魁，湖廣人，康熙年任。
吴志，福建人，康熙二十二年任。

王顒若[83],郃陽人,康熙二十四年任。
王祚昌,錢塘人,康熙二十六年任。
路全功,直隸人,康熙三十年任。
陳化龍,通許人[84],康熙三十五年任。
齊得升,濟寧人,康熙三十八年任。
祁朝相,永昌人,康熙三十七年任。
馬際伯,寧夏人,康熙三十八年任。
羅大虎,寧夏人,康熙三十九年任。
段枚臣,鑲藍旗人,康熙四十年任。
李耀,寧夏人,康熙四十四年任。
李山,上元人,康熙四十六年任。
劉大忠,寧夏人,康熙五十三年任。
馬龍,西寧人,康熙五十七年任。
常傑,長安人,康熙六十年任。
高錦,涼州人,雍正元年任。
張國棟,肅州人,雍正二年任。
王廷瑞,寧夏人,雍正六年任。
陳弼,肅州人,雍正七年任。
米彪,直隸人,乾隆元年任。
晏嗣漢,貴州人,乾隆五年任。
馬奇,肅州人,乾隆十年任。
楊大業,江南人,乾隆十五年任。
武福,甘州人,乾隆十八年任。
馮天錫,長安人,乾隆十九年任。
吴士勝,乾隆二十九年任。
承保,鑲白旗人,乾隆三十年任。
夏國泰,滋陽人,乾隆三十八年任。
福明,鑲黄旗人,乾隆三十六年任。
福長,鑲黄旗人,乾隆四十二年任。
以下至宣統年兩次城陷,檔卷焚燬,未能盡考。
趙瑄,靈州人,光緒年任。
朱西成,湖南人,光緒年任。
譚全才,湖南人,光緒年任。

黎錦春，湖南人，光緒三十二年任。

吴春山，湖南人，光緒三十三年任。

楊芳成，湖南人，光緒三十四年任。

花馬池營參將。按：花馬池營原設副將，乾隆二十八年改設參將，計三十四人。今裁。

趙之璧，順天人，順治二年任。

吴登科，奉天人，順治九年任。

萬承選，奉天人，順治十二年任。

姚承德，直隸人，順治十二年任。

李正芳，順天人，順治十六年任。

王有才，山東人，康熙五年任。

石福，榆林人，康熙十五年任。

黄可樂，汾州人，康熙二十二年任。

黄昱，臺灣人，康熙二十五年任。

徐達，潞安人，康熙二十九年任。

高永謙，秦州人，康熙三十三年任。

趙永吉，金鄉人，康熙三十七年任。

金國正，本鎮人，康熙四十六年任。

改日新，宛平人，康熙五十四年任。

惠延祖，濟寧人，康熙六十一年任。

任春雷，西寧人，雍正九年任。

韓應魁，西安人，乾隆元年任。

王良佐，保定人，康熙六年任。

晏嗣漢，貴州人，乾隆十年任。

張晟，奉天人，乾隆十六年任。

容保，奉天人，乾隆十七年任。

達啓，奉天人，乾隆二十年任。

福興，奉天人，乾隆二十年任。

定柱，奉天人，乾隆二十二年任。

色倫泰，奉天人，乾隆二十八年任。

以上皆副將，乾隆二十八年改設參將。

塞爾領，奉天人，乾隆二十九年任。

劉鑑，奉天人，乾隆三十年任。

張邦仁,襄陽人,乾隆三十六年任。

薛大楷,山西人,乾隆四十一年任。

以下至宣統年檔案遺失,未能盡考。

戴君虎,湖南人,光緒年任。

譚光烈,湖南人,光緒年任。

張申泰,臯蘭人,光緒年任。

王樹濂,臯蘭人,光緒年任。

李春林,陝西人,宣統二年任。

靈武營參將,同治十一年設。今裁。

姚炳義,甘肅人,同治年任。

侯明俊,湖南人,光緒年任。

馬躍圖,河州人,光緒年任。

謝春生,湖南人,光緒年任。

朱西成,湖南人,光緒年任。

馬忠孝,河州人,光緒年任。

穆永貴,河州人,光緒年任。

戴春霖,直隸人,民國年任。

靈武參將檔案遺失,未能盡考。

鎮標左營游擊,兼中軍鎮標。原設中營游擊,雍正十三年移改左營,計五十二人。今裁。

程廷俊,寧遠人,順治三年任。

陳維新,大興人,順治九年任。

郁興周,靈州人,順治十二年任。

楊文成,直隸人[85],順治十六年任。

王進忠,直隸人[86],順治十七年任。

杜春敬,河南人,康熙四年任。

郁興周,見前,康熙五年任。

高忠,直隸人,康熙年任。

江光斗,康熙年任。

李目,直隸人,康熙年任。

王明池,山西人,康熙年任。

趙彝鼎,陝西人,康熙年任。

胡攀桂,寧夏人,康熙年任。

師帝賓，清澗人，康熙年任。
陳聰賢，福建人，康熙十七年任。
陳維屏，福建人，康熙年任。
胡琨，寧夏人，康熙三十六年任。
馬英，寧夏人，康熙四十五年任。
楊啓元，寧夏人，康熙年任。
趙邦瑞，寧夏人，康熙四十八年任。
楊名立，嶧縣人，五十年任。
馬顯伯，寧夏人，康熙年任。
孫王法，仁和人，康熙六十一年任。
周起鳳，長安人，雍正元年任。
吕瀚，掖縣人，雍正三年任。
彭端節，丹稜人，雍正六年任。
劉順，文安人，雍正元年任。
以上皆中營，雍正十三年移改左營。
劉順，文安人，雍正十三年任。
張晟，正白旗人，乾隆六年任。
張震，湖南人，乾隆十四年任。
戴倓，山東人，乾隆十五年任。
五靈阿，正藍旗人，乾隆二十二年任。
明華，鑲黄旗人，乾隆二十三年任。
策卜坦，鑲黄旗人，乾隆三十五年任。
鄭敏，鑲藍旗人，乾隆四十三年任。
以下至同治十二年檔案遺失，未能盡考。
顔廷傑，安定人，同治十三年任。
吴安仁，湖南人，光緒七年任。
師玉春，陝西人，光緒十一年任。
張得勝，湖北人，光緒十三年任。
師玉春，見前，光緒十五年任。
陶美珍，湖南人，光緒二十一年任。
白天保，甘肅人，光緒二十二年任。
侯明浚，湖南人，光緒二十三年任。
黄兆熊，四川人，光緒二十四年任。

温澤林，湖南人，光緒二十五年任。
邵洪勝，湖南人，光緒二十六年任。
黄光謙，湖南人，光緒二十八年任。
明山，鑲紅旗人，光緒二十九年任。
賀明堂，湖南人，光緒三十年任。
鄒洪勝，見前，光緒三十一年任。
賀明堂，見前，光緒三十四年任。
蔣欽，導河人，宣統年任。
王成銀，寧夏人，宣統年任。
鎮標右營游擊。右營舊爲左營，雍正十三年移改右營，計四十五人。今裁。
崔聯奎，直隸人[87]，順治三年任。
陳夢龍，登州人，順治八年任。
謝來詔，北直人，順治十三年任。
趙登舉，宣府人，順治十七年任[88]。
劉思玉，山東人[89]，康熙六年任。
彭宗，福建人，康熙年任。
高雲，江南人，康熙年任。
龔玉柱，寧夏人，康熙年任。
顧龍，寧夏人，康熙年任。
徐月吉，江西人，康熙年任。
程巨滕，山西人，康熙年任。
劉琦，平陽人，康熙四十二年任。
樊才，甘州人，康熙四十二年任。
李端正，禹城人，康熙五十年任。
李彪，歷城人，雍正九年任。
以上皆左營，雍正十三年移改右營。
李彪，見前，雍正十三年任。
鄭士棟，江寧人，乾隆十一年任。
靳文武，河南人，乾隆十四年任。
明華，鑲黄旗人，乾隆二十年任。
福德，鑲藍旗人，乾隆二十四年任。
柴珽，長安人，乾隆二十五年任。
哲謹泰，正黄旗人，乾隆二十九年任。

馬秉琚，山東人，乾隆二十七年任。
以下至同治十二年檔案遺失，未能盡考。
湯仁和，湖南人，同治十三年任。
徐雲標，江蘇人，光緒三年任。
林得貴，湖南人，光緒四年任。
凌連山，湖南人，光緒六年任。
黄兆熊，四川人，光緒八年任。
畢大才，陝西人，光緒十三年任。
張增慶，湖南人，光緒十七年任。
鍾鎮南，湖南人，光緒十九年任。
金永華，西寧人，光緒二十一年任。
黄兆熊，見前，光緒二十三年任。
周紫高，湖南人，光緒二十七年任。
胡培錦，湖南人，光緒二十八年任。
吴亮順，江西人，光緒二十九年任。
周桂齊，湖南人，光緒三十年任。
郭明揚，廣東人，光緒三十二年任。
楊芳成，湖南人，光緒三十四年任。
賀明堂，湖南人，光緒三十四年任。
朱西成，湖南人，光緒三十四年任。
王榮茂，湖南人，宣統元年任。
馬麒，導河人，宣統二年任。
暢珍，西寧人，宣統年任。
徐藝，循化人，民國□年任。
鎮標前營游擊。前營舊爲右營，雍正十三年移改前營，計四十四人。今裁。
田充國，順天人，順治二年任。
侯一位，榆林人，順治七年任。
陳其仁，燕山衛人，順治十年任。
姜有才，鎮靖人，順治十三年任。
周祺，廣寧衛人，順治十八年任。
馬玉，寧夏人，康熙年任。
何彩，福建人，康熙年任。
王洪仁，寧夏人，康熙年任。

李燦，福建人，康熙年任。

王得勝，浙江人，康熙年任。

郭珠，福建人，康熙年任。

江琦，寧夏人，康熙年任。

劉漢業，寧夏人，康熙年任。

顔良，福建人，康熙年任。

陳虎，寧夏人，康熙年任。

劉光興，長安人，康熙四十五年任。

彭雲隆，寧夏人，康熙五十三年任。

劉成，長安人，雍正六年任。

米彪，宛平人，雍正六年任。

鄭凱，襄陽人，雍正九年任。

以上皆右營，雍正三年移改前營。

滿倉，正白旗人，乾隆元年任。

柴國樑，長安人，乾隆五年任。

安禄，正黄旗人，乾隆十年任。

吴光栐，廣東人，乾隆十四年任。

姜廣居，大同人，乾隆二十四年任。

楊繼貴，直隸人，乾隆三十四年任。

鄭敏，鑲藍旗人，乾隆四十二年任。

保泰，鑲紅旗人，乾隆四十三年任。

德明，鑲紅旗人，乾隆四十四年任。

以下至同治十二年檔案遺失，未能盡考。

何用芳，湖南人，同治十三年任。

何大發，江南人，光緒三年任。

師玉春，陝西人，光緒九年任。

畢大才，陝西人，光緒十一年任。

鍾鎮南，湖南人，光緒十三年任。

張得勝，湖北人，光緒十六年任。

鄒洪勝，湖南人，光緒廿一年任。

張得勝，見前，光緒二十六年任。

董南斌，湖南人，光緒廿五年任。

湯萬棠，湖南人，光緒二十七年任。

吴亮順，江西人，光緒廿九年任。

丁全德，河南人，光緒三十年任。

李朝珠，四川人，光緒三十一年任。

胡培錦，湖南人，光緒三十二年任。

陜秀全，河州人，光緒三十四年任。

鎮標後營游擊，兼城守營都司。後營舊爲前營，雍正十三年移改後營，計四十五人。今裁。

馬烜，蔚州人，順治三年任。

陳民實，西安人，順治年任。

吕渭公，河南人，順治年任。

李尚翠，中衛人，康熙年任。

段登仕，河南人，康熙年任。

李從望，山西人，康熙年任。

陳良弼，福建人，康熙年任。

馬際伯，寧夏人，康熙三十六年任。

張宏印，寧夏人，康熙三十八年任。

楊應鸞，鑲黄旗人，康熙四十年任。

王遐齡，寧夏人，康熙四十一年任。

馬維品，正白旗人，康熙四十一年任。

趙仁基，龍門人，康熙四十九年任。

董維屏，榆林人，康熙六年任。

楊琺，固原人，雍正三年任。

馬紀官，寧夏人，雍正七年任。

以上皆前營，雍正十三年移改後營。

馬紀官，見前，雍正十三年任。

西淩阿，鑲紅旗人，乾隆九年任。

路建瀚，河南人，乾隆十二年任。

徐克猷，四川人，乾隆十五年任。

張震，湖廣人，乾隆十六年任。

倪昂，直隸人，乾隆十九年任。

烏爾欽，正藍旗人，乾隆二十八年任。

陳堯德，直隸人，乾隆三十五年任。

許世臣，四川人，乾隆四十年任。

以下至同治十二年檔案遺失，未能盡考。
龔炳南，湖南人，同治十三年任。
林得貴，湖南人，光緒元年任。
陳寶芝，廣東人，光緒六年任。
徐光漢，湖南人，光緒八年任。
梁東魁，廣東人，光緒十二年任。
侯明俊，湖南人，光緒十五年任。
史永禄，臯蘭人，光緒十六年任。
鍾鎮南，湖南人，光緒十七年
鄒洪勝，湖南人，光緒十九年任。
蘇明林，甘州人，光緒二十二年任。
陳自貞，臯蘭人，光緒三十三年任。
楊培源，臯蘭人，光緒二十五年任。
牟憲章，臯蘭人，光緒二十八年任。
賀明堂，湖南人，光緒二十八年任。
明蠹，正白旗人，光緒二十九年任。
郭明揚，廣東人，光緒三十年任。
明蠹，見前，光緒三十一年任。
郭明揚，見前，光緒三十三年任。
董繼祖，循化人，宣統年任。
景山，寧夏人，宣統年任。
洪廣營游擊，計三十三人。今裁。
佟養松，寧遠人，順治二年任。
沈世芳，寧夏人，順治四年任。
馬烜，蔚州人，順治六年任。
石仲玉[90]，襄陽人，順治十年任。
王民豫，錦州人，順治十四年任。
羅景芳，奉天人，順治十八年任。
潘成，光州人，康熙七年任。
盧奇昌，晋江人，康熙十二年任。
彭乾，光州人，康熙十六年任[91]。
鈕維政，奉天人，康熙十九年任。
吴爾躬，紹興人，康熙二十二年任。

莊超,泉州人,康熙三十年任。
鄧茂公,詔安人,康熙三十五年任。
鄭明,寧夏人,康熙四十二年任。
蕭國英,正白旗人,康熙四十五年任。
馬維品,正白旗人,康熙四十九年任。
馬良才,西寧人,康熙五十三年任。
丁廣,榆林人,康熙五十六年任。
江文湛,寧夏人,雍正六年任。
張明聰,肅州人,雍正十年任。
吴泰岳,湖廣人,雍正十年任。
賀景,大通人,乾隆九年任。
石鳳友,西寧人,乾隆十五年任。
阿三泰,鑲紅旗人,乾隆十九年任。
觀榮,鑲黄旗人,乾隆二十八年任。
張雯,大興人,乾隆三十四年任。
王士照,正紅旗人,乾隆四十一年任。
七十四,鑲藍旗人,乾隆四十二年任。
以下至宣統年缺裁,卷失,未能盡考。
蔣光龍,貴州人,光緒年任。
謝青雲,湖南人,光緒年任。
饒定國,湖南人,宣統年任。
樊桐岡,湖南人,宣統年任。
夏清海,湖北人,宣統年任。
玉泉營游擊,計三十一人。今裁。
馬世榮,宣府人,順治二年任。
李一明,奉天人,順治六年任。
王夢麟,昌平人,順治九年任。
李友功,奉天人,順治十二年任。
張連奎,鎮原人,順治十六年任。
楊衍,山東人,康熙元年任。
柳生甲,榆林人,康熙十四年任。
王友資,宣府人,康熙二十年任。
王國興,寧夏人,康熙二十四年任。

張君能，荆州人，康熙二十四任
吴宏敏，紹興人，康熙四十年任。
温如珪，西安人，康熙五十一年任。
杜森，寧夏人，康熙五十四年任。
蒲運際，鑲黄旗人，雍正二年任。
李繼善，西寧人，乾隆元年任。
戴倓，山東人，乾隆九年任。
徐克猷，直隷人，乾隆十年任。
魏資錡，直隷人，乾隆二十年任。
塞爾領，蒙古人，乾隆二十一年任。
福昌阿，滿洲人，乾隆二十七年任。
徐起祥，河南人，乾隆二十八年任。
史貴，平凉人，乾隆四十一年任。
以下至光緒年缺裁，案失，未能盡考。
趙周誥，浙江人，同治二年任。
胡培錦，湖南人，光緒年任。
馬朝俊，導河人，光緒年任。
周桂齋，湖南人，光緒年任。
馬斌，導河人，宣統年任。
蔣光龍，貴州人，宣統年任。
毛成學，導河人，宣統年任。
任忠傑，寧夏人，民國元年任。
馬成元，導河人，民國三年任。
廣武營游擊，計三十四人。今裁。
李子玉，四川人，順治二年任。
高棟，延安人，順治八年任。
王禎[92]，奉天人，順治十年任。
楊本清，山東人，順治十二年任。
張文遠，雲中人，順治十六年任。
顧爾禎[93]，大興人，順治十七年任。
李文成，京衛人，康熙八年任。
孟述經，奉天人，康熙十三年任。
徐養義，奉天人，康熙十九年任。

王錫，福建人，康熙二十二年任。

董纘緒，直隸人，康熙三十年任。

張法，寧夏人，康熙三十五年任。

藍鳳，福建人，康熙四十年任。

劉業溥，京衛人，康熙四十四年任。

胡毓秀，定邊人，康熙四十八年任。

陳守泰，甘州人，康熙五十一年任。

李士勤，宛平人，康熙五十三年任。

姬登第，永平人，雍正元年任。

閻之鼎，凉州人[94]，雍正二年任。

王翰京，府谷人，雍正三年任。

宋宗璋，凉州人，雍正八年任。

謝佐，湖廣人，雍正十二年任。

黄圖固，湖廣人，乾隆三年任。

福明阿，鑲紅旗人，乾隆十九年任。

林建鼎，福建人，乾隆三十年任。

德貢，正白旗人，乾隆四十三年任。

明廣，鑲白旗人，乾隆四十三年任。

以下至宣統年缺裁，卷失，未能盡考。

潘宗岳，湖南人，光緒年任。

李春林，陝西人，光緒年任。

任先槎，四川人，光緒年任。

馮時勝，靖遠人，宣統年任。

何禹聲，導河人，宣統年任。

城守營都司。舊制中營兼管，雍正十三年移大壩堡都司，改城守營，同治後以後營兼管，計九人。今裁。

馬麟紱，山東人，雍正十三年任。

周秉元，蘇州人，乾隆元年任。

任舉，大同人，乾隆三年任。

馬雲翺，山西人，乾隆八年任。

吴光椕，廣東人，乾隆十一年任。

黎功，廣東人，乾隆十五年任。

劉鑑，正黄旗人，乾隆二十一年任。

富明，鑲藍旗人，乾隆二十七年任。
尚政寅，鑲藍旗人，乾隆三十四年任。
以下至同治年檔卷遺失，未能詳查，同治後以後營兼管。

民國職官表

寧夏分巡道

沿清制，民國三年改道尹。
陳必淮，字三洲，岳陽人，民國元年任。

朔方道道尹初改觀察使，民國三年改道尹。

陳必淮，見前，民國三年任。

寧夏駐防將軍沿清制，民國三年裁。

常連，字冠三，正紅旗人，民國元年任。
馬福祥，字雲亭，導河人，寄籍寧夏，民國二年兼任。

左翼副都統沿清制，民國六年裁。

綽爾泰，字捷三，正白旗人，民國元年任。

寧夏鎮總兵沿清制，民國三年改護軍使。

張紹先，字子開，循化人，民國元年署。
馬福祥，見前，民國元年任。
馬忠孝，字舜卿，導河人，民國二年護理。

寧夏護軍使民國二年，以總兵改設，並節制鄂托克、烏審、阿拉善三旗軍務。

馬福祥，見前，民國二年任。
馬鴻賓，字子寅，導河人，寄籍寧夏，民國八年護。

寧夏鎮守使民國十年，以護軍使改設。

馬鴻賓，見前，民國十年任。

審判分廳監督民國九年設，計二人。

褚辛培，湖北雲夢人，民國九年任。
羅仁博，字錦章，陝西人，民國十四年任。

檢察分廳監督民國九年設，計五人。

但春煦，陝西人，民國九年任。
盧士傑，直隸定縣人，民國十一年任。
李學源，字廉清，湖南寶慶人，民國十二年任。
程謙，江蘇宜興人，民國十二年任。
李學源，見前，民國十三年任。

寧夏縣知事計八人。

曹耀焜，字煦初，湖南長沙人，民國元年任。
張鋆，字石唐，湖南湘鄉人，民國二年任。
鍾文海，字麗生，湖南寧鄉人，民國三年任。
王國柱，字端明，湖南湘鄉人，民國五年任。
金鼎銘，字介彝，陝西人，民國七年任。
王權，字啓明，湖南人，民國十年任。
王朝楨，字次笙，岳陽人，民國十二年任。
王權，見前，民國十四年任。

寧朔縣知事計十一人。

李錦榮，字壽春，湖南湘陰人，民國元年任。
王景沂，字勉庭，江西人，民國二年任。
張鳳瀛，字實周，河南人，民國四年任。
李志高，字仰之，湖南湘鄉人，民國五年任。
余鼎銘，見前，民國六年任。
鍾文海，見前，民國七年任。
孫彦龍，安徽人，民國九年任。
馬侗，字石生，安徽人，民國十年代理。
周崑，字芷生，湖南寧鄉人，民國十一年任。
彭懷智，字樂天，會寧人，民國十二年任。

王志霖，字仲陽，隴西人，民國十四年任。

中衛縣知事計十二人。

倪瑞璜，安徽舒城人，民國元年任。
程寅亮，陝西咸陽人，民國二年任。
郭映青，海源縣人，民國三年任。
康嚴，廣東南海人，民國四年任。
徐懋南，安徽合肥人，民國五年任。
王瀚，陝西華陰人，民國六年任。
秦學堅，江蘇無錫人，民國七年任。
刁宣，四川富順人，民國八年任。
張慶瑜，安徽合肥人，民國九年任。
高蔚霞，字秉清，湖南湘陰人，民國十一年任。
黄國華，字菊僊，岳陽人，民國十二年任。
趙培元，字欣餘，江寧人，民國十三年任。

平羅縣知事計十一人。

劉鼎，字伯康，岳陽人，民國元年任。
侯榮邦，字耀卿，陝西人，民國二年任。
王之臣，字汝翼，湖南寧鄉人，民國三年任。
程宗伊，字幼佩，河南人，民國五年任。
楊立濬，字佛華，安徽人，民國七年任。
田邁訓，字修齋，山東人，民國八年任。
王國柱，字端明，湖南湘鄉人，民國九年任。
劉呂鉅，字蔭甫，湖南安化人，民國十年任。
周澤勳，字鐵農，湖南人，民國十一年任。
廖元佶，字井芝，廣西人，民國十二年任。
朱恩昭，字鏡湖，江蘇人，民國十四年任。

靈武縣知事計十二人。民國建元，以靈州改設。

湛雪濤，字蘭蓀，湖南湘陰人，民國元年任。
程宗伊，字幼佩，河南人，民國元年任。
劉秀柏，字心一，四川綿竹人，民國三年任。

秦學堅，字文卿，江蘇人，民國四年任。
余鼎銘，字介彝，陝西人，民國五年任。
鄒潤農，字耕甫，岳陽人，民國七年任。
王之臣，字汝翼，湖南人，民國八年任。
王權，字啓明，湖南人，民國九年任。
梁奮冕，字梅莊，天水人，民國十年任。
潘瀛，字運侯，浙江人，民國十一年任。
余澤溥，字潤生，順天人，民國十二年任。
于德綏，字達生，山東蓬萊人，民國十三年任。

金積縣知事計十人。民國建元，改寧靈廳爲金積縣。

楊昌頤，民國元年任。
秦學堅，字文卿，江蘇人，民國元年任。
吴通權，陝西人，民國二年任。
馬俊，民國三年任。
馬象乾，字子健，陝西人，民國四年任。
仁永，字子壽，正紅旗人，民國七年任。
李志高，字仰之，湖南人，民國九年任。
馬良，導河人，民國十年任。
仁永，見前，民國十二年任。
李震乙，甘肅人，民國十四年任。

鹽池縣知事計十五人。民國建元，以花馬池分州改設。

冀國政，河南人，民國元年署。
王之臣，字汝翼，湖南寧鄉人，民國二年任[95]。
姚家琳，福建人，民國三年署。
文藻，字鳳閣，導河人，民國四年代理。
姚家琳，見前，民國五年任。
張士珍，天津人，民國六年署。
楊丕祺，泗水人，民國七年署。
黄振河，榆林人，民國八年署。
費廉，字賓亭，岳陽人，民國九年代理。
劉吕鉅，字蔭甫，湖南安化人，民國九年署。

李紹沆,聞喜人,民國十年署。

李毓文,閩候人,民國十一年署。

吴嘉猷,字省三,宜興人,民國十二年代理。

馬象乾,字子健,長安人,民國十二年署。

師道立,字卓然,狄道人,民國十三年署。

黄文中,狄道人,民國十四年任。

鎮戎縣知事計十一人。**民國建元,以平遠舊隸固原州,今州制既廢,且距隴東較遠,改隸朔方道,爲鎮戎縣。**

黄承熙,四川西充人,民國元年任。

成謙,察哈爾人,民國二年任。

朱世材,字陶安,湖南湘鄉人,民國三年任。

余澤溥,字潤生,順天人,民國四年任。

黄象權,湖南衡陽人,民國五年任。

王棟,陝西韓城人,民國七年任。

石山儼,湖北黄陂人,民國九年任。

陳鴻訓,字徲芳,岳陽人,民國十年任。

傅廷珍,字子亨,直隸人,民國十一年任。

朱兆圭,字汝霖,湖南寧鄉人,民國十二年任。

饒守謙,字海樵,湖北人,民國十三年任。

按:職官自清乾隆四十五年後,寧夏屢遇兵燹,檔卷盡失,未能詳考。兹文職照《通志》,至州縣止,武職照《舊府志》,至參、游止,其中多由《通志》採入。蓋同治之役,省城未陷,卷尚完全,差堪徵信也。自民國建元,以府、廳、州階級重複,一律改縣,其照磨、吏目、典史,均改管獄員,理事同知、鹽捕通判,寶豐縣丞、石嘴主簿、渠寧同心城巡檢府經歷、教諭、訓導官,一律裁撤。又寧夏將軍、都統以下等官及鎮標協、參、游以下等官,均取銷,以改練陸軍,分防各處。至駐防滿兵,六年,馬福祥商省籌給餉糈,收其槍械,遣散歸農,始定制歸統一云。

【校勘記】

[1] 源子邕:原作"原子邕",據《魏書》卷四一《源子雍傳》、《北史》卷二八《源子邕傳》改。"子邕",《北史》卷二八作"子雍"。

[2] 源雄:原作"源雍",據《北史》卷二八《源雄傳》、《隋書》卷三九《源雄傳》改。

[3] 元胄：原作“元曹”，據《隋書》卷四〇《元胄傳》改。

[4] 唐弘夫：原作“唐宏天”，據《新唐書》卷一八五《鄭畋傳》改。

[5] 杜黄裳：“杜”字原脱，據《舊唐書》卷一四七、《新唐書》卷一六九《杜黄裳傳》補。

[6] 藥元福：原作“葉元福”，據《舊五代史》卷八四《少帝紀》、《宋史》卷二五四《藥元福傳》改。

[7] 斡札簣：原作“韓禮簣”，據《元史》卷一三四《朵兒赤傳》改。

[8] 秦紘：原作“秦絃”，據《明史》卷一七八《秦紘傳》、《〔嘉靖〕陕志》卷十九《文獻七・全陕名宦》等改。下同。

[9] 李鉞：原作“李越”，據《明史》卷一九九《李鉞傳》、《〔嘉靖〕寧志》卷二《寧夏總鎮・朝使》、《〔萬曆〕陕志》卷十二《公署》改。

[10] 羅綺：原作“羅琦”，據《明史》卷一六〇《羅綺傳》，《〔弘治〕寧志》卷二、《〔嘉靖〕寧志》卷二《寧夏總鎮・宦蹟・巡撫》、《〔嘉靖〕陕志》卷十九《文獻七・全陕名宦》改。

[11] 陳翌：原作“陳昱”，據《〔弘治〕寧志》卷二、《〔嘉靖〕寧志》卷二《寧夏總鎮・宦蹟・巡撫》、《〔嘉靖〕陕志》卷十九《文獻七・全陕名宦》、《朔方新志》卷二《内治・宦蹟・巡撫》改。

[12] 張禎叔：原作“張正淑”。“淑”，據《〔弘治〕寧志》卷二《寧夏總鎮・宦蹟》、《〔嘉靖〕陕志》卷十九《文獻七・全陕名宦》、《〔嘉靖〕寧志》卷二《寧夏總鎮・宦蹟》等改作“叔”。“正”，據《〔弘治〕寧志》卷二《寧夏總鎮・宦蹟》、《〔嘉靖〕陕志》卷十九《文獻七・全陕名宦》改作“禎”，《〔嘉靖〕寧志》卷二《寧夏總鎮・宦蹟》作“禛”。

[13] 馬炳然：《〔萬曆〕陕志》卷十二《公署》作“馮炳然”。又，《朔方新志》卷二《内治・宦蹟・巡撫》載，馬炳然於正德四年(1509)任職。

[14] 張潤：本志同《〔嘉靖〕寧志》卷二《寧夏總鎮・宦蹟》、《寧夏府志》卷九《職官・歷代職官姓氏》，《朔方新志》卷二《内治・宦蹟・巡撫》作“張閏”。

[15] 正德十六年任：原作“嘉靖間任”。《明世宗實録》卷二載，張潤於正德十六年(1521)五月戊寅任職。《〔萬曆〕陕志》卷十二《公署》載其於正德十六年至。據改。

[16] 張璿：原作“張濬”，據《〔嘉靖〕陕志》卷十九《文獻七・全陕名宦》、《〔嘉靖〕寧志》卷二《寧夏總鎮・宦蹟・巡撫》、《朔方新志》卷二《内治・宦蹟・巡撫》改。

[17] 吴鎧：原作“英鎧”，據《寧夏府志》卷九《職官・歷代職官姓氏》改。

[18] 范鏓：原作“范總”，據《明世宗實録》卷二四六、《明史》卷一九九《范鏓傳》、《〔嘉靖〕陕志》卷十九《文獻七・全陕名宦》改。

[19] 李士翱：《〔萬曆〕陕志》卷十二《公署》作“李仕翱”。

[20] 定州人：《〔萬曆〕陕志》卷十二《公署》作“定興人”。

[21] 王之采：《明熹宗實録》卷十一作“王之寀”。

[22] 耿好仁：原作“耿存仁”，據《朔方新志》卷二《内治・宦蹟・巡撫》、《〔康熙〕陕志》卷十七《職官》改。

[23] 鄭崇儉：原作“鄭從儉”，據《寧夏府志》卷十二《職官・宦蹟》“鄭崇儉”條、《明史》卷二六〇《鄭崇儉傳》、《朔方新志》卷二《内治・宦蹟・巡撫》改。

[24] 樊一亨：此同《〔乾隆〕甘志》卷二七《職官》、《寧夏府志》卷九《職官・歷代職官姓氏》，

《〔康熙〕陝志》卷十七《職官》作“樊一衡”,《清朝歷科進士題名碑録》之《初集》作“樊一蘅”。

[25] 九十:原作“四十四”,據實際人數改。參見本頁脚注⑨。

[26] 張添錫:原作“張天錫”,據《〔弘治〕寧志》卷二、《〔嘉靖〕寧志》卷二《寧夏總鎮·宦蹟·巡撫》、《朔方新志》卷二《内治·宦蹟·巡撫》改。

[27] 孫逢吉:原作“張逢吉”,據《〔弘治〕寧志》卷二、《〔嘉靖〕寧志》卷二《寧夏總鎮·宦蹟·巡撫》、《朔方新志》卷二《内治·宦蹟·巡撫》改。

[28] 余金:原作“佘金”,據《〔弘治〕寧志》卷二、《〔嘉靖〕寧志》卷二《寧夏總鎮·宦蹟·巡撫》、《朔方新志》卷二《内治·宦蹟·巡撫》改。

[29] 張貫:原作“王貫”,據《〔弘治〕寧志》卷二、《〔嘉靖〕寧志》卷二《寧夏總鎮·宦蹟·巡撫》改。

[30] 寧夏河西道“陳經”至“劉堯卿”共三十六人,本志原同《〔乾隆〕甘志》卷二七《職官·寧夏河東道》、《寧夏府志》卷九《職官·歷代職官姓氏》,錯位於下文寧夏河東道“焦子春”至“劉復禮”間,據《〔弘治〕寧志》卷二、《〔嘉靖〕寧志》卷二《寧夏總鎮·宦蹟·督儲》及《朔方新志》卷二《内治·宦蹟》改。

[31] 陳珍:原作“陳價”,據《〔弘治〕寧志》卷二、《〔嘉靖〕寧志》卷二《寧夏總鎮·宦蹟》改。

[32] 尚繻:原作“尚儒”,據《〔弘治〕寧志》卷二、《〔嘉靖〕寧志》卷二《寧夏總鎮·宦蹟》改。

[33] 葉縣:原作“業縣”,據《〔弘治〕寧志》卷二、《〔嘉靖〕寧志》卷二《寧夏總鎮·宦蹟》改。

[34] 桐城:原作“銅城”,據《〔嘉靖〕寧志》卷二《宦蹟》、《朔方新志》卷二《内治·宦蹟》改。

[35] 永年:原作“永平”,據《〔嘉靖〕寧志》卷二《宦蹟》、《朔方新志》卷二《内治·宦蹟》改。

[36] 東阿:《朔方新志》卷二《内治·宦蹟》作“東河”。

[37] 潘璵:《朔方新志》卷二《内治·宦蹟》作“潘璵”。

[38] 三捷:此同《〔乾隆〕甘志》卷二七《職官》,《朔方新志》卷二《内治·宦蹟》作“三接”,《寧夏府志》卷九《職官·歷代職官姓氏》作“二捷”。

[39] 二十六:原作“六十二”,據實際人數改。參見本志第219頁脚注⑨。

[40] 張守中:原作“張守忠”,據《朔方新志》卷二《内治·宦蹟》改。

[41] 陳燁:原作“陳華”,據《朔方新志》卷二《内治·宦蹟》改。

[42] 四川:原作“四州”,據實際地名改。

[43] 鄭璧:《朔方新志》卷二《内治·宦蹟》作“鄭壁”。

[44] “馬鑑”條原位於下文“胡原”條後。《〔嘉靖〕陝志》載,馬鑑於洪武初鎮守寧夏,胡原於永樂初鎮守寧夏,馬鑑任職時間早於胡原,據本志書例及《朔方新志》卷二《内治·宦蹟》改。

[45] 柳升:原作“柳守”,據《〔弘治〕寧志》卷二、《〔嘉靖〕寧志》卷二《寧夏總鎮·宦蹟》,《〔嘉靖〕陝志》卷十九《文獻七·全陝名宦》、《朔方新志》卷二《内治·宦蹟》改。

[46] 費瓛:原作“費瑾”,據《明宣宗實録》卷三六、《明史》卷一五五《費瓛傳》改。參見吴忠禮《寧夏志箋證》,第163至164頁《箋證》[四二]、[四三]。

[47] 張義：原同《〔乾隆〕甘志》卷二七《職官》、《寧夏府志》卷九《職官・歷代職官姓氏》作“張儀”，據《〔弘治〕寧志》卷二、《〔嘉靖〕寧志》卷二《寧夏總鎮・宦蹟》，《〔嘉靖〕陝志》卷十九《文獻七・全陝名宦》、《朔方新志》卷二《内治・宦蹟》等改。

[48] 岳嵩：原同《〔乾隆〕甘志》卷二七《職官》、《寧夏府志》卷九《職官・歷代職官姓氏》作“任嵩”，據《〔弘治〕寧志》卷二、《〔嘉靖〕寧志》卷二《寧夏總鎮・宦蹟》，《〔嘉靖〕陝志》卷十九《文獻七・全陝名宦》等改。

[49] 李俊：此同廣方言館本、抱經樓本《明孝宗實録》，中國國家圖書館藏紅格本的曬藍本《明孝宗實録》作“李進”。

[50] 魏鎮：此同《〔嘉靖〕寧志》卷二《寧夏總鎮・宦蹟》、《寧夏府志》卷九《職官・歷代職官姓氏》，《朔方新志》卷二《内治・宦蹟》作“魏真”。

[51] 延安：《〔嘉靖〕陝志》卷十九《全陝名宦》作“延綏”。

[52] 牛秉忠：抱經樓本《明穆宗實録》卷四一作“牛秉中”。又，牛秉忠之前尚有一任寧夏總兵官。《明穆宗實録》卷十九載，隆慶二年(1568)四月己亥，楊真充鎮守寧夏總兵官。

[53] 謝朝恩：嘉業堂本《明穆宗實録》卷五八作“謝朝思”。

[54] 張維忠：《明神宗實録》卷二四六同此，卷一六三則作“張惟忠”。

[55] 杜桐：《明神宗實録》卷二〇九作“杜侗”。

[56] 姚國忠：《〔乾隆〕甘志》卷二七《職官》作“姚國志”。

[57] 王如金：原同《〔乾隆〕甘志》卷二七《職官》、《寧夏府志》卷九《職官・歷代職官姓氏》作“王汝金”，據《朔方新志》卷二《内治・宦蹟》改。

[58] 杜弘域：原避清高宗弘曆諱改作“杜宏域”，據《明史》卷二三九《杜弘域傳》、《朔方新志》卷二《内治・宦蹟》回改。下同。又，《朔方新志》卷二《内治・宦蹟》載，杜弘域之前尚有榆林衛人杜文焕於天啓七年(1627)復任寧夏總兵。

[59] 賀虎臣：原同《〔乾隆〕甘志》卷二七《職官》、《寧夏府志》卷九《職官・歷代職官姓氏》作“賀戎臣”，據《明實録・崇禎長編》卷三四、三五，《〔康熙〕陝志》卷十七《職官》改。

[60] 黎士弘：原避清高宗弘曆諱改作“黎士宏”，據《江西通志》卷六三《名宦》，《清史列傳》卷七〇、卷七四《黎士弘傳》等回改。下同。

[61] 干從廉：《〔宣統〕甘志》卷五二《職官志・職官表》作“于從廉”。

[62] 長洲人：原作“長州”，據《〔乾隆〕甘志》卷二八《職官》及本志書例補。

[63] 雍正：“雍”字原脱，據本志書例補。

[64] 張爲栴：本志卷六《水利志上・渠道建置》作“張爲旃”。

[65] 舍圖肯：原作“社圖肯”，據《清高宗實録》卷五二八改。又，同書載，乾隆二十一年(1756)十二月癸酉，調青州將軍舍圖肯爲寧夏將軍。

[66] 僧保：本志原同《〔乾隆〕甘志》卷二九《皇清武職官制》、《寧夏府志》卷十《職官・歷任姓氏》，係僧保之職爲寧夏右翼副都統，據《清世宗實録》卷一一〇改。同書載，僧保於雍正九年(1731)九月丙子任職。

[67] 色爾圖：原作“賽爾圖”，據《清高宗實録》卷一六一改。又，同書載，色爾圖於乾隆七年

(1742)三月甲子任職。

[68] 阿林：原同《〔乾隆〕甘志》卷二九《皇清武職官制》、《寧夏府志》卷十《職官·歷任姓氏》均作"阿琳"，據《清世宗實録》卷二六改。又，同書載，阿林於雍正二年(1724)十一月丁未任職，非於三年(1725)任職。

[69] 蘇穆爾濟：原同《〔乾隆〕甘志》卷二九《皇清武職官制》、《寧夏府志》卷十《職官·歷任姓氏》均作"蘇木爾吉"，據《清世宗實録》卷三八改。又，同書載，蘇穆爾濟於雍正三年(1725)十一月壬戌任職。

[70] 劉敬思：原同《〔乾隆〕甘志》卷二九《皇清武職官制》、《寧夏府志》卷十《職官·歷任姓氏》均作"劉進思"，據《清世宗實録》卷一一二改。又，本志原同《〔乾隆〕甘志》卷二九《皇清武職官制》、《寧夏府志》卷十《職官·歷任姓氏》，係劉敬思之職爲寧夏左翼副都統，據同書改。同書載，劉敬思於雍正九年(1731)十一月辛未任職。

[71] 佟善：此同《清高宗實録》卷三三、《〔乾隆〕甘志》卷二九《皇清武職官制》、《寧夏府志》卷十《職官·歷任姓氏》，《清世宗實録》卷一二一作"佟山"。又，《清世宗實録》卷一二一載，佟山於雍正十年(1732)七月癸巳任職。《清高宗實録》卷三三載，乾隆元年(1736)十二月戊寅，以佟善實授寧夏右翼副都統。

[72] 恭格：原同《〔乾隆〕甘志》卷二九《皇清武職官制》、《寧夏府志》卷十《職官·歷任姓氏》作"貢格"，據《清世宗實録》卷一二四改。又，本志原同《〔乾隆〕甘志》卷二九《皇清武職官制》、《寧夏府志》卷十《職官·歷任姓氏》，係恭格之職爲寧夏左翼副都統，據同書改。又，同書載，恭格於雍正十年(1732)十月庚申任職。

[73] 延綏：《〔康熙〕陜志》卷十七《職官》作"榆林"。

[74] 周國貞：原避清世宗胤禛諱改作"周國正"，據《〔康熙〕陜志》卷十七《職官》改。

[75] 胡茂禎：原避清世宗胤禛諱改作"胡茂正"，據《〔康熙〕陜志》卷十七《職官》改。

[76] 三十二：原作"三十三"，據《〔乾隆〕甘志》卷二九《皇清武職官制》、《寧夏府志》卷十二《職官·歷任姓氏》改。

[77] 楊啓元：原作"楊君元"，據《〔乾隆〕甘志》卷二九《皇清武職官制》、《寧夏府志》卷十《職官·歷任姓氏》改。

[78] 二十：原作"廿"，據本志書例改。

[79] 三年：原作"五年"，據《〔乾隆〕甘志》卷二九《皇清武職官制》改。

[80] 吴自得：此同《〔乾隆〕甘志》卷二九《皇清武職官制》、《寧夏府志》卷十《職官·歷任姓氏》，《〔康熙〕陜志》卷十七《職官》作"吴自德"。

[81] 袁鈴：《〔乾隆〕甘志》卷二九《皇清武職官制》作"袁鈐"。

[82] 全鄉：《〔乾隆〕甘志》卷二九《皇清武職官制》作"全卿"。

[83] 王顒若：此同《四庫》本《〔乾隆〕甘志》卷二九《皇清武職官制》、《寧夏府志》卷十《職官·歷任姓氏》，國圖藏《〔乾隆〕甘志》刻本作"王融若"。

[84] 通許：《靈州志蹟》卷二《職官姓氏志第十一·武職》作"通州"。

[85] 直隸人：此同《〔乾隆〕甘志》卷二九《皇清武職官制》、《寧夏府志》卷十《職官·歷任姓

氏》,《〔康熙〕陝志》卷十七《職官》作“遼陽人”。

[86] 直隸人：此同《〔乾隆〕甘志》卷二九《皇清武職官制》、《寧夏府志》卷十《職官・歷任姓氏》,《〔康熙〕陝志》卷十七《職官》作“東寧人”。

[87] 直隸人：此同《〔乾隆〕甘志》卷二九《皇清武職官制》、《寧夏府志》卷十《職官・歷任姓氏》,《〔康熙〕陝志》卷十七《職官》作“遼東人”。

[88] 十七年：此同《〔乾隆〕甘志》卷二九《皇清武職官制》、《寧夏府志》卷十《職官・歷任姓氏》,《〔康熙〕陝志》卷十七《職官》作“十六年”。

[89] 山東人：此同《〔乾隆〕甘志》卷二九《皇清武職官制》、《寧夏府志》卷十《職官・歷任姓氏》,《〔康熙〕陝志》卷十七《職官》作“湖廣人”。

[90] 石仲玉：此同《〔乾隆〕甘志》卷二九《皇清武職官制》、《寧夏府志》卷十《職官・歷任姓氏》,《〔康熙〕陝志》卷十七《職官》作“石中玉”。

[91] 康熙：原作“康康”,據年號用字改。

[92] 王禎：原避清世宗胤禛諱改作“王正”,據《〔康熙〕陝志》卷十七《職官》改。

[93] 顧爾禎：原避清世宗胤禛諱改作“顧爾正”,據《〔康熙〕陝志》卷十七《職官》改。

[94] 人：此字原脱,據本志書例補。

[95] 二年：原作“三年”,據《政府公報・命令》“中華民國二年五月二十三日第三百五十七號”改。

朔方道志卷之十四　職官志三

宦　蹟

宦蹟

周

南仲,周之卿士。城朔方,伐西戎,語在《小雅》①。

秦

蒙恬,秦始皇使蒙恬將三十萬衆[1],北逐戎狄,悉收河南地。因河爲塞,築四十四縣城臨河,徙謫戍以充之[2]。通直道,自九原至雲陽,因邊山險塹谿谷,起臨洮至遼東萬餘里。

漢

衛青,字仲卿,河東平陽人。元朔二年,衛青出雲中至隴西,捕首虜數千,畜百餘萬,走白羊、樓煩王,遂取河南地,爲朔方郡。封爲長平侯,尋益封三千八百户[3],拜大將軍。

蘇建,衛青校尉,封平陵侯,築朔方城。主父偃言朔方地肥饒,外阻河,蒙恬城以逐匈奴。内省轉輸,廣中國滅虜之本也。上覽其説,遂置朔方。

郭昌,驃騎封狼居胥山,是後匈奴遠遁,而幕南無王庭。漢度河,自朔方以西至令居,往往通渠置田官,吏卒五六萬。匈奴數使奇兵侵犯漢邊,漢乃拜郭昌爲拔胡將軍,及浞野侯屯朔方以東備胡[4]。甘露三年,遣長樂衛尉董忠,將騎發邊郡士馬,送單于出朔方鷄鹿塞。

鄧遵,元初三年爲度遼將軍②,率南單于及左鹿蠡王須沈萬騎,擊零昌於靈州,斬首八百餘級[5],封須沈爲破虜侯。

---

① 《詩經·小雅·出車》:"天子命我,城彼朔方。赫赫南仲,玁狁于襄。"

② 《後漢書》卷八九《南匈奴傳》載,元初元年(114),以烏桓校尉鄧遵爲度遼將軍。元初三年(116)是以度遼將軍的官職領兵。

魏

源子雍[6]，字靈和，少好文，篤志於學。推誠待士，士多歸之。遷夏州刺史，適朔方胡反圍城，城中食盡。子雍詣東夏州運粮，爲胡帥所擒。子雍以義感衆，不爲屈，胡帥遂降。粮道既通，二夏以全，封樂平縣公。

宇文泰，夏州刺史。賀拔岳遣泰詣洛陽密陳高歡反狀，魏主喜，以岳爲都督十二州軍事[7]。岳遂引兵屯平凉。夏州刺史彌俄突附岳，靈州刺史曹泥附歡。岳以夏州要重，表用泰爲刺史。泰遣李虎擊曹泥。虎等招諭費也頭之衆，與之共攻靈州，凡四旬，曹泥請降。高歡自將萬騎襲夏州。縛稍爲梯[8]，夜入其城，擒刺史解拔彌俄突，因而用之。留張瓊將兵鎮守，遷其部以歸魏。靈州刺史復叛降東魏。魏人圍之，水灌其城，不没者四尺。歡發阿至羅騎[9]，徑度靈州，繞出魏師，師退。歡迎泥，拔其遺户五千以歸。

〔北〕周

源雄，字世略。少寬厚，美姿容。周以伐齊功，封朔方公[10]，進位上柱國[11]。

隋

王仁恭，字元實，天水上邽人。工騎射，秦孝王引爲記室，遷車騎將軍。從楊素擊突厥於靈武，以功拜上開府。

豆盧勣，字定東，昌黎徒河人[12]。開皇二年，突厥犯塞，以勣爲北道行軍元帥以備邊。歲餘，拜夏州總管。

元胄，洛陽人。素有威名，拜靈州總管[13]，北夷甚憚焉。

吐萬緒，字長緒，鮮卑人。爲夏州總管，爲北夷所憚。

唐

張仁愿，華州下邽人，本名仁亶。神龍二年[14]，朔方軍總管沙吒忠義爲突厥所敗，詔仁愿攝御史大夫代之。既至，賊已去，引兵躡擊，破之。始，朔方軍與突厥以河爲界，時默啜悉兵西擊[15]，仁愿請乘虚取漠南地，於河北築三受降城，絶虜南寇路。役者盡力[16]，六旬而三城就。以拂雲爲中城，南直朔方，西城南直靈武，東城南直榆林，三壘相距各四百餘里。又於牛頭、朝那山北[17]，置烽堠千八百所[18]。自是突厥不敢逾山牧馬。歲省費億計[19]，减鎮兵數萬。景龍二年，拜左衛大將軍[20]，同中書門下三品，封韓國公。

張説，字道濟，洛陽人。開元中，王晙討康待賓。時党項羌亦連兵攻銀城，説將步騎萬人出合河關掩擊，破之。十年，詔爲朔方節度大使，親行五城。八月，康待賓餘黨康願子反，掠牧馬，西涉河出塞。説追討至木盤山，擒之。乃議徙河曲六州殘寇於唐[21]、鄧、仙、豫間①，空河南朔方地。奏罷緣邊戍兵三十萬還農[22]。

牛仙客，涇州鶉觚人。開元末，爲朔方行軍大總管[23]，嗇事省用，倉庫積實，器械鋒鋭。遷工部尚書、同中書門下三品。

渾瑊，本鐵勒九姓之渾部也。父釋之，積功遷寧朔郡王。廣德中，與吐蕃戰没。瑊年十一，即隨釋之防秋。朔方節度使張齊邱戲曰："與乳媪俱來耶?"是歲即立功。後從李光弼、郭子儀擊吐蕃，與李晟收復京城，封咸寧郡王。

郭震，字元振，魏州貴鄉人。始爲涼州都督，治涼五載，善撫御，夷夏畏慕，令行禁止，道不舉遺。河西諸郡置生祠，揭碑頌德。神龍中，遷左驍衛將軍、安西大都護[24]。先天元年，爲朔方軍大總管，築豐安、定遠城[25]。

王方翼，夏州都督。時牛疫，民廢田作，方翼爲耦耕法，力省而功多，百姓賴焉。

王忠嗣，以武功至左金吾衛將軍[26]。旋爲西河、隴右、朔方、河東節度，佩四將印，控制萬里。每互市，高估馬價，諸胡争以馬求市，胡馬遂少。

郭子儀，字子儀，華州鄭人。天寶十四年，詔子儀爲衛尉卿、靈武郡太守，充朔方節度使，率軍討安禄山。後明皇幸蜀，肅宗即位靈武，詔班師，子儀與光弼率步騎五萬赴行在。時朝廷草昧，衆單寡，軍容闕然，及是國威大振。拜子儀爲兵部尚書、同中書門下平章事，仍總節度。後以功封汾陽王，薨，謚忠武。

李光弼，營州柳城人。襲父封，以功進雲麾將軍、朔方節度副使[27]。安禄山反，郭子儀薦其能，詔爲河東副大使。光弼以朔方兵五千救常山，執賊將安思義。會郭子儀收雲中，出井陘，合擊思明於嘉山，大破之。肅宗即位，詔以兵赴靈武，更授户部尚書、同中書門下平章事。薨，年五十七，贈太保，謚武穆。

杜黄裳，字遵素[28]，京兆萬年人[29]，擢進士第。郭子儀辟佐朔方府，子儀入朝，使主留事。李懷光與監軍陰謀矯詔誅大將軍等，以動衆心，欲代子儀。黄裳得詔，判其非，以質懷光，懷光流汗服罪。於是諸將狠驕難制者，黄裳皆以子儀令易置，衆不敢亂。

竇静，字元休，太宗時爲夏州都督。突厥携貳，諸將出征者過静，静爲陳虜中虚實，諸將由是大克獲。又間其部落，郁射所部欝孤尼等九候斤皆内附。帝嘉之，賜馬百疋，後拜爲寧朔大使。

---

① 《舊唐書》卷九七《張説傳》載："於是移河曲六州殘胡五萬餘口配許、汝、唐、鄧、仙、豫等州。"

李晟，字良器，洮州臨潭人。大曆初，吐蕃寇靈州，李抱玉授以兵五千擊之，辭曰："以衆則不足，以謀則多。"乃請千人，繇大震關趨臨洮，屠定秦堡，執其帥慕容谷鍾，虜乃解靈州去。遷開府儀同三司，累功封西平郡王。後城鹽州，復故池。帝以新鹽賜宰相，思晟功，爲致鹽靈座。

李愿，晟之子。元和初，領夏、綏、銀、宥節度使，政簡而嚴。部有失馬者，愿署牒於道，以金贖之。三日，失馬並良馬一繫署下，且曰："逸而至，不告，罪當死，謹以良馬贖。"愿歸失馬而縱其良，境内肅然。

裴識，字通理，度之子，河東聞喜人。襲晋國公半封，爲涇原節度使。宣宗擇籌邊名臣，以識帥涇原[30]，整戎開屯，得將士心。加檢校刑部尚書，徙靈武等軍節度使。靈武地斥鹵無井，識誓神而鑿之，果得泉。歷六節度，皆有聲。卒贈司空，謚曰昭。

史敬奉。吐蕃十五萬衆圍鹽州，刺史李文悦竭力拒之，凡二十七日，吐蕃不能克。時史敬奉爲靈武牙將，言於朔方節度使杜叔良，請兵解圍。叔良以二千五百人與之[31]。敬奉行旬餘無聲問，朔方人以爲俱没矣。無何，敬奉自他道出吐蕃背，吐蕃大驚潰去。敬奉奮擊，大破之。

路嗣恭，字懿範，京兆人。始名劍客，後明皇以爲可嗣漢魯恭，因賜名。爲郭子儀朔方節度留後。大將孫守亮擁重兵，驕蹇不受制，嗣恭因稱疾，守亮至，即殺之，一軍皆震。時靈武初復，戎落未安，嗣恭披荆棘，立軍府，威令大行。

杜希全，朔方節度。軍令嚴整，人畏其威。奉天之狩，引兵赴難。賊平，遷靈、鹽、豐、夏節度使[32]。

韓潭。貞元三年，吐蕃之戍西夏者饋運不繼，人多病疫思歸。尚結贊遣三千騎逆之，悉焚其廬舍，毁其城，驅其民而去。於是割振武綏、銀二州，以潭爲節度使，帥神策之士五千、朔方河東之士三千，鎮夏州。

李福。大中五年春，上頗知党項之反，由邊帥利其羊馬，數欺奪誅殺之。乃以李福爲夏、綏節度使。自是繼選儒臣以代邊帥之貪暴者，党項遂安。

崔知温，字禮仁，許州鄢陵人。爲靈州司馬，境有渾、斛薩萬帳，數擾齊民，農皆釋耒，習騎射以扞賊。知温表徙河北，自是人得就耕，田野始安。後特詔同門下三品，遷中書令。

李聽，字正思，初爲羽林將軍[33]，以功兼御史大夫，夏、綏、銀、宥節度使。有光禄渠，久廢，聽始復屯田以省轉餉，即引渠溉塞下地千頃，後賴其饒。進檢校工部尚書。

五代

康福，蔚州人。明宗時，靈武韓洙死，其弟澄立，而偏將李從賓作亂。朝廷以福爲凉州刺史、河西軍節度使[34]。破吐蕃於青岡峽[35]，威聲大振。居靈武三載，歲常豐稔，有馬千駟，蕃彝畏服。

張希崇，字德峰，幽州薊人。遷靈武節度使。靈州地接戎狄，戍兵餉道常苦抄掠。希崇乃開屯田，教耕種，軍以足食，而省轉饋。又能招輯夷落，自回鶻、瓜、沙皆遣使入貢。居四載，上書求還内地。晋高祖立，復拜靈武節度使。

馮暉，魏州人，降晋高祖，拜義成節度使，徙鎮靈武。靈武自唐明宗以後，市馬糴粟給賜軍士，自關以西轉輸供給，民不堪役。青岡、土橋之間，氐、羌剽掠，商旅多阻。暉至，推以恩信，部族懷惠，止息侵奪。然後廣屯田以省轉餉，治倉庫亭館千餘區，多出俸錢，民不加賦，境内大治。党項拓跋彦超爲最大。暉至，超來謁，遂留之，爲起第於城中，遇之甚厚，務足其意，因服諸族。

藥元福[36]，并州晋陽人。晋開運中，爲威州刺史。蕃部酋長拓跋彦超等攻靈州，詔以河南節度使馮暉鎮朔方，召關右兵進討，以元福將行營騎兵。元福與暉出威州土橋西，遇彦超兵七千餘。元福轉戰五十里，斬千級，擒三十餘人。朔方距威州七百里，無水草，號旱海，師須齎粮以行，至耀德食盡。彦超等衆數萬，布爲三陣，扼要路，據水泉，以待暉軍，軍中大懼。暉以玉帛求和解，彦超許之。至日中，列陣如故。元福曰："彼知我軍飢渴，邀我於險，欲困我耳。遷延至暮，則吾黨成擒矣。彼雖衆而精兵絶少，依西山爲陣者是也。"乃以麾下先擊西山兵，敵果潰。元福舉旗招暉軍繼進，彦超大敗，横尸蔽野。後元福入宋爲檢校太尉，鎮陝州。

宋

尹憲，晋陽人。雍熙初，知夏州，攻破李繼遷之衆於地斤澤。繼遷遯走，俘獲四百餘帳。

王侁，秦州副將，帝遣之靈州。田仁朗等討李繼遷，繼遷陷三族。仁朗次綏州，請益兵。帝聞三族已陷，竄仁朗商州。侁出銀州北，破悉利諸族[37]。麟州諸蕃皆請納馬贖罪，討繼遷。侁與所部兵入濁輪川[38]，斬賊首五十級[39]，繼遷遁去。郭守文復與尹憲擊鹽城諸蕃，焚千餘帳。由是銀、麟、夏三州蕃百二十五族内附，户萬八千餘。

田敏，字子俊，隨曹彬破賊，補指揮使。端拱初，佐大將軍李繼隆出狼山[40]，襲契丹，至滿城，獲首級甚衆。既而敵陷易州，敏失其家所在。帝擢敏本軍都虞候[41]，賜白金三百兩，使間行求其父母，得之以歸。李繼隆討夏州，奏隸麾下。敏率兵至靈州橐駝口雙堠西，遇敵，斬首三千級，獲牛、馬、橐駝、鎧仗數萬計。繼隆上其功，遷御前忠佐馬步軍副都軍頭。

劉綜，字居正，虞鄉人。咸平中，夏人擾邊，詔以綜爲轉運副使。時靈州孤危，獻言者或請棄之。綜力上言："靈州民淳土沃，爲邊陲巨屏[42]，所宜固守，以爲扞蔽。"詔從其請。

董遵誨，涿州范陽人。領靈州路巡檢，豁達多方略。在通遠軍凡十四年[43]，夏人悦服。嘗有剽掠靈武進奉使兵器者，帳下欲討之。夏人懼，盡歸所掠。自是各謹封界，秋毫無犯。

段思恭，澤州晉城人。初知泗州，代馮繼業知靈州。太祖壯其往，賜窄衣、金帶、錢二百萬，仍以塗涉諸部，令别齎金帛以遺之。思恭下車，矯繼業之失，綏撫夷落，民病悉奏免之。

侯贇，并州太原人。知靈州，按視蕃落，宴犒以時，得邊士心，部内大治，遷左衛。在朔方凡十餘年。卒，贈本衛上將軍。

安守忠，字信臣，并州晉陽人。初知靈州，繼徙夏州。在官凡七年①。每西戎犯邊，戰無不捷，拜濮州團練使。

王昭遠，繼昇子[44]，冀州人。色黑，又名"鐵山"。至道中，李繼遷擾西鄙，絶靈武粮道。命昭遠爲靈州路都部署，護二十五州芻粟竞達，繼遷不敢犯。

田紹斌，汾州人，靈州馬步軍部署[45]。入蕃討賊，斬首二千級，獲馬、羊[46]、駝二萬計，以給諸軍。

郭密，貝州經城人，充靈州兵馬都部署。訓練士卒，號令嚴明，夏人畏服，邊境賴安。

曹璨，字韜光，彬之子，真定人。擢鎮州，徙銀、夏、麟、府等州鈐轄。契丹入寇，屢戰有功。知靈州，邀擊繼遷，俘馘甚衆。

楊瓊，汾州西河人。至道初，改防禦使，靈慶路副都部署[47]、河外都巡檢使。賊累寇疆，瓊守禦有功。敗賊於合河鎮北，擒獲人畜甚多。導黄河，溉民田千頃。增户口，益課利，時號富强。

潘羅支，六谷酋長[48]。李繼和言其願戮力討夏，乃授朔方節度。保吉陷西凉，羅支僞降，保吉不疑。羅支遽集六谷蕃部合擊之，保吉大敗，中流矢死。

元

斡札簣[49]，寧州人。元太祖命副撒都忽，爲中興路管民官。國兵西征，運餉不絶，無毫髪私。世祖時，以疾卒。遺奏請謹名爵、節財用，帝嘉納焉。

袁裕，洛陽人。至元間[50]，爲中興等路勸農副使[51]。時徙鄂民萬餘於西

① 七年：蓋指安守忠知靈州七年。《宋史》卷二七五《安守忠傳》載："移知靈州，在官凡七年。"

夏[52]，多流離顛沛。與安撫使獨吉請給地[53]，立屯官，民以安。

朵兒赤，字通明，西夏寧州人。父斡札簀爲中興路管民官[54]，有清名。朵兒赤年十五通《論語》《孟子》《尚書》。帝召見於香閣，問治道，朵兒以"親君子，遠小人"對。問欲何仕，對曰："如西夏營田，實占正軍，倘有調用，又妨耕作。土瘠野曠，十未墾一。南軍屯聚以來，子弟蕃息稍衆，若以其成丁者別編入籍以實屯，則地利多而兵有餘矣。請爲其總管，以盡指畫。"帝可之，授中興路新民總管。至官，録其子弟之壯者墾田，塞黄河九口，開其三流。凡三載[55]，賦額培增。後歷官山南、雲南廉訪使①。

董文用，字彦材[56]，俊之第三子也。至元改元，召爲西夏中興等路行省郎中。自渾都海之亂，民間相恐動，竄匿山谷。文用至，鎮之以静，爲書置通衢諭之，民乃安。開唐來、漢延、秦家等渠，墾水田若干。於是民之歸者户四五萬，悉受田種，頒農具。更造舟置黄河中，受諸部落及潰叛之來降者。

張文謙，字仲謙，邢州沙河人[57]。至元元年，詔以中書左丞行省西夏中興等路。羌俗素鄙野，事無統紀。文謙得蜀士陷於俘虜者五六人，理而出之，使習吏事。旬月間，簿書有式，子弟亦知讀書，俗爲一變。濬唐來、漢延二渠，溉田十數萬頃[58]。後拜樞密副使，與董文用、郭守敬同理邊事。

郭守敬，字若思，順德邢臺人。至元元年，從張文謙行省西夏。先是，古渠在中興者，一名"唐來"，長四百里，一名"漢延"，長二百五十里，它州正渠十，皆長二百里，支渠大小六十八，溉田九萬餘頃[59]。兵亂以來，廢壞淤淺。守敬更立牐堰，皆復其舊。二年，授都水少監。夏人永賴，立生祠以祀之。

明

湯和，字鼎臣，濠人。洪武三年，以右副將軍從大將軍徐達敗擴廓於定西，遂定寧夏。逐北至察罕腦兒，擒猛將虎陳，獲馬、牛、羊十餘萬以給將士。卒，年七十，追封東甌王。

耿忠，濠人，長興侯炳文之弟。洪武九年，開立寧夏，披荆棘，修法制，招携懷遠，恩威兼著。守以鎮静，境土以安。

馬鑑，洪武間，以都督僉事提兵寧夏[60]。率兵出賀蘭山，至五井，與元平章論卜戰，大破之。

沐英，字文英，定遠人。洪武十年，以征西副將軍從鄧愈出塞，渡黄河，耀兵崑崙，轉戰數千里，俘獲萬計，論功封西平侯。十三年，脱火赤犯順。英由靈武口

---

① 朵兒赤初爲山南廉訪副使，後調雲南廉訪使。

渡黄河,歷賀蘭山,涉流沙,啣枚夜薄其營,生擒脱火赤全部以歸。封黔寧王。卒,謚昭靖。

何福,鳳陽人。永樂時①,佩征虜將軍印,充總兵官,鎮寧夏,節制山、陝、河南諸軍。福至鎮,宣布德意,招徠遠人。塞外諸部降者相踵,邊陲無事。因請置驛,屯田積穀,定賞罰,爲經久計。

楊榮,字勉仁,建安人。永樂七年[61],甘肅總兵何福言脱脱不花等請降,需命於亦集乃。命榮往甘肅偕福受降,即軍中封福寧遠侯。因至寧夏,與寧陽侯陳懋規畫邊務。還,陳便宜十事。

陳懋,涇國公亨少子。永樂元年[62],以功封寧陽伯。六年,佩征西將軍印,鎮寧夏,善撫降卒。明年秋,故元丞相昝卜及平章、司徒、國公、知院十餘人,皆率衆相繼來降。已而平章都連等叛去,懋追擒之,盡收所部人口畜牧。宣德元年,從討樂安。還,仍鎮寧夏。三年,奏徙靈州城。得黑白二兔以獻,宣宗喜,親畫馬以賜之。

史昭[63],直隸藁城人,以父敬功授寧夏世襲指揮,遂家焉。累以軍功歷總兵。宣德元年,掛征西將軍印,鎮寧夏。所統官軍,悉聽節制。虜也先脱干爲患,昭出奇計擒之。昭用兵有紀律,料敵制勝,所向成功。家傳稱,昭嘗出征經大漠,人馬渴甚。昭潛心禱祝,忽前有茅庵,訪之,見二尼僧,隨所指引,得甘泉如注,師用濟。旋蹤蹟之,茅庵、二尼皆不復見,但遺一包裹,内鐵燕一支、兵書一匣,自是謀略益神。每行軍,則置鐵燕於帳前,以候風色,占驗動静,毫髮無爽。於花馬池建築四步戰臺,制今尚存。壽八十三,卒於官。有敕賜"七鎮元戎""三邊統帥"坊。入《鄉賢》。

史昭[64],合肥人。宣德七年,以征西將軍鎮寧夏。孛的達里麻犯邊,遣兵擊之,至闊臺察罕,俘獲甚衆,進都督同知。正統初,昭以寧夏孤懸河外,東抵綏德二千里,曠遠難守,請於花馬池築哨馬營,增設烽堠,直接哈剌兀速之境,邊備大固。尋進右都督。八年,以老詔還。明年卒。昭居寧夏十二年,老成持重,兵修政舉,邊境無事。

史義,昭之姪。世襲指揮同知,陞水利屯田都司,諳練水利[65]。修築堺岸洞口,易木以石。濬淤塞,使水勢暢流。民皆受賜。有"惠澤流芳"坊立於署。

姜漢,榆林人,弘治中,嗣世職,爲本衛指揮使。御史胡希顔薦其才勇,充延綏營游擊將軍。十八年春,寇犯寧夏興武營[66]。漢率所部馳援,遇於中沙墩[67],擊敗之,賜敕獎勞。正德四年,擢署都督僉事,充總兵官,鎮寧夏。漢馭軍嚴整,得將士心。甫數月而安化王寘鐇謀逆,置酒召漢及巡撫安惟學等宴[68]。

① 《明太宗實録》卷十一載,何福於洪武三十五年(明惠帝建文四年,1402)八月己未任職。

酒半，其黨何錦等率衆入，即座上執漢。漢奮起怒駡，遂殺之。子奭逃免，賊平，訟於朝，詔賜祭葬，有司爲立廟，春秋祀之。

姜應熊，漢之孫。嘉靖二十七年，以宣府西路參將充總兵官，鎮守寧夏。三十三年[69]，套寇數萬騎屯賀蘭山，遣精騎掠紅井。應熊戒將士固守以綴敵，委千户孟鸞潛師攻敵營，斬首百四十級，進都督同知。越二年，套寇踏冰西渡，由寧夏山後直抵莊、凉。應熊等掩擊，獲首級百餘，進右都督。三十六年，賊又犯鹹邊、黑鹽池、曹湖灘等處。應熊率兵奮擊，斬首無算。百餘年來，罕見此捷。姜氏爲大將，著邊功，凡五世。

羅汝敬，名簡，以字行，江西吉水人，時勉之子。正統初，巡撫陝西，督甘肅、寧夏屯田。分等第，定賦則，多所建置。後塞上有警，汝敬往督餉，遇敵紅城子，中流矢，墜馬得免，以疾告歸。

陳鎰，字有戒，吴縣人。正統二年五月[70]，命巡延綏、寧夏邊。所至條奏軍民便宜，所部六府饑，請發倉賑。帝從輔臣請，修荒政，鎰請遍行於各邊，由是塞上咸有儲蓄。又條奏撫恤軍民二十四事①，多議行。鎰凡三鎮陝，先後十餘年，陝人戴之若父母。每還朝，必遮道擁車泣。再至，則歡迎數百里不絶。於寧夏、甘肅邊境增墩堡千餘所，尤倚重焉。

張鎣，字廷器，松江華亭人。成化三年[71]，以右副都御史巡撫寧夏。寧夏城土築，鎣始甃以磚。導河流[72]，溉靈州屯田七百餘頃。

賈俊，字廷杰，束鹿人。成化十三年，自山東副使超拜右僉都御史，巡撫寧夏。在鎮七年，軍民樂業，召爲工部右侍郎。

羅綺[73]，磁州人。正統九年，以御史參贊寧夏軍務，有能名。逾年當代，軍民詣鎮守都御史陳鎰乞留。以聞，命復任。尋擢大理右寺丞，參贊如故。常以事劾指揮任信、陳斌。二人皆王振黨。

盧茂，成化間以都指揮守備靈州。到任之二日，敵以百騎來犯，茂單騎馳突之。俄敵漸衆，而茂兵亦至，奮呼一擊，斬其犯陣一將。餘遁去，數歲不敢近靈州邊。

金濂，字宗瀚[74]，山陽人。正統三年，擢僉都御史，參贊寧夏軍務。濂有心計，善籌畫，西陲晏然。寧夏舊有五渠，而鳴沙州七星、漢伯、石灰三渠淤，濂清濬之，溉蕪田一千三百餘頃。八年，拜刑部尚書。

王驥，字尚德，束鹿人。正統九年[75]，與都御史陳鎰巡延綏、寧夏、甘肅諸邊。初，寧夏備邊軍，半歲一更，後邊事亟，三年乃更。軍士日久疲罷，又益選軍

① 據《明史》卷一五九《陳鎰傳》，事在正統九年(1444)。

餘防冬，家有五六人在邊者，軍用重困。驥請歲一更，當代者以十月至，而代者留至來年正月乃遣歸[76]，邊備足而軍不勞。帝善其議，行之諸邊。卒年八十三，贈靖遠侯，謚忠毅。

張泰，延綏都督。天順間，胡酋孛來將萬賊入寇，至大壩，欲決水灌境内。時精騎調援，泰募義勇三千餘人，以疲弱挽兵車，付其子翊總攝以行。至壩所，與賊遇，背河而營，堅壁不戰。賊鋭頗阻。比晚，翊諭衆曰："吾面受家君命，謂今夜賊必襲突。陣中有崩然而來者，即駝也，切勿疑怖，宜奮拒。"衆遵約從事。至夜半，賊果來，遂破之。厥明，又詭設牛、馬於河之南滸，以善水者往來河中戲駡，水皆不及腰。賊誤爲淺，乃大驅繞壁而下。翊令車徒截其半，前驅者盡溺水中，斬獲數百，追出賀蘭山外而還。

王越[77]，字世昌，濬人。初，爲宣府巡撫。成化五年，寇入河套，詔越率師赴之。越遣將三路破之，賊乃退。七年，加總督軍務，專辦西事。敕陝西、寧夏、延綏三鎮兵皆受節制。十年春，廷議總制府於固原，控制延綏、寧夏、甘肅三邊，總兵、巡撫而下，並聽節制，三邊總制自此始。論功，加太子少保。弘治十年，寇犯甘肅，詔起原官，加太子太保，兼巡撫。越言甘鎮兵弱，非籍延〔綏〕、寧〔夏〕兩鎮兵難以克敵，請兼制兩鎮，解巡撫事。詔從之。明年，以寇巢賀蘭山後，數擾邊，乃分兵三路進剿，斬四十三級，獲馬、駝百匹。加少保，兼太子太傅。卒，贈太傅，謚襄敏。

徐廷璋，字公器，羅山人，成化八年巡撫寧夏[78]，大築邊牆，塹山堙谷，增立寨堡，繕亭障。時與陝西馬文升、延綏余子俊相埒，稱關中三巡撫。

秦紘，字世纓，單人。弘治十四年秋[79]，寇大入花馬池，敗官軍孔壩溝。詔起紘户部尚書，總制三邊軍務。紘馳至，祭亡掩骼，奏録死事指揮朱鼎五人，劾治敗將楊琳等四人罪，更易守將，練壯士，興屯田，申明號令，軍聲大振。又請於花馬池迤西至小鹽池二百里，築十堡以固邊防。曾意作戰車，名"全勝"，詔頒其式於諸邊。在事三年，四鎮晏然。卒，贈少保，謚襄毅。

羅明，字時昭，福建延平人。弘治初，巡撫甘肅，奏罷貢獻，奪勢豪所據草湖以還軍士。均水利，清兵馬，增貢額，選秀民。丁祭講求古樂、舞器而演習之，河西文風於是大振。

史鏞[80]，昭姪孫。年十八世襲指揮同知，以功陞靈州參將。正德五年[81]，寘鐇反，鏞飛報陝西諸路兵，令集近地以為聲援。率衆把守黄河要口，奪其船隻，使賊不得渡。於是諸軍繼進，賊遂平。正德七年，虜大舉寇固〔原〕、靖〔遠〕，鏞與戰於長流水，斬首數十級。後陞都督僉事，提督甘肅，掛平羌將軍印，征哈密回夷，威名甚著。有敕賜"武帥"坊[82]。入鄉賢。

叢蘭，字廷秀，文登人。正德間，以户部侍郎督理三邊軍餉，後兼管固〔原〕、靖〔遠〕等處軍務。蘭上言："靈州鹽課，請照例開中，招商糴粮。軍士折色，主者多尅減。乞選委鄰近有司散給。"並從之。

吴福，鄞縣人。歷官禮部員外郎，陞參政。先是，寧夏鹽池禁嚴，民有一斗粟易鹽三兩者，福奏民納鹽課，官爲量給，民甚便焉。

齊之鸞，字瑞卿，桐城人。授刑科給事中，正德時多所諫議。後劾許泰、王憲，被謫崇德丞，屢遷寧夏僉事。饑民採蓬子爲食，之鸞爲取二封，一進於帝，一以貽閣臣。且言時勢可憂者三，可惜者四，語極切。帝付之所司。時方大修邊牆，之鸞董役。巡撫胡東皋稱其能，舉以自代，召爲順天府府丞。未行，盗發，留鎮撫。

翟鵬[83]，字志南，撫寧衛人。嘉靖七年，擢右僉都御史，巡撫寧夏。時邊政久弛，壯卒率占工匠私役入官家，守邊者並羸老不任兵。又番休無期，甚者夫守墩，妻坐鋪。鵬至，盡清占役，使得迭更。野雞臺二十餘墩孤懸塞外，久棄不守，鵬盡復之。

路瑛，靖遠人[84]，鎮守寧夏總兵，屢建大功。正德十六年[85]，聞本衛年荒，運粮賑濟，全活甚衆。

韓鼎，字廷器，合水人，禮科給事中。孝宗嗣位，首陳"公銓選""經財用""嚴兵衛""崇天道"四事。尋差寧夏，給散軍賞，盡革侵漁之弊。遷右給事中。

仇鉞，字廷威，鎮原人[86]，理之養子。正德二年[87]，擢寧夏游擊將軍。何錦、丁廣糾寘鐇謀爲不軌，鉞用計平之。功冠一時，夏人立生祠祀之。封咸寧伯。

楊一清，字應寧，丹徒人。弘治十五年，擢左副都御史，督理陝西馬政。會寇大入花馬池，詔命一清巡撫陝西。甫受事，寇已退。乃選精卒教演之，創平虜、紅古二城以援固原，築垣瀕河以捍靖虜。又以甘肅、延綏、寧夏有警不相援，無所統攝，命一清總制三邊。因建議築延〔綏〕、寧〔夏〕二鎮，爲復守東勝之計。工方興，爲劉瑾所阻。五年，安化王寘鐇反，起一清總制軍務。未至，一清故部將仇鉞已捕執之。一清馳至鎮，宣布德意，安撫士民，不貪其功，夏人德之。

王瓊，字德華，太原人。嘉靖七年，爲兵部尚書兼右都御史[88]，代王憲督陝西三邊軍務。時北寇常爲邊患，明年，以數萬騎寇寧夏，已，又犯靈州，瓊督游擊梁震等，邀斬七十餘人。其秋，集諸道精卒三萬，按行塞下。寇聞，徙帳遠遁。諸將分道出[89]，縱野燒，耀兵而還。

唐龍，字虞佐，蘭谿人。嘉靖十年[90]，陝西大饑，吉囊擁衆臨邊。詔進龍總制三邊軍務，兼理賑濟[91]，齎帑金三十萬以行。龍奏救荒十四事[92]。時吉囊居套中，西抵賀蘭山，限以黄河不得渡，用牛皮爲渾脱，渡入山後。俺答亦自豐州入套爲患。龍用總兵官王效、梁震,數敗敵,屢被獎賚。召爲刑部尚書。

劉天和,字養和,麻城人。嘉靖十五年,總制三邊軍務。倣前督秦紘,製隻輪車,練諸邊將士。吉囊陷花馬池塞①,斬失守指揮二人②。敵侵固原,東出乾溝,令任傑等襲其後,捕斬二百級,論功加太子太保、兵部尚書。又城鐵柱泉,城扼北虜入寇之路,邊人賴之。

楊守禮,字秉節,蒲州人。嘉靖十八年,以右副都御史巡撫寧夏[93]。時寇犯固原,爲總督劉天和所敗,欲自寧夏去,守禮與總兵任傑等邀敗之。遂增修赤木口,以絶百年虜通之路。是年〔嘉靖十九年〕十二月[94],陞總督。著《籌邊録》③。

曾銑,字子重,江都人。嘉靖二十五年,以副都御史總督三邊軍務。時寇居河套,久爲中國患。出則寇宣大以震畿輔,入則寇延〔綏〕、寧〔夏〕以擾關中。銑請復河套,條八議以進,欲西自定邊,東至皇甫川一千五百里,築邊牆禦寇,請帑金數十萬。又條上方略十八事,並下廷議。爲嚴嵩、仇鸞所誣,竟坐棄市。隆慶中,追贈兵部尚書,謚襄愍,蔭子一。萬曆中,敕陝西建祠。

王以旂,字士招,江寧人,以兵部尚書代曾銑總督陝西。先是,套寇自西海還掠諸邊,以旂命諸將禦之,三戰皆捷。已而寇數萬復屯寧夏塞外,將大入。官軍擊之,斬首六十餘級[95],寇宵遁。又延綏、寧夏開馬市,二鎮市馬五千匹。其長狼台吉畏以旂威,約束所部,終市無譁。比卒,官民罷市。贈少保,謚襄敏。

張文魁,字元甫,河南蘭陽人。巡撫寧夏,添置平虜迤北黄河戰船,用扼敵人潛渡劫掠之患。既去,人懷思之。

范鏓,字平甫,遼東人。嘉靖二十年,擢右副都御史[96],巡撫寧夏。鏓爲人持重,有方略,蒞重鎮,不尚首功,一意練步騎,廣儲蓄,繕治關隘亭障。寇爲遠徙,俘歸者五百人。又剛斷明察,清侵没粮料、冒陞官旗,一朝振刷,邊境肅然。

霍冀[97],字堯封,孝義人。嘉靖三十七年[98],巡撫寧夏。修内外諸關、鎮城雉堞,及遠邇堡塞、各路斥堠。治河渠牐堰,新學宫,建書院,撫綏有方,事功表著,有《去思碑》④。

張臣,榆林衛人,起行伍。萬曆五年春[99],以總兵官守夏。順義王俺答報怨瓦剌,欲取道賀蘭,臣不可。俺答恚,語不遜。臣夜决漢、唐二渠,水道不通,復陳兵赤木口,俺答乃從山後去。三歲互市,毋敢譁者。

---

① 《明史》卷二〇〇《劉天和傳》載,吉囊於花馬池遭劉天和伏擊,潰敗而逃,未曾攻陷過花馬池城。

② 《明史》卷二〇〇《劉天和傳》載,斬指揮事發生在吉囊寇固原之時。

③ 據《〔嘉靖〕寧志》卷八《文苑志》所載劉思唐《籌邊録序》,《籌邊録》編成於嘉靖十九年(1540)。主要記述了楊守禮擔任寧夏巡撫期間,爲防邊患而採取一系列措施,以至政成人和、百度維新的業績。《明史藝文志・補編・附編》著録有童軒《籌邊録》、趙伸《籌邊録》一册,未著録楊守禮之《籌邊録》,該書已亡佚。

④ 參見《朔方新志》卷四《詞翰》載潘九齡撰《巡撫霍公冀去思碑記》。

董一奎，宣府前衛人。都督僉事，歷鎮寧夏，以勇敢著。

董一元，奎之弟，勇如兄而智略過之。萬曆十五年[100]，以副總兵協守寧夏。哱拜之亂，套中諸部長悉助之。一元乘其西掠，輕騎搗土昧巢，獲首級百三十，驅其畜産而還，寇引去。擢延綏總兵，進署都督同知。

王崇古，字學甫，蒲州人。嘉靖四十三年，改右僉都御史，巡撫寧夏。崇古喜談兵，具知諸邊阨塞。修戰守，納降附，數出兵搗巢，故寇累殘他鎮，而寧夏獨完。隆慶初，總督陝西延〔綏〕、寧〔夏〕、甘肅軍務。崇古指畫地圖，分授諸將趙岢、雷龍等，數有功。著力兔行牧河東，龍潛出興武，襲破其營，斬獲甚多。吉能犯邊，爲防秋兵所遏，移營白城子。龍等出花馬、長城關與戰，大敗之。崇古在陝七年，獲首功無算。卒，贈太保，謚襄毅。

雷龍，字雲從，爲寧夏總兵中軍。敵至沙湃，龍以精兵二千，張兩翼衝擊之，斬首四千餘級。陞莊浪參將，進涼州副總兵[101]。明年，掛征西將軍印，鎮寧夏，首功最多。復佩平羌將軍印，出鎮甘肅，邊用戢寧。

李震，字卯泉，鎮番人，庠生，襲祖職，協守寧夏。總督王崇古駐花馬池，知套虜有異謀，以輕騎三千屬震。爲虜所覺，部分精鋭逆戰。震劈其堅陣，突入帳中，所遇强壯盡殲之。白城子之捷，以震功爲最。陞甘肅總兵，掛平羌將軍印。修葺五郡磚城。

汪文輝，字德充，婺源人。授御史，以言官上疏忤高拱，出爲寧夏僉事。修屯政，蠲浮粮，建水牐，流亡漸歸，著《民隱録》。夏人《去思碑記》見《詞翰》①。

朱笈，桃源人[102]。隆慶元年，任寧夏巡撫。六年，復任。時寧夏屯政久弛，人户流亡，摘丁頂補。田或爲河崩沙壓，則攤派浮粮，積累日深，民不堪命。笈洞悉其情，抗疏極言，竟得豁免，夏人德之。

李汶，字次谿，任丘人。萬曆二十三年，繼鄭洛爲總督十載。總師制虜，邊境以安。

黄嘉善，山東即墨人。萬曆三十八年，任寧夏巡撫。題築沙堺、墩臺，磚包鐵柱、惠安等堡，又新廟舍，建尊經閣，闢雲路，置學田。夏人立祠，曰"十年遺愛"。

王效，延綏人。中武會試。嘉靖十一年冬[103]，充總兵官，代周尚文鎮寧夏。吉囊犯鎮遠關，效與梁震、鄭時、史經敗之柳門。追北蜂窩山，蹙溺之河，斬首百四十有奇。嗣吉囊十萬騎復窺花馬池，效同震拒之，不得入。轉犯乾溝。震分兵擊，遂趨固原。總兵官劉文力戰，寇趨青山峴，大掠安定、會寧[104]。效方敗別部於鼠湖，追至沙湖，指揮成賢死之。疾移師還援，破之安定，再破之靈州，先後斬

① 參見本志卷二五《藝文志二・記序》載王繼祖撰《僉憲汪文輝去思碑記》。

首百五十餘級。十五年，賊據芀苦灘、打磑口等地。效率副總兵馮大倫[105]、任傑奮擊之，斬首無數，賊乃遠遁。

周尚文，字彦章，西安後衛人。年十六，襲指揮同知，屢出塞有功。嘉靖元年，改寧夏參將。九年[106]，擢署都督僉事，充寧夏總兵。王瓊築邊牆，尚文督其役[107]。且濬渠開屯，軍民利之。寇掠西海，過寧夏，巡撫楊志學議發兵邀擊，尚文不從。

崔景榮，字自强，長垣人。萬曆間，擢右僉都御史，巡撫寧夏。銀定素驕，歲入掠。景榮親督戰，破之。因議革導賊諸部賞，諸部懼，請與銀定絶。銀定既失導，亦叩關請市。寧夏歲市費不貲，景榮議省之。在任三年，僅一市而已。其後延鎮吉能等挾款求補市，卒勿許，歲省金錢十餘萬。

羅鳳翱，蒲州人。萬曆元年，爲寧夏巡撫。修城池，通關梁，恤民隱，蘇商困。又以國初舊制，邊兵入衛，原備非常。近際昇平，往返更换，勞費多端，奏請停止。夏人立生祠頌德焉[108]。

蕭如薰，字季馨，延安人。歷官寧夏參將，守平虜城。萬曆二十年，哱拜、劉東暘據寧夏鎮城反，遣其黨土文秀狥平虜，如薰堅守不下。妻楊氏，故尚書兆女也，贊夫死守，日具牛酒犒士。拜養子〔哱雲〕最驍勇①，引河套著力兔急攻。如薰伏兵南關，佯敗誘賊入，射雲死。又襲著力兔營，獲人畜甚多，城獲全。帝聞如薰孤城抗賊，擢至都督僉事、寧夏總兵官，統諸援軍。其秋與李如松等共平賊，進署都督同知[109]，後蔭錦衣世指揮僉事。妻楊氏亦被旌。

魏學曾，字惟貫，涇陽人。萬曆十九年，起兵部尚書，總督陝西延〔綏〕寧〔夏〕、甘肅軍務。時河套部長土昧、明安入市畢，要求增賞[110]。學曾令總兵官杜桐等出不意擊斬明安，俘馘四百八十餘級[111]，奪馬畜器械無算[112]。學曾以功加太子少保。明年，值哱〔拜〕、劉〔東暘〕之亂，董師平夏，在事三時，賊滅城全，皆其功烈，爲董裴所中，天下惋惜焉。

李如松，字子茂。萬曆二十年，哱拜反，寧夏御史梅國楨薦如松大將才，乃命如松爲提督陝西討逆軍務總兵官，而以國楨監之。武臣有提督自如松始。先是，董奎、麻貴等數攻城不下，如松至，攻益力，不克，乃决策水攻。拜窘，遣養子克力蓋往勾套寇。如松令部將李寧追斬之。已，套寇以萬餘騎至張亮堡，如松力戰，手斬士卒畏縮者，寇竟敗去。水侵北關，城崩。如松及蕭如薰等佯擊北關誘賊，潛以鋭師襲南關，攀雲梯而上。拜及子承恩自斬叛黨劉東暘、許朝，乞貸死，賊遂平。捷聞，擢如松都督。

---

① 《明史》卷二三九《蕭如薰傳》載，哱拜養子名"雲"。

李如柏，字子貞，松之弟。萬曆二十三年，鎮寧夏。著力兔犯平虜、橫城，如柏邀之，斬首二百七十有奇。進右都督。

麻貴，大同右衛人。哱拜之亂，以貴協鎮寧夏。時分五隊攻城，貴以游兵主策應。哱拜自北門出戰，欲逃勾套部。貴逐之入城，別遣將馬孔英、麻承詔擊套寇援兵，俘斬一百二十人。諸道並進城中，攻益急。賊奉金告急於卜失兔等套部，果合兵。而宰僧自花馬池由沙坪入，貴迎擊於石溝，又與總兵李如松夾擊於張亮堡，追至賀蘭山，斬首級示哱賊，賊始奪氣。城破賊平，論功進秩，予蔭。

杜桐，字來儀，崑山人。萬曆二十五年，鎮寧夏。著力兔、宰僧入犯，逆戰水塘溝，俘斬百二十。寇益糾諸部，連犯平虜、興武。桐督諸將馬孔英、鄧鳳、蕭如蕙等連破之，斬首二百餘級。諸部俱乞款，乃復貢市。桐自偏裨至大帥，積首功一千八百，時服其勇。後以功進左都督、太保、崇明伯，謚武康。

杜松，字來清，桐之弟，累功爲寧夏守備。萬曆二十二年，卜失兔入寇，松偕游擊史見、李經以二千騎邀擊馬蓮井，誤入伏，中重傷。麻貴援兵至，松復裹創力戰，寇敗走。遷延綏參將。貴大舉搗巢，松以右軍出清平塞，多所斬獲。進副總兵，尋以本官改寧夏東路，歷鎮延綏、薊〔州〕、遼〔東〕。萬曆四十五年，移山海總兵，奉詔援遼，歿於陣。天啓初，贈少保，謚忠壯。

杜文焕，字弢武，桐之子。歷官延綏、寧夏總兵[1]，屢破套虜，尋以疾歸。天啓七年，復起鎮寧夏。寧、錦告警，詔文焕馳援。令分鎮寧遠，進右都督，調守關門。卒於官。

袁旦，大名府人。隆慶五年，任西路通判。涖政清勤，建議築邊垣，濬渠壩。

蔡國熙，永平人。嘉靖時任督儲郎中。精理學，善作人。創朔方書院，聚生徒，日談名理，蓋燕趙之豪也。督儲餉，振刷積弊，兵食頓足。

王三錫，翼城人。萬曆三十五年，任寧夏理刑同知，案無留牘。尤加意水利，請於巡撫崔景榮，石甃張政堡暗洞。

韓洪珍，四川人。天啓七年，任西路同知。威寧舊有七星渠，歲久荒淤。洪珍與守備王光先條列疏築之法，上諸巡撫焦馨。以百户李國柱、劉宰分督之，而專任洪珍綜其事。

黄正，慶陽衛人，襲陞靈州備禦都司。值寘鐇作亂，潛謀刻日渡河。正先收斂奪船，屯兵據守。賊聞之大驚，不敢輕動。先定預防之策，正實與有功焉。陞

① 《明史》卷二九三《杜文焕傳》載，杜文焕於萬曆四十三年(1615)任寧夏總兵，四十四年(1616)任延綏總兵。

都督僉事。

張傑，甘州人。任寧夏總兵，善撫士卒。哱拜之亂，巡撫朱正色以傑嘗與拜善，令入城招安。傑切責之，被繫不屈。兵臨城下，賊乃縋出之。

杜弘域，文煥之子。天啓初，歷延綏副總兵。七年夏，文煥援遼，即擢總兵官，代鎮寧夏。晋右都督。

史勳，世襲指揮同知，歷任水利屯田都司，多惠績。遭哱〔拜〕、劉〔東暘〕變，被賊囚禁。勳堅貞自矢，瀕死不渝。

張九德，字威仲，慈谿人，爲河東兵備道。時悍丁金白、張威等因調遣殺領官，九德聞變，即大書撫榜，前導安衆，密擒渠魁置之法，寧鎮以安。有僞充熊經略使者，勒取馬價。德命簡故牒，印文小異，遂伏罪。復創設商學，以便商賈子弟肄業。天啓二年，靈州河大决，德建石堤禦河，歲省功役無算。秦家渠常苦涸，漢家渠常苦漲。德築長堺以護秦，開蘆口以洩漢，計復蕪田數百頃，號“張公堤”。歷任六年，以卓異擢巡撫去。先是，靈州有祠，祀楊一清、王瓊。九德去任，鎮人奉而三之，更其額曰“三賢”。

杜希伏，字德五，歷官平羅參將。到任後，即平套虜吉能等部。時賀蘭山後酋長刀兒計、王脱兔等屢犯邊，希伏統兵進剿，擒斬王脱兔。刀兒計畏服納款，地方以寧。士民德之，爲建生祠。崇禎十二年，遷右協副總兵，敗黄台吉色令等，追至韋州。虜衆踏冰渡河，希伏率兵奮擊，斬名酋恰强等六十四人，獲戰馬、器械無算。十四年，復破套虜，斬哈兒台吉等首級七十一顆，寧夏寇擾頓滅。累以功授右都督，陞湖廣安陸總兵。卒於軍，追贈柱國、光禄大夫，賜祭葬。

史開先[113]，勳之子，任靈州參將。崇禎六年[114]，套虜數萬犯邊。開先馳報寧夏巡撫、總兵，遂收集城外居民生畜入城，深溝高壘以待固〔原〕、靖〔遠〕、甘〔州〕、凉〔州〕之兵。賀虎臣自寧赴靈，欲引兵戰。開先諫不聽，歸謂長子曰：“我家世受國恩，豈敢畏死。此役也，我必不復生還矣。”遂引兵先驅，賀亦出。遇賊於大沙井灘，賊圍賀，四面不能拔。勳僕史進才以急告，開先策馬冲入重圍，與賊力戰，殺數百人。外無援，圍益逼，遂遇害。進才殉焉，賀亦死。時官軍死者七千餘人，枕尸遍野，不可别識。公少爲馬撞落二齒，以銀鑲之，家人以此爲識，僅得首以歸葬。追贈右都督，謚忠烈。

鄭崇儉，山西鄉寧人。崇禎九年，以僉都御史任寧夏巡撫[115]。清出虚懸粮草數萬，奏請豁免。秋防三次，擒斬六王，前後獲虜首三百級，進秩蔭子。十二年，陞總督、兵部右侍郎。夏人建祠，以記其德政焉。

靳桂香，靈州參將。明季無爲教稱居士作亂，夜入城，殺河東道曹孟吉。時桂香已謝事,乃率衆守城門,使賊不得出,盡攻殺之。

劉謹身,河南人。明末任西路同知,督修渠工,剔除奸弊,招選義勇,保障城池。

張國祐,浙江會稽人,任中屯衛守備。崇禎三年,套酋約犯兩河。國祐督陣河西,會河東守備牛冲漢設謀陷敵,賈勇衝鋒,力贊軍門洪承疇,扼要出奇,斬首四千七百有奇,擢參將。

【校勘記】

[1] 三十萬:此同《史記》卷八八《蒙恬傳》,《史記》卷一一〇《匈奴傳》作"十萬"。

[2] 謫:原作"適",據《史記》卷六《秦始皇本紀》改。

[3] 三千八百:此同《漢書》卷五五《衛青傳》,《史記》卷一一一《衛將軍驃騎列傳》作"三千"。

[4] 以東備胡:原作"以備東胡",據《史記》卷一一〇、《漢書》卷九四上《匈奴傳》,《資治通鑑》卷二一改。

[5] 百:原作"萬",據《後漢書》卷八七《西羌傳》、《東觀漢記》卷九《鄧遵傳》、《資治通鑑》卷五〇改。

[6] 源子雍:原作"原子雍",據《魏書》卷四一《源子雍傳》、《北史》卷二八《源子邕傳》改。"子雍",《北史》卷二八《源子邕傳》作"子邕"。

[7] 軍事:原作"軍士",據《資治通鑑綱目》卷三二改。

[8] 稍:原作"稍",據《北齊書》卷二《神武宗紀》、《北史》卷六《齊本紀》改。

[9] 至:原作"玉",據《北齊書》卷二《帝紀》、《北史》卷六《齊本紀》改。

[10] 朔方公:此同《北史》卷二八《源雄傳》,《隋書》卷三九《源雄傳》作"朔方郡公"。

[11] 上柱國:原作"上國柱",據《北史》卷二八、《隋書》卷三九《源雄傳》改。

[12] 徒河:原作"結河",據《隋書》卷三九《豆盧勣傳》、《北史》卷六八《豆盧寧傳》改。

[13] 總管:原作"大總管",據《隋書》卷四〇《元冑傳》改。

[14] 二年:此同《資治通鑑》卷二〇八,《舊唐書》卷九三、《新唐書》卷一一一《張仁愿傳》均作"三年"。

[15] 默啜:原作"點啜",據《舊唐書》卷九三《張仁愿傳》改。

[16] 役者:此二字原脱,據《舊唐書》卷九三《張仁愿傳》補。

[17] 朝那山:《元和郡縣圖志》卷四《關内道・西受降城》作"牟那山",本卷《校勘記》[一二五]云:"《考證》:《唐書》、《通典》並誤作'朝那山',後人或即指爲安定之朝那,失之遠矣。"

[18] 八:原作"三",據《舊唐書》卷九三、《新唐書》卷一一一《張仁愿傳》,《資治通鑑》卷二〇九、《太平寰宇記》卷三九《關西道十五・豐州・西受降城》改。

[19] 省費:此同《〔乾隆〕甘志》卷三〇《名宦》,《新唐書》卷一一一《張仁愿傳》作"損費"。

[20] 左衛:原作"右衛",據《舊唐書》卷九三、《新唐書》卷一一一《張仁愿傳》改。

[21] 六州：原作“二州”，據《舊唐書》卷九七、《新唐書》卷一二五《張説傳》改。

[22] 三十萬：《舊唐書》卷九七《張説傳》作“二十餘萬”，《新唐書》卷一二五《張説傳》作“二十萬”。

[23] 行軍大總管：“行軍大”三字原脱，據《舊唐書》卷一〇三、《新唐書》卷一三三《牛仙客傳》補。

[24] 安西大都護：此同《新唐書》卷一二二《郭元振傳》，《舊唐書》卷九七《郭元振傳》作“檢校安西大都護”。

[25] 豐安定遠城：“遠”後原衍“諸”字，據《新唐書》卷一二二《郭元振傳》删。“豐安”，《舊唐書》卷九七《郭元振傳》無此二字。

[26] 左：此字原脱，據《舊唐書》卷一〇三、《新唐書》卷一三三《王忠嗣傳》補。

[27] 副使：“副”字原脱，據《新唐書》卷一三六《李光弼傳》補。

[28] 遵素：原作“遵來”，據《舊唐書》卷一四七、《新唐書》卷一六九《杜黄裳傳》改。

[29] 萬年：此同《新唐書》卷一六九《杜黄裳傳》，《舊唐書》卷一四七《杜黄裳傳》作“杜陵”。按：杜陵當爲漢時舊名。

[30] 帥涇原：此三字原脱，據《新唐書》卷一七三《裴識傳》補。

[31] 二千五百：此同《舊唐書》卷一五二《史敬奉傳》，《新唐書》卷一七〇《史敬奉傳》作“二千”。

[32] 遷靈鹽豐夏節度使：《新唐書》卷一五六《杜希全傳》作“遷檢校尚書左僕射”。

[33] 羽林：原作“榆林”，據《舊唐書》卷一三三、《新唐書》卷一五四《李聽傳》改。

[34] 河西軍：原作“河西郡”，據《舊五代史》卷九一、《新五代史》卷四六《康福傳》改。

[35] 青岡峽：此同《新五代史》卷四六《康福傳》，《舊五代史》卷九一《康福傳》作“青崗峽”。

[36] 藥元福：原作“葉元福”，據《舊五代史》卷八四《少帝紀》、《宋史》卷二五四《藥元福傳》改。

[37] 諸族：原作“諸呰”，據《宋史》卷二五七《李繼隆傳》、卷四九一《党項傳》改。

[38] 濁輪川：原作“蜀輪川”，據《宋史》卷二五七《李繼隆傳》、卷四九一《党項傳》改。

[39] 五十：原作“五千”，據《宋史》卷二五七《李繼隆傳》、卷四九一《党項傳》改。

[40] 狼山：原作“狠山”，據《宋史》卷三二六《田敏傳》改。

[41] 都虞候：原作“都虞侯”，據《宋史》卷三二六《田敏傳》改。

[42] 邊陲：《宋史》卷二七七《劉綜傳》作“西陲”。

[43] 通遠軍：原作“懷遠軍”，據《宋史》卷二七三《董遵誨傳》改。

[44] 繼昇：原作“繼升”，據《宋史》卷二七六《王繼昇傳》、《王昭遠傳》改。

[45] 軍部署：原作“都部署”，據《宋史》卷二八〇《田紹斌傳》改。

[46] 羊：原作“牛”，據《宋史》卷二八〇《田紹斌傳》改。

[47] 副都部署：“都”後原衍“督”，據《宋史》卷二八〇《楊瓊傳》删。

[48] 六谷：原作“六合”，據《宋史》卷六《真宗本紀》、《宋史》卷四九二《吐蕃傳》改。下同。

[49] 斡札簀：原作“幹札簀”，據《寧夏府志》卷十二《職官・宦蹟》、《元史》卷一三四《朵兒赤傳》改。下同。

[50] 至元：原作“中統”，據《元史》卷一七〇《袁裕傳》改。
[51] 副使：“副”字原脱，據《元史》卷一七〇《袁裕傳》補。
[52] 西夏：原作“寧夏”，據《元史》卷一七〇《袁裕傳》改。
[53] 獨吉：原作“讀告”，據《元史》卷一七〇《袁裕傳》改。
[54] 父斡札簣：原作“斡父扎簣”，據《元史》卷一三四《朵兒赤傳》改。
[55] 三載：原作“二載”，據《元史》卷一三四《朵兒赤傳》改。
[56] 字彦材：原作“宇彦林”，據《元史》卷一四八《董文用傳》改。又，“彦材”，《常山貞石志》卷二《董文用神道碑》、《吴文正集》卷三四《董文用墓表》均作“彦才”。參見《元史》卷一四八《校勘記》[四]。
[57] 邢州：原作“形州”，據《元史》卷一五七《張文謙傳》改。
[58] 十數萬頃：此同《元史》卷一五七《張文謙傳》、《〔嘉靖〕陜志》卷二四《文獻十二・名宦》，“頃”疑當作“畝”，參見吴忠禮《寧夏志箋證》，第 153 頁《箋證》[六]。
[59] 九萬餘：“餘”字原脱，據《元史》卷一六四《郭守敬傳》補。
[60] 都督僉事：《〔弘治〕寧志》卷二、《〔嘉靖〕寧志》卷二《寧夏總鎮・宦蹟》均作“前軍都督”。
[61] 七年：原作“六年”，據《皇明名臣琬琰録》後集卷一《文敏楊公墓志銘》，《皇明獻實》卷九、《明史》卷一四八《楊榮傳》改。
[62] 元年：原作“九年”，據《寧夏府志》卷十二《宦蹟・明》等改。
[63] 史昭：原作“史釗”，據《明宣宗實録》卷八八、《明史》卷一七四《史昭傳》改。下文“史義”條“釗之姪”、“史鏞”條“釗姪孫”之“釗”，同改爲“昭”。按：文獻未載明朝寧夏總兵中有名“史釗”者。《明宣宗實録》卷八八、《明史》卷一七四《史昭傳》均載，宣德七年(1432)任寧夏總兵者名“史昭”。自《〔弘治〕寧志》卷二《寧夏總鎮・宦蹟・國朝主將》始，“史昭”誤作“史釗”，且載其能以鐵燕子料勝負事，其後，《〔嘉靖〕陜志》卷十九《全陜名宦・寧夏總兵》、《〔嘉靖〕寧志》卷二《寧夏總鎮・宦蹟・國朝主將》、《朔方新志》卷二《内治・宦蹟・寧夏總兵》、《寧夏府志》卷十二《宦蹟・明》等均襲《〔弘治〕寧志》之誤和所載能以鐵燕子料勝負事。
[64] “史昭”條事蹟原在下文“陳鎰”條事蹟後，現改置於此，以相參看。
[65] 諳練：原作“暗練”，據文意改。
[66] 興武營：此三字原脱，據《明史》卷一七四《姜漢傳》、《寧夏府志》卷十二《宦蹟・明》補。
[67] 中沙墩：原作“中河墩”，據《明史》卷一七四《姜漢傳》改。
[68] 安惟學：原作“安惟孝”，據《明史》卷一七四《姜漢傳》改。
[69] 三十三：此同《明史》卷二〇二《賈應春傳》，《明史》卷一七四《姜應熊傳》作“三十二”。
[70] 二年五月：原作“五年”，據《明史》卷一五九《陳鎰傳》改。
[71] 三年：此同《明史》卷一八五《張鎣傳》，《〔弘治〕寧志》卷二、《〔嘉靖〕寧志》卷二《寧夏總鎮・宦蹟》均作“六年”。
[72] 河流：原作“黄流”，據《明史》卷一八五《張鎣傳》、《寧夏府志》卷十二《宦蹟・明》改。
[73] 羅綺：原作“羅琦”，據《明史》卷一六〇《羅綺傳》、《〔弘治〕寧志》卷二、《〔嘉靖〕寧志》卷二

《寧夏總鎮・宦蹟》改。

[74] 宗瀚：原作“宗潮”，據《明史》卷一六〇《金濂傳》、《寧夏府志》卷十二《宦蹟・明》等改。

[75] 九年：此同《明史》卷一七一《王驥傳》，《〔弘治〕寧志》卷二、《〔嘉靖〕寧志》卷二《寧夏總鎮・宦蹟》均作“八年”。

[76] 正月：原作“十月”，據《明史》卷一七一《王驥傳》改。

[77] 王越：原作“王鉞”，據《明史》卷一七一《王越傳》，《〔弘治〕寧志》卷二、《〔嘉靖〕寧志》卷二《寧夏總鎮・宦蹟》改。下同。

[78] 八年：原作“七年”，據《〔弘治〕寧志》卷二、《〔嘉靖〕寧志》卷二《寧夏總鎮・宦蹟》，《〔嘉靖〕陜志》卷十九《文獻七・巡撫延綏都御史》改。

[79] 弘治：原作“成化”，據《明史》卷一七八《秦紘傳》改。

[80] 史鏞：此同《明史》卷一七五《曹雄傳》，《明史》卷一一七《慶王㮵傳》作“史墉”。

[81] 五年：原作“二年”，據《明史》卷十六《武宗本紀》、《〔嘉靖〕寧志》卷二《寧夏總鎮・宦蹟》改。

[82] 武帥：原作“武師”，據《寧夏府志》卷十二《宦蹟・明》等改。

[83] 翟鵬：原作“楊鵬”，據《明史》卷二〇四《翟鵬傳》、《〔嘉靖〕寧志》卷二《寧夏總鎮・宦蹟》、《〔嘉靖〕陜志》卷十九《文獻七・全陜名宦》改。

[84] 靖遠：此同《〔乾隆〕甘志》卷三四《人物》，《〔嘉靖〕寧志》卷二《寧夏總鎮・宦蹟》、《〔嘉靖〕陜志》卷十九《文獻七・全陜名宦》均作“靖虜衛”。

[85] 十六：原作“十二”，據《〔乾隆〕甘志》卷三四《人物》改。

[86] 鎮原人：此同《明史》卷一七五《仇鉞傳》，《弇山堂別集》卷三八《永樂以後功臣公侯伯年表》作“直隸江都人”。

[87] 二年：原作“三年”，據《明史》卷一七五《仇鉞傳》、《〔嘉靖〕寧志》卷二《寧夏總鎮・宦蹟》改。

[88] 都：原作“都督”，據《明史》卷一九八《王瓊傳》、《寧夏府志》卷十二《宦蹟・明》等改。又，王瓊爲兵部尚書在正德十年(1515)，此時是以兵部尚書職總制三邊。

[89] 將：《明史》卷一九八《王瓊傳》作“軍”。

[90] 十年：原作“十一年”，據《〔嘉靖〕寧志》卷二《寧夏總鎮・宦蹟》、《明世宗實録》卷一三〇改。

[91] 賑：《明史》卷二〇二《唐龍傳》作“振”。

[92] 奏：《明史》卷二〇二《唐龍傳》作“奏行”。

[93] 右副都御史：“右”字原脱，據《〔嘉靖〕寧志》卷二《寧夏總鎮・宦蹟》、《明史》卷二〇〇《楊守禮傳》補。

[94] 十二月：此同《〔嘉靖〕寧志》卷二《寧夏總鎮・宦蹟》，《明世宗實録》卷二四三作“十一月”。

[95] 六十餘：“餘”字原脱，據《明史》卷一九九《王以旂傳》補。

[96] 右：此字原脱，據《明史》卷一九九《范鏓傳》、《〔嘉靖〕寧志》卷二《寧夏總鎮・宦蹟》補。

[97] 霍冀：原作“霍驥”，據《明世宗實録》卷四六四、《國朝獻徵録》卷三九《資政大夫兵部尚書思齋霍公冀墓表》、《〔康熙〕陝志》卷十七《職官》、《〔乾隆〕甘志》卷三〇《名宦》改。

[98] 三十七：原作“三十三”，據《明世宗實録》卷四六四改。

[99] 萬曆：原作“嘉靖”，據《明史》卷二三九《張臣傳》改。

[100] 萬曆：原作“嘉靖”，據《明史》卷二三九《董一元傳》改。

[101] 再：此字原脱，據《寧夏府志》卷十二《宦蹟·明》等補。

[102] 桃源：原作“桃園”，據《〔康熙〕陝志》卷十七《職官》、《〔乾隆〕甘志》卷二七《職官》等改。

[103] 十一：此同《明史》卷二一一《王效傳》，《〔嘉靖〕寧志》卷二《寧夏總鎮·宦蹟》作“十二”。

[104] 會寧：原作“惠寧”，據《明史》卷二一一《王效傳》改。

[105] 馮大倫：原作“馮大險”，據《〔嘉靖〕寧志》卷二《寧夏總鎮·俘捷》改。

[106] 九年：此同《明史》卷二一一《周尚文傳》，《〔嘉靖〕寧志》卷二《寧夏總鎮·宦蹟》作“十年”。

[107] 役：原作“後”，據《明史》卷二一一《周尚文傳》改。

[108] 祠：原作“詞”，據文意及《寧夏府志》卷十二《宦蹟·明》等改。

[109] 再進署：原作“進”，據《明史》卷二三九《蕭如薰傳》、《明神宗實録》卷三一二改。

[110] 求：《明史》卷二二八《魏學曾傳》作“請”。

[111] 餘：此字原脱，據《明史》卷二二八《魏學增傳》補。

[112] 無算：《明史》卷二二八《魏學曾傳》作“稱是”。

[113] 開先：原作“開元”，據《寧夏府志》卷十二《宦蹟·明》等改。下同。

[114] 六年：原作“七年”，據《明史》卷二七〇《賀虎臣傳》、《明崇禎實録》卷六改。

[115] 右：此字原脱，據《明史》卷二六〇《鄭崇儉傳》補。

朔方道志卷之十五　職官志四

宦蹟客官附

宦蹟下

清

劉芳名，字孝五，寧夏人。見《人物》①。

陳福，字東海，寧夏人。見《人物》。

趙良棟，字擎宇，寧夏人。見《人物》。

馬玉，字振英，負圖子，歷官寧夏右營游擊。進剿吴逆，由四川至雲南，屢立戰功。能以仁惠濟其智勇，干戈之際，全活甚衆。後授左都督，歿於官。

殷化行，號熙如[1]，咸陽人。康熙三十二年，任寧夏總兵。三十五年五月内，征剿厄魯特，化行率所部一千人從振武將軍孫思克，循賀蘭山出塞，傍黄河，度戈壁，過兩郎山，與大將軍費揚古會兵於昭磨多。其地北多高峰，望之如屏，下有平川曲流，南迤邐平衍，右有小山，西陟三崖如階，戰地也。時先鋒遇賊，轉鬬而前，將據小山。化行謂大將軍曰："我軍宜急據此。"衆以日暮當休，化行恐失形勢，遂以鞭指揮軍一鼓而上，制賊半山不得進。化行以左軍令舉鳥鎗先擊賊，前後各軍皆力戰。會半酣，勝負未决，化行令部下發子母礮迭擊之。噶爾丹及其嫂阿努娘子皆親冒礮矢，寧夏兵控弦而下，呼聲動天，賊遂披靡，下坡走。大將軍令收軍，寧夏兵乘月光，猶追奔三十里，大破之。三十二年，復出口剿噶爾丹，授都督同知。

黎士弘，字媿曾[2]，長汀人。時吴逆煽亂，西秦震動，擢洮岷道副使，署甘山道事。王輔臣叛，諸鎮會剿。及復蘭州，攝臬篆，分别失守官吏罪，號爲平允。會寧夏營弁謀逆，殺提帥，改授寧夏道，佐提督張勇，贊畫軍機，申嚴守禦，綏靖反側。又密請免衛所逋粮七萬五千石。寇平，叙功陞右參政。

丹達禮，滿洲人。康熙二十七年，任寧夏道。時大兵駐防在城，民心惶惑。達禮多方慰諭，更詳督撫，割城中一隅安置大兵，勿與民間雜處，嚴立教條，以免

① 劉芳名及下文陳福、趙良棟的具體事蹟，參見本志卷十六《人物志・鄉宦・清》。

滋累。其後大兵駐寧凡六次，悉如舊制。民兵相安，皆達禮之力也。當兵馬雲集時，需草甚多，達禮親督人夫採於灘湖，不事科斂，既省公費，軍馬亦給。又督濬渠工，修理廟學，皆著善政。去二十年後，士民猶思之。

王全臣，字仲山，湖北鍾祥人，任寧夏監收同知。時渠工久廢，官吏習爲侵漁，民田半爲汙萊。全臣力除積弊，躬親督濬，任怨任勞。築唐渠迎水堼八百餘丈，挽東逝之水，以西注於渠。又循賀蘭渠舊址，開大清渠，七日工畢，澆陳俊等九堡民田，以助唐渠之不足。各暗洞木植朽壞者盡易以石，蓄洩有方，至今賴之。今府署東有王公祠，蓋震後重建祀公者。

單疇書，山東高密人。任寧夏道。時寧夏無義學，疇書乃捐貲，於明倫堂東西齋房設館延師，以訓生童。歷陞户部侍郎。通智修理寧夏渠道，疇書之力爲多。以疾殁於任。

范時捷，滿洲人。康熙間，任寧夏總兵官，戎政稱最。時平羅治屬有插漢托護灘地，鄂爾多斯藉牧馬，絶居人樵採，蠢蟘漸移腹地。時捷陛見，面陳利害，請以大河爲界。群議有齟齬者，時捷力争，卒從其議，復地二百餘里。後部臣通智即其地開惠農、昌潤二渠，溉田數萬頃，軍民至今頌之。

費楷，浙江人，任寧夏水利同知。疏濬有方，薪料無漏。每開水，輒令盡數開放。水手或以堤堼衝決爲言，公曰："有我在，毋爾責。"開水後，大小陡口一齊分俵，酌流水半渠向稍。及稍田灌足，上游之田所灌亦已過半。且泥沙多由各渠刷瀉，淤澄自減。或偶有衝決，公跨駿騾先行，以車載錢隨後，物料悉給。百姓聞命奔赴，大者三數日，小只一二日，決口即塞。常語人曰："畏堤決而減放水，是因咽而欲廢食也。一口衝決，動令堡長派夫採料，往反遷延。比及興工，已逾數日，決口益大，是掘井濟渴也。"論者以爲治水要言。在任數年，渠流上下給足，民間幾不聞有封水事。各役高倚，無所取資，至欲相率散去，同官爲開諭勉留之，至今傳爲美談。後告終養去，郡民争請爲建碑頌德。公力辭，禁勿許。母夫人賢，至今人頌公美績者，謂多由其慈訓云。

張永叔，直隸清苑人，由華亭調任寧朔知縣。地震後，工作繁興。永叔一以寬和濟之，撫循勉慰，民無怨言。又捐俸修義學，延儒教讀。置米粮市官鋪六間，詳撥舊滿城隙地一百畝以佐膏火。其善政不可枚舉。後調皋蘭縣，陞河州，卒。

高士鐸，正白旗人。康熙四十四年，任西路同知。興修水利，設立義學，持身清勵，邑人爲建祠祀焉。

孫應舉，平羅參將，知勇兼備。順治初年，套賊圍攻平邑，應舉調度有方，殺退賊衆，民賴安堵。御賜"精忠固圉"扁以表其功。又康熙十七年，大水淹城，不及垛者數尺，人多移城外高阜以避患。孫率衆起夫，於東南衝處多築高堤，至今永無水患。

黄圖安，字四維，奉天人。順治初，任寧夏巡撫。時邊土荒殘，兵民困弊，圖安撫綏鎮定，與民休息，釐剔前明弊政。清卒伍，核粮餉，實倉儲，整驛遞，減茶課，修河渠，更屯卒，一徵税，敷陳剴切，多見施行。又奏請捐除靈州石溝兒等堡加派九釐銀兩，人懷其惠。公餘文翰自娱，邊城名勝多經題咏。

劉秉政，奉天人。順治年任寧夏巡撫。留心民瘼，尤加意渠務。常徒步河壖，躬督疏濬，風沙寒暑，未嘗少輟。時因寧夏軍餉仰給他郡，議折色輸銀。秉政洞悉利弊，力陳其害，遂得寢。撫寧八年，公清寬惠，吏肅民安。後因巡撫裁併去任，士民爲建祠勒碑，兵部侍郎韓城高辛胤紀其事①。

鈕廷彩，鑲白旗漢軍，任寧夏道。雍正十二年，開惠農渠，重修漢渠、大清渠，皆其所經理。中衛白馬寺灘田數千頃，舊稱沃壤，明末山水冲決，渠不能溉，民皆流徙。廷彩相度地形，議建石環洞以通山水，上架飛槽，横渡渠流。人多謂其艱鉅難成，廷彩獨斷不疑，詳請動帑興工。歷三載，鬚鬢爲白，渠竟成，失業者皆復鄉里。民懷其德，立碑紀績，並建祠塑像以祀之。

蔣嘉年，鑲黄旗漢軍，任寧夏道。綜覈吏治，問俗觀風，孳孳不倦，尤虔於祀典。凡俎豆禮器，先期必親加巡省，陳設如制。時音樂失傳，多不合律，特爲延訪名工，指授節奏。留心渠務，每春濬，躬臨董勸。諸弊清肅，工役倍奮，民享其利。後陞本省按察使。

魯克寬，字敬敷，直隸豐潤人，由進士爲寧朔令。時銀川書院草創未就，克寬贊襄前後太守，卒成其事。公餘親爲課試，訓迪勤懇，文風用振。乾隆二十四年，西域不靖，軍興旁午，又喂養戰馬萬數。草豆支撥，多需購辦。克寬措置精詳，嚴束役吏，事集而民不擾。丁艱去職，後數年復補寧夏令。政如其故，兩邑士民至今並歌咏之。

高拱宸，浙江廩生。修書議叙，授寧夏府經歷。工書翰，尚氣節，不以位卑，稍有阿曲。上下並高其品望，任事亦有能名。

張綸炳，字宸書，咸陽人。初爲粵東縣令，有循聲，陞寧夏水利同知。蒞任後，虚己延訪，悉一切利病。任職勤敏，不辭勞憊。渠水盈縮，憂喜動形於色。在任八年，三縣之田灌溉給足，郡人至今稱之。

趙本植，浙江杭州人，任寧夏知府。官吏積弊，下至市肆情僞，廉察無遺，又加意作養士類。前無書院，本植捐買民房一所，創立銀川書院。因平羅新户濱河餘地，農人試墾有成者，請於上憲，量收其租，以供諸生肄業膏火，暨掌教脩脯之

① 參見《朔方新志》卷四《詞翰》載高辛胤撰《巡撫都御史三韓劉公秉政去思碑記》。

資，至今相延不廢。人文日起，皆其所留遺云。

顧光旭，字晴沙，江南金匱人。乾隆壬申進士[①]，由給事中授寧夏知府。蒞政寬簡，紀綱自肅，加意文教。舉歷任所積書院學租羨銀二千餘金，拓書院舊址，撤而新之。增建書樓、學舍百餘楹，籌畫周詳，尅期功竣。留心河渠諸務，捐除行户供支。興利剔弊，知無不爲。尋調平凉知府。去任之日，士民工商多勒碑以紀遺愛。

翟樹滋，安徽涇縣人。嘉慶十二年，知中衛縣事。勤政愛民，所有歷年水冲地畝錢粮，一律詳請豁免，民累胥蠲，至今感戴。

李棣通，直隸高陽人。道光元年，任中衛縣知事。重修文廟，並詳請豁除永康、宣和二堡水冲沙壓地畝錢粮，民皆稱頌。

趙宜暄，字霽月，江西南豐進士。道光間，知寧夏府。甫下車，即詢民間疾苦，興利除弊，於地方城池、橋梁、道路無不加意修補。公尤善風鑑。郡城中心原有牌坊四座，半遭焚燬，公謂："宜補築高臺，以鎮攝之。"爰倡捐，就其遺址築臺，中空如什字，高廣各數丈，四空，上面石刻字蹟皆公所手書。正籌建臺上樓閣，而公以調署蘭州府去，工將竣而又停，登覽遺蹟，令人不勝去後之感云。

楊能格，字簡侯，漢軍正紅旗，進士。咸豐間，任寧夏道。甫蒞任，即周歷各渠，督民疏鑿。在任數年，渠無缺水之患。後調署甘臬，出辦慶陽粮臺兼理軍務，而諸軍之至慶者大肆淫掠，公數劾之，怨者以事中傷，仍回臬任。未幾去，人多惜之。

侯登雲，字梯月，河南商丘人。咸豐十年，由御史任寧夏道。留心渠務，尤能知兵。同治二年，陜匪竄甘，土回響應，公舉辦團防，招募丁壯，防範甚嚴。將軍慶昀惑於奸回"漢民練團，致逼回反"之言，收其軍械。城匪内動，外匪乘之，城遂以陷，公與子錫田率其募丁分頭抵禦，力竭死之。事聞，贈布政使銜，敕建專祠。

勒豐額，滿洲人。同治二年，由鎮海協副將調署寧夏鎮總兵。時馬化瀧勾引陜回倡亂金積堡，全郡騷動。寧夏官紳練團保守，將軍慶昀誤聽奸回"漢逼回反"之言，勒令漢民散團繳械。十月二十四日夜，賊乘城無備，陰嗾城回千總馬謙内應，由振武門登城。公聞殺聲，倉皇率戈什登署東定遠樓瞭望，以待兵集。霎時城内火光燭天，賊勢益甚，知不可爲，遂下樓端服坐堂自刎。事聞，優卹如例。

明昆，字鳳池，正藍旗人，由理藩院員外郎授寧夏府知府。同治二年，以疾卸篆，仍留辦團務。十月二十四夜，城陷，公督團巷戰，中矛死。母松佳氏、弟婦克

① 乾隆壬申：乾隆十七年(1752)。

什克滕氏，及僕李秀、張禄、盧祥、郭順、才兒、賞兒、喜兒、長兒，並僕婦樊氏等皆殉焉。事聞，照道員陣亡例優卹，餘旌卹如例。

吕際韶，字九成，陝西咸寧人，咸豐癸丑進士①。初，授户部主事，改選隆德縣知縣。調署秦安，升丹噶爾同知。同治二年，調署寧夏府知府。時值回匪叛亂，攻陷其城，公賦詩三章，投繯以死，一家三十餘口皆殉焉。今之七真觀前大舞臺後墳塚纍纍，即公一家葬處也。旁有張烈女塚，傳係公幕友女之同殉者。事聞，贈道員，加寺卿銜，敕建專祠。

訥穆棟額，正藍旗人，以喀什噶爾印房章京擢知州。咸豐年，補岷州，旋調靈州。同治元年九月，甫解任，回匪馬兆沅率衆奄至，公與新任張瑞珍協力守禦，戒嚴者四十日。經寧隊來援，並由瑞珍飛令子姪由省募丁壯，奮勇衝擊，圍始解。二年二月，奉檄復任。金積堡回馬化瀧又率衆來犯，公以兵單未能持久，累書請援不至，憤恚成疾辭職。十月，賊復攻城。城回内應，遂陷之。公率民巷戰，血濺征衣，授命於亂鋒之下，眷屬家丁同與之殉。事聞，優卹如例。

張瑞珍，字寶卿，安徽壽州進士。同治元年，陝回大亂，大府以公明敏，遴署靈州事。適回匪馬兆沅率衆攻城，公與前署牧訥穆棟額登陴固守，並知城回將起爲應，以大木裹紅布，僞稱由郡請來大砲，口對回民叢居之處，城回惕惕，未之敢動。匪圍日久，忽作退勢，公曰："此必有異謀也。"於城之近山處掘地孔，使瞽者伏聽之，東門地内挖掘有聲，公急籌所禦。未幾，藥發，裂城數丈。公一面禦敵，一面補築，計未得逞。苦守四十餘日，而寧郡援兵憚不敢進。正危急間，適公子姪由省招集流犯百餘人奮力衝擊，公亦自内應之，賊始敗退。次日復至，又敗之。自是八戰皆捷，群賊喪胆，城賴以全。大府上疏優保，並調統宣威軍，襄辦省防，旋護蘭州道篆。去之日，州人攀轅卧轍，惜乎公去，而州城遂兩陷矣。

尹泗，字魯泉，雲南昆明進士，以即用知縣分甘補用，歷署碾伯、中衛、武威等縣。同治五年三月，知靈州。所至均有政聲。七年五月，卸篆，留辦城防。時回酋馬艾、周斌、王洪等踞靈城。八年八月，馬化瀧嗾使内亂，而城内防兵僅二十名，駐紮會館。是月初五日，該回酋等圍攻會館，防兵同死於難。公與接任鍾蘭聞警趨禦，手刃數賊，知事不可爲，即回署端服坐堂，服毒同盡。公之孀母馬氏及其弟溱，並家屬僕婢等無一存者。事聞，均優卹如例，並准建祠，與鍾蘭同祀。

鍾蘭，字薌泉，雲南昆明人，由舉人以知縣發甘補用。同治七年，接署靈州事。時回氛正熾，因留前牧尹泗帮辦城防。八年八月，金積匪首馬化瀧嗾使城回内亂，事起倉卒，公與尹泗率民趨禦，力刃數賊，知城陷罔救，即回署端服坐堂，服

① 咸豐癸丑：咸豐三年（1853）。

毒同盡。其長子爾規、戚趙登瀛及家屬等同死之。事聞，優卹如例，並准建祠，與尹泗同祀，額曰“雙忠”。光緒六年，知州孫承弼以訥穆棟額死節皆同，詳請附祀，易名“三忠祠”。

長謙，字益齋，鑲藍旗人。同治元年，任平羅縣知縣。時回匪謀亂，公率團勇赴頭閘堵禦，兵單賊衆，退守孤城，日夜嚴防，常舉張巡守睢陽故事激勸士民。苦守二年，賊百計環攻，終未得入，數萬生靈賴以保全。

劉湛，字潤堂，直隸通州人。同治二年，署靈州牧。時寧靈道梗，公念城守任重，慷慨就道。八月十二，途次中衛之分水嶺，遇匪百餘，殺聲騰沸。公停輿，督其僕房吉堂等據險抵拒，賊集益衆，公中矛二十餘傷死，房吉堂亦受傷死。事聞，卹如例。

周浩，字榕生，浙江會稽人。同治五年，署花馬池州同。時值回亂，勸富户捐辦城防，日夜巡守。八年二月，陝回乘夜攻城，公率民團合晋直兩營盡力奮擊，傷賊甚衆，天明圍解。明年四月，陝回陳阿洪率賊三千餘人撲城，浩與卓勝軍、綏殿臣迎擊之，賊敗退。孤城兩次保全者，皆公之力也。未幾，以勞績病卒。公居官清廉，身後蕭條，幸賴寧郡同僚賻助，始得輿櫬歸里，紳民至今言及，猶有泣下者。

冒沂，江蘇人。同治七年，知中衛縣事。時防兵内訌，焚燒衙署，公倉猝應變，不事張皇，兵咸就撫。旋即補葺内外，一如舊制。消患初萌，皆公坐鎮從容力也。

梁國棟，字小塘，四川巴州人。同治五年，署平羅石嘴山主簿。二月，奉檄赴西路採買軍粮，途次平番縣屬之紅城子，突遇賊，知公爲採粮官，曰：“速出銀，貸爾死。”公大罵曰：“銀以饋軍，豈飽賊耶！”賊環刺之死。

張維清，陝西華州人。同治二年，署靈州吏目，十月解任，未及行，賊蟻附登城。公知城陷，泣告母曰：“城破身殉，分也，母老奈何？”母曰：“兒爲忠臣，吾獨不能爲忠臣母乎？天如賜福，得遺一綫以延先人之祀，吾目瞑矣。”隨呼僕携公子匿他所。俄賊入，公端服大罵，賊殺之，母與妻同遇害，子竟得免。同時不屈而死者新任吏目孫兆麟、前知州和塞布之子玉琨也。事聞，優卹如例。

趙周誥，浙江人。同治二年，官玉泉營游擊。時馬化灐嗾回陷寧夏，率衆團營公嚴防守。有宋姓爲賊内應，引之入，公呼子振涂努力殺賊，子曰：“父能死忠，子當死孝！”戰移時，父子皆中槍死。守備劉致福、把總劉青云亦同殉於陣。

劉瑞雲，同治二年，官寧夏營外委。時賊陷城，公操戈巷戰，受創歸家，與妻訣，妻曰：“君壯盛，力能殺賊，曷出亡，圖日後報國。計吾母子，自有萬全之策，可勿念。”公出，繼思逃亡非義，仍馳歸，而妻已縊於梁，子女三人皆中毒死矣，公遂自刎。一門忠節，時論多之。

穆善圖，號春巖，滿洲人。初，隨將軍多隆阿督兵入陝，戈矛所至，賊衆披靡。後進援寧夏，克復郡城，授寧夏將軍，旋調署陝甘總督。及左宗棠蒞任，公又督軍駐涇州，以防後路。甘亂之平，最有力焉。

謝大舒，字暢軒，江西人。同治癸酉[1]，任寧夏府知府。兵燹後書院焚燬，公以書院爲興才重地，即爲補建，啓迪多士如子弟。然尤注重水利，每值修渠，親臨督率。在任四年，民懷吏畏。臨去，士人多賦詩送别，以志其依戀之私云。

王鎮鏞，字協亭，湖南湘鄉人。同治十二年，知靈州事。時總督左宗棠以靈州漢回雜處、易啓衅端爲慮，命公分别安插，辦理善後，悉協機宜，左督親書"廉勤節愛"四字扁額以賜。秦渠爲一邑民命所繫，大亂十年，無人過問。公親蒞工次，挨次修整，並又於秦壩關建立秦渠公所，俾每歲興工，得有棲止，民尤稱便。至今州人猶有謂其難得此等好官也，其能得民心如此。

趙興雋，字鳳岡，湖南湘鄉人。同治十一年，金積軍事甫平，總督左宗棠奏設寧靈同知，遴公鎮攝。公至任之日，即興學立教，除暴安良，闢草萊使民得耕，修漢渠使田得溉。遺愛在民，稱其"惠媲東里"云。

李藻，字湘舫，湖南人。同治九年，任寧夏府知府。時回亂甫平，搜除伏莽，招集流亡，一切善後，措置咸宜。並捐廉倡修銀川書院，士林感戴，今猶頌之。

譚拔萃，湖南湘潭人。同治癸酉，授寧夏鎮總兵。時大亂初平，萑苻未靖，公整飭戎行，力搜伏莽，並修復隍廟，民安神樂，人稱頌焉。

陳日新，字焕齋，湖北蘄水人。同治十三年，任平遠縣事。時因回亂初平，總督左宗棠以固、寧相距之間，隙地寥闊，兩處長官鞭長莫及，因於下馬關適中之地添設縣治，遴公以鎮理之。公蒞事之後，殫精區畫，舉凡城池、衙署、倉庫、驛站、鋪司，次第建設。又於各屬劃分地畝，扦明界限，清丈招墾，不二年而規模大具。又以邊區新創，闇淡無文，籌設學校，請定學額。並詳考是地沿革、文物、山川、道里，纂輯成志，以資考核。平交涼道製序謂"用心苦而盡職勤"，真實録也。六年去任，士民依依不捨，群呼之爲"賢父母"云。

孫承弼，字玉田，漢軍正白旗人。光緒二年，知靈州事。時州境蝗蟲大起，公齋戒叩禱，並親率紳民撲捕，蝗自飛去，禾稼無傷。邑有魁文書院，兵燹焚燬，公購朱姓宅，經營締造，更名靈文書院。是年秦晋苦饑，民多來靈就食，公捐廉籌賑，居以棲流所，按日給粥，並施棉衣，全活甚衆。公爲政諸存大體，尤以興利除弊、親賢重士爲務，被讒解任。數年，公復來靈，益求治理，乃以盡心民瘼、精力過勞，旋卒於官。

① 同治癸酉：同治十二年(1873)。

任懋修,字甫廷,陜西人。光緒元年任平羅縣事,勤政愛民。五年,賀蘭山界不清,漢與蒙屢起釁端。公同寧夏道耆彬親詣查勘,劃清界限,自是以後,近山之民始得自由樵採,八堡人民胥沾利焉。

耆彬,正白旗人。光緒五年,授寧夏道。任事果敢,勞怨不辭。時阿拉善旗以漢民越界砍伐控,經總督左宗棠委公及寧夏總兵馮南斌率同部院知府,並隨帶平羅縣知事等會同勘查,逾越險阻,辛苦備嘗。公查照乾隆四十三年丈量至入山六十里响扎子大山梁爲界老案,據理力争,數年始定,而公之唇舌亦已焦敝矣。案定後,公又將争訟原委自撰碑記,刊碑立於分界處所,詳省咨旗,以垂久遠。實心爲民,百折不回,公真無愧。近山八堡民人得入山樵採,不絕生計者,皆公之賜也。

李宗賓,湖北蘄州人,同治、光緒年,兩攝寧夏府篆。嚴正自守,人莫敢干以私。抑制豪强,拊循良懦,深得寬猛之宜。時書院初次規復,經費未充,公將四渠誤夫罰錢賞作膏火,士人至今頌之。

喻長銘,字新康,湖南人。光緒初,任惠安鹽捕通判。巡緝勤嚴,私梟盡絶。並設接濟義倉,創立鳳池書院,愛民重士,人尤頌之。

龍錫慶,字仁荄,湖南安化舉人。同治初,陜甘回亂,由刑部主事從戎,以功保知府,歷署西寧、凉州、甘州各府。兵燹甫定,教養兼施。光緒三年,升鞏秦階道。時值大祲,道殣相望,公私行各屬,訪問疾苦,人無知爲長官者,全活甚衆。四年十月,調署寧夏道。甫蒞任,即廉得渠工浮冒諸弊,親駐工所,稽核出入。周歷各屬,一僕一驢,至境多時,地方官猶未及知,吏畏民懷,無敢骫法。是年,蝗蟲爲虐,公親爲撲捕,署篆八月,住衙者僅二十餘天。後補甘凉道去,士民遮道泣留,有如孺子頓失慈母之狀云。

喻光容,字仙喬[3],湖南寧鄉人。光緒四年,任寧靈廳同知。寧靈以漢渠爲命脉,公甫蒞任,即躬履勘驗,審察地形、水勢,濬源暢流。知迎水堺工爲最要,俞家營淤滯甚深,公專派千夫纍迎水堺,專派千夫疏俞家營,入水既暢,流水亦通,而俞家營之沙工每年可免千夫挑挖,辦渠之善,民共推公爲最云。

海容,滿洲正黄旗人。光緒五年,任寧夏知府。蒞事清勤,除奸革弊。爲政以學校爲重,養士爲先。

張家槐,湖南進士。光緒初,權寧夏府事。求民隱,剔積弊,尤以振興學校、變易風俗爲急,時人有"蜀文翁"之稱。

馮南斌,廣東人。光緒初年,兩握寧夏總兵篆。愛惜士卒,賞罰嚴明,而尤能憐貧恤老。文武同城,和衷共濟,久無間言,群推其有儒將氣度。

繼良,字紹庭,滿洲人。光緒九年,授寧夏府知府。蒞政嚴明,留心渠務。每歲興工，必親歷工次，工後必巡閲一周。嘗集古人格言，作聯貼柱以自警，古道可風，自可概見。

匡翼之，字策吾，湖南湘潭舉人。光緒十一年，任中衛縣事。適河南民人趙良材集衆滋事，公聞之，不動聲色，設計密捕，得渠魁三人，脅從數人。公請止戮渠魁，宥其脅從，餘匪歛戢。時文廟傾圮，公復捐貲重修，此功之最著者。其餘興水利、墾荒蕪、除奸暴、興學校，尤餘事也。消患未萌，愛民勤政，公其有焉。

洪翼，字翰騫，湖南寧鄉人。光緒中，攝寧靈廳篆。勤政任事，尤饒心計。寧靈廳自同治末年新設，壇廟多未建設，公至即謂文廟宜先籌建，以振儒風。因度地於城之東南，經營締造，逾年始成。城垣係舊土堡，因陋就簡，公欲新之而苦無貲。庚子冬[①]，適秦晋饑民群集於此，公商紳商岳延獻、毛大昌等捐集千餘金，令饑民從事登築，以工代賑，款不虚縻，一舉兩得，用是城垣雉堞、東西兩門、甕城均得完備，堪資固守，皆其力也。新創之邑，待設尤多，惜乎公去之速也。

黄自元，字敬輿，湖南安化人，戊辰榜眼[②]。光緒十一年，授寧夏府知府。寧夏自同治兵燹後，文教廢弛。公下車伊始，即刊刻《初學導先集》《度鍼篇》板，印刷發給，以爲啓迪。又將家傳書籍百餘種捐置書院，令諸生傳觀，自是寧人皆知嚮學。公又知渠爲寧民命脉，每歲春工，必親詣查勘，稽核出入。修濬唐鐸、魏信各暗洞，使水得宣洩，以免上游禾稼淹浸之虞。因民利而利，數年如一日也。公書法逼近魏晋人，得一字如獲珍寶，學者恒取法焉。惜設施未竟，在任三年，即以憂去，輿論惜之。

吴樹德，字懋亭，陝西固城進士。光緒十二年，任寧朔縣知縣。潔己愛民，善於聽訟。凡有積年不決之案，一經聽斷，靡不折服。在任三年，民無冤獄，案無積牘，囹圄爲之一空，寧人推爲循吏第一。

劉至順，字讓模，江蘇舉人。光緒十三年，署寧夏縣知縣。品端學正，藹然可親。嘗兼理學校教務，循循善誘，啓迪多方。其爲政，惟以薄税歛、省刑罰、寬民力爲先，在官二年，化行俗美。去之日，士民挽送，城内爲之一空。

世杰，字振之，滿洲鑲黄旗人。光緒十三年，授寧夏道。天性純篤，以清白廉公自持。在任六年，吏畏民安，人謂其“不愧龔黄之續”云。

祝維城，字盛甫，江西鉛山拔貢。光緒十八年，授寧夏府知府。廉公有威，甫下車，即訪查各屬奸胥蠹吏，嚴爲懲治。胥吏歛戢，弊絶風清。後升寧夏道，猥以言事鯁直，與大吏意旨不合，辭職而去，時論惜之。

---

① 庚子：光緒二十六年(1900)。

② 戊辰：同治七年(1868)。

謝威鳳，字葆靈，湖南寧鄉人。光緒壬辰、癸巳[①]，兩權寧夏府篆，兼護道篆。大氣磅礴，凌厲無前。時平羅縣寶豐城内回建大寺，工已及半，漢民阻撓，行將械鬬。公至，察其本不應修，立令拆毁，若不知旁之有聚衆者，觀者咤舌。公又善風水，於城内建文昌閣，又於賀蘭山對城之中峰議建賀蘭廟，謂建此二廟，寧夏文風必十倍於前。又工書，喜吟咏，求之者日不暇給。惟恃氣傲物，頗不合時。後自甘南釐金交卸，隱居寧夏官柳莊，旋又移居中衛鳴沙州，與父老酌酒言歡，幾不知其爲舊太守也。年八十餘而卒。

李含菁，字翠庭，四川進士。光緒十九年，任平羅縣知縣。時河湟告變，公聞警，即派夫修補城垣，爲保守計。北城向爲沙壓，與雉堞平，公捐貲僱夫，親督背送，勞瘁不辭。瀕河馬廠隙地數百里，公招墾地三十餘頃，引渠灌溉，皆成沃壤，平民利賴，至今猶稱頌焉。

方仰歐，字紹修，廣東普寧人。光緒三十二年，知寧靈廳事。勤政愛民，好清吏弊。寧靈自同治末年新設，民間輸納粮草，猶無定規，奸吏斗級，因緣爲弊，百姓苦之。公廉得其情，嚴爲懲辦，明定規則，零粮凑斛，草有定斤，泐碑堂左，永遠遵守，民困始舒。

胡景桂，字月舫，直隸永年翰林。光緒二十三年，授寧夏府知府。重士愛民，尤盡心渠務。時政府有停科之議，公知八股將廢，即於書院捐廉，設課試，以策論親定甲乙，優給獎賞，寧夏文風爲之一變。又以渠工敗壞，傷民命脉，督率渠紳，實力疏濬。後升寧夏道，旋調山東臬司，臨行之際，猶惓惓於渠務不釋云。

宋運貢，字牧九，河南鄭州拔貢。光緒二十二年，任寧朔縣知縣。循循規矩，凡行一政務，期於古有。合五種遺規，刻不釋手。每下鄉，必集父老，終日絮語，聞有不便於民者，則罷去之，洵不愧一代之良吏矣。

廖葆泰，字寅階，雲南石屏人，以剿賊功保知州。光緒二十九年，知靈州事。時河水大漲，秦渠自峽口至秦壩關減水閘二十餘里沿堤冲壞，公至之日，先作秋工，澆足冬水，以爲來年播種地步。又先向董宫保家假銀萬金預備物料，迨至春工，公沐雨櫛風，親爲督率，逾月工成，共攤民間錢二萬餘，縎草數十萬束，派夫三千有奇。款不虛縻，料不缺用，皆公能事前籌畫，實心任事之所致也。尋以疾辭，旋調署河州。三十三年復任，以積勞卒於官。

高熙喆，字仲瑊，山東滕縣人。光緒三十年，由御史任寧夏府知府，丰裁嚴峻。下車伊始，即先將署内一切門包陋規革除盡淨，並自書紅諭，粘貼堂柱，如有仍前嘗試，予受同科，内外肅然。四渠自水利同知裁撤，歸府兼辦，弊竇叢生。公

---

① 光緒壬辰、癸巳：光緒十八年(1893)、十九年(1894)。

明查暗訪，賞罰兼施。其平日委員首士、渠長委管一切，侵吞草料、包折民夫、封涹賣水等弊洗刷一空。每到渠工，必親携胡餅，與民坐啖。僕從人等，均自給口食，不准用渠一錢。故御下雖嚴，而人無怨讟。公又以寧夏邊區文風未振，購官房以建學校，捐置書籍數百卷，親臨講授，校閱課卷，至去不倦。公善政綦多，此尤其最著者。著有《古文鈔》六卷。

趙維熙，字芝珊，江西南豐人。光緒三十年，由翰林出守寧夏。時崇尚新學，寧夏學堂原由銀川書院改建，公以規模甚狹，就試院補葺而擴充之，圖書、儀器，規制如例。每逢試士，親臨校閱，文風爲之大振。四渠尤爲寧郡要政，每歲疏濬，督率必親。旗民舊在靖益堡唐渠西埒開口引水，以溉旗田，公見賀蘭山邊廠地尚寬，若盡開闢，可增數萬畝。因商都統志鋭設招墾局，開湛恩渠，將賀蘭沿山一帶墾闢，以便旗民學習農業。夏縣河忠堡隔在河東，恒苦無水，公商靈州陳牧必淮接引靈州清水溝退水開渠，由新接堡繞達河忠堡，民甚德之。公爲政務計遠大，後調蘭州府，歷官至都督。各省鼎沸，而全隴獨無草木驚者，皆公力也。民國二年，調京參政。七年，以積勞卒於京。

張心鏡，字巨江，江蘇進士。光緒三十年，任中衛縣知縣，愛民勤政。時棗園堡新順水渠渠口冲壞，公請帑並變社粮，委員劉學元另開渠以接石空渠稍水，上段居民聚衆抗阻，公設法開導，舌敝唇焦，始得竣事。是年，又徵兼雹災，例難報免。公察其最重貧不自給之户，一律免徵，代爲賠納，並捐米百石，以賑濟之，災民靡不全活，此真不愧民之父母者矣。

志鋭，字伯愚，號迂安，姓他塔拉氏，滿洲鑲紅旗人。幼穎異，與弟志鈞並有文譽，尤工書法，求之者日踵於門。光緒二年，成進士，授編修，擢禮部侍郎。中日之戰，疏陳戰守，德宗動容，召見便殿，命赴熱河練兵。未逾月，女弟珍妃失歡，太后命爲烏里雅蘇臺參贊大臣。又因上言西北籌防事，忤太后旨，左遷伊犂索倫領隊大臣，以領隊例不得專奏故也。又數年，遷寧夏副都統。公蒞任，嚴禁鴉片烟，製藥戒之。整頓營務，改練新操，並以款項艱難，請於董宫保報效項下撥銀二十萬兩，開賀蘭山下故渠，易名“湛恩”，得沃壤數百頃，俾駐防旗丁學習農業，以資生計，旗民德之。嗣以滿漢猜疑日深，上言略云：“今新政增部爲十一，而滿尚書居其九，總督七，而滿人居其五，積忿難平，争端愈熾，恐非朝廷之福。”言甚痛切。宣統二年，擢杭州將軍，旋調伊犂將軍。三年，武昌軍起，十一月，伊兵亦變，擁爲都督，不從，遂遇害。事聞，贈太子少保，予謚文貞。

王秉章，四川人。光緒三十一年，任中衛縣知縣。時縣城東、西、南三隅皆圮，屢任籌修未果。公以時當多事，毅爲倡修，於是士民皆踴躍樂輸，逾年工竣。宣統三年，即有土匪亂寧之事，中衛幸有城可守，民猶爲之追感不置云。

蔣康，江蘇舉人。光緒三十三年，署中衛縣事。孜孜求治，尤熱心於教育。高等小學校學費未充，公於寧安堡枸杞担頭項下籌款五百餘串，歲以爲常。又於各堡勸設國民小學二十餘區，又創設戒烟會，製藥施給。一切新政，次第舉行。惜在任未久，即以憂去也。

陳元鑲，字劭田，岳陽人。宣統三年，署寧夏縣知縣。寧郡五方雜處，良莠不齊，公到任後，即嚴爲防範，遇有盜竊，必加懲創，諸匪慴伏。九月初旬，謡風忽起，夜間在街放火，公緝獲沈瘋子等三人，呈請槍斃，府道未敢主張，公孤掌難鳴。至十月一日夜，沿街喊殺，旋攻夏縣，焚其頭門。公率家丁堵擊，槍傷賊目劉復泰左腿。援兵不至，公知賊憾之深，率堂弟鐵生縋城夜逃，行至李剛堡，賊衆追至，公兄弟同遇害。是役，同殉者左營游擊賀明堂、城守營都司多倫岱、理事同知文陞、靈武營參將管帶巡防馬隊佚明俊。民國元年，公家屬始得扶櫬歸葬於里。

客官

通智，滿洲人，工部左侍郎。先是，寧夏北路查漢托護荒地極多，惟苦無水，屢請修渠。雍正四年，發帑，命公來寧督修。公相度地勢，由夏縣葉昇堡俞家嘴南開口，稍至平羅，歸入西河，長二百里，名曰“惠農渠”。外濱黄河，最虞冲刷，公又自夏縣王泰堡起築埂數百里以外護之。又慮民夫歲修憚於深濬，以巨石鎸“准底”字樣，埋於正閘及各測水處所之下，每歲春工，總以挑見此石爲准。向來民夫挑土，用鍬轉送，一鍬需數人轉之，方得達岸，公謂“宜用背籠”，由一人背負遠送，用工少而取土多，鍬送費工之弊一空而洗。又奏修唐、漢二渠，均埋底石，一如惠渠例。紳民感其功德，因於新建堡寨、橋梁命名均加“通”字，如通昶、通貴、通成、通伏、通寧、通潤等類，蓋欲使見其事即如見其人也。盛德至善，民不能忘公其有焉。

劉松山，字壽卿，湖南湘鄉人，以剿髮捻功授廣東陸路提督。時馬化瀜負嵎金積，官兵多爲所敗。公奉命率師，由陝北進，遇董福祥。公知福祥本地人，回情熟悉，用爲鄉導。越花馬池，直抵靈州，連破寨堡數百，復靈州，而馬化瀜猶未知公之能兵也，夷不爲意。公又進駐吴忠堡，鏟賊五十餘寨，賊勢始挫。何家巷之役，馬化瀜率衆數萬親自督戰，見公兵少，意謂不難滅此朝食。衝突數次，公不爲動。度賊倦時，號一舉，兩翼伏兵齊出，賊自踏踐，尸聚如山。化瀜嘆曰：“此真將軍也。”即欲投降，而馬五等不服。同治九年正月，攻馬五寨，焚其寨門。公方指揮督戰，忽飛子中公左乳，諸將請暫退，公呼曰：“毋以我棄垂成功也。”軍隊猛進，立俘馬五。數日公卒，諸將磔馬五以祭。事聞，朝廷震悼，贈太子少保，謚忠壯，立功省分，准建專祠。

簡敬臨，字紹雍，湖南長沙人，累功保提督，授浙江衢州鎮總兵。同治八年，率兵自韋州進規金積，偪漢渠而壘，以扼金積堡之東南。劉松山軍在金積堡之北，相距約數十里，而中隔波浪湖，廢堡林立，賊時踞之，聲氣不能聯絡。十一月初九日，回與湘軍相持，公聞北路砲聲甚緊，率部由東面進。賊馬步齊撲，公結方陣待之，賊頗受創，公即擬衝過波浪湖與劉軍合，忽南風大作，塵沙翳天，咫尺莫辨賊之匿於廢堡者。然槍密注，子洞公左臂，方裹創復進，又飛子中公額，殞於陣。事聞，照提督陣亡例議卹，敕建專祠。

金順，滿洲人。同治七年，寧夏回亂，公以將軍率師來寧河西，專剿王家疃、納家寨賊，屢破賊巢。寇亂既平，公念兵燹之後，户口凋零，招復流亡，捐給種籽，多方安集，民始得蘇，郡民感德。後謚忠介，敕建專祠。

張曜，字朗齋，順天大興人，原籍浙江錢塘縣。以末秩起家，削平捻匪功，授河南布政司。與提學使某不合，劾以目不識丁，改總兵。同治八年，以翼長佐將軍金順率師來寧。九月，大破賊於郡城外，又攻破王家疃、納家寨等處，河西悍賊爲之盡殲。擢廣東陸路提督，仍留辦寧夏善後。公以兵燹之後，盡心竭力招流亡、興水利、修學校，次第籌畫，民始得安。公又以治軍餘閒築河聲山色樓，嘯吟其中，論者以爲有叔子峴山之風致云。

雷正綰，字緯堂，四川人。同治二年，西陲不靖，隨將軍多隆阿進兵陝西，無戰不勝。後進攻金積堡，糈饟不繼，軍屢譁潰，公多方撫馭，始得轉危爲安。金積之平，人咸謂公功不在湘軍下也。後授固原提督，晋太子少保，卒年七十餘。

金運昌，安徽人。同治八年，率皖軍進攻金積堡，屢破賊寨。公饒勇善戰，與川軍雷正綰、黃鼎並駕齊驅，嗣與湘軍合圍金積，公與鼎獨任東南，賊匪不敢逾雷池一步。後授提督，以勞傷過甚，辭職家居。成功者退，公其有焉。

黃鼎，字彝封，四川崇慶人。同治八年，以道員率師平董志原賊巢，陣斬賊目于彦禄，大小數十戰。旋進規金積，克百塔峽，濟河背水而陣。會湘軍議掘濠合圍，公與金運昌任東南方面。九年冬，金積平，公移駐中衛之勝金關，以防餘匪。十三年，陝撫調防北山，爲部弁湯秉勛所刺。事聞，特旨優卹。

黃萬友，湖南湘鄉人，積功保提督。同治八年，隨湘軍度隴。公率步隊五營分駐寧條、安定、花馬池以護運道。九月，公同克靈州。後劉松山由吴忠堡進攻金積老巢，公即駐靈州，以防後路。旋因傷發，卒於營。事聞，優卹如例。

劉錦棠，字毅齋，松山之猶子也。同治八年，隨松山入甘，總理營務。松山亡後，欽差大臣左宗棠以大將新亡，令其堅守，公曰："不戰則示以弱，靈州且不保，況此軍乎？"遂秘其書，一鼓進戰，連破賊數十柵，軍威復振，詔加三品卿銜，接統湘軍。旋克金積堡，馬化漋父子皆授首焉，以功晋布政使。後以肅清河湟及關内外授新疆巡撫，晋太子少保，封二等男爵，旋解任，卒於家。事聞，晋太保，封一等男爵，謚襄勤，敕建專祠。

易德麟，湖南湘鄉人，積功保提督。同治八年八月，進攻吴忠堡賊壘，屢戰皆捷。十二、十八等日，逼近賊壘，賊抵死抗拒，公方逾壍，賊彈如雨，中左乳，舁歸，越日卒。事聞，敕建專祠，謚壯節。

王秀棣，湖南衡山人，帶湘軍左旗轉戰關隴，積功保提督。同治八年，攻吴忠堡賊壘，左脅中槍入骨際，湘軍統領令退護運道，公曰："去險就安，帥憐我也。雖然，敢以病自廢乎？"旋卒於軍。事聞，優卹如例。

周國勝，湖南湘鄉人。初，從湘軍削平捻匪，繼剿陝北土匪，所向皆捷，積功保提督。時管帶湘軍五旗，同治八年，進圍金積賊巢。公正鋭攻，忽飛砲折左骽，舁歸，旋没。事聞，優卹如例。

朱蘭亭，四川人，爲統領蜀軍黄鼎所識拔，積功保參將。同治八年九月，進圍金積堡，公以軍扼其要害，連日鏖戰，忽飛子中公右臂，血殷重袪。左右請少息，公曰："此戰勝則賊即易平也。"裹創進，賊敗走。公受傷重，返營即仆於地，扶坐牀褥，猶喃喃以殺賊爲言，逾月而卒。事聞，優卹如例。

【校勘記】

[1] 號：此同《〔乾隆〕甘志》卷三〇《名宦》，《清史稿》卷二八一《殷化行傳》作"字"。

[2] 媿曾：原作"愧曾"，據《江西通志》卷六三《名宦》，《清史列傳》卷七〇、卷七四《黎士弘傳》等改。

[3] 仙喬：原作"仙橋"，據《〔民國〕寧鄉縣志・故事編》之《先民傳四五・喻光容傳》改。

朔方道志卷之十六　人物志一

鄉　宦

嘗思天下之人才，皆天地之正氣所賦。朔方自秦漢以來，人才輩出，無論名臣純儒、孝子節婦，可壯河山。即降而隱逸任俠、技藝釋道，亦莫不各造其奇特精微、可歌而可泣，類皆扶輿清淑之氣，若獨有所鍾毓焉，猗歟休哉，流芳史册矣。志《人物》第九。

鄉宦

漢

傅燮[1]，字南容，靈州人。黄巾賊亂，燮上疏陳致亂之原，請速行讒佞之誅，言甚剴切，語在本傳中[2]。常侍趙忠惡之，會燮功當封，忠譖之。帝猶識燮言，不加罪，尋任爲議郎。帝使忠論討黄巾功，忠使弟延致殷勤於燮曰："公少答，萬户侯可得也。"燮正色曰："遇不遇，命也。有功不論，時也。傅燮豈求私賞哉！"忠愈恨。出爲漢陽太守。韓遂擁兵圍漢陽，城中兵少食盡。燮子幹言於燮曰："國家昏亂，令大人不容於朝[3]。今兵不足以自守，宜還鄉里，徐俟有道而輔之。"燮嘆曰："汝知吾必死耶！'聖達節，次守節'①。殷紂暴虐，伯夷不食周粟而死。吾遭世亂，不能養浩然之志[4]，食人之禄，又欲免其難乎？吾行何之，必死於此。汝有此才智，勉之勉之。"遂進兵戰歿，謚曰壯節侯。

魏

傅嘏，字蘭石。弱冠知名，司空陳群辟爲掾。劉劭作考課法[5]，嘏建議駁之，時皆韙其論。後爲河南尹，治以德教爲本，持法有恒。遷尚書，衆方議伐吴，嘏謂惟進軍大佃，坐食積穀，乘釁討襲，斯爲全勝計。時不從，魏軍竟爲諸葛恪所敗。司馬景王薨，嘏與司馬文王還洛陽，遂以輔政。以功晋陽鄉侯[6]。卒時年四十

---

①　參見《左傳·成公十五年》。

七，謚曰元侯。

晋

傅祗，字子莊，嘏之子。起家太子舍人，累遷散騎黄門郎[7]，封關内侯。楊駿輔政[8]，欲悦衆心，議普進封爵[9]，祗作書止之，駿不從。駿誅，祗爲侍中，多所維正[10]。趙王倫輔政，以爲中書監，祗辭以疾，倫遣御史輿祗就職。王戎、陳準等相謂曰："傅公在事，吾屬無憂矣。"其爲人物所倚信如此。懷帝即位，加右僕射、中書監。及洛陽陷没，衆共建行臺[11]，推祗爲盟主[12]。赴告方伯，徵義兵，祗自屯盟津[13]。以暴疾薨。自以義誠不終，手筆厲其二子宣[14]、暢，辭旨深切[15]，覽者莫不感激慷慨。宣、暢亦並有令名。

梁祚[16]，北地泥陽人。篤志好學，歷治諸經，尤善《公羊春秋》《鄭氏易》。與幽州别駕平恒有舊，恒時與論經史。辟秘書中散，稍遷秘書令[17]。爲李訢所排[18]，出爲統萬鎮司馬，徵爲散令。選并陳壽《三國志》[19]，名曰《國統》。又作《代都賦》行於世。清貧守素，不交勢貴。年八十七卒。

傅玄，字休奕，燮之孫，性剛勁亮直。州舉秀才，除郎中。武帝即位，初置諫官，以玄爲之。尋遷侍中，轉司隸校尉。每奏劾，無所容，貴游震慴[20]，臺閣生風。封清泉侯。卒，謚曰剛。

傅咸，字長虞，玄之子，剛簡有大節。襲父爵，拜太子洗馬[21]，累遷御史中丞兼司隸校尉。顧榮稱其"勁直忠果，劾案驚人"。

傅瑗，咸之孫，以學知名。仕晋，官至安成太守[22]。

南北朝

傅亮，字季友，宋國初官中書令[23]。武帝有受禪意，亮悟旨，請暫還都，許之。亮夜見長星竟天，拊髀曰："我常不信天文，今始驗矣。"至都，帝即徵入輔。少帝即位，領護軍將軍。少帝廢，亮奉迎文帝即位，加開府儀同三司。元嘉三年被害。

傅迪，亮之兄。仕宋，官至尚書。亮方貴，迪每誡不從。見世路屯險，著論名曰《演慎》①。及少帝失德，内懷憂懼。直宿禁中，睹夜蛾赴燭，作《感物賦》以寄意。

傅昭，字茂遠，咸七世孫。袁顗常來昭所，昭讀書自若。顗嘆曰："此兒神情不凡[24]，必成佳器。"安成郡自宋來兵亂相接，府舍稱凶，每昏旦間，人鬼相觸。

① 《演慎》及下文《感物賦》原文均見載於《宋書》卷四三《傅亮傳》。

及昭爲内史，有人夜見甲兵出曰："傅公善人，不可侵犯。"自是郡遂無患，咸以昭貞正所致。昭涖官清静爲政，不尚嚴肅。居朝無所請謁，終日端居，以書記爲樂，雖老不衰，世稱爲"學府"。

傅映，字徽遠，昭之弟。三歲而孤。謹身嚴行，非禮不行。褚彦回欲令仕，映以昭未解褐辭。後累遷中散大夫、光禄卿，太中大夫[25]。

傅琰，字季珪。仕宋，爲武康令，遷山陰令，並著能名，二縣皆謂之"傅聖"。

傅翽，琰之子，爲官能名。後爲吴令，建康令孫廉問曰："聞丈人發奸擿伏[26]，惠化如神，何以至此？"答曰："無他，清則憲綱自行，勤則事無不理。憲綱行則吏不能欺，事自理則物無凝滯，欲不理，得乎？"又代劉玄明爲山陰令，問玄明曰："願以舊令尹告新令尹。"答曰："我有奇術，卿家譜所不載，臨别當相示。"既曰："作縣令，惟日食一升飯而莫飲酒，此第一策也。"

傅岐，字景平，翽之子，博涉能占對。豫州刺史貞陽侯蕭淵明率衆伐彭城，兵敗陷。遣使還，述魏人欲更通和好，敕有司及近臣定議。朱异曰："和爲便。"議者並然之，岐獨曰："此必是設間，故令貞陽遣使，令侯景自疑，不可許。"高祖從異議。侯景果疑，舉兵反。復通表，乞割江右四州[27]，當解圍。敕許之。景求遣宣城王出送，岐固執宣城嫡嗣之重，不宜許，遣石城公大款送之[28]。及與景盟訖，城中文武喜躍，望得解圍，岐獨曰："此和終爲賊所詐。"衆並怨怪之。及景背盟，莫不嘆服。尋有詔，以岐勤勞，封南豐縣侯，不受。宫城失守，岐帶疾出圍，卒。

傅縡，字宜事。幼聰敏，七歲誦古詩賦至十餘萬言[29]。爲文典麗，性又敏速，雖軍國大事，下筆輒成，未嘗起草，甚爲後主所重。然性木强[30]，頗負才使氣，陵侮人物，朝士多銜之。會施文慶、沈客卿以佞見幸，專制衡軸，而縡益疎。文慶等因共譖之，後主收縡下獄。縡素剛，憤恚上書。後主怒，頃之稍解，使謂曰："我欲赦卿，卿能改過否？"縡對曰："臣心如面，面可改，則臣心可改。"後主益怒，令宦者窮其事，賜死獄中。

傅弘之[31]，字仲度，泥陽人。傅氏舊屬靈州，漢末郡境爲虜所侵，寄寓泥陽、富平二縣，故傅氏悉屬泥陽。晋武帝太康三年，復還靈州。弘之少倜儻有大志，歷官建威將軍、順陽太守，從高祖入關[32]。弘之善騎乘，於姚泓馳道内[33]，緩服戲馬，或馳或驟，往返二十里中，甚有姿制，羌胡聚觀者數千人。進爲桂陽公義真雍州治中從事史，除西戎司馬、寧朔將軍[34]。平徐師高，屢破赫連環。後義真東歸，佛佛傾國追躡，弘之軍敗，不屈死，時年四十二。

傅隆，字伯祚。高祖咸，晋司隸校尉。曾祖晞，司徒屬[35]。隆少孤貧，有學行，不好交游，年四十始爲建威參軍[36]。元嘉初，遷御史中丞，當官而行，甚得司直之體。出爲義興太守。尋轉太常。致仕，手不釋卷，特精"三禮"。謹於奉公，常手抄書籍。

宿石，朔方人，赫連屈丏弟文陳之曾孫也[37]。父沓干從世祖討蠕蠕[38]，戰殁，石年十三，襲爵。從苑中游獵，石走馬引前道，駿馬倒，殞絶，久之乃蘇，由是御馬得制。高宗嘉之，賜以綿帛、駿馬。又嘗從獵[39]，高宗親欲射猛獸[40]，石叩馬諫，引帝至高原上，後猛獸騰躍殺人。帝褒美其忠，賜馬一匹，尚上谷公主，拜駙馬尉，官吏部尚書，進爵太山公。卒，子倪襲爵。

隋

李徹，字廣達，巖緑人。性剛毅，偉容儀，饒武藝。武帝時，從皇太子西討吐谷渾，以功賜爵同昌縣男。後從拔晋州，及帝班師，徹與齊王憲屯雞栖原。齊王高緯遣其驍將躡憲於晋州，憲師敗。徹等力戰，賴以獲全。復從帝破齊師於汾北，乘勝下高辟，拔晋陽，擒高湝於冀州[41]。宣帝即位，從韋孝寬略定淮南，授淮州刺史。安集初附，甚得歡心。隋高祖受禪，進爵齊安郡公。時蜀王秀亦鎮益州，上謂侍臣曰："安得文同王子相、武如李廣達者乎?"其見重如此。沙鉢略率兵犯塞，上令衛王爽爲元帥，率衆擊之，以徹爲長史。遇虜於白道，徹率精騎五千掩擊，大破之，沙鉢略潛遁。以功加上大將軍。沙鉢略因此稱藩。未幾，沙鉢略爲阿拔所侵，上疏請援。以徹爲行軍總管，率精騎一萬赴之，阿拔聞而逃去。左僕射高熲之得罪也[42]，以徹素與熲相善，因被疎忌，不復任使。

史祥，字世休，朔方人。高祖踐祚，拜儀同[43]，領交州事，有惠政，轉驃騎將軍。從王世積伐陳，破之，進拔江州。後以行軍總管從晋王廣擊突厥於靈武，破之。遷右衛將軍，率兵弘化以備胡。煬帝初，漢王諒反[44]，遣其將綦良自滏口徇黎陽[45]，塞白馬津，余公理自太行下河内。帝以祥爲行軍總管，軍於河陰，祥謂軍吏曰："余公理才用素不足稱。"乃令軍中修攻具，簡精鋭，於下流潛渡，討綦良等[46]。良棄軍走，祥縱兵乘之，殺萬餘人。進位上將軍，賜縑綵七千段、女妓十人、良馬二十匹，轉太僕卿。帝嘗賜祥詩，嘉獎備至。尋遷鴻臚卿。從征吐谷渾，祥出間道擊之[47]，俘男女千餘口，賜奴婢六十人、馬三百匹[48]。進位左光禄大夫，拜左驍衛將軍。

史雲，字世高，祥之兄[49]，官至萊州刺史，武平縣公。

史威，字世儀[50]，祥之弟。官至武賁郎將，武當縣公。

宇文忻，字仲樂，朔方人。從周武帝平齊，進位大將軍。佐高熲破尉迥[51]，加上柱國，封英國公。忻妙解兵法[52]，馭戎齊整。當時六軍有一善事[53]，雖非忻所建，在下輒相謂曰："此必英公法也。"

唐

韓游瓌[54]，靈武人。始爲郭子儀裨將，安禄山反，赴難，功第一。李懷光反，誘游瓌爲變，游瓌自發其書。帝謂曰："卿可謂忠義矣。"功與渾瑊齊。

楊懷賓，朔方人，爲韓游瓌將。李懷光反，懷賓殺賊黨張昕及同謀者，告行在。德宗勞問，授御史中丞。

楊朝晟，字叔明，夏州朔方人。興行間，歷官邠寧節度使。朝晟請城方渠、合道、木波以遏吐蕃路[55]。詔問："須兵幾何？"報曰："部兵可辦。"帝問："前日城五原，興師七萬，今何易耶？"對曰："鹽州之役，虜先知之。今薄戎而城，虜料王師不十萬，勢難輕入。若發部兵，十日至塞下，未三旬城畢，集芻聚粮，留卒守之，寇至不可拔，萊野薙夷，虜且走，此萬全計也。若大發兵[56]，閱月乃至，虜亦來，來必戰，戰則不暇城矣。"帝納其策。師次方渠，水乏。有青蛇降險下走，視其蹟，水從而流。朝晟使築防環之，遂爲渟淵，士飲仰足，圖其事以聞。有詔置祠，命泉曰"應聖"。已城，虜衆至，度不能害，乃引去。

戴休顔，夏州人。家世尚武，志膽不常，郭子儀引爲大將。討平党項羌，以功封咸寧郡王，兼朔方節度副使。朱泚反，率兵馳奔行在，德宗嘉之，賜實封二百[57]。後留守奉天。李懷光屯咸陽，使人誘之，休顔斬其使，勒兵自守。遷奉天行營節度使。合渾瑊兵破泚，斬首三千級，追至中渭橋。京師平，又與瑊率兵趨岐陽，邀泚殘黨。加檢校尚書右僕射。從乘輿至京師，拜左龍武軍統軍。卒，贈揚州大都督。弟休璿，歷開府儀同三司，封東陽郡王。休晏，歷輔國大將軍，封彭城郡公，俱以將略稱。

史敬奉，靈州人。走逐奔馬，矛矢在手，前無彊敵。破吐蕃，解鹽州圍，益封五十户[58]。

何進滔，靈州人。少客魏，事田弘正[59]。弘正攻王承宗，承宗引精騎千餘馳魏壁。進滔率猛士逐之。從討李師道，以功兼侍御史。史憲誠死，軍中傳譟曰："得何公事之，軍安矣。"進滔下令曰："公等既迫我，當聽吾令。"衆唯唯。"孰殺前使及監軍者，疏出之。"[60]斬九十餘人，釋脅從者。素服臨哭，將吏皆入弔。詔拜留後，俄進授節度使。居魏十餘年，吏民安之。

康日知，靈州人。少事李惟岳，擢趙州刺史。惟岳叛，日知與别駕李濯及部將百人共盟[61]，固州自歸。惟岳怒，遣先鋒兵馬使王武俊攻之。日知使客説武俊引兵還，斬惟岳以獻。德宗美其謀，擢爲深趙觀察使。會武俊拒命，遣將攻趙州。日知破之。徙奉誠軍節度使，又徙晋绛，加檢校尚書左僕射，封會稽郡王。卒，贈太子太師。子志睦，以功封會稽郡公[62]。承訓，亦以功封會稽縣男[63]。

李抱玉，本安興貴曾孫，世居河西。代宗朝兼澤潞節度使。弟抱真[64]，初授汾州別駕，後擢澤州刺史[65]，兼澤潞節度副使。時賦重民困，軍伍彫刓。抱真乃籍户丁，蠲其徭租，令閒月習射，歲終大較，親第其能否而賞責之，三年皆爲精兵。

宋

周美，字之純，靈州迴樂人。真宗幸澶淵[66]，常令宿衛，累遷秩副都總管。在邊十餘載，所向輒克，諸將服之。

周永清，字肅之，世家靈州。州陷於夏，祖美歸京師，永清以蔭從仕。宰相龐籍薦其忠勇，加閤門祗候[67]。押時服賜夏國，至宥州，夏人受賜不跪，詰之，恐而跪。歷渭州鈐轄[68]。渭兵勁而陣伍不講，永清訓以李靖法。帥蔡挺上其圖以令諸軍。知德順軍，夏衆入寇，擒其酋吕效忠。募勇士夜襲夏帳，斬三百級，俘數千人，獲駝、馬、甲器萬計。並砦禁地三百里，盜耕不可禁，永清拓籍數千頃，置射士二千，聲聞敵廷。降者引入帳下，待之不疑，多得其死力。威名甚著，擢涇原路鈐轄，知涇州。

斡道冲，字宗聖[69]，靈武人。其先從僞夏主遷興州，世掌夏國史。道冲通五經，爲蕃漢教授[70]，譯《論語注》，別作《解義》二十卷[71]。又作《周易卜筮斷》，以其國字書之，行於國中。後官至其國之中書宰相。

元

李楨，字榦臣[72]，夏國族子。金末，以經童中選[73]。既長，入爲質子。以文學得近侍，元太宗嘉之。後從伐金，及下淮甸，累官襄陽軍萬户[74]。

高智耀，河西人，世仕夏，祖良惠爲夏右丞相。智耀登本國進士。夏亡，隱賀蘭山。元太宗召見[75]，將用之，遽辭歸。後入見憲宗言“宜蠲徭役”，世祖時又言：“儒術有補治道。”拜翰林學士，遷西夏中興等路提刑按察使[76]。卒，贈寧國公[77]，謚文忠。子睿，年十六，授符寶郎，出入禁闥，詳雅恭謹。歷嘉興路總管，浙西、淮東廉訪使，所至有政績，兩爲南臺御史中丞[78]。務持大體。子納麟，亦官至太尉。

李恒，西夏國兀納剌城族子[79]。世祖時累功爲益都淄萊新軍萬户[80]，從取宋襄陽、江夏及平崖山[81]，累官中書左丞。後討交趾，中毒矢卒，追封滕國公。

星吉，字吉甫，河西人。事仁宗於潛邸，以精敏稱。累官江南行臺御史大夫[82]，克持風裁。歷湖廣、江西行省平章。詔守江西時，賊據州縣，屢破之[83]，中流矢死。

來阿八赤，寧夏人。至元七年，南征襄樊，赤督器械、粮儲運，二日而畢，世祖悦。後發兵開運河，寒暑不輟。調遼左招討使①，招來降附。上征交趾②，俾領中衛親軍千人，翊導皇子至思明州。賊阻險拒守，赤選精壯與賊戰於女兒關，斬馘萬計，餘兵棄關走。於是大兵進至交州，陳日烜空其城而遁[84]。

楊朵兒只，寧夏人。事仁宗於藩邸，甚見重命。只與丞相定議，迎武宗於北藩。仁宗還京師，只密致警備，仁宗嘉之，親解所服帶以賜。既佐定内難，論功以爲太中大夫[85]、家令丞，日夕侍側[86]，雖休沐，不至家，衆敬憚之。帝他日與李孟論元人才，孟以只第一。拜禮部尚書。爲權臣鐵木迭兒所害而死[87]。死時權臣欲奪其妻劉氏與人，劉氏剪髮毁容獲免。

楊不花[88]，幼有才氣，能以禮自持，好讀書。仁宗欲以爲翰林直學士，力辭。後以蔭補武備司提點，轉河東廉訪司事。嘗出按部民，有殺子以誣怨者，獄成，不花讞之得其情，平反出之。河東民饑，先捐己貲以給。請命未下，即發公廩賑之，民賴以不死。除通政院判，將行，值陝西諸軍拒詔[89]，不花率衆出禦，見殺。二僕亦見執，曰："吾主既爲國死，吾縱得生，何以見吾主於地下。"皆被殺。

拜延，河西人。以父火奪都貴[90]，襲授千户。宋師侵成都，四川僉省嚴忠範遣拜延迎擊，大敗之。又從攻嘉定、瀘、叙、重慶，數有戰功。汪田哥用兵忠州，命延將兵往涪州策應。宋人以舟師邀於青江，拜延領兵馳赴，擒其部將十七人。瀘州復叛，拜延領兵趨瀘州，敗其將，遂克瀘州。授行院副使不花進兵圍重慶，遣拜延將兵降之。授宣武將軍、蒙古漢軍總管。

喜同，周姓，河西人。調達魯花赤，居二歲，妖賊陷鄧州，南陽無城及兵，賊入若虚邑。同以計獲數賊，斬之。賊乘鋭取南陽，同策勵義兵與戰，賊退去。明日復至，與戰甚力，殺賊凡數百。賊知無後援，戰愈急，南陽遂陷。同突圍見殺，妻邢氏聞同死，帥家僮數人出走，遇賊，奪刀斫之，且罵且前，亦見殺。

沙覽達里[91]，河西人，姓路氏。仕元至丞相、南臺御史大夫。

論卜，仕元至司徒平章，元末守寧夏。

也速迭兒，河西人，仕元至廉訪使。

福壽，河西人，仕元至南臺御史大夫。

納速兒丁，先世回紇，居寧夏，仕元至廉訪使。

邁里古思，字善卿，至正十四年進士，授紹興路録事司達魯花赤。苗軍在杭者縱抄掠，有至紹興强奪人馬者，邁里古思擒斬數人，苗軍不敢復至，聲名大振。

---

① 調遼左招討使：《元史》卷一二九《來阿八赤傳》載，至元二十一年(1284)，來阿八赤調同僉宣徽院事。遼左不寧，復降虎符，授征東招討使。知來阿八赤非調遼左招討使，而是以征東招討使身份出征遼左。本志沿襲《寧夏府志》，輯録資料有誤。

② 《元史》卷一二九《來阿八赤傳》載，至元二十二年(1285)，授征東宣慰使、都元帥。皇子鎮南王征交趾，授湖廣等處行中書省右丞。

平處州山賊，擢江東廉訪司經歷，仍留紹興。時浙東、西郡縣多殘破，獨邁里古思保障紹興，境内晏然，民愛之如父母。會方國珍遣兵侵據紹興①，邁里古思欲率兵問罪，而御史大夫拜住哥與國珍素通賄賂，情好甚厚，憤邁里古思擅舉兵，使人召之私第，命左右以鐵鎚撾死之，斷其頭，擲厠中。城中男女老幼無不慟哭者。部將黄中乃率其衆復讎，盡殺拜住哥家。拜住哥後爲御史真童所糾，削官職，安置潮州[92]，邁里古思冤始白。

亦憐真班，西夏人。性剛正，動有禮法。仁宗時爲翰林侍講學士[93]。至元六年[94]，拜御史大夫[95]，盡選中外廉能之官置諸風憲，一時號爲得人。遷宣政院使，出爲甘肅行省平章政事。弭西羌之寇，民賴以安，立石頌之。歷官銀青榮禄大夫[96]、知樞密院事。卒，追封齊王，謚忠獻。

明

徐琦，字良玉，舉進士，歷官兵部尚書。兩使安南，饋遺一無所受，以不辱命著。正統初，災異累見，琦條陳弭災十事。後又請軍衛地悉照府縣立學校。居官務持大體，力學通經，人品醇正，爲前明鄉賢之首。今學宫東偏稱爲講院，即其講學處也。謚貞襄[97]。

程景雲，游鄉校時即有重望。家貧，憲臣咸饋之，不受，清操凜然。及爲御史，有風裁，直聲大振。

張泰，正統間以都督同知鎮守寧夏。凡關堠之設、營陣之法、兵車火炮之制，皆出其謀畫。自束髪用兵，累建邊功，從無挫衄。卒後恤贈②。

仇廉，景泰間以指揮使充副總兵，協守寧夏。時值也先以萬騎攻城，旬日不解。廉以忠義固結人心，竭力守禦，敵遂引去，城賴以全。後歿於戰。

任信，前衛指揮。製兵車，督教演，衆稱其長。

胡汝礪，成化二十三年進士，官至兵部尚書。從祀鄉賢祠。

夏景華，舉成化十年鄉試，任河南彰德府推官。正直尊嚴，人莫敢干以私。即上臺亦嚴憚之，相戒毋瀆夏推官也。

張嘉謨，字舜卿，弘治十五年進士，授兵部主事，釐剔宿弊。盜起山東，侍郎陸完督軍，嘉謨謂："當出奇以遏其鋒，審勢以奪其氣。若徒尾其後，是驅賊以自戕也。"賊犯濰縣，陸以偏師屬之。賊易之不爲意。乘其怠，即夕掩擊賊，斬首二千級。賊平，陞車駕司員外郎。詔起兵部尚書。彭澤征蜀寇，疏請與行，乃告澤

① 據《元史》卷一八八《邁里古思傳》載，方國珍所侵據者爲紹興屬縣，非紹興。

② 《明憲宗實録》卷一二二載，張泰卒於成化九年(1473)十一月辛丑。

曰："蜀地險阻，用兵爲難。公若分兵屬諆，由漢中取道以入夔峽，公以大兵取重慶，交蹙之則成禽矣。"澤然其策。後卒奏功，陞山東兵備僉事。以禁礦忤藩邸，罷。平生好書學，隸、篆、行、草，各得其妙。詩文敏捷，自成一家，有《雲谷集》[98]《西行稿》。

馬昊，本姓鄒，字宗大，由進士歷官右都御史。昊長身驍捷，善騎射，知兵事。才能應變，揮霍自喜。累征寇盜，所向有功。

楚書，字國賓，嘉靖二年進士，初任兵部主事。大同之變，書覿兵城下，城中俱登陴請曰："吾輩非殺主帥者，亦無他志，但畏死自保耳。"請書入城。書諭慰，且言用兵非朝廷意，衆皆望闕呼"萬歲"。書仍遣馬昇等陳朝廷威德[99]，曉以禍福，令獻首惡。賊平，累陞右副都御史。

潘九齡，舉正德八年鄉試。任四川右布政使[100]，平麻陽寇。却雲南沐國公饋金，定其世爵，時論歸焉。

史昭[101]，以功授寧夏指揮，遂家焉。事見《宦蹟》①。

史鏞，以右衛指揮同知，值寘鐇變，倡義率衆據河奪船。賊平，以功充游擊將軍，陞都督僉事，歷鎮甘肅。長於籌略，尤善攻守，有良將風。

黄綬，嘉靖八年進士。風望峻整，名重朝紳。督學北直隸，巡按山東，士仰民懷，鄉評清白。嘉靖甲辰②，大學士翟鑾二子俱登第，物議蠭起。綬彈其事，有"一鑾當道，雙鳳齊鳴"之句，其不避權利如此。

汪潮[102]，中衛人，嘉靖間選貢，任沭陽縣丞[103]。性淡泊，一衣一食動以民膏爲念。廉明特著，淮上號爲"青天"。及居鄉，淳樸敦厚，有古君子之風焉。

王英，指揮同知。哱〔拜〕、劉〔東暘〕之變，爲賊所拘，因密偵賊中事報軍門，卒爲内應。既殲群凶，撫軍疏薦之云："身在賊旁，志從國事。招降用間，實賴之周旋；宗社士民，多因之而保護。較之斬獲軍功，不啻倍之。"

李廷彦，萬曆二年進士，才品端方，器識弘遠。巡按雲南，平羅寇叛。爲大理，奏活無辜。巡撫周光鎬疏舉人才，稱爲偉器。

江應詔，字聘吾，萬曆十八年，襲指揮僉事。於廣武等處剿賊，獲首級八十餘顆，以功歷九鎮總兵。陞山海關提督，掛鎮朔將軍印，賜尚方劍。卒，謚武忠，入鄉賢祠。

吕經，右屯衛都指揮僉事，歷陞陝西、甘肅總兵官。忠勤廉慎，綏靖邊圉，尤善撫士卒，多得其死力焉。

---

① 參見本志卷十四《职官志三・宦蹟・明》"史昭"條。

② 嘉靖甲辰：嘉靖二十三年（1544）。

馬世龍，字蒼元[104]，由世職舉武會試。兵部孫承宗奇其才，薦爲總兵。既而承宗去，世龍亦謝病。崇禎初，刑部尚書喬允升復薦之[105]。代滿桂爲總理，賜尚方劍。進左都督，以功加太子少保，復謝病歸。時插漢虎墩兔合套虜累犯寧夏，世龍習邊情，大修戰備，出師討襲。半歲中累奏大捷，威名震西塞。卒於官，年四十餘歲，贈太子太傅。

史敬，元相天澤之裔。由山東籍歷官寧夏都司，遂家焉。洪武三十五年，大店之戰陣亡。〔史開先〕以軍功予世襲都指揮使職[106]，歷任寧夏中路副總兵。崇禎六年，插虜犯邊，與總兵官賀虎臣皆戰死之。優恤贈都督，謚忠烈，入忠孝祠。

陸敏學，庠生，誥授榮禄大夫。

劉大敖，誥授光禄大夫。

張得才，誥贈榮禄大夫。

朱學顔，誥封中憲大夫。

趙淮，誥授光禄大夫。

清

劉芳名，字孝五，寧夏人。順治二年，任寧夏總兵，平固原叛將武大定。三年，秦州賊賀珍、王元、馬德作亂，芳名先後擒斬之①。四年，招降香山諸寇，散其餘黨，地方以安。十六年，加左都督，領兵征海寇。時賊犯崇明，芳名同提督梁化鳳擊之，[107]奪船拔幟，擒獲僞將。以疾歿於軍，贈太子太保，謚忠肅。

陳福，字東海，本延綏人，遷居寧夏。順治初，以守備從征有功，累陞四川夔州副將。康熙十二年[108]，擢寧夏總兵官。會吴三桂叛，王輔臣據平凉遥應之，遣僞將西陷洮、蘭，東占花馬池、定邊。時寧夏兵先經調赴征川，留者什之一二[109]，人情惶迫，衆議紛紜。福按劍怒曰："敢有異議者，齒此劍。"遂整兵東復花馬池、定邊，斬僞朱龍、倪五等。寧夏已平，移師西向固原，前至平凉。歲暮冰雪，衆欲暫歸，福鋭意前進。十四年十二月二十二日[110]，駐惠安堡，定期次日進剿固原。是夜，福被亂軍殺死。先是，福家口留川，吴逆遣人持逆書僞劄結福，福得書不啓，即表奏聞。時東南路阻，遣弟壽由口外求蒙古王引路[111]，七日至京。上召壽問勞，仍命壽歸，授福陝西提督。未至，而福已歿。後贈公爵世職，謚忠愍。

趙良棟，字擎宇。順治初，從英王入關，定陝西。授寧夏水利都司，遂自定邊

① 《清世祖實録》卷二五載，順治三年（1646）四月己卯，"寧夏總兵官劉芳名報：寧夏兵變，殺巡撫焦安民，隨經撫定，擒斬首惡楊成名、白友大等"。

徙家焉。以功陞游擊。調征雲南[112]，平水西，授廣羅總兵①。吴三桂鎮雲南，蓄異志，收攬人材，請調貴州比喇。良棟識其意，力引疾歸。越四年，起補大同總兵。又四年，調天津。時三桂已叛，陷四川興漢，延及隴右，群醜多應之。康熙十四年冬，寧夏提督陳福爲亂卒戕殺，時皆傳言寧夏已從賊，將致討。良棟以百口保寧夏不叛，上即命良棟爲寧夏提督來安撫②。急馳至鎮，誅首惡數人，宣布恩德，寧夏遂無事。在鎮訓練三年，上疏言寧夏兵可用狀，請獨當一路取四川，上許之。遂以奇兵破密樹關[113]，克徽州，復略陽，取陽平關，屢戰皆捷，授勇略將軍。十九年正月朔，兵次白水壩，策馬浮渡，爲士卒先，摧破賊衆，長驅逐北。凡九日，遂克成都，分兵下郡邑，全蜀皆定。特授兵部尚書兼都察院右副都御史，總督雲南、貴州，而以長子弘燦代爲寧夏總兵，即而進征雲南。時諸道兵圍雲南，九月不能下。良棟獨提兵進取南壩[114]，度賊必夜襲，設伏以待。賊帥郭壯圖夜果率衆入，壕塹伏發擊，大敗之，乘勝進攻，薄其城。賊窮蹙，吴世璠、郭壯圖皆自殺，雲南平。自取南壩至破城，凡六日。良棟深識兵機，而性耿直不能詭隨，每與同列議不合，輒守便宜率兵獨進。功名既盛，謗議蠭起，獨天子知其孤忠，弗信也。師還，授鑾儀衛使。明年告歸。後三年，復原官，以將軍總督家居。繼又追叙前功，加一等精奇尼哈番，世襲。三十五年，車駕將西征，召入諮以軍事，以疾不能從。明年，聖駕幸寧夏，未至，良棟歿。特命皇子吊奠，御製碑文以叙其功，賜謚襄忠。良棟馭軍嚴而有恩，卒樂爲用，故所向有功。克滇之日，駐兵於郊，不令一卒入城。賊私積充牣，毫無所取。既分閫，猶力學讀書，嘗手批《通鑑綱目》。所著《奏疏存稿》八卷，自叙未嘗假手一字。生平獨當一面，克府縣百數十城，得僞官大小千餘人，收僞印二百六十餘顆。平蜀及滇僅二十五月。國初良將，論者以良棟爲最。

朱廷翰，明諸生，從學者甚衆，中崇禎己卯科鄉試③。善騎射。中式後，嘗集演武場與群俊校射，翰九發九中，策馬赴的，舍矢如破。選萊蕪知縣，調歷城。尋棄官，隱於西山太清觀。甲申夏④，青、齊、濟、兗間盜蠭起，父老强起翰，翰與刺血歃盟[115]，申忠義之氣。强梁者悉聞風款附。分渠帥爲兩部，設十二營。紀律森嚴，戰勝攻取，保障一方。當是時，王師方西追逆闖，舉全力注之華河之右，翰掃除群醜，使朝廷不費一鏃，奄有山東。督臣上其事，擢雲南道御史，按宣、大，兼攝學政。整綱紀，逐貪污，靖伏莽，興理學，造髦士。差竣，請反初服，歸與諸弟子

① 《清聖祖實録》卷七、卷十一及《清史稿》卷二五五《趙良棟傳》載，趙良棟擢廣羅總兵在康熙元年(1662)，其後進剿諸苗，非以平水西功進廣羅總兵。本志蓋襲《〔乾隆〕甘志》卷三六《人物》、《寧夏府志》卷十三《人物・鄉獻・皇清》之説。

② 據《清聖祖實録》卷五九，趙良棟任寧夏提督事在康熙十五年(1676)。

③ 崇禎己卯：崇禎十二年(1639)。

④ 甲申：順治元年(1644)。

理舊社，著格言，抄方書，活人無算。祀鄉賢祠。

呂維熊，字子祥，之蔭之子。志節超邁，年十四入泮，崇禎壬午登賢書①。闖賊僞官陳之龍、牛成虎挾送陝西賊所，熊半途隱匿。中清順治丙戌副進士②。由國子監助教，歷官刑部雲南司郎中、山西汾州府知府。居官清正，不事干謁。解組歸里，年甫四旬有七。壽至八十三而卒[116]。

馬寧，順治初，從總兵劉芳名擒王元、馬德有功，又以恢復河州、莊浪功，授督標中軍副將。征剿番回功最著，陞四川總兵。克取川、雲，駐防緬甸。平水西，殲餘氛於交趾[117]，功又最著，陞湖廣提督。

趙弘燦，字天英，良棟長子，授寧夏總兵官。良棟下四川時，燦奉使至軍前，隨軍進討川、雲，取建昌，撫永寧，平定滇、黔。歷川北、真定[118]、贛州、黃巖總兵官。陞浙江提督③，旋調廣東提督④。後以兵部侍郎、副都御史總督兩廣⑤，陞兵部尚書。卒，謚敏恪。

李日榮，字君寵，中衛人。康熙十五年，王輔臣變，洮、蘭俱陷。日榮從奮威將軍王進寶夜渡黃河[119]，恢復臨洮，加右都督。又從征四川，平定保寧，勞績最著。歷陞廣東順德總兵官。

師帝賓，寧夏人。趙良棟征川，帝賓以中營游擊留守寧鎮。時派輓運軍需，賓以寧民半已出征，加以輓運，必致兵心不安，固請止之。及良棟凱旋，奏云："臣之得以成功者，以有師帝賓在鎮，無内顧憂也。"歷陞襄陽總兵，調涼州總兵。居官絶扣尅，杜苞苴，屏聲色，介然特立。涼州立祠祀之。

江琦，字思韓，世爲寧夏衛職。琦生而英武，會吴逆亂，從提督趙良棟征討，取四川，復雲南，後剿噶爾旦。論功累陞石匣副將，擢河北總兵官，尋移鎮延綏。上諭褒稱"天下總兵第一"，賜鎖子甲，並御書匾對。〔康熙〕四十八年，遷甘肅提督。宣威布德，忠誠待下，士卒感服。

馬際伯，字逸聞，玉長子。從玉征四川、雲南有功，加參將銜。累官西寧、建昌總兵官⑥。加左都督，陞四川提督。歿於官，誥封光禄大夫，謚襄毅。西寧立祠祀之。

---

① 崇禎壬午：崇禎十五年(1642)。

② 順治丙戌：順治三年(1646)。

③ 《寧夏府志》卷十三《人物·鄉獻·皇清》"趙弘燦"條載，趙弘燦於康熙三十八年(1699)陞浙江提督。

④ 《清史列傳》卷十二《趙弘燦傳》、《寧夏府志》卷十三《人物·鄉獻·皇清》"趙弘燦"條均載，趙弘燦於康熙四十二年(1703)調廣東提督，《清聖祖實録》卷二一〇繫其事於康熙四十一年(1702)。

⑤ 《清聖祖實録》卷二二七、《清史列傳》卷十二《趙弘燦傳》載，趙弘燦於康熙四十五年(1706)以兵部侍郎、副都御史總督兩廣。

⑥ 《清聖祖實録》卷二二九、《清史列傳》卷十一《馬際伯傳》載，馬際伯於康熙四十一年(1702)任建昌總兵，四十六年(1707)任西寧總兵。

馬見伯，字衡文，玉次子。由武進士自請出征西塞，勞績茂著。累官太原、天津總兵官。聖祖召見便殿，曾跪講《周易》。蒙賜御書詩文、匾對甚多，平陽鎮署建樓恭貯，今尚存。武場試"《四書》論"，武弁與祭文廟[120]，皆由見伯奏請始。又請釐定各直省文廟樂器。凡所建白，識治體，類如此。後授固原提督，統兵平藏、回，卒於軍。祀名宦。

馬覿伯，字廣文，玉四子，由武進士選侍衛。歷官殺虎口副將[121]，征澤旺有功，陞大同總兵官。復出征塞外，殁於軍。

馬會伯，字樂聞，世龍曾孫。由庚辰武狀元①，累官永北鎮總兵官，特授四川巡撫，調湖北巡撫，加兵部尚書，總理西路軍需。殁於口外，祀名宦。

馬紀師，字錫三，際伯次子。初爲裨將，隨大將軍岳鍾琪出征青海，屢著奇功，累官永昌協副將。後駐兵西藏六年，署涼州鎮總兵官。致仕歸里，卒。

馬紀勳，字錫九，際伯三子，由武生特授侍衛。歷參將，隨征西海有功，加左都督同知。累官川北鎮總兵、潮州鎮總兵。復自請出征，殁於肅州軍營，年三十八，賜祭葬。

羅大虎，隨趙襄忠公定雲、貴[122]，以功累陞參將。大兵進剿噶爾旦，粮道險艱，大虎前後三運，皆遄達[123]。及凱還，以轉運課最，授川北鎮總兵。時有白蓮教煽惑，大虎一面具奏，一面擒捕[124]，空其巢，地方以安。後致仕，卒於家。

任重遠，康熙十八年，隨勇略將軍趙良棟討吴逆入川，破密樹關，取徽州，復略陽，重遠功居多。十九年元旦，浮馬渡江，遂克成都。入雲南，領前鋒血戰奪險，攻關山、象嶺、大渡河，凡三十餘城，抵滇省，拔幟先登，戰兩晝夜，克復省城。陞廣東瓊州總兵，在任六載，卒。

張國樑，本名谷貞，避世祖廟諱改焉。初從將軍趙良棟入川平滇，以功授游擊銜，爲良棟所倚重。歷任湖廣襄陽、鎮筸總兵。三征紅苗，草薙禽獮[125]，不遺後患。後陞雲南提督，洱海水溢，捐金督兵修濬，民慶安瀾。征西藏，帥師策應，甚著方略。祀雲南名宦祠。卒，謚勤果。

趙弘燮，字亮工，良棟次子，世襲一等子。初任直隸完縣，有循聲。歷巡道、按察，陞山東布政。康熙四十二年，山東饑，弘燮奏請賑濟，躬自巡察，全活甚衆。陞河南巡撫，去政之病民者數十條。而採備河柳積弊累民，改請捐俸官辦，豫人尤感頌弗衰。調保定巡撫，創立西沽浮橋，奏廣解額，置義學田新左衛。五十四年，特授總督。入奏請賑濟畿東及濱海饑民，至今直省多遺愛焉。六十一年，卒於官。蒙恩遣皇孫弔奠，并賜輓詩一章，謚肅敏。

---

① 庚辰：康熙三十九年(1700)。

許士奇，字興武，由行伍歷任西寧中軍游擊。時西番倡逆，西寧被圍，人情洶洶。士奇以忠義鼓勵士卒，晝則血戰堵截，夜則刁斗親巡，又揚言援兵即至，以安人心，西寧竟得無事。特授江南寧國參將，陞浙江象山副將，又御書"貞忠可嘉"扁以賜。

馮德昌，由征雲南吴逆軍功，歷任瓜州、懷慶、榆林、寧夏四鎮總兵官，功加九等左都督，世襲拖沙喇哈番。

陸進忠，由行伍隨勇略將軍趙良棟征剿四川、雲南、貴州，以功授都督僉事，陞雲南曲尋總兵官，宣威布化，聲政甚著[126]。

俞益謨，字嘉言，中衛人。狀魁岸，多勇力，挽强善射。年二十，中武鄉試第一，遂成進士。隨提督陳福討王輔臣，授守備，累以軍功歷官大同總兵、湖廣提督。時湖廣紅苗梗化，益謨奉命辦理，恩威並施，苗悉就撫。在任多所建白，皆合戎政機宜。其談兵料敵，言無不應，趙勇略、王奮威諸宿將並稱其能。折節讀書，雅近文士。能詩文，軍中每手草露布，詞甚可觀。慷慨好施予，嘗購書貯學宫，資後進講讀。捐千金築廣武石堰，鄉人德之，名其渠曰"千金渠"。

吴坤，應募從征，以恢復雲南功授守備，歷貴州鎮遠副將。攻紅苗，拔天心寨，陞永北鎮總兵[127]。旋領鑲白旗副都統，統師征西川苗凱旋，加議政大臣，又統兵征澤旺。年八十致仕，卒於家。

吴開圻，字玉圖，坤姪。康熙戊辰武探花①，歷官雲南元江副總兵。擒大嵐山張廿一、白龍敞譚八，以謀略著。好學工詩，在侍衛常獻詩應制，多蒙褒賚。

吴開增，字式圖，坤子。由武舉歷官温州總兵官，駐防北口外。卒，賜祭葬。開增爲侍衛時，父坤方被議待罪，久不能白。增隨駕，每叩頭，泣請以身代父罪。嗚咽悲哀，觀者咋舌，稱其膽，服其孝。後坤竟得赦還。

張文焕，字燦如，康熙辛未武狀元②，授二等侍衛，任山西大同總兵。進剿瓮井，三戰皆捷，以功陞提督[128]，署雲貴總督[129]。以目疾致仕，卒於家。

杜呈泗，由行伍歷任江南提督。有宦蹟，崇祀鄉賢。

卜應奎，由行伍歷任雲南永順鎮總兵。從大將軍進剿昭磨多有功。年七十一致仕，卒。

謝王寵，字賓于。幼孤貧好學，冬月藉草讀書。康熙壬午中鄉試③，丙戌成進士④，選翰林院庶吉士，尋告假回籍。雍正元年，特旨召見，問所讀何書，寵以

---

① 康熙戊辰：康熙二十七年(1688)。
② 康熙辛未：康熙三十年(1691)。
③ 壬午：康熙四十一年(1702)。
④ 丙戌：康熙四十五年(1706)。

《性理》對，即命講《太極圖説》，上大喜。隨補山西鴈平道，訪求利病。戊申春①，補光禄寺少卿。四月，陞翰林院侍讀學士。五月，署國子監祭酒事。時太學藏書散失，寵疏請武英殿發書四十五部，復自捐俸購經，分給諸生誦讀。旋進順天府府尹、都察院左副都御史，一歲中凡五遷。庚戌六月[130]，調宗人府府丞，尋以腿疾告休致仕。壽六十三卒[131]。所著有《反經録》[132]。

趙坤，少孤貧，棄書從戎，歷任副總兵，累被聖祖召見，賜賚稠疊。後官鶴麗鎮總兵，隨定西將軍恢復西藏，加左都督，留駐藏。時遺孽窺伺，以虚聲相恐，坤守以鎮定，撫士以恩，接彝以信，卒無警。晋貴州提督，擢鑾儀衛使。致仕，卒於家。

栗爾璋，少穎悟，由進士授檢討，補臨安府。見滇學荒落，捐金設書院，延名儒，親督課，文風大盛。築修犁花尖堤、天緣橋，滇人德之，號"栗公堤"。清查屯地，不使弁兵侵占。尋陞工部郎中，轉御史。奏禁衙蠹，奉旨通行直省。又以陝甘民田率多水衝沙壓，及更名粮額偏重，奏請減免，桑梓並受其惠。

沈鴻俊，康熙丁酉武舉②，任山西豐川衛守備。催科不擾，撫字有方。豐川至府五百餘里，舊例錢粮本色悉赴交納，民艱輓運，每至破産。鴻俊詳改折色，衛民感之，有慈母之頌。

沈鴻儒，鴻俊弟。由康熙丁酉拔貢[133]，任雲南石谷井鹽大使。悉罷井户供支，并捐俸立龍泉書院，親爲督課，井學文風漸起，有登科者，士庶後爲立石，志不忘焉。

袁士魁，字文華，任山東大名鎮右營守備，善撫士卒。有徐秀者，向爲響馬，後積餘貲，遂遁入伍，隸左營。左營守備楊某性極峻刻，御秀尤少恩。秀遂倡亂，縛其帥韓某，擁衆至守備署前，斬守者，楊逃匿免。士魁聞變，急整軍馳至，喻以禍福，衆稍散。秀等知不免，與士魁巷戰。士魁奮勇直前，賊挾副帥上城據守。士魁授計於把總苗某，就城上擒之，亂始定。繫其黨三百餘人待罪，士魁不欲要功肆殺，請於當事者，但誅其首惡而已。大名進士成泰爲長歌以紀其事。時康熙壬寅十月十八日夜[134]。

張宏印，字斗如，康熙時爲本營千總。己未③，聖祖西巡，駐蹕寧夏，奇其貌，令隨豹尾鎗行走，補守備。隨征噶逆[135]，以軍功累陞洮岷副將。時西固生番不靖，宏印勦撫功多，遂授貴州總兵，賜孔雀翎并盔甲。領固原、寧夏兵進勦烏魯木

---

① 戊申：雍正六年(1728)。

② 康熙丁酉：康熙五十六年(1717)。

③ 己未：康熙十八年(1679)。按：《寧夏府志》卷一《恩綸紀》載，清聖祖西巡駐蹕寧夏事在康熙三十六年(1697)，未載十八年西巡駐蹕寧夏事。

齊，所在克捷。雍正甲辰卒於軍①，年六十三。

周儀，辛丑科武進士②，選授藍翎侍衛，由廣羅協提兵征剿黔省逆苗刁國興、鄧橫等賊，累奏大捷。以功加都督僉事，陞河州總兵。

周廣，由侍衛授肇慶都司。出征八達，累著軍功，仕至總兵。

田玉，武生，由行伍累功至雲南開化總兵官。猿臂善射。任封疆十八年[136]，在曲尋建倉儲，設義學，修養濟院以存活退甲老廢，請餘丁粮以贍陣亡孤寡。捐貲賑饑，隆禮賓士。繼調開化，剿交趾狡匪莫天豹，擒夷目黄文祺，巖疆内外，賴以永安。年七十，予告回里，齒德俱尊，鄉飲嘗舉大賓。

岳峇，弱冠讀書，有神童之目。後棄文就武，中康熙丙子武解元③，成進士，選侍衛。肆力於學，以能詩名。聖祖嘗問侍衛内能詩者，大總裁李紱以峇對，即命進呈。著有《襪線詩稿》。仕至梧州都司。

張奎，諸生。篤志好學，事孀母以孝著。教授生徒百餘人，多騰達。能隨力資貧乏，或以横逆加，恬不校前。理刑張公慕其品，欲一見不可得。每過其門，咨嗟久之。卒後，公舉鄉賢入祠。

張覲顔，康熙壬子拔貢④。德性温良，書法古勁。以縣丞從陳忠愍公〔福〕恢復花馬池等處。議叙功加同知，任平凉教諭。

張燦，康熙乙酉武舉⑤。性敏捷，好讀書，工詩善射，嫻韜略。補本鎮千總，擢守備，尋授侍衛，除浙江處州游擊，又調勇健營游擊，領兵出征巴里坤有功。

羅倫，字帝言，性廉介不苟。中康熙癸未武進士⑥，授二等侍衛。歷河北總兵官，尋以疾辭歸，居潘昶堡。四壁蕭然，率子弟事耕讀，布衣草履，與漁子農父游處[137]，若未嘗握總兵權者。

師懿德，帝賓之子。由行伍累官天津總兵，江南、甘肅提督。援哈密，征北套，所在恩威兼著，有良將風。後陞内大臣、鑾儀衛使。雍正二年告休。居村落，跨健驢，後隨二奚奴負琴挈榼，日與耆舊文士相往還，優游林下者十餘年，以壽終。

羅俊，由侍衛，以剛直受知世宗憲皇帝，授沙河都司。有僧人驕淫不法，得其實，立斃之。總督以擅殺聞，上置不問。調居庸關都司，值裁延慶衛，士民争訴不便狀。適欽差拉錫回京，俊遮求代奏，詔調俊及直督李維鈞、道員岳濬面質，俊争

① 雍正甲辰：雍正二年(1724)。
② 辛丑：康熙六十年(1721)。
③ 康熙丙子：康熙三十五年(1696)。
④ 康熙壬子：康熙十一年(1672)。
⑤ 康熙乙酉：康熙四十四年(1705)。
⑥ 康熙癸未：康熙四十二年(1703)。

之甚力。仕至太原鎮總兵。

路一鶚，字子薦，由武生入伍，累官至浙江台州副總兵，署理温州鎮總兵。持體鎮定，嚴而有恩，所在兵民悦服。任台州九年，致仕，攀轅泣送者累累，達於境外，爲立去思碑。

李耀，由行伍歷官延綏鎮總兵，御士卒威惠並行。嘗出征巴里坤及烏魯木齊，擒黄台吉羅卜藏丹金。屢立奇功，賜孔雀翎，並蔭一子。

李現光，耀長子。由武狀元選頭等侍衛，歷官神木副總兵。御兵嚴而不苛，尤喜賓禮儒士[138]，雅歌投壺，有儒將風。

李現秀，耀次子。由監生隨征巴里坤，以軍功授江西瑞州同知，歷陞廣西蒼梧道，政務安静。民有争訟，剖斷公平，必先以勸諭，不輕用刑，所至人頌其寬惠。

王綏，字履齋，由武進士選侍衛。歷官江南督標中軍副將，南贛、壽春鎮總兵官，陞江南提督。撫循軍民，所在著績。任督標時，倡議捐俸貯庫，以資武員身故回里費。當事者美其義，并咨浙、江省畫一遵行。自是兩省故員旅櫬、妻孥，無不得歸者。南贛俗多溺女，綏聞之惻然，乃爲立法，自營兵始，存活者有賞，淹溺者坐罰隊長。自捐養廉，備賞資，爲所屬倡。從事六七年，全活無數。民間感化，其風漸移。辛巳①，黄河漫溢，奉旨星夜赴壽春，條上十餘事，水患悉平，聖旨褒嘉賞賚。事母至孝，事兄尤恭謹。俸禄有餘，悉以歸兄，事無巨細，罔不禀命焉。自奉極儉，而濟人之急傾囊不惜。好讀書，公餘手不釋卷，或彈琴賦詩。著有《一嘯軒集》《琴譜小編》。仕宦三十餘年，饋遺無所受。卒之日，江南軍民無不流涕者。

趙秉鐸，坤之子。幼業儒，以恩蔭累官至廣西潯州副將。威惠兼施，兵民愛戴。性恬雅，公餘吟咏自娱，著有《耐翁編年詩集》。

袁積蔭，由行伍歷官漢中副將，擢凉州總兵官。英姿卓卓，勇敢争先。雍正年從征西藏及棹子山，論功積蔭爲最。凱旋後，以疾卒於官，年五十餘。

王愷，字允和，由貴陽把總，於雍正四年進剿廣順州屬長寨狆苗，以功陞四川提標中軍參將。乾隆十三年，又進剿大金川，統領官兵攻打木崗、昔嶺、中峰、右梁等處，先後克獲碉卡，擒殺賊番甚衆。陞陝西西鳳副總兵。後致仕，卒於家。

李如柏，康熙癸巳武狀元②，授乾清門頭等侍衛[139]。體貌英俊，挽强善射，富韜略，好學問。然秉性剛直，不能與人款曲。官南北，歷十三鎮總兵，所在多威惠，人歌咏之。經事三朝，皆蒙寵眷。年七十餘致仕，卒於家。

吴進義，字子恒，開圻子。由行伍歷官江南、浙江、福建提督，後補古北口提

① 辛巳：康熙四十年(1701)。
② 康熙癸巳：康熙五十二年(1713)。

督。訓練撫綏，兵民咸感頌焉。在古北口任，年八十晋秩太子少保。〔康熙〕二十六年，值皇太后萬壽[140]，欽賜列九老。恩數稠疊，一時榮寵，武臣莫與比。敦宗睦族。購書籍貯學宫，建製藍衣緯帽，供丁祭禮儀。年八十四，卒於官。賜謚壯愍[141]，賜祭葬，入祀鄉賢。

趙之璧[142]，字東辰，弘燦子，世襲一等子，性恬静，生世胄，淡然聲利。由户部郎歷任府道，陞兩淮鹽運使，又爲長蘆鹽運使，皆美官。廉正自持，一塵不染，時論高之。告病回籍，卒於家[143]。

賀爾德，字念修，由衛學廩生告請從軍。征噶爾旦有功，授副將，任赤金游擊。壽八十三卒。

張起鵬，國樑子。由白衣，國樑奏請入宿衛，賜孔雀翎。後補南營參將，超授真定總兵官，旋以事罷歸。年未六十，優游林下，與郡中諸名宿琴樽往還。築室賀蘭滚鐘口内，勒石曰“張公山居”，游息其間，屏蹟城市。

阮爾英，由行伍官都司，出征西寧及歸德營[144]，搴旗擒賊，勇戰有功，歷陞凉州游擊。後告休回里，卒。

朱武英，平羅人。由把總隨大將軍岳鍾琪征棹子山，以功賜孔雀翎，任西鳳協副將。

杜茂虎，字鎮南。順治初，以計平蒙古刀兒計[145]。又討海寇，隨征朱龍、倪五，並有功。累官花馬池營副將。

梁朝桂，中衛人。乾隆三十七年，以中衛營外委出征金川有功，擢江西南贛鎮總兵。歷任陝西興漢、甘肅肅州鎮、廣東高廉鎮總兵。鎮高廉時，福建林爽文滋事，朝桂領粤兵星馳赴閩，至鹽水港直攻賊巢[146]，殺死無算，復縱火焚其巢穴。又在鎮平莊帶創獲勝，賞戴雙眼花翎，穿黄馬褂，擢福建陸路提督。平定金川時，朝桂與五十功臣圖像。上親製贊曰：“金川剿逆，埋根進首。鹽水恒惴，未免掣肘。及防蔴豆，禦賊堅守。受創力戰，嘉哉鮮偶。”後調湖廣提督。五十九年，卒於任。

魏相臣，字藎宣，中衛人，由按經歷薦授應山令。革驛差需索積弊，循聲卓著，旋以憂歸。乾隆乙卯①，署房縣。適匪徒蠢動，環豎白旗者約二萬，時兵從南征，城中兵不滿百，相臣率丁役與守備羅陞嬰城固守，相臣之妻亦率侍婢以助。賊攻城急，時謊報城陷，妻即就義，相臣令殮勿洩。旋鄉兵援至，率衆夾攻，盡殲其賊。上聞，擢相臣二千石，積勞卒於官。

俞德淵，字陶濬，平羅縣人，嘉慶二十二年進士，由翰林改官江蘇荆溪知縣，

---

① 乾隆乙卯：乾隆六十年(1795)。

調長洲縣，遷徐州府同知。以海運工竣，擢常州府，陞江南鹽巡道，授兩淮鹽運使，所至均有政聲。林則徐於時彦少所推許，獨稱淵曰："體用兼賅，表裏如一。"道光十五年，兩江督臣陶澍荐淵可大用，而淵竟以疾卒矣。士民聞之，靡不流淚，請祀各處名宦祠。著有《默齋文稿》。

任愷，字樂如，寧夏人，以吏員授河南典史，歷陞開歸陳許道，政聲卓著。工書法，嘗臨孫過庭書譜，爲之鐫石，學者或託購而珍藏之。

姬學周，字述堂，寧夏人，嘉慶乙丑進士[①]，任江西知縣。慎於操修，敏於幹理。檢身持法，久而不渝，所至奸貪屏蹟。生平不事奢靡，居官多年，清約如寒士，時論多之。

蔡天藻，寧朔人，嘉慶辛酉拔貢[②]，以知縣分省四川，初署長壽縣事，次署巴州、雅州。所至以興學育才爲務，大寮胥器重之。後以卓異補邛州，旋陞夔州府。政之不便於民者悉予豁除，口碑載道，民呼之爲"青天"云。

王贊襄，字舜臣，寧夏人，道光甲辰進士[③]，由户部主事截取任陝西鳳翔府知府。興學育才，文風大振，士林至今猶爲感頌之。

張爲章，字漢橋，平羅人，咸豐戊午進士[④]，官直隸大名縣知縣，廉能有政聲。

馬丙昭，寧夏人，咸豐壬子進士[⑤]，分省湖南，補授新寧縣知縣，調署芷江。以桑枝之變率兵勦撫，辦理得宜，保知府。歷任永順、常德、長沙等府，所至弊絶風清，循聲卓著，後陞儲粮道，卒於任。

管玉和，寧朔人，爲河南知縣。潔己愛民，推爲良吏。

瞿良斌，寧朔人，由軍功洊擢同知，分發陝西補用。好施與，不染官習。暇輒静坐，手執《周易》一卷，爲消遣世慮計，朝邑相國閻文介公亟器重之。

白文清，字劍潭，平羅人。同治間，由附生膺翼長張曜之聘，從戎新疆，以功保道員，加按察使銜，任河南開封巡河道[147]。督修河工，剔奸除弊，在任三年，使河水有所宣洩，民無潰决之虞，居民至今咸稱道之。胞弟文治，副將銜，甘肅提標洪水營游擊。在任勤勞，與士卒同甘苦，卒於任，軍民惜之。

梁鳳鳴，字岐山，中衛人。同治癸亥[⑥]，河東回亂，廣武當其要衝，鳳鳴與同邑白尚忠辦理團防。時廣武營守備金奎，回族也，暗與賊通，鳳鳴偵之。賊圍城時，金奎登城巡閲，鳳鳴從後，以利刃斫其首，墜城下。賊知事洩，解圍去。以軍

① 嘉慶乙丑：嘉慶十年(1805)。
② 嘉慶辛酉：嘉慶六年(1801)。
③ 道光甲辰：道光二十四年(1844)。
④ 咸豐戊午：咸豐八年(1858)。
⑤ 咸豐壬子：咸豐二年(1852)。
⑥ 同治癸亥：同治二年(1863)。

功保知縣，分發陝西，歷任城固、鎮南、紫陽等縣，所至均有政聲。年六十餘卒於任。

蔡奇謀，寧夏縣拔貢，官山西長子縣丞。自奉儉約，盡心民事。公餘臨池學書，深得古人筆法。在任二十年，官民一體，今猶頌之。

瞿三益，字友善，寧朔人。穎悟絶人。年十六奉母命習騎射，三年不解衣帶，遂精焉。中道光乙酉解元[①]，己丑進士[②]，分發四川，歷署青雲、建武等營守備都司。十四年，帶兵剿辦馬邊十三支赤夷，以三百人破猓猓數萬之衆，旋補小河營守備。丁憂，服闋，歷補馬邊惠州協左營各守備，嗣因功補萬州營游擊。凡至任所，整頓營規，訓練士卒，以古名將自期。每語時事，憂形於色。未幾，粵西賊起，三益日治守具，鎮府竟以好事沮抑之，遂解組。三益好讀《四子書》及先儒格言，年近古稀，尚楷書幅以訓諸子。後以疾終於廣東寓次。

俞壽棋，字介眉，平羅人。同治甲戌進士[③]，任江西宜黄縣知縣。循聲卓著，大寮恒器重之。弟思恒，任廣西岑溪、永淳等縣。思益，任廣東陵水、從化、乳源等縣。均廉能有聲。

鄭治，寧夏人。官凉州西把截營守備。值回亂，捐廉補修城垣，防守得力，以功保參將，加副將銜。兵民贈額曰"德重軍民"。

李清和，寧朔人。幼有神童之譽，工書法。以廩生從戎就武職，積功保游擊，加副將銜。後補西寧都司，旋以不合於時致仕歸。

羅如芬，寧朔人。由增生從戎，積功保知府，加鹽運使銜。以書法名。

龔朝琯，平羅人。以吏員隨征新疆，屢立戰功，任廣西鬱林州巡檢，代理知州，政聲卓著。

王炘，靈州人，由舉人大挑，歷任直隸定興、河間等縣，所至有聲。後任平山縣。適捻匪亂，某帥隊過平山，一宿限支麪餅萬斤，或告之曰："此因辦差不周，非爲麪餅耳。"炘曰："予蕭然一吏，焉能遂所求索民。"不忍憤極，欲自刎，民聞之，争獻麪餅，翌晨即足萬斤之數。炘以宦途嶮巇，告休回籍，卒於里。

季平，靈州人。同治二年，州城失陷，平在東山團集逃亡，剿平三窟等處回匪，後投寧夏道轅，帶團剿捕河東西匪，以功保守備，加都司銜，賞戴花翎。八年，匪平，散團歸農，卒於里。

石藴玉，字輝山，靈州人。同治八年，投效湘軍，攻克金積堡，西寧、河州、肅州等處，無役不從。光緒二年，隨大軍出關，帶定邊右營，以克復新疆全省功，歷

① 道光乙酉：道光五年(1825)。

② 己丑：道光九年(1829)。

③ 同治甲戌：同治十三年(1874)。

保提督，記名簡放，並賞頭品頂戴，賞戴花翎、琫武巴圖魯。淡於榮利。九年，即請假回籍，爲農夫以歿世云。

田九福，字祝三，靈州人。同治八年，投效湘軍，迭著戰功。光緒二年，隨大軍出關，先後管帶董字左右兩營，兼帶蒙古中旗馬隊，於克復瑪瑙斯、瑪把什各處，歷保提督，記名簡放，並賞加頭品頂戴，賞戴花翎、霍隆武巴圖魯。歷署喀什噶爾副將、阿克蘇總兵，後致仕，終於里。

張煦，字南浦，靈州人。父松年，舉人，任狄道州學正。煦承家學，以道光己酉拔貢舉鄉試[①]，咸豐癸丑成進士[②]，授刑部主事，擢員外郎，遷郎中。京察一等，出爲貴州鎮遠府知府，調貴陽府。丁母憂歸，服闋，補貴東道，遷陝西按察使，擢廣東布政使，調山西布政使，旋簡任陝西巡撫，調湖南巡撫、山西巡撫。爲治一本經術，詰奸虓，安良懦。及任封疆，值公私凋瘵，滌除封靡，綜核名實，革陋規，清積弊，上下肅然。廉静誠慤，不爲赫赫名，所在事集而民和，有各得其所之樂。撫湘時，湖廣督臣有失宜事，寓書規諫，義正詞嚴，海内欽服。光緒二十一年，卒於晋撫任，議卹如例。喪歸關中，民巷哭致祭，遂留葬焉。子體元、贊元，孫柄權，體元候選郎中，柄二品蔭生。

張俊，字傑三，靈州人。同治初，陝回亂，延及甘省，與董福祥、李雙樑等練團自衛。同治八年，編團壯丁隸湘軍劉松山部下。九年，克復金積堡，積功保都司。十年，接統湘軍劉錦棠進攻西寧，俊復隨征，衝鋒陷陣，無與比倫，洊保游擊。十二年，克河州，擢參將，加果勇巴圖魯。十三年，克肅州，晋總兵，予倭欣巴圖魯。光緒元年，借補北川營都司。二年，大軍出關，仍隸湘軍部下，於古牧地、烏魯木齊、瑪納斯、托克遜、吐魯番大戰，屢著奇功，生擒庫密爾賊目三十餘名，奪獲軍械、牛馬無算，而喀喇峽、庫爾勒、庫車、拜城、阿克蘇、烏什各城節次肅清。復與提督余虎恩攻剿西四城，一鼓而捷。叙頭等軍功，加提督，賞黄馬褂。旋統四城馬步各軍移防英吉沙爾，權烏什協副將，授甘肅西寧鎮總兵，調伊犂鎮總兵。二十一年，擢喀什噶爾提督，仍駐阿克蘇，以資鎮攝。當其鎮伊犂也，捐廉七千兩，購馬千匹，游牧孳生，馬政大興。又於霍爾果斯築碉卡七座，以通烽堠。其治喀什噶爾也，其界與俄毘連。强鄰窺伺，防不勝防。俊以餉運維艱，改練土兵，堅修堡寨，仍捐廉儲粮七萬餘石，以備緩急。二十二年，回民劉四伏擾邊，計擒置諸法。二十四年，調署甘肅提督，奉召入京，並奉旨巡閲沿邊營伍，旋領武衛軍翼長，並領中軍，賜紫禁城騎馬，巡閲北洋各軍，聖眷優崇，爲諸臣冠。二十六年，卒

① 道光己酉：道光二十九年(1849)。

② 咸豐癸丑：咸豐三年(1853)。

於軍，賜祭葬，謚壯勤，御製碑文，生平事蹟宣付史館。

董福祥，字星五，金積縣人，原籍固原。同治初，陝回肇亂，同心城守備馬兆元應之。福祥與張俊倡練義團，保衛桑梓。八年，左文襄檄湘軍統領劉松山進兵金積，福祥編其團丁，號曰"董字三營"歸附之。九年，攻克金積堡。十年，隨接統湘軍劉錦棠進攻西寧，奪大小峽、卓子山諸要隘，遂復西寧，歷保以總兵簡用。十二年，河回閔殿臣復叛，復率隊隨剿。福祥熟悉回情，出奇兵以絶敵粮，敵乃不支，殿臣授首，洊保提督。光緒二年，大軍出關，福祥仍隸湘軍，奮勇當先。一戰於天山，再戰於木里河，三戰於古牧地，所尚無敵。新疆西南時猶告警，復身先士卒，進攻烏魯木齊、達板城、托克遜、瑪納斯、吐魯番、阿克蘇等處，皆克之。全境肅清，叙頭等軍功，賞阿爾杭阿巴圖魯，襲騎都尉兼雲騎職，賞穿黄馬褂，免騎射，兼統湘楚恪靖馬步各營，留守葉爾羌、南八城等邊境，纏番畏服。十二年，授阿克蘇鎮總兵。十六年，擢喀什噶爾提督。二十年，奉召入京，敷陳新甘邊要情形，深中肯綮，晋尚書銜，命練甘軍，駐防河西務。二十一年，河州回亂，奉命援甘。由康家崖邊家灣太子寺節節進掃，解河州圍。又進兵西寧，解西寧圍。全境肅清，調甘肅提督，晋太子少保，賜紫禁城騎馬，賞肩輿帶、膝貂褂及氅、玉、綢、緞各珍品。二十三年，領武衛後軍。二十六年，兩宫西幸，充隨扈大臣，節制滿漢兵隊，功冠一時。惟戕殺日本書記、德國公使二事，時論少之，然其志究無他也，旋以疾乞歸。三十三年，卒於家。

佟慧，字靈泉，一號仁峰，寧夏駐防鑲藍旗繙繹生員。同治二年，任軍署文案，將軍、都統均器重之，拔補前鋒。以驍騎校陞用，後充陝甘總督文案，歷保以協領補用，並以副都統記名簡放。十三年，丁艱回旗，旋任正紅旗防禦。光緒年，兩赴山西請餉，時值山西大饑，庫款支絀，而道路餓殍又相枕藉，憂憤成疾，光緒九年，卒於任。

忠慧，字和亭，寧夏駐防，鑲藍旗人。同治三年，從佐領吉星赴援靈州，旋投效將軍金順部下，隨攻王家疃庄納家閘，奮勇争先，遂平賊巢。後又隨金順進攻肅州天山瑪納斯、巴里坤等處，無役不從。駐防伊犁，中俄和議定後請假回旗，任鑲紅旗佐領，並以功保副都統，記名簡放，賞紀勇巴圖魯。光緒十七年，卒於任。

奇克伸佈，字建亭，寧夏駐防鑲白旗蒙古人。喜學問，好騎射，隨嵩武軍克復寧夏，并進攻新疆烏魯木齊、吐魯番等處。由驍騎校洊保佐領、協領，加副都統銜。嗣隨甘軍克復狄河、西寧一帶，賞頭品頂戴，加霍隆武巴圖魯。二十六年，授江蘇沿江沿海等處掌印副都統。在任四年，政績卓著，卒於任。

哈初先，姓柯勒氏，字鼎臣，寧夏駐防蒙古鑲紅旗人。隨營至新疆，蒙保以驍騎校補用，旋丁艱歸旗，歷補驍騎校、防禦佐領等缺。光緒二十五年，授協領。宣統三年，會匪圍城，力戰却之。民國六年，撤營歸農，初先剴切開導，其於男女丁口攤款等事尤毫不偏倚，旗兵咸稱公允。初先工楷書，喜談因果。十年，無疾而卒，人以爲善行之所致云。

景琪，字仙墀，寧夏駐防鑲藍旗人，舉茂才，食廪餼，主講維新書院。光緒十八年，任正黄旗驍騎校。二十一年，任正紅旗防禦，充振威軍營務處，旋又充寧字練軍行營營務處，以功加協領銜。宣統三年，揀選協領，引見記名。民國元年十月，補鑲紅、鑲藍兩旗協領兼管鑲白旗佐領圖記。民國六年，撤營歸農，仙墀罕譬開導，免生事端，厥功最大。解任後詩酒自娱，顔其室曰"賀蘭山下行窩"，著《僑西懷舊詩稿》。

【校勘記】

[1] 燮：原作"爕"，據《後漢書》卷五八《傅燮傳》改。下同。

[2] 語在本傳：此四字原脱，據《寧夏府志》卷十三《人物・鄉獻》補。參見《後漢書》卷五八《傅燮傳》。

[3] 大人：原作"大夫"，據《後漢書》卷五八《傅燮傳》、《寧夏府志》卷十三《人物・鄉獻》改。

[4] 志：原作"氣"，據《後漢書》卷五八《傅燮傳》、《資治通鑑》卷五八、《通鑑紀事本末》卷八下《韓馬之叛》改。

[5] 劉劭：原作"劉邵"，據《三國志》卷二一《傅嘏傳》改。

[6] 陽鄉侯：原作"楊鄉侯"，據《三國志》卷二一《傅嘏傳》改。

[7] 黄門郎："黄門"後原衍"侍"字，據《晋書》卷四七《傅祗傳》删。

[8] 楊駿：原作"陽駿"，據《晋書》卷四七《傅祗傳》改。

[9] 普進：原作"晋"，據《晋書》卷四七《傅祗傳》改。

[10] 維正：原作"推正"，據《晋書》卷四七《傅祗傳》改。

[11] 行臺：原作"行營"，據《晋書》卷四七《傅祗傳》改。

[12] 盟主：原作"監主"，據《晋書》卷四七《傅祗傳》改。

[13] 盟津：原作"監津"，據《晋書》卷四七《傅祗傳》、《寧夏府志》卷十三《人物・鄉獻》改。

[14] 手筆厲："筆"原作"書"，"厲"原作"勵"，均據《晋書》卷四七《傅祗傳》改。

[15] 辭：原作"詞"，據《晋書》卷四七《傅祗傳》改。

[16] 梁祚當爲南北朝人，此襲《寧夏府志》卷十三《人物・鄉獻》之誤，係其爲晋人。《魏書》卷八四、《北史》卷八一有《梁祚傳》。

[17] 稍：原作"秩"，據《魏書》卷八四、《北史》卷八一有《梁祚傳》及《寧夏府志》卷十三《人物・鄉獻》改。

[18] 李訢：原作"李訴"，據《魏書》卷八四、《北史》卷八一有《梁祚傳》及《寧夏府志》卷十三《人物・鄉獻》改。

[19] 選：《魏書》卷八四、《北史》卷八一有《梁祚傳》及《寧夏府志》卷十三《人物·鄉獻》等均作“撰”。

[20] 震慴：《晋書》卷四七《傅玄傳》作“慴伏”。

[21] 據《晋書》卷四七《校勘記》[二]，傅咸拜太子洗馬在襲父爵之前，此列襲爵後，不確。

[22] 安成：原作“安定”，據《宋書》卷四三、《南史》卷十五《傅亮傳》、《〔乾隆〕甘志》卷三五《人物·傅瑗》改。

[23] 中書令：原作“尚書令”，據《宋書》卷四三、《南史》卷十五《傅亮傳》改。

[24] 神情：原作“神清”，據《梁書》卷二六、《南史》卷六〇《傅昭傳》改。

[25] 太中：原作“大中”，據《梁書》卷二六《傅映傳》改。

[26] 擿：原作“摘”，據《南史》卷七〇《傅翽傳》改。

[27] 四州：原作“四川”，據《梁書》卷四二、《南史》卷七〇《傅岐傳》改。

[28] 大款：原作“太款”，據《梁書》卷四二、《南史》卷七〇《傅岐傳》改。

[29] 賦：此字原脱，據《陳書》卷三〇、《南史》卷六九《傅縡傳》及《〔弘治〕寧志》卷三《靈州守禦千户所·人物》補。

[30] 木：此字原脱，據《陳書》卷三〇、《南史》卷六九《傅縡傳》補。

[31] 弘之：原避清高宗弘曆諱改作“宏之”，據《宋書》卷四八、《南史》卷十六《傅弘之傳》等回改。下同。

[32] 高祖：此同《宋書》卷四八《傅弘之傳》，《南史》卷十六《傅弘之傳》作“宋武帝”。

[33] 姚泓：原作“姚宏”，據《宋書》卷四八、《南史》卷十六《傅弘之傳》及《寧夏府志》卷十三《人物·鄉獻》改。

[34] 寧朔將軍：此四字下原有“略陽太守”四字。《册府元龜》卷三五一《將帥部》載：“傅弘之晋末爲桂陽公劉義真西戎司馬、寧朔將軍。時略陽太守徐師高反叛，弘之討平之。”可知任略陽太守者爲徐師高而非傅弘之。據删。

[35] 屬：此字原脱，據《宋書》卷五五、《南史》卷十五《傅隆傳》補。

[36] 參軍：原同《宋書》卷五五《傅隆傳》作“將軍”，《宋書》卷五五《校勘記》[十六]據《南史》卷十五《傅隆傳》改，今從。

[37] 屈丐：此同《北史》卷二五《宿石傳》，《魏書》卷三〇《宿石傳》作“屈孑”。

[38] 沓干：原作“杳干”，據《北史》卷二五、《魏書》卷三〇《宿石傳》及《寧夏府志》卷十三《人物·鄉獻》改。

[39] 嘗：原同《北史》卷二五《宿石傳》作“常”，據《魏書》卷三〇《宿石傳》改。

[40] 猛獸：此同《北史》卷二五《宿石傳》，《魏書》卷三〇、《通志》卷一四七《宿石傳》均作“虎”。《北史》避唐朝名諱改。參見《北史》卷二五《校勘記》[十]。

[41] 高湝：原作“高諧”，據《隋書》卷五四《李徹傳》及《寧夏府志》卷十三《人物·鄉獻》改。

[42] 熲：原作“頻”，據《隋書》卷五四、《北史》卷六六《李徹傳》及《寧夏府志》卷十三《人物·鄉獻》改。下同。

[43] 儀同：原作“祥同”，據《隋書》卷六三、《北史》卷六一《史祥傳》改。

[44] 諒：此字後原衍“祚”字，據《隋書》卷六三、《北史》卷六一《史祥傳》删。

[45] 黎陽：“黎”字原脱，據《隋書》卷六三、《北史》卷六一《史祥傳》補。

[46] 等：此字原脱，據《隋書》卷六三《史祥傳》及《寧夏府志》卷十三《人物·鄉獻》補。

[47] 間道：此同《隋書》卷六三《史祥傳》、《〔乾隆〕甘志》卷三六《人物》及《册府元龜》卷三八四《將帥部·褒異第十》。《北史》卷六一、《通志》卷一六一《史祥傳》均作“玉門道”。

[48] 三百：原作“二百”，據《隋書》卷六三《史祥傳》改。

[49] 祥之兄：《周書》卷二八《史寧傳》，《北史》卷六一、《通志》卷一六一《史祥傳》均作“祥弟”。

[50] 世儀：原作“世武”，《隋書》卷六三《史祥傳》作“世武”，《北史》卷六一、《通志》卷一六一《史祥傳》作“世儀”，據《北史》、《通志》改。參見《隋書》卷六三《校勘記》[三]。

[51] 尉迥：此同《隋書》卷四〇《宇文忻傳》，《北史》卷六〇《宇文忻傳》作“尉遲迥”。

[52] 妙解兵法：“妙”原作“少”，據《隋書》卷四〇《宇文忻傳》改。

[53] 六軍：原作“大軍”，據《北史》卷六〇、《隋書》卷四〇《宇文忻傳》改。

[54] 游瓌：原作“游環”，據《舊唐書》卷一四四、《新唐書》卷一五六《韓游瓌傳》改。下同。

[55] 木波：原作“水波”，據《新唐書》卷一五六《楊朝晟傳》、《寧夏府志》卷十三《人物·鄉獻》改。

[56] 若大發兵：原作“若夫發兵”，據《新唐書》卷一五六《楊朝晟傳》改。

[57] 二百：原作“三百”，據《新唐書》卷一五六《戴休顔傳》、《寧夏府志》卷十三《人物·鄉獻》改。

[58] 五十：原作“五千”，據《舊唐書》卷一五二、《新唐書》卷一七〇《史敬奉傳》改。

[59] 弘正：原避清高宗弘曆諱改作“宏正”，據《舊唐書》卷一四一《田弘正傳》、卷一八一《何進滔傳》等回改。下同。

[60] 孰殺前使及監軍者疏出之：“孰”原作“執”，“疏出之”三字原脱，據《新唐書》卷二一〇《何進滔傳》改、補。

[61] 部將：原作“步將”，據《新唐書》卷一四八《康日知傳》改。

[62] 會稽郡：“郡”字原脱，據《新唐書》卷一四八《康志睦傳》補。

[63] 縣男：原作“郡男”，據《新唐書》卷一四八《康承訓傳》改。

[64] 弟抱真：“弟”，《舊唐書》卷一三二、《新唐書》卷一三八《李抱玉傳》均作“從父弟”。“抱真”原作“抱貞”，據《舊唐書》卷一三二、《新唐書》卷一三八《李抱真傳》改。下同。

[65] 澤州：“澤”字原脱，據《舊唐書》卷一三二、《新唐書》卷一三八《李抱玉傳》補。

[66] 澶淵：此同《大明一統志》卷三七《寧夏衛》，《宋史》卷三二三《周美傳》作“澶州”。

[67] 閤門：原作“閣門”，據《宋史》卷三五〇《周永清傳》及職官名稱用字改。

[68] 鈐轄：原作“鈴轄”，據《宋史》卷三五〇《周永清傳》及職官名稱用字改。下同。

[69] 斡道冲字宗聖：“斡”原作“幹”，“宗聖”原倒作“聖宗”，均據《道園學古録》卷四《西夏相斡公畫像贊有序》改。

[70] 蕃：原作“番”，據《道園學古録》卷四《西夏相斡公畫像贊有序》改。

[71] 二十：原作“三十”，據《道園學古録》卷四《西夏相斡公畫像贊有序》改。

[72] 李楨字榦臣："楨"原作"徵"，"榦"原作"幹"，均據《元史》卷一二四《李楨傳》改。

[73] 經童：原作"經章"，據《元史》卷一二四《李楨傳》、《寧夏府志》卷十三《人物・鄉獻》改。

[74] 襄陽：原作"廣陽"，據《元史》卷一二四《李楨傳》改。

[75] 太宗：原作"太祖"，據《元史》卷一二五《高智耀傳》改。

[76] 西夏中興等路提刑："西"字原脱，"提刑"原作"提學"，均據《元史》卷一二五《高智耀傳》改。

[77] 寧國公：原作"夏國公"，據《元史》卷一二五《高智耀傳》改。

[78] 御史：原作"御使"，據《元史》卷一二五《高智耀傳附高睿傳》及職官名稱用字改。下同。

[79] 兀納剌城："剌"字原脱，據《元史》卷一二九《李恒傳》補。

[80] 新軍：此二字原脱，據《元史》卷一二九《李恒傳》補。

[81] 江夏：《〔嘉靖〕陝志》卷三一《文獻十九・鄉賢・寧夏衛》作"江西"。

[82] 江南：原作"江西"，據《元史》卷一四四《星吉傳》改。

[83] 破：原作"被"，據《寧夏府志》卷十三《人物・鄉獻》改。

[84] 烜：原作"煊"，據《元史》卷一二九《來阿八赤傳》、《寧夏府志》卷十三《人物・鄉獻》改。

[85] 太中：原作"大中"，據《元史》卷一七九《楊朵兒只傳》改。

[86] 日夕：原作"日久"，據《元史》卷一七九《楊朵兒只傳》改。

[87] 鐵木迭兒："迭"字原脱，據《元史》卷一七九《楊朵兒只傳》補。

[88] 不花：原作"卜花"，據《元史》卷一七九《楊不花傳》改。下同。

[89] 值：原作"至"，據《寧夏府志》卷十三《人物・鄉獻》改。

[90] 火奪都："都"字原脱，據《元史》卷一三三《拜延傳》補。

[91] 沙覽達里：《元史》卷一一三《宰相年表》作"沙藍答里"。

[92] 潮州：原作"湖州"，據《元史》卷一八八《邁里古思傳》改。

[93] 侍講：原作"侍讀"，據《元史》卷一四五《亦憐真班傳》改。

[94] 至元：原作"至正"。《元史》卷四〇《順帝本紀》載，至元六年(1340)七月己未，"以亦憐真班爲御史大夫"，據改。參見《元史》卷一四五《校勘記》[二]。

[95] 史：此字原脱，據《元史》卷一四五《亦憐真班傳》、《寧夏府志》卷十三《人物・鄉獻》補。

[96] 榮禄：原作"光禄"，據《元史》卷一四五《亦憐真班傳》改。

[97] 貞襄：原作"忠襄"，據《明史》卷一五八《徐琦傳》、《〔弘治〕寧志》卷二《寧夏總鎮・科目》改。又，《明宣宗實録》卷二二七載，徐琦卒於景泰四年(1453)三月己卯。

[98] 雲谷集：《千頃堂書目》卷二一、《續書史會要》均作"雲巖集"。

[99] 仍遣馬昇等：此五字原脱，據《朔方新志》卷三《文學・鄉獻》補。

[100] 右布政：此同《〔乾隆〕甘志》卷三六《人物》，《〔康熙〕陝志》卷二〇下《人物》作"左布政"。

[101] 史昭：原作"史釗"。參見本志第271頁脚注⑤。

[102] 汪潮：原作"江潮"，據《寧夏府志》卷十四《科貢・貢生》、《中衛縣志》卷六《獻徵表・人物》改。

[103] 沭陽：原作"沐陽"，據《寧夏府志》卷十三《人物・鄉獻・明》"汪潮"條改。

[104] 字：原作“子”，據《寧夏府志》卷十三《人物·鄉獻·明》“馬世龍”條改。

[105] 喬允升：“允”原作“元”，據《明史》卷二七〇《馬世龍傳》改。

[106] 據《寧夏府志》卷十二《職官·宦蹟》、卷十六《忠》載，“史開先”三字後之事蹟均非史敬事蹟。《寧夏府志》原編修者將史開先事蹟濫入史敬事蹟之中，本志沿襲此誤。

[107] 提督：原作“都督”，據《〔乾隆〕寧夏府志》卷十二《宦蹟》改。

[108] 十二年：原作“十三年”，據《清聖祖實録》卷四四、《清史列傳》卷六《陳福傳》改。

[109] 什之一二：《〔乾隆〕甘志》卷三六《人物》作“什之二三”。

[110] 十四年十二月二十二日：此十字原脱，據《寧夏府志》卷十三《人物·鄉獻·皇清》“陳福”條補。

[111] 王：此字原脱，據《寧夏府志》卷十三《人物·鄉獻·皇清》“陳福”條補。

[112] 雲南：原作“四川”，據《〔乾隆〕甘志》卷三六《人物》改。

[113] 破：原作“伐”，據《寧夏府志》卷十三《人物·鄉獻·皇清》“趙良棟”條改。

[114] 兵：《寧夏府志》卷十三《人物·鄉獻·皇清》“趙良棟”條作“萬人”。

[115] 歃盟：原作“插盟”，據《〔宣統〕甘志》卷六五《人物志·鄉賢下》改。

[116] 八十三：《寧夏府志》卷十三《人物·鄉獻·皇清》“吕維熊”條作“八十”。

[117] 交趾：原作“交址”，據《寧夏府志》卷十三《人物·鄉獻·皇清》“馬寧”條改。

[118] 真定：原避清世宗胤禛諱改作“正定”，據《清聖祖實録》卷一三四、《清史列傳》卷十二《趙弘燦傳》改。

[119] 王進寶：原作“王進賢”，據《寧夏府志》卷十三《人物·鄉獻·皇清》“李日榮”條改。

[120] 與：原作“輿”，據《寧夏府志》卷十三《人物·鄉獻·皇清》“馬見伯”條改。

[121] 殺虎口：“口”原作“協”，據《清聖祖實録》卷二九八、《清史列傳》卷十一《馬覿伯傳》改。

[122] 雲貴：原作“雲南”，據《寧夏府志》卷十三《人物·鄉獻·皇清》“羅大虎”條改。

[123] 遄達：原作“遄繞”，據《寧夏府志》卷十三《人物·鄉獻·皇清》“羅大虎”條改。

[124] 一面：原作“一便”，據《寧夏府志》卷十三《人物·鄉獻·皇清》“羅大虎”條改。

[125] 玁：原作“獮”，據《寧夏府志》卷十三《人物·鄉獻·皇清》“張國樑”條改。

[126] 政：此字原脱，據《寧夏府志》卷十三《人物·鄉獻·皇清》“陸進忠”條補。

[127] 永𠃶：原作“永北”，據《寧夏府志》卷十三《人物·鄉獻·皇清》“吴坤”條改。

[128] 提督：原作“都督”，據《寧夏府志》卷十三《人物·鄉獻·皇清》“張文焕”條改。

[129] 雲貴：原作“雲南”，據《寧夏府志》卷十三《人物·鄉獻·皇清》“張文焕”條改。

[130] 庚戌六月：原作“辛亥七月”，據《清世宗實録》卷九五改。“庚戌”，雍正八年(1730)。

[131] 六十三：原作“七十三”。《清通義大夫謝觀齋墓志銘》載，謝王寵生於康熙十年(1671)，卒於雍正十一年(1733)，據改。參見銀川美術館編《寧夏歷代碑刻集》，第154頁。

[132] 反經録：《清朝文獻通考》卷二二六、《清朝通志》卷一〇一、《四庫全書總目》卷九八《子部·儒家類·存目四》均作“愚齋反經録”。

[133] 丁酉：原作“己酉”，據《寧夏府志》卷十四《科貢·貢生》改。

[134] 時康熙壬寅十月十八日夜：此十一字原脱，據《寧夏府志》卷十三《人物·鄉獻·皇清》

“袁士魁”條補。康熙壬寅：康熙六十一年(1722)。

[135] 逆：原作“遂”,據《寧夏府志》卷十三《人物・鄉獻・皇清》“張宏印”條改。

[136] 任封疆：原作“康熙”,據《寧夏府志》卷十三《人物・鄉獻・皇清》“田玉”條改。

[137] 子：此字原脱,據《寧夏府志》卷十三《人物・鄉獻・皇清》“羅倫”條補。

[138] 喜：原作“善”,據《寧夏府志》卷十三《人物・鄉獻・皇清》“李現光”條補。

[139] 乾清門：原作“前清”,據《〔宣統〕甘志》卷六八《人物志・群材》改。

[140] 皇：此字原脱,據《寧夏府志》卷十三《人物・鄉獻・皇清》“吴進義”條改。

[141] 憨：原作“愍”,據《寧夏府志》卷十三《人物・鄉獻・皇清》“吴進義”條改。

[142] 趙之璧：原作“趙之壁”,據《清史列傳》卷十二《趙之璧傳》改。

[143] 卒：原作“辛”,據《清史列傳》卷十二《趙之璧傳》、《寧夏府志》卷十三《人物・鄉獻・皇清》“趙之璧”條改。

[144] 出征：原作“出任”,據《寧夏府志》卷十三《人物・鄉獻・皇清》“阮爾英”條改。

[145] 計：此字原脱,據《寧夏府志》卷十三《人物・鄉獻・皇清》“杜茂虎”條補。

[146] 港：原作“巷”,據《續中衛縣志》卷六《獻徵表・人物》改。

[147] 任：此字後原衍“河”字,據文意删。

朔方道志卷之十七　人物志二

學行　孝友

學行昔人有言，行道者君相，明道者師儒。道不明則道即不行，故師儒其最重也。因特輯學問醇正、品行端方者爲一類，以爲士之矜式焉。

明

朱孟德，翰林院庶吉士，善詩文，人以"太白"稱之。

宋儒，江西僉事，有儒行，以範俗，從事鄉賢。

常泰，定州學正，受學薛瑄，明性理之學。任學正時以正學教誨士人。及卒，貧不能歸，諸生留葬於定州。

周鏞，字蒲溪，靈州歲貢。初任山西平定州訓導，陞靈州所教諭。篤學窮理，兩任司鐸，恒以道德與諸生相長。都給事中俞鑾出其門[1]。

劉芳猷，字臣卿[2]，寧夏人。爲山西潞安丞，被誣罷歸。工詩文，著有《澄庵集》[3]《歸田詩草》。

楊奎甲，平羅人，由翰林牧吉州，被議徙蜀之眉山，著書自娱。

清

孟養龍，靈州恩貢①。工詩文，尚氣節。流賊攻城，養龍糾衆捍禦，靈州卒得保全。寧夏道黎士弘撰墓志，詳載其事。著有《吹萬吟》。

孟之珪，靈州進士②。天姿穎異，品行端方，詩文字學兼有名於時。立條教闡明理學，至今士林皆宗仰之。

劉得，字焕章，中衛舉人。學務實踐，視《五經》《四書》爲身心性命之事。如馮少墟、王復齋諸前輩著作之遺亡者，悉重爲梓行。其言曰："正心誠意以修身，主敬致知以力學，而後性命一歸於正。"可以知其爲學之本原矣。

---

① 《寧夏府志》卷十三《人物・鄉獻・皇清》"孟養龍"條載，孟養龍爲崇禎元年(1628)恩貢生。

② 《寧夏府志》卷十三《人物・鄉獻・皇清》"孟之珪"條載，孟之珪爲康熙三十三年(1694)進士。

張坤，諸生，忠信淳謹。讀書有心得，不徒爲章句學。教授生徒，遇有家貧質美者，資助其膏火，成就人材甚衆。事親誠恪，兄弟友愛，宛若童穉，鄉里無間言。

李震緒①，寧朔歲貢。品端學優，師表後進，多所成就。生平著作甚富，遭震焚燬。其孝友睦婣，鄉黨至今咸爲推重。

劉豫泰，武功縣訓導。制行剛方，事繼母以孝聞，教弱弟皆口授經書。課徒則先品行，後文藝，常以"誠敬"二字銘座右。雍正二年，寧夏道府以文廟祭器殘缺，欲修舉而難其人，豫泰博採遺書，圖式尺度，一遵古制。在武功捐修廟舍，訓諸生循訓不倦。所著詩文，清矯拔俗，有古人風。

劉宏毅[4]，字重遠，拔貢生。天姿敏捷，好學問，制藝日可十餘篇。尤工於詩，著有《詩論十則》。

李憪，號誠庵，靈州進士②，累官監察御史。糾彈無隱，後以事罷歸，寓寧朔馬寨堡，教授生徒，以脩脯自給，從游者甚衆。常以生平所身體力行者"存誠、行恕、敦孝弟、戒淫行、謹言語、慎威儀、嚴交游、立志節"八則告誡弟子，學者欽仰之。

王之曾，貢生，華亭縣教諭。居鄉樂善好施，敦本睦族，鄉人仰之。在華亭任時，捐俸倡修文廟，士人至今稱頌。

周道焕，字含章，拔貢生③。好學不倦，督學孝徵王公甚器之，惜年未四十而卒。

柴可楫，歲貢生。任寧州學正，課士嚴明。有貧不能讀者，輒以俸錢資助之，士人至今感頌云。

賀爾康，貢生，任鎮安縣訓導，修《鎮安志》未成，歿於官。知縣聶公夜夢與語，若有所請者，聶驚覺曰："是不忘此志也。"聶續成之，並録其異於志。

胡秉正，字建中，歲貢生，任環縣訓導[5]。少穎異，工詩文。教誘生徒，循循有規矩。司鐸數載，環縣之人至今猶思之[6]。

王家瑞，字吉人，歲貢生。博學多聞，居家孝友，練達時事，有肆應才。學校有公事，每推爲領袖云。

許體元④，字御萬，靈州優貢。賦質淳樸，沉潛理學，尤精於《易》。後任安定縣訓導。時值歲荒，體元奉令出賑，寧濫毋遺。尋告休，著有《春秋傳敘》《易經

---

① 《寧夏府志》卷十三《人物・鄉獻・皇清》"李震緒"條載，李震緒"壽八十六卒"。

② 《寧夏府志》卷十四《人物・科貢・進士》及《〔乾隆〕甘志》卷三三《選舉》均載，李憪爲康熙乙未科進士。《寧夏府志》卷十三《人物・鄉獻・皇清》"李憪"載其爲雍正丁未進士。"康熙乙未"，康熙五十四年(1715)。"雍正丁未"，雍正五年(1727)。據《明清進士題名碑録》當係雍正五年。

③ 《寧夏府志》卷十三《人物・鄉獻・皇清》"周道焕"條載，周道焕爲雍正元年(1723)拔貢生。

④ 《寧夏府志》卷十三《人物・鄉獻・皇清》"許體元"條載，許體元"年七十七卒"。

彙解》。

王家彦，字迪人，寧夏諸生。性坦易慈祥，與物不爲畛畦。少孤，事伯叔父母如所生，視堂兄弟如同胞，本府監收同知王公題其堂曰“式好”。能文章，躭典籍，購求古書不計其貲，故郡中藏書，推王氏爲最。尤喜周急濟困，見義必爲。荒祠廢廟，有關風教者，率爲創首。如岳武廟、王仲山公生祠，皆其所經理云。

史師朱，寧朔縣廩生。性直諒，動必以禮，不苟言笑。誘掖後進，一以敦本力行爲先。教爲文詞，不尚浮靡，達意而止。鄉黨欽其方嚴，稱之曰“古人”。

王寅，字賓陽，靈州拔貢。學有本原，事親能以志養。工詩文，教授於家。游其門者，多以學著。其子可久[7]，中乾隆壬申鄉試[8]。孫晟，中丁酉鄉試①、庚子進士②，翰林院庶吉士。

葉永實，字子穎，貢生。性淳雅，有德望，能文章。工書翰，整練端凝。地震後，凡公廨祠宇匾額，多所題署。

楊浣雨，字紫瀛，寧夏縣進士，截取知縣。沉潛理學，名利澹如，著書甚富。乾隆四十五年，承修府志。徵文考獻，殫見洽聞，時論多之。喜豪飲，醉後賦詩作書，顧盼自雄，饒有李白斗酒、張旭三杯之風致云。

路淡，字悟齋，寧夏縣翰林。供職京師，因事挂誤歸家，教授生徒，不談時事。主講關中書院，一時英俊多出其門，著有《悟齋文稿》。

張坦，字履甫，寧夏縣舉人。性剛介，有學行。主講銀川書院，訓迪有方，門下多所成就。後授凉州教授，司鐸數載，士林咸稱頌焉。

許焕，字玉堂，寧夏縣貢生。品端學優，不染公務。因材教育，從學衆多。爲文清矯不群。前太守黄自元許爲大器，卒困鄉闈，時論惜之。

任墀武，寧夏縣廩生。學問淹博，設教鄉里，循循善誘，門下多所成就。武生蔡景炯，文武兼全，同時設教，從游亦衆。當時稱善教者，動曰“任蔡”。

怡希孟，字緑岩，寧夏縣貢生。學問淹通，尤工書法，筆力遒勁，直逼顔柳。人得其隻字，恒什襲藏之。

張鳳紀，寧朔縣增生。學有根底，隱居教授，操行不苟，士林重之。

麥永年，寧朔縣舉人。同治回亂，數赴慶陽請兵，以功保知縣，加同知銜。退歸授徒，主講銀川書院。後進成就甚衆，至今猶感頌之。

吴樂卿，寧朔縣舉人。同治回亂，積功保直隸州知州。主講銀川書院，訓迪不倦，人謂與麥永年先後媲美云。

① 丁酉：乾隆四十二年(1777)。
② 庚子：乾隆四十五年(1780)。

馮燃，寧朔縣貢生。敦品勵行，耄而好學，教讀生多所成就。學政賜"一鄉人瑞"匾額以旌之。

趙尚仁，字壽山，靈州舉人。性沉静。家貧力學，一燈一榻，寒暑弗輟。諸子百家，靡不涉獵，書法尤秀潤。惜年未三十而卒。

史繼經，平羅貢生。躭嗜經史，名利澹如。里中後學，靡不得以一瞻光霽爲榮幸焉。

張松年，字壽山，靈州舉人。司鐸狄道，淡於仕進。歸里授徒，以德行爲先。常謂士不敦品，雖學富五車，亦糟粕耳。

吴復興，字振庭，寧朔縣恩貢生。學問優長，課讀以勤嚴著。歲科兩試，門士恒占多數。邑中文昌閣獨力創修，其培植文風有足多者。

張昉，字升庵，寧朔縣拔貢。居心恬淡，而地方公益則勇爲仔肩。嫌怨不避，尤喜排難解紛，有争訴者咸取平焉，閭里均推重而信服之。

王曰秀，字實夫，寧夏縣恩貢生。性情耿介，操守不苟。同治兵燹後，郡城書院已成荒墟。曰秀受知於張翼長曜，乘間請修，仍名"銀川"。啓迪後進，有不循理法者輒爲面責，從學生徒罔不服其嚴勵。尤精於醫，决人吉凶，率多不爽，著有醫經若干卷。

吴復安，字心齋，寧朔縣舉人。潛心經史，澹於名利。歷膺郡城中學師範各校監督，發明科學，訓士有方，士子翕然從焉。民國七年，續修道志，復安充任編輯，事功未竟，賫志以没，時論惜之。

董基成，平羅縣庠生。勤耕課讀，足不履城市。同時有王九齡者，性尤古樸，家無一椽，好學不輟，與基成並稱。

丁育桂，鎮戎同心城恩貢，授中衛縣訓導。鎮戎新設之邑，且屢遭兵燹，不知禮義。育桂創立義學，循循教誘，自是文風大振，人謂之有功名教。

陳國統，字建三，寧朔縣舉人。主講銀川書院，誘掖後進，有春風時雨之樂。後任涇州學正，卒於官。

朱文焕，字雲章，寧朔縣舉人。任狄道州學正，訓士有方，士林至今感頌。

英元，字乾周，號體仁，寧夏滿營駐防恩貢。任鑲黄旗防禦，兼教生徒百餘人。循循善誘，著有《鵖蟀微吟草》《集益堂小草》《静修日記》等草。

成元，字統一，寧夏駐防鑲白旗舉人。初學百家言，氾濫於釋老者有年，繼復歸於存誠主敬，兼精岐黄。佐將軍金順克復新疆，功擢佐領，加協領銜，卒於里。

固呢堪，字貞卿，寧夏駐防鑲紅旗生員。積學能文，尤精《易》理。教授有方，諸生有失檢者責不少貸。後佐將軍金順幕事，積勞病故，時論惜之。

拉禮，字果臣，寧夏駐防鑲黄旗蒙古生員。賦性沉静，好學不倦，尤精書牘。

由協領擢伊犂副都統。

錫慶，字佛航，寧夏駐防正白旗庠生。性淳謹，博通經史，與宋儒《性理》諸書相寢饋。教授生徒，以主敬存誠爲體，經史爲用。著有《芸花館日記》。

魏國祥，鎮戎紅城水貢生。讀書有得，兼精岐黄。同治時避亂歸里，屏絶五葷，不折稺草，不踐生蟲，扶危濟困，喜以陰騭因果感化鄉愚。與儒士王萬昭志同道合，人嘖嘖稱二人爲“一鄉善士”云。

劉建業，字漢橋，寧朔縣貢生。博覽經史，教讀子弟，朝夕不倦，士林德之。

任棠，平羅縣貢生。博學工文，樂善不倦，人以長者目之。

李芳田，平羅縣貢生。性儉樸，見利思義，不苟得。家貧好學，治家謹嚴，内外肅然。

張楷，平羅縣貢生。學有本原，司鐸會寧，士林式化，至今感之。

黄乃甘，平羅縣拔貢。任肅州學正，誘掖士類，成就甚多。肅州文風漸振，乃甘之力爲多。

張啓緒，平羅縣貢生。設帳講經，有濂洛風。歿後，士林無不感泣。

王士彦，平羅縣貢生，學問淹博。阿拉善聘之教讀三年，蒙古群知向學。該王稱以先生而不名，其見重如此。

于濱，寧夏縣庠生。讀書明理，取與不苟。辦理漢延渠務二十餘年，不遑寧處，水無愆期，群享其利，時人稱爲“長者”。

于自樂，寧夏人。取與不苟，見善必爲。辦理漢延渠務多年，勤能卓著。時太守總理渠務，凡事必諮。自樂自非渠事不履公門，人稱其有澹臺滅明非公不至之風格云。

孝友

唐

侯知道、程俱羅，俱靈武人，居親喪，穿壙作塚，皆身執其勞，鄉人助者，即哭而却之。知道廬墓七年，哭泣無節，垢塵積首，禽鳥爲之悲號。

元

趙那海，寧夏人，見《元史》[①]，事蹟未詳。

---

① 《元史》卷三六《文宗本紀》載，文宗天曆三年（1330）二月“己未，旌寧夏路趙那海孝行”。

明

王絅[9]，字子紋[10]，寧夏衛指揮綸之弟。母喪，廬墓，足不履城郭者三年。宣德中旌表。

安廷瑞，寧夏監生，自始祖安禮保至千户廷瑞與廷璧，六世同居，家庭雍肅，事聞旌表。

齊至道，寧夏增生，自祖齊敬及至道，三世同爨，家庭雍睦，詔旌其門，曰“三世同居”。

吴過[11]，寧夏人，嘉靖庚子舉人①，任袁州府同知[12]。出粟賑饑，多所全活。後爲母棄官，曲盡孝養，官著廉明，鄉稱“孝友”。

徐勇，靈州人，事母孝謹。母年九十有四，勇飲食起居不離頃刻。遭劉東暘之變，率守孤城，兩獻俘馘。鄉人稱“忠孝兩全”云。

趙誠②，靈州人，奉繼母至孝。母没，朝夕哭奠，三年如一日。

李雲，寧夏人，父兄罹哱〔拜〕、劉〔東暘〕之慘。雲以遺腹子官左營參將，念母苦節鞠成，先意承志，生平無逆色，無忤言。尤諳練屯政，當時重之。

陸國相，棗園人[13]。昭信校尉，養二親能先意承志。父萬乾病甚，衣不解帶，虔禱於藥王，服藥大效。後聞母喪，徒步馳歸，哀毁骨立。時值蝗災，國相所種田獨未傷損，人以爲孝心之所感格云。

萬汝義，威武堡儒童[14]。隨父往田間，地忽震，父驚仆，汝義扶父坐，又念母在家内，奔回家。時大震不已，妻、子均伏地呼救。義未遑兼顧，惟負母走，甫出門而牆傾，莊人多被壓，義妻、子俱得全。人謂此乃天不忍絶孝子之嗣云。

于翼龍，棗園堡人[15]。崇禎十三年，侍母郝氏往張安堡爲弟納聘，途次乾河墩，遇寇，棄所携物以餌賊，負母疾馳得免。官給“致身救母”額表其門。

清

馮爾暉[16]，寧夏衛人，順治丁酉副榜③，孝事節母王氏，母終，廬墓三年。

馬中驊，寧夏衛人，至性過人，生平事親無忤色。親喪，廬墓三年。

康晋侯，字相宸，寧夏廩生，事親克孝。康熙四十二年冬月[17]，街道失火，救火者行暗中，若聞有語曰：“康氏孝友，不可延及。”迨火滅，鄰家俱燬，惟康宅無恙。水利同知王全臣贈“孝格天心”額以表其門。

---

① 嘉靖庚子：嘉靖十九年（1540）。

② 《寧夏府志》卷十六《孝・明》“趙誠”條載，所著有《易經述古》《百一稿》。

③ 順治丁酉：順治十四年（1657）。

康元品，字士一，晋侯之子。年二十二歲，父亡母寡，繼祖母尚在堂，年八十。家素貧，品負薪供爨。後祖母病痰喘，母亦病目昏，均偃卧床席。品爲洗曝污穢，數年如一日。縣令夏武高其行而饋之，辭弗受。孝思不匱，貧賤不移，士一有焉。

王懋德，字聿修，寧夏人。少孤貧，事繼母以孝聞。年二十九，佐大將軍岳鍾琪幕府。時陝甘兵有應追賠巨款，懋德力請於大將軍，卒得豁免。後例補守備，以母病請改本省塘務，以便終養，時人頌之。

高棲鳳，字桐崗[18]，寧夏人，補弟子員。一家四世，人無間言。後遭地震，家盡燬，一弟尚在襁褓。棲鳳一身喪葬撫養，不以顛沛故稍乖於禮。爲文冲和雅正，教授生徒多騰達。後以詩酒自娱，年四十餘卒。

朱含章，寧夏諸生。其父以勞致疾，含章多方圖治無效，有謂用人肉爲引可愈者，含章割股肉入之，後仍以此疾終。含章憂毁而卒。

劉漢華，寧夏庠生，奉事孀母三十餘年。母以節著，子以孝聞。

周夢熊，字渭陽，寧夏生員，父母俱早亡，與兄同居。家貧，爲酒傭。年二十七，不識之無，人嘲笑之。欲從學，兄謂其年長，再三請，乃許之。苦學八年，遂入學，事兄如父，事嫂如母，兄友弟恭，人咸羡之。

路廷詔，字雲來，寧夏府學生。性質篤，力學敦本。因母孟氏得反胃疾，遂棄舉子業，潛究醫方，一意調治，母疾得愈。人求治者不取值，好行方便，鄉里賴之。卒時聞者無不涕下。

袁大聰，寧夏農家子，性樸誠。父得反胃病，卧床者數月。大聰憂慮鬱懣，有戲之者曰："此非人肉不得愈。"大聰即潛禱於藥王廟，割肉和藥以進，病遂愈。

劉自昌，寧夏人，事親曲盡孝道，内外無間言。

楊郁，字彬雅，寧夏人，任同官縣訓導。事親色養，父年老病淋，醫治不效，郁以口吮之，疾遂愈，隱不爲言。郁妹丈亦得此疾，謂人曰："郁之孝行，惟我獨知，而未嘗爲之表揚。我之得此疾，其殆隱人之善而致此歟?"自是邑人始知其事。乾隆八年，旌表之。

李畹九，寧夏人。父紹業，任環縣教諭，同治卒於任，回亂道梗，殯於土窑。屢次搬柩未果，郡城復後始得負骸骨歸，時人胥稱其孝。

吕聯陞，寧夏廩生。事親問寢視膳，人無間言，舉孝廉方正。

田腴[19]，寧夏附生。父教嚴厲，嘗中夜訓飭，繼以責駡。腴怡然順受，俟父寢乃敢退。

曹進書，寧朔武生。母久病，進書侍奉湯藥，晝夜不離，歷久如一日，鄉人頌之。

姚琗，寧夏貢生。同治回亂，家人離散，琗迎其繼母，月下奔波，望燈投憩，忽若有人截其前，懼而他往。及曉始知燈乃賊所，人以爲孝心之感云。

邱明佐，郡城人。母久病不愈，此間習俗每謂親病人肉可愈，明佐即截指煎藥進母，病數日旋愈。永鎮軍優奬，以嘉其孝。

姜泮，寧朔農人。母嗜飲，泮奉無缺。醉而怒，則長跪，俟怒解乃起。後母殁，泮廬墓三年。

湯萬玉，寧夏人。家貧，母患癱症，卧床三年。萬玉盆接便溺，冬月以毡護其溺器，未嘗稍懈。

辛永亭，靈州貢生。家貧，舌耕以供甘旨。母病，奉侍湯藥，衣不解帶。母殁，卧塚旁，人勸之歸，泣曰："何忍使吾母獨宿荒烟蔓草中也。"後家裕，常語人曰："日西復東，月沉復升，親一往而不復返，人子當及時盡孝，無似我之欲養而不得也。"

張琮，寧朔生員。事繼母如生母，母病侍奉，衣不解帶，病中無歡容，人稱之爲"張孝子"云。

查克丹，駐防鑲黄旗人。父母早逝，惟繼母存，事之如生母，待繼母子友於備至。後與弟分爨，繼母願依克丹。嗣弟中年疾殁，撫諸姪無異己出，闔旗頌之。

施貴，鎮戎紅城水人。同治回亂，城陷，母曰："我老，汝可携妻速逃，免斬吾祀。"其妻喬氏曰："可速負母逃，吾不累也。"自刎。貴遂負母逃至歸化城。事平始旋里，慈孝節烈，萃於一門，鄉鄰稱頌到今。

田得久，鎮戎預望堡人。同治回亂，城陷，得久負母逃於山西，傭工奉養。後旋里，母病，侍湯藥半載，始終毋惰。母殁，廬墓祭饗，一如生日，鄉里咸以孝稱之。

蘇爾璽，鎮戎韋州人。母海氏病疳瘡，醫謂需人肉湯洗之。爾璽潛割乳肉，煎湯以洗疾，果瘳，鄉人無不羡稱其孝。

鍾華，寧夏軍功。父早亡，母年九十卒，守節七十一年。華朝夕承歡，婾色婉容，數十年如一日。

張運顯、田生桂、李紹遠、靳正德，俱平羅人。運顯侍父，病衣不解帶。兄弟四人，食則同席，卧則同榻。生桂父病，嘗藥以進，事繼母尤謹。嘗怒批生桂頰，笑而受之。紹遠，廪生，親殁，廬墓三年，哀毁骨立。正德事孀母誠誠懇懇，數十年如一日，人均以"孝子"稱之。

李廷郁，平羅武生。父服賈新疆，病故，時郁方弱冠，徒步萬里往尋父尸，負還營葬，人稱爲"李孝子"。

高起芝，平羅人。母病，思食芹羹。時回匪充斥，起芝四處採取，所到之處即回匪他往之處，未嘗遇害，人以爲孝心所感、鬼神呵護云。

楊文林，平羅歲貢。父母年衰齒落，飲食必親製。父母病，湯藥必親嘗。親歿，廬墓祭葬以禮。

常拴娃，平羅北鄉童子。同治間，與父壽年被賊執。拴娃求釋其父，賊不允，殺之，拴娃大罵，賊怒箠楚死。

冉光朔，靈州拔貢，事繼母如生母。凡事禀命，出入告面，二十餘年未之稍懈。

王永，靈州農民，事親無忤色。母歿，三年中，每朝暮必詣墓拜奠羹湯，風雨無間。

孫鐸，靈州貢生，事親克孝。胞叔建垣性嚴厲，鐸侍奉無敢違，尤友愛兄弟，門以内怡怡如也。

俞有，靈州農民，事親孝。家貧，每獲異味，必以獻。定省視問，數十年如一日，人以"俞孝子"呼之。

鄭興基，鹽池弟子員。值年荒，父被虜，後興基詢知父流落北口外之板城，隻身往尋。道經山西，時山西大饑，民人相食。興基奮不顧身，數月始達板城。喇嘛憐其孝，贈馬二匹，並川資十兩，興基遂奉父旋里。

周守域，中衛武庠，事親盡孝。親歿後，每撫栝棬，兩淚不乾。兄守壐卒時，域年已八十，扶杖撫棺，哀號不已，其友愛又如此。

赫生蓮，中衛監生。少孤，事母盡孝。母疾則親侍湯藥，廢寢忘餐。母或他適，追隨左右，如孩提然。學使許獎其門。

袁守義，中衛拔貢。母病，醫藥不效，守義見世有割肉醫親得愈者，亦潛割股肉以進。不料母病益劇，遂不起。有問之者，守義惟俯首涕泣而已。

周希濂，中衛貢生。性孝友，端方不苟，舉孝廉方正。士林謂"舉希濂，洵無愧"云。

朱仁，寧夏人。同治亂回絶食，將鬻弟，令其求生，涕泣不已。或問之，仁曰："弟去，不可復得矣，曷捨子以活吾弟。"妻從之。後仁連生子，弟成立，亦生子五。

張琁，寧朔人。有子一，其弟琢有子四。琁自定襄典史任歸里，建新宅四，令諸姪各分一宅，曰："此吾弟子也。"而以舊居與己子。琁晚年又得一子，諸姪請均産，曰："此吾業已分給汝等也，若再生子，將如之何？"勿許。

馮炘，寧朔貢生，孝友性成。與兄燃食必同棹，卧必同榻。兄病，炘時爲撫摩，人謂其有姜家大被之風。

王樂邦，鎮戎人，孝友一本天性。兄歿，視兄子如己子。時值回亂，姪病甚，或曰曷舍之，樂邦曰："何以見吾兄？"賊感其義，併釋之，同徙郡城。商人王榮遺百金，拾而還之，榮請以半分，樂邦曰："此汝物也，得之不祥。"其疏財仗義又如此。

張萬誠，鎮戎人。從戎回籍，積數百金。其姊李張氏青年守節，二子一女，貧不能養。萬誠出金，爲營業産，得全姊節，論者賢之。

【校勘記】

［1］俞鑾：本志卷十八《人物志·進士·明》、《寧夏府志》卷十四《科貢》均作"俞鸞"。

［2］臣卿：原作"巨卿"，據《寧夏府志》卷十三《人物·鄉獻·皇清》"劉芳猷"條改。

［3］澄庵："澄安"，據《寧夏府志》卷十三《人物·鄉獻·皇清》"劉芳猷"條改。

［4］劉宏毅：疑當作"劉弘毅"。劉弘毅字重遠，蓋名與字取自《論語》。《論語·述而》載："曾子曰：'士不可以不弘毅，任重而道遠。'"因避清高宗弘曆諱，"弘毅"改作"宏毅"。

［5］環縣：原作"懷縣"，據《寧夏府志》卷十三《人物·鄉獻·皇清》"胡秉正"條改。

［6］環縣之人：原作"懷民"，據《寧夏府志》卷十三《人物·鄉獻·皇清》"胡秉正"條改。

［7］可久：原作"久可"，據《寧夏府志》卷十三《人物·鄉獻·皇清》"王寅"條改。

［8］壬申：此同《寧夏府志》卷十三《人物·鄉獻·皇清》"王寅"條，《寧夏府志》卷十四《人物·科貢·貢生》、《〔宣統〕甘志》卷三九《學校志·歷代選舉表》均作"丁卯"。丁卯，乾隆十二年(1747)；壬申，乾隆十七年(1752)。

［9］王綗：原作"王炯"，據《寧夏府志》卷十六《孝·明》"王綗"條改。

［10］子紋：本志原同《〔弘治〕寧志》卷二、《〔嘉靖〕寧志》卷二、《朔方新志》卷三及《寧夏府志》卷十六《孝·明》"王綗"條均作"子文"，據《〔正統〕寧志》卷上《孝行》、《〔嘉靖〕陝志》卷三一《文獻十九·鄉賢·寧夏衛》、《〔乾隆〕甘志》卷三八《孝義·寧夏府》改。

［11］吴過：原作"吴遇"，據《寧夏府志》卷十六《義·明》"吴過"條改。

［12］袁州：原作"原州"，據《寧夏府志》卷十六《義·明》"吴過"條改。

［13］棗園：原作"中衛"，據《寧夏府志》卷十六《孝·明》"陸國相"條改。

［14］威武堡：原作"寧夏衛"，據《寧夏府志》卷十六《孝·明》"萬汝義"條改。

［15］棗園堡：原作"寧夏衛"，據《寧夏府志》卷十六《孝·明》"于翼龍"條改。

［16］馮：原作"馬"，據《寧夏府志》卷十六《孝·皇清》"馮爾暉"條改。

［17］冬月：《寧夏府志》卷十六《孝·皇清》"康晋侯"條作"十一月初六夜"。

［18］桐崗：原作"相岡"，據《寧夏府志》卷十六《孝·皇清》"高棲鳳"條改。

［19］腴：原作"腴"，據文意改。

朔方道志卷之十八　人物志三

歷代選舉、科舉　民國選舉

歷代選舉、科舉爲人才登進之階，古爲薦辟，唐宋以後爲考試。今之學校，由小學畢業以升中學，由中學畢業以升大學，亦選士之一法也。至議員投票，則又另爲選舉之一例。《舊志》列入《人物》，今從之。

薦辟

漢

傅燮，北地人，舉孝廉，官漢陽太守。

晋

傅玄，北地人，舉秀才，除郎中，官侍中。

北魏

梁祚，北地泥陽人，辟秘書中散，遷秘書令。

梁

傅昭，北地靈武人，辟主簿，累遷尚書左丞。

進士

元

邁里古思，寧夏衛人，授紹興録事司。
亦憐真班，西夏人，翰林，拜御史大夫。

明

永樂乙未①：徐琦，寧夏衛人，尚書；曹衡，寧夏衛人，知府。
戊戌②：朱孟德，寧夏衛人，翰林。
正統壬戌③：宋儒，寧夏衛人，僉事。
景泰甲戌④：程雲景，寧夏衛人，御史。
成化丁未⑤：胡汝礪，寧夏衛人，兵部尚書[1]。
弘治己未⑥：馬昊，寧夏衛人，御史；劉慶，寧夏衛人，御史。
壬戌⑦：張嘉謨，寧夏衛人，御史。
乙丑[2]：胡汝楫，寧夏衛人，知縣。
正德戊辰⑧：駱用卿，寧夏衛人，員外。
丁丑⑨：王官，寧夏衛人，御史。
辛巳⑩：管律，寧夏人，給事中。
嘉靖癸未⑪：楚書，寧夏衛人，御史；王學古，寧夏衛人，知縣。
丙戌⑫：楊經，寧夏衛人，推官。
己丑⑬：黄綬，寧夏衛人。
壬辰⑭：劉思唐，寧夏人，按察使。
辛丑⑮：俞鸞[3]，靈州人，給事中。
隆慶戊辰[4]：王繼祖，寧夏衛人，副使。
萬曆甲戌[5]：李廷彦，寧夏衛人，少卿。
丁丑⑯：王元，寧夏衛人，知縣。

---

① 永樂乙未：明成祖朱棣永樂十三年(1415)。
② 戊戌：永樂十六年(1418)。
③ 正統壬戌：明英宗朱祁鎮正統七年(1442)。
④ 景泰甲戌：明代宗朱祁鈺景泰五年(1454)。
⑤ 成化丁未：明憲宗朱見深成化二十三年(1487)。
⑥ 弘治己未：明孝宗朱祐樘弘治十二年(1499)。
⑦ 壬戌：弘治十五年(1502)。
⑧ 正德戊辰：明武宗朱厚照正德三年(1508)。
⑨ 丁丑：正德十二年(1517)。
⑩ 辛巳：正德十六年(1521)。
⑪ 癸未：明世宗朱厚熜嘉靖二年(1523)。
⑫ 丙戌：嘉靖五年(1526)。
⑬ 己丑：嘉靖八年(1529)。
⑭ 壬辰：嘉靖十一年(1532)。
⑮ 辛丑：嘉靖二十年(1541)。
⑯ 丁丑：萬曆五年(1577)。

庚辰①：穆來輔，寧夏衛人，通政。
丙戌②：侯廷佩[6]，寧夏人，給事中。
戊戌③：蒯諫，寧夏衛人，主事；張國儒[7]，鎮夷所人。
癸丑④：楊壽，寧夏衛人，主事。
崇禎癸未[8]：鄭撫民，寧夏後衛人。

清

順治辛丑⑤：丁斗柄，寧夏人，知縣。
康熙甲戌⑥：孟之珪，靈州人。
丙戌⑦：謝王寵，靈州人，府丞。
乙未⑧：栗爾璋，寧夏人，員外；李愫，靈州人，主事。
戊戌⑨：解震泰，寧夏人，庶吉士。
辛丑⑩：楊魁甲，平羅人，知州。
雍正庚戌⑪：謝升，靈州人，知府。
乾隆丙辰⑫：李珌，靈州人，知府；梁棟，靈州人，知縣。
己未⑬：劉霖，中衛人，知縣；王肇基，中衛人，知縣。
戊辰[9]：高遴，靈州人，知縣。
辛未⑭：路談，寧夏人，編修。
壬申⑮：羅全詩，中衛人，知縣。
丁丑⑯：陸允鎮，靈州人，督粮道；李蔭椿，寧夏人，知州。
癸未⑰：楊掄，中衛人，知縣。

---

① 庚辰：萬曆八年(1580)。
② 丙戌：萬曆十四年(1586)。
③ 戊戌：萬曆二十六年(1598)。
④ 癸丑：萬曆四十一年(1613)。
⑤ 順治辛丑：順治十八年(1661)。
⑥ 康熙甲戌：康熙三十三年(1694)。
⑦ 丙戌：康熙四十五年(1706)。
⑧ 乙未：康熙五十四年(1715)。
⑨ 戊戌：康熙五十七年(1718)。
⑩ 辛丑：康熙六十年(1721)。
⑪ 雍正庚戌：雍正八年(1730)。
⑫ 乾隆丙辰：乾隆元年(1736)。
⑬ 己未：乾隆四年(1739)。
⑭ 辛未：乾隆十六年(1751)。
⑮ 壬申：乾隆十七年(1752)。又，"壬申"年内容原位於後文"丁丑"年之後，據本志書例移至此。
⑯ 丁丑：乾隆二十二年(1757)。
⑰ 癸未：乾隆二十八年(1763)。

丙戌[①]：張玘，寧夏人，知縣。
己丑[②]：張埰[10]，寧夏人，知縣。
辛卯[③]：楊浣雨，寧夏人。
壬辰[④]：馮燦，寧夏人，主事。
乙未[⑤]：吴桂，寧朔人。
戊戌[⑥]：陳作樞，寧朔人。
庚子[⑦]：王晟，靈州人，庶吉士；李賓，寧夏人。
己酉[⑧]：周栻，寧夏人，編修；張志濂，中衛人。
嘉慶辛酉[⑨]：祁颺廷，靈州人。
乙丑[⑩]：姬學周，寧夏人，知縣。
丁丑[⑪]：俞德淵，平羅人，鹽運使。
道光乙巳[⑫]：王贊襄，中衛人，主事。
庚戌[⑬]：李信芳，寧朔人，知縣。
咸豐壬子[⑭]：馬丙昭，寧夏人，知府。
癸丑[⑮]：張煦，靈州人，巡撫。
庚申：張雋選，靈州人，知縣。
同治壬戌[⑯]：張爲章，寧夏人，知縣；張爾遴，平羅人，知縣。
甲戌[⑰]：俞壽旗，平羅人，主事；張心銘，中衛人，知縣。
以上自清乾隆四十五年，檔册遺失，未能盡考。

---

① 丙戌：乾隆三十一年(1766)。
② 己丑：乾隆三十四年(1769)。
③ 辛卯：乾隆三十六年(1771)。
④ 壬辰：乾隆三十七年(1772)。
⑤ 乙未：乾隆四十年(1775)。
⑥ 戊戌：乾隆四十三年(1778)。
⑦ 庚子：乾隆四十五年(1780)。
⑧ 己酉：乾隆五十四年(1789)。
⑨ 嘉慶辛酉：嘉慶六年(1801)。
⑩ 乙丑：嘉慶十年(1805)。
⑪ 丁丑：嘉慶二十二年(1817)。
⑫ 道光乙巳：道光二十五年(1845)。
⑬ 庚戌：道光三十年(1850)。
⑭ 咸豐壬子：咸豐二年(1852)。
⑮ 癸丑：咸豐三年(1853)。
⑯ 同治壬戌：同治元年(1862)。
⑰ 甲戌：同治十三年(1874)。

舉人

明

永樂戊子①：徐琦，寧夏衛人，進士。

辛卯②：朱孟德，寧夏衛人，進士；曹衡，寧夏衛人，進士。

丁酉③：陳純，寧夏衛人。

庚子④：王玉，寧夏衛人。

癸卯⑤：吴能[11]，寧夏衛人；韓忠，寧夏衛人。

宣德壬子⑥：宋儒，寧夏衛人，進士。

正統辛酉⑦：趙玉，寧夏衛人，知府；趙縉，寧夏衛人，僉事。

甲子⑧：姚成，寧夏衛人，知縣。

丁卯⑨：程景雲，寧夏衛人，進士。

景泰庚午⑩：蔣瑢，寧夏衛人；鄒牧，監察御史；王憲，寧夏衛人；陳德，寧夏衛人；包文學，同知；賈正，知縣；但懋，户部郎中；沈禎[12]，王府教授。

癸酉⑪：王用賓，同知；常泰，學正；計全，知州；陳林，通判；吴震，右府經歷[13]；徐智，通判。

丙子⑫：朱廷儀，同知。

天順己卯⑬：朱俊，知縣。

成化乙酉⑭：袁英，同知；殷斆[14]，知縣；何英，教授；張翼[15]，知縣。

戊子⑮：夏景芳，寧夏衛人。

---

① 永樂戊子：永樂六年(1408)。
② 辛卯：永樂九年(1411)。
③ 丁酉：永樂十五年(1417)。
④ 庚子：永樂十八年(1420)。
⑤ 癸卯：永樂二十一年(1423)。
⑥ 宣德壬子：明宣宗朱瞻基宣德七年(1432)。
⑦ 正統辛酉：正統六年(1441)。
⑧ 甲子：正統九年(1444)。
⑨ 丁卯：正統十二年(1447)。
⑩ 景泰庚午：景泰元年(1450)。
⑪ 癸酉：景泰四年(1453)。
⑫ 丙子：景泰七年(1456)。
⑬ 天順己卯：明英宗朱祁鎮天順三年(1459)。
⑭ 成化乙酉：成化元年(1465)。
⑮ 戊子：成化四年(1468)。

甲午①：夏景華，寧夏衛人，推官。

丁酉②：李暹，知縣；丘山[16]，教諭；馬聰，知縣。

庚子③：山岳，王府紀善。

癸卯④：李泰，靈州人，知州；孔璽，寧夏衛人；蕭漢，寧夏衛人。

丙午⑤：李用賓，靈州人，知州；胡汝礪，寧夏衛人，進士；邢通，寧夏衛人。

弘治己酉⑥：張凌漢，寧夏衛人；濮頤，知縣；田賦，寧夏衛人。

壬子⑦：梅信，知縣；徐曇[17]，知縣。

乙卯⑧：胡汝楫，寧夏衛人，進士；馬昊，寧夏衛人，進士。

戊午⑨：劉慶，前衛人，進士。

辛酉⑩：駱用卿，前衛人，進士；張嘉謨[18]，寧夏衛人，進士；趙璽，靈州人。

甲子⑪：吕渭，知縣；吴冕⑫。

正德庚午⑬：張鳳岐[19]，寧夏衛人。

癸酉⑭：羅珍，寧夏衛人；梅羹，知縣；王官，左衛人，進士。

丙子⑮：楊經，儀衛人，進士；管律，寧夏衛人，進士；潘九齡，布政使；秦聘，知縣。

己卯⑯：王師古，王府長史；楚書，左衛人，進士；汪文淵，知縣；梁仁，知縣；劉伸。

嘉靖壬午[20]：李瑾，寧夏衛人；王學古，寧夏衛人，進士；薛廣倫，推官；宋文鑑，寧夏衛人；黄綬，中屯衛人，進士；沙廷珪。

乙酉⑰：王良臣，寧夏衛人。

戊子⑱：李絅，寧夏衛人；吕用賓[21]，知縣。

---

① 甲午：成化十年(1474)。
② 丁酉：成化十三年(1477)。
③ 庚子：成化十六年(1480)。
④ 癸卯：成化十九年(1483)。
⑤ 丙午：成化二十二年(1486)。
⑥ 弘治己酉：弘治二年(1489)。
⑦ 壬子：弘治五年(1492)。
⑧ 乙卯：弘治八年(1495)。
⑨ 戊午：弘治十一年(1498)。
⑩ 辛酉：弘治十四年(1501)。
⑪ 甲子：弘治十七年(1504)。
⑫ 《〔嘉靖〕陕志》卷三一《文獻十九・寧夏衛》、《〔嘉靖〕寧志》卷二《選舉》載，吴冕任四川納溪知縣。
⑬ 正德庚午：正德五年(1510)。
⑭ 癸酉：正德八年(1513)。
⑮ 丙子：正德十一年(1516)。
⑯ 己卯：正德十四年(1519)。
⑰ 乙酉：嘉靖四年(1525)。
⑱ 戊子：嘉靖七年(1528)。

辛卯①：張炌[22]，寧夏衛人；劉思唐，右衛人，進士；楊希元，通判；劉鳳，寧夏衛人；傅汝礪。

丁酉②：張九思，通判；李徹，同知；俞鸞[23]，靈州人，進士。

癸卯③：王業，知縣。

己酉④：趙崇儒，寧夏衛人；黄鵾，知縣；徐佃。

乙卯⑤：屈大伸，寧夏衛人，署丞。

戊午⑥：王元，寧夏衛人，進士；賈萬鎰，知縣；杜文錦，知縣。

隆慶丁卯⑦：王經祖，寧夏衛人，進士；丁文亨，知縣；李廷彦，寧夏衛人，進士。

庚午⑧：吴過，同知。

萬曆丙子⑨：穆來輔，中衛人，進士；侯廷佩，中衛人，進士。

己卯⑩：陳洪訓，寧夏衛人。

辛卯⑪：蒯諫，寧夏衛人，進士；田賦，知縣。

甲午[24]：史左；單謨，教諭。

丁酉⑫：車尚殷，寧夏衛人，知縣。

庚子⑬：許光祖，寧夏衛人。

丙午⑭：楊壽，寧夏衛人，進士。

己酉⑮：李國禎[25]，知府。

戊午⑯：吕華，同知。

天啓辛酉⑰：張先春，知縣；沙圻，寧夏衛人。

丁卯⑱：李[illegible]，寧夏衛人，知縣；鄭感民，靈州人；陳有增，靈州人。

---

① 辛卯：嘉靖十年(1531)。
② 丁酉：嘉靖十六年(1537)。
③ 癸卯：嘉靖二十二年(1543)。
④ 己酉：嘉靖二十八年(1549)。
⑤ 乙卯：嘉靖三十四年(1555)。
⑥ 戊午：嘉靖三十七年(1558)。
⑦ 隆慶丁卯：隆慶元年(1567)。
⑧ 庚午：隆慶四年(1570)。
⑨ 萬曆丙子：萬曆四年(1576)。
⑩ 己卯：萬曆七年(1579)。
⑪ 辛卯：萬曆十九年(1591)。
⑫ 丁酉：萬曆二十五年(1597)。
⑬ 庚子：萬曆二十八年(1600)。
⑭ 丙午：萬曆三十四年(1606)。
⑮ 己酉：萬曆三十七年(1609)。
⑯ 戊午：萬曆四十六年(1618)。
⑰ 天啓辛酉：明熹宗朱由校天啓元年(1621)。
⑱ 丁卯：天啓七年(1627)。

崇禎丙子①：李文緯，知縣；朱伸坣，教授。
己卯②：朱廷瀚，寧夏衛人，巡按。
壬午③：吴健，寧夏衛人；吕維熊，知府。

清

順治戊子④：郭振郛[26]，寧夏衛人，知縣。
甲午⑤：曾畹，寧夏衛人。
丁酉⑥：丁斗柄，寧夏衛人，進士；許震元，知縣；强震猷，史館纂修。
庚子⑦：楊先甲，寧夏衛人，教授。
康熙癸卯⑧：谷遷喬，寧夏人，助教。
丙午⑨：黎時雍，寧夏人，教授。
壬子⑩：王伍雲[27]，寧夏人，教授。
戊午⑪：顧麟，寧夏人，教授。
辛酉⑫：馮蔭敞，寧夏人。
丁卯⑬：孟揚生，寧夏人。
庚午⑭：朱奇，寧夏人。
癸酉⑮：孟之珪，靈州人，進士；張瑄，助教。
丙子⑯：李早甲，寧夏人。
己卯⑰：李湇仁[28]，寧夏人，郎中。
壬午⑱：謝王寵，靈州人，進士；高嶷，教諭。

---

① 崇禎丙子：崇禎九年(1636)。
② 己卯：崇禎十二年(1639)。
③ 壬午：崇禎十五年(1642)。
④ 順治戊子：順治五年(1648)。
⑤ 甲午：順治十一年(1654)。
⑥ 丁酉：順治十四年(1657)。
⑦ 庚子：順治十七年(1660)。
⑧ 康熙癸卯：康熙二年(1663)。
⑨ 丙午：康熙五年(1666)。
⑩ 壬子：康熙十一年(1672)。
⑪ 戊午：康熙十七年(1678)。
⑫ 辛酉：康熙二十年(1681)。
⑬ 丁卯：康熙二十六年(1687)。
⑭ 庚午：康熙二十九年(1690)。
⑮ 癸酉：康熙三十二年(1693)。
⑯ 丙子：康熙三十五年(1696)。
⑰ 己卯：康熙三十八年(1699)。
⑱ 壬午：康熙四十一年(1702)。

戊子①：張瑢，内閣中書；李惊，靈州人，進士。

辛卯②：李珣，寧夏人；高騰蛟，知州；王倚重，教授。

癸巳③：馬孟生，寧夏人；馬河生，知府；解震恭，寧夏人，進士；江之瀚[29]，知縣。

甲午④：栗爾璋，寧夏人，進士；趙弘熺[30]，知縣；高宣，靈州人。

丁酉⑤：李宗儒，靈州人。

庚子⑥：陳訥，靈州人，知縣；楊魁甲，平羅人。

雍正癸卯⑦：胡重器，寧朔人；田九畹，知縣。

甲辰⑧：馮飛雲，中衛人，知縣；劉得炯，中衛人，教諭。

丙午⑨：馮景增，寧夏人，知縣；周昌祚，靈州人，知縣；李應龍，寧朔人，教授。

己酉⑩：安樸[31]，寧夏人；謝升，靈州人，進士；李珌[32]，靈州人，進士；王加民，靈州人，教諭。

壬子⑪：張士琮，中衛人；谷宗肇，寧夏人；楊士美，中衛人。

乙卯⑫：梁棟，靈州人，進士；王肇基，中衛人。

乾隆丙辰⑬：劉霖，中衛人；徐祐，寧朔人。

戊午⑭：劉占鰲，中衛人；李紹，靈州人。

辛酉⑮：白貽遠，靈州人；高遴，靈州人。

甲子⑯：萬錦雯，中衛人；羅全詩，中衛人。

丁卯⑰：陸允鎮，靈州人，進士；王可久，靈州人；朱濬，靈州人，知縣。

庚午⑱：路淡，寧夏人，進士；李建岐，知縣；宋湘，靈州人，知縣；陸允鎮[33]，

---

① 戊子：康熙四十七年(1708)。
② 辛卯：康熙五十年(1711)。
③ 癸巳：康熙五十二年(1713)。
④ 甲午：康熙五十三年(1714)。
⑤ 丁酉：康熙五十六年(1717)。
⑥ 庚子：康熙五十九年(1720)。
⑦ 雍正癸卯：雍正元年(1723)。
⑧ 甲辰：雍正二年(1724)。
⑨ 丙午：雍正四年(1726)。
⑩ 己酉：雍正七年(1729)。
⑪ 壬子：雍正十年(1732)。
⑫ 乙卯：雍正十三年(1735)。
⑬ 乾隆丙辰：乾隆元年(1736)。
⑭ 戊午：乾隆三年(1738)。
⑮ 辛酉：乾隆六年(1741)。
⑯ 甲子：乾隆九年(1744)。
⑰ 丁卯：乾隆十二年(1747)。
⑱ 庚午：乾隆十五年(1750)。

靈州人，知縣。

壬申①：李蔭椿，寧朔人，進士；李中翰，靈州人，知縣。

癸酉②：姚信璧，靈州人，通判；陸允鈉，靈州人，知縣。

丙子③：趙瓚，靈州人，知縣；馮濬，寧夏人，教諭；王賜魁，靈州人，訓導；辛矗，寧夏人，教授；張淳，中衛人。

己卯④：常養蒙，靈州人，知縣；王建元，靈州人，知縣。

庚辰⑤：戴炳，寧朔人，知縣；張經世，中衛人。

壬午⑥：張埰[34]，寧夏人，進士；楊掄，中衛人，進士。

乙酉⑦：張玘，寧夏人，進士；吴桂，寧夏人，進士；林慎修，靈州人。

戊子⑧：陳作樞，寧朔人，進士；王宋雲，寧夏人；周拭[35]，寧夏人，進士；楊夢龍[36]，寧朔人，知縣。

庚寅⑨：楊浣雨，寧夏人，進士；朱适然，寧朔人。

辛卯⑩：馮燦，寧夏人，進士；李樹德，寧夏人。

甲午⑪：李實，寧夏人，進士；楊毓秀，寧夏人；周維藩，中衛人；王賜節，靈州人。

丁酉⑫：王晟，靈州人，進士；俞登瀛，平羅人。

己亥⑬：趙標，靈州人。

庚子⑭：吕雲慶，平羅人；張志濂，中衛人，進士。

癸卯⑮：張建業，中衛人；莊慶餘，靈州人；梁聯第，靈州人。

丙午⑯：梁聯箕，靈州人；金莊，中衛人。

戊申⑰：姬學周，寧夏人，進士；陸溥，靈州人。

---

① 壬申：乾隆十七年(1752)。
② 癸酉：乾隆十八年(1753)。
③ 丙子：乾隆二十一年(1756)。
④ 己卯：乾隆二十四年(1759)。
⑤ 庚辰：乾隆二十五年(1760)。
⑥ 壬午：乾隆二十七年(1762)。
⑦ 乙酉：乾隆三十年(1765)。
⑧ 戊子：乾隆三十三年(1768)。
⑨ 庚寅：乾隆三十五年(1770)。
⑩ 辛卯：乾隆三十六年(1771)。
⑪ 甲午：乾隆三十九年(1774)。
⑫ 丁酉：乾隆四十二年(1777)。
⑬ 己亥：乾隆四十四年(1779)。
⑭ 庚子：乾隆四十五年(1780)。
⑮ 癸卯：乾隆四十八年(1783)。
⑯ 丙午：乾隆五十一年(1786)。
⑰ 戊申：乾隆五十三年(1788)。

己酉[①]：王敦厚，靈州人；寧于旭，寧夏人。
壬子[②]：趙廷桂，寧朔人；田霈，寧朔人；武溥，寧夏人。
甲寅[③]：祁颺廷，靈州人。
嘉慶戊午[④]：賀緯，寧夏人；李鍾瑞，寧夏人。
庚申[⑤]：任塾，寧夏人；王鎮，寧朔人；武鴻，寧夏人。
辛酉[⑥]：湯善學，靈州人；方向榮，中衛人。
丁卯[⑦]：馬騰霄，中衛人；俞德淵，平羅人，進士。
庚午[⑧]：徐奕瑞，寧夏人；梁聯宮，靈州人。
癸酉[⑨]：梁資，靈州人。
丙子[⑩]：湯恒，寧夏人；金西，滿營人；范允升，中衛人。
己卯[⑪]：光有耀，中衛人。
道光壬午[⑫]：周鑑，中衛人；尹煃，寧夏人。
乙酉[⑬]：俞恒豫，寧夏人；謀爾賡額，滿營人。
戊子[⑭]：李綍，寧夏人；王炡，靈州人。
辛卯[⑮]：張松年，靈州人。
壬辰[⑯]：馬毓仁，寧夏人；蓋奇文，中衛人。
甲午[⑰]：陸燊，寧夏人。
乙未[⑱]：趙合璧，靈州人；黄元吉，平羅人。
丁酉[⑲]：王贊襄，中衛人，進士；宋作哲，寧夏人。

---

① 己酉：乾隆五十四年(1789)。
② 壬子：乾隆五十七年(1792)。
③ 甲寅：乾隆五十九年(1794)。
④ 嘉慶戊午：嘉慶三年(1798)。
⑤ 庚申：嘉慶五年(1800)。
⑥ 辛酉：嘉慶六年(1801)。
⑦ 丁卯：嘉慶十二年(1807)。
⑧ 庚午：嘉慶十五年(1810)。
⑨ 癸酉：嘉慶十八年(1813)。
⑩ 丙子：嘉慶二十一年(1816)。
⑪ 己卯：嘉慶二十四年(1819)。
⑫ 道光壬午：道光二年(1822)。
⑬ 乙酉：道光五年(1825)。
⑭ 戊子：道光八年(1828)。
⑮ 辛卯：道光十一年(1831)。
⑯ 壬辰：道光十二年(1832)。
⑰ 甲午：道光十四年(1834)。
⑱ 乙未：道光十五年(1835)。
⑲ 丁酉：道光十七年(1837)。

庚子[①]：陳國紀，寧夏人。

癸卯[②]：張爲章，平羅人，進士；李紹業，寧夏人。

丙午[③]：張坦，寧夏人；李信芳，寧夏人，進士。

己酉[④]：張煦，靈州人，進士。

咸豐辛亥[⑤]：馬丙昭，寧夏人，進士；宿曰璧，寧夏人；高鳳騫，靈州人。

乙卯[⑥]：張雋選，靈州人，進士；何種桂，靈州人。

戊午[⑦]：張鴻翼，寧夏人。

己未[⑧]：張廷植，中衛人；陳國統，寧夏人。

辛酉[⑨]：張際昌，寧朔人；俞壽旗，平羅人，進士。

同治庚午帶補丁卯科[⑩]。庚午：王炳垣，中衛人。

癸酉[⑪]：緱鳳鳴，平羅人；路耀先，中衛人；張樹勳，鎮戎人；張心銘，寧夏人，進士。

光緒乙亥恩科帶補壬戌恩科[37]。乙亥：吴興棠，平羅人；熊紹龍，鎮戎人；麥永年，寧朔人。

丙子[⑫]：吴樂卿，寧夏人；魏紀璠，鎮戎人；謝序勳，鎮戎人；汪霖，中衛人。

己卯[⑬]：靈慧，滿營人；王鏊，鎮戎人。

壬午[⑭]：瞿光業，寧朔人；蔣裔魯，中衛人；聯瑛，滿營人。

乙酉[⑮]：何象堃，寧夏人；柏齡，滿營人。

戊子[⑯]：馬伯燾，寧夏人；黄度，鎮戎人；吴昌瓴，平羅人。

己丑[⑰]：石完璞，靈州人；崇基，滿營人。

---

① 庚子：道光二十年(1840)。
② 癸卯：道光二十三年(1843)。
③ 丙午：道光二十六年(1846)。
④ 己酉：道光二十九年(1849)。
⑤ 咸豐辛亥：咸豐元年(1851)。
⑥ 乙卯：咸豐五年(1855)。
⑦ 戊午：咸豐八年(1858)。
⑧ 己未：咸豐九年(1859)。
⑨ 辛酉：咸豐十一年(1861)。
⑩ 同治庚午：同治九年(1870)。丁卯：同治六年(1867)。
⑪ 癸酉：同治十二年(1873)。
⑫ 丙子：光緒二年(1876)。
⑬ 己卯：光緒五年(1879)。
⑭ 壬午：光緒八年(1882)。
⑮ 乙酉：光緒十一年(1885)。
⑯ 戊子：光緒十四年(1888)。
⑰ 己丑：光緒十五年(1889)。

辛卯[①]：鍾秀崧，靈州人；宋文林，寧夏人。

癸巳[②]：吴復安，寧朔人。

甲午[③]：趙尚仁，靈州人；黄允清，寧夏人；錦雲，滿營人。

丁酉[④]：朗察，滿營人。

庚子[⑤]：劉佩黻，中衛人；榮華，滿營人；崇治，滿營人；崇勳，滿營人；蔣飛熊，中衛人。

科分無考：武洪，寧夏人；宋久元，靈州人；季秋橘，靈州人；張樹柏，靈州人；黎守成，鎮戎人；趙芮，鎮戎人；傅天俊，寧夏人；管玉和，寧夏人，知縣；朱文焕，寧夏人，教諭。

以上自清乾隆四十五年檔册無存遺失，未能盡考。

貢生

貢有五，副、拔、優、歲、恩是也。鄉試副榜謂之副貢。生員十二年一試，列首取者謂之拔貢。三年全省生員合試，列優等者謂之優貢。值歲出貢，謂之歲貢。遇恩出貢，謂之恩貢。又明時有選貢、功貢，選同清之拔貢，而功貢則其制不可考矣。

明[⑥]

萬曆庚辰[⑦]：孟召，靈州人，選貢。

甲午[⑧]：吕敏，靈州人，選貢。

清[⑨]

順治庚寅[⑩]：賀良桐，中衛人，拔貢；馮爾暉，副貢；張覲顔，拔貢。

〔康熙〕辛酉[⑪]：方振猷，中衛人，副貢。

---

① 辛卯：光緒十七年(1891)。
② 癸巳：光緒十九年(1893)。
③ 甲午：光緒二十年(1894)。
④ 丁酉：光緒二十三年(1897)。
⑤ 庚子：光緒二十六年(1900)。
⑥ 《寧夏府志》卷十四《科貢・貢生・明》載多位明朝貢生，本志僅選載兩位。
⑦ 萬曆庚辰：萬曆八年(1580)。
⑧ 甲午：萬曆二十二年(1594)。
⑨ 《寧夏府志》卷十四《科貢・貢生・皇清》載多位清朝貢生，本志僅選載若干位。
⑩ 順治庚寅：順治七年(1650)。
⑪ 辛酉：康熙二十年(1681)。

乙酉[①]：鄭良貴，副貢。

丁酉[②]：沈鴻儒，拔貢；王鉞，拔貢。

雍正己酉[③]：陳玟[38]，拔貢；葉永實，拔貢；羅如倫，中衛人，拔貢。

乾隆庚申[④]：王寅，靈州人，拔貢。

辛酉[⑤]：李昱，拔貢；俞嘉策，拔貢；杜衡，中衛人，拔貢。

甲子[⑥]：許體元[⑦]，靈州人，優貢。

丁卯[⑧]：杜世熊，副貢；路談，優貢。

庚午[⑨]：張映梓，副貢。

癸酉[⑩]：樊大功，拔貢；姚世勳，拔貢。

壬午[⑪]：楊夢龍，副貢；侯占魁，平羅人，副貢。

乙酉[⑫]：柳莢，副貢；胡贊麟，拔貢；馬乾怡，拔貢；張志濂，中衛人，副貢；魏諫唐，中衛人，拔貢。

戊子[⑬]：張建業，中衛人，副貢；周煥，中衛人，副貢。

庚寅[⑭]：王三傑，副貢。

辛卯[⑮]：吕雲鵬，平羅人，副貢。

甲午[⑯]：王德榮，優貢。

丁酉[⑰]：梁正孺，副貢；任紹遠，拔貢；馬崑，拔貢；王晟，靈州人，拔貢；王鳳飛，靈州人，拔貢。

己亥[⑱]：馬乾履，副貢；吴槐，副貢。

---

① 乙酉：康熙四十四年(1705)。
② 丁酉：康熙五十六年(1717)。
③ 雍正己酉：雍正七年(1729)。
④ 乾隆庚申：乾隆五年(1740)。
⑤ 辛酉：乾隆六年(1741)。
⑥ 甲子：乾隆九年(1744)。
⑦ 《寧夏府志》卷十三《人物・鄉獻》載，許體元於乾隆十一年(1746)舉優貢生。
⑧ 丁卯：乾隆十二年(1747)。
⑨ 庚午：乾隆十五年(1750)。
⑩ 癸酉：乾隆十八年(1753)。
⑪ 壬午：乾隆二十七年(1762)。
⑫ 乙酉：乾隆三十年(1765)。
⑬ 戊子：乾隆三十三年(1768)。
⑭ 庚寅：乾隆三十五年(1770)。
⑮ 辛卯：乾隆三十六年(1771)。
⑯ 甲午：乾隆三十九年(1774)。
⑰ 丁酉：乾隆四十二年(1777)。
⑱ 己亥：乾隆四十四年(1779)。

嘉慶辛酉①：馬一陽，寧夏人，拔貢；蔡天藻，寧夏人，拔貢。

甲寅[39]：馬景駒，寧夏人，副貢。

道光乙酉②：陳玉祝，中衛人，拔貢；王炶，靈州人，拔貢；冉光朝，靈州人，拔貢。

丁酉③：吕春元，中衛人，拔貢；張躍龍，中衛人，拔貢。

咸豐辛酉④：蔡奇謀，寧夏人，拔貢。

同治癸酉⑤：鄭鈞，寧夏人，拔貢；袁守義，中衛人，拔貢；黄允清，中衛人，拔貢。

光緒乙酉⑥：張昉，寧夏人，拔貢；任運昌，寧夏人，拔貢；梁生瑞，寧朔人，拔貢；張安國，中衛人，拔貢；鄭封唐，中衛人，拔貢；孔啓昌，平羅人，拔貢；楊生榮，靈州人，拔貢；王廷贊，靈州人，拔貢。

丁酉⑦：閻俊，寧夏人，拔貢；梁生祥，寧夏人，拔貢；王光臨，中衛人，拔貢；黄霄漢，中衛人，拔貢；歐陽文，中衛人，拔貢；梁鳴鳳，中衛人，拔貢；張百魁，平羅人，拔貢；高尚仁，平羅人，拔貢。

宣統己酉⑧：左輔清，寧夏人，拔貢；劉希天，寧夏人，拔貢；王育美，寧夏人，拔貢；唐萬壽，寧夏人，拔貢；李斌，寧夏人，拔貢；張潔，寧朔人，拔貢；蔡之璧，寧朔人，拔貢；雍奇，中衛人，拔貢；張壽堂，中衛人，拔貢；雷冲漢，平羅人，拔貢；田藍田，平羅人，拔貢；鄧雲路，靈武人，拔貢；李鳴鷺，靈武人，拔貢；景耀先，金積人，拔貢；武修文，鎮戎人，拔貢。

按：五貢均應登録，惟自清乾隆四十五年後檔册無存，無可查考，故歲、恩兩貢不能不從權割愛，此亦猶君子於所不知，聊付闕如之意云爾。

武進士

明

正德戊辰⑨：史經，前衛人，參將。

① 嘉慶辛酉：嘉慶六年(1801)。
② 道光乙酉：道光五年(1825)。
③ 丁酉：道光十七年(1837)。
④ 咸豐辛酉：咸豐十一年(1861)。
⑤ 同治癸酉：同治十二年(1873)。
⑥ 光緒乙酉：光緒十一年(1885)。
⑦ 丁酉：光緒二十三年(1897)。
⑧ 宣統己酉：宣統元年(1909)。
⑨ 正德戊辰：正德三年(1508)。

丁丑[1]：張言，寧夏衛人。

庚辰[2]：保周，寧夏衛人，參將。

嘉靖乙未[3]：黄綺，寧夏衛人；王澤，中衛人，都司。

戊戌[4]：郭震，靈州人，提督。

庚戌[5]：黄時淵，中屯衛人，守備。

癸丑[6]：黄極，左衛人，參將。

乙丑[7]：陳琦，左衛人，參將。

萬曆甲戌[8]：茆金，寧夏衛人，守備。

丁丑[9]：陳棟，左衛人，游擊。

癸未[10]：趙世勳，寧夏衛人，守備；劉宏業，寧夏衛人，守備；趙寵，左衛人，參將；白董，寧夏衛人。

己丑[11]：吕應兆，寧夏衛人，游擊。

壬辰[12]：盧養麟，寧夏衛人。

癸丑[13]：吕學詩，應兆子。

天啓乙丑[14]：解文英，寧夏衛人。

崇禎辛未[15]：杜希茂，左衛人，副將。

清

順治丙戌[16]：江奇才，游擊。

壬辰[17]：李臻，守備。

---

① 丁丑：正德十二年(1517)。
② 庚辰：正德十五年(1520)。
③ 嘉靖乙未：嘉靖十四年(1535)。
④ 戊戌：嘉靖十七年(1538)。
⑤ 庚戌：嘉靖二十九年(1550)。
⑥ 癸丑：嘉靖三十二年(1553)。
⑦ 乙丑：嘉靖四十四年(1565)。
⑧ 萬曆甲戌：萬曆二年(1574)。
⑨ 丁丑：萬曆五年(1577)。
⑩ 癸未：萬曆十一年(1583)。
⑪ 己丑：萬曆十七年(1589)。
⑫ 壬辰：萬曆二十年(1592)。
⑬ 癸丑：萬曆四十一年(1613)。
⑭ 天啓乙丑：天啓五年(1625)。
⑮ 崇禎辛未：崇禎四年(1631)。
⑯ 順治丙戌：順治三年(1646)。
⑰ 壬辰：順治九年(1652)。

辛丑①：岳洪峻[40]，寧夏衛人。

康熙丁未②：陳陞，副總兵。

庚戌③：杜呈澤，守備。

癸丑④：俞益謨，寧夏人，提督。

己未⑤：顧從倫，游擊。

戊辰⑥：吴開圻，探花，副總兵。

辛未⑦：張文煥，狀元，總督；馬際伯，提督。

甲戌⑧：丁爽，榜眼，總兵；朱正色，二甲一名，副將；朱應奎，寧夏人。

丁丑⑨：董文清，寧夏人；夏琳，平羅人，參將。

庚辰⑩：馬會伯，狀元，尚書；嚴廷訓，二甲一名，游擊；李愈龍，行都司。

癸未⑪：馬覿伯，總兵；羅倫，游擊。

丙戌⑫：王維一[41]，探花，副總兵；王秉璋[42]，游擊。

己丑⑬：許大學，副總兵。

壬辰⑭：李現光，狀元，副總兵；馮雲，會元，游擊；李如馥，寧夏人。

癸巳⑮：李如柏，狀元，總兵；趙璉[43]，探花，參將；盧杜瑾，靈州人，總兵；張思咏，中衛人，游擊；吴裔陳，都司；何鼎臣，中衛人，游擊。

乙未⑯：岳咨，都司；李文彬，都司；張元印，侍衛；李發奎[44]，參將；陳文，參將。

戊戌⑰：張興，二甲一名，總兵；張佩，游擊；張自謙，參將；張廷芝，游擊；李早甲，都司。

---

① 辛丑：順治十八年(1661)。
② 康熙丁未：康熙六年(1667)。
③ 庚戌：康熙九年(1670)。
④ 癸丑：康熙十二年(1673)。
⑤ 己未：康熙十八年(1679)。
⑥ 戊辰：康熙二十七年(1688)。
⑦ 辛未：康熙三十年(1691)。
⑧ 甲戌：康熙三十三年(1694)。
⑨ 丁丑：康熙三十六年(1697)。
⑩ 庚辰：康熙三十九年(1700)。
⑪ 癸未：康熙四十二年(1703)。
⑫ 丙戌：康熙四十五年(1706)。
⑬ 己丑：康熙四十八年(1709)。
⑭ 壬辰：康熙五十一年(1712)。
⑮ 癸巳：康熙五十二年(1713)。
⑯ 乙未：康熙五十四年(1715)。
⑰ 戊戌：康熙五十七年(1718)。

庚子①：郝定國，中衛人，游擊。

辛丑②：羅俊，總兵，署巡撫；周儀，總兵；馮廷雄，總兵；劉振功，游擊；孟勇，都司；王謨，守備；趙君憲；劉薦，守備；段學禮，都司。

雍正甲辰③：周廣，總兵；袁鉞，守備；白良璧，參將。

丁未④：馬健學，總兵；焦騰高，中衛人，參將。

庚戌⑤：李發解，探花，參將；胡重璧，游擊；馮匯，總兵；王綏，靈州人，提督；彭振基，游擊。

癸丑⑥：李國璽，侍衛；焦騰漢，總兵；張映棠，游擊；袁夢麟，游擊。

乾隆丙辰⑦：許忠朝，平羅人，侍衛；袁大異，都司；沈琯，參將；張承烈，游擊；馮廷槐[45]，游擊。

丁巳⑧：謝天澍，都司；李鳴鳳，都司；張鉅，靈州人，游擊；李瀚清，中衛人，參將。

壬戌⑨：劉繩武。

乙丑⑩：張鎡，總兵。

辛未⑪：梁聯科，靈州人，參將；羅德張，守備。

壬申⑫：尹虎臣，靈州人。

甲戌⑬：杜發緯，游擊；許誠學。

丁丑[46]：彭廷棟，總兵；李奇標，中衛人；陳尚禮，中衛人，守備；田禮[47]，中衛人，守備。

庚辰⑭：温雲會。

己丑⑮：郭英，守備；吴登魁，靈州人。

---

① 庚子：康熙五十九年(1720)。
② 辛丑：康熙六十年(1721)。
③ 雍正甲辰：雍正二年(1724)。
④ 丁未：雍正五年(1727)。
⑤ 庚戌：雍正八年(1730)。
⑥ 癸丑：雍正十一年(1733)。
⑦ 乾隆丙辰：乾隆元年(1736)。
⑧ 丁巳：乾隆二年(1737)。
⑨ 壬戌：乾隆七年(1742)。
⑩ 乙丑：乾隆十年(1745)。
⑪ 辛未：乾隆十六年(1751)。
⑫ 壬申：乾隆十七年(1752)。
⑬ 甲戌：乾隆十九年(1754)。
⑭ 庚辰：乾隆二十五年(1760)。
⑮ 己丑：乾隆三十四年(1769)。

辛卯①：俞聯科，寧夏人。

壬辰②：李飛雲，靈州人，侍衛；吴本瀚，守備。

乙未③：馬爲錦，侍衛。

戊戌④：吴壯圖，侍衛。

光緒乙未[48]：張維新，平羅人。

科分無考：朱世植，靈州人，探花；辛永偉，都司；馬召南，靈州人，探花；季灯，靈州人，守備；朱濂，靈州人，都司；孫掄元，中衛人，探花。

以上自清乾隆四十五年至光緒己亥詔停武闈止⑤，檔册遺失，未能盡考。

武舉

明

正德丁卯⑥：史經，前衛人，進士。

癸酉[49]：張言，寧夏衛人，進士。

丙子⑦：保周，寧夏衛人，進士。

嘉靖辛卯⑧：黄綺，寧夏衛人，進士。

甲午⑨：王澤，中衛人，進士；馮中立，中衛人；郭震，靈州人，進士。

丙午⑩：黄時淵，中屯衛人，進士。

己酉⑪：黄極，左衛人，進士。

甲子⑫：陳琦，左衛人，進士。

萬曆庚午[50]：茆金，寧夏衛人，進士。

丙子⑬：陳棟，左衛人，進士。

己卯⑭：趙世勳，寧夏衛人，進士；劉宏業，寧夏衛人，進士。

---

① 辛卯：乾隆三十六年(1771)。
② 壬辰：乾隆三十七年(1772)。
③ 乙未：乾隆四十年(1775)。
④ 戊戌：乾隆四十三年(1778)。
⑤ 光緒己亥：光緒二十五年(1899)。
⑥ 正德丁卯：正德二年(1507)。
⑦ 丙子：正德十一年(1516)。
⑧ 嘉靖辛卯：嘉靖十年(1531)。
⑨ 甲午：嘉靖十三年(1534)。
⑩ 丙午：嘉靖二十五年(1546)。
⑪ 己酉：嘉靖二十八年(1549)。
⑫ 甲子：嘉靖四十三年(1564)。
⑬ 丙子：萬曆四年(1576)。
⑭ 己卯：萬曆七年(1579)。

壬午①：趙寵，左衛人，進士；白薑，寧夏衛人，進士。

戊子[51]：吕應兆，寧夏衛人，進士；盧養麟，寧夏衛人，進士。

己酉②：吕學詩，寧夏衛人，進士；朱樓，中衛人。

天啓甲子③：解文英，寧夏衛人，進士；馬世龍，寧夏衛人。

丁卯④：周志忠，守備；杜希茂，左衛人，進士。

清

順治乙酉⑤：江奇才，寧夏衛人，進士。

庚子⑥：岳洪峻，寧夏衛人，進士。

康熙癸卯⑦：陳陞，寧夏衛人，進士；孫之璽，中衛人；李震聲。

丙午⑧：樊忠，寧夏衛人；杜呈澤，進士；馬國重[52]，中衛人。

壬子⑨：王遐齡，寧夏衛人，總兵；馮鼎建，中衛人；狄世傑，中衛人；何廷桂，靈州人，守備；邱洪峙；沈爾發，守備；董又昌[53]，守備；劉希孟；楊振武。

乙卯⑩：賀爾熾，寧夏衛人。

戊午⑪：董再昌，寧夏衛人；顧從倫，進士。

辛酉⑫：王育德，寧夏衛人，都司；黎宗堯，中衛人；楊振威；李起鳳，中衛人，守備。

甲子⑬：史紹畢，中衛人；許養元；朱衣點；吴開圻，寧夏衛人，進士；王道遠；張遇春。

丁卯⑭：張文煥，寧夏衛人，狀元；董文清，寧夏人，進士；栗爾熾，寧夏人，都司；朱正色，進士；夏琳，平羅人，進士。

庚午⑮：馬際伯，進士；馬會伯，進士；燕大業。

---

① 壬午：萬曆十年(1582)。
② 己酉：萬曆三十七年(1609)。
③ 天啓甲子：天啓四年(1624)。
④ 丁卯：天啓七年(1627)。
⑤ 順治乙酉：順治二年(1645)。
⑥ 庚子：順治十七年(1660)。
⑦ 康熙癸卯：康熙二年(1663)。
⑧ 丙午：康熙五年(1666)。
⑨ 壬子：康熙十一年(1672)。
⑩ 乙卯：康熙十四年(1675)。
⑪ 戊午：康熙十七年(1678)。
⑫ 辛酉：康熙二十年(1681)。
⑬ 甲子：康熙二十三年(1684)。
⑭ 丁卯：康熙二十六年(1687)。
⑮ 庚午：康熙二十九年(1690)。

癸酉①：王贇，解元；丁爽，進士；沈學洙；朱映奎；程復本，守備；張鵬程，守備；劉丁漢；施澤深，守禦所；張琨[54]，守備。

丙子②：岳咨，進士；張霑，千總；樊問圃；黄宅中，中衛人；嚴廷訓，進士；張朝柱，游擊；李宏基，守備；王秉璋，進士；賈謙，守備；王惟一，進士；張鵬翎[55]，千總；董南生；夏琳，平羅人，進士[56]。

己卯③：皇甫奎，解元；米如金，千總；俞汝欽；馬覿伯，進士；栗爾瑛，都司；李和；張大業，游擊；李愈龍，進士；張復元，游擊；李占光，守備。

壬午④：馬紀官，寧夏人，游擊；羅倫，進士；任壽，守備。

乙酉⑤：張燦，參將；胡光璟，守備；陸治畿，中衛人，千總；馬覿伯，千總；馮復駿，中衛人；李連榜，平羅人。

戊子⑥：魏元勳；劉儼；解志琬；張元印；許大學；張佩，進士；李仙芝，平羅人；王謨，進士；狄經邦，中衛人，游擊。

辛卯⑦：魏元功；李汝馥，進士；王茂德；張文藻，守備；關河固，中衛人，守備；趙連，進士；劉薦，進士；馬秉倫，游擊；吴開璽，千總；吴開增，總兵；李現光，狀元；靳兆珠，靈州人；史文彬，中衛人；張星昭，中衛人。

壬辰⑧：馮雲，進士。

癸巳⑨：周之藩；張漢傑；李大伸；張振先，中衛人，千總；王希伏，平羅人；李如柏，進士；李介；顧復興；張琨，守備；吴裔陳，進士；張自讃，進士；陳文，進士；張發奎；周京。

甲午⑩：趙君憲；李文彬，進士；張廷芝，進士；楊任甲；李早甲，進士；杜肇猷；劉輝曾；馬起鳳；李國材，守備；周儀，進士。

丁酉⑪：楊洗；朱振武，守備；楊威；王化淳；汪愉，守備；沈鴻俊，守備；汪恒；劉振功，進士；向志純；劉從文，守備；段學禮，進士；許學敏，守備；趙世勳，中衛人；于三壽，中衛人，守備。

---

① 癸酉：康熙三十二年(1693)。
② 丙子：康熙三十五年(1696)。
③ 己卯：康熙三十八年(1699)。
④ 壬午：康熙四十一年(1702)。
⑤ 乙酉：康熙四十四年(1705)。
⑥ 戊子：康熙四十七年(1708)。
⑦ 辛卯：康熙五十年(1711)。
⑧ 壬辰：康熙五十一年(1712)。
⑨ 癸巳：康熙五十二年(1713)。
⑩ 甲午：康熙五十三年(1714)。
⑪ 丁酉：康熙五十六年(1717)。

庚子[①]：李延年；孟勇，進士；郭永禄，千總；包良佐；李吉士[②]；張騰龍，中衛人；蔣前烈，中衛人，千總。

雍正癸卯[③]：郭振；彭振基；許道學；巴攀桂；馬健學，進士[57]；周廣，進士；葉應聘；袁鉞，進士；傅唯聰；關季麟，千總；黄中理；焦騰鵾，中衛人，守備；郭方泰，中衛人；郭永泰，中衛人。

甲辰[④]：張廷葵；宣魁甲，千總；梁從直，靈州人；萬史標，中衛人；張樹棠，靈州人，游擊；雷育，靈州人，都司；宣澍；張大學；沈瑄，寧夏人；王業程，中衛人；買成璋，靈州人；丁琦，靈州人；嚴紹武；馮廷槐[58]，進士；沈之漸。

丙午[⑤]：沈珩，千總；吴兆元，千總；彭興基，千總；羅一倫，中衛人；楊樹檜，靈州人；買成璟，靈州人；楊佇；李永清；葉從桂；馬紀統，中衛人；馮匯，進士；李登元，靈州人；孟鏀，靈州人；楊濟民，中衛人，千總；孟緯；董樹緯；何大發，千總；李善士；王裕，千總；雷充，靈州人；賈崇爵，平羅人，千總。

己酉[⑥]：李桐，解元；李發解，進士；劉體裕；張登科，千總；向志純，千總；王綏，靈州人，進士；朱洙，靈州人；朱泗，靈州人；杜世烈，千總；饒之華；段佩；胡重璧，進士；雷子鉶，靈州人；張懋德，靈州人；栗岱；戴琇；周延齡；郭漢傑；江繩宗，平羅人，游擊。王世雄。

壬子[⑦]：李國璽，進士；杜世勳；彭大立；葉潤生，平羅人；劉應時，中衛人，都司；陳五教，靈州人；馬雲，靈州人；楊則程，靈州人；張鉅，靈州人；焦騰漢，進士；王璋，千總；梁棟，千總；張承烈，進士；袁大異，進士；袁夢麟，進士；沈琯，進士；趙鉞，千總；張映棠，進士；張映拭，千總；劉寅；鄭量，平羅人；關爵；董樹綸；王世雄[59]；王字，靈州人；施瑰，靈州人[60]。

乙卯[⑧]：陳更新；施瑰，靈州人；孟璵；陳颺寧；俞大發；王佐弼，守備；謝天澍，進士；李倬，千總；姚瑜[61]，千總；陸攀龍；閆威鳳[62]，中衛人；王恕，中衛人；周國柱，中衛人；雷起春，千總；劉漢傑。

乾隆丙辰[⑨]：常興；孫先甲；馬紀元；田坦；王臣典；李殿甲；吴瑛，千總；李鳴鳳，進士；俞應龍；朱光霞；徐天香，平羅人；楊夢龍，平羅人；王可立，靈州人；唐際

① 庚子：康熙五十九年(1720)。
② 《寧夏府志》卷十七《人物・列女》載，李吉士中康熙五十年(1711)辛卯科武舉。
③ 雍正癸卯：雍正元年(1723)。
④ 甲辰：雍正二年(1724)。
⑤ 丙午：雍正四年(1726)。
⑥ 己酉：雍正七年(1729)。
⑦ 壬子：雍正十年(1732)。
⑧ 乙卯：雍正十三年(1735)。
⑨ 乾隆丙辰：乾隆元年(1736)。

盛，靈州人；馬洗瑞，靈州人；桂瑄，靈州人；張鎡，進士。

戊午①：李法晟，解元；馬乾正；楊金城，千總；許兆熊；楊先甲；賈璉；周宏燮；曹鵑；朱耀德[63]；劉繩武，進士；孫鳳儀；羅士魁，守備；蔣魁龍，平羅人；汪玉瑞，靈州人；趙維屏，中衛人；張建邦，中衛人。

辛酉②：景會新，千總；劉典；劉彥；强瑜龍；李登雲；劉泰臨；許繩武，平羅人；陸炳；譚秉哲，靈州人；胡大勇，中衛人；王祚洪，中衛人。

甲子③：張承哲；任發魁；鞠大成；吴進勳，守備；周延泰；杜發緯，進士；馬兆麟；劉緯武；詹儀鳳[64]；劉中；夏國傑，中衛人；郁振基，靈州人；朱積崑，靈州人，守備；丁洪仁，靈州人；尹大本，靈州人；尹虎臣，靈州人；朱良輔，中衛人；張寧國，中衛人[65]。

丁卯④：羅德張，進士；楊先祖；劉覲[66]；王見龍；周書；袁岱；潘生芝；楊鳴鳳；田登科；吕兆元，平羅人；陳錡，靈州人，都司；李廷售，靈州人。

庚午⑤：馬世鵬；趙鳴鳳；吴鉞，副將；楊順[67]；郭統；王舉[68]；楊奠邦；王定國；趙鑑；李豫；許成學；李懷宗；燕聖寵，平羅人；馬負圖，靈州人；季騰蛟；梁聯科，靈州人；馬攀龍，靈州人；馬建适，靈州人；馬伯麒，靈州人；趙雋，靈州人；王顯，中衛人[69]。

壬申⑥：劉腆；張美文；吴錦；祝萬年；楊桐，中衛人；李光斗，中衛人；俞先資。

癸酉⑦：彭廷棟，進士；楊奠邦；吴琨；李瀚；買偉，靈州人；俞玠，靈州人；史大略，中衛人。

丙子⑧：董嗣昌；吴進功，游擊；莊爾端；張爾程；戴如玉，靈州人；尹俊，靈州人；蘇珩，靈州人；謝光國，靈州人；吴書傅，中衛人；周守璽，中衛人。

己卯⑨：許德學；柴廷樑；虎倚峰；俞良資；許麟學；李建邦；王大成；江從元，平羅人；胡重器，平羅人；張可成，靈州人；馬廷傑，靈州人；張濬英，靈州人；李維華，靈州人；狄壯志，中衛人；張鵬程，中衛人；羅全威，中衛人。

庚辰⑩：温雲會，進士；李紹武；裴運亨；羅光第；楊殿甲；王訓，靈州人；許喜

---

① 戊午：乾隆三年(1738)。
② 辛酉：乾隆六年(1741)。
③ 甲子：乾隆九年(1744)。
④ 丁卯：乾隆十二年(1747)。
⑤ 庚午：乾隆十五年(1750)。
⑥ 壬申：乾隆十七年(1752)。
⑦ 癸酉：乾隆十八年(1753)。
⑧ 丙子：乾隆二十一年(1756)。
⑨ 己卯：乾隆二十四年(1759)。
⑩ 庚辰：乾隆二十五年(1760)。

謨，靈州人；趙翔鳳，中衛人；房廷秀，中衛人；郭瑩，中衛人。

壬午①：楊清；陳王前，平羅人[70]；朱宸，靈州人；馬大昇，靈州人；楊士雄，靈州人；李榮武，靈州人；蘇繩武，靈州人[71]。

乙酉②：姚大成；姚德輝；俞聯科，進士；吴均；辛養性，靈州人；蘇繩武；朱理，靈州人；王廷琳，靈州人；范起鳳，中衛人；陳萬年，中衛人。

戊子③：吴本瀚，進士；郭英，進士；王文魁，靈州人；王賜勳，靈州人；李文明，中衛人；吴登魁，〔進士〕。

庚寅④：馬安國，解元；趙聯元；李鳴鳳；劉天德；常生麒，中衛人；劉楫；陸允鎬，靈州人；馬國璽，靈州人。

辛卯⑤：曹斌；劉儀鳳；馬爲錦；徐延齡；李玉堂，靈州人；李飛雲，進士；房廷瑛，中衛人。

甲午⑥：吴壯圖，解元；張鳴鳳；馮攀桂；周瑛；馬先甲；李步堂，靈州人；羅全亮，中衛人；王世昌，中衛人。

丁酉⑦：楊開甲，解元；楊先甲；李英多；周瑞；劉佐輔；徐大年，靈州人；吴毓龍，靈州人；狄繩武，中衛人。

己亥⑧：趙義潮；鄭佩蓮；王珃；徐占魁；李英奇；周寶[72]；王騰鳳，中衛人；吴廷傑，靈州人；田種璧，中衛人；吴倬，靈州人；張烈，平羅人；許忠朝[73]。

咸豐戊午⑨：鄭欽，寧夏人。

同治癸酉并補甲子科⑩。癸酉：西塔琿，滿營人；瑞凌，滿營人；鄂爾諾，滿營人；何占魁，寧夏人；李貫甲，寧朔人；王殿奎，寧朔人；李夢熊，寧朔人；李國恩，寧夏人；陳映武，寧夏人；王澤潤，寧朔人；顧天智，寧朔人。

光緒乙亥并補丁卯科⑪。乙亥：張景川，寧夏人；魁福，滿營人；張起興，寧朔人；瑞廣，滿營人；沈立基，寧夏人；成俊，寧夏人；綳僧額，滿營人；李登科，寧夏人；李毓龍，寧夏人；魏殿元，寧夏人；楊春芳，寧夏人；黄重英，寧夏人；楊殿臣，寧夏人；郭萬銀，寧夏人；俞潤，寧夏人；托倫，滿營人；孫進善，寧夏人；李景昂，寧

---

① 壬午：乾隆二十七年(1762)。
② 乙酉：乾隆三十年(1765)。
③ 戊子：乾隆三十三年(1768)。
④ 庚寅：乾隆三十五年(1770)。
⑤ 辛卯：乾隆三十六年(1771)。
⑥ 甲午：乾隆三十九年(1774)。
⑦ 丁酉：乾隆四十二年(1777)。
⑧ 己亥：乾隆四十四年(1779)。
⑨ 咸豐戊午：咸豐八年(1858)。
⑩ 同治癸酉：同治十二年(1873)。甲子：同治三年(1864)。
⑪ 光緒乙亥：光緒元年(1875)。丁卯：同治六年(1867)。

夏人。

丙子[1]：依精額，滿營人；王等傑，寧朔人；高鳳岐，寧夏人；高三元，寧夏人；温綽，滿營人；谷國治，寧夏人；鄭錡，寧朔人；郭平江，寧朔人；景雲，滿營人；景緒，滿營人；劉煒，寧夏人；袁作楫，寧夏人。

己卯[2]：張殿元，金積人；科爾欽，滿營人；玻冲額，滿營人；芮耀武，寧夏人；特屯，滿營人。

壬午[3]：吕進忠，寧夏人；景秀，滿營人；田來鳳，寧夏人；淩山，滿營人；李芝，寧夏人；李鴻元，寧夏人；瑪啓，滿營人；連陞，滿營人。

乙酉[4]：尼克圖，滿營人；湯協中，寧夏人；勒冲額，滿營人；李耀，寧夏人。

戊子[5]：文雲，滿營人；綽哈泰，滿營人；孫萬桂，寧夏人。

己丑[6]：依尼克，滿營人；綽啓，滿營人。

辛卯[7]：多恩琿，滿營人；景瑞，滿營人；張國成，寧夏人；劉華俊，鎮戎人。

癸巳[8]：葉普肯，滿營人；吕飛熊，寧夏人；龔殿元，寧朔人；曹魁，寧夏人。

甲午[9]：張維新，平羅人，進士；文陞，滿營人；王濬哲，寧夏人；賀萬壽，寧夏人。

丁酉[10]：珍敦，滿營人；陳萬金，寧朔人；佛色春，滿營人；何仲元，寧夏人；堂烏里，滿營人；吕進孝，寧夏人；恩瑞，滿營人；鄭逢喜，寧夏人。

科分無考：郁起蛟，靈州人；白良璧，平羅人，進士；周陜右，靈州人；盧茂英，靈州人；韓濟，靈州人；郁起隽，靈州人；文生偉，靈州人；馬蛟，靈州人；龐□，靈州人；盧仲麟，靈州人；萬孔府，靈州人，守備；岳鍾靈，靈州人；趙體仁，靈州人；朱士樸，靈州人，游擊；雷龐，靈州人；陸士雲，靈州人；辛永偉，靈州人；楊體程，靈州人；季灯，靈州人；朱士植，靈州人；俞益謨，寧夏人；馬召南，靈州人；朱濂，靈州人。以上係清乾隆四十五年以前之科分無考者。

馬爲斌，解元；李連芳；景文昭；瞿恩義，解元；景會心，把總；蔣鵬；王延壽；馮俊；史廷佐。以上係清道光年間之科分無考者。

---

① 丙子：光緒二年(1876)。
② 己卯：光緒五年(1879)。
③ 壬午：光緒八年(1882)。
④ 乙酉：光緒十一年(1885)。
⑤ 戊子：光緒十四年(1888)。
⑥ 己丑：光緒十五年(1889)。
⑦ 辛卯：光緒十七年(1891)。
⑧ 癸巳：光緒十九年(1893)。
⑨ 甲午：光緒二十年(1894)。
⑩ 丁酉：光緒二十三年(1897)。

按：文武科前清最重，光緒季年始行停止。民國建元，專設科學，舊制則一律取銷矣。

民國選舉

畢業生

清光緒季年，以學非所用，停科目，設學堂。民國因之，又一律改爲學校。其制：鄉設初級小學校，縣設高級小學校，省設中學校，京師設大學校。小學畢業則升中學，中學畢業則升大學，與古貢士之法差同。惟廢八股，重科學，其所學不同，此亦新開選士之一法。寧夏風氣遲開，其畢業升入中大學者尚少其人，暫付闕如。

縣議員

民國肇元，以民情壅閉，設縣議會、省議會衆議院，爲人民之代表。其制：投票選舉，得票多者爲議長，少者爲議員。此又另爲選舉之一例。應合備列，以便查考。

吴復安，正議長，寧朔舉人，民國二年推定。

李斌，副議長，寧夏拔貢，民國二年推定。

許景魯，正議長，寧朔廩生，民國二年選舉。

馬德，副議長，寧夏附生，民國二年選舉。

梁生祥，正議長，寧朔拔貢，民國三年推定。

于自超，副議長，寧夏廩生，民國三年推定。

劉振清，副議長，寧朔廩生，民國三年推定。

按：夏、朔二縣，自民國二年三月二十八日組織臨時議會，設會昭忠祠，推定正議長一人，副議長一人。八月十九日，改組正式議會，用投票選舉正議長一人，副議長一人。三年二月初八日，又改行推定正議長一人，副議長二人。是年十一月十九日，奉文停辦，至今未再組織。其餘各屬，多未舉行，均應從闕。

省議員

李秉彝，平羅廩生，民國二年臨時選舉。

蘇芬，中衛人，民國二年臨時選舉。

左輔青，中衛人，民國七年第一屆選舉。

張世傑，金積人，民國七年第一屆選舉。

喬熙，寧夏廪生，民國十年第二届選舉。

何光耀，寧朔人，民國十年第二届選舉。

蘇芬，中衛人，民國十年第二届選舉。

衆議院議員

張廷弼，寧夏廪生，民國二年臨時選舉。

張超，靈武廕生，民國七年第一届選舉。

董温，金積人，民國十年第二届選舉。

按：蒙旗，民國二年臨時選舉。七年，第一届選舉參議院議員塔旺佈理甲拉、衆議院議員周維藩。十年，第二届選舉參議院議員楊殿琛、丁宗嶧，衆議院議員鈕傳謙。以該蒙向來職官選舉未入採訪，因置未録。

【校勘記】

[1] 成化丁未胡汝礪寧夏衛人兵部尚書：此十五字原脱，據《寧夏府志》卷十四《科貢・進士・明》補。

[2] 乙丑：原作"己丑"，據《〔弘治〕寧志》卷二《寧夏總鎮・科目》、《〔嘉靖〕寧志》卷二《寧夏總鎮・選舉》改。"乙丑"爲弘治十八年(1505)。

[3] 俞鸞：本志卷十七《人物志・學行・明》、《寧夏府志》卷十三《人物・鄉獻》均作"俞鑾"。

[4] 隆慶戊辰："隆慶"二字原脱，據《朔方新志》卷三《科貢》補。"戊辰"，明穆宗朱載垕隆慶二年(1568)。

[5] 萬曆甲戌："萬曆"二字原脱，據《朔方新志》卷三《科貢》補。"甲戌"，明神宗朱翊鈞萬曆二年(1574)。

[6] 侯廷佩：《明清歷科進士題名碑録》、《〔乾隆〕甘志》卷三三《選舉・舉人》均作"侯廷珮"。

[7] 萬曆戊戌科進士張國儒僅見載於本志，其他寧夏舊志均不載。張國儒非寧夏人，本志疑誤録其人。

[8] 壬午：原作"癸未"，據《寧夏府志》卷十四《科貢・進士・明》改。壬午，崇禎十五年(1642)。

[9] 戊辰：原作"壬戌"，據《明清歷科進士題名碑録》、《〔宣統〕甘志》卷三九《學校志・選舉上》改。"戊辰"爲乾隆十三年(1748)。

[10] 張垺：原作"張琈"，據《寧夏府志》卷十四《科貢・進士・皇清》改。

[11] 吴能：《〔正統〕寧志》卷上《貢舉》作"胡能"。

[12] 沈禎：原作"沈正"，據《〔弘治〕寧志》卷二《人物・國朝科目》、《〔嘉靖〕寧志》卷二《選舉》改。

[13] 右府：原作"右衛"，據《〔弘治〕寧志》卷二《寧夏總鎮・科目》、《〔嘉靖〕寧志》卷二《寧夏總

鎮・舉人》改。

[14] 殷斆：原作“殷學”,《〔嘉靖〕陝志》卷三一《文獻十九・寧夏衛》改。

[15] 張翼：原作“張翌”,據《〔弘治〕寧志》卷二《人物・國朝科目》、《〔嘉靖〕寧志》卷二《選舉》、《〔嘉靖〕陝志》卷三一《文獻十九・寧夏衛》改。

[16] 丘山：原作“岳山”,據《〔弘治〕寧志》卷二《人物・國朝科目》、《〔嘉靖〕寧志》卷二《寧夏總鎮・選舉》、《〔嘉靖〕陝志》卷三一《文獻十九・鄉賢・寧夏衛》改。

[17] 徐曇：原作“徐雲”,據《寧夏府志》卷十四《科貢・舉人・明》改。

[18] 張嘉謨：原作“張嘉謀”,據《〔弘治〕寧志》卷二《寧夏總鎮・科目》、《〔嘉靖〕寧志》卷二《寧夏總鎮・舉人》改。

[19] 張鳳岐：原作“張起鳳”,據《〔弘治〕寧志》卷二《寧夏總鎮・科目》、《〔嘉靖〕寧志》卷二《寧夏總鎮・舉人》、《〔嘉靖〕陝志》卷三一《文獻十九・寧夏衛》、《朔方新志》卷一《坊市》改。

[20] 壬午：原作“午子”,據《寧夏府志》卷十四《科貢・舉人・明》改。“嘉靖壬午”即嘉靖元年(1522)。

[21] 吕用賓：原作“吕雲賓”,據《〔嘉靖〕寧志》卷二《寧夏總鎮・舉人》、《朔方新志》卷三《文學・科貢》改。

[22] 張炌：原作“張玠”,據《〔嘉靖〕寧志》卷二《寧夏總鎮・選舉・舉人》、《朔方新志》卷三《文學・科貢》。

[23] 俞鶩中舉時間,本志同《朔方新志》卷三《文學・科貢》、《寧夏府志》卷十四《科貢・舉人・明》。《〔嘉靖〕寧志》卷二《選舉》載在嘉靖“丁卯”年,而嘉靖干支紀年無“丁卯”年,《〔嘉靖〕寧志》顯誤。《〔嘉靖〕陝志》卷三一《文獻十九・寧夏衛》載在嘉靖“辛卯”年,即嘉靖十年(1531),疑是。

[24] 甲午：原作“甲子”,據《寧夏府志》卷十四《科貢・舉人・明》改。“萬曆甲午”即萬曆二十二年(1594)。

[25] 李國禎：原作“李國正”,據《朔方新志》卷三《文學・科貢》改。《〔乾隆〕甘志》卷三三《選舉》誤作“李國珍”。

[26] 郭振郛：原作“郭振邦”,據《寧夏府志》卷十四《科貢・舉人・皇清》改。

[27] 王伍雲：《〔乾隆〕甘志》卷三三《選舉》作“伍雲龍”。

[28] 李淯仁：原作“李清仁”,據《寧夏府志》卷十四《科貢・舉人・皇清》改。

[29] 江之瀚：原作“江之漢”,據《寧夏府志》卷十四《科貢・舉人・皇清》改。

[30] 趙弘熺：原避清高宗弘曆諱改作“趙宏熺”,據《四庫》本《〔乾隆〕甘志》卷三三《選舉》改。

[31] 安樸：《清代官員履歷檔案全編》第 29 册作“安璞”。另,雍正七年(1729)舉人安樸,其他寧夏舊志不載。

[32]《寧夏府志》卷十四《科貢・舉人・皇清》載,李珌爲雍正乙卯科(十三年,1735)舉人。

[33] 陸允鎮：原作“陸允銑”,據《寧夏府志》卷十四《科貢・舉人・皇清》改。

[34] 張埰：原作“張綵”,據《寧夏府志》卷十四《科貢・進士・皇清》改。

[35] 周拭：原作“周栻”,據《寧夏府志》卷十四《科貢・進士・皇清》改。

[36] 楊夢龍：原作"楊夢熊"，據《寧夏府志》卷十四《科貢・進士・皇清》改。
[37] 壬戌：疑當作"甲戌"，即同治十三年(1874)。又，光緒乙亥即光緒元年(1875)。
[38] 陳玟：原作"陳玫"，據《寧夏府志》卷十四《科貢・貢生・皇清》改。
[39] 嘉慶間無"甲寅"年，疑爲"丙寅"即嘉慶十一年(1806)。
[40] 岳洪峻：《寧夏府志》卷十五《武科・武舉・皇清》作"岳洪崚"。
[41] 王維一：《寧夏府志》卷十五《武科・武舉・皇清》作"王惟一"。
[42] 王秉璋：原作"王秉章"，據《寧夏府志》卷十五《武科・武進士・皇清》改。
[43] 趙璉：《寧夏府志》卷十五《武科・武舉・皇清》作"趙連"。
[44] 李發奎：原作"李發生"，據《寧夏府志》卷十五《武科・武進士・皇清》改。
[45] 馮廷槐：原作"馮廷槐"，據《寧夏府志》卷十五《武科・武進士・皇清》改。
[46] 丁丑：原作"乙丑"，據《寧夏府志》卷十五《武科・武進士・皇清》改。"丁丑"即乾隆二十二年(1757)。
[47] 田禮：原作"田豐"，據《寧夏府志》卷十五《武科・武進士・皇清》改。
[48] 光緒乙未：光緒二十一年(1895)。
[49] 癸酉：原作"癸丑"，據《寧夏府志》卷十五《武科・武舉・明》改。"癸酉"即正德八年(1513)。
[50] 隆慶：原作"萬曆"，據《〔宣統〕甘志》卷四〇《學校志・選舉下》改。"隆慶庚午"即隆慶四年(1570)。
[51] 戊子：原作"戊午"，即萬曆四十六年(1618)。按：吕應兆爲萬曆十七年(1589)進士，盧養麟爲萬曆二十年(1592)進士，二人均不可能推後至萬曆四十六年(1618)才中武舉。另，原"戊午"條後接敘的是萬曆"己酉"即萬曆三十七年(1609)事，據本志書例，"戊午"年(1618)事當置於"己酉"年(1609)事之後。故疑"戊午"當作"戊子"，即萬曆十六年(1588)。據改。
[52] 馬國重：原作"馬國璽"，據《寧夏府志》卷十五《武科・武舉・皇清》改。
[53] 董又昌：原作"董文昌"，據《寧夏府志》卷十五《武科・武舉・皇清》改。
[54] 張琨：原作"張崐"，據《寧夏府志》卷十五《武科・武舉・皇清》改。
[55] 張鵬翊：原作"張鵬鈴"，據《寧夏府志》卷十五《武科・武舉・皇清》改。
[56] 夏琳平羅人進士：此七字原脱，據《寧夏府志》卷十五《武科・武舉・皇清》改。
[57] 馬健學進士：此五字原脱，據《寧夏府志》卷十五《武科・武舉・皇清》補。
[58] 馮廷槐：原作"馮廷槐"，據《寧夏府志》卷十五《武科・武舉・皇清》改。
[59] 王世雄：原位於前文"己酉"年"江繩宗"之後，據《寧夏府志》卷十五《武科・武舉・皇清》改。
[60] 施瑰：原位於後文"乙卯"年"陳更新"之後，據《寧夏府志》卷十五《武科・武舉・皇清》改。
[61] 姚瑜：原作"挑瑜"，據《寧夏府志》卷十五《武科・武舉・皇清》改。
[62] 閆威鳳：原作"閻威鳳"，據《寧夏府志》卷十五《武科・武舉・皇清》改。

[63] 周宏燮曹鵾朱耀德：此八字原脱，據《寧夏府志》卷十五《武科・武舉・皇清》補。

[64] 詹儀鳳：原作“詹鳳儀”，據《寧夏府志》卷十五《武科・武舉・皇清》改。

[65] 中衛人：此三字下原衍“劉瑾”二字，據《寧夏府志》卷十五《武科・武舉・皇清》删。

[66] 劉覲：原作“劉瑾”，據《寧夏府志》卷十五《武科・武舉・皇清》改。

[67] 楊順：原作“王順”，據《寧夏府志》卷十五《武科・武舉・皇清》改。

[68] 王舉：原作“楊舉”，據《寧夏府志》卷十五《武科・武舉・皇清》改。

[69] 中衛：原作“靈州”，據《寧夏府志》卷十五《武科・武舉・皇清》改。

[70] 陳王前平羅人：此六字原位於前文庚辰年“郭瑩”條後，且“平羅”作“靈州”，據《寧夏府志》卷十五《武科・武舉・皇清》改。

[71] 蘇繩武靈州人：此六字原位於後文乙酉年“辛養性”條後，且脱“靈州人”三字，據《寧夏府志》卷十五《武科・武舉・皇清》改。

[72] 周賓：原作“周賔”，據《寧夏府志》卷十五《武科・武舉・皇清》改。

[73] 許忠朝：《寧夏府志》卷十五《武科・武舉・皇清》原載其“科分無考”，本志載其於乾隆四十四年(1779)中武舉，不知何據。

朔方道志卷之十九　人物志四

忠　義

忠義

元

朵兒只班，爲中興路元帥。順帝十五年，倪文俊擊破其軍，只班不屈，死之。

明

徐勝，洪武時監督，勇敢善戰。五年，從徐國公征沙漠，捕梅花等鎮强寇有功。二十一年，征雲南蠻，歿於陣。蔭一子。

王俶，寧夏人，陝西都指揮①，鎮守寧夏。永樂辛卯②，與賊戰於河西[1]，被創死。同時指揮諸鼎、千户沈傑亦戰歿。

許顒[2]，寧夏人，都指揮[3]，守備靈州。天順間，追寇至河套鹿泉，顒乃據險力戰，射死酋長數人，又斃酋子三人，力盡自刎。敵憤甚，剜其肉，煮其骨，以灌駝[4]。

劉英，都指揮。王理，指揮。王泰，都指揮。俱寧夏人。成化初，英在定邊營與虜戰死，理在鴨兒巷與虜戰死。弘治間，泰在河東領兵，與賊戰死。

王震，寧夏人，指揮。成化四年，石城滿四作亂，與鎮人蘇諒同領軍，戰死。

趙璽，寧夏人，指揮。弘治六年，與賊戰靈武口廟山墩下，遇害。

姜漢，榆林人[5]，弘治中，嗣世職，爲本衛指揮使。御史胡希顔薦其才勇，充延綏營游擊將軍。十八年春，寇犯寧夏興武營。漢率所部馳援，遇於中沙墩[6]，擊敗之，賜敕獎勞。正德四年，擢署都督僉事，充總兵官，鎮寧夏。甫數月，而安化王寘鐇謀逆，置酒召漢及巡撫安惟學等宴。酒半酣，其黨何錦等率衆入[7]，即座上執漢。漢奮起怒罵，遂遇害。子奭逃免。賊平，詔賜祭葬，有司爲立廟，春秋

---

① 《〔弘治〕寧志》卷二、《〔嘉靖〕寧志》卷二《寧夏總鎮・忠節》載，王俶、劉英、王理、王泰、王震、趙璽、李睿等爲都指揮僉事或指揮僉事，編者皆省去“僉事”二字，蓋襲《〔乾隆〕甘志》之説。

② 永樂辛卯：永樂九年（1411）。

祀之。

李睿，寧夏人，都指揮。寘鐇之變，憤駡不屈，爲亂軍所害。事聞，賜祭蔭。

楊忠，中衛人，官寧夏都司。逆鐇變，叛弁擁衆入行臺，殺巡撫安惟學。忠執杖擊賊，爲賊所執，碎其尸於都堂。事聞，賜祭、襲蔭。

張欽，寧夏人，右衛百户。寘鐇之變，欽不從逆，自縊於演武場。事聞，蔭子表門。

成賢，寧夏人，膽勇出衆。嘉靖十三年，套騎四萬餘入寇，賢從總兵王效爲前鋒，率八百騎迎於秦垻，力戰移日。賢獨當一面，虜被傷者衆。因併力攻之，遂死。事聞，蔭子梁爲都指揮。同時，指揮吕仲良、劉勳、王濬與賢俱歿於陣。

楊璘，寧夏人，指揮。爲神木参將，與賊血戰而亡。

戚文，寧夏人，指揮。驍勇素著，虜畏之，不敢近邊。猾者以計誘之，出伏兵邀截，文遂力戰死。

潘剛，左屯衛千户。嘉靖三十六年，防堵裴家渡，遇賊戰亡。

陳垕，寧夏人。嘉靖三十八年，領兵入衛，至蔚州瓮城驛[8]，戰亡。同時指揮張策、陳勳皆歿於陣。

吕綸，寧夏人，百户。嘉靖三十八年，紅山堡遇賊，戰亡。

李恩，寧夏人，千户。嘉靖三十八年，廣武營高廟兒遇賊，戰亡。

魏信、朱鼎，俱都指揮。陳忠、李恭、曹宗堯，俱指揮。李賢、徐紀、劉鎮、王清、徐相、邵真、張坦、鄭國、楊臣、沈傑，俱千户。周臣、史書、王邦、魏昂、湯雲、楊舉、王通、劉樞、朱賢、白清、秦仲賢，俱百户。均係寧夏人，俱出征陣亡。

韓選，寧夏人，都指揮。嘉靖三十二年[9]，敵由横城入，選以千總從總兵姜應熊出禦，奮勇堵截，自卯至酉，力竭而死，爲賊碎尸，靈州賴以不失。事聞，贈恤，建祠致祭。

李承恩，寧夏人，原任守備。萬曆二十年，謀擒哱〔拜〕、劉〔東暘〕，機洩被執，不屈，爲賊所殺。其子佩見父死，即渡河請兵，欲報父仇。被縛，駡不絶聲，爲賊磔死。又陳漢，寧夏人，百户，撫標供給官。賊忌之，與承恩同日見殺。

安宗學，寧夏人，總旗，賊索總兵符印旗牌，宗學不屈，被執殺之。

陳棟，寧夏人，原任游擊，以驍勇聞。萬曆二十年，哱〔拜〕、劉〔東暘〕之叛，與原任守備朱綬謀擒賊。事洩，賊殺棟，縛綬於北樓殺之。

李時，寧夏人，指揮。嘉靖三十二年[10]，領兵入衛，行至浮圖峪遇賊，血戰力竭，碎尸而亡。虜自是不敢入犯。以捍禦功，建祠祀之。時鎮人同死者指揮張第、江嵒，百户楊汝松、周時。

王徹，寧夏把總，曾揭哱拜父子青海侵冒錢粮不法事於經略，至是謀賊不密，哱拜以恨殺之。

李金，寧夏人，謀刺許朝事覺，父子俱戮。

張沛，寧夏指揮，與百户施威皆以謀殲賊而死。

吕擢，寧夏百户，赴鎮河灘驅哱賊牛馬，仍運窖草以供征兵，賊縛殺之。

李沛，寧夏應襲，謀殲賊被執，爲賊所害。

王極，中衛指揮，領兵追哱拜，至古塲兒被殺[11]，賜卹。

錢柏，中衛人，哱拜亂，於中衛奮勇堵戰被殺，賜卹。

張世傑，寧夏百户。屢報賊情於王師，且輸供芻草，賊執去，鞭撻無完膚死。

蔣三重，寧夏人。謀殺僞把總雷鳴，機泄，被執不屈，罵賊裂眦而死。

施戚[12]，寧夏百户。守李剛堡，偵賊動静，報平虜將官，仍約弟男内外同謀除賊，賊執而殺之。

姜應奎，寧夏人，同宗子謀獻東城於官軍，且約刺賊。賊拘諸宗子，遍受箠楚，獨支解應奎。時陳文通、孟舉、張大勳亦會議獻城，賊俱殺之。

納賦，寧夏生員。與其姪指揮納舟從廣武渡官兵，許朝執賦並其子楫，族人納坤、納福、納税、納書等殺於市[13]，罄其家。

高蓋，寧夏健丁。追賊入北門内，蓋無後繼，遂爲賊所臠。

陳縉，寧夏人，常信堡官。殺賊黨三人，賊執至鎮，支解之。妻梅氏自縊死。

張伏三，寧夏常信堡民。堡官陳縉恨賊黨張堡等逼取民間牛車[14]、芻米、豬、羊、鵝、鴨爲害，殺堡。賊誘縉出城，縛去。伏三與堡民張大經、胡希禹、李現、潘奉、謝邦林等追救縉，賊伏突起，執伏三等六人，同縉支解。

孫九齡，寧夏人，賊邀入黨，不從，斷其手膊，仍梟之。

趙承先，寧夏指揮。與鎮人指揮戚卿、張佩等同謀獻西城納官軍，策就，密報西營將領，以城中火起爲號。至期，城外杳然，乃遣武生張遐齡縋城往促。賊覺，分布緝捕，同謀趙承先、戚卿、張佩而外，爲武生陳松，童生李友桂、郭自謙，鎮民陳九叙，軍丁賈謨等皆死之[15]。

任天慶，慶陽人。流寓寧夏，與妻議製鐵杵擊賊，與應襲張應魁謀[16]。鄰婦包氏與張有隙，密報許朝，執二人至，詰之，應魁不服。天慶厲聲曰："賊奴不必問，與他不相干，是我恨爾賊奴背反朝廷，欲早殺爾。"朝怒，縛天慶游市，斬首懸之城頭，碎其尸。

王繼哲，寧夏人。恃勇設誓擒賊，賊執禁古廟殺之。

張龍，寧夏人。掣船東岸，以絶賊渡，又擒黨，解靈州梟示。賊恨，捕龍至鎮斬之。

王琦、陳漢[17]，俱寧夏人。琦奉令易糗粮，賊緝獲，凌遲死。漢任百户，撫軍門下供應官，賊忌殺之。

史敬，寧夏人，元相天澤之裔。由山東籍官寧夏都司，遂家焉。〔史開先〕以軍功世襲都指揮使[18]，歷任寧夏中路副總兵。崇禎六年，插虜犯邊，與總兵官賀虎臣皆力戰死之。事聞，贈都督，謚忠烈，入寧夏忠孝祠。

杜祥，寧夏人，爲吏職[19]。賊掠諸堡，祥具稟平虜營將官防禦[20]，賊失利，加劓刖刑，臠其肉以飼犬。

瞿桂，寧夏人。其族百户瞿坊管魏信堡，擒殺許朝族丁，朝因拘桂與瞿相、瞿樞、瞿棟、翟材、瞿東、瞿尚禮、瞿尚義八人盡殺之。

白葵、王天直，俱寧夏人。同謀獻城，賊執殺之。

張直、王承德、王懋德、王嗣德，俱寧夏人，同約獻西城西營，失應被執。直與承德罵不絶口[21]，至死猶以不早殺賊切齒忿恨死。

王朝、王宰、楊仁，俱寧夏人。偵賊動定，報平羅將官，賊執至北樓殺之。

張大綱、張其[22]，俱寧夏人。同謀獻城被囚，逸出，賊復執殺之。

王訓、錢益、姚錦、姚選、郭南、吴朝棟、王應登、姚希安、王櫝、周寧[23]，俱寧夏人。同謀獻城，被許朝執殺之。

賈謨、單廷臣、任甲、王元、高敏、劉一元、鍾達、張友智、談守用、劉應奎、蔣忠、梁朝簡、龍氣、張倉、李孜、楊羔宿、劉侯、顧朝相、王大用、岳達子、陳谷、王德、劉伏、周尚禮、岳火力赤[24]、王虎剌亥，皆寧夏軍丁，謀獻西城，事泄，悉被慘殺。周阿都赤、周虎埧暗寫匿帖，箭射出城，賊覺，箠楚八十，監殺之。

王洪、趙什一、董計、石阿孫、王阿多、謝友貴，俱寧夏人，與親戚合謀獻城，一時被殺。

以上官軍士民俱奉敕旌表，建祠曰“顯忠”。

張祥、石地哇、徐秀、鄭天玉、王詔、繆莊哇[25]、胡受哇、徐敢哇、徐梅、徐九九、徐漢、張文選、張黄哇、張雨哇、石春哇、石蠻哇、千香、徐冒、徐九元、田六六、石良、石地哇、鄭當哇、劉蹉哇、杜成和、陳五斤、張恩、張六指、劉邦正、韓驢兒[26]、徐暑哇、許田哇、胡剛、李喜哇、張李哇、許德、石孫哇、張喜哇、李五哇、張保哇、李果、張倉哇、徐邦奇、徐邦彦、三兒、徐彦學、吴應祺[27]、陳文選、方端、陳召哇、蔡凱[28]、徐牛哇、劉惟淮、劉雪哇、李元[29]、雷廷甫、李景洛[30]、徐蟲哇、徐常哇[31]、車喜喜、何進進、劉八哇、劉敢哇、劉八八、胡舍哇、常章、李孝、張馬住、陳孝兒、胡羊哇、王早兒、邵卷哇、邵七哇、石打城、徐棟、陳華、陳付、楊七哇、張召哇、劉地哇、陳玉、江其、石張公保、劉外家保，俱寧夏人。逆賊遣兵屠堡，祥等被殺者八十四名，奉敕旌表建祠，春秋致祭。

李世松，靈州人。性忠直，善左右射。耕於晏湖墩側，插漢入，世松率衆拒賊，衆潰，松獨守墩上，以矢射賊，中者輒斃。賊恨甚，攻圍益力。松左右大指皆裂見骨，被七創死。

史開先，勳之子，官靈州參將。崇禎六年[32]，套虜犯邊。開先馳報寧夏巡撫、總兵，遂收集城外居民生畜入城，深溝高壘以待固〔原〕[33]、靖〔遠〕、甘〔州〕、涼〔州〕之兵。賀虎臣自寧來靈，欲引兵拒戰。開先諫不聽，歸謂其長子曰："我家世受國恩，豈敢畏死。此役也，我必不復生還矣。"遂引兵先驅，虎臣亦出。遇賊於大沙井灘，賊圍虎臣，四面不能援[34]，開先僕史進才告急[35]，開先策馬冲入重圍，與賊力戰，殺數百人。圍益逼，遂遇害。進才殉焉，虎臣亦死。時官軍死者七千餘人，枕尸遍野，不可別識。開先少爲馬撞落二齒，以銀鑲之，家人以此爲識，僅得首以歸葬。事聞，追贈右都督，謚忠烈。

耿光榮，寧夏人，世指揮，任玉泉營游擊。插漢入犯，奮勇出禦。與指揮趙有牧、千總周崇雅，把總唐國俊、許城、王朝，俱歿於陣，事聞，皆優賜。

江孔學，靈州人，居胡家堡。插酋之變，賊圍堡。城陷，孔學自刎，闔家俱罹於難。

解文英，寧夏人，以副將守延安府。李自成據關中，遣兵至延安，文英率衆死守。及城破，賊授以官，不受，囚於獄，又於獄中約榆林總兵尤世威等舉義，圖恢復，賊怒，支解之。

吕之蔭，寧夏貢生，授真定通判[36]，攝獲鹿縣篆。未旬日，寇臨城下，蔭率士民堅守七晝夜，城破被執，駡不絶口死，妻劉氏、妾張氏偕幼子二人及其奴僕俱殉難。蔭受刃亂軍中[37]，不辨其骸。事定，與城中被殺者作二大冢，别男女而封之，敕建祠致祭。

王風水，寧夏人。賊將牛成虎入寧夏，風水與指揮彭凌雲等十三人糾合山後蒙古舉義。事洩，賊磔風水於市，凌雲等皆被殺。生員保國璧其死尤慘。

李學牧，寧夏指揮。賊將牛成龍知其技勇，授以官，不應。與王風水謀，召河東人以圖恢復。賊防之嚴，不得出，或勸之去，學牧曰："賊索我亟，必殘殺無辜，我一身當之[38]，以解衆難。"遂復入城，賊露刃擁之，學牧具冠帶，北向再拜，端坐受刃。

鄧德，寧夏人，官百户。李闖檄至寧夏，諸宗屬及紳士集慶府議降。德排闥入，灑淚申大義曰："諸公皆欲賣城自全，獨不爲王計乎？"後與王風水等舉義，欲誅僞官陳之龍[39]、賊將牛成虎。謀洩，被執。仰而受刃，厲聲曰："吾死當爲神，盡殺賣國臣。"遂遇害。

馬獻圖，字興之，寧夏總兵馬世龍子，以蔭補指揮同知。李自成據關中，勒降，不屈，械繫軍中，至山西侯馬驛殺之[40]。弟負圖、呈圖俱襲指揮。自成遣僞將牛成虎陷寧夏，負圖兄弟約表兄彭姓者圖恢復，事洩，同被害。人稱“馬氏三忠”。獻圖死時年三十三，負圖年十九，呈圖年十六。

丁孔應，寧夏人，以世指揮授北川守備，升游擊。闖逆變，孔應守義不屈，賊擁戈逼之，孔應厲聲曰：“吾頭可斷，身不可屈。”遂遇害。

雍締，中衛人，以歲貢任四川仁懷知縣。張獻忠入蜀，締率百姓死守。城破，闔家自焚死。

蔡應昌，興武所千户，任花馬營千總。明末羅凸土賊搶掠，應昌統兵討賊，力盡，血戰而死。

鄭感民，後衛舉人，任遼東寧遠州推官。總制洪承疇稱其臨機決策，措置有方，擢爲遼東監軍道。後城破，全家死難。

韓嘉爵，寧夏人，平虜中軍指揮。有勇略。與賊戰，手刃數十人，爲賊支解。

孫祚昌，中衛鳴沙堡生員。明末，寇入堡，欲降之，祚昌怒罵，拔刀自刎，賊碎其尸去。

黄儒煐[41]，中衛永康堡生員。明末，香山賊攻陷永康堡，人皆順從。煐危言抗賊，賊加桎梏，絶其飲食，殞。

李維新，中衛威武堡人，業商。明末，賊朱國端等嘯聚螺山，出没峽口[42]、楊柳泉[43]，劫殺行旅。廣武游擊奉檄征剿，至威武，聞維新名，令領民兵入山合剿。遇賊，維新奮戰，衆寡不敵，歿於陣。

包永成，中衛庠生。弟永明，亦庠生[44]。明末，賊破惠安堡，聞永成兄弟有技勇，欲挾之去，不屈，爲賊所殺。

吴繼綬，寧夏人，承襲都指揮。僞總兵牛成虎據寧夏，肆殺戮。繼綬憤之，倡義殺賊，事洩，爲賊所害。

韓建極，寧夏人，任延綏守備。闖賊之變，殉難三臺山。

杜弘埰，寧夏庠生。盡節，敕賜翰林院五經博士，旌表，蔭子入監。

杜弘基，初由選貢任黔陽知縣[45]，歷擢河南道御史，於湖南靖州殉難。

杜文煒，由蔭生任山西汾州同知，盡節，贈按察司參議。

杜福，歷官山東平山營參將，戰歿，贈驃騎將軍，蔭一子。

唐之英，慶府儀賓[46]，寧夏農家子[47]。性聰慧，美容止，讀書過目不忘。慶王獵於北野，遇之塗，奇其貌，問之，應答如流，納爲儀賓。崇禎十七年，聞莊烈帝殉，號哭，絶粟三日，旋自經。

張伏弩，寧夏人，千户總旗。常山窩堵賊陣亡，蔭子拱宸[48]。

李彩，中衛古水營守備。李自成亂，糾衆練兵，爲自固計，後死節於平涼。弟彪亦累官至天津總兵,李自成入燕,自刎於鎮。

清

萬義,中衛人,充隊長。順治三年,設防沙泉,時山寇蜂屯,沙泉當其衝。賊常出搶掠,義率部堵剿,奪回民失牛馬無算。賊恨之,與義戰,賊大敗,義亦受重傷而死。西路同知張羽翀表其門。

吴繡,寧夏人。以千總隨總兵陳福出征,臨陣先登,死於固原城下。子繼統襲其職,每臨陣,亦奮勇争先,相繼陣亡。

劉進孝,總兵體義次子,官千總。康熙三十五年,隨總兵殷化行征噶爾旦,同中營游擊陳維屏守甕金,陣亡。

司九經,字聖典,寧夏人。從征川、雲,又從征出塞,俱有功績。歷任宣化總兵,罷職歸。康熙五十七年,隨征效力,遇敵陣亡。

李榮、李棟,俱寧夏人。榮以守備從征西藏,殁於陣。棟,福建撫標,候補守備。值耿逆變,盡節。

羅萬倉,寧夏人,歷任臺灣参將。朱一貴之亂,總兵歐陽凱死,府治陷,萬倉鼓舞將士堅守,連發大礮,擊仆賊旗。賊四面圍困,萬倉力戰,逾溝墜馬,賊以矛戮喉而死。妻蔣氏先令家人抱子逃匿,自率兵守城,城陷,縊而死。事聞,賜"夫忠婦節"字,世襲三代雲騎尉。雍正初,又加恩授恩騎尉。

杜呈源,寧夏人。隨提督陳福克復定邊,以功任本鎮右營千總。後隨征川、雲,陣亡於建昌,奉旨入京師忠烈祠。雍正元年,入寧夏忠義祠。

馮琇[49],寧夏人。官固原参將,隨征準噶爾,至木魯烏素地方力戰,殁於陣。

吴煊,繼綬之猶子也。勇敢,嫻騎射。應桑提軍募,從征滇南。每戰必前行,奮不顧身。至岳州,與賊對壘,中流矢,殁於軍。

吴爔,煊之弟。隨桑提督駐滇南,以功授元江副將。時九龍江苗叛服不常,爔奉檄剿撫之,示以威信,苗情慴服。後苗約公盟,爔慨然往,有止以苗情叵測者,爔叱之曰:"食君之禄而避其難,非臣也。人有向化之機,而我阻之,不仁,且示以不武。"赴盟,中酒毒而亡。

許世隆,寧夏人,官永固城參將。進剿巴爾庫爾,殁於陣。

馬秉倫,字統文,寧夏人,際伯四子,由武舉累官雲南烏蒙鎮游擊。雍正七年,苗變,賊數萬犯城,衆寡不敵,遇害。事平,賜祭葬,蔭一子,崇祀昭忠祠。

高鳴謙,寧夏人,貴州提標守備。雍正八年,征烏蒙陣亡,蔭一子。

高撝謙,鳴謙之弟,由行伍征藏有功,議叙加副將,歷任雲南守備。雍正十年,征烏蒙陣亡,蔭一子。

袁夢齡，寧夏人，雍正癸丑進士①，升雲南楚姚鎮右營游擊[50]。乾隆三十年，進剿雲南蠻巴二龍山，陣亡。

葉應春，寧夏人，官花馬池營把總。進剿烏什有功，後遇敵陣亡，蔭一子。

趙鉞，寧夏人，雍正壬子武舉②，官四川城都守備。乾隆三十三年，金川陣亡，蔭一子。子廷璧，乾隆四十二年西路陣亡。

楊清、丁吉士，俱寧夏人。清千總，吉士經制，俱乾隆三十三年從征金川陣亡，清蔭一子。

金富國、紀安國，俱外委；周延恒把總，杜斌外委，俱寧夏人。乾隆年，西路陣亡。

馬國樑，寧夏人。乾隆三十八年，進剿金川，勇敢善戰，所向有功，擢副將。後歿於陣，蔭一子。

李殿雄，寧夏人。乾隆三十八年，從征金川陣亡，蔭一子。

朱紫，千總。王肇基、杜士英，俱把總。王大成，外委。俱乾隆三十八年隨征金川陣亡。

陳世寶，千總。鄒孟華，把總。李聯元、汪路教[51]，俱外委。乾隆三十九年俱隨征金川陣亡。

趙興基、姚進功、馬廷傑、柳若椿、夏仁、陸純乾，俱把總。李鍾秀、金祚虎、孫俊英、張積功、岳正、王錫章、王萬禄、王經、李玉，俱外委。乾隆四十年俱隨征金川陣亡。

畢慶雲，寧夏候選縣丞。同治元年，馬化灕叛，慶雲偕弟騰雲練團固守。二年十月二十四夜，郡城陷，慶雲兄弟率衆抵禦，力竭，俱被殺。慶雲堂兄步雲、子長年，姪庚年、佳年、書年、有年，姪孫煊，及文生李茂林、張玉樹、張玉琪皆殉難，步雲妻周氏及婢女等均自焚。事聞，旌卹如例。

馬賓陽，寧夏候選教諭。同治元年，回亂，寧夏道侯登雲檄總團防。是年冬，賊圍靈州，賓陽赴援，圍立解。二年十月二十四夜，郡城陷，賓陽偕姪丙文、丙德率團巷戰，皆死之，妻柴氏亦自焚。事聞，旌卹如例。

江太平，寧夏人，由雲騎尉署廣武營游擊。同治二年，回撲廣武，太平率部出戰，歿於陣。

麥聯芳，字芬圃，寧朔人，由武舉補毛卜喇把總。猶子延年，歷官同心城守備、興武營都司。同治二年，回亂城陷，力戰不勝，與寅屬同坐火藥籠上轟斃。事

① 雍正癸丑：雍正十一年(1733)。
② 雍正壬子：雍正十年(1732)。

聞，議卹如例。

武濂，字蓮航，靈州貢生，授鞏昌府訓導，好性理學。同治回亂，鞏郡戒嚴，濂勷辦城防，賊未得逞。五年，鞏郡大饑，濂日僅一餐，登陴嚴守。八月二十二夜，賊潛登城，濂子聞警，勸出避，濂斥之。賊至，子被戕，妻亦死。濂整衣冠，至文廟痛哭，縊於柱。事聞，議卹如例。

李忠孝，中衛人。(《通志》"李"作"陳"，誤。)由武舉隸督標，授漢中千總，擢守備，以母喪歸。同治元年，馬化漋叛，忠孝充團總，簡丁壯七百人，朝夕訓練。二年十一月初七日，賊攻寧安、恩和等堡，忠孝擊走之。十九日，賊復據南河橋，忠孝率隊衝殺，斬獲甚多。八年，又復戰於鳴沙州，窮追至老務營溝，援賊余士彦截其後路，前後夾攻，衆潰，忠孝歿於陣。

李綍，號詞垣，靈州舉人，授陝西宣州縣訓導。致仕歸，授徒講學，張煦、張雋選等皆出其門。同治二年，城陷，綍率二子鏡藻、鏡蘇將自焚，回酋馬化鳳慕綍名，勸之降，綍大罵，與二子同遇害。

道以德，靈州貢生。咸豐季年，知馬化漋蓄謀不軌，數上書，當道不省。及馬兆元叛，化漋陰爲之應，凡陝回之上竄者悉爲收留。以德更憤不自已，假道河套，赴京籲愬。上飭陝甘總督恩麟查辦，顢頇了事。以德歸，至花馬池，痛世道之黑暗，知癰患之已成，慷慨悲歌，作詩六十首以寫其憤，病遂不起。後馬化漋叛，興戎十年，官悉被戕，而兩河民之流離死亡者以百萬計，誰之咎歟？以德有知，吾知其怒髮衝冠將不止三千丈已也。

蘇兆明，鎮戎韋州堡之良回也。同治初，陝回上竄，馬化漋陰爲之應。鎮戎一帶爲逋逃藪，漢民無立足地。兆明暗地維持，有謂恐漢民反噬，當先剪除者，兆明陽奉陰違，並私地給粮，以賙其饑。後大軍不察兆明之佯與叛回馬兆元周旋，係爲保護漢民起見，乃竟疑爲兆元黨而戮之也，寃哉。迄今韋州漢民猶有言其事而涔涔淚下者，可見公道之尚在人心也。

吴監川，字月照，寧朔貢生。同治回亂，監川督率鄉人守其堡寨，賊攻不入，佯約監川出議和，衆阻之，監川曰："爲同胞請命，義也。吾何而不爲？"比至，知墮術中，逸而歸，賊憤甚，攻益力。越九月，始解圍去。事平，以軍功賞給藍翎。

王雨，鎮戎人。同治二年，鎮戎回亂，守備奉調外出，雨攝外委事守城。粮盡，雨以軍火儲鐘鼓樓，恐城陷爲賊所得，與所部郭仁、段成福舉火焚之，均撲火死。事聞，雨旌表雲騎尉，郭、段均從祀忠義祠。時兵丁白義、馬志保、王大富、王大觀俱被賊執，不屈而死。

趙得時，鎮戎趙家墅人。時預望堡把總馬兆元叛，得時糾合鄰村以禦。賊驟至，得時即率本莊及兄弟子姪等與鬭。衆寡不敵，同及於難。

扈聯登，鎮戎監生。同治回亂，與弟寧儒避山窑。寧儒出市麵餅，被賊執，拷問家資所在，寧儒駡曰："吾家藏豈濟賊乎？"賊怒殺之。聯登往救無及，叱曰："盍殺我！"又殺之。

扈介儒，鎮戎趙家墅人。與趙得時等同謀禦賊，不勝被執。介儒大駡，遂遇害，同戰死者十餘人。

白精萃，鎮戎文生。同治二年回亂，與民共守危城。逾年粮盡，精萃曰："守而死，不如戰可望生。"與廪生吴慶翥、武生杜天禄出城力戰，衆寡不敵，均戰殁，同死者九十四人。後夏學使贈匾額曰"儒林正氣"。

李長久，寧朔人，與弟長壽俱善射。同治回亂，長久妹被賊掠，長久挾矢追之，殺數賊，奪妹以歸。後從梁提督生嶽守勝金關，賊圍攻，或約逃走，長久曰："死，吾分也！"力戰而死。

王天貴，鎮戎回民。同治二年，同心城把總馬兆元叛，天貴力勸鄉人勿從賊。後回酋穆生花攻固原，天貴團丁赴援，誘生花殺之。其力顧大義如此。子銘惠從軍，積功保提督。

周鳳泰，鎮戎人。同治二年回亂，詐降賊，密遣人約團首趙登瀛、田創等以圖之。賊覺，邀鳳泰入禮拜寺，鳳泰知謀洩，帶刀徑去。甫入門，砍斃數賊，鳳泰中槍，死於寺。

蘇冕，鎮戎人。同治九年，丁提督賢發帶宣威三營駐韋州，因粮不繼，冕偕赴預望堡催粮。撫回馬天發疑冕同來殺己，率衆與戰，冕與丁提督同戰死。

羅倫，寧夏農民。同治四年，賊圍洪廣，倫以誼屬桑梓，糾衆赴援，圍立解。後賊又圍平羅，倫復糾衆往救，又解其圍。兩濟危困，竟出之於一農民，斯亦奇矣。

蘇灝，鎮戎人。同治回亂，灝毁家團丁駐城防守，城得完全。縣令上其功，省給匾額曰"深明大義"。

張復元，字乾生，原籍山西靈石縣，寄籍鹽池惠安堡。性慷慨，能急人之急。在惠安十餘年，興學校，設保衛，居民賴之。政府給其額曰"造福地方"，省憲旌其門曰"保衛閭閻"。邑貢生劉炳爲記，謂："復元慷慨急公，無愧此生。"誠知言也。

張勉，鎮戎人，署本城經制。光緒二十一年，海原回亂，波及縣境。縣與守府束手無策，勉以桑梓所關，團兵固守，賊見戒嚴，未敢進攻，城賴以全。

英秀，寧夏駐防繙繹，舉人，任鑲黄旗防禦。宣統辛亥[①]，會匪圍城，力戰却之。嗣因公至廣武，遇賊，秀力戰，欲得而殲除之，不意馬中飛彈被害，優卹如例。

---

① 宣統辛亥：宣統三年（1911）。

王學詩，鎮戎王家團莊良回王萬鎰之子也。萬鎰自太祖以下保衛桑梓，屢立戰功，鄉人已感戴弗置。宣統辛亥，土匪作亂，學詩練團防守數月於兹，賊衆不敢入境。事平之後，學詩立即散團，令其歸農，所需經費，毫不累人。忠義傳家，宜乎鎮民之嘖嘖不置也。

趙玉秀，字雲亭，寧夏人，由鎮標右營千總署花馬池營守備。宣統辛亥，會匪高士秀、高登雲等由靈州竄入花馬池，玉秀率部堵禦，力竭被殺。

劉懷芝，寧夏人，由行伍補花馬池營千總。宣統辛亥，賊竄花馬池，懷芝與趙玉秀堵禦，力竭，同被殺。

【校勘記】

[1] 河西：《明太宗實録》卷一一二"永樂九年正月庚辰"條載敕甘肅總兵官侯宗琥曰，得報韃賊失捏干剽掠黄河東岸，寧夏都指揮王俶無謀輕敵，爲賊所陷。故疑此戰當發生於河東。

[2] 顒：原作"融"，據《寧夏府志》卷十六《忠・明》改。下同。

[3] 都指揮：此同《〔乾隆〕甘志》卷三七《忠節》，《〔嘉靖〕寧志》卷二《寧夏總鎮・忠節》作"署都指揮僉事"。

[4] 灌：原作"澆"，據《寧夏府志》卷十六《忠・明》改。

[5] 榆林人：原作"寧夏人"，據《明史》卷一七四《姜漢傳》、《寧夏府志》卷十二《宦蹟・明》改。

[6] 中沙墩：原作"中河墩"，據《明史》卷一七四《姜漢傳》改。

[7] 入：原作"人"，據《明史》卷一七四《姜漢傳》、《寧夏府志》卷十二《宦蹟・明》改。

[8] 瓮：原作"甕"，據《寧夏府志》卷十六《忠・明》改。

[9] 三十二年：原作"三十八年"，據《寧夏府志》卷十六《忠・明》改。

[10] 嘉靖：原作"萬曆"，據《寧夏府志》卷十六《忠・明》改。

[11] 埸：原作"揚"，據《寧夏府志》卷十六《忠・明》改。

[12] 施戚：《朔方新志》卷三《忠》、《〔乾隆〕甘志》卷三七《忠節》均作"施威"。

[13] 納書："納"字原脱，據《寧夏府志》卷十六《忠・明》補。

[14] 張堡：此同《〔乾隆〕甘志》卷三七《忠節》，《寧夏府志》卷十六《忠・明》作"張保"。下同。

[15] 賈謨：原作"賀謀"，據《寧夏府志》卷十六《忠・明》改。

[16] 應魁：原作"應奎"，據《寧夏府志》卷十六《忠・明》改。下同。

[17] 陳漢：原作"隙漢"，據《寧夏府志》卷十六《忠・明》改。

[18] 據《寧夏府志》卷十二《職官・宦蹟》、卷十六《忠》載，"史開先"三字後之事蹟均非史敬事蹟。原編修者將史開先事蹟濫入史敬事蹟之中。

[19] 吏：原作"史"，據《寧夏府志》卷十六《忠・明》改。

[20] 平虜：原作"平鹵"，據《寧夏府志》卷十六《忠・明》改。

[21] 直與:《寧夏府志》卷十六《忠·明》作"内"。
[22] 張其:原作"張某",據《寧夏府志》卷十六《忠·明》改。
[23] 周寧:"寧"字原脱,據《寧夏府志》卷十六《忠·明》補。
[24] 火:原作"頭",據《寧夏府志》卷十六《忠·明》改。
[25] 繆:原作"穆",據《寧夏府志》卷十六《忠·明》改。
[26] 韓驢兒:《朔方新志》卷三《忠》作"韓驢哇"。
[27] 祺:原作"棋",據《寧夏府志》卷十六《忠·明》改。又,《朔方新志》卷三《忠》作"麒",《銀川小志·鄉賢·國朝·忠》作"麟"。
[28] 蔡凱:此同《朔方新志》卷三《忠》,《寧夏府志》卷十六《忠·明》作"蔡愷"。
[29] 李元:"元"字原脱,據《寧夏府志》卷十六《忠·明》補。
[30] 李景洛:《朔方新志》卷三《忠》作"李景落"。
[31] 徐常哇:"常"字原脱,據《寧夏府志》卷十六《忠·明》補。
[32] 六年:原作"七年",據《明史》卷二七〇《賀虎臣傳》、《明崇禎實録》卷六改。
[33] 開先馳報寧夏巡撫總兵遂收集城外居民生畜入城深溝高壘以待:此二十七字原脱,據《寧夏府志》卷十二《宦蹟·明》補。
[34] 援:原作"拔",據《寧夏府志》卷十二《宦蹟·明》改。
[35] 開先:《寧夏府志》卷十二《宦蹟·明》作"勳"。
[36] 真定:原作"正定",據《寧夏府志》卷十六《忠·明》改。
[37] 蔭:此字原脱,據《寧夏府志》卷十六《忠·明》補。
[38] 一:原作"當",據《寧夏府志》卷十六《忠·明》改。
[39] 陳之龍:原作"陳三龍",據《寧夏府志》卷十六《忠·明》改。
[40] 侯馬:原作"候馬",據地名用字改。
[41] 黄儒烘:原作"黄儒焕",據《寧夏府志》卷十六《忠·明》改。
[42] 出没:原作"出歿",據《寧夏府志》卷十六《忠·明》改。
[43] 楊柳泉:此三字原脱,據《寧夏府志》卷十六《忠·明》補。
[44] 弟永明亦庠生:此六字原脱,據《寧夏府志》卷十六《忠·明》補。
[45] 黔陽:原作"默陽",據《寧夏府志》卷十六《忠·明》改。
[46] 儀賓:原作"宜賓",據《寧夏府志》卷十六《忠·明》改。下同。
[47] 寧夏:《寧夏府志》卷十六《忠·明》作"雷福堡"。
[48] 拱宸:原作"供宸",據《寧夏府志》卷十六《忠·明》改。
[49] 馮琇:此同《〔乾隆〕甘志》卷三七《忠節》,《寧夏府志》卷十六《忠·皇清》作"馮綉"。
[50] 楚姚:原作"楚挑",據《寧夏府志》卷十六《忠·皇清》改。
[51] 汪路教:原作"汪路堯",據《寧夏府志》卷十六《忠·皇清》改。

朔方道志卷之二十　人物志五

節　烈

節烈上

寧夏縣

劉氏，元禮部尚書楊朵兒只妻，寧夏人。權臣鐵木迭兒害朵兒只死[1]，欲奪其妻，氏剪髮毁容獲免。

邢氏，元達魯花赤喜同妻，寧夏人。賊陷南陽，同突圍見殺，氏聞，率家僮出走，遇賊，奪刀砍之，且罵且前，亦見殺。

殷氏，明胡勖妻[2]，寧夏人。年十六適勖，勖病革，語氏曰："歿後無他適。"氏諾之。歿之夕，氏遂縊於柩前，事聞旌表。

時氏，明都指揮王俶妻，寧夏人。俶以戰死，氏聞自縊。人謂夫死敵，妻殉夫，忠義爲兩全云。

施氏，明都指揮何琳妻[3]，寧夏人。年二十二夫亡，撫遺孤欽，至於成立，守節終身。

黄氏，名京箴，明都指揮黄欽妻，寧夏人。欽以事繫官，懼罪自縊，氏亦縊死。

王氏，明衛千户孫泰妻，寧夏人。年十八夫亡，遺腹未娩，爲存祀計，未敢死。撫育遺孤，慈嚴兼用。强族利其有，諸端搆害，氏惟閉門事女紅，日夜號泣。及子洪成立，而雙目瞽矣。

李氏，明千户彭泰妻，寧夏人。年甫二十，夫陣亡，誓死不二，撫孤旭成立。

黄氏，明汪銓妻[4]，寧夏右衛人。夫死無嗣，時氏年二十[5]，撫其女嫁之，煢孑勤苦以終其身。

雍氏，明指揮曹澗妻，寧夏人。年二十六夫亡，遺孤宗堯二歲。氏上事孀姑，下撫幼子。及宗堯承襲父職，死於戰，又撫遺孫伸，歷官游擊，事聞旌表。

張氏，明陶淥妻，寧夏人。年二十九夫亡，遺孤賓尚在襁褓，又無親族，夫姊利人之賄，逼令嫁，氏自縊，鄰婦救之免，自是蓬垢自毁，守節三十九年，未嘗出户外。事聞旌表，賓官千户。

李氏，明指揮趙炳妻，寧夏人。萬曆二十年，哱拜反，官軍至，子承先謀獻西城，顧母有難色，母曰："兒第往，勿我慮。"妻李氏亦促之，謂："事不諧，吾等當先死。"事洩，承先被縛，姑媳皆自縊。

方氏，明慶憲王妃。憲王薨，氏年二十七。哱劉搆亂，肆虐宗祊，妃匿嗣王帥鋅於窨中[6]，遂殉節以死。事聞，奉旨建祠。

米氏，明千户楊汝松妻，寧夏人。哱拜叛，松子湛爲王師運粮，並隨决水灌城。哱憾甚，令其黨拽氏城頭，令污以洩憤，氏投城死。

范氏，明千户楊寀妻，寧夏人。因夫爲官軍運粮，執氏至城頭，欲污以洩憤，氏大罵唾賊面，被箠死。

梅氏，明百户陳縉妻，寧夏人。縉殺賊丁張保，賊縛縉殺之，氏痛夫死，又懼爲賊污，自縊死。

王氏，明冠帶總旗白福妻，寧夏人。哱賊因子葵獻城於官軍，縛葵殺之，氏憤憾，絶食死。

林氏，明冠帶官熊彦吉妻，寧夏人。彦吉從官軍討賊，賊怒，欲執氏以配其黨，氏自縊死。

王氏，明餘丁王明理妻，寧夏右衛人。哱拜亂，明理謀獻西城，事洩，賊擊之仆地，復甦，執氏，氏不受污，至中途見殺。

楊氏，明廩生錢鐙妻，寧夏人。夫亡，氏年二十七，撫孤苦守四十餘年，巡撫黄嘉善表其門。

施氏，明把總王徹妻，寧夏人。徹密報哱拜逆謀，爲拜所殺，時氏年十八，逃母家得免。遺腹生子曰有光，撫養成立，蔭千户。壽九十餘卒。

張氏，明萬元妻，寧夏人。年二十夫亡，上奉翁姑，下撫孤子，守節六十年卒。

王氏，明張守廉妻，寧夏人。年二十五夫亡，撫孤子奎，鍼紉餬口，守節五十年卒。子奎成名，以孝著。

趙氏，明百户楊映春妻，寧夏人。夫亡殮夕，氏以簪刺喉，家人救之甦，時年二十一。長子開泰三歲，次子開運周歲，家赤貧。氏茹苦撫孤，其嫂迎之歸，勸改適，氏怒以燈檠投之，折其二齒，去之，經身不復入趙門，守節四十九年卒。開運官至石屏營參將。

劉氏，明都指揮李時妻，寧夏人。夫陣亡無嗣，守節二十餘年，人以爲夫爲忠臣，婦爲節婦云。

郭氏，明都指揮汪鸞妻，寧夏前衛人。夫死，時氏年二十五，矢志不二，守節三十七年卒。教子有成。

陳氏，明千户劉鎮妻，寧夏人。鎮禦敵戰没，氏年二十六，父母欲奪其志，氏抱其孤濟曰:“背夫不義,棄兒不慈,誓不再適。”撫濟成立,守節終身。

魯烈女,小字中元保,寧夏人。明天啓間,受某家聘,其家貧,不能娶,姑故以穢言污女,女聞自經,副使丁啓睿罪其姑與夫。

朱、武、孟氏,明寧夏人。朱氏爲參將楊名題之叔祖母,嫁一年而夫卒,撫遺腹子。武氏名題嫂,亦早寡,撫遺孤,家道克昌。孟氏,名題妻,年未三十,名題卒,亦能撫其三子,先後成立。

李氏,明指揮張克簡妻,寧夏人。年二十八夫亡,撫孤成立,守節五十餘年卒。

王氏,明知縣李杼妻,寧夏人。年二十九夫亡,撫其子。子亡,又撫其孫郁,教養成立,守節六十年卒。

閻氏,明慶藩宗屬允齋妻,年二十夫亡,撫子暨孫成立,守節終身。

夏氏,明百户魯敏妻,寧夏人。年二十七夫亡,閱歷飢饉,堅志不移。孝敬翁姑,教子成立。苦節五十年卒。

閻氏,明宗室某妻,年十八撫孤倬潅成立。子亡,又撫遺孫奇,貧苦守節,凛冰霜。

孫氏,明千户石崑妻,寧夏人。少年守節,訓子成立,督撫表其門。

王氏,明慶藩教授馮用賢之子國瑞妻。國瑞亡,氏年二十四,用賢亦老而貧,氏日夜紡織,以供甘旨。撫孤爾暉成立,守節四十六年卒。

徐氏,明副總兵解文英妻,寧夏人。年二十七夫殉難,撫孤繩武成立,守節三十餘年卒。

眭氏,明奉國將軍朱倪點妻。倪點被掠赴襄陽,屬氏他適,氏嗚咽不能出聲。殆倪點出,遂自縊死。

王氏,名善清,明總旗李某妻,寧夏人。翁病風累年,遺穢卧榻,氏侍側滌除。夫死,夫弟逼之嫁,氏不從。又脅之析居,氏不得已,携二子還母家。其母病熱思冰,時八月不可得,氏夜以二器貯水露庭中,祈禱之,晨取,水果成冰,母病遂愈。

陳氏,明生員胡連妻,寧夏人。連赴舉,連父病篤,氏率幼子晝夜侍奉,調湯藥,滌污穢。連父彌留,呼氏父語曰:“吾病,甚苦累汝女。願汝女有子孫如汝女也。”鄉黨皆頌孝婦。

劉氏,明副總兵裁三才妻,寧夏人。遭流賊之亂,解赴襄陽,氏憤縊旅舍中。

張氏,明王天渠妻。寄籍寧夏,原籍渭南。李自成之亂,夫歸,因兵逃竄,中途夫故,氏年二十九,携幼子就食寧夏。縫紉度日,守節五十三年卒。

張氏,明水利屯田陸繼業妻,寧夏人。從宦湖廣襄陽,遭闖亂自縊。

鄧氏,明慶府安西郡王妃。李自成亂,僞將牛虎成入寧夏[7],肆虐宗藩,妃守志不辱，自縊死。慶世孫奇權妻王氏與鄧妃同日死。

孫氏，明操守高遴妻。城破，賊脅之，憤罵不屈，賊怒以刀刺之，身被七創死，賊去復甦。

王氏，清全夢暘妻，寧夏人。年二十二夫亡，翁姑俱老，養生送死，氏身任之。教子成立，守節終身。

陳氏，清李茂功繼妻，寧夏人。年二十八夫亡，撫前室子如己出，諸孫珣等皆氏教養成立。周親撫孤，施藥濟衆，守節終身。

劉氏，清千總姚毓俊妻，寧夏人。年二十六夫亡，誓不再適。撫兩歲孤兒，教訓成立。守節四十餘年卒，康熙三十七年旌表。

陳氏，清生員俞皋謨妻，寧夏人。年二十二夫亡，守節四十餘年，事姑育子，孝慈兩全。康熙四十四年旌表。

蔣氏，清參將羅萬倉妾，寧夏人。臺灣朱一貴之亂，萬倉戰没，氏自經於署。雍正二年，具題奉旨，給銀六十兩，并賜"夫忠婦節"四字以旌之。

鄭貞女，清都司鄭金之女，寧夏人，許字監生張鵬羽爲繼室。鵬羽前妻生一子，女未嫁而鵬羽卒，時女年十八，聞訃欲往，父母不允。女涕泣不食，不得已聽之。至則哀痛盡禮，從人促之歸，女曰："我張氏婦也，將焉歸？"先是，女夢羽以一紗與之，至是問前子名曰紗哥，女曰："是即張生冥中託我也。"撫子如己出，守節四十餘年卒。雍正七年旌表。

馮氏，清千總劉盡孝妻，寧夏人。盡孝出征甕金陣亡，遺子三歲，氏年二十二，守節終身。雍正七年旌表。

楊氏，清王之茂妻，寧夏人。年二十八夫亡。上事翁姑，下撫子女，守節終身。雍正八年旌表。

楊氏，清董立寰繼室，寧夏人。年二十二夫亡，撫前妻子含璞如己出。含璞亦早亡，撫孫用威成立，守節終身。

石氏，清生員王人龍妻，寧夏人。年二十六夫亡，遺孤蔭，撫養成立，守節四十四年卒。

沈氏，清韓永禄妻，寧夏人。年十八夫亡，無子女，孝事翁姑，守節五十餘年卒。

朱氏，清指揮黄三鳳妻，寧夏人。年十九夫亡，撫雛孤至於成立。後子媳俱亡，有孫女四人，又撫養至嫁而後終，守節五十年卒。

郭氏，清張木工妻，寧夏人。年二十八夫亡，誓死不嫁。孝事翁姑，撫子成立，守節三十五年。女適游擊馮繡，繡遣人迎氏就養，氏以舅年九十不允，其節孝可風世云。

劉氏，清陳化先妻，寧夏人。年二十餘夫亡，撫子念孝，娶婦劉氏，念孝復亡，姑婦同守節，教孫顯祖成立。

武氏，清生員李桂妻，寧夏人。年二十八夫亡。家貧，鍼工度日，守節至七十五歲，子孫成立，無疾而終。

管氏，清黄文璧妻，寧夏人。年二十八夫亡，遺孤三歲，氏甘貧撫子，守節終身。其姪早失父母，氏並撫之，皆成立。

姜氏，清樊韫秀妻，寧夏人。年二十五夫亡，撫孤邦彦，守節四十餘年。後邦彦亦亡，妻高氏年十九，矢志守節，撫子亦終。

劉氏，清吕之蔭妻，寧夏人。之蔭官獲鹿，縣城被圍，氏與妾張氏捐衣裝，募士犒軍。及城破夫亡，恐被辱，二氏偕二稚子及僕婢均赴火死。入祀獲鹿縣祠。

張氏，清張某妻，寧夏人。貧家女，年十七歸張，事姑至孝。夫傭工於外，姑喪明。有驛夫窺氏色美，乘氏汲井，强逼之，氏大呼乃免。歸告其姑，姑慰解之。氏含憤自縊，鄰人力救不死，復絶粒七日以歿。寧夏府趙某按治驛夫，爲氏詳請旌表入祠。

劉氏，清監生陳世凱妻，寧夏人。年十九夫亡，守節終身。

王氏，清金某妻，寧夏人。夫亡，守節終身。

劉氏，清姚某妻，寧夏人。夫亡，守節終身。

楊氏，清王某妻，寧夏人。夫亡，守節終身。

王氏，清張某妻，寧夏人。夫亡，撫孤萬年入庠，守節終身。

徐氏，清劉起佩妻，寧夏人。年二十七夫亡，守節三十六年卒。

陳氏，清處士王元妻，寧夏人。年二十七夫亡，撫子盡善成立，嗣盡善亡，媳駱氏年二十四，姑媳孀居，紡紝自給。後子孫孝友，六世同居，孫宋雲舉於鄉，人皆謂爲節孝之報。

湛氏，清劉道宏妻，寧夏人。年二十八夫亡，守節終身。

陳氏，清姚國佐妻，寧夏人。年二十五夫亡，守節終身。

陳氏，清武生王定邦妻，寧夏人。年二十九夫亡，守節終身。

朱氏，清監生王定國妻，寧夏人。夫亡，守節終身。

江氏，清樊天裕妻，寧夏人。夫亡，守節終身。

陸氏，清哈銘妻，寧夏人。夫亡，守節終身。

周氏，王錦妻；吴氏，王珣妻；蘇氏，王諮妻；孫氏，王欽妻。寧夏人。一門四節，冰操共矢，建坊曰“勁節嗣徽”。

王氏，清李棟妻；吕氏，棟子運洪妻。寧夏人。兩世俱以貞節著，後運洪子貴，皆封贈恭人。

安氏，清粟爾現妻，寧夏人。年十七夫亡，無子，事姑盡孝，撫夫姪爲嗣，守節三十二年卒。

郭氏，清監生高登第妻，寧夏人。年二十七夫亡，奉親撫孤，守節終身。

方氏，清周治新妻，寧夏人。年十六夫亡，撫孤成立，守節終身。

解氏，清錢定國妻，寧夏人。年二十四夫亡，奉姑以孝，撫孤成立，守節終身。

羅氏，清高起蛟妻，寧夏人。年二十二夫亡，孝事翁姑，撫孤成立，守節終身。

張氏，清高元妻，寧夏人。年二十六夫亡，撫孤成立，守節四十八年卒。

郭氏，清陳倫妻，寧夏人。年十六夫亡，無子，撫夫族子爲嗣。孝事翁姑，備嘗難苦，守節終身。

張氏，清樊如增妻，寧夏人。年二十七夫亡，守節終身。

蒯氏，清王邦安妻，寧夏人。年二十一夫亡，守節終身。

孟氏，清李如松妻，寧夏人。年二十夫亡，事姑以孝，撫孤成立，守節終身。

羅氏，清生員劉克先妻，寧夏人。年二十八夫亡，孝事翁姑，撫子成立，守節四十年卒。

陸氏，清來自明妻，寧夏人。年二十四夫亡，守節三十六年卒。

王氏，清馬化龍妻，寧夏人。年十八夫亡，守節終身。

顧氏，清黄鈺妻，寧夏人。年十八夫亡，守節終身。

王氏，清蔡朔明妻，寧夏人。年十八夫亡，守節終身。

趙氏，清國學生任裕穀妻，寧夏人。夫亡，奉翁姑，曲盡孝。養子珩、玠地震亡，珩妻姚氏、妾馮氏，玠妻李氏並青年矢志。姑媳四人，共勵冰霜。姚生子岱宗，馮生子岳宗，李無子，以岳宗嗣。後岱宗歲貢，岳宗廪生。趙以守節時年逾三十不獲旌，然論者謂非趙無以成三節婦之操云。

薛氏，清馮禄妻，寧夏人。年二十二夫亡，無子，上事翁姑，撫族姪孫爲嗣，守節六十一年卒。

王氏，清吴光鼎妻，寧夏人。年二十五夫亡，姑孀子幼，俯仰無依，氏矢志守節。後子亡，又撫其孫，始終如一

宋氏，清方榮妻，寧夏人。年二十夫亡，家貧，甘心茹苦，奉姑撫子，孝節自全。

陳氏，清王者臣妻，寧夏人。守節五十二年卒。知府童某贈額曰“瑶池古雪”。

張氏，清陸國賓妻，寧夏人。夫亡，守節三十餘年卒。

馬氏，清劉人覺妻，寧夏人。年二十六夫亡，守節終身不移。

吴氏，清羅文彬妻，寧夏人。年二十八夫亡，守節三十餘年卒。

趙氏，清廩生李之倆繼妻，寧夏人。年二十三夫亡，奉衰姑，撫前室子永壽，孝慈兼盡，鄉里公贈匾額旌其門。

趙氏，清武舉饒之華妻，寧夏人。年二十八夫亡，守節五十餘年卒。學政贈額曰“節凛冰霜”。

沈氏，清廩生趙鐸妻，寧夏人。年二十四夫亡，守節三十餘年卒。學政贈額曰“節並松操”。

蔡氏，清屠文秀妻，寧夏人。年二十七夫亡，守節撫孤福成立。後福亦亡，媳許氏年二十九，同姑守節，人稱“一門雙節”云。

王氏，清朱紳光妻，寧夏人。夫亡，守節終身。

錢氏，清武生戴世夔妻，寧夏人。年二十七夫亡，守節四十餘年卒。

朱氏，清張若留妻，寧夏人。年三十夫亡，撫孤延鶴成立入庠，守節三十餘年卒。

徐氏，清張若載妻，寧夏人。年二十六夫亡，撫一子一女，旋亦亡，親族多勸改適，氏以死自誓，終身不二。

閻氏，清張子涵妻，寧夏人。夫亡，孝事翁姑，教子成立，守節終身。

陳氏，清貴州把總田圻妻，寧夏人。年二十五夫亡，無子，守節五十餘年卒。學政給額曰“皎日春暉”。

侯氏，清杜肇麟妻，寧夏人。年二十一夫亡，守節三十餘年卒。

沈氏，清王進忠妻，寧夏人。年三十一夫亡，守節三十餘年卒。

周氏，清孫鐸妻，寧夏人。年二十六夫亡，撫孤成立。子亡，又率寡媳育弱孫，苦節三十三年。學政稽某贈“撫孤二代”匾。

宋氏，清孫瑞生妻，寧夏人。年二十九夫亡，守節四十餘年卒。學政給“清標彤史”匾。

徐氏，清張清耀妻，寧夏人。年二十四夫亡，守節三十九年卒。

茹氏，清王秉哲妻，寧夏人。年二十三夫亡，守節四十餘年卒。

杜氏，清張相妻，寧夏人。年二十三夫亡，守節孤身。

張氏，清夏進言妻，寧夏人。年二十二夫亡，守節五十餘年卒。

詹氏，清張希曾妻，寧夏人。年二十三夫亡，守節三十餘年卒。

王氏，清高啓文妻，寧夏人。年二十八夫亡，守節三十餘年卒。

孫氏，清閻禮妻，寧夏人。年二十六夫亡，守節四十餘年卒。

侯氏，清張純宗妻，寧夏人。年二十六夫亡，無子。其父令改適，氏以死自誓。乾隆三年，地震家毁，氏時年六十，母家姪憫其無依，迎養之。嘗焚香静坐，一日謂其姪曰：“汝姑丈來。”整衣坐，遂逝，守節六十一年，壽八十三卒。

史氏，清孫嶰生妻，寧夏人。年二十八夫亡，守節三十餘年卒。

朱氏，清江南游擊嚴庭訓繼妻，寧夏人。年二十六，庭訓歿於任，前妻生三子皆幼，氏撫如己出。後三子繼亡，遺孫八人，率諸孀媳共勵清操。諸孫入庠者三，守節四十五年卒。

郭氏，清黄金位妻，寧夏人。年二十六夫亡，守節三十餘年卒。

汪氏，清武舉李吉士妻，寧夏人。吉士亡，氏撫子慤成立。後慤亡，媳董氏同姑勵節。姑守節四十四年卒，媳守節三十一年卒。

吴氏，清生員李毅妻，寧夏人。年二十三夫亡，守節三十五年卒。

殷氏，清耿萬金妻，寧夏人。年二十五適萬金，三月，萬金從營西征陣亡，氏安貧守志，自謀衣食，守節五十餘年卒。

顧氏，清劉新猷妻，寧夏人。年十九夫亡，母家以氏年少無出，勸令改適，氏誓死不二。手工度日，備歷辛苦，毫無怨色。其父好誦《金剛經》，氏從父誦日夜弗倦，守節五十二年卒。

傅氏，清武舉陳世善妻，寧夏人。年二十六夫亡，無子，衣食皆仰給母家，守節三十餘年卒。

趙氏，清武生孟春育妻，寧夏人。年二十七夫亡，家貧，撫二孤。同室姑嬸早寡者三人，春育歿後，俱各改適。氏撫遺孤，矢志卒不渝。二子皆成立，守節終身。

王氏，清董成功妻，寧夏人。年三十夫亡，三子皆幼，家貧甚，氏撫育成立，次子生芸舉明經。守節三十七年卒，學政楊某贈曰“茹檗和丸”。

王氏，清徐紫嚴妻，寧夏人。年二十八夫亡，撫孤鐸成立。後鐸亡，媳張氏年二十四，撫遺子，事孀姑。姑守節五十三年卒，媳守節四十七年卒。學政楊某贈“一門雙節”匾。

胡氏，清閻懋德妻，寧夏人。年二十八夫亡，遺孤七歲，孀姑在堂。家貧，值凶荒，惟資紡織，獲穀米以供親，自食蒿草。子長，勉使向學，後因母病，潛心醫理，多資調治。氏守節三十三年卒。

蔡氏，清徐冲妻，寧夏人。年二十九夫亡，撫孤占芳成立。後占芳亡，妻魯氏年二十五，撫三歲子。有薄田十數畝，氏晝親率作，夜任紡織，不以勤勞。遺姑教子有方，俾知大義。姑守節三十二年卒，媳守節四十餘年卒。

王氏，清温習孔妻，寧夏人。年二十三夫亡，守節三十餘年卒。

蔣氏，清霍大顯妻，寧夏人。年二十九夫亡，守節四十餘年卒。

夏氏，清林定昌妻，寧夏人。夫亡，守節三十九年卒。知縣某表其門曰“苦節流芳”。

趙氏，清李文燦妻，寧夏人。夫亡，守節四十餘年卒。學政楊某給額曰“禮宗德範”。

伍氏，清張藴發妻，寧夏人。年二十八夫亡，守節四十九年卒。知縣某表其門曰“清標彤管”。

趙氏，清馬宗援妻，寧夏人。年二十八夫亡，守節三十餘年卒。

劉氏，清文童李錫妻，寧夏人。年十九夫亡，守節三十餘年卒。

朱氏，清監生郭成宜妻，寧夏人。年十八夫亡，守節四十餘年卒。

任氏，清李連妻，寧夏人。連從營出征陣亡，氏年二十三，守節三十餘年卒。

張氏，清王進時妻，寧夏人。年二十四夫亡，守節五十五年卒。

黎氏，清蔭生劉體仁妻，寧夏人。年十九夫亡，守節五十餘年卒。

徐氏，清許大成妻，寧夏人。年二十四夫亡，無子，撫夫姪爲嗣。艱辛備至，守節五十餘年卒。學政某贈額曰“貞心日皦”。

王氏，清李馥妻，寧夏人。年二十七夫亡，孝事翁姑，訓子成立，守節五十餘年卒。學政某贈額曰“介石青松”。

趙氏，清王良仕妻，寧夏人。年十九于歸，時祖翁姑猶在堂，年近九旬，翁姑亦年近七十。氏曲盡孝養，事祖翁姑，尤能體其心。年二十五夫亡，遺孤六歲，撫育成立，守節三十餘年卒。

許氏，清武進士李汝復妻，寧夏人。于歸二載夫亡，氏年二十一。家徒四壁，守節五十五年卒。

郭氏，清武生李毓秀妻，寧夏人。年二十三夫亡，無子，撫夫姪爲嗣，守節五十餘年卒。

張氏，清吴廷靄妻，寧夏人。年二十二夫亡，無子，撫夫姪爲嗣，守節四十餘年卒。

張氏，清吴廷講妻，寧夏人。年二十五夫亡，翁姑憐其年少無子，欲令改適，氏斷髮毁容，堅貞自矢。翁姑憫其志，擇族子立爲嗣，守節三十餘年卒。

徐氏，清吴效乾妻，寧夏人。年二十七夫亡，遺孤甫四歲，家極貧。氏茹苦自甘，畢生未嘗見齒，守節四十餘年卒。

張氏，清何淵妻，寧夏人。年二十五夫亡，無子，撫夫姪爲嗣。甘貧茹苦，訓子成立，守節四十餘年卒。

毛氏，清潘朝傑妻，寧夏人。年二十八夫亡，撫孤六歲，守節四十餘年，訓子成立。

杜氏，清貢生王立本妻，寧夏人。年二十八夫亡，守節四十四年卒。

胡氏，清監生王琯妻，寧夏人。年二十六夫亡，守節三十二年卒。

張氏，清王瑚妻，寧夏人。年二十九夫亡，守節三十餘年卒。

曹氏，清蔡潤妻，寧夏人。年二十六夫亡，遺二子，長進仁六歲，次進義三歲，撫育成立，守節四十七年卒。

季氏，清沈自裕妻，寧夏人。年二十六夫亡，撫孤錦成立，娶媳戚氏。甫三載，錦亦亡。時戚年十九，尚無子，撫姪爲嗣。孝事孀姑，育子成立。

芮氏，清吴國誠妻，寧夏人。同治間夫亡守節，學政某旌曰"冰心雪操"。

劉氏，清李映春妻，寧夏人。年三十夫亡，守節三十五年卒。

李氏，清吴楹妻，寧夏人。年二十夫亡，守節六十年卒。

邵氏，清陳登科妻，寧夏人。年二十八夫亡，守節四十五年卒。

胡氏，清詹夢麟妻，寧夏人。年二十二夫亡，守節五十年卒。

王氏，清盛世賢妻，寧夏人。年三十夫亡，守節六十七年卒。

何氏，清萬邦慶妻，寧夏人。年二十八夫亡，守節五十六年卒。

杜氏，清王萬壽妻，寧夏人。年十八夫亡，守節五十六年卒。

蒲氏，清潘定泰妻，寧夏人。年三十夫亡，撫三子成立，守節五十四年卒。

俞氏，清賈維清妻，寧夏人。年二十夫亡，撫孤成立，守節二十年卒。蒙旌表。

張貞女，桐城人，清知府吕際韶幕友之女。同治二年回亂，城陷殉難，葬七真觀前，今大舞臺後吕公墳塋之側。

萬氏，清閻成妻，寧夏人。年二十三夫亡守節，值回亂，攜三子逃，茹草咽糠，備嘗辛苦。夏初芸田，賊至，擊其頭死，而復蘇。後撫子成立，守節三十八年卒。長孫俊拔貢。

雷貞女，小字英姐，清寧夏農家女。及笄未字，有鄉人阮某戲之，女不從，藉他故辱女，女憤服毒死。旌表入祠。

武氏，清姚萬成妻，寧夏人。年三十夫亡，家貧子幼，茹苦撫子成立，守節三十二年卒。

徐氏，清李潤妻，寧夏人。年二十七夫亡，事翁撫子，守節五十五年卒。

楊氏，清榆林千總武孝妻，寧夏人。孝出征南京陣亡，時氏年十九，守節三十二年。後回亂，城陷殉難。

南氏，清賀珍妻，寧夏人。年二十四夫亡，守節五十年卒。

李氏，清孫延壽妻，寧夏人。年十九夫亡，孝事翁姑，撫子成立，守節三十年卒。

王氏，清金松齡妻，寧夏人。年二十二夫亡，百日，翁欲嫁之，氏服毒死。

王氏，清葉生妻，寧夏人。年二十六夫亡，七日，服毒以殉。

徐氏，清王澤妻，寧夏人。年二十二夫亡守節，城陷被殺。

馬氏，清洪傑妻，寧夏人。年十九夫亡守節，城陷被殺。

杜烈女，清寧夏人，年十四字兵丁怡兆祥。兆祥西域換防未歸，城陷，女飲藥死。知府某表其門曰“節烈無雙”。

蔣氏，清張宗儒妻，寧夏人。回亂，從夫逃避。遇賊，賊涎其色，殺宗儒，執氏去。氏毁容刺目，賊乃置之，凍餒以死。

李氏，清徐復德妻，寧夏人。年二十九，夫被賊殺，氏託二子於夫弟，自刎死。

盧氏，清貢生眭光瑾妻，寧夏人。賊至，投井死。同邑蔡徐氏、蔡和姐、孟改姐、蔡吴氏、吴柴氏均殉難。

白氏，清謝玉書妻，寧夏魏信堡人。聞夫在城殉難，飲毒死，時氏年二十餘。

宣氏，清王鴻基妻，寧夏人。年二十九夫亡，守節四十六年卒。蒙旌表。

夏氏，清梅萬庫妻，寧夏人。年二十八夫亡，撫二子一女成立，守節四十七年卒。

任氏，清劉廷妻，寧夏人。年二十六，夫殉難，氏撫子敬業成立入庠，守節三十年卒。

唐氏，清王玉妻，寧夏人。年二十二夫亡，守節五十五年。

劉氏，清蔣生麟妻，寧夏人。年二十八夫亡，守節四十二年。

王氏，清邵惠妻，寧夏人。年三十夫亡，守節二十九年。

秦氏，清浦成妻，寧夏人。年二十夫亡，守節三十一年。

某氏，清阮某之妻，佚其名字，寧夏人，其夫係業銀匠藝者。同治之亂，城陷，賊搜至其家，夫潛伏後院積薪下，掠其妻，氏曰：“若能庇吾夫，吾即相從。不然，惟一死耳。”賊問夫所在，告匿薪下，乃引之出，給以衣食，付以百金，仍理故業。一日，賊赴鄉擄掠，傍晚始歸，飢甚索食。氏約夫以砒霜末置食中，賊食之，夜半毒發，狂呼叫號，吐血而死。阮偕妻遁，群賊偵知毒害狀，邏獲之，獻於賊首，叱問曰：“汝二人被恩，留養未殺，不思圖報，反同謀設毒，罪當寸磔。”氏勵聲曰：“汝賊輩殺官佔城，罪當萬死。吾所忍辱以偷生者，欲殺賊以救吾夫耳。設毒之謀，是吾自爲，吾夫無與焉。”賊首大怒，並其夫殺之，氏至死罵不絶口。

劉氏，清韓禄妻，寧夏人。年二十二，夫遭回難，氏攜幼子逃山後，針黹度日，守節四十六年卒。學政某表其門曰“堅同金石”。

高氏，清軍功吴萬玉妻，寧夏人。夫亡撫孤，針黹度日，守節四十一年。子懋德保軍功，歷拔千把各缺，現充鎮守使署副官，兼軍務課課員。事聞，誥封五品宜人。學政葉表其門曰“渤海女宗”。壽八十有一卒。

孫氏，清軍功王福興妻，寧夏人。夫亡，撫子成銀、成名，保軍功，歷拔千把各缺，寧夏昭武右營營長。事聞，誥封五品宜人。民國十一年，大總統褒題“清風高節”匾。

曾氏，朔方道幕帳友湯滁塵繼室，年三十一僑寓寧城。夫亡，無子，囊積萬金。當滁塵犯肺病垂危時，氏誓以身殉。及夫故，碎生平珍愛物，以頭搶地，暈絶，婢以參湯灌之始甦。鄉人責以夫死未葬，何敢即死？氏韙之，出衣裳，殯殮治喪。事畢吞金環，數日不得死，益恚甚。夫喪百日，治盛筵祭奠。越旬日夜分，自殮畢，將舊有衣服悉刀剪寸裂，竟仰藥死。事聞，大總統褒題“匪石心堅”四字，道尹陳必淮憐之，復爲徵詩文，表其節烈，以風世云。

寧朔縣

徐氏，明生員鄭琯之伯母，後衛人。年二十夫亡，又值兵燹，家貧如洗。撫數月遺孤，嘗辛茹苦，至於成立，守節五十年卒。

魏氏，明貢生宣大治妻，後衛人。夫亡，氏觸棺死。巡撫陳價旌其門曰“貞烈”。

鄭氏，明生員寧汝愚妻，後衛人。夫亡，氏年二十七，教子成立，任教授，守節五十三年卒。

徐氏，明毛倫妻，後衛人。年二十二夫亡，遺子襁褓，氏苦節教育，其子及孫振鷺俱入庠。守節五十八年卒，奉旨旌表。

王氏，明劉天祥妻，後衛人。夫亡，自盡棺側。

王氏，清生員吴國儒妻，後衛人。儒歿時，子振基生甫五月，氏年二十五，食貧紡績，撫孤成立，苦節四十四年卒。

單氏，清把總談英妻，後衛人。英從征湖廣陣亡，時氏年二十，誓不改節。教子維翰成立入庠，旋復早卒，撫孫宗舜入國學。卒年八旬。

宋氏，清生員成明、成清之母，後衛人。惠安堡遭兵失守，氏被執，時年二十九，駡賊不屈，炙以火，身無完膚，終不屈，遂殺之。

蔡氏，清卜起榮妻，寧朔人。年二十九夫亡守節，適翁應奎病久，藥無效，禱於神，割股以進，翁病尋愈。

吴氏，清廕生張起鳳妻，寧朔人。奉姑孝，姑病三年，醫藥不效，氏潛割股入藥，遂愈。後起鳳弟起鶴官江南督標副將，奏請貤封二品夫人。

張貞女，清寧朔監生張麗表女。年十六字羅文翼，文翼地震亡，女聞訃，誓不改字，恐父母不從，潛携女婢詣羅，拜夫柩前哭盡哀，欲以死殉，家人止之。翁姑憐其志，遣使歸，女卒不去，衰絰三年。服闋後，謝鉛華，茹淡素，出入起居依其姑，未嘗稍離。父母欲其歸寧，不可得。時叔翁鎮太原，聞其賢，欲迎之任，女曰：

“吾來爲翁姑也。今翁姑衰病，吾豈能就叔安樂耶?”卒奉翁姑，人以“奇節”稱之。

李氏，清武生朱耀滄妻，寧朔人。年二十二夫亡，無子，欲從死。念夫嗣未立，翁姑無依，朝夕進言於姑，爲翁置妾。舉一子，甫三歲，翁卒，氏佐衰姑，教養成立，舉於鄉，人稱之爲“賢婦”云。

吴氏，清趙文焕妻，鑾輿使趙坤之母，寧朔人。坤八歲，文焕卒，氏苦守清貧，教坤成立，以功名顯誥封一品夫人。康熙中御書“女節閨閫”匾以賜。

戴氏，清雷英妻，寧朔人。年二十四夫亡，撫孤成立，守節終身。

元氏，清雷嘉妻，寧朔人。孝事翁姑，閨門嚴肅。

魯氏，清李鴻祉妻，寧朔人。夫亡，撫孤兩世，矢志靡他。

王氏，清徐昌祚妻，寧朔人。夫亡，撫孤兩世，矢志靡他。

毛氏，清聞榜妻，寧朔人。青年勵節，奉姑育子，克盡孝慈。

李氏，胡珍妻；陳氏，高琇妻；黎氏，生員朱克紹妻；原氏，王琮妻；蘇氏，韓榮妻；郭氏，韓禎妻。俱寧朔節婦，事蹟未詳。

汪氏，清王永鐸妻，寧朔人。勤婦功，鞠遺孤，貞潔無玷。

張氏，清魯自興妻，寧朔人。勤婦功，撫遺孤，貞潔無玷。

韓氏，清姚欽妻，寧朔人。夫亡，撫孤成立，守節終身。

周氏，清王玠妻，寧朔人。年二十一，夫亡無子，母勸令改適，泣拒之，守節三十年卒。

陳氏，清武生馮長聘妻，寧朔人。年十九，夫亡無子，孝奉翁姑，守節三十年卒。

汪氏，清王瑶妻，寧朔人。年二十六夫亡，事翁姑，撫弱媳，備極辛勤。翁姑殁，三喪並舉，守節終身。

王氏，清高迪吉妻，寧朔人。年二十八夫亡，撫孤成立，守節終身。

高氏，清姚振功妻，寧朔人。年二十七夫亡，氏痛不欲生。翁慰之曰:“須爲我計，且此三歲孤誰託耶?”自是含辛抑志，奉翁誨子，守節終身。

竇氏，清張要妻，寧朔人。年二十四夫亡，守節三十六年卒。

武氏，清監生劉志鴻妻，寧朔人。年二十七夫亡，守節三十四年卒。

陳氏，清張蓁妻，寧朔人。年二十五夫亡，守節終身。

周氏，清馮朝鼎妻，寧朔人。年二十四，夫亡養親，撫孤成立，守節終身。

岳氏，清沈孝治妻，寧朔人。年二十八夫亡，守節終身。

姜氏，清廩生朱纓妻，寧朔人。年二十三，夫亡守節，勤劬教子。

汪氏，清王義妻，寧朔人。年二十夫亡，守節五十一年卒。

梅氏，清徐連妻，寧朔人。年二十七夫亡，遺一子。時夫兄先故，亦遺一子。

氏教育二孤,恩愛如一,守節終身。

李氏,清胡恒妻,寧朔人。年二十二夫亡,有勸其改適者,氏焚香對天自誓,卒能撫幼子成立,守節終身。

吴氏,清陳益妻,寧朔人。年二十一夫亡,撫孤成立,守節終身。

劉氏,清宋國庠妻,寧朔人。年二十七夫亡,撫孤,律身尤嚴,雖對妯娌姻婭,言笑不苟,守節終身。

陳氏,高吉秀妻。吴氏,監生劉宏治妻。吴氏,包懷妻。穆氏,納士榮妻。白氏,周朝彦妻。張氏,熊飛源妻。俱寧朔節婦,事蹟未詳。

江氏,清田大有妻,寧朔人,開化鎮總兵田玉之祖母。年二十四夫亡,菽水奉親,熊丸課子,守節五十四年卒。奉敕旌表,建坊曰"孝慈全節"。

沙氏,清李雲鵬妻,寧朔人,貢生德恒祖母。二十七夫亡,家貧,氏晝親井臼,夜勤紡績,事翁姑以孝,教子孫成名,守節三十餘年卒。

吴氏,清駐防正紅旗常陞之妻。年十九夫亡,上事翁姑,下撫幼子。其子福爾炳阿於嘉慶年以前鋒隨同將軍富征剿西寧番匪,蒙賞三品頂戴,並蒙奏明氏守節情事,賜"孝慈貞節"匾額。後福爾炳阿陞任協領,孫吉祥亦用武舉陞任佐領,簪纓蟬繼,人以爲節孝之報云。

徐氏,清監生趙秉鉞妻[8],寧朔舉人徐朝柱之女。夫亡無子,撫夫堂姪溥爲嗣,苦節數十年,教溥成名。

唐氏,清趙一柱妻,寧朔人。年三十夫亡,遺子開勳,撫育成立。後開勳亡,媳張氏年二十,遺子維揚,撫育成立。維揚又亡,妻李氏年二十九守節,遺子秦,撫育成立。張事唐篤孝,奉姑亦如張。三世節孝,俱被旌表,時人榮之。

陳氏,清生員柴嶽毓妻,寧朔人。年二十二夫亡,遺子瑾。孀姑在堂,氏奉姑撫孤,日事女工,供甘旨,嚴課讀,後瑾入庠,守節四十餘年卒。

蔣氏,清廪生孫開勳妻,寧朔人。于歸三年夫亡,氏禮法自持。子靖鼇恪守母訓,卒貢成均。守節三十二年卒。

汪氏,清生員樊藴秀妻,寧朔人。年二十一夫亡,撫子廷彦,至於成立。廷彦隨征陣亡,妻高氏年十九,遺子在抱,父母欲奪其志,高曰:"姑孀子幼,安忍去?"矢志守貞。姑媳相依爲命,鎮道某贈額曰"一門雙節"。

陸氏,清丁昶昌妻,寧朔人。年二十八,夫亡無子,守節四十年卒。

王氏,清監生黎純妻。夫亡,守節四十年卒。

張氏,清鄧英妻,寧朔人。夫亡,守節四十餘年卒。

姜氏,清朱還初妻,寧朔人。還初兄弟四人相繼亡,氏年二十八,遺一子二歲,家貧甚。或勸改嫁,氏曰:"朱氏一脉,只有此子。子生與生,子亡與亡,吾不忍負泉下人也。”卒撫孤子成立，守節終身。

解氏，清吴士雄妻，寧朔人。夫亡，撫孤璘成立，守節三十六年。後璘早亡，妻陳氏守節三十四年卒。

楊氏，清生員張星焕妻，寧朔人。年二十四夫亡，守節五十八年卒。

張氏，清施錦妻，寧朔人。年十九夫亡，守節六十餘年卒。

徐氏，清何炳妻，寧朔人。年二十五，夫亡無子，撫夫姪爲嗣，守節五十二年卒。

陳氏，清夏邦英妻，寧朔人。夫亡，守節三十一年卒。

張氏，清張宏勳妻，寧朔人。年二十五夫亡，守節四十一年卒。

柳氏，清千總王開國妻，寧朔人。年二十五夫亡，守節五十餘年卒。

王氏，清湖廣守備曹應龍妻，寧朔人。夫故任所，氏年二十九，扶柩歸里，甘貧，撫孤成立，守節四十七年卒。

李氏，清王勤保妻，寧朔人。年二十七，夫亡無子，與孀姑劉氏撫夫姪爲嗣，守節五十二年卒。

李氏，清生員趙麟繼妻，寧朔人。年二十二夫亡，遺一子，前妻亦遺一子，氏撫二孤成立，守節終身。

劉氏，清徐養道妻，寧朔人。夫亡，守節三十二年卒。

鄒氏，清王建邦妻，寧朔人。夫亡，守節三十一年卒。

寇氏，清劉萬寅妻，寧朔人。夫亡，守節四十八年卒。

沈氏，清韓訓妻，寧朔人。年三十夫亡，守節終身。

張氏，清韓哲妻，寧朔人。年二十四夫亡，守節終身。

滕氏，清陳永亨妻，寧朔人。年二十九夫亡，守節終身。

岳氏，清劉夢虎妻，寧朔人。年三十夫亡，守節六十餘年卒。

吴氏，清朱朝選妻，寧朔人。年二十，夫亡無子，家貧，奉翁姑無惰志，守節終身。

何氏，清生員劉灝妻，寧朔人。年二十八夫亡，孝奉翁姑，撫孤成立，守節四十年卒。

王氏，清張譜妻，寧朔人。年十九夫亡，守節五十二年卒。

徐氏，清鄒鼎妻，寧朔人。年二十九夫亡，守節三十六年卒。

陶氏，清湯繼堯妻，南部縣人，僑寓寧朔。夫亡，家貧甚，拮據養姑，撫孤成立，守節終身。

曹氏，清栗自成妻，寧朔人。年二十五夫亡，守節四十七年卒。

史氏，清吏目張瑗妻，寧朔人。夫亡，守節三十七年卒。

舒氏,清朱詳妻,寧朔人。年二十三夫亡,守節六十一年卒。

靳氏,清張琚妻,寧朔人。年十九夫亡,守節四十五年卒。

王氏,清李之相妻,寧朔人。年二十四夫亡,守節四十六年卒。

李氏,清關自敬妻,寧朔人。夫亡,守節三十五年卒。

鄒氏,清潘世顯妻,寧朔人。年二十九夫亡,守節三十餘年卒。

樊氏,清武生柴琮妻,寧朔人。年二十八,地震夫亡。廷樑兄弟幼穉,氏茹苦撫孤,三子皆成立。廷樑中武舉,廷棟入武庠,人以爲節孝之報。

沈氏,清舉人徐祐妻,寧朔人。年二十五,夫亡無子,立夫族子應選爲嗣。後應選亦卒,與媳陶氏共勵苦節。姑守節四十七年卒,媳守節二十八年卒。

雷氏,清甘州右營守備史從朱妻,寧朔人。從朱出征巴里坤陣亡,氏年二十八,家貧如洗,教二子大興、大法皆成立,守節四十七年卒。

閻氏,清史廷棟妻,寧朔人。年二十四夫亡,與姑雷氏相依,教子極嚴,守節三十餘年卒。

寧氏,清張子湘繼妻,寧朔人。年二十八夫亡,孝事孀姑,撫二幼叔及前妻子皆成立,守節三十七年卒。

李氏,清中書張瑢繼室,寧朔人。年二十一夫亡,遺子映梅甫數月,羸弱多病,百計調養,心力俱瘁,映梅讀書有成,守節終身。

紀氏,清吏員張俊妻,寧朔人。年三十夫亡,遺子繼良方九歲,撫育成立入庠,守節四十餘年卒。

王氏,清文童景祚新妻,寧朔人。年二十六夫亡,撫孤文炳,訓誨有方,後入武庠,守節四十餘年卒。

楊氏,清生員孟愷妻,寧朔人。楊年三十愷亡,遺孤甫周歲。奉姑以孝,撫子成立。弟懋妻劉氏年二十,懋亡無子,立別支孫爲懋後。均守節終身。

劉氏,清兵丁朱啓文妻,寧朔人。年二十四,啓文進征巴里坤陣亡,遺一子。家貧,只薄田十餘畝,託姻戚代耕,氏亦自勤力作。後子又亡,復撫孫,守節五十餘年卒。

李氏,清俞天訓妻,寧朔人。年二十六,夫亡無子,撫夫姪爲嗣,守節三十餘年卒。

趙氏,清李文燦妻,寧朔人,新繁縣知縣趙宏瑛女。年二十四,夫亡無子,隨叔嬸度日,悉出妝奩爲生計。叔止一子,共撫之,守節三十餘年卒。

賈氏,清張龍顯妻,寧朔人。年二十二夫亡,守節五十餘年卒。

周氏,清生員王學禮妻,寧朔人。年二十六,夫亡無子,撫夫族子爲嗣,守節終身。

朱氏，清兵丁胡掄元妻，寧朔人。年三十，夫歿於王事，遺孤七歲，守節四十餘年卒。

路氏，清王恒妻，寧朔人。年十九夫亡，氏上事翁姑，生養死葬，撫幼子兆麟成立，守節四十餘年卒。

董氏，清史秉亨妻，寧朔人。年十八夫亡，子甫四歲。家貧，惟事女工以育其子，艱苦備嘗，守節終身。

劉氏，清宋國祥妻，寧朔人。年二十七，夫亡子幼，撫孤成立，守節四十餘年卒。

王氏，清舒際良妻，寧朔人。年二十四夫亡，奉翁姑克孝。姑老，病久不愈，氏仰天呼吁，割股以進，病竟愈。守節終身。

馮氏，清生員趙璣仁妻，寧朔人。年二十八夫亡，撫孤成立，守節終身。

倪氏，清龐通禮妻，寧朔人。年二十五夫亡，遺孤甫一歲，教育成立，守節終身。

張氏，清倪賡祖妻，寧朔人。年二十四夫亡，遺孤甫一歲。家極貧，氏勤女工以自給，每至日不再食，毫無怨尤。教子成立，苦志三十餘年卒。

宋氏，清生員沈鴻英妻，寧朔人。年二十六，夫亡無子，拮據以奉翁姑，苦節三十餘年卒。

劉氏，清生員陳自舜妻，寧朔人。年二十八，夫亡無子，撫夫族子爲嗣。子死，又育族孫，堅苦自守三十餘年卒。

解氏，清生員羅先貴妻，寧朔人。年二十五夫亡，子甫三歲。舅年八旬，便溺每遺牀褥，氏親易燥濕，無少惰容，守節終身。

哈氏，清原任劍州知州湯繼舜妻，寧朔人。年二十夫亡，遺孤甫六月，撫育成立，守節終身。

汪氏，清湯謨妻，寧朔人。年二十一夫亡，子甫二歲，撫育成立，守節三十餘年卒。

樊氏，清康建侯妻。建侯姪孫緯妻尹氏，寧朔人。樊年二十四夫亡，遺孤合生甫二歲。孀姑在堂，貧不廢養。理事廳王某給額旌表。尹年二十五夫亡，遺子選甫三歲，亦苦節撫孤。

閻氏，清兵丁袁燦妻，寧朔人。年二十五夫亡，遺孤甫二歲。氏撫孤守節數十年，其子至三十五歲亦亡，遺孫僅五歲，同媳苦節，撫養成立。

范氏，清汪澤灝妻，寧朔人。年十九夫亡，時遺腹數月，後生子殿甲入武庠，守節五十五年卒。學政某贈額曰“循陔訓荻”。

李貞女，小字彩鳳，清寧朔生員李蕙女，年二十許字蒙兵陳朝後。朝後遠出無耗，親里勸其父另爲擇配，女聞之，仰天大哭，以火焚面，誓不改適。及父故，撫育三弟文簡、文田、文静皆成立，文静補縣學生。與共甘苦，終始不移。學政稽某給"貞操冰雪"匾。

譚氏，清從九趙吉慶妻，寧朔人。年二十一，夫亡無子，撫夫姪爲嗣。孝事翁姑，和睦妯娌，守節四十三年卒。學政某贈額曰"節勵冰霜"。

劉烈女，小字全姐，清寧朔劉昇女。年二十二未字，回亂，飲藥死。

劉氏，清王川妻，寧朔人。年二十九夫亡，撫四子成立，守節四十餘年卒。

鄭氏，清田某妻，寧朔人。年二十八，夫殉難，守節三十餘年卒。

田氏，清生員陳瑞妻，寧朔人。年二十八夫亡，孝事翁姑，撫孤成立，守節三十二年卒。

文氏，清鄒維寶妻，寧朔人。年二十九夫亡，守節五十三年卒。

劉氏，清張永順妻，寧朔人。年二十八夫亡，撫孤成立，守節三十餘年卒。

馬氏，清劉安妻，寧朔人。年二十七，夫殉國難，立志撫孤，守節四十八年卒。

丁氏，清徐祥妻，寧朔人。年二十九，夫亡無子，守節二十五年卒。

韓氏，清署參將溥春山妻，寧朔人。年二十九夫亡，撫孤成立。子亡，又撫孫，守節終身。

趙氏，清張映蘭妻，寧朔人。年十九夫亡，撫二子成立。長佃立把總，次彦立經制，守節二十一年卒。

沈氏，清張三任妻，寧朔人。年二十夫亡，撫孤成立，守節六十年卒。

蔡氏，清貢生張起鴻妻，寧朔人。善治小兒病，不分貧富，延請即往，亦不受謝。

許氏，清趙璧妻，寧朔人。年二十，夫出口外换防未歸，守節六十年卒。

龔氏，清王膏妻，寧朔人。年二十九，夫被賊傷，矢志守節，撫三子成立，守節五十一年，現存。

劉氏，清富榮妻，寧朔人。年二十七，夫亡無子，以夫姪爲嗣，愛如己出，守節三十一年，現存。

杜齡姑，清守備杜濡之姊，寧朔人。幼字某，其夫死於戍所，父母欲另字，女不可，年已三十四矣。同治城陷，齡姑偕弟妹同服土藥，齡姑死，濡與妹甦，同逃匿數日。濡輿尸掩埋，面色如生。知府李藻上其事，大府贈"貞烈無雙"匾額以旌其門。

馬氏，清張武妻，寧朔人。年二十七，夫被賊傷，子幼，流離避難，艱苦異常，守節四十七年，現存。學政某表其門曰"訓成女史"。

王氏，清趙某妻，寧朔人。年二十六夫亡，守節二十六年，現存。學政某贈額曰“青箱貞範”。

唐氏，清簡放總兵詹成林妻，寧朔人。年二十七夫亡，守節三十二年，現存。學政某旌曰“秋杜勤歸”。

張氏，清沙登之妻，寧朔人。年二十五歲夫亡，守節撫孤。適遭回亂，襁負其子逃避山谷，當忍飢鞠子，雖流離患難，其志靡他。後教其子皆成名。學憲給“節重松筠”扁額。卒年七十有三。

馬氏，清廩生吴濬妻，寧朔人。夫亡，撫孤成立。其子壽昌媳王氏善體親心，奉侍惟謹。同治癸亥①，回亂城陷，王氏抱姑泣。賊窺其美，欲强之，氏罵不絶口，投磚擊賊面，賊怒殺之，一門喋血。幼女慶姐，賊欲拽之，泣罵不從，亦殺之。學政表其門曰“一門節烈”。

瓜爾佳氏，清世襲騎都尉驍騎校業赫那拉文勳之妻，駐防旗人。夫病疫危篤，氏割臂和藥以進，罔效，與子同日亡。氏年二十四，守節終身。

俞氏，清趙達色妻，寧朔人。年十八已字[9]，未婚夫亡，氏匍匐奔喪，勸之不歸，誓爲趙氏婦守節終身。事聞，御賜“片玉無瑕”四字，敕建牌坊。

張氏，清吉善妻，駐防旗人。年二十二夫亡，家貧，針黹自給。遺腹子一，撫育授室，忽染疫亡，氏志愈堅，守節終身。

李氏，清拴志妻，駐防旗人。年二十二夫亡，翁姑均年老昏瞀[10]，氏下撫幼子，上事翁姑，始終不懈，守節四十三年。

盛氏，清善惠妻，駐防旗人。年二十夫亡，撫育子女，守節終身。

陳氏，清駐防鑲紅旗前鋒柏玉妻。夫隨征陣亡，氏年二十二，事翁姑甚謹，撫二子均成立，守節四十九年。蒙旌以“節勵冰霜”四字，敕建牌坊。

白氏，清駐防鑲白旗張某妻。年十七夫亡，遺女三歲。氏以身有數月孕，苟延殘喘。而姑又早没，翁亦逾古稀，四壁蕭條，欲死不得。後遺腹生子，氏針黹自給，撫養成人，守節四十四年。

白韓氏，清駐防鑲紅旗佐領固呢堪之妻。年二十四，夫隨征陣亡，貧無立錐，針黹自給，撫育子女，依次婚嫁。守節六十九年卒。

關蘇氏，清駐防鑲紅旗達色之妻。年十八夫亡，孝事翁姑，撫育子女，矢志不二，守節終身。蒙旌“節兼孝慈”匾額，並准建“奉萱慈幼”牌坊。

趙氏，清駐防鑲黄旗文慶之妻。年二十九夫亡，家貧如洗，針黹自給。婚嫁二女，守節三十一年卒。

那氏，清百順之妻，駐防旗人。夫亡，氏懷孕六月。家貧，上事老翁，下撫幼

① 同治癸亥：同治二年（1863）。

子，艱苦備歷。後子成立，並得二孫，守節三十五年卒。

富舒氏，清奎印之妻，駐防旗人。年二十七夫亡，撫幼子成立，守節六十一年卒。

郝氏，清王瑨之妻，寧朔人。婆媳均寡，家道貧寒，鹹虀度日。事姑無忤色，二子均教養成立，守節終身。鄉黨贈“得壽完貞”匾額以頌之。

韓氏，清經制韓福之妹梁澤之妻。年三十八夫亡，繼子撫養成立，守節三十餘年卒。學政葉表其門。

白氏，清平邑歲貢生白永嘉之長女，爲朔縣謝舒值妻。同治癸亥①，遭回亂，翁夫俱死於難。家惟氏及幼男、少女數口，賊欲拽去，氏僞言慰之，以今日癸奠翁夫爲辭[11]，約明晨隨行，賊信之去。均服毒未死，賊又至，氏情急舉火燒室，均赴火死，鄉黨哀之。

【校勘記】

[1] 鐵木迭兒：“迭”字原脱，據《元史》卷一七九《楊朵兒只傳》補。

[2] 胡勖：原作“胡勛”，據《寧夏府志》卷十七《列女》改。

[3] 何琳：原作“何淋”，據《〔弘治〕寧志》卷二、《〔嘉靖〕寧志》卷二《寧夏總鎮・節婦》、《朔方新志》卷三《武階・鎮城》“何琳”條改。

[4] 汪銓：原作“王銓”，據《寧夏府志》卷十七《列女》改。

[5] 二十：此同《朔方新志》卷三《節》、《〔乾隆〕甘志》卷四三《列女》。《〔弘治〕寧志》卷二、《〔嘉靖〕寧志》卷二《寧夏總鎮・節婦》均作“二十七”，《寧夏府志》卷十七《列女》作“二十二”。

[6] 帥鋅：原作“帥鋅”，據《寧夏府志》卷十七《人物・列女》改。

[7] 牛虎成：據本志卷十九《人物志・忠義・明》，疑當作“牛成虎”。

[8] 監生：原作“盡生”，據文意及本志卷五《建置下・坊表》之“徐氏坊”條改。

[9] 字：原作“宇”，據文意改。

[10] 翁姑：原作“翕姑”，據文意改。

[11] 癸奠：疑當作“祭奠”。

① 同治癸亥：同治二年(1863)。

朔方道志卷之二十一　人物志六

節　烈

節烈下

中衛縣

陳氏，明參將神興妻，中衛人。景泰間，興死於賊，氏自縊死。

耿氏，明指揮黄雅仲妻，中衛人。夫亡，氏十八，囑令修雙壙。後守節七十餘卒，卒歸同穴。巡撫表其門。

張氏，明官侯宜妻，中衛人。夫亡，茹苦飲冰，孀居四十餘年卒。西路同知張羽翀表其門。

凌氏，明生員蘇民望妻，中衛人。姑病失明，旦夕扶掖不倦。聞姑聲，即置兒亟前，以聽使令。民望疾革，氏時年二十二，語氏曰："自爲計。"氏以死許。民望故，引刃自裁，家人止之，遂不食，越日自縊。事聞旌表。

谷氏，明趙某妻，中衛人。夫亡，年未三十，貧甚。氏矢志不二，飲冰茹柏，以撫諸孤，守節終身。

萬氏，明袁一坤母，中衛人。一坤拾金於市，歸獻其母，母曰："囊中約數十金，性命所關也。"使一坤待於市，果有亡金哀號者，一坤詢其數符，還之。西路同知王繼楫及衛掌印趙廷對皆表其門。

陳氏，清蔣亨順妻，中衛人。順治間夫從軍陣亡，氏年二十六，教子成立。同知王維楫表其門曰"節堪風世"，守節五十一年卒。

孫氏，中衛人，延安府孫川之女，爲寧夏駐防正紅旗漢軍校允文之妻。允文由武進士官石空寺堡守備，氏于歸一載，康熙六十一年四月，允文病故，時氏年二十九歲，即欲殉，前房三子跪勸之。至五月二十八日，自縊於夫柩旁。比殮，懷中有遺詩三首云。其一：獨羡文丞相，同懷《正氣歌》。成仁兼取義，萬古不消磨。其二：萬事傷心可奈何，敢云隨分逐時過。課兒尚有一經在，織錦全無半字歌。淚灑北堂雲不散，月行東海霧偏多。白頭未到君先逝，願逐英風語五羅。其三：兒曹勉力習遺經，家世簪纓舊有名。傳汝惟希清白吏，河東三鳳再齊鳴。三鳳指三子也。雍正七年,具題旌表。

朱氏,清生員馬逢禹妻,中衛寧安堡人。年二十夫亡,□□甫一歲[1],氏上事翁姑,下撫弱子,冰檗之操,始終不渝。隆亦能孝養其母,守節終身。

張氏,清萬國元妻,中衛人。年二十六夫亡,翁姑垂老,子女稚幼。勤女紅,事親以孝,撫孤象新入庠,守節四十五年卒。

華氏,清江湧妻,中衛寧安堡人。城破,人皆遁去,氏以姑病在床,不肯離。賊脅氏欲去,氏抗拒憤怒激駡,賊殺氏於姑旁。及去,夫至見血漬中嬰兒尚哺乳焉。

陳氏,清廪生陳安策之姊。夫故,年三十歲,號泣不絶聲,夜深自縊柩前。

張氏,清平洛妻,中衛人。夫亡,守節多年卒。奉旨旌表。

周氏,清徐科妻,中衛人。無子,勸夫納二妾。夫亡時,妾張氏子甫四歲,何氏子甫一歲,氏待二妾如姊妹,視二子如己出。苦節終身,撫子成立。同知張羽翀表其門。

谷氏,清趙某妻,中衛人。年未三十夫亡,甘貧訓子,持家嚴整。長子邦瑜由恩貢任祥符縣丞,頗著政聲,人感其德。

蕭氏,清某甲妻,中衛人。夫亡,甘貧守志。寧夏道劉某表其門。

雍氏,清世襲李先陞妻,中衛人。年二十四夫亡,食貧守節,撫子國棟入庠。

安氏,清生員寧繼武妻,中衛人。年二十三夫亡守節,教子成立。

韓氏,清生員焦增佑妻,中衛人。年二十七夫亡,撫孤體仁成立入庠,守節四十餘年卒。

黄氏,清生員靳子英妻,中衛人。年二十六夫亡,清操自矢,以義方教育子孫,守節終身。

劉氏,清羅降漢妻,中衛人。夫亡,守節三十七年卒。

宋氏,清王之韶妻,中衛人。夫亡,守節四十三年卒。

張氏,清兵丁宋朝正妻,中衛人。夫亡,守節二十七年卒。

何氏,清王秉聰妻,中衛人。夫亡,守節三十年卒。

黄氏,清張奉奇妻,中衛人。夫亡,守節三十三年卒。

劉氏,清劉朝重妻,中衛人。夫亡,守節五十四年卒。

尚氏,清武生周三濂妻,中衛人。夫亡,守節三十一年卒。

馬氏,清劉復起妻,中衛人。夫亡,守節四十六年卒。

李氏,清武生張前易妻,中衛人。夫亡,守節二十五年卒。

王氏,清丁秉璧妻,中衛人。夫亡,守節三十二年卒。

張氏,清黎欽妻,中衛人。夫亡,守節三十六年卒。

魏氏，清劉朝賓妻，中衛人。夫亡，守節三十二年卒。

巫氏，清史祥麟妻，中衛人。夫亡，守節三十二年卒。

羅氏，清武舉馮復駿妻，中衛人。夫亡，守節三十一年卒。

劉氏，清周廷儒妻，中衛人。夫亡，守節三十三年卒。

王氏，清朱紳先妻，中衛人。夫亡，守節四十五年卒。

張氏，清兵丁汪恩孝妻，中衛人。夫亡，守節三十三年卒。

李氏，清兵丁李彬妻，中衛人。彬陣亡，氏年二十，子謀四歲，鍼黹度日。上事祖翁，下育嬰兒。四十年清操自矢，子謀入伍登仕。

施氏，清生員王賓母，中衛人。夫亡，守節三十餘年卒。

李氏，清知縣王肇基祖母，中衛人。守節五十三年卒。孫貴贈孺人。

苗氏，清生員汪淪母，中衛人。守節終身，貢生李若樾以詩贈之曰："貞心誓不讓清霜，博得鄉評月旦長。十九年來辛苦事，一棺雖冷尚餘香。"

芮氏，清王世葉妻，中衛人。年二十一夫亡，孝事翁姑，撫孤成立，守節終身。

任氏，清吴秀母，中衛人。年二十五夫亡，撫二孤成立，守節五十餘年卒。

方氏，清守備陸治畿妻，中衛人，生員嵩之母。事八十衰姑克孝，躬嘗湯藥，侍疾不倦。里黨稱之。

王氏，清生員黎錕繼妻，中衛人。青年守節，女工自給，撫孤成立。

陳氏，清童生劉若湧妻，中衛人。年二十四夫亡，遺二子，守節五十餘年卒。

顧氏，清張漢相妻，中衛人。青年夫亡，遺孤三歲，撫育成立，守節三十一年卒。

黄氏，清雍念九妻，中衛人。守節五十三年卒。子田膏又早亡，媳張氏守節三十二年卒。姑媳雙節，垂白一堂，人咸欽敬焉。

焦氏，清武生劉擢妻，中衛人。年二十夫亡，撫孤成立，守節三十餘年卒。

劉氏，清沈俊妻，中衛人，擢之妹也。年二十八夫亡，與嫂焦同矢志守節，三十九年卒。

萬氏，清吏員劉如湧母，中衛人。年二十七夫亡，撫孤成立，守節六十餘年卒。

周氏，清胡忠妻，中衛人。青年夫亡，食貧守志，撫孤成立，守節終身。

李氏，清閻鴻喜妻，中衛人。年二十六夫亡，有薄田數畝，撫育遺孤，備嘗艱苦，守節三十三年卒。

李氏，清郭一莫妻，中衛人。一莫早亡，翁姑久病，一切湯藥，氏皆親爲營致，歷十餘年不倦。産育十男，内訓嚴明。長子璽以孝友稱於鄉，仲子瑋及玶、焕皆庠生，塋武舉，均能恪遵母訓，立業成名，時論稱之。

孫氏,清王永泰妻,中衛人。年二十八夫亡,遺二子,俱在繦褓,撫育成立,守節三十年卒。

吴氏,清高慧妻,中衛人。年二十二夫亡,守節終身。

安氏,清提督俞益謨妾,中衛人。賦性仁惠,通經史。年二十六夫亡,撫幼子成立,守節三十四年卒。奉旨旌表。

陳氏,清武生馬紹先妻,中衛人。年二十六夫亡,撫孤飛雲成立入庠,守節四十餘年卒。奉旨旌表。

孫氏,清范臣先妻,中衛人。年二十七夫亡,撫孤成立,守節六十餘年卒。奉旨旌表。

王氏,清王思周妻,中衛人。年二十七夫亡,守節五十餘年卒。奉旨旌表。

羅氏,清張志温妻,中衛人。年二十夫亡,撫孤坦成立,守節五十餘年卒。奉旨旌表。坦後貢成均,體母志,捐文社田五十畝爲鄉會試資。

王氏,清監生白存性妻,中衛人。年二十四夫亡,守節三十餘年卒。

劉氏,白存真妻,中衛人。年二十一夫亡,守節三十餘年卒。奉旨旌表。

李氏,清劉登仕妻,中衛人。年十九夫亡,守節三十餘年卒。奉旨旌表。

蘇氏,清提督梁朝貴妻,中衛人。年二十七夫亡,守節終身。蒙旌表。

俞氏,清張開科妻,中衛人。年二十八夫亡,守節四十餘年卒。奉旨旌表。

楊氏,清童生侯克敬妻,中衛人。年十九夫亡,孝事翁姑,撫育孤子,守節四十餘年卒。奉旨旌表。

孟氏,清武童張士秀妻,中衛人。年十九夫亡,守節五十餘年卒。奉旨旌表。

袁氏,清武生楊楷妻,中衛人。年二十夫亡,守節五十餘年卒。奉旨旌表。

楊氏,清吏員張玉德妻,中衛人。年二十八夫亡,守節五十餘年卒。奉旨旌表。

許氏,清徐伏熊妻,中衛人。年二十九夫亡,守節五十餘年卒。奉旨旌表。

柳氏,清蔣成材妻,中衛人。年三十夫亡,撫孤承緒成立,守節四十餘年卒。

史氏,清柳東賜妻,中衛人。夫病危,氏刲臂肉和藥以進,殁,撫孤成立,守節四十餘年卒。

廉氏,清兵丁白進科妻,中衛人。進科陣亡,氏年二十八,遺三子俱幼,氏撫之成立。長尚忠習儒業,次尚志由武庠入營官外委,三尚德庠生。後三子俱亡,氏復撫諸孫成立,守節五十七年卒。

陳氏,清崔鍾連妻,中衛人。年二十四夫亡,撫孤成立,守節四十三年卒。

李氏,清雍作貴妻,中衛人。年二十八夫亡,守節四十二年卒。

王氏,清郭永祥妻,中衛人。年二十七夫亡,孝事翁姑,撫孤成立,守節三十七年卒。

黄氏，清蔡鈞妻，中衛人。夫亡，守節三十年卒。

曹氏，清李芳妻，中衛人。年二十七夫亡，守節三十八年卒。

陳氏，清生員房廷賓妻，中衛人。夫亡，守節三十年卒。

張氏，清馮恩恭妻，中衛人。夫亡，守節三十九年卒。

王氏，清周日文妻，中衛人。夫亡，守節三十四年卒。

莊氏，清陶純一妻，中衛人。年二十八夫亡，守節六十年卒。

郭氏，清王芝妻，中衛人。年二十九夫亡，守節四十餘年卒。

張氏，清監生孟鴻道妻，中衛人。年三十五夫亡，守節五十年卒。

葛氏，清訾進德妻，中衛人。年二十八夫亡，守節五十年卒。

范氏，清孟擇居妻，中衛人。年二十八夫亡，守節三十餘年卒。

王氏，清章寶聖妻，中衛人。年二十八夫亡，守節五十餘年卒。

訾氏，清生員祝永慶妻，中衛人。年二十三夫亡，守節三十餘年卒。

馬氏，清林天澤妻，中衛人。年二十八夫亡，守節四十餘年卒。

李氏，清孫政妻，中衛人。夫亡，守節二十八年卒。

馮氏，清王必正妻，中衛人，守節三十二年卒。子國順早亡，媳張氏守節終身。里人頌以“雙節可風”匾。

賀氏，清柴茂妻，中衛人。夫亡，守節三十二年卒。

陳氏，清劉應舉妻，中衛人。夫亡，守節二十九年卒。

張氏，清王登第妻，中衛人。夫亡，守節五十餘年卒。

胡氏，清王金貴妻，中衛人。夫亡，守節四十年卒。

蔣氏，清李占魁妻，中衛人。年二十七夫亡，孝事翁姑，撫孤獻堂成立。後子亡，媳張氏亦守節終身。

宋氏，清吏員馬棟妻，中衛人。夫亡，守節三十四年卒。

蔡氏，清劉登第妻，中衛人。年二十五，夫亡無子，撫夫姪爲嗣，守節五十餘年卒。

王氏，清劉士奇妻，中衛人。年二十二夫亡，撫遺腹子宗漢成立，守節五十餘年卒。

馬氏，清廩生張志洵妻，中衛人。年二十八夫亡，守節四十餘年，端坐而逝。

劉氏，清生員蔡沛妻，中衛人。年二十一夫亡，撫遺孤成立，守節四十餘年卒。

薛氏，清營兵王立基妻，中衛人。立基於咸豐季年西征陣亡，時氏年二十三，安貧撫孤，守節四十餘年卒。

王氏，清李仲英妻，中衛人。年二十六夫亡，撫孤成立，守節四十年卒。

田氏，清周之溥妻，中衛人。年二十三夫亡，祖翁姑在堂，姑亦孀居，氏奉侍兩代，毫無懈意。勤紡織，篝燈課子，撫姑姪如己出，守節終身。

張氏，清通判梁登雲妻，中衛人。年二十九夫亡，撫生華入庠食餼，生嶽官千總，守節三十年卒。

白氏，清劉潤妻，中衛人。年二十六夫亡，守節四十八年卒。

袁氏，清廩生傅玉成妻，中衛人。年二十九夫亡，守節三十八年卒。

劉氏，清吴伯倉妻，中衛人。年二十八夫亡，孝事翁姑，撫養二子成立，守節四十餘年卒。

張氏，清趙君許妻，中衛人。年二十夫亡，守節四十餘年卒。

史氏，清張實妻，中衛人。年二十五夫亡，守節五十餘年卒。

邵氏，清王位顯妻，中衛人。年二十五夫亡，撫孤名魁與夫弟允謙先後入庠，守節終身。

陳氏，清周星蘭妻，中衛人。年二十三夫亡，撫孤萬善成立，守節五十餘年卒。

馬氏，清張金德妻，中衛人。年二十六夫亡，撫孤成立，守節四十餘年卒。

李氏，清王士純妻，中衛人。年二十二夫亡，撫孤，守節四十年卒。

金氏，清張天貴妻，中衛人。年二十九夫亡，撫孤，守節四十餘年卒。

劉氏，清馬建福妻，中衛人。年二十四夫亡，孝姑撫孤，守節三十餘年卒。

張氏，清生員王升妻，中衛人。夫亡，守節五十六年卒。

楊氏，清生員折炳垣祖母，中衛人。年二十二夫亡於回難，守節五十餘年卒。

邱氏，清童生李生機妻，中衛人。年十九夫亡，守節四十餘年卒。

田氏，清張登會妻，中衛人。夫亡，撫孤，守節四十餘年卒。

王氏，清生員郭維屏妻，中衛人。夫亡，守節六十四年卒。

蕭氏，清田彝妻，中衛人。年二十四夫亡，姑老子幼，家貧甚。有勸改適者，氏嗚咽不能答。奉姑撫孤成立，守節四十七年卒。

高氏，清生員邱捷科妻，中衛人。夫亡，守節四十六年卒。

孫氏，清田懷瑾妻，中衛人。夫亡，守節五十餘年卒。

許氏，清袁生謨妻，中衛人。年二十六夫亡，撫孤來鳳成立入庠，守節四十四年卒。

吴氏，清生員徐釗妻，中衛人。夫亡，守節三十餘年卒。

李氏，清馮時年妻，中衛人。年二十八夫亡，守節四十餘年卒。

劉氏，清房連妻，中衛人。年二十九夫亡，撫孤成立，守節四十餘年卒。

張氏，清楊萬春妻，中衛人。年二十一夫亡，翁姑老，子映池甫一歲。氏仰事俯畜，克盡孝慈，性好施，家雖貧，量力以濟困窮。後映池早亡，氏復撫孤潤成立。鄉人額其門曰“南國徽音”。

趙氏，清原任廣東高州府經理陳獻書妻，中衛人。年二十八夫亡，撫孤常成立，守節五十餘年卒。奉旨旌表。

尹氏，清監生門三元妻，中衛人。年十九夫亡，撫孤祥興成立，夫亡五十餘年卒。奉旨旌表。

蕭氏，清恩騎尉世職李榮慶妻，中衛人。年二十五夫亡，撫孤，孝奉翁姑，守節終身。光緒三年，奉旨旌表。

沈氏，清府學廩生張鴻基妻，中衛人。年二十八夫亡，孝奉翁姑，撫三子成立，守節四十餘年卒。光緒五年，奉旨旌表。

殷氏，清從九張儒妻，中衛人。年二十九夫亡，撫孤萬仁成立，守節四十一年卒。光緒十五年，奉旨旌表。

蘇貞女，小字芸香，中衛世家女。母吕氏中年目失明多病，女矢志不字，晝夜侍母，病不少離。現年五十五歲，光緒二十年，邑令楊某給“盡孝全貞”匾。

蘇氏，清雍希文妻，中衛人。年二十九夫亡，孝奉翁姑，撫孤鴻基、恒基、開基、守基、均基成立，守節終身。光緒二十二年，奉旨旌表。

詹氏，清王文恒妻，中衛人。年二十八夫亡，孝奉耄翁，撫孤希智，並撫夫弟均成立，守節四十餘年卒。光緒二十二年，奉旨旌表。

陳氏，清張直清妻，中衛人。年十八夫亡，撫遺腹子成立，守節終身。

黄氏，清孟巳年母，中衛人。年二十，夫出外無耗，撫遺腹子成立，守節五十五年卒。

王氏，清生員孫良奎之祖母，中衛人。年二十四夫亡，教孫成立入庠，守節五十五年卒。

袁氏，清治良知妻，中衛人。年二十五夫亡，守節三十六年卒。

馮氏，清監生朱明其之母，中衛人。年二十一夫亡，撫孤，守節三十餘年卒。

祝氏，清李潤春之母，中衛人。年二十四夫亡，撫孤，守節五十六年卒。

固氏，清姬綿武妻，中衛人。年二十一夫亡奉姑，守節五十三年卒。

劉氏，清武舉陳受封之母，中衛人。夫亡守節，學政某給“柳節陶貞”匾。

寧氏，清袁信之妻，中衛人。年二十七夫亡，守節三十餘年卒。

王氏，清張希聖妻，中衛人。年二十夫亡，守節六十年卒。

侯氏，清李某妻，中衛人。年二十八夫亡，撫孤成立。後子亡，又撫孫，守節終身。學政某給“玉壺冰皎”匾。

徐氏，清魏巨勳妻，中衛人。年十九夫亡，家貧，翁姑俱老，子登雲尚幼。奉養撫育，守節終身。光緒三十三年，奉旨旌表。

任氏，清周凱勳妻，中衛人。勳游幕卒省城，氏至省哭盡哀，即以身殉。

陳氏，清生員劉振聲妻，中衛人。年二十五夫亡，撫孤守節六十餘年卒。

王氏，清蔣育才妻，中衛人。年二十三夫亡，家貧撫孤，守節四十餘年卒。

温氏，清王化行妻，中衛人。年二十五夫陣亡，守節五十餘年卒。

劉氏，清郭某妻，中衛人。年二十八夫亡，守節四十餘年卒。

任氏，清王育和妻，中衛人。年二十九夫亡，守節四十九年卒。

袁氏，清王天才妻，中衛人。年三十夫亡，守節三十五年卒。

張氏，清雍積泰妻，中衛人。年二十九夫亡，守節三十五年卒。

郭氏，清武生周世興妻，中衛人。年二十八夫亡，守節四十餘年卒。

陳氏，清武生王德業母，中衛人。年二十六夫亡，家貧，鍼黹度日，撫孤成立，守節五十餘年卒。

袁氏，清貢生郭彙妻，中衛人。年二十八夫亡，孝奉翁姑，撫孤成立，守節四十九年卒。

劉氏，清貢生楊國才妻，中衛人。年二十八夫亡，食貧撫孤，守節三十餘年卒。

元氏，清馮建都妻，中衛人。年二十八夫亡，撫孤成立，守節四十八年卒。

杜氏，清王某妻，中衛人。年二十八夫亡，撫孤鵬成立，守節終身。

孫氏，清雍某妻，年二十九夫亡，撫孤立中，守節終身。

侯氏，清王吉慶妻，中衛人。年二十九夫亡，撫孤楨成立，守節二十六年卒。

陸氏，清王連妻，中衛人。年二十八夫亡，撫孤元慶成立，守節三十九年卒。

劉氏，清廪生魏登漢妻，中衛人。年二十九夫陣亡，撫遺孤成立，守節四十四年卒。

黄氏，清生員任純和妻，中衛人。年二十七夫亡，守節五十餘年卒。

朱氏，清雍萬邦妻，中衛人。年二十八夫亡，守節三十四年卒。

史氏，清恩貢生鍾飛熊之母，中衛人。年二十五夫亡，守節撫孤四十餘年卒。

郭氏，清雍占榜妻，中衛人。青年夫亡，守節終身。

葛氏，清陶承業妻，中衛人。夫亡，守節終身。

芮氏，清常廷妻，中衛人。夫亡，守節終身。

吕氏，清房嘉時妻，中衛人。年二十九夫亡，守節五十年卒。

黄氏，清周希志妻，中衛人。年三十夫亡，守節三十餘年卒。

張氏，清都司李景福母，中衛人。年二十三夫亡，守節四十七年卒。

張氏，清貢生董守禄母，中衛人。年三十夫亡，撫孤成立，守節五十四年卒。

楊氏，清生員朱保善母，中衛人。年二十一夫亡，撫孤，守節四十一年卒。

賀氏，監生朱務仁妻，中衛人。年二十二夫從征陣亡，守節四十四年卒。

朱氏，清李正之母，中衛人。年三十夫亡，撫孤，守節三十六年卒。

杜氏，清附貢生李蔭清之母，中衛人。年二十二夫亡，撫孤，守節三十餘年卒。

倪氏，清李連榜之母，中衛人。年二十九夫亡，撫孤，守節四十一年卒。

薛氏史含秀之母，中衛人。年二十八夫亡，撫孤，守節三十餘年卒。

邵氏，清林向陽之母，中衛人。年二十二夫亡，撫孤，守節三十四年卒。

柴氏，清貢生李淩漢妻，中衛人。青年夫亡，守節終身。

沈氏，清增生王崇文之母，中衛人。年三十夫亡，遺孤襁褓，撫育成立，守節三十六年卒。

王氏，清訾長慶妻，中衛人。青年夫亡，守節終身。

李氏，清劉鎮妻，中衛人。年三十夫亡，守節三十三年卒。

袁氏，清王某妻，中衛人。年二十五夫亡，守節七十餘年卒。

章氏，清原任華亭縣教諭張慎德妻，中衛人。慎德歿於官，氏年二十六，遺孤士選在襁褓。氏扶柩回葬，家貧，子病且危，或欲奪其志，使人婉諷之，氏曰："予守志也，非守子也；守節也，非守業也。"勸者慚而去。卒茹檗飲冰，撫孤成立，守節三十二年卒。

李氏，清段成妻，中衛人。年二十五，夫出防邊亡，事姑撫孤，守節六十餘年卒。

周氏，清魏良輔之母，中衛人。年二十四夫亡，家貧，撫孤成立。後子亡，又撫孤孫，守節六十餘年卒。

李氏，清倪廣第妻，中衛人。年二十七夫亡，撫孤，守節三十餘年。

詹氏，清狄連發妻，中衛人。年二十九夫亡，撫孤崇清成立入監，守節五十餘年。

趙氏，清生員梁盤龍妻，中衛人。年二十七夫亡，撫孤成立，守節三十五年。

平羅縣

謝氏，明平羅某家丁孫時順妻，哱拜之亂，氏被賊掠，懼污，暗抽賊刀自刎死。

李、王氏，明平羅常信堡人，夫均佚其姓名。被賊執，不從，賊支解之，二氏至死罵不絕口。

宋氏，清張良吉妻，平羅人。年二十八夫亡，守節四十七年卒。雍正十年旌表。

李氏，清張文聲妻，平羅人。年二十三夫亡，撫遺腹子棟成立，守節三十餘年卒。

徐氏，夏禹妻；張氏，馬現成妻；章氏，張受妻；杜氏，郗賢繼室。俱清平羅人，節婦事蹟無考，已蒙旌表。

王氏，清江孔漢妻，平羅人。夫亡，撫孤成立，守節三十三年卒。已蒙旌表。

周氏，清王施恩妻，平羅人。夫亡，撫孤成立，守節三十九年卒。已蒙旌表。

侯氏，清程思茂妻，平羅人。夫亡，守節四十二年卒。已蒙旌表。

錢氏，清李攀桂妻，平羅人。夫亡，守節三十八年卒。已蒙旌表。

葉氏，清馬之駱妻，平羅人。夫亡，守節三十七年卒。已蒙旌表。

賀氏，清侯壁妻[2]，平羅人。夫亡，守節三十一年卒。已蒙旌表。

趙氏，清歲貢柴連妻，平羅人。年二十七夫亡，撫二孤大鏞、廷鏞成立，守節終身。學政楊某贈額曰“節追陶孟”。

段氏，清原任游擊張明聰妻，平羅人，武生張洌之母。年十六于歸，十九夫亡。越六日，生遺腹子洌，歷盡艱難，百折不回，教子成立，守節終身。

蘇氏，清沙毓脉妻，平羅人。年二十二夫亡，家貧，織紝餬口。姑憐其志，欲令更適。氏幾諫明志，誓不二天。後姑歿，變産營葬，守節終身。

張氏，清沈萬積妻，平羅人。年二十五夫亡，家貧無依。有欲奪其志者，以死自誓。撫三子孝、禮、忠俱成立，守節終身。

解氏，清張炳妻，平羅人。年三十七夫亡，事孀姑以孝。姑病，嘗糞以驗瘥劇。撫孤朝元成立，守節四十餘年卒。

王氏，清張福德妻，平羅人。年二十四夫亡，撫孤翼鳳成立。後翼鳳亡，媳趙氏年二十五，孝事孀姑。姑守節五十七年卒，媳守節三十餘年卒。詔旌其門。

張氏，清營兵朱錦妻，平羅人。乾隆二十三年，錦出征陣亡，氏撫遺孤化鳳成立，復入伍。四十四年，化鳳駐防烏什病亡，媳劉氏守志，撫遺孤，孝孀姑。姑婦守節三十餘年卒。嘉慶十九年，奉旨旌表。

朱氏，清趙登瀛妻，平羅人。夫歿於軍，氏年二十二，撫孤連成立，守節三十一年卒。後蒙旌表。

劉氏，清善變妻，平羅人。年二十八夫亡，孝事翁姑，撫孤成立，守節三十三年卒。後蒙旌表。

陳氏，清劉宗儒妻，平羅人。年二十六夫亡，遺孤甫八齡，家貧甚，守節四十一年卒。

盧氏，清張廷德妻，平羅人。年二十六，夫亡無子，以夫姪爲嗣，撫育成立。後子媳俱亡，又撫遺孫，苦節終身。

黄氏，清營兵沙彬妻，平羅人。年二十夫歿於軍，孝奉翁姑，撫孤成立，守節終身。

龔氏，清文童田琇妻，平羅人。年二十四夫亡，撫孤樹穀成立，入庠食餼，守節終身。

李氏，清雷大誥妻，平羅人。年二十七夫亡，撫孤佐慶成立，守節四十年卒。

張氏，清童詩妻，平羅人。年二十九夫亡，家貧，藉鍼黹以奉翁姑，撫孤成立，守節終身。

趙氏，清張鵬翥妻，平羅人。年二十九夫亡，遺三子積粟、積功、積新俱幼，家貧。氏傭工縫紉，撫孤成立，俱入伍官外委。次子積功征金川陣亡，媳冒氏年二十八，無子，撫夫姪克讓爲嗣，旋卒，又嗣姪孫志儒爲嗣。

李氏，清姚有仁妻，平羅人。年二十九夫亡，無子，家遺薄田，躬親耕耨。孝事衰翁，撫夫姪爲嗣，苦節終身。

陳氏，清張克諧妻，平羅人。年十九夫歿於軍，遺子甫周歲，撫之成立，守節終身。

王氏，清武生陳震威妻，平羅人。年二十六夫亡於軍，無子，奉翁姑，撫夫姪爲嗣，守節三十四年卒。

許氏，清艾國元妻，平羅人。年二十六夫亡，守節五十四年卒。

許氏，清營兵張忠勇妻，平羅人。忠勇征金川陣亡，氏年二十二，撫孤建元成立，守節五十餘年卒。

閻氏，清營兵高尚賢妻，平羅人。年二十一，夫征金川陣亡，撫孤成立。子亡，又撫遺孫，守節五十餘年卒。

徐氏，清營兵許爾齡妻，平羅人。夫歿於軍，氏年二十一，無子，撫夫姪爲嗣，守節四十年卒。

史氏，清營兵龔庫妻，平羅人。夫歿於軍，氏年二十，撫兩子成立，守節二十五年卒。

姚氏，清閻理妻，平羅人。年二十八夫亡，撫子成立。子亡，又撫遺孫，守節四十二年卒。

馮氏，清張積厚妻，平羅人。年二十一，夫陣亡，撫二子成立，守節三十四年卒。

李氏，清任道遠妻，平羅人。年二十八夫亡，家貧，遺子福幼。氏推磨賣餅撫孤，窮苦萬狀。後福入伍，歿於軍，人謂“忠孝萃於一門”。

張氏，清營兵王守業妻，平羅人。年二十一，夫征金川陣亡，孝奉翁姑，撫孤成立，守節三十一年卒。

張氏，清梁國輔妻，平羅人。年二十五夫亡，奉姑撫孤，守節四十餘年卒。

湯氏，清蒙兵田登科妻，平羅人。年二十，登科歿於軍，無子，姑老，盡孝養，撫夫姪爲嗣，守節終身。

呼氏，清閻進德妻，平羅人。年二十五夫亡，姑老子幼，撫孤，守節三十八年卒。

劉氏，清李志文妻，平羅人。年二十夫亡，撫孤成立，守節六十餘年卒。

賈氏，清賈廷相妻，平羅人。年二十九夫亡，孝奉孀姑，守節終身。

閻氏，清蒙兵張克儉妻，平羅人。年二十三，夫歿於軍，奉姑撫孤，守節五十年卒。

李氏，清馬騰蛟妻，平羅人。年二十七夫亡，撫孤文錦成立，守節終身。

吴氏，清趙斌妻，平羅人。年十九夫亡，撫孤，旋亡，又撫夫姪爲嗣，守節四十八年卒。

張氏，清王萃妻，平羅人。年二十二夫亡，撫孤朝佐成立入庠，守節五十七年卒。

嚴氏，清張士教妻，平羅人。年十八夫亡，撫遺腹子成立。後子亡，又撫孫，守節六十二年卒。

張氏，清龔若壁妻，平羅人。年二十四，夫亡無子，撫夫姪爲嗣，守節終身。

馬氏，清龔若輔妻，平羅人。年二十六夫亡，撫孤成立，守節四十一年卒。

賈氏，清營兵張萬選妻，平羅人。年十九，夫歿於軍，孝奉孀姑，撫孤成立，守節六十年卒。

袁氏，清廪生張建勛妻，平羅人。建勛赴陝鄉試，歿於邸，氏年二十九，孝奉翁姑，撫孤成立。後子亡，媳年二十一，遺孫尚幼，姑媳共勵貞操。

高氏，清營兵張昇妻，平羅人。年二十七，夫陣亡，家貧甚，撫遺孤成立，守節終身。學政胡某旌曰“義恒風範”。

李氏，清營兵趙亨妻，平羅人。年二十七，夫歿於軍，撫三子成立。後五世同堂，曾元林立，氏壽九十終。

張氏，清廪生田浩妻，平羅人。年十九，夫亡無子，翁姑年均五十，勸其翁納妾，後果生子。子成立，育二孫，以次孫嗣浩。苦節四十餘年卒。

王氏，清萬亨章妻，平羅人。年二十七夫亡，守節終身。

莊氏，清宋鴻典妻，平羅人。夫素有殘疾，奉事惟謹，醫藥不懈。

吴氏，清朱立端妻，平羅人。年二十七夫亡，撫孤成立，守節終身。

郭氏，清黄華妻，平羅人。年二十六夫亡，撫孤成立，守節終身。

陳氏，清從九吴雲梯妻，平羅人。年二十六夫亡，撫孤成立，守節以終。

閻氏，清龔揚威妻，平羅人。夫亡，守節三十餘年卒。

龔氏，清黄永慶妻，平羅人。夫亡，守節三十年卒。

秦氏，清營兵萬仲英妻，平羅人。年二十九，夫歿於西域，遺孤鵬喈甫數月，家貧甚，氏以鍼黹自給。值回亂粮貴，氏又磨麵鬻餅以度日。撫孤成立，守節四十餘年卒。

周氏，清萬世昌妻，平羅人。年二十五夫亡，家貧。值回亂，携三子避居蒙地，藉鍼黹撫育成立，苦節終身。

王氏，清金文通妻，平羅人。幼讀書，明大義。年二十二，夫亡無子，以夫侄爲嗣。值回亂，流離困苦。亂平，回家種田數畝，晝耕耘，夜作鍼黹。撫嗣子成立，守節四十八年卒。

王氏，清蔣登榮妻，平羅人。年二十八夫亡，遺孤幼，族人迫令改適，氏藏利刃於身，曰："有敢再言敗節者即自刎。"卒不能奪。撫二子成立，長維垣入庠，守節終身。

李氏，清張國榮妻，平羅人。同治回亂，夫婦避難蒙地，值疫作，國榮亡，長子亦殤，無棺木，以牛衣葬之。時氏年二十八，挑菜餬口，族人某聞其賢，欲娶之，氏誓不改志。苦節終身，鄉里咸稱。

王氏，清崔尚達妻，平羅人。同治回亂，舉家避難河套，遇賊，縛馬上，天晚時以計脱逃。歸見其夫被戕，氏號泣葬之，藉鍼黹，撫孤成立。

李氏，清平羅人。夫趙姓，佚其名，奉調從軍陣亡，氏矢志柏舟，撫孤成立，守節終身。已蒙旌表。

沈氏，清平邑姚伏堡陳國祥妻。國祥署西寧後營都司，身後無遺業，氏以縫紉佐子課讀。次子金銘已畢業，充師範學校教員。壽七十一卒。

朱氏，清平羅人。夫佚其姓名，從軍新疆陣亡。氏堅守貞節，辛苦備嘗，撫子及孫皆成立。清旌敕建"姑媳雙貞"坊。

沙氏，清平羅人。夫佚其姓名，率鄉團擊賊陣亡。氏守節撫孤，教子及孫，均成名。清旌敕建"孝慈全節"坊。

靈武縣

梁氏，明千户徐玘妻，靈州人。年二十夫亡，遺子勇。氏訓之習射，卒襲父職。守節七十四年卒。

楊氏，明盧士堂妻，靈州人。士堂之母年七十，兄士序夫婦早亡，遺孤二，士堂亦卒。氏年二十五，生二子，長夭次病。氏奉姑撫幼，備極艱辛，卒撫子姪成立，禮葬孀姑，人皆稱其賢孝。

郭氏，明陳鳳妻，靈州人。鳳賈於繼陽亡，氏年二十一，上奉老姑，下撫幼子，守節五十九年卒。

馬氏，明羅伏受妻，靈州人。夫陣亡，氏哭五日，絶食而死，事聞旌表。

楊氏，明指揮蘇俊妻，靈州人。俊亡，時氏年二十五，子霈甫半歲，戚豪欲奪其志，氏痛哭不從，撫孤成立，守節四十五年卒。奉旨旌表。

楊氏，明指揮楊珍妻，靈州人。珍暴亡，氏年二十四，遺腹生子善。苦心撫育，堅守四十餘年卒。河東道張九德表其門。

黎氏，明李國俊妻，靈州人。插漢破吴堡，國俊死，氏自刎。

李氏，明韓某妻，靈州人。年十八，遭插漢亂，賊挾氏上馬。氏懷乳哺子不舍，墜馬下。賊復挾之，氏大駡，囓賊手，賊怒殺之。三日賊退，家人覓尸原隰，時五月盛暑，氏面如生，嬰兒猶伏尸飲乳，人咸異之。

李氏，明李世松妻，靈州人。世松死插漢之變，氏年二十八，撫遺腹子愈董成立，守節五十六年卒。

趙氏，明王養杰妻，靈州人。插漢之變，養杰戰死，氏立志守節，卒年一百有二歲。

孟氏，明千户張俊才妻，靈州人。俊才故，遺子出圖七歲，氏撫育成立，守節三十二年卒。

高關索，明砲手高宣之女。高宣本軍籍，善製火器，爲靈州營砲手。年老無子，贅壻於家，卒亦無子。關索時年二十，不再嫁。後父卒，無充役者，關索竟代父職，軀長偉，多力善射，尤工火器。會流賊牛成虎圍靈州，作雲梯魚貫上。衆不知所爲，關索爲火筒燒之，並焚其雲梯，傷賊無數。賊不得逞，靈州賴以保全。寧夏總兵授爲火器千總，河東道表其門曰“女中丈夫”。

張氏，清生員孟流金妻，靈州人。流金早亡，無所出，氏矢志守節，孝事翁姑，視夫之兩幼弟鏋、鈺篤如手足。

王氏，清李天寵妻，靈州人。天寵卒，氏年二十四守志，撫孤子孫成立，卒年一百十有七歲。

鄭氏，清王盡忠妻，靈州人。生二子一女，年三十。吴逆之黨李黄鷹將攻靈州，駐兵中營堡，其部卒悦氏色，俟其夫出城刈草，乘便挑之。氏大駡，賊拔佩刀脅之，氏持刃擊賊不中，乃掩户自刎者三，暈絶仆地而甦，復奮起刺肋者再，卒以死殉。

孟氏，清張伯元妻，靈州人。伯元戍蜀卒，氏年二十五，育一女。毫無遺業，茹荼飲檗者五十年卒。

李氏，清顧吕妻，靈州人。吕從軍滇省卒，氏年二十六，遺腹五月。氏親搬骸骨歸里，撫孤成立，守節五十三年卒。

蕭氏，清張文彩妻，靈州人。文彩素與本堡楊文相友善，文見氏少艾戲之，氏不從，以綫自縫其衣，晝夜不懈。文懟甚，轉以氏行不端譖諸文彩。文彩信其言，紿氏歸寧，竟與文共殺氏於墩城溝。雍正十二年，旌表入祠。

李氏，清吴連妻，靈州人。連姊丈徐龍章素强暴，慕氏色，以言調之。氏不從，後强犯之，氏叫罵，遂被殺。乾隆三十五年，旌表入祠。

李氏，清生員王式閭妻，靈州人。年二十七夫亡，翁姑年老，子甫周歲。家貧甚，晝夜勤苦，訓子澤深成立入庠，守節三十三年卒。

竇氏，清姚欽妻，靈州人。年二十四夫亡，遺孤甫周歲，守節四十一年卒。

韓氏，清許津妻，靈州人。年二十六夫亡，遺孤開元甫五月。家徒壁立，荼苦備嘗，事孀姑以孝聞，撫孤成立，苦節三十四年卒。

蔡氏，清馬健明妻，靈州人。年二十六夫亡，上事翁姑，下撫幼孤，艱苦備嘗，始終如一，守節五十一年卒。

梁氏，清魏錦妻，靈州人。年二十九夫亡，守節三十六年卒。

王氏，清何騰遠妻，靈州人。年二十三夫亡，守節三十三年卒。

姚氏，清監生朱挺妻，靈州人。年二十五夫亡，撫遺腹子洙成立入庠，守節三十八年卒。

郭氏，清劉得先妻，靈州人。年二十七夫亡，矢志不移，撫遺腹子成立，守節六十五年卒。

王氏，清周榮妻，靈州人。年二十八夫亡，姑老子幼，家貧甚。氏孝慈兼盡，荼苦備嘗，守節三十七年卒。

魏氏，清文運祥妻，靈州人。年二十七夫亡，撫孤振孟成立，爲國學生，守節四十九年卒。

沈氏，清張仁妻，靈州人。年二十七夫亡，守節四十二年卒。

王氏，清何光國妻，靈州人。年二十五夫亡，守節四十九年卒。

李氏，清何嗣俊妻，靈州人。年二十五夫亡，斷髮自矢，堅貞不移，事孀姑以孝聞，守節四十五年卒。

常氏，清施祈經妻，靈州人。年十八夫亡，勤修紡織，孝事翁姑，撫育幼子成立。苦節三十三年卒，鄉里并稱其德。

張氏，清生員高日棟妻，靈州人。年二十夫亡，翁姑均年七十有餘，遺孤甫周歲。家貧甚，紡織度日，曲盡孝慈，苦節四十一年卒。

王氏，清田盡忠妻，靈州人。年二十七夫亡，守節三十九年卒。

王氏，清吴世熹妻，靈州人。年二十九夫亡，仰事俯畜，各盡其道，守節四十年卒。

許氏，清生員級景妻，靈州人。年二十五夫亡，苦節四十年卒。

常氏，清生員馬景良妻，靈州人。年十七夫亡，家貧，苦節三十二年卒。

鍾氏，清靈復嗣妻，靈州人。年十九夫亡，家貧，茹苦終身。

周氏，許昭妻，靈州人。年二十三夫亡，禮法自持，閨門嚴肅，外人罕覯其面，守節四十年卒。

王氏，清萬挺妻，靈州人。年二十一夫亡，守節三十九年卒。

吕氏，清郭嵐妻，靈州人。年二十夫亡，守節三十九年卒。

黄氏，清馮廷舉妻，靈州農家女。家赤貧，廷舉傭工度日。鄰居回民保文元窺氏色美，伺廷舉出，携餅餌至氏家，出褻語。氏斥駡，文元加以恫喝，氏益駡，取餅還擊其面。文元怒批其頰，氏大號，鄰媪聞聲趨至，文元始逡巡去。氏憤甚，廷舉歸，鄰媪具説之，仍再三勸慰。氏飲泣無一言，夜乘廷舉寢，自經於牖側。氏叔父黄某控於官，往驗其尸，面色如生，掌痕宛然。立拘文元至，訊鞫得實，置之法。嘉慶四年，上聞，詔旌其閭。

陳氏，清貢生盧芳之母，靈州人。守節三十餘年。同治元年城陷，賊入宅搶掠，氏大駡不絶，遂被害。

孫榴姐，清監生孫翰垣女，靈州人。幼聰穎，工鍼黹。翰垣教之讀，日數十行，嗜吟咏，讀書遇貞烈事，手自抄録。同治二年十月二十五日，賊陷州城。時父已故，母徐氏、叔母王氏、劉氏聞變，均服毒。榴姐裂巾題詩二首云："死别生離哭斷腸，慘遭鋒鏑倍情傷。滿庭白骨誰收拾，夜夜孤魂泣未央。""茫茫浩劫歎無垠，生不逢辰遇白巾。檢點藥囊拚一死，夜臺長此傍雙親。"遂仰藥死。同時以室女殉者生員孫耀祖之女雪姐，民人安珌之女元娥、慧麗，雪姐偕二婢死，元娥與母劉氏、嫂徐氏、戴氏皆自盡。時回賊皆繫白巾，故詩中言"白巾"云。

張氏，清鄧文衡妻，靈州人。同治二年，州城將陷，盡出餘蓄與夫，令攜幼子逃，氏與七齡女子閉門，仰藥自盡。

劉氏，清從九張延年妻，靈州人。延年於同治二年城陷殉難，氏携子照逃至山西汾州。賊平旋里，備嘗辛苦，守節四十餘年卒。

梁氏，清張喜妻，靈州人。同治回亂，賊慕其色，縛之馬上，氏大駡不屈，數縛數跌，遂被賊殺，至死駡不絶口。

陳氏，清鄧文法妻，靈州人。同治二年城陷，與弟婦張氏同仰藥自盡。

梁氏，清從九陸象均母，靈州人。同治八年州城陷，氏携女端娥仰藥自盡。

孫氏，清貢生黄炤妻，靈州人。同治八年城陷，氏率合家及婢僕十四口同仰藥自盡。

俞氏，清徐金龍妻，靈州人。夫亡，守節四十年卒。

李氏，清王永母，靈州人。夫亡，守節四十餘年卒。

郭氏，清陳鳳妻，靈州人。年二十一，夫歿於外，奉姑撫孤，守節六十餘年卒。

張氏，清周鳴來妻，靈州人。夫亡，痛哭失明，撫遺孤，守節三十餘年卒。

高氏，清張椿年妻，靈州人。早寡，父母憐其少，欲嫁之，氏誓死不二，守節三十九年卒。

楊氏，清張廣緒妻，靈州人。夫亡，守節四十餘年卒。

孫氏，靈州人。夫佚其名，爲司鐸，卒於官，氏年甫三十。工書翰，撫幼子，針黹度日。賊陷城，懼其擄辱，以毒和飴，迫兒食之，斃。氏書四語於壁云："孤兒豈忍更他姓，烈婦何曾事二人。白刃自揮心似鐵，黄泉欲到骨如銀。"自刎而死。

沈氏，靈州人，姚萬倉之繼室也。撫前室三幼子，愛如己出。夫亡，痛不欲生。時值回亂，流離轉徙，辛苦備嘗，然教子持家，志不少奪。子璽明經，琗例貢，琮恩貢，靖遠縣教諭。四世同堂，年逾八旬卒，人以爲苦節之報。

郭氏，清武生李芝妻，靈州人。夫亡，撫子五人成立，鳴鵬、鳴鷺入庠，鳴鸞食餼，守節終身。學政葉某給"女中有道"匾額。

鮑氏，清軍功吴瑢之母，靈州人。早寡性烈，人不敢干以笑語，守節三十餘年卒。學政葉某贈額曰"節操冰霜"。

張氏，清李保生祖母，靈州人。早寡，撫幼子成立。又亡，復撫孫，鍼浣度日。卒年八旬，已見曾元，人以爲苦節之報。

徐氏，清蘭世英妻，靈州人，生員瑶之母。世英卒，瑶亦旋歿，氏茹苦撫孤孫增榮、增熙、增勛俱成立，增榮入庠，增熙納監。學政葉某給"玉臺煒管"匾額。

楊氏，清靈州知州程敏達之妾。光緒年二十七，敏達病故任所，氏日夜號泣，不進飲食，乘間仰藥自盡。州人之焚香拜奠者朝夕盈庭。

李氏，清貢生許裔俊妻，靈州人。明大義，事姑孝。光緒三十二年，興辦學堂，商孀姑侯氏捐千金，奉旨給"樂善好施"坊。

金積縣

陳氏，清王珍妻，金積人。年二十五夫亡，撫孤成立，守節五十四年卒。

景氏，清王連妻，金積人，珍之弟也。氏年二十三夫亡，家貧，織席自給。同治回亂，景以不能行，令子偕婿逃，閉户自縊，時年五十九。

韓氏，清王賡春妻，金積人，連之子也。氏年二十六夫亡，無出，誓不再嫁。

夫兄賡華以爲奇貨可居，乘韓氏歸寧，使人中途逼之再醮，氏且罵且號，釋之。氏後以夫姪爲嗣，苦守四十五年卒。鄉里爲之立祠，額曰"王氏三節祠"。

陳氏，清生員馬利貞妻，金積人。年二十一夫亡，孝事翁姑，撫孤成立[3]，守節數十年。後長子康入庠食餼，人以爲節孝之報云。

保氏，清岳鍊妻，金積人。年二十八夫亡，因亂避難，辛苦備嘗，撫孤成立，守節五十三年卒。學政許應騤贈"節顯流離"匾額。

秦氏，清趙瑞妻，金積人。年二十八，夫亡無子，撫姪連城爲嗣，守節六十年卒。後連城貢成均，學政胡景桂贈"傾筍芳徽"匾額。

吴氏，清王希春妻，金積人。年二十六夫亡，撫孤成立，守節五十二年卒。學政劉世安贈"松柏標清"匾額。

賈氏，清廩生黄雲岐妻，金積人。年二十二夫亡，遺孤二，撫育成立。後二子相繼亡，與媳喬氏矢志益堅，姑媳均守節三十餘年。

鹽池縣

張貞女，清張全節妻，鹽池惠安堡人。同治二年回亂，賊至惠安，見女美，逼之，女不從，賊以鞭笞之，死而復甦者再。女度不能免，因紿賊入室取細軟，賊信之，女乃至廚，取刀自刎死。

陳氏，清劉玉妻，鹽池惠安堡人。年二十七夫亡，家無常業。撫幼子學恭，紡績自給。子初就學，後值饑饉，改學賈。同治初賊陷惠安，謀逃匿，氏謂子："可分匿之，如有不測，汝男子逃命易耳。"子不可，氏怒曰："汝欲絶劉氏祀耶?"子始泣而去，留媳以伴姑。賊至，媳投深溝，氏不屈，亦被害。事平，學恭始移尸與父玉合葬焉。後學恭續娶梁氏，生三子炳、焕、焯，皆入郡庠，科第蟬聯，人以爲陳之節烈所致云。

王氏，清茹生瑞妻，鹽池惠安堡人。同治初，回亂，與夫生瑞携子香避亂。至靖定，傭工度日。未幾，生瑞卒，氏年二十餘，仍飲泣傭工，以佐子讀。事平歸里，而子香旋入泮。至今惠安之稱賢能貞節者皆推之，壽八十一終。

安氏，陳允泰妻；白氏，陳國珍妻；施氏，陳國珍次妻。皆同治年回亂守節死，事蹟失詳。

李氏，清牛彦杰妻，鹽池人。夫亡，絶食以殉。事聞，旌其閭。

張烈女，清花馬池州同張炳之女。同治回亂，城陷，女懼污辱，以刃刺腹自盡。

鎮戎縣

焦氏，清辛沛妻，鎮戎韋州人。同治二年回亂，圍韋州，焦氏恐受賊污，以鴉片烟令其女桂姐、媳張氏、孫喜娃遍服之，毒尚未發，賊至，見桂姐有姿容，欲拽之去，桂姐從容語曰："我母氣尚未絶，緩須臾，當從命。"賊聽之。逾時毒發，一家四口，同時斃命。事平請旌，入節孝祠。

薛氏，清靳存多妻，鎮戎預望堡人。夫亡，氏年三十二歲。同治回亂，氏攜二幼子仁邦、義邦避難鄜州。後回籍務農於靳家溝，守節四十八載卒。

戴氏，清李春芳妻，鎮戎毛居士井人。夫亡，氏年二十四，撫二幼子年昌、林昌，裙傭工度日。或勸之醮，氏曰："嫁而生，不如守而死。"光緒二十一卒，守節四十二載。

張氏，清魏占妻，鎮戎紅城水人。夫亡，年二十四，子在乳哺。有以氏年輕色美勸之醮，氏剪髮毁容，鹹粥度日。民國七年卒，守節十八年。

蘇氏，清李春知妻，鎮戎人。年二十，夫服賈遠出，杳無音。家貧，亦無子，矢志不他。壽七十餘而卒，守空幃者五十餘年。

王氏，清蘇得舉妻，鎮戎人。年二十五，夫亡無子，繼甥爲嗣。或謂其愚，氏曰："吾只望延夫祀而已。"教養成立。壽七十而卒，守節四十餘年。

趙交交子，清趙繼邦女，鎮戎趙家墅人。同治回亂，年甫及笄，賊强逼之，女唾其面，窺賊他顧，自刎死。

薛氏，清鄧茂妻，鎮戎人。年二十五，同治回亂，執氏强逼，氏憤怒批其頰，賊殺之。

惠氏，清劉騰耀妻，鎮戎人。同治回亂，氏恐遭污辱，與高貴妻周氏及其娌劉氏同服毒，命尚未絶，復舉火焚之。

邢氏，清廪生扈愛蓮妻，鎮戎預望堡人。夫亡，守節已逾八載。回亂城陷，賊挾氏上馬，氏大罵。賊强之行，氏潛以薙髮刀自刎死。

趙氏，清田有道妻，鎮戎預望堡人。同治初，氏聞賊至，恐遭污辱，自縊死。

范氏，清尚有存妻，鎮戎預望堡人。年十八，同治回亂，夫被殺，逼氏順從。氏大罵，掌其賊，賊怒殺之。

蔡氏，清劉奇化之母，鎮戎人，夫早亡。同治回亂，謂奇化曰："我老死何惜，汝速逃，以續吾祀。"奇化未忍行。城陷，氏乘子不備自刎，時年七十五歲。旌表如例。

柳氏，清馬祖邁之祖母，鎮戎預望堡人。夫死，年二十四守節撫孤，已逾二十餘載。同治回亂，城陷，與寡媳閻氏同服毒自盡。

全氏，清吴可仁妻，鎮戎人。年九十餘，老而愈烈。同治二年，城破之日，墮城而死。

按：寧夏雖屬邊塞，其婦女一種貞誠激烈之氣，若自獨有千秋。歷觀節烈，或靡他矢志，事親撫孤，或一失所天，從容就義，或守貞不字，養親終身，或遭亂懼污，畢命遂志，與處常之克嫻四德者，其立志更有不同。惜代遠年湮，姓字之埋没者多矣。兹就採訪所及，輯録成篇，聊以慰地下之貞魂云。

【校勘記】

［1］□□：本志原版脱二字，據本志書例及下文，疑當爲"子隆"二字。

［2］侯壁：原作"侯守璧"，據《寧夏府志》卷十七《人物·列女》改。

［3］孤：原作"姑"，據本志書例及文意改。

朔方道志卷之二十二　人物志七

耆壽　流寓　隱逸　技藝　釋道

耆壽

清

王璽，寧朔縣豐盈堡人，生於康熙十八年，壽至百歲，猶健飯强步。子伏臣，壽七十八，亦輕健，每扶掖其父入城。鄉里並欽異之。

朱奇略，寧朔縣武生。性誠篤，周濟宗族，無所吝惜。壽九十四歲卒。

羅琯，寧朔縣民。賦性樸誠，行事方正，鄉里有善事，極力贊襄，人咸倚重焉。壽八十三歲卒。

江孔誅，寧夏縣民。少通書史，篤於天性。奉養惟謹，家世甚貧，處之坦然。嘗閉户坐誦，寒暑不輟。尤嫻於禮，鄉里多取正焉。生平言笑不苟，不妄交游。壽七十九歲卒。

傅琨，寧朔縣民。慷慨質直不阿，人有争辨，恒以一言定其曲直，無不服者。壽八十四終。

朱震，寧朔縣民。老成醇樸，與人言訥訥如不能出。一生安分勵勤，但以務農爲事，足蹟不輕入城。壽九十三卒，其妻任氏亦年躋九十卒。

范璥，寧朔縣民。天性孝友，尤樂善好施。凡地方有功德事，無不以身先之。壽九十卒。

張名，寧夏縣人。敦本睦族，好善樂施。凡鄉里有公舉，率捐貲濟困，務襄厥成。壽九十，舉鄉飲賓。

胡珍，寧朔縣人。壽八十二卒。

吴盈川，寧朔縣庠生。壽八十八卒。

秦陞，寧朔縣農民。壽八十六卒。

馬有年，鎮戎同心城人。生於乾隆三十五年，没於光緒三十三年，享壽一百三十八歲。

富喀，字仁山，寧夏駐防正紅旗人。上以年老賜八品壽官，晋封儒林郎，賞銀兩綾帛。卒年九十九歲。

常毓,字鍾靈,寧夏駐防正紅旗人。好行善事,於修廟建橋,不惜貲費。五子均登仕籍。卒年九十八歲。

胡邦治,中衛縣人。鄉望素孚,壽八十餘猶强健。子生蓮、生蘭俱貢於鄉,里黨榮之。

荆玉麟,寧朔縣人。現年九十二。

沈世保,寧夏縣人。現年八十。

閻國泰,寧朔縣人。現年八十八。

楊文昭,寧朔縣人。現年八十九,尚能負重六十斤。

楊天福,寧朔縣人。現年八十四。

楊月通,寧朔縣人。現年九十餘。

曹子連,寧朔縣民。寡言慎行,不與外事,現年八旬有六。

陡維順,寧朔縣人。性好施予,處鄉忍讓,壽九十二而卒。

梁湛,字潔然,寧朔縣人。性豪邁,隱於商。偉容儀,美鬚髯,壽八十餘猶精神矍鑠,鶴髮飄然,人呼爲"長髯公"。

李芳,字芬圃,寧朔縣人。持家嚴厲,教子有方。壽八十餘,步履强健,一如少年。

徐琪,鹽池縣惠安堡人。與妻曹氏性同淳厚,壽同八十有五。行不需杖,論者謂猶不知年之所至云。

流寓

晋

周虓,字孟威,益州刺史建城定公周楚之孫,爲梓潼太守。寧康元年,苻秦將楊安攻梓潼,虓固守培城。遣步騎數千送母妻自漢水趨江陵,秦秘監朱彤邀而獲之,虓遂降於安。秦王堅欲用爲尚書郎,虓曰:"蒙晋厚恩,但老母見獲,失節於此。母子獲全,秦之惠也。雖公侯之貴,不以爲榮,況郎任乎?"太元三年,徙之於朔方[1],後竟卒於朔方。

隋

柳彧,字幼文,河東解人。仕治書御史,正色立朝,百僚皆敬憚之。後爲楊素所忌,坐罪除名,徙配朔方懷遠鎮①。

---

① 明朝胡侍《真珠船》"懷遠鎮"條考證認爲,柳彧徙配地"朔方懷遠鎮"在遼東,與寧夏無關。本志及《〔嘉靖〕寧志》《〔嘉靖〕陝志》《朔方新志》《〔乾隆〕甘志》《寧夏府志》等均誤以爲柳彧流放在今寧夏故地,故載柳彧爲寧夏流寓者。寧夏各舊志均誤記柳彧爲寧夏流寓者,蓋襲《〔嘉靖〕寧志》等志之誤。

明

阮彧，字景文，錢塘人，任兵科給事中。其同母弟誼謫戍寧夏，未及行而卒，遂以彧代戍。永樂元年，以薦者言釋於戍所，復其官。工吟咏，尤長於駢體。

陳矩，字善方[2]，江西廬陵人。洪武初，第進士，以户部主事謫戍寧夏。後復官湖廣江陵知縣。

邊定，字文静，陳留人。洪武初爲杭州府署典史，謫戍寧夏。

潘元凱[3]，字俊民，嘉禾人。洪武時知縣，謫戍寧夏。

林季，字桂芳，嘉禾人。洪武初謫戍寧夏。

沈益，嘉禾人。洪武初謫戍寧夏。

毛翀，字文羽，錢塘縣學生。洪武初，代父來戍寧夏。

承廣，延陵人。洪武初爲南昌知事，謫戍寧夏。

王溍道[4]，天台人。洪武初爲秦州主簿，謫戍寧夏。

唐鑑，字景明，姑蘇人。洪武初謫戍寧夏。

葉公亮，天台人。洪武初謫戍寧夏。

郭原，字士常，淮安人。洪武初黔陽知縣，謫戍寧夏。當艱難之際，惟以詩酒自樂。

王友善，溧陽人。洪武初謫戍寧夏，以文學名。

孫振，宛陵人。初爲藩府客，繼入馬經略幕，值闖賊變，流落寧夏。以筆墨自適，畫有遠神，書亦古勁，相傳關聖廟“乾坤正氣”額是其遺筆。時有求畫者，興至則揮之，不問其人。其小幅已採入《胡曰存譜》中。

清

佟子見，北豳人，以貢士爲留守參軍。鼎革後居中衛，以詩文自娱。教授後學，多所成就。

郎廷槐，號梅溪，廣寧人。家世以從龍鼎盛，而廷槐恂恂好儒術。工吟咏，自謂學詩於阮亭，然以其詩較阮亭多不相類，論者謂格意在陶元亮、柳子厚之間。任寧夏監收同知，年餘被議罷官，寓居下院寺十餘年，往往絶食，夷然自得，吟咏不輟。後卒於永泰寺。

蒼巖道人，俗姓袁，號金豐，不知名，南京人，爲寧夏道雷有成幕友。流落寧夏，後年老，遂爲黄冠。住南薰門外文昌閣，以“蒼巖子”自名。善弈，能詩，談修煉，與郡中紳士相往還。壽八十餘卒，有《海天長嘯集》。

謝鳳威，字葆靈，原籍湖南寧鄉縣。兩署寧夏府篆，兼護道篆。置田於大官橋，築官柳莊，嗣徙中衛之鳴沙洲居焉，傳見《宦蹟》。

陳德潤，字焕然，河南人。流寓寧夏，考歲貢生，樂善好施，嘗編勸善諸歌教授兒童。於滿城西門外稟建義地，遣人專收骴骼瘞之。又捐貲補修北門外各橋道，以便行旅。刊刻《遂生》《福幼》二編廣爲散佈，以育嬰孩，洵一鄉之善士焉。壽八十二歲卒。

馬福祥，號雲亭，原籍導河，寄籍寧夏縣。民國元年，署寧夏總兵。三年，授寧夏護軍使。十年，陞綏遠都統，晋勳二位。治兵有紀律，尤工書法。築室於郡城北門街左馬府街。宦蹟詳《歷史》。

張復元，號乾生，原籍山西靈石縣。前清治商來甘，任惠安堡警察分所官，即卜居焉。事蹟詳《忠義》。

隱逸

清

張應賦，寧夏衛庠生，雲貴總督張文焕之父。耽山林，甘淡泊，教授生徒，褐衣粗食。康熙二十六年，聖祖西巡寧夏，應賦藍衣迎駕，上眷顧之曰："真儒士也。"書"雲林幽"三字以賜。

楊毓芳，字子實，寧夏縣廩生。居鎮河堡，性至孝，務實脩，屏蹟田園[5]，志希濂洛，於聲華勢利澹如也。三十五歲，父母相繼亡，廬墓五載餘[6]。學臣周按試本郡士人，以孝行、博學共舉優生。將貢成均，毓芳謝曰："身爲人子，不能揚名顯親，不可謂孝。身當盛世，猶且食貧居賤，不可謂才。不孝不才，何優之有？"力辭不就。終身隱居教授，窮而益樂，老而益健，壽八十一終，所著詩、古文甚富，待刻。

史世儀，國初貢生，昭之後[7]。隱居課讀，力耕自給，或以其世承勳伐[8]，宜求仕進，不樂也。郡人高其品學，師事者甚衆。兄世表爲靈臺訓導，亦有文望。鄉里稱"二夫子"焉。

楊中時，字庸齋，幼孤貧，事母極誠，爲縣學生。隱居治園圃，養花種樹以自適。雍正六年，議展漢渠溉查漢托護地，而沿渠居民廬舍坟墓多在侵占，當遷。中時率士民請由河灘空闊處别開渠引流，具呈懇訴，辯論至再至三。當事者不能奪，竟從其請[9]，廬墓獲全者甚衆，鄉里至今感其德。

趙飛熊，字渭占，平羅諸生，世居李剛堡。性豪逸，詩酒倘佯，不求仕進。有田百畝，率子耕耘，供八口衣食。屋後闢一園可數畝，號"西園"，遍植花卉果木，朝夕玩賞吟咏其中，以所出給賓朋蔬酌之用。又駕牆起樓，顏曰"曠逸"，高出叢林，時挹西山爽氣。詩體初好晚唐，暮年進而益上，著有《西園草》。當時文士高其品，多與唱和。

冀立志，寧夏廪生。好學，博覽群書，精於醫理。回亂入營，屢得保獎。絶意仕進，閉門讀書，高尚其志。

楊文孟，平羅人。閉户讀書，夙負奇志。弱冠後澹於仕進，遂隱居邑城之北楼，卒稱"靖懿先生"。

技藝

元

常八斤，夏人，以治弓見知，乃説於耶律楚材曰："本朝尚武，而明公欲以文進，不已左乎?"楚材曰："且治弓尚須弓匠，豈治天下不用治天下匠耶?"

明

張琦，精《太素脉》，斷疾病生死，逾二十年必驗。

張景臯，精《太素脉》。可生則藥，不可生斷以時日，百無一失。窮通夭壽，以脉推之，亦無不驗。所著有《難經直解》[10]。

吴通，精《脉經》《本草》《素問》三書，妙鍼法，治病如神，時稱"儒醫"。

黄俊，治病以脉，不執方書，尤精藥性。自宋至明，世稱良醫，今絶其傳。

方焌，精醫道，尤善傷寒。所著有《瘡瘍論》。

徐恭，精小兒科，藥效如神。

胡傑，精外科，善識瘡善惡之形。尤能治無名毒，著手立效。

方策，焌之子。擅專門之業，求治者如市。贈指揮。

胡瑾，傑之子，業精於傑。

徐英，恭之子，中屯衛指揮僉事。歷官清慎，制行端潔。醫以家傳，術能起死回生。不擇貧薄，深夜風雨必往，人甚德之。

芮經，通脉理，修治丸散尤精，往往有奇效，一時重之。

宣士能[11]，以瘍醫稱良於時。

濮恩，識方書，療疾不擇貧富，尤精傷寒。

蘇庶，精外科，常治人所不敢治者[12]，累有奇效。

范廉，號雲峰。精山水人物，並臻逸品，與碧峰先生齊名，有"畫中二峰"之譽。慶藩王重之，館府中嘗以其畫貢内府。

清

劉恒久，名醫也。用藥有制，雖雜症不過三劑，診脉能立斷人生死遲速。當時醫人診人疾，必先問劉先生診否，其見服如此。

徐宣化，英之後，審於用藥，投無不效。尤精小兒疹痘，一見輒定生死，鄉里共稱神效。

徐鯤化，宣化弟，年十三父歿。潛心醫學四十餘年，表裡洞澈，尤精於修治丸散。

楊有德，中衛庠生，精醫術，活人多，邑人至今頌之。

康繩周，任後衛教授，精風鑑。順治十八年，寧夏巡撫薦至京，視皇陵有功，賜銀幣，授欽天監博士。

王觀光，字見青，原籍紹興人，爲寧夏道于從濂幕客。博涉多能，善談論。尤精於堪輿，有言葬地吉凶者，或就其穴撥正之，輒有驗。所著有《地學正誤》《寧夏河西堪輿論》。

胡鉞，字漢西，太學生，候銓鹽運同知。倜儻有才能，常爲川陝制軍幕客。工繪畫，山水、人物皆極清秀，當時重之。

魏元勳，號愚山，康熙戊子武舉[13]。能詩，有《移山草》。工書畫，書師米，畫以竹馳名。

鄒廷賢，字殿楚，工畫人物、花卉，冠絶一時。用筆準繩極細，而自有生動之致。

麻武，寧夏右所人。身小力悍，能以兩手掌托二人，行如飛燕舞。反伏兩手於地，手背亦能立二人，拉之行，掌背隆起不陷，人服其力。又善琵琶。時陳證以簫名，故證雅與結納，盡忘形勢。後嬰惡疾，十五年始愈，而力氣頓減，前後不啻兩人。

王雨堂，善青多術。寧夏郡城象鳳形，以東郊高臺寺爲鳳首，層臺峻宇，地勢雄勝。前建危樓，翼然於上。咸豐丁巳①，郡有富室某嫌樓地狹隘，宴會局促，擴爲三楹。雨堂語人曰："高臺寺爲鳳首，前樓鳳口也。兹以讌飲之私，妄更古刹，鳳口受創，五年後大劫至矣。"人有笑其耄而妄者。咸豐庚申②，雨堂歸道山。越癸亥③，郡遭回禍，幾無孑遺，此臺亦毁於火。

傅唯寬，字敬敷，寧夏縣學生。善繪事，以葡萄著名。隨筆戲作，多得古人法

---

① 咸豐丁巳：咸豐七年(1857)。
② 咸豐庚申：咸豐十年(1860)。
③ 癸亥：同治二年(1863)。

外意。

鍾先鳴，寧朔縣武生。古道自持，不趨時好。書法遒勁，臨摹古帖，至老不疲。作字必正鋒，取法"二王"。大書尤奇古，寧夏先後善書者皆推遜焉。

戴紹祖，負氣倜儻，多藝能。尤精馬射，云得自滇南某將軍。隨手變化，左右無方，各標名目，且多至四十餘套云。

張映槐，字樹滋，朔邑增廣生。嗜學多能，尤精《周易》課，卜事輒驗。又善營造，前太守顧〔光旭〕聞其名，延之督修銀川書院。南郊外文昌閣，亦其所經理重建者。

蔡振鐸，寧朔增生。熟讀歧黄，在滿營懸壺，尤精於痘科，定其吉凶，三年必驗，人稱"蔡神仙"。性愛人，遇貧寒家無買藥資者，輒陰留錢以濟之者屢矣。著有藥書數卷，未刻。子天藻，仕至知府。

王有莘，陝西人，習醫術内外科，流寓郡城。子萬賢、孫景朝等八人繼其業，治病不擇貧富，來延者風雨晦明，咸徒步以往。藥資不索重，無力未嘗責償也。

李杜，寧朔增生。天資過人，善書法，精醫術。

陸溥，寧夏人。醫書多所綜覽，過目不忘。治痊之病，雖十年後猶能記憶。蒙古王每延以治疾，爲世良醫。

袁思義，寧朔軍功。熟讀脉經，在定遠營設肆行術，四五十年無誤治之症，用藥數劑即愈。子櫂繼之，兩世均以醫名。

王永和，棄儒習醫，用力二十年，精於傷寒。子鶴年繼其術。

陳芮，回民，充醫官。性情和平，治病小心，用藥無誤。鄉黨贈額曰"年高德邵"，壽九十餘卒。

王生蘭，寧夏人。精堪輿術，不受謝儀。持齋修行，門徒極衆。五世同堂，一鄉稱之。壽八十餘終。

郭珍，皋蘭人。善畫人物山水，西蒙古王常請至旗下奏技，以畫貢内廷焉。

杜長春，四川人。善畫山水，流寓於寧。

陳真如，道士也，精通六壬課，善畫梅花。

楊青雲，早年失怙，訪師學醫。遇病細心療治，爲當今時醫，充醫官。

蔡芝萃，寧夏武生。性靈敏，揣摩脉理，辨時症不泥古方。

方燮，靈州歲貢生。熟讀《本草》，玩味脉訣。行醫多年，方藥平穩，濟世爲心。

陳芮，寧夏縣歲貢生，回族人。精醫理，壽八十餘，猶强健，行不需杖。遇人有疾，不問其祈請與否，惟以濟人爲心。

金漢卿，字星潭，寧朔廪生。精岐黄之術，臨症診視，應手輒愈。同邑管慶齡有學行，亦精醫術。

李杜，字友棠，寧夏人。善醫理，書法亦秀麗。

釋道

魏

太武初年，赫連昌得沙門惠始，姓張，家本清河。聞羅什出新經，遂詣長安，觀習經典，坐禪於白寺[14]。朝則入城聽講[15]，夕則還處静坐。劉裕入長安，留子義真鎮守。真及僚佐皆敬禮焉[16]。赫連之逐義真，人多就坑戮，惠始身被白刃而不傷。屈丐聞之，怒以所持寶劍擊之，不能害，謝之，遂禮之於國。及統萬平，始隨世祖至京師。年五十餘未嘗寢卧。雖足履汙泥不染，愈見鮮白，世號"白脚大師"。太延中，終於八角寺，停尸十餘日，容色如一，遂瘞寺内。〔太平〕真君六年，不許瘞城中，乃改葬南郊，已十年矣，開殯如生，不傾坏[17]。高允爲之傳，頌其德行。

北周[18]

無名僧。武帝天和二年，敕爲夏州三藏，尋欲官之。冢宰宇文護以書勉之，答以"收蹟歲中，攝心塵外，此本志也，安能憒憒久住閻浮地乎"。因著《寶人銘》曰："法界中有如意寶人焉，鍼其身，銘其膺曰：'多知多事，不如息意。多慮多失，不如守一。慮多志散，知多心亂。生惱志散，是謂愚蔽。'"

唐

詹道人，慶陽群牧所軍，採藥賀蘭山陰，過神人授學，久之徹悟，出言成文，唱咏有佳趣。修復普照寺，人從牖窺見，護法泥神起立，聽道人計畫日緣事，應答如響。工竣，辭官民告去。其後坐化，有人從數百里來，見道人南去，相與立言，莫知所終。

明

賀蘭二老。洪武二十七年，中衛人張秋童入賀蘭山伐木，見二老坐石上，問曰："秋童何爲?"對曰："伐木。"二老乃呼秋童，與錢盈掬，童歸。尋往視之，則二老莫知所之，其錢猶存。

永濟尚師，河西人，通三學[19]，爲西夏釋氏之宗，稱爲祖師焉[20]。

黑禪和尚，河西人，通禪觀之學[21]。年六十餘，先知死期，至日坐滅。

海珠和尚，咸寧人，宣德四年移居寧夏。善詩畫，尤長於韵學。嘗廬其父母墓者六載[22]。號“翠微子”，有《山居百韵詩集》[23]，未傳。

清

徹一上人。居承天寺，進士丁斗柄至方丈，見僧骨氣清雅，異之，問曰：“和尚尊字？”僧曰：“衲子徹一。”曰：“果徹一否？”僧舉太極、兩儀理相酬答，往復至再，柄大服曰[24]：“徹一徹一真徹一，徹得一字真消息。吾今始知一字機，萬物生生本太極。”

斌雅尚師，系出梓州章氏後。解脱俗緣，能接靈濟正派。至寧夏，説法於福寧寺，望重一時，總督兩江王新命贈“有道範序”刻石。

靈芝禪師，名秀，寧夏人，夙慧穎悟。幼時出家，經典偈頌，俱如夙記。後於福寧寺，值斌雅尚師典偈方丈，驀然有契，親承莂記。上人示寂，遂主教福寧寺。

廣東和尚，住海寶法席，後又移錫牛首山寺。道法宏高，精神明徹[25]，所著有《泡影集》。今海寶禪院塑像如生。

潤光老人[26]，俗姓陳，寧夏人。住正覺臺，幼時父母捨之太平寺，後還俗，年已四十有九，子夭妻喪，乃決意出家，披薙於廣東和尚，頗得大乘真傳，工詩文，多酧答，所刻有《澡雪集》。

幻聞禪師[27]，名真學，俗姓史，京兆大安人。數歲度爲僧，師授墳典，脱口便知靈源。由興平延居海寶法席講説妙諦，著有《要録》一卷。

致遠和尚，甘州人。性恬澹，不慕榮利。同治間，爲寧夏鎮標經制外委。通禪關之學，出家於賀蘭山之極樂庵，後移錫承天寺。道行宏高，精神朗徹，談講妙諦，頗得大乘真傳。年七十餘，趺坐圓寂[28]，釋家均崇拜之。

張合秀，山西人，爲寧城關帝廟住持。戒行修潔，弟子甚多。日講《道德經》，勸人爲善。年八十九，端坐羽化。

王文化，字中立，湖北人。性沈静，有善行。常荷竹簍，到處檢收字紙，每年清明節焚，送至河流。無事惟静坐養神，年八十歲坐化。

薊蒼，寧朔人。幼出家爲道士，游華山，得師授運氣法，冬日赤兩足履冰雪中，氣蒸然。男婦有寒積，以脚熨之即消。諸貴人多延之療，疾無弗愈。募修七真觀，壽九十餘終。

賀兆文，寧朔人。亂後爲道士，能煉氣，雲游四方，以醫術濟世。光緒三十二年，無疾端坐而卒。

范泰，横城人。持殺生戒，日誦菩提經。品端行潔，年七十餘於報恩寺無疾而逝，笑容不僵也。

廣治和尚，咸豐間於賀蘭山口修練得道，麋鹿、野羊等獸入室馴順，以手撫之即去。後端坐圓寂。

【校勘記】

[1] 太元三年徙之於朔方："太元三年"原作"太平元年"，據《晋書》卷五八《周虓傳》、《建康實録》卷九《烈宗孝武皇帝》改。"朔方"，此同《資治通鑑》卷一〇四，《晋書》卷五八《周虓傳》、《建康實録》卷九《烈宗孝武皇帝》均作"太原"。按：朔方在今内蒙古境内，太原在今山西太原市附近，均不在寧夏，本志蓋襲《〔乾隆〕甘志》卷四〇、《寧夏府志》卷十六之誤。

[2] 善方：原作"善言"，據《〔嘉靖〕陝志》卷三一《文獻十九・流寓》、《朔方新志》卷三《文學・流寓》、《〔乾隆〕甘志》卷四〇《流寓》改。

[3] 潘元凱：此同《〔弘治〕寧志》卷八《雜詠・梅所》、《〔嘉靖〕寧志》卷七《文苑・詩・梅所》，《〔弘治〕寧志》卷二《人物・國朝・流寓》、《〔嘉靖〕陝志》卷三一《文獻十九・流寓》、《朔方新志》卷三《文學・流寓》均作"潘原凱"。

[4] 王湣道：此同《〔弘治〕寧志》卷二《寧夏總鎮・流寓》、《朔方新志》卷三《文學・流寓》，《〔嘉靖〕陝志》卷三一《文獻十九・流寓》作"王湣通"。

[5] 屏蹟：原作"寄蹟"，據《寧夏府志》卷十六《人物・隱逸》改。

[6] 餘：此字原脱，據《寧夏府志》卷十六《人物・隱逸》補。

[7] 昭：原作"釗"，據改。參見本志第 271 頁脚注⑤。

[8] 勳伐：原作"勳閥"，據《寧夏府志》卷十六《人物・隱逸》改。

[9] 竟從其請：《寧夏府志》卷十六《人物・隱逸》此四字後有"開今惠農渠"五字。

[10] 直解：此同《〔嘉靖〕寧志》卷二《寧夏總鎮・技能》、《〔嘉靖〕陝志》卷十七《文獻五》、《朔方新志》卷三《方技》、《寧夏府志》卷十六《人物・方技》，《〔嘉靖〕陝志》卷三一《文獻十九・寧夏衛・鄉賢》作"真解"。

[11] 宣士能：原作"宣世能"，據《寧夏府志》卷十六《人物・方技》改。

[12] 常：原作"嘗"，據《朔方新志》卷三《方技》改。

[13] 戊：原作"戌"，據《寧夏府志》卷十六《人物・方技》改。又，"康熙戊子"即康熙四十七年(1708)。

[14] 白寺：《寧夏府志》卷十六《人物・仙釋》作"白渠"。

[15] 朝：《寧夏府志》卷十六《人物・仙釋》作"晝"。

[16] 真：原作"夏"，據《寧夏府志》卷十六《人物・仙釋》改。

[17] 坯：《寧夏府志》卷十六《人物・仙釋》作"壞"。

[18] 北周無名僧事蹟原位於前文魏朝之後，今據本志書例及朝代先後改置於此。

[19] 三學：原作"五學"，據《〔正統〕寧志》卷上《名僧》改。按："三學"是佛教修行的總稱，包括戒學、定學和慧學。用戒止惡修善，用定息慮澄心，用慧破惑證道，三者有相互不離的關係。"五學"之説不知何據。

[20] 祖師焉:“焉”字原脱,據《〔正統〕寧志》卷上《名僧》補。

[21] 禪觀：原作“禪關”,據《〔弘治〕寧志》卷二、《〔嘉靖〕寧志》卷二《寧夏總鎮・仙釋》、《朔方新志》卷三《仙釋》改。

[22] 甞：原作“常”,據《〔弘治〕寧志》卷二、《〔嘉靖〕寧志》卷二《寧夏總鎮・仙釋》、《朔方新志》卷三《仙釋》改。

[23] 山居：原倒作“居山”,據《〔弘治〕寧志》卷二、《〔嘉靖〕寧志》卷二《寧夏總鎮・仙釋》、《朔方新志》卷三《仙釋》乙正。

[24] 柄：原作“衲”,據《寧夏府志》卷十六《人物・仙釋》改。

[25] 明：《寧夏府志》卷十六《人物・仙釋》作“朗”。

[26] 潤光：原作“潤先”,據《寧夏府志》卷十六《人物・仙釋》改。

[27] 幻聞：原作“幻開”,據《寧夏府志》卷十六《人物・仙釋》改。

[28] 圓寂：原作“園寂”,據文意改。

朔方道志卷之二十三　人物志八

任俠　殉難

任俠

明

茅貴，寧夏人。正統五年，境大饑，都御史金濂請於朝，設預備倉，勸鎮人各輸粟以賑饑。貴輸粟三百石[1]，同時之相繼興起者杜海、朱禋、焦原、趙友德、虞海、韓寅、黄銘、葉榮、孫俊、繆顯、葛謙、陳祥、張敬、唐融、管矩、吴仲名，以是得無餓殍。奉敕旌表。

李繼元，字壽軒，萬曆癸未拔貢①。任山西和順縣知縣。致仕未回籍，和順大荒，繼元曰："此顛連者皆吾赤子也。今雖去位，何忍坐視。"遂傾囊糴粟捐賑。邑人感其德，立祠祀之。

萬人重，寧夏人，行道中，見有遺鏹拾之，約三十金，知係旗甲張加義完官租之銀，悉以付之。

陳謨，萬曆間中衛庠生。與西安客孫尚義友善，孫病故，遺子尚幼，謨撫之如己出。及長回籍，謨將尚義寄銀百兩、米百餘石付之，錙銖不染。

賀天保，字石泉，寧夏衛人。萬曆壬辰兵變②，遷居廣武。癸巳③，廣武大水，兵民乏食。天保出積粟數百石，按名給散，全活甚衆。〔天啓〕七年，欽賜"慷慨尚義"額。本堡鎮水寺亦繪像焉。

王哲平，平羅候選州判。崇禎間，邑南門水淹，哲平請於撫道築堤堵護，城得以全。後濬唐渠，除盡隱占包攬等弊，邑人德之。

明三畏，寧夏人。明末，軍以無餉欲譁變，三畏輸粟三百石以助餉，軍得以安。

---

① 萬曆癸未：萬曆十一年(1583)。
② 萬曆壬辰：萬曆二十年(1592)。
③ 癸巳：萬曆二十一年(1593)。

清

周調元，寧夏後衛庠生。被流賊掠，禁營中。賊復掠得子女數十人，閉置空室，令調元看守。調元悉放之，己亦乘間脱歸。嘗寓館中，有竊其物者，知而弗言。後西安大饑，有馮某外出，其妻爲父所鬻，一日相遇，夫妻對泣，調元出銀代贖，令仍團聚之。

史振玉，寧夏人。家貧好義。有負官租者鬻子以償，振玉傾囊贖還。後此子又貧困，質子與人，振玉又貸銀贖歸，自養於家。兼精岐黄，診病不取值，然亦不敢輕用藥。嘗語子曰："醫不過行方便以濟人也，若漫然用藥，則誤傷人命必多矣。"

劉哲，字幾先，寧夏太學生。樂善好施，有告貸者無不應，亦不立券。又於紅花渠側購田爲義園，以葬遠人及貧丐之無地安葬者，又施棺木三年。知府顧爾昌給"慕義强仁"匾以表之。

王家幹，字介人，寧夏人。慷慨樂施予，凡戚友有匱乏者必量力周之。嘗曰："存心利物，一介何嫌？必待有餘，終無濟日。"世以爲名言。

李天篤，字玉厚，寧夏太學生。好行陰騭。小壩堡被焚，天篤賫衣物、銀粟交本堡貢生王克鑑賑撫，語之曰："此某善會所積公物，群議以奉公施衆者也。"其不慕美名類於此。

李宗儒，花馬池人。時旱荒，人皆逃竄。宗儒曰："我家尚有粟三窖，願與同鄉共之，食盡同竄未晚也。"遂出粟，而天亦大雨，一方俱感其恩。次年，宗儒中鄉試，人謂此即天之報施云。

孫朝功，寧夏人。豪俠尚義。挑改山河，輸粟三十石，上司嘉之，匾其門曰"尚義"。寇陷其堡，盡燬居民室廬，獨朝功之屋未燬。

張起鳳，寧夏人。乾隆三年，地大震，平羌、鎮北兩堡居民乏食，起鳳慨然捐資賑濟。感者作文以記其事，書額懸堡内玉皇閣以表之。

趙瑞，中衛人。勇於爲義。邑人張學顔馱錢過村，天晚被竊，學顔窘甚。瑞聞之，引《周易》"行人得牛，邑人災也"之義遍告村人。錢爲方神廟廟祝拾獲，廟祝聞之，即告瑞送還，其感化鄉人如此。

怡英，寧夏人。性慈善。年五十無子，妻張氏年亦四十有七，計不能復産，買螟蛉撫之。後聞伊父母亦祇此子，慨然曰："吾何忍絶人之嗣以爲己嗣乎？"還之，焚其券。次年，妻忽妊，連舉二子。長體天邑廪生，次法天把總，孫曾滿門，人謂天之報施善人，誠不爽云。

李天申，字玉福，寧夏太學生。幼孤，事繼母孝，尤好敦任卹，遇有婚喪難舉者必竭力以助之。每歲暮，量其貧乏，各分財周濟焉。

柴梓，寧夏貢生。道光時，爲當商，慷慨好義，每年必施寒衣、棺木以濟其貧者。時有中衛孩童宋培基，因繼母不慈，流離至郡，梓收撫之。後培基入庠食餼。

江來宜，寧夏人，署花馬池營守備。有鄭立業者幼定妻童，養於家。女父竊女回定邊，立業往尋，女父背盟。來宜助資斧，並力言於當道，斷令女歸，全其夫婦。

蔡奇聞，寧夏候選巡檢。因回亂帮辦城防，獎藍翎五品軍功。光緒初大饑，奇聞捐米三十石，活人甚多。

周朝德，寧夏人。捐貲修小新、永興二渠，民甚德之。

趙善慶，寧朔武生。回亂後，善慶擇其貧苦，量力濟之，全活甚衆。後防守滿城，復捐數百金以濟兵餉，得免譁潰，積功保花翎都司。

王智平，平羅人。慷慨好義。時值軍興歲歉，智平出粟數百石以助賑濟。終年八十，其鄉里積欠銀穀券約悉焚燬之。

江起鶴，平羅貢生。好義舉。同治回亂，城被圍，米珠薪桂，民無固志。起鶴捐貲千金，民得所食，得資固守，城賴以全。

張珮、吴雲梯，俱平羅人，珮爲縣署倉書。同治三年，兵飢無餉，珮捐千金以助。時匪又圍城，居民乏食，雲梯捐二千金以濟兵民，城得保全。

馬富邦，平羅當商。同治三年回亂，築堰決唐渠水以灌城，水深丈餘，城岌岌欲圮。富邦急捐貲，顧人斷堰，以洩水勢，城賴不壞。迄今遺蹟尚存，俗呼之曰"賊堰"。

姚進福，惠安堡人。樂善好施。時值大荒，山堡一帶皆赴州領賑，惠安無地丁，不在賑列，百姓之赴領者既不得粮，又需路費，群情窘甚。時進福商販到州，請於監收廳，以己房屋作質，貸官粮三百石以濟其饑。廳官義之，還其券而與之粮，並給"義氣可風"匾以表之。

孫翰垣，字春齋，靈州貢生。仗義疎財。遇地方災患，不惜重貲，鄉里頌之。

任永，鎮戎廪生。家頗裕。同治回亂，避難於陝西甘泉府，鄉人踵至乏食，永傾囊購粮，全活甚衆。事平歸里，以亂民多由不學，倡設義學以化導之。

蘇槐，鎮戎韋州堡武生。耿直不苟。家小康，有告急者，悉力周之。縣嘉其行，贈匾額以褒獎之。

孫樹垣，靈州候選從九。光緒初年，蝗蟲爲災，樹垣與邑紳桂三級顧人撲捕，勞苦不辭，邑免於患。州牧各給"急公好義"匾額。

王玉清、許相，俱靈州人。秦渠龍王廟被水冲圮，議改建於秦壩關，衆苦無資，玉清等各捐五百緡以爲之倡，廟遂成。州牧廖葆泰詳請各給"急公好義"

匾額。

許侯氏，靈州許某之妻。光緒季年，改設學堂，甚苦無資，氏與寡媳李氏捐銀千兩。州牧陳必淮詳請准建"好善樂施"坊表。

殉難

朔方屢遭兵燹，紳民殉難甚多，而同治癸亥一役爲尤甚①。惟年湮代遠，多不可考。兹就採訪所及聊爲登録，以彰忠義，而慰幽魂。

官紳殉難表(鎮、道、府、州各官傳詳《宦蹟》)

勒豐額，寧夏總兵；侯登雲，寧夏巡道；吕際韶，寧夏知府；蘇長存，水利同知；劉湛，靈州知州；納穆棟額，靈州知州；鍾蘭，靈州知州；尹泗，靈州知州；趙長庚，寧夏知縣；孫九齡，靈州吏目；阿拉繃阿，筆帖式；趙輔清，府學教授；勝樹標，寧夏教諭；牛開甲，府學訓導；楊廷桂，府經歷；劉紹昌，石嘴主簿；寧漢升，寧夏典史；張維清，靈州吏目；錢智，靈州吏目；趙周誥，玉泉游擊；王孚，左營游擊；周華，後營都司；張寶，横城都司；江太平，廣武游擊；范汝司，都司；陳泰，左營守備；王慶雲，前營守備；勝春，花馬守備；滕作柄，石空守備；王崑玉，石空守備；張應淮，安定守備；葉生蓮，靈州守備；李繡春，靈州守備；劉致福，玉泉守備；李清，固原守備；慶霖，駐防佐領；吉豊額，駐防防禦；全禄，凉州防禦；胡克慎，凉州防禦；吉拉罕，凉州防禦；固呢音布，駐防領催；郭宗魁，前營千總；郭耀武，前營千總；九克丹佈，左營千總；史廷佐，右營千總；王永春，平羅千總；韓衍孺，千總；李鍾秀，榆林把總；王達權，前營把總；趙順，城守把總；劉承冲，洪廣把總；張瑞，香山把總；杜綖，平羅把總；武孝，右營把總；朱士通，洪廣把總；張進昌，營長；賀定國，大壩把總；范佑，洪廣把總；鄭春，興武把總；魏起奎，清水把總；李滋芳，平羌把總；張成和，把總；李來鳳，惠安把總；李銜滋，通紀司；覺慶，僧綱司；蔡爲範，候選郎中；謝兆霖，候選縣丞[2]；吕賓陽，候選州判；王得勝，補用游擊；李正興，補用游擊；蔡傑，候選巡檢；傅懷，直隸典史；吕連陞，孝廉方正；宿白璧，辛亥舉人②；張際昌，壬戌舉人③。以上皆同治年殉難。

文陞，理事同知；賀明堂，左營游擊；侯浚明，左旗旗官；多倫岱，城守都司；陳元驤，寧夏知縣；王文郁，漢渠委員；曾全善，寧夏典史。以上皆宣統三年殉難。

---

① 同治癸亥：同治二年(1863)。
② 辛亥：咸豐元年(1851)。
③ 壬戌：同治元年(1862)。

雲騎尉、恩騎尉世職殉難表

陸安平、劉永德、張建功、姜璽、李鳳翔、王曰忠、趙潤、馬萬倉、李進陞、王印、張賓、李福培、李滋雨、陸安定。以上皆同治年殉難。

經制外委殉難表

李林、蘇萬玉、張承和、傅光耀、張景滋、魏廷俊、袁連布、王芝蘭、齊占鰲、雍喜、柴萬春、宋琨、李發科、周德、李發舉、張登科、姬善、趙發奎、萬倉。以上皆同治年殉難。

額外外委殉難表

羅如蕙、李振興、趙安吉、冶鎔、趙鳴芳、李生美、王正名、麻如柏、魏天福、王振邦、劉瑞雲、李福元、王圮、王連、黄連陞。以上皆同治年殉難。

候選從九殉難表

謝範、張延年、吕光第、童文炳、韋鎬、簡潤、蔡芝瑗、王大豫、王景禄、祁象臨、田泌、簡以敬、田鎬、孫長齡、黄文翰、馬維麒、施煌、張連斌。以上皆同治年殉難。

貢生殉難表

蕭敏生、劉廷瑞、楊樂春、岳廷選、蔡爲箴、黄敷榮、江思源、柴玉、趙邦殿、陳彭齡、張英、王以德、姬敬修、王大泰、周鳳鳴、韓祥、吴彭、萬鈞、崔承誥。以上皆同治年殉難。

廩膳生員殉難表

王良貴、張自立、羅坦、胡琳、王宗如、王恩時、王巽、張際泰、韓宗愈、李廉、王觀、湯執中、蕭文治、王恩培、王嘉如、吕潤、王大佐、王嘉賓、蔡奇諫、蔡奇德、王贊元、邢誥虞、張銘、張培、張鳳翼、孫緯武、劉卓、王振清、白珩、蔡之乾、馬焕章、任坦、吴雲漢、馬丙文、姬由禮、姬循禮、王振聲、張文翼、趙進履、蔡奇志、馬丙德。以上皆同治年殉難。

增附生監殉難表

管熙齡、管遐齡、徐承恩、范式中、宿祖乾、陳生華、王京、王廷元、姬承德、吴大夏、王嘉堂、柴鑑、楊永和、王斌、白生彩、楊厚、趙階平、蔡奇偉、朱尚質、王炳、李杜、王鉞、姜兆檽、魏澐、王大秀、趙康履、栗芾、鄭聞韶、萬邦慶、杜如桂、楊和、張嘉瑞、王大修、趙中履、魏德溥、柴鐸、陸鐸、王澐、李東陽。以上皆同治年殉難。

滿營官兵殉難表

毓秀，凉州佐領；舒爾格訥，凉州佐領；胡克慎，凉州防禦；吉拉罕，凉州防禦；全禄，凉州防禦。以上均於同治二年十一月援剿平羅回匪陣亡，奉旨議卹。

達倫泰、阿隆、阿哈金、布德、岳松、武玉恒、阿坤、布春恒、瑞保、諾穆渾布松、林祥昇、年常、阿烏努春、烏林、佟喜、恒玉、豁欽、布富安。以上俱凉州滿營馬甲，於同治二年十一月援剿平羅回匪陣亡。

固呢音、布成順、常玉、諾蒙額、佟慶吉、勒罕貴、保恩魁他清、阿海瑞勒清、額薩炳阿。以上皆寧夏滿營領催，於同治二年十一月剿匪陣亡。

景安、阿那渾占、連城、色璞興、額阿拉金、布保興。以上皆寧夏滿營前鋒，於同治二年十一月派剿回匪陣亡。

蘇爾格訥、志貴、志慶、連慶、穆倫布、吉禄、吉拉哈春、色璞清額、隨得、穆精阿、精明、都倫布、成喜、伊通阿、和楞布、保亮、興志、興善、勒禄、烏冲阿、色勒春、扎拉杭阿、愛星阿、百齡、喜善、七什、喜亮、克仁泰、達新布、增福、哈瑺阿、岳璞清武、達春布、秀元、俊秀、佟禄、百魁、泉山、明順、興魁、六什、德福、景安、案德、多隆額、興連、忠禄、全靈、額勒根布、恩慶、富康、富忠、瑞喜、玉祥、沙渾、雙德、富安、興忠、景慶、發豐阿、春魁、何吞布、喜常、喜成、常忠、色成額、扎克坦布、成英、成喜、多禄、多壽、常魁、慶壽、景元、慶岱、訥清額、福安、如順、玉林、春喜、景瑞、色克唐阿、那爾洪阿、額勒琫額、喜慶、豁倫布、常福、慶林、容慎、對林、那拉賞阿、百福、壽祺、達倫布、貴恒。以上皆寧夏滿營馬甲，於同治二年十一月派剿回匪陣亡。

兵民殉難表

蔣克印、洪紳、顧學孟、王永庫、江順、鄭普、楊庫、劉忠、劉孝、周鑢、王宣、戴萬福、陸玉麒、田仲元、周登第、孫五、吴秩、張潔、盧山、張垣、賀登甲、侯果、徐早、鄒玉美、王野盧、王位、陳桃、李鴻治、鄒芳、侯倫、姚衡、王剛、張琮、孔汝梅、邵德順、辛湧、傅殿甲、湯憲、趙天增、宋福、姜天福、吴林、王輔、陳誥、沈金、王永解、王守業、王永和、康致和、曹登榜、王慦、李和、王恕、陳河、劉克霸、潘成棟、田成玉、陳善、洪建寅、錢青、李玉成、石有德、張承信、段登科、張瑞、白連璧、鄭升、陳洪倉、劉萬福、姚和泰、虎興國、連登科、楊棲鳳、樊士元、姚綏泰、兆貴、王元、宋楫、王道平、王達行、馬玉輅、陶萬年、雷和、齊元、栗爲政、傅章、熊義、馬兆祥、陳常、王創業、韓喜、張維敏、張玉、朱秉仁、邢一德、邢一奎、魏天喜、王永傑、朱弘基、王興業、侯源、康成金、張登第、魏天壽、徐萬金、仇俊、李來鳳、葉湛奎、孫大恩、徐登瀛、侯天祥、馬文通、馬受陽、王順時、趙升平、蔣茂盛、陳福、王積善、王玥、王熙、馬建功、張忠、高成龍、周成宗、宋安平、李登魁、何林、張殿選、鄭永、馬倉、高照、陳義、馬文昭、徐倉、張登科、姜良清、姬興、孫明、李懋德、胡良才、郭祥、馬成名、李廷芝、常登科、王玘、吴德有、張進寶、郭迎春、馬文明、王思盈、常永貴、楊升有、孫世德、包天喜、袁尚志、楊天佑、李融和、韓名玉、王占奎、李榮光、段德、左訓、韓進德、楊成、郭春、張萬金、李興業、楊伏、牛芳、胡璉、趙國祥、劉守業、李際霖、高永龍、吴卓、栗芳、樊文林、齊天福、張文沛、柴進玉、李灝、趙現、栗爲政、李和、姜玉成、杜惺、田有、屠升、張永昌、趙保、李應和、何占魁、張際昌、李琇、李連、姚芳、任永保、栗維敏、李天受、李獻廷、范勇、康成、王生孚、栗朝忠、沈桂、黄斗、周鼎、姚永、王之元、王鉞、杜喜、王之屏、齊芳、顧文忠、武大明、賀光前、王和、聞克勇、車萬永、陳占洪、雷發聲、張倫、葉連升、張斌甲、翟建功、陳瑞圖、侯治、丁玥、徐永泰、王清和、陳佃奎、何永級、王芝、陳保、楊之培、張守業、張俊、馬化麟、石懷琳、李永、張發科、王朝選、梁廷澍、楊銀、馬鉞、幸朝杰、趙永慶、王建勳、田國本、李福、徐義、閔政、郭進先、李士秀、范佩、白珍、王夢熊、王以禮、朱秉俊、左錡、王之浩、王廉、馬萬銀、杜萬庫、胡天佐、顧成敖、胡永興、馬成、車萬金、王致和、馬艷陽、馬鳴陽、賈爲成、潘文炳、田兆鳳、楊永受、趙瑾、胡天保、馬青雲、周桓、范信、黄沛、姚萬年、關萬金、胡思忠、吴創業、胡清、高登、楊發、馬鴻陽、韓渤、武奎、陳升、徐順、王金章、李中和、魏溥、康延齡、向永、孟勇、陳疇、王之才、杜漸、馬琦、王德茂、王美、魏作楫、胡治、饒秉仁、高義明、王永、白禄、周連士、丁鳳鳴、史國順、楊雲、胡魁、王之江、胡俊、楊萬孝、劉科、田奎、梁元、王謨、石永岱、楊伏、王明川、王金貴、盧雲、袁江、安善、田懷瑾、趙起雲、柴奉、韓熙、孫永培、胡鎮、張萬選、邵順清、傅保、趙德元、李漸榮、韓建堂、楊弼、韓有德、王天福、曾文治、梁慎術、李天元、傅殿甲、武緒、湯憲、王清、王瑾、孫升、張毓蘭、徐仁俊、李建元、王興嗣、張萬金、史玉、李璐、謝清、胡升、傅仕溥、韓炳、杜成、韓熾、湯榮、王伏國、陳杰、萬積德、郭福、馬明、王清、湯永、李玉、羅雲、任建業、李馨、楊永泰、幸學聖、劉慶雲、范維平、黄伏才、沈宗文、王丕義、王復興、張吉、張鳳祥、吕俊、李彦明、劉占奎、滕義、蔡花、田慶貴、楊貴、張含金、陳喜、周升雲、胡焕海、李長壽、王永政、王殿奎、馬恩、吴玉、張玉蘭、宗國寶、陶花喜、吴洪興、蕭存義、張連相、李坤、吴鴻儒、談文、史萬銀、吴吉業、田耕德、王殿元、王殿登、王有誥、劉治國、曾玉留、詹忠、徐漢、徐登雲、劉興、王積業。以上係同治年夏、朔、靈武殉難兵民。

傅經、王生財、王育財、張光遠、田五桂、任建法、宋萬守、王尚禮、胡萬選、毛蔚鳳、趙廷芝、光留、王平西、王有、萬靈、王吉慶、魏惠昌、楊忠、王逢時、張建基、魏邦基、楊發、張銘、孫繩祖、陶務業、苑進業、張義、陶存業、萬登鰲、韓永潮、王見杰、林奶娃、周光烈、胡有德、魏登漢、朱務仁、王貴德、于復朝、張作霖、馮際清、陳禮、劉勳志、吕永年、史長清、張作傑、徐傑、楊際發、陳庭、于仲元、沈清、陳建定、馮建綱、孟成志、孟耀光、孟玉光、陶美德、陳仲孝、張廷璧、姚世昌、梁大、梁二、徐五、宋四、李四、張兆麟、雍立鰲、雍照、張步光、張霖、倪永泰、陳玉潤、周章、張忠孝、周安、朱奎元、周登科、高殿、王建、高勝、洪進孝、洪滿有、趙祥、魏元、姜應喜、何財、牛起龍、牛韵芳、謝山、王化南、周殿試、黄宗、馬浩、陳文選、高中廷、周泰、項永喜、韓士林、童兆安、王根存哇、童德、梁成桂、倪永茂、陳嘉榮、陳啞叭、趙學禮、李海哇、白瑞、吴邦傑、楊運、尹天壽、張受、莫佑、楊致德、李相春、沈天春、謝升、姜應財、白成德、張守福、薛占金、趙鑑、徐仁、劉士傑、高繼志、高仲鰲、鄭思信、黄庫、鄭墉、康兄中、魏仲賢、廉升、李德、康守業、申生獄、崔興基、馮自興、崔興邦、王脤、王熙筆、張守國、趙國仁、楊銀、王信、秦登甲、王學、孟朝山、高有、利三多、童林、戴榮、詹雄文、高積昌、劉貴甲、黄庫、牛射雲、劉士珍、黎銀哇、鄭國祥、廉思平、郭永儀、李朝清、高培德、張萬春、左德、孟清、徐萬年、張彩、姬九哇、李春、黨文秀、王駱駝、曾祥、王信。以上係中衛同治年殉難兵民。

吴愛棠，貢生。李生華，廩生。任果、龔以明，附生。田樹禄、田温、王洽、鄒麟，監生。周珊、王茂堂、田潁、馬建陽、馬生陽、路毓、柴文泰、李彩、金士起、安懷珠、龔元士、張朝國、桂玉、金鼎昭。以上係平羅同治年殉難兵民。

田創、胡東正、張化元、牛萬林、周學文、周彦、周可立、石乃波、田彦禮、劉啓康、胡正鈞、郝正業、賀萬朝、馬兆圖、張萬吉、張萬全、劉文儒、祁萬儒、馬天騆、石乃欠、孫善已、陳儉、汪俊池、張國瑞、薛文奎、趙登瀛、郭文興、張尚忠、王正法、張國吉、趙登祥、王存林、郭仁、段成福。以上系鎮戎同治年殉難兵民。

婦女殉難表

俞氏，張爾遴母；陳氏，張爾遴妻；俞氏，張爾遴嫂；劉氏，爾遴弟婦；王氏，爾遴弟婦；劉氏，爾遴姪媳；懷貞，爾遴女；委貞，爾遴姪女；永貞，爾遴姪女；保貞，爾遴姪女；守貞，爾遴姪女；馬氏，洪永澤妻；王氏，高金寶妻；王氏，高秀妻；王氏，田泌妻；馬氏，田泌媳；袁氏，王自美妻；梁氏，王之鼎妻；宋氏，之鼎叔母；唐氏，之鼎叔母；陳氏，之鼎妻；陳氏，之鼎弟婦；羅氏，之鼎弟婦；連生姐，之鼎堂妹；李氏，之鼎媳；霍氏，之鼎媳；四姐，之鼎女。以上皆同治年寧夏縣殉難婦女。

徐氏，蔡奇偉妻；和姐，蔡奇偉妹；碧姐，蔡奇偉妹；馬氏，吴壽昌母；餘慶姐，吴壽昌女；朱氏，唐國文妻；王氏，國文弟婦；陸氏，國文弟婦；鄧氏，國文姪媳；桃姐，國文甥女；王氏，朱美母；竇氏，朱美妻；李氏，葉蓁妻；楊氏，葉蓁媳；姜氏，葉蓁媳；柴氏，管延齡妻；孫氏，延齡弟婦；陳氏，延齡弟婦；黄氏，柴棲鳳母；朱氏，柴棲鳳妻；董氏，周鳴鳳妻；馮氏，周繼明妻；改姐，孟際雲女；朱氏，柴維宗妻；包氏，王箴妻；安慶，王箴妹；夏氏，王越母；張氏，王越妻；九如，王越妹；蔡氏，姬永德嫂；張氏，姬永德妻；馮氏，曹澤榮母；聰林，曹澤榮妹；王氏，王金山祖母；盛氏，張維旗妻。以上皆同治年寧朔殉難婦女。

劉侯氏、楊小姐、楊蕭氏、王楊氏、巫溥氏、萬王氏、萬吴氏、李畢氏、宋氏、靳張氏、田張氏、朱邱氏、朱王氏、張李氏、靳樊氏、畢毛氏、朱張氏、田李氏、楊任氏、朱張氏、朱彭氏、劉康氏、張畢氏、王徐氏、張王氏、劉吴民、周金氏、萬房氏、馬田氏、郭朱氏、魏吴氏、周王氏、杜王氏、王周氏、杜張氏、周高氏、周柳氏、周白氏、畢李氏、賀王氏、楊羅氏、黄方氏、王于氏、羅王氏、張侯氏、李王氏、周張氏、白郝氏、李白氏、白于氏、徐孫氏、張曹氏、方孫氏、馮于氏、徐趙氏、徐孫氏、程胡氏、于田氏、郭曹氏、馮黄氏、朱郭氏、張劉氏、張王氏、胡康氏、胡楊氏、胡莫氏、胡陸氏、馮張氏、張田氏、王殷氏、張陳氏、梅花姐、張陳氏女。葉周氏、張趙氏、王周氏、魏王氏、趙柳氏、倪劉氏、劉張氏、春花姐、劉張氏女。劉程氏，以上家世均失詳。郭貞女，父名未詳；貴姐，平姐，父名未詳；楊任氏，楊金善妻；王張氏，王翼母；田楊氏，田文賡母；王畢氏，王政妻；張安氏，張明珠妻；張劉氏，張騰鴻妻；張劉氏，張光遠妻；段氏，郭錦城妻；汪氏，郭錦城媳；富齡，郭錦城女；王邱氏，王平妻；陶葛氏，陶成業妻；王丁氏，王鴻林妻；田田氏，田文濤母。以上係中衛同治年殉難婦女。

耿氏，徐學詩妻；王氏，吴愛棠妻；徐氏，愛棠弟婦；王氏，愛棠弟婦；侯氏，龔以明妻；賀氏，龔化祥妻；李氏，龔化成妻；王氏，龔化雨妻；吴氏，李生華母；秦氏，田渭妻；井氏，宋作鼎妻；張氏，金鼎釗妻；楊氏，路毓麟妻。吴王氏、周桂氏、李吴氏、龔侯氏、路楊氏、李徐氏、龔王氏、龔李氏、金張氏、金存銀姐、田碧蓮姐、王桂花姐，家世均失詳。以上皆同治年平羅殉難婦女。

王氏，王鏡容母；施氏，王鏡容妻；馬氏，董萬程妻；王氏，趙榮璧妻；安氏，王克孝妻；王氏，梁大彩妻；原氏，張昫伯母；原氏，張儁選妻；石氏，張儁選嫂；畢氏，王灴媳；胡氏，李綍妻；張氏，李綍媳；梁氏，李綍媳；楊氏，何種桂妻；李氏，湯悟妻；趙氏，湯悟妻；劉氏，劉則先妻；蘭氏，則先弟婦；劉氏，則先孫女；閻氏，徐仁俊母；田氏，毛怡妻；惠氏，張景春妻；張姐，張景春女；盧氏，陸煜庶母；胡氏，陸煜庶母；黄氏，趙遵妻；韓氏，馬維祺妻；湯氏，維祺孫媳；潘氏，朱紹閶妻；張氏，蔡傑妻；蔡姐，蔡傑女；趙氏，王用中母；王姐，王用中孫女；李氏，戴熙母；文氏，戴熙媳；趙氏，孫作本母；張氏，孫作本媳；安氏，孟林妻；李氏，孟樹妻；孟姐，孟樹姊妹；謝氏，趙達妻；馬氏，趙達媳；趙姐，趙達孫女；董氏，陸燧妻；張氏，周鵬妻；楊氏，安璽妻；施氏，安璽媳；徐氏，孫翰垣妻；王氏，翰垣弟婦；劉氏，翰垣弟婦；榴姐，孫翰垣女；雪姐，孫耀祖女；婢女，孫耀祖婢；孟氏，蘇仁祖母；尹氏，馬維漢妻；王氏，唐鳴鳳伯母；陳氏，鳴鳳姪媳；張氏，鳴鳳姪媳；談氏，孟永泰妻；趙氏，原寵妻；吴氏，楊起雲妻；江氏，王明川妻；李氏，王明川媳；邵氏，王明川媳；己姐，王明川女；王氏，韓煒妻；趙氏，胡銀母；冉氏，龍觀光妻；王氏，湯佑嫂；史氏，王氏媳；安氏，王氏媳；楊氏，王氏媳；唐氏，李混母；招姐，李混妹；冬至姐，李混妹；蘭氏，馬銘妻；賀氏，溥殿甲妻；唐氏，段德妻；猫姐，段德女；陳氏，陳儒妻；張氏，柴進元妻；路氏，韓進德母；趙氏，韓進德妻；邵氏，王承顯妻；羅氏，李瑾妻；沈氏，李瑾伯母；朱氏，李瑾妾；李氏，朱氏弟婦；胡椒姐，李氏女；玉姐，李氏女；秀姐，李氏女；邱姐，李氏女；蘇氏，朱兆熊妻；許氏，朱鐸妻；毛姐，朱鐸女；蠶姐，朱鐸女；袁氏，李琢妻；張氏，李璵妻；姚氏，李廷槐妻；王氏，蘇深妻；張氏，蘇深媳；胡氏，閻廷桂伯女；王氏，陳萬鎰母；許氏，陳萬鎰妻；孫氏，安琦妻；李氏，安琦媳；劉氏，安珌妻；元娥，安珌媳；徐氏，安珌姪媳；戴氏，安珌姪媳；劉氏，王崇國妻；荀氏，王松林妻；王姐，王松林女；趙氏，馬德裕妻；某氏，馬德裕媳；韓氏，徐繼先母；趙氏，徐繼先媳；楊氏，李恒仁母；王氏，徐溥母；李氏，徐溥母；劉氏，范綍妻；某氏，范綍嫂；孫氏，朱亨滙妻；王氏，李廷節母；鮑氏，趙和璧妻；安氏，范登元妻；安氏，賀壎妻；易氏，李允材妻；魏氏，李允材媳；徐氏，李國賓妻；胡氏，丁奉妻；段氏，陳廉母；洪氏，陳廉妻；孟氏，李進賢妻；唐氏，楊光清妻；王氏，光清弟婦；楊姐，楊光清女；劉氏，孟俠妻；王氏，王作輔母；閻氏，王作輔妻；俞氏，趙緒先祖母；梁氏，趙緒先母；胡氏，趙緒先妻；許氏，孟成年妻；杜氏，孟鵬年妻；戴氏，孟騰蛟妻；袁氏，李琸妻；李氏，袁復榮妻；黄氏，袁復榮媳；毛氏，李攀舉母；張氏，梁蘭妻；卯姐，梁蘭女；唐氏，白映春母；梁氏，白映春妻；馬氏，映春孫媳；金氏，映春孫媳；白氏，路琛妻；招姐，路琛女；李氏，李成文母；張氏，李成文妻；閻氏，梁廷楝妻；閏姐，梁廷楝女；王氏，汪守經妻；徐氏，守經弟婦；趙氏，王寶賢妻；劉氏，李利妻；李姐，李利女；王氏，魏沽妻，妻媳同殉；楊氏，韓建堂母；招姐，韓建堂妹；萬氏，趙集妻；王氏，趙法先妻；小姐，趙萬氏女；王氏，張珩母；劉氏，張珩妻；常氏，許大武妻；喻氏，許大鵬妻；更姐，許大全女；進姐，許大全女；耿氏，蘭普妻；朱氏，蘭普媳；楊氏，蘭普媳；孫氏，蘭樹妻；劉氏，蘭渭妻；張氏，祁象鼎妻；蘭氏，祁象泰妻；湯氏，祁象賢妻；羅氏，張琢妻；黄氏，張佩妻；郭氏，李琢母；袁氏，李琢妻；蘭氏，李琢叔母；穆氏，姚炳義祖母；陳氏，姚炳義母；姚姐，姚炳義妹；閻氏，姚有福母；桂姐，姚有福妹；薄氏，李長春妻；馬氏，郭恩德妻；俞氏，梁增春妻；俞王氏，增春岳母；梁氏，喻懷妻；

郭氏，姚來福母；溥氏，李生明妻；孫氏，張有德妻。王張氏、杜陶氏、俞李氏、俞李氏、高夏氏、高官氏、高鄭氏、馬劉氏、沙張氏、李張氏、盧李氏、盧陳氏、朱雷氏、王張氏、馬白氏、許曹氏、許陳氏、許趙氏、冉趙氏、王唐氏、王唐氏、趙張氏、趙趙氏、趙樊氏、許鮑氏、秦許氏、趙張氏、張石氏、張盧氏、朱潘氏、趙王氏、王田氏、王趙氏、韓白氏、朱何氏、朱王氏、許李氏、李韓氏、尹堯氏、尹畢氏、許王氏、孫姚氏、徐張氏、湯芬氏、張李氏、張袁氏、袁趙氏、范劉氏、許趙氏、李施氏、施許氏、施王氏、施李氏、許徐氏、李張氏、李梁氏、許道氏、盧吴氏、盧馮氏、趙張氏、趙楊氏、趙張氏、尹常氏、韓王氏、楊孟氏、王徐氏、王汪氏、周張氏、韓羅氏、王黄氏、萬辛氏、王賀氏、梁高氏、李趙氏、張宋氏、郭馬氏、白侯氏、許吕氏、朱何氏、朱許氏、韓范氏、趙祖氏、孫張氏、孫趙氏、張孟氏、李嚴氏、王汪氏、許王氏、王高氏、孫許氏、許朱氏、孫白氏、朱何氏、許李氏、李韓氏、劉馬氏、尹畢氏、冉趙氏、徐趙氏、許徐氏、曹徐氏、馬白氏、王張氏、朱雷氏、盧陳氏、盧李氏、王唐氏、鄭周氏、鄭范氏、鄭張氏、鄭范氏、鄭張氏、鄭劉氏、鄭張氏、汪石氏、侯施氏、侯黨氏、侯吕氏、王李氏、王俞氏、李王氏、張李氏、耿惠氏、馮柳氏、馮耿氏、馮李氏、馮侯氏、馮史氏、寧侯氏、王陳氏、宗李氏、宗鄭氏、徐黄氏、張王氏、佟史氏、吴祁氏、吴武氏、吴孫氏、孫馬氏、王侯氏、孫羅氏、孫盧氏、趙杜氏、謝夏氏、姬謝氏、汪劉氏、汪寧氏、侯路氏、侯石氏、侯張氏、侯武氏、侯謝氏、侯朱氏、張章氏、張趙氏、劉張氏、王張氏、張田氏、趙李氏、趙張氏、汪朱氏、汪佟氏、官劉氏、馬張氏、馬侯氏、馬龔氏、馬吴氏、馬史氏、邵杜氏、馬楊氏、馬寧氏、李牛氏、官張氏、李牛氏、李蘇氏、徐李氏、徐李氏、徐謝氏、李李氏、李趙氏、李周氏、劉徐氏、楊夏氏、楊張氏、楊楊氏、楊謝氏、徐趙氏、蘇姬氏、劉牛氏、劉汪氏、李官氏、劉徐氏、馮官氏、趙顧氏、張劉氏、張馮氏、張周氏、朱杜氏、佟王氏、佟王氏、王佟氏、佟李氏、李徐氏、季大令姐、季魏氏、季馬氏、陳王氏、陳冒氏、陳李氏、葉張氏、馬王氏、金任氏、龔李氏、牛李氏、胡冒氏、胡張氏、胡馬氏、胡趙氏、郭王氏、郭田氏、張胡氏、胡周氏、胡冬令姐、胡鄭氏、張王氏、張杜氏、潘劉氏、閻何氏、閻李氏、閻潘氏、閻姚氏、高閻氏、田王氏、田李氏、田路氏、田馬氏、田左氏、丁錢氏、錢楊氏、郭汪氏、郭史氏、田孫氏、田白氏、田官氏、馬張氏、馬乜氏、田張氏、郭鄭氏、田王氏、田左氏、田李氏、田潘氏、田郭氏、田陳氏、陳張氏、大招丫頭、張田氏、沙張氏、張范氏、大巧姐、拴女子、九連子、小巧姐、田官氏、田陳氏、鄭趙氏、扶侯氏、高田氏、唐馬氏、唐官氏、李鄭氏、孫龍氏、田官氏、陳郭氏、李張氏、李高氏、田石氏、田李氏、杜徐氏、杜美姐、薛劉氏、薛孫氏、任郭氏、薛朱氏、鄭朱氏、薛劉氏、劉夏氏、劉鄭氏、郭郭氏、郭張氏、劉邱氏、汪馮氏、汪陳氏、汪白氏、牛周氏、牛李氏、牛魏氏、牛孫氏、牛李氏、龔徐氏、龔陳氏、吴李氏、牛張氏、抉李氏、扶石氏、扶夏氏、扶馬氏、扶張氏、扶李氏、扶馬氏、扶萬氏、扶寧氏、林杜氏、郭孟氏、郭明月姐、郭巧巧姐、郭邵氏、張韓氏、朱劉氏、黄陳氏、張韓氏、郭趙氏、張黄氏、張王氏、楊高氏、張王氏、楊李氏、楊牛氏、禹張氏、張李氏、郭韓氏、郭李氏、郭楊氏、郭楊氏、郭王氏、汪楊氏、耿李氏、李張氏、劉張氏、王劉氏、胡交氏、胡招兄姐、陶周氏、陶趙氏、郜楊氏、陶小女、范周氏、范郭氏、范冒氏、鄭范氏、景吴氏、景便傳姐、馮張氏、趙李氏、趙楊氏、趙李氏、趙周氏、趙王氏、屈官氏、俞吴氏、姚蔣氏、李劉氏、俞劉氏、楊李氏、楊黄氏、湯楊氏、尹朱氏、俞李氏、李常氏、俞韓氏、蘇宋氏、俞梁氏、蘇孫氏、陳白氏、陳劉氏、陳施氏、李徐氏、劉陳氏、郭陸氏、陳陸氏、姚閻氏、李徐氏、姚賀氏、李劉氏、李王氏、姚蔣氏、劉李氏、施張氏、武王氏、竇楊氏、徐王氏、李祖氏、李周氏、張陳氏、施氏、郭張氏、陸張氏、陸王氏、鵝姐、郭張氏、盧郭氏、楊馬氏、王俞氏、李張氏、李劉氏、姚暴氏、李喻氏、李馮氏、姚張氏、李胡氏、李雷氏、李雷氏、李王氏、雷姚氏、李葉氏、姚韓氏、李魁氏、姚張氏、胡李氏、胡李氏、姚張氏、吴姚氏、王任氏、盧陳氏、盧馮氏、李杜氏、姚宋氏、李許氏、王田氏、吕韓氏、温周氏、温吴氏、温史氏、温鄭氏、劉羅氏、劉夏氏、郭田氏、馬范氏、田侯氏、張李氏、孫田氏、李冒氏、劉李氏、陳楊氏、蔡王氏、王陳氏、王奚氏、王陳氏、吉玉丫頭、王胡氏、王左氏、趙王氏、王陳氏、陳高氏、陳官氏、陳王氏、陳官氏、陳馬氏、陳李氏、陳王氏、郭趙氏、李李氏、左郭氏、左交姐、左郭氏、吕左氏、劉吴氏、高楊氏、高劉氏、黄張氏、趙李氏、趙李氏、趙楊氏、趙王氏、趙周氏、白姚氏、牛楊氏、陳陳氏、郭寧氏、郭張氏、郭王氏、郭任氏、張郭氏、張孫氏、趙冒氏、趙陳氏、趙左氏、趙鄭氏、季順姐、季胡氏、季牛氏、李楊氏、冒楊氏、冒王氏、冒郭氏、馬郭氏、馬潘氏、馬林氏、康羅氏、楊胡氏、楊李氏、冒汪氏、樊高氏、高張氏、姬馬氏、姬白氏、羅張氏、姬白氏、陳郭氏、陳陳氏、陳吴氏、白左氏、白牛氏、白羅氏、葉左氏、葉左氏、葉孫氏、葉王氏、陳趙氏、陳左氏、張朱氏、龍張氏、龍李氏、李姬氏、王張氏、王劉氏、徐李氏、史牛氏、劉侯氏、劉李氏、劉馬氏、郭李氏、孫尤氏、王聶氏、李張氏、聶吕氏、陳趙氏、陳陳氏、龐田氏、陳張氏、玉梅姐、玉王姐、王招姐、王押女、王李氏、王趙氏、李郭氏、李小姐、李龔氏、李仁姐、李張氏、李牛氏、李存相姐、李趙氏、李朱氏、李元姐、李王氏、杜郭氏、杜許氏、張扶氏、夏張氏、夏馬氏、韓牙姐、高小姐、楊胡氏、趙李女、官龔氏、楊高氏、任郭氏、官左氏、陳趙氏、王寧氏、王陳氏、郭李氏、夏碧姐、夏孫氏、夏小女、夏官氏、劉黄氏、杜潤氏、牛張氏、牛官氏、高劉氏、朱王氏，家世均失詳。以上係同治年靈州殉難婦女。

按：前清同治之役，民之殉難逃亡者將近百萬。觀《舊志》載，夏、朔兩邑乾隆丁口共五十餘萬，今已休息四十餘年，尚未及半，餘可知矣。宣統之役，民之死於匪者少，民之死於兵者多。曾幾何時，均不可考，致令含寃泉下，不獲留一名於簡册之中，誰之過歟？

【校勘記】

［1］三百石：《〔弘治〕寧志》卷二《寧夏總鎮·人物·義民》載，茅貴等十七人每人納粟“五百石”。

［2］縣丞：原作“縣丕”，據文意改。

朔方道志卷之二十四　藝文志一

公　牘

文以載道，故《書》存而五代之治至今見也，《詩》存而列國之風至今聞也。後世學士大夫，指事屬詞，一篇一咏，必有相託以傳者。但佳作林立，逐一登録，則美不勝收。今舉文之有關掌故、可以考見山川形勝及時事因革者，類次編録，庶流風善政，歷久常新，或不至杞宋無徵云爾。志《藝文》第十。

公牘

請復三郡疏[1]　　漢　虞詡

臣聞子孫以奉祖爲孝，君上以安民爲明，此高宗、周宣所以上配湯、武也。《禹貢》雍州之域，厥田惟上，且沃野千里，穀稼殷積，又有龜兹鹽池以爲民利。水草豐美，土宜産牧，牛馬銜尾，群羊塞道。北阻山河，乘阸據險[2]。因渠以溉，水舂河漕，用功省少，而軍粮饒足。故孝武皇帝及光武築朔方，開西河，置上郡，皆爲此也。而遭元元無妄之災，衆羌内潰，郡縣兵荒二十餘年。夫棄沃壤之饒，損自然之財，不可謂利。離山河之阻，守無險之處，難以爲固。今三郡未復，園陵單外，而公卿巽懦，容頭過身，張解設難，但計所費，不圖其安。宜開聖德，考行所長。

治内疏　　漢　傅燮　靈武

臣聞天下之禍，不由於外，皆興於内，是故虞舜升朝，先除四凶，然後用十六相，明惡人不去，則善人無由進也。今張角起於趙、魏，黄巾亂於六州，此皆釁發蕭牆而禍延四海者也。臣受戎任，奉辭伐罪，始到潁川，戰無不克。黄巾雖盛，不足爲廟堂憂也。臣之所懼，在於治水不自其源，末流彌增其廣耳。陛下仁德寬容，多所不忍，故閹豎弄權，忠臣不進。誠使張角梟夷，黄巾變服，臣之所憂，甫益深耳。何者？夫邪正之人，不宜共國，亦猶冰炭不可同器。彼知正人之功顯，而危亡之兆見，皆將巧辭飾説，共長虚僞。夫孝子疑於屢至，市虎成於三夫。若不詳察真僞，忠臣將復有杜郵之戮矣。陛下宜思虞舜四罪之舉，遠行讒佞放殛之誅，則善人思進，姦凶自息。臣聞忠臣之事君，猶孝子之事父也。子之事父，焉得不盡其情。使臣身被鈇鉞之戮，陛下少用其言，國之福也。

河西修城表①　　魏　刁雍

臣聞安不忘亂，先聖之政也。況綏服之外，帶接邊城，防守不備，無以禦敵也。臣鎮所綰河西，爰在邊表，常懼不虞。平地積穀，實難守護。兵人散居，無所依恃。脱有妖奸，必致狼狽[3]。雖欲自固，無以得全。今求造城儲穀，置兵備守。鎮自建立，更不煩官。又於三時之隙，不令廢農。一歲二歲不訖，三歲必成。立城之所，必在水陸之次，大小高下，量力取辦。

運屯穀付沃野表　　刁雍

奉詔高平、安定、統萬及臣所守四鎮，出車五千乘，運屯穀五十萬斛，付沃野鎮以供軍粮。臣鎮去沃野八百里，道多深沙，輕車往來，猶以爲難。設令載穀，不過二十石，每涉深沙，必致滯陷。又穀在河西，轉至沃野，越度大河，計車五千乘，運十萬斛，百餘日乃得一返，大廢生民耕墾之業。車牛艱阻，難可全至，一歲不過二運，五十萬斛乃經三年。臣前被詔，有可以便國利民者動静以聞。臣聞鄭白之渠，遠引淮海之粟，泝流數千[4]，周年乃得一至，猶稱國有儲粮，民用安樂。今求於牽屯山河水之次，造船二百艘，二船爲一舫，一船勝穀二千斛，一舫十人，計須千人。臣鎮内之兵，率皆習水。一運二十萬斛，方舟順流，五日而至。自沃野牽上，十日還到，合六十日得一返。從三月至九月，三返，運送六十萬斛。計用人功，輕於車運十倍有餘，不費牛力，又不廢田。

鑿艾山渠表　　刁雍

臣蒙寵出鎮，奉辭西藩，總統諸軍，户口殷廣。又總勒戎馬，以防不虞，督課諸屯，以爲儲積。夙夜惟憂，不遑寧處。以今年四月末到鎮，時以夏中，不及東作。念彼農夫，雖復布野，官渠乏水，不得廣殖。乘前以來，功不充課，兵人口累，率皆飢儉。略加檢行，知此土稼穡艱難。夫欲育民豐國，事須大田。此土乏雨[5]，正以引河爲用。觀舊渠堰，乃是上古所制，非近代也。富平寧夏靈州有富平廢城。西南三十里有艾山，南北二十六里，東西四十五里，鑿以通河，似禹舊蹟。

---

① 本志及《寧夏府志》載刁雍三表，按上表時間順序，依次是：太平真君五年（444）《鑿艾山渠表》，七年（446）《運屯穀付沃野表》，九年（448）《河西修城表》。本志及《寧夏府志》未按此順序排序。

其兩岸作溉田大渠[6]，廣十餘步，山南引水入此渠中。計昔爲之，高於水不過一丈，河水激急，沙土漂流。今日此渠高於河水二丈三尺，又河水浸射，往往崩頹[7]。渠溉高懸，水不得上。雖復諸處，按舊引水，水亦難求。今艾山北，河中有洲渚，水分爲二。西河小狹，水廣百四十步。臣今求入，來年正月，於河西高渠之北八里、分河之下五里，平地鑿渠，廣十五步，深五尺，築其兩岸，令高一丈[8]。北行四十里，還入古高渠，即循高渠而北，復八十里，合百二十里，大有良田。計用四千人[9]，四十日功，渠得成訖。所欲鑿新渠口河下五尺，水不得入。今求從小河東南岸斜斷到西北岸，計長二百七十步，廣十步，高二丈，絶斷小河。二十日功，計得成畢，合計用功六十日。小河之水盡入新渠，水則充足，溉官私田四萬餘頃。一旬之間，則水一遍。水凡四溉，穀得成實。官課常充，民亦豐贍。

論邊事疏　　宋　宋琪

臣頃任延州節度判官，經涉五年，雖未嘗躬造夷落，然常令蕃落將和斷公事，歲無虛月，藩部之事，熟於聞聽。大約党項、吐蕃風俗相類，其帳族有生户、熟户。接連漢界、入州城者謂之熟户，居深山僻遠、横過寇略者謂之生户[10]。其俗多有世讎，不相來往。遇有戰鬬，則同惡相濟，傳箭相率，其從如流。雖各有鞍甲，而無魁首統攝，並皆散漫山川，居常不以爲患。党項界東自河西銀、夏，西至靈、鹽，南距鄜延，北連豐、會。厥土多荒隙，是前漢呼韓邪所處河南地，幅員千里。從銀、夏至青[11]、白兩池，地惟沙磧，俗謂平夏拓拔，蓋蕃姓也。自鄜延以北，多土山柏林，謂之南山野利，蓋羌族之號也。

從延州入平夏有三路：一，東北自豐林縣葦子驛至延川縣接綏州[12]，入夏州界；一，正北從金明縣入蕃界，至盧關四五百里，方入平夏州南界[13]；一，西北歷萬安鎮經永安城，出洪門至宥州四五百里，是夏州西境。我師如入夏州之境，宜先招致接界熟户，使爲鄉導。其强壯有馬者，令去官軍三五十里，踏白先行。緣此三路，土山柏林，溪谷相接，而復隘陿，不得成列，躡此鄉導，可使步卒多持弓弩槍鉏隨之[14]。以三二千人登山偵邏，俟見坦途寧静，可傳號勾馬遵路而行，我皆嚴備，保無虞也。長興四年，夏州李仁福死，有男彝超擅稱留後[15]。當時詔延州安從進與李彝超换鎮，彝超據夏州，固不奉詔。朝廷命邠州藥彦稠總兵五萬，送從進赴任。時頓兵城下，議欲攻取，軍儲不繼，遽命班師。而振旅之時，不能嚴整，失戈棄甲，遂爲邊人之利。

臣又聞党項號爲小蕃，非是勁敵，若得出山布陣[16]，止勞一戰，便可蕩除。深入則饋運艱難，窮追則窟穴幽隱。莫若緣邊州鎮，分屯重兵，俟其入界侵漁，方可隨時掩擊。非惟養勇，亦足安邊。凡烏合之徒，勢不能久，利於速鬬，以騎兵鋒。莫若持重守疆，以挫其鋭。彼無城守，衆乏餱粮，威賞不行，部族分散。然後密令覘其保聚之處，預於麟、府、鄜、延、寧、慶、靈武等州約期會兵，四面齊進，絶其奔走之路，合勢擊之，可以翦除無噍類矣。仍先告諭諸軍[17]，擊賊所獲生口資畜，許爲己有。彼爲利誘，則人百其勇也。靈武路自通遠軍入青岡峽五百里，皆蕃部熟户[18]。向來使人、商旅經由，並在部族安泊，所求賂遺無幾，謂之打當，亦如漢界逆旅之家宿食之直也。此時大軍或須入其境，則鄉導踏白，當如夏州之法。況彼靈州，便是吾土，芻粟儲蓄，率皆有備，緣路五七程，不煩供饋，止令逐部兵騎[19]，裹粮輕齎，便可足用。諺所謂"磨鎌殺馬"，劫一時之力也，旬浹之餘，固無闕乏矣。

經制西邊疏①　　張齊賢

臣在先朝，常憂靈、夏兩鎮終爲繼遷并吞，言事者以臣所慮爲太過，略舉既往之事以明本末。當時臣下皆以繼遷只是懷戀父祖舊地[20]，别無他心。先帝與以銀州廉察，庶滿其意。爾後攻劫不已，直至隆麟、府州界八部族蕃酋，又脅制賀蘭山下帳族，言事者猶謂封獎未厚[21]。洎陛下賜以銀、夏土壤，寵以節旄，自此姦威愈滋，逆志尤暴。屢斷靈州粮路，復撓緣邊城池，數年之間，靈州終爲吞噬。當靈池[22]、清遠軍垂欲陷没，臣方受經略之命。臣思繼遷須是得一兩處强大蕃族與之爲敵，此乃以蠻夷攻蠻夷，古今之上策也。遂請以六谷名目封潘羅支，俾其展效。其時近臣所見，全與臣謀不同，多爲阻撓。及繼遷爲潘羅支射殺，邊患謂可少息。今其子德明依前攻劫，析逋遜龍鉢等盡在部下[23]，其志又似不小。臣慮德明乘大駕東幸之際，去攻六谷，則瓜、沙、甘、肅、于闐諸處漸爲控制矣。向使潘羅支尚在，則德明未足爲虞[24]。今潘羅支已亡，厮鐸督恐非其敵[25]，望委大臣經制其事。

上靈州事宜疏　　張齊賢

靈州斗絶一隅，當城鎮完全、磧路未梗之時，中外已言合棄。自繼遷爲患以來，危困彌甚。南去鎮戎約五百餘里，東去環州僅六七日程，如此畏途，不須攻奪，則城中之民何由而出，城中之兵何由而歸？欲全軍民，理須應接。爲今之計，莫若增益精兵[26]，以合西邊屯駐、對替之兵，從以原渭、鎮戎之師，率山西熟户，從東界而入，嚴約師期，兩路交進。設若繼遷分兵以應敵，我則乘勢而易攻。且

---

① 本志及《寧夏府志》載張齊賢三疏，依上奏時間依次是：咸平四年(1001)十月《上備邊疏》，四年十二月《上靈州事宜疏》，景德二年(1005)《上經制西邊疏》。本志及《寧夏府志》未按此順序排序。

奔命道途，首尾難衛，千里趨利，不敗則擒。臣謂兵鋒未交，而靈州之圍自解[27]。然後取靈州軍民，而置砦於蕭關、武延川險要處，以僑寓之。如此則蕃漢土人之心有所依賴，裁候平寧，却歸舊貫。然後縱蕃漢之兵[28]，乘時以爲進退，則成功不難矣。

上備邊疏　　張齊賢

清遠軍陷没以來，青岡砦燒棄之後，靈武一郡，援隔勢孤，此繼遷之所覬覦而必至者也。以事勢言之，加討則不足，防遏則有餘[29]。其計無他，蕃部大族首領素與繼遷有隙者，若能啗以官爵、誘以貨利，結之以恩信而激之以利害，則山西之蕃部族帳，靡不傾心朝廷矣。臣所領十二州軍，見二萬餘人[30]，若緣邊料束本城等軍，更得五萬餘人，招致蕃部，其數又逾十數萬。但彼出則我歸，東備則西擊，使之奔走不暇，何能爲我患哉？今靈武軍民不翅六七萬，陷於危亡之地。若繼遷來春於我兵未舉之前，發兵救援靈武，盡驅其衆，并力攻圍，則靈州孤城必難固守。萬一失陷，賊勢益增，縱多聚甲兵，廣積財貨，亦難保必勝矣。臣所以乞封潘羅支爲六谷王而厚以金帛者，恐繼遷旦暮用兵斷彼賣馬之路也[31]。苟朝廷信使得達潘羅支，則泥埋等族、西南遠蕃不難招集。西南既稟命[32]，而緣邊之勢張，則鄜延、環慶之淺蕃，原渭、鎮戎之熟户，自然歸化。然後使之與對替甲兵及駐泊軍馬互爲聲援[33]，則萬山聞之[34]，必不敢於靈州[35]、河西頓兵矣。萬山既退，則賀蘭蕃部亦稍稍叛繼遷矣。若曰名器不可以假人，爵賞不可濫及，此乃聖人爲治之常道，非隨時變易之義也。

停止入衛陵寢兵馬疏①　　明　巡撫　羅鳳翺

查得寧夏兵馬入衛，自嘉靖二十九年仇鸞建議始。初以健卒遠戍，護衛神京陵寢，謀非不善也。第數年以來，本鎮奇兵、舊邊兵、新游兵，三枝更番，迭無虚歲，而民力告病矣。昔臣未至西夏，聞議者咸云："入衛無益，當止。"尚未深信。逮奉命來撫兹土，詳見軍士入衛之苦[36]，本鎮兵力之困，大有甚於昔聞，不止無益而已。臣詳述一二困苦之狀，爲我皇上陳之。

當入衛之届期也，各軍貧無它資，必預討數月月粮，方可辦衣裝，備途費，而在鎮家口，已奪數月之食矣。啼飢號寒，艱苦萬狀，有難盡以形容者。其啓行也，數日前號泣震地，耳不忍聞，行之日哀籲割痛，目不堪視，若赴湯火之難，無復見面之期者。何也？蓋往年遠征，傷生者衆，以故父母、兄弟、妻子率目此别爲永訣

① 《朔方新志》卷二《内治・兵馬》載，本疏作於萬曆二年(1574)十一月。

耳,爲情亦何苦也!其在道也,嚴程無休息之會,勞憊多寒濕之侵,負病僵仆,道路相望。逮抵薊鎮,盡爲鬼形,不過備數而已,誠何濟於用也?及分發地方也,腹無飽食,身無完衣。咸以客兵故,令築險扛石,相繼殞命。苟倖生者,苦捱終歲,似歷旬年。以此垂首喪氣之人,安望其奮勇當先,果爲國家用乎?逮回營也,輿尸駢載,見者慘悽。縱有生還,多屬瀕死。尺籍按稽,大減原額,不過付之長嘆而已。夫以可用之兵,而坐令消折如此,得非自伐邊陲之資乎?至今若各軍之馬,或以長驅而力量不勝,或以風土而水草不服,日復一日,漸致羸瘦。死者枕籍,白骨盈野。且樁銀追併,軍士抽心,買補費值,日耗公貯。陰損暗虧,年年若是,誰復知之?夫入衛一次,則軍傷馬死,漸剥元氣。寧夏兵馬無幾,而益以剥削凋殘。重鎮要地,臣不知後將何支也?

然又有大可慮者在焉。本鎮地方延袤一千三百餘里,尺寸之地,皆與虜隣,則尺寸之邊,皆所當守。通計本鎮各營兵馬,止二萬六千有奇,即盡發守邊,猶爲難周,況每歲入衛之候,舊兵未旋,而新兵已發。舊兵歸營,率在來年二月,新兵發伍,當在本年十月。計入衛者,每枝三千,則半年在外者六千矣。當黄河結凍,邊腹不分之候,而顧以六千之兵役於外焉,則防冬單弱,有識者寧不爲之寒慄!此臣之深憂切慮,而不容不乞憐於君父者也。再照初時入衛之議,本爲薊鎮兵寡,防護爲重,權宜補濟之耳。臣聞薊鎮邇年以來,土兵之練,號多貔貅,清勾之丁,漸充行伍,似不必仍用此衰殘之輩也。臣一介草茅,荷國厚恩,非守此土惟知此兵之當恤,而不念神京陵寢之爲重。但此兵有不足爲薊鎮强,此兵無不足爲薊鎮弱,而漸乏漸困,祇足爲寧鎮之累耳!寧鎮受累,坐視不言,倘致他虞,仰廑西顧,則臣之罪萬分難贖矣。伏望聖慈俯察,臣所言非妄,臣爲心無他。敕下兵部,再加詳議,寧夏入衛兵馬,如在可已,即賜罷革,在薊鎮者撤回,未啓行者停止,則三軍感再造之恩,而邊威有振揚之日矣。謹題。

請復兵餉原額疏　巡撫　楊應聘

題爲"兵餉不敷,搜借久空,套虜渝盟,阽危可虞,懇乞聖明,亟復原額,補發借欠,以濟兵食,以資戰守"事。

臣猥以譾庸,誤蒙我皇上任使,授以兩河衡邊重寄,臣感恩思奮,誓欲捐糜此軀,以圖報稱。故視事之始,即清查本鎮錢粮兵馬數目,見得廣裕庫册報軍餉等項,率開借支市本。詢及借過各項,大都解到即還,還後復借。而借出之數常多,還入之數常不足,年復一年,不足者竟成烏有。因面問前任該道僉事龔文選、并現任監收同知王廷極,俱面稱軍餉缺乏之由。蓋自壬辰遭變,善後添兵,題增淮、蘆引價銀四萬五千兩,原是計口計食,經製已定之數,乃自萬曆三十七年,該部停革，以致軍餉坐匱。節年挪借市本，業已積至十三四萬，虛懸在册。今軍餉既無終歲之計，而市本且有罄瓶之耻。興言至此，皆蹙額攢眉，憂形於色。彼時諸虜尚爾相安，外侮未形，臣仍照前撫臣崔景榮原議，量討再復二萬常額，亦不敢外討補發借欠者[37]，衹仰體内帑匱詘，時際不偶，期以節省自任。欲將逃故，斟酌勿補，漸次縮兵就餉，良非得已。不虞自閏八月以來，突遭套虜吉能、火落赤發難延鎮，東西號召，以圖牽制兩河，諸酋咸思蠢動，分地謀犯，羽檄交馳，無處不備，亦無處不寡。鎮城聽調軍丁止於前、後二司，不過五百，正、游二營，量留貼防。近城堡分又多，步卒一經調發，壁壘遂空，戍守幾於無人。岌岌危殆之勢，真同累卵。臣嘆居恒無事，每嫌兵多耗餉。及目擊此時，更不勝空拳搏虎之恐。

總計寧夏一鎮，全兵纔三萬三千餘名，除各墩堡哨守及驛遞儀校外，實在營陣應敵之兵不過萬餘。以兩河孤懸、三面受敵之地，而兵力僅僅若此，雖增之不易，而汰之實難。兵不容汰，餉豈容減，此不待智者而决也。計閤鎮額餉，總少月餘之支，尚有閏月不與。且本鎮未款之前，原有京運客兵銀二萬兩，專供防秋客兵支用。後因虜款停革一萬兩，止發一萬兩，充作市本。節年防秋客兵俱支此銀，聊足相當。此俱就平時無事言之耳。今秋虜氛驟發，調固原等處兵馬防援日久，支用錢粮數倍。此時兼值歲歉，穀價騰湧。鹽粮銀易，嚴併交納，隨納隨支，猶不接濟，每粟一鍾，可費往年之二。更苦天旱，野無茭草，收買載運，即至近者，不下百餘里外，每芻一束，費又不啻往年之三。目下客兵雖退，而倉場已竭，主兵之需，固未已也。况諸虜不過因草枯暫爾跧伏，然業已敗盟，款事便難收拾，明歲光景尚不可知。兵端既肇，戰守宜備。所以備戰守、鼓士氣者，全在粮芻，食不預足，軍馬何所仰給？士不宿飽，戰守何以責成？即欲及時儲峙，而出入懸絶，輾轉實難。驕虜變動若彼，軍餉匱詘如此。所有原停引價，若不控籲議復，比至明歲夏秋馬壯，群醜控弦鳴鏑而來，芻餉不繼，騰飽無資，士卒既不能枵腹與狂虜角旦夕之命，而前有强敵，後有嚴法，一呼庚癸①，真可寒心！臣縱不敢自愛髮膚，誓竭駑鈍，然亦豈有奇謀密術，能點賀蘭之石爲金，煮黄流之水爲粥，以飼此不得不用命之卒，而保此至危至重之鎮哉！謹會同總督劉敏寬、巡按龍遇奇合詞上請，懇乞聖明，軫念封疆安危，關繫匪細，亟敕該部覆議，合無每年量復二萬常額外，將節年停過宿餉，雖不敢望如前請十萬之數，亦乞量補五萬，稍抵借過各項虛懸缺額，庶幾緩急應手，而士卒之心可安，戰守之氣可鼓，内憂外侮之盟可消，斗懸孤鎮可保無虞矣。謹題。

---

① 庚癸：古代軍中隱語，謂告貸粮食。

請復兵餉原額疏[38]　　總督　黄嘉善[39]

題爲“額餉驟減，兵難輕銷，懇乞聖明俯賜議復”事。

萬曆三十六年十一月内，准户部咨稱[40]，將寧鎮前議淮、蘆鹽引折價銀四萬五千兩，或革虚冒，或汰老弱，在於本鎮自行設處，勿得以京運爲常，當以三十六年爲止。該臣備將本鎮營伍單弱、地方困苦、兵難裁減、餉難措處等情移咨本部，照舊議發。乃遵行未幾，復於三十七年十二月内，准本部咨，爲京運匱極，設處計窮，再申前議。

臣查照本鎮越在河外，三面受敵。東起定邊，西接甘固，袤延千有餘里，無處不衝，視他鎮不啻稱孤懸矣，而馬兵錢穀曾不及他鎮之十一，此中外之所知。歷查原額官兵共七萬有奇，騾馬一萬有奇，及節年消耗，半減於前。迨至壬辰之變，而營伍殘壞，益不可支。是以當事諸臣，目擊艱危，題增兵馬及新增功陞官員俸粮，加添軍丁月粮、馬匹草料，計每年共該增銀七萬一千四百六十五兩六錢八分，議入年例解發。隨經本部議覆：題奉欽依，自二十二年爲始，即於本鎮添開淮鹽八萬引，每引官價五錢，蘆鹽二萬引，每引官價二錢五分，計一十萬引，該銀四萬五千兩，隨同額鹽粮料，招商輸納，以充前餉。仍少銀二萬六千四百六十五兩六錢八分[41]，令先借大倉銀與同年例解發，候運司徵完添引餘没清銀解京，照數抵補。此引價議設之原也。嗣因前引招商掣支，不便改易，帶鹽折價，以至於今，雖節經議停，而竟未停者，則以本鎮凋敝之故耳。

矧當時建議原在事平，特爲善後而設，非謂今日可增而明日可減，目前可急用而將來可不必用也。若必如部議停革，勢必銷兵而後可。邊疆重地，誰能去兵，此不待智者而决也。又勢必常無事而後可，然本鎮豈無事之區乎？群醜之向化未醇[42]，銀定之匪徒正肆，兼以瘡痍甫起，倉廪甚匱，一遇有警，猶不勝空拳搏虎之懼。而再於軍餉中議裁，匱詘中求省，臣竊以爲非計也。且前餉兵粮雖云取給引價，而解發不時，每呼庚癸。或暫借商金以濟燃眉，或折兑商粮而滋偶語。臣受事以來，東挪西補，僅免脱巾。每慮邊長兵寡，議量加增，而祇以錢粮難處，竟從中止，未敢請分毫於經制之外也。今議以鹽法雍積，減停引價，以七十萬引帶十萬引之價，猶易辦也，而以四萬餘餉頓汰四千以外之兵，其將能乎？雖虚冒老弱難必盡無[43]，而屢經查開，爲數能幾？額餉已歷多年，一旦復行更革，臣竊以爲非體也。至於設處一節，臣非不極力搜刷，第本鎮彈丸邊地，别無郡縣徵輸之積，向惟民屯鹽粮支吾接濟。在民粮，額在西慶等府素疲州縣，加以歲事不夭，常多逋負，每年檄催徒煩，僅完十之六七。是正項且縮，又堪分外加之乎？則民粮措處之難矣。在屯田[44]，自大兵之後，繼以凶年，邊民父子，死徙相半。又河灘沙壓，虚懸粮草數多，小民望空包賠，已不勝苦，方欲勘明題豁，爲殘黎請旦夕之命，而可復箠楚横徵以益重其困耶？則屯粮措處之難矣。在鹽粮，近因南中雍滯，各商困苦，見今召中不前，視爲陷阱。即其乞憐陳請，急迫可知。則鹽粮又難之難矣。即今内帑如洗，司農告匱，臣敢不仰遵成命，痛加節縮。惟是無米而炊，巧婦所難；不食則飢，貧卒易動。展轉籌思，計無所出，臣之不職，何所逃罪。

然臣猶有説焉。粮餉，重務也；省嗇，美名也。假使減之安妥，臣亦曷敢聒瀆。第恐一減之後，反增多事，彼時即以起釁罪臣，臣不敢辭。竊恐所費不給，又不止十倍於此者，非臣之所忍言也。伏乞皇上軫念凋殘重地，利害攸關，敕下户部，再加酌議，俯將本鎮前項原額淮、蘆鹽引價銀四萬五千兩照舊議發。如或以有妨鹽務，亦即於别項改撥，增入年例，每歲全發。仍將三十七八兩年原停未發銀九萬兩，如數補發，以濟兵馬支用。並將河南原兑欠三十四等年年例銀共八萬四千九百八兩零，嚴催解鎮，庶人心可安，不致有洶洶之虞矣。謹題。

豁免屯粮賠累疏　巡撫　朱笈

臣伏讀皇上登極詔書一："陕西沿邊及兩廣等處軍民田地，先年被賊蹂踐拋荒者，及各處荒閑官民田地，各該巡按御史勘實具奏，該徵夏秋税粮，户部悉與蠲免。又各處水坍沙壓等項民屯田地，税粮負累，軍民賠納，曾經撫按官查勘明白具奏者，該部即與除豁。"欽此。臣有以仰窺皇上損上益下，而軫念民艱，甚大惠也。是故海内臣民歡欣鼓舞[45]，莫不翹首拭目，顒太平之治。謹以夏民負累屯粮疾苦瀝情上懇。

照得寧夏孤懸河外，逼鄰虜巢，地土硝鹹，膏腴絶少。而當時定税，遽擬一斗二升，其後因缺馬缺料，加增地畝草束，賦日益重。又其後河勢遷徙，衝没良田，遂至河坍、沙壓、高亢、宿水、荒蕪、無影等項，而田不得耕矣。繼又加以雜差，則挑渠、修壩、採草、納料、捲掃、起塢等項，而勞者弗息矣。比先當事臣工不忍前項田粮苦累，節經具題，未蒙豁免。由是歲無豐凶，例取登足，故粮有拖欠，撤派包賠。包賠不過，勒逼逃竄。逃竄不已，則又摘丁頂補，派及嬰孩。年復一年，以有限之丁，受無窮之累，遂至户口流亡[46]，生齒凋耗。臣先任寧夏，頂田軍餘見在二萬八千餘人，每衛所開報逃亡輒爲踧踖。自臣去大同丁憂，起復仍蒞斯土，距今僅四年，而逃移者又不啻五千餘矣。屢經前撫臣招徠復業，畢竟傷弓之鳥，驚棲不定，但聞清派，相繼逃移，遂使市井蕭條，村落荒廢，有不忍言者。夫國保於民，民保於食[47]，今罔念夏民賠累之殘傷[48]，而復攖情於催科之殿最[49]，追逋負之税者，逐見在之民，撤拋荒之田者，毆安堵之衆。

臣不佞，切有條陳民瘼之計。先已行寧夏兵粮道僉事劉之蒙查報勘過，河坍、沙壓、高亢、宿水、抛荒、無影等田共一千六十頃三十五畝九分三釐[50]，計徵粮一萬二千一十一石一斗八合四勺[51]、穀草一萬七千五百四十二束六分二釐七毫八絲[52]、地畝銀一百一兩八錢四分四釐七毫一絲[53]，折粮草銀四十三兩二錢[54]。造册呈繳，到臣覆查。間或覩邸報，因該兵科給事中劉銓題爲摘陳邊民困耗之狀，懇乞聖明破格蠲恤，荷蒙皇上敕下該部查勘。臣竊私憂夏鎮素有江南之名，惟恐溺於舊聞者，見此蠲免，必曰"夏有水利，稅不可免，軍餉歲用，額不可縮"，不蒙亟賜蠲恤，輒復不識忌諱，爲皇上陳之。

夫夏方何爲而敝也？以粮差繁重之累也。粮差何爲而累也？以"塞北江南"之稱也。諺曰"耳聞不如目見"，彼擬寧夏於江南者，果經歷其地而灼見乎？亦使夏人冒魚米之虚名，受徵斂之實禍乎？且江南財賦之地，泉貨所通，寧夏戎馬之區，較於陸海，本相霄壤，而顧有聲於寰宇之内，自有"小江南"之名。故夏鎮鹽引，曾議增淮減浙，而計部亦謂地饒粮賤，藉口滋駁，故淮引不添，浙引不減，請給内帑，亦不肯多發也。臣先任撫夏，思爲邊民告哀。今奉查勘，據該道勘實造册前來，并勘實各項賠粮田地文册一本，進呈御覽。伏望聖明敕該部，通將包賠粮草原額悉與開除。其高亢等項，量爲減徵。流民復業，官助開墾，待後地闢財豐，漸次開復舊額[55]，一以盡損上益下之愛，一以昭聚人導利之公，庶脱之湯火之中，而登之衽席之上。無事必謹惟正之供，有事必攄敵愾之志。臣所謂固護人心而保安地方者，此之謂也。

請免加派九釐銀兩疏　　黄圖安

題爲"有司考成無例，國稅拖欠日多，懇乞聖明定制，以裕軍需"事。

臣看得慶陽衛驛所堡等加派九釐一案：本朝十年以前，考成在慶陽各官，十年以後，改催在寧夏各官。是九釐原屬慶陽者，當年加派之正自布政司定之，初未嘗加於寧夏。其改催寧夏者，後來更張之變，自慶陽衛推之，遂至諉卸於寧夏。以慶陽府轄慶陽衛，其錢粮派於慶陽衛者，宜也。明末乘亂，官吏多弊，以慶陽衛帶管河東地方，隔屬兼攝，事出理外。因將本衛錢粮混派於帶管之地者，弊也。且此慶陽一衛，既爲分守河西道所轄，何得以河西道考成之錢粮，混派於寧夏河東道之地方？因前有混派之弊，致後有改催之變，此弊源昭著者也。況石溝等驛，自遭兵火之後，人亡堡空，故改驛河西，可謂明證，而加增一項委無著落。至於瓦渠、金積之民，查係前代招住近邊土達，令其耕種，故作籠絡，其地瘠磽，所以每畝止納粮肆升。自本朝起科，裁軍爲民，照例當差，粮增八升。又兼銀草，比前數增苦倍。

夫寧鎮之地畝錢粮，詳考志書及本鎮題明經費録，歷來考成疏章，及易知由單，皆彰明較著，無此一項錢粮。即近日據《藩政考》壹書，指爲寧夏河東，終不能刪去"慶陽衛帶管"數字，欲混而難混也。今若一旦催納，恐石溝等堡，招徠一二殘喘，住沙磧不毛之土，難供從前未徵之賦。即瓦渠、金積增粮倍重之土達，勢必逃亡，殊非臣子仰體皇上恤民至意。此等荒殘情形，按臣巡視最真[56]，臣亦詳查確實，不敢毫有欺飾[57]。至從前未經開徵，職名難以查報。時督臣李因錢穀細事，委不兼攝，奉有俞旨[58]。臣謹會同巡按陜西兼管屯田監察御史、加一級扈合詞據實具題，伏乞皇上敕部議覆，從前混派未徵之加增，倘蒙皇上憐窮寬豁，俾河東之殘黎可以安居荒漠，而無偏苦代累之悲矣。

劉松山進攻金積陣亡請卹疏　陜甘總督　左宗棠

竊劉松山一軍，上年十一月十五夜至十二月二十五日進勦逆回，攻破寨壘，疊獲勝仗情形，經臣於正月二十二日馳報。其上年十二月二十九日勦賊新揭堡獲勝[59]，及正月初八日攻破金積堡附近地方陜回新修賊壘各公牘尚未接到。正月二十五日接劉松山十四日來牘，據稱：初十夜四鼓，吳忠各營飛報，有馬步賊千數百名由東南胡家堡竄至秦渠南，踞石家莊一帶空堡及馬五、馬八條、馬七三寨。劉松山以石家莊距吳忠堡東南四五里，該各寨扼秦渠之要，與下橋、永寧洞水口緊接，地勢在所必争，立督步隊四營及親軍馬隊馳往吳忠堡，天明抵石家莊，見賊已於西南廢堡修成三壘矣。劉松山飭譚拔萃、周國勝、李占椿、易致中、曾松明、朱德開、趙彩照等三路齊進[60]，各指一壘，奮力齊攻，一鼓克之，其東西兩壘之賊逸出者投入馬五寨。劉松山即令易致中、朱德開、李占椿分駐三新壘[61]，計斃陜回、甘回一千數百名，頭目馬福喜亦經焚斃，生擒七十二名，正法軍前。弁丁陣亡者三十七名，受傷者一百零七名。收隊後，劉松山周覽正南馬五寨，正東馬八條、馬七兩寨，牆厚濠深，殊不易攻，留之則終爲後患，遂令各營逼寨築壘，以便圍攻。十二、十三兩日壘成。十四日，飭各營齊隊往攻，未下。午後，忽有援賊馬步約二千餘自東南馳至，排列營前二三里。以時日考之，當即臨洮謝四及靖遠馬聾子也[62]。劉松山懼其入各壘助守，以抗官軍，適是夜，金運昌已將馬殿魁一寨攻克，擒斬甚多，十五日，商令金運昌先勦援賊[63]，黎明各路齊出。步賊陣於各破堡之前，馬賊左右排列，布陣甚整。劉松山令先勦騎賊，飭李占椿、趙彩照分左右抄擊，火器迸發，刀矛繼進。騎賊先奔，步賊仍屹立不動。劉松山麾各軍奮威衝殺，賊殊死鬭，屢却屢前，騎賊仍縱馬回撲。官軍鋭氣百倍，縱横盪决[64]，斃悍賊甚多。賊始向東南胡家堡一帶竄遁，沿途冰凌凝滑，馳走不前。官軍追殺五里乃收隊，計共斃馬步悍賊近千名，奪獲善馬百餘匹，槍械無算。劉松山傳令乘勝攻馬五寨。寨大而堅，悍賊踞寨東一卡，誓以死抗。劉松山飭譚拔萃、周國勝、李占椿、曾松明携攻具攻寨,飭易致中、朱德開、趙彩照帶所部截馬七、馬八條寨來援之賊,令金運昌率兩營列隊該寨東北,防馬五寨逸出之賊。布置既定,譚拔萃等揮所部由寨邊繞出,徑薄外卡,一鼓齊登,克之,外卡悍賊百數十名無一脱者。劉松山急督各弁丁舉薪焚寨門,策馬由寨下督攻益急,忽爲寨中飛子洞中左乳墜馬,弁丁負入破屋中。譚拔萃等聞統領受傷[65],齊來看視。劉松山叱令速督所部猛攻,毋因顧我亂行列。譚拔萃、周國勝、曾松明、李占椿見統領受傷,含淚而出,手執火礮,四面梯登,督各弁丁猱附繼上,縱火延燒,見賊即斫。寨賊焚死、溺死、墜牆、墜井者無數,生擒賊目馬五,收隊繳令。劉松山諭以"受傷已重,不得復活,爾等殺賊報國,我死不恨",言畢氣絶。是時攻馬七寨、馬八條寨之隊仍未撤也。據總理湘軍營務、布政使銜即選道、法福凌阿巴圖魯劉錦棠,記名提督、瑚松額巴圖魯黄萬友,分統左軍、記名提督、江蘇蘇松鎮總兵、法福凌阿巴圖魯章合才,分統右軍、記名提督、綳武巴圖魯蕭章開會禀前來,臣接閱之餘,悲悼不已。

竊維劉松山由湘鄉勇丁從征,積功洊擢廣東陸路提督,轉戰湖南、湖北、江西、廣東、福建、江南、河南、陝西、山西、直隸、山東、甘肅各省,剿辦長髮、捻回各巨寇,無役不從,無戰不克,疊蒙大恩,頒賞小刀、火鐮[66]、大荷包、小荷包,賞換達桑阿巴圖魯勇號,賞穿黄馬褂,賞給三等輕車都尉世職。劉松山感荷殊恩,力圖報稱。自入靈州以來,蕩平堡寨五十,賊巢九十餘,皆策馬前行,躬冒鋒鏑,回逆之曾犯顔行者無不聞名膽落。上年七月初,師由花馬池前進時,馬化瀧潛調西寧馬尕三崃撤回助逆[67],馬尕三以千五百騎應之。未及一月,經劉松山剿敗,喪其大半遁歸,自此西寧逆回不敢復至。西寧鎮總兵黄五賢前來營時,爲臣具道其詳。彼時劉松山不辨其爲西寧回番與各堡甘回,未形諸公牘也。河州逆回馬占鼇前在寧夏,大言以股衆助陝回,及劉松山屢捷,目覩軍威,不敢復逞。故此次馬化瀧求援於臨洮謝四及靖遠馬聾子[68],而河回未與之俱,其威震西陲如此。臣方冀靈州蕆役,奏請駐師寧夏,以取猛虎在山之勢,爲西陲規久遠,不料事未了而忽有此變也。其治軍嚴,不尚苛察。其臨財廉,不肯苟取[69]。其布陣,方圓平鋭疊用,得古人静爲山、動爲水之義。其居心仁厚,而條理秩如。語及時局艱危輒義形於色,不復知有身家性命。從征伐者十有八載,僅因募勇歸籍一次,家居十餘日耳。年已三十有七,聘婦未娶者二十餘年。臣由直隸西旋時,知其婦家送女至南陽兩年餘矣。囑其行抵洛陽,於募勇未到之暇尅期完婚。適甘肅土匪二十萬,蔓及延、榆、綏一帶,臣飭其派隊由山西渡河入秦。劉松山奉檄即行,届婚期甫半月耳。觀人於微,雖古良將何以過之?合無仰懇天恩,飭部將劉松山照提督陣亡例,從優議給卹典,加恩予謚,飭祀京師昭忠祠,並准陝甘各省建立專祠,而以所部陣亡各員弁附祀。其劉松山各處戰績,並乞宣付史館立傳表彰,以慰忠魂。其遺櫬以俟道路疏通，臣當派員護送歸籍，仰副我皇上軫念忠勤至意。

馬化瀍投誠辦理情形疏　　左宗棠

竊北路、中路諸軍會攻馬家河灘所餘兩堡，晝夜更番猛撲[70]。及撫定，回目軍功劉秉信救出難回數百名口、回目馬壽清挈眷投誠各情形已於十一月十一日馳報。馬家河灘之賊經各軍更番痛剿，死傷山積。劉錦棠等復增築礮臺逼之，賊於堡内穴地而出，夜襲礮臺，又經提督蕭章開、何作霖、徐占彪等殲之臺下。堡賊窘急乞降，然令其繳械毀堡，則仍疑懼不決。閏十月二十二日，據劉秉信引出之賊供稱，陝回急困日甚，群思冒險竄逃，見官軍方聚攻馬家河灘，金積東北濠牆之守必虚，圖於夜間猛撲突圍而出。劉錦棠、黄鼎、雷正綰、金運昌、徐文秀等會商，初更抽隊潛伏牆内，静以待之。夜半月上，賊二三千由堡根潛趨東北，直抵濠邊，見城上更鼓稀踈，人語静悄，乃越濠攀堞而上。官軍槍礮齊施，開壁縱擊，斃賊無數。賊敗歸巢，黄鼎、雷正綰、徐文秀等復截之半途，共計斬賊近千，各生擒二十餘名。訊稱陝回馬大司已陣斃，馬化瀍之死黨譚生成受槍子傷甚重。劉錦棠旋於金積東門外搶紮兩壘，併築礮臺，俯瞰賊巢。黄鼎復擬抽隊逼紮西門，賊益洶懼，不知所爲。嗣是堡内堡外老弱婦女日詣劉秉信所駐濠外號呼救命，慘不忍聞。詢知賊中惟馬化瀍親屬及其死黨尚有存粮[71]，陝回之能戰及堡賊之守垛者日給粮一斤，近亦漸減。此外皆以黍藍草根雜牛皮、死尸爲食。首逆陳林情急，因劉秉信求降於官軍，劉錦棠、黄鼎、雷正綰、徐文秀姑漫應之。十一月初十日，陳林、閻興春、于兆林、馬振江、金明堂、馬化鳳、黑清全等挈老弱婦女八千餘赴黄鼎、雷正綰營外長濠，跪求收撫，自言易子析骸、逃生無處之慘，聲淚俱下，且言官軍如准收撫餘衆，該頭目等死亦心甘。劉錦棠、黄鼎、雷正綰、徐文秀等數其罪孽，令悉數呈繳馬械，聽候轉稟，撥其男丁分起安置各營，婦女則安置外濠之外[72]，給以賑粮，聽候安插。馬化瀍見官軍已撫陳林等，遂求陳林轉稟，願撥馬家河灘粮三百石給濠外婦女，求撤馬家河灘之圍。劉錦棠等許之，責令速繳馬械，即日自平堡牆聽令。比因收繳馬械，入堡檢視，見堡内之馬悉數轟斃，殘賊穴地而居，以死馬雜衣被、毡絮、器物填塞轟坍各口，遮抵槍礮。堡賊四五千，存者不過千餘，精壯者不過數百，然皆身無完膚也。仍令暫居故處。

十五日，馬化瀍復求陳林轉稟，請平王洪堡。堡目王洪前已伏誅，回民馬三仲、王朋等自毁其堡，以堡衆降。劉錦棠收其馬械，亦令仍居故處。馬化瀍料就撫之可冀[73]，無他也，十六日，親身赴劉錦棠營濠外，伏地叩頭，令隨行一人逾橋遞呈，具言“罪民所犯情罪，自知不赦，叩懇施恩，如蒙念族衆無辜者多，轉稟曲宥，僅以罪民一人抵罪，死無所憾”。劉錦棠令開壁納之，一面馳告雷正綰、黄鼎、金運昌、徐文秀、王衍慶等會商所以處之者，諸將士怒其久抗顔行，群思縛而磔之，以報私仇而雪公憤。雷正綰、黄鼎慰諭再三，定議飛稟請示。劉錦棠即置馬化漋於幕旁，派弁監護之，一面飭馬化漋速繳槍礮、畜械，壯丁不許持寸鐵，自平堡寨牆垣，開造户口名册，候示遵辦。

二十四日[74]，臣接來牘，再四籌維。西陲之不靖，於今九年，關隴諸回率視金積爲向背，其狡謀凶焰實異尋常。馬化漋非窮蹙至極，必不輕冒鋒鏑以求生。今既隻身來投，並非誘致，則操縱在我，因而誅之，不可謂武。且馬化漋乞撫之詞，顯欲一身塞咎，市德諸回[75]，爲要結人心之計，因而誅之，亦且墮其術中。比即於來牘批示，令馬化漋本堡馬械繳盡、牆垣毁盡後，接辦河西王家疃、通昌、通貴各堡撫局，再辦河州、西寧撫局，如皆盡繳馬械，盡平堡寨，撫局有成，再當具奏請旨。陝回陳林就撫後，前竄河西余彦禄一股聞風而至[76]，盡繳馬械乞撫。劉錦棠等點驗人數約有千餘，亦令造册，聽候安插。余彦禄前此帶傷未死，驗視兩頰洞穿，舌爛音澀，亦垂斃矣。統計陝回男婦大小共一萬一千有奇，老弱婦女近九千名。除馬長順一股數十名因其眷口爲宋軍俘獲，現尚留〔通〕昌、〔通〕貴二堡尋覓眷口外，餘均分三起解赴平凉，聽候安插。自此寧靈一帶無陝回蹤蹟矣。

臣前於平凉縣大岔溝[77]、邢家溝北原安插陝回户口數千[78]，給以賑種。其餘荒絶地畝雖多，然不成片段。又平凉係入甘肅大道，居關隴之中，北達寧夏，南通秦鳳，東連涇、原、邠、寧，西趨金城、湟中，形勢最要，不宜多居異種之人[79]。勘得平凉、華亭交界之化平川，寬六七里，長三十餘里，窑洞三百餘里，兼有破屋，土沃水甘，人蹟斷絶，可安插萬餘丁口。近挑已撫回民稍壯者百名，裹粮前往，稍加修葺，俟各起回民解到，即量地居之，給以賑粮、種籽、牛驢[80]、農器，督其耕墾。所有建置、經界、規制、禁令，容臣就近察辦，隨時陳奏。其金積堡繳到馬械，尚未據劉錦棠等册報前來，堡樓垛口均已平毁，惟聞堡身堅厚異常，兼值冰凝土凍，程功未能迅速，其散遣、安插、遷徙、善後各事宜，雖皆預定規模，而先後緩急之間，審幾致决，未可稍涉疎略。

臣軍總理營務、布政使銜、已革山西按察使陳湜，胆智夙優，兼有閲歷，一切機要，臣與密商，均能體會。臣已委其前赴金積堡，會同劉錦棠、黄鼎等妥爲籌策，以冀萬全。所有此次在事統將、員弁、兵勇，血戰頻年，艱險備嘗，忠勇彌著，卒能掃穴擒渠，銷除異患，勞烈未可掩抑，應俟大局底定，再由臣秉公據實隨摺馳陳，籲懇天恩，破格獎叙，以昭激勸。惟陳湜處分尚未開復，兹派赴金積，會同籌辦機要諸務，責任匪輕。該員到營以後，已著戰功，應請旨先開復原品翎頂，以肅觀瞻。

再，關隴安危，機括全在金積，金積克，全局已在掌中。現在首逆就擒，勒其繳械平堡，而官軍鎖圍如故。臣且時時申儆，嚴禁擾掠，嚴防鬆懈者，慮其因勝而驕、功敗垂成也。馬化漋稔惡三世，謀逆已久，蓄機甚深。縱有後效，不蔽前罪[81]，暫若從寬，必滋後患。臣早知爲國家必討之賊，而此時議暫緩其誅者，王家疃堡牆高厚，存粮極多，非猛攻所可驟得。金積既克，其勢已孤，以馬化漋徇之，宜可速下。若先誅馬化漋，回酋或懷疑懼，必滯戎機。王家疃一下，通昌、通貴自更無難料理。至河州賊首馬占鼇，早有就撫之意。西寧賊首馬尕三，自援金積敗歸後，已略識兵威，無能爲患，尚非所急耳。大約金積堡城平毁後，宜先圖王家疃，王家疃撫平後，馬化漋及其父子兄弟親屬夥黨，重者誅夷，輕者遷徙，乃收全功。至馬化漋所以公爲戎首者，以新教惑衆斂錢，以貿易經營致富，又據金積堡膏腴之地，侵占漢民産業，富甲一方，故蘊利生孽也。臣現飭諸統領俟平毁堡城後，凡馬化漋父子兄弟親屬財産，均勒令悉數充公，以之頒賞將士，賑撫地方，庶幾天理得，人心順，而國法亦伸矣。又聞該逆於北省各口開設店鋪，分布夥友，領本營運，藉以探聽衙門消息，交結回民、洋商，尤爲可駭。臣自燕齊返旆而西，張曜自豫入晋，各省回商皆馳報陝回金積堡，此其明徵。臣擬俟諸務就緒後，次第奏明辦理。惟事機秘密，未可輕露端倪，而局外不悉此間情形，若不預爲陳明，必且憑空揣摩，徒滋議論。此任事之難也。

籌辦金積善後事宜疏　　左宗棠

爲籌辦金積善後事宜，請改寧夏府水利同知爲寧靈廳撫民同知，移駐金積堡，並添設靈武營參將一員同駐，以資鎮撫，恭摺馳陳，仰祈聖鑒事。

竊查金積盪平，拔出被裹陝西漢回難民以數萬計，除籍隸陝西回民解赴化平川大岔溝一帶擇地安插外，其籍隸甘肅及寧靈土著漢回人民，均經臣飭寧夏道陶斯咏、署寧夏府知府李藻、代理靈州知州王翔在寧靈一帶分别擇地安插。其曾爲賊據各堡寨均屬要區，未便仍令從前恃强霸佔各回民安居故土，致肇衅端，而貽異日之患。其安插漢回民人等，均已一律俵發賑粮，撥給地畝、牛隻、籽種，令其及時耕墾。並編審户口，散給門牌，回民并發給良民門牌，百家長、十家長各牌，以便稽查。更於金積堡設立善後局，委候選知縣沈甲湘董其事[82]，隨時與該處地方官妥商辦理。惟寧靈一帶迭遭兵燹，地曠人稀，亟宜廣爲招徠，以期漸臻富庶。查管帶董字三營花翎都司董福祥所部勇丁原係陝北降衆，經前提督劉松山撫定後，挑選精壯加以訓練，編成三營，帶赴前敵，克立戰功，漸皆馴順。其老幼眷口留居北山瓦窑堡一帶者，因夫男外出無人照料，耕饁不能相隨，殊非久遠之計。臣飭道員劉錦棠令董福祥等將所部三營眷口移來靈州各處，撥給地畝，令其墾種。其部衆皆久歷行陣，可備將來緑營制兵之選，於是誠爲兩便。嗣據提督蕭章開稟稱,董福祥已派都司李雙良將所部眷口人等搬取到靈,共二千三百餘名口,均照撫定各起漢回難民一律安插。

臣維寧靈一帶,古稱沃壤,秦、漢兩渠,因時灌溉。兩渠又釃爲各渠,分流引水,水土適均,所以有"天下黄河富寧夏"之諺也。亂後,渠工失修,半多淤塞。臣飭將馬化灐繳贜餘資,飭地方官各按所屬逐段挑濬修築。現據報稱,一律工竣。所慮大難初平,間有不法之徒逃匿荒谷,伺隙搶掠,新復地方難堪再擾,飭蕭章開將所部各營分紮金積堡一帶,管帶老湘中軍四旗。記名提督譚拔萃率所部駐紮靈州,檄陝安道黄鼎分飭所部三營駐紮中衛大壩,並檄副將馮南斌帶所部正營駐五百户,知州黄立鼇帶所部定營駐紮四百户,以資鎮壓。現在地方久定,一切均已就緒,亟應熟籌布置,以規久遠。查"金積堡"即《舊志》"積金山",地屬靈州。東達花馬池,南達固原,迤北毘連中衛,襟帶黄河,雄踞邊要,實形勝之區。舊設靈州,治所在其東北,後移州治於今城,相距百餘里,鞭長莫及。地方官政令不行,其權遂移於回首,於是回民畏其所管頭目甚於畏官,此亂之所由生也。臣擬將寧夏水利同知一員改爲寧靈撫民同知,駐紮金積堡,添設靈武營參將一員,附駐彈壓。所有漢回民人命盜重案及一切户婚田産詞訟均歸寧靈撫民同知管理,由寧夏府核轉申詳,以專責成而一統紀,回目不准與聞。及時講求政教,舉行兵屯,振修武備,庶幾潛移默化,異志全消。如蒙俞允添設寧靈廳撫民同知、靈武營參將,則廳屬各員營屬弁兵均應一並添設,容當妥議,再行奏明辦理。其寧夏水利一節,原地方官應辦之事即歸府縣經理,新設靈武營應歸寧夏鎮總兵管轄。所有籌辦金積善後事宜,並請添移文武各官緣由,理合恭摺具呈,伏乞聖鑒訓示。

飭將賀蘭山界遵照老案辦理札　　清　總督　譚鍾麟

爲札飭事。光緒九年五月十四日,准阿拉善親王多咨開:查賀蘭山蒙漢分界,敝旗昔年原有於口内六十里爲界之名,而並無以轡紮子山爲界之案。至乾隆三十四年,經欽差陝甘總督部堂明、内閣侍讀學士福查勘奏准改定,議於大嶺數重,此内之中嶺,蒙古稱爲山梁,漢民呼爲小水嶺者,立爲界限,俾於析薪游牧,兩有裨益。而於昔年六十里爲界之名,惟留未除。蓋阿拉善山勢高遠,全憑此嶺以分山陰山陽。彼耆道於六年覆勘之時,至中嶺之在小水嶺者,目睹詳明,載在議單,則中嶺之爲山梁,小水嶺之即中嶺,諒在洞鑒之中。現在鄂博雖遭拆毁,而小水嶺之舊趾昭然可憑,則此别無所謂中嶺也明矣。並承鈔寄乾隆三十四年欽定老案一摺,舊圖一張。等因,到本督部堂,准此,除咨覆查此案本衙門原有鈔存舊案,但因年久,恐繕寫錯誤,兹閲抄示乾隆三十四年老案,悉屬相符,則光緒六年所定議單極爲妥善,無可争執。

查老案經理藩院覆奏，内稱雍正十二年軍機處議奏，總督劉餘益(《通志》作“於義”。)等所稱，自口六十里之内原係民人伐木之地，應遵照原定游牧地方居住，自口六十里之内任民人來往伐木。康熙二十五年既擬定邊界，毋庸復改。另議此六十里地界之名不可裁除。又據福德等奏，蒙古當夏令時准居住山梁那邊連絡山内有水草之地乘凉，除夏令外，不可安藉游牧。又新造未成寺二里内不准砍伐樹木，新寺二里之外，周圍所有之地准民人取柴砍木，亦不准民人作爲本業。詞意本極明晰，却無小水嶺即中嶺之語。若以小水嶺爲中嶺，則距新寺尚有三十里之遥，何以謂新寺在六十里外？况距寺二里外周圍所有之地准民人伐木，則自小水嶺至嚮紮子中間連山内皆可砍柴伐木也。此後衹宜欽遵乾隆三十四年奏定老案辦理，不必另議章程。蓋賀蘭等山乃國家之土地，不得私爲己有。蒙民、漢民皆朝廷之赤子，自當一視同仁。其准夏令在連山内有水草之地乘凉者，所以體恤蒙民。其准在新寺二里外周圍之地伐木者，所以養活漢民。而蒙民不得於山梁外安藉游牧，漢民不得因伐木據爲本業，防維本極周密。至於繪圖，有詳有略，原不以印信爲憑。鄂博時立時毁，歲久亦未可深恃。惟乾隆三十四年鐵案，則南山不移也。查耆道心亦無他，惟於來往咨文措詞太戇，未免客氣。而寧夏部郎僅將咨文往返互遞，不出一語以定是非，亦覺置身事外。除札寧夏部郎將六年議單是否允協，據實禀覆，并飭耆道遵照老案辦理，不得互相争執外，合行札飭。爲此札仰該道。即便遵照。此札。

【校勘記】

[1] 請復三郡疏：《〔乾隆〕甘志》卷四五《藝文》題作《屯田疏》。

[2] 陒：原同《〔乾隆〕甘志》卷四五《藝文・屯田疏》、《寧夏府志》卷十八《藝文・奏疏・請復三郡疏》作“阨”，據《後漢書》卷八七《西羌傳》改。

[3] 致：原作“至”，據《魏書》卷三八《刁雍傳》改。

[4] 泝：原作“沂”，據《魏書》卷三八《刁雍傳》改。

[5] 乏雨：原作“之雨”，據《魏書》卷三八《刁雍傳》改。

[6] 兩岸：原作“西岸”，據《魏書》卷三八《刁雍傳》改。

[7] 崩頹：原作“奔頹”，據《魏書》卷三八《刁雍傳》改。

[8] 令：原作“今”，據《魏書》卷三八《刁雍傳》改。

[9] 四千：原作“六千”，據《魏書》卷三八《刁雍傳》改。

[10] 遏：原作“過”，據《長編》卷三五改。

[11] 至青：原作“玉清”，據《宋史》卷二六四《宋琪傳》改。

[12] 延川：原作“延州”，據《宋史》卷二六四《宋琪傳》、《長編》卷三五改。參見《長編》卷三五

《校勘記》[六]。

[13] 方入平夏州南界：此同《〔乾隆〕甘志》卷四五《藝文·論邊事疏》、《宋史》卷二六四《宋琪傳》。《長編》卷三五作“方入平夏是夏州南界”，疑是。參見《宋史》卷二六四《校勘記》[八]。

[14] 鋸：原同《〔乾隆〕甘志》卷四五《藝文·論邊事疏》、《宋史》卷二六四《宋琪傳》作“鋸”，據《長編》卷三五改。參見《宋史》卷二六四《校勘記》[九]。

[15] 男：原作“子”，據《宋史》卷二六四《宋琪傳》改。

[16] 布：原作“步”，據《宋史》卷二六四《宋琪傳》、《長編》卷三五改。

[17] 告諭：原作“告語”，據《宋史》卷二六四《宋琪傳》、《長編》卷三五改。

[18] 蕃部：原作“藩部”，據《宋史》卷二六四《宋琪傳》、《長編》卷三五改。

[19] 部：原同《〔乾隆〕甘志》卷四五《藝文·論邊事疏》、《宋史》卷二六四《宋琪傳》作“都”，據《長編》卷三五改。參見《宋史》卷二六四《校勘記》[十]。

[20] 只是：“是”字原脱，據《宋史》卷二六五《張齊賢傳》、《長編》卷六八補。

[21] 猶謂：原作“稱謂”，據《宋史》卷二六五《張齊賢傳》改。

[22] 靈池：此同《宋史》卷二六五《張齊賢傳》，《長編》卷六八作“麟州”。

[23] 析逋：此同《宋史》卷二六五《張齊賢傳》，《宋史》卷四九二《吐蕃傳》作“折逋”。

[24] 虞：原作“慮”，據《長編》卷六八、《宋史》卷二六五《張齊賢傳》改。

[25] 廝鐸督：原作“廝驛督”，據《宋史》卷二六五《張齊賢傳》改。

[26] 莫若：此同《〔乾隆〕甘志》卷四五《藝文·上靈州事宜疏》，《長編》卷五〇作“曷若”，《宋史》卷二六五《張齊賢傳》作“若能”。

[27] 圍：此同《宋史》卷二六五《張齊賢傳》，《長編》卷五〇作“危”。

[28] 縱：原作“從”，據《長編》卷五〇、《宋史》卷二六五《張齊賢傳》改。

[29] 防遏：原作“防惡”，據《長編》卷四九、《宋史》卷二六五《張齊賢傳》、《〔乾隆〕甘志》卷四五《藝文·上備邊疏》改。

[30] 見：原作“現”，據《宋史》卷二六五《張齊賢傳》改。

[31] 賣馬：原作“買馬”，據《宋史》卷二六五《張齊賢傳》改。

[32] 西南：此同《宋史》卷二六五《張齊賢傳》，《長編》卷四九作“西蕃”。

[33] 聲援：原作“嵐援”，據《宋史》卷二六五《張齊賢傳》改。

[34] 之：原作“則”，據《宋史》卷二六五《張齊賢傳》改。

[35] 於：原作“與”，據《宋史》卷二六五《張齊賢傳》改。

[36] 入衛：《朔方新志》卷二《内治·兵馬》作“赴衛”。

[37] 討：原作“詩”，據《寧夏府志》卷十八《藝文·請復兵餉原額疏》改。

[38] 原：此字原脱，據《寧夏府志》卷十八《藝文·請復兵餉原額疏》補。

[39] 總督黄嘉善：此五字原脱，據《寧夏府志》卷十八《藝文·請復兵餉原額疏》補。

[40] 内准：原作“准内”，據《寧夏府志》卷十八《藝文·請復兵餉原額疏》改。

[41] 八分：此二字原脱，據《寧夏府志》卷十八《藝文·請復兵餉原額疏》補。

[42] 群醜：原作“醜群”，據《寧夏府志》卷十八《藝文・請復兵餉原額疏》改。

[43] 必盡：原作“盡必”，據《寧夏府志》卷十八《藝文・請復兵餉原額疏》改。

[44] 屯田：前言“民粮”，後言“鹽粮”，又有“則屯粮措處之難矣”句，故疑此“屯田”當作“屯粮”。

[45] 臣民：此同《〔乾隆〕甘志》卷四五《藝文・豁免屯粮賠累疏》，《朔方新志》卷一《屯田》作“臣工”。

[46] 遂：《朔方新志》卷一《屯田》、《〔乾隆〕甘志》卷四五《藝文・豁免屯粮賠累疏》均作“馴”。

[47] 民保於食：此同《〔乾隆〕甘志》卷四五《藝文》，《朔方新志》卷一《屯田》作“民保於國”。

[48] 賠：《朔方新志》卷一《屯田》、《〔乾隆〕甘志》卷四五《藝文・豁免屯粮賠累疏》均作“貽”。

[49] 攖：此同《〔乾隆〕甘志》卷四五《藝文・豁免屯粮賠累疏》，《朔方新志》卷一《屯田》作“嬰”。

[50] 九分三釐：此四字原脱，據《朔方新志》卷一《屯田》補。

[51] 一萬二千一十一石一斗八合四勺：原作“一萬二千一十石”，據《朔方新志》卷一《屯田》補改。

[52] 一萬七千五百四十二束六分二釐七毫八絲：原作“一萬七千五百餘束”，據《朔方新志》卷一《屯田》改補。

[53] 八錢四分四釐七毫一絲：此十字原脱，據《朔方新志》卷一《屯田》補。

[54] 二錢：此二字原脱，據《朔方新志》卷一《屯田》補。

[55] 開復：《朔方新志》卷一《屯田》、《〔乾隆〕甘志》卷四五《藝文・豁免屯粮賠累疏》均作“補復”。

[56] 真：《朔方新志》卷五《遺事・黄圖安題奏之三》作“貞”。

[57] 毫：《朔方新志》卷五《遺事・黄圖安題奏之三》作“毛”。

[58] 俞旨：此同《朔方新志》卷五《遺事・黄圖安題奏之三》，疑當作“諭旨”。

[59] 上年十二月：《左宗棠全集・奏稿》第 1237 篇《劉松山勦賊大勝中炮陣亡現籌辦理情形折》（同治九年正月二十七日上）作“上臘”。

[60] 趙彩照：《左宗棠全集・奏稿》第 1237 篇《劉松山勦賊大勝中炮陣亡現籌辦理情形折》此三字前有“副將”二字。

[61] 李占椿：此三字原脱，據《左宗棠全集・奏稿》第 1237 篇《劉松山勦賊大勝中炮陣亡現籌辦理情形折》補。

[62] 當即臨洮謝四及靖遠馬聾子也：“即”原作“時”，“馬”字前原衍“謝”字，均據《左宗棠全集・奏稿》第 1237 篇《劉松山勦賊大勝中炮陣亡現籌辦理情形折》及下文改。

[63] 金運昌已將馬殿魁一寨攻克擒斬甚多十五日商令金運昌先勦援賊：原作“金運昌先勦援賊”，據《左宗棠全集・奏稿》第 1237 篇《劉松山勦賊大勝中炮陣亡現籌辦理情形折》補。

[64] 决：原作“抉”，據《左宗棠全集・奏稿》第 1237 篇《劉松山勦賊大勝中炮陣亡現籌辦理情形折》改。

[65] 等聞：原作“見”，據《左宗棠全集・奏稿》第 1237 篇《劉松山勦賊大勝中炮陣亡現籌辦理

情形折》改。

[66] 火鐮：原作“大鐮”，據《左宗棠全集·奏稿》第1237篇《劉松山勦賊大勝中炮陣亡現籌辦理情形折》改。

[67] 馬尕三嗾：“尕”原作“孕”，“嗾”原作“喉”，均據《左宗棠全集·奏稿》第1237篇《劉松山勦賊大勝中炮陣亡現籌辦理情形折》改。下文“馬尕三”之“尕”同改。

[68] 求：原作“來”，據《左宗棠全集·奏稿》第1237篇《劉松山勦賊大勝中炮陣亡現籌辦理情形折》改。

[69] 其臨財廉不肯苟取：“廉”“肯”二字原脱，據《左宗棠全集·奏稿》第1237篇《劉松山勦賊大勝中炮陣亡現籌辦理情形折》補。

[70] 更番：此二字原脱，據《左宗棠全集·奏稿》第1344篇《平毀馬家灘王洪各堡陝回就撫馬化灐就擒折》（同治九年十二月十一日上）補。

[71] 惟：原作“爲”，據《左宗棠全集·奏稿》第1344篇《平毀馬家灘王洪各堡陝回就撫馬化灐就擒折》改。

[72] 婦女則安置：原作“婦安則女置”，據《左宗棠全集·奏稿》第1344篇《平毀馬家灘王洪各堡陝回就撫馬化灐就擒折》改。

[73] 可冀：原作“必可”，據《左宗棠全集·奏稿》第1344篇《平毀馬家灘王洪各堡陝回就撫馬化灐就擒折》改。

[74] 四：原作“一”，據《左宗棠全集·奏稿》第1344篇《平毀馬家灘王洪各堡陝回就撫馬化灐就擒折》改。

[75] 市：原作“布”，據《左宗棠全集·奏稿》第1344篇《平毀馬家灘王洪各堡陝回就撫馬化灐就擒折》改。

[76] 陝回陳林就撫後前竄河西余彦禄一股聞風而至：“後前”原作“前後”，據《左宗棠全集·奏稿》第1344篇《平毀馬家灘王洪各堡陝回就撫馬化灐就擒折》改。

[77] 大坌溝：原作“大岔溝”，據《左宗棠全集·奏稿》第1344篇《平毀馬家灘王洪各堡陝回就撫馬化灐就擒折》改。

[78] 邢家溝：原作“那家溝”，據《左宗棠全集·奏稿》第1344篇《平毀馬家灘王洪各堡陝回就撫馬化灐就擒折》改。

[79] 異種之人：《左宗棠全集·奏稿》第1344篇《平毀馬家灘王洪各堡陝回就撫馬化灐就擒折》作“種人”。

[80] 牛驢：原作“牛騾”，據《左宗棠全集·奏稿》第1344篇《平毀馬家灘王洪各堡陝回就撫馬化灐就擒折》改。

[81] 罪：原作“辜”，據《左宗棠全集·奏稿》第1345篇《密陳馬化灐暫緩伏誅片》（同治九年十二月十一日上）改。

[82] 沈甲湘：《左宗棠全集·奏稿》第1504篇《籌辦金積堡善後事宜疏》（同治十一年二月上）作“沈曰湘”。

朔方道志卷之二十五　藝文志二

記　序

記序

承天寺碑記①　西夏[1]　羊□②

《夏國皇太后新建承天寺瘞佛頂骨舍利軌》：原夫覺皇應蹟，月涵衆水之中；聖教傍輝[2]，星列周天之上[3]。蓋□□磨什，鈍道澄圖，常表至化以隨機，顯洪慈而濟物。縱輕塵劫[4]，愈自彰形。崇寶刹則綿亘古今，[5]嚴梵福則靡分遐邇。我國家纂隆丕構，鋹啓中興，雄鎮金方，恢拓河右。皇太后承天顧命，册制臨軒，釐萬物以緝綏，儼百官而承式。今上皇帝，幼登宸極，夙秉帝圖，分四葉之重光，契三靈而眷祐。粤以潛龍震位，受命册封，當紹聖之慶基，乃繼天之勝地。大崇精舍，中立浮圖，保聖壽以無疆，俾宗祧而延永。天祐紀曆，歲在攝提，季春念五日壬子，建塔之晨。崇基疊於碱砆，[6]峻級增乎瓴甋。金棺銀槨瘞其下，佛頂舍利閟其中。至哉！陳有作之因，仰金仙之垂範。□□無邊之福祉，□符□□之欽崇，日叨奉作之綸言。獲揚聖果，虔抽鄙思，謹爲銘曰③（銘剥落不辨[7]）。

又　葬舍利碣銘[8]　〔西〕夏　右僕射兼中書侍郎平章事臣張陟奉制撰

臣聞如來降兜率天宫，寄迦維衛國，剖諸母脅，生□□靈。逾彼王城，學多瑞氣。甫及半紀，頗驗成功。行教□□衍之年，入涅槃。仲春之月，舍利麗黄金之色，齒牙宣白玉之光。依歸者雲屯，供養者雨集，其來尚矣，無得稱焉。我聖文英武崇仁至孝皇帝陛下，敏辯邁唐堯，英雄□漢祖。欽崇佛道，撰述蕃文。柰苑蓮宫，悉心修飾；金乘寶界，合掌護持。是致東土名流[9]、西天達士，進舍利一百五十畱，並中指骨一節，獻佛手一枝，及頂骨一方。罄以銀槨金棺、鐵甲石櫃，衣以

---

① 牛達生《〈嘉靖寧夏新志〉中的兩篇西夏佚文》考證，本文作於夏毅宗天祐垂圣元年（1050）。

② 《〔正統〕寧志》卷下《文・夏國皇太后新建承天寺瘞佛頂骨舍利軌》未載此文作者名。下文《大夏國葬舍利碣銘》落款曰"右諫議大夫羊□書"，《寧夏府志》編者蓋襲《朔方新志》例，依此判斷《夏國皇太后新建承天寺瘞佛頂骨舍利軌》作者爲"羊□"，不可信。本志同《寧夏府志》。

③ 原碑銘文不詳，《朔方新志》卷四《詞翰》代之以"云云"二字。

寶物，□以毗沙。下通掘地之泉，上構連雲之塔。香花永□，金石周陳。所願者：保佑邦家，並南山之堅固；維持胤嗣[10]，同春葛之延長。百僚齊奉主之誠，萬姓等安家之懇。邊塞之干戈偃息，倉箱之菽麥豐盈。□於萬品之瑞，靡息一□之□。謹爲之銘曰：□者降神兮，開覺有情。肇登西印兮，教化東行。□□之後兮[11]，舍利光明。一切衆生兮，供養虔誠。□□聖主兮[12]，敬其三寶[13]。五百尺修兮，號曰塔形。□□□兼兮，葬於兹壤。天長地久兮，庶幾不傾。大夏大慶三年八月十日建[14]。右諫議大夫羊①。

按：承天寺爲寧夏古刹，其浮圖倒影，尤稱靈異。乾隆戊午地震②，塔、寺並殘毀。《舊志》載此碑文，當時已多剥落，今更莫可辨識矣。雖僞國制作，非關典禮，而寧夏數百年前遺文故蹟，欲更求如此一片石，不可多得也。不忍割棄，仍録其原文，用志斯寺建造歲月，亦考古之一徵云。其瘞佛頂骨曰"天祐紀曆，歲在攝提"，乃夏毅宗諒祚天祐垂聖元年[15]、宋仁宗皇祐二年庚寅也。其藏舍利曰"天慶三年"，乃夏桓宗純祐天慶三年、宋寧宗慶元二年丙辰也[16]。

河源記[17]　元　潘昂霄

河源在吐蕃朵甘思西鄙[18]，有泉百餘泓[19]。或泉或潦[20]，水沮洳涣散，方可七八十里，且泥淖弱[21]，不勝人蹟，近觀弗克[22]。傍立高山下視，燦若列星，以故名"火墩腦兒"，譯言"星宿海"也。群流奔湍近五七里[23]，匯二巨澤，名"阿剌腦兒"。自西徂東，連屬吞噬，廣輪馬行一日程，迤邐東鶩成川，號"赤賓河"。二三日程，水西南來，名"亦里出"，合赤賓。三四日程，水南來[24]，名"忽闌"，又水東南來，名"也里朮"。合流入赤賓，其流寖大，始名"黄河"。然水清，人可涉。又一二日，岐裂八九股，名"也孫斡論"[25]，譯言"九渡"，通廣六七里[26]，馬亦可渡。又四五日程，水渾濁，土人抱革囊，乘馬過之。民聚部落，糾集木幹象，傅毛革以濟，僅容兩人。繼是兩山峽束，廣可一里、二里或半里，深莫測矣。

朵甘思東北鄙，有大雪山，名"亦耳麻不莫剌"。其山最高，譯言"騰乞里塔"，即"崑崙"也。山腹至頂皆雪，盛夏不消。土人言遠年成冰時[27]，六月見之。有八九股水至崑崙，行二十日程[28]。河行崑崙南，半日程地[29]，又四五日程，至地名"闊即"及"闊提"，二地相屬。又三日程[30]，地名"哈剌別里赤兒"，四達之衝也。多寇盜，有官兵鎮防。

崑崙迤西，人簡少，多處山南。山皆不穹峻[31]，水亦散漫，獸有犁牛[32]、野

---

① 《〔正統〕寧志》卷下《文·大夏國葬舍利碣銘》載："碑陰刻曰：尚書右僕射中書侍郎平章事、監葬舍利臣劉仁勗，都大勾當、修塔司同監葬舍利、講經論沙門事臣定惠。"

② 乾隆戊午：乾隆三年(1738)。

馬、狼、狍[33]、羱羊之類。其東，山益高，地亦漸下，岸狹隘，有狐可一躍而越之處[34]。行五六日程，有水西南來，名“納鄰哈剌”，譯言“細黄河”也。又兩日程，水南來，名“乞兒馬出”。二水合流入河，河北行轉西，至崑崙北。二日程地，水過之北流，少東，又北流入河。約行半月程[35]，至貴德州，地名“必赤里”，始有州治官府。州隸河州，置司吐蕃等處宣慰司所轄。又四五日程，至積石州[36]，即《禹貢》積石云。

莎羅模龍王祠碑記[37]　　明　尚書　王遜

永樂二年冬十月二十八日，内使李修召臣遜至樂善堂，傳王命曰①：“在昔嘗夢莎羅模龍神祠，今已新其棟宇，舉所當祭，而麗牲之碑未有刻文，故兹命汝。”臣遜既退，伏讀王之《夢記》曰：“予以蒐出[38]，軍次峽口[39]，遇天大雪苦寒，心爲人憂。夜夢山林，謁於神祠，不知何神，問之守者，對曰：‘此爲莎羅模龍神祠也[40]。’殿閣門廡，金碧粲然。典禮者導予登自東階，見服霞帔若后妃者南面而坐，旁侍二女，前列一几，上置牛首，拜茵織成山川五彩狀。予欲拜際，見衣玄衣、執圭若王者令人答予拜[41]。及去，予始就拜茵。有一青衣答拜，皆褒拜乃止。予欲退際，則霞帔者起作仇酒飲。予以辭，尋自飲已，復仇酒投[42]，予知辭不獲，竟飲而寤。實改元春正月二十五夜也②。明日問之地著，對曰：‘去此西不三舍，信有所謂莎羅模山焉。下有三泉湧出地中[43]，雷鳴電迅，瑩緑澄清，其深叵測，而爲莎羅模、祈答剌模、失哈剌模三龍王之蟄窟。於禱旱澇雨暘輒應，一方賴之。昔有其祠，毁於元季，今存瓦礫而已。’與予夢符，乃嗟異曰[44]：‘人神道殊，幽明理一。舉祭在予，不可緩也。’因遣官致祭。於往，雪寒如昨。既竣事，則陰霾四開，太陽宣精，春意盎然。軍人懽謡，予則易憂而爲喜矣。”揆之《夢記》，是非山林川澤之神感乎王之憂人，亦欲效職封内，以禦菑捍患之功，食祭無窮，故見於夢者若此乎？

謹按：春官太宗伯掌建邦之天神、人鬼、地示之禮，以今《夢記》則繫地示，其祭有三。以狸沉祭山林川澤[45]，爲血祭、疈辜之一。蓋血祭用之以祭社稷、五祀、五嶽，疈辜用之以示四方百物，皆所以祭地示也。今夫賀蘭，在封内爲名山，延亘數百里以限夷夏。若莎羅模山者，則爲賀蘭之首。峭拔極天，巖谷庨豁，林木蔽虧[46]，以逆河流九曲到海之勢，繫祭山林川澤以貍沉者。於是乎在西望崑崙，乃王母所理陰氣之都會。若王之夢霞帔者，豈其闡靈歟？不然，奚以牛首置

① 王：指慶靖王朱㮵。
② 改元：明惠帝朱允炆建文元年（1399），朱㮵避朱棣篡位之諱而稱“改元”。

几哉？以牛在十二支爲丑，土象也。矧崑崙又名“地首”，其爲王母闡靈足徵矣。若玄衣者，即地著所謂龍王也。其神玄衣，水象也。龍爲辰，變化惟能。以十甲戊加子，至辰爲壬，乃水化也。以壬加子，至辰爲丙，乃火化也。雨屬水，暘屬火，於禱旱澇而雨暘輒應者[47]，非繇龍爲辰，變化惟能哉？若登自東階者，東階以登主，西階以登客，禮也。惟君臨臣則不然。臣統於君[48]，故登自東階，示主人神可知也。若拜茵織成山川狀者，亦示山林川澤之祭，封内所當舉。是故其神之欲食祭際，王欲拜，闡靈而先令人答王拜也。於際欲退，則闡靈者飲以仇酒。嘉栗馨香，而王竟飲者，以明國祚之與地首同其悠久，又足徵矣。嗟乎，爲君之主人神大矣哉！是宜山林川澤之神感乎王之憂人，亦欲效職封内，以禦菑捍患之功，食祭無窮，故見於夢者若此也。記不云乎？“人神道殊，幽明理一”。王言及此，社稷之福，真經言也[49]。今已新其棟宇，舉所當祭。臣遜不敏，敢措詞哉。然職在文學，不可以辭，竊取左氏傳經之義，用釋《夢記》經言於麗牲之碑，且俾後之觀者，知所起敬焉。辭曰：

爲夢有三，致觭咸陟。精神所感，得今占吉。致出思慮，而至有因。晝之俯仰[50]，爲觭繇人。無心感物，無所拘滯。乃咸陟爲，各有其意。揆今《夢記》，可謂兼之。軍次峽口，俯仰在兹。雪寒人憂，思慮則是。神之感乎，有因而至。亦欲效職，感物無心。拘滯何有，所夢山林。睠兹賀蘭，奠安西夏。若莎羅模，則其爲亞。陰陽二氣，金母木公。雨暘生物，共理西東。知是名山，脉來地首。國祚足徵，與同悠久。以人神主，實在爲君。事見於夢，肹蠁絪緼。惟仁存心，克念王制。山川神示，舉所當祭。道殊理一，經言可尊。傳義竊取，用釋經言。人憂乃仁，祭舉乃義。請視刻碑，可知世世。

中路寧河臺記　明　翰林　王家屏

河從崑崙、積石，歷河州，注於峽口，流經寧夏東南，直北穿鄣下。其於寧夏，猶襟帶之固也。顧自東勝既棄，虜入據套中，時時猖獗侵我，瀕河諸砦，疆事兹棘矣[51]。會大中丞羅公〔鳳翱〕以文武儁望，被上簡命，鎮撫寧夏。至之日，率諸將暨憲大夫按行塞，西望賀蘭，北眂高闕，東瞰洪流，南游目於環慶之野。還至渡口，見津人操舟渡焉，渡者蟻集河壖，而無亭以守之，則顧謂諸將曰：“嗟呼！天設之險以扞蔽區夏，而棄與虜共之，又弛要害不爲備，奈何欲却虜使毋數侵也？吾兹揣虜所嚮，一旦有變，不逾河而西繞賀蘭之北，以臨廣武，則有乘長城，遡流而南下，以窺横城之津耳。然逾河之虜，有河山以闌之，有列屯以間之，我知而爲備，猶距之外户也。虜即南下，地無河山之闌、列屯之間，飆馳而狎至，賊反居内，我顧居外，急在堂奥間矣。計宜益築長城塞，用遮虜，使不南下，而建亭堠於河之東涯，以護横城之津，此要害之守也。”諸將敬諾，乃約日發卒築長城塞，横亘凡五百餘里。别征卒築臺河上。臺高五丈五尺，周環四倍之上[52]，構亭三楹、廂房四堧。前施迤橋數級，上嵂嵂翼翼如也。外列雉爲城，城周環九十餘丈，高二丈四尺。繚以重門，設津吏及堠卒守焉。

是役也，卒皆見兵，材皆夙具，不五旬而告成事。衆且以爲烽堠，且以爲津亭。登眺其上，而山巖隴阪，委蛇曲折，歷歷在目。偉哉！誠朔方一壯觀矣。憲大夫解君〔學禮〕馳狀徵記王子，王子曰：“昔南仲城朔方而玁狁襄，重在守也。趙沮漳滏之固[53]，用能抗秦，漢據白馬之津，終以蹙項，則守要之謂矣。今並河亭堠，牙錯棋布[54]，守非不堅，顧徒知守疆，而不知守要。要地不固，即列堠數萬，舉烽蔽天，安所用之？寧夏雖邊鎮，而京朝之使、藩臬之長、列郡之吏，下逮行商游士、工技徒隸之人，往來境上者繈相屬也。有如津吏不戒，猝直道路之警，曾不得聚廬而托處，安能問諸水濱，豈惟客使是虞。横城之津厄，則靈州之道梗，靈州之道梗，則内郡之輸輓不得方軌而北上，而寧夏急矣。此公所計爲要害者也。人見是臺之成，居者倚以爲望，行者恃以爲歸，乃指以爲烽堠，以爲津亭。嗚呼，公之意豈直爲烽堠、津亭計哉？公甓坣鎮城，石甃閘壩，築控夷堡，修勝金關，建庾興學，疆理之功，不可殫述。述其防河者如此，後之登斯臺者，尚其有味乎余言。”

重修儒學碑記　明　大學士　彭時

寧夏，古雍州之北境，漢朔方郡地。其地背山面河，四塞險固。中國有之，足以禦外夷，外夷竊之，足以抗中國，其形勢之重如此。自元得之，爲寧夏路。我朝平定天下，改寧夏府。尋以其地密邇戎疆[55]，盡徙其民於内地，置兵衛以守之。而又蒞以親藩，總以内外文武重臣，於是城郭之固、人物之殷、兵馬之雄壯，屹爲關中巨防矣。其學校設自永樂初年，蓋以地雖用武，而人不可不知禮樂也[56]。列聖相承，教養作興，歲久益備。士之由科目爲世用者，彬彬有人。惟是廟學，因陋就簡，弗稱觀瞻，識者病焉。今都察院右副都御史張公〔鎣〕奉命巡撫寧夏，志欲興修，與鎮守、總戎議克合。乃盡撤其舊而新之，故所有者悉弘其制，其無者今備其規。至於聖賢像貌，亦皆繪塑儼然。始事於成化六年夏四月[57]，越秋九月而告成，自殿堂門廡，以至齋舍庫廪，凡爲屋幾百餘楹，材出於山，工出於庸，資用出於經畫之餘。官不費而人不勞，何其成功之敏且速也。使來徵記。

予惟學校，王政之大端，所以成人材，厚風化，實本於此。是以天下郡縣，無處無學，而爲守令者，亦未嘗不以興學爲首務。當張公舉事之初，或疑邊方非郡縣比，受任守邊，宜以練兵講武、攘外安内爲急，而學校，文事也，差可少緩。殊不知文武一道,學校之所教者,非特詩書禮樂,雖干戈羽籥亦在焉。凡有事出征,受成於學,執有罪,反釋奠,則以訊馘告,何獨一於文而已。借曰:今學校之教,與古不同。然寧夏衛學徒,皆軍衛子弟之秀,其進而受教於學,誦聖賢之書,究天人之微,明人倫之大,會之於心有本原,見之於踐履有次第。性分固有,靡不實得而允蹈焉[58]。則退而家庭,使其父兄咸知尊君親上之義、安民和衆之道,志有定而氣不慴,則守固攻克,其效大矣,孰謂邊方之學而可緩耶?用是張公深體國家建學養士之意,急於興修以感勸人心,其真知成賢厚化之要者哉,予故特書爲多士勸。若事《詩》《書》科第,以徼功名利達者,有不待勸而能也,此可略。公名鎣,松江人,登正統戊辰進士①,歷監察御史、憲使、布政使,至今官。廉正有爲,所在著聲績,宜併書於此,庶來者有考云。

儒學鄉會題名記　明　巡撫　張鎣

聖朝法古致治,尊賢育能,凡遐陬僻壤,莫不建學以甄陶士類,望當世之用[59],太平之具也。若寧夏,地鄰狄境,古設爲郡縣,而人雜戎夷。逮我列聖,敷布威德,丕冒邊隅。昉於洪武,設軍衛,屯兵以扞虜。復慮戎伍之中,不可不使知禮義,故繼設學校,以崇文事。凡閭閻俊秀,咸遣入學,俾知周公、孔子之教,仁義禮智之道。處也足以修身以立本[60],出也期能治人以適用。由是風俗休美,賢雋彙集,登科入仕者能與中州齒,可謂極盛而無以加矣。

成化六年庚寅秋,余撤學之舊殿宇堂齋而一新之。學舍既完,遂以前人之出自科目者皆列名於堂壁。慨非永久之計,乃經畫堅石,命訓導趙衡考録其名氏次第,刻之於石,以垂永久。在學師生,咸謂此亦激勵後學盛事也,不可無言以紀其實。予惟人才之生,鍾靈孕秀,其姿禀固自異於群輩,然又游於學校,培之之久,教之之詳,德性純而學問博,方抱其能售於有司,大以成大,小以成小,各適其用,不負所培之久,所教之詳。人才若是,可見學校之興矣。然人徒知才士濟濟爲學校之興,殊不知由在上之人鼓舞之有道,而上之所自重焉。昔常衮之在閩,以勸學爲己任,一時閩人翕然從化而文風丕振,此其驗也。若寧夏,先之巡撫大臣並臬司憲制[61],悉以興學爲首務,故士子克自勵志,奮身科目。登其仕版者,雖所居之位有崇卑,所遇之時有先後,皆推所學以修政立事,皆知自重以修德檢身,表表然於學校有光焉,烏可不勒名於石乎?然名之所傳,乃人之賢否所繫,不可不慎。且前輩逝矣,今而未登仕籍,未領薦書之士,覩先進之名,當思所以自重而自立,必曰如某也賢而有能,足以儀範於後進,如某也不能無可否之議,宜以爲鑑,

① 正統戊辰:正統十三年(1448)。

取其醇而去其疵焉。因嘆今日刻名之石非石也，乃是非美惡之明鑑也。後之視今，正猶今之視昔。吾輩後學，由兹進身而繼勒於石。設或一有齟齬於其間，亦難免他日後輩之訾議，必期立心之同，務道之同，而爲大賢君子之歸可也。若鹵莽滅裂，圖一時倖登科第，刻名於石，藉以爲榮，而不思所以自重而自立[62]，豈君子爲己之學哉？顧以篤勵士類，各知自重而有成也。盍相與懋諸。

中衛儒學記[63]　　明　吏部尚書　王恕

中衛在大河之西[64]，乃前元應理州地也，左連寧夏，右通莊浪，實邊陲之要路。元命既革，州廢久矣，衛則創建於國朝洪武三十二年，武備孔修，足以攘外安内，學校未設，人鮮知禮，實爲缺典。正統四年，英宗皇帝在位，從本衛所鎮撫陳禹建議[65]，始設學校，其學建於本衛城内東北隅。自是以來，詩書禮樂之道興，絃誦之聲作。諸生學有成效，出其門而爲國用者已彬彬矣。武夫悍卒，接於見聞，亦知禮義廉耻之可尚，而風俗爲之一變矣。其後巡撫、都憲徐公廷璋以爲學校乃育賢之地、教化之源，宜居中正文明之地，不宜設於偏僻之所，失其具瞻，乃命本衛改建於通衢大街之中，左廟右學如制。但地步窄狹，其學上建明倫堂四楹，兩齋各六楹，而庖廪號房無地可建，以其右爲保安寺所限，而未恢弘也。弘治己未①，本學訓導李春[66]、賈茂章申白都御史王公珣[67]、僉事李君端澄，委本衛指揮馮泰撤其寺宇，去其垣墉，以其地併於學，然後豁然廣闊，可以展堂齋而建庖廪。斯時也，參將左君方分守其地，乃曰："學校亦吾當爲事也。"於是悉心經營，一應工料皆其措置。委本衛鎮撫吴昭董其事，晨夕展力，遂移明倫堂、兩齋於厥中[68]，增建神廚、神庫各四楹，號房三十六間，門二座。庖廪器備，亦無不具。功已九仞，所虧者一級而已[69]。左君去任，其功遂寢。正德丙寅②，參將馮君禎來代③。蒞任之初，謁廟視學，環視左右前後，曰："此未完之功，吾當整理。"乃區畫工料，委千户曹紀監修，完其所未完，增其所未有。又樹牌樓二座於學之左右。從兹廟學殿堂，如跂斯翼，如矢斯棘，如鳥斯革，如翬斯飛。兩廡兩齋、廚庫號房、庖廪器備，莫不整飭完美，焕然一新。軍民改觀，師生忻忭而感激奮勵矣。訓導李濙述其建置修造顛末，具禮幣，遣軍生梁材、黄璁，不遠千餘里而來謁予[70]，以記是請。

嗟夫！禮義由賢者興，事功由能而有力者建。觀其建議設學之人與夫遷徙增修諸君子，非賢且能而有力者能若是乎？是皆可書以告夫來者，使之有所觀

① 弘治己未：弘治十二年(1499)。
② 正德丙寅：正德元年(1506)。
③ 《〔嘉靖〕寧志》卷三《中衛・學校》載，馮禎職官爲分守寧夏西路地方左參將。

感，嗣而葺之，不至於廢墮可也。抑又諗之曰：諸君子作興學校如此者，無非欲爾一方之人知禮義、盡人道。爲子者孝，爲臣者忠，爲師者勤教，爲弟子者勤學，各抵於成。爲材官者撫恤士卒[71]，凡遇戰陣以身先之，荷干戈者勇爲戰鬬，毋自畏縮，俾醜虜知懼不敢侵侮，則幅幀之内安；爲工商賈者各安業守分[72]，不相凌犯，則身家可保，是惟皇家設衛建學之意。否則，未免憂虞而厥咎至矣，可不免哉！

城隍廟碑記　　明　給事中　管律　郡人

三代之前，城隍之名不經見，自唐李陽冰作《城隍廟記》，後世始聞焉。是土神也。故我太祖高皇帝奄有天下，爲百神主，附山川壇祀之。洪武元年，加之以爵，府曰公，州曰侯，縣曰伯。至三年春，革之。是年夏六月，詔各處城隍廟屏去雜神，其貴之也尊而專矣。尋又定廟制爲公廨，以泥塗壁，繪以雲山，在兩廡亦如之，其宅之也清而肅矣。又詔守令之官俾與神誓，故有監察司民之封，其信之也篤而深矣。今寧夏有廟，遵其制也。成化十三年丁酉，巡撫都御史張公鵬厭其狹陋，始大興作，以就華壯。逮嘉靖三年甲申，都御史張公璿表之以巨坊[73]，歲遠漸垢。十年辛卯，總兵官周公尚文重加修拓，然於殿之前猶未虞其有風雨所剥之弊。十九年庚子，羽士馬守元具啓於諸宗室之賢者，募緣於壽官丁宣及夏人之好爲善者[74]，施各有差。易材於市，鳩工於傭，廣其廡之基[75]，建棚四楹，規模少殺於殿。爐檠簝几之類，並置於兹。則香燭之烟焰，羶羶之氣味，舉不污神之像矣。肇役於夏四月六日，落成於秋七月一日。守元偕鄉人趙定徵記於管子律。

夫物各有主，盈宇宙之間，有一物必有一神。神者，陰陽莫測之謂，匪神則物無主矣。至於聚一方之民而爲此高城深池以居之，實非一物之可比也，謂冥冥之中，獨無主之者哉。按秩祀之典，有功者無不報。然則城以衛民，隍以衛城，厥功匪細。崇乎其祀禮，偉乎其廟貌，夫豈過耶。況四境之内，日昆風暢，雲興雨沛，利益皆其所澤；馬牛穀菽，水火桑麻，財用皆其所産；闡幽燭隱，福善禍惡，休咎皆其所司。是靈應於一方素矣，而信乎感格之不爽者，則又無間於上下之心。徵之《凝真軒夢記》，實可據也。律不辭，并以神之名號、祀之從由勒於石，用以告後之人，知所敬信。洞洞乎，屬屬乎，勿勿乎，其毋瀆哉！使廟貌之新，百年猶一日可也。若夫旅之以卮酒、豆羹，享之以糲食、褻品，而求媚於聰明正直、聖不可度之神，則非律之所知。

牛首寺碑記　　管律

去靈州西南境不百里，群峰巑岏，慈雲掩映。黄河西來，奔流浴足，秀麗如芙蓉出水，是爲牛首山云，世傳爲“小西天”。釋迦牟尼嘗會諸佛衆生説法於兹，證有《大乘經》存焉[76]。當山之幽絶，前爲羅漢殿，殿北爲祖師殿，南爲迦藍殿，中則接引殿，後則如來殿，即所謂説法處，初僅四楹，今拓之爲六楹。少北則佛母洞，再北則觀音殿，殿之後爲迦葉塔。界乎洞塔之間則十方佛寶塔殿[77]。迦葉塔之北，則眼光菩薩殿。殿之北爲金牛池。國初，慶靖王嘗見金牛現池中，乃塑其狀，置之而去。今韋人鎔鐵爲之。界乎池殿之前，則釋迦殿，又北則文殊殿，又東北則彌陀殿。界彌陀、文殊之後則地涌塔[78]。彌陀之東，則普賢殿。是皆隨形勢之勝而布置其位，各具美瞻。其齋廚僧舍，罔不備具。跨河之北則一百八塔，塔之西有二洞，一曰佛母，一曰觀音。去牛首東又二十里[79]，則金寶塔寺，皆爲牛首之附，是故稱牛首爲“大寺”云。然蹊徑崎嶇[80]，盤旋百折，如蓬其嶺。四方善士，不憚遜矣，而來致敬於寺者[81]，歲時接踵，是可以徵其靈應矣。奈世遠莫詳創始，其既葺而廢，既廢而葺，又不知其幾更番也。

今自嘉靖乙未春迄丙申冬①，歷二期，拓隘補頹，直傾起墜，增創觀音閣楹。輪翬翼運，勢若凌霄。所供釋迦、觀音，昔爲土軀而已，今皆鑄之以銅，抹之以金。登山縱目，則層壼峻宇，複道飛甍，輝煌焜耀，遠邇相射，越千百年始大盛於今日已乎。乃礱石，欲圖永示，於是徵記於芸莊管子。管子備究顛末之由，是故知設心倡端，崇慎其教，則僧綱正、副張藏卜巴、趙藏卜嶺占也。摩頂放踵而以身任勞，鳩工積材而以勤落績，則住持常扎失高耳、你丁端竹也。好善喜施而不吝重貨，資裕用饒而不致中困，則丁宣、馬鎧、王綱、李繼榮、周玉、陶賓也。先是，宗藩鞏昌王苾齋鑄佛，傳濟善不可滿者，法不得道。番僧周羅漢、馬扎失蹬錯，以不襄事攘奔者衆，法不得備，當記姓氏於碑之陰。

鐵柱泉記　　管律

去花馬池之西南、興武營之東南、小鹽池之東北，均九十里交會之處，水湧甘洌，是爲鐵柱泉，日飲數萬騎弗之涸。幅幀數百里又皆沃壤可耕之地。北虜入寇，往返必飲於兹。是故散掠靈、夏，長驅平、鞏，實深藉之[82]。以其嬰是患也，並沃壤視爲棄土百七十年矣。

嘉靖十五年丙申，都察院左都御史兼兵部左侍郎松石劉公，奉聖天子命，制三邊軍務。乃躬涉諸邊，意在悉關隘之夷險、城寨之虚實、兵馬之强弱、道路之緩急[83]，而後畫禦戎之策，以授諸將。是故霜行藿食，弗避厥勞，至鐵柱泉，駐瞻移時，喟然諭諸將曰：“禦戎上策，其在兹矣。可城之使寇絶飲，固不戰自憊，何前哲

① 嘉靖乙未：嘉靖十四年(1535)。丙申：嘉靖十五年(1536)。

弗於是是圖哉[84]?"維時巡撫寧夏右副都御史宇川張公,謀與公協,乃力襄之。即年秋七月丙申,按察僉事譚大夫闇,度垣墉,量高厚,計丈尺。鎮守總兵官都督效帥師徒,具楨幹,從畚鍤[85],人樂趨事,競效乃力。越八月丁酉,城成,環四里許,高四尋有奇,而厚如之。城以衛泉,隍以衛城,工圖永堅,百七十年要害必争之地,一旦成巨防矣。置兵千五,兼募土人守之。設官操馭,皆檢其才且能者。慮風雨不蔽之患,則給屋以居之,因地之利而利,則給田以耕之。草萊闢,禾黍蕃,又可以作牧而庶孳畜。棄於百七十年者,一旦大有資矣。其廨宇倉場,匪一不備,宏綱細節,匪一不舉,炫觀奪目,疑非草創之者。先時虜常内覘,河東諸堡爲備甚勤。而必先之以食,雖翔價博易,猶虞弗濟。泉既城,虜憚南牧,則戍減費省,糴之價自不能騰,實又肇來者。無窮之益,是皆出於公之卓識特見,而能乎人所未能。

今年丁酉①,去兹泉南又百里許,亘東西爲牆塹,於所謂梁家泉者亦城之。重關疊險,禦暴之計益密矣。借虜騁驕忘忌入之,騎不得飲,進則爲新邊所阨,退則爲大邊所邀,天受之矣[86]。用是以息中原之擾,以休番戍之兵,以寬饋餉之役,豈第徵公出將入相之才之德而已[87],功在社稷,與黄河、賀蘭實相悠久[88],謂有紀極哉。是故不可以不記也。松石名天和,湖南麻城人。宇川名文魁,中州蘭陽人。俱正德戊辰進士②。譚闇,西蜀蓬溪人,正德辛巳進士[89]。王效,陝西榆林人,正德丁丑武舉③。法得備書。

楊公去思碑記　　管律

古之士仕多爲人,今之士仕多爲己,是故言治者不能無古今之殊也。然以今人之身而存古人之心,是爲五華山人乎?山人,都人也,姓楊,名志學,字遜夫,登弘治六年癸丑進士,别號五華山人云。嘉靖十年辛卯,詔起山人於家,仍右副都御史,巡撫寧夏。人咸以"五華公"稱之。公在任三年,惟務循循之政,不求赫赫之聲。有問饑而食、問寒而衣之惠,無違道干譽、拂衆從己之私。由是吏不忍犯,人不忍欺。虜患雖頻,邊氓實妥。當是時,内鎮守岐山劉公崇潤[90]、外鎮守蘭溪王公大忠得以協恭忠於所事,蓋有感之於公然也。十三年甲午,天子賢公,不欲久勞塞土,乃陟右侍郎,佐政秋曹,去今又三年矣。夏之人有位無位,或老或稚,言及公者,輒涕弗已,固知寇之不可復借於斯也。乃集力礱石,白公之遺澤,俾無後迷,於是推其要者刻之。

---

① 丁酉:嘉靖十六年(1537)。
② 正德戊辰:正德三年(1508)。
③ 正德丁丑:正德十二年(1517)。

昔侍郎羅公汝敬賦我夏，田畝税一斗二升[91]：豌豆六，小麥四，實夏税云；粟米二，實秋税云。司徒夏忠靖公原吉慮難後繼，駁其疏。羅復上曰："黄河自崑崙入中國，延袤數萬里，瀰害於汴梁，獨利於寧夏。每畝起科一斗二升猶從輕則。"遂著爲定額矣。歷年既久，地力殆盡，又無一二易之餘壤，以致獲刈視昔十減六七，而其二税固爲常也。峻征病農，百役重困，人逋地荒，蔽屏將不能支。公獨患之，罔忌時諱，騰疏數千言，盡民之疾苦，毫分縷析，上動聽聞，於是得易豌豆二升、小麥二升，並以茶、青豆抵之，斥鹵者徵銀一錢。民困大舒，公私兩濟。康民之功，孰是甚之[92]？又築威遠、靖虜、平胡三堡連峙[93]，於是良田渠外，儼然寓虎豹之勢，以扼虜人入寇之路。攘外之功，孰是甚之？此故特書[94]，豈惟思之於邇，思猶在於其子孫不能泄之者。而其細政之善，憲度之清，無不可紀。

法不屑於瑣碎。若前乎公爲東鹿賈公諱俊、黄縣王公道夫、平陽張公汝霖、晋州張公仲齊，皆以都御史巡撫是方，尚有餘韵在人耳目者，而兹不載厥事，碑爲五華公建也，法不得波及之。稗官曰：治本於農，污吏慢焉。此吴越時賦斂無藝，兩浙之民深以爲害，非一日矣。及宋除吴越，三衢江漢臣爲鎮海軍節度判官，上十三州圖籍於有司，乃曰一仍其舊，是厲於民無已也，遂沉其籍於河，坐是擯棄終身。後命王方贄更定其賦[95]，畝税一斗，民始聊生。使非漢臣沉籍之功，豈至是乎？而其陰騭之報[96]，子孫榮顯，逮我皇明，猶未艾，非天道耶？諒公匹休之矣！

重修邊牆記　　明　巡撫　趙時春

國家威制四夷，巖岨封守，而陝西屯四鎮强兵，以控遏北虜，花馬池尤爲襟喉。減其北而益之墉[97]，樓櫓臺燎、鋪墩守哨之具，星列棋布，式罔不備。成化以來，其制漸渝。黠酋乘利，稍益破壞，以便侵盜。而大將率綺紈纓弁子，莫或耆禦，朝議益少之，始務遴梟將[98]，以功首級差相統制，而巡撫都御史居中畫其計，督監司主饋餉。更請置總制陝西三邊軍務，以上卿居之。士衆知爵賞可力致則飆起，而諸將奏功相繼，虜頗慴伏北引矣。

嘉靖十年，總制、兵部尚書兼右都御史王公瓊始興復之，虜倘屯結[99]，恫喝未克。即叙時用，唐公龍來代，博採群獻，惟良是是，凡厥邊保，悉恢故制。寧夏夾河西[100]，邐亘數百里，頹垣塹洫，于崇于濬。嘉靖十四年秋，工乃告竣。請給官費僅二萬兩，役不逾數千人，無敢勞怨。行者如居，掠斂用息。是役也，相其謀者，則巡撫寧夏都御史楊公志學、張公文魁[101]。繩其任者，則巡按御史毛君鳳韶[102]、周君鉄。督其事者，則按察司僉事劉君恩[103]、譚君誾。至於擁衛士衆、遏絶軼突，則總兵官、都督王效[104]。咸協共王役[105]，贊襄洪猷，是用勒銘，以永後範。銘曰：

复高墉兮繚坤維，踞蓐收兮環彪螭。鎮貊貉兮伏獤貐，揚威稜兮世永熙[106]。

東長城關記略[107]　　明　副使　齊之鸞

河東棄不毛千里，皆古朔方地。成化間，即其處築長城三百餘里，顧虜日抄掠，而城復卑薄，安足爲障乎。嘉靖己丑[108]，虜入寇，總制王公瓊破走之。乃憑城極目套壤，嘆曰："城去營遠，賊至不即知。夷城入，信響飛掣。設險守國，重門禦暴，不如是也。吾欲沿營畫塹，聯外内輔車犄角之勢。"乃疏論之，以之鸞與僉事張大用領其事，庚寅秋就緒①。及冬虜入，果不能越。因復疏請，自紅山堡之黑水溝，至定邊之南山口，皆大爲深溝高壘，峻華夷出入之防。塹深廣皆二丈，堤壘高一丈，廣二丈[109]。沙土易圮處則爲牆，高者長二丈餘有差，而塹制視以深淺焉。關南四，清水、興武、安邊[110]，以營堡名，在花馬池營東者，爲總要，則題曰"長城關"。高臺層樓，雕革虎視，凭欄遠眺，朔方形勢，畢呈於下。毛卜剌堡，設闇門一。又視夷險三五里，置周廬敵臺若干所，皆設戍二十人，乘城擊刺射蔽之器咸具。

平虜北關門記略[111]　　齊之鸞

自河東黄沙之長城百里，烽臺十八，廢不能守。於是河西三關遂棄，而虜得取徑賀蘭，以侵軼莊浪、西海。朝下其議於總督王公瓊，瓊謂副使牛天麟與之鸞："河東西之障烽，遺墟故在也，何名爲復？第未有必守之策耳。爲可復也，亦可失也。"因上議請於唐朔方軍故址北數里，爲深溝高壘，連屬河山，徙堡之無屯種者近之[112]，以助守望，則虜自不能入，可漸恢復。有詔鎮巡官舉行，時之鸞實董其役。由沙湖西至棗兒溝[113]，凡三十五里，皆内牆外塹。爲關門二，東曰平虜，中曰鎮北[114]。爲二堡，圍里百二十步。徙故威鎮、鎮北軍實之，又徙内堡軍之無屯種者於西隈，爲臨山堡。爲敵臺四，燧臺八。沙湖東至河五里，漲則澤，竭則壖，虜可竊出，皆爲牆，以旁窒其間道。於是河山爲故，而險塞一新矣。

赤木隘口記略　　明　僉憲　孟霦

賀蘭山回斜四百餘里，崗岑嵂崒，爲鎮之壁。其蹊徑可馳入者五十餘處，而赤木口尤易入。歲久闗敝，虜得肆寇。總督劉公天和著《安夏録》，二年漸次修

① 庚寅：嘉靖九年(1530)。

復，惟赤木關不能固。蓋山勢至此散緩，溪口可容百馬，其南低峰仄徑，通虜窟者，不可勝塞。麓有古牆，可蹴而損也[115]。以其地多磧少泉，故難爲工。劉公乃奏請發金四萬。己亥①，巡撫楊公守禮至，則循麓抵口，令人遍剖諸崖谷，得壤土故處，且山多團石，可作砌，省斧斲。又去口二十里，金塔墩有四泉，作水車百輛運之。令都指揮吕仲良董其役。比他關爲最固，謀及百年，成於一旦，視修葺之慎，其無望於來者乎？

漢壽亭侯碑記　明　兵部尚書　胡汝礪　郡人

侯，解人也，漢臣也，忠義之良將也。有宋祥符、宣和間，追封義勇武安王暨崇寧護國真君。蓋祀禮，忠臣義士，生有功德於世者，死當廟食，以崇德報功，扶持世教，甚盛典也。稽之史載，大略謂漢昭烈皇帝少與侯友善，寢則同床，義則兄弟。稠人廣坐中侍立終日，周旋不避艱險。又曹操破昭烈，獲侯，禮遇極厚，侯立功報曹，刺顔良於萬衆中，拜書歸昭烈。既而耀兵襄樊間，降于禁，斬龐德，威震華夏，曹操避其鋭，至有稱之曰“熊虎之將”，曰“勇冠三軍”，曰“萬人敵”。雖不幸而有章鄉之蹶，壯節不屈，尤與烈日争光。侯之出處大節，一以忠義，概如此。

當漢室之季，天下鼎沸，草昧雲擾，其間若〔董〕卓、〔吕〕布、〔袁〕紹、〔袁〕術之流[116]，廢主遷都，擁衆自立，而流毒海内。加以曹操爲漢之賊，孫權爲漢之蠹，又皆乘之而窺神器者，人紀掃地，天理或幾乎熄，又孰知忠義爲何物、視炎漢爲何人家也？獨侯以忠肝義膽，委身事昭烈，顛沛患難，死生以之。信大義，仗大節，堂堂乎行大丈夫第一等事，非其有高世之見、拔流俗而獨存者不能。宜乎生而爲人豪，没而享廟食，千載之下，凛凛然死猶不死也。嗟乎！人之有忠義猶天地之有元氣乎。天地雖有日月晦蝕、山川崩溢，而元氣之大自若也。人雖有忠正罹患、奸諛倖免，而忠義之名自若也。侯生平雅好《春秋左傳》。蓋《春秋》以尊王室、大一統、誅亂賊[117]、敦典庸禮爲義。侯之所以拳拳於昭烈者，良有以夫。或者謂：“時獻帝尚在，侯何不遂事獻帝以興復漢室，而乃從昭烈，可乎？”曰：“此不可不辨。獻帝爲董卓劫遷、曹操挾制，數年之間，坐擁虚器而已，三尺之童知其必敗，此所謂社稷重而君爲輕也。昭烈以帝王之胄，英名蓋天下，使得志則漢室可興，操、權可誅。侯之所以從昭烈者，爲漢社稷故也。厥後獻帝竟被廢弑，而昭烈成鼎足之形以延漢祀，此又明驗也。夫何不可？”或又謂：“鬼神不享非禮。侯之功德多在荆、襄間，其廟食宜在荆、襄。今寰海内皆有侯廟，恐非其享所。”曰：“此尤不可不辨。蓋侯始終以忠義，乃心扶漢，其有功於世教實大。況其正氣與天地

① 己亥：嘉靖十八年（1539）。

之元氣同,元氣充滿乎天下,則侯之廟食遍乎天下,又何不可?非區區有功德於一方者而血食之於一方也。”

夏城之艮隅舊有侯廟,碑刻剥落,莫考創始之詳。傳者謂元季丁卯間重修①,尋復傾壞,獨正殿在,而壞亦半之。今巡撫、都御史中丞公每謁廟,慨其不足以當神意,乃今丁未春②,謀諸欽差鎮守太監韋公敬、總兵官周公玉、副總兵劉公文,各捐白金一百星,命指揮王勇輩易地之城南僅里許,周道之左,厥地面陽,烟林蔽空,跨永通橋,臨紅花渠,儼然棲神所也。鳩工調役,人樂赴之,不逾歲而厥功告成。享獻有殿,鐘鼓有樓。環以門廡,繚以垣牆。神容肅威[118],侍從森嚴。楹桷簷阿,吞吐丹碧,琳宫貝闕,殆弗是過。始事於三月之戊申,落成於八月之丙戌也。中丞公命余作新廟記,誼不可辭,僅拾侯之忠義大節之實,記之貞珉。若夫文,則俟作者。

中丞公姓崔氏,名讓,字允恭,山右太原之石州人。公素有大節,恒以忠義獎勵將士。是舉非特妥神靈、明祀典,以陰佑邊庭。凡我爲人之臣子者,登廟而興起其高山景行之念,於世教豈小補哉。又從而作迎送神詩二章,俾邊人歌以祀侯。

《迎神》:紛進拜兮,有虔有儀。新廟翼翼,神其是依。我酒既旨,我牲既具。神既格止,載歆載慰。金戈鐵馬,祥風靈雨。髣髴見之,威靈楚楚,僕御如虎。

《送神》:龍馭既駕,以驂以驤。雲旗既舉,載飛載揚[119]。享我禋祀,遺我繁祉。豐年穰穰,百室盈止。氈裘之族[120],遯三萬里。同天地久,於兹廟食。誰其式之,忠臣孝子。

靈州名賢祠碑記　明　僉事　張嘉謨　郡人

名賢者,古今賢人之有名者也。德行功業與夫利澤及人者,雖所建不同,顧因賢制名則一而已。名亦非要而得之者也,蓋實在此而名自若焉。大而九寰四海,小而一鄉一邑,無地無賢。而賢之名亦未嘗不得播後世,不賢者欲致一人一日之名尚不可得,况後世而爲之祠乎。靈爲關陜襟喉,國初以土、漢之人雜居之,今歷百年餘,益見繁庶[121]。弘治中,都憲曹南王公珣始議奏添靈州及州學,拔州之俊秀爲生徒。草創頃,王公適去,忌者從中以策已之。正德己卯③,都憲東黄王公時中撫邊之暇,慨曰:“聖朝文教,薄海内外[122],無不誕敷,而吾夫子之道,不以邊隅而或間[123]。州治未暇論,是學可已乎?”乃復疏具興廢之由,及夷

① 丁卯:疑即元泰定帝也孫鐵木耳泰定四年(1327)。
② 丁未:嘉靖二十六年(1547)。
③ 正德己卯:正德十四年(1519)。

夏之人之願上之。皇上詢於禮曹卿屬，議曰“可”，遂復學焉。未幾，學師纂相繼至。公集舊學生，復分寧夏餘生往實之。夫子廟及學舍，修整倍昔。固無名賢祠，州人曰：“惟地有賢，惟賢有祠，天下之通義也。靈雖遐邈，或生於其地，或仕於其方，先後未嘗無賢，不祠可乎？”乃各出羨餘，市材木，煅甎瓦，聚土石，鳩工役，卜大成殿後爲祠三楹，案豆祭貲，悉有所取。工始於正德庚辰三月①，是歲八月事竣。靈之守臣吴山、趙璧，士夫李泰、馬璘，師生龐經元及嘉謨，咸擬古傅公燮在漢嘗仕議郎，多直諒，不避權貴，康公日知在唐爲觀察使，封會稽郡王，忠拒叛逆，於靈爲文行先達，可祀之。擬前王公珣、今王公時中於靈爲功德及人，可祀之。偶聞於公，公不悦，曰：“他所擬者皆宜，惟愚不可。且興廢繼墜，政之常耳。”僉復進曰：“古者禦大災，捍大患，以勞定國，皆祀之。公之功，非特一舉也，若中路大沙井至萌城，每五里築墩，袤延相望，往來行旅遂不爲黠虜所掩。添設中路參將一，統兵馬三千，今可以併遏虜寇。清屯田之沙壓崩塌，使老少殘疾之人得輕賦税，今得蘇息者，不可勝數。濬河渠而水利周，修險隘而邊塞鞏，潔無一介之污，勞無一日之停。其功德及靈，兹又大矣。若爲元祀尚宜，曷不可乎？”公再力辭曰：“禮樂必俟君子，愚、智、賢、不肖，必百年而後定，其勿强焉。”復懇，復答如初。嗚呼，若公者，可謂不伐善、不施勞，而始終不變其執者。靈之後人，不能無賢且名者，他日祀是祠，興起其高山景行之念者，又未必不自兹始也。是爲記。

剿虜捷疏記略[124]　　明　總督　劉敏寬

萬曆四十三年秋，總督劉敏寬親提標兵，乘障駐防花馬池調度。於時節報合套大頭目吉能火落赤等會事，因見順義三年併市，熱中乞討八年之賞，要挾未遂，聲言要東至黄甫川，西至鹽場堡一千二百餘里，各分定地方，沿邊圍城、掏墩[125]、犯搶等情。隨經飛檄延、寧、陜三鎮撫鎮道將等官嚴加防範，間諸酋果傾巢勾虜畫地入犯[126]。延鎮兵馬，地廣力分，勢難敵衆。故自閏八月十九日以至九月初一日，三路受敵，警報時聞。敏寬義主討賊，裂眥擣心，恨不滅此而後朝食。初二日寅時，忽報虜復擁衆四五千騎，從定邊西沙梁入犯。即簡各鎮精鋭，屬其事於寧夏總兵官杜文焕與軍門標下中軍副總兵吴繼祖，矢之曰：“勝衰存亡，在此一舉。有爲縱虜，勿復相見。”二將亦以矢衆，忠義激發，奮迅以往，督率偏裨將士與賊鏖戰。又陜西總兵官祁繼祖等統兵從西，定邊副總兵蕭捷等統兵從東，各飛集夾擊，大行劫殺。虜遂潰亂，披靡遁北。共計斬獲首級二百四十八顆，内恰首四顆，奪獲達馬三十三匹，坐纛三扞，盔甲六十一頂副，器械三千五百餘件。

---

① 正德庚辰：正德十五年(1520)。

是役也，釋攻圍之擾，寢深入之謀，伸華夏之威，雪將士之耻，自來秋防所罕覯者。隨其捷書入告。是時飭戎兵，給芻餉，則固原道董國光，寧夏河東道張崇禮，河西道趙可教，靖邊道李維翰。是年九月，總督劉敏寬題。自是以至四十四年三月，屢獲捷功十次[127]，共斬虜首二千一百九十有奇[128]，零級不與焉，無非定邊之餘烈也。

平定寧夏露布碑記略　明　總督　葉夢熊

惟兹寧夏，建玉節以控臨，實祖宗制馭之成憲；衍天潢以彈壓[129]，顧世代封守之宏猷。近歷熙朝，稱爲樂土。詎意哱拜、哱承恩生長胡地，狼性難防，劉東暘、許朝、土文秀結約陰謀，虺兇愈肆。殺憲臣以起難，奪敕印以憑陵。劫庫放囚，何所顧忌；招夷納叛，共結誓盟。擅置職官，頒布衛所要地；播傳諭檄，傾摇關隴愚民。殘辱縉紳，拘囚世子。惟伏聖明剛斷，賜劍以震天威；廟劃淵微，决策以收全勝。

總督尚書魏學曾竭志殫忠，復回衛所四十餘處。因賊退虜安，全堡寨幾萬餘家。寧夏巡撫朱正色親冒矢石而展臂生風，監軍御史梅國禎身任戎行而揮戈起日。提督總兵李如松與虜對敵，斬首一百二十級，虜謀絶而大勢成，始末皆其首功。寧夏總兵蕭如薰固守平虜，相持者數月，賊氣沮而根本定，牽制尤多勝算。副總兵麻貴城下石溝之戰，先後出奇。總副参游牛秉忠、劉承嗣、李昫、王通、何崇德、王國柱、楊文、馬孔英、李如樟、李寧等，轉戰防守之功，拮據極苦。藩臬監司楊時寧、馬鳴鑾、蔡可賢、顧其志、張季思相與分猷之助[130]，經理爲勞。兵部主事趙夢麟倡始籌劃之方，先收奇策。遼、晋、宣、大之驍將畢陳，浙、湖、川、貴之健卒咸至。隨於十六日群酋互殺[131]，劫氣遂終。懸東暘、許、土之首於城隅，鬭哱拜、承恩於窟内。救焚絶爐，芟草求根。承恩生擒，哱拜就戮，舉家百口付之烈炬，真夷千衆伏於鋼方。勢如雷霆，功收漏刻。萬曆壬辰九月①，總督葉夢熊奏。

楊王二公祠記　明　巡撫　霍冀

靈州一路，乃寧鎮樞會之區，北望不百里遠即爲虜巢，其地澶漫夷衍，虜悍騎迅，長驅莫之能制。毒痛蔓延，秦雍四民之苦於侵暴者久矣。國朝成化間，始自州北築長城三百餘里，爲扼險守固之計。顧歲久圮剥，虜易窺軼，正德丁卯②，大學士、少傅、總制三邊邃庵楊公一清建議請發内帑修復舊邊。上報“可”，發銀若

① 萬曆壬辰：萬曆二十年(1592)。
② 正德丁卯：正德二年(1507)。

干萬兩。公晝地經費,自橫城興工,僅築四十餘里,尋爲逆瑾矯詔中止,時虜患無寧歲也。

嘉靖己丑①,太子太保、兵部尚書、總制三邊晋溪王公瓊復疏於朝,請終其緒。公得報,身提重師,經略塞上,工自紅山堡起,至定邊止,延袤四百餘里,恢拓遺功,克底成績。而綜理贊翌之者,則前爲憲僉李君端澄,後爲齊君之鸞焉。迄今數十餘年,方内耕者、牧者、行旅者、戍守者,咸有恃而無恐,非諸公大造之功德耶?嘉靖丁巳②,靈州鄉官王堂、周鏞,庠生吕清、張俊、劉應璧、許宗魯等,感今追昔,爰謀立祠。中路參將徐仁和廼後先相繼,備需鳩工。委指揮雍詩等,於城北構堂五楹,翼以兩序,重門周垣,罔不修飾,祀楊、王二公於其中,而以二憲僉附享焉。王堂等偕教官趙應奎,屬余爲記[132]。

余惟先王之制,有功德於人者則祀之。聞兹長城之築,楊、王二公力任其事,群議不撓。而憲僉李君端澄、齊君之鸞,相繼督工,險艱不避,卒使崇墉岳立,大患捍除,即古之城朔方、築降城者未之過也。是皆功德顯著之甚大者,合而祀之,非禮也與?語曰:“德厚者其感深,功大者其思永。”今楊、王諸公没世垂數十年,而士民之感思者無間於遠近今昔,忻忻然建祠舉祀,蓋無所爲而爲之者,又豈非天理民彝之不容已者耶。噫!楊、王二公之德及一方、功施一時者,靈之士民固知之矣。至於施之宗社、被之天下者,亦嘗知之乎?楊公爲相,前後幾十年,王公爲尚書,歷吏、户、兵三部,皆當正德之末、嘉靖之初。時值多故,二公立朝,議大政,决大事,苟利國家,知無不爲,險難百折,無所疑憚,故能光輔盛業,弘濟時艱。在朝廷則朝廷重,在邊鄙則邊鄙重,蔚然爲當代名臣。余每思見其人,敬奉奔走而不可得也。近以承乏,出撫夏州,二年來亦得竊藉靈寵,幸無他虞,則所以崇報之者,豈獨士民宜爾耶。余既議行祀事,復爲之記,俾刻石祠下,以永邊人之思,且使後來者有所感而興焉。

平虜大捷記[133]　　明　狀元　康海

嘉靖十三年甲午[134],虜酋吉囊盤據河套數年,秣馬勵兵,將圖大舉入寇[135]。兵部尚書、兼都察院右都御史唐公龍與總兵官[136]、都督同知劉文講晝戰守之法,緩急遠近,部署咸定。七月初,寧夏報吉囊結營於花馬池,唐公遂下令曰[137]:“賊寇延綏,鎮西將軍張鳳主之[138]。寇寧夏,征西將軍王效主之[139]。寇固原,都督劉文主之。其當衝截突,副總兵、都督僉事梁震主之。”十四日己卯,虜

① 嘉靖己丑:嘉靖八年(1529)。
② 嘉靖丁巳:嘉靖三十六年(1557)。

由定邊乾溝剷崖入鐵柱泉[140]，劉文堵截，不得犯固原。二十三日戊子，乃從青沙峴入寇安、會、金三縣，文率所部參將霍璽、崔高[141]、彭濬[142]，守備吴英[143]、崔天爵[144]，馳兵往赴。明日己丑[145]，戰於會寧柳家岔及葛家山[146]，斬其桀者數十人。虜懼思遁，文曰："賊歸必自青沙峴。游擊將軍李勳、守備陶希皋可趨青沙峴伏道以俟。紅古城、半箇城，零賊之所必犯，指揮王縉可按兵截殺。二城無事，海剌都、乾鹽池[147]、鳴沙洲、石溝可安堵矣。"

八月四日戊戌，虜果合衆出青沙峴。文督戰當衝，伏兵盡起，復大敗虜衆。而王縉於半箇城與指揮田國亦破零賊。前後斬首一百二十有七，所獲韃馬一百三十又二[148]，甲胄、器械、衣物一千九百三十又七。梁震與參將吴吉、游擊徐淮[149]，守備戴經遇虜於乾溝，大戰破之。斬首一百八十又五，所獲韃馬二百又四，器物四千七百四十又七。王效與副總兵苗鸞[150]，游擊鄭時、蔣存禮又遇虜於興武營，大戰破之。參將史經、劉朝分布韋州[151]，張年又從苗鸞擺邊，遇劉文驅虜，結營北奔，各哨奮勇，而前後斬首一百三十[152]，所獲韃馬二百又二，器物二千一百六十又六。虜幸得及老營，晝夜亟遁。故海剌都、乾鹽池、鳴沙、石溝，號牛羊富有之地[153]，雖經行[154]，不敢正目。視昔年駐掠豳[155]、隴，而諸將閉門籲天，不能得一遺鏃，何如哉？十萬之虜，經年在套秣馬勵兵，欲圖大舉。二旬之內，連復三捷[156]。蓋惟皇上神武聖文，知人善任，故唐公得以悉心壯猷，諸將得以攄忠自奮爾。語言"上下相須[157]，千古爲難"，豈不信哉？唐公受命以來，寒暑僅四閱也，斬獲虜首殆及千餘。威寧細溝之功，北征已後[158]，謂爲再見。今日之捷[159]，視威寧細溝，不知相去幾許。廟堂與本兵大臣，必有以休休之心，翊贊皇度者矣[160]。方諸簡册，周宣、漢武，不足言也。邊方父老，以予撰碑，叙述其事，用告將來[161]。辭曰：

惟明九葉，篤生聖皇。允文允武，帝德用昌。因心弘化，寵綏萬邦。內治既洽，恩被邊疆[162]。惠德有賚，拂義必匡。元臣若德，遜惠厥常[163]。蠢兹酋虜，潛蠕幽荒。教既未逮，螫亦屢猖。盤據河套，未遂驅攘。豈天厭逆，乃爾乖方[164]。屢犯屢挫，曾不戒戕。公壯其猷[165]，九伐斯張[166]。青沙之役，易若驅羊。興武既馘，乾溝亦襄。大舉反衂[167]，鼠竄惟囊。恭惟神武，所嚮必創。況此元老，維德之行。弗崇虛譽，克屏譎狂。稽勳考勣，而無否藏[168]。元戎丕奮，參佐孔良。節制四載，其武湯湯。邪佞莫入，夸毗是惶[169]。皇心勿二，公德愈光。甲午之捷，萬古所望。後賢秉鉞，尚慎勿忘。

朔方書院記　　明　參政　王道行

寧夏衛，古之朔方也，其後衛在花馬池，一牆之外即爲殊域。邊民習乎兵矢，不知有學。建學自嘉靖二十九年始,則巡撫鳳泉王公〔邦瑞〕之奏請也[170]。夫戰鬬之俗,非漸以禮義,緩急固未易使。若王公者,識度宏遠矣。諸生粗習章句,無鄒魯家法,不得以文學辟舉,所以教之者甚爲闊疏。歲癸亥①,廣平蔡君國熙奉命督餉至,視事之暇,進諸生迪以聖賢之樂[171],咸惕然有省,願請卒業。君視學宫制未備,又難數往,則相城中隙地爲書院。中作堂三楹,曰"體仁堂",兩翼爲號房十二楹。前爲儀門[172],又前爲大門。堂之後,爲廳三楹,左右厢各三楹,後爲饗堂一楹,以祠夫子,而有宋横渠先生配焉,曰"是其鄉先生也"。又最後起土爲臺,高若干尺[173]。登臺遠眺,則内夏外夷若指諸掌。諸生以君之别號請名之曰"春臺",志不忘也。蓋仁者與物同體,熙熙然如登春臺[174],其樂可知已,是亦有微訓焉。臺之右爲射圃,若干武命諸生,輟講則習禮其中[175],正以示不忘禦侮之意[176]。既成而坊於大門之外,曰"朔方書院"云。

余雅與蔡君善,他日以公事至,偕參帥吴君嵩,落成於體仁之堂。視其所揭以教諸生者,其東壁則《白鹿洞教規》與《君子小人義利之説》,其西壁則張子之《西銘》②、陽明先生之《立志説》也③。夫《西銘》言仁之體備矣。求仁者莫先於辨志,志辨則義精,學敏則志立,然後仁可體也,旨哉教乎!酒數行,歌《鹿鳴》《南山》之詩④,少長咸秩,雍容有儀。既又召諸父老爲鄉約[177],揭聖訓而講讀之,莫不感發興起於善,若川赴而谷應也。其咏歌揖遜,若相從於洙泗之間,偕群賢而上下之也。於是相率而登於春臺之上,徘徊四望,見諸戍卒,乘城擊刁斗,轉呼不息。敝絮短褐,以禦風雨,煮沙爲飯,歲時伏臘,不遑一恤,其私心怵然内悲焉。蔡君則爲余言:"往歲邊吏多割剥其下,輸窩而入,恣其所賄遺。今聖天子簡任忠貞,恢弘化理,一時方叔、吉甫之佐,訏謨遠猷,相與勛勸於外。譬如草木大寒之後,照以陽春,雖枝葉外凋,而生理潛復,行且畢達。"余曰:"二三子聽之,此陰陽消長之機也。夫家國氣運之盛衰[178],君子小人之進退,學術之污隆,而人心之淑慝也,微乎微矣!故仁則暢於四肢,發於事業,不仁則生於其心,害於其政。文德修而苗格,《小雅》廢而夷侵。其言若迂,捷於桴鼓矣。諸生皆木訥少文,又生長邊鄙,無繁華可欣豔。一切剿説淫詞,侮聖言而壞士習之書,久無有售其地者,所謂混沌未鑿也。力行以求仁,於爲仁也何有?吾聞之孝弟之至,通於神明。愚

① 癸亥:嘉靖四十二年(1563)。

② 張子:指北宋哲學家張載(1020至1077),字子厚,原籍大梁(今河南開封),生於長字(今陝西西安),《宋史》卷四二七有傳。《西銘》是其重要著作。

③ 陽明先生:明代哲學家王守仁(1472至1528),字伯安,因曾在陽明洞講學,世稱陽明先生,浙江餘姚人,《明史》卷一九五有傳。《立志説》原名《示弟立志説》,是王守仁對其弟王守文講述立志次第的文章。

④ 《鹿鳴》《南山》皆《詩經·小雅》中的篇章。

不肖之知，能察乎天地。灑掃應對之事，即上達天德。諸生慎勿以爲高遠而杳茫視之也，不愧屋漏而已矣。慎此以往，他日出爲世用，庶幾干城腹心之選。假使陋巷終身，亦可推其説於其宗族鄉黨，使爲將帥卒徒者，爲國家樹節效忠於無窮，豈不休哉！"諸生皆躍然色喜，因前而請曰："蔡先生有大造於西鄙之士，恐一旦召旋，得無廢此乎？"余曰："不廢也。今書院徧天下，獨白鹿之學最傳，則朱〔熹〕、陸〔九淵〕二先生之功也。蔡君學既日進，諸生又能篤信之，果相與以有成，則兹地將爲朔方之白鹿也，誰得而廢之？"蔡君曰："善。所不與二三子自力者非夫也。"

揆文書院記　明　提學僉事　殷武卿

寧夏，國初建衛學。嘉靖戊戌①，都御史石湖吴公〔鎧〕即學東巷，構民居建養正書院，集諸生分館居業，一時賢俊登庸，稱文獻焉。學宫東故有監鎗中官署，後罷中官入衛，游擊居焉。四十三載甲子，大中丞鑑川王公〔崇古〕撫臨夏土，每視學輒喟然曰："諸戎馬旌旗，日往來學宫側，諸生敬業之地，皆戎馬旌旗藪矣，其何以大居業而遠嚚緇也？"適地震後，書院傾圮，游擊署亦敝漏不可居，數請葺治，公毅然曰："是可更治，文武攸便。"乃檄兵憲張君濟川，劄指揮江龍、知事王朝鳳，亟改故書院爲游擊衙，即遺署鼎新書院，建儀門前後堂各三楹，左右列號舍各六區，備寢廚床几有差。堂後甃泮池，引渠水左注右泄，環匯學宫。後築臺十尺，爲文昌祠。游焉涣焉[179]，與學宫增崇矣。始役於嘉靖丙寅七月②，至隆慶建元六月晦③，越期年始落成。濟川君以余濫竽文學，乃走書屬余爲記。

殷武卿曰[180]："嗟呼，加志於學宫者格世之郛廓也，弘美於風教者隆化之軌轍也。且夫折獄明刑、平徭定賦者，非不威令明而德澤究，然君子曰：'沱流標枝，非本始之術。'乃鑑川王公之撫是鎮也，其政簡易，故人式和，其法嚴明，故治威克。其事精審，其用裁約，故奸不乘隙，而民困以絶。至其詰振戎兵，威服夷虜，又赫赫然可銘金石，乃猶日以修學重文、範俗作人爲務，此豈斤斤於一事一令之間者哉。余蓋嘗讀《禹貢》，見所謂三百里揆文教矣，至二百里奮武衛者，非以略文，亦舉其所重焉耳。我國家固以武功定區宇，然既環郡縣列以膠庠，又緣諸鎮設以衛學，此其崇文之意，章章著矣。寧夏雖遠在大河之外[181]，而人士之傑秀，非少於中土。愛親敬長、親上尊君之義，又皆人知能之良也。顧習尚隘於見聞，學術荒於游惰，其居使之然哉，或亦無以倡之耳。國朝寧夏之建，本以折衝外侮，而衛學之設，實寓修文於武衛之中[182]。蓋上以人倫爲教，則下以惇倫爲事，風

① 嘉靖戊戌：嘉靖十七年(1538)。
② 嘉靖丙寅：嘉靖四十五年(1566)。
③ 隆慶建元：隆慶元年(丁卯，1567)。

習漸涵，恩義維繫，由是戰則勝，守則固，文教武衛，要不可歧而二之也。王公既嚴武備，尤特易置書院，汲汲於養士者，其所爲倡勵道化之意，何以加焉。諸生日藏習其中，誦説先王，稱法古昔，即是見聞可以弘暢，學術可以精研。異日者胥斯人更化之久[183]，固將以忠信禮義爲甲胄干櫓，不有鴻術之異操，而全材之應用者出耶。是當與中原文獻等，又奚衛學云乎哉？此王公垂遠之澤，有志者不可重負之也。於乎！魯僖以泮宫致頌，文翁以興學遺休，武卿亦謂王公開寧矣。”

濟川復予言於公，公曰：“揆文奮武，先王經世之偉烈；文事武備，尼父用世之懿範。夏，古荒服用武地也。武非文無以知方，文非武無以禦侮。文以明道，武以攘夷，正人心而固干城，保輿圖而弘聖教，兹地不爲虚矣。”[184]工待竣，張公以禮去，繼東海方君代至，式贊厥成。公乃改題院額曰“揆文”，扁堂前曰“明道”，後曰“會講”。分左右號爲“六行”“六藝”。卜吉釋菜，文昌後進，闔鎮四學諸生，應試者三試之，俾居業、精藝、篤行焉。凡爾夏士勖哉，求無負公之期待，兹院也，將與弘文共傳永世云。王公名崇古，辛丑進士①，蒲州人，先兵備鄜延時，修鄜延郡縣學與諸名公祠。蓋所至收聲華，持體要，殷情翊天子道化者。張君名橋，己未進士②，滇南人。方君名岳，丙辰進士③，萊州人。先後勛名炳炳。是役也，各勤贊畫，故得並書云。

僉憲汪文輝去思碑記　明　兵部郎中　王繼祖

汪公都山，受命分臬夏鎮之明年，繼祖時以請告歸里中，接公言議，常耿耿於衷。無何，公晋卿尚寶去任，鎮人諦思不置，欲即公之德政鐫諸碑，以比《甘棠》。其言曰：“寧夏苦屯田之害久矣，賦重而督嚴，丁耗而役劇。往臬非不憫惻，顧常課不可損，獨付之無可奈何。公至乃虚心咨訪，不遑寢席者一稔。斟酌損益，探本成書，請於督撫，聞於廟堂，凡無影、河崩諸田，盡以豁免。報至日，鎮人歡聲載道。於是逃者復，疲者蘇，邊民始有更生之樂矣。公巡省所部也，以閘口歲費不貲，欲驅石爲之。雖土人亦以爲難，然朗見獨識，自必可成。瀕行猶悉心指畫，以屬後人。逮今功將告竣，且渠流疏通，視昔有加，屹然不拔，信可垂諸永久，人始服其神智。公嘗曰：‘屯田顔料，用民財買，共該三千餘兩，閘支費歲以三分之二。而大木百金之值，千夫半月之勞，猶在其外。自今觀之，石閘若百年無毁，省民財力當不知其幾萬倍矣，厥利不亦溥哉。’夫豁田創閘，皆公政之大者，他若監市而虜人輸誠，决獄而宿冤平反，籌兵畫農，疏商課士，皆深謀閎議，務建經國長規，邊

① 辛丑：嘉靖二十年(1541)。
② 己未：嘉靖三十八年(1559)。
③ 丙辰：嘉靖三十五年(1556)。

人歷歷能言之，茲在所不載。”

繼祖曰：“天下無不可革之弊，無不可興之利，患在官不任事耳。繼祖生長鎮城中，地方利弊，聞其概矣。公至，乃革之興之，利民而無妨於國，恤公而不害於私，誠古之遺愛、世之偉才也。去之日，邊人引領啼呼如失父母，已而欲肖公之象祠之。父老謀於縉紳，縉紳請於撫臺[185]，乃聽民豎碑，而俾繼祖書其事，於此見公之惠鎮人者爲獨至，鎮人之德公者爲最深。要之，下非有所冀，而上非有所狥也。”公諱文輝，别號都山，徽之婺源人[186]，登乙丑進士①。

豫順堂記　　明　巡撫　周先鎬

兵家云②：“昔之圖國家者，必先教百姓而親萬民。”將用其民也，必和而造大事，此則《易》之“豫”且順之道也。《易》曰“豫利建侯行師”③，《象》則云“順以動”④，豫順以動，故天地如之，况建侯行師乎？夫坤下震上爲“豫”。雷出地奮，聲轟蟄啓，幽者晰而閉者通，剛應而志行，機順而畢達，威德旁暢，然不自“豫”始也。震下坤上爲“復”。復之時，閉關不省，方爲其“剥”後，微陽静以養之，既至於“豫”，其機自不可遏。故未豫之先，兵家所以自治者，其功頃刻不敢懈。即善敹乃甲胄，鍛乃戈矛，礪乃鋒矢，不憚征繕，以固我圉者，皆其具也。乃以潛深參伍，淵乎其莫測，戒懼修飭，密乎其不可間。約束於召發整齊之先，競業於講肄矯厲之力[187]。不待鋒刃之交、鉦鼓之合，而儼然矢石集目，礬控在御，其不拔也如山，其迅發也如雷。其中倏出倏入，獨往獨來，其機存焉[188]。由是而天發殺機，時且至矣；地發殺機，豫且動矣；天動神運，人且悦矣。於是而有伐肆絶忽之役，出之雍容俎豆間，而揮枹制勝，蓋自嚴固果確者，發之方知其淵。然不測者，乃其折衝精神之豫，而凛乎莫禦者，出之嚴翼對越之精。何者？其所豫者素也。於是而三軍萬旅，樂爲我用，而不知其所以爲我用者，亦其機所不能自已爾。

曷今之圖者殊是？效不著於眉睫，則見以爲迂；議不駭於聽聞，則見以爲溺[189]。少而傳合於弭筆持論者[190]，則自逡巡惴恐。於是不問生靈，不較失得，日携我民以求逞，何異以三軍爲博，廼輕國家事於一擲。幸而得十百於千萬，輒掩覆見勝，賞罰行焉[191]。彼血膏塞草而骨葬沙漠者，孰其任之？兹朔方何時哉，戎虜構釁[192]，豫怠而離也。剥極初復，生聚教訓，未及三載，亟欲驅不教之民，以與狂虜有事[193]，此孔子所惡夫棄之者也。乃藉口“主上宵旰，臣義敵愾，

① 乙丑：嘉靖四十四年(1565)。

② 參見《吴子・圖國》。

③ 參見《周易・豫》之卦辭。

④ 參見《周易・豫》之彖辭。

何爾猶豫"？若然，則聖天子假爾節鉞一方，豈其不爲疆埸久遠計，而顧奉爾名爵世裔，抑奚賴爲？且武以保大定功、輯民和衆之謂何？客在幕者曰："誠然矣，漢衛長平、霍去病擊匈奴，功何如？"余應之曰："青取河南，置朔方郡，功大矣。乃棄上谷、造陽地以與敵，不計何居。去病將四十萬騎絶大幕，封狼居胥，登瀚海，斬虜數萬餘級，震動一時，而士馬物故以倍，何不問之？乃今何能望衛、霍萬分一？得一狼，走千羊，不尤可重嘅哉！"客曰："《詩》美周宣薄伐，《春秋》譏楚追戎，乃知豫順之動，可貞吉也。"

予初涖鎮，假幕於游戎署，扃鍵不設，堂簾不肅，反側伏機滿左右，何以稱一方宰制。乃草創擘畫，拓舊公署以居，因治兩三楹爲籌諏所[194]。不揣固陋，書之以證任事者[195]。

漢唐二壩記　　明　長史　孫汝匯

黄河由崑崙、積石入峽口，繞寧夏，東西直流而北。東作渠引流曰漢渠，漢之西曰唐來，自董文用、郭守敬開導授民，其利遠矣。迄今渠久浸淤，歲發千夫濬之，木植勞費，不啻萬計。昔謂黄河獨利於夏，兹困也孰甚？

隆慶壬申①，憲大夫汪公〔文輝〕恫念民隱，登覽渠流，憮然嘆曰："是閘也木也，洪濤衝溢，非木可支，盍易石爲砥柱乎？"乃議於中丞抑庵張公〔蕙〕、總督晋庵戴公〔才〕，奏請改築，報曰"可"。公沾沾喜，謂可以殫厥謀也。爰畫方略，審勢繪圖，每壩設閘六，閘用石若幾，授工人試之。無何，公擢尚寶，督撫公各遷去，工將興而未就，衆議紛然，事幾寢。萬曆癸酉②，中丞念山羅公撫夏，先憂首詢厥役，亟聞之督府毅庵石公〔茂華〕矣。會甲戌③，憲大夫解公〔學禮〕至，檄總其事。解公曰："汪之加志於民若此，前功弗舉，其責在我。"乃以協同劉君濟、沈君吉，都司楊恩、守備朱三省統理，通判王鋭、薛侃司計會，經歷李耀、千户劉楫司公務。役出於軍夫，石取諸金積山。甃砌惟堅，二閘矻然。經始，公諭役者，是用爲式，可次第舉之。諸執事任勞益淬，民亦欣欣相慰，孰不争先而趨赴也。丙子秋④，唐壩落成。迨丁丑四月⑤，漢壩亦相繼告竣。壩之傍置減閘凡十。中塘、底塘及東西廂、南北廂，各覆以石。上跨以橋，橋之上穿廓軒宇，豁然聳瞻，臨流而溯源，誠塞北奇觀矣。

夏人興禹功河洛之思，謀勒碣以紀數公之永永。劉君等以請於越東孫子。

---

① 隆慶壬申：隆慶六年(1572)。
② 萬曆癸酉：萬曆元年(1573)。
③ 甲戌：萬曆二年(1574)。
④ 丙子：萬曆四年(1576)。
⑤ 丁丑：萬曆五年(1577)。

孫子曰："事每相待而有成，爲民事者，始終相乘[196]，乃克有濟。故蕭曹丙魏，自古稱之，以其畫一而同乃心也。是役也，汪公創之，其施未竟，天將啓其機以有待乎？使後相齟齬於其間，一道旁之室耳。今共懷永圖，一殫力而萬姓捐勞，百千年攸賴，豈云厥功甚鉅，蓋君子苟有利於生民，不必謀自己始，功自己出。彼數公者，心同而量弘，度越古今萬萬矣。其天爲夏民，俾相待而共濟之若是耶？休風協美，用詔將來。若籌略壯猷，數公更僕未易舉，兹轉述其水利云。"

靈州河堤記[197]　　明　河東道　張九德

靈州阻河而城[198]，其西南當河流之衝，復趨而北可十里。每夏秋湍激，受害不啻剥膚，而亦藉以灌溉[199]。雖秦、漢二渠溉田至數千頃[200]，而利與害錯[201]，其侵城實甚[202]。粤稽洪武甲子迄今①，城凡三徙，皆以河故，而河亦益徙而東。自不佞來受事，不一載，去城僅數十武矣。先是，禦河，歲役夫三千，束薪十萬，罔慮數百千金，率委諸壑。人情洶洶，意非物力所能支[203]，議徙民、徙城以爲長策[204]。不佞則謂禦河猶禦虜也[205]，虜闌入，不偪之去，猶延之入乎[206]？且勢若建瓴，而僅僅積薪委土與陽侯争，此助之決耳，計非巨石砥柱之不可，獨慮費且不貲[207]。計無所出，不佞即捐月俸二百金爲役者先[208]，而謀之薦紳邑令戴君任、諸生輩及鄉三老聚族議[209]，堤以石，無所事薪，改徵河西年例柴價五百金。軍民願輸地基銀八十兩，暨諸捐助，驗庫藏之羨[210]，合之得千四百有奇。貲用集矣，則議民間量地畝出夫[211]，量田里出車，調兩河營卒，更番受役。工力備矣，乃造船百艘，運峽口石，往來不絶。材具庀矣，遂請於先撫寧夏今制臺少司馬介石李公、前制臺今大司徒瞻予李公，俱報"可"，則以守備張大綬董堤務，指揮孟養浩司出納[212]，經歷李盛春程工作[213]，大興石堤之役[214]。而議者紛若，謂濱河皆流沙，不任受石[215]，恐卒無成功。適旋築旋潰[216]，衆口愈囂。予堅持之曰："此根虚易傾耳[217]，水豈能負石而趨耶[218]。"益令聚石投之[219]，一日盡八百艘，三日基始定。於是從南隅實地始，纍石爲堤[220]，首四十餘丈，用遏水衝。繼以次迤西而北[221]，其纍石亦如之。計堤長六千餘丈[222]。功甫成，而河西徙[223]，復由故道[224]。視先所受嚙地淤爲灘[225]，可耕可藝，去城已十數里矣。

是役也，經始於天啓癸亥之正月②，告成於天啓乙丑之四月③，凡費時二年有半，費金九百一十有奇[226]，費米麥六十石，而貯尚有餘羨。念往歲議堤，請帑金萬二千，業奉旨下部覆不果。今議約三千金，猶慮不足，至廑少司馬公捐俸金百

① 洪武甲子：洪武十七年(1384)。
② 天啓癸亥：天啓三年(1623)。
③ 天啓乙丑：天啓五年(1625)。

兩[227]，而同守盧君自立、參戎高君師孟等，亦醵助有差。然卒以有餘羡，故藺還。是皆百執事殫心經畫[228]，靡有虚縻之成效也。

憶不佞初抵靈行河[229]，籌之再三，始而秦渠堤潰[230]，水暴洩，不能灌溉[231]，爲築長堤瀦之，歲比稔。而漢伯渠又苦無尾閭，腴田皆成巨浸，因以治堤之餘，爲開蘆洞，長十三丈五尺，高廣各三丈五尺。自秦渠北岸抵窪橋，疏渠道三十里，瀉水入河，復故田數百頃[232]，增稅額數千石。不三月而竣[233]，凡費金五十六兩有奇，而樁銕諸費不與焉。古有言："河者，天下之大利大害也。"故《周禮》慎水政，以防止水，以瀦蓄水，以溝蕩水，其法甚備。自堤石而城無受嚙，民皆安堵，庶幾於河之害遠矣。而二渠之役[234]，亦借以收其利。不佞三年於此，未事則憂物力，方事則憂成勞，已事則憂久遠。今幸三憂且釋，得藉手告終事矣。抑天下事，惟賢者能慮始，其次莫若因。是三役者[235]，因法於古，因石於山，因力於民，因能於衆，因主裁於上，獲逌喜事之幸[236]，是皆今日所以成功之本也，例不可以無記[237]。遂次其終始，以係之銘。銘曰：

渾渾經瀆，亘以金堤[238]。順流而西，潛於靈府。禔福下土，聿鞏靈武。爰固我圉，用昌我稷黍。匪處白璧，而崇紺益。是維川后之仁，俾無逢其菑害。亦越千禩，曰寧以泰。

靈州張公堤記　　明　太僕少卿　崔爾進

靈在寧夏鎮河以東，劉綜所謂"西陲巨屏"①。居人三時農作，寄命於河。河有渠曰漢延[239]、曰唐來，俱西爲鎮城所有。其在東者秦家一渠，古稱光禄等三渠，百家等八渠，今湮没。意當時兼東、西渠名之，或曰即秦家支渠，皆不可考。渠故有堤，土薪間築，旋築旋圮，久之益廢，不復治，歲屢不登。觀察張公〔九德〕既下車，亮采惠疇，大猷允迪。數問民所恫苦，得此，毅然謂："非石礝無以集事。"於是相度鳩工，躬爲激督綜覈，不半載告竣。延袤四百餘丈，高厚堅緻，亘如長虹，水無壅滯泛濫，頓成有年。畚鍤之費出公捐俸及搜括贖鍰，不以勞民，民大悦。營參戎馬君載道，併鄉紳縣尹戴君任等，即以張公名堤，如姑蘇之白公堤、武林之蘇公堤，而介郡貳守沈君道隆求余爲記[240]。

余按河出崑崙墟，歷注蒲昌，出積石，入燉煌諸境，以至朔方，此即其地也。河從高趨下，最善潰。至是爲青銅峽約束，漸就平衍，稍得瀦瀉[241]，以資稼穡。世謂天下多苦河害，惟朔方收河之利，良然。而關西諸鎮，九原、張掖，左右遏虜，此居其中，形雖鼎峙，實衿喉焉。自昔置材官輓飛，數萬甲仗糗芻之需，仰給帑金

① 劉綜語參見《宋史》卷二七七《劉綜傳》、《長編》卷五〇咸平四年(1001)十二月條。

不及四萬緡。其餘民運而外，一切取足屯田，又何約也。持笏而畫者，毋亦曰濱河爲利，徼靈於天實甚奢。俾半食其力，以舒縣官急，而天何可常則亦利不利之，灼然者矣。

公清修介節，偉略直心[242]，盤錯所至，剖决若神。日加意元元，綢繆其制作，永逸規模，成以指顧，塍位相接，可導可鄣，無蕩、無涸、無淤，天若不自以旱乾水溢爲政而獲畬，惟斥人鹵之場芃芃桑麻[243]，無論家給賦足，陳穰我庾，而市價不驟騰湧。荷戈輩宿飽以養直前之氣，縱天驕百萬，敢南向發一矢耶？即不然狡焉以逞，阡陌蜿蜒，險阻繡錯，我以投石拔距之餘，遏飄風驟雨之衆，扼吭制撐，犁孤死命，礪藨斧伐朝菌耳。然則是役也，自金積而南，周索自我，入保出遮，虜絶甌脱之迹。盡神皋奥區之域，惟公之所保釐而人安之[244]，而余竊謂此井畫之遺也，趙營平行之金城而效矣。今大司徒所仰而嘆，必曰："遼餉加派南畝，三倍原額。監司二千石而下，且以此定殿最。新餉日急，舊餉日逋，急者終付尾閭，逋者致各塞有庚癸之呼。何如推公此法於薊門通津間，芟夷蓁蕪，嚴葺其圩墚埠坊，且耕且戰，不愈於水陸飛輓數千鍾致一鍾乎。"公堤築既成，則有見於河漸内徙，懷襄之勢嚙及城阯，復切猶溺之視，條畫石磜便宜，上之臺使者。興作伊始，民之室宇，靡所不奠，居以無至昏墊，徼塞始有金湯。至夫肅憲章，貞百度，嚴刁斗，明烽燧，飭將吏，課博士弟子，董正鹽法，讋服援兵，芳施閎澤，奕世利賴，則境以内藉藉有口碑在。聖主睠膚公，且埤遺有加，行且授以大中丞節[245]，若拆父專九法，籌餉命旅，余與靈人又拭目廓清，浹膚藏髓，不區區北地闡熙間矣。公諱九德，號曙海，浙江慈谿人[246]，萬曆辛丑進士①。

改修七星渠碑記　　明　副使　譚性教

寧鎮迤西三百六十餘里爲中衛西路，東控銀干，北制邊夷[247]，西南鄰松山、青海。諸虜支蔓根連，此款彼犯，實逼處我牆下，遞起爲難，非若他路專意一面比也。頃因遼左告棘，大司農全餉專注於山海。軍士守此者，既難望關中輸轉，而商人實粟塞上，又以鎮城分給百中之一，率下户不贍，則惟賴有黄河南威寧諸堡屯田租耳。自非屯政修舉，憂不在虜，且在軍矣。

威寧舊有七星渠，荒淤歲久，塍溝圮塞。加以山水自固原奔馳而下，洶湧澎湃，歲爲渠患。膏沃之壤，化爲蓁蕪。徙丁逋賦，頓減屯籍之半。大中丞焦公〔馨〕天啓丁卯秉鉞兹土②，慨然曰："有能任此者，吾且顯著其績，以酬厥勞。"檄

① 萬曆辛丑：萬曆二十九年(1601)。
② 天啓丁卯：天啓七年(1627)。

下道府，遴委將弁，議經費，商工役，度地形，乃據西路同知韓洪禎[248]、屯田守備王光先所條上諸款，衷議以聞。以百户李國柱、劉寀分督之，而專任韓郡丞綜其事。謂舊渠口上，石剛且頑，奈何强之以水，於是移鑿近三里許，河益尊善下，岸益謙善受，闊凡四丈五尺，深八尺。河行於鑿口三里許[249]，地勢復高，舊三空閘旁，濬隙地十五里，深闊如前。入寧安故道中，散者聚，迅者折，亢者夷，瀦者洩。中間爲宜民閘、五空閘、銅錢湃、鹽池湖閘[250]，凡四道，站馬橋貼渠、横河湃梗凡二道[251]，委曲輸瀉。自口至威武一百里，至鳴沙又七十里，灝灝湯湯，以次下於田，支分脉析，注玉濺珠，浮塍貫畝。其山水爲患者溯渠上五十里，古有北水口淤塞，故徙而東注，北口近河石梁爲埂，故逆而上壅，則鑿中石梁四十七丈、深九尺、闊一丈六尺，下石梁五十三丈、深二丈、闊倍之。水引入黄河。東壩壑口，疊築崇堤，底闊十丈，頂闊三丈五尺，高十一丈，縱横百步，障濤砥瀾[252]，不使患渠。

是役也，自三月上浣迄五月，凡三閱月而竣。用軍民工役凡三千二百五十人。若匠若器取諸官[253]，若柴若木供諸堡。軍夫適今上登極，賞至，軍咸悦使。民夫則出於本堡者，民自供給，借於外堡者，計日給廪。凡用官帑二百餘金，較始議省夫役三千餘，省金錢一千餘。闢荒梗萬餘頃，咸得耕穫。西路父老懽乎稽顙，曰："今乃得免於死徙，以食土之毛也。吾儕小人爲山河所虐，不享渠之利者十數年矣。囂囂訾訾，咸以功非二三年莫成，費不數千金莫成，工役非萬餘莫成。今事半而功倍，且速若此。雖有暴浪驚濤、堯年之水，不能越峻堤而衝渠腹；雖有火雲旱魃、湯年之暵，吾且沐浴膏澤，霑餘潤焉。昔史公决漳灌鄴，斥鹵生稻粱，人頌德稱聖，與西門並傳。中丞治渠，溝洫繡錯[254]，豈止利民足國，且以禦虜南牧，功奚啻倍蓰也。焦公行矣，願及公在[255]，賜言以勒不朽。"不佞性教承乏司餉，疏鑿之役，愧無能效胼胝爲父老先，幸藉告成事，以逭於罪，戾《甘棠》之蔭，與夏人同庇焉。我輩懷德矢報，尚勤其築濬，歲歲無怠，庶焦公之汪濊與黄流俱永乎。公諱馨，號蘅芷，山東章邱人，辛丑進士①。撫夏甫及一載，所興釐皆百年大計，如止遼戍、賞戰功、疏水利、繕防邊、程材官，功德難更僕數，此特其惠西路之一事云。

三賢祠碑記[256]　明　翰林[257]　南居仁

成天下事者，豈不存乎其人哉？今之人見古人之豐功駿烈可傳後世者，或遡瞻廟貌，未嘗不敬而慕之，以爲吾亦可以爲此也。及乎臨事，則又畏縮遜謝，謂此殆有天授，抑或遘時會之便以成厥功，而非吾所能及。嗟乎！豈古今人若是遼

---

① 辛丑：萬曆二十九年(1601)。

絶哉。

昔武廟初，楊公邃庵以都御史臨邊，奏築延〔綏〕、寧〔夏〕二鎮長城，爲復東勝計。會逆瑾阻之，功雖未竟而先聲馳塞外，戎馬裹足。及寘鐇謀叛，就家徵起公。鎮人聞公至，鬬氣百倍，至則鐇已就擒，遂留制三邊，逾二十年。而王公晋溪位大司馬，督三邊軍事，循楊公之緒，拓城四百餘里。夏人念二公功不忘，合祠靈州城北，所由來久矣。又百年，而張公曙海以藩臬長兵備河東，適陽侯鼓怒，呑噬城闉，民將棄厥居而巢窟是棲。先是，河屢决而東，城亦屢避而東且迤北。洪武以來，三徙城矣。張公曰："若此，是無靈州也。城可徙而東，水獨不可徙而西乎？"乃循河故道，躬理畚鍤，築石堤長六千丈。初，河流甚駛，少投石則旋傾，張公曰："此力弱不能勝耳。石能砥水，水豈能浮石乎？"遂排群議，爲艘者百，從峽口運石，積而頓投之，一日罄八百艘。石堤克鞏，河乃西徙，城賴以全。由前言之，夏人之不捐於鋒鏑，楊、王二公之所留也。由後言之，夏人之不汩爲魚鱉[258]，張公之所生也。於是躋張公與楊、王並祀，旌曰"三賢"。噫！亦盛矣。

予因思兵猶水也，治水與治兵孰難？意者堤猶水之城與，水决而移民以避之，猶兵交而割地以求和也，雖欲永保其不壞，詎可得哉？且疆埸之事，吉凶存亡，我與敵共者也。或望塵而避焉，若夫驚濤迅湍，一掃而爲黿鼉之窟，豈有幸乎？况兵但避其害，而水更收其利。張公又築長堺於秦渠，開蘆洞於漢渠，使涸者有所蓄，而澇者有所洩。今兩渠間翼翼彧彧，緑野如雲，伊誰賜與？至於挺而走險者，感片語以投戈，是劉弘一紙書勝十部從事也。狡焉啓疆者，懾天威而稽顙，是趙充國以威信服罕幵也[259]。業業乎無形之長城也哉。楊、王振卓軌於前，張公接芳躅於後，孰謂古今人不相及耶。楊公諱一清，丹徒人。王公諱瓊，太原人。張公諱九德，慈谿人[260]。頌曰：

屹屹金墉，區分昴畢。燧寢烽銷，天險是設。文襄創始，司馬紹述。倬彼二公[261]，俎豆有秩。張公繼起，循禹之迹。昔也洪流，今藝黍稷。買犢棄劍，計安反側。鼎鼎三賢，貞珉永勒。

張公去思碑記[262]　　明　御史　沈猶龍

靈州自秦漢以來，或稱州，或稱郡，或稱軍，與鎮城僅隔一河，而東、西兩道並建，蓋其重也。神廟之季，天下紛然用兵矣。廷議遴選才德宿望之臣，分蒞九邊，而曙海張公以按察副使飭河東兵備。當是時，遼左、川、貴並軍興，多調邊兵爲援[263]，驛騷無寧日[264]。本鎮援卒方遣行，而悍丁金白、張威等路殺領兵官，僞署左、右將軍，焚掠而前，烟塵翳日[265]，遠近震駭。公至固原，聞變，星馳進，大書前導曰："戍士遠役誠可念，即有所需，何不以情請，而輕蹈國憲，且父母、妻子各在城,而自貽族滅,何也？軍門發兵擒剿,汝進退何以自全？幸本道未受事,可開汝一面。如悔罪者,速投戈,隨本道蒞鎮,以明無叛志也。”衆環跪而哭,聲震山谷間,叩頭請死,有流血者。公隨路慰遣原營安插,而密擒渠魁置之法,寧鎮以安。其定邊有如此者。銀定賓歹擁衆牧邊,聲言搶花馬池。公曰:“彼素利我市賞,且中國無釁不敢叛,可不勞師而服也。”因計誘通事僧人,宣諭朝廷恩威。通事曰:“無他也,意求增歲賞耳。”公怒曰:“國家定制,誰敢議增。必欲增者,當決一戰。後雖稽顙求貢,豈可得哉!”乃勒兵令遍觀營伍而縱之歸,二部各誅帳下一人以謝過焉。其制勝有如此者。熊經略廷弼,威震九邊,得便宜調發。有僞充經略使者,勒取馬價[266],傳鼓而入,甚倨。公曰:“鎮故市馬,然不取馬而價者,何也?”其人曰:“道遠恐疲,折價至近關貿易爲便耳。”公疑之,簡故牒,印文小異,遂伏罪。其發奸有如此者。鎮臨極邊,武備盛而文事寡。公攝學政,月課課,歲有較,朔望蒞黌宫,講業論道。辛酉獲雋疊雙①,邊方侈爲盛事。其育材有如此者。復創設商學,以便商賈子弟肄業。於是群商輻輳,歲課羨溢。其柔遠有如此者。靈州瀕河而城,歲費薪夫數千金以禦河。壬戌②,河大決,居民屢夜驚,議他徙。公相度水勢,從十里外建石堤,爲一勞永逸策,歲省薪價工役無算,而向所衝淤轉成腴壤。其保障有如此者。秦家渠常苦涸,漢伯渠常苦漲。三農失業,輟耒而嗟。公築長塀以護秦,别開蘆洞以洩漢。計疏渠道三十里,復蕪田數百頃,而歲額驟增數千石,時號“張公堤”。又創制水岸,利民灌溉,號“張公車”。其裕農有如此者。

公爲政大抵先事綢繆,臨機制變,聲色不動,而指揮若神。目光如電,坐堂上,人從轅門外窺,閃閃如雙燈。故雖色笑親人,而人不敢干以私。若夫内靖寇氛,外銷邊釁,談笑折衝,豈不賢於甲兵百萬哉？公庚申以按察副使任事③,壬戌長按察使④,甲子加右布政使⑤。履任六年,而攝河西者再。至乙丑⑥,凡兩考卓異,擢巡撫都御史去。先是,城北有二賢祠,祀楊公一清、王公瓊,以報修邊之功也。及公去任二年,而鎮人思公之功不下楊、王,於是貌公像而三之,更其額曰“三賢”。今年春,寧夏舉人張君先春、沙君圻,貢士沈君諫等,以計偕至京師,謁予請爲文,以留公愛。夫龍向奉命閲邊,已疏公治行第一入告,則所爲聞且見之,而非無徵不信者矣。前二十年,公守雲間,全活饑民數百萬,獎育士類,龍亦厠門

① 辛酉：天啓元年(1621)。
② 壬戌：天啓二年(1622)。
③ 庚申：泰昌元年(1620)。
④ 壬戌：天啓二年(1622)。
⑤ 甲子：天啓四年(1624)。
⑥ 乙丑：天啓五年(1625)。

下，知公非一日也，又烏敢以不文辭哉。今上即位，公以少司馬陳新政六要，上嘉納，召對曰："老成敏練，無逾卿者。"行見秉中樞如王公，掌綸扉如楊公，事業彪炳，真堪鼎足而立矣。表曰"三賢"，誰謂不宜[267]。公諱九德，字咸仲，別號曙海[268]，浙江慈谿人，登萬曆辛丑進士①。

【校勘記】

[1] 西夏：原作"宋"，據碑文作者實際所屬朝代改。

[2] 傍輝：原作"滂輝"，據《〔正統〕寧志》卷下《文・夏國皇太后新建承天寺瘞佛頂骨舍利軌》、《〔嘉靖〕寧志》卷二《寧夏總鎮・寺觀》"承天寺"條之《夏國皇太后新建承天寺瘞佛頂骨舍利軌》改。

[3] 列：原同《〔嘉靖〕寧志》卷二《寧夏總鎮・寺觀》"承天寺"條之《夏國皇太后新建承天寺瘞佛頂骨舍利軌》作"烈"，據《〔正統〕寧志》卷下《文・夏國皇太后新建承天寺瘞佛頂骨舍利軌》、《朔方新志》卷四《詞翰・承天寺碑記》改。

[4] 輕：原同《〔嘉靖〕寧志》卷二《寧夏總鎮・寺觀》"承天寺"條之《夏國皇太后新建承天寺瘞佛頂骨舍利軌》作"經"，據《〔正統〕寧志》卷下《文・夏國皇太后新建承天寺瘞佛頂骨舍利軌》、《朔方新志》卷四《詞翰・承天寺碑記》改。

[5] 綿：原作"歸"，據《〔正統〕寧志》卷下改。

[6] 疊：原作"壘"，據《〔正統〕寧志》卷下改。

[7] 銘：原作"銘辭"，據《〔正統〕寧志》卷下《文・夏國皇太后新建承天寺瘞佛頂骨舍利軌》、《〔嘉靖〕寧志》卷二《寧夏總鎮・寺觀》"承天寺"條之《夏國皇太后新建承天寺瘞佛頂骨舍利軌》、《朔方新志》卷四《詞翰・承天寺碑記》改。

[8] 葬舍利碣銘：《〔正統〕寧志》卷下《文》、《〔嘉靖〕寧志》卷二《寧夏總鎮・寺觀》題作《大夏國葬舍利碣銘》。

[9] 東土：此同《〔嘉靖〕寧志》卷二《寧夏總鎮・寺觀》"承天寺"條之《大夏國葬舍利碣銘》，《〔正統〕寧志》卷下《文・大夏國葬舍利碣銘》作"東旦"。

[10] 胤嗣："胤"原爲空白，據《〔正統〕寧志》卷下《文・大夏國葬舍利碣銘》、《〔嘉靖〕寧志》卷二《寧夏總鎮・寺觀》"承天寺"條之《大夏國葬舍利碣銘》、《朔方新志》卷四《詞翰・大夏國葬舍利碣銘》補。

[11] □□：《西夏佛教史略》附録一作"涅槃"，未説明據補理由。

[12] □□：《西夏佛教史略》附録一作"我皇"，未説明據補理由。

[13] 三寶：原作"三保"，據《〔正統〕寧志》卷下《文・大夏國葬舍利碣銘》改。

[14] 大慶：原作"天慶"，據牛達生《〈嘉靖寧夏新志〉中的兩篇西夏佚文》改。

① 萬曆辛丑：萬曆二十九年(1601)。

[15] 毅宗：原作"英宗"。《宋史》卷四八五《夏國傳》載，諒祚謚曰"昭英皇帝"，廟號"毅宗"，據改。

[16] 牛達生《〈嘉靖寧夏新志〉中的兩篇西夏佚文》考證，《大夏國葬舍利碣銘》中"天慶三年"當作"大慶三年"，故"乃夏桓宗純祐天慶三年宋寧宗慶元二年丙辰也"當改作"乃夏景宗元昊大慶三年宋仁宗景祐五年戊寅也"。

[17] 河源記：《〔康熙〕陝志》卷三二、《〔乾隆〕甘志》卷四七《藝文》均題作《窮河源記》。疑或作"河源志"，參見雪子《元潘昂霄〈河源志〉名稱考實》。

[18] 吐蕃：《南村輟耕録》卷二二《黄河源》作"土蕃"。

[19] 泓：原作"眼"，據《南村輟耕録》卷二二《黄河源》、《〔康熙〕陝志》卷三二《藝文・窮河源記》改。

[20] 或泉：此二字原脱，據《南村輟耕録》卷二二《黄河源》補。

[21] 泥淖："淖"字原脱，據《南村輟耕録》卷二二《黄河源》補。

[22] 近觀：《南村輟耕録》卷二二《黄河源》作"逼觀"。

[23] 奔湍：《南村輟耕録》卷二二《黄河源》作"奔凑"。

[24] 水南來：此同《元史》卷六三《地理志》，《南村輟耕録》卷二二《黄河源》無"水"字，疑誤。

[25] 斡：原作"幹"，據《元史》卷六三《地理志》、《南村輟耕録》卷二二《黄河源》改。

[26] 六七里：此同《南村輟耕録》卷二二《黄河源》，《元史》卷六三《地理志》作"五七里"。

[27] 時：此字原脱，據《南村輟耕録》卷二二《黄河源》、《元史》卷六三《地理志》補。

[28] 二十：原作"二十六"，據《南村輟耕録》卷二二《黄河源》、《元史》卷六三《地理志》改。

[29] 地：原作"既"，據《南村輟耕録》卷二二《黄河源》改。

[30] 程：此字原脱，據《南村輟耕録》卷二二《黄河源》補。

[31] 穹峻：原作"窮峻"，據《南村輟耕録》卷二二《黄河源》改。

[32] 犁牛：《元史》卷六三《地理志》、《南村輟耕録》卷二二《黄河源》作"犛牛"。

[33] 狍：此同《南村輟耕録》卷二二《黄河源》、《元史》卷六三《地理志》，《〔康熙〕陝志》卷三二《藝文・窮河源記》作"豹"。

[34] 而越之處：《南村輟耕録》卷二二《黄河源》作"越之者"。

[35] 約行：此二字原脱，據《南村輟耕録》卷二二《黄河源》補。

[36] 積石：原作"磧石"，據《尚書正義》卷六《禹貢第一》、《〔康熙〕陝志》卷三二《藝文・窮河源記》改。下句"積石"同改。

[37] 莎羅模龍王祠碑記：《〔正統〕寧志》卷下《文》題作《寧夏莎羅模龍王祠碑記》。

[38] 蒐出：原作"蒐山"，據《〔正統〕寧志》卷下《文・寧夏莎羅模龍王祠碑記》、《朔方新志》卷四《詞翰・莎羅模龍王祠碑記》及下文改。

[39] 軍：原作"車"，據《〔正統〕寧志》卷下《文・寧夏莎羅模龍王祠碑記》、《朔方新志》卷四《詞翰・莎羅模龍王祠碑記》及下文改。

[40] 龍神：原作"龍王"，據《〔正統〕寧志》卷下《文・寧夏莎羅模龍王祠碑記》、《朔方新志》卷四《詞翰・莎羅模龍王祠碑記》改。

[41] 玄衣：原避清聖祖玄燁諱改作"元衣"，據《〔正統〕寧志》卷下《文・寧夏莎羅模龍王祠碑記》、《朔方新志》卷四《詞翰・莎羅模龍王祠碑記》回改。下同。

[42] 投：此同《朔方新志》卷四《詞翰・莎羅模龍王祠碑記》，《〔正統〕寧志》卷下《文・寧夏莎羅模龍王祠碑記》作"授"。

[43] 地中：此同《〔正統〕寧志》卷下《文・寧夏莎羅模龍王祠碑記》，《朔方新志》卷四《詞翰・莎羅模龍王祠碑記》作"池中"。

[44] 嗟：原作"嘆"，據《〔正統〕寧志》卷下《文・寧夏莎羅模龍王祠碑記》、《朔方新志》卷四《詞翰・莎羅模龍王祠碑記》改。

[45] 貍：此字後原衍"沈"，據《〔正統〕寧志》卷下《文・寧夏莎羅模龍王祠碑記》删。

[46] 蔽虧：原作"蔽空"，據《〔正統〕寧志》卷下《文・寧夏莎羅模龍王祠碑記》、《朔方新志》卷四《詞翰・莎羅模龍王祠碑記》改。

[47] 滂：原作"潦"，據《〔正統〕寧志》卷下《文・寧夏莎羅模龍王祠碑記》、《朔方新志》卷四《詞翰・莎羅模龍王祠碑記》改。

[48] 臣：原作"辰"，據《〔正統〕寧志》卷下《文・寧夏莎羅模龍王祠碑記》改。

[49] 真：原作"直"，據《〔正統〕寧志》卷下《文・寧夏莎羅模龍王祠碑記》、《朔方新志》卷四《詞翰・莎羅模龍王祠碑記》改。

[50] 晝：原作"畫"，據《〔正統〕寧志》卷下《文・寧夏莎羅模龍王祠碑記》改。

[51] 瀕河諸砦疆事兹棘：《朔方新志》卷四《詞翰・中路寧河臺記》"瀕"作"并"，無"疆"字。

[52] 四倍：原作"四部"，據《朔方新志》卷四《詞翰・中路寧河臺記》、《〔乾隆〕甘志》卷四七《藝文・中路寧河臺記》改。

[53] 沮：《朔方新志》卷四《詞翰・中路寧河臺記》作"阻"。

[54] 棋布：《朔方新志》卷四《詞翰・中路寧河臺記》作"秖布"。

[55] 戎疆：《〔嘉靖〕寧志》卷一《寧夏總鎮・學校・重修碑》、《朔方新志》卷四《詞翰・重修儒學碑記》作"戎狄"。

[56] 禮樂：《〔嘉靖〕寧志》卷一《寧夏總鎮・學校・重修碑》、《朔方新志》卷四《詞翰・重修儒學碑記》作"禮義"。

[57] 夏四月：此三字原脱，據《〔嘉靖〕寧志》卷一《寧夏總鎮・學校・重修碑》、《朔方新志》卷四《詞翰・重修儒學碑記》補。

[58] 蹈：原作"踏"，據《朔方新志》卷四《詞翰・重修儒學碑記》改。

[59] 當世：《朔方新志》卷四《詞翰・儒學鄉會題名記》作"當時"。

[60] 足以：《朔方新志》卷四《詞翰・儒學鄉會題名記》作"足自"。

[61] 憲制：《朔方新志》卷四《詞翰・儒學鄉會題名記》作"憲職"。

[62] 自立：《朔方新志》卷四《詞翰・儒學鄉會題名記》作"成立"。

[63] 中衛儒學記：此題同《〔嘉靖〕寧志》卷三《中衛・學校》、《朔方新志》卷四《詞翰》。《中衛縣志》卷九《藝文》題作《重修中衛儒學碑記》。

[64] 中衛：此同《朔方新志》卷四《詞翰・中衛儒學記》、《中衛縣志》卷九《藝文・重修中衛儒

學碑記》,《〔嘉靖〕寧志》卷三《中衛·學校·中衛儒學記》作"寧夏中衛"。

[65] 陳禹:此同《朔方新志》卷四《詞翰·中衛儒學記》、《中衛縣志》卷九《藝文·重修中衛儒學碑記》,《〔嘉靖〕寧志》卷三《中衛·學校·中衛儒學記》作"陳瑀"。

[66] 訓:此字原脱,據《朔方新志》卷四《詞翰·中衛儒學記》改。

[67] 白:此同《朔方新志》卷四《詞翰·中衛儒學記》、《中衛縣志》卷九《藝文·重修中衛儒學碑記》,《〔嘉靖〕寧志》卷三《中衛·學校·中衛儒學記》作"稟"。

[68] 厥中:原作"其中",據《〔嘉靖〕寧志》卷三《中衛·學校·中衛儒學記》、《朔方新志》卷四《詞翰·中衛儒學記》、《中衛縣志》卷九《藝文·重修中衛儒學碑記》改。

[69] 級:此同《朔方新志》卷四《詞翰·中衛儒學記》、《中衛縣志》卷九《藝文·重修中衛儒學碑記》,《〔嘉靖〕寧志》卷三《中衛·學校·中衛儒學記》作"伋"。

[70] 予:此同《朔方新志》卷四《詞翰·中衛儒學記》,《〔嘉靖〕寧志》卷三《中衛·學校·中衛儒學記》作"老夫",《中衛縣志》卷九《藝文·重修中衛儒學碑記》作"余"。

[71] 爲材官:此同《朔方新志》卷四《詞翰·中衛儒學記》,《〔嘉靖〕寧志》卷三《中衛·學校·中衛儒學記》作"爲頭目",《中衛縣志》卷九《藝文·重修中衛儒學碑記》作"材爲官"。

[72] 則幅幀之内安爲工商賈者:"安"原作"凡",《朔方新志》卷四《詞翰·中衛儒學記》同,據《〔嘉靖〕寧志》卷三《中衛·學校·中衛儒學記》改。《中衛縣志》卷九《藝文·重修中衛儒學碑記》作"則幅幀可固凡爲士農商賈者"。

[73] 璿:原作"濬",《朔方新志》卷四《詞翰·城隍廟碑記》同誤,據《〔嘉靖〕寧志》卷二《寧夏總鎮·壇壝祠祀·重修碑》、《巡撫》,《朔方新志》卷二《巡撫》改。

[74] 丁宣:此同《朔方新志》卷四《詞翰·城隍廟碑記》,《〔嘉靖〕寧志》卷二《寧夏總鎮·壇壝祠祀·重修碑》作"丁瑄"。

[75] 廡:此同《朔方新志》卷四《詞翰·城隍廟碑記》,《〔嘉靖〕寧志》卷二《寧夏總鎮·壇壝祠祀·重修碑》作"廉"。

[76] 證:此字原脱,據《朔方新志》卷四《詞翰·牛首寺碑記》補。

[77] 塔:此字原脱,據《朔方新志》卷四《詞翰·牛首寺碑記》改。

[78] 地涌塔:原作"池涌塔",據《朔方新志》卷四《詞翰·牛首寺碑記》改。

[79] 東又:原作"又東",據《朔方新志》卷四《詞翰·牛首寺碑記》改。

[80] 徑:原作"經",據《朔方新志》卷四《詞翰·牛首寺碑記》改。

[81] 致敬於寺:原作"致祭於祀",據《朔方新志》卷四《詞翰·牛首寺碑記》改。

[82] 深:此字原脱,據《〔嘉靖〕寧志》卷三《寧夏後衛》、《朔方新志》卷四《詞翰·鐵柱泉記》補。

[83] 緩急:《〔嘉靖〕寧志》卷三《寧夏後衛》、《朔方新志》卷四《詞翰·鐵柱泉記》均作"急緩"。

[84] 於是是圖:原脱一"是"字,據《〔嘉靖〕寧志》卷三《寧夏後衛》、《朔方新志》卷四《詞翰·鐵柱泉記》補。

[85] 從畚鍤:《〔嘉靖〕寧志》卷三《寧夏後衛》、《朔方新志》卷四《詞翰·鐵柱泉記》均作"役畹鍤"。

[86] 受:《〔嘉靖〕寧志》卷三《寧夏後衛》、《朔方新志》卷四《詞翰·鐵柱泉記》作"授"。

[87] 豈第徵公出將入相之才之德而已："第"，《朔方新志》卷四《詞翰・鐵柱泉記》作"啻"。"而已"，《朔方新志》卷四《詞翰・鐵柱泉記》"已"後有"焉"。

[88] 悠久：《〔嘉靖〕寧志》卷三《寧夏後衛》、《朔方新志》卷四《詞翰・鐵柱泉記》均作"遠邇"。

[89] 辛巳：原作"辛未"，據《明清進士題名碑録索引》、《〔嘉靖〕寧志》卷三《寧夏後衛》改。"正德辛巳"，正德十六年(1521)。

[90] 崇潤：《朔方新志》卷四《詞翰・巡撫都御史楊公志學去思碑記》作"崇閏"。

[91] 畝税：《朔方新志》卷四《詞翰・巡撫都御史楊公志學去思碑記》作"畝課"。

[92] 孰：原作"執"，據《朔方新志》卷四《詞翰・巡撫都御史楊公志學去思碑記》改。下同。

[93] 峙：原作"岐"，據《朔方新志》卷四《詞翰・巡撫都御史楊公志學去思碑記》改。

[94] 書：原作"盡"，據《朔方新志》卷四《詞翰・巡撫都御史楊公志學去思碑記》改。

[95] 方：原作"公"，據《朔方新志》卷四《詞翰・巡撫都御史楊公志學去思碑記》改。

[96] 之：此字原脱，據《朔方新志》卷四《詞翰・巡撫都御史楊公志學去思碑記》補。

[97] 其北：此同《朔方新志》卷四《詞翰・重修邊牆記》，《趙時春文集校箋》卷二《重修花馬池邊牆記》作"其下"。

[98] 梟將：此同《朔方新志》卷四《詞翰・重修邊牆記》，《趙時春文集校箋》卷二《重修花馬池邊牆記》作"梟剽"。

[99] 倘：此同《朔方新志》卷四《詞翰・重修邊牆記》，《趙時春文集校箋》卷二《重修花馬池邊牆記》作"尚"。

[100] 河西：此同《朔方新志》卷四《詞翰・重修邊牆記》，《趙時春文集校箋》卷二《重修花馬池邊牆記》作"河東西"，疑是。

[101] 楊公志學張公文魁：此同《朔方新志》卷四《詞翰・重修邊牆記》，《趙時春文集校箋》卷二《重修花馬池邊牆記》兩"公"後均作"某"。

[102] 巡按：此同《朔方新志》卷四《詞翰・重修邊牆記》，《趙時春文集校箋》卷二《重修花馬池邊牆記》作"巡撫按監察"。

[103] 按察司：此同《朔方新志》卷四《詞翰・重修邊牆記》，《趙時春文集校箋》卷二《重修花馬池邊牆記》無"司"字。

[104] 至於擁衛士衆遏絶軼突則總兵官都督王効：此同《朔方新志》卷四《詞翰・重修邊牆記》，《趙時春文集校箋》卷二《重修花馬池邊牆記》無此十八字。

[105] 咸：此同《朔方新志》卷四《詞翰・重修邊牆記》，《趙時春文集校箋》卷二《重修花馬池邊牆記》無此字。

[106] 世永熙：《朔方新志》卷四《詞翰・重修邊牆記》、《趙時春文集校箋》卷二《重修花馬池邊牆記》均作"永庚夷"。

[107] 東長城關記略：《〔嘉靖〕寧志》卷三《寧夏後衛・邊防》題作《東關門記》。

[108] 己丑：原作"乙丑"。嘉靖乙丑即嘉靖四十四年(1565)，齊之鸞卒於嘉靖十三年(1534)，故知作"乙丑"誤。嘉靖己丑：嘉靖八年(1529)。

[109] 二丈：此同《朔方新志》卷四《詞翰・東長城關記略》，《〔嘉靖〕寧志》卷三《寧夏後衛・邊

防·東關門記》作“三丈”。

[110] 安邊:《〔嘉靖〕寧志》卷三《寧夏後衛·邊防·東關門記》作“安定”。

[111] 北關門:原作“北門關”,参見本志第124頁脚注③。

[112] 徙:原作“徒”,據《入夏録》卷下《朔方天塹北關門記》改。

[113] 棗兒溝:原作“棗溝兒”,據本志卷五《建置志下·關梁·平羅縣》、卷十一《兵防志·防地》“鎮北關”條及《入夏録》卷下《朔方天塹北關門記》改。

[114] 鎮北:此二字原脱,據《入夏録》卷下《朔方天塹北關門記》補。

[115] 損:《朔方新志》卷四《詞翰·東長城關記略》作“傾”。

[116] 術:原同《〔嘉靖〕寧志》卷二《寧夏總鎮·壇壝祠祀》作“述”,據《朔方新志》卷四《詞翰·漢壽亭侯碑記》改。

[117] 大一統誅亂賊:《朔方新志》卷四《詞翰·漢壽亭侯碑記》作“攘夷狄誅亂討賊”。

[118] 肅威:《〔嘉靖〕寧志》卷二《寧夏總鎮·壇壝祠祀》、《朔方新志》卷四《詞翰·漢壽亭侯碑記》均作“威肅”。

[119] 載揚:此同《〔嘉靖〕寧志》卷二《寧夏總鎮·壇壝祠祀》,《朔方新志》卷四《詞翰·漢壽亭侯碑記》作“載楊”,疑誤。

[120] 氈裘之族:《〔嘉靖〕寧志》卷二《寧夏總鎮·壇壝祠祀》、《朔方新志》卷四《詞翰·漢壽亭侯碑記》均作“犬羊之腥”。

[121] 益:原作“並”,據《〔嘉靖〕寧志》卷三《靈州守禦千户所·壇壝祠祀》、《朔方新志》卷四《詞翰·靈州名賢祠碑記》改。

[122] 薄:《靈州志蹟》卷四《藝文志第十六下·靈州名賢祠碑記》作“溥”。

[123] 邊隅:《〔嘉靖〕寧志》卷三《靈州守禦千户所·壇壝祠祀》、《朔方新志》卷四《詞翰·靈州名賢祠碑記》均作“夷夏”。

[124] 剿虜捷疏記略:《〔萬曆〕固志》卷二題作《軍門防秋定邊剿虜捷疏記略》。

[125] 掏墩:原作“掬墩”,據《〔萬曆〕固志》卷二《軍門防秋定邊剿虜捷疏記略》改。

[126] 傾巢:原作“輕巢”,據《〔萬曆〕固志》卷二《軍門防秋定邊剿虜捷疏記略》改。

[127] 十次:原作“十一次”,據《〔萬曆〕固志》卷二《軍門防秋定邊剿虜捷疏記略》改。

[128] 一百九十:原作“三百”,據《〔萬曆〕固志》卷二《軍門防秋定邊剿虜捷疏記略》改。

[129] 天潢:《〔萬曆〕固志》卷二《平定寧夏露布碑記略》作“天横”。

[130] 猷:原作“酋”,據《〔萬曆〕固志》卷二《平定寧夏露布碑記略》改。

[131] 隨:此字原脱,據《〔萬曆〕固志》卷二《平定寧夏露布碑記略》補。

[132] 記:原作“序”,據《朔方新志》卷四《詞翰·楊王二公祠記》改。

[133] 平虜大捷記:《康對山先生集》卷三五《碑》題作《嘉靖甲午平虜之碑》,《〔嘉靖〕寧志》卷八《文苑·文》題作《大明嘉靖平虜之碑》,《朔方新志》卷四《詞翰》題作《總督唐龍平虜大捷記》。

[134] 甲午:原同《朔方新志》卷四《詞翰·總督唐龍平虜大捷記》作“甲子”,據《〔嘉靖〕寧志》卷八《文苑·文·大明嘉靖平虜之碑》及下文改。

[135] 入寇:《康對山先生集》卷三五《碑・嘉靖甲午平虜之碑》此二字後有"我邊"二字。

[136] 龍:《康對山先生集》卷三五《碑・嘉靖甲午平虜之碑》無此字。

[137] 遂:《朔方新志》卷四《詞翰・總督唐龍平虜大捷記》、《〔嘉靖〕寧志》卷八《文苑・文・大明嘉靖平虜之碑》均無此字。

[138] 鎮西:《康對山先生集》卷三五《碑・嘉靖甲午平虜之碑》作"定朔"。

[139] 征西:《康對山先生集》卷三五《碑・嘉靖甲午平虜之碑》作"平西"。

[140] 入:此同《朔方新志》卷四《詞翰・總督唐龍平虜大捷記》,《康對山先生集》卷三五《碑・嘉靖甲午平虜之碑》、《〔嘉靖〕寧志》卷八《文苑・文・大明嘉靖平虜之碑》均作"擁入"。

[141] 崔高:《〔嘉靖〕寧志》卷八《文苑・文・大明嘉靖平虜之碑》作"崔嵩"。

[142] 霍璽崔高彭濬:《康對山先生集》卷三五《碑・嘉靖甲午平虜之碑》作"某",不著姓名。

[143] 吴英:此同《朔方新志》卷四《詞翰・總督唐龍平虜大捷記》,《〔嘉靖〕寧志》卷八《文苑・文・大明嘉靖平虜之碑》作"吴瑛"。

[144] 守備吴英崔天爵:《康對山先生集》卷三五《碑・嘉靖甲午平虜之碑》作"某",不著姓名。

[145] 己丑:《康對山先生集》卷三五《碑・嘉靖甲午平虜之碑》作"乙丑"。

[146] 柳家岔:《康對山先生集》卷三五《碑・嘉靖甲午平虜之碑》作"柳家營"。

[147] 乾鹽池:《康對山先生集》卷三五《碑・嘉靖甲午平虜之碑》作"鹽池"。下同。

[148] 韃馬:原作"達馬",據《康對山先生集》卷三五《碑・嘉靖甲午平虜之碑》改。下同。

[149] 游擊徐淮:《康對山先生集》卷三五《碑・嘉靖甲午平虜之碑》無此四字。

[150] 副總兵苗鸞:"副總兵",《康對山先生集》卷三五《碑・嘉靖甲午平虜之碑》作"副將"。"鸞",《康對山先生集》卷三五《碑・嘉靖甲午平虜之碑》、《〔嘉靖〕寧志》卷八《文苑・文・大明嘉靖平虜之碑》均作"鑾"。下同。

[151] 劉潮:原作"劉朝",據《康對山先生集》卷三五《碑・嘉靖甲午平虜之碑》、《〔嘉靖〕寧志》卷八《文苑・文・大明嘉靖平虜之碑》改。

[152] 後:此字原脱,據《康對山先生集》卷三五《碑・嘉靖甲午平虜之碑》、《朔方新志》卷四《詞翰・總督唐龍平虜大捷記》補。

[153] 牛羊:《康對山先生集》卷三五《碑・嘉靖甲午平虜之碑》作"青牛"。

[154] 雖經行:"雖",《康對山先生集》卷三五《碑・嘉靖甲午平虜之碑》作"雖具"。"經行"原作"緩行",據《康對山先生集》卷三五《碑》、《〔嘉靖〕寧志》卷八《文苑・文・大明嘉靖平虜之碑》改。

[155] 昔年:"年"字原脱,據《康對山先生集》卷三五《碑・嘉靖甲午平虜之碑》補。

[156] 復:《康對山先生集》卷三五《碑・嘉靖甲午平虜之碑》作"獲"。

[157] 語言:《康對山先生集》卷三五《碑・嘉靖甲午平虜之碑》作"語曰"。

[158] 已後:《康對山先生集》卷三五《碑・嘉靖甲午平虜之碑》作"以後"。

[159] 今日之捷:《康對山先生集》卷三五《碑・嘉靖甲午平虜之碑》無此四字。

[160] 者:此字原脱,據《康對山先生集》卷三五《碑・嘉靖甲午平虜之碑》補。

[161] 用:原作"周",據《朔方新志》卷四《詞翰・總督唐龍平虜大捷記》、《〔嘉靖〕寧志》卷八

《文苑・文・大明嘉靖平虜之碑》改。

[162] 邊疆：《康對山先生集》卷三五《碑・嘉靖甲午平虜之碑》作"邊防"。

[163] 元臣若德遜惠厥常：《康對山先生集》卷三五《碑・嘉靖甲午平虜之碑》此八字在下文"螯亦屢狷"句後。"遜"原作"迪"，據《康對山先生集》卷三五《碑》、《朔方新志》卷四《詞翰・總督唐龍平虜大捷記》、《〔嘉靖〕寧志》卷八《文苑・文・大明嘉靖平虜之碑》改。

[164] 豈天厭逆乃爾乖方：此八字原脱，據《康對山先生集》卷三五《碑・嘉靖甲午平虜之碑》補。

[165] 公壯其猷：《康對山先生集》卷三五《碑・嘉靖甲午平虜之碑》作"公用赫怒"。

[166] 九伐：原作"代"，《康對山先生集》卷三五《碑・嘉靖甲午平虜之碑》作"大伐"。

[167] 屻：原作"刹"，據《康對山先生集》卷三五《碑・嘉靖甲午平虜之碑》改。

[168] 而無：《康對山先生集》卷三五《碑・嘉靖甲午平虜之碑》作"咸協"。

[169] 邪佞莫入夸毗是惶：此八字原脱，據《康對山先生集》卷三五《碑・嘉靖甲午平虜之碑》補。

[170] 鳳泉王公：原倒作"王公鳳泉"，據《朔方新志》卷四《詞翰・朔方書院記》改。

[171] 聖賢之樂：《朔方新志》卷四《詞翰・朔方書院記》作"聖賢之學"。

[172] 儀門：原作"宜門"，據《朔方新志》卷四《詞翰・朔方書院記》改。

[173] 若：此字原脱，據《朔方新志》卷四《詞翰・朔方書院記》補。

[174] 登春臺：《朔方新志》卷四《詞翰・朔方書院記》作"春登臺"。

[175] 習禮：原作"習射"，據《朔方新志》卷四《詞翰・朔方書院記》改。

[176] 正：此字原脱，據《朔方新志》卷四《詞翰・朔方書院記》補。

[177] 既又：原作"既而"，據《朔方新志》卷四《詞翰・朔方書院記》改。

[178] 家國氣運：《朔方新志》卷四《詞翰・朔方書院記》作"中國夷狄"。

[179] 渙焉：《朔方新志》卷四《詞翰・揆文書院記》作"奐焉"。

[180] 殷武卿：《朔方新志》卷四《詞翰・揆文書院記》作"陰武卿"，疑誤。

[181] 雖：原作"難"，據《朔方新志》卷四《詞翰・揆文書院記》改。

[182] 實：此字原脱，據《朔方新志》卷四《詞翰・揆文書院記》補。

[183] 異日：《朔方新志》卷四《詞翰・揆文書院記》作"旦日"。

[184] 不爲：《朔方新志》卷四《詞翰・揆文書院記》作"爲不"。

[185] 請：原作"謀"，據《朔方新志》卷四《詞翰・僉憲汪文輝去思碑記》改。

[186] 婺源：原作"婺源"，據《朔方新志》卷四《詞翰・僉憲汪文輝去思碑記》改。

[187] 競業：《朔方新志》卷四《詞翰・豫順堂記》作"兢業"。

[188] 其：《朔方新志》卷四《詞翰・豫順堂記》作"有"。

[189] 溺：原作"弱"，據《朔方新志》卷四《詞翰・豫順堂記》改。

[190] 弭：原作"珥"，據《朔方新志》卷四《詞翰・豫順堂記》改。

[191] 賞罰：《朔方新志》卷四《詞翰・豫順堂記》作"賞爵"。

[192] 戎虜：《朔方新志》卷四《詞翰・豫順堂記》作"胡孽"。

[193] 虜:《朔方新志》卷四《詞翰・豫順堂記》作“胡”。

[194] 兩三楹:《朔方新志》卷四《詞翰・豫順堂記》作“西三楹”。

[195] 任事:《朔方新志》卷四《詞翰・豫順堂記》作“在事”。

[196] 始終:《朔方新志》卷四《詞翰・漢唐二壩記》作“終始”。

[197] 靈州河堤記:《朔方新志》卷四《詞翰》題作《新築靈州河堤碑記》。

[198] 城:《朔方新志》卷四《詞翰・新築靈州河堤碑記》作“成”。

[199] 而亦藉以灌溉:此六字原脱,據《朔方新志》卷四《詞翰・新築靈州河堤碑記》補。

[200] 雖:《朔方新志》卷四《詞翰・新築靈州河堤碑記》作“若”。

[201] 而:《朔方新志》卷四《詞翰・新築靈州河堤碑記》作“蓋”。

[202] 其侵城:《朔方新志》卷四《詞翰・新築靈州河堤碑記》作“而其偪侵城”。

[203] 意非物力所能支:此七字原脱,據《朔方新志》卷四《詞翰・新築靈州河堤碑記》補。

[204] 議徙民徙城:《朔方新志》卷四《詞翰・新築靈州河堤碑記》作“則議先徙民或亟徙城”。

[205] 則:《朔方新志》卷四《詞翰・新築靈州河堤碑記》作“嘅”。

[206] 猶:《朔方新志》卷四《詞翰・新築靈州河堤碑記》作“更”。

[207] 獨慮費且不貲:“獨慮”,《朔方新志》卷四《詞翰・新築靈州河堤碑記》“獨”前有“而”字。“貲”,《朔方新志》卷四《詞翰・新築靈州河堤碑記》作“訾”,疑誤。

[208] 即:《朔方新志》卷四《詞翰・新築靈州河堤碑記》作“既”。

[209] 諸生輩及鄉三老聚族:原作“及諸生輩”,據《朔方新志》卷四《詞翰・新築靈州河堤碑記》改補。《朔方新志》卷四《詞翰・新築靈州河堤碑記》“議”前有“而”字。

[210] 驗:《朔方新志》卷四《詞翰・新築靈州河堤碑記》作“念”,疑誤。

[211] 地畝:《朔方新志》卷四《詞翰・新築靈州河堤碑記》作“地分”。

[212] 指揮:《朔方新志》卷四《詞翰・新築靈州河堤碑記》“指”前有“以”字。

[213] 經歷:《朔方新志》卷四《詞翰・新築靈州河堤碑記》“經”前有“以”字。

[214] 大興:《朔方新志》卷四《詞翰・新築靈州河堤碑記》“大”前有“乃”字。

[215] 任受:原倒作“受任”,據《朔方新志》卷四《詞翰・新築靈州河堤碑記》改。

[216] 適旋築旋潰:《朔方新志》卷四《詞翰・新築靈州河堤碑記》作“予不無動然旋築亦旋隤”。

[217] 此根虛易傾耳:《朔方新志》卷四《詞翰・新築靈州河堤碑記》作“此夫根底虛故傾之易耳”。

[218] 趨:原作“超”,據《朔方新志》卷四《詞翰・新築靈州河堤碑記》改。

[219] 益:《朔方新志》卷四《詞翰・新築靈州河堤碑記》作“乃”。

[220] 纍石爲堤:《朔方新志》卷四《詞翰・新築靈州河堤碑記》作“纍石特堅厚爲堤”。

[221] 纔:《朔方新志》卷四《詞翰・新築靈州河堤碑記》作“餘”。

[222] 六千餘丈:《朔方新志》卷四《詞翰・新築靈州河堤碑記》作“爲丈者六千有奇”。

[223] 河西徙:《朔方新志》卷四《詞翰・新築靈州河堤碑記》作“河輒徙而西”。

[224] 復由故道:《朔方新志》卷四《詞翰・新築靈州河堤碑記》“復”前有“遂”字。

［225］視先所受嚙地淤爲灘：《朔方新志》卷四《詞翰・新築靈州河堤碑記》無“視”“地”二字。
［226］九百一十：《朔方新志》卷四《詞翰・新築靈州河堤碑記》“十”後有“兩”字。
［227］百兩：《朔方新志》卷四《詞翰・新築靈州河堤碑記》無“兩”字。
［228］是：《朔方新志》卷四《詞翰・新築靈州河堤碑記》作“則”。
［229］憶不佞初抵靈行河：《朔方新志》卷四《詞翰・新築靈州河堤碑記》作“蓋不佞初抵靈輒行河”。
［230］始而：《朔方新志》卷四《詞翰・新築靈州河堤碑記》作“先以”。
［231］不能：《朔方新志》卷四《詞翰・新築靈州河堤碑記》作“無所”。
［232］故田：《朔方新志》卷四《詞翰・新築靈州河堤碑記》“田”後有“可”字。
［233］不三月而竣：此五字原脱，據《朔方新志》卷四《詞翰・新築靈州河堤碑記》補。
［234］而：《朔方新志》卷四《詞翰・新築靈州河堤碑記》無此字。
［235］三役者：《朔方新志》卷四《詞翰・新築靈州河堤碑記》“者”後有“予不佞”三字。
［236］喜事：《朔方新志》卷四《詞翰・新築靈州河堤碑記》作“任事”。
［237］例：《朔方新志》卷四《詞翰・新築靈州河堤碑記》作“是”。
［238］亘：《朔方新志》卷四《詞翰・新築靈州河堤碑記》作“旦”。
［239］河：此字原脱，據《朔方新志》卷四《詞翰・靈州張公堤記》補。
［240］貳守：原作“二守”，據《朔方新志》卷四《詞翰・靈州張公堤記》改。
［241］得：此字原脱，據《朔方新志》卷四《詞翰・靈州張公堤記》補。
［242］直心：《朔方新志》卷四《詞翰・靈州張公堤記》作“真心”。
［243］人：此字原脱，據《朔方新志》卷四《詞翰・靈州張公堤記》補。
［244］人：原作“又”，據《朔方新志》卷四《詞翰・靈州張公堤記》改。
［245］行且授以：《朔方新志》卷四《詞翰・靈州張公堤記》作“下尺一”。
［246］慈谿：原作“慈豁”，據《朔方新志》卷四《詞翰・靈州張公堤記》改。
［247］邊夷：《朔方新志》卷四《詞翰・改修七星渠碑記》作“賓歹”。
［248］韓洪禎：原作“韓洪真”，據《朔方新志》卷四《詞翰・改修七星渠碑記》改。
［249］鑿口三里許：《朔方新志》卷四《詞翰・改修七星渠碑記》作“鑿三百步”，疑是。
［250］鹽池湖閘：“閘”字原脱，據《朔方新志》卷四《詞翰・改修七星渠碑記》補。
［251］横河湃梗：“梗”字原脱，據《朔方新志》卷四《詞翰・改修七星渠碑記》補。
［252］砥瀾：原作“底瀾”，據《朔方新志》卷四《詞翰・改修七星渠碑記》改。
［253］器：原作“漆”，據《朔方新志》卷四《詞翰・改修七星渠碑記》、《中衛縣志》卷九《藝文・改修七星渠碑記》改。
［254］溝洫繡錯：此四字原脱，據《朔方新志》卷四《詞翰・改修七星渠碑記》、《中衛縣志》卷九《藝文・改修七星渠碑記》補。
［255］及：原作“即”，據《朔方新志》卷四《詞翰・改修七星渠碑記》、《中衛縣志》卷九《藝文・改修七星渠碑記》改。
［256］三賢祠碑記：《朔方新志》卷四《詞翰》題作《靈州三賢祠碑記》。

[257] 翰林：《朔方新志》卷四《詞翰·靈州三賢祠碑記》作"翰林院編修"。

[258] 汩：原作"泊"，據《朔方新志》卷四《詞翰·靈州三賢祠碑記》、《〔乾隆〕甘志》卷四七《藝文·三賢祠碑記》改。

[259] 罕幵：原作"罕开"，據《朔方新志》卷四《詞翰·靈州三賢祠碑記》改。

[260] 慈谿：原作"慈豁"，據《朔方新志》卷四《詞翰·靈州三賢祠碑記》改。

[261] 倬：《朔方新志》卷四《詞翰·靈州三賢祠碑記》作"焯"。

[262] 張公去思碑記：《朔方新志》卷四《詞翰》題作《河東兵備道張九德去思碑記》。

[263] 多：此字原脱，據《朔方新志》卷四《詞翰·河東兵備道張九德去思碑記》補。

[264] 驛：原作"繹"，據《朔方新志》卷四《詞翰·河東兵備道張九德去思碑記》改。

[265] 烟塵翳日：此四字原脱，據《朔方新志》卷四《詞翰·河東兵備道張九德去思碑記》補。

[266] 取：此字原脱，據《朔方新志》卷四《詞翰·河東兵備道張九德去思碑記》補。

[267] 表曰三賢誰謂不宜：此八字原脱，據《朔方新志》卷四《詞翰·河東兵備道張九德去思碑記》補。

[268] 曙海：《朔方新志》卷四《詞翰·河東兵備道張九德去思碑記》作"曙海先生"。

朔方道志卷之二十六　藝文志三

記　序

記序中

欽頒聖訓碑記　　清　總督　吴赫

皇帝龍飛三十有五年[①]，久道化成，深仁浹洽，薄海内外，悉來享王。而厄魯特嘎爾旦，獨外聲教。皇帝濯征漠北，師武臣祗奉廟謨，催陷廓清。歸誠者日相繼，嘎爾旦不復能軍，釜底殘生，喙息絶徽。丁丑春三月[②]，皇帝以餘孽未靖，非所以勤恤民隱，乂安萬世，用是躬御六師，西臨夏鎮。自冠裳以至襏襫，皆得瓣香衢巷，瞻仰天日。當是時，行慶施惠，蠲免是歲田租；幸閲武堂，大設宴饗將士。而忠勇諸眷屬、老稚煢嫠，盡蒙賞賚有差。駐蹕夏城二十日，尋復出塞外，登狼居胥山，指授方略。夏人攀留車駕不得，請祈垂聖訓，勒貞珉以傳永久。皇帝篤念巖疆，兼以邊民椎魯樸重，遥頒聖訓，用宏啓佑，若曰："我不惟多誥，惟祗誥爾課農桑，豫儲蓄，各恭乃職，勵乃士，重倫教，策經術，庶幾萬世子孫，永安斯土。"維時夏人感泣稽首，佩服罔斁。會嘎爾旦走死漠北，西土咸寧，夏人踴躍，歡欣子來，不日，百堵偕作，用成聖訓碑亭。臣吴赫碌碌無似，督師秦蜀，常以覆餗是懼。適執事夏鎮，目擊熙朝盛事，不可無一言以宣上德、慰下情。竊嘗稽删書，斷自唐虞，二典三謨，煌然居百篇首。其言平易正直，未嘗有艱深佶曲，非常可喜之論。暤暤乎，時雍風動，兩階干羽，無遠弗届，爲萬世法程。今恭讀聖訓，洋洋乎上媲典謨。夏人生長天末，耳目僻陋，一旦親見堯舜，身領玉聲，是訓是行，會歸皇極。宜其趨蹌恐後，永奉爲日星雲漢也。

臣考夏鎮，於三代時爲朔方地，在渠搜迤北。惟"南仲往城"見於《雅》詩，而巡狩述職爲大典，大率以僻在要荒，杳矣無聞。至漢臨新秦，唐幸靈州，雖著典册，而其揚武略、勒歌詩，皆付諸河流沙磧，無可考者。逮夫五季前後，赫連、元昊

---

① 皇帝龍飛三十有五年：康熙三十五年(1696)。

② 丁丑：康熙三十六年(1697)。

輩又復各據，表裏山河，互争雄長。黑水、蘭山間，曾不得安枕卧。夏人獨能在天子一統無外時，消烽燧，事耕讀。聖訓一亭，巍然在望。每吉月令日，呼嵩祝願，如聞都俞吁咈，耳提面命。繼自今，子言孝，父言慈，忠順不失，以事其上。九閽咫尺，豈不萬年如一日哉！臣願與文武吏士，冰蘖自矢，悦安强教，率一方父老子弟，共頌明良喜起之歌，以賡盛治於萬一焉。敬爲記。

重修海寶塔碑記　清　閩浙總督　趙弘燮　寧夏人

浮圖之説於何昉乎？或曰："周平王時，西域有阿育王，以神通力造八萬四千塔於天上人間，及龍宫海藏皆有焉。"或曰："行人奉使則安館驛，征夫行路則置郵亭，所以備迎送、待憩息也。人間日有諸佛神仙，遨游六合，虚空往來，每於德星聚集之區，往往留之不去，以垂佑善良，而呵禁不祥。沙門之徒盛言建塔，蓋以駐息雲車風馭，亦猶行人之有館驛、征夫之有郵亭也。"或曰："大而都會，小而郡邑、鄉鎮，水流山峙，各負形勢。青鳥家議立浮圖以收勝概，以象文峰，使都人士興起，隆隆弗替。"

寧夏衛城北舊有海寶塔，挺然插天，歲遠年湮，而咸莫知所自始。惟相傳赫連勃勃曾爲重修，遂有訛爲"赫寶塔"者。國朝順治初年，有里人霍璽傾其家又葺之，且增式廓焉。爰是有大殿，有山門，有臺，有城，有坊，爲朔方一鉅觀。康熙四十八年秋九月，地震頽其巔四層，而丹雘亦多剥落。監院僧照埜等立願募修，余爲創捐，而鄉之紳士、善人各隨力輸，監院爲之鳩工庀材，身董無倦。起於康熙四十九年六月十二日，訖於康熙五十一年七月十五日。其塔凡九層，連天盤共計一十一層。高一十一丈，頂高三丈五尺。監院請書各施主姓氏及所捐數目於石，蓋不欲没衆擎之善，且以勸後之同志者。

余曰："吾寧之有是浮圖也，以爲阿育王神通所造，其説雖本於藏，而詞不雅馴，薦紳先生難言之。惟考之風俗，寧之人多慕義强仁，各有勇知方。昭代與先將軍同時翼贊聖主，蕩平海宇，以勳功顯於世者不乏人。而現在分授節鉞、旌旄於各直省者，更指不勝屈，皆能仰體皇仁，以乂安著績，當亦諸佛神仙所樂爲垂佑者也。况吾寧之在西陲，以賀蘭爲屏，而峽口、狼山分峙列翠，以黄河爲帶，而唐、漢兩渠映帶左右，雍州形勢，未有出其右者。迄今里閈間，閥閱相望，簪纓濟美，何莫非山川靈秀之所鍾歟。且自是塔焕新之後，正恭逢皇上聖壽六旬大慶之年，特恩廣天下鄉會試科。而吾寧文武俊髦，一時中式者鵲起蟬聯。聖天子臨軒，親策大魁，在寧夏衛與鼎甲者二人，益見浮圖之大有裨於吾寧。沙門青鳥，不皆信而有徵乎。"甚矣，朔方洵不可以無是塔也，有之洵不可以不修也，修之洵不可以不記也，於是乎書。

賀蘭山口記　　清　翰林　儲大文

賀蘭山，寧夏西屏，袤五百里有奇，山口約四十。《秦邊紀》亦曰："口巨者三十有七[1]，小者復一十有奇。"今南由寧夏中衛西，迤東北至平羅營北計之，迤西曰黄沙坡，曰黑山嘴，曰黄沙渡。黄河兩岸爲金積山，中爲青銅峽。胥近中衛。又迤東曰觀音山口，近棗園堡。又迤東北曰大佛寺外口、裏口、小口，偕井溝，胥近廣武營。又迤北曰哈喇木口，曰林泉口，曰靈武山口。有沙羅模山多水，胥近大壩堡。曰雙山南口、北岔口、北舊口，曰磨石裏口、中口，胥近玉泉營。曰赤木關裏口，曰赤木關新口[2]，百馬可齊驅。蓋山勢至此散漫[3]，多礫少水，又多卑峰仄徑，間得土壤，而關之二口，胥近寧化堡。曰金塔中口，曰獨樹裏口，胥近平羌堡，東四十里，則寧夏雄鎮也[4]。曰獨樹兒口，近楊顯堡、鎮威堡。曰滚鐘裏口，曰黄峽裏口，曰纍石口，曰水吉口，曰鎮北口，胥近鎮北堡，而堡隸墩。曰黄峽外口，曰黄峽敵臺[5]，曰宿嵬口，曰石關，曰高渠，曰宿嵬，曰敵臺，曰乾渠，曰鎮靖，曰下古，曰馬房，凡十有一墩。又迤北曰白寺口[6]，曰宿嵬裏口，曰賀蘭口。拜寺口去黄峽口五十里，黄峽口去賀蘭口五十里，賀蘭口外七十里爲麥垛山，又東五十里即河套界。而《秦邊紀》又謂，賀蘭口外河套，西番沙漠，罔不可達，蓋綜紀山之樞要若此。

又迤北曰新開口，曰塔峽小口、大口，曰西番口，曰小水口，曰大水口，曰汝箕口，曰挑柴口。又迤西北曰小風口，曰大風口，曰歸德口外口[7]，曰大風外口、裏口，胥近鎮朔堡，而環六盤山巔之前後左右，以亘延二百里有奇者也[8]。李獻吉詩曰[9]："明發西行更回首，賀蘭千嶂果雲霄[10]。"唐人詩曰①："夜半火來知有敵，一時齊保賀蘭山。"山勢巉峻[11]，差可畫。夫塞垣由大壩堡北至鎮朔堡，有山險而無亭障，洎賀蘭勢極，迤西北至紅口兒，循山而東，又循山北接黄河石嘴，以東迤平羅城北九十里之鎮遠關，爲河山之交。又東南迤花馬池[12]，凡袤三百九十里，號北長城。明嘉靖初，王瓊棄關不守，遂由寧朔墩循山北接黄河堰，以東迤平羅城，亦號北長城，由是關胥塌。而關南五十里之北門關，築而不克蕆工矣。迤西爲乾關，又迤西爲王玘。越沙湖而至棗兒溝，凡三十有五里，又以斥鹵輟工矣。平羅北十里築垣，西迤臨山堡，裁遺墩臺址矣。平羅西北四十里打磑外口、中口、裏口三關，昔所謂東守鎮遠、西守打磑者，且胥毁於水矣。平羅西八十五里之黑山爲賀蘭山尾，形如虎踞，扼隘飲河，而山前又有黑水以限之。今則營制、倉儲，偕平湖墩、架磯梁、水塘墩、沙竹梁、沙山、老灣、蜂窩山之設伏制勝，胥爲故紙遺

---

① 參見本志卷二九《藝文志・賦詩》載唐朝盧弼撰《邊庭冬怨》。

聞矣。是故打磑書"口"而實不成乎其爲隘口也,乾關、棗兒溝偕王玘"口"並不書"口",明既不成乎隘口而並猶之九達之逵也。抑賀蘭山口至黄峽口五十里,又二十里至礨石口,又三十里至拜寺口,又二十里至大風口,又十里至小風口,又二十里至黄沙坡,又二百里西至銀盤水,其地則靖魯蘆塘營北七十里也。又迤南百六十里至莊浪之下紅水堡。塞外徑亦名溝,或時名水也。又七十里而至大松山,由中衛西南七十里至塞,又十里至黄沙坡,又九十里至長流水。由賀蘭山口外至五岔河,亦松山密徑,而要之大佛寺爲通逵,金塔則銀盤水之隘徑也。是爲《賀蘭山口記》[13]。

河源記　　清　侍郎　通智

巴彦喀喇山在西寧邊外西南一千四百五十六里,抵山根雖係平等大山,但自索羅模兩湖之間向上行三百餘里,始至山根。實係地之脊脉,勢處極高。六月冰雹,冬夏積雪,又有黑石參雜,且出野牛馬、厄隆厄羊等獸,兼産金、銀、食鹽,蒙古稱爲"巴彦喀喇山"。蒙古稱"富"爲"巴彦",稱"黑色"爲"喀喇"。觀其形勢,自金沙江源木累烏素水發源之巴撒通喇木大雪山,乃萬泉山之意。所來一大脉,至此結成巴彦喀喇山矣。從此分支,其向西北而下者,爲巴爾布咯、當希爾哈晋、三危等山,繞茶旦木、哈濟爾、得布特爾、沙州、安西等處,抵嘉峪關,爲大小諸山,直達喀爾喀地方矣。其向東而下者爲布虎吉魯懇、阿拉克沙爾等山,抵阿木泥瑪禪木孫大雪山,乃凶巖大冰山之意。分隔黄河北,西海南岸至西寧爲大小諸山矣。其向北而下者,至阿木泥額庫大雪山,乃肥茂大雪山之意。循西海北邊,盤旋大通河源、烏蘭木稜江之兩岸,爲粘前蘇刺克、剛噶兒等大雪山。散爲西寧之卓子山、松山,並甘、肅、凉之祁連、天山,合龍首焉支、大黄等山,重巒相接,抵寧夏爲賀蘭山矣。其向東南而下者,爲匝普同骨、匝麻木等山,沿黄河南岸繞至洮河源、苦苦烏素水發源之魯查布拉山,乃古西傾山。分支四布,抵洮河、階、文、松潘,散爲大小諸山矣。黄河發源於此山之陽,而支派綿亘,兩岸相續。蒙古、西番俱稱周圍群山古名爲"庫兒昆",華言黄河發源於崑崙者,蓋指此巴彦喀喇山而言也。

阿爾坦河其源有二,出巴彦喀喇山之陽,向東北交流三百餘里,會合南、北查哈蘇泰等河。復收厄屯他拉萬餘泉水,歸入前索羅麻大湖内。因水黄溜急,名爲"阿兒坦河",蒙古稱"金"爲"阿兒坦"。計此河乃黄河之祖源也。厄屯他拉灘在西寧邊外西南一千一百一十五里,北有布虎吉魯懇、烏蘭得什、阿克他齊欽諸峰,南有都爾白晋、哈喇答爾罕、巴彦和碩等岡,匝繞三百餘里。其間皆塔子草頭大灘,約有萬餘泉,大小不等,參伍錯綜,流入阿爾坦河。登高眺望,猶如列宿,蒙古名"厄屯他拉",蒙古稱"星"爲"厄屯",稱"灘"爲"他拉"。番名"噶爾馬塘"。番稱"星"爲"噶爾”，稱“灘”爲“馬塘”。書記所載，黄河之源出於星宿海，正謂此也。

前索羅麻大湖，其形東西稍長，周闊二百餘里，阿爾坦、厄屯他拉衆水，自西南流入，由南而出。流五十餘里入於後索羅大湖内，因水色白，形長，西番又名“查靈湖”，番以“白”爲“查”，以“長”爲“靈”，稱“水”爲“索”，稱“父”爲“麻”。蓋謂此湖如黄河之父之意。後索羅模大湖，其形偏東北，勢亦稍長，周闊三百餘里。前索羅麻湖之水，自西南流入，由東北而出。始爲哈屯郭爾河，因水色微青，形長，西番又名“厄靈湖”，番以“青”爲“厄”，稱“母”爲“模”。蓋謂此湖如黄河之母之意。哈屯郭兒河，自後索羅模湖内流出，蒙古稱“夫人”爲“哈屯”，稱“河”爲“郭兒”，傳言夫人曾溺黄河，因名。向西北流五十餘里，由蒙古拖洛海岡之陽，折東南百餘里，繞巴彦圖渾嶺之陰，向南百餘里，復偏東流七百餘里，抵烏蘭莽奈山之麓，折而西北，環那林通布等雪山三百餘里，歷巴彦山之南，向西遠朝阿木泥瑪禪木孫大雪山，流有二百里許，折而東北，沿烏達圖托護等灘三百餘里，進貴德堡温泉口，始爲黄河。又東經貴德堡薩拉爾城四百餘里進河州磧石關，經蘭州，逾寧夏矣。黄河因有向瑪禪大雪山繞流之處，番呼爲“瑪錯”。番以“兇”爲“瑪”，呼“水”爲“錯”，蓋言兇山、兇水之意。在西海地方，已經三曲，始進磧石，總計有二千五百餘里。《書》傳所載“河源萬里，始達中國”者，似覺太過。且稱“入地伏流千里”者，亦無其事。又言“黄河繞崑崙三匝”者，蓋前人止至瑪禪大雪山，遥見黄河繞流其下，又見左右數河交流而入，未及詳辨，即指此大雪山爲崑崙，是以有三匝之説也。

臣通智等奉命西行，用繩丈路，儀器測量，沿河繞行，遍歷河源並金沙江、鴉蘆江、浪滄江、怒江等源，直過西藏三千里，抵恒河源而回，皆親臨目覩。因寧夏地方開渠導引，受益居多，乃將河源山脉，詳細備載，後之觀者可以考證矣。

唐來渠碑記[14]　通智

我皇上御極以來，宵衣旰食，軫恤民隱。以萬民衣食之源在於水利，於雍正四年六月間，特命侍郎臣通智與原任侍郎臣單疇書在寧夏查漢托護地方，開惠農、昌潤二渠，築新渠、寶豐二縣，招徠户口，安插墾種。大工將竣，於雍正八年五月間，荷蒙聖恩，復念唐來、漢延等渠，灌溉地畝，寧郡民食攸關，其閘道堺岸，廢弛損壞，若不補修，將來難以經理。以臣通智在寧開濬渠道，自然明悉，着會同臣史在甲，即行查議。臣等欽奉上諭，詳勘確估，三渠工程難以並舉，奏請先修唐渠。奉旨：“依議。”欽此，欽遵。

伏查唐渠自始，莫可考究。觀其形勢，自青銅峽百八塔寺下，分河流爲進水口。由大壩繞寧城，逾平羅，入於西河，綿亘三百零八里，沿賀蘭山一帶田地，均資灌溉。遍稽志乘，名曰唐來渠。元時行省郎中董文用、河渠提舉郭守敬曾加疏導，而閘座猶係木植。至明隆慶間，督儲河西道汪文輝始易木爲石。後一百六十餘年，雖例設歲修，而司其事者，多因循苟且，遂至閘座傾壞，渠身淤澄。臣等遵旨濬修。爰於雍正九年二月二十日，率領效力文武官弁等四十員，并協辦寧夏道、府、廳、縣，分布興工。起自進水口，其迎水堺甚低，且多冲壞。舡運峽口石塊，雜以麥草，直分河流，幫砌石堺，兼内外馬頭，共長三里零十丈。倒流河決口寬百餘丈，每年用草滚埽，一遇大水仍行沖決，水勢既下，難以挽之使上。且安瀾閘底高水背，又被冲刷傾壞。仍循舊蹟，自上流另開渠身一百八十餘丈，順引而下，扼頂冲處，造滚水石壩三十丈。水小則束之入渠，水大則從壩出，以殺急湍。又將安瀾閘移下，迎溜展造四墩五空石閘一座，以退餘水。其大小雙閘，底高空窄，出水不暢，乃稍移而南，合造三墩四空石閘一座，易名"匯暢"。寧安閘底既高，而南馬頭又突，乃落底展修三墩四空石閘一座。關邊閘雖出水甚利，並正閘、貼渠、底塘、梭墩、石牆俱多損壞，皆添石重修。並展造橋房十三間，以及碑亭廊房數楹。正閘之北爲龍王廟，因舊制而恢廣之。

凡退水尾俱短，水出即折，激湍之勢，淘坑冲刷，以致閘座不堅。因勢疏濬，順引歸河。且退水歸入倒流河，反與大流河漾水會射刷堺，不但大堺日險薄，而田地時遭淹泡。因於來水口厚加修築，使水順流而下[15]。堺岸既堅，旁地俱可耕種。自進水口抵正閘前，計九里三分零八丈，皆沙石淤塞，分爲一工。自正閘後抵月牙湖腦三十二里八分，抵玉泉橋又二十二里一分，抵寧化橋又二十三里二分零十一丈，抵大渡口又二十一里七分零十七丈，抵和碩墩又二十一里八分零二丈。渠西浮沙瀰漫，渠内淤澄甚厚，堺岸低薄，分爲五工。自和碩墩抵三渠灣二十四里三分，抵保安橋又二十一里七分，抵滿達喇橋又二十三里一分零一十一丈，抵站馬橋又二十五里六分。雖有堺岸，而偏坡轉嘴甚多，分爲四工。自站馬橋抵張明橋二十六里一分零八丈，抵張貴橋又二十四里一分，抵李市橋又三十八里七分。渠身太窄，淤嘴亦多，分爲三工。渠尾淤塞，餘水即洩入諸素湖，一遇水大則漾漫田畝。因循舊蹟，越廢邊十二里九分，分爲一工。俱派撥文武員弁，督夫濬修。不但淤者去之使平，薄者加之使厚，低者培之使高，窄者展之使寬，即渠内大坡，約下三四尺以至丈許，且將尾稍引入西河，水有攸歸，地亦可墾。凡渠内水緩沙壅則多淤澄，因對偏坡轉嘴，相度斜射冲刷之勢，布設馬頭，使沙不停留，則水自無阻滯。又一切受水險堺，加幫柴柳土垡，梳背長堺馬頭背土培厚。内外相兼，可免冲決。橋座一十有七，皆添木補修。新開渠尾架橋二座以通往來，又於正閘梭墩尾及西門橋柱刻劃分數形勢，兼察淤澄。渠底布埋準底石十二塊，使後來疏濬知所則傚。於四月十四日工竣，放水。

是役也，皆仰體皇上愛養斯民之至意，而竭蹶從事，不遺餘力，即在工文武員弁，協辦寧夏道、府、廳、縣，亦莫不歡忻鼓舞，不遑寧處。計其添運物料，僱覓夫匠，總需一萬八千餘金。自興工以至放水，爲時五十三日。民不覺勞，而大工以濟。落成之後，規模一新，渠流充暢，高下地畝，優渥沾足。萬姓歡騰，群歌帝德。惟願後之司其事者，毋怠忽以從事，勿肥己以病民，則渠水無匱乏之虞，而億萬斯年，寧民得享盈寧之慶矣。是爲記。

惠農渠碑記　通智

黄河發源於崑崙，歷積石，經銀川，由石嘴而北繞鄂爾多斯六部，落入黄甫川。逾潼關，會泗沂，合淮歸海。源遠流長，而朔方一帶，導引灌溉，厚享其利焉。獨查漢托護地方，沃野膏壤，因漢、唐二渠餘波所不及，遂曠爲牧野。我皇上軫念寧夏爲邊陲重鎮，建新城，設將軍，領兵駐防，特命侍郎臣通智，會同督臣岳鍾琪，詳細踏勘。嗣命臣通智，偕侍郎臣單疇書，專董是役。復揀選在部、道、府、州、縣十五員，命赴工所分司其事。又奏請調取官弁武舉等十有二人，共勷厥工。

乃相土宜，度形勢，以陶家嘴南花家灣爲進水口，近在葉昇堡之東南也。黄流自青銅峽口而下，支派分流，至此而滔滔汩汩，順流遠引，足溉數萬頃之田。其渠口石子層累，底岸維堅。由此而東北，遍歷大灘。擇地脉崇阜處，開大渠三百里，口寬十三丈，至尾收爲四五丈，底深丈一二以至五六尺不等。高者窪之，卑者培之。引入西河尾，並歸黄河。建進水正閘一，曰惠農閘。建退水閘三：曰永護，曰恒通，曰萬全。節宣吐納，進退無虞。永泓、永固暗洞二，以通上下之交流。設彙歸暗洞一，以洩漢渠之餘水[16]。正口加幫石囤，頭閘堅造石橋，則渠源不患冲决。特建尾閘，以蓄洩之；外累石節，以鞏固之，則渠稍可以永賴。大渠口以東，俱引灌大渠水，其田勢高處，刳木鑿石爲槽，以飛渡漢枝渠之水而東之，仍不失其已然之蹟。西坂渠尾以南，直抵渠口。其西岸不能歸暗洞之小退水，特留獾洞，放之大渠一帶出之，亦絶無漲漫之患。任春、葉昇二堡，爲往來孔道，於正閘覆造橋房，旁列數楹，可爲守者居，兼爲行者憩。建龍王廟，立碑亭，以記工程，並壯觀瞻。沿渠之橋二十有二，西河之橋十六，行旅往來，賴以普濟。其枝渠四達，長七八里以至三四十里者百餘道，均作陡口飛槽，而户口人民又沿渠各制小陡口、小獾洞千餘道，以相引灌。自此溝塍繡錯，二萬餘頃良田無不霑足。於渠之東，循大河涯築長堤三百二十餘里，以障黄流泛溢。於渠之西，疏通西河舊淤三百五十餘里，以瀉漢、唐兩渠諸湖鹹水。各閘旁建水手房四十二所，以司啓閉。遍置塘房三十七處，稽查邊汛。而大渠長堤以至西河，兼恃防護。渠堤兩岸俱夾植垂楊十萬餘本，其盤根可以固堤[17]，其取材亦可以供歲修。至於東北隅一帶，其地尤廣，其土尤沃，改六羊河爲渠一百一十餘里，以佐大渠所不及。奏請建縣城二：其一在田州塔南，爲新渠縣；其一在省嵬城西，爲寶豐縣。立縣令以膺民社，設通判以司水利，建學校以育人材，置營弁以備防汛。移市口於石嘴，漢夷皆便；建城堡於山後，守禦相資。

茲役也，蒙皇上特頒帑銀十六萬兩，以爲工匠車船、一切物料之用，纖微不累於民。肇始於丙午之孟秋①，工竣於己酉之仲夏②。向之曠土，今爲樂郊。復蒙皇恩廣被，又頒帑銀十五萬兩，以爲招來户口恒産耕種之資。由是億兆歡呼，争先趨附。闢田園，葺廬舍，犁雲遍野，麥浪盈疇。勤耕鑿者歌帝力，安隴畝者頌高深。奏之九重，錫以嘉名，曰"惠農渠"。遐陬赤子，盡戴光天，邊塞黎民，欣逢化日。誠國家萬年之基，而民生世享之業也。爰立石而爲之記。

昌潤渠碑記[18]　　通智

雍正四年，歲次丙午，皇帝命侍郎臣通智、單疇書，會督臣岳鍾琪，經營查漢托護地方。開大渠以資灌溉，築長堤以障狂瀾，易畜牧爲桑麻者，三百餘里。但大渠之東南隅，灘形廣闊，水難遍及。有黄河之支流名六羊河者，口形如列指，泝游數里，復合爲一，迤邐而北，經大小方墩，越葫蘆細，歷省嵬城，而仍歸於大河。沃野腴壤，綿亘百餘里。因迤黑龍溝而西，故水勢順下，漫無停蓄，不能引之灘中，河之下流遂淤。率諸執事，循其已然之蹟，順其勢而利導之。凡湃岸之傾圮者，培之使平，河流之淤塞者，濬之使通。爰於渠口建正閘一，曰昌潤閘。外設退水閘，曰清安，使水有所瀉，以備歲修堵口也。内設退水閘，曰清暢，使水有所分，以殺湍流漲溢也。相地制宜，分列支渠二十餘道。中多高壤，不能盡達，復設逼水閘三，曰永惠、永潤、永屏，束之使其勢昂而盈科而進。仍由故道以入於河。諸閘既建，俱跨橋以通耕牧往來。正閘之上覆以橋房，其旁則立有龍王廟碑記亭。渠兩旁俱插柳秧，資其根力以固湃岸。自此啓閉以時，蓄洩有方，而大渠以東遂無不溉之田矣。欽定名曰昌潤渠，以昭示來兹，垂之永久。是役也，用以仰副我皇上仁育萬物、無遠弗届之至意。渠之兩旁，良田萬頃，比户千家。白叟黄童均沾聖德，青山緑水悉載皇仁。誠盛世之宏模，而萬年之樂利云。

漢延渠碑記[19]　　清　寧夏道　鈕廷彩

昔司馬遷"從負薪塞宣房，悲瓠子之詩而作《河渠書》"③，其言漢之導河爲渠也蓋詳。鄭〔國〕當時爲大農令，水工徐伯引渭穿渠，並南山下。莊熊羆穿龍首

① 丙午：雍正四年年(1726)。
② 己酉：雍正七年(1729)。
③ 參見《史記》卷二九《河渠書》。

渠[20]，引洛水至商顔，率以利漕，灌溉浸廣。迨白璧既沉，楗石是利，於是朔方、河西皆引河以溉田。漢之有斯渠，殆元封、太初間與？顧姓氏湮没，不與蜀〔李〕冰、鄭國焜燿先後，懷古者惜焉。雖然，王者撫世誠民，宏一代之規模，垂諸萬禩，類非臣下所得私。渠爲漢有，史非闕也。

我朝德澤涵濡，制度美備，區區漢、唐之治，度越千萬。洪惟我皇上，以神靈首出之資，纘成前烈，斟酌損益，金聲玉振。先是，夏之塞河壖棄地，可引而溉，天子乃命大臣穿惠農渠。渠成，復緣六羊河穿昌潤渠，建縣二，畫井授田，歸者如水。既又念寧夏有漢、唐諸渠，歲取材於民，公旬惟月，慮其材儉民勞，卒致堙塞也，悉發帑金，恢閎舊制。雍正九年，唐渠成。顧時方討罪於西域，飛芻輓粟，道路相屬。聖天子不欲重煩吾民，趨廷臣還敕下寧夏道臣鄂昌暨水利同知竟其事[21]。臣鈕廷彩奉職朔方，凜兹成命，夙夜惕若。癸丑之春①，疏漢渠，戒事於水利同知臣石禮圖，越百執事，奔走先後，自渠口達尾，綿亘一百九十五里八分。測水平，竟源委，高者裁之，怒者厮之，壅者滌之，沮洳而漫衍者瀦之[22]，渠以大利。正閘一，退水閘三，尾閘一，陂堤凡幾，或因舊更新，或昔無而今益，甃砌堅完，葦絙重疊。卜虔於龍神，遷諸東麓，廟貌以新。橋亭一，横橋二十有零，迤邐聯屬，輪蹄便適。

是役也，發夫五千人，縻金錢萬萬，凡一月而工竣。猗歟盛哉！漢之穿斯渠也，作者數萬人，歷三期，費以巨萬十數，功非不偉矣。歷數千百年至於今，人事遷易，堙没不常，藉非大聖人在上，起而更新之，其不浸久浸廢者卒鮮。是我皇上，濬畎距川，功延萬世，凡以纘禹之緒，非直與炎漢争光也。邊隅小臣，躬逢盛事，仰聖德之高深，而與斯民樂美利於無窮。恭鐫諸石，以垂不朽。是爲記。

大清渠碑記[23]　　鈕廷彩

昉稽寧夏，迺古朔方地。賀蘭環其西，黄河亘於東，誠爲邊徼雄勝之區。其中膏腴沃壤，不一而足。凡民間樹藝稼穡，惟引黄水以資灌溉。考自昔日開有漢、唐二渠，此水利之繇目興也。伏自我朝定鼎以來，生聚日蕃，開闢益廣。漢、唐二渠之水，支分遠注，疏引漸多，而水勢因浸乎微矣。恭蒙聖祖仁皇帝遠籌民計，於漢、唐二渠之中復開大清渠一道，袤延百餘里，引黄入唐，聯貫而下，水源充暢，歲事豐登。天時、地利、人和，三者咸備，是皆聖帝仁君，湛恩汪濊之所及也。乃歷今數十餘年，雖歲修不時，而工作頗鉅。沮洳淤壅，日積月盈，向之所謂廣者狹矣，深者淺矣，通納流行者傾圮浥漏矣。恭逢我皇上繼統紹述，時以重農敦本

① 癸丑：雍正十一年（1733）。

爲念。大修之舉，已廑聖懷。時因查漢托護地方，招徠屯墾，欽差部院大臣司帑建興，新開惠農、昌潤二渠。斯時匠作夫役咸集，二所以臻其要。繼以用武西塞，飛芻輓粟，均資民力，此又當舒徐從事也。及插漢拖護工成，而漢、唐二渠已歷千百餘年之久，葺廢崇新，俱宜循次而舉。欽奉諭旨，頒發帑金，令將漢、唐、大清三渠，加意修整。當即先修唐渠，旋即告竣。臣廷彩繼任監司，有統轄水利之責。踵修漢渠，亦復慶成。由此而大清渠之大修，不可以稍緩矣。

爰於雍正十一年冬，鳩集工匠，煉灰採石，辦料庀材，先期預備。擇吉於雍正十三年上巳之辰，興工建修，恢宏舊制。畚鍤咸施，淤者濬之，窒者疏之，堅其塀岸[24]，固其閘座。龍神廟貌，巍然燦然。不一月而諸事畢舉。凡向之所謂狹者、淺者、傾圮浥漏者，莫不整然改觀矣。且其源洋洋，其流湯湯，詢諸父老，僉稱水利之盛，未有如斯者也。今而後，平疇緑野，何須望杏瞻蒲；阡陌青蕪，不必鋤雲犁雨。盈寧叶慶，何莫非聖天子溥博宏仁，垂樂利於億萬斯年也哉。是役也，司其事者水利同知石禮圖，公其事者寧夏府知府顧爾昌，趨其事者寧夏縣知縣武梓、寧朔縣知縣李宏[25]。臣廷彩欣覩其盛，敬拜手賡揚以頌。

重修昌潤渠碑記　　清　總督　黄廷桂

《書》載："禹別九州，隨山濬川，任土作貢。"①《詩》亦云②："信彼南山，維禹甸之。畇畇原隰[26]，曾孫田之。"是體國經野，莫重於導川澤、濬畎澮、別疆埸、正貢賦也。我國家重熙累洽，聖聖相承，以恬以養，訖日出日入之鄉，罔弗登於衽席，而宵旰憂勤，尤惓惓於溝洫稼穡間。南北水利，皆以時次第修舉，有禹功之所不到者。甘肅地多砂磧，半屬不毛，有水泉可引，亦不遺疏鑿。安西之導蘇賴河等水，鎮番之屯柳林湖，其地俱鄰外部。漢、唐來有郡縣之名，而無開闢之實，今一望盡膏腴矣。更著者，寧夏惠農、昌潤二渠，暨查漢托護地數百里，立二縣新渠、寶豐，辟田萬頃，安户萬餘家，費金錢數十萬計，聖朝之愛民深而水利溥，有如是夫。

皇上御極之六年，余奉命撫甘，敕以設法疏通水利資灌溉爲先。既披圖籍，寧夏之昌潤渠已廢。蓋乾隆三年，坤維弗静，新渠、寶豐城俱陷，奉裁，渠亦以坍堙。四五年間，修復惠農渠，就濱河長堤内，加築新堤以障之。無何，水决四堆子，瀰漫無能爲力。姑於四堆上横築堤，而西屬賀蘭山之阪，於是惠農渠止引灌堤以内，堤以外原隸寶豐二十四堡田皆棄爲汙萊，無復言及昌潤渠者矣。歲時諮度，訪求議者，率築室道旁，莫得其要領。八年，寧夏太守楊灝至任，力言堤外田

① 參見《尚書・禹貢》。
② 參見《詩經・小雅・信南山》。

必不可棄，昌潤渠必可修，往復竟其説，畫沙觀火，原委較如。其大指曰："寶豐田視新渠肥美，棄於横堤外無敢議復者，怵於河决爲患也。夫河不當與争，向築堤去河甚近，故一决不可復支。自築横堤後，孑遺黎民愛其土，任耕弗忍去，於四堆子决處草草築月堤自衛，究亦近河難恃。今度歷年遷徙之形，遠爲之堤，使水得瀠洄而下，其新舊堤之間斷而弗屬、殘缺而易陵者，各相險夷以補苴之。總之無與河争，河漲旁岸而止，不激之使横流泛濫，而乃可以議濬渠。昌潤渠本因黄河之支流六羊河舊口，迫近河，直其衝，易潰壞難復，其下游尚間有故道可循。今察地利，揆土宜，借六墩廢渠口，鑿惠農渠東岸，建分水閘，引注昌潤渠故道，溉横堤外田甚便。而惠農渠兩岸，卑薄者倍高厚之，使能多容水無潰，更於其上游建滚水壩以暢水勢，水當無不敷，而乃可以議開墾。大都始開墾患無力，既墾患賦重，田無餘，令來墾之民力能自給者，聽。察其務本自勤，貧而無籍，爲之計居室、牛耕、農器，量給以口食，使得安心耕作，寬其成賦之年，則從中下，並爲留廬舍場圃地，無尺寸以繩之。願出其野者必益衆云。"余壯其説，爰躬親按視，知其必可，起而行，與阿方伯今山右中丞謀，以二千金爲權輿，條其概上聞，奉硃批："開渠闢墾，皆務農之本，實慰朕懷。"欽此。檄楊灝如議舉行。

未幾，而堤功告峻矣。新渠堤凡長二十五里，高厚而堅。在四堆子民堤内，距河一十五里許。且因民堤引長之，與横堤之脊相屬，計七里。由四堆子北至石嘴子，沿河長堤七十餘里。由四堆子南至通澄堡，沿河長堤五十餘里。各補其殘缺，以防患於未然。未幾，而渠工告峻矣。自六墩廢渠口，鑿惠農渠東岸，建分水閘，甃以石，引注昌潤渠故道至尾閘，凡長一百六里。修惠農渠岸，自楊和堡河西寨歷五香、六中、渠口各堡，各易沙以土，實土以薪，無慮百有餘里。惠農渠之上游，水旁洩於俞家河，伐石建滚水壩六十丈，以蓄洩之，且榜曰昌潤[27]。渠之下疏仁義、官四、交濟等渠，各分引惠農渠水，以益昌潤渠之勢。又於横渠外，展修惠農渠尾四十餘里，多開支渠，以助昌潤渠所不及，高下田無在不得水。未幾，而墾田有成數矣。後先招徠凡三千五百餘户，墾熟田凡三千一百六十七頃。内貧無籍者七百餘户，皆居之食之，畀之牛種農具，俱無失所，與力能自給者同。徂隰徂畛，歌盈寧矣。

余聞之喜而不寐，乃往觀厥成。渠流活活，數年前之斷溝洭瀆也；重堤翼翼，數年前之决瓠浮桑也；周原膴膴，數年前之苞杞叢榛也；室家溱溱[28]，數年前之敗垣頹壁也。聖天子勞心邊塞，弗忍一夫一婦不被其澤，而今乃可稍寬宵旰於萬一也。因臚列入告，特敕部臣以中下定則，六年後入籍。余旋節制兩江去。十六年，復還視陝甘。再閲即成賦之期，寓書甘中丞楊公，察其渠之疏滯、堤之圮修、田之蕪治、户之耗庶，以仰體皇仁藏富於民至意。得復視舊安阜有加，所謂"民留有餘,弗尺寸以繩之"者,咸有同心歟?先是,臺臣中有復修昌潤渠之議,咸以爲徒勞民傷財,功難成,是故視其見之定與弗定,心之堅與弗堅耳。抑嘗讀史,賢牧守所至,率以導水泉、制田里爲亟亟。如漢之虞詡、郭璜,唐宋之李聽、楊瓊,功尤多見於朔方。皆遭逢聖主,得從容展布以有成。今我皇上爲民計衣食之源,惓惓於溝洫稼疆如是,雲從龍、風從虎,小大臣工各承宣而導川澤,濬畎澮,别疆埸,正貢賦,俾蒸黎共慶有年,熙熙於出作入息,蓋有莫知其然而然者,修復昌潤渠,其一端也。敢謹志之,以告後來。

大清渠碑記[29]　塗覲顔

漢延、唐來兩渠之間,新開渠一道,闊五六丈,延袤七十餘里。東引黄流奔騰西下,其勢洶湧奮迅,可與唐、漢鼎立而爲三者,我司馬王公〔全臣〕所創大清渠也。公歷任始於戊子之春①,而兹渠即創開於是年之秋。當其開渠時,請命於觀察使鞠公〔宸咨〕。鞠公深悉公才,即委公往營之,並令水利都閫王公共襄厥事。公規模素定,一若行所無事者,安閑指授,七日而渠成,水利不崇朝而遍注萬頃,於戲盛矣!

夫自河勢東徙以後,唐口壅遏,距今已數十年。其職守兹土暨專司水利者,不知凡幾也,豈遂無殫心民事而久於此者,然俱不克營此。公受事甫數月,即洞悉其情形,而力爲之。於以知非常之舉,必待非常之人。公之大有造於寧也,豈偶然哉。稽之於志,明大中丞焦公〔馨〕之改修七星渠也,三月而始畢;河東觀察使張公〔九德〕之築河堤也,二年而始竣。沿而上之,如漢、唐諸渠,其創作雖不可考,然決非旦夕而成者。即我公初發議時,衆口紛若,咸謂費不數千金,功不二三年,當無以底厥績也。公乃不及旬日,開渠數十里,非常之舉,其速如此,此誠絶代才人之所爲,非拘牽庸算者之所可到也。兹渠一開,而九堡之荒田俱成沃壤,其食公之利澤者,不知幾萬家。且九堡不借潤於漢,而兹渠復大有助於唐。是食公之利澤者,又不知幾千萬家矣。渠成於今已七年矣,吾寧人左殮右粥,亦習以爲常耳。去秋西鄙旱荒,所在流離饑餓,試思今日之飽食嬉游,得享昇平而歌樂土者,其誰賜焉?而顧可忘耶?寧人咸謀勒諸石以記其事,而屬文於余。余不文,愧無以揚厲公德,然緣此得掛名石上,自托不腐,是則余之大幸也,其又奚辭?至若倣漢、唐之制,建立閘壩,與夫造過水筧、築迎水堤,一切良法美意,悉載公上舒撫軍書中,寧人已刊刻成帙,家傳而户誦矣,兹不具載。是爲記。

---

① 戊子:康熙四十七年(1708)。

鈕公生祠碑記[30]

自古名卿大夫，宣猷布化，保釐一方，能爲民捍大患而興大利，其德澤足以垂千百年而無窮，至於百姓謳歌思慕而不能忘，爲之建立祠宇，以祝嘏稱壽於無疆[31]，史册所載，遥遥有之。昔蘇老泉撰《張益州畫像記》①，述張公之撫綏蜀民，與蜀民之感戴思慕不能忘公，至肖其容貌於祠以傳永久，俾子若孫，世世瞻拜而頌禱之者甚詳。讀老泉之文，雖千百載之下如見張公也。

吾巡憲鈕公〔廷彩〕，開墾白馬灘之役，櫛風沐雨，勞不乘，暑不蓋，三年而功成。其事與張公異，而所以施惠吾民、享樂利之澤、安耕鑿之天者，其功德同也。邑之人士聚而謀於衆曰[32]："今之渠流洋洋、灌溉不竭者，孰疏導之？長橋卧虹、飛槽而渡者，孰區畫而疆理之？皆吾公之所賜也。公之德在吾寧，尤在吾衛，食我農人以及子若孫，將何以仰報吾公哉？盍建祠以祀諸。"又有謀於衆者曰："祠之宜矣。公之精神心血，殫瘁於兹者三年，衆慮其功之未必成也，而嘖有異議，公毅然任之，不爲撓阻。庸底乃績，鬚髮爲白。肖公像於祠，使我子若孫食德於千百年者[33]，瞻公貌如見公之心，永永祝頌於不朽也乎。"衆皆曰："然。"環跪以請，公不許。塑工竊視有得，翌日而像惟肖，望之儼然，公弗能止，順民情也。蔽芾之詩不云乎？"蔽芾甘棠，勿翦勿伐，召伯所茇。"②夫召伯循行南國，或舍甘棠之下，民思其惠而不忍忘，以及於樹。矧公積瘁三年，寢斯食斯，其爲甘棠大矣，民其忍忘乎。塑公像以祀，亦猶蜀人之於益州也與。吾儕士民，愧無老泉之筆，謹記顛末，聊撰俚頌，以擬甘棠之歌曰：

大河之東，沃野高隆。引水鑿渠，阡陌以通。孰疆理之，厥惟我公。匀匀原隰，禹甸之功。於鑠功成，千夫畚鍤。渠流洋洋，堤崇巖業。廬井田禾，萬民樂業。偉績不磨，青銅之峽。膏腴萬頃，粒我蒸民。公像在堂，公德感人。望之儼然，藹而可親。永蔭吾土，八千爲椿[34]。食我農人，穀我士女。翼翼田疇，芃芃禾黍。崇德報功，在河之滸。登公之堂，願隨公處。

鈕公德政碑記[35]

我朝列聖相承，重熙累洽，四海昇平，生齒殷繁。各省興修水利，廣斯民衣食之源，天恩浩蕩，浹髓淪肌[36]。衛邑河南白馬寺灘，素稱沃壤。時值明季，有紅柳溝兩處，山水冲斷，遂爲曠土。附近鳴沙等堡，户稠狹居，民屢建木槽渡水，緣

① 蘇老泉，即北宋文學家蘇洵，號老泉，有《嘉祐集》十六卷傳世，《張益州畫像記》載於該書卷十五。
② 參見《詩經·國風·召南·甘棠》。

力微不能成功。道憲鈕公〔廷彩〕上籌國計，下念民生，經營相度。雍正十二年春，具詳上憲，請造環洞，建飛槽，開渠引水。聞於朝，奉旨報“可”，遂率屬員，不避風雨，於是年六月興工，至九月間規模已就。次年復加修葺，水過飛槽，勢如建瓴。人民雲集，廬舍星羅，百年荒地，盡成沃壤。七星渠口逼近山河，多鹼，每遇驟漲，溢入渠内。寧安、威武之地，率皆生成蔓草荒灘，淤泥壅塞。鳴沙地畝，得水維難。鈕公規畫地形，於沙草灘下建正閘，逼近河溜。既避山水[37]，又暢渠流，開墾新田，咸皆霑足。工程總理則寧夏府郡憲顧公諱爾昌、西路司馬吴公諱廷元、新寶水利别駕今陞寧夏水利同知費公諱楷。辦料則邑侯姚公諱廷柱、分督學博張公諱琦、縣幕吴公光榮、縣尉曹公思坤、張公永芳、陳公景鵬、陳公天叙、江公躍龍、顧公璡、高公學敏、鎮標部廳劉炳功，加徐公鍾、王公永德、周公文宗，以三載之辛勤，成萬世之樂利，廣聖澤而沛皇仁，爰書以志，不忘云爾。

重修暗洞記　　清　水利同知　王全臣

渠之有暗洞也，古所設以洩水者也。河流自南而北，各渠引之西北行，以溉民田。溉田之餘水，散注於各湖。湖與湖遞相注，而仍東洩於河。其所由洩之路，則穿漢渠之底而出。漢渠南北，流於上而穴其下，若橋洞然。雖高止數尺，廣止丈餘，而渠與兩岸之堤，寬至十有餘丈，洞之長亦如之。深藏地中，潛渡伏流，望之幽邃杳冥，故曰暗洞也。厥洞惟三，在魏信堡者曰上洞，在張政堡者曰中洞，在王澄堡者曰下洞。古人之於渠工，計其蓄，復計其洩，良法美意，亦至詳且盡矣。

予蒞寧夏之初，巡歷郊原，第見夫各渠率多壅塞，民田强半荒蕪。每經過暗洞，或告予曰：“水滿則溢，此乃洩之也。”予雖目擊其崩潰填淤，忽焉不介於心。蓋環顧阡陌之間，求涓滴以潤涸轍，尚戛戛乎難之，焉用洩爲？意謂古人爲此，似亦過計。迨其後創開新渠，疏通唐、漢，水於是乎有餘，田間水滿，乃注於各湖。湖不能容，遂溢焉而爲害。夫乃嘆古人之良法，皆毁於後人之忽不究心耳。嗚呼，靡不有初，鮮克有終，伊誰之咎歟？苟不早爲之所，倘一傾頹，漢渠且截然中斷矣，奚可哉？乃日夜思所以修葺之。無如工大費繁，計無所出，未敢遽宣諸口。辛卯冬①，詔蠲次年租賦，予欣然曰：“暗洞可修矣。”正供中有所謂麥饌者，歲賦七百餘金，往例不賦之於地丁，而賦之於渠夫。每歲於額夫萬有二千之中，輪抽五百人，免其力役，俾納麥饌。今租賦既蠲，則此五百人者，例仍歸諸渠。向者渠工浩大，尚可少此五百人，兹渠已垂成，又焉用之？竟以助修暗洞可也。張政之

---

①　辛卯：康熙五十年(1711)。

洞，原甃石爲之，第歲久攲損耳。魏信、王澄較張政之洞爲更大，乃盡係木植，易於敝壞，若俱易之以石，更足垂諸久遠。爰綜覈而量度之，三洞之中爲補葺、爲更易，應用石幾何、木幾何、工匠幾何，會計既定，乃即壬辰春濬之①。先於麥饌五百人中，以三百人措置一切物料，以二百人採石於山，示以尺寸。而檢罰去歲春工之誤工者數百人，使運之。其或不足，則撥額夫以助之。罰工惟重，他則較濬渠稍輕，蓋使小民易於趨事也。春濬工興，衆役畢集，不越月而告成。魏信、王澄之間，偉然兩石洞，直與在張政者並垂諸久遠矣。由是於各湖上下，水所由行之路，盡疏之使通，以導其流。夏秋之際，田間水滿如故，而各湖之濱且涸而爲田。泛溢之害，吾知免矣。古人之制可復，予亦可告無罪矣。或曰："不費不勞，而使水有所蓄，復有所洩，皆司馬之功也。"或曰："水利自有專司，君何越俎以任勞怨，且不殫煩也？"嗟乎！今日暗洞修而渠之事功始畢，予之志願乃畢。予何功焉？特復古之制云爾。若夫身任民牧，則民事宜亟，越俎之譏，予固不辭也。後之君子，實用心於蓄洩之間，而不使古人之良法美意，湮没於忽不究心者流，斯予之願也。以是爲記。

王公生祠碑記[38]　　杜森

渠之有唐、漢，夫人而知之也。唐、漢之始於何代，創於何人，夫人而未必知之也。説者謂開導授民，肇自董文用、郭守敬，又謂虞詡、郭璜濬於東漢，李聽、楊瓊濬於唐宋。率多摭拾附會，疑信相參。嗟乎！以利在斯民、功及百世者，曾不一識其姓名，君子憾之。閘壩之設，與渠相爲表裏者也。寧夏之氓，咸知閘壩之建於汪公〔文輝〕，而不知漢、唐之濬於誰氏，豈非以汪公建暨有祠可記、有碑可摩，故民於今稱之耶？今我王公〔全臣〕開渠七十餘里，築堤數百餘丈，建閘壩，修橋亭。且相地畝之高下而渡之木筧，傷積水之横流而消之暗洞，以一身而兼漢、唐、汪公古今之事，綜而成之，不三載而底績。寧氓欲報之德，爰於大清閘之東偏，搆數椽，立片石，倣荀杜於鄭諸故事，生而祠之。其不嫌湫隘，必欲建之於閘右亭臺之間者，則又倣立汪公祠之意，每歲春濬，連類而修葺之也。寧氓報德之心，直期於汪公祠並垂不朽，豈僅識厥姓名，使千百世下，夫人而知之已哉。是爲記。

重脩唐鐸暗洞記[39]　　清　寧朔縣知縣　周克開

欲鑿穹硐幽澗於飛流奔濤十數丈之下，長倍之，則必計尋丈，揣厚薄，約夫

---

①　壬辰：康熙五十一年（1712）。

力，伐他山，歛資財於是者，非數月不就。又況假地於人，限以時日，岌岌乎必不得成之數，而又非柳子厚"因其地，全其天，逸其人"之謂也①。何則？夏之地類斥鹵，築閘壩，引河水，時灌溉成膶沃。朔邑地據上游，夏秋之交，諸湖水漲，束於漢渠，勢不得洩。昔人於漢渠底穿暗洞以渡伏流，此暗洞之所由建乎？洞始於木，易以石。石之壽可百年，地勢即遠久仍敗。庚辰之春②，唐鐸暗洞毁，夏邑士民諠奴訢誶，畚土塞洞，勢以自全。朔民皇皇，呼救孔急，去縣百里，半宿奔至，期修復以十日。夏令大喜，諭其民遵約而退。民環瞻予，睘盱不寧。予曰："無憂。今所少者，石耳，錢耳，夫耳。予已携三百千在此矣，集九堡農人，各以輦之唐壩安瀾閘，有廢石可借用，事後還之。"於是紛紜爬搔，隧如璧如，堊如窿如，瀏如盈如，不五日告成。民踴躍歡忻，兩邑之民均獲安焉。昔李鄴侯守杭，苦水鹵，穿六井以便民，久而日湮。白香山至，濬之。至宋蘇端明來，復大濬之，仍其舊，且爲條約，叙其始末，以遺後人。蓋前人有作，匪後何繼，後復有後，後之視今，長無弁髦焉，斯前人之幸也夫。是爲記。

龍神廟碑記　　清　中衛縣教諭　張若敏

《禮》，凡有德於民者則祀之，而惟農田水澤之利[40]，其施於民者爲尤溥。中邑夾河而治，决引灌溉，據銀川之上游，食德而飲和者千百年，然廟祀不立，典禮有缺，抑亦政教之弗詳也。歲丙子③，邑侯滇南黄公〔恩錫〕，以名進士移守此邦。始至之日，常志於斯矣。時軍役繁興，民力重勞，未及舉。越明年，富公攝西路司馬，水利專職也，首夏迎水祀神，爲壇於官渠橋之北阡，曠野卑濕。公慨然曰："是豈足以迓神休哉？其特建祠。"黄公亦曰："其必特建祠。"爰是捐清俸，計規模，商諸士民，議建河渠龍神廟。邑之紳士遂群相鼓舞，樂勸其成焉。面厥土之所宜，求故材之可因，爲正殿三楹，東西廡六楹，垣以周牆，表以高閈，土木葺除，黝堊丹漆。始工於戊寅之五月④，而落成於己卯之三月⑤，亦足以妥神靈矣。二公命爲文以記之。

敏應之曰："夫禮固緣情以起者也。中邑勢處邊塞，土脉沙鹵，歷代用武之地。迄今兩河繡錯連阡，士歌幽雅，農頌樂郊。四方賓客，舟車絡繹，以至冠婚喪祭，盡力竭情。棗梨桑杏，春華秋實，佳哉沃壤，亦何利之溥而物之阜也。使非藉

---

① 參見《柳河東集》卷二七《永州新堂記》。
② 庚辰：乾隆二十五年(1760)。
③ 丙子：乾隆二十一年(1756)。
④ 戊寅：乾隆二十三年(1758)。
⑤ 己卯：乾隆二十四年(1759)。

澤星河，挹注洪流，其何能若是。夫食德思報，民豈無心。而典祀之義未明，亦因循而不克舉。玆二公者，特秩無文，肇舉元祀。向之平蕪磧礫，剷削修飾，期年之間，巍然雲屯而霞舉[41]。雖守土作吏，推治民者以事神，實已舉數百年來人人之所齗齗未滿、拳拳欲申者，而一旦暢然，其無憾矣。”廟既成，釋奠且有日[42]。每歲四月立夏，邑之文武官吏儼然造焉。凡邑之力農而服田者，咸盂酒豚蹄而從之，名曰“迎水之祭”。秋收報賽，邑之文武官吏又儼然造焉[43]。邑之士庶，亦庾億倉盈，含鼓而從之，名曰“謝水之祭”。其將享之意明而誠，其祀典之隆光以大，殆所謂緣情以盡禮，酌今而准古者矣，夫豈猶尋常瀆神邀福、徒侈梵宇宮觀之雄者哉？是爲記[44]。

銀川書院記　清　翰林　路談　寧夏人

《舊志》載郡城有養正書院，後改爲揆文書院，其制多湮没，不可詳考。我朝列聖相承，文教漸被，海隅荒裔，士莫不蒸然奮興，相厲以學。而吾郡書院之設，久而未建。至今皇上御極之十有八年，武林趙公〔本植〕來爲守，始買屋於光化門内之西，爲生徒講肄所。又相平羅河濱棄地，募民試墾之，成者收其入，以給膏火費，於是銀川書院始立。

戊子夏①，江東顧公〔光旭〕來守我邦，至書院，周覽屋宇，喟然曰：“此邦人士日盛，而此院之制尚仍其舊，偪仄且無以容，非所稱樂育之意也。”議擴而新之。稽諸觀察使南康干公〔從廉〕，所見同，乃遂以其秋改作焉。舊基之深百七十尺，廣僅九十尺。今廣其東偏地益之，深如舊，廣倍之而有加焉。購之民，酬其值百十有餘金。於是書院方廣之數且七百二十尺。投土築之，增其舊址且三尺，去湫隘，登爽塏也。繚以垣，高仞有三尺，崇體勢也。規其南之中爲重門，門各有屏，蔽内外，遠囂雜也。爲堂二，題其外曰“大雅”，内曰“巖緑書堂”。中布函丈之席可數十。外者施闔扇，内有牖，凉燠之宜惟所適，可無撤講也。東西之序各三楹，内如外，諸生所佇立也。閣於其東之南者，曰“文明”，祠文星，從士請也。下有齋三楹，監院者憩息之所也。東之北别爲一區，上爲樓，曰“探源星宿”，所以貯圖書、恣遠眺，右山而左河，曠如也。下以居主院事者。東西屋可以棲僕隸，庋什物。西有齋，比乎内堂，賓客之所晋接也。肄業之舍，東二區，西五區，區各五楹，户牖必南向，足以披心顔、宜誦讀也。外堂東、西各一門，達乎東、西舍。内堂東、西各二門，東皆達乎樓，西之南者達西舍，其北者出爲間宇。其餘庖湢之次、闔隸之藏，各置以隙，無不備也。其材之數增其舊十七八。郊之南有公囿，廢且圮，並

① 戊子：乾隆三十三年(1768)。

撤以益之。凡用工若干人，錢若干緡，總爲屋百有餘間。經始於七月下旬，落成於十月初吉。門之額仍曰“銀川書院”，不欲以踵事掩前美也。

院之田無籍，公核之得百三十有五頃。定其科歸於歲額，而收其餘供院之費，經可久也。嗚呼！談竊觀往代書院之設，多在學未立之時。今郡州縣久有學，而又拔其尤爲書院，其於養士造就之方，可謂至矣。寧郡固邊壤，而太守公不鄙夷我民，廓新斯宇，立爲條教，拳拳於多士之心，亦勤且密矣。處乎此者，宜何如砥礪奮發，以稱德意乎？越一年，公適移守平凉，院之士請公紀其事於石，公固讓而以命談。談，郡人也，樂觀斯宇之成，爲來學無疆之慶，遂不辭固陋，書其顛末如此。公諱光旭，字晴沙，壬申進士[①]。歷郎署，登諫垣，皆卓然有聲。爲寧郡多惠政在民，此不悉書。趙公諱本植，號竹堂。監修書院者，府經歷辰州唐君上弼。經理之者，郡學生張映槐、劉三戒。

鍾靈書院記　　清　靈州知州　周人傑

靈武自漢唐以來人材絶盛，著於舊史者代不乏也。癸巳夏六月[②]，余奉檄攝州事，既釋奠於廟，進其學之諸文士，問以近今數十年來，忠臣孝子、義烈獨行之士，可舉爲風化式者，茫無以對。重加廉訪，僅得節婦五人，即爲申請旌表。又問其州之志，無有也，附於朔方郡者，亦斷自前明嘉靖間。嗚呼！文獻之廢墜如此哉，是亦守土者之責也。當斯之時，欲於承乏數月間，續二百餘年之缺文勒爲一書，考稽既難，時復不給，誠有志未逮矣。夫徵文必先徵獻，十室之邑有忠信，百工居肆事乃成。然則欲爲斯土興人材、嗣休烈，書院之設，誠不可已。而又苦其先無尺地畝宫可藉手者，余於是愈爲州人士憾焉。

秋七月，偶出城西門，見其野有屋數楹，短垣缺齧，闃其無人。問之，則前知州事江君名鯤者所建公廨也。計其地可十畝許，相其陰陽，渠流來自巽，西流繞出於屋後，地理家常以是爲文明之象。余得之，不勝喜，曰：“靈武人文之盛，意在斯乎！”爰捐俸鳩工，刻期創建。董其役者，寧夏廪生劉三戒、州貢生萬植、廪生祁絢、張駈、劉興海等。恪勤乃事，工繕而費不靡。門堂之制，爲屋四重，左右學舍，共成九院。屋必南向，冬温夏凉，以適講誦。凡兩越月，工遂竣。顏其門曰“鍾靈書院”，其軒曰“環碧”，其後齋曰“遜敏”，又其後曰“活水天來”。一椽之布，一瓦之植，悉購於官，不以累民。自余代庖凡五月，每有争官荒地、結訟不休者，大半斷歸書院，募民佃焉，而收其租入，計有一千餘畝。時有貢生賀景泰捐修南關，亦

① 壬申：乾隆十七年(1752)。
② 癸巳：乾隆三十八年(1773)。

樂以餘貲相助。可見紳士聞風好義，將來定不乏人。余又捐米百石，以供來歲膏火。嗚呼勖哉，諸生代遭聖明，緬懷前哲，得是地而砥礪琢磨其中，日有就，月有將，毋怠爾業，毋岐爾志，繼自今人材蔚興，豈徒擢高第，登顯仕，爲閭里光，且必有忠孝、義烈、文學、德行名當世者，則志乘之作又未必不於是乎權輿也。因刻石而記之，並有望於後之蒞兹土者，成余未逮焉。

峽口龍神碑記[45]　　清　寧夏府知府　張金城

古者祀典，咸秩群神，凡有功於其土之民者，則祀於其土。食其利者享其報，理固然也。寧夏四渠各有龍神廟，而建於唐來渠者凡三。一在峽口，爲河渠之源，修濬時，祈祀於此。一在西門橋，開水後於此報謝焉。而正閘上之龍神廟則專主唐來者也。然向皆專祀龍神，未有議以他神從祀者。乾隆丙申①，遼海王公〔廷贊〕來守是邦，患渠淤澱，非倍增工夫，大加修治，日久且塞。時方入覲，力陳疾苦，奏請借帑八萬五千兩，遂釐章剔弊，謀大舉修濬。未幾，晋位本道觀察使，專司其事。不辭勞瘁，周歷渠干，竭慮殫精，不遑暇食。而頻年河流出峽，勢折東趨，遇甚漲，彌漫波入唐來渠口，水只數尺，稍減則渠涸。又自正閘以下數十里，渠皆瀕山，白沙浩浩，隨風轉徙，常以千夫之力、旬日之功，一夕顛霾，平衍復故。公籌畫焦勞，幾用成疾。每禱於上下神祇，唏吁涕零，默祝庇佑。已而興工逾月，清和開霽，暴風不作，沉沙不揚，而且黄流洄洑，改折而西，若或導之，適與唐來口相注。民吏争覩，歡騰踴躍。工績用成，渠流普暢。此皆我公視民事如己事，至誠感孚，神之相佑，其應如響也。

公曰："是宜增作龍神廟，以昭報祀然。考六壬十二將，日躔降婁曰河魁，清明猶二月中氣，用事修濬必始此，一歲之利胥賴焉，應與龍神並祀。又風神舊列祀典，而《河圖》云'辰星主沙'，是沙亦有主者，皆宜從祀左右，使繼自今有事斯渠，因河之利而天時相之，風恬沙静，用力省而成功多，不亦美乎。"僉曰："善。"乃擇於峽口上，去舊廟十里許，鳩工庀材，刻期興作。廟未就而公開藩本省，去時猶至工所，周視諄囑。余竊幸嗣公後典此郡，追隨渠畔，勷理有日，凡百庥佑，與有慶焉。是用仰體公意，敬慎厥事。不逾月，廟成，正殿三楹，配殿六楹，旁置游廊、耳房，以爲歲修憩宿之所。門庭垣墉，既飭既備，嚴嚴翼翼，規模宏敞，誠可以棲靈爽而迓神貺矣。猗歟休哉！神人之感召以誠，幽明之好生無二，公體君心，以愛邊民，神亦鑑公心，以佐盛治，兩相感應，降福無疆，豐年穰穰。斯土之民，世虔報賽，永懷公仁，亦用溥聖天子之湛恩於勿替也。是爲記。

---

①　乾隆丙申：乾隆四十一年(1776)。

重修五渠碑記[46]　張金城

天地自然之利，非得人以開導之，則不爲功；前人制法之美，非得人以經理之，亦不能久。前世若杜南陽復信臣之蹟，何汝南修鮦陽之舊，史稱其美，民頌其惠，善作善承，其烈相等也。寧夏之有渠，肇自漢唐，至前明而其法漸備。我朝增開大清、惠農、昌潤各渠，而其利益溥。然河水一石，其泥六斗，每歲疏濬，期只一月。以濁流終歲之淤澄，欲於一月中盡舉之，恒苦不能勝。滯積既久，爲功倍難。渠日淺涸，受水無多，灌溉且不周。考之碑記，自乾隆四年大修後，至於乙未①、丙申②，已三十餘年。渠流之不能普暢，蓋可知矣。維時我大方伯遼陽王公〔廷贊〕，方授寧夏知府入覲，天子知公在甘肅年最久，問民疾苦，公極陳無隱，因及寧夏渠道廢湮狀，請動帑大修，天子允其請，即命公籌之本省制軍，借發帑項資疏濬，務通利無所惜。聖主之愛民，肫切若此，可謂至矣。公蒞事未幾，遷甘凉道。制憲以寧夏渠務，非公不能理，復奏請即調補寧夏道，專以渠事委公，公亦以此自任。

丙申之冬，首議厥事，公躬行五渠間，相度其閘壩孰要害，渠底澱淤孰深淺，堤岸孰卑薄，注爲籍。乃令郡人悉渠務者，各條其便宜而採擇焉。又令鄉堡各舉能督濬者數人，無問紳士、農民，公悉延接，察其能，書其名於册。開局於署，籌計增料若干，費若干，增夫若干，費若干，貯項於府庫。毫釐出納，皆公自支給，不以假吏胥手。及收採椿料，必擇廉幹紳士董其事，役不得蠹焉。其先事經畫之詳如此！

明年春，將興工，公曰："五渠之工，大且難者莫若唐來，吾請自肩之。"以餘四渠委金城等分理焉，而悉秉程於公。於是各渠之中，淺者濬，滯者瀹，狹者展。其堤岸，薄者培，卑者增。閘壩石工，損者補，甚者撤。而新分段課工，酌工濟料，因事任人，人吏恪勤，工夫踴躍。一月之間，數十年之湮淤墮壞，靡不修舉。而公所理唐來渠，其最難者，蓋自大壩下杜家嘴至玉泉沙漠數十里，向尤漫衍不治，渠與地平。是歲興工，天日清霽，風霾不作。排滯沙，開水道，兩岸壘壘如山。此邦之人，尤以爲昔所未覩。河流頻年東徙，唐渠之口入水不數尺。公嘗用土人議，增疊迎水堺數十丈，卒無效。已而知口外積沙爲梗，橫亘若閾而沉伏水底，人力無所施。公深用爲憂，至不遑假寐，或中夜起步於庭，欷嘘涕零，籲天禱神，泥首罪責，謂此患不去，渠雖深通，流必不暢，民何以濟。既而工竣，决埽放溜，河流潛

① 乙未：乾隆四十年(1775)。
② 丙申：乾隆四十一年(1776)。

引,直注渠口,積沙自徙,乃大通利。觀者莫不驚嘆,謂非公精誠格天,莫能致也。其當事之憂勤又如此。

是役也,夫之數倍增於常而民不擾,料之數數倍於常而民不累。通中衛美利各渠,共借用帑銀八萬五千兩。在官之物,無束草片石之滲漏,在工之人,無一民一吏之惰偷,皆出於公之綜理。蓋自始事以迄於成功,數旬之間,而公之鬚鬢盡白。夫自漢唐以來,有功斯渠者,具在史册,即我朝若司馬王公全臣開大清渠,侍郎通公智開惠農、昌潤渠,至今皆稱頌不衰。然則公之斯舉,踵美二公,後先鼎峙,小民口碑,不朽百世,其必然也。顧金城追隨左右,親承公之指授,深悉公經理措置之宜,精誠感孚之應,竊欲記其梗概,使後之從事者,法公之法,心公之心,庶足宣播聖天子之德意,惠養斯民,而河渠美利可永賴勿替也,豈徒爲公頌美哉。公諱廷贊,字翼。公由郡守遷觀察,遂晋位方伯,在寧僅一歲,善政不可殫述,水利其最大者云。

峽口禹王廟記　清　翰林　俞汝欽

峽口者,黄流之險,扼紫塞之巨防也。舊稱銅口,亦曰青山。岧嶢對峙,似重樓之百層;突兀相望,伴圓闕之雙起。奔湍爲之束縛,碕石爲之鑿落。下通伊闕,旁帶流沙。窅崖闢鳥獸之門,駴水集蛟鼉之窟。上有禹廟,由來已久。飛欄虚構,浮柱相承。像貌崇嚴,輿衛森列,所以資呵護、妥神靈也。或者謂神功廣連,靈迹遐宣,是以東造絶迹,西延積石,南逾赤岸,北達塞門。降雲華於清都,鎖支祈於惡浪。東岳封青泥之檢,洮水受黑玉之書。共知九野之平成,何待一方之尸祝。祀典得無近褻,明神方且弗歆。殊不知其用力深者其感人也遠,覩洪瀾之湍悍,識底定之艱難,疏鑿居四瀆之先,勤勞分九載之半。胼手胝足,績用最多;馭氣乘風,魂魄猶睠。曩日北阿之享,歸成功於上穹;今兹朔塞之祠,垂明禋於萬禩。亦民之不忘舊德也,而何疑哉? 惟是丹青歲久,霜露年侵,棟幹庯庩,宗廇陊剥。徒襲卑宫之舊,未抒崇德之忱。制府福嘉勇公因巡閲之餘,行朝謁之禮,憫摧殘之落構,察隱嶙之餘基。鳩工庀材,凝土度木,測景經始,尅日蕆功。金爵承雲,璇題納月。千尋桂柱,峙鼇背以巍峩;百尺柏梁,化龍鱗而飛動。冕冠肅穆,寶光騰宛委之珪;椒莡氤氲,香氣覆昆吾之鼎。將鐫碑石,遠命鯫生。知聖德之莫名,如天容之難繪。探秘文於岳瀆,敢摹岣嶁之碑;囿淺見於方隅,僅紀崑崙之派云爾。

重修平羅又新書院記[47]　清　平羅縣知縣　宋維孜

平羅文廟之重修也,余既合衆志以成之,計其餘貲,尚可搆屋數十椽。因念平邑士多樸茂，而文風不振，非盡不堪造也，由造之者之無其具也。上之教不先，則下之趨不力，以故因循苟且，卒成鹵莽之業。欲求一瑰瑋磊落、超拔流俗者，渺不可得。寧父母斯民，而可視作養爲度外事耶？爰議立書院爲肄業之所。卜其地於城西南隅，乃得官基一區，可畝許。相度經營，指畫規式，亦囑史子繼經、鄭子量董其事。未幾，而講堂建，齋房成。所餘繚垣未築，門户未設，以及庖湢之所未備，固可計日而觀厥成也。而余以丁丑夏罷官①，其事遂寢。然所以具先生之脩脯，供生徒之膏火者，則有聖廟外市房二十五間，歲可收租錢二十餘千，靈沙堡田八頃、清水堡田二頃，歲可收租粮四五十石。書院之立計，未始不周且詳也。顧繼事者因比年軍需絡繹，日不暇給，故工卒未竟。今余將歸矣，不爲之記，恐劃焉中廢者，有負平之後進，並負史、鄭二子數載締造之苦心也。筆其事以告同志，倘因是而成之，其有造於平之人士何如哉？則又非余一人之私幸矣。

重修護軍使署碑記　　馬福祥

民國建基，寧夏多故，福祥以阿爾泰護軍使奉令移鎮是邦。見舊鎮署，因陋就簡，不足壯觀。每欲修葺，以邊事日棘，未暇及此。旋以生擒王德呢嗎於匯德城，便道入覲，任命寧夏護軍使兼任將軍。自此連年用兵，迄無寧宇。六年，僞皇入犯，剿平之。朔方略定，乃建築署垣，勒石記事。署内西花廳五楹，南嚮歌臺，東廂西隅均有樓，然不甚宏麗，經營拓闢，俾臻美善。兩厦改建精舍六椽，略仿歐制。園門仍舊，稍增飾之。顔廳事曰“講武論文之館”，紀其實也。四堂樓屹然北峙，高廣爲署中冠，文牕畫楹，結構精嚴，歲久失修，風雨剥蝕。於是易其腐窳，塗以丹雘，朝暉夕陰，可資登眺。後有隙地約數畝許，糞除蕪穢，鑿以方池，種菜養魚，足遣世慮。東偏小院有屋七間，葺而新之，亦頗井井。三堂西掖新修洋式樓三楹，拾級而登，欄杆迴互，牕櫺洞開，中隔複室，夏凉冬燠，可以安置筆硯，燕見賓客。東掖洋樓兩楹，其制略同東廂。後增修圍房二十間，又樓屋兩間，用貯物品，與東西樓若鼎足焉。三堂正面建廠棚三椽，用蔽風日。外院東西建廠棚六間，輔以欄檻。儀門之外新修左右瓦房、平房共十六間，車門兩座。又於西側院修步兵營房一所，計二十五間，營門一座，甎池一區。騎兵營房一所，計二十八間，營門一座，馬廐六十間。東側院新修步兵營房一所，計二十六間。又添建軍械修理所一處，軍實庫五間，大馬號二十餘間。署内規模，燦然畢備。由轅門至照牆，方廣數百步，其舊有之大牌坊、關帝廟、衛兵營房、旗杆石獅，一律重修，莊嚴巍焕。又在大牌坊前左右兩側新修東西兩厦各四間，照牆兩翼置轅

---

① 丁丑：乾隆二十二年(1757)。

門二,東西甬道建綽楔四。東首一坊沿舊制,餘俱新構。各坊均築甎包圍牆,以期經久。署門左右列屋十椽,以張布告。署垣三面引水開渠,徧栽細柳,以助清景。溯自七年二月興工,至八年八月工竣,約費一萬二千四百五十金有奇。福祥自捐巨貲,不動公款,豈得已哉?使署爲軍事機關,必求形勢雄勝,乃能鎮懾邊陲。年來戍陜援隴,羽書紛馳,人心疑懼,土木之興,殆示整暇。從此寧城地面工師霧霈,闤闠雲連,則使署實爲之嚆矢也。爰勒貞珉,以備後之君子觀覽焉。

修築護軍使署圍牆記　馬福祥

民國二年春,庫倫南犯,朔方戒嚴。福祥奉政府命,由阿爾泰護軍使移鎮寧夏。公署多圮,甚欲修葺。適内蒙受庫倫指,相繼携貳,西二盟王公用札薩克旗班的達喇嘛、王德呢嗎爲兵帥,憑據河套,水陸道塞,晋軍屢北,包綏大震。福祥由水道會師至匯德城,遇王酋,譚笑縛之,生致包頭,請命中央,械交晋軍,入都獻捷,奉命改任寧夏護軍使兼任寧夏將軍。三年春,回寧就職,以滿城公署狹隘,不敷辦公,遂有併署之役。重新堂皇,添修衛兵宿舍,建軍械庫於東院,起參謀室於西院。門牆甬道,頹者培之,腐者新之。都費銀壹千八百九十六兩。惟牆垣未竣,難資守禦而壯觀瞻。會有白狼之變,分兵隴南,遂不果築。是秋,旗民生計辦竣。四年,將軍缺裁,以滿城爲寧朔縣治,福祥迺得一意護軍,於是謹斥堠,察阨塞,冀竭吾謀而盡吾職。規畫未定,而環縣變起,套事又亟。自秋徂冬,繇春歷夏,由寧而環、而套,由綏而包、而寧,東剿西征,蒙疆悍賊以次略定。先是,福祥奉母諱,以邊防多故,奉命奪情。金革勿辟,内省多疚。五年冬,綏遠撫局告成,陳情政府,乞假葬親。六年三月,扶櫬首塗,行才五日,得署急電,始知盧衆就撫高士秀獨挾僞皇帝達兒六吉上犯寧夏,遂屬叔兄福壽送靈,星夜回剿,一鼓盪平。戮魁宥脅,安不忘危,古有明訓。迺實行向之所規畫,新築垣牆,以工爲主,俘人佐之。牆基一丈,高可三尋,四壁峭然,淩空直上,肅括閎深,直以方也。轅墁以甎,門繚以鐵,綽楔以石,銜環以獸,端莊流麗,典而重也。門内東西列屋五楹,衛兵環居,出入稽查,整齊嚴肅,縝以密也。稍東軍庫添脩廣厦,藥彈山積,雷霆百萬,羅列森嚴,完而備也。他若後圃亭池,作平泉之花木,四角樓榭,建旗鼓於貔貅。無不慘淡經營,期諸久遠。又以其餘,修完北城門樓。是役也,董其事者爲分統馬騰蛟及副官景山、馬朝鳳、牟憲章,營長馬萬麟。經始六年四月,訖十月,都用銀幣壹萬三千元有奇,金工、木工、石工、土工、陶者、漆者都二萬七千有奇。經費胥由福祥籌墊,不以累公,不以累民。考而落之,用記巔末,後之君子以觀覽焉。

碑陰跋語　湘陰　焦沛南

今之守土者，大率視衙署如傳舍，任其坍塌，若不甚關心者。曷故？蓋國庫空虛，閭閻窮苦，請於公而不能，取於民而不忍，故坍塌任之，非心之不關，莫可如何耳。雲亭馬帥護軍朔方，頻年征剿，餉絀兵單，幸兵皆子弟，枵腹荷戈，隱固邊防，恃以無恐。帥自奉極薄，兹捐鉅款，修築衙署、牆垣，遵古"安不忘危"之訓。今之時，疇肯爲此耶？督工雖有人，而籌畫均出自帥意，口講指畫，慘淡經營，厥心綦苦。沛南濫厠幕中，目擊甚熟，即詢於路亦無不知，後之守斯土與聚於斯者，覩此貞珉文字，慕伏波之偉業，仰叔子之高風，應視同銅柱與墮淚焉。爰跋數語於後，以詔來者而伸景仰云。

重修朔方北城門樓記　馬福祥

寧夏自漢、唐、宋、明以來，歷爲西北重鎮。繕備嚴整，則國家資爲屏蔽，否則英雄割據，如晋代赫連勃勃、宋代李元昊類，皆帝制自爲，抗衡上國，或數十年，或至百年。明代套患三百年，全恃朔方一隅爲西北保障。前清馴擾蒙古，康、乾、同、光之間，用兵西陲，亦以朔方爲樞紐。如殷化行軍門及劉忠壯、襄勤叔姪，勛業爛然，炳燿史册。福祥自入民國，護軍是邦，六年於兹。初則觀兵河套，計擒王德呢嗎。迨後校獵隴東，會師陝北，以及助剿綏區，仰仗國家之靈，餘威振於殊俗，斬巨逆金占魁於靈武，馘僞皇帝達兒六吉於賀蘭。積年逋寇，漸以鋤拔。外患既去，乃從事於内治。於是修葺城堞，增培斥堠。而於北城門樓特加擴充，頹者補之，腐者新之。繚以檻使可倚，環以牖使可坐，晝宜風，夜宜月，春夏觀稼，秋冬講武。暇則寅僚賓從公讌其中，雅歌投壺，觥籌交錯，西望賀蘭，東瞰黄河，名山大川，沃野千里。周秦形勝，奚資以守；漢唐水利，奚濬以溥。魚鹽奚以致富，米粟奚以積多。登斯廔也，贊皇籌邊之志勃然興矣。若夫明湖千頃，載酒飛觴，雙塔凌空，邀月對影，此又風人之餘事，太平之景象也。及時閑暇，修明軍政。詩云："迨天之未陰雨，綢繆牖户[48]。"能治其國，誰敢侮之？福祥不敏，竊有志焉。抑又聞之，有國家者，在德不在險。寧夏屢經兵燹，民力彫殘，所賴守斯土者，興學育才，培養風俗，使民智日以闢，民德日以淳，出入相友，守望相助，則官識民意，民得官心，斯尤無迹之城池，無形之樓堞，歷千世萬世而可與圖存者也。後之君子用資覽焉，庶不負福祥經營斯樓之意乎！

斯樓經始於民國六年四月十一日，落成於六月二十九日。凡閲月三，閲日七十八，用土木陶墁之工五百有奇，都費錢一千二百五十六緡，皆福祥所自籌辦，不以累公，不以累民。既畢役，爰爲文記之如此。

馬護軍使紀功碑記　王樹枏

吾讀史，至譙國公馮氏、吴越王錢氏，不禁廢書而歎曰，禍福順逆之機，豈不以其人之自召哉。六朝五季之世，王政不綱，梟桀角出，相爲雌雄，暴起瞬滅，不可殫記。獨馮氏、錢氏值海宇倫囊之際，翦暴鉏逆，作屏王家，效忠壹心，平始無忒。百越兩浙之間，人恬物嬉，境無厖吠者至數十年。我生不辰，身丁六朝五季之世，上下具禍，靡所止疑，私心竊冀，旦莫所遇，庶幾有馮氏、錢氏其人者。今觀寧夏護軍使雲亭馬公之事，乃後先同揆若此。

烏虖，公鎮寧夏，七年於兹矣。當辛亥國變之初[1]，四海糜沸，而寧夏兵禍尤烈。壬子[2]之春，公由阿爾泰移節是邦，腼調漢回弊，强蘇㒸匄商賈還之肆，出帑金二十萬，散旗爲民，輸器扱械匃以恒業，軍民大穌，僉曰："馬公活我。"是時國體新變，人心多首鼠。庫倫首倡獨立，而蒙酋王德呢嗎構會煽亂，出没河套間，椎剽殄賊，數千里内幾無人蹟。公適奉政府之招，舟道官渠，賊率十餘人突至，奪我船戰，我禽之，悉縱之去，命招王德呢嗎來，曰吾與若計大事，不汝詒也。翌日，王德呢嗎果造舟來謁，殷勤宴語，展臆抒素，示以密理。復縱之去，命偕群酋會議於下流之匯德城。王大喜，届時携其黨僞參謀彭索格那木加拉等十人，擁梟騎二百餘屯舟側。公一一相勞見，目眴諸將卒，奪便悉縛之，無一脱者。是役也，掉三寸之舌卒劾首虜，夷大難，威棱四張，陸慓水讋。總統袁公以公智勇兼備，俾鎮朔方，兼將軍，節制阿、烏、鄂三旗，授陸軍中將，給二等文虎之章。公之受知，蓋自此始。

逾年，河南巨寇白狼竄蹂鞏、秦、河、狄，而隴東諸軍又相繼譁變，兵連禍挐，不可比疎。公簡精卒千人前驅助戰，復命諸將捶阸堙險，以厭狂氛。賊慴公之威，不敢北窺，故寧夏獨密然按堵如故。公則益脩武備，不懈以嚴。嘗以四方多故，醜厲亡賴之徒，所在蠢動，不備不虞，非所以淡民憂遏寇虐也。未幾，果有乙卯[3]五原之變。初，蒙漢游匪跳梁泱莽之間，四出摶掩，饑攫飽颺，以爲民毒。會匪弓占元乃糾合群兇倡亂五原屬之東皮房，窘穴狼山，嘯聚至數千人，勢大熾。張公檄新軍統領馬子寅鴻賓，出孱道掩擊，一日馳三百里，覆之科布爾，斬捕過當。而是冬，匪復出狼山上犯，公埽衆窮追，殲之匯德城，盡夷其壘。

會漢匪盧占魁、金占魁、蒙匪白彦公、達賴公等復約合三邊匪黨，分撲和林、東勝，攖托克托，略薩拉齊，墮察、畢兩縣，麾城撕邑，莫之敢膺。公奉會師包、綏

---

① 辛亥：民國元年(1911)。
② 壬子：1912 年。
③ 乙卯：1915 年。

之命，跐霜蹵雪，潛出殺虎口，直抵包、綏。丙辰[1]二月，犂公胡洞賊巢，賊奪途鼠竄，而馬子寅適有西山嘴之捷。公星夜跳驅，邀敗之蘇海口，再挫之石拉千，賊勢不支，遂棄五原而遁。金占魁者，金積堡大盜也。其堡皆回族，安忍好亂，多占魁死黨。五原既不得志謀，悉衆絶河而南，潛襲寧夏，約其黨爲内應，以圖不逞。公聞之，拔隊馳歸，飛檄子寅駐軍靈武，別遣其子少雲鴻逵率輕騎迎頭搏擊，鏖天池子，推鋒喋血，横尸藉途。賊知寧夏有備，蹶走靈武大寨子。公命子寅分屯要隘，以絶其歸路，繼以精卒左右雕擊之，陣斬金占魁。盧酋引殘卒東奔，公揮軍逐北，馘千餘人，獲其馬械輜重。盧酋迺竄走沙漠，合張九才之衆攻陷環縣，擾定邊，翼以土匪高士秀，燄復張。公分兵疏捕，截之爲二。盧占魁北颺，匿後套中。高士秀踞烏旗屬之昭化廟。公檄陸軍中將馬静庵、福壽銜枚夜踔二百里，圍其廟。賊方熟寢，愕而鬬。縱火焚之，抉門闖竇，骸骨撐拄。士秀狂獷，僅以身免。公自是威鎮邊徼，盧占魁投戈就撫，而士秀迺假奉僞清裔達兒六吉，簧惑愚督，擁之爲帝，以號召蒙旗諸部，爇其死灰。烏蘭搗包之戰，大挫綏軍，勢益猖獗。蒙古王公均遣使貢方物馬械，賊利其術，誘之渡河。西驅掠磴口，密遣其黨入寧夏，以重利餌奸民，謀内閧。時公以母憂扶櫬歸葬，甫行三日，聞變，急檄子寅督大軍，要諸道，誅城内奸民之爲亂者。賊知事敗，迺假塗阿拉善，且索鑲械。而公已先伏兵沙梁以待，賊至，投奅發石，揮刀紛綸，渾奔捷竄，死亡相枕，生縶達兒六吉，梏之寧城，磔僞帥于凌雲、蘇學奉等十八人於市，宥其脅從，矜其無告，義戢仁煦，境落清夷。政府嘉公之功，特晋勛三位，加上將銜。少雲、子寅均授中將，勛名之盛，萃於一門，而公益勞謙不敢自盈假。痛念大亂之後，士廢於學，商困於肆，農荒於田，一意與民休息，獸擾兒畜，軍民一家。數年之間，境内大洽，懿與休哉。吾不知公之干城國家，善完封域，視昔之馮氏、錢氏奚若？然觀史氏所述，錢虐用其民，以事奢僭，其事迺與公相反若是，余又益歎公之功爲不可及也。樹枏曩者與公同官隴上，久稔公爲非常人。今觀公所爲，則將來之再造國家，以成非常之業者，正未有艾。余老矣，猶幸庶幾旦暮一見之。己未[2]之夏，寧屬士民丐余爲文紀公之功，以表諸碑，如當日吴越王故事，余既樂道之，且諗將來，以爲吾言之券。

馬上將軍紀功碑記 蘭州公立 皋蘭翰林 羅經權

緊天人革命之際，龍鬬群羊，換劫飛蟲，沙鳴金鐵，原野肉川谷血，總八方一邱貉。欲如我蘭州家詩書，户琴瑟，安畊鑿，忘鋒鏑，反正多年。若不知有鼎革，

---

① 丙辰：1916年。
② 己未：1919年。

環顧廿二行省,寥乎不可多得也。誰爲爲之?孰令致之?識者盱衡前後諸偉人,默窺當日治亂持危之作用,靡不憬然悟,穆然思曰,非我寧夏護軍使雲亭馬公之功不及此,請揚摧而陳之:

一則保衛省城,爲蘭州養元氣也。粤以清宣統三年秋八月,武昌首義,全國震驚。關中應之,殺人盈城。甘帥惶惑,時局不明。掃境出師,命將專征。惟公觀天運,察世情,度專制必不久,揣共和必告成。於焉持鎮静,戒紛更,固封守,慎戰争,貌矜重,意和平,保境内,待時清。所慮鬼謀社狐,乍鳴阨飛,白犢驅青,蹂躪我邨郭,糜爛我人民。迺以重兵固根本,以邏卒遏難萌,蕭牆之釁不起,肘腋之變靡生。功高於焦頭爛額,恩感於曲突徙薪。

一則取銷獨立,爲蘭州弭兵禍也。黄鉞一麾,天水横飛,千奴共膽,驟舉義旗,爲虺弗摧,轉而爲虵。隴南被祻,蘭州亦危。公提軍遄往,單騎入圍,曉以利害,折以是非,謂成功在審勢,謂舉事在知幾,謂大時尚未至,地利亦不宜,謂民智尚未開,人心亦不隨。緩之尚克有濟,急之決無能爲。勿冒戎首,勿啓殺機。嘉爾遠志,勗爾當歸。黄君聞之,灑然心服,魂若亡,魄若失。羌獨立而取銷,斯亦我蘭人之幸福。

一則戡定寧夏,爲蘭州鎖鑰北門也。寧夏者,於形勢爲咽喉,於義理爲唇齒。如河朔驛騷,則湟中戒嚴,銀川沸騰,則金城亦圮。必寧夏無驚於牡飛,斯蘭州乃可以安堵。不圖伏莽潛滋,鞭長莫及。蒙套交訌,我圉孔棘。前已撲滅,後更竊發。大總統爲地擇人,擢公寧夏護軍使,令中周設虎落,使廳事置鵄尾。公迺移旌東下,開府朔方,誅除害馬,驅逐貪狼。始擒王德呢嗎,頸繫降王;繼馘達爾六吉,面縛僞皇。白彦公遁,達賴公藏,金占魁死,盧占魁颺,張九才潰,弓占元創。强者殺,弱者戕,前者倒,後者殭。大小七十戰,俘虜百千强。蒙匪遂盡殲,套匪亦偕亡。統西夏五十七番寒毛惕伏,擢桑公一十五將駿烈鷹揚。因之我蘭人耳不聞鉦鼓,目不睹欃槍,非公掃盪醜虜,謂能免侵予之疆也乎。

一則會剿陝匪,爲蘭州鞏固東藩也。民國六年冬,陝北兵變,上竄隴東,盧匪惎之,合股進攻。突入環慶,避實襲空,長蛇封豕,其勢洶洶。公聞警,語叔兄中將静盦公曰:"三邊不守,責在兄。外禦其侮勿反兵,與子同讎其速行。"又命幼子子寅中將曰:"捲甲疾趨,至於慶陽,相機而剿,設險以防,開彼歸路,縱之出疆。能制侵凌,豈在殺傷。"是役也,静盦角之,子寅犄之,賊鼠而竄,抱頭去之。

嗚乎噫嘻!拔刀斷指,或不出師,公不待乞,遽賦無衣。兵符不盜,魏不救趙,自公視之,不值一笑。回洛築城歟?老羆卧路歟?自有此捷,雖以四分五裂之秦兵,更不敢越雷池一步。雖然,公儒將也,能史書,善草隸,言武功則書不勝書,言文治亦紀不勝紀。學款不豐,罄囊擴充,萬千學子,共坐春風。東道不通，蘭商困窮，猗歟北路，來我百工。汽車、織呢、火柴、皮革，提倡公司，不遺餘力。之三者，或有功教育，或有功財政，或有功實業。但據蘭州發見言之，不過表什一於千百。大抵公之心，以天下爲量者也。運軍裝，達新疆，功在隣；憫旗藉，籌生計，功在滿；辦番案，主慈善，功在藏。上年躬親晋省，條陳時政，言吏治，言財權，言軍需，則又功在全省，以迄於五族。從兹名位日隆隆起，他日武功文治宜必有功在天下者，焜耀乎史册，彪炳乎寰區，非獨蘭州一隅，馨香祝之也。

馬護軍使德政碑　朔方商民公立

辛亥[1]改革之初，寧夏慘遭兵燹，市面蕭條，商旅交困。民國二年，護軍使馬公來鎮是邦，迄今五載，瘡痍盡復，百貨暢銷，富商大賈，接踵而來。市廛繁盛，闤闠櫛比，商戰之利，甲於全甘。微公頻年用兵，竭力保護，凡百商民，其不流離轉徙者，幾希矣。

公莅寧五閱月，庫倫犯順，内蒙王德呢嗎應之，沿河搶掠船隻，殺人奪貨，寧夏大震。公親率健卒擒王逆於匯德城，而河運通。公之保商一也。民國三年，公還自京師，值犯匪亂甘，烽火亘天，城市邱墟。公派隊追剿，並布置寧防，賊難蹂躪，窺向寧夏。公之保商二也。民國四年，綏匪肆擾，行蹤飄忽，後套千里，一片賊氛，寧夏商民大受影響。公親往巡套，旋奉會辦軍務之命，躬冒矢石，縱横掃盪，靡堅不摧。賊用金占魁爲先嚮導，避實蹈瑕，潛犯寧夏。公先期馳歸，遣公子鴻逵迎剿於天池子、清水營，屢挫其鋒。賊踞靈武大小各寨數以萬計，寧郡奸民充斥，恐其響應，公命辦商團，輔以軍隊，日夜巡邏街衢，雖有匪黨，俱跧伏不敢逞。公調集勁旅合圍兜剿，占魁授首，郡城賊死傷畧盡，郡城秩序晏然。公之保商三也。民國五年七月，套氛復熾，河道梗塞。公命鴻達率師巡河至西山嘴河沿，匪截留商船無數，正肆擄掠，鴻達督兵猛剿，匪望風披靡，奪獲商貨數十萬金，護送包頭，重還原主。公之保商四也。今歲三月，公以套匪就撫，寧屬静謐，送太夫人靈柩歸厝導河。甫首途，高匪士秀破壞撫局，擁僞皇達爾六吉，率悍賊數千飄入磴口，先遣黨羽密布寧城，謀爲内應，謡諑繁興，商界震恐。公聞警折回，搜捕謀亂數人，駢誅之。飛檄馬司令鴻賓督飭諸將分道並進，賊亦竄至石嘴。此地爲水路衝衢，各洋商均集於此，貨財山集，賊垂涎久矣。正儆擾間，而寧套步騎各隊四面包圍，賊倉皇奔竄，各軍躡蹟追擊，一面克復磴口，又連破賊於三轉子、八拉廟及王府北寺山垠，斬獲甚衆。僞皇暨零匪二百餘人悉數成擒。公殲厥渠魁，

① 辛亥：1911 年。

宥其脅從，匝月之間，寧夏大定，各商雖受風鶴之驚，並無秋毫之損。公之保商五也。蹟其至德深仁，奇勳偉績，不可殫述。此次賊犯石嘴，其聲張甚，賴士卒巷戰，財産生命俱獲保全。公造福商民，益無涯涘。土著客籍，額頌同聲。新泰興洋行經理張君琪等屬梁雋冕爲文以紀。余雖不敏，然佐軍幕久，公之犖犖事蹟知之甚詳，爰撮其厓畧，勒諸貞珉，用垂不朽。

【校勘記】

[1] 七：原作“奇”，據《存研樓文集》卷六《賀蘭山口記》改。
[2] 赤木：原作“寧木”，據《存研樓文集》卷六《賀蘭山口記》改。
[3] 此：原作“北”，據《存研樓文集》卷六《賀蘭山口記》改。
[4] 雄：此字原脱，據《存研樓文集》卷六《賀蘭山口記》補。
[5] 敵臺：原作“敵樓”，據《存研樓文集》卷六《賀蘭山口記》改。
[6] 白寺：原作“北寺”，據《存研樓文集》卷六《賀蘭山口記》改。
[7] 歸德口：“口”字原脱，據《存研樓文集》卷六《賀蘭山口記》補。
[8] 亘延：原作“互延”，據《存研樓文集》卷六《賀蘭山口記》改。
[9] 曰：原作“云”，據《存研樓文集》卷六《賀蘭山口記》改。
[10] 嶂：原作“障”，據《存研樓文集》卷六《賀蘭山口記》改。
[11] 山：此字原脱，據《存研樓文集》卷六《賀蘭山口記》補。
[12] 花馬池：“馬”字原脱，據《存研樓文集》卷六《賀蘭山口記》補。
[13] 是爲賀蘭山口記：此七字原脱，據《存研樓文集》卷六《賀蘭山口記》補。
[14] 唐來渠碑記：《寧夏府志》卷二〇《藝文・記》題作《修唐來渠碑記》。
[15] 流：原作“海”，據《寧夏府志》卷二〇《藝文・修唐來渠碑記》改。
[16] 洩：《〔乾隆〕甘志》卷四七《藝文・惠農渠碑記》作“接”。
[17] 堺：《〔乾隆〕甘志》卷四七《藝文・惠農渠碑記》作“湃岸”。
[18] 昌潤渠碑記：《〔乾隆〕甘志》卷四七《藝文》題作《欽定昌潤渠碑記》，《寧夏府志》卷二〇《藝文・記》題作《欽定昌潤渠碑》。
[19] 漢延渠碑記：《寧夏府志》卷二〇《藝文・記》題作《欽命大修漢渠碑記》。
[20] 莊熊羆：此同《史記》卷二九《河渠書》，《漢書》卷二九《溝洫志》作“嚴熊”。
[21] 趨：原作“趍”，據《寧夏府志》卷二〇《藝文・欽命大修漢渠碑記》改。
[22] 潴：原作“豬”，據文意改。
[23] 大清渠碑記：《寧夏府志》卷二〇《藝文・記》題作《大修大清渠碑記》。
[24] 堅：原作“桀”，據《寧夏府志》卷二〇《藝文・大修大清渠碑記》改。
[25] 李宏：原作“李鋐”，據《寧夏府志》卷二〇《藝文・大修大清渠碑記》改。
[26] 隰：原作“濕”，據《詩經・小雅・信南山》改。

[27] 榜：原作“旁”，據《〔宣統〕甘志》卷十《輿地志·水利·重修昌潤渠碑記》改。
[28] 溱溱：原作“湊湊”，據《寧夏府志》卷二〇《藝文·重修昌潤渠碑記》改。
[29] 大清渠碑記：《寧夏府志》卷二〇《藝文·記》題作《修大清渠碑文》。
[30] 鈕公生祠碑記：《寧夏府志》卷二〇《藝文·記》題作《寧夏道鈕公生祠碑記》，《中衛縣志》卷九《藝文·記》題作《皇清分巡寧夏道鈕公生祠碑記》。
[31] 無疆：《中衛縣志》卷九《藝文·記·皇清分巡寧夏道鈕公生祠碑記》作“無涯”。
[32] 於衆：此二字原脱，據《中衛縣志》卷九《藝文·記·皇清分巡寧夏道鈕公生祠碑記》補。
[33] 若：此字原脱，據《中衛縣志》卷九《藝文·記·皇清分巡寧夏道鈕公生祠碑記》補。
[34] 椿：《中衛縣志》卷九《藝文·記·皇清分巡寧夏道鈕公生祠碑記》作“春”。
[35] 鈕公德政碑記：《中衛縣志》卷九《藝文·記》題作《鈕公恩德碑記》。
[36] 髓：原作“體”，據《中衛縣志》卷九《藝文·記·鈕公恩德碑記》改。
[37] 避：原作“逼”，據《中衛縣志》卷九《藝文·記·鈕公恩德碑記》改。
[38] 王公生祠碑記：《寧夏府志》卷二〇《藝文·記》題作《寧夏司馬王公生祠記》。
[39] 重脩唐鐸暗洞記：《寧夏府志》卷二〇《藝文·記》題作《修唐鐸暗洞記》。
[40] 水澤之利：原作“水利之澤”，據《中衛縣志》卷九《藝文·記·龍神廟碑記》改。
[41] 霞舉：《中衛縣志》卷九《藝文·記·龍神廟碑記》作“霞起”。
[42] 釋奠：《中衛縣志》卷九《藝文·記·龍神廟碑記》作“奠”。
[43] 文武：此二字原脱，據《中衛縣志》卷九《藝文·記·龍神廟碑記》補。
[44] 神邀福徒侈梵宇宫觀之雄者哉是爲記：此十六字原作“原遺”，意爲有脱文。今據《中衛縣志》卷九《藝文·記·龍神廟碑記》補。
[45] 峽口龍神廟碑記：《寧夏府志》卷二〇《藝文·記》題作《新建峽口龍神廟碑記》。
[46] 重修五渠碑記：《寧夏府志》卷二〇《藝文·記》題作《大方伯王公修渠記》。
[47] 重修平羅又新書院記：《寧夏府志》卷二〇《藝文·記》題作《平羅書院記》。
[48] 引《詩》見《豳風·鴟鴞》，原文作：“迨天之未陰雨，徹彼桑土，綢繆牖户。”

朔方道志卷之二十七　藝文志四

記　序

記序下

賀蘭山界碑記　　清　寧夏道　耆彬

竊維溥天之下，莫非王土，率土之濱，莫非王臣，詩人之用意深遠、無分此疆彼界也明矣。無如蒙漢民人，性既不同，所事亦異，故不能不示以界限，用弭争端。伏查寧夏三面與蒙爲隣，西北一帶皆與阿拉善旗毘連。自賀蘭山口内閶門起，至六十里外爲蒙漢交界處，所考之志書記略均有可稽，本無争執。緣因同治初，郡遭回變，案卷被焚，部中存案因年分久遠，或遭回禄，或經霉爛，亦均無存。故阿拉善台吉阿布哩蓄私貪利，逞意争山，致激衆民聚毁鄂博，因爾重煩案牘。魏前道喻義率屬勘查未就，該旗即揑詞報院，竟達宸聰，奉旨交陝甘總督左查辦。當經行司轉移寧夏道，會同寧夏部郎、阿拉善王秉公查勘。時因積雪封山，未能即往。不數月，實任魏道乞養歸，署任龍道交卸去。彬於光緒五年到任，六年即偕福部郎、勸洪阿海守容、平羅縣明令邦忠，委員廷丞蔭喬、丞宗岳及寧夏鎮委各員，並會同阿拉善王多親歷各處，詳細履勘。當經多王交出乾隆三十四年福明奏定老案，公同核閲，與前平羅縣張故令梯鈔存漢字之案均相符合，當同福部郎、多王商定，仍遵照老案，以自口六十里外爲界。公立議單，各無反悔。回郡後即稟明制台左，咨明藩司楊，當經藩司詳院，蒙制憲照咨户部，理藩院查照。嗣於八年，准藩司來移，奉制憲譚札飭，准理藩院咨開，查此案既據陝甘總督派委鎮道，會同寧夏部員阿拉善王查明原定界限成案，立自議單，刊立碑石，永杜争端。相應咨覆陝甘總督，轉飭各該員查明，遵照辦理可也。等因。轉奉札飭移行前來，當經移札在案。詎意又准全部郎來移，據阿拉善王多呈稱，迺謂山圖所繪不符，欲反前議，屢經彬逐細駁詰，多王無可置辯，迺摭拾其詞，冒昧逕咨制憲。旋奉札查，均經彬剖晰老案，詳述今昔情形，稟覆在案。歷奉批迴，仍照老案辦理，并飭將原案刊入石碑，以垂久遠。彬復思祗將原案刊碑，恐蒙漢人民無從知曉，且慮年深日久，設該旗再出有如阿台吉等不識大體者，既啓争端，又煩案牘，故稟請於原案刊碑外，再行注明。

核查老案，小水口蒙漢交界，係在距口六十里之响紮子山樑，所有小水嶺係准蒙古夏時尋覓水草，不許逾此之界。將此碑記鐫刊三分，鑲於道署及朔、平兩縣，並於响紮子山樑陡壁之處大刻“蒙漢交界”四字，使蒙漢入山民人目睹皆曉，并將此碑記於實缺朔、平兩縣到任時妥搨數通，隨輿圖並賫查考。又該旗所立鄂博一節，請飭全部郎遵照六年議單所定，嗣後若再立鄂博，必須先期報明部院，查照應否准立，分行地方官出示曉諭，以免蒙漢又啓争端，等情具稟。當奉批回賀蘭山界，照乾隆三十四年舊案爲斷，光緒六年議單所載，極爲明晰。仰即移會全部郎仍照六年原議辦理，刻碑載明，俾蒙漢有所遵守。餘如議行，繳。等因，奉此。除飭縣在於响紮子山巔岩石上刻“蒙漢交界”四字外，所有彬勘查賀蘭山小水口蒙漢交界全案太繁，未能悉載，謹將顛末勒諸碑石，以備後來考鏡云爾。光緒九年，歲在癸未，嘉平月日，寧夏兵備道、長白耆彬謹記並書。

劉忠壯公祠碑記① 清 翰林 周壽昌

咸豐朝，粵寇、捻寇，庚續造亂[1]，海内無敉宇。時回匪熸於秦[2]，未熾也。逮同治初元後[3]，兩寇平而回患遂肆。湘鄉劉忠壯公初以廣東陸路提督統湘軍剿捻，入關清陝北，而陝、甘兩地回尚陷靈州[4]。公乃由定遠率兵入援寧夏，大薅花馬池，蹈下橋，大膊靈州[5]。州城復，公更蹩賊於金積堡，進蹀吴忠堡，以規老巢[6]。

金積堡者，隸靈州，地險而壤沃。自古西寇犯邊，若西夏、河套之患，與宋明相終始，即此地。公旬日屢剷堅壘[7]，賊决黄河，從上流灌營，幾浸没。公設法堵禦，督攻馬五寨，夷其隘，忽飛炮中左脅，諸將士歸[8]，相向哭。公斥曰：“丈夫死得報國，何哭爲？君等第努力滅賊，後輿尸歸，即死不憾矣[9]。”言訖而薨[10]，時同治九年正月之望日也[11]。事聞，天子震悼[12]。贈太子少保，予謚忠壯。特命公猶子、今少司馬錦棠接統其軍，血戰至年終[13]，卒擒馬逆父子[14]，劀其心以告公靈，而回亂悉平[15]。

前年[16]，相國左恪靖侯入都，與蒙述及公[17]，必往復悲歎，謂公忠毅敦實，喜推功讓能[18]，而沈識遠度，慮超物表，尤能銷患未萌。先是[19]，同治七年，環慶、平凉間爲回逆所陷[20]，北山董福祥、張俊、李雙梁者，皆材武忠傑，無能自達。懼陷賊，乃糾旅自固[21]，陽附陰距[22]。公乘其間招出之[23]，並降衆十七萬餘

① 本志録文全同出土於今寧夏吴忠市金積鎮之《劉忠壯公祠堂碑文》。周壽昌撰《思益堂集・思益堂古文》卷二收入《甘肅寧靈廳劉忠壯公祠堂碑》，與二文異文較多。

人[24]。而董福祥今爲名將,以戰功顯。方公之殉難金積堡也[25],堡中時聞戈馬聲如潮水怒沸,月常數次,賊不敢解衣而卧。是年十一月十六日夜半[26],平凉城外大聲震山谷,予時徘徊帳中,亦覺有異[27],旋報,是日首逆馬化漋就擒矣[28]。

毅齋少司馬,少從公習軍事[29],嫻智略[30],好學禮士,誠愨無飾。而武勇健捷,尤出意量外。西域之天山[31],積雪彌漫,平日鳥飛半墮,葉落不墜,自古未有能上者[32]。少司馬與番人戰[33],必身先士卒,躡其巔,以氈裹身,雕擊而上,轂輥而下。番人目讋心悸,驚爲神,不敢戰而伏,蓋天生異材也。

靈州,故巖疆,奏以寧夏水利同知分涖之,改名曰"寧靈廳"①。時奉有死事,地方建專祠之旨,因即其地建祠祀公[34],兩廡祀殉難諸將校,劃荒絶地二百畝充祀産,詳記州檔[35],至今不廢[36]。蒙因是思公之生[37],而治兵其地也,可以靖一時之亂,公之歿,而血食其土也,可以靖萬世之亂,非但以雲車風馬、盪摩悚惕也。其平日篤棐誠摯,淪浹既深。其聲名之赫赫[38],又昭徹於聽覩,而靡所炫襮[39]。故瞻其廟而效節赴義之意,油然而自生。入其庭而震動恪恭,懍乎戢其慝志而罔敢渝隕。《詩》曰②:"鬷假無言[40],時靡有争。"又曰:"來假來饗[41],降福無疆。"其赫聲濯靈,以保我後生者,獨一時然乎哉[42]!蒙與毅齋雅故,素通問,故爲文其碑[43],而聲之以詩。詩曰:

北倚賀蘭,東亘黄河。天設兹險,巉峻峩峩。公之殄賊,歸神於此。公之崇祠,有秩其祀。爰朱其桷,爰丹其楹。俎豆告虔,暨於百靈。黍稷翼翼,迄降康年。河流渾渾,澤沛窮邊。生不私己,歿不恤身。祠宇千祺,用福我民。綏此氓隸,娱爾童叟。祭社祀先,視此敢後。公功無儔,公業有繼。載剔歌詩,以永勿替。

簡勇節公祠碑記　　清　同知　洪翼

韓昌黎云:能垂休光照後世者,莫爲之後,雖盛不傳③。余登簡勇節公祠,不能無歎息焉。

公甫紹雍,長沙人。弱冠隸行間,以忠勇受知於湘陰相國。督師皖、豫、浙、閩間,戰必隨,隨必克,以軍功洊保提督。其衝鋒陷陣,掃寇擒渠,見諸奏牘者綦

① 《清穆宗毅皇帝實録》卷三三五"同治十一年六月丁巳"條、《清史稿》卷六四《地理志》記載,寧靈廳當爲左宗棠於同治十一年(1872)奏設,非周壽昌奏設。

② 參見《詩經·商頌·烈祖》。

③ 《東雅堂昌黎集注》卷十七《與于襄陽書》載:"士之能享大名、顯當世者,莫不有先達之士負天下之望者爲之前焉。士之能垂休光照後世者,亦莫不有後進之士負天下之望者爲之後焉。莫爲之前,雖美而不彰。莫爲之後,雖盛而不傳。"

詳。歲丙寅[1],左相奉命討陝回,公新婚甫逾月,即執殳前驅。收復全陝,進規化平、高平、固原等處,厥功極偉。庚午[2],以分統剿金積老巢,志決氣奮,深入重地,遂以身殉。朝廷褒卹,謚"勇節",命建祠於城東南隅,與劉忠壯及皖、蜀昭忠祠鼎立。

壬午[3],余奉檄署寧靈廳,謁各祠,讀碑記,惟公祠闕如。考公生平事實,殄寇捐軀,復數省疆土,蘇數省殘黎,大義精忠,争光日月,其功業鮮不謂盛矣!而無一字表彰,其何以傳來許而顯忠良哉!不揣固陋,謹述梗概,以勒諸石。並因祠内祀田原納中則粮,歲入不敷祀費,酌改下則,每歲減倉斗粮十七石有奇,以備香火、歲修之用,附記於後,以垂久遠。俾後世讀此碑者,咸知公殉國之忠,死事之烈,而益切護持,庶廟貌得以常新,而盛美藉以永傳云爾。是爲記。

昭忠祠碑記　　清　蜀軍統領　黄鼎

蜀地偏處西隅,習俗素多文弱。國朝定鼎以來,武功顯著。嘉慶初,教匪之變,忠武楊公以武科立功三省,洊位封圻。繼平關外,進爵通侯,持節秦隴,懋著威烈,海内始以蜀軍聞。忠武殁,聲遂寢。

咸豐間,滇禍蔓延,蜀中震動,悉賴楚師廓清。於時南北諸省勘亂,勁旅非淮即楚即皖,蜀仍未有軍也。松番之役,駱文忠節相督蜀,募民爲兵。予偕今觀察張君玉文,以一旅從事,而蜀軍始立。同治二年,關中捻、回交閧,滇逆接踵。劉霞仙中丞由蜀撫秦,檄令隨征。甫入秦,會諸軍克漢南。適滇逆曹燦章衆數萬踞南山,予與張君提蜀軍千人平之,燦章伏誅。滇逆蔡昌榮合髮逆梁成富,由湘樊率衆西犯,陷階州,復以所部克之,蜀軍於是稍振。五年,捻逆入關,會剿華陰,賊至,圍數十重,若長城然。予偕張君以蜀軍力獨潰賊出,捻竄灞上,復合諸軍擊諸滻橋北,戰方酣,風雪漫天,咫尺莫辨,賊衆且鋭,諸軍悉覆。予率千人結環陣當之,轉戰向夜,冒雪破圍賊,莫敢逼,蜀軍之名遂漸著。六年夏,皇上西顧懷憂,命恪靖伯左公督師,回事適劇,檄予西向。適張君已由蜀入黔,鄉人之將兵隴上者,惟固原提督雷君正綰耳,然恒分道擊賊。予獨提蜀軍由鳳邠而涇長、而靈麟、而汧隴、而慶寧,平固静,會隆靖,隨賊所之,晝夜持戰。隴右既靖,陝右遂安。蜀軍之堅忍耐戰,親上死長,秦雍間罔不知,而諸將士之以死勤事者綦多矣。

九年春,馬化澧負固金積,忠壯劉公戰殁於事,予與雷提軍節中路諸軍進剿。

---

① 丙寅:清穆宗同治五年(1866)。
② 庚午:同治九年(1870)。
③ 壬午:光緒八年(1882)。

金積居靈郡之西，重濠層城，周羅小堡如星，繞以秦、漢、馬蘭諸渠，牛首、峽口在其門户，險隘不利進攻。化瀝據而有之，創新教，設僞官，甘回既歸，陝回即藉，爲逋逃藪，以耕以戰，以守以亂，十餘年莫誰何也。

予受命悚惶，博採群策，激勵諸將士，期以死戰。秋八月，克峽口。九月，平小堡百，合諸軍抵其巢而圍之。雷提軍正綰軍其西南，徐提軍文秀軍其西北，金提軍運昌軍其北，劉京卿錦棠軍其東南，予軍其西。先後數百戰，斬級數千，賊窮不得逭，降其衆數萬，歸農者悉聽之。十二月，馬化瀝父子授首，金積平，蜀軍之死義者衆。事聞，朝廷憫其忠，命與與難諸軍建祠戰所，妥侑忠魂。雷提軍與予謀合，爲祠以祀。祠成，諸將士請志顛末。

余自念入關討賊，閱十寒暑，才智遠不逮他將領，得秦、隴間稍著微績者，諸將士敢死之力也。今幸仗天子威福，大帥運籌，蕩平金積，綏靖邊陲。蜀軍之老兵宿將，貴顯固多，埋骨沙場、招魂不返者，亦難悉數。雖褒忠錫類，泉壤敷榮，而時事艱虞，鼓鼙時聽，每不勝同澤之思、今昔之感，且張捧檄重來，健如曩日，余乃僥倖苟存，衰老且病，無以宏大功業，上報國家，視諸忠武，彌滋愧矣。矧鄉雲難望，碧處徒傷，其能默然已哉！

重修三忠祠碑記　　清　靈州知州　孫承弼

靈武，古之鹽州，地屬朔方，承平著稱巨邑，士庶蕃富，甲於一郡，土饒物厚，水利興焉。同治元年，陝回作亂，竄入境内，煽惑本地土回馬化瀝等倡首爲患。二年十月，州城不守。納公木毅阿力戰身亡，全家同遭殘戮。五年，收撫尹公泗蒞任。八年，鍾公蘭奉委接署，時值回逆復叛，尹公卸篆，以忠君報國爲懷，與後任之鍾公相交守護，誓死同心。不期民力單薄，失陷州城。尹、鍾二公立時被害，全家男婦大小同時均以身殉。嗚呼！三公忠勇，闔家死亡，允宜俎豆千秋，以彰忠藎。十一年間，蒙左相國蕩平，王公鶴卿來守州篆，查明尹、鍾二公殉難緣由，具詳請奏，仰沐皇仁，獲邀曠典，爲之建祠，設立尹、鍾二公牌位，以便按時致祭。余於光緒五年重蒞斯邑，惟念尹、鍾二公祠宇將傾，忠魂猶在，特爲捐廉，並撥公款錢六十緡備修祠宇，俾壯觀瞻，且以祠宇必須撥田，作爲香火祭祀之費，方足以慰忠靈。查養濟院經予稟請，按名給粮，同沐聖朝雨露。其原撥之田，計七十畝，是以改撥尹、鍾二公祠内給種收租，由書院齋長等輪流經管，以杜侵吞。再查納公係同治二年死於回叛[44]，曾經尹公具詳請奏，允邀盛典。王公鶴卿時因兵燹，無案可稽，今予詳請鈔發原案，忠義昭彰，應與尹、鍾二公並列同祀。予爲補書納公牌位供奉入祠，合之尹、鍾二公，因名曰“三忠祠”。從此享祀千載馨香，雖然冥路難憑，同是忠魂允在，因以爲序，永垂不朽。

重修中衛應理書院碑記[45]　清　中衛知縣　鄭元吉

應理書院，舊在南門，始於司馬高公士鐸，年月無可稽考。嘉慶二十年乙亥，前署令周公又溪因規模狹隘，議改建之。購買草廠吴氏舊宅，建内院一，講堂一，外院一，内外房舍共二十六間。代遠年湮，漸就傾圮。時余方經營文廟、學宫事，尚遲遲未暇及此。庚子冬①，始得從事而整頓之。所仍舊而增高其氣象者，院内之講堂，周圍之牆垣及院前之照壁也。所重新而加其改造者，院之門户，院之房舍二十六間也。庚子冬至辛丑春②，鳩工庀材，晨夜展力，始克告成，余夙心於是乎一慰也[46]。雖然，院既成矣，士可不及時勉乎？夫書院徧天下，以朱子白鹿洞爲最著。余江西人也，嘗游學其地，私淑其教，以上溯聖賢傳受之道。朱子嘗言③：先王之教，以明人倫爲本。所以漸摩誘掖鼓舞作成之者，無非有以養其愛親敬長之心，而教之以修己治人之術，固不僅以其習於章句，以爲儒賢，於流俗而自足也。中衛邑去京師萬里，風氣視中土爲遲，然山水甲雍州。余獨喜其俗不偷，無奢靡，無浮夸，無僧道煽誘之習。淫詞邪説，尚晝然不能闌入於其間。使爲士者，皆能好學深思，力行待取。敎孝弟忠信、禮義廉耻，以爲齊民之法；通射御書數、兵農禮樂，以爲用世之才。經正民興，化行俗美，一變至道，其庶幾乎！余修葺書院事已成，而不能略於論學，故備序於此。

董理其役者[47]，舉人蓋奇文，廪生吕開陽，監生張玉璣。區晝盡善，例得備書。其衆捐金錢之數，則分泐諸石，俾後有稽焉。道光二十一年辛丑歲，季春月下浣，知縣鄭元吉撰。

重修寧夏銀川書院碑記　清　廣東陸路提督　張曜

事莫易於因而莫難於創，人所知也。若夫處凋敝之時，撫陵夷之地，猶勤勤焉、懇懇焉。將有所創興，則事百倍其難者，苟非親見親聞，又烏得盡人而知之。余以己巳仲春④，奉命助剿，挈旅西來，會合諸軍，犂掃群逆。迨肅清寧夏後，復奉旨駐軍於兹。其時城市荒凉，半存瓦礫，偶一寓目，輒黯然神傷。辛未歲⑤，平江李君湘舫來守是邦，舉凡繕城郭、浚河渠、興農利、集流亡，凡裨益民生等事，靡不次第舉辦。維時左爵帥削平諸逆，隴塞將次肅清，於撫綏災患之餘，復以興修文教爲急務，凡士大夫莫不争先嚮慕之。寧郡紳士王曰琇、趙延焯、吴樂卿、麥永

---

① 庚子：道光二十年(1840)。
② 辛丑：道光二十一年(1841)。
③ 參見《孟子集疏·孟子集注》卷五、《四書或問·孟子或問》卷五。
④ 己巳：同治八年(1869)。
⑤ 辛未：同治十年(1871)。

年諸人，遂以重建銀川書院爲請。其時金和圃將軍移節烏城，陶子甄觀察經理渠務，昕夕不遑。余亦以簡核軍旅無少暇，且力所不及，遂置之。而湘舫太守獨毅然不畏其難，於是鳩工庀材，拓地於黌宫西偏，袤三百六十尺，廣一百八十尺，計構造内外廨舍，共數十間。自壬申九月至癸酉三月[1]，經營未及一年而厥工遂竣。今春學使按臨郡試，適書院落成之期，假其地爲考舍，各屬就試者蹌蹌濟濟，一時堂廉大啓，文宇宏開。凡駢肩累踵而來者，莫不歎觀瞻之美備，而嘖嘖於太守之賢勞焉。方事之殷也，太守籌貲督役，事必躬親，雖竹頭、木屑、畚築、雜傭，皆一一經理及之。是以涓滴靡遺，纖微畢集，得以蕆其事而樂其成。竊慨世俗官吏每於地方工役之興，往往漠然視之。一時從事者輿從顯赫，酒肉薰騰，甚至僕隸傭保之流莫不營私飽橐而去，以國家正帑與小民之血貲，皆揮霍而不少顧恤，猶津津自道曰："公家事大抵如斯也。"若湘舫之苦心孤詣，興創艱難，其品地之低昂，不幾於霄壤相懸哉。余統兵十九年，轉戰半天下，賊平即奉命他去，未得流連，以觀後效。前歲廓清寧夏，幸奉諭旨，留防以扼河湟竄匪，此兩年中得見賢有司孜孜不倦，百廢漸興，而銀川書院之成，又獲躬逢其盛，治平景象，略可覩已。是湘舫之果於見義，獨任艱難，其辛勤功烈，尤有卓卓而不可泯者也。爰濡筆以紀其事。

重修魏信暗洞碑記　清　寧夏府知府　胡景桂

漢延渠下暗洞有五，在魏信堡者，乃其中段之一。洞水上承清、唐二渠，以東湖水分洩入溝，由溝達洞，俗名"黑陽洞"者是也。洞水舊歸西河，今由惠農渠永和洞退入大河。洞初架以木，自康熙五十一年，水利同知王全臣乃易木而甃以石，長十五丈，高五尺，寬四尺，輪寬一丈有五尺，迄今一百八十餘年矣。歲月既久，齘朽崩裂，岌岌可危。光緒丙申冬月[2]，署寧夏府事羅守鎮嵩倡議重修，派承種銀湖田之户，每畝納制錢五十文。桂履任後，因復派之。而綜覈所入，仍不敷用。四渠壩料底子錢，向例發商生息，備修暗洞，乃議提用此款以充購料之資，詳請於制軍陶公，得報曰"可"。丁酉季冬[3]，崇守蒞任，閱視渠工，尤亟亟焉以是爲重要，乃相與商派武生傅金枝輦石於山，煉灰於峽，軍功于自樂等監工督夫，按期興作。遂遴委黄經歷式鐸、鄒巡檢玉麟、常經歷祝三總司其事。經始於光緒己亥二月六日[4]，落成於三月十六日。洞闊於舊，高增於舊，輪廣一丈八尺有奇，用制

① 壬申：同治十一年(1872)。癸酉，同治十三年(1873)。
② 光緒丙申：光緒二十年(1896)。
③ 丁酉：光緒二十三年(1897)。
④ 光緒己亥：光緒二十五年(1899)。

錢五千七百緡。百姓舉欣欣然有喜色曰:“是洞也,規模宏大,宣洩暢通。而今而後,吾田之瀕湖者可免淹浸患,吾田之瀕溝者可免沖決患。上之功德,豈有涯哉!”予謂此工籌款於三年前,成功於四十日,料實工堅,既庭且碩,皆太守董率之功,與委員首事諸君贊襄之力。予樂觀厥成,亦云幸矣,何功之有?抑予更有望者,漢渠上游有唐鐸暗洞,乾隆間知縣周克開重修,石有崩裂。漢渠稍有王澄暗洞,亦王司馬全臣所修,廢湮已久。若能繼此興復焉,不特漢渠可免後患,而郡城東北一帶湖水溝水均有歸宿矣。是所望於後之君子。

新建靈武小學堂碑記　　清　拔貢　鄧雲路　靈武人

從來國運之隆替,視乎人才;人才之盛衰,由乎學校,學校之繫重矣。靈邑舊有靈文書院一所,規模狹小,多士苦無棲止。庚子①之變,皇上鋭意維新,詔天下設立學堂。京師立大學堂,直省立高等學堂,各廳州縣立高等小學堂,下此各鄉各分立蒙養學堂,以期無地不學,無人不學,法良意美,亦古者家有塾、黨有庠、州有序、國有學之遺意焉。乙巳春②,前任廖寅階公祖議將書院改作,預懸匾額,顔曰“靈州小學堂”。適因改組寢事。是年冬,欣逢陳三洲公祖來守是邦,下車之始,殷殷以籌辦學堂爲先務,爰集都人士而告之曰:“學堂一日不興,則人才一日不出。人才一日不出,則國家一日不强。何以安内攘外,自立於競争之域哉?凡此不特守土者之責,亦都人士之耻也。”僉應之曰“韙”[48],公於是將舊存款項力爲整頓,并首捐百金以爲邑之急公好義者倡。越明年三月,率作興事,購買書院後面隙地,以爲營治之基。擇邑貢生孫鐸、龍騰雲,廪生黄鍾毓、竇桂林、王文炳等以董其事,鳩工庀材,晨夜展力。增建上房三大間,東西齋房各十間,并於舊有講堂頭門照壁重加修葺。生師有舍,庖廪有次,條分縷舉,費七百餘緡,而功用告成。公念朝廷興學至急,刻即延聘教習,招聚生徒,涓吉釋菜,一堂濟濟,絃誦相聞。異日人才輩出,爲吾靈開新學之風,而得備國家之用者,非公其誰與歸?

雖然,余尚有説焉。昔韓文公有言曰③:“莫爲之前,雖美弗彰。莫爲之後,雖盛弗傳。”公既爲之前矣,所賴後之人繼公之志,如樹木然,日加培養,則吾靈人之發達,誠有未可思量者。至於舊存新籌各款,謹將除用實存數目刊附於後,藉得保守而垂永遠,從公命也。丙午冬④,公解任之省,余適忝主講席,州之人追思公德,請紀事以勒貞珉。余雖愧不文,然深沐公之化,且樂公之志有成,不能不一

---

① 光緒二十六年(1900)。
② 光緒三十一年(1906)。
③ 參見《東雅堂昌黎集注》卷十七《與于襄陽書》。
④ 光緒三十二年(1906)。

爲邑人道也，於是乎記。

新建寧夏中學堂碑記　清　舉人　吴復安　寧朔

光緒二十六年，朝廷下變法之詔，毅然改絃更張，停科舉，廢制藝，敕天下普建學堂，以育人材。維時我寧僻在邊域，士風錮塞。而守斯土者，又多因陋就簡，膜視其事。故他省府州校舍林立，生徒莘莘，以絃以誦，獨寧無聞焉。三十二年冬，南豐趙公維熙以名翰林奉命守寧，知寧人之所缺乏者，於時務上鮮開通之知識，而所以缺乏此知識者，其病在於無學。故下車伊始，凡百新政，未遑並舉，而先注重於學堂，以舊有堂室規模太簡，容士無多，且講舍湫隘，不足以蔽風雨，大非朝廷興學重士之意，爰召集郡紳耆老於庭，而謀所以擴充之者。定議將舊日試院從新改作，首捐廉俸千金爲之倡，而考六屬牧令長以襄其成。即日鳩工庀材，從事畚築。舊者因之，缺者增之，廣而不費，華而中儉，凡糜白金五十兩有奇，閱一寒暑而工竣。於是授課有堂，自修有室，圖書、儀器陳列有所，以及接待沐浴，寄宿會食，凡今制學堂之應有者罔弗備，堂哉皇哉，氣象一新。四方之來觀者，莫不訝然，驚相告曰："學堂之體制，固如是其輝煌也；公之視學堂，固如是其尊重也。吾儕小人，得入此而肄業焉，何榮如之。"於是負笈偕來者，倍蓰疇昔。公又慮經費之不及，無以養士也，特爲之籌撥鉅款以裕之。慮科學之不完，無以瀋知識也，特爲之添聘教員，廣購圖書、儀器以佽之。慮操場器械之不備，衣履之不鮮，無以振尚武之精神也，又爲之頒發槍械，製造冠服，以鼓舞而整肅之。今年秋，適省視學來寧觀學，見夫外觀内容舉以法，即欣然歎賞曰："北路學區，此爲第一矣。"嗚呼，賢太守之以實學行實政獲實效如此，較世之塗飾耳目以爲外觀者，相去豈可以里道計哉。公又每於午衙放參，鈴閣清暇，斜簪椒步，親臨學堂，日討諸生，而訓以忠愛之大義，勵其憤悱之心，思懇到詳，勉如子弟。然自是寧之人皆知嚮學，一洗從前之固陋，而競進於文明，則是公之大有造於我西土也。

先是，公於甲午歲督學陝西①，即奏建崇實學堂，兼科中西學業，實爲内地設學之初祖，陝人士至今尸祝之。今又以惠陝者惠我寧，然則我寧之人士，又烏能恝然於懷耶？噫！寧自兵燹以後，元氣重傷，舊學半蕪，遑問新知，至今世之所爲科學者，則尤未嘗夢見。沈沈黑獄，垂數十年。今得公提倡鼓勵，輔之翼之，始漸進而入文明之域，斯固我寧之幸福也。抑更有進者。夫泰山之雲觸石而出，膚寸而合，不崇朝而徧雨天下，我公蓋寧之泰山也。公治行卓越，久爲朝廷所深知，而德政之感人，又士民所頌禱弗置者。行將徧雨天下，合寰海之人，胥受其福，豈徒

① 甲午：光緒二十年(1894)。

盼垂天之雲，僅私於我寧也哉。我寧之所設施，特其先聲焉耳。至公之政蹟，若設試驗場以勸農，設藝徒學堂及習藝所以惠工，設招墾局以盡地利，設官醫局以濟民生，凡諸善政，方興未艾，又非筆簡之所能罄也。復安忝主講席，僅能在學言學而已，用識其緣始如此。

規復秦渠猪嘴碼頭碑記　　清　廩生　柴維棟　靈武

猪嘴碼頭，猶東豫河工之挑水壩也。黄河自發源崑崙，歷數千百里以至青銅峽，從高趨下，勢若建瓴，而吾靈秦渠適當其衝，誠天然渠口也。自是而下，濱河虵行二十餘里，至秦壩關而始入平地，沿河受刷有如剥膚，前人患之，因於峽口下里許，修築碼頭以殺其勢，而長塀漕河以次，皆受庇焉。此正兵家所謂斬關奪隘也。以其形如猪嘴，故名曰"猪嘴碼頭"。自道光二十九年，河水冲圮，迄未加修。至同治紀元，兵燹復起，更無過問。於是而向之恃以捍水者，今轉盡爲水没矣。朝猶桑田，暮成滄海，悲夫！光緒以還，險工迭出，州人亦多追憶碼頭之善，而工鉅費繁，長官未肯主裁，父老亦鮮把握。遇一工出，衹知積薪委石，罅漏補苴，無數脂膏，徒付一擲，渠事已岌岌乎不可問矣。

光緒丙午[①]，陳公必淮權知州事，謀計久遠，旋以解任寢事。戊申春正月[②]，公重來是邦，下車之始，即率紳耆沿河相度，毅然曰："河之東趨，無碼頭以遏其衝耳。欲固秦渠，非規復猪嘴碼頭不可。"因上書督憲請假萬金，旋又禀懇准於出糶倉粮項下提盈接濟，俱皆報"可"。公於是庭集紳耆，大議規復。州人環聽，歡動如雷，争願攤派夫柴，各有差。越明春，率作興事，爰擇州紳諳悉渠務勤慎廉明之人，若者爲兼管，若者爲總理。凡有執事，各專責成。又慮夫柴料之或難接濟也，派委員王君之臣駐紥吴堡，以資催比。公仍朝夕工次，以督率之。衆手偕作，晨夜展力，不日工成。共計碼頭袤長八十丈，高四丈，頂寬四丈，外裹厚石，中實土薪，斜插河中，隱隱然有撑持東南半壁之勢。工甫竣，而河水復由故道，視先所謂奔渤激冲者，今悉反爲舒徐蕩漾，中流一柱，力挽狂瀾，其信然乎。是役也，自宣統己酉[③]清明日興工，越立秋後十日竣事，閲時四十天，費銀一萬二千餘兩，攤柴三十萬束。款不虚縻，而成效昭著，是皆我公悉心籌畫，暨王君與諸兼管、總理從事賢勞之所致也。州人顧而樂之，屬予以記其事。

予曰："天下非常之事，必待非常之人而後爲。秦渠之苦河患久矣。自前以來，僅聞明中葉張公九德有築長堤之議。讀張公堤記，稱其延袤四百餘丈，是其

---

① 光緒丙午：光緒三十二年(1906)。
② 光緒戊申：光緒三十四年(1908)。
③ 宣統己酉：宣統元年(1909)。

爲長堺無疑，而猪嘴碼頭又實輔長堺之不逮。前之爲是役者，其創修姓氏、年代雖不可考，而其精誠魄力要亦不在張公下。今圮廢已一甲子矣，河多潰决之虞，民失灌溉之利，而顧必悠悠至今，始爲此非常之舉，非其彰明較著者耶？雖然，遺大投艱，固資奇傑，而承先守舊，是在後賢。予自此碼頭之成，固深幸公之有志規復，竟此大功。予念此規復之難，尤望後之保此碼頭，俾垂不朽也。"爰叙其從事始末，暨諸兼管、總理姓氏以勒貞珉，後之覽者亦將有感於斯文。是爲記。

五原剿匪寧軍諸烈士殉難碑記　護軍使　馬福祥　寧夏

中華民國四年冬，套中匪熾，福祥奉命巡邊。先是，福祥於二年七月，水擒庫倫僞元帥班的達喇嘛王德呢嗎於匯德成[49]，生至包頭。蒙漢商民以及比國教堂傾嚮寧軍，每有寇警，輒飛書請援。是秋，會匪弓占元起事於東皮房，以狼山爲巢穴。祥部新軍統領馬鴻賓督兵往剿，大捷於科布爾。一時嘖嘖稱道，以爲自費揚古後復見此人。已而股匪有復出狼山之耗，福祥躬率部衆出千靈廟以薄之，匪相率引去。旋至五原，留鴻賓戍焉。比抵包綏，又奉命督策剿匪。留二十日，布置就緒，入都述職。住未匝月，匪分擾綏區，和林、東勝以次告警，托城、薩縣及察、畢兩縣繼失陷。警報紛馳，後套危急。中央又以福祥會辦包綏軍務，敦促視師。時則援綏大軍均取道得勝口，福祥獨從殺虎口側進，出不意馳抵包綏，賊望風靡。包鎮人民留過古曆年關。五年二月一日，由包鎮赴五原，冀收廓清之效。行四十里，掃盪公胡洞匪巢，遂紓包患。至臺梁，得五原十萬急電，知鴻賓以數十百人與數千狂寇西山嘴鏖戰三日，星馳往援，而鴻賓已將賊擊潰，紛紛東竄。福祥以部從邀擊於東商蘇海口二分子等處，窮追至石拉千，副官徐藝殞焉。徐藝精細多才，福祥倚之如左右手，遽及於難，痛摧心肝。十二日抵五原，按視鴻賓戰壘，慰勞諸官佐，類憔悴，非人色，蓋雪地冰天，血肉搏戰，其勞苦爲已甚矣。帕子鋪隆美國教士費安河來謁，面陳戰狀，云鴻賓堅忍不拔，以寡擊衆。東大濠之戰，子乏粮絶，遂焚簿書，誓師徒，挾大礮護教士，以與賊争一旦之命，期保五原。教士眷屬悉坐氊車中，每聞礮聲，啓帷視，則見血肉狼藉，人與砲子飛舞空中，舌矯不下者久之，然後知辦賊之難，而將才之不易易也。

鴻賓削牘告捷，始知砲兵連副馬成勳、張萬福，下士韓作福、韓進忠力戰捐軀。礮兵馬三士，步兵孟希廷、張彪、張統制、董正山，騎兵王尚德、馬善六等諸鋭士，或攻巨魁於匯德成，或剿叛蒙白彦公、達賫公等於白家地，先後陣亡。烈士殉名，仁人就義，一死而萬世不眎。在諸子原無遺憾，而福祥典軍廿載，故鄉子弟患難相從，既已致命遂志，忍不爲之表彰哉？爰請諸政府，各按官職從優給卹，又承五原縣知事王君文墀、西盟水利局局長張君濟清，會詳綏遠都統公署，咨請達拉特郡王遜博爾公撥給義地十畝，安葬忠骸，俾守墓者得所棲止，亦盛舉也。略述緣起，勒諸貞珉，用垂不朽。諸烈士官職、姓名、籍貫開列於左，後之君子爲志乘者將有考焉。

寧夏河東剿匪陣亡諸烈士碑記　　馬福祥

中華民國五年春，福祥既驅套匪，從五原西山嘴渡河，詗知金匪占魁掠陝北以侵寧夏，即回磴口，遣猶子鴻賓渡河，率所部兼程至靈武，預作戰備。飭長子鴻逵率勁旅繞出賊前至鹽池逆擊。福祥躬督全軍回寧，力顧根本，分撥援隊。四月二十九日，鴻逵及營副馬萬魁等以鋭騎至天池，方傳午餐，時賊已潛襲聶家梁，得我邏卒，合亡命千數百人，包圍鴻逵，將欲得而甘心。鴻逵已入虎口，則不復作生還想。顧後隊未至，從騎能戰者僅十七耳，誓死猛鬬，斃數賊酋，皆蒙古裝服，所殺傷過當。竊慮衆寡懸殊，萬難出險，且戰且却。匪衆躡之至清水營，會營副馬成元以後隊至，鴻逵既得生，力賈其餘勇，激勵士卒横貫賊陣，無不一以當十，呼聲震沙磧。賊尸枕藉，血殷邊牆。暝色蒼然，遂露宿焉。侵晨，福祥所派營長李自正等援隊又至，鴻逵率往死戰，槍林珠發，匪如牆排。一酋乘大轎指揮，鴻逵自搏斃之，火其營，燒殺三百餘賊，奪取僞印十餘顆，旗幟械馬百數十具，乘勝窮追。突遇賊伏，血戰竟日，兵賊俱疲。是役也，我軍陣亡官兵二十三員名，賊既屢挫，不能窺横城河渡，於是聽金匪計，取道磁窑，將由靈金超同心城者，金匪老巢，悍黨萃焉。福祥先事預防，得無生變。而鴻賓已分伏炮兵於靈武城吴忠堡，空大寨子以委賊，前後左右，渠塍交横，林木掩蔽，迺以官軍民團合力殲之。梟金占魁首於陣，匪膽大寒，潰向北山沙磧，擊斃及生得各匪均爲團丁所臠割。鴻賓輕騎追殺兩日夜，時五月四日也，凱旋點兵，計陣亡兵士二名。當時藁葬戰地，零星標識，旋請諸政府從優給卹。十二月，始卜兆於靈武之朱旗東山麓，移葬忠骸，遂因之有感矣。昔人以戰陣不勇爲非孝，福祥墨絰督師，子若弟，戮力行間，前後十餘戰，官佐士兵，爲國效死，惟此兩役爲最多，忠義之感人如此哉。嗚呼！疾風勁草，可以興矣。靈武知事余君鼎銘請福祥爲文立石，以志不忘，遂書諸烈士官職、姓名、籍貫於後，用告萬世，而繫以銘曰："男兒作健推將種，誓掃匈奴奮神勇。雲旗風馬霓旌擁，白草黄沙碧血湧。烈烈丈夫泰山重，後之來者視此塚。"

寧軍援剿定邊圍攻昭化廟諸烈士殉難碑記　　馬福祥

嗚呼！自民國四年夏，環慶變起，套匪猖獗，寧軍躬擐甲胄，肉薄槍彈，血戰大河南北，閲時幾二年。東征西剿，無戰不克，殺賊之多，奏功之速，未有若圍剿昭化廟之役之爲尤烈也。昭化廟者，鄂托克旗地，與烏旗相銜，爲邊徼孔道。股匪既被蹙於東，不善其歸，遂竄環慶，糾戕官逸酋張九才等陷環縣。又爲隴東軍擊敗，棄城潰北山，與辛亥焚掠寧夏逸匪高士秀等合陷定邊，爲寧隴大軍合擊，棄城潰昭化廟，隴軍以粮盡還。寧軍統將爲陸軍中將馬福壽，參謀余鼎銘副之，相與謀曰："賊既據昭化廟，不虞官軍猝至，輕騎襲取，可聚而殲旃。"迺部勒營隊，一日夜追及之。賊酣寢未起，福壽命參謀董學南、營長馬騰蛟等各以勁兵臨左右沙梁，包以長圍。我軍乘風縱火，槍礮如雨。賊知路絶，據穴死戰。曉風捲沙，烟燄漲天，比旭日始升，則斬關争入。兵與賊亂鬬於火中，尸骸狼藉，蹂躪其上，亦云慘矣。賊覓路分竄，我軍亦分道追擊，棄械而跪降者，胥全活之。是役也，斃悍匪近千，獲輜重無算。福壽胥以犒士，軍中大歡。我軍陣亡人員，一爲護衛官、七等文虎章、步兵上尉馬萬祥。一爲新軍騎兵三營連副、陸軍騎兵上尉馬龍。一爲軍署衛弁馬八三，均導河人。一爲新軍騎兵一營正兵魯偉，大通人。仰蒙政府優卹，然賊氣亦自此奪矣。鼎銘故有吏才，凱旋後權靈武縣篆。修城濬渠，民甚德之。曩爲河東剿匪諸烈士乞文立石，兹復以躬與斯役，亟亟焉以陣亡碑記爲請，表章忠義，出於天性，致足多也。爲書其事狀如此。

甘軍援五原表功計　五原縣知事　王文墀

五原西區爲古河套地，西通甘新，東障包綏，北踞烏嶺郎山，勢如弧張，南臨大河，蜿蜒如長蛇。天然形勝，巍然據上游焉。其地則山口沓雜，渠磧縱横，白草黏雲，紅柳蔽日，人烟寥落，徑途紛岐。其人則漢蒙雜錯，客民僑寓。其俗則俶詭紛龐，教會蔓延。自來藏奸匿匪，乘間竊發，証之往事，歷歷可述。民國四年八月，會匪弓占元糾衆滋擾，出没東西塲一帶。九月，佔我東皮房。綏軍騎三營分隊往擊，遇伏稍挫。匪勢益張，人一夕數驚，岌岌殆哉。幸寧夏馬護軍使雲亭力顧大局，軫念鄰封，令馬統領鴻賓率隊援套。九月杪，以百餘騎追匪入山後，晝夜疾馳三百里至科布爾，遇悍匪數百人，搏戰終日，卒獲大勝。殲匪百餘，獲槍械無算。是役也，土人謂該地二百餘年，官兵未曾深入。馬統領冒險猛進，以少勝多，嘖嘖頌神功焉！凱旋分兵扼守各口，壁壘森嚴，匪不敢犯。冬十一月，匪首弓占元率大股悍匪蹂躪河岸各村社。馬統領抽撥三十餘騎與我巡警十餘騎，躬親追剿，蹙匪於惠德成。血戰數小時，殲匪首弓占元、包永華及悍匪十餘人，匪逃竄。嗣馬護軍使來套巡視，邦之人咸走相贊曰："馬帥當年力擒王德呢嗎，今幸大節重臨，當能爲我輩造福矣。"馬軍使抵套，加意聯絡各軍隊及各機關，部署略定，即奉電晋京。五年二月，悍匪白彦公、金占魁糾合各股，由西山嘴進窺五原。馬統領以勁卒百餘人，力拒千數百方張之寇。一戰於烏拉濠，再戰於白家地，卒能立挫强虜，解五原城圍。是月六日，馬軍使起節來五，至公胡洞遇匪數千。馬軍使率衛隊百餘人，荷槍前驅，狂呼督戰，士氣百倍。匪勢不支，倉皇遠遁。十一日，又遇匪百餘於二分子，搏戰數小時，匪死亡枕藉，竄竄北山。三月杪，馬軍使因套患敉平，振旅旋寧。

計甘軍來套，兵不滿千，以遠勞之師入深險之地。雪地冰天，墮指裂膚，沙迷草横，莫辨前路。然而論守則郎山三百里，踞險扼要，絲貫繩連，勢如山立，兵不可撼。論戰則風馳電掣，離奇變化，無敵不摧，無堅不破。此豈有異道以致此哉？馬軍使恢廓大度，珍愛士卒，翕然如家人、父子，故人皆用命。馬統領恩威并用，治軍有方，故紀律嚴明，所部肅然。其軍官部卒皆百戰健兒，無事則樸訥自守，如老儒，如鄉農，有事則奮迅無前，再接再厲，於槍林彈雨中而不少却。噫！此所以可戰可守，能致勝於無形，宜也，非倖也。今日甘軍往矣，官紳農商各界猶謳歌弗輟，群屬文墀以文表彰之。辭不獲已，爰撮事之始末而爲之記，以志我官民祝頌弗諼之意云。

寧夏勦平僞皇陣亡諸烈士碑記　　馬福祥

中華民國六年三月，陝北匪清，綏西撫定，福祥乞假歸葬，送靈至寧安堡，得代行使事馬鴻賓急電，僞皇帝達兒六吉率僞御林將軍高士秀等，以悍黨數千人，由綏區上犯，猋入磴口。福祥遂泣别慈靈，屬叔兄福壽撫歸。乘舟至靈武，布置河東防務。兼程旋署，則鴻賓已捕斬賊諜，内患以清。出奇兵，由石嘴分衝邀擊，郡人震動。聞福祥至，官民志定。福祥復遣鴻賓率騎砲勁隊，督戰石嘴。别遣張福全以驍騎戍阿拉善王府，馬騰蛟以步兵繼之。前軍捷書至，詞曰："指揮官馬彦龍，騎兵營長馬萬麟、李德有，步兵營長馬進忠，二十一日由石嘴分三支隊馳至三轉子，會套防騎兵分統馬雄圖以大灘防隊回援磴口，首尾夾攻。初，賊渡河時，已將解凍，冒險入磴。河水陡發，蝕盡岸土，突遇官軍，腹背受敵。擁輜重陣中，上下突戰，斬梟桀殘盡，潰圍竄八拉廟。我軍環之，血肉搏戰。復棄廟入烏拉兔溝，彦龍、德有等躡之，進忠以步兵還守石嘴要塞，雄圖繞道溝尾蹂之。賊急不得脱，棄輜重跋山散走，擊斃悍匪大半，得兵符、信印、械馬無算，陣斬僞統領石作琳，高士秀挾僞皇遁沙漠。德有回石嘴助守，雄圖督諸營追勦。侵晨，高士秀收合餘燼，擁僞皇超北寺，以亡命五百，快槍怒馬，循山麓襲石嘴。德有詗知之，率勁騎踞山脊，步兵張兩翼峊下，空石嘴營壘以致之。賊方以爲得計，竟銜枚進，兩翼伏發，陣遂亂。騎兵跨山下横貫其中，五百匪無一得免，我軍前後陣亡官兵馬秉林等八員名。"此由磴口至石嘴之戰績也。

未幾，王府捷書至，詞曰："福全以驍騎至王府印房，屬屯東城。福全相度形勝，北門外沙梁二營壘，高踞城巔，且扼要道，遂壁焉。時僞皇以璽書假道王府，印房不能決，福全請力拒之，部署戰備。二十六日夜，高士秀以悍股來撲。福全憑壘下擊，匪勢如潮，屢起屢撲，卒以宵遁。拂曉騰蛟兵至，空壁馳逐夷廟家梁賊壘，直追至北寺。鴻賓已以大隊九路包抄，困賊於賀蘭山陰，合力赴之。賊不能支，火其輜重，烟燄障天。乘火進攻，逼賊入山，砲子高飛則人崖俱墜，槍彈射擊則膏血横流。翌日，分道入山冥搜。我軍前後陣亡官兵趙清明等四員名。”此由王府至北寺之戰績也。

自時厥後，各路捷書迭至。或擒僞軍師于凌雲於山口，或斬僞漢武將軍以力登連賴於河濱，或追取僞三將軍張輔於包西，或搜獲統領蘇學奉、姚占魁、僞營長張振邦，及悍匪並從逆眷口二百餘名於山徑。我軍前後陣亡士兵馬維華等四員名。最後，鴻賓、騰蛟大索僞皇於賀蘭山，組繫以來，交軍法官會同文官審訊。知爲静寧吴氏子，名生彦，小字六吉，謬託符瑞，詐稱清裔。供詞五六千言，不能備載。依法判決，自僞皇以下，首要十九名處以死刑，次要三十餘名處以徒刑，婦孺眷口二十餘名資遣歸籍，從犯一百餘名髡爲城旦，百日工滿，抵死省釋。禍本剷除，邊氛告靖，此搜山擒王殲魁宥脅之概略也。

吾因之有感矣。從古禍變之來，往往出於意計之外。是役也，福祥以綏西、陜北匪事畧定，始克乞假葬親。而僞皇即蹈隙以侵，向非仗國家威靈與夫陣亡諸烈士，臨陣捐軀，成仁取義，詎易元兇授首，迅奏膚功。事聞，優卹如例。兹具書諸烈士官勛、職名、籍貫，勒諸貞珉，以志不忘而風將來，爲述其巔末如此。陣亡官兵，軍署執事官七等文虎章趙清明，寧夏人。馬秉林、馬德明，導河人。教習八等文虎章宋王畫，河南人。正兵張偉、馬得勝、王貴、王如意、馬大武、馬七三、丁三伏、拜福，馬維華，導河人，胡長福、李榮，循化人，包慶殿，寧夏人。

寧軍剿匪紀畧　護軍使署軍佐　梁甯冕

民國紀元之明年，雲亭馬勛帥以計擒蒙酋王德呢嗎於舟中，從此漠南無王庭，河套上下數千里，亦不見胡馬蹤蹟。於是内地亡命之夫、桀黠之魁，以後套爲逋逃藪，嘯聚而巢窟之，連年患邊，終未敢出雷池一步。自金占魁與匪糾合，始有悉衆西犯之事。匪無大志，饑則攫食，飽則遠引，如鳥獸散。自迎達兒六吉於環縣尊爲皇帝，始謀攻城略地，建立基業。若非我勛帥次第用兵削平之，則不止朔方一部糜爛已也。

金占魁者，鎮戎大盜。幼無賴，倚其戚黨而居，剛很好鬬，睚眦必報，人莫敢攖其鋒。又集黨羽伺商賈於路，擇其肥者劫殺之，棄尸原野。案萃如鱗，有司陽爲捕而陰縱之，偲其噬己也。民國三年，勛帥自京還，聞占魁諸不法狀，遣一偏將率卒往捕之。占魁偲，乃先期建旗鼓，擁衆百餘人，詭云軍隊，向草地而逸。勛帥急檄駐套馬司令子寅分途追擊。占魁益窘，遂納款東軍，隸師長孔庚麾下供驅遣。孔軍宵變，鉛丸達孔卧室，占魁驚起，格殺數人，孔得無恙。事定請獎中尉，然以降人，故不獲大用。占魁恒鞅鞅，乃夤緣至寧，饋禮物。時帥節再入都，不佞遇占魁於執事官室，軍服革靴，軀幹甚偉，齒嵌金，善應對，談寧套道里之遠近及孔軍編制鑲章，娓娓可聽。然雙眸閃爍，無定睛，聞足音則愕，顧蚤知其中懷叵測矣。占魁欲回同心城故居，當道禁弗許，占魁遂東迤邐入賊營。套匪自得占魁，勢益張。以其生長邊陲，慣躡奇險，走間道，飄忽如風雨，命領一隊以齮官軍。勛帥方奉會辦綏區軍務之命，自京徂包，甫出包鎮，與悍匪遇。帥躬臨前敵，指揮部從，縱横掃盪，屢擊走之。我套軍又與大股匪搏戰於西山嘴，歷四晝夜，殲其大半，匪勢不得逞，乃聽占魁計，避實踏瑕，潛襲寧夏。勛帥詗知，盡拔諸軍，兼程馳歸。先命子寅司令駐軍靈武，以逸待勞，別遣少雲統領，率輕騎截擊於天池子。占魁引悍賊數千，循邊牆蠭擁而上，猝然相遇，槍礮齊施，約一時許，以衆寡不敵，我軍且戰且退。翌日昧爽，少雲復調勁騎迎戰於清水營，我軍爭先陷陣，生擒數人，奪其輜重，將直擣中堅。忽援賊大至，遏我軍不得前。賊知難而退，麕集於靈武大小各寨。當激戰時，有馬成元者，少雲公裨將也，怒馬貫賊中，槍不虛發。當披靡，騎忽蹶，爲賊所執，有賊解其縛，温語問寧夏虛實。成元奪槍擊數人踣，被賊攢擊死之，可謂壯矣。賊以黄河天塹不能飛渡，欲攻靈武，又怵我軍之威勢，頗窮蹙。先是，占魁勸群賊西犯，謂金積、吴忠兩堡有衆千餘，良馬利械稱是。賊首盧占魁以爲能，欲資其力以擾甘，及入重地，竟無一人至。金氣沮，益忸怩踧踖不自安。金故有黨，實畏我軍不敢動。諸將紛紛請速戰，子寅司令堅壁不出，欲待其敝而聚殲之。會我軍運子彈渡河，賊空壁往劫。子寅公登高望見之，喜曰："可以擊矣。"先遣各步密布要隘以絶其歸路，繼以精騎左右雕擊之。賊反犇各寨，寨門扃閉不得入。我軍伏盡起，槍聲隆隆，彈如雨墮，賊死傷踐踏，枕藉於道。軍中有識金占魁者，環擊之，殪焉。盧匪引衆東竄，我軍乘勝追之，呼聲震地，而民團亦奮勇殺賊。萬馬攢奔，風砂大作，天地晦冥，一日夜馳三百里至沙漠，月黑水涸，四無邊際。我軍方覓飲，盧匪乘間逃逸。凱還，戮占魁尸，傳首寧城梟示焉。雖髑髏已寒，而鬚髮怒張，嚼齒穿齦，其凶狠一如生時，觀者快之。此民國五年三月事也。烏虖，占魁伏誅，而寧之内患除矣，宜可以無憂矣。

無如天不厭亂。逾歲，復有達兒六吉稱帝號，窺伺寧夏之事。六吉氏，吴静寧細民也，以巫醫之術，求食環慶間。一日，至環之常仲祥家醫一小兒，病良已，六吉故神其術，恣爲妖異之談，環人病者往往延至家供養之唯謹。六吉又聽陰陽家言，扶乩問休咎，惑愚民。會張九才欲肇亂，推六吉爲清裔，稱達兒六吉，奉以爲帝，遠近傳播，官軍捕之急。九才召會黨將起事，忽盧匪自沙漠竄至環，與之合，勢復熾，官軍逡巡不敢進。益信六吉有天命，遂挾以走陝北定邊，定邊亂首高士秀附焉，延入城，大掠七日。會鹽池告急，勛帥遣馬統領静庵率師討之。盧聞我軍將至，先與六吉、張九才引新附之賊北趨蒙地，走後套，士秀率千餘人繼遁。及我軍次鹽池，士秀已至距定邊之昭化廟。静庵公賁夜追襲，拂曉至廟，分爲數隊，密圍而痛擊之。賊頓甚，睡方熟，及聞槍聲驚覺，則已穿胷洞腹，幾無噍類矣。有悍賊踞屋脊狙擊我軍，左隊馬分統騰蛟率隊入廟，焚其輜重，烟燄歊薄，紺宇半燬。賊呼號奔竄，悉掩殺之，惟士秀伏不出，卒漏網，惜哉！是役也，殺賊逾千，其行軍之速，用謀之秘，臨戰之勇，與子寅狼山一役相輝映，餘威震於三邊，實自此始。

六吉既至後套，用清帝名號誘脅蒙人，魚肉商民，乘機逐利，四出侵暴，又攻綏軍於烏蘭腦包，覆其軍，得其利械甚夥，有衆數萬，勢益披猖。蒙古各王公都恇怯瑟縮，莫敢抗，紛紛遣使貢珍物械馬。六吉所至，供張儲偫不稍衰。六吉愈恣睢無忌，南面受朝賀，用玉璽，封官爵，烜赫一時。駐套西教士爲側目，乃説盧占魁歸附綏遠，編入軍隊。六吉失占魁如失左右手，滋不悦。高士秀遂進西犯之策，以爲勝可以據寧夏圖中原，敗則乃走陝北入黄龍山，號召三邊豪傑再議大舉未晚也。六吉喜，連夜引漢蒙數千人，自綏區西山嘴渡河上犯，士秀早遣心膂微服入寧城，以重利啗諸奸民，謀暗殺作内應。會勛帥扶母柩歸葬，得首塗，彼黨以爲機不可失，密告士秀。士秀擁六吉疾走，飈入磴口，掠米穀貨寶達數十萬金，烽火亘天。男女避難沙窩，死者累累。勛帥行三日，聞警，密飭子寅司令督大軍潛發，一面馳回寧城，搜捕内應駢誅之，人心一安。士秀知事已敗，執蒙員安久，嗾令説阿拉善王府助軍械未果，我駐套騎已聞風馳至黄渠橋，騎兵應之，克復磴口，連擊賊於三轉子八拉廟，擒斬無算，陣斃僞統領石作琳。士秀膽落，與六吉及各悍首率死黨竄山後廟梁，致書王府求假道。初，勛帥度賊必犯王府，遣福全領健兒守之。福全驍將也，猛鷙善戰，且有機謀，方慮賊不果來，而賊使至，勸王府峻拒之，率健兒距王城五里伏焉。是夜，士秀率賊猛撲，我軍皆偃卧默息，伺其逼近，鳴槍逐之。賊應手仆，餘賊驚走。夜奇寒，朔風凛冽，我軍忍凍伏如故。俄群賊又呼嘯至，槍聲轟然。我軍振臂殺賊，無不以一當百。賊辟易數十里，福全引兵窮追，踐人尸而行。平明，逼賊至北山寺根，子寅公已率大軍如牆而進，賊乘我軍未合圍，棄馬登山，恃險抗拒。我軍連發巨礮轟擊，彈觸石悉爆裂，芒燄奪目，聲振崖谷，訇砰如霹靂。賊大潰，殘骸斷臂與崩崖墜石星星墮。我軍賈勇登山搜剿之，賊死者、傷者、走且僵者横陳荒榛蕪莽間，旗幟、器械、駝馬棄擲沙中，不可以計數。零賊竄匿深谷，勛帥遣騰蛟選健卒搜山。又檄諸將以兵塞賀蘭山各口隘，凡賊之僞爲難民逃出者悉獲焉。計先後擒獲逆酋悍賊甚衆，亦有狡黠之賊羼雜良民中逸入寧城者，均被邏卒所執，無一得脱。賊眷婦女幼孩數十口，轉徙溝釁，殺馬而食，瘠如人癩。勛帥悉拔諸苦厄，給以飲食，豢養之。僞皇帝達兒六吉挈其弱弟玉慶猱升賀蘭山之巔，於深林密箐中席地而卧，餐冰嚥雪，匿三日不敢出。有賊於星月中至山麓市食，騰蛟偵知之，即引健卒躡蹤冥搜迴崖疊嶂，都無人蹟。攀蘿捫葛行數十里，至山椒，見人影隱身松摝間，覘之則朱罽黄衣，燦爛雪窟，知爲六吉。一賊聞人聲驚遁，連發槍殪之，即市食者也。六吉及其弟俱引頸繫組，生致於寧城。勛帥閉置空屋，餉以酒肉，時遣人撫慰之。六吉感甚，乃具道起事顛末，洋洋數萬言，録爲一帙，及與諸囚對簿，則有僞軍師于凌雲，僞統領蘇學奉、姚占魁，僞營長張振清、李宗文、蘇元標等一十八人及從賊二百餘名，而士秀獨稽誅。勛帥下令大索未獲，具狀以聞。僞皇帝達兒六吉及十八人悉寘之法，餘則概從末減，資遣回籍。瀕行，囚有泣拜而去者。至各眷屬則護送歸里，尤加體恤。勛帥司令以下各將領官佐以戰功，授勳、晋秩、賞賚有差。

民國六年五月，朔方平。記者曰："涓涓不壅，將成江河。毫末不扎，將尋斧柯。爲虺不摧，爲蛇奈何。"金占魁無論已，如達兒六吉以貧賤細民，藉潢池之力，南面稱孤，横行河套，幾滿一載。蹟其所爲，都如兒戲，固不值一哂。然陳涉以甕牖繩樞之子，狐鳴篝火，振臂一呼，雜亂天下，豈細故哉？使當時握兵諸將如能以獅子搏兔之力討平之，則沈沈爲王之涉早即澌滅，而嬴氏可以由二世至千萬世，彼隆準喑嗚之輩又何自而興耶？然則我勛帥之有功於民國也，巍巍乎大哉。

新室記　　鎮守使　馬鴻賓

衛公子荆，善居室，孔子稱之。蓋爲當時士大夫之居室者，競崇尚魯三家侈靡之風，放蕩無節，故舉荆以勵天下後世。余軍人也，自蚤歲典兵至於今，垂十餘年，與士卒共食宿、同甘苦之日居多，本無居室之可言。溯前清末葉，叔父雲亭公專閫湟中，余執鞭屬韃以從，每值番案發生，則奉令帶兵查辦。番地林深菁密，氣候嚴寒，往往揞幕而居，以蔽風雨。辛亥革命，黄鉞獨立秦州，余隨叔父前往解决，其部曲則散處關廂旅寓間，事定即班師。民國建元，寧夏匪亂初靖，叔父以阿爾泰護軍使移鎮是邦，循河道入覲，誘擒王德呢嗎於匯德城，生致京師。大總統以爲能，任命寧夏護軍使兼寧夏將軍，節制鄂、烏、阿三蒙旗，添練甘肅新軍，以余爲新軍司令。洎後套科布爾暨河東大寨、山後王府剿匪諸役，先後蕆事，始組織新軍司令部於郡城，即假寧夏府署爲地址，因陋就簡，略加修葺。戟門南向，内築兵房，縱横櫛比，可容千人。中門内，北屋三楹，堂深檐淺。左爲寢室，右以治事。惟東屋宏敞，以爲軍事會議及讌會賓客之所，其餘閑軒小榭，悉機關各職員居之。後有隙地約三畝許，繚以土垣，中鑿方池，引以灌注，其清若鏡。池上就地所宜，蒔花種菜，循牆遍栽細柳，朝烟暮靄，鬱鬱葱葱。又於高處建一小樓，牕櫺洞開，可望賀蘭山色。此舊司令部外觀之大略也。

民國十年，叔父任命綏遠都統，余拜寧夏鎮守使之命，即以護軍使署爲鎮守使署。因課兒輩讀書，遂挈眷屬而居焉。長子樸仁、次子惇廉均已授室，三子惇靖婚娶有日矣。嘗見世之服官者，往往以官爲家，而子孫生於官，長於官，容易養成驕惰之習，使人以紈袴膏粱目之，甚至狗馬玩好，雉盧嘷詉，揮金如土而自甘暴棄者比比也。不知其父爲官，其子則純粹國民也。國民有國民之職責，一染官氣，其流弊不可勝言，欲矯其弊，莫如各居其居。余故以千金購府署官産，就司令部規模改建廬舍，其廳事、廊廡、園亭、庖湢之屬，悉仍舊貫，無雕鏤之巧、藻繢之華，昭其儉也。於民國十三年夏正甲子冬十月工竣，俾兒曹之有室者，爰居爰處，各修天職。勿酣眠燕息以墮其志氣，勿乘堅策肥日疲於嬉游，是則余之志也。書曰："若考作室，厥子乃弗肯堂，矧肯構。"所謂肯堂、肯構者，非冀其興土木、美輪奐、壯觀瞻也，不過蕲子之繼志述事，亦如良弓之子必學爲箕，良冶之子必學爲裘之意也。若第以居室論，則衛公子荆之言可法也，爾小子宜終身誦之。

重修寧朔新城關帝廟碑記　　清　協領　景琪

爰夫天災告變，史册書之，以考政治之稗良。神道設教，聖人韙之，以糾氓蚩之邪忒。英靈不爽，至誠感格，此我中華四千年舊國禮隆禋祀，人懔敬恭，固非歐西執迷信詖辭以相詆者比也。寧朔縣新城之有關帝廟，自清乾隆中葉，滿洲八旗駐防始，春秋享報，禮無或忒。廟貌既著其崇隆，人民彌篤其尊信，一方庇護，雖百年如一日也。改革以來，撤營爲縣。民人離散，祀典闕如，殿宇荒凉，香烟衰歇，若與離黍故宫同一滄桑凄狀者。歲庚申冬月初七戊亥之交[①]，有聲自西北來，轟轟如雷，山崩地裂。廬舍植物翕欹簸盪，若在洪濤駭浪中。蓋地震爲災也。自是以後，未得刻息，至十六日黄昏，震聲更大，頹牆圮壁，飛瓦揚塵，人物蟄伏，不能起立。正惶悚間，忽聞帝君廟内鐘鼓自鳴，殿陛寢室祥光閃爍。頃之風停聲息，漸得寂然。邑人集觀，悲喜驚駭交併。而邑令孫君素尚新學，不信神道，至此亦不禁五體之投地焉。翼日，傳聞甘省皆震，而隴東一帶死者至數萬人，而縣屬獨一舍不陷，一人不傷，誰之力歟？邑人因轉憂爲喜之際，思爲崇德報功之謀。各捐鉅貲，争新帝廟。凡殿庭瓴脊摧殘者補之，榱題傾欹者豎之，牆垣頹圮者砌之，禮器遺失者制之備之，務令完善，得以賽報而妥式憑。然又恐經年香火費乏所出，積久怠生，磋商本城紳學商各界人等，請將縣中無課之花園公地清理歸廟，以作祀費，報省許可，共得地八十七畝四分，命名香火地，劃界招佃，而杜意外侵

---

① 庚申：民國九年(1920)。

蝕焉。嗚呼！而今而後，天運之轉移靡常，理亂在人所未達。雖世殊時異，瞻遺廟丹青，正氣磅礴，妥侑弗替乎馨香，聚族漸臻夫成旅，則君子説《雲漢》，詩或不致以辭害義也，豈不懿歟。是爲記。

重修賀蘭廟碑記　郡人　許景魯

去寧夏郡城之西不百里，岡岑嶉嵂，碧嶂連天，回斜矗立，儼然界夷夏之防而爲西北之屏藩者，賀蘭山也。其蹊徑崎嶇可馳入者五十餘口，獨中峰魁岸，遥遥與郡城相對，爲小滚鐘口。傍南則萬笏排空，三峰峭立，相傳爲硯石、筆架諸山，而堪輿家則目爲火星。緣此山麓以入，行里許，介乎小洞天、大悲閣間，山環水抱，氣團聚而境幽深，則賀蘭主廟在焉。溯其初，清光緒壬辰①，郡守謝公葆靈下車伊始，即登是山，謂西夏古名勝地，自元昊割據稱雄，以暨明清之世，郡人之掇巍科、秉節鉞者，實不乏人，謂非毓秀於名山大川，曷克有此。是賀蘭有關於寧郡之文獻，非淺鮮也。第斯山層巒起伏，蜿蜒數百里，至此而別開生面，必有一定之主山在。主山出而後神靈妥，神靈妥則地方均受其福。商諸僚庶，詢謀僉同，於是相厥陰陽，觀其流泉，就此主山破荒鑿石，鳩工庀材，建主廟三楹，兩廡六楹，中殿與山門各三楹。是役也，由郡紳許立庭董其事。工猶未竟，而是歲癸巳鄉試登賢書者有人②，蟬聯而開府建節者有人，咸慶山川效靈，并頌謝公不置也。惜乎善後非人，謝公旋亦他去，未久而風雨剥蝕，暫就傾頹。

中華民國成立之七年秋，我邦人士之登臨者，見凋零之狀況，咸不禁感慨係之，而梅君子傑獨任修復之力，丁君子和、壽山昆仲互相籌助，披荆榛，平瓦礫，凡瓴脊之頽毁者堅固之，棟榱之傾折者重新之。又添建廊廟四楹，於山門築山神、土地二壇於左右，益壯觀瞻。正殿供奉真武、文昌，中殿供奉關、岳二聖，初層石洞供奉藥王，山門左右供奉龍、虎二神，是皆補前人所未備。落成日，徵記於魯。魯不文，幸生斯長斯，食毛踐土於斯，敢不竭誠以表彰兩次創修諸君子始末之苦衷，以闡揚諸信善樂施之款。目覩此日之雨暘時若，利澤溥於四境者，謂非山靈之賜歟？牛羊穀菽，雞犬桑麻，碩大而繁衍者，謂非神之默佑而覃敷者歟？用告來者，知所敬信，繼續保存，匪特謝公、梅君二人之苦心永垂不朽，即我合郡人物之盛衰，實有莫大之關係焉。吾爲謝、梅二人頌，吾更爲吾郡之人物期。是爲記。

八景詩序[50]　明　陳德武

番易陳宗大[51]，好事而嗜詩者也。戍邊久，將請告南還。散餘貲，收善

---

① 光緒壬辰：光緒十八年(1892)。
② 癸巳：光緒十九年(1893)。

楮[52]，裝潢爲長卷，於繪事者圖寧夏八景，繫同志詩於後，屬予序之，以重行色。予曰："山川景物在處有之，以人而重。金華八咏，沈休文倡之；盛山十二詩，韋德載首之[53]；虢州二十一咏，韓退之和之。後以八景命題，則無地無之[54]。然不過寫風雲雪月之清奇，禽魚花木之閑麗，以洩其得喪哀樂之情也。子今挾是而歸，將爲金多致恭耶？抑爲敝裘取倨耶？聞子有倚門之親、幹蠱之子，九弟親朋[55]，守望閭里。予不知子囊中之金，足具甘旨食饗以叙平日之驩否[56]？而與倨與恭[57]，奚居之？"

宗大曰："富貴顯親[58]，人孰不欲，是有命焉，不可幸致也。請試觀斯夏之境内，其遠者曰'黑水故城'，邇者曰'夏臺秋草'。當其勢之方張，蒸土校錐，以圖永固，增金索幣，以居强大。一時之銕騎健兒、歌樓舞榭，今皆變爲寒烟、鞠爲衰草而已。亞於水曰'黄沙古渡'，但見風波浩浩，鷗鳶欲墮，河櫸摇紅，葦花飛白。昔之車塵馬蹟，皆爲狐兔之區，而輕舟短棹、長年三老之屬，已移於高橋、楊家渡矣。附於白臺曰'長塔鐘聲'[59]，惟見折觚刓棱，倒影在地。向之金碧莊嚴，幻爲瓦礫之塲，而追蠡解紐，已徙於戍樓矣。郭之南下，春烟靡靡，柔緑如染，秋風颯颯，黄葉誰惜，是曰'官橋柳色'。送故迎新，離歌别酒，攀折無算，吾不知其幾榮枯也。郊之西北，蒼蒼茫茫，如藩屏，如保障[60]，盤踞數百里，時呈六花，以告豐歲，是曰'賀蘭晴雪'。此天以表裏山河，限固疆域者也[61]。山之東曰'良田晚照'，河之西曰'漢渠春水'，襟帶左右，膏腴幾萬頃。因昔之功，爲今之利。荷鍤成雲，决渠爲雨，吾戍士衣食之源[62]，所當勤勞之地也。蓋庸情勞則思，思則善心生，善心生則能守其身而不失，際無事之日，爲太平之人。俯仰今古，得不足恃，失不爲耻。耕鑿之餘，游戲翰墨，吟咏性情，以和擊壤，得非生憂患、行貧賤之謂乎？念自濠上應募，繇武功移於斯，將彌一世所閱，金多敝裘，存亡者衆矣。吾今獲保遺體而歸，定省之暇，敷斯言於北堂之上，足以致吾親之驩。兄弟子孫，親朋閭里，亦聚驩焉。非惟可以取驩[63]，亦可以垂教子孫，使之服勞思善，以守其身，庶無負於名教，又何彼縱横者恭倨之足云。"

予作曰："子言良是，前言戲耳。雖然，予么渺言輕不足爲子重，將道中華觀望之邦，抵西江文章之奥。遇有退之、德載、休文輩人出以取正，更求其大手筆以發揮之。俾塞上之景，當與虢州[64]、盛山、金華並傳於世，以流於後還戍，又足以起予之陋[65]，以成子好事而嗜詩之名[66]，不亦韙歟？"宗大曰"然"，遂僭書於圖左[67]。

文昌社序　　清　翰林　解震泰　郡人

文昌之祀，異説閧然，怪於晋，幻於唐，漸著於宋，盛於有明。有《化書》以恣其妖妄，有《陰騭文》以誘人福利，雖儒者亦信而不疑。近時又撰有《帝君孝經》，有咒有偈，俚俗煩雜，不可卒讀。大抵皆黄冠緇衣托足其處者，神其事爲衣食之藉也。噫！異端之誣世也，見道不明而信道之不篤也，吾儒之過也。詎知夫文昌者，列星之精。考步天之歌，星居六府，其列有上將、次將、貴相等。隋人詩曰[68]："文昌動將星。"竊疑神似主於兵事者然。然位居魁星之上，爲司禄之神，有賞功進爵之義。故由宋迄明，天下學宫皆祀之。至今求科名、博利禄者，奉事尤謹，此所在祀閣之所由建也。余以爲天生斯民，立之君則爲君，立之師則爲師。既奉以爲斯文之主，則文章之事屬焉。聖人神道設教，不其然乎？

吾郡南薰門外，三清觀之東南，有文昌閣，創自本朝康熙乙未①，成於戊戌②。近十餘年間，層樓繡户，丹雘維新。而登其上者，俯窺城市，遠眺鄉村。寶塔拱其北，明湖映其南。曲河東環，翠蘭西障。山川之秀氣，草樹之菁英。蔚乎其蕃，蘊乎其富。由是掇巍科、隸仕籍者，邇來珠貫蟬聯矣。夫豈獨氣象風景，供游士之登覽，與遷客騷人之流連歌咏而已哉。今歲庚戌春③，諸同人念神祠所在，風脉攸關，於是歛社輳金，將備物以昭敬者，囑余言以弁諸首。余曰："諸君子之意善矣哉。夫祠而奉之，神之道也；敬而遠之，人之道也。萃群力而襄厥事，甚易也。踵其事而繼志有人，可久也。當祭之日，與祭之人其虔具而牲帛，竭而誠而往，洋洋乎如在其上，如在其左右，如是焉耳矣。彼夫爲怪、爲幻、爲雜、爲僞，與爲咒、爲偈之邪妄不經，亦置焉不論可也。"

重修寧夏武當山壽佛寺募序　郡人　李清和

屏寧以西，山名賀蘭。北去幾二百里，曰武當。層巒疊嶂，爲賀蘭結脈。地居塞外，秦城林立，曩罕人迹。康熙己巳④，巡邊健兒夜行山麓，嘗聞呼"負我"聲，偶夜漫應之，頓覺背有踞人，因負之行，問其里居姓氏，弗答。甫及數里，重不可支，遽叱曰："汝不言，乃石人也耶？"語未竟，砉然墮地，火而視之，乃無量壽佛石像也。適山側有巖穴，移像其中。越癸未⑤，平羅参戎圍獵西山，見雲呈五色瑞靄，群峰合圍，時聞金戈鐵馬聲，心甚異之，就雲霞出没處踪蹟之，獲像於石室，舁而歸。至黑塔墩，重莫能移，時有善信居士周兆熊、鄭惠等因見土壤平闊，可以營築，苦於無水，默禱於神，徧督左右，地土微潤，以杖導之，湧出九泉，甘芳清冽。人民坌集，闢地結廬，向之沙磧居然沃土。爰倚山相度，鳩工庀材，前建層樓，中

① 康熙乙未：康熙五十四年(1715)。
② 戊戌：康熙五十七年(1718)。
③ 庚戌：雍正八年(1730)。
④ 康熙己巳：康熙二十八年(1689)。
⑤ 癸未：康熙四十二年(1703)。

則伽藍、觀音、韋駄護法，殿宇森列。正殿崇祀壽佛，後殿則三世諸佛，兩廡則十大尊者。峰巔嶺畔分建眼光、百子二殿，元壇、靈官二祠，列諸左右，高閣聳峙，臺榭輝映。棟宇紆回，軒室幽邃，緇流焚修，香火稱盛。亢旱晴雨，疾苦疑難，祈壽祈嗣，禱之輒應。道光戊申中①，建七層浮屠，範金爲頂，顔曰"多寶"，彷唐制也。同治壬戌②，河東回亂始萌，寺僧夜聞殿内呼"去休"者再，弗識其由，亦姑置之。癸亥冬，逆變大作，僧輩偶憶前言，入殿覘之，石像杳矣，悟神示警，相率避匿。逆至，搜括無人，聚薪樓下，欲火其寺。烈燄奔騰，倏忽之頃，山巔雷聲震盪，雹雨灑空，火勢頓熄。逆懼而逸，僅得泥像剥落，楹牖摧殘。厥後亂平，僧徒來歸，石像宛坐殿中，群莫測其所至。竊念壽佛靈感，屢示神奇，慨兵戈之亘地，望劫灰之當空。嶺頭聞鷓鴣之聲，階上游麋鹿之蹟。塔鈴語月，空受雨洗風磨；寺鐘吼霜，竟被雲封雪擁。況兹滄桑變易，黍離興懷，思欲踵事增華，開來繼往，經營補葺，閲二十餘年。伏望樂善仁人、虔心君子，分兹鶴俸，以福爲田，助以蠅頭，因心誠果。無上菩提，共登菩提岸；皆大喜歡，來結喜歡緣。善與人同，名垂不朽矣。是爲序。

思思堂序　檢察廳長　李學源

民國十三年甲子冬，學源奉命重來署理檢察篆務。因廳屋係朔縣舊署，傾塌者、敗壞者觸目皆是，應改之處亦多。如看守所之宜移西隅，以便新闢大門，與夫三進廳堂之加築小樓，并辦公、偵查各室之宜改造，有關觀瞻，其工均不可緩。但公帑奇絀，籌款非易。適某某忽因他事出洋五百元，另自凑籌五百餘元，共計千餘元。改修工竣，焕然一新。諺云："官不修衙門。"極言居官者直以廳署爲傳舍，而無責任心也。愚戇如源，反其所爲，而事即成功。然因是有感，爰作"思思堂"扁跋懸於客廳，並書《明慎樓小記》並聯，以憑常川寓目而留心。是爲序。聯、跋未録。

【校勘記】

［1］庚：原作"相"，據《思益堂集・思益堂古文》卷二、《寧靈廳志草・劉忠壯公祠堂碑文》改。

［2］熸：《思益堂集・思益堂古文》卷二作"起"。

［3］初元：《思益堂集・思益堂古文》卷二無此二字。

［4］回：《思益堂集・思益堂古文》卷二作"逆回"。

［5］膞：《思益堂集・思益堂古文》卷二作"搏"。

［6］進蹀吴忠堡以規老巢：《思益堂集・思益堂古文》卷二無"進蹀吴忠堡以規"七字。

---

① 道光戊申：道光二十八年(1848)。
② 同治壬戌：同治元年(1862)。

［7］旬日：《思益堂集・思益堂古文》卷二無此二字。
［8］歸：《思益堂集・思益堂古文》卷二作“舁歸”。
［9］憾：《思益堂集・思益堂古文》卷二作“恨”。
［10］薨：《思益堂集・思益堂古文》卷二作“瞑”。
［11］實同治九年正月之望日也：《思益堂集・思益堂古文》卷二無“實”字，“之望日也”作“十五日也”。
［12］震悼：《思益堂集・思益堂古文》卷二作“軫悼”。
［13］年終：《思益堂集・思益堂古文》卷二作“期年”。
［14］馬逆：《思益堂集・思益堂古文》卷二作“馬化瀧”。
［15］悉平：《思益堂集・思益堂古文》卷二作“次第就夷”。
［16］前年：《思益堂集・思益堂古文》卷二無此二字。
［17］蒙：《思益堂集・思益堂古文》卷二作“余”。
［18］推：《思益堂集・思益堂古文》卷二作“公”。
［19］先是：《思益堂集・思益堂古文》卷二無此二字。
［20］回逆：《思益堂集・思益堂古文》卷二作“回”。
［21］懼陷賊乃糾旅自固：《思益堂集・思益堂古文》卷二無“懼陷賊乃”四字。
［22］陽附陰距：《思益堂集・思益堂古文》卷二無此四字。
［23］其：《思益堂集・思益堂古文》卷二無此字。
［24］並：《思益堂集・思益堂古文》卷二無此字。
［25］以戰功顯方公之殉難金積堡也：《思益堂集・思益堂古文》卷二無“以戰功顯方”五字。
［26］日夜：原作“夜夜”，據《思益堂集・思益堂古文》卷二改。
［27］亦：《思益堂集・思益堂古文》卷二無此字。
［28］首逆馬化瀧：“首逆”，《思益堂集・思益堂古文》卷二無此二字。“瀧”，《劉忠壯公祠堂碑文》作“龍”。
［29］毅齋少司馬少從公習軍事：“毅齋少司馬少”，《思益堂集・思益堂古文》卷二作“錦棠”。
［30］嫻智略：《思益堂集・思益堂古文》卷二無此三字。
［31］西域之：《思益堂集・思益堂古文》卷二無此三字。
［32］自古未有能上者：《思益堂集・思益堂古文》卷二無此七字。
［33］少司馬：《思益堂集・思益堂古文》卷二作“錦棠”。
［34］時奉有死事地方建專祠之旨因即其地建祠祀公：《思益堂集・思益堂古文》卷二無“時奉有死事地方建專祠之旨因”十三字。
［35］詳記州檔：《思益堂集・思益堂古文》卷二無此四字。
［36］至今：《思益堂集・思益堂古文》卷二作“永以”。
［37］蒙因是思公之生：“蒙”，《思益堂集・思益堂古文》卷二作“壽昌”，無“是”字。
［38］其：《思益堂集・思益堂古文》卷二無此字。
［39］而靡所炫襲：《思益堂集・思益堂古文》卷二無此五字。

[40]“畟”,原作“奏”,據《詩經·商頌·烈祖》改。

[41] 來假來饗:原作“來格來享”,據《詩經·商頌·烈祖》改。

[42] 獨一時然乎哉:此六字後原又重出“獨一時然乎哉”六字,據《思益堂集·思益堂古文》卷二删。

[43] 蒙與毅齋雅故素通問故爲文其碑:“蒙與毅齋雅故素通問故”,《思益堂集·思益堂古文》卷二作“祠成左公及錦棠屬壽昌”。

[44] 納:原作“訥”,據前文改。

[45] 重修中衛應理書院碑記:《續中衛縣志》卷九《藝文編》題作《應理書院碑記》。

[46] 余:原作“舍”,據《續中衛縣志》卷九《藝文編·應理書院碑記》改。

[47]“董理其役者”句至下文“知縣鄭元吉撰”句:本段内容原無,據《續中衛縣志》卷九《藝文編·應理書院碑記》補。

[48] 韙:據文意,疑當作“是”。

[49] 匯德成:本志本卷下文載王文墀撰《甘軍援五原表功計》作“惠德成”。

[50] 八景詩序:《〔正統〕寧志》卷下《文》、《〔嘉靖〕寧志》卷八《文苑·文》均題作《寧夏舊八景詩序》。

[51] 番昜:原作“番陽”,據《〔正統〕寧志》卷下《文》、《〔嘉靖〕寧志》卷八《文苑·文·寧夏舊八景詩序》改。

[52] 楮:此同《〔正統〕寧志》卷下《文·寧夏舊八景詩序》,《〔嘉靖〕寧志》卷八《文苑·文·寧夏舊八景詩序》、《朔方新志》卷四《詞翰·八景詩序》作“褚”。

[53] 韋德載首之:“德”原作“得”,據《〔正統〕寧志》卷下《文·寧夏舊八景詩序》,《舊唐書》卷一五九、《新唐書》卷一四二《韋處厚傳》等改。下同。“首”,《〔正統〕寧志》卷下《文·寧夏舊八景詩序》作“繼”。

[54] 無地:此同《〔嘉靖〕寧志》卷八《文苑·文·寧夏舊八景詩序》、《朔方新志》卷四《詞翰·八景詩序》,《〔正統〕寧志》卷下《文·寧夏舊八景詩序》作“無人”,疑誤。

[55] 九弟:原作“兄弟”,據《〔正統〕寧志》卷下《文·寧夏舊八景詩序》、《〔嘉靖〕寧志》卷八《文苑·文·寧夏舊八景詩序》、《朔方新志》卷四《詞翰·八景詩序》改。

[56] 平日:此同《〔嘉靖〕寧志》卷八《文苑·文·寧夏舊八景詩序》、《朔方新志》卷四《詞翰·八景詩序》,《〔正統〕寧志》卷下《文·寧夏舊八景詩序》作“平昔”。

[57] 與倨:此同《朔方新志》卷四《詞翰·八景詩序》,《〔正統〕寧志》卷下《文·寧夏舊八景詩序》、《〔嘉靖〕寧志》卷八《文苑·文·寧夏舊八景詩序》均作“於倨”。

[58] 顯親:此同《〔嘉靖〕寧志》卷八《文苑·文·寧夏舊八景詩序》、《朔方新志》卷四《詞翰·八景詩序》,《〔正統〕寧志》卷下《文·寧夏舊八景詩序》作“顯揚”。

[59] 白臺:此同《〔嘉靖〕寧志》卷八《文苑·文·寧夏舊八景詩序》、《朔方新志》卷四《詞翰·八景詩序》,《〔正統〕寧志》卷下《文·寧夏舊八景詩序》無“白”字。

[60] 保障:此同《〔嘉靖〕寧志》卷八《文苑·文·寧夏舊八景詩序》、《朔方新志》卷四《詞翰·八景詩序》,《〔正統〕寧志》卷下《文·寧夏舊八景詩序》作“堡障”。

[61] 疆域:此同《〔嘉靖〕寧志》卷八《文苑·文·寧夏舊八景詩序》、《朔方新志》卷四《詞翰·

八景詩序》,《〔正統〕寧志》卷下《文・寧夏舊八景詩序》作"疆圉"。

[62] 吾戍士：此同《〔嘉靖〕寧志》卷八《文苑・文・寧夏舊八景詩序》、《朔方新志》卷四《詞翰・八景詩序》,《〔正統〕寧志》卷下《文・寧夏舊八景詩序》"吾"前有"乃"字。

[63] 惟：此同《〔嘉靖〕寧志》卷八《文苑・文・寧夏舊八景詩序》、《朔方新志》卷四《詞翰・八景詩序》,《〔正統〕寧志》卷下《文・寧夏舊八景詩序》作"爲"。

[64] 當與：此二字原同《朔方新志》卷四《詞翰・八景詩序》脱,據《〔正統〕寧志》卷下、《〔嘉靖〕寧志》卷八《文苑・文・寧夏舊八景詩序》補。

[65] 以流於後還成又足：此八字原同《朔方新志》卷四《詞翰・八景詩序》脱,據《〔正統〕寧志》卷下、《〔嘉靖〕寧志》卷八《文苑・文・寧夏舊八景詩序》補。

[66] 以：此字原同《朔方新志》卷四《詞翰・八景詩序》脱,據《〔正統〕寧志》卷下、《〔嘉靖〕寧志》卷八《文苑・文・寧夏舊八景詩序》補。

[67] 圖：此字原同《朔方新志》卷四《詞翰・八景詩序》脱,據《〔正統〕寧志》卷下、《〔嘉靖〕寧志》卷八《文苑・文・寧夏舊八景詩序》補。

[68] 隋人：原作"唐人",引詩參見隋朝薛道衡《出塞》:"少昊騰金氣,文昌動將星。"據改。薛道衡事蹟參見《隋書》卷五七《薛道衡傳》。

朔方道志卷之二十八　藝文志五

議説　書傳　銘贊　頌歌

議説

城古威州議　宋　鄭文寶

威州在清遠軍西北八十里，樂山之西。唐大中時，靈武朱叔明收長樂州，邠寧張君緒收六關，即其地也。故壘未圮，水甘土沃，有良木薪秸之利[1]。約葫盧、臨洮二河，壓明沙、蕭關兩戍。東控五原，北固峽口，足以襟帶西凉，咽喉靈武，城之便。然環州至伯魚，伯魚抵青岡，青岡距清遠，皆兩舍。而清遠當群山之口，扼塞門之要，芻車野宿，行旅頓絶。威州隔城東隅，堅石盤互[2]，不可浚池。城中舊乏井脉[3]，又飛烏泉去城尚千餘步。一旦緣邊警急，賊引平夏勝兵三千，據清遠之衝，乘高守險，數百人守環州甜水谷、獨家原，傳箭野貍十族，脅從山中熟户，党項孰敢不從。又分千騎守磧北清遠軍之口，[4]即自環至靈七百里之地[5]，非國家所有，豈威州可禦哉？請先建伯魚、青岡、清遠三城，爲頓師歸重之地。古人有言："金城湯池，非粟不能守。"候二年間，秦民息肩，臣請建營田積粟實邊之策，修五原故城，專三池鹽利，以金帛啖党項酋豪子弟，使爲朝廷用，不惟安朔方、制豎子，至於經營安西、綏復河湟，此其漸也。

屯田議　明　張鍊

自古英賢之君、奇智之士，當諸侯割據、華夏分争之代，以師行而粮從。餽運不繼，相其臨戎廣野，使戍卒耕稼其間。耕而有獲，以十一二輸官，以十八九自贍。由來以爲良法美意者，屯田是也。趙充國以二羌反叛，廣田金城，期年之間，使先零坐斃。曹操以征伐四方，屯田許下，墾荒積穀，無遠運之勞。諸葛亮與魏將嚴拒，乃從容渭濱，分兵屯田，司馬懿畏而斂避。鄧艾與吴爲鄰，開河渠溉田，通於江淮，大爲伐吴之資。嗣是歷世因之，其法寖備，其利寖溥。於今强敵陸梁，非兵無以禦敵，非粮無以養兵。百計集兵，千方足食，而獨不及屯田者，何也？我太祖體國經野，屯田遍天下，而西北邊最多[6]。九邊昔設屯田，而西北爲最[7]。

開屯之例，軍以十分爲率，以七分守城，三分屯種。墾田之令，邊方閑田許軍民開種，永不起科。限畝輸租者爲額内之田，不起科者爲額外之田。然法久弊生，弊久法盡。瘠田荒蕪不治，腴田爲豪强兼并，爲官校侵奪，爲巧慧移邱易畝，汩没於田，混亂於籍。徵輸徒有其名，芻粟不爲國用。至於招商開中，責令募兵墾田，保伍屯聚，視功力給牒，予鹽酬值。初時上下同利，今復爲敝商蠹壞，泥而不行。然經界在田中，開列在紙上，非高遠難行之事，無幽隱不可究之理[8]，但求憂國敏事之臣，專任責成，待以不次之位。其規畫措置一事，聽其自爲，直以期年爲限，使田額如舊，課程如舊，無占種、影射、包賠如舊。隨處有田，隨處行師，芻粮如峙[9]，内省帑運，外省民輸。有卒徒將領以足兵，有溝洫隴畛以助險，有樹藝園林以護耕。轉盼之間，變荒磧爲豐壤，易流莩而樂康阜，裕民足國，未有善於此者。

昔唐德宗問李泌復府兵之策，以兵多食少，欲減京西戍兵。泌請發左藏積繒，因党項易牛，鑄農器，糴麥種，分賜緣邊軍鎮夏秋耕荒田而種之，沃土久荒，收入必多。戍卒獲利，則願耕者衆。既因田致富，則不思歸。及戍期將滿，下令有願留者，即以所開田爲永業。家人願來者，本貫給食而遣之。是後收入既腆，耕者願留，家人願來，變關中之疲敝爲富强。泌之一言，即日行之，如彼其速，即年獲效，如彼其厚。矧在今日，大修屯政，簡付得人，今年舉之，則明年報功，决食其利矣。其他籌邊遠略，十百千萬，無如此事爲急要也。

鹽法議　張鍊

夫食鹽，山澤自然之利，天地所以養民也。上古無徵，近古薄徵，以佐國用。要在先不病民，而後利國，爲可貴耳。關中食鹽，一出於河東，一出於花馬池，一出於靈州，一出於西漳[10]。靈州、西漳，去三輔絶遠，專供靈、夏、洮、岷西北兵民之用，無容議矣。花馬池鹽，北供延、慶、平三府，寧、榆二鎮，南與河東鹽並行於三輔間。河東鹽上下公行，謂之官鹽。花馬池鹽私自貿易，謂之私鹽。民間便於私鹽，而不便於官鹽者，百年於兹矣。

必欲行河東官鹽，其弊有四：蓋行鹽郡縣，各有分界，所司徒知紙上陳蹟："河東鹽行三省，不可越縮。"若究其實，在山西、河南未知何如，其在關中，自長安以西，河東美鹽，絶蹟不至。間有至者，皆泥滓苦惡，中人不以入口，唯耕夫寡婦，黽勉食之，計其所售無幾也。名雖謂行，其實未嘗行之。一也。往年商人慮惡鹽不售，告發郡縣，使所在輦運外加樣鹽包，封印記之[11]，及以給民，封者自佳，輦者自惡。唱户分鹽，畏如飲鴆，計帳徵價，峻於正税。今雖暫止，既爲故事，恐不能已。二也。商人賣鹽與販夫，隨以小票，鹽盡，票不收毁。官鹽不至，西路則無票，無票則通責店肆。負販細人，請東路自買未毁之票繳官。公人亦幸免責，不問由來，互相欺抵。三也。買票日久，奸人依式私製盜賣。僥倖者冒利，敗露者破家，雖有防禦，迄今未已。四也。

必欲禁花馬池私鹽，其弊有五：關中民貧，衣食驅遣，賦税催切，罄家所有，走北地販鹽，冀牟斗升之利。一爲公人所獲，身入陷阱，家計盡空。一也。貧人既爲囚縶，内無供饋，冬月多斃於獄。考驛遞冈帳，鹽徒居半，死者又居强半，民命可恤。二也。小販懼捕，結聚大夥，經山谿要隘，偶遇公人，勢强則抵敵，勢弱則冒險奔逃，投崖落澗，人畜死傷塗地。三也。公人與有力慣販者交關，終歲不捕，反爲導護。惟單弱貧瘠者捕之，或以升斗惡鹽强入路人筐袋，執以報功[12]，使無辜受害。四也。衆役工食悉有定例，惟巡捕工食私幫公費歲增十倍。官吏比銷，徒御勞悴，動經時月，候文曠職，旅食空囊，或罰或貸，俱爲無補。五也。

夫物夫不齊，物之情也。好美惡惡，趨利就便，民之情也。所欲與聚，所惡勿施，哀多益寡，因俗成務，司國計者之情也。以物力言，河東舊商帶支坐困，新商超納無幾[13]，澆晒徒勞，增課未減，公私俱稱歉矣。河東一池雖差大，供三省則不足。花馬二池雖差小，供三郡二鎮則有餘，自然之勢也。以人情言，河東鹽，百方督之使行，至以泥沙勒售，假票甘罪，而終不能行。花馬池鹽，百方禁之使不得行，至於比屋破産，接踵喪生，而終不能禁者，民之大欲大惡，不可强也。以國計言，河東歲課一十九萬有奇，花馬二池歲課不盈數千。河東鹽一引三錢有奇，二池鹽一石六分有奇。如是相懸者，意河東與天下六運，自祖宗朝俱有定額，由來久遠。二池迫近塞垣，棄取不時，故課亦微渺。後來因循，取足原辦而止耳。夫河東鹽既不能及遠，二池鹽卒不能禁，民間又不可一日無鹽，而盜買盜賣，終非常理。今當直開二池鹽禁，使西鳳、漢中沛然通行。計三府所當常食河東鹽一十二萬有奇，歲課即照河東，責三府代辦，以其事權統歸河東巡鹽御史，則達觀無異，督禁有程，兩地歲徵，四鎮年例，保無纖爽，而關中可少事矣。

夫居害者擇其寡，興利者取其多。倘今不弛二池鹽禁，則愚民被逮，供饋爲費，罪贖爲費，奸人騙詐爲費，兵民歲增工食爲費，官吏比銷爲費，一切顯隱猥雜，不可會計，財足抵河東、花馬二池正課，出於千瘡百痛，徒然費之，而下殘民命，上損國體，又餘殃也。倘今一弛二池之禁，則愚民被逮，供饋可省，罪贖可省，奸人騙詐可省，歲增工食可省，官吏比銷可省，一切顯隱猥雜，不可會計，財足抵河東、花馬二池正課，出於不識不知，漠然省之，而下活民命，上全國體，又餘福也。夫人情不甚相遠，比聞鹽法侍御，皆一時英碩，表表長者。使其聞見悉如關中人，習知利病[14]，則亦何憚而不爲良處哉？但其受命而來也，惟以行官鹽、禁私鹽爲職，而反是則駭矣。地非素履，事未前聞，雖聖人有所不知者，何可遽望改易其常耶？雖然，安國家，利百姓，大夫出疆義也。究理從長，議政從便，人心不昧，因革有時,此又關斯民之幸不幸也。

定哨法議 總兵 官撫民

奏爲"遵旨不時再定哨法,以耑責成"事。

察照寧邊虜情哨法,自哱〔拜〕、劉〔東暘〕變後,因時停撤。河西五路全倚賀蘭,平虜、洪玉,南北相峙,廣武、中衛,迤邐西麓,關隘如貴德、大風、汝箕、宿嵬、黄峽、赤木等口,舊有石砌關壘三道,拒虜住牧山後。威鎮長城,西起賀蘭,東趣河塹,北面套衝,南循河涘。夏秋浮渡哨偵,冰合距河防守。河東横城至花馬九城,横截套口。虜逐水草,躭視哨探,出邊必抵水頭,循環稽驗。今河西之關壘盡毁於壬辰①,虜得憑山巢穴,我反戍守山前,自失險要。依山五百里,日間瞭望烽號,既資墩軍,夜間伏空哨瓜,必賴夜役。崇禎三年,議立標營,撤回夜役,自失嚴明。今河東之邊牆,風沙壅積,濬溝扒沙,全仗班軍,今併停革。延袤三百里之墩軍,連年飢死殆盡。凶荒固屬天災,定哨實新功令。伏望皇上嚴敕京民二運積欠,勒限解發,恩同賑恤。招撫流移,歸充墩哨,仍復班軍,以供扒濬。標營題入撫練,合照舊設夜役名粮,派發各營募補。臣等遵照先今題飭,挨節哨探,晝夜申飭,召集熟諳邊外地里水頭,撥夜通事人等。河西繇賀蘭等口出邊外,赴五岔河等處,偵探阿炸兒土壩等酋,有無結合莊肅海虜消息。河東繇長城關出邊,赴那吝井、可可腦兒,偵探山旦包六等酋,有無到延鎮邊外神木灘,與吉能會話。但有東兵勾調消息,飛報會搗,捧其内顧。如此重大聲息,當與延鎮、寧鎮、固鎮共一耳目,挨節哨報,及於本邊,各水頭偵探得實,俱照欽定格例,陞賞有差。如哨報不實,遲誤軍機,梟斬責罰有差。原頒書册,昭布中外,不敢細列。臣謹會撫臣李虞夔謹將遵行原繇具奏,伏望聖明裁奪施行。

預籌邊防議 官撫民

竊照寧疆邊務,最急在錢粮缺乏,饑荒莫救。河東邊牆三百餘里,横截套口,黄沙鹹磧,千里蕭條,暵旱頻年,無青草,死者填委山溝,生者扶創匍匐。河西僅藉渠流粒食,四方爭販,就食蜂攢,嗷嗷洶洶,同歸於盡。然猶未敢以賑濟乞恩恤者,誠念歲額二運,積欠百萬,軍民望眼流血,遑及溝壑之餘,貽我聖明西顧之憂哉。崇禎十二年八月,内先該餉臣宋聯奎題陳壓欠二運之數,與今歲接濟無術之狀。奉聖旨:"該鎮二運錢粮積欠如許,殊堪痛惻,今歲年例銀即著該部措發數萬,速解接濟。賞恤銀也應酌給,以鼓士氣。民運疾呼不應,地方官尤屬頑玩,該

① 壬辰:萬曆二十年(1592)。

撫按何未見指參？姑酌嚴行司府等官，將各項額欠，務期歲前補解。再延并撫按重處。該部馳飭行。”欽此，欽遵。煥傳兩河，頓顙感泣，忍死須臾以待，距今又復經年，民運交困，日甚一日。況今屢蒙部檄，選練飭秣，以聽不時飛調。臣頂踵自誓捐糜，簡鋭纂嚴，罔敢不預。其如錢粮缺乏，掣肘難行，疑難實病，攸繫安危。竊思二十年之積欠數幾百萬，而欲遽補於一朝，徒煩督責，逾致淹延。伏乞皇上，前鑑聖衷痛惻之嚴旨，今愍四千里窮迫之疾呼，立賜宸斷，將二運積欠三之分一，欽定各發若干萬兩。懇請馬上專官飛飭，坐守勒限急解，毋容貽誤封疆。併祈天語敕部，特將本年歲額軍餉、馬價，隨同練餉，按季給發，題差領解，急濟難危。臣與撫臣同勵薪膽，共此擔承。雖經前疏控陳，猶懼微誠未格，是以復申前懇，亟得藉手力行，圖維克備，整飭聽調，而於得心應手，著數皆從錢粮湊集處，畢其智慮而握多算矣。

承天寺塔倒影説　　杭泰

承天寺，寧郡古刹也。有浮圖焉，高十三級，峙乎城市塵囂中，非曠渺奇絶之觀也？每六月六日，游者雜遝，競傳異景。何異乎？異不在形，而在影，形正而影倒也。噫！斯誠可異矣。問其所以，大抵影響傅會者衆，無足稽考。志乘所載，庶幾彷彿近之，而又有不可盡信者。南澗楊公〔守禮〕之説也，謂以下凹處映其上，則影必倒，而證以鏡面凹者，照人則首倒垂之驗。夏人士遂遵其説，用祛衆疑。顧此塔所臨者，通衢坦道，未聞有廣澤深溪映帶左右，影胡爲乎倒？或曰此塔貯有佛骨舍利洎諸寶物，精英萃乎内，而峙形年久，上涵清虚，已成其象。然既已成其象，必能自衛其形。乃一遇震災，卒傾頹毁敗，形影俱滅，竟成瓦礫。嗟乎！向之佛骨舍利洎諸寶物，其精英之所萃聚，尚不足自固也，且傳其影，初在寺之南廊，後轉東廓，是又將何以解之耶？蓋聞古塔之影皆倒垂，塔之倒影不多見。倒影之塔不僅此，昌黎所謂浮圖善幻，殆其類與？夫形端影正，其説不可少易。聖賢之所以教，學者之所以學，上之人率其下，下之人應其上。達則植標於世，窮則樹表於家。其理皎如日月，其機捷於形影，夫婦之愚，可以與知焉。若形正影倒，變幻叵測，斯謂之浮圖而已矣，存而不論可也。

書傳

答趙元昊書　　宋　范仲淹

仲淹謹修誠意，奉書於夏國大王：伏以先大王歸嚮朝廷，心如金石。我真宗皇帝命爲同姓，待以骨肉之親，封爲夏王。雖未嘗高會，嚮者同事朝廷，於天子則父母也，於大王則兄弟也。豈有孝於父母而欲害於兄弟哉？不可不爲大王一一陳之。

傳曰[①]：名不正則言不順，言不順則事不成。大王世西土，衣冠語言皆從本國之俗，何獨名稱與中朝天子侔擬？名豈正而言豈順乎？如衆情莫奪，亦有漢唐故事。單于、可汗皆本國極尊之稱，具在方册。仲淹料大王必以契丹爲比，故自謂可行。且契丹自石晋朝有援立之功，時已稱帝。今大王世受天子建國封王之恩，諸蕃中有叛朝廷者，大王當爲霸王，率諸侯以伐之，則世世有功，於王不絶。乃欲擬契丹之稱，究其體勢，昭然不同，徒使瘡痍病民，拒朝廷之禮，傷天地之心。

《易》曰[②]：天地之大德曰生，聖人之大寶曰位。何以守位？曰"仁"。是以天地養萬物，故其道不窮；聖人養萬民，故其位不傾。又傳曰[③]：國家以仁獲之、以仁守之者百世。昔在唐末，天下恟恟，群雄咆哮，日尋干戈，血我生靈，腥我天地，滅我禮樂，絶我稼穡。皇天震怒，罰其不仁。五代王侯，覆亡相續。老氏曰"樂殺人者不可得志於天下"[④]，誠不誣矣！後唐顯宗祈於上天曰："願早生聖人，以救天下。"是年，我太祖皇帝應期而生。及歷試諸難，中外忻戴，不血一刃，受禪於周。廣南、江南、荆湖、四川有長江萬里之阻，一舉而下，豈非應天順人之至乎？由是罷諸侯之兵，革五代之暴，垂八十年，天下無禍亂之憂。太祖皇帝聖文神武，表正萬邦，吴越納疆，并晋就縛。真宗皇帝奉天體道，清淨無爲，與契丹通好，受先大王貢禮，自兹四海熙熙同春。今皇帝坐朝至晏，從諫如流，有忤雷霆，雖死必赦。故四海之心，望如父母。此所謂以仁獲之，以仁守之，百世之朝也。

仲淹料大王建議之初，人有離間，妄言邊城無備，士心不齊，長驅而來，所嚮必下。今以强人猛馬，奔馳漢地，二年於兹，漢之兵民，蓋有血戰而死者，無一城一將願歸大王者。此可見聖朝仁及天下，邦本不摇之驗。與夫間者之説無乃異乎？今天下久平，人人泰然，不習戰鬬，不熟紀律。劉平之徒忠敢而進，不顧衆寡，自取其困。餘則或勝或負，殺傷俱多。大王國人必以獲劉平爲賀。昔鄭人侵蔡，獲司馬公子燮，鄭人皆喜，惟子産曰："小國無文德而有武功，禍莫大焉。"後鄭國之禍卒如子産之言。

今邊上訓練漸精，恩威已立，有功必賞，敗事必誅。將帥而下，大知紀律，莫不各思奮力效命，争議進兵。如其不然，何時可了？今招討使統兵四十萬五路入界[15]，著爲律曰：生降者賞，殺降者斬；獲精强者賞，害老幼婦女者斬；遇堅必戰，遇强必奪；可取則取，可城則城。縱未能入賀蘭之居，彼之兵民降者、死者所

① 參見《論語・子路》。

② 參見《周易・繫辭下》。

③ 《大戴禮記》卷六載："且臣聞之：以仁得之，以仁守之，其量百世；以仁得之，以不仁守之，其量十世。"

④ 《老子》載："兵者不祥之器。……美之者是樂殺人也。樂殺人者，不可以得志於天下矣。"

失多矣。是大王自禍其民,官軍之勢不獲已也。仲淹又念皇帝有征無戰、不殺非辜之訓,夙夜於懷。雖師帥之行,君命有所不受,柰何鋒刃之交,相傷必衆。且蕃兵戰死者,非有罪也,忠於大王耳;漢兵戰死者,非有罪也,忠於天子耳。使忠孝之人肝腦塗地,積怨累魄,爲妖爲災,大王其可忽諸?朝廷以王者無外,有生之民皆爲赤子[16],何蕃漢之限哉[17]!何勝負之言哉!

仲淹與招討太尉夏公、經略樞密韓公嘗議其事,莫若通關於大王,計而决之,重人命也,其美利甚衆。大王如能以愛民爲意,禮下朝廷,復其王爵,承先大王之志,天下孰不稱其賢?一也。如衆多之情,三讓不獲,前所謂漢唐故事,如單于、可汗之稱尚有可稽,於本國語言爲便,復不失其尊大,二也。但臣貢上國,存中外之體,不召天下之怒,不速天下之兵,使蕃漢邊人,復見康樂,無死傷相枕、哭泣相聞之醜,三也。又大王之國,府用度闕,朝廷每歲必有金帛之厚賜,爲大王助,四也。又從來入貢,使人止稱蕃吏之職,以避中朝之尊。按漢諸侯王相皆出直拜,又吴越王錢氏有承制補官故事,功高者受朝廷之命,亦足隆大王之體,五也。昨有邊功上言,請招致蕃部首領,亦已請罷。大王告諭諸蕃首領,不須去父母之邦,但回意中朝,則太平之樂,遐邇同之,六也。國家以四海之廣,豈無遺才有在大王國者,朝廷不戮其家,安全如故,宜善事主以報國士之知,惟同心嚮順,自不失其富貴,而宗族之人必更優恤,七也。又馬牛駝羊之産,金銀繒帛之貨,有無交易,各得其所,八也。大王從之,則上下同其美利,否則,生民之患何時而息哉?

仲淹今日之言非獨利於大王,蓋以奉君親之訓,救生民之患,合天地之仁而已。惟大王擇焉。不宣。仲淹再拜。

請建寧安倉書　黄恩錫

竊查卑縣城鄉各倉,歷年積貯各項粮二十一萬餘石。久已廒房不敷,典租民房及各寺廟借貯,稽查難周,恐致潮濕霉爛。曾經具詳,於城鄉添建倉廒,業蒙批飭,以靈州、平羅二處,請建倉廒。奉部駁,令於附近營汛搭估兵粮之處,熟籌變通,緣格前例,未蒙允准。卑職伏查開徵在即,倉儲關重。除城鄉各倉,稍有變通之處,隨地佈值外,惟廣武倉偪近黄河,地多潮濕,又徵收本堡及新舊寧安、恩和、鳴沙、張恩、白馬、通灘、渠口、鐵桶各堡額粮,爲數較多,其歷年所貯餘粮,典租民房,借寄寺廟,城小地狹,城内城外,逐處擇貯,現在實無變通之處。即欲捐建數間,而廣武小城,兵民稠密,並無隙地。卑職再四籌畫,查新舊寧安、恩和三堡,距廣武寫遠,每歲納粮五千九十餘石,係由船載。計程七八十里,水脚盤費,民間輸納維艱,緣諭商該堡士民,惟舊寧安原係大堡,舊有公倉房三間,再爲捐建廒房五間,就近徵收恩和、寧安額粮。該堡地勢去河較遠,土性乾燥,稍爲設法變通,實於倉貯、民生兩有裨益。且地處適中，即將來廣武本城支放兵粮，或有不敷，亦可隨時運濟，不致阻遲。卑職捐備應需木料，匠作、工價一切，其土塊、牛車、人夫等項，民既樂從，情願自備。除現在相度地基，鳩工興修外，事關捐建倉廒，移收額粮，理合備聞。

致鄂督張香濤書　湖南巡撫　張煦　靈武

公自命爲國家理學名臣，才大望重，當爲海内所欽仰，鄙人敢不敬服。然而好大喜功，惑於浸潤，往往言不顧行，病在才優，於德無鎮静工夫，以致遇事張皇，虎頭蛇尾。言入即行，既行復悔。若再加以涵養，庶爲完人。至於楚人多謡，原無足怪，以八百里洞庭遥隔，何能事事信之傳聞。而公一耳聞之，料以爲實。六百里加緊文件，一日數至，殊堪驚駭。迨開函捧讀，迥非大臣經國之談，均係謡言無根之事，連篇累牘，真令人閲之應接不暇，難以酬答。弟服官四十餘年，洊至今職，豈毫無知識耶？皇上不以弟爲不肖之臣，尚假以重任，公何不諒之甚也。弟老矣，求退不遑，豈能竟日作書史與公争筆墨之長短乎？古之人耕則問僕，爨則問婢，名有攸分，事有專責。公則憑空結撰，以虚無縹渺之言責之巡撫，未免不近人情之甚。且傳言何地無之，即尊處亦復不少。有人言公違衆議，遽拆橋以運機器，百姓攔阻者數百人。公見事難成，連夜賠修，百姓始散。公無面見城中百姓與他父老，私往荆州，匝月方歸，官民皆爲擾累者。又有人言，公之上房失火，被焚什物書籍爲之一空，見客之衣、會客之地皆無存者。又有人言，武當事起，公倉皇失措，札調通省之兵據地爲自守計，以致邊境空虚者。又有人言，公奏買機器，動以帑數十萬金，皆成廢物，而藩庫爲之一空者。又有人言，公建兩湖書院，大工未成，遽移湖南學政，送諸生肄業生等皆爲寒士，行李川資，多出告貸，聞至鄂，久候並無著落，竟有無面歸家者。諸如此類，指不勝屈，此皆好大喜功，言不顧行之明證也。弟姑聽之耳，初未嘗一言奉聞。公何好親細事，此後刑名責之臬司，吏治責之藩司，公但督事成功而已，至巡撫應辦之事，弟當自行料理，無煩過慮，空言無補之書，亦無煩再施，則受賜多矣。公若恃才傲物，以勢陵人，人縱甘而受之，是豈海内君子所望於公者歟？弟深願公爲良臣、純臣，不願公爲才臣、能臣，公再三思而審度之爲幸。

兩義君傳　提督　俞益謨　郡人

余生平樂善，而愧自無一善，不忍没人之善，此《兩義君傳》之所由作也。或有請得兩君姓字、"義"於何指者，余應之曰："一則吾鄉贈君宏猷張公，急友之難，忘其身危。一則明季宗室雲章先生，啣友之恩，畢生圖報者是也。"當明之末，流賊充斥，僞總兵牛成虎負隅寧夏，爪牙横噬。雲章履尾被擒，虎不自咥，解獻闖賊爲功。雲章在途，竊計萬無生理。一日有男子馳駿彎弧，突然而要之隘，役從驚潰，急脱雲章於縶，而挈之歸者，則友人宏猷也。家人莫測從來，禁不敢聲，鄉閭間僉謂雲章死長安矣。久之，大清定鼎，宗室無所置問，雲章出，人競訝之。既而知爲張君所脱，莫不奇其事而高其義。自此共處偕行，契若同胞。

張君勇幹善射，嫻武略，尋聞鄖漢間黠賊李來亨等盤踞山谷，乃仗策從征，以軍功授守備，不數年卒於官。雲章聞凶奔赴，痛絶而甦者數數，收其輜重，扶柩歸，營葬無闕禮。人曰："是足以報活命之恩矣。"惟時張君二子大用、大受，悉在冲幼無識。雲章爲之經紀資財，督其家務，克勤克儉，不使缺乏。訓育二子，不使廢棄。初以己女妻大用，又以兄女妻大受。大用庚戌成進士①，大受壬子領鄉魁②。於是破壁出宏猷公衣物宦囊，以授大用昆仲曰："汝二人咸能自立，吾可免毁匱之憂矣。"二人拜受，始知尚有遺物焉。是時也，雲章可謂無忝大義，有始有卒者矣。雲章之心若猶未盡，必欲鞠躬盡瘁，死而後已者。時有勸雲章納妾生子者，先生然之。既而張族竊議先生此後不能無私，先生聞而遽出其妾。又勸先生撫姪爲嗣者，先生復然之。乃所撫不率教，復去之。於是有以無後規先生者，先生曰："吾罹牛賊之變，已是既死人。今之餘年，張君甦我也，烏有已死人而復有後之理？不可陷我不義。"由是誓以鰥獨終其身。既卒，張子持服營葬如父禮。

嗚呼，若二君者所稱兩義，是也？否耶？其後大用官湖廣闖司，大受官辰沅總兵。宏猷公以子貴，贈榮禄大夫，而雲章無聞焉。余以鄉人後進，不爲略志梗概，以俟操觚諸君子採入鎮乘，將數十年後，不特雲章啣恩報友，泯泯勿彰，即宏猷之急難忘身，並歸淹没。讀是傳者，其諒余不忍没人之善云。

銘贊

三受降城碑銘　　唐　吕温

夏后氏遏洪水，驅龍蛇[18]，能禦大災，以活黔首[19]；周文王城朔方，逐獫狁，能捍大患，以安中區[20]。若非高岸峻防，重門擊柝，雖有盛德，曷觀成功？然則持璿璣而弛張萬象，昊穹之妙用；扼勝勢以擒縱八極，王者之宏圖。道雖無外，權則有備。變化消息，存乎其人。

三受降城者，皇唐之勝勢也[21]。昔秦不量力，北築長城，右扼臨洮，左馳碣

---

① 庚戌：康熙九年(1670)。
② 壬子：康熙十一年(1672)。

石，生人盡去，不足乘障。兩漢之後，頹爲荒圻[22]，退居河滸，歷代莫進。矯亡秦之弊則可矣，盡中國之利則未然。唐興因循，未暇經啓。有拂雲祠者在河之北，地形雄坦，控扼樞會。虜伏其下以窺域中，禱神觀兵，然後入寇。甲不及擐，突如其來。鯨一躍而吞舟，虎數步而擇肉。塞草落而邊甿懼，河冰堅而羽檄走。爰自受命，至於中興，國無寧歲。景龍二年，默啜强暴，瀆鄰搆怨，掃境西伐，漠南空虚[23]。朔方大總管韓國公張仁愿躡機而謀，請築三城①，奪據其地，跨大河以北嚮，制胡馬之南牧。中宗詔許，横議不撓。於是留及瓜之戍，斬姦命之卒，六旬雷動，三城岳立。以拂雲祠爲中城，東西相去各四百里。過朝那而北闢，斥堠迭望，幾二千所。損費億計[24]，减兵萬人，分形以據，同力而守。東極於海，西窮於天。納陰山於寸眸，拳大漠於一掌。驚塵飛而烽火燿，孤鴈起而刁斗鳴。涉河而南，門用晏閑[25]。韓公猶以爲未也，方將建大旆，提金鼓，馳神算[26]，鞠虎旅，看旄頭明滅，與太白進退。小則責琛賮[27]，受厥角，定保塞一隅之安；大則倒狼居，竭瀚海，空西塞萬里之野[28]。大略方運，元勳不集，天其未使我唐無北顧之憂乎？厥後賢愚迭任，工拙異勢，剛者黷武，柔者敗律。城隳險固，寇得凌軼，或馳馬飲河而去[29]，或控弦劘壘而旋。吾知韓公不瞑目於地下矣。今天子誕敷文德，茂育群生[30]，戢兵和親，戎狄右衽。然而軍志有"受降如敵"，大《易》有"安不忘危"。崇墉言言，其可弛柝，亦宜鎮以元老，授之廟勝[31]，伸述舊職而恢遺功[32]。外勤撫綏，内謹經略。使其來不敢仰視，去不敢反顧[33]。永讋猛氣，無生禍心，聳威馴恩，禽息荒外[34]，安固萬代，術何加焉。敢勒銘城隅，庶復隍而光烈不昧。銘曰：

韓侯受命，志在朔易。北方之强，制以全策。亘漠横塞[35]，揭兹雄壁。如三鬪龍，躍出大澤。並分襟帶，各閉風雷。俯視陰山，仰看昭回。一夫登陴，萬里洞開。日晏秋盡，纖塵不來。時維韓侯，方運神妙。觀釁則動，乃誅乃吊。廓乎窮荒，盡日所照。天乎未贊，不策清廟。我聖耀德，罷扃北門。優而柔之，用息元元。曷若完守，摧亡固存[36]。于襄于夷，用裕後昆。

俞都督益謨墓志銘

癸巳②，余奉簡主衡三秦恩科典試，事竣旋都。途次晋陽之王湖莊，東望紫氣氤氲，白雲冉冉，不識何異。行里許，瞬見輀車載道，哭聲哀哀，若有不忍見聞者。遣問爲誰，使騶蹙復曰："本家主大都督公，赴闕大慶，而薨於京也。"余聞之驚，搶撲下車，即趨柩前，撫棺再拜而哭。哭之不已，乃與宗侄念兹相向而哭。哭

① 張仁愿築三受降城時間，本志同《資治通鑑》卷二〇九，載在唐中宗景龍二年（708），《舊唐書》卷九三、《新唐書》卷一一一《張仁愿傳》均載在神龍三年（707）。

② 癸巳：康熙五十二年（1713）。

而問曰:“宗兄何其溘然而逝耶?”念兹哭告於余曰:“某日抵都,某日赴闕請安,仰蒙顧問,呈進方物,叨賜光納。大慶之日,猶得隨班拜舞。不期奉召賜宴,偶爾違和,不能躬赴,仍邀聖眷,頒賚袍褂靴帽、筵宴菓品到寓。時吾父已溘逝矣。嗚呼!痛哉。不孝汝欽,胡不遄死,而彼蒼遽奪吾父也耶?”因請志於余。余曰“唯”。唯家乘之詳,余知之矣。至若宗兄之功名事業,彪炳天壤,豈特余知之而四海之人疇不知之也。但片石奚足以紀全勝,姑志其略,可乎?

按宗兄與策系同河澗宗譜兄弟也,自始祖伏四公從明藩封,護衛關中,授西安前衛指揮使司,遂居咸寧。越五世,曾祖諱大河贈君,遨游西夏,悦廣武山水之勝,因而卜築。生祖諱天義贈君,積善慶餘,生子三。仲諱君佐公,早殤。季諱君宰公,授奉政大夫,官雲南永昌郡丞。伯即榮禄大夫封考也,諱君輔,字勗宇。列弟子員,學行兼優,鄉人德之,崇祀鄉賢。元配趙氏大君,孝慈賢淑,贈一品夫人,生子一,諱益謨,字嘉言,號澹庵,别號青銅。生而穎異,喜讀孫吴韜畧。年十五入膠庠,十九領壬子解[①],癸丑成進士[②],歸里候選。值吴逆蠢動,歲乙卯[③],遣逆朱龍等逼及銀夏。宗兄伏策從戎,勘定輯寧,功授柳樹澗堡守備,堡人感德,至今尸祝。歲己未[④],奉檄進征漢蜀,攻克午關,恢復漢中等郡,攻克朝天等關,恢復保寧、重慶、順慶等郡,加一十七等,授左都督,管達州游擊事。歲丁卯[⑤],陞廣西鬱林參將,奉檄遄征粤東,巨寇屏息,督提交薦。歲壬申[⑥],特簡兩江督標、中軍副將。時噶爾旦犯順,上擬親統西征。乙亥冬杪[⑦],奉召陛見,敷奏詳明,賜五爪龍袍、龍緞,當奉命前行。初配粮運,繼充前鋒,奏凱後,丙子春初[⑧],復奉召見,陞授山西大同總兵官。大同軍政廢弛,凡當興革,剴切陳奏,咸蒙俞允。西幸寧夏五臺,三次迎送,疊荷恩賜御書“焜耀虎符”匾額、臨米趙字、孔雀翎帽、紫貂袍褂,攝授綾幅、茶碗、素珠,頻頻寵渥,浩蕩難名。嗣因湖廣提標兵丁譟搶,癸未正月[⑨],欽奉上諭,補授湖廣提督,命帶親信官兵速赴新任,欽遵馳驛,星抵常德,宣播恩威,安撫肅清。後歷疏驕悍之弊,請開保題。凡百章奏,悉合宸衷。整飭訓練,三年有成,而全楚官兵,有勇知方。功名事業,大略如是。他若修渠堰以惠桑梓,捐經史而開來學,敦本族、撫孤幼、建義學、置義田,周急救難,義全死生,種種

---

① 壬子:康熙十一年(1672)。
② 癸丑:康熙十二年(1673)。
③ 乙卯:康熙十四年(1675)。
④ 己未:康熙十八年(1679)。
⑤ 丁卯:康熙二十六年(1687)。
⑥ 壬申:康熙三十一年(1692)。
⑦ 乙亥:康熙三十四年(1695)。
⑧ 丙子:康熙三十五年(1695)。
⑨ 癸未:康熙四十二年(1703)。

芳行，美不勝書。惟佩手澤著述《道統歸宗》《青銅自考》《辨苗紀畧》等集，是皆有功名教、有裨經濟者，已附剞劂，將來行世，與世俱永。猗歟休哉，一代名將，千古文人。兄待死而不死者，斯可以昭來兹矣。

董少保墓志銘

光緒三十有四年，歲戊申[①]，少保董公疾終金積縣里第，其孫恭奉狀，泣請銘壙，辭弗獲，謹按狀而志實焉。

公諱福祥，字星五，固原人，世居王朝山陽。曾祖萬隨，妣氏石。祖焕章，妣氏高。父世猷，妣氏王。均以公貴，贈一品秩。昆季三，公其仲也。少家貧，讀書未竟。髫齡嬉戲，率陳矛戟，演戰隊。既長，慨然有大志，喜談兵。贈公勗以力田，公曰："男兒志在四方，安能鬱鬱耕鑿間乎？"同治初，回逆馬化灕輩肆擾秦隴，遷避者踵相接。公曰："避之而生，寧捍之而死。"遂集團練，馳驅環慶固寧諸路，助官軍。不及一時，豪士如張壯勤諸君皆隸部伍。同治己巳[②]，劉忠壯公督師剿寧夏，檄公赴前敵，號董字三營。薄肉迎戰，迭克金積堡等處三十餘寨，生擒巨酋，盪平巢穴，分軍屯之。公之居金積堡也，實肇於此。壬申[③]，剿西寧，下大小峽、卓子山諸寨。癸酉[④]，河回米漋臣叛，馳往堵截，報克，奬花翎，洊保提督。光緒丙子[⑤]，劉襄勤公治新疆、伊犁軍事，倚公如左右手，疊復天山木里河、瑪納斯諸名城，疏上，以裹創力敵叙頭等功，詔免騎射，賞黄馬褂，阿彌杭阿巴圖魯，襲騎都尉兼雲騎尉。公之征天山也，會大風，晝黑如夜，諸將莫敢進，公曰："治敵當攻不備。"鼓行而前殲其魁。丁丑[⑥]，剿古牧地、烏魯木齊、達坂城、托克遜、伊犂、南八城、安集延，就撫，復踞寨里河。公曰："犬羊之性，動事反側。"力制之，遂以授首。左文襄公奇其才，畀以湘楚、恪靖各營西四城防務，留守葉爾羌等處。巨逆白彦虎者，猛且鷙。公襲追之，一晝夜行四五百里，將就擒，竄俄界得脱。公曰："狡哉賊乎。彼之幸，吾之憾也。"丙戌[⑦]，授阿克蘇總兵。庚寅[⑧]，擢喀什噶爾提督。甲午述職[⑨]，召對大悦，加尚書銜，賞福壽字玦拾佩玉，命練甘軍駐河西，務

---

① 戊申：光緒三十四(1908)。
② 同治己巳：同治八年(1869)。
③ 壬申：同治十一年(1872)。
④ 癸酉：同治十二年(1873)。
⑤ 光緒丙子：光緒二年(1876)。
⑥ 丁丑：光緒三年(1877)。
⑦ 丙戌：光緒十二年(1886)。
⑧ 庚寅：光緒十六年(1890)。
⑨ 甲午：光緒二十年(1894)。

爲保衛計。乙未[①]，河州回復亂，奉命援剿。兼程行逾洮河，直擣王家嘴、邊家灣、康家崖匪巢，解太子寺、河州城圍。丙申[②]，轉征西寧，力奪米拉溝、大通漫坪、多巴要隘，捷奏，晋太子少保，調甘肅提督。丁酉[③]，入覲，迭頒克食，旋領武衛後軍，屯薊州，賜紫禁城騎馬肩輿、如意帶、膆貂褂、蟒緞、銀兩。庚子[④]，變起倉猝，聖駕西狩，授隨扈大臣，節制滿漢各軍。比回鑾，修好鄰國，公引疾乞歸，陛辭，皇上出手詔，嘉其忠勇。公跪而讀之，感泣不置。公之所以荷主知，與所以識時務者倜乎遠矣。甲辰夏[⑤]，皋蘭蝗爲災，出金巨萬以賑。今年春正月，有寒疾，觸舊傷，憊甚。人日，忽衣冠北向展拜，捧詔莊誦，揮涕漬襟。既而曰："休短有數，吾疾不瘳，天也。惟自憾無以報朝廷耳。"顧謂恭曰："吾俸所贏約四十萬，誠天恩之高厚也。悉舉以助帑，毋違吾言，子孫自食其力可耳。"言訖端坐，家人叩之，不復與語。至初九日亥時，溘然而逝。大府上其事，得旨嘉獎，孫恭仍以二品銜道員存記，世澤弗替。嗚呼！如公者，實有超出尋常萬萬者。

夫人張氏、趙氏，嗣子天純，一品蔭生，孫恭。公生於道光己亥十二月初五日酉時[⑥]，歿於光緒戊申正月初九日亥時[⑦]，春秋七十有五[⑧]，葬於固原南鄉十里墩官山新阡。

張壯勤墓志銘

光緒二十六年三月，北洋各軍翼長、喀什噶爾提督張公卒於南苑軍中。遺疏上，天容震悼，禮遇惟隆，予謚壯勤，事蹟宣付史館立傳。子若孫各有加恩，飭詞臣撰擬祭文、碑文，以光勛舊。永亨承乏清祕，得濡毫而藻揚勞烈，典至盛也。公病時，公子儒珍方分統甘軍，駐紮薊州段家嶺，乞假來侍醫藥。而王夫人已先公十日卒於里第，訃報既至，公正垂危。及歿後，儒珍將擇於四月下旬遵旨奉柩西還，瀕行，泣持兩杖來徵合葬之銘。余固陋，然交公最深。公之功在巖疆，名在史策，歌咏在人口，抑豈壙石之文所能叙述、所能增重？獨念公卒僅逾月，喪歸甫數日，而民教肇事，中外釁端紛起，時局自此逾棘，天雖隱以完人終始與公，永亨固知公憂國之忱，抱憾於九原爲無極。偉人身繫安危，舉世無智愚皆知，公之幸，世

① 乙未：光緒二十一年(1895)。
② 丙申：光緒二十二年(1896)。
③ 丁酉：光緒二十三年(1897)。
④ 庚子：光緒二十六年(1900)。
⑤ 甲辰：光緒三十年(1904)。
⑥ 道光己亥：道光十九年(1839)。
⑦ 光緒戊申：光緒三十四年(1908)。
⑧ 按虚歲計算，董福祥壽命爲70歲。

之不幸，公在泉下，不自以爲幸，此則永亨所獨諒。益徵夫猛士之歌，其於今日，仰瞻九重爲尤可悲已。不獲辭。

謹按狀：公姓張氏，諱俊，字杰三，甘肅固原州人。世爲著姓，三世皆以公貴，贈一品封。公生而孝友凝重，寡言笑，不阿流俗。同治初元，關隴逆回叛亂，公起自田間，贊今統武衛後軍董少保團鄉人子弟，往隸劉忠壯、襄勤叔姪，隨大學士左文襄殺賊圖報，誓殲逆黨。其間蕩金積、靖河湟，戡定天山南北兩路，功冠諸軍。公本屏息大樹遺意，不自論功，其見於奏牘者十僅三四，國史立傳，亦止大概，兹不載及，以重違公意，叙次歷官所至。初由監生出山，累洊記名提督，倭欣巴圖魯，賞穿黄馬褂，授西寧鎮總兵，調伊犁鎮總兵，擢新疆喀什噶爾提督，調署甘肅提督，奉召詣京師，派充北洋各軍翼長，賜紫禁城騎馬。以逮身後，諸異數重，君恩禮也。公治軍嚴整，撫士卒如家人。以是得其死力，爲世宿將，與董少保齊名。元配王夫人，母族與公同鄉井，賢淑重於里黨，事姑以孝著。于歸數載，遭值兵戈，公逐賊遠役，夫人艱難險阻，負子避賊山中，僅而獲免。自寒素以迄貴重，服勤如一日。當公鎮邊陲時，夫人至節署，織箔襄助籌邊，爲士將所感，凶耗至軍，部曲多泣下者，於以見其相夫及人之澤，若合符節。子一儒珍，即夫人負以避難而以統兵殺賊、世其家者也。帶隊從董少保再定河湟，積功至花翎二品頂戴，記名道，武能依巴圖魯。公歿加恩，仍以道員請旨簡放。孫一超，賞員外郎，服闋後分部行走。曾孫一耀宗。

公生於道光二十一年正月十三日寅時，終於光緒二十六年三月十一日申時，享年六十。王夫人生於道光二十四年六月十一日未時，終於光緒二十六年三月初一日未時，享年五十有七。儒珍奉公櫬還自京師，迎王夫人之柩於靈州新第，合葬於故里毛曲井之原。迺爲銘曰：

妖星將見，大星是沈。桴鼓聲絶，後先歸神。隴山在望，松柏森森。嗚呼，天不厭亂世，將太息永念夫斯人。

馬振威將軍神道碑銘　　新城　王樹枏

公姓馬氏，諱福禄，字壽三，世居甘肅之河州。曾祖玉璽，祖泰，父千齡，操商治農，以植其家，逮公兄弟，始貴盛，三代封贈，皆如其官。公生時，母夢有異徵，軀貌岸異，好以力雄長人。讀書過目能成誦，然不受塾帥督責，任氣僨張，獨喜馳馬挽强弩。偶隨里人應武童試，輒冠其群。光緒乙亥①，舉於鄉，始慨然有用世之思，折節改行，恂恂一若儒者。明年入都，徧交海内英傑魁壘之士，益自磨淬奮

---

① 光緒乙亥：光緒元年(1875)。

勵。庚辰[①]，成進士，授衛守備，醇邸見之，奇其才，使帶神機營。適座主左文襄公以閩督入朝，欲携之出，卒以父命不果行。歸里需次河州鎮標下，旋以親老乞養，採木番山之中，廢居操奇，以營甘旨，家用大饒。又益揮其餘於識戚黨，呰窳良細之徒，一不少呰省，義俠之名聲於四鄰。於是文武大吏，稍稍知公才。會循化撒拉種民以争教謀叛，固原提督雷正綰督師河州，檄公率團勇，營崔樊兩峽，與總兵湯彦和、王正塑相掎角，屢戰輒克，不匝月而事定。而河湟之回復相繼爲變，群集矢於公，以爲助官軍，戮同教。公急不能辨，偕兩弟入城，而城人亦以宗教疑。獨雷正綰以公忠勇無他志，命馳騎迎湯彦和抵雙城，曰："此去州城四十里，速入城，遲則恐變作。"湯不聽，是夜叛人周七十，果扼雙城之隘，分黨據山顛下擊。公躍馬鏖陣，血戰兩日，而湯乘夜雨率親卒潛逸，營中失主，皆潰走。公恚不得志，突圍出，間關阸嶇數百里，達蘭州乞師。總督楊公昌濬檄公督安寧諸營，援河州，次蓮花渡，與賊夾河而陣。時花門逆黨坌起如蝟毛，官軍覆敗殆盡。朝命提督董福祥、巡撫魏光燾會師西伐。公迎兩軍於白塔寺，痛陳亂事巔尾及進取大畧。董公壯之曰："良將也。"適米拉溝冶主麻復乘勢糾族叛，扼河湟之喉，公策馬疾馳擊走之。董軍踵之，進至馬營，爲土匪馬采哥所挫。公回戈往援，猝嗟陷陣，部衆争死，敵當者皆靡。戰兩時，手斬采哥而還。翼日，毁其巢，還軍再平米拉溝之亂。董公撫其臂曰："賁育不是過也。"留辦善後事宜。馬營米拉固盜藪，騍突巨魁，按名櫟絶，自是亂源湮窒，民獲安居。河湟亂平，移公專辦河州善後，鉏夷大姦，其株坐者皆挺緩之，以安反側。累功擢總兵。董公倚之若左右手，編入簡練軍，移衛京畿。庚子，拳匪禍作，當軸惑邪説，殺日使館書記杉山彬。公與弟福祥請於董公，謀諫沮，不遂。公竊歎曰："庇匪以禍，國難且作矣。"五月，董公檄公與姚旺、董陞官、馬海宴東禦聯軍，遇之郎房。公令騎兵下設七伏，步兵張兩翼撲之，聯軍稱娖而進，丸彈如雨墮。公揮短兵闖入陣，喋血相搏，敵不能支，乘火輪而逸。越日，董公攻使館，調公入城。英人設十栅城頭，逼正陽門。公登城樓，揮其弟福祥奪二栅，督戰益力，晝夜循環攻之，連毁七栅，敵尸駢藉埤垷間，血爲之殷，時未下者僅一栅耳。六月六日夜，大雨。公率敢死士蹂之，擊退敵兵，大呼躍栅，而飛彈忽入其口，殞焉。同時死者公從弟福恒、福宣，猶子耀圖、兆圖及戚黨百餘人。時光緒二十六年六月七日也，年四十有八。子四人：鴻賓、顯圖、負圖、顯誠，俱在籍。福祥收公骨葬之於京師阜成門外三里河清真寺側。

越十六年，福祥爲寧夏將軍，以公狀貽書其友王樹枬，曰："吾兄死國難，倉卒未請卹，銜痛至今，恐年月寖久，忠蹟湮滅，無以昭後人。君如憫予，錫以墓道之

---

① 庚辰：光緒六年(1880)。

文,以銘我兄,則存殁均銜感且不朽矣。"樹[illegible]不獲辭,乃爲之銘曰:

國之將亡,構此群蒙。孰禍之尸,殃及我公。生非其辰,死非其地。君父之命,其孰能避。人亡國殄,遂至於今。故宫咫尺,鑒此孤心。

靈武二孝贊[37]　　唐　李華

靈武二孝,曰侯知道、程俱羅。目不覩朝廷之容[38],耳不聞韶夏之聲。足不登齊魯之境[39],所見戎馬旃裘,參於夷狄,而能生養以孝、没奉以哀。穿壙起墳,出於身力,鄉人助之者,哭而反之。廬於塚次,號泣無節,侯氏七年矣,程氏三年矣[40]。根於天性,陶我孝理,其至乎哉[41]。埃垢積首,草生髮間。每大漠晨空,連山夜寂,人烟四絶,虎豹與鄰。擁墳椎膺,聲氣咽塞,下入九泉,上徹九天。背爛心朽,皮枯節攣。草木先秋而凋落,景氣不時而凝閉[42]。殊鳥異獸[43],助之悲號,萬物有極,此哀無窮。大哉!二子能以孝終始乎。語曰①:"孝如曾參,不忍離其親[44]。"生既不忍[45],殁忍離之哉。二子之孝,過於曾氏矣[46]。昔吴起忍與母盟,陳湯忍匿父喪。起謀復楚霸而戮死[47],湯功釋漢耻而囚廢。神道昭昭,若何無報?九州之衆,誰非人子。踐霜露者,聞風永懷。士有感一諾一顧,猶或與之死生;嘉一草一木[48],猶或爲之歌咏。而况百行之宗,終天之感乎[49]。華奉使朔陲,欲親往弔焉,屬河凌絶渡,願言不果。憑軾隔川,寄聲二孝,同爲贊一章,敢旌善人以附惇史。其文曰:

厥初生人,有君有親。孝於親者爲子,忠於君者爲臣。兆自天命,降及人倫[50],背死不義,忘生不仁。愚及智就,爲之禮文。禮文不能節其哀,繄道德之元純。至哉侯氏,創鉅病殷,手足胼胝,成此高墳。蔬菓爲奠,茅蒲爲茵。其奉也敬,其生也貧。大漠黄沙,空山白雲。柏庭既夕,松路未晨。寇戎接境,豺狼成群。夜黑飆動,如臨鬼神。哭無常聲,迥徹蒼旻。風雨飄摇[51],支體鱗皴。色慘莪蒿,聲酸棘薪。苴斬三年,而獨終身。邑子程生[52],其哀也均。顧後絶配,瞻前無鄰。冬十一月,河冰塞津[53]。吾將弔之[54],其路無因。寄誠斯文,揮涕河濱。

頌歌

靈武受命宫頌　　唐　楊炎

臣聞享天降命惟德也[55],戡難奉時惟聖也。必有非常之運,是興撥亂之功。君以蒼生爲憂[56],不以濡足爲患,以寧濟爲業,不以修身爲道[57]。此陶唐所以

① 參見《史記》卷六九《蘇秦傳》。

捨而不畏，舜禹所以受而不疑。靈武宫，皇帝躍龍之所[58]。日者奸臣竊命，四海蕩波，我聖皇天帝[59]，探命曆之數，啓龍圖，作受命之書，付於我皇帝。皇帝方游崆峒，以求至道，於是群公卿士，負玉旒金璽，望氣芒碭之野，三進於閶闔之中曰："臣聞在昔，蚩尤連禍，大盗中國，神農氏兵莫能勝[60]，天降玄女，敕軒轅氏大定其災。厥後堯有九州之害而命禹，禹以四海之功而受舜。陛下主鬯大位十有九年，精爽者皆美德馨，乾坤也必聞幽贊[61]。玄德上達，景福有歸。六聖覩命曆之期，兆人有臨難之請。陛下畏災運而不寧[62]，棄黎元而不顧，以至仁爲薄，以大寶爲輕，臣等若不克所請，與億兆之衆，將被髮拊膺[63]，號於天而訴於帝矣。"皇帝唯然改容曰："豈人心與！"

丁卯①，廣平王〔李〕俶、太尉〔李〕光弼、司徒〔郭〕子儀、尚書左僕射〔裴〕冕、兵部尚書〔李〕輔國，與北軍將士、西土耆老萬五千人，排闥以訴帝曰："今豺狼穴居宫闕，陛下兆庶爲餌，宗廟爲墟，若臣等誠懇未通，是高祖不歆於太廟。且陛下涉渭則洪流涸，回鑾則慶雲見，布澤而川池廣[64]，勤道而嘉禾生。靈祇髣髴，玄貺幽感。臣聞符命待聖而作，天運否終而會。葳蕤肸蠁，會也；睿武英明，聖也。臣等敢昧死上聞。"帝乃灑齋宫，啓金匱，嗚咽拜受。詔有司大赦天下，改元曰至德元年，尊聖父爲文武大皇帝[65]。是日，烟雲變作，士庶踴躍，黄龍見於東野，紫氣滿於天門。翌日也，數百里衣裳會。兼旬也，數千里朝貢會。逾月也，天下兵車會。浹時也，四方重譯會[66]。以一旅成百萬之師[67]，率六軍平社稷之難[68]。禮郊祀，戴聖皇，與人合誠心，以氣消天厲[69]。動罔不吉，歆無不報，是以白鹿擾於王庭，靈芝産於延英。化動而功成，淵默而頌聲。言禪代者陋蒼梧易姓之名，語嗣守者羞唐堯積善之辱[70]，述戡定者嘆四紀而復夏，美中興者嗤三六而滅新。於戲！神祇之所歸往，品物之所法象，鼓飛龍於尺水，仗大義而東向，矢謨發號，實在兹都。願篆石宫庭，以垂萬古，俾過山澤，知風雨之奥[71]，窮造化，識天地之爐[72]。臣炎稽首，敢獻頌曰：

赫赫河圖，啓天之祐[73]。雲從億萬，皇在九五[74]。惟昔陶唐，克傳舜禹。濩也武也[75]，夫何足數。彼妖者孛[76]，惟暴惟貪。天實即命[77]，人將不堪。皇曰内禪，于再于三。盡武之善，去湯之慚。兵車百萬[78]，洶洶雷震。横會九州，爲行爲陣。恃力者踣，從命者順。孝以奉天，神而撫運。至德唐堯，崇功大禹。皤皤北叟[79]，垂白而覩。沛邑空歌，周原已古。徘徊頌聲，永介兹土。

龍見井中歌有序　　趙尚仁

噫吁嚱，井中之龍兮，其飛也天，其見也田，顥蒼之際，胡不躆焉？井中之龍

① 丁卯：唐肅宗李亨至德元年(756)七月十五。

兮，上不在天，下不在田，窅深之地，胡不辟焉？春分而登天，秋分而潛淵。上凌宵兮下伏泉，須臾嘘氣生雲烟。出有時兮宅有宫，顯見變化幻無窮。今日幽囚深井中，仰焉昭昭之蒼穹，俯焉涓涓之青濛。湫隘不可容，盤折重復，重復光韜景，日月薄，揚鬐鼓鬣風雨從。自昔黄龍現祥符，三畫開天河呈圖，昌平聖傳繡紱，荆山鑄鼎垂髯〔胡〕。胡爲一朝失駕馭，困勺水兮潛潢汙。地不降兮宫沼，時不逢兮唐虞。運掉不靈怯天衢，仰臂伸頸長歎吁。長歎吁，勿悒鬱，本是天上種，終非井中物。所興或非時，甘受泥蟠屈，不久超忽荒，風雲任披拂。飛翔九萬里，獻瑞帝王穀，濟旱作霖雨，徧爲蒼生福。轉瞬隔天淵，下視眇井谷。鱣鮪陋蹏涔，魚蝦失揉黷。時未來兮不可幾，時已至兮不可逐。龍兮龍兮且莫嗟，見田見天爲爾卜。龍者四靈之長，陽德之精，能屈能伸，能幽能明。小則如蠶蠋，大則涵天地。乘雲而興，因風而舉。

吾觀上世之龍，常以爲瑞，降及後世，反瑞爲妖，豈龍之有異耶？抑視乎人之感之者何如耳？龍官紀而太皞起，龍漦降而夏后衰。漢惠帝時龍見蘭陵井中，而有藩王殘害之徵。魏明帝時龍凡八見井中，而高貴鄉公卒以兵敗。隋文帝時龍見代州井中，而漢王諒竟坐逆誅。誠以龍貴象也，亦大人象也。興非其時則爲妖孽，處非其所實爲凶災。京房《易傳》曰："有德將害，厥妖龍見井中。"晋劉毅曰："《易》稱'潛龍勿用'，陽在下也。"然而符瑞之説不可襲用也，物異之譚不可穿鑿也。《乾》之《同人》曰："見龍在田。"其《大有》曰："飛龍在天。"晋史墨曰："若不朝夕見，誰能物之？"鄭子産曰："吾無求於龍，龍亦無求於我。龍，水物也，淵，龍室也。此理之常，無足異者。"雖然，景龍紀瑞，稱自古皇，黄龍負舟，傳自夏帝，顧何以不盡删廢哉。是有説焉，吾不得而知也。嗚呼！以神靈變化之物，而潛伏幽處於尺澤之中，爲妖歟？爲祥歟？儻或具文明之德而動多奇阨歟？抑亦暫屈泥蟠而將獲大伸歟？爲悲其遇，迺濡筆而爲之歌。

【校勘記】

[1] 秸：原作"桔"，據《宋史》卷二七七《鄭文寶傳》改。

[2] 盤互：原作"盤亘"，據《宋史》卷二七七《鄭文寶傳》、《〔乾隆〕甘志》卷四六《藝文・城古威州議》改。

[3] 城中：原作"地中"，據《宋史》卷二七七《鄭文寶傳》改。

[4] 千騎：原作"十騎"，據《宋史》卷二七七《鄭文寶傳》改。

[5] 即：原作"既"，據《宋史》卷二七七《鄭文寶傳》、《〔乾隆〕甘志》卷四六《藝文・城古威州議》改。

［6］最多：此同《〔乾隆〕甘志》卷四六《藝文・屯田議》，《〔康熙〕陝志》卷三二《藝文・屯田議》作"爲多"。

［7］九邊昔設屯田而西北爲最：此十一字原脱，據《〔康熙〕陝志》卷十一《藝文・屯田議》補。

［8］理：此同《〔乾隆〕甘志》卷四六《藝文・屯田議》，《〔康熙〕陝志》卷三二《藝文・屯田議》作"情"。

［9］峙：此同《〔乾隆〕甘志》卷四六《藝文・屯田議》，《〔康熙〕陝志》卷三二《藝文・屯田議》作"待"。

［10］西漳：此同《〔乾隆〕甘志》卷四六《藝文・鹽法議》，《〔康熙〕陝志》卷三二《藝文・鹽法議》作"西章"。下同。

［11］記：原作"及"，據《〔康熙〕陝志》卷三二、《〔乾隆〕甘志》卷四六《藝文・鹽法議》改。

［12］報功：原作"報公"，據《〔康熙〕陝志》卷三二、《〔乾隆〕甘志》卷四六《藝文・鹽法議》改。

［13］超納：原作"起納"，據《〔康熙〕陝志》卷三二《藝文・鹽法議》改。

［14］習知利病：此同《〔乾隆〕甘志》卷四六《藝文・鹽法議》，《〔康熙〕陝志》卷三二《藝文・鹽法議》"知"後有"其"字。

［15］統兵四十萬五路入界：《長編》卷一三〇宋仁宗慶歷元年(1041)春正月條作"先以邊兵五十萬約諸路入界"。

［16］赤子：原作"臣子"，據《長編》卷一三〇及《范文正公集》卷九、《宋文鑒》卷十三、《崇古文訣》卷十六《答趙元昊書》改。

［17］限：原作"根"，據《長編》卷一三〇及《范文正公集》卷九、《宋文鑒》卷十三、《崇古文訣》卷十六《答趙元昊書》改。

［18］驅：此同《吕衡州集》卷六《碑銘・三受降城碑銘並序》、《唐文粹》卷五九《三受降城碑并序》，《四六法海》卷十一《三受降城碑銘》作"駈"。

［19］以：此字原脱，據《吕衡州集》卷六《碑銘・三受降城碑銘并序》補。

［20］中區：此同《唐文粹》卷五九《三受降城碑並序》、《四六法海》卷十一《三受降城碑銘》，《吕衡州集》卷六《碑銘・三受降城碑銘并序》作"中國"。

［21］三受降城者皇唐之勝勢也：《吕衡州集》卷六《碑銘・三受降城碑銘并序》作"三受降城皇唐之勝勢者也"。

［22］坵：《吕衡州集》卷六《碑銘・三受降城碑銘并序》、《唐文粹》卷五九《三受降城碑并序》、《四六法海》卷十一《三受降城碑銘》作"丘"。

［23］漠：《吕衡州集》卷六《碑銘・三受降城碑銘并序》、《唐文粹》卷五九《三受降城碑并序》、《四六法海》卷十一《三受降城碑銘》均作"漢"。

［24］損：《吕衡州集》卷六《碑銘・三受降城碑銘并序》作"省"。

［25］閑：此同《四六法海》卷十一《三受降城碑銘》，《吕衡州集》卷六《碑銘・三受降城碑銘并序》、《唐文粹》卷五九《三受降城碑并序》作"閉"。

［26］算：此同《吕衡州集》卷六《碑銘・三受降城碑銘并序》、《四六法海》卷十一《三受降城碑銘》，《唐文粹》卷五九《三受降城碑并序》作"策"。

[27] 責：此同《吕衡州集》卷六《碑銘·三受降城碑銘并序》,《唐文粹》卷五九《三受降城碑并序》、《四六法海》卷十一《三受降城碑銘》作"貢"。

[28] 西塞：《吕衡州集》卷六《碑銘·三受降城碑銘并序》作"苦寒",《唐文粹》卷五九《三受降城碑并序》、《四六法海》卷十一《三受降城碑銘》作"苦塞"。

[29] 馳：《吕衡州集》卷六《碑銘·三受降城碑銘并序》、《唐文粹》卷五九《三受降城碑并序》作"驅",《四六法海》卷十一《三受降城碑銘》作"駈"。

[30] 群：原作"郡",據《吕衡州集》卷六《碑銘·三受降城碑銘并序》、《唐文粹》卷五九《三受降城碑并序》、《四六法海》卷十一《三受降城碑銘》改。

[31] 勝：此同《唐文粹》卷五九《三受降城碑并序》、《四六法海》卷十一《三受降城碑銘》,《吕衡州集》卷六《碑銘·三受降城碑銘并序》作"算"。

[32] 伸：《吕衡州集》卷六《碑銘·三受降城碑銘并序》、《唐文粹》卷五九《三受降城碑銘并序》等作"劘",《四六法海》卷十一、《四庫》本《山西通志》卷一九一《三受降城碑銘并序》等作"俾",作"伸"疑誤。

[33] 反：原作"返",據《吕衡州集》卷六《碑銘·三受降城碑銘并序》、《唐文粹》卷五九《三受降城碑并序》、《四六法海》卷十一《三受降城碑銘》改。

[34] 禽息：此同《唐文粹》卷五九《三受降城碑并序》、《四六法海》卷十一《三受降城碑銘》,《吕衡州集》卷六《碑銘·三受降城碑銘并序》作"安居"。

[35] 漠：《吕衡州集》卷六《碑銘·三受降城碑銘并序》、《唐文粹》卷五九《三受降城碑并序》、《四六法海》卷十一《三受降城碑銘》作"漢"。

[36] 亡：原作"已",據《吕衡州集》卷六《碑銘·三受降城碑銘并序》、《唐文粹》卷五九《三受降城碑并序》、《四六法海》卷十一《三受降城碑銘》改。

[37] 靈武二孝贊：《李遐叔文集》卷一、《文苑英華》卷七八〇均題作《二孝贊并序》。

[38] 覩：原作"觀",據《李遐叔文集》卷一、《文苑英華》卷七八〇《二孝贊并序》改。

[39] 足：此字原脱,據《李遐叔文集》卷一、《文苑英華》卷七八〇、《唐文粹》卷二四《二孝贊并序》等補。

[40] 三年：原作"二年",據《新唐書》卷一九五《侯知道程俱羅傳》、《李遐叔文集》卷一、《文苑英華》卷七八〇《二孝贊并序》改。

[41] 乎哉：原作"矣乎",據《李遐叔文集》卷一、《文苑英華》卷七八〇《二孝贊并序》改。

[42] 閉：此同《李遐叔文集》卷一《二孝讚并序》、《唐文粹》卷二四《二孝贊并序》,《文苑英華》卷七八〇《二孝讚并序》作"烟",字後小注曰"一作'閉'"。

[43] 鳥：原作"多",據《李遐叔文集》卷一、《文苑英華》卷七八〇《二孝贊并序》改。

[44] 其：此同《李遐叔文集》卷一、《唐文粹》卷二四《二孝贊并序》,《文苑英華》卷七八〇《二孝讚并序》作"於",字後小注曰"一作'其'"。

[45] 生既不忍：此同《李遐叔文集》卷一、《唐文粹》卷二四《二孝贊并序》,《文苑英華》卷七八〇《二孝讚并序》作"生不忍離","離"字後小注曰"一作'生既不忍'"。

[46] 曾氏：原作"曾参",據《李遐叔文集》卷一、《文苑英華》卷七八〇《二孝贊并序》改。

[47] 霸：此同《唐文粹》卷二四、《文苑英華》卷七八〇《二孝讚并序》，《李遐叔文集》卷一《二孝讚并序》作“伯”。

[48] 嘉：原作“喜”，據《李遐叔文集》卷一、《文苑英華》卷七八〇《二孝贊并序》改。

[49] 感：《李遐叔文集》卷一、《文苑英華》卷七八〇、《唐文粹》卷二四《二孝贊并序》作“慼”。

[50] 降及：此同《文苑英華》卷七八〇《二孝贊并序》，《李遐叔文集》卷一、《唐文粹》卷二四《二孝贊并序》均作“降成”。

[51] 飄摇：《李遐叔文集》卷一、《文苑英華》卷七八〇《二孝贊并序》等均作“漂摇”。

[52] 邑子：此同《文苑英華》卷七八〇、《唐文粹》卷二四《二孝贊并序》，《李遐叔文集》卷一《二孝贊并序》、《新唐書》卷一九五《侯知道程俱羅傳》均作“嗟嗟”。

[53] 河冰塞津：原作“河水寒津”，據《李遐叔文集》卷一、《唐文粹》卷二四《二孝贊并序》改。《文苑英華》卷七八〇《二孝讚并序》作“浮冰塞津”，“浮”字後小注曰“一作‘河’”。

[54] 弔：此同《唐文粹》卷二四《二孝贊并序》，《文苑英華》卷七八〇、《李遐叔文集》卷一《二孝贊并序》作“唁”。

[55] 降命：原作“隆命”，據《文苑英華》卷七七四、《唐文粹》卷十九上《靈武受命宫頌并序》改。《文苑英華》卷七七四注曰：“降命”，一作“降福”。

[56] 是興撥亂之功君以蒼生爲憂：此同《唐文粹》卷十九上《靈武受命宫頌并序》、《〔乾隆〕甘志》卷四六《藝文・靈武受命宫頌》，《文苑英華》卷七七四《靈武受命宫頌并序》無“功”字，“君”字後小注曰“一作功”。疑《唐文粹》、《〔乾隆〕甘志》同誤。

[57] 以寧濟爲業不以修身爲道：此十一字原脱，據《文苑英華》卷七七四、《唐文粹》卷十九上《靈武受命宫頌并序》補。

[58] 躍龍：原倒作“龍躍”，據《文苑英華》卷七七四、《唐文粹》卷十九上《靈武受命宫頌并序》改。

[59] 聖皇天帝：此同《唐文粹》卷十九上《靈武受命宫頌并序》，《文苑英華》卷七七四《靈武受命宫頌并序》無“天”字。

[60] 神農氏兵莫能勝：此同《唐文粹》卷十九上《靈武受命宫頌并序》、《寧夏府志》卷十八《藝文・頌・靈武受命宫頌并序》，《文苑英華》卷七七四《靈武受命宫頌并序》作“神農之兵莫能勝之”，上“之”字後小注曰“一作‘氏’”，下“之”字後小注曰“一無‘之’字”。

[61] 精爽者皆美德馨乾坤也必聞幽贊：此十四字原脱，據《文苑英華》卷七七四、《唐文粹》卷十九上《靈武受命宫頌并序》補。

[62] 不寧：此同《朔方新志》卷四《詞翰・靈武受命宫頌》，《文苑英華》卷七七四、《唐文粹》卷十九上《靈武受命宫頌》均作“不處”。

[63] 拊：此同《唐文粹》卷十九上《靈武受命宫頌并序》，《文苑英華》卷七七四《靈武受命宫頌并序》作“撫”。

[64] 川池：此同《唐文粹》卷十九上《靈武受命宫頌并序》，《文苑英華》卷七七四《靈武受命宫頌并序》作“川地”。

[65] 文武大皇帝：此同《朔方新志》卷四《詞翰・靈武受命宫頌》、《〔乾隆〕甘志》卷四六《藝

文・靈武受命宫頌》,《唐文粹》卷十九上《靈武受命宫頌并序》作“文武太皇帝”,《文苑英華》卷七七四《靈武受命宫頌并序》作“聖皇天帝”。

[66] 重譯:此同《〔乾隆〕甘志》卷四六《藝文・靈武受命宫頌》,《文苑英華》卷七七四《靈武受命宫頌并序》作“戎夷”,《唐文粹》卷十九上《靈武受命宫頌并序》作“戎狄”。疑爲清避諱改。

[67] 成:《文苑英華》卷七七四《靈武受命宫頌并序》作“兼”。

[68] 六軍:此同《〔乾隆〕甘志》卷四六《藝文・靈武受命宫頌》,《文苑英華》卷七七四、《唐文粹》卷十九上《靈武受命宫頌并序》、《朔方新志》卷四《詞翰・靈武受命宫頌》均作“胡夷”。疑避清諱改。

[69] 天厲:此同《文苑英華》卷七七四《靈武受命宫頌并序》、《〔乾隆〕甘志》卷四六《藝文・靈武受命宫頌》,《〔正統〕寧志》卷下《靈武受命宫頌并序》作“天癘”,《朔方新志》卷四《詞翰・靈武受命宫頌》作“天癘”。

[70] 羞唐堯:“羞”,此同《〔正統〕寧志》卷下《靈武受命宫頌并序》,《文苑英華》卷七七四《靈武受命宫頌并序》注曰:“一作‘著’”。“唐堯”,此同《唐文粹》卷十九上、《〔正統〕寧志》卷下《靈武受命宫頌并序》,《文苑英華》卷七七四《靈武受命宫頌并序》作“陶唐”。

[71] 知風雨:此同《唐文粹》卷十九上《靈武受命宫頌并序》,《文苑英華》卷七七四《靈武受命宫頌并序》作“美風雲”。

[72] 爐:《文苑英華》卷七七四《靈武受命宫頌并序》作“緼”。

[73] 祜:此同《唐文粹》卷十九上《靈武受命宫頌并序》,《文苑英華》卷七七四《靈武受命宫頌并序》作“户”。

[74] 在:原作“居”,據《唐文粹》卷十九上、《文苑英華》卷七七四《靈武受命宫頌并序》改。

[75] 濩也:此同《唐文粹》卷十九上《靈武受命宫頌并序》,《文苑英華》卷七七四《靈武受命宫頌并序》作“護也”。

[76] 妖:此同《唐文粹》卷十九上《靈武受命宫頌并序》,《文苑英華》卷七七四《靈武受命宫頌并序》作“祓”。

[77] 即:《文苑英華》卷七七四《靈武受命宫頌并序》作“有”。

[78] 車:《文苑英華》卷七七四《靈武受命宫頌并序》作“革”。

[79] 北叟:原作“兆叟”,據《文苑英華》卷七七四、《唐文粹》卷十九上《靈武受命宫頌并序》改。

朔方道志卷之二十九　藝文志六

賦詩　歌詞

賦詩

朔方形勝賦[1]　　明　副使　曹璉

緊夏州之大郡，實陝右之名邦。當三邊之屏翰，闢千里之封疆。廓岡阜而爲垣，濬川澤而爲湟。角黿鼉而爲道，卧蟒蝀而爲梁。帶河渠之重阻[2]，奠屯戍之基張。墾良田之萬頃，撑喬木之千章。鹽池滉瀁瀆其限，菊井馥郁馨其傍。桑梓相接，棟宇相望。若率土而論其邊陲，則非列郡之所擬方也。今焉載瞻其四維也，漢隴蟠其西，晋洛梗其東，北跨沙漠之險，南吞巴蜀之雄。山奔突而若馳，水旋繞如環雍。鄘遐郊其坦夷，聳孤城之崇窿。内則敞街衢兮輻輳，紛輿馬兮交通；外則經溝塍兮刻鏤，畇原隰兮腴豐。任土作貢而域雍兮，星分井鬼；罷侯置守而隸靈兮，民雜漢戎。出河朔山川之外，臨蕃落境界之中。青窺華嶽之隱隱，翠挹岷峨之重重。遥躋西嶺之屹屹，近俯東湖之溶溶。營興廣武，坊旌效忠。壖濱積石，關邇臨潼。橋横通濟兮，接賓之鋪連棟[3]；園開麗景兮，望春之樓凌空。澹清潭兮，天光雲影；翠秀色兮，绿水芙蓉。赫連春曉兮，日烘桃李；靈武秋高兮，風墜梧桐。殘陽夕照荒坰兮，落花啼鳥；飛瀑晴懸峭壁兮[4]，玉澗垂虹。轆轤咿軋兮，影落蘆溝之夜月；漁歌款乃兮，響窮古渡之秋風。於是高臺日上，長塔烟浮。晴虹之影乍弄，蒲牢之聲初收。大河之水未波，蠡山之雲不流。藹華實之蔽野，漫黍稷之盈疇。石關雪積兮，銀鋪曲徑；漢渠春漲兮，練拖平邱。騏驥如雲兮，花馬之池；鱒鯽盈肆兮，應理之州。平虜城兮執訊獲醜[5]，鳴沙州兮落鴈浮鷗[6]。城傾黑水兮，頹雉殘堞；津問黄沙兮，短櫂輕舟。神槎湮兮[7]，猶存博望之蹟；石峽鑿兮，尚傳大禹之游。高塚巍峨兮，元昊之魂已冷；古刹煨燼兮，文殊之像常留。表賀獻俘而忠貫日月兮，唐將之精靈耿耿；書抗僞號而名重丘山兮，宋賢之遺韵悠悠。此名天下、播海陬，而爲西夏之勝概，可與江南之匹儔者。然猶未也。

若乃則考其四時也，春則杏塢、桃蹊[8]，霞鮮霧靄；秋則鶴汀、鳧渚，月朗風微；夏則蓮濯碧沼之金波，嬌如太液池邊之姬媵；冬則柏傲賀蘭之晴雪[9]，癯若首陽山下之夷齊。與夫觀鷹鶚之雄度，則凜凜乎周家之尚父也；覩芝蘭之葱蒨，則奕奕乎謝庭之子侄也[10]。對松竹之森立，則挺挺乎汲黯之剛直也[11]；翫鷗鷺之瑩潔，則皎皎乎楊震之清白也。以至芳林鶯語，柳榭蟬聲，鏗鏗鏘鏘[12]，又有若回琴點瑟之立夫孔楹也。此皆玩耳目、娱心志，而爲西夏之美觀、不減江南之佳致者。是使騷人墨客、碩士英賢，尋幽覽勝，游樂流連。於以羅珍饌，列綺筵，飛羽觴，奏管弦，品題詞藻，繡句錦篇，觥籌交錯，屢舞僊僊。撫乾坤之块圠，掃亭障之烽烟[13]。詢古今於故老，稽成敗於遺編。方其王命南仲，往城於方，此何時乎？迨漢郭璜，繕城置驛，浚渠溉田，省費萬計，蓋一盛也。整居焦濩[14]，侵鎬及方，此何時乎？迨唐李聽[15]，興仆舉廢[16]，復田省餉，人賴其利，又一盛也。嗟夫！時有盛衰，治有隆替，天道循環，斯亦何泥？方今聖主，啓運應符，丕建人極，重熙皇圖。混車書於六合，覃恩威於九區，登斯民於懷葛，躋斯世於唐虞。

矧兹夏州，超軼往古，詩禮彬彬，衣冠楚楚。建學立師，修文偃武。尚陶匏，貴簪組，祛異端，禦狎侮。抑工商之浮華，敦士農之寒苦。沙漠塵空[17]，閭閻安堵。白叟黄童，謳歌鼓舞。熊羆奮勇於陣行，麋鹿潛行於巢所[18]。弓矢藏於服韔，干戈戢於庫府[19]。而况蔭土封者，惟德惟義，遠超樂善之東平；握將柄者，有嚴有翼，端繼爲憲之吉甫。予也一介之書生，敢擬"韓范"之參伍。聊泚筆而紀行，議者幸勿誚其狂魯[20]。

朔方風俗賦　　婁奎

關中號土膏陸海，爲九州腴，蓋指汧、盩、鄠、鄠間云，余過之未有得也。比入靈寧之境，地沃衍，人民衆，火耨水耕，有可觀者，視三輔大相逕庭。乃《書》傳所稱在彼不在此，余甚感焉。嗟夫！世之實不中聲與潛德而名湮滅者，可勝道哉。是故采夫鎮乘，詢諸父老，滙思爲辭，以彰厥隱。夫傖父賦《三都》，須成取覆瓮，業爲陸子所笑，無腆之筆，何能重夏。汲長孺有言："大將軍有揖客反不重耶？"敢借《解嘲》篇中居士等名，即亡是公意云，然事皆實録者。

西夏有玄虚居士[21]，賢而隱。文子階華先生客夏[22]，耳其名，以刺謁之。款叙既已，文子乃稱曰："蓋聞過高唐者必聆清商，游睢渙者必觀藻績。蒙躡蹻海内有年，所至處無不習交其賢豪長者，因獲周知謠俗矣。語云：'百里不同風，千里不同俗。'君世家於夏，且翱翔文學之囿，棲遲載籍之林，上燭往古，下鏡來今，其於朔方建置之顛末[23]，洎山川風物，畢載於腹，敢以爲請，毋予靳哉！"居士謖爾興曰[24]："僕也怐愗，未嘗蘇於典故[25]，間從長老後而竊聞其概焉。夫草昧方生，睢盱無詔，軒唐闡繹，上哉敻乎，靡得而究已。自姬王命使往城[26]，嬴氏因河爲塞，權輿於葩經之咏，昭著於太史之載。按職方爲雍州區，考天官分井柳界，甫要服於中華，繼編户於炎代。啓於青而築於建，郡於漢而縣於唐。爲宋、隋之州鎮，爲僞夏之都邦。面陽明而翼赤縣之衛，背陰陸而抵户遂之防。右酒泉兮控引，左雲谷兮相望。徼櫓星繁[27]，雉堞雲長。勢形繡若，天險孔張。洵九圍之無匹，展四遐之獨臧[28]。

"其山則賀蘭擅其奇，金積標其勝，拓跋之所避暑，瞿曇之所演乘。綿亘則百舍不止，穹崇則萬尋未竟。傑壁霞構，攢峰鶴立，邃壑莽蒼，靈岑崱屴。根連金母之瑶房，椒載上清之玉色。千秋雲而叵度[29]，礙朝日而行遲。猏不敢攀，鳥不能飛。逖而望之，訝煉石兮撑碧落；就而仰之，猶鰲足兮奠四維。至若黄草威焉欲衰，黑鷹倐乎將翥。伏地飲河，狼眠虎踞，特秀嘴起，敦丘瓜聚[30]。登桴子而流覽無窮，訪天都而難覓其處。

"其水則漭漭漾漾，汗汗泅泅，黑水沃日，靈河漲天。方其趨乎峽口、瀉乎石瀨[31]，磅礴驚騰[32]，轟㕎澎湃。山摧嶽舞之勢，排江傾海之派。及其寓安流，没追埼，軋盤涌裔，咸夷邐迤，翔波淩湍，虹洞無紀，環郛帶郭，散漫縈紆。枝而爲渠，瀦而爲湖。其爲渠也，溢蟦蝀，駕螭虬，條分縷析，曲折周流。經城市而脉脉，道澮洫而滮滮。溉千林之菓蓏，浸萬頃之塍疇。其爲湖也，萑葦之場，蓋葭之藪，皛皛無垠，涵藏百有，芻牧者馳騖，茭藁者奔走。

"其産則溢池神液，因風自生，調鑑濟味，國計芘盈。馬牙地掬[33]，犛尾沙尋，纑旄連丹，三幣五金。旃裘膠革，觔角豫章，以全民用，作貢尚方[34]。土植有山礬江離[35]、沙葱石竹、射干彫胡、流夷苜蓿，淺渚平原，菁菁郁郁。香有金錢，甘有青玉，棗實雞心，槐生兔目。龍珠稱百菓之宗，烏稗藴七絶之淑。渌池並蒂而萼，青門合莖而熟。露長苴蓮，蔓孳蘡薁。來禽種於漢苑[36]，馬乳抵於西域。薔薇鬱於東山，牡丹富於金谷。碧梧棲鸞鳳之柯，金桃啄鸚鵡之肉。薦雕俎於芳筵，莳瓊砌於華屋。兼以秋黄之蘇、白露之蔌、益人之蒜、禦饑之葍，青稞、葫蔴、薌秔[37]、美菽，可釀可炊，粒珠顆玉。又枸杞成林，[illegible]若稼，幹不冬彫，花不寒謝，臾跗咀之瘵人，偓佺煉之羽化。至於鱗虫羽族，壙走穴居，若《圖經》之所逸，若《爾雅》之所無。指百詘而未盡，刳十襲而難書。爰耳目之所覩記，衹能憶其大都。鼠珍貂鼦，馬異騊駼。觝突羱羚，趫捷龐盧[38]。迒足則三窟之兔，夙蹟則九尾之狐。麝餐柏而香遠，麢戴玉而班殊。趨則儦儦[39]，行則於於，槖駞可服，大武善樓，既以引重，亦以長驅。集觀乘鴈，蜚覩雙凫，交精屬玉，旋目庸渠。䳘䳘之翼，鷺鷺之雛，毿毿之啄，鳦鳦之呼。黄陵之廟，青草之湖，頡之頏之，以游以娱。丁首莘尾[40]，鼓鬐清流，躍瀺灂兮爲樂，齧荇藻兮沈沈。問其名兮鰋鯉，取不竭兮鮎鯈。詹何引兮獨繭，漁子泛兮孤舟。烟消日出兮款乃，聚罭罟兮渡頭。鱠飷紅縷細，味與丙穴侔，蒸嘗以品，賓客用羞。

"其宮室則飛觀基諸元昊,高臺創自狄公[41]。崔嵬千祀,故址猶崇。鬱鬱兮仙人之館,矗矗兮帝子之宮。蘭堂生霧,桂榭凌飇,金壇熿朗,珠剎玲瓏[42]。廊檻纚纚,甍棟隆隆。疏窈窕而沙紫,瑣翕赩而泥彤。文櫨華桷,玉碣鏤題。籠以朱網[43],覆以琉璃。照耀星漢,揮霍雲霓。甲第名園,參差城郭。户植羽葆,門懸鐘鐸。金波蕩漾,麗景聯絡。艤畫鷁於圍塘[44],飾翠鶮於簾箔。市鄽孔道,萬落重闉。青帘飄雨,紅樓媚人。烟花不夜,歌管長春。陟麗譙而睇盼,第見乎廣廈之鄰鄰。

"其人則飛英於國史之著,厠名於金櫃之藏。傅燮以黄金而取譽,傅昭以學府而流芳。宇文赫赫於弢略,侯程奕奕於居喪[45]。三史偉於行師,三傅神於折訟。勛績擅於喬梓,功名炳於伯仲。稱變豹則韓游瓌[46],論汗馬則史敬奉。是皆人世之龍,塵寰之鳳,遐邇景風,今古雅重。迨我明時,譽髦尤衆。忠者、義者、孝者、節者,有芝英雲氣片藤拱辟者,有黼黻河漢隻語千金者,有嫻儒雅而師表士林者,有持風裁而正色立朝者,有倚劍崆峒抑天驕之横者,有寧銜刀都市不易慮以生者,有蟬蜕壒埃而翔區外以舒翼者。丱角而茂者雲翔,華顛而彦者鱗萃。金貂右蟬,纓綏紳珮[47]。嘍嘈之胄,翩翩鈴閣之前;偶旅之儒,濟濟闕里之内。鴻漸肅雍雍之儀,虎螭振桓桓之概。冠蓋交於道塗,軒馬填於闤闠。譬猶鍾山之阜,泗水之滙,累圭璧不爲之盈,採浮磬不爲之匱。

"其俗則四民雜居,五技賫聚,玃石洒削,甄冶古鑄[48]。日者星人,覡史駔儈,與夫俳伶優侏之儕,咸旁午而交臂。自高門鼎貴,下比齊民,靡不羹鮮飲鑿,茹毳含醇。曼揄被服,輕煖綿純。當夫春日載陽,布穀催種,民狎其野,耙鋤並用,室無懸器,田無縢壅。新景嵒韶,華明錦軸,則有弱冠王孫,游閒公子,飾冠劍,聯裀褥,引類呼朋,吹竽搏筑,走狗鬭雞,六博蹋鞠。馳逐於章臺之紅,嬉戲於郊圻之緑。及序届朱明[49],流金俶甚,箑製緗輕,筍舒蓮錦。支公於是乎手談,羲皇於是乎高枕。乃有武力鼎士,絡駿扎柳,諸伎畢逞,絶倫超醜。金注觶浮,争先競首。農者戴蒲茆,衣襏襫,抱桔槔,沃阡陌,禾黍百里,蘸蓑矻矻。行者出圃草之陂,憩灌木之樾,來封夷之常羊,忘祝融之爍烈。疑姍姍於畫圖,儼僊僊於閬闕。迄夫商吹虩發於林皋,霄露厭浥於芋草[50]。翹然勁者離披,蔚然茂者枯槁[51]。萬樹千畦,生成垂實,剪摘芟穫,場圃狼籍。離離穰穰,嗱嗱磑磑,于橐于囊,盈篝滿槅。豨膏棘軸,銜尾相屬,塞於莊馗,輷輷殷殷,縱横絡繹。已而貢禹舉,玄英菸,場功竣,畚捐偫,狐貉成,蓋藏既,則見畜牧被野,風駿霧鬣,魚目龍文,蒲梢汗血,蘭筋權奇,群奔互齧,抉壑斸山,玄黄雜遝。於是赳赳矯矯之士,臂夏服手,烏號栗削,格載畋獠,星流景集,飇奮霆擊,决眥弇心。覆草蔽地冤伏[52],陵窘充牣車騎。無飛不有,靡走不備。伏臘歲時,迎鼇賽社,人事紛拿,莫可覼縷。夫夏之黔黎，既尠呰窳逋蕩，夏之土壤，又盡膏腴美利。所以豐樂甲於關中，聲稱浹乎宇内也。”

文子曰：“美哉！邊陲若此者罕矣。”[53]居士曰：“未也。青銅之峽，雷斧劈劃，斷山爲兩，衝流激石。招提百座，森聳乎其上；檜柏千章，掩映乎其側。莎羅之峰，嵯峨萬仞，二泉地湧，渟泓澄潤。精爽招徠乎遠近，膏澤徧敷于靈蠢。西山屹秀，翠若薄苔，惟絶巘之積雪，歷四時而不開。即溽暑兮伊鬱，常色澤兮皚皚。牛首飛霞，洞天弘敞[54]。天下之苾芻蜂合，四外之泥絚斗仰。其中有龍淵噴玉，石罅珠濺，若倒囊與傾瓮，貫桐枝兮爲線，放遠池兮猶沸，當祁冬兮可湔。及氣肅天高[55]，撼石動地，則曰靈武秋聲[56]。青鬣入雲，素華涵影，則曰玉關白雪。沙明水映，乾坤錦燦，則曰羚羊落照[57]。疏星的歷，乍見乍没，則曰石空夜火。望之則有，即之則無，此官橋之奇木也。明河在天，星斗在地，此月湖之殊景也。表立則順，影墮則逆，此浮圖之幻蹟也。晴日鐘鳴，風雨鏞振，此沙關之異響也。以至靈豨變兮吉善臻，神駒刷兮夜光熾，玄兔進兮飛龍閑，金牛現兮白馬寺。秋童儺躅於劉晨，安門媲德於公藝。朱大夫齊名於謫仙，程先生等節於孔伋。靖王有東平、河間之風，仇侯有驃姚、車騎之績。斯亦殊尤絶軌也，寧非世之所稀覿。”文子嘆曰：“偉哉！不謂西夏有此。”

將赴朔方軍應制　　唐　張説

禮樂逢明主，韜鈐用老臣。
恭憑神武策，遠御鬼方人[58]。
供帳榮恩餞，山川喜詔巡。
天文日月麗[59]，朝賦管弦新。
幼志傳三略，衰材謝六鈞。
膽猶忠作伴，心故道爲鄰。
漢保河南地，胡清塞北塵。
連年大軍後，不日小康辰。
劍舞輕離别，歌酣忘苦辛。
從來思博望，許國不謀身。

奉和幸望春宫送朔方軍大總管張仁亶[60]　　李嶠

玉塞征驕子[61]，金符命老臣。
三軍張武旆[62]，萬乘餞行輪[63]。
猛氣臨玄朔，崇恩降紫宸。

投醪還饗士[64],辭第本忘身。
露下鷹初擊,風高鴈欲賓。
方銷塞北祲,還静漠南塵[65]。

餞趙尚書攝御史大夫赴朔方軍　蘇頲[66]

勁虜欲南窺[67],揚兵護朔垂。
趙堯寧易印,鄧禹即分麾。
野餞回三傑,軍謀用六奇。
雲邊看出塞,日下愴臨岐。
拔劍行人舞,揮戈戰馬馳。
明年麟閣上,充國畫於斯。

宿温城望軍營①　駱賓王

虜地寒膠折,邊城夜柝聞。
兵符關帝闕,天策動將軍。
塞静胡笳徹[68],沙明楚練分。
風旗翻翼影,霜劍轉龍文。
白羽摇如月,青山斷若雲[69]。
烟疎疑捲幔[70],塵滅似銷氛。
投筆懷班業,臨戎想召勛[71]。
還應雪漢耻,持此報明君。

送劉評事充朔方判官[72]　高適[73]

征馬向邊州,蕭蕭嘶未休[74]。
思深應帶别,聲斷爲兼秋。
歧路風將遠,關山月共愁。
贈君從此去,何日大刀頭。

鹽州過飲馬泉[75]　李益

緑楊著水草如烟[76],舊是胡兒飲馬泉[77]。
幾處吹笳明月夜,何人倚劍白雲天[78]?

① 詩題《宿温城望軍營》後原注曰:“李滄溟《詩選》注:温城,即温池城。《通志》:今中衛地。”

從來凍合關山路，今日分流漢使前。
莫遣行人照容鬢，恐驚憔悴入新年。

夜上受降城聞笛[79]

回樂峰前沙似雪，受降城外月如霜[80]。
不知何處吹蘆管，一夜征人盡望鄉。

城鹽州　　白居易

城鹽州，城鹽州，城在五原原上頭。
蕃東節度鈐闈布，忽見新城當要路。
金鳥飛傳贊普聞[81]，建牙傳箭集群臣。
君臣赭面有憂色，皆言勿謂唐無人。
自築鹽州十餘載，左衽氈裘不犯塞[82]。
晝牧牛羊夜捉生，長去新城百里外。
諸邊急警勞戍人，惟此一道無烟塵。
靈夏潛安誰復辯，秦原暗通何處見？
鄜州驛路好馬來，長安藥肆黄芪賤。
城鹽州，鹽州未城天子憂。
德宗按圖自定計，非關將略與廟謀。
吾聞高宗中宗世，北虜猖狂最難制[83]。
韓公創築受降城，三城鼎峙屯漢兵。
東西亘絶數千里，耳冷不聞胡馬聲。
如今邊將非無策，心笑韓公築城壁。
相看養寇爲身謀，各握强兵固恩澤。
願分今日邊將恩，褒贈韓公封子孫。
誰能將此鹽州曲，翻作歌詞聞至尊？

送盧潘之朔方　　韋蟾

賀蘭山下菓園成，塞北江南舊有名。
水木萬家朱户暗，弓刀千騎鐵衣明[84]。
心源落落堪爲將，膽氣堂堂合用兵。
却使六蕃諸子弟[85]，馬前不信是書生。

送散騎常侍赴朔方[86]　　皇甫冉

故壘烟塵促[87]，新軍河塞間。
金貂寵漢將，玉節度蕭關。
散漫沙中雪[88]，依稀漠口山[89]。
人知竇車騎，計日勒銘還。

送李騎曹之靈武[90]　　郎士元[91]

一歲一歸寧，凉天數騎行。
河來當塞曲，山遠與沙平。
縱獵旗風卷，聽笳帳月生。
新鴻引寒色[92]，回日滿京城。

送鄒明府游靈武　　賈島

曾宰西畿縣，三年馬不肥。
債多憑劍與[93]，官滿載書歸。
邊雪藏行徑，林風透卧衣。
靈州聽曉角，客館未開扉。

送李騎曹靈州歸覲　　張籍

翩翩出上京，幾日到邊城？
漸覺風沙處[94]，還將弓箭行。
席箕侵路暗，野馬見人驚。
軍府知歸慶，應教數騎迎。

送靈州田尚書　　薛逢

陰風獵獵滿旗竿，白草颼颼劍戟攢[95]。
九姓羌渾隨漢節，六州蕃落縱戎鞍。
霜中入塞彫弓硬[96]，月下翻營玉帳寒。
今日路傍誰不指[97]，穰苴門户慣登壇。

朔方書事　　張蠙

秋盡角聲苦，逢人惟荷戈。

城池向隴小，岐路出關多。
鴈遠行垂地，烽高影入河。
仍聞黑山寇，又覔漢家和。

邊書行事　　李昌符

朔野烟塵起，天軍又舉戈。
陰風向晚急，殺氣入秋多。
樹静禽棲早[98]，冰堅路在河。
汾陽無繼者，羌虜肯先和[99]。

塞上[100]　　鄭愔

荒壘三秋夕，窮郊萬里平。
海陰凝獨樹，日氣下連營[101]。
戎旆霜疑重[102]，邊裘夜更輕。
將軍猶轉戰，都尉不成名。
折柳悲春興，吹笳斷夜聲。
明年漢使返，須築受降城。

登夏州城樓　　羅隱

寒聲獵獵戍旗風[103]，獨倚危樓悵望中[104]。
萬里山河唐土地[105]，千年魂魄晋英雄[106]。
離心不忍聽邊馬，往事應須問塞鴻。
好脱儒冠從校尉，一枝長戟六鈞弓。

邊庭冬怨　　盧弼

朔風吹雪透刀瘢，飲馬長城窟更寒。
夜半火來知有敵[107]，一時齊保賀蘭山。

送客往夏州　　楊凝

憐君此去過居延，古塞黄雲共渺然。
沙闊獨尋邊馬蹟，路迷遥指戍樓烟[108]。
夜投孤店愁吟笛，朝望行塵喜控弦。
聞有故交今從騎[109]，何須著論更言錢。

西征① 宋 張舜民

靈州城下千株柳[110]，總被官軍砍作薪[111]。
他日玉關歸去路[112]，將何攀折贈行人[113]。

峽口山

青銅峽裏韋州路[114]，十去從軍九不回。
白骨似沙沙似雪[115]，憑君莫上望鄉臺[116]。

楊得章鹽憲賀蘭山圖 元 貢泰父②

太陰爲峰雪爲瀑，萬里西來一方玉。
使君坐對蘭山圖[117]，不殺江南衆山緑。

登宜秋樓③ 明 慶靖王 朱㮵[118]

亭皋木落水空流，隴首雲飛又早秋[119]。
白草西風沙塞下，不堪吟倚夕陽樓。

樓頭悵望久躊躇，目送征鴻向南去。
黄沙漫漫日將傾，總是江南客愁處。

總兵營絶句[120]

故壘荒餘草漸平，路人猶識總兵營。
旌旗寂寞埋金甲，風雨還疑鼓角聲。

漢渠春漲④

神河浩浩來天際，别絡分流號漢渠。
萬頃腴田憑灌溉，千家禾黍足耕鋤。

① 宋朝張舜民撰《西征》詩共二首，下首《峽口山》即其二，詩題係後人擬。
② 貢泰父：即元朝貢師泰，字泰甫，《元史》卷一八七有傳。
③ 《登宜秋樓》詩共二首。
④ 自《漢渠春漲》至《黑水故城》爲朱㮵《寧夏八景圖詩》中的五首，另外三首爲《賀蘭晴雪》《官橋柳色》《梵刹鐘聲》，另有《寧夏八景圖詩序》一篇。參見《〔正統〕寧志》卷下《題詠》。

三春冰雪桃花泛，二月和風柳眼舒。
追憶前人疏鑿後，於今利澤福吾居。

月湖夕照

萬頃清波映夕陽，晚風時驟漾晴光。
暝烟低接漁村近，遠水高連碧漢長。
兩兩忘機鷗戲浴，雙雙照水鷺游翔。
北來南客添鄉思，彷彿江南水國鄉。

黄沙古渡

黄沙漠漠浩無垠，古渡年來客問津。
萬里邊夷朝帝闕，一方冠蓋接咸秦。
風生灘渚波光渺，雨過汀洲草色新[121]。
西望河源天際闊，濁流滚滚自崑崙。

靈武秋風

翠輦曾經此地過，時移世變奈愁何。
秋風古道聞笳鼓，落日荒郊牧馬駝。
遠近軍屯連戍壘，模糊碑刻繞烟蘿。
興亡千古只如此，不必登臨感慨多。

黑水故城

日落荒郊蔓草寒[122]，遺城猶在對殘陽。
秋風百雉蘚苔碧，夜月重關玉露凉。
枯木有巢棲野雀，斷碑留篆卧頹牆。
繞城黑水西流去，不管興亡事短長。

東湖春漲

三月東湖景始饒，水光山色遠相招。
魚衝急雨牽浮藻，鶯逐顛風過斷橋。
華落乍疑金谷地，浪痕初認海門潮。
臨堤盡日忘歸去，爲惜餘春漫寂寥[123]。

拜寺口[124]　　安塞王　朱秩炅

風前臨眺豁吟眸，萬馬騰驤勢轉悠。
戈甲氣消山色在[125]，綺羅人去輦痕留。
文殊有殿存遺址，拜寺無僧説舊游[126]。
紫塞正憐同罨畫，可堪回首暮雲稠。

廢壘寒烟[127]

目極頹垣落照邊，伯圖寂寞慘寒烟。
淒淒半混苔痕合，漠漠遥同野色連。
鳴鳥不知亡國恨，晚花猶乞過人憐。
强兵戰勝今何在，赢得虚名入史編。

莊前叢柳

田家植柳護衡門，到處青青入望頻。
媚眼多情眠白晝，纖腰無力舞黄昏。
卑枝不聽流鶯語，僻地難招望帝魂。
氓叟不關興廢事，密陰深處戲兒孫。

石關積雪　　豐林王　朱台瀚[128]

山高蠢屹立，疊翠萬垂巒。
殘雪經年在，邊風五月寒。
素華涵兔影，清味試龍團。
正是詩家景，惟宜静裏看。

將至寧夏望見賀蘭山[129]　　學士　金幼孜[130]

匹馬何時出帝關[131]，今晨初見賀蘭山。
風沙近塞居人少，斥堠連雲邏卒閒。
白海堆鹽封磧外，黄河引水注田間。
邊城安堵全無警[132]，聖德於今徧百蠻。

出郊觀獵至賀蘭山

賀蘭之山五百里，極目長空高插天。

斷峰迤邐烟雲闊，古塞微茫紫翠連。
野曠旌旗明曉日[133]，高風鷹隼下長川。
昔年僭僞俱塵土，猶有荒阡在目前。

游三清觀

乘閑偶過三清觀，幽絶都無塵俗情。
入門喜見青松色，繞户還聞流水聲。
鹿過瑶臺秋草合[134]，鶴歸幽徑晚烟生。
可是道人偏愛客，焚香還與坐吹笙。

西夏寒食遣興[135]　庶吉士　朱孟德　鎮人

春空雲澹禁烟中，冷落那堪客裏逢。
飯煮青精顔固好，杯傳藍尾習能同。
錦銷文杏枝頭雨，雪捲棠梨樹底風。
往事慢思魂欲斷，不堪回首賀蘭東。

出塞曲①　諭德　王用賓

賀蘭山下羽書飛，廣武營中戰馬肥。
壯士争誇神臂弩，打圍先射白狼歸。

青草湖邊春水明，黄雲塞口暮雲平。
健兒躍馬横金戟，直破天驕第一營。

煌煌烽火照邊疆，虜騎如雲寇朔方。
聞説將軍調戰馬，明朝生縛左賢王。

别夏城　兵部尚書　胡汝礪　鎮人

倦倚闌干把玉巵，水雲縹渺鬢參差。
乾坤有路關榮辱，歲月無情管會離。
望裏山川都入畫，醉中鄉國謾留詩。
園花汀草皆生意，借問東風知不知？

---

① 《朔方新志》卷五《詞翰・詩》載《出塞曲》共五首，此爲第二、四、五首。

興武暫憩[136] **總制 楊一清**

簇簇青山隱戍樓，暫時登眺使人愁。
西風畫角孤城曉[137]，落日晴沙萬里秋。
甲士解鞍休戰馬，農兒持券買耕牛。
翻思未築邊牆日[138]，曾得清平似此不？

峽口吟 **僉事 齊之鸞**

生犀飲河欲北渡，海月忽來首東顧。
馮夷舉手揮神鞭，鐵角半催河上路。
至今夜行水泣聲，罔象欷歔鬼姦露。
土人作渠灌稻田，玄靈委順不敢怒[139]。

至靈州[140]

復入人烟境，村墟雞犬聞。
沙黄偏映日，樹緑正連雲。
古道流河潤，高嵐壓虜氛。
服箱轅下犉，東餉馬池軍[141]。

至威武堡[142]

候物催屯種，肩輿歷塞塵。
水縈三岔曉[143]，渠動七星春。
花氣酣歌鳥，荆叢翳鬪鶉。
麥畦青未了，路有告饑人。

鹵泛春畦白，陽回隴麥青。
山形夷夏界，渠利漢唐經。
燕早花前乳，鶯遲雨後聽。
客心淹冉冉，江樹望冥冥。

朔氣疑常閉[144]，春深始見花。
山青横鳥道，日白鬧蜂衙[145]。
土屋耕夫墅，雲峰戰士家。

褰帷把殘籍，不記在天涯[146]。

登廣武遠眺　總制　王瓊

鳴沙古渡急征笳[147]，鐵騎雲屯曉濟河。
廣武人稀非土著，棗園田少盡徵科。
赫連故壘游麋鹿，元昊遺宫長薜蘿。
試問守邊誰有策，老臣憂國鬢雙皤。

九日登花馬池城

白池青草古鹽州，倚嘯高城豁望眸。
河朔氈廬千里迥，涇原旌節隔年留[148]。
轅門菊酒生豪興，鴈塞風雲愜壯游。
諸將祗今多衛霍[149]，佇看露布上龍樓。

邊城

漠漠窮邊路，迢迢一騎塵。
四時常見雪，五月未知春。
宵旰求賢意，馳驅報主身。
逢時今老大，羞作素餐人。

中秋同霍軍門長城關對月　巡撫　王崇古

愛爾清秋月，長城此共看。
邊聲傳大漠，朔氣動皋蘭。
已照沙場骨，猶懸拜將壇。
壯猷瞻漢霍，乘月靖呼韓。

夏城巡邊曉發[150]　巡撫　楊守禮

寂寞邊城道，春深不見花。
山頭堆白雪，風裹捲黄沙。
計拙心惟赤，愁長鬢已華。
晋雲連塞草，回首各天涯。

山中夜坐

絶塞通胡地，孤臣夜坐時。

閑雲歸岫遠，新月上山遲。
據險重關固，勒名萬里奇[151]。
不須愁老大，忠孝是男兒。

宿平羌堡

駐節平羌堡，殘霞入照多。
寒烟浮土屋，衰草藉山阿[152]。
立馬傳新令，張燈奏凱歌。
明朝應出塞，鼙鼓萬聲和。

入平虜城

黄風吹遠塞，暝色下荒城。
門掩鐘初度，人喧雞亂鳴。
胡笳如在耳，軍餉倍關情。
惆悵渾無寐，隔簾山月明。

游南塘

小艇容賓主，乘閑半日游。
隔簾人喚酒，泊岸柳迎舟。
垂釣雙魚出，隨波一鴈浮。
夕陽催去馬，清興轉悠悠[153]。

再游得魚字韵

罷舞徵新曲，傳觴索饌魚。
南風催棹急，細雨入簾疎。
映酒花偏媚，藏鶯柳任舒。
相逢俱是客，爛醉意何如？

夏城坐雨　　主事　李夢陽

河外孤城枕草萊，絶邊風雨送愁來。
一秋穿塹兵多死，十月燒荒將未回。
往事空餘元昊骨，壯心思上李陵臺。
朝廷遣使吾何補，白面慚非濟世才。

夏城漫興

行盡沙陲又見河，賀蘭西望碧嵯峨。
名存異代唐渠古，雲鎖空山夏寺多。
萬里君恩勞饋餉，三邊封事重干戈。
朔方今難汾陽老，誰向軍門奏凱歌。

秋臺獨坐　僉事　孟霦

獨坐更深銷篆香，月光滿地白於霜。
重門寂寞横金鎖[154]，何處鐘聲到畫堂。

入口犒軍

出塞横雙戟，驅兵仗虎臣。
蘭山含積雪，五月未知春。
鐵馬銜風急，雲旗耀日新。
登高眺朔漠，萬里絶胡塵。

南塘舟讌

畫艇羅英彦，澄湖漾緑萍。
緩隨波上鳥，數過柳邊亭。
遠嶂晴雲白，孤城晚樹青。
歌殘軒騎動，林外已疎星。

同客泛舟分臣字韵①

綵鷁隨流去，清游滿座賓。
湖空鷗鷺下，岸遠艾荷新。
雲影摇歌席，波光映舞人。
納凉疎箔捲，送酒小舟頻。
紫塞開靈境，龍沙息虜塵。
天隅同泛梗，谷口遇垂綸。

① 《朔方新志》卷五《詞翰·詩·同客泛舟分臣字韻》載此詩詩序曰："余閲寧鎮，册使章公懷愚歸，年丈春陽同飲南塘，賦此，併呈大中丞黄公梓山。"

痛飲酬良會，渾忘是遠臣。

登黑寶塔

暖日行郊郭，林深訪釋迦。
寒荒時見鴈，春暮不逢花。
碧水浸斜徑，輕蕪出軟沙。
邊城名將在，海外絶胡笳。

敞筵春晝永，久坐午陰移。
携酒思登塔，開軒看奕棋。
院空芳樹覆，野静白雲遲。
醉客耽佳夕，重將玉笛吹。

秋征　總兵　蕭如薰

新秋呈霽色，塞草正豐茸。
杞樹珊瑚菓，蘭山翡翠峰。
出郊分虎旅，乘障息狼烽。
坐乏紆籌策，天威下九重。

登牛首山

理棹還登岸，攀蘿入紫烟。
雲霄千嶂出，色界一燈懸。
石蘚碑磨滅，金光像儼然。
不須探絶勝，即此是諸天。

聞道經臺古，如來説法年。
樹因藏垢拔，水爲渡迷穿。
無我終無相，空門不二緣。
豈惟忻此遇，投老要歸禪。

寧河臺成登眺①　巡撫　羅鳳翱[155]

津口新成百尺臺，深秋登望戍烟開。

① 《寧河臺成登眺》詩共二首，此爲其一。參見《朔方新志》卷五《詞翰・詩・寧河臺成登眺二首》。

蘭山直亘北荒去[156]，河水遥從西極來。
漠漠白沙伏毳幕，茫茫緑野遍農垓。
清平渾似中原地，干羽風光始見回。

賀蘭山歌　閲寺　周弘禴

幅員率土，惟王之疆。
天子命我，閲彼朔方。
朔方正漠漠，河水偏湯湯。
獮猴愁絶嶠，特地陵窮蒼。
西望川底，東望咸陽，北指黄甫，南跳甘凉。
原隰目寥廓，霸氣常昂藏。
炎漢開基入圖版，偏遣官田置恒産。
七橋九壩稻花肥，浮白沉糟照青眼。
渡江失却麒麟符，伊洛割裂争五胡。
鐵弗小兒恣驕虐，負嵎竊據傍雄圖。
蒸土築牆錐不入，統萬城邊白骨枯。
白骨枯，勃勃死。赫連亡，拓拔起。
没羽射鶴竟何如，卜骨燒羊總徒耳。
吴張號川真么魔，韓范經略看敝屣。
怖鴿冲飛飛上天[157]，組練僕姑哀好水。
堂堂四業朝諸侯，忍向降夷稱父子。
從此名山接大荒，李家渠畔露瀼瀼。
豈無城社同羌僰，從有衣冠似夜郎。
六百年來一翻掌，八千里外通朝享。
熊羆列隊共揚旌，犬羊編户齊稽顙。
瑞崖珮璫登仙壇，瓊枝鸚鵡巢青鸞。
赤木崔巍長瑶草[158]，莎蘿汗漫浮紫瀾。
積雪泠泠見堆土，喬松謖謖鳴層巒。
遥想匡廬、峨眉、太室[159]、九峰，形勝相上下。
噫嘻，賀蘭山兮，非復昔日之賀蘭！

楊大中丞楚璞留飲豫順堂賦贈　御史　黄彦士

上相旌旄出上臺，小堂遥枕朔方開。

山連大漠飛霜迥，地逼黄河出塞來。
禹貢不臣荒服國，漢皇空上單于臺。
清時帷幄多閑暇，客到何妨數舉杯。

南地泛舟呈楊楚翁大中丞

清溪俯水暗通河，柳葉蘆花藉碧莎。
客到醉騎山間馬，興來書洗右軍鵝。

酒滿船艙秋滿空，歐公樂事物皆同。
却教鷗鷺知人意，不戀無心海上翁。

荻蘆花發最宜秋，池館霏微暑氣收。
疑是山陰乘雪後，不知明月滿汀洲。

秋來張翰思茫茫，荇帶牽風十里長。
澤畔沉碑人不見，到今猶説杜襄陽。

夏臺秋感[160]　　唐鑑

養素存吾拙，經時不下堂。
坐觀人事改，似與俗情忘。
葉落知秋感，蛩吟覺夜長。
此身渾是寄，何必問他鄉。

西夏遠眺

孤客三春暮，登樓四望開。
崆峒横地出，星海接天來。
節鉞資文武，恩威洽草萊。
左賢已款附，何處有塵埃。

載酒依危堞，春風坐夕陽。
泉流通渭曲，野色盡秦疆。
看劍悲時事，長歌戀故鄉。
誰知班定遠，勳烈在殊方。

東劉默庵僉憲

益津雲樹杳天涯，持節虚勞漢使槎。
鳧浴鷺飛應自得，桃紅李白幾村斜。
賀蘭山下霜封戍，靈武臺邊月照沙。
誰念班超身萬里，蒙戎馬上奏胡笳。

復登長城關　總制　石茂華

擁傳提兵兩歲過，朔城戎幕動鳴珂。
茫茫大野飛鴻渡，漠漠平沙晚照多。
萬古塞愁沉戍壘，千年征怨付烟蘿。
而今已報欃槍掃，飲馬遥看瀚海波。

宿小鹽池

弭節鹽池側，秋光淡戍臺。
鴈聲雲外墮，夜雨樹間來。
猛士安能得，邊愁不可裁。
長歌聊徙倚，或有伏車哀。

壬子行邊暖泉暫憩①　憲臬　劉尚朴

驅車歷旱海，此際水泓然。
脉湧崑崙石，温生黍谷泉。
蘧廬清眼界，柳榭媚風烟。
爲念荷戈士，投醪惠百川。

塞上三首

旄團赤日驥追風，將士如雲虎豹雄。
只有壺中白羽箭，不須重問黑山戎。

金鼓旗門大將營，穹廬早徙北山清。
健兒驕馬渾無事，射得黄羊帶血行。

① 壬子：萬曆四十年(1612)。

麒麟閣畫將軍像，鴻鴈雲排戰陣圖。
奮臂林間三力士，過河先擊五單于。

賦出塞　　總制　郜光先

塞草冬霜白，寒風冷鐵衣。
囊戈慚豹略，錦服愧魚飛。
隴水蕭關急，戍摟漢月微。
邊行隨小隊，酋首獻羊歸。

南塘泛舟　　郎中　陳集

長夏陰陰柳帶烟，將軍清酒載樓船。
遠山倒浸光浮座，低樹隨波影入筵。
胡月不驚黄峽口，麥雲已熟黑山田。
主人愛客還希范，豈慕風流學水仙。

書懷　　副使　殷仁

黄河東去三十里，春草西連一片雲。
把酒送君無限意，不堪榆雪落紛紛。

梅所　　承廣

客以梅爲所，移梅取次栽。
花枝向南發，山色自西來。
清影孤窻月，黄昏一酒杯。
揚州有何遜，東閣待誰開。

金波湖棹歌①　　僧　静明

畫船摇向藕花西[161]，一片歌聲唱和齊[162]。
黄鳥也知人意樂，時時來向柳邊啼。

漢渠春漲　　清　巡撫　黄圖安

朔塞井疆自古聞，渠成時雨鍤成雲。

① 《金波湖棹歌》詩共有十首，此爲其中一首，參見《〔正統〕寧志》卷下《文》。

源開星宿天邊至，浪泛桃花隴畝分。
千里荒邊饒灌溉，萬家渴壤盡氤氳。
分來河潤成肥沃，疏濬春工莫憚勤。

南樓秋色

相携樽酒坐南薰，潦盡天高爽氣分。
萬户清砧敲落葉，千山征鴈度寒雲。
豐登歲喜村烟接，蜡報時傳賽鼓聞。
探騎蕭蕭烽火静，防秋不復遠行軍。

黑寶浮圖

凌霄寶塔鎮禪宫，紫塞關山四望通。
座湧蓮峰垂象教，花飛雲牖侈神工。
梵聲縹緲諸天外，色界蒼茫一氣中。
盛世清平多暇日，閑聽法鼓演宗風。

泛舟

舫閣乘凉一棹通，青山佳色落湖中。
霞光倒映荷花水，雲氣低連楊柳風。
歌動游魚聞近檝，舞回征鴈見浮空。
清時游覽襟懷闊，晚景酣呼興不窮。

間咏二絶

落花天氣半晴陰，好去尋芳傍碧林。
是物含情知愛惜，鶯聲聲裏唤春深。

桃花水到報平渠，喜動新流見躍魚。
一枕羲皇午夢後，數行小試右軍書。

劉孝吾鎮臺邀集南塘

草木驚黄落，湖天轉淨澄。
葭聲響淅瀝，秋色高稜層。
晚照登舟好，中流砥柱能。

蒸徒頗會意，款乃入菰菱。

野望　　**縣丞　劉芳猷　郡人**[163]

秋色到邊城，蕭蕭牧馬鳴。
長空看鳥盡，遠水逼沙明。
風雨疑天意，江山矯世情。
河流歸目下，遥矚海雲生。

過普濟庵贈石屏上人

渠轉招提出，重臺趁柳灣。
地幽藏别境，雲暗傲深山。
小座塵囂遠，清言俗慮删。
漫言車馬地，静者自能閒。

朔方

西峙蘭山爽氣凌，東流黄水日奔騰。
人烟漠漠聯村落，畎畝鱗鱗傍水塍。
塞北江南名舊得，嘉魚旱稻利同登。
偶看兒女弓刀戲，不覺臨風百感增。

邊城

邊城鬱鬱只風霾，對此安能好放懷。
齋馬於今成款段，敝貂疇昔易茅柴。
熱腸到處因癡誤，傲骨何能與世偕。
遥望賀蘭山色好，幾回選勝鮮同儕。

絶塞

絶塞風光遲暮開，江南景物意中裁。
蒲抽嫩笋争輸竹，杏勒寒花肯讓梅。
曲徑分流天上水，輕陰遥引地中雷。
科頭躧履忘行止，野閣山亭日幾回。

雨餘登無量臺

一天雨氣逼秋來，六月凉生亦快哉。
緩步科頭尋古寺，振衣長嘯上高臺。
湖光瀲灩杯中落，山色横披畫裏開。
不是閑人誰到此，磬音寂處少塵埃[164]。

大渠工竣恭頌四言四十八韵　　劉庶

惟皇建極，式厚民生。
曠土咸宅，隙壤皆耕。
矧兹查漢，沃野砥平。
載耘載耔，實利邊氓。其一

伊昔外柔，析支是踞。
草茂泉甘，漢彝並附。
廓清疆宇，毳帳斯去。
偶牧偶田，人心悦豫。其二

我皇握治，宵旰民依。
眷兹西顧，荒服農基。
在河之滸，疏導均宜。
經營相度，大臣聿咨。其三

兩曹協恭，受命率屬。
材庇工鳩，次第俱督。
若侈若先，或濬或築。
瞭若掌明，綿如縷續。其四

大工竣始，六羊暢流。
新渠創闢，厥口油油。
閘橋高控，分瀉上游。
漢唐尚矣，遜此皇猷。其五

綿亘蜿蜒，自南自北。
東西交流，上下如織。
暗洞飛槽，人工神力。
舊堵新畬，咸安稼穡。其六

賀蘭山下，紅柳灘東。
雲烟吐没，草棘蒙茸。
開荒闢野，十雨五風。
何如水利，不擾農功。其七

惟兹兩渠，貽厥美利。
旁引支分，流均派異。
畮畮原田，實宏灌溉，
萬頃膏腴，民天攸寄。其八

繄民樂業，擇土而居。
濃陰錯柳，新堞剖符。
金資内府，學啓諸儒。
占藉兩縣，葺我田廬。其九

田舍伊何，萬年世業。
外護長堤，永無沖决。
疏滯通淤，餘波又洩。
鞏固疆域，内安外悦。其十

天恩汪濊，萬國均懷。
肇興水利，疏瀹决排。
銀疆西鄙，神功克偕。
分溝列澮，膏澤無涯。其十一

况在邊隅，群黎仰化。
適彼樂郊，星言夙駕。
樂爾妻孥，睦其姻婭。

以喜以游，光天之下。其十二[165]

昌潤渠工竣恭紀[166]　　侍郎　通智

黄河别派六羊通，石閘巍然跨彩虹。
激起衆流增浪力，引開曲水灌田功。
川輝原潤千村聚，野緑禾青一望同。
從此遐荒歡鼓腹，群歌大有慰宸衷。

前題　　法海

長堤一帶柳毵毵，"永"字題橋閘有三①。
若説良田更無限，風光誰亞小江南。

前題　　張資

建閘通渠一水盈，雲根蹴起浪花生[167]。
澤流原野無邊潤，勢挾風雷不斷聲。
南畝農人兼暑作，豐年禾稼報秋成。
共知樂土恩波闊，擊壤歡呼咏太平。

前題　程光輔

淙淙一水發迢遥，疏引渠成架閘橋。
激石長傾星宿派，分濤宛聽浙江潮。
薰風解愠營南畝[168]，潤雨如酥借北條[169]。
功勒賀蘭山嶽峻，六羊汪濊聖恩饒。

重修漢渠暗洞落成②　　水利同知　王全臣

河流遠引漢唐中[170]，雙拖白練舞長虹[171]。
唐來西繞蘭山麓，漢延綿亘唐之東。
中間萬頃紛挹注，餘波總向湖中聚。
群湖宛轉東歸河，漢延堤高截去路。
古人立法妙有餘，地底鑽穴透漢渠。

① "永"字題橋閘有三：指永惠閘、永潤閘、永屏閘。
② 《寧夏府志》卷二一《藝文・詩》載王全臣詩序曰："漢渠之下舊有三暗洞，洩各渠餘水，歲久浸廢。予重爲修葺，且易以石，夏秋之交竟免泛濫。詩以紀之。"

就下能消群湖水，彷彿滄溟洩尾閭。
慨自河遷唐口咽，蓄之烏有焉用洩。
縱然石洞蹟猶存，一任沙泥久埋滅。
大清渠開水洋洋，迎水堤成勢更狂。
田間水滿翻爲虐，到處泛溢嗟懷襄。
尋得古洞皆木植，支撑渠底苦無力。
經營石甃洞惟三，奥若蛟宫不可測。
石梁潛架邃且幽，堅牢穩載漢渠流。
任他灌溉盈溝澮，暗把狂瀾細細收。
老農欣欣喜相告，年來鳴蛙産釜灶。
三洞賴我使君修，夏不旱兮秋不澇。
曾聞河源來自天，一曲伏流路幾千。
或是天吴聊小試[172]，暫移鰌穴到銀川。
紛紛行客頻過此，驚看渠底水瀰瀰。
道是策馬歷東陽，一派宫商清入耳[173]。
使君政暇可郊行，洞側清凉好駐旌。
爲聽澶湉河中去，盡是三渠擊壤聲。
予也聞之深愧謝，功以倖成勞獎借。
開渠修洞踵先賢，但願歲歲宜禾稼。

大清閘落成[174]

規模直與漢唐同，甃石浮杠落彩虹。
遠近縈紆分上下，縱横挹注任西東[175]。
惟知順水行無事，敢謂開渠輒有功。
最是亭成臨孔道，喜聞過客話年豐。

順導洪河入地中，漢唐得助益沖瀜。
群氓久食千秋利[176]，此日新添一溉功。
沙際堤環春草緑，橋頭額映晚霞紅。
閒來徙倚虚亭下，翻愛旁流筧向東。

昌潤渠工竣　水利同知　費楷

聖朝川瀆孕靈暉，支引河流石啓扉。

三峽連穿驚浪吼，雙龍起控怒濤飛。
町畦繡錯烟雲潤，原野膏深草木肥。
一道六羊綿澤遠，賀蘭環匝有光輝。

青銅禹蹟　　翰林　栗爾璋[177]　郡人

銅峽中間兩壁蹲[178]，何年禹廟建山根[179]。
隨刊八載標新蹟，疏鑿千秋有舊痕。
憑溯源流推遠德，採風作述識高門。
黄河永著安瀾頌，留取豐功萬古存。

賀蘭僧舍　　張燦　郡人

禪房幽隱萬山中，滿地松花曲徑通。
斗室升沉千古月，竹窻吐納四時風。
浮雲乍捲回峰碧，宿雨初收返照紅。
半點塵埃飛不到，鳥啼花落總歸空。

大悲閣望筆架山　　趙熊飛　郡人

裹粮游層山[180]，嵯峨登傑閣。
四圍列翠屏，一泉溜幽壑。
騁情窮遠目，覽景尋真樂。
鳥聲弦管奏，花態錦繡錯。
仰觀筆架山，三峰插寥廓。
何年巨靈闢，疑是鬼斧削。
我有筆生花，閑久將焉託？
願置此山巔，常伴雲霞爍。

征西鐃歌　　王廷臣　郡人

颯颯秋風厲，招摇直指西。
單于今滅蹟，石是漢家題。

金塔登高　　岳溶　郡人

西風吹帽鬢驚寒，逸興携壺上賀蘭。
酒泛黄英吞海嶽，詩成白雪富波瀾。

雲低却向城頭見，天遠翻從樹底看。
遥想登臨吟眺處，心胸眼界一齊寬。

咏賀蘭山　　胡秉正　郡人

西北天誰補，此山作柱擎。
蟠根横遠塞，設險壓長城。
俯瞰黄河小，高懸白雪清。
曾從絶頂望，灝氣接蓬瀛。

登賀蘭山漫興　　王敬修　郡人

始信蘭山峻，岧嶢不易攀。
路從峭石折，月傍極峰彎。
邊月晴河影，龍沙鎖漢關。
遥憐元昊業，泉咽冷松間。

西天古刹　　俞益謨

塞上西天無與齊，長空惟見白雲低。
静中方識蓮臺古，鬧裏誰將覺路題。
結室百年三藏裕，閉關千日七情撕。
禪燈高照慈光普，暮鼓晨鐘醒世迷。

防秋四首　　張珩

紅山返照堪圖畫，戍堞悲笳動客懷。
戎馬十年雙鬢白，深秋孤興與誰偕。

興武營西清水河，牧童横笛夕陽過。
逢人報道今年好，戰馬閑嘶緑草坡。

將士河邊飲馬回，元戎正在望高臺。
揚鞭隊隊如熊虎，欲縛單于俺不孩。

黄河影倒賀蘭山，紅柳灘頭奏凱還。
月色轅門横劍戟，忽聞鴻鴈度雲間。

中秋登長城關樓　　石茂華

戍樓危處一雄觀，大漠遥通北溟看。
月色初添沙磧冷，秋風直透鐵衣寒。
雖非文酒陪嘉夕[181]，賸有清暉共暮歡。
且喜休屠今款塞，長歌不覺露溥溥。

防秋花馬池　　石茂華

障亭直與塞雲班，入望盈盈白草孱。
河界龍沙趨砥柱，地連陸海擁秦山。
征夫遠出蕭關戍，胡騎初從麥朵還。
無奈邊人耕牧鮮，綏懷何計慰疲艱。

贈鄉賢俞君輔　　韓茨

風木傷心已十年，一朝崇祀始安然。
捐軀報國先完節，貤贈榮親表大賢。
議出鄉評光俎豆，碑刊野桑廣詩篇。
即今峽口人傳誦，好與貞襄作比肩。

城陷盡節自書　　清　知府　吕際韶

欲爲天家保郡城，苟延三日豈偷生。
到今一死臣心盡，惟有一詩答聖明。

初履鎮戎任　　清　鎮戎知縣　陳日新

抱簿稽丁口，疲癃十七家。
老鰥悲失婦，惸獨哭無爺。
補綴氈衣重，棲遲土穴斜。
蒼生如此困，徒愧俸錢賒。

長城關奠總制劉天和　　陳日新

居與公同鄉，仕與公同處。
公來築雄關，我來設縣署。
治兵與治民，道不外忠恕。

相隔三百年,神情抑何豫。
捧觴敬奠公,精魂何所御。
借問虜來時,守將胡急遽。
戰敗走硝河,天沈夜不曙。
仗公斬守將,一借留侯箸。
殺虜八千人,乾溝血皆瘀。
邊方尚憶公,長城雪飛絮。

西征留別　　清　廣東陸路提督　**張曜**

賀蘭駐節歲頻更,又奉丹書促遠征。
方愧安懷無善策,那堪士庶頌長城。
河聲山色增離感,白叟黄童見至情。
滿目瘡痍猶未復,不才何事益蒼生。

登賀蘭山　　清　知府　**謝威鳳**

下車覽風土,先上賀蘭山。
碧嶂開千里,黄河抱一灣。
赫連城渺渺,元昊地閒閒。
弔古尋遺蹟,蒿萊夕照殷。

西夏言民利,渠流冠古今。
漢唐垂法久,清惠比功深。
買犢欽賢哲,烹鮮有澍霖。
我來慚作郡,事事費沉吟。

憩園　　清　知府　**趙惟熙**

邊地無甘棠,小園聊可憩。
坐此心蹟清,天空新雨霽。

研山齋

賀蘭富研材,推砌成小山。
夙有臨池興,簿書儻餘間。

舊雨軒

舊雨客不來，開軒徒延佇。
造像西壁懸，如對鬚眉古。

凝碧亭

放衙鼓乍歇，題詩香欲熏。
時從牆缺處，飽看西山雲。

柳邊橋

柳外一橋横，春來衆緑舒。
憑欄偶垂釣，昨夜夢維魚。

小賀蘭

移彼嵯峨峰，構此小山形。
明月照莓苔，疑是萬松青。

蔓金渠

引渠入小園，課雨壓農事。
但求澤盈尺，不羨金鋪地。

落星湖

星宿導河源，餘波落此湖。
試飲一杯水，能似齊州無。

題常冠三都護一覽樓　都統　志鋭

背郭堂成静掩關，黄河如帶有無間。
爲邀佳客頻開閣，貪玩奇花每破顔。
地敞喜無遮眼樹，樓高常對列眉山。
主人雅有桑麻意，戴月携鋤且往還。

過平羌堡　清　協領　景琪

車行三十里，廢堡到平羌。

樹杪遠山曲，人家大道旁。
悲風何淅瀝，暝色自荒凉。
四月棉衣薄，身輕古戰場。

過三關　　景琪

因地以設險，此區名三關。
霸圖元昊去，終古賀蘭山。

馬遺踪蹟至屯莊有感　　教員　景秉鈞

屯莊乃昔志都護爲旗民屯田之所。訾撤地荒，不肖又或盜賣，今主人翁已易，老馬復遺踪蹟至莊，情何能已？因爲詩以寄慨焉。

失馬荒莊落日斜，凄凉誰種舊桑麻。
駑駘不識新更主，戀棧清溪踏淺沙。

賀蘭懷古　　清　舉人　吴復安

賀蘭山色望玲瓏，虎踞龍蟠氣象雄。
筆架高撑銀漢表，金波遥映戍樓中。
關名赤木層巒險，河出青銅萬派通。
烽堠一千三百所，籌邊策略記韓公。

賀蘭山勢抑何遒，險扼三邊據上游。
白雪浮巔雲外認，黄河環帶望中收。
赫連故壘蓬蒿亂，元昊遺宫鹿豕游。
割據雄圖今已矣，蒼烟漠漠鎖荒坵。

青銅禹蹟　　吴復安

何年疏鑿到青銅，禹洞深山縹緲中。
古塔排巒雲作陣，長河入峽浪翻空。
孤帆迷霧衝成白，落日銜山返照紅。
峭壁岈嵯相對峙，銀川鎖鑰此稱雄。

芳辰民國七年人日，由寧夏縣署省視春畊，歸途占此。　　王國柱　端民

歲首饒佳氣，晴明出城闉。

蘊藉揖山靈，爲余布陽春。
襲體寒意輕，照眼冰花皺。
堤柳夢初覺，拳枝如欲伸。
野鶴翩然翔，嶽嶽疑附神。
賽社奮羯鼓，秧詩雜沓陳。
珠綵綴油壁，迎喜紛行人。
和風從東來，陌上騰微塵。
老農狀傴僂，冠履徧一新。
長跪進壺榼，依依笑相親。
前歲雪未深，麥豆美如茵。
昨冬雪一尺，定卜穀成囷。
上官真福命，下官亦寬仁。
茅簷絶愁歎，幸作太平民。
嗟余舊家鄉，當户莽荆榛。
此地足吏隱，何須遠問津。
更造山人廬，迭坐無主賓。
娓娓叙寒暄，不及無道秦。
須臾客擊缶，鷄黍盤薦辛。
陶然共一醉，四願天無垠。
薄暮倦忘歸，樂哉此芳辰。

〔賀雲亭軍帥新修講武論文館落成及授勛位四首〕　王國柱

雲亭軍帥新修講武論文館落成，適中央特派長公子少雲星使賚勛位至，代授禮成，開筵觴客，盛極一時，因紀以詩。時民國七年五月。

奇男意氣貫長虹，弱冠征夷掛寶弓。
萬里旌旗依日月，廿年鉞斧鎮羌戎。
圍棋雅集東山雨，尊酒豪談北海風。
將略平生若餘事，從容裘帶信如龍。

金戈鐵馬出雄師，露布功成大將詞。
范老冲襟繫憂樂，陶公函紙寄安危。
三邊黑幕重光全，日隴蒼生慰望時。
正好淩雲揮健筆，瀧岡百尺寫豐碑。

聯翩方召拜圭璋，五色斕班晝錦堂。
袍笏一庭綿世澤，香花夾道迓天章。
絲綸繡出平原像，金碧輝生古佛光。
韵事好添團扇樣，家家圖畫郭汾陽。

烽烟千里慶澄清，校獵歸來逸趣生。
深柳濃陰閒讀畫，籌邊高矗笑譚兵。
蓮花曾燦郗生幕，棨戟常欽定遠名。
他日平泉開别墅，敢隨花木效敷榮。

自通昌堡歸署二首　八年二月。　**王國柱**

世變棼如此，吾民幸不移。
團茨新鴿屋，斲木舊牛池。
馬倦田初糞，鳩歡暖到枝。
春明巡縣鄙，未信道終危。

風愛湖山勝，三年别故鄉。
芷蘭香欲盡，松菊意全荒。
此地足幽興，兹游正艷陽。
邨歌勞指點，莫忘濯滄浪。

題吴節母高宜人小照　**焦沛南**

余客朔方，與吴副官懋德同事軍幕，嘗道其太夫人苦節，出眎小照索題，敬賦長句。
白髮鬅髻八一齡，手扶鳩杖坐閨庭。
刑家有道留高行，教子成名在《孝經》。
每醉蟠桃春靄靄，喜看慈竹晚青青。
德容儼雅知何似，寫照天邊婺女星。

〔重修朔方護軍使署工畢〕　**馬福祥**

重修朔方護軍使署工畢，賦四言韵語落成。意取警戒，非誇美外觀，故不作鋪張揚厲之辭，勒諸碑陰，兼贈來者。

堯階茆茨，禹卑宫室。

緊古尚儉，黜華崇實。
平泉花木，半間蟋蟀。
燕處優游，爲德之失。
我來朔方，舊署敝陋。
屋宇傾斜，垣墉未具。
邊事雲擾，豺虎蹲路。
堂構經營，弗遑瞻顧。
頻年用兵，斬棘披榛。
盾穿甲蟣，馬蕭車轔。
得天眷佑，仗國威稜。
賀蘭砥定，沙漠無塵。
市廛壖闠，民登春臺。
迺興土木，鳩工庀材。
堂皇峻整，幕府旁開。
武庫鏗鏘，羅城崔嵬。
居安思危，處常防患。
盈滿器欹，高明鬼瞰。
記閱江樓，銘待漏院。
馭朽治絲，勤勞無倦。
赫連之城，元昊之宫。
窮極壯麗，割據稱雄。
不務修德，民懷怨恫。
曾幾何時，禾黍秋風。
我本隴人，保衛桑梓。
鼙鼓逢逢，誠非得已。
荆室苟完，周道如砥。
閱歲工成，民亦勞止。
時事若靖，載戢干戈。
野無戰壘，甲洗銀河。
願與父老，同樂共和。
據案顧盼，肯斅伏波。

〔寧夏北門城樓告成賦〕　積石　張建

丁巳五月[①]，雲亭馬帥修葺寧夏北門城樓告成，賦詩落之。
巍巍北城樓，輪奂美如此。
既以資登臨，應教尊瞻視。
瞰河盡九曲，看山窮千里。
爲問主者誰，寧夏護軍使。
爲問軍使誰，抱罕之馬氏。
馬氏豪傑多，惟公雄無比。
好武復好文，得人必得士。
擒賊每擒王，愛民如愛子。
今夏羽書稀，顧見城樓圮。
湯盤銘日新，靈臺賦經始。
爰法古聖賢，重修舊基址。
兩户納天風，一檽襯湖水。
倚斗望京華，解愠得琴理。
仰觀玉宇清，俛察銀畺敉。
日夕居高明，輿頌聽樂只。
賤子入幕賓，追隨閱年紀。
賦詩落其成，可能令公喜。
公望滿中西，公年才强仕。
十萬劍横磨，三邊烽未已。
握手議中原，安危仗公耳。
禮義爲干城，忠信爲營壘。
賢能爲戈矛，才俊爲鞭箠。
德聲遍九垓，何需城百雉。
矧復此樓高，一覽小城市。
風月竟夕譚，管絃連朝起。
歌咏醉太平，賢者固如是。
贊皇詡籌邊，南朝誇結綺。
勞逸雖不同，寄託各有以。

---

① 丁巳：民國六年(1917)。

孰若公意深，山何作表裏。
遠以望氛祲，近以撫耒耜。
陳蹟留朔方，勛名光國史。
懸知後來人，登樓歎觀止。

前題　天水　**梁寯冕**　梅莊

城上高樓接大荒，須彌世界屢滄桑。
伏波智勇包天地，不數籌邊李贊皇。

山色河聲共一樓，朔方全部掌中收。
而今四野無戈馬，滿目蕭蕭蘆荻秋。

賀蘭山下陣如雲，鶴唳風聲咄咄聞。
頡利成禽魚貫柳，黃龍痛飲岳家軍。

壯士長歌入漢關，金鐃鼙鼓唱刀環。
元戎樓上揮神筆，此是夷吾幕府山。

規邊蚤築受降城，笳鼓喧喧漢將營。
不有橫磨劍十萬，那教西賊膽頻驚。

赫連城闕埋幽草，元昊山河付逝波。
尚論千秋增感喟，英名終讓范韓多。

輕裘緩帶羊叔子，羽扇綸巾諸葛君。
拔劍倚天搔首問，盪胸簇簇起層雲。

春深到處長桑麻，娘饁男耕樂事奢。
不是帡幪真個大，巢林燕子竟無家。

已無虜騎附城陰，聞笛睢陽感慨深。
怪雨盲風吹不定，悠悠天地竟無心。

平懸北斗射蝥旗，帳下刀光列健兒。
莫謂清談能誤國，東山謝傅善圍碁。

四顧山光接水光，攙櫚葉戰晚風凉。
漁舟一棹歸何處，高下浮圖倚夕陽。

我自西泠盪槳來，鶴樓頂上醉銜杯。
邊城戲弄桓伊笛，笑問寒梅開未開。

前題　　黄國華

一上層樓興便豪，放開眼界騁游翱。
明妃塞上留青冢，胡虜庭空長碧蒿。
大地雄圖龍虎壯，邊城傑構斗牛高。
將軍自是宏韜略，好倚危欄拭寶刀。

近挹山光到賀蘭，凉侵几簟暑都殘。
雲移佛塔倒涵影，風度女牆高覺寒。
北望滄溟天漠漠，南來車馬路漫漫。
數叢蘆荻一湖水，坐看群鷗浴遠灘。

俛看黄河檻外流，萬家阡陌望中收。
天生石峽富寧夏，地接金湯卜有秋。
渠業尚遺唐漢蹟，濤聲應洗古今愁。
關山不盡征人感，惆悵臨風一倚樓。

戎馬倉皇世道危，登臨何處弔龜兹。
北門鎖鑰思良將，漢代衣冠異昔時。
歲月人間空過隙，風雲海上正交馳。
秀才憂樂關天下，廊廟江湖夙所期。

蒼茫極目野烟低，策策風生牧馬嘶。
故壘零星環塞北，孤山無恙抱城西。
傷心往事談清季，入耳方音雜狄鞮。

賴有使君勞鎮撫，邊陲從此卧征鼙。

巴陵勝狀洞庭多，回首岳陽今若何。
萬里鄉心傳塞雁，三邊風景老明駝。
政聲久慕陳驚座，勛業常懷馬伏波。
留得斯樓傳不朽，威名長此鎮山河。

前題　巴陵　王國柱

鎖鑰北門施，將軍百載規。
一樓高可扼，萬户屋皆炊。
榆塞中心佔，蘭山右臂支。
斯民今衽席，往事應追思。

西夏古名勝，河山劫後新。
中原復多事，何地許行唫。
德裕籌邊日，安東愛士心。
依人王粲老，感嘅一登臨。

前題　湘陰　焦沛南　澍恩

朔方自古稱雄鎮，鎖鑰北門疇克任。
追思郭李建殊勛，不見古人心起敬。
雲亭馬帥綰軍符，愁聽鄰疆金鼓震。
狼山河畔蚤擒王，單騎休言魚麗陣。
榆林塞上斬長蛇，枹罕子弟齊用命。
今年三月僞皇來，要建都城奴萬姓。
帥扶母櫬方在途，羽書連夜催歸迅。
指揮鵶隊四圍抄，忽報酋捦賀蘭徑。
歷年寇盜夥如毛，齊付洪爐一燎盡。
俯看壁壘逐時新，安不忘危古所訓。
城樓修葺綺窗開，四野桑麻樂其性。
漁舟互唱夕陽紅，葦草牽連湖水艷。
風送河聲一枕高，天開山色千峰静。
將軍好文不好武，與客清談風月古。

紋枰一局日正長，興酣把筆歌且舞。
隨風欬唾珠玉生，觴共雲飛衆仙聚。
醉歌題句令人驚，搔首欲問天尺五。
獨依北斗望燕雲，悔不請纓入行伍。
滄桑世局變益奇，鼎沸神州竟無主。
元戎愛國本天成，悲世憫人淚如雨。
安排討逆搗黄龍，投筆書生願負弩。
待看奏凱上城闉，欃槍已落肅天宇。
登臨願告後來人，昔日籌邊心思苦。

前題　　導河　**馬恕**

偶向銀疊賦壯游，長城重望羡通侯。
閻公讌客同登閣，德裕籌邊獨建樓。
幕下群英雛鳳侶，軍中健將子龍儔。
文經武緯才兼備，西北勛名孰與侔。

百尺高樓好舉觴，主人最喜是同鄉。
屯營不亞條侯柳，茇舍咸留召伯棠。
白屋蒙庥銘駿惠，緑林屏蹟震鷹揚。
北門鎖鑰欣堅固，共頌萊公智略長。

前題　　**馬良**　眉生

朔方自昔稱雄鎮，城闕由來極天峻。
兵燹頻經瓦礫殘，將軍蒞此收餘燼。
民國開幕套患生，將軍曾賦兵車行。
衛霍勛名今又著，封狼居胥鬼神驚。
前年金匪犯靈武，今夏僞皇侵邊土。
均賴雄師一鼓平，餘威遠播誰予侮。
安不忘危慮患深，休言頡利已成擒。
垣墉高築固吾圉，不惜萬千捐俸金。
重修城闕五雲起，贊皇籌邊意未已。
大匠經營慘淡中，臨春結綺何堪擬。
射虎斬鯨事暫休，暇從北道主人游。

新收戎馬三邊地，高卧元龍百尺樓。
樓上窗櫺開四面，天風浪浪泠然善。
黄雲遍野歲有秋，漢唐故渠美利見。
將軍登此若登壇，先治軍事後倚欄。
賀蘭作礪黄河帶，佳氣葱葱極大觀。

前題　何樸 實齋

百尺干霄古戍樓，伏波銅柱並千秋。
登臨不盡興亡感，且倚欄干望斗牛。

緑滿平疇看耦畊，賀蘭西峙大河横。
年來不洗兵戈淨，那得田家樂歲聲。

四面山光接水光，危欄曲檻納新凉。
樓中多少平原客，欲摘星辰飛羽觴。

自從河套凱歌還，羽扇綸巾鎮日閒。
安不忘危須記取，莫教胡馬度陰山。

前題　馬光宗

百尺堅城百尺樓，朔方名勝眼中收。
籌邊自古抒奇策，豈爲湖山一舉頭。

數載綏邊費苦辛，高樓氣象喜更新。
今朝賭酒投壺客，半是身經百戰人。

挽湯烈婦四首　焦沛南

可憐薄命紅顔女，幾度閨中欲捨身。
生怕藁砧添别恨，重泉相見永相親。

傷心物在人安在，重檢衣裳意欲何。
夜静背人都剪破，破痕猶見淚痕多。

從容殞罷心猶熱，膏咽芙蓉苦亦甜。
此去蓬山長聚首，雙飛雙宿笑鶼鶼。

不顧萬金惟願死，輕財重義女英雄。
建坊矗立蘭山下，長使蛾眉拜下風。

〔歌詞〕

塞垣秋思·[182]調浪淘沙　　朱栴[183]

塞下景荒凉，淡薄秋光[184]，金風淅淅透衣裳。讀罷安仁《秋興賦》，憀慄悲傷[185]。　廿載住邊疆，兩鬢成霜，天邊鴻鴈又南翔。借問夏城屯戍客，是否思鄉？

冬日漫興·[186]調鷓鴣天

天闊雲低散玉花[187]，茫茫四野少人家。嚴霜凜凜侵肌骨，貂帽隨風一任斜。　沙似雪，雪如沙，漫斟綠醑聽琵琶[188]。瓊樓玉宇今何在，天上人間道路賒。

與吴謙·①調春雲怨

龍沙三月，尚不見桃杏紅芳顏色。鎮日惡風頻起，柳困欲眠眠不得。夕陽啣山[189]，暮雲横嶺，憔悴江南倦游客。鄉國他年，關河今日，到此欲愁絶。　可憐孤負佳時節。正清明禁火，幽懷縈結，怕聽胡笳韵悲咽。古道紅塵，旅館清烟，酒旗高揭。一曲詞成，九回腸斷，矯首賀蘭巀嵲。

調臨江仙[190]

塞上冰霜三十載，新來華髮盈顛。韋城風景自堪憐。螺峰初雪霽，月榭淡籠烟。　想得靈州城下路，綠楊芳草依然。黄騮蹀躞杏花天。丙辰初日出，南上渡頭船。

西夏漫興·[191]調搗練子

風陣陣，雨潺潺，五月猶如十月寒。塞上從來偏節令，倦游南客憶鄉關。

賀蘭懷古·調朝中措　　朱秩炅

朝嵐掃黛半陰晴，凉透葛衣輕。野黍離離，水禽哳哳，隴麥青青。　百年

---

① 原志在“與吴謙”三字後有注曰：“時謙客塞下。”

遺址埋烟草，此日又重輕。浮生幾許，可堪回首，觸處牽情。

除夕偶成・調浪淘沙　馮清

鼓角數寒更，香爇燈明，笙簫沸鼎雜歌聲[192]。繞膝兒孫歡笑處，椒酒頻傾。　臘去莫相驚，便是新正，歲華終始片時爭。塞柳江梅傳信到，萬物春榮。

上元夜・調好事近

輕暖布東風，燈月千門如晝。畫角吹老寒梅，隨水聲清漏。　瑞烟九陌逐，香塵人影紛如簇。正是春滿乾坤，樂太平時候。

大渠工竣・調漁家傲　守備　沈鴻俊　郡人

鑿口導河吞洩利，大渠膏澤釀如醴。鬧敞薰風波錯綺，東渡水，交流穿過蟠龍尾。　灌沃原田三百里，邊氓樂業如歸市。上下命官分撫字，興圖啓，銀疆奏績天顔喜。

昌潤渠工竣・調漁家傲　陳世琦

盛世嘉猷因亦創，旁分九曲河流暢。白石層層千尺浪。相摩蕩，門如箭括波濤壯。　兩岸膏腴新水漲，農耕婦饁還携盎。村落參差相倚傍。堪眺望，新禾嫩緑平原曠。

【校勘記】

［1］朔方形勝賦：《〔嘉靖〕寧志》卷八《文苑・文》題作《西夏形勝賦》。

［2］阻：原作"沮"，據《〔嘉靖〕寧志》卷八《文苑・文・西夏形勝賦》、《朔方新志》卷四《詞翰・朔方形勝賦》改。

［3］鋪：《〔嘉靖〕寧志》卷八《文苑・文・西夏形勝賦》作"館"。

［4］晴懸：原作"暗懸"，據《〔嘉靖〕寧志》卷八《文苑・文・西夏形勝賦》、《朔方新志》卷四《詞翰・朔方形勝賦》改。

［5］平虜城：原作"平羅城"，據《〔嘉靖〕寧志》卷八《文苑・文・西夏形勝賦》、《朔方新志》卷四《詞翰・朔方形勝賦》改。

［6］州：原作"舟"，據《〔嘉靖〕寧志》卷八《文苑・文・西夏形勝賦》、《朔方新志》卷四《詞翰・朔方形勝賦》改。

［7］槎：《〔嘉靖〕寧志》卷八《文苑・文・西夏形勝賦》作"差"。

［8］桃蹊：原作"桃溪"，據《〔嘉靖〕寧志》卷八《文苑・文・西夏形勝賦》、《〔康熙〕陝志》卷三

二《藝文·朔方形勝賦》改。

[9] 晴雪：原作"暗雪"，據《〔嘉靖〕寧志》卷八《文苑·文·西夏形勝賦》改。

[10] 奕奕：此同《〔乾隆〕甘志》卷四六《藝文·朔方形勝賦》，《〔嘉靖〕寧志》卷八《文苑·文·西夏形勝賦》、《朔方新志》卷四《詞翰·朔方形勝賦》均作"燁燁"，《〔康熙〕陜志》卷三二《藝文·朔方形勝賦》作"華華"。

[11] 梃梃：《〔嘉靖〕寧志》卷八《文苑·文·西夏形勝賦》、《朔方新志》卷四《詞翰·朔方形勝賦》作"梴梴"。

[12] 鏗鏗鏘鏘：此四字原脱，據《〔嘉靖〕寧志》卷八《文苑·文·西夏形勝賦》補。

[13] 亭障之烽烟：此同《〔乾隆〕甘志》卷四六《藝文·朔方形勝賦》，《〔嘉靖〕寧志》卷八《文苑·文·西夏形勝賦》、《朔方新志》卷四《詞翰·朔方形勝賦》均作"犬彘之腥羶"。

[14] 焦濩：此同《〔乾隆〕甘志》卷四六《藝文·朔方形勝賦》，《〔嘉靖〕寧志》卷八《文苑·文·西夏形勝賦》、《朔方新志》卷四《詞翰·朔方形勝賦》均作"焦穫"。

[15] 李聽：原作"李龍"，據《〔嘉靖〕寧志》卷八《文苑·文·西夏形勝賦》、《朔方新志》卷四《詞翰·朔方形勝賦》改。

[16] 仆：《〔嘉靖〕寧志》卷八《文苑·文·西夏形勝賦》作"什"。

[17] 沙漠塵空：此同《〔乾隆〕甘志》卷四六《藝文·朔方形勝賦》，《〔嘉靖〕寧志》卷八《文苑·文·西夏形勝賦》、《朔方新志》卷四《詞翰·朔方形勝賦》均作"烽燧息烟"。

[18] 麋鹿：此同《〔乾隆〕甘志》卷四六《藝文·朔方形勝賦》，《〔嘉靖〕寧志》卷八《文苑·文·西夏形勝賦》、《朔方新志》卷四《詞翰·朔方形勝賦》均作"玁狁"。

[19] 哉：此同《〔乾隆〕甘志》卷四六《藝文·朔方形勝賦》，《〔嘉靖〕寧志》卷八《文苑·文·西夏形勝賦》、《朔方新志》卷四《詞翰·朔方形勝賦》均作"載"。

[20] 議者：此同《朔方新志》卷四《詞翰·朔方形勝賦》，《〔嘉靖〕寧志》卷八《文苑·文·西夏形勝賦》作"識者"。

[21] 玄虚：原避清聖祖玄燁諱改作"元虚"，據《朔方新志》卷四《詞翰·朔方形勝賦》回改。下同。

[22] 階：此同《朔方新志》卷四《詞翰·朔方形勝賦》，《〔康熙〕陜志》卷三二、《〔乾隆〕甘志》卷四六《藝文·朔方風俗賦》均作"偕"。

[23] 顛末：《朔方新志》卷四《詞翰·朔方形勝賦》作"頭末"，《〔康熙〕陜志》卷三二、《〔乾隆〕甘志》卷四六《藝文·朔方風俗賦》均作"巔末"。

[24] 爾：此同《朔方新志》卷四《詞翰·朔方形勝賦》、《〔乾隆〕甘志》卷四六《藝文·朔方風俗賦》，《〔康熙〕陜志》卷三二《藝文·朔方風俗賦》作"而"。

[25] 典故：此同《朔方新志》卷四《詞翰·朔方形勝賦》，《〔康熙〕陜志》卷三二、《〔乾隆〕甘志》卷四六《藝文·朔方風俗賦》均作"故"。

[26] 徃城：此同《朔方新志》卷四《詞翰·朔方風俗賦》，《〔康熙〕陜志》卷三二、《〔乾隆〕甘志》卷四六《藝文·朔方風俗賦》作"來城"。

[27] 徽：此同《朔方新志》卷四《詞翰·朔方風俗賦》、《〔乾隆〕甘志》卷四六《藝文·朔方風俗

賦》,《〔康熙〕陝志》卷三二《藝文·朔方風俗賦》作"徹"。

[28] 四遐:此同《朔方新志》卷四《詞翰·朔方風俗賦》,《〔康熙〕陝志》卷三二、《〔乾隆〕甘志》卷四六《藝文·朔方風俗賦》均作"四野"。

[29] 叵度:原作"巨度",據《朔方新志》卷四《詞翰·朔方風俗賦》,《〔康熙〕陝志》卷三二、《〔乾隆〕甘志》卷四六《藝文·朔方風俗賦》改。

[30] 丘:原作"兵",據《〔康熙〕陝志》卷三二、《〔乾隆〕甘志》卷四六《藝文·朔方風俗賦》改。

[31] 趨乎峽口瀉乎石瀨:二"乎"字原脱,據《朔方新志》卷四《詞翰·朔方風俗賦》,《〔康熙〕陝志》卷三二、《〔乾隆〕甘志》卷四六《藝文·朔方風俗賦》補。

[32] 磅礴:此同《朔方新志》卷四《詞翰·朔方風俗賦》,《〔康熙〕陝志》卷三二、《〔乾隆〕甘志》卷四六《藝文·朔方風俗賦》均作"旁薄"。

[33] 馬牙:此同《朔方新志》卷四《詞翰·朔方風俗賦》,《〔康熙〕陝志》卷三二、《〔乾隆〕甘志》卷四六《藝文·朔方風俗賦》均作"馬芽"。

[34] 尚方:原作"上方",據《朔方新志》卷四《詞翰·朔方風俗賦》,《〔康熙〕陝志》卷三二、《〔乾隆〕甘志》卷四六《藝文·朔方風俗賦》改。

[35] 礬:此同《〔乾隆〕甘志》卷四六《藝文·朔方風俗賦》,《朔方新志》卷四《詞翰》、《〔康熙〕陝志》卷三二《藝文·朔方風俗賦》均作"樊"。

[36] 漢苑:原作"上苑",據《朔方新志》卷四《詞翰·朔方風俗賦》,《〔康熙〕陝志》卷三二、《〔乾隆〕甘志》卷四六《藝文·朔方風俗賦》改。

[37] 薌秔:原作"香秔",據《朔方新志》卷四《詞翰·朔方風俗賦》,《〔康熙〕陝志》卷三二、《〔乾隆〕甘志》卷四六《藝文·朔方風俗賦》改。

[38] 龐盧:原作"厖盧",據《朔方新志》卷四《詞翰·朔方風俗賦》,《〔康熙〕陝志》卷三二《藝文·朔方風俗賦》改。

[39] 儦儦:原作"傀傀",據《詩經·齊風·艇墐》"汶水滔滔,行人儦儦。"改。

[40] 莘尾:原作"辛尾",據《朔方新志》卷四《詞翰·朔方風俗賦》及《〔康熙〕陝志》卷三二、《〔乾隆〕甘志》卷四六《藝文·朔方風俗賦》改。

[41] 高臺:此同《朔方新志》卷四《詞翰·朔方風俗賦》,《〔康熙〕陝志》卷三二、《〔乾隆〕甘志》卷四六《藝文·朔方風俗賦》均作"臺榭"。

[42] 玲瓏:此同《〔康熙〕陝志》卷三二、《〔乾隆〕甘志》卷四六《藝文·朔方風俗賦》,《朔方新志》卷四《詞翰·朔方風俗賦》作"珍瓏"。

[43] 朱網:原作"珠網",據《朔方新志》卷四《詞翰·朔方風俗賦》,《〔康熙〕陝志》卷三二、《〔乾隆〕甘志》卷四六《藝文·朔方風俗賦》改。

[44] 圍塘:此同《〔康熙〕陝志》卷三二、《〔乾隆〕甘志》卷四六《藝文·朔方風俗賦》,《朔方新志》卷四《詞翰·朔方風俗賦》作"圍唐"。

[45] 奕奕:《朔方新志》卷四《詞翰·朔方風俗賦》作"燁燁",《〔康熙〕陝志》卷三二《藝文·朔方風俗賦》作"�瑋"。

[46] 游瓌:原作"游環",據《舊唐書》卷一四四、《新唐書》卷一五六《韓游瓌傳》改。

[47] 珮：原作“佩”，據《朔方新志》卷四《詞翰・朔方風俗賦》、《〔康熙〕陝志》卷三二、《〔乾隆〕甘志》卷四六《藝文・朔方風俗賦》改。

[48] 冶：原作“治”，據《朔方新志》卷四《詞翰・朔方風俗賦》改。

[49] 及：原作“乃”，據《朔方新志》卷四《詞翰・朔方風俗賦》，《〔康熙〕陝志》卷三二、《〔乾隆〕甘志》卷四六《藝文・朔方風俗賦》改。

[50] 芋草：原作“芊草”，據《朔方新志》卷四《詞翰・朔方風俗賦》、《〔康熙〕陝志》卷三二《藝文・朔方風俗賦》改。

[51] 枯槁：此同《〔康熙〕陝志》卷三二、《〔乾隆〕甘志》卷四六《藝文・朔方風俗賦》，《朔方新志》卷四《詞翰・朔方風俗賦》作“桔槁”。

[52] 冤：原作“兔”，據《朔方新志》卷四《詞翰・朔方風俗賦》，《〔康熙〕陝志》卷三二、《〔乾隆〕甘志》卷四六《藝文・朔方風俗賦》改。

[53] 邊陲：此同《〔康熙〕陝志》卷三二、《〔乾隆〕甘志》卷四六《藝文・朔方風俗賦》，《朔方新志》卷四《詞翰・朔方風俗賦》作“邊垂”。

[54] 弘敞：原避清高宗弘曆諱改作“宏敞”，據《朔方新志》卷四《詞翰・朔方風俗賦》回改。下同。

[55] 又：原作“及”，據《朔方新志》卷四《詞翰・朔方風俗賦》、《〔康熙〕陝志》卷三二《藝文・朔方風俗賦》改。

[56] 聲：原作“風”，據《朔方新志》卷四《詞翰・朔方風俗賦》，《〔康熙〕陝志》卷三二、《〔乾隆〕甘志》卷四六《藝文・朔方風俗賦》改。

[57] 落：原作“夕”，據《朔方新志》卷四《詞翰・朔方風俗賦》，《〔康熙〕陝志》卷三二、《〔乾隆〕甘志》卷四六《藝文・朔方風俗賦》改。

[58] 遠御：“御”原作“靖”，《文苑英華》卷一七七《將赴朔方軍應制》作“禦”，據《張説之文集》卷四《將赴朔方軍應制》改。

[59] 日月麗：“麗”，此同《全唐詩》卷八《將赴朔方軍應制》。《張説之文集》卷四、《文苑英華》卷一七七《將赴朔方軍應制》均作“送”，疑是。

[60] 張仁亶：此同《四庫》本《文苑英華》卷一七七，中華本《文苑英華》卷一七七作“張亶”，疑誤。

[61] 征：原作“懲”，《唐詩紀事》卷十作“徵”，據《四庫》本《文苑英華》卷一七七改。

[62] 武旆：此同《文苑英華》卷一七七，《唐詩紀事》卷十作“戍旆”。

[63] 餞：此同《文苑英華》卷一七七，《唐詩紀事》卷十作“飾”。

[64] 饗士：中華本《文苑英華》卷一七七作“約士”，《四庫》本《文苑英華》卷一七七作“結士”，《唐詩紀事》卷十作“得士”。

[65] 還：此同《文苑英華》卷一七七，《唐詩紀事》卷十作“遂”。

[66] 蘇頲：原作“蘇題”，據人名用字改。

[67] 虜：原作“鹵”，清避諱改，據《文苑英華》卷二六八回改。

[68] 塞：此同《駱賓王文集》卷三、《全唐詩》卷七九《宿温城望軍營》，《駱臨海集箋注》卷五《宿

温城望軍營》作“戍”。

[69] 斷：此同《駱賓王文集》卷三、《全唐詩》卷七九《宿温城望軍營》，《駱臨海集箋注》卷五《宿温城望軍營》作“亂”。

[70] 幔：此同《駱賓王文集》卷三、《全唐詩》卷七九《宿温城望軍營》，《駱臨海集箋注》卷五《宿温城望軍營》作“祲”。

[71] 召勛：《駱賓王文集》卷三《宿温城望軍營》作“顧勛”，《駱臨海集箋注》卷五《宿温城望軍營》作“霍勛”，疑“霍勛”是。

[72] 送劉評事充朔方判官：《高適詩集編年箋注》題作《送劉評事充朔方判官賦得征馬嘶》。

[73] 高適：二字原無，據《寧夏府志》卷二一《藝文志・詩》補。

[74] 未休：《高適詩集編年箋注・送劉評事充朔方判官賦得征馬嘶》作“不休”。

[75] 鹽州過飲馬泉：《文苑英華》卷二九九題作《過五原至飲馬泉》，《全唐詩》卷二八三題作《鹽州過胡兒飲馬泉》。

[76] 草：此同《全唐詩》卷二八三《鹽州過胡兒飲馬泉》，《文苑英華》卷二九九《過五原至飲馬泉》作“宛”。

[77] 胡兒：原作“鹽州”，據《全唐詩》卷二八三《鹽州過胡兒飲馬泉》、《文苑英華》卷二九九《過五原至飲馬泉》改。

[78] 人：此同《全唐詩》卷二八三《鹽州過胡兒飲馬泉》，《文苑英華》卷二九九《過五原至飲馬泉》作“時”。

[79] 夜上受降城聞笛：《文苑英華》卷二一二題作《聞笛》。

[80] 城外：《唐詩紀事》卷三〇作“城下”。

[81] 金烏：原作“金烏”，據《白香山詩集》卷三《長慶集・新樂府》、《白居易詩集校注》卷三《城鹽州》、《樂府詩集》卷九八、《全唐詩》卷四二六《白居易》改。

[82] 左衽：原作“至今”，據《白居易詩集校注》卷三、《樂府詩集》卷九八《城鹽州》改。

[83] 猖狂：原作“猖獗”，據《白居易詩集校注》卷三、《樂府詩集》卷九八《城鹽州》改。

[84] 千騎鐵衣明：“騎”，《唐詩紀事》卷五八、《全唐詩》卷五六六《送盧藩尚書之靈武》均作“隊”。“明”，《唐詩紀事》卷五八、《全唐詩》卷五六六《送盧藩尚書之靈武》均作“鳴”。

[85] 子弟：《唐詩鼓吹》卷四《送盧藩尚書之靈武》作“弟子”。

[86] 送散騎常侍赴朔方：《皇甫冉詩集》卷三題作《送常大夫加散騎常侍赴朔方》，《唐百家詩選》卷十題作《送太常大夫加散騎常侍赴朔方》。

[87] 烟塵促：此同《唐百家詩選》卷十《送太常大夫加散騎常侍赴朔方》，《皇甫冉詩集》卷三《送常大夫加散騎常侍赴朔方》作“烟霞後”。

[88] 散漫：此同《唐百家詩選》卷十《送太常大夫加散騎常侍赴朔方》，《皇甫冉詩集》卷三《送常大夫加散騎常侍赴朔方》作“澶漫”。

[89] 漠口：此同《唐百家詩選》卷十《送太常大夫加散騎常侍赴朔方》，《皇甫冉詩集》卷三《送常大夫加散騎常侍赴朔方》作“漢口”。

[90] 送李騎曹之靈武：《文苑英華》卷二八四題作《送威衛李騎曹之靈武寧省》，《唐僧弘秀集》卷三題作《送李騎曹之武寧》，《〔正統〕寧志》卷下、《〔弘治〕寧志》卷八、《〔嘉靖〕寧志》卷三《靈州守御千户所》皆題作《送李騎曹之靈武寧侍》。

[91] 郎士元：《文苑英華》卷二八四《送威衛李騎曹之靈武寧省》、《唐僧弘秀集》卷三均著此詩作者爲僧人"無可"。

[92] 寒色：原作"塞色"，據《文苑英華》卷二八四《送威衛李騎曹之靈武寧省》、《唐僧弘秀集》卷三《送李騎曹之武寧》、《〔正統〕寧志》卷下及《〔弘治〕寧志》卷八《送李騎曹之靈武寧侍》等改。

[93] 憑：《長江集新校》卷三《送鄒明府游靈武》作"平"。

[94] 處：《張司業集》卷三《送李騎曹靈州歸覲》作"起"。

[95] 劍戟：《文苑英華》卷二八一《送靈州田尚書》作"劍氣"。

[96] 硬：《唐詩品彙》卷八九《送靈州田尚書》作"響"。

[97] 路傍：《唐詩品彙》卷八九《送靈州田尚書》作"路旁"。

[98] 樹静："静"，《文苑英華》卷二九九《邊行書事》作"盡"。

[99] 羌虜："羌"，《文苑英華》卷二九九《邊行書事》作"離"。"虜"原作"鹵"，據《文苑英華》卷二九九《邊行書事》改。

[100] 塞上：《文苑英華》卷二九九題作《塞外三首》。詩共 3 首，此爲第二首。

[101] 日氣：原作"月氣"，據《唐詩紀事》卷十一、《文苑英華》卷二九九《塞外三首》改。

[102] 疑重：原作"偏重"，據《唐詩紀事》卷十一、《文苑英華》卷二九九《塞外三首》改。

[103] 聲：《唐詩鼓吹》卷八《登夏州城樓》作"城"。

[104] 危樓：《萬曆陝志》卷二〇《古蹟・寧夏衛》"夏州城"條引羅隱詩作"欄干"。

[105] 山河：《萬曆陝志》卷二〇《古蹟・寧夏衛》"夏州城"條引羅隱詩作"山川"。

[106] 晋：《萬曆陝志》卷二〇《古蹟・寧夏衛》"夏州城"條引羅隱詩作"漢"。

[107] 夜半：《才調集》卷八《和李秀才邊庭四時怨》作"半夜"。

[108] 戍樓：《文苑英華》卷二七五《送客往夏州》作"戍人"。

[109] 故交：《文苑英華》卷二七五《送客往夏州》作"故人"。

[110] 城下：《東原録》作"城外"。

[111] 總被官軍砍作薪：《宋史》卷三四七《張舜民傳》作"斫受降城柳爲薪"。"砍"，此同《東坡志林》卷四、《仇池筆記》卷下、《類説》卷十，《東原録》、《畫墁集》卷四、《苕溪漁隱叢話》前集卷五二、《詩人玉屑》卷十八均作"斫"。"官軍"原作"官司"，據《東坡志林》卷四、《東原録》、《仇池筆記》卷下、《畫墁集》卷四、《類説》卷十改。

[112] 他日玉關歸去路："玉關"，《類説》卷十作"陽關"。"路"，《仇池筆記》卷下、《類説》卷十作"後"。

[113] 攀折：《類説》卷十作"扳折"。

[114] 青銅峽：《仇池筆記》卷下、《東原録》、《類説》卷十作"青岡峽"。

[115] 沙沙：《仇池筆記》卷下、《類説》卷十作"山山"。

[116] 憑君莫上："憑君"，《東坡志林》卷四、《畫墁集》卷四、《苕溪漁隱叢話》前集卷五二、《詩人玉屑》卷十八均作"將軍"。"莫上"，《東原録》、《畫墁集》卷四作"休上"。

[117] 蘭山圖：《玩齋集》卷五、《御定歷代題畫詩類》卷二七《題楊德章監憲賀蘭山圖》皆作"賀蘭圖"。

[118] 㮵：原作"旃"，據《明史》卷一〇〇、卷一〇二《诸王世表》、《明實録》、《四庫全書總目》及寧夏出土《慶王壙志》等改。下同。

[119] 隴：原作"龍"，據《〔弘治〕寧志》卷八《雜詠類·國朝詩·登宜秋樓》、《〔嘉靖〕寧志》卷七《文苑·詩·登宜秋樓》改。

[120] 總兵營絶句：《〔弘治〕寧志》卷八《雜詠類》題作《總兵營》。

[121] 雨過：此同《〔正統〕寧志》卷下《題詠·黄沙古渡》，《〔弘治〕寧志》卷八《雜詠類·黄沙古渡》作"雨打"。

[122] 寒：原作"黄"，據《〔正統〕寧志》卷下《題詠·黑水故城》、《〔弘治〕寧志》卷八《雜詠類·黑水故城》改。

[123] 漫：《〔弘治〕寧志》卷八《雜詠類·東潮春漲》作"謾"。

[124] 拜寺口：《〔弘治〕寧志》卷八《雜詠類》題作《蘭山懷古》。

[125] 消：《〔弘治〕寧志》卷八《雜詠類·蘭山懷古》作"銷"。

[126] 説：《〔弘治〕寧志》卷八《雜詠類·蘭山懷古》作"話"。

[127] 廢壘寒烟：此四字原無，據《寧夏府志》卷二一《藝文·詩》補。

[128] 朱台澣：原作"朱台瀚"，據《萬曆朔志》卷五《詩》、《寧夏府志》卷二一《藝文·詩》改。

[129] 將：此字原脱，據《〔正統〕寧志》卷下《題詠》、《〔弘治〕寧志》卷八《雜詠類·將至寧夏望見賀蘭山》補。

[130] 金幼孜：原作"金初孜"，據《〔正統〕寧志》卷下《題詠》、《〔弘治〕寧志》卷八《雜詠類》、《萬曆朔志》卷五《詩》等改。

[131] 關：原作"闕"，據《〔正統〕寧志》卷下《題詠》、《〔弘治〕寧志》卷八《雜詠類·將至寧夏望見賀蘭山》改。

[132] 安：《〔正統〕寧志》卷下《題詠》、《〔弘治〕寧志》卷八《雜詠類》、《朔方新志》卷五《詞翰·將至寧夏望見賀蘭山》作"按"。

[133] 明：原作"籠"，據《〔正統〕寧志》卷下《題詠》、《〔弘治〕寧志》卷八《雜詠類》、《朔方新志》卷五《詞翰·出郊觀獵至賀蘭山》改。

[134] 瑶臺：《〔弘治〕寧志》卷八《雜詠類·游三清觀》作"瑶壇"。

[135] 遺興：原作"遺興"，據《寧夏府志》卷二一《藝文·詩》改。

[136] 興武：原作"興風"，據《〔弘治〕寧志》卷八《雜詠類》、《萬曆朔志》卷五《詩》、《寧夏府志》卷二一《藝文·詩》改。另，《〔弘治〕寧志》卷八《雜詠類》題作《興武營》。

[137] 曉：原作"晚"，據《〔弘治〕寧志》卷八《雜詠類·興武營》、《朔方新志》卷五《詞翰·詩·興武暫憩》改。

[138] 翻思：《〔雍正〕陝志》卷九六、《御選明詩》卷七六、《明詩綜》卷二八《孤山堡》皆作

“回思”。

[139] 玄靈：原避清聖祖玄燁諱改作“元靈”，據《朔方新志》卷五《詞翰・詩・峽口吟》改。

[140] 至靈州：《〔嘉靖〕寧志》卷七《文苑・詩》詩題作《將至靈州》。

[141] 池：原作“坉”，據《〔嘉靖〕寧志》卷七《文苑・詩・將至靈州》改。

[142] 至威武堡：《〔嘉靖〕寧志》卷七《文苑・詩》詩題作《將至威武堡》。《至威武堡》詩共三首。

[143] 縈：原作“滎”，據《〔嘉靖〕寧志》卷七《文苑・詩・將至威武堡》改。

[144] 常：《〔嘉靖〕寧志》卷七《文苑・將至威武堡三首》作“長”。

[145] 白：原作“向”，據《〔嘉靖〕寧志》卷七《文苑・詩・將至威武堡》改。

[146] 在：原作“現”，據《〔嘉靖〕寧志》卷七《文苑・詩・將至威武堡》改。

[147] 征笳：《朔方新志》卷五《詞翰・詩・登廣武遠眺》作“鉦笳”。

[148] 涇原：原作“涇源”，據《〔嘉靖〕寧志》卷三《寧夏後衛・形勝》引《九日登花馬池城》、《朔方新志》卷五《詞翰・詩・九日登花馬池城》改。

[149] 祇：原作“至”，據《〔嘉靖〕寧志》卷三《寧夏後衛・形勝》引《九日登花馬池城》、《朔方新志》卷五《詞翰・詩・九日登花馬池城》改。

[150] 夏城巡邊曉發：《〔嘉靖〕寧志》卷七《文苑・詩》題作《三月巡邊曉發夏城》。

[151] 勒名：原作“芳名”，據《朔方新志》卷五《詞翰・詩・山路夜坐》改。

[152] 山阿：此同《〔嘉靖〕寧志》卷七《文苑・詩・宿平羌堡》，《朔方新志》卷五《詞翰・詩・宿平羌堡》作“山河”。

[153] 清興：原作“清與”，據《朔方新志》卷五《詞翰・詩・游南塘》改。

[154] 寂寞：《朔方新志》卷五《詞翰・詩・秋臺獨坐》作“寂寂”。

[155] 羅鳳翺：原作“羅鳳翔”，據《萬曆朔志》卷五《詞翰・詩》、《寧夏府志》卷二一《藝文・詩》改。

[156] 亘：《朔方新志》卷五《詞翰・詩・寧河臺成登眺二首》作“艮”。

[157] 怖：《朔方新志》卷五《詞翰・詩・賀蘭山歌》作“住”。

[158] 崔魏：《朔方新志》卷五《詞翰・詩・賀蘭山歌》作“崔嵬”。

[159] 太室：原作“太寶”，據《朔方新志》卷五《詞翰・詩・賀蘭山歌》改。

[160] 夏臺秋感：此同《〔弘治〕寧志》卷八《雜詠類》，《〔正統〕寧志》卷下《文》題作《秋感》。

[161] 摇向：原作“摇過”，據《〔正統〕寧志》卷下《文・金波湖棹歌》、《〔弘治〕寧志》卷八《雜詠類・金波湖棹歌》改。

[162] 歌聲：原作“歌飛”，據《〔正統〕寧志》卷下《文・金波湖棹歌》、《〔弘治〕寧志》卷八《雜詠類・金波湖棹歌》改。

[163] 縣丞劉芳猷郡人：此七字原無，據《寧夏府志》卷二一《藝文・詩》補。

[164] 磬音：原作“聲音”，據《寧夏府志》卷二一《藝文・詩・雨餘登無量臺》。

[165] 其：此字原脱，據本志書例補。

[166] 恭紀：此二字原脱，據《〔乾隆〕甘志》卷四九《藝文・昌潤渠工竣恭紀》、《寧夏府志》卷二

一《藝文・詩》補。又,《〔乾隆〕甘志》卷四九載此詩共二首,此爲其一。

[167] 蹴:原作"蹶",據《寧夏府志》卷二一《藝文・詩・前題》改。

[168] 愠:原作"温",據《寧夏府志》卷二一《藝文・詩・前題》改。

[169] 北:原作"此",據《寧夏府志》卷二一《藝文・詩・前題》改。

[170] 遠引:《〔乾隆〕甘志》卷九《藝文》作"分瀉"。

[171] 雙:《〔乾隆〕甘志》卷九《藝文》作"並"。

[172] 天昊:原作"天公",據《寧夏府志》卷二一《藝文・詩・重修漢渠暗洞落成》改。

[173] 入耳:原作"人耳",據《寧夏府志》卷二一《藝文・詩・重修漢渠暗洞落成》改。

[174] 大清閘落成:《〔乾隆〕甘志》卷四九《藝文》作《題大清渠落成二首》。《寧夏府志》卷二一《藝文・詩》載王全臣詩序曰:"戊子秋九月,予於唐、漢兩渠之間增開一渠,蓋助兩渠水力也。觀察使鞠公達之舒大中丞,命予建正閘一、退水閘三,造橋坊,置旗亭,規模彷彿唐、漢,而閘後又作木筧以渡他水,風景更有可觀。爰作長句以紀之。"戊子,乾隆三十三年(1768)。

[175] 挹:原作"浥",據《寧夏府志》卷二一《藝文・詩・大清閘落成》改。

[176] 久食:《〔乾隆〕甘志》卷四九《藝文・題大清渠落成二首》作"久失"。

[177] 栗爾璋:此同《寧夏府志》卷二一《藝文志・詩》,《寧靈廳志草・藝文》載作者名爲"石茂華"。

[178] 壁:原作"璧",據《寧夏府志》卷二一《藝文志・詩・青銅禹蹟》改。

[179] 禹廟:《中衛縣志》卷十《藝文・青銅禹蹟》作"禹祠"。

[180] 裹:原作"囊",據《寧夏府志》卷二一《藝文志・詩・大悲閣望筆架山》改。

[181] 嘉:原作"佳",據《〔萬曆〕固志》卷下《藝文志第八・詩・中秋登長城關樓》改。

[182] 塞垣秋思:此同《〔弘治〕寧志》卷八《雜詠類》,《〔正統〕寧志》卷下《詞》題作《秋》。

[183] 朱㮵:原作"朱稱",據人名用字改。

[184] 淡薄:原作"淡泊",據《〔正統〕寧志》卷下《詞・秋》、《〔弘治〕寧志》卷八《雜詠類・塞垣秋思》、《朔方新志》卷五《詞・浪淘沙・塞垣秋思》改。

[185] 憀慄:原作"憀慄",據《〔正統〕寧志》卷下《詞・秋》、《〔弘治〕寧志》卷八《雜詠類・塞垣秋思》、《朔方新志》卷五《詞・浪淘沙・塞垣秋思》改。

[186] 冬日漫興:此同《〔弘治〕寧志》卷八《雜詠類》,《〔正統〕寧志》卷下《詞》只有詞牌名而無題。

[187] 玉花:原作"落花",據《〔正統〕寧志》卷下《詞・調鷓鴣天》、《〔弘治〕寧志》卷八《雜詠類・冬日漫興》改。

[188] 漫:《〔正統〕寧志》卷下《詞・調鷓鴣天》、《〔弘治〕寧志》卷八《雜詠類・冬日漫興》均作"謾"。

[189] 夕陽:此同《〔弘治〕寧志》卷八《雜詠類・與吴謙》,《〔正統〕寧志》卷下《詞・與吴謙》作"夕照"。

[190] 本詞原編在下文榑齋朱秩炅撰《賀蘭懷古・調朝中措》後,《〔正統〕寧志》卷下《詞》載此

詞作者爲"凝真",即慶靖王朱㮵作,非安塞王㮵齋作,故據本志書例移置於此。另,原志"調臨江仙"四字前有注曰:"避暑韋州,行有日矣,喜而賦此。"

[191] 本詞原編在下文馮清之詞《除夕偶成・調浪淘沙》後,據《〔正統〕寧志》卷下、《〔弘治〕寧志》卷八載,此詞爲凝真即慶靖王作,非馮清作,故據本志書例移置於此。

[192] 沸鼎:原作"鼎沸",據《〔弘治〕寧志》卷八《雜詠類・浪淘沙・除夕偶成》、《〔嘉靖〕寧志》卷七《古詞・浪淘沙・除夕偶成》改。

朔方道志卷之三十　志餘上

歷　史

前十篇條分縷析，凡百事體，依類相從，已無餘藴，惟歷代事蹟有不能爲之聯屬者。東、西兩蒙，既歸節制，有不能不詳其世系者。野史别録，半係傳疑，亦有可與正史互相發明者。各家著作，雖未盡傳，亦有不能不爲表章者。存之則各門難入，棄之則遺憾良多，用特搜殘網失，彙爲《志餘》，以終其篇。

歷史

周

命南仲城朔方，防玁狁。《詩》[①]："王命南仲，往城于方。出車彭彭，旂旐央央。天子命我，城彼朔方。赫赫南仲，玁狁于襄。"《集傳》[②]："王，周王也。方，朔方，今寧夏等州之地。"襄，勝也，言能却玁狁而勝之也。

宣王甲戌。元年，命尹吉甫北伐玁狁。《詩》[③]："玁狁匪茹，整居焦穫。侵鎬及方，至於涇陽。"鎬，劉向以爲千里之鎬，非鎬京也。方即朔方。朱子曰靈夏等州地。涇陽，涇水之陽也。

赧王乙未四十九年，秦滅義渠戎，置隴西、北地、上郡。北地郡，即朔方、寧夏等州地。

秦

始皇帝丙戌。三十二年，使將軍蒙恬伐匈奴。始皇遣蒙恬發兵三十萬逐匈奴，收河南地，爲四十四縣，築長城，起臨洮至遼東，延袤萬餘里。

漢

武帝元朔二年二月，匈奴寇上谷、漁陽，遣衛青、李息擊走之，遂取河南地。

---

① 參見《詩經・小雅・出車》。
② 參見《詩經集傳》卷四《小雅・出車》。
③ 參見《詩經・小雅・六月》。

主父偃言："河南地肥饒[1]，外阻河[2]，蒙恬城之以逐匈奴[3]。內省轉輸戍漕[4]，廣中國，滅虜之本。"公卿皆言不便，上用偃言，立朔方郡，募民徙者十萬口[5]，築城繕塞，因河爲固。

五年春，匈奴寇朔方，遣車騎將軍衛青擊走之。匈奴右賢王數擾朔方，以漢兵遠不能至，飲醉。青等夜至圍之，右賢王驚，潰北走。俘獲甚多，青引兵還。

元狩二年春，以霍去病爲驃騎將軍擊匈奴，敗之。去病將萬騎與公孫敖俱出北地，深入二千餘里，斬獲甚衆。

元封四年十月，匈奴入寇，遣郭昌等屯朔方以禦之。匈奴自衛、霍度幕以來，希復寇邊，徙北方，休息士馬，數遣使者請和。漢使王烏窺之，單于佯許遣太子入質，又曰："欲見天子，約爲兄弟。"烏歸報漢，爲單于築邸長安。會匈奴使至，病死，使路充國送喪歸。單于疑漢殺使者，留充國，數寇邊。乃遣郭昌等屯朔方以禦之。

天漢四年正月，遣李廣利等擊匈奴，不利。遣貳師將軍李廣利將步騎十餘萬出朔方，單于以兵十萬與貳師戰，不利，引歸。

順帝永建四年，復三郡，並激河浚渠爲屯田。尚書僕射虞詡上疏曰："《禹貢》雍州之域，厥田惟上。且沃野千里，穀稼殷積[6]，又有龜兹鹽池以爲民利。水草豐美，土宜産牧，牛馬銜尾，群羊塞道。北阻山河，乘阸據險[7]。固渠以溉，水舂河漕，用功省少而軍粮饒足。故孝武皇帝及光武築朔方、開西河、置上郡，皆爲此也。而遭元元旡妄之災，衆羌內潰，郡縣兵荒廿餘年。今三郡未復，園陵單外，公卿但計所費，不圖其安。宜開聖聽，考行所長。"書奏，乃復三郡。使謁者郭璜督促徙者各歸舊縣，繕城郭，置候驛。既而激河浚渠爲屯田，省內郡費歲一億計[8]。

冬，鮮卑寇朔方[9]。

晋

安帝義熙三年六月，赫連勃勃自稱"大夏天王"。勃勃魁岸，美丰儀[10]，秦王姚興見而奇之，寵遇異常。興弟邕曰："勃勃不可近也。"弗聽，以爲將軍，使助没奕干鎮高平。邕固争，乃止。久之，卒給以雜虜二萬餘落，使鎮朔方。會魏主珪歸所虜秦將於秦，興歸賀狄干以報之。勃勃怒，遂叛秦，襲殺没奕干而併其衆。自謂夏后氏之苗裔，稱"大夏天王"。

冬十月[11]，夏王勃勃破鮮卑薛干等三部[12]，降其衆。勃勃破鮮卑薛干等三部，降衆萬數，進攻三城以北諸戍，斬秦將楊丕、姚石生。諸將皆勸定都高平，勃勃曰："吾大業草創，姚興亦一時之雄，未可圖也。今專固一城，彼必并力於我，亡可立待，不如以雲騎風馳，出其不意，救前則擊後，救後則擊前，使彼疲於奔命，我則游食自若。不出十年，嶺北、河東盡爲我有。待姚興死，嗣子闇弱，徐而取之，在吾計中矣。"於是侵掠嶺北諸城。秦王興嘆曰："我恨不用黄兒之言。"黄兒，邕小字也。

十一月，夏王勃勃擊南凉，大破之。勃勃求婚於南凉傉檀，不許。勃勃率二萬騎擊傉檀於支陽破之，殺傷萬計，斬其大將十餘人，積尸封之，名曰"髑髏臺"。

四年五月，秦遣兵討夏，敗績。秦王興遣僕射齊難率騎兵二萬討勃勃，勃勃退保河曲。齊難縱兵夜掠，勃勃潛師襲破之，遂擒難。於是嶺北夷夏附於勃勃者以萬數，皆置守宰撫之。

五年九月[13]，秦王興自將襲夏，敗績。秦王以攻夏無功，自將襲之，至貳城，夏王勃勃乘虚奄至[14]，秦兵大敗。

七年，夏攻秦杏城，斬其守將姚祥，遂攻安定、東鄉，皆克之。秦鎮北參軍王買德奔夏，勃勃問以滅秦之策，對曰："秦德雖衰，藩鎮猶固，宜蓄力以待之。"勃勃以爲軍師中郎將。

八年冬，秦雍州刺史楊佛嵩攻夏，敗之。

九年，夏築統萬城。勃勃以叱干阿利領將作大匠，發夷夏十萬人築都城於朔方之北[15]、黑水之南，曰："朕方統一天下，君臨萬邦，新城宜名'統萬'。"阿利性巧而殘忍，蒸土築城，錐入一寸，即殺作者而並築之。勃勃以爲忠，委任之。凡造兵器呈之，工人必有死者。射甲不入，斬弓人，入則斬甲匠，由是器物皆精利。勃勃自謂其祖從母姓劉，非禮，乃改姓赫連氏，言其徽赫與天連也。其非正支者三，爲鐵伐氏，言鋼鋭爲鐵，堪伐人也。

十一年，夏攻秦杏城，拔之。

十二年，夏克秦上邽、陰密、安定、雍城，秦遣兵擊却之，復取安定。

十三年十二月，夏主勃勃遣其子璝帥師攻長安。時夏主勃勃聞晋太尉劉裕伐秦，曰："裕取關中必矣，然不能久留。若留子弟及諸將守之，吾取之如拾芥耳。"遂進據安定。裕遣使約勃勃爲兄弟，勃勃報之。十二月，裕東還，留子義真都督雍、梁、秦州軍事。勃勃聞之大喜，召王買德問計，德曰："關中形勝之地，而裕以幼子守之，狼狽而歸，正欲急成篡事[16]。此天以關中賜我，不可失也。"勃勃以爲然，乃使其子璝帥騎二萬向長安，關中降者屬路。

十四年十一月，夏主勃勃陷長安，遂稱皇帝。是年春正月，晋王鎮惡、沈田子帥師拒夏。田子矯殺鎮惡，長史王脩討田子[17]，斬之。參將軍傅弘之擊夏兵，却之。十月，義真殺王脩，關中大亂。十一月，勃勃陷長安，義真逃歸，勃勃遂稱皇帝。

恭帝元熙元年，夏主勃勃還統萬。時夏陷蒲坂，群臣請即都長安，勃勃曰："朕豈不知長安帝都，沃饒險固。然統萬距魏境纔百餘里，朕在長安，統萬必危。若在統萬，魏必不敢濟河而西。諸卿適未見及此耳。"乃置南臺於長安，以子璝録尚書事，自還統萬。

南北朝

宋文帝元嘉元年，夏主勃勃立子昌爲太子。赫連璝殺其弟倫，倫兄昌討璝，殺之，并其衆，歸統萬。勃勃立昌爲太子。

二年八月，夏主勃勃殂，世子昌立。

三年十二月，魏主自將攻夏，入長安。魏主聞勃勃死，諸子相圖，國人不安。於是遣奚斤襲蒲坂[18]，周幾襲陝城，自將攻夏。十一月，攻統萬。夏主方燕群臣，魏師奄至，上下驚擾。夏主出戰，敗走入城。魏分兵四掠，徙其民萬餘家而還。魏師乘勝長驅，遂入三輔。奚斤亦克蒲坂。十二月，遂入長安。

四年六月，魏主帥師攻統萬，克之，夏主昌奔上邽。魏主還平城，統萬民徙者多道死，至平城者十餘六七。夏平原公定帥衆向長安，魏主聞之，再謀伐夏。五月，發平城，至拔隣山，捨輜重，以輕騎三萬倍道先行。六月，至統萬，分軍伏於深谷，以少衆至城下。夏降將狄子玉言："平原公定計曰：'統萬堅峻未易拔，待我擒奚斤，然後徐往，内外擊之，蔑不濟矣。'故夏主堅守以待之。"魏主患之，乃退軍以示弱，遣兵西掠居民。魏軍士有奔夏者，言魏軍粮盡，輜重在後，宜急擊。夏主將步騎三萬出城，魏僞遁。夏爲兩翼追之，魏分左右隊犄之。魏主墜馬，幾爲夏獲。魏將拓跋齊以身捍蔽，魏主騰馬得上[19]，身中流矢，奮擊不輟。夏衆大潰，魏人乘勝逐夏主至城北，夏主遂奔上邽。明日入城，獲夏王、公卿、校及婦女以萬數，馬三十餘萬匹，牛羊數千萬[20]，府庫珍寶、車旗器物不可勝計。初，勃勃性奢豪，築統萬城，高十仭，基厚三十步，堅可礪刃。臺榭壯大，皆雕鏤圖畫，被以綺繡。魏主曰："蕞爾國而用民如此，欲不亡，得乎？"夏平原公聞統萬破，亦奔上邽。魏主詔奚斤班師，斤固請滅昌，乃給兵萬人，馬三千匹，留娥清、丘堆共擊夏[21]。以常山王素爲征南大將軍、假節，鎮統萬。

五年春，魏攻夏上邽，夏主昌被擒。平原公定收衆奔平凉，即位。五年春，魏將軍尉眷攻上邽，夏主退屯平凉。魏將奚斤進軍安定，與丘堆、娥清軍合。斤以馬疲粮少，深壘自固，遣堆督租，士卒暴掠，不設備，夏主襲，敗之。乘勝鈔掠，魏軍不得芻牧。侍御史安頡曰："本期討賊，反爲賊困，不死於戰，便死於法。諸君獨無慮乎？"斤以待救爲辭，頡曰："昌好勇而輕，伏兵掩擊，昌可擒也。"斤不聽，頡乃與尉眷等選騎待之。俄昌出攻城，頡出應之。昌自搏戰，軍争赴之。夏主敗走，頡追擒之。平原公收衆奔平凉，即位。魏主以昌爲會稽公，以妹妻之。斤耻昌爲頡所擒，乃捨輜重，持三日粮，追定於平凉。夏人將遁，有逃亡軍士告云："斤軍食少，無水。"夏乃分軍夾擊，斤、清皆被擒。丘堆棄輜重奔長安，又與高凉王禮偕奔蒲坂。魏主怒，命頡斬丘堆，代將其師，鎮蒲坂。昌後以謀叛誅。

七年，魏主襲平凉，夏潰，夏主定走上邽。七年，夏主定遣使求和於宋，魏主聞之，謀伐夏，群臣言曰："夏未可必克，劉義隆若乘虚濟河，則失山東矣。"崔浩曰："義隆與定以虚聲相和，莫敢先入，譬如連雞，不得俱飛，赫連定殘根易摧。"魏主從之，遂如統萬，襲平凉，使將軍古弼將兵趨安定。夏主自安定北救平凉，與古弼遇戰，敗走鶉孤原，魏師圍之。夏潰走上邽，魏取安定、隴西。冬，克平凉，復取長安。

八年，吐谷渾王慕璝襲執夏主定以獻魏，殺之。八年，夏主定滅秦，以秦王暮末歸，殺之。擁秦民十餘萬口，自冶城濟河，欲擊北凉，奪蒙地以避魏。吐谷渾王慕璝襲執定以歸，獻於魏，魏人殺之。

按：赫連之先有劉虎者，漢時匈奴南單于之苗裔也。匈奴劉猛死，虎代領其衆，居新興，號鐵弗氏。北人謂胡父、鮮卑母爲"鐵弗"[22]，因以"鐵弗"爲姓氏。魏拓跋鬱律擊破之，走出塞。虎死，其孫劉衛辰降苻秦[23]，攻魏。魏王拓跋圭擊之，走死。少子勃勃犇没奕干，再犇後秦。姚興使鎮朔方，遂襲殺没奕干而併其衆。勃勃字屈孑[24]，小字屈丐，性驕虐貪猾，視民如草芥。嘗置弓劍於側，群臣迕視者鑿其目，笑者抉其脣，諫者先截其舌，然後斬之。築統萬城以居之，名其四門，東曰招魏，南曰朝宋，西曰服凉，北曰平朔。初稱"大夏天王"，繼稱皇帝。在位十九年殂①，子昌立三年，魏主燾擒殺之。弟平原公立四年，吐谷渾執獻於魏，魏殺之。

---

① 自義熙三年(407)稱大夏天王至元嘉二年(425)殂，共 19 年。

三世共二十六年而亡[25]。

魏太平真君五年，薄骨律鎮刁雍請開艾山渠。刁雍爲薄骨律鎮將，到任上言："富平西南三十里有艾山，南北二十六里，東西四十五里，鑿以通河。其兩岸作溉田大渠，可溉官私田四萬餘頃。"七年，又表曰："奉詔高平、安定[26]、統萬及臣所守四鎮，運穀五十萬斛付沃野鎮，以供軍粮。臣鎮去沃野八百里，道多深沙，車必滯陷。今求於河水之次，造船二百艘，方舟順流，五日可到，功輕於車十倍有餘。"

按：朔方舊志，寧夏即魏薄骨律鎮地，靖虜廢渠即刁雍所欲開鑿者。今本傳云"薄骨律去沃野八百里"①，則其地且應在應理之上。又云"穀在河西，轉至沃野，越渡大河"，是沃野鎮乃在河東。豈魏之沃野已非漢縣故地耶？又《水經注》②："河從薄骨律鎮城，又經典農城，又經廉縣，又經北枝津，又經渾懷障，又歷石崖山。然後經朔方、臨戎、三封等縣，然後至沃野。"《通志》載"石崖山在今平羅縣"③，然則漢朔方一郡且盡在今河套地耶？

正光元年④，改鎮爲州。魏明帝以沃野、懷朔、薄骨律、武川、撫冥、柔玄[27]、懷荒、禦夷諸鎮，並改爲州，其郡、縣、戍名，令準古城邑，詔酈道元持節兼黄門侍郎，與都督李崇籌宜置立，裁減去留，儲兵積粟，以爲邊備。

五年，朔方胡圍夏州。城中食盡，刺史源子邕欲出求粮，留其子延伯守統萬，爲胡帥曹阿各拔所擒。子邕遣書延伯固守，賊窮遂降。子邕見行臺北海王顥，陳賊可滅狀，顥使爲先驅。時東夏闔境皆反，子邕轉鬬而前，數十戰，遂平東夏，徵税粟以饋統萬，二夏由是獲全[28]。

文帝大統元年，遣李虎攻靈州，刺史曹泥降。曹泥附東魏，帝遣李虎擊之。虎招諭費也頭之衆，與之共攻靈州。凡四旬，曹泥不支，請降，遂克之。

二年正月，東魏高歡襲魏夏州。靈、凉二州復叛降東魏。高歡師庫狄干等萬騎襲夏州，不火食，四日而至。縛稍爲梯[29]，遂入其城，擒刺史斛拔彌俄突[30]，因而用之。留張瓊將兵鎮守，遷其部落以歸。靈州刺史曹泥與其壻凉州刺史劉豐復叛降東魏。魏人圍之，水灌其城，不没者四尺。歡發阿至羅騎兵徑度州，繞出魏師之後。魏師退。歡迎泥及豐，拔其遺户五千以歸。

隋

文帝開皇三年，突厥犯塞，以趙仲卿爲行軍總管却之。

五年，築靈武長城。帝以虜數犯邊，令崔仲方發丁男三萬於朔方、靈武築長城[31]。東至黄河，西距綏州，南至勃出嶺[32]，綿亘七百餘里。

十八年，詔蜀王秀出靈州道擊突厥。

十九年春，遣楊素出靈州道擊突厥。楊素擊突厥，出靈州道，路逢魚俱羅，與語，大

---

① 參見《魏書》卷三八《刁雍傳》。

② 參見《水經注》卷三《河水》。

③ 參見《〔乾隆〕甘志》卷六《山川・平羅縣》。

④ 《魏書》《北史》均未載改鎮事在正光元年，本志不知何據。

悦,即奏請同行。俱羅率數騎奔擊,瞋目大呼,往返若飛,賊衆披靡。

秋,突厥復犯塞,以段文振爲行軍總管拒之。段文振至,遇達頭可汗於沃野,擊破之。明年,率衆出靈州道以備胡,無虜而還。

煬帝大業九年,靈武白瑜娑兵起[33]。白瑜娑連突厥刧掠牧馬,隴右深被其患,時人號爲"奴賊"。

十三年二月,朔方郎將梁師都反。師都殺郡丞,起兵據郡,附突厥。三月,取雕陰、弘化、延安等郡,自稱梁帝。突厥始畢可汗遺以狼頭纛,號爲大度毘伽可汗。師都乃引突厥居河南之地,攻破鹽州郡。

唐

高祖武德八年,突厥寇邊。突厥寇邊,靈州都督任城王道宗引兵擊之,大敗虜兵,頡利請和而還。

太宗貞觀二年,遣右衛大將軍柴紹討梁師都。師都自武德以來屢引突厥寇邊,太宗以書諭之使歸,不從。詔夏州長使劉旻、司馬劉蘭經略之。獲生口,縱以爲間,君臣離撓。出輕騎蹂其稼,城中饑虛。又天狗墮其城。貞觀二年,旻、蘭表其可取狀。詔柴紹、薛萬均併力[34],會旻以勁卒[35],直擣朔方東城。頡利來援,會大雪,羊馬死。紹逆戰破之,進屯城下,其從父弟洛仁斬師都降,擢洛仁爲右驍衛將軍。師都自起至滅凡十二年,以其地爲夏州。

十年正月,突厥來降。突厥阿史那社爾來降,以爲左饒衛大將軍,處其部落於靈州之北,留社爾於京師,尚公主[36],典屯兵。

十七年,薛延陀來納幣[37],詔絶其婚。先是,薛延陀執契苾何力,上遣使與和親,許以公主妻之,何力歸。是年,遣其姪來納幣,獻牛羊。何力言不可與婚,帝曰:"吾已許之,不可失言。"力曰:"令夷男來親迎,彼必不敢來,絶之有名。"上乃詔言幸靈州,召真珠可汗會禮。真珠欲行,其臣曰:"往必不返。"真珠曰:"天子聖明,遠近皆服。今親幸靈州,以愛主妻我,得見天子,死不憾矣。薛延陀何患無君?"又多以牛羊爲聘,經砂磧,死者過半,乃責以聘禮不備,絶之。

十九年十二月,薛延陀寇夏州。薛延陀以絶婚故舉兵入寇。明年正月,夏州兵擊敗之。

二十年八月[38],帝如靈州,遣兵擊薛延陀,咄摩支降。薛延陀多彌可汗猜褊好殺,國人不附。回紇諸國擊之,大敗。二十年秋,帝詔王道宗等擊之,敗走,回紇殺之,據其地。其餘衆立兄子咄摩支①,請居鬱督軍山[39]。遣使安集之。敕勒九姓酋長皆懼,朝議,亦懼爲磧北後患,乃遣李世勣圖之。上自詣靈州招撫。世勣至鬱督軍山,咄摩支降。道宗兵度磧,薛延陀拒戰,道宗擊敗之。遣使招諭,敕勒酋長皆喜,請入朝。駕至浮陽[40],回紇等十一姓皆請命置官司[41],帝大喜,遣使納之。詔曰:"朕聊命偏師,遂擒頡利,始弘廟略,已滅延陀。鐵勒

---

① 兄子:指真珠可汗兄子。

百萬餘户請置州郡，混元以降，未之前聞，宜頒示天下。”又爲詩曰：“雪耻酬百王，除凶報千古。”仍勒石靈州。

二十一年，詔執失思力將兵禦薛延陀於夏州。執失思力護蕭太后入朝，授左領軍將軍。時薛延陀多彌可汗引兵十萬寇河南，詔思力禦之。思力示羸不與戰，賊深入夏州，乃整軍擊敗之，追躡六百里。會毘伽可汗死，耀兵磧北而歸。多彌復發兵至夏州。十二月，發靈、原、寧、慶、鹽五州兵鎮靈州，薛延陀至塞下，知有備，不敢進。

高宗咸亨三年[42]，吐谷渾徙靈州。吐谷渾畏吐蕃之偪，徙靈州，其故地盡入於吐蕃。

三年[43]，以唐休璟爲靈州都督。先是，突厥寇豐州，崔智辨敗死。或議棄豐州，保靈、夏。唐休璟以爲不可，上疏曰：“豐州控河遏寇，號爲襟帶，秦漢以來，郡縣之。土田肥美，宜耕牧。隋季棄之。貞觀之末，募民實之，西北始安。今廢之，則河濱之地復爲賊有，靈、夏等州民不安業，非國家利。”上從其言，授靈州都督，乃陳方略，復四鎮。

中宗嗣聖四年七月，突厥寇朔州。突厥骨篤禄寇朔州，太后遣黑齒常之李多祚擊之，突厥散走磧北。

十一年三月，以僧懷義爲朔方道大總管，討突厥。突厥可汗骨篤禄死，子幼，其弟默啜自立，寇靈州。太后以僧懷義爲總管討之，懷義未行，默啜退。

十三年九月，默啜寇靈州。先是，默啜寇涼州，執都督許欽明。復寇靈州，以欽明自隨。至城下，使説守將降，明呼曰：“我乏食，求美醬、良米及墨。”意欲城中選良將，引精兵，夜襲虜營，而城中無諭其意者，遂遇害。

十九年，突厥寇鹽、夏，遂寇并州，遣薛季昶[44]、張仁愿禦之。

神龍元年六月，以裴思説充靈武軍大總管，以備突厥。

二年十二月，突厥默啜寇鳴沙，靈武總管沙吒忠義與戰，軍敗。

景龍二年①，朔方總管張仁愿築三受降城。朔方軍與突厥以河爲界，河北岸有拂雲祠，突厥每欲寇邊，必先期禱祠中，然後料兵渡河而南。時默啜悉兵擊突騎施，仁愿請乘虚襲漠南地，於河北築三受降城，首尾相應，絶虜南寇路，從之。表留歲滿兵以助工。咸陽兵二百餘人逃歸[45]，捕之，悉斬城下，軍中股慄。六旬而三城就，以拂雲祠爲中城，南直朔方，西城南直靈武，東城南直榆林，三城相去各四百餘里，其北皆大磧也。突厥自是不敢逾山牧馬，而邊寇稍稀。

玄宗開元四年[46]，突厥降户叛命，朔方大總管薛訥討之[47]。

五年四月，以薛訥爲涼州大總管，郭虔瓘爲朔州大總管，以備默啜。

八年，朔方大使王晙誘殺突厥降户僕固勺磨[48]。突厥降户散居受降城側，王晙疑其陰引突厥，謀陷軍城，誘僕固都督勺磨而殺之，諸部聞之皆懼。并州長史張説引二十騎持

① 張仁愿築三受降城時間，本志同《資治通鑑》卷二〇九，載在唐中宗景龍二年（708），《舊唐書》卷九三、《新唐書》卷一一一《張仁愿傳》均載在神龍三年（707）。

節撫慰[49]，因宿其帳下，由是遂安。

十年四月，以張説爲朔方節度使。十年，置朔方節度使，領單于都護府，夏、鹽等六州，二軍，三受降城，以宰相張説領之。其年，説巡邊，發兵追討康待賓餘黨，悉平之。徙殘胡五萬餘口於許、汝、唐、鄧、仙、豫等州，空河南朔方千里之地，奏罷邊兵二十萬人。

十七年三月，朔方節度使信安王禕攻吐蕃。吐蕃猖獗，王禕率兵攻之，拔石堡城，分據要害，拓地千餘里。

二十四年，賜朔方節度使牛仙客爵"隴西縣公"。

天寶元年，置十節度使以備邊，朔方節度使治靈州，捍禦突厥。

四年二月，以朔方節度使王忠嗣兼河東節度使。忠嗣爲將，專以持重安邊爲務，既兼兩道節制，自朔方至雲中數千里，要害之地悉置城堡。邊地互市，高估馬價。諸部聞之，争以馬求市，由是胡馬少，唐兵益壯。

十五年七月，太子亨即位於靈武。安禄山反，上出奔蜀，父老擁留太子，遂如平凉。朔方留後杜鴻漸等迎太子至靈武，河西司馬裴冕及鴻漸上太子牋，請遵上皇傳位之命，不許，牋五上，乃許之。即位靈武，是爲肅宗，以杜鴻漸、崔漪知中書舍人事，裴冕同平章事。

八月，以郭子儀爲靈武長史，李光弼爲北都留守，並同平章事。郭子儀、李光弼自河北將兵五萬至靈武，靈武軍威始盛，人始知有興復之望。時李泌亦至靈武，上以爲右相，泌固辭曰："陛下待以師友，則尊於相矣。"上乃止。

代宗廣德二年七月，僕固懷恩反，據靈州。先是，僕固懷恩反，其子瑒爲其下所殺[50]。懷恩入白其母，母提刀逐之，遂棄其母，引兵據靈州。顔真卿、李抱玉皆請用郭子儀鎮朔方，上從之。

大曆二年九月，吐蕃圍靈州，節度使路嗣恭擊破之。

三年八月，吐蕃寇靈武，鳳翔都將李晟擊之。鳳翔節度使李抱玉使其將李晟將千人，兼行出大震關，至臨洮，屠吐蕃，定泰堡。吐蕃聞之，釋靈州之圍而去。

四年九月，吐蕃寇靈州，朔方留後白元光敗之，壬辰，又敗之於靈武。《通志》作"常謙光"。

十月，吐蕃復寇鳴沙，郭子儀遣兵馬使渾瑊救之。

八年，吐蕃寇靈州，郭子儀敗之於七級渠。

十年十二月，回紇寇靈州，夏州將梁榮宗破之於烏水。

十一年二月，增朔方五城戍兵以備回紇。

十三年，吐蕃寇鹽、慶[51]，郭子儀引兵拒却之。

十四年十一月，以崔寧爲朔方節度使。

德宗建中二年，詔朔方大將唐朝臣將兵救徐州。平虜李納遣其將王温會魏博將信都崇慶共攻徐州[52]。詔唐朝臣將兵五千，與宣武劉洽、神策兵馬使曲环、滑州李澄共救之。時朔方軍旗服敝惡，宣武人嗤之曰："乞子能破賊乎？"朝臣以其言激怒士卒，曰："都統有令，先破賊者,營中物悉與之。"士皆争奮,敵兵大潰,洽等乘之,斬首八千級,溺死過半。朔方軍士盡得其輜重,旗服鮮華,謂宣武人曰:"乞子之功孰與宋多。"[53]

興元元年冬[54],度支請停給朔方軍士冬衣。度支以李懷光所部將士同反,不給冬衣。上曰:"朔方軍累代忠義,今爲懷光所制耳,將士何罪?其别貯,以俟道路稍通,即時給之。"

貞元二年,吐蕃尚結贊陷鹽州,又陷夏州。吐蕃陷鹽州,各留兵戍守,退屯鳴沙,羊馬多死,粮運不繼。又聞李晟破摧沙堡,渾瑊、馬燧各舉兵臨之,大懼,屢遣使求和,帝未之許。吐蕃戍鹽、夏者多病思歸,尚結贊遣三千騎迎之,毁城焚廬舍,驅其民而去。於是割振武之綏、銀二州,以韓潭爲夏、綏、銀節度使,帥神策之士五千,朔方、河東之士三千,鎮夏州。

七年八月,吐蕃寇靈州,回鶻擊敗之。九月,遣使來獻俘。

九年二月,城鹽州。初,鹽州既陷,塞外無復保障。吐蕃常阻絶靈武,侵擾鄜延,詔發兵城鹽州。又詔涇原、山南、劍南各發兵深入吐蕃,以分其勢。城工二旬而畢,命節度使杜彦光戍之,由是靈武、銀夏、河西獲安。

十六年五月,靈州兵破吐蕃於烏蘭橋。

十七年七月,吐蕃寇鹽州,韋臯大破之。

是年,朔方節度使楊朝晟防秋於寧州。

憲宗元和元年,夏綏節度使留後楊惠琳拒命,夏州兵馬使張承金誅之。初,韓全義入朝,以惠琳知留後。朝廷以將軍李演至夏綏節度使,惠琳勒馬拒之。河東節度使嚴綬遣牙將阿跌光進及弟光顔討之[55]。夏州兵馬使張承金斬惠琳,傳首京師。光進本河曲部落,後賜姓李氏。

是年①,以范希朝爲朔方靈鹽節度使,以右神策軍、鹽州、定遠軍隸之。以革舊弊,任邊將也[56]。

八年[57],回鶻引兵入寇。回鶻引兵自西城、柳谷侵吐蕃,塞下傳言且入寇。張吉甫曰:"回鶻能爲我寇,當先絶和而後犯邊,今不足慮也。"因請起夏州至天德復驛候十一區以通緩急,發夏州精騎五百屯經略故城,以護党項。

三年五月,沙陀朱邪盡忠與其子執宜,率部落萬人詣靈州降②。節度使范希朝置之鹽州,爲市牛羊,廣其畜牧,善撫之。詔置陰山府,以執宜爲兵馬使。每有征討,用之皆捷,鹽靈軍自是益强。

四年,王承宗反[58],范希朝引師救易定,表李光進爲都將。先是,李光進自貞觀時内屬,以其地爲鷄田州,世襲刺史,隸朔方軍。時弟光顔亦至大夫,故軍中呼"大小大夫"[59]。俄檢校工部尚書,爲振武節度使,賜姓以光寵之。别詔光顔拜洺州刺史[60],弟兄榮冠一時。光進徙靈武,卒,年六十五,贈尚書左僕射。

---

① 是年:元和二年(807)。
② 朱邪盡忠原率部落三萬來降,中與吐蕃戰,盡忠死,至靈州者僅萬人。

八年九月，吐蕃作烏蘭橋。初，吐蕃欲作此橋，先貯材於河側，朔方常遣人潛投於河，終不能成。至是，虜知節度王佖貪[61]，厚賂之，然後併力成橋，築月城守之。自是，朔方虜寇不暇。按：靖衛城北二十里有烏蘭山，山上有烏蘭關，或疑即此處。

十二年，裴度築赫連城於沲口。度率輕騎往觀，賊以奇兵自五溝至，大呼薄戰，城爲震壞。度危甚，忠武節度使李光顔力戰却之。時虜毁鹽州城，使光顔復城之，亦以忠武兵從。

十四年，吐蕃圍鹽州。吐蕃節度倫三摩等將十五萬圍鹽州，刺史李文悦竭力拒守，凡二十七日，吐蕃不能克。靈武牙將史奉敬言於朔方節度使杜叔良，請兵解圍。叔良與以二千五百人[62]。奉敬行旬餘矣，朔方人以爲俱没。無何，奉敬自他道出吐蕃後，吐蕃大驚，潰。奉敬奮擊，大破之。

十五年二月，吐蕃寇靈武。三月，又寇鹽州。

穆宗長慶元年十月[63]，吐蕃寇青塞堡，靈武節度使李進誠與戰於大石山，敗之。

宣宗大中三年，靈武節度使朱叔明取安樂州，改爲威州[64]。時河湟、涇原節度使康季榮取原州及六關，邠寧節度使張君緒取蕭關，朱叔明取安樂州，改爲威州。河隴老幼千餘人詣闕，上御延喜門樓見之，歡呼舞躍，解胡服，襲冠带。詔募百姓墾三州、七關田，五年不收租税。將吏能爲營田者，官給牛及粮種。温池鹽利委度支制置。按：鳴沙即漢富平縣[65]，咸亨初以爲安東州，處吐谷渾部落，至是改爲威州。

五年，以李福爲夏綏節度使[66]。宣宗知党項之反，由邊帥利其羊馬，數欺奪之。自是遴選儒臣以代邊帥之貪暴。行日，復面加戒勵，党項遂安。

昭宣帝天祐三年，楊崇本攻夏州。崇本攻夏州，夏州告急於梁王全忠。全忠遣劉知俊等救之。崇本將六鎮之兵五萬軍於美原，知俊等擊破之。乘勝攻下鄜、延等五州，西軍自是不振。

五代

梁開平三年，岐王李茂貞遣劉知俊攻靈州[67]。茂貞因梁將劉知俊來降，使將兵取梁靈州以處。朔方節度使韓遜遣使告急於梁，梁主遣康懷貞、寇彦卿將兵攻邠寧以救之，克寧、衍二州，拔慶州南城，游兵及涇州之境。知俊聞之，解圍引還。梁主急召懷貞等還。知俊據險邀擊之，懷貞大敗，僅以身免。

四年，梁夏州亂，殺節度李彝昌，以其族父李仁福代之。

後唐明宗天成四年，以康福爲朔方節度使。初，福善胡語，明宗退朝常召入訪以時事，福以胡語對。安重誨惡之，謂之曰："汝但妄奏事，會當斬若。"福懼，求外補。重誨以福爲朔方節度使，以靈武邊胡有兵禍。福見唐主泣辭，唐主命更他鎮，重誨不可，不得已，以兵送之。福至方渠，遇羌兵邀之，福擊敗之。至青銅峽[68]，又遇野利、大蟲二族數千帳[69]，又擊破之，遂進至靈州。自是朔方始得安。

長興四年，定難節度使李仁福卒，以其子李彝超爲彰武留後。先是，河西諸鎮皆言仁福潛通契丹，朝廷恐其與契丹連兵[70]，併吞河右，南侵關中。會仁福卒，命安從進爲定難留後，以兵送進赴鎮。敕論夏、銀、綏、宥將吏："彝超年少，未能扞禦，故徙之。從命則有富貴之福，違命則有覆族之禍。"四月，彝超上言："被兵民擁留，不得赴鎮。"詔遣使趣之。七月，安從進攻夏州。州城乃赫連勃勃所築，堅如鐵石，斸鑿不能入。又党項萬餘騎徜徉四野，抄掠粮餉，官軍無所芻牧。山路險狹，關中民輸斗粟束藁費錢數緡，民間困竭不能供。彝超登城謂從進曰："夏州貧瘠，非有珍寶蓄積可以充朝廷貢賦也，但以祖父世守此土，不欲失之。幸與表聞，許其自新。"從進引兵還。冬十月，彝超上表謝罪，復以彝超爲定難節度使。

晋高祖天福四年，靈州戍將王彦忠叛。王彦忠據懷遠城叛，高祖遣供奉官齊延祚往招諭之。彦忠降，延祚殺之。高祖怒其擅殺，除延祚名，重杖配流。

重貴開運三年，靈州党項亂，復以馮暉爲節度使。初，馮暉在靈州，留拓拔彦超於州下，故諸部不敢爲寇。及將罷鎮而縱之。王令温代鎮，不循撫羌胡，以中國法繩之，羌胡怨怒。彦超與石存、也斯褒三族共攻靈州[71]。六月，晋復以馮暉爲朔方節度使，將關西兵擊羌胡。暉引兵過旱海，粮盡。拓拔彦超率衆數萬扼要路，據水泉以待之。軍中大懼。暉以賂求和，彦超許之。自辰至午，使者數往，兵仍未解。藥元福曰[72]："虜知我饑渴，佯許和以困我耳。若至暮，則吾輩成擒矣。今虜雖衆，精兵不多，依西山而陣者是也，餘不足慮。請公嚴陣以待我，我以精騎擣西山兵，小勝則舉黄旗，大軍合勢擊之，破之必矣。"乃率騎先進，短兵力戰。彦超少却，元福舉黄旗，暉引大軍赴之，彦超大敗。明日，暉入靈州。

周太祖廣順二年，命馮繼業爲朔方留後。朔方節度使馮暉卒，子繼業殺兄繼勳，自知軍府事。太祖即命繼業爲留後。

世宗顯德二年，以折德扆亦爲節度使。李彝興以折德扆亦爲節度使，耻之，塞路不通周使。世宗謀於宰相，對曰："夏州邊鎮，朝廷每加優，惜府州褊小，得失不繫輕重，宜撫諭彝興，庶全大體。"世宗曰："德扆數年以來盡力以拒劉氏，奈何一旦棄之？且夏州惟産羊馬，貿易百貨悉仰中國，我絶之，彼何能爲？"乃遣供奉官齋詔書責之，彝興惶恐謝罪。

宋

太祖建隆三年夏四月，定難節度使李彝興遣使獻馬。李彝興遣使獻馬三百匹，太祖大喜，親選玉，命工爲带以賜之。

開寶元年六月，以董遵誨爲通遠軍使。帝以夏州近邊，授遵誨爲通遠軍使。至鎮，召諸族酋長，諭以朝廷威德，衆皆感悦。後數月，復擾邊。遵誨率兵深入其境，斬俘甚衆，夷落自是大定。

太宗太平興國三年，夏州亂，命郭守文帥師討之。夏人擾攘，命守文帥師往討，破夏州、鹽城鎮岌羅膩等十四族，斬首數千級，俘獲牛羊萬計。又破咩嵬族，殲焉。諸部相率來降。

七年五月，定難留後李繼捧入朝，獻銀、夏、綏、宥四州。夏州自李思恭以來，未嘗親朝中國，至是繼捧率其族入朝，帝嘉之，賜賚甚厚。繼捧陳其諸父昆弟多相懟怨，乞納其境内銀、夏、綏、宥四州，留京居之。帝爲遣使如夏州，護緦麻以上親赴闕，以曹光實爲四州都巡檢使。十一月，以繼捧爲彰德節度使。

六月，繼捧弟繼遷叛走地斤澤。時繼捧族弟繼遷留居銀州，聞遣使至，乃詐言乳母死，出葬於郊，遂與其黨數十人奔入地斤澤，出其祖像以示戎人，戎人拜泣，從者日衆。

雍熙元年[73]，知夏州尹憲襲李繼遷，破走之。憲與都巡檢曹光實襲繼遷於地斤澤，大破之，斬首五百級，焚四百餘帳。繼遷與其弟繼冲遁，獲其母妻而還。

二年二月，李繼遷誘殺都巡檢使曹光實，遂襲銀州，據之。繼遷使人紿光實曰："我數奔北，勢窘，願講甥舅之禮，期日會於葭蘆州納降。"光實信之，且欲擅其功，不與人謀。至期，繼遷設伏，衹領數十人近城迎光實。光實從數百騎赴之，至其地，繼遷舉手揮鞭，伏兵盡起，光實被害。遂襲據銀州。事聞，上遣知秦州田仁朗等將兵討之。

五月，遣副將王侁擊繼遷破走之。繼遷既殺曹光實，遂圍三族砦，砦將折裕木殺監軍使者，與繼遷合。帝大怒，徵仁朗還，令侁等出銀州，北破悉利諸砦，梟其酋折羅遇，麟州諸蕃皆請納馬贖罪，助討繼遷。侁遂與所部兵入濁輪川，斬首五千級，擒裕木。繼遷遁去。詔郭守文與侁同領邊事，守文復與知夏州。尹憲擊鹽城，諸蕃焚千餘帳，由是銀、麟、夏三州蕃百二十五族悉内附。

三年四月，夏州安守忠以衆三萬與繼遷戰於王亭鎮，敗績。

端拱元年五月，以李繼捧爲定難節度使，賜姓名"趙保忠"。李繼遷侵擾日甚，趙普請復命繼捧鎮夏州，授定難節度使，所管五州錢、帛、芻粟並賜之，令其招繼遷。繼遷終不肯降，保忠與戰於安慶澤①，繼遷中流矢逃去。轉攻夏州，遣翟守素率師往，守素至，繼遷已歸款。

淳化二年七月，李繼遷請降，以爲銀州觀察使，賜姓名"趙保吉"。繼遷戰敗，悔過投誠，詔授銀州觀察使，賜姓名"趙保吉"，並以子德明爲管内蕃使、行軍司馬。保忠又薦其弟繼冲，亦賜姓名"保寧"，授綏州團練使。

五年正月，趙保吉寇靈州，以李繼隆爲河西都部署討之。保吉徙綏州民於平夏，部將高文岯等因衆不束，反攻敗之，以綏州内屬，乃命文岯知州事。保吉復圍堡砦，掠居民，焚積聚，遂攻靈州，詔繼隆率師討之。

三月，李繼隆入夏州，執趙保忠赴京師。保忠聞繼隆將至，先挈其母妻壁野外[74]，乃上言與保吉解怨，獻馬乞罷兵。帝怒，立遣中使督繼隆進軍。及師壓境，保吉夜襲保忠營，欲併其衆。保忠方寢，聞難作，單騎走還城。指揮使趙光嗣閉之别室，開門迎繼隆。繼隆執保忠以獻，保吉遁去。保忠至汴，詰責釋之，封爲宥罪侯[75]。

四月，削趙保吉姓名，墮夏州城。上以夏州深在沙漠，奸雄因以竊據，欲墮其城。吕蒙正曰："自赫連築城以來，頗爲關右之患，若遂廢之，萬世利也。"乃詔墮之，遷其民於綏、銀。

七月，李繼遷遣使來貢。繼遷獻馬謝罪，又遣其弟延信入覲，且言違叛事出保忠，願

---

① 安慶澤之戰事在淳化初。

赦勿誅。帝喜,召見延信,面加慰撫,錫賚甚厚,命錢若水草詔賜之,有云:"不斬繼遷,開狡兔之三穴。"潛疑光嗣持首鼠之兩端,帝以爲當。

至道元年六月,以李繼遷爲鄜州節度使,繼遷不奉詔。繼遷遣押衙張浦以良馬、橐駝來獻,帝以浦爲鄭州團練使,留京師。遣使持詔拜繼遷鄜州節度使,繼遷不受詔,遂攻清遠軍。守臣張延擊退之。

二年四月,遣李繼隆等分道討李繼遷。初,洛苑使白守榮自環慶護芻粟四十萬赴靈州,繼遷邀擊於浦洛河。守榮衆潰,運餉盡爲繼遷所奪。帝怒,命李繼隆爲環慶等州都部署,將兵討之。會曹璨自河西還,言繼遷衆萬餘圍靈州,城中上表告急,爲繼遷所得,遂頓兵不去。吕端請發兵出麟府、鄜延、環慶三道以擣平夏,襲其巢穴,則靈武之圍解矣。或云盛夏涉旱海,無水泉,粮運艱辛,不如静以待之。帝不聽,即部分諸將,命繼隆出環,丁罕出慶,范延召出延,王超出夏,張守恩出麟,五路進討,直趨平夏。

九月[76],李繼隆副將范廷召遇李繼遷於烏白池,擊敗之。諸將分道並進,期抵烏白池。繼隆遣其弟繼和馳奏,以環州道迂,欲自青岡峽直趨繼遷巢穴[77],不及靈武。上怒曰:"汝兄弟敗吾事矣。"手札切責。使未至,而繼隆已發兵與丁罕合,行十餘日不見虜[78],引還。張守恩見虜不擊,獨廷召與王超至烏白池與賊遇。時虜鋭甚,超持重不進。其子德用年十七,爲先鋒,請乘之,轉戰三日,虜遂却。德用曰:"歸師遇險必亂。"乃領兵先絶要害,下令曰:"亂行者斬。"一軍肅然。虜見其師整,不敢近。廷召等大小數十戰,雖頗克捷,而諸將失期,士卒困乏,終不能擒賊。

三年十二月,李繼遷請降,以爲定難節度使,復姓名"趙保吉"。至是繼遷遣使修貢,求備邊任。帝雖察其變詐,方在諒陰,姑從其請,授定難節度使,復賜姓名,封以夏、綏、銀、宥、静五州之地,張浦亦遣還。

真宗咸平四年八月,以張齊賢爲涇原諸路經略使。帝以趙保吉雖入貢,而鈔刼益甚,乃遣齊賢行邊。齊賢言靈武孤城,必難固守,徒使軍民六七萬陷於危亡之地。通判永興軍何亮亦上《安邊書》,言靈武地方千里,表裹山河,决不可舍之以資戎狄。帝又以王超爲西面行營都部署,將步騎六萬援靈州。

九月,趙保吉反,陷清遠軍。保吉寇清遠軍,都監段義叛降於保吉,都部署楊瓊擁兵不救,城遂陷。保吉勢益張大,復攻定州、懷遠,又掠輜重,至唐龍鎮,副都部署曹璨以番兵邀擊,敗之。

五年三月,趙保吉陷靈州,知州事裴濟死之。濟以靈州謀輯八鎮,興屯田之利,民甚賴之。保吉大集番部來攻,濟被圍,餉絶,刺指血染奏求救,兵不至,城遂陷,濟死焉。保吉以州爲西平府居之。

六年二月,以六谷酋長巴喇濟爲朔方節度使,知鎮戎軍。李繼和言巴喇濟願戮力討趙保吉,請授以刺史[79],張齊賢請封爲六谷王兼招討使。帝以問宰相,皆曰:"巴喇濟已爲酋帥,授刺史太輕,未領節鎮,加王爵非順,招討使號不可假外夷。"乃授朔方節度使[80]、靈州西面都巡檢使。巴喇濟表言感朝廷恩信,憤保吉倔强,已集騎兵六萬,乞會王師收復靈州,帝許之。《舊志》"巴喇濟"作"潘羅支"。

十二月，巴喇濟會蕃部擊保吉，保吉敗死，子德明嗣。先是，保吉陷西凉，殺丁惟清，於是巴喇濟僞降，保吉受之不疑。巴喇濟集六谷蕃部合擊之，保吉大敗，中流矢，創甚奔還，死於靈州境上。子德明遣使告哀於契丹，契丹贈保吉尚書令，尋封德明爲西平王。

景德元年七月，盜殺朔方節度使巴喇濟，以斯榜多爲朔方節度使。時保吉既死，密班珠爾及日巴勒戬羅丹二族亡歸扎巴族，欲陰圖巴喇濟復讐。會其黨攻扎巴，巴喇濟率百餘騎赴援，將議合擊，遂爲二族所戕。六谷諸豪共立巴喇濟之弟斯榜多爲首領。朝廷聞之，授斯榜多朔方節度使。《舊志》"斯榜多"作"厮鐸督"。

三年十月，趙德明請降，詔以爲定難節度使，封西平王。時德明請降，封賜甚厚，徵其子弟入侍。德明謂非故事，惟獻駝馬謝恩而已。

八年九月，吐蕃置勒斯賚請伐夏州，不許。置勒斯賚，吐蕃贊普之裔[81]，居宗噶爾城，以宗噶爾僧李立遵爲論逋。論逋者，國相也。立遵貪而喜殺，國人不附。會與涇陽鈐轄曹瑋戰於三都谷而敗，復襲西凉府，亦敗。衆益怨，置勒斯賚遂與立遵不協[82]，徙居邈川。立遵居宗噶爾，屢請"贊普"之號，朝議命爲保順軍節度使。置勒斯賚與西夏接壤，每以兵抗德明，希朝廷賜予，因聚衆數十萬討平夏以自效。帝以戎人多詐，或生他變，命周文質監涇原軍、曹瑋知秦州以備之。

仁宗天聖六年五月，趙德明遣其子元昊襲回鶻甘州，取之。德明雖臣事中國及契丹，然於本國則稱帝。至是，以其子元昊襲破回鶻，奪甘州。

明道元年十一月①，夏王趙德明卒，子元昊嗣。是歲，封德明爲夏王，未幾，卒。遣楊告授元昊節度觀察處置押蕃落使[83]，封西平王，契丹亦册元昊爲夏國王。

景祐元年十月，趙元昊寇環慶。元昊率衆至環慶，掠居民，下詔約束之。已而慶州柔遠砦蕃部都巡檢威通攻後橋諸堡，破之。元昊稱兵報讐，緣邊都巡檢楊遵與戰，敗績。環慶都監齊宗矩援之，次節義峰，伏發被執。久之，始放還。

趙元昊弑其母衛慕氏。是年十月，元昊以母族人山喜謀殺事覺，進毒弑其母衛慕氏。

二年十二月[84]，趙元昊取瓜、沙、肅州。元昊既悉有夏、銀、綏、宥、静、靈、鹽、會、勝、甘、凉，又取瓜、沙、肅，而洪、定、威、龍皆即堡鎮號爲州，仍居興州，以爲興慶府。阻河依賀蘭山爲固，地方萬里，改元"大慶"。置鹽州路以備環慶，置宥州路以備鄜延，置甘州路以備吐蕃、回紇，餘兵駐賀蘭、靈州、興州興慶府爲鎮守。

寶元元年十月，趙元昊殺其叔父山遇，遂反。元昊遣使請五臺供佛，以窺河東道路。既還，與諸酋歃血，約先攻鄜延，自德靖[85]、塞門砦、赤城路三道並入。其叔父山遇數勸元昊勿反，不聽。山遇遂挈妻子來降，知延州。郭勸執還元昊，元昊殺之，遂反。

---

① 德明死期，《隆平集》卷二〇《夏國傳》載卒於"天聖中"，《宋史》卷四八五《夏國傳》載卒於天聖"九年十月"，《夢溪筆談》卷二五載卒於"景祐中"。考《治蹟統類》卷七《康定元昊擾邊》，《九朝編年備要》卷九，《近事會元》卷五，《宋史》卷九《仁宗本紀》、卷一二四《禮志》，《遼史》卷十八《興宗本紀》、卷一一五《西夏外記》等載同《長編》卷一一一，載德明卒於宋仁宗明道元年(1032)十一月，當從《長編》。

趙元昊稱帝，國號大夏，改元"天授"。元昊自稱烏珠已數年矣，至是，用其黨楊守素之謀築壇受册，僭號"大夏始文本武興法建禮仁孝皇帝"，改"大慶三年"爲"天授禮法延祚元年"，追謚其祖繼遷爲"神武皇帝"，父德明爲"光聖皇帝"。

十二月，以夏竦爲涇原、秦鳳安撫使，范雍爲鄜延、環慶安撫使，經略夏州。趙元昊反，故有是命。

二年正月，夏元昊以稱帝來告，詔削元昊賜姓官爵。元昊遣使稱僞官抵延州，郭勸、李謂留其使具奏，詔許使者赴京師。使者將歸，不肯受詔，王德用[86]、陳執中將執之，張觀等不可，但却其獻而遣之。帝下詔削元昊官爵，除去屬籍，且榜於邊曰："有能擒元昊者，即授定難節鉞。"吕夷簡聞之曰："誤矣，方鎮叛命，如此詰誓則可，非所以御夷狄也。萬一反有不遜之言，得毋損國體乎？"已而元昊又遣使賀永年賫嫚書，納旌節及所授敕誥置神明匣，留歸孃族而去。

十二月[87]，夏人寇保安軍，巡檢指揮使狄青击擊敗之。青初以善騎射爲騎御散直，從西征，戰安遠諸砦，皆克敵。帶銅面具，敵人望之如神，出入賊中，披靡莫當。至是，元昊寇保安軍，鄜延鈐轄盧守懃使青擊走之。帝欲召見，會賊寇渭州[88]，命圖形以進，上曰："朕關、張也。"

康定元年，命知制誥韓琦爲陝西安撫使，經營西事。時元昊寇延州，副總管劉平、石元孫戰没，命琦安撫陝西。琦言宜黜范雍，召知越州范仲淹，從之。召仲淹知永興軍，兼知延州。仲淹大閲州兵，得萬八千人，分六將領之，日夜訓練，更出禦敵。敵人相戒曰："小范老子胸中有數萬甲兵，不比大范老子可欺也。"

九月，夏元昊寇三川諸砦，環慶副總管任福攻其白豹城，克之。元昊寇三川諸砦，韓琦使任福領兵三千聲言巡邊，部分諸將夜趨七十里至白豹城，平明克之，破四十一族，焚其餘積而還。

慶曆元年正月，夏元昊遣使高延德還延州約和。元昊還延州，與仲淹約和，仲淹覆書諭其去帝號以報累朝之恩。韓琦聞之曰："無故而求和，詐也。"命諸將戒嚴而自行邊。

二月，夏元昊寇渭川，任福與戰於好水川，敗績，死之。琦行邊至高平，元昊果遣衆寇渭川，薄懷遠城。琦乃趨鎮戎軍，盡出其兵，命環慶副總管任福將之。將行，琦戒令懷遠趨德勝砦，至羊牧隆城出敵後，度勢未可戰，即據險置伏其歸路，苟違節制，雖勝亦斬。福等至鎮戎，遇賊敗之。諜傳賊少，福等頗易之。薄暮，軍屯好水川。詰旦，循好水川西行，距羊牧隆城五里，先鋒桑懌於道旁得數銀泥合，中有動躍聲，疑不敢啓，福至發之，乃懸哨鴿百餘，冲起盤飛，伏兵四起。桑懌戰死，福身中十餘矢，自絶其喉而死。其子懷亮，部將武英、王珪等皆死，軍大潰，死者萬三百人，關右大震。帝聞震悼，爲之旰食。夏竦使人收散兵，得琦檄於福衣帶間，言罪不在琦。琦亦自劾，徙知秦州。范仲淹亦以與元昊擅通書札貶知耀州。

七月，分秦鳳、涇原、環慶、鄜延爲四路，以韓琦、王沿、范仲淹、龐籍兼經略安撫招討使。四路各置使，詔琦等分領之。初，元昊陰誘諸羌爲助，環慶酋長六百餘人約爲鄉導，事尋露。仲淹以其反覆不常，至部，奏請行邊，以詔書犒賞諸羌。諸羌皆受命，呼仲淹爲

“龍圖老子”。仲淹又據要險築大順城，遣子純佑與番將趙明據之[89]。賊以衆三萬來争，佯北，仲淹戒勿追，已而果有伏。大順既城，而白豹、金湯皆不敢犯環慶，自此寇盜益少。

二年九月，夏元昊寇鎮戎軍，副總管葛懷敏戰死之。元昊入寇攻鎮戎軍，王沿使葛懷敏督諸環兵禦之，分諸將爲四路，趨定川砦。賊毁橋，斷其歸路，四面圍之。懷敏突圍走，軍大潰。懷敏馳至長城濠，路已斷，遂與將校十四人死焉，餘軍馬皆爲敵所得。元昊乘勝直抵渭州[90]，焚廬舍，掠民畜。自涇、邠以東，閉壘自守。仲淹自將慶州蕃漢兵援之，元昊乃還。

十一月，以韓琦、范仲淹、龐籍爲陝西安撫招討使，置司涇州。時以葛懷敏敗死，中外震懼。帝采用范仲淹策，乃復置陝西路經略安撫招討使，總四路之事。置府涇州，益屯兵三萬，以琦等分領之。尋以堯臣言並罷經略使。

三年正月，夏元昊上書請和。四月，遣使如夏州。時契丹使言元昊欲和，命龐籍遣李文貴歸以通意。元昊喜，歸王嵩，遣使剛浪唆至延州議和。然猶不肯去僭號，書有云：“如日方中，止可順天西行，安可逆天東下？”剛浪唆稱“太尉”，籍謂非陪臣所宜稱，依彼官名“謨寧”稱之乃可。元昊知朝廷許和有緒，乃遣其六宅使賀從勗與文貴至延州上書，自稱“男邦泥定國兀卒上書父大宋皇帝”[91]，自更名曰“曩霄”①。籍言名體不正，不便上。從勗曰：“子事父，猶臣事君，若得至闕下，天子不許，再歸議之。”乃許。送至京師，勸朝廷許之。四月，夏使至京，上遣著作郎邵良佐册封元昊爲“夏國主”，歲賜絹十萬疋、茶三萬斤。良佐至夏，元昊亦遣如定聿捨、張延壽等來議和。夏上誓表言：“邊境畫中爲界，歲賜絹茶，乞如常數。臣不復以地相干，世世遵守。倘君父之義不存，臣子之節或變，當使宗祀不永，子孫罹殃。”帝賜詔曰：“俯閲來誓，一皆如約。”夏使至京師，賜宴坐朵殿。宋賜使至夏，如賓客禮，但留館宥州，不復至興、靈。

四年七月，契丹來告伐夏。八月，遣右正余靖報之。先是，契丹侵党項，夏人救之。至是契丹主徵諸道兵將討元昊，遣使來告曰：“請爲中國討賊，慎無與和也。”時朝廷欲加元昊封册，而契丹之使適至，帝疑契丹與元昊同謀見欺，乃命余靖致贐禮，且覘其誠否，留夏國封册不發。

十月，契丹伐夏敗績，契丹及夏平。契丹主親將騎兵十萬出金肅城，遣弟重元出南路，樞密使蕭惠山出北路，三路濟河入夏境。元昊見契丹兵盛，請和，退師百里，每退必赭其地，契丹馬無所食。元昊度其兵疲，縱兵急攻，契丹主大敗。已而元昊歸其俘獲，契丹亦遣所留夏使還之，遂與夏平。

十二月，册元昊爲夏國主。余靖使還，知契丹已與夏和，帝乃遣使册元昊爲夏國主，仍賜對衣、黄金帶、銀鞍勒馬、銀二萬兩、絹二萬匹、茶三萬斤，約稱臣，奉正朔，改所賜敕書爲詔而不名，許置官屬。然元昊帝其國自若也。

八年正月，夏元昊卒，子諒祚立。四月，册諒祚爲夏國主。元昊初娶野利氏，生寧令受[92]，以爲太子，爲娶没哆氏[93]，元昊見其美，自娶之，生諒祚，小字寧令哥而愛之。寧

① 元昊漢譯名原本作“胤霄”，因“胤”字犯宋太祖趙匡胤之名諱，故更名爲“曩霄”。參見胡玉冰《傳統典籍中漢文西夏文獻研究》，第 357 頁。

令受之母欲除没啰氏，授戈寧令受使圖之。寧令受間入元昊室，與遇，遂刺之，諸大佐没啰訛哤輩仆寧令受[94]，梟之。明日，元昊卒，子諒祚方三歲，立之。三大將分理國政，帝遣使册諒祚夏國主。

皇祐元年十月，契丹伐夏，執諒祚之母以歸。先，契丹蕭惠帥師自河南進以伐夏，戰艦粮艘綿亘數百里，入敵境，不設備，謂諒祚必自迎車駕，何暇及我。夏人襲之，惠不及甲，士卒死傷不可勝數。十月，北道行都統耶律達嚕噶率兵至賀蘭山，獲諒祚母及宫僚官屬以歸。

二年正月，夏侵契丹。三月，契丹伐夏。

五年，夏及契丹平。

英宗治平三年四月，夏人寇邊，環慶經略使蔡挺擊走之。初，夏主諒祚遣吴宗來賀即位，宗語不遜，詔諒祚懲約。諒祚不奉詔，而出兵秦鳳、涇原，鈔熟户，擾邊塞，殺掠人畜以萬計，遂寇大順城。環慶經略使蔡挺使蕃官趙明擊之。諒祚裹銀甲氈帽督戰。挺先遣强弩列壕外[95]，注矢下射，諒祚中流矢[96]，遁去，徙寇柔遠。挺又使副總管張玉以三千人夜出擾營，賊驚潰，退屯金湯。

四年十一月，夏諒祚誘殺知保安軍楊定。初，定常於諒祚稱臣，且許以歸沿邊熟户。諒祚嘗與以寶劍、寶鑑及金銀物。定歸時，上其劍鑑而匿其金銀，言諒祚可刺。帝喜，遂擢知保安軍。既而种諤取綏州，諒祚怒定有賣己，詐爲會議，誘而殺之。朝議棄綏，趙高言虜既殺王官，又棄綏不守，示弱已甚。韓琦先言綏不可取，及定等被殺，復言綏不可棄。

十二月，夏主諒祚卒，子秉常立，遣使册秉常爲夏國主。諒祚死，子秉常立，遣使告哀。上問殺楊定事，使曰："殺者爲李崇貴、韓宗道已執而送之。"既而崇貴至，言定於諒祚事，上乃薄崇貴責而削定官，没其田宅。遣劉舫册秉常爲夏國主。

神宗熙寧二年，夏人寇秦州。夏人既寇秦州，復上誓表，請以安遠、塞門二砦易綏。郭逵、趙高不可，争之於朝，遂城綏州。

四年，陜西宣撫使韓絳使种諤襲夏人，敗之，遂城囉兀[97]。

三月，夏人陷撫寧諸城。种諤聞夏人至，茫然失措，欲作書召燕達，不能下筆，惟對李南公涕泗不已[98]。由是新築諸堡皆潰。詔安置种諤潭州，韓絳坐免。

元豐四年，夏人幽其主秉常。詔李憲會陜西河東五路之師討之。知慶州俞充上言，諜報夏將李清本秦人，説秉常以河南地來歸。秉常母梁氏知之，遂誅李清，奪秉常政而幽之，宜興師問罪。帝然之，遂詔李憲出熙河，种諤出鄜延，高遵裕出環慶，劉昌祚出涇原，王中正出河東，分道並進，又詔吐蕃首領董戩集兵會伐。

十一月，高遵裕等兵潰，李憲未至靈州而還。先是，高遵裕將兵出慶州，與夏人戰，敗之，復通遠軍。种諤使曲珍率兵通黑水安定堡[99]，與夏人遇，亦大敗之。時，劉昌祚率蕃漢兵五萬，受遵裕節制，令兩路合兵以進。既入境，而環慶兵不至。昌祚次磨哆隘，遇夏衆十萬扼險，大破之，遂薄靈州城。兵幾入門，遵裕嫉其功，馳使止之，昌祚按甲不敢進。遵裕至，圍城十八日，不能下。夏人決黄河七級渠水以灌營，復抄絶粮道，士卒多饑溺，遂潰而還，餘軍纔萬三千而已。夏人躡之，復敗焉。昌祚亦引還涇原。初，詔憲率五路兵直趨興、靈。憲總師東上，營於天都山下，焚夏之南牟内殿并其館庫。追襲其統軍新都喇卜丹，敗之，次於葫蘆河，遂班師。時，諸路軍皆無功，貶高遵裕等而置李憲，孫固劾其諸路皆至靈而憲不至罪，朝廷以憲有功而釋之①。

〔五年〕九月，夏人圍永樂城。徐禧城永樂，夏人以數千騎圍攻。禧來援，夏人傾國來争。高永能勸其未陣擊之[100]，禧不從。夏人又縱鐵騎渡河，永曰："此鐵鷂軍，可及其未濟擊之。"又不從。既而鐵騎渡河，震盪衝突，勢不可當。收衆入城，夏人圍之，城中水泉皆竭。李憲之兵爲夏所隔，不能赴救。自熙寧以來，用兵僅得六堡[101]，而靈州、永樂兩役死者六十萬。帝臨朝痛哭，始悔用兵矣。

六年六月，夏人復來修貢。夏人亦困於兵，其西南都統昴星嵬名濟迺遺書劉昌祚[102]，乞通好如初。上之，帝命祚答之。乃遣謨箇咩迷乞遇來上表，帝許之，歲賜仍如故。未幾，夏主乞還所侵疆，帝不許。

哲宗元祐元年七月，夏主秉常卒，子乾順立，遣使封爲夏國主。帝初即位，秉常遣阿爾班求蘭州、米脂等五砦。司馬光訪之邊人，皆以爲不可與，未許。會秉常卒，遣使來告哀。詔自元豐四年用兵所得城砦，待歸我永樂陷民當盡以給還，遂遣穆衍弔祭，尋遣使封乾順爲夏國主。《舊志》"阿爾班"作"訛囉聿"。

五年，夏人來歸永樂之俘，乃以米脂等四砦畀之。

紹聖三年，夏人寇鄜延，陷金明砦。

四年，知渭州章楶城平夏[103]。楶上言請戰葫蘆河川[104]，據形勝以偪夏，許之。遂合熙河、秦鳳、環慶四路之師[105]，陰具板築戰守之備於葫蘆河川[106]，築二砦於石門峽江口好水河之陰，夏人來争，敗之。二旬又二日，城成，賜名"平夏"。章惇因請絶夏人歲幣。

元符元年十月，夏人寇平夏城，章楶大敗之，獲其將威明阿密等。夏人圍平夏，章楶與戰，獲其勇將威明阿密及西壽監軍穆爾圖卜，斬獲甚衆，夏人震駭。楶嘗言："夏不有懲艾，邊患不得休息，須先據其要害以固吾圉，然後諸路出兵，不一再舉[107]，而賊勢自蹙矣。"由是以南牟會城創建西安州，又築城砦九，屢敗夏人，而諸路亦多建城砦以逼夏。及平夏之捷，夏人不復振。

二年，夏人遣使求和。時，遼人爲夏求和。冬十一月[108]，夏以屢敗，遣其臣令能嵬名濟等來謝罪求和，且進誓表。許其通好，歲賜如故。西陲少安。

徽宗崇寧三年，以陶節夫經制陝西、河東五路。節夫誕妄特甚，每進築一城砦即奏曰："此西人要害必争之地。"未一年，自常調遷至樞密學士，其實未嘗出與敵一戰。

四年三月，夏人誘吐蕃圍宣威城，執知鄯州高永年殺之。夏人入鎮戎，掠數萬口，與羌酋希卜薩羅桑合兵，逼宣威城。知鄯州高永年禦之，行三十里，爲羌人所執。都爾本謂其下曰："此人奪我國，使吾宗漂落無處。"遂殺之，探其心肝食焉。

四月，夏人入寇鄜延，將劉延慶等擊敗之。

---

① 據《宋史紀事本末》卷四〇《西夏用兵》，事在元豐五年(1082)春正月庚子。

政和五年正月，熙河將劉法敗夏人於古龍骨。童貫遣熙河經略使劉法將步騎十五萬出湟州，秦鳳經略使劉仲武將兵五萬出會州，貫以中軍駐蘭州，爲兩路聲援。仲武至清水河，築城屯守而還。法與夏右廂軍戰於古龍骨，大敗之，斬首三千餘[109]。既而貫又使法與仲武合熙秦之師十萬攻夏仁多泉城。城中力守，以援不至，遂降。

九月，王厚等攻夏臧底河城，敗績。夏人大掠蕭關。

六年，渭將种師道克夏臧底河城。

十月，夏人寇涇原，屠靖夏城。夏人大舉攻涇原、靖夏城。時久無雪，夏先使數萬騎繞城，踐塵障天，乃潛穿壕爲地道入，城遂陷，屠之而去。

宣和元年三月，劉法及夏人戰於統安城，敗走，夏人追殺之。童貫使劉法取朔方，法不欲行，强遣之。乃引兵二萬至統安城，遇夏主弟察克率步騎爲三陣以當法前軍，而別遣精騎登山出其後。大戰移七時，兵飢馬渴，死者甚衆。法乘夜遁，比明，走七十里，至蓋朱巘，爲一負擔軍斬首而去。貫隱其敗，以捷聞。察克遂乘勝圍震武。震武在山峽中，熙、秦兩路不能饟，自築城三歲，知軍李明、孟清皆爲夏人所殺。至是，城又將陷，察克曰："勿破此城，留作南朝病塊。"乃自引去。

六月，童貫諷夏人因遼進誓表納款，遂詔六路罷兵。

五年，夏稱藩於金。先是，四年，夏人救遼，金襲敗之於宜水，至是金斡離不趨天德，聞夏迎護遼主，已渡河，乃遺書於夏，令執送遼主，且許割地。夏得金書，遣把里公亮奉誓表，請以事遼之禮稱藩於金，且受割賜之地①。粘没喝承制，割下寨以北[110]、陰山以南、乙室邪剌部吐禄濼西之地與之。自是兩國信使不絶。

欽宗靖康元年，金粘没喝約夏攻宋。粘没喝遣使約夏攻宋，許割天德、雲内諸城。夏人遂取天德、雲内、武州等八館之地。已而金將谷神襲取之。夏請和，金執其使。

高宗紹興九年五月，鄜延故將李世輔自夏來歸，賜名"顯忠"。先是，鄜延故將李世輔誘執金撒離喝來歸，金人追及之，乃奔夏。世輔至夏，具言父母妻子之亡，泣請二十萬人生擒撒離喝，取陜西五路歸於夏。夏主曰："爾能立功，則不靳兵。"時有酋長豪號"青面夜叉"者，久爲夏國患，授世輔三千騎擒之。乃出兵，以其臣王樞、哆咜監之。世輔至延安，總管趙惟清大呼曰："鄜延今復歸朝，已有赦書。"世輔取赦文觀之，因大哭，以舊部八百餘騎拒王樞、哆咜鐵鷂子軍，殺死萬衆，獲馬四萬匹。揭榜招兵，每得一人，予馬一匹，旬日間得驍勇少壯者萬人。乃擒害其父母弟姪者斬於東市。行至鄜州[111]，吴玠撫之，送於朝。詔以爲前軍都統制②。世輔乃率部下三千騎南來，帝撫勞再三，賜名"顯忠"。

夏主乾順卒，子仁孝立。孝宗乾道六年，夏相任得敬謀逆伏誅。得敬相夏二十餘年，潛懷異志，誣殺宗親大臣[112]，仁孝不能制。乃分西南路及靈州囉龐嶺地與得敬爲國，上表於金，爲得敬請封。金主以問宰相，尚書令李石等曰："事關彼國[113]，我何與焉？不

① 奉表割地事均在金太宗完顔晟天會二年(1124)，即宋徽宗趙佶宣和六年。

② 《建炎以來繫年要録》卷一三五載，紹興十年(1140)夏四月己亥，"請樞密院都統制李顯忠以所部二千人爲前軍都統制"。

如許之。”金主曰:“有國之君,豈肯無故分國與人,此必權臣逼奪,非夏主本意。夏稱藩既久,一旦逼於賊臣,朕爲四海主,豈能容此,當爲誅之。”乃賜仁孝詔曰:“先業所傳,亦當固守。今兹請命,未知措意所在,當遣使來詢問。”得敬懼,仁孝乃謀誅之。秋八月,得敬伏誅。

光宗紹熙四年[114],夏主仁孝卒,子純佑立。仁孝在位五十五年,始建太學於國,立小學於禁中,親爲訓導,尊孔子爲帝。然權臣擅命,國勢日衰,自此始也。純佑在位四十年,從弟安全廢之而自立。

寧宗嘉定二年,蒙古兵入靈州[115],夏主安全降,夏自是益衰矣。

三年,夏侵金葭州。夏自天會初與金議和,八十餘年未嘗交兵。至是爲蒙古所攻,求救於金。金主永濟初立,不能出師。夏人怨之,遂侵葭州。金慶山奴擊敗之而去。

四年,夏主安全卒,族子遵頊立[116]。

六年,夏取金保安、慶陽。十二月,取涇州。夏人以書來四川,議夾攻金,以恢復故疆①。時董居誼初入蜀,不之報。由是虜信中絶。

十年,蒙古圍夏興州,夏主遵頊奔西凉。

十三年,安丙遣兵會夏人伐金。丙遣書夏人,會議同舉,約以夏兵野戰,宗師攻城,命利州統制帥師赴熙、秦、鞏、鳳等處,委丁焴節制,且傳諭招輯陝西五路軍民。八月,夏取金會州,金遣使如夏議和。九月,夏人圍金鞏州,官軍會之。夏遣樞密使寧子寧率衆二十萬圍鞏州,王仕信等各路分進,不克而還。

十四年,夏人復乞會師伐金。

十六年,夏主遵頊傳國其子德旺,遵頊自號上皇,未幾,卒。

十七年十月,金及夏平。夏與金通好,不交兵者八十餘年[117]。至貞祐初,以小故生嫌,搆難十年,一勝一負,遂至精鋭俱盡,兩國皆弊。至是,夏遣吏部尚書李仲諤通好於金,稱弟不稱臣。金遣禮部尚書奥敦良弼報之。

理宗寶慶元年十月[118],蒙古伐夏。十月,伐夏,取甘、肅,西凉府。十一月,取靈州,進次鹽川,以西夏納仇人亦臈喝翔昆及不入子質也。

二年,夏主德旺以憂卒,弟子晛立。

三年,蒙古伐夏,夏主晛降。時蒙古盡克夏城邑,其民穿土石以避鋒鏑,免者百無一二,白骨蔽野。蒙古主避暑於六盤山。夏主力屈出降,遂縶以歸。諸將争掠子女財帛,耶律楚材獨取書數部、大黄數十車。未幾,軍士病疫,用活萬人。

按:拓拔夏本拓拔魏之後。唐貞觀初,有拓拔赤辭者來歸,賜姓“李”,世居平夏。中和初,拓拔思恭以討黄巢功,復賜姓“李”,拜夏綏節度使。思恭卒,弟思謙代爲定難節度使[119]。思謙卒,思恭孫彜昌嗣[120]。其將高宗益作亂,殺之,將士立其族父仁福[121]。仁福卒,子彜超嗣。彜超卒,兄彜殷代[122]。宋建隆初獻馬,以玉帶賜之。乾德中卒,子克叡立②。克叡

① 夏人以書來四川事在嘉定七年(1214)。

② 克叡:原名“光叡”,避宋太宗趙光義諱改。

卒,子繼筠立。逾年卒,弟繼捧立[123],尋率族人入朝獻地,因其願留,乃授彰德軍節度使。其族弟繼遷居銀州[124],數爲邊患,詔繼捧圖之。初,繼遷高祖思忠嘗從其兄思恭討黄巢,射渭橋表鐵鶴没羽,既而戰没,僖宗贈宥州刺史,祠於渭陽。曾祖仁顔仕後唐銀州防禦使[125],祖彝景仕於晋,父光儼仕於周。繼遷生於銀州無定河。及繼捧歸宋,時年二十,志落落,遂叛去。後遣李繼隆討之,執繼捧送闕下,詔釋其罪,封宥罪侯,卒。繼遷反覆不臣,屢勤王師。咸平初,遣使修貢,授夏州刺史、定難節度使。繼遷陷西凉,中創死。子德明立,奉表歸順,封西平王。德明大啓宫室於鏊子山,城懷遠鎮爲興州以居。明道元年,卒,子元昊立。

元昊,小字嵬理,國語謂"惜"爲"嵬","富貴"爲"理"。母衛慕氏。五月五日生,國人以其日相慶賀。性雄毅,多大略,善繪畫,能刱製物始。圓面高凖,身長五尺餘。曉浮圖學,通蕃漢文字,案上置法律,常携《野戰歌》《太乙金鑑訣》。好衣長袖緋衣[126],冠黑冠,佩弓矢,從衛步卒,張青蓋。出乘馬[127],以二旗引,百餘騎自從。德明嘗使人以馬榷易漢物,不如意,欲殺之。元昊年方十餘,諫曰:"我戎人本從事鞍馬,而以資隣國易不急之物,已爲非策,又從而殺之,失衆心。"德明從之。弱冠,破回鶻,遂立爲太子。又數諫其父勿臣宋。德明戒之曰:"吾久用兵,疲矣。吾族三十年衣錦綺,此宋恩也,不可負。"元昊曰:"衣皮毛,事畜牧,蕃性所便,英雄之生[128],當霸王耳,何錦綺爲?"既襲"西平",明號令,以兵法勒諸部,乃居興州,地方萬里,堡鎮皆號州郡,凡二十有二。河南之州九:曰靈,曰洪,曰宥,曰銀,曰夏,曰石,曰鹽,曰南威,曰會。河西之州九:曰興,曰定,曰懷,曰永,曰凉,曰甘,曰肅,曰瓜,曰沙。熙、秦河外之州四:曰西寧,曰樂,曰廓,曰積石。其地饒五穀,尤宜稻麥。甘、凉之間,以諸河爲溉,興、靈則有古渠曰唐來、漢延,皆支引黄河,得灌溉之利,無旱澇之虞。

其民一家號一帳。男年登十五爲丁,率二丁取正軍一人。每負贍一人爲一抄,四丁爲兩抄,餘號空丁。願隸正軍者,得射他丁爲負贍,無則許射正軍之疲弱者。有左、右厢,立十二監軍司,委豪右分統其衆,自河北至午臘蒻山七萬人以備契丹。河南洪州、白豹、安鹽州[129]、羅落[130]、天都、惟精山五萬人[131],備環慶、鎮戎、原州。左厢宥州五萬人,備鄜、延、麟、府。右厢甘州三萬人[132],備西番、回紇。賀蘭駐兵五萬,靈州五萬,興州興慶府七萬人爲鎮守。總三十餘萬[133]。别有"擒生"十萬,興、靈之兵精練者又二萬五千[134]。選豪族善弓馬者五千人迭直,號六班直,月給米二石。鐵騎三千,分十部,爲前軍,乘善馬,披重甲,刺斫不入,用鈎索絞聯,雖死馬上不墜。遇戰則先出鐵騎突陣,陣亂則衝擊之,步兵挾騎以進。每有事於西則自東點集而西,有事於東則自西點集而東,中路則東西皆集。用兵多立虚砦,設伏兵包[135],戰則大將居後,或據高險。其人能寒暑飢渴。出戰率用隻日,避晦日,齎粮不過一旬。篤信機鬼[136],尚詛咒。每出兵則先卜,以艾灼羊髀骨,謂之"死跋焦"[137]。卜師謂之"厮乩"[138]。視其兆,上處爲神明,近脊處爲主位,近旁處爲客位。蓋其俗以所居正寢中一間以奉鬼神,人不敢居,而主客之位則近脊而傍也,故取象於羊骨如此。俗皆土屋,惟有命得以瓦覆之。元昊自製蕃書,形體方整,類八分書而畫頗重複,教國人以此紀事。仁宗寶元初,稱皇帝,在位十七年殂,謚武烈皇帝。

長子諒祚立,小字寧令哥,國語謂"歡喜"爲"寧令"。兩岔,河名也,没臧氏與元昊出獵至此而生,遂名焉。方期歲即位。請去蕃禮,從漢儀,詔許之。又表求太宗御製真草[139]、隸書石本，且進馬，求《九經》，詔賜之，還所獻馬。英宗治平間，屢入寇。在位二十年殂，謚昭英皇帝。長子秉常立，在位二十年殂，謚康靖皇帝。長子乾順立。建國學，設子弟員三百，立養賢務，以廩食之。金滅遼，乃稱藩於金。靈芝産國中，作《靈芝歌》①。在位五十四年殂，謚聖文皇帝。長子仁孝立，乃建學立教，釋奠孔子而帝尊之。策舉人，立唱名法。復建内學，選名儒主之[140]。增修法律，賜名"鼎新"。立通濟監鑄錢。立翰林院，以焦景顔、王僉等爲學士[141]，俾修實録。大禁奢侈。在位五十五年殂，謚聖德皇帝。長子純佑立[142]，在位四十年，從弟李安全廢之而自立。純佑殂，謚昭簡皇帝。安全立四年，降於元②。又二年殂，謚敬穆皇帝。族子遵頊立，金封爲夏國王。元兵攻夏，傳國於其子德旺。遵頊在位十三年，又三年殂，謚英文皇帝。德旺以憂殂[143]，廟號獻宗[144]。弟子晛立。二年，元主克其城邑，縶晛以歸。自宋太平興國七年繼遷開基，凡十二主，二百五十八年，夏亡③。

元

武宗至大元年[145]，立寧夏河渠司，秩五品，官二員。

明

英宗正統間，胡酋三保奴爲患，都督陳友擒之。

十四年十二月，額森入寇[146]。先是，帝親征額森，師潰於土木。額森以帝北去，皇太后命郕王即位，遥尊帝爲上皇。額森以上皇至衛拉特老營。及是，喜寧勸額森西犯寧夏[147]，掠苑馬直趨江表，居上皇南京，上皇力解乃止。額森遂自寇寧夏，掠人畜，期月始退。仍留數千人於河套，時入寧夏爲寇。

景帝景泰元年三月，衛拉特復分道入寇。時邊將禦敵互有殺傷，惟寧夏慶陽被敵殺掠甚衆。

英宗復辟天順元年，韃靼保喇寇邊。保喇犯寧夏，參將种興戰歿。帝命石亨爲將軍討之，亨至邊無功而還。

憲宗成化元年春，遣都指揮黄瑀逐套虜於鹽池[148]。

二年春，詔諸將備邊。套虜屢爲邊患，命寧夏、延綏、甘凉鎮總兵各官整飭兵備，候期調發。

---

① 参見本志第 20 頁脚注⑤。

② 元：安全降時蒙古政權尚未立國號曰"元"。

③ 西夏國是由党項拓跋氏於十一世紀在中國西北地方建立的一個封建割據政權，國號"大夏"，自稱"大白高國""白高大夏國"，漢文典籍一般稱"西夏""夏國"或"夏臺"。自西夏遠祖拓跋思恭節度夏（治所在今陝西靖邊縣東北白城子）、綏（治所在今陝西綏德縣）二州後被唐僖宗封爲夏國公至宋仁宗授德明爲夏王，割據一方的夏州政權歷時 150 年（882 至 1032），共歷十一位夏王，即拓跋思恭、思諫、彝昌、仁福、彝超、彝興、克睿、繼筠、繼捧、繼遷、德明。自元昊正式立"大夏"國號稱帝至末主晛亡，處於實際獨立狀態的西夏政權歷時 189 年（1038 至 1227），共歷十主，即景宗元昊、毅宗諒祚、惠宗秉常、崇宗乾順、仁宗仁孝、桓宗純佑、襄宗安全、神宗遵頊、獻宗德旺和末帝晛。本志載西夏國主在位時間有誤。

八年，套入寇，總兵范瑾、游擊祝雄破虜於靈武城南[149]。

十年正月，命王越總制三邊。刑部主事張鼎言延綏、甘肅、寧夏三邊鎮撫不相統一，宜推文武重臣一人總制，詔從其請。因設制府於固原，即以越爲之巡撫，總兵而下並聽節制。三邊設總制自此始。

閏六月，築邊牆。初，巡撫余子俊上言，三邊惟延慶地平，易利馳突，寇屢入犯，獲邊人爲導，徑入河套。自是寇得居内，我反屯外，急宜於沿邊築牆置堡，以間内外。帝從之。會王越襲虜紅鹽池，患少息，子俊得一意興役。東起清水營，西抵花馬池，延袤一千七百七十里。

孝宗弘治十一年七月，王越襲小王子於賀蘭山，破之。小王子居山後久，熟知路徑，累招野默克埒等侵擾邊地。越分兵三路進，俱有斬獲，日晡收兵，而設伏道旁，敵來襲，復追殺至柳溝，獲駝馬牛馬、器仗無數。

十四年四月，和碩及小王子連兵入寇，命朱暉帥師禦之。先是，小王子及和碩等復居河套，至是以兵八千騎駐邊塞下，既而西歸，復進掠寧夏，往來數千里，所至殺掠殆盡。命暉佩大將軍印，統都督劉寧等五將往禦。及秋，暉等至寧夏，敵已飽掠去。乃以五路之師夜襲敵巢於河套，僅斬三級，以捷聞。未幾，小王子和碩以十萬騎分道入，散掠固原、寧夏境，戕殺慘酷，胔骼徧野。

武宗正德二年六月，增設花馬池衛所。總制三邊楊一清建議防邊，以花馬池至靈州地勢平衍，寇每從此毁牆入，固原、平凉不能耕牧，請修濬牆塹，增設衛所，以安内附，以遏外侵。帝可其議，特發帑金數十萬，工方興，而劉瑾憾一清不附己，一清遂引疾歸。

四年秋，小王子寇花馬池，總制才寬率師禦之。小王子寇延綏，尋犯花馬池，寬率師禦之，頗有斬獲。敵伏兵引戰，正追襲間，伏兵突出，寬中流矢死。

五年四月，安化王寘鐇反，游擊將軍仇鉞討擒之。寘鐇者，慶靖王曾孫也，素狂誕。術者言當大貴，遂覬望非分，與其黨指揮周昂等潛蓄逆謀。會大理寺少卿周東度田寧夏，以五十畝爲一頃，苛斂騰怨。巡撫安惟學素殘虐，將士憾刺骨。寘鐇使人激之，咸願從。寘鐇遂反，殺東與惟學及總兵官、鎮守太監、都指揮等，傳檄遠近，以誅劉瑾爲名。詔起右都御史楊一清總制軍務討之，以太監張永爲監軍。先是，仇鉞以邊警屯玉泉營，聞變即入城，佯以兵隸賊營，自稱疾堅卧，而陰結壯士，伺間圖之。及聞一清至，寘鐇令周昂就鉞問計。鉞方卧呻吟，伏起捶殺昂，鉞乃披甲横刀，提昂首，跨馬徑馳寘鐇府，從者百餘人，縛鐇，餘衆潰。檻送寘鐇至京，賜死，黨皆伏誅，削慶府護衛。封仇鉞爲咸寧伯。

世宗嘉靖十五年正月，虜犯鎮遠關，總兵王效等會兵大破之。先是，濟農居套中，西抵賀蘭山，限以黄河，不得渡，用牛皮爲渾脱渡入山後，諳達亦自豐州入套，相率爲邊患。總制唐龍遣總兵官王效、梁震數敗敵，然蹂躪迄無寧歲。及是，又率衆分入。王效與延綏副總兵梁震，游擊鄭時、彭楲會兵擊之，追至蜂窩山，斬首一百二十級。其東犯者經總制劉天和伏兵黑河墩，大創而去。

十八年，套虜犯平虜城，總兵任傑擊走之。虜據打磴口以爲巢，數犯平虜，妨民耕牧。任傑率師擊之，斬首甚多，虜遂遁走。

十九年九月，巡撫楊守禮、總兵任傑等邀虜於鐵柱泉，大破之。濟農連年入寇，邊將禦之，屢被殺傷。至是復入固原剽掠且饜。會淫潦，弓矢盡膠，無鬬志，而諸將多畏縮。總制劉天和斬指揮二人，召故總兵官周尚文盡鋭奮擊於黑水苑，斬濟農子錫沙王，寇遁走寧夏。楊守禮、總兵任傑等復於鐵柱泉邀擊之，虜勢大挫。

三十九年[150]，套虜盤據芳苦灘，將舉入寇，總兵官趙應率師擊破之。明年，又入省嵬口，應又敗之，共斬首百數十級。

四十一年，套虜入寇。總兵官吴鼎率兵大破於宿嵬口外白樹泉，又破之於鹽池撒卜掌嶺。四十三年，復犯境，鼎率兵深入，戰於河東，斬首數十級，又破於鹻灘，虜遁去。

穆宗隆慶二年夏，北虜犯邊，總督王崇古檄總兵雷龍大破於歸德口。三年，虜團結謀舉南牧，王崇古檄龍選精騎三千出塞擊之，斬獲無算。

神宗萬曆十年，靈州卒楊文遇、馬景亂。洪武初，略定陜西，殘元部落率衆歸附。立靈州守禦千户所，其屬處於瓦渠四里爲民，號"土達"，使自耕食，簡其壯者充營卒。文遇、景乃土達楊倘兀、馬火丹之孫也，素獷悍。時參將許汝繼以勇名，擢靈州。御下過嚴，大生怨讟，汝繼愈恨之不少假，衆益怒。文遇、景遂謀亂，黨與響應。四月，郭濟逞凶，先入參將署，汝繼赤身起迎，截濟髮，至死髮猶在握。宅中男婦戕無噍類。文遇、景等開北門出迎其黨，千户戴儒、蒯訓閉門以守，賊不得入，奪馬逸走。餘賊出南門肆掠。同知吕珩告變，巡撫晋應槐檄中衛守將王保等據邊口，把總李鯤、楊朝率兵追賊，獲楊文遇、馬景等共三十餘人，並斬於市。

二十年三月，哱拜反，巡撫葉夢熊討平之。哱拜，故韃靼種也。嘉靖中來降，屢立戰功，官都指揮。十七年，哱拜老，加副總兵，致仕，子承恩襲。拜雖告老而多蓄亡命，承恩性亦很戾。十九年，洮河告警，巡邊御史周弘禴舉承恩及指揮土文秀並哱拜義子布延等[151]，巡撫黨馨檄文秀西援，哱拜謁經略鄭洛，願與子承恩從出師。馨惡其自薦，抑損之。哱拜以故心怨，至金城，見諸鎮兵皆出其下，迨賊退，取道塞外還，寇騎遇之，皆辟易，遂有輕中外心。馨欲按承恩冒粮罪，又以承恩娶民女爲妾，笞二十。會戍卒衣粮久弗給，拜遂嗾軍鋒劉東暘、許朝等作亂。是年二月，殺馨及副使石繼芳，逼總兵張維忠自縊死。東暘自稱總兵，奉哱拜爲謀主，承恩、朝爲左右副將，布延、文秀爲左右參將。承恩遂陷玉泉營及廣武，漢西四十七堡皆陷，惟土文秀徇平虜，參將蕭薰堅守，不下。賊兵渡河，欲取靈州，又齎金帛誘河套卓哩克圖等，許以花馬池一帶，聽其駐牧，全陜震動。總督魏學曾檄副總兵李昫率兵進剿，諸堡皆次第收復，惟鎮城堅持不下。會套部卓哩克圖率三千騎至，賊益掠城中子女餽之套人，揚言已與布王子爲一家。布延引卓哩克圖攻平虜，參將蕭如薰伏兵南關，佯敗以誘之，射布延死，套部遂遁出塞。四月，以蕭如薰爲總兵，調麻貴爲副總兵，率兵抵鎮城。帝賜學曾尚方劍督戰，御史梅國楨薦李如松忠勇可任，遂令如松總寧夏兵，國楨監之。會寧夏巡撫朱正色、甘肅巡撫葉夢熊皆先後至軍，並逼城下。學曾與夢熊定計決黄河大壩水灌之，城外水深八九尺，賊懼，佯求撫以緩我師，而仍結套部爲助。七月，布色圖章圖哩以三萬騎犯定邊、小鹽池，別遣宰桑以萬騎從花馬池西沙湃口入，爲哱拜聲援。學曾令麻貴等分擊之，皆敗去。八月，卓哩克圖復入李剛堡，如松等擊之敗走，賊援遂絶。會給事中許子偉劾學曾惑於招撫誤國事，學曾被逮，以夢熊代之。賊被圍食盡，城受水浸多傾圮。國楨用間給東暘、朝、承恩，使互相殺，以降許貸其死。至是，東暘、朝開門降。哱拜驅妻子登樓，縱火自焚死。時九月十八日也[152]。俘承恩等至京師，磔於市。方賊反時，慶藩多被囚辱，慶憲王妃方氏匿土窖中，卒。詔建祠，樹坊曰“宗烈”。哱拜，《通志》作“巴拜”。

二十三年正月，北虜入寇。虜分道入寇，平虜總兵解一清督参將吴顯、石尚文，守備陳王道分剿於平湖墩[153]、水塘墩等處，各斬獲甚衆。

二十四年春，北虜入寇。虜犯河東，總兵李如栢率游擊來保等擊破於河灘兒、哥腦等處。尋犯河西，如栢等又大破於石空寺窑兒洞，把總楊宋又破之於宿嵬口。

二十七年春，套虜入犯鎮城。套虜入犯鎮城迤西，巡撫楊時寧，總兵杜桐，副總兵馬孔英，参將蕭如薰、鄧鳳，游擊馬躍龍、江廷輔、崔張名、季永芳，守備石楝等，大破於黄草灘[154]。尋犯河東，参將吴宗堯率高廷梧、蕭韶成等破之，斬獲甚衆。

四十年七月，北虜寇邊。平虜参將潘國振偵報虜住邊外[155]，巡撫崔景榮檄令先事戒嚴。總兵姚國忠、副將王宣等馳至平虜，敵果竊入。國忠率兵出剿，戰於沙山老灣，大破之，斬首一百七十餘級。

四十三年九月，總督劉敏寬防秋於花馬池。時套虜濟農大舉入犯延鎮，敏寬檄總兵杜文焕督兵應援，合定邊、固原兵往剿，破賊於定邊西沙梁[156]。

莊烈崇禎三年，寧夏總兵賀虎臣擊賊於盤谷，大破之。先是，流寇王嘉胤攻陷清水營[157]，大盜李老柴糾三千餘人攻合水，寧夏總兵賀虎臣邀擊於盤谷，斬首六百餘級。又敗之於寧州。

四年三月，流賊神一魁犯寧夏。先是，總兵賀虎臣圍保安，賊目神一魁突圍出，復糾賊數萬刼寧夏。都指揮王英兵潰，諸將棄城南奔，一魁尋犯慶陽。

【校勘記】

[1] 河南：此同《資治通鑑》卷十八，《史記》卷一一二、《漢書》卷六四上《主父偃傳》均作“朔方”。

[2] 外阻河：“外”字原脱，據《資治通鑑》卷十八、《史記》卷一一二、《漢書》卷六四上《主父偃傳》補。

[3] 蒙恬：此二字原脱，據《資治通鑑》卷十八、《史記》卷一一二、《漢書》卷六四上《主父偃傳》補。

[4] 内省轉輸戍漕：原作“省轉戍”，據《資治通鑑》卷十八，《史記》卷一一二、《漢書》卷六四上《主父偃傳》改。

[5] 十萬：《資治通鑑》卷十八作“十餘萬”。

[6] 稼：原作“價”，據《後漢書》卷八七《西羌傳》、《太平寰宇記》卷一八七《四夷十六・西戎》等改。

[7] 乘陁：原作“乘扼”，據《後漢書》卷八七《西羌傳》改。

[8] 一億：原作“以億”，據《後漢書》卷八七《西羌傳》、《太平寰宇記》卷一八七《四夷十六·西戎》等改。

[9] 鮮卑：原作“卑鮮”，據《寧夏府志》卷二二《雜記·紀事》改。

[10] 丰儀：《晋書》卷一三〇《赫連勃勃傳》作“風儀”，《資治通鑑》卷一一四作“容儀”。

[11] 冬十月：原作“七月”，據《資治通鑑》卷一一四、《通鑑紀事本末》卷十八下《赫連據朔方》改。

[12] 薛干：原作“薛于”，據《魏書》卷一三〇《高車傳》改。參見《晋書》卷一三〇《校勘記》[六]。下同。

[13] 九月：原作“七月”，據《資治通鑑》卷一一五、《通鑑紀事本末》卷十八下《赫連據朔方》改。

[14] 奄至：原作“掩至”，據《資治通鑑》卷一一五、《通鑑紀事本末》卷十八下《赫連據朔方》改。

[15] 之北：此二字原脱，據《晋書》卷一三〇《載記·赫連勃勃》、《資治通鑑》卷一一六補。

[16] 簒：原作“纂”，據《資治通鑑》卷一一八、《通鑑紀事本末》卷十八上《劉裕滅後秦》改。

[17] 王脩：原作“王修”，據《宋書》卷四五《王鎮惡傳》、《資治通鑑》卷一一八改。下同。

[18] 蒲坂：原作“蒲版”，據《魏書》卷二九、《北史》卷二〇《奚斤傳》等改。下同。

[19] 得：原作“將”，據《資治通鑑》卷一二〇、《通鑑紀事本末》卷十八下《魏滅夏》改。

[20] 千萬：原作“十萬”，據《魏書》卷四上《世祖紀》、《資治通鑑》卷一二〇改。

[21] 丘堆：原避孔丘諱改作“邱堆”，據《魏書》卷三〇《丘堆傳》、《資治通鑑》卷一二〇改。下同。

[22] 北人謂胡父鮮卑母爲鐵弗：本志原同《資治通鑑》卷一〇四、《十六國春秋》卷六六《夏録一·赫連勃勃》及《北史》諸本，“父”字後衍“爲”字，中華本《北史》卷九三《鐵弗劉武傳》之《校勘記》[三]據《魏書》卷九五《鐵弗劉虎傳》删。今從。“北人”，原作“胡人”，據《魏書》、《資治通鑑》、《十六國春秋》及《北史》改。“胡父”，“胡”字原脱，據《魏書》、《資治通鑑》、《十六國春秋》及《北史》補。按：唐朝因避諱而改“劉虎”爲“劉武”。

[23] 孫：原作“子”。《魏書》卷九五《鐵弗劉虎傳》載，虎子務桓，務桓子悉勿祈，悉勿祈弟衛辰。知衛辰爲劉虎孫，非子。據改。

[24] 屈孑：原作“屈子”，據《晋書》卷一三〇《載記·赫連勃勃》、《魏書》卷九五《鐵弗劉虎傳》、《十六國春秋》卷六六《赫連勃勃》、《元和郡縣圖志》卷五《關内道·夏州》等改。參見《晋書》卷一三〇《校勘記》[一]。

[25] 二十六年：據《太平御覽》卷一二七《偏霸部十一》引《夏録》，三世在位當共 25 年，參見《晋書》卷一三〇《校勘記》[十三]。

[26] 安定：“安”字原脱，據《魏書》卷三八、《北史》卷二六《刁雍傳》補。

[27] 柔玄：原避清聖祖玄燁諱作“柔元”，據《魏書》卷八九、《北史》卷二七《酈道元傳》改。

[28] 二夏：此二字原脱，據《魏書》卷四一《源子雍傳》、《北史》卷二八《源子邕傳》、《資治通鑑》卷一五〇補。

[29] 稍：原作“稍”，據《北齊書》卷二《神武宗紀》、《北史》卷六《齊本紀》改。

[30] 突：原作“實”，據《北齊書》卷二《神武宗紀》、《北史》卷六《齊本紀》改。

[31] 崔仲方：“方”字原脱，據《隋書》卷六〇《崔仲方傳》、《資治通鑑》卷一七六等補。

[32] 勃出嶺：原作“勃山”，據《北史》卷三二、《隋書》卷六〇《崔仲方傳》改。

[33] 白瑜娑：原作“白瑜婆”，《隋書》卷四《煬帝紀》作“白榆妄”，據《資治通鑑》卷一八二改。下同。

[34] 薛萬：原作“薛義”，據《新唐書》卷八七《梁師都傳》改。

[35] 勁卒：原作“動卒”，據《新唐書》卷八七《梁師都傳》改。

[36] 公主：“公”字原脱，據《新唐書》卷一一〇《阿史那社爾傳》補。

[37] 薛延陀：原作“薛延佗”，據《新唐書》卷一一〇《契苾何力傳》、《資治通鑑》卷一九七改。下同。

[38] 八月：《資治通鑑》卷一九八載此事於夏六月。

[39] 鬱督軍山：“軍”字原脱，據《舊唐書》卷一九九下《鐵勒傳》、《資治通鑑》卷一九八補。下同。

[40] 浮陽：原作“涇陽”，據《資治通鑑》卷一九八、《唐會要》卷九四等改。

[41] 回紇等十一姓：“等”字原脱，據《舊唐書》卷三《太宗本紀》、《資治通鑑》卷一九八補。按：回紇等 11 姓包括回紇、拔野古、同羅、僕骨、多濫葛、思結、阿跌、契苾、跌結、渾、斛薛。

[42] 三年：原作“二年”，據《新唐書》卷二二一上《吐谷渾傳》、《資治通鑑》卷二〇二改。

[43] 三年：《資治通鑑》卷二〇三繫此事於弘道元年，《舊唐書》卷九三、《新唐書》卷一一一《唐休璟傳》繫此事於永淳中。或以“弘道元年”爲是。

[44] 薛季昶：原作“薛昶”，據《新唐書》卷二一五上《突厥傳》、《資治通鑑》卷二〇七改。

[45] 二百餘人：原作“三百人”，據《舊唐書》卷九三《張仁愿傳》、《資治通鑑》卷二〇九改。按：《新唐書》卷一一一《張仁愿傳》作“二百人”，疑誤。

[46] 玄宗：原避清聖祖玄燁諱改作“元宗”，據唐玄宗廟號用字回改。

[47] 薛訥：原作“薛納”，據《舊唐書》卷九三、《新唐書》卷一一一《薛訥傳》，《資治通鑑》卷二一一改。下同。

[48] 勺磨：原作“勾磨”，據《舊唐書》卷九三、《新唐書》卷一一一《王晙傳》，《資治通鑑》卷二一二改。下同。

[49] 二十：原作“二千”，據《舊唐書》卷九七、《新唐書》卷一二五《張説傳》，《資治通鑑》卷二一二改。

[50] 瑒：原作“暘”，據《舊唐書》卷一三四、《新唐書》卷一五五《馬燧傳》改。

[51] 慶：原作“夏”，據《新唐書》卷二一六下《吐蕃傳》、《資治通鑑》卷二二五改。

[52] 將信都崇慶：此五字原脱，據《資治通鑑》卷二二七補。

[53] 宋：原作“衆”，據《資治通鑑》卷二二七改。

[54] 元年：原作“二年”，據《資治通鑑》卷二三一改。

[55] 節度使：此三字原脱，據《資治通鑑》卷二三七補。

[56] “是年”至“任邊將也”：此三十四字原位於下文“以護党項”四字後，據本志書例改移此。

[57] 八年：原作“二年”，據《新唐書》卷一六四《張吉甫傳》改。

[58] 反：此字原脱，據《新唐書》卷七《憲宗本紀》補，參見《新唐書》卷一七一《校勘記》[一]。

[59] 大小大夫：原作“小大夫”，據《新唐書》卷一七一《李光進傳》改。

[60] 洺州：原作“洛州”，據《舊唐書》卷一六一、《新唐書》卷一七一《李光進》傳改。

[61] 王佖：原作“王泌”，據《舊唐書》卷一三三、《新唐書》卷一五四《李晟附王佖傳》改。

[62] 二千五百：此同《舊唐書》卷一五二《史敬奉傳》，《新唐書》卷一七〇《史敬奉傳》作“二千”。

[63] 十月：原作“六月”，據《新唐書》卷八《穆宗本紀》、《資治通鑑》卷二四二改。

[64] 安樂州：原作“安東州”，據《資治通鑑》卷二四八改。下同。

[65] 富平縣：原作“靈州縣”，據《元和郡縣圖志》卷四《靈州》、《太平寰宇記》卷三六《關西道十二・靈州》改。

[66] 李福：原作“李勵”，據《資治通鑑》卷二四九改。

[67] 李茂貞：原作“李守貞”，據《舊五代史》卷一三二、《新五代史》卷四〇《李茂貞傳》改。下同。

[68] 青銅峽：《舊五代史》卷九一作“青崗峽”，《新五代史》卷四六作“青岡峽”，《資治通鑑》卷二七六作“青剛峽”。

[69] 數千帳：此同《資治通鑑》卷二七六，《舊五代史》卷四〇《唐書・明宗紀》、《册府元龜》卷九八七《外臣部・征討》皆作“三百餘帳”。

[70] 朝廷恐其與契丹連兵：此九字原脱，據《資治通鑑》卷二七八補。

[71] 也廝褒：“褒”字原脱，據《資治通鑑》卷二八五補。

[72] 藥元福：原作“葉元富”，據《舊五代史》卷八四《少帝紀》、《宋史》卷二五四《藥元福傳》改。

[73] 雍熙元年：此同《長編》卷二五，《宋史》卷四八五《夏國傳》作“太平興國八年”。

[74] 壁：原作“辟”，據《長編》卷三五、《宋史》卷四八五《夏國傳》改。

[75] 宥罪侯：原作“宥羅侯”，據《宋史》卷五《太宗本紀》、卷四八五《夏國傳》等改。

[76] 九月：原作“八月”，據《長編》卷四〇、《宋史》卷四八五《夏國傳》改。

[77] 青岡峽：原作“清岡峽”，據《宋史》卷四八五《夏國傳》改。

[78] 十餘日：原作“十日”，據《宋史》卷四八五《夏國傳》改。

[79] 刺史：原作“刺使”，據《宋史》卷四九二《吐蕃傳》改。

[80] 朔方節度使：此同《宋史》卷七《真宗本紀》，《宋史》卷四九二《吐蕃傳》作“鹽州防禦使”。

[81] 贊普：原作“贊善”，據《宋史》卷四九二《吐蕃傳》改。下同。

[82] 不：原作“入”，據《宋史》卷四九二《吐蕃傳》改。

[83] 楊告：原作“楊吉”，據《長編》卷一一一、《宋史》卷三〇四《楊告傳》等改。

[84] 二年：原作“三年”，據《宋史》卷四八五《夏國傳》、《九朝編年備要》卷十改。

[85] 德靖：原倒作“靖德”，據《宋史》卷八七《地理志》、《長編》卷一二二乙正。參見《宋史》卷四八五《校勘記》[一八]。

[86] 王德用：原作“至德用”，據《長編》卷一二三改。

[87] 十二月:《宋史紀事本末》卷三〇《夏元昊拒命》作“十一月”。

[88] 渭州:原作“渭川”,據《宋史》卷二九〇《狄青傳》改。

[89] 趙明:原作“趙德明”,據《長編》卷一三六、《宋史紀事本末》卷三〇《夏元昊拒命》等改,下同。

[90] 渭州:原作“渭川”,據《宋史紀事本末》卷三〇《夏元昊拒命》改。

[91] 大宋:原作“大宗”,據《宋史》卷四八五《夏國傳》、《九朝編年備要》卷十二等改。

[92] 寧令受:此同《夢溪筆談》卷二五《雜誌二》,《隆平集》卷二〇作“寧令哥”。疑《夢溪筆談》是。

[93] 没㖫氏:原作“没臧氏”,據《宋史》卷四八五《夏國傳》、《隆平集》卷二〇、《東都事略》卷一二七改。下同。

[94] 訛哤:原作“訛龐”,據《夢溪筆談》卷二五《雜志》。

[95] 弩:原作“努”,據《宋史紀事本末》卷四〇《西夏用兵》改。

[96] 流矢:原作“德矢”,據《宋史紀事本末》卷四〇《西夏用兵》改。

[97] 囉兀:原作“羅兀”,據《宋史》卷四八六《夏國傳》、《九朝編年備要》卷十九改。

[98] 不已:原作“而已”,據《宋史》卷四八六《夏國傳》、《長編》卷二二一改。

[99] 黑水:原作“墨水”,據《宋史》卷十六《神宗本紀》、《長編》卷三一九等改。

[100] 高永能:原作“高永”,據《長編》卷三二九、《宋史紀事本末》卷四〇《西夏用兵》等改。

[101] 六:原作“七”。據《長編》卷七八、《宋史紀事本末》卷四〇《西夏用兵》改。按:此六堡爲葭蘆、吴堡、義合、米脂、浮圖、塞門。

[102] 嵬名濟迺:“名濟迺”三字原脱。《四庫》本《長編》卷三三一作“威明吉鼐”,《涑水記聞》卷十四、《宋史》卷四八六《夏國傳》均作“嵬名濟迺”。聶鴻音《從〈宋史·夏國傳〉譯音二題看西夏語輔音韻尾問題》一文認爲,中華本《宋史》標點誤以爲人名爲“嵬名濟”,其實人名當作“嵬名濟迺”,據補。

[103] 章楶:原作“章棨”,據《長編》卷四八六改。下同。

[104] 葫蘆河川:“川”原作“以”,據《長編》卷四八六、《宋史》卷三二八《章楶傳》改。

[105] 熙河秦鳳環慶四路:此同《長編》卷四八六、《宋史》卷三二八《章楶傳》,《宋史紀事本末》卷四〇《西夏用兵》“環慶”後有“鄜延”二字。

[106] 葫蘆河川:“河”字原脱據《長編》卷四八六、《宋史》卷三二八《章楶傳》補。

[107] 不:此字原脱,據《宋史》卷三二八《章楶傳》、《宋史紀事本末》卷四〇《西夏用兵》補。

[108] 十一月:此同《資治通鑑後編》卷九三,《宋史》卷十八《哲宗本紀》作“九月”,卷四八六《夏國傳》作“十二月”,《宋史紀事本末》卷四〇《西夏用兵》作“十月”。

[109] 三千餘:此同《宋史紀事本末》卷四〇《西夏用兵》,《宋史》卷四八六《夏國傳》作“三千級”。

[110] 下寨:原作“下塞”,據《金史》卷一三四《西夏傳》、《宋史紀事本末》卷五二《金滅遼》改。

[111] 鄜州:原作“鄜延”,據《宋史》卷三六七《李顯忠傳》改。

[112] 殺:此字原脱,據《金史》卷一三四《西夏傳》補。

[113] 彼國：原作"本國"，據《金史》卷一三四《西夏傳》改。

[114] 四年：原作"五年"，據《宋史》卷四八六《夏國傳》、《金史》卷一三四《西夏傳》改。

[115] 兵入：此二字原脱，據《宋史紀事本末》卷八五《蒙古侵金》補。

[116] 族子：原作"子"，據《金史》卷一三四《西夏傳》補。

[117] 八十餘年："餘"字原脱，據《金史》卷一三四《西夏傳》補。

[118] 二年：原作"元年"，據《元史》卷一《太祖本紀》改。

[119] 定難：原作"靖難"，據《新唐書》卷二二〇上《党項傳》、《宋史》卷四八五《夏國傳》改。

[120] 思恭孫：此同《宋史》卷四八五《夏國傳》，《舊五代史》卷一三二、《新五代史》卷四〇《李仁福傳》及《資治通鑑》卷二六七均作"思諫子"，疑是。

[121] 族父：此同《資治通鑑》卷二六七，《宋史》卷四八五《夏國傳》作"族子"。按：仁福子均以"彝"名，仁福顯然是彝昌父輩，《宋史》疑誤。

[122] 兄：此同《資治通鑑》卷二七九，《舊五代史》卷一三二、《新五代史》卷四〇《李仁福傳》，《東都事略》卷一二七均作"弟"。據《大晋故虢王妻吴國太夫人瀆氏墓志銘並序》，作"兄"是。參見鄧輝、白慶元《内蒙古烏審旗發現的五代至北宋夏州拓拔部李氏家族墓志銘考釋》，第 379 至 384 頁。

[123] 弟：原作"子"，據《宋史》卷四八五《夏國傳》改。

[124] 銀州：原作"銀川"，據《長編》卷二五、《東都事略》卷一二七改。

[125] 仁顔：原作"任顔"，據《宋史》卷四八五《夏國傳》改。

[126] 長袖：原作"常袖"，據《宋史》卷四八五《夏國傳》改。

[127] 馬：原作"二馬"，據《宋史》卷四八五《夏國傳》、《長編》卷一一一删。

[128] 英雄之生："生"原作"主"，據《宋史》卷四八五《夏國傳》、《長編》卷一一一、《九朝編年備要》卷九改。

[129] 安鹽州："安"字原脱，據《宋史》卷四八五《夏國傳》、《長編》卷一二〇補。

[130] 羅洛：此二字原脱，據《宋史》卷四八五《夏國傳》、《長編》卷一二〇補。又，"羅洛"，《宋史》卷四八六《夏國傳》作"羅落"。

[131] 惟精山：原作"韋精山"，據《宋史》卷四八五《夏國傳》、《長編》卷一二〇改。

[132] 三萬：原作"二萬"，據《宋史》卷四八五《夏國傳》、《長編》卷一二〇改。

[133] 三十：原同《宋史》卷四八五《夏國傳》作"五十"，據《長編》卷一二〇改。

[134] 五千：此二字原脱，據《宋史》卷四八六《夏國傳》補。

[135] 包敵：原作"砲"，據《宋史》卷四八六《夏國傳》改。

[136] 機鬼：此同中華本《宋史》卷四八六《夏國傳》、《〔嘉靖〕寧志》卷六《拓跋夏考證》，《四庫》本《宋史》卷四八六《夏國傳》、《〔嘉靖〕寧志》卷一《寧夏總鎮・風俗》、《朔方新志》卷一《地里・風俗》均作"禨鬼"。

[137] 死跋焦：此同《夢溪筆談》卷十八《技藝》，《宋史》卷四八五《夏國傳》、《隆平集》卷二〇均作"炙勃焦"。

[138] 廝乩：原作"廝覘"，據《夢溪筆談》卷十八《技藝》改。

[139] 真草：原作“草詩”，據《宋會要》禮六二之四〇、之四一改。又，中華本《宋史》據《長編》卷一九六改“草詩”作“詩章”，參見《宋史》卷四八五《校勘記》[二六]。

[140] 主之：原作“王之”，據《宋史》卷四八六《夏國傳》改。

[141] 王僉：原作“王儉”，據《宋史》卷四八六《夏國傳》改。

[142] 純佑：原作“純祐”，據《宋史》卷四八六《夏國傳》改。下同。

[143] 德旺：此二字前原衍“年”字，據文意刪。

[144] 獻宗：原作“憲宗”，據《宋史》卷四八六《夏國傳》改。

[145] 元年：原作“二年”，據《元史》卷二二《武宗本紀》改。

[146] 寇：原作“冠”，據文意改。

[147] 勸：原作“觀”，據《明史》卷一六七《袁彬傳》改。

[148] 鹽池：原作“靈武”，據《〔嘉靖〕寧志》卷二《寧夏總鎮・俘捷》改。

[149] 靈武：此同《朔方新志》卷二《俘捷》，《〔嘉靖〕寧志》卷二《寧夏總鎮・俘捷》作“靈州”。

[150] 三十九：原作“二十九”，據《朔方新志》卷二《外戚・俘捷》、《寧夏府志》卷二二《雜記》改。

[151] 周弘禴：“弘”字原避清高宗弘曆諱改爲“宏”，今回改。下同。

[152] 十八：《萬曆三大征考・哱氏》、《明史紀事本末》卷六三《平哱拜》均作“十七”。

[153] 平湖墩：原作“平湖灘”，據《朔方新志》卷二《俘捷》改。

[154] 黄草灘：原作“黄河灘”，據《朔方新志》卷二《外戚・俘捷》、《寧夏府志》卷二二《雜記》改。

[155] 平虜：原作“平羅”，避清諱改，據《朔方新志》卷二《俘捷》回改。

[156] 定邊：“邊”字原脱，據《朔方新志》卷二《俘捷》補。

[157] 王嘉胤：原避清世宗胤禛諱改作“王嘉應”，據《明史》卷二七〇《賀虎臣傳》回改。

朔方道志卷之三十一　志餘下

歷史　蒙古世系　軼事　著作

歷史

清

世祖順治二年八月，寧夏兵變，總兵劉芳名討平之。寧夏鎮兵亂，巡撫焦安民檄總兵劉芳名討之，斬賊將王一林於預望城。翌日，復追賊於河兒坪，擒賊將馬德礫之，餘黨悉平。

十四年三月，賊犯興武營，游擊熊虎等擊之，敗走花馬池。初，賊據花馬池，分犯興武營，熊虎等擊敗，賊退保花馬。時陝西提督陳福自寧夏統兵駐靈武，遣兵復惠安、韋州、定理三堡，至興武營，會合蒙古索諾木貝勒下各台吉兵馬圍攻花馬池。賊將朱龍等來援，城内賊出應，官軍兩路夾擊，擒斬僞都司王一龍，大敗之。賊將來化降，花馬池平。

七月，陝西提督陳福復平遠所。提督陳福與副將太必圖進兵平遠，擊賊擒斬僞官二十二員，賊二千餘名，遂復平遠所。

十二月，寧夏兵變，戕提督陳福。王輔臣煽誘寧夏兵作亂，提督陳福遇害，詔副都統恰塔等駐守靈州，旋移屯黄河對岸以扼兩路要害，協守寧夏，旋以趙良棟繼之。

十五年四月，寧夏總兵趙良棟招撫河東二十餘堡。

六月，蒙古鄂爾多斯入邊侵掠寧花寨、平羌等堡。

聖祖康熙三十四年，噶爾丹率騎三萬入寇。三十五年二月，上聞噶爾丹入寇，命振武將軍孫思克將陝甘兵出寧夏，西邀其歸路。上自統六師親往征討。

三十六年二月，帝視師寧夏。二月丁亥，車駕發京師。三月戊辰，駐蹕陝西安邊城東。庚午，次定邊。辛未，次花馬池。壬申，次安定堡。癸酉，次興武營西[1]。甲戌，次清水營。乙亥，次横城。丙子，自横城渡河，駐蹕河崖。丁丑，臨寧夏，駐蹕前任總兵馮德昌第。諭大學士伊桑阿，議卹昭莫多翁全陣亡弁兵。閏三月丙午，駐蹕黄河西岸白塔。己酉，駐蹕黄河西船站，閱視八旗前鋒黑龍江兵。

四月，噶爾丹伏誅。大將軍費揚古率師直抵賊巢，振武將軍孫思克率陝甘兵自甘州進剿，邀其歸路。賊衆大潰，擒噶爾丹誅之。奏至，上即於五月乙未取道河套還京師。

穆宗同治元年，預望城把總馬兆元叛。兆元，回目也。是年四月，陝西回亂，兆元以預望距靈固窵遠，煽誘回衆首發叛端，而固原阿訇納三、清水回民李德倉、鹽茶回民田成吉、平凉回紳穆生花羹沸起矣。

二年十月，賊陷郡城，總兵豐登額、巡道侯登雲、知府吕際韶等皆死之。先是，寧夏回民見河東回叛，蠢蠢欲動。巡道侯登雲督率漢民練團晝夜戒嚴，回民言於將軍慶昀，謂漢民練團是逼回反。慶昀信以爲真，勒令漢民散團，繳械撤防。賊知城已無備，暗結馬化瀧噘城回千總馬謙内應，於十月二十四夜，由振武門梯垣而入，漢民十餘萬屠戮殆盡。寧夏縣知縣彭慶彰降賊，總兵豐登額自盡，巡道侯登雲力戰被殺，知府吕際韶、前知府明崑，朔縣知縣趙長庚，教諭滕樹標、外委劉瑞雲均罵賊不屈而死。

賊攻玉泉營，游擊趙周誥死之。周誥官玉泉營，頗得兵民心，賊破府城後，旋往攻玉泉營。時鄉民多聚營就庇，周誥亦誓以殺賊爲任，嚴籌守禦，圍攻數日，未能得志。不意營中有宋挫者爲賊哄誘，潛引賊入。周誥偕子率兵力戰，寡不敵衆，中槍死。守備劉致福、把總劉青雲亦同殉於陣。

賊攻滿城，破之。賊知滿城無備，且欺將軍慶昀無能，率衆赴攻，梯垣而入。牛录章京多戰死，搶掠殺傷無算。慶昀獨免，詔切責之，命直隸總督劉長佑率勁旅二千由歸化城趨寧夏。

賊陷靈州，知州訥穆棟額死之。先是，元年九月，回目馬兆元率衆圍城[2]，知州張瑞珍守禦四十餘日。瑞珍令子姪由省招募流犯百餘人，自製長龍槍奮勇衝擊。瑞珍亦自内應之，賊敗走。翌日，復來，又敗之。八戰皆捷，不敢再犯。大府聞知，檄瑞珍赴省，帶宣威三營以防省城，前任知州訥穆棟額復任。二年十月，馬化瀧又遣衆攻城，城回内應，城遂陷，屠戮二萬餘人。知州訥穆棟額、吏目孫兆麟、守備葉生蓮皆死之，前任吏目張維清與其母王氏亦不屈而死。按：靈州城陷兩次，訥穆棟額死事在同治二年十月，鍾蘭、尹泗死事在八年九月，《通志》均彙作“二年”①，殊誤。惟二年後如何克復，未能詳考。

四年五月，曹克忠進援勝金關。時提督梁生嶽駐守勝金關，金積堡回分股竄擾，圍攻勝金，曹克忠乃進駐寧安堡以爲聲援。時雷正綰攻克預望城、下馬關，相約合搗金積巢穴，由下馬進駐滚泉，克忠亦由寧安進駐强家沙窩。

六月，雷正綰等進攻金積堡，敗績。正綰與克忠由强家沙窩會剿，連獲大捷，惟苦無粮，黄渠水又鹹苦，飢軍飲之立瀉。賊殣相望，賊知官軍乏食多病，率衆猛攻，又以萬衆截其運道。克忠等激厲士卒，相持半月，計惟得破賊巢，或可就食。每破賊卡，粮仍無多，士氣益餒。初七日昧爽，正綰率總兵劉玉昌等力撲賊巢，賊隊全出，并以馬隊二萬包抄陣後，腹背受敵，潰圍而走，陣亡弁勇四千餘名。是日，克忠攻克强家沙窩及高章二堡，忽塵埃蔽天，雷軍敗潰來奔，乃急收軍。賊追乘之，亦傷弁勇數百名。是役，兩軍除傷弁勇，并陣亡營官易定發、周有貴、秦久勝、朱有文等，董逢春、保朋等數人乃退舍二十里。事聞，雷正綰、曹克忠均以戰功素著，免議責後效。時將軍都興阿由花馬池進剿亦失利，張鵬飛中矛死，李新明、戴得勝、張連陞等皆陣亡。都興阿退屯花馬池，克忠退屯鹽茶廳，正綰退屯固原。

① 參見《〔宣統〕甘志》卷五八《職官志・名宦下》。

九月，賊破勝金關，提督梁生嶽死之。雷軍敗後，賊益猖獗，復攻勝金關，提督梁生嶽守禦力竭，被其攻破，生嶽陣亡，關亦焚燬，圍兵千餘人無一存者。

八年三月，賊擾河東，蒙古七旗阿拉善王派佐領多爾擊退之。董志原賊經雷正綰、劉倬雲等會剿，竄河東蒙古七旗，殺掠甚慘，遂由鄂爾多斯七旗擾掠烏特，又擾阿拉善。阿拉善王貢桑珠爾默特派佐領多爾率蒙兵擊退，賊復掠磴口，竄至沙金托海。

四月，賊攻阿拉善定遠營，長史疊立閣爾大賴禦之，陣亡。賊攻定遠營，疊立閣爾大賴戰死，蒙甚惶亂。會張曜兵至，與烏爾圖那遜合軍往援，賊西遁。

七月，欽差大臣左宗棠檄劉松山、簡敬臨、黄鼎會剿金積堡賊。馬化瀧虎踞金積堡，收留各處叛回，陽順陰逆，奸狡百出。左宗棠深悉其詐，自六月進駐瓦雲驛，一意主剿，遂檄令劉松山統湘軍由花馬池進，簡敬臨統楚軍、黄鼎率蜀軍由固原北進，此爲大軍進剿金積之始。

將軍金順率軍抵中灘。金順由纏金率各營抵中灘，即赴沙金托海與張曜會議進兵機宜。

八月，提督劉松山破陝回於靈州郭家橋。松山由花馬抵磁窑，聞陝回踞靈州，與甘回互相爲應，即分軍魚貫而進，至甜水河擊之敗走。陝回悉竄，惟土回未動。是夜，靈州撫回周斌至營，謂陝回强踞各莊，情出無奈。松山即傳諭官軍祇剿陝回。明日，陝回悉衆據郭家橋，松山揮軍齊進。賊隊大亂，遂平郭家橋賊巢二十餘處，斬首二千餘級，餘賊竄吴忠堡。

劉松山進軍吴忠堡。松山軍抵下馬橋，馬化瀧令賊馬愛等邀擊之，敗走。明日，賊先騎，後步，夾老弱刈麥於其中，官軍設伏誘之。伏發敗走，陷水田死者無數，獲刈麥老弱三百餘人。遂進駐吴忠堡，餘賊悉竄金積堡。

劉松山擊賊於板橋，克其三寨。時陝回崔偉、李經舉積衆於金積堡之板橋，官軍進攻擊敗之。白彦虎據顧家寨，至是膽寒，欲徙寨後，而以崔偉等衆移顧、馬兩寨當其鋒。松山知之，分軍三路襲破之，又破南小顧家寨，殺賊一千二百，生擒四百，獲騾馬八百餘，器械無算。

九月，大軍進逼金積堡。時將軍金順、提督張曜並抵寧夏，分路進攻。劉松山剿辦河之南，金順、張曜剿辦河之北。馬化瀧恐固原各軍躡其後，遣馬萬春合陝甘各回扼南路之師，使白彦虎、李正榮等赴預望城以拒固原之兵，與雷正綰、周蘭亭等大戰於預望，破之，遂連破黑城子、鹽茶廳、打拉池各賊巢。提都簡敬臨復韋州，道員黄鼎復同心城，提督徐占彪復預望城，節節進逼金積堡。

雷正綰等攻克張恩堡，進軍强家沙窩。正綰與周蘭亭由四百户直抵鳴沙州張恩堡，是堡爲馬化瀧先鋒袁希孟所踞，破之。希孟乞降，遂由張恩堡進駐滚泉。簡敬臨、張福齊兩軍亦自韋州至，遂合軍進强家沙窩，分駐漢渠内外，距金積堡十餘里。

劉松山攻克敬家莊兩堡，擒賊首馬阿忻、馬光發誅之。先是，馬化瀧遣人爲陝回求撫，松山許之，令繳馬械。化瀧請移軍吴忠堡界外暫緩進剿，所繳皆敗械瘦馬，松山不許。至是又遣附賊游擊胡如東、巡檢李廷光至松山營，稱陝回又繳械存化瀧處，俟軍退至横城方可呈繳。嗣如東又來。松山知爲化瀧奸細，乃親帶馬隊赴余家湖查察虚實，縱營夫四出刈草。

賊誤以營夫爲官軍，意圖鈔截，松山急調各軍，賊正傍敬家莊鏖戰，官軍大隊馳至，賊驚潰走。松山乘勝縱火焚堡門，連克兩堡，擒賊目馬阿忻、馬光發誅之，賊死無算。

賊復陷靈州，知州鍾蘭及前任知州尹泗皆死之。先是，劉松山進兵靈州，攻克陜回，而土回馬艾、周斌、王洪詐稱靈回並未叛逆，松山信之，留兵二十名駐州城會館以顧運道，自進兵吴忠堡。馬化潅慮其進逼，𥕢州回叛截其運道，前後夾攻。遂於是月初五先攻會館，駐兵均被賊戮。旋圍州署，知州鍾蘭與卸任知州尹泗均自盡，兩家眷屬無一存者。事聞，優卹如例，並准建祠，顔曰"雙忠"。光緒六年，知州孫承弼以二年訥穆棟額死事一律呈請合祀，名曰"三忠祠"。靈州自此次復陷，漢民死亡殆盡，至今元氣尚未復十之三四云。

劉松山攻克王家高樓、張家灘各回堡。時松山軍粮均自河西採買，因賊决渠水倒退余家湖，運道須繞西北行，而王家高樓、張家灘各回堡適當其衝。松山率營連破二堡，化潅仍肆狡謀，代陜回求撫，并自居勸導之名，一若未嘗預逆謀者，旋又解米十萬斛遣山西客民來營，保化潅永無反覆，而馬械仍不全繳。乃遣軍進攻朱家寨、于家寨、楊家寨及馬家兩寨，丁、李、何、金四塞皆克之。

劉松山克復靈州，擒賊目馬元生等誅之。賊據靈州，並引陜回入城，城南遍設卡壘，旗幟林立。松山聞之大怒，分軍堅守老營，自帶余虎恩、蕭章開、雙壽、董福祥、劉錦棠等直搗靈城，大戰克之，殺賊六百餘名，生擒馬元生等誅之，並平諸卡，餘衆奔潰。松山入城察看倉厫、廟宇、官廨、民廬，半成灰燼，瓦礫塞道，令黄萬友、李樹棠移營駐之，將節次拔出漢民安插城中，並設法撫輯招徠，自率各軍仍回老營。

十月，黄鼎攻賊於新堡子，敗之。鼎自打拉池擊敗陜回禹得彦等，偵知馬正和、陳林各股伙據新堡子，乘勝進攻。賊奔潰，適雷正綰由半箇城向長流水截剿，又敗之，陳林、馬正和乃乞降。

劉松山進軍何家莊。馬化潅又爲陜回乞降，邀總兵胡會昌保無反覆，而陰築寨壘，使陜回麕集其中。松山遂分軍三路，由板橋進駐何家莊，馬化潅自率兵數萬來撲，連衝數次，堅不可入。延至下午，松山見賊軍移動，號旗一舉，兩翼齊出，賊自相踐踏，死者過半。是夜，又遣會昌至營再三乞撫，松山不許。時雷正綰、周蘭亭、簡敬臨、張福齊等亦各率所部距金積堡七八里逼渠築壘。

十一月，劉松山分軍攻金積堡外各賊壘。時陜回馬正和等請降，松山令移居空堡，賊目陳林率衆邀阻。時金運昌一軍亦由花馬池至，約同進攻，連平賊卡二十餘處，賊就浪波湖堰築長牆横約三里以拒官軍，未能即拔。遂令分軍繞卡後夾攻，賊不能支，竄堡南禮拜寺，官軍復破之。是夜，賊趨堡東，又砌磚牆長四里餘，自金積堡外濠迤東而南，至波浪湖汊，以拒官軍。自此松山與金運昌兩軍與賊相持。

提督簡敬臨與賊戰於波浪湖，死之。敬臨自韋州進規金積堡，傴漢渠而壘，扼金積堡之東南，劉松山軍在金積堡之北，相距約十餘里，而中隔波浪湖，廢堡林立，賊時踞之，聲氣不能相通。十一月初九日，敬臨聞北路炮聲甚緊，知賊與湘軍接戰，即率所部由東面進至波浪湖，遇賊馬步萬人向前猛撲。敬臨結方陣待之，賊敗走。敬臨擬乘勝衝過波浪湖，忽狂風大起，塵沙翳天，賊之匿於廢堡者，然槍密注，子洞左臂，敬臨裹創繼進，又飛子中其額，殞於陣。賊知敬臨死，回戈追逐，兵弁死者十之六七。事聞，照提督陣亡議卹，敕建專祠。

十二月，河州賊陷半箇城[3]，副將劉甫田死之。河州賊竄半箇城，其爛泥溝、段家溝各堡撫回復叛。副將劉甫田與戰，死之。提督周紹濂率所部令毛正明、陳高華分軍三路進攻克之，賊遁。

九年正月，雷正綰築峽口壘以逼金積堡。時正綰進逼金積，劉松山以峽口地居上游，恐爲賊據，屢以築壘爲言。正綰因令各軍築十壘，甫成，即有賊自河西至，陷三壘，力戰不克。左宗棠聞警，急檄黄鼎、周紹濂、丁賢發等護粮分援，而金積堡賊二十餘萬，卡寨徧地，諸軍不能前進。周蘭亭、張福齊以無粮退回，正綰一軍忍飢堅守，連日接戰，傷亡甚衆。

劉松山督攻馬五寨，被傷，殞於軍。時松山與金運昌兩軍進逼金積堡，戰無虚日。陝回列踞堡濠内外，而胡家堡悍賊竄據石家莊，與馬五、馬七、馬八條三寨相犄角。正月十一日，松山以石家莊爲地勢所必争，乃麾所部先爲攻擊，克之。十四日，進攻各寨，適臨洮謝四及靖遠馬聾子等率衆來援，松山分軍助金運昌擊敗之，遂乘勝進攻馬五寨，以易致中等率所部截馬七、馬八條兩寨援賊，令金運昌列隊東北防賊逸出，自督軍徑薄外卡，一鼓克之。即令速舉薪焚其寨門，躬立濠邊指揮。垂克，忽飛子中松山左乳[4]，墜馬。譚拔萃等請暫退，弗許，大呼："速前，勿以我故，失垂成功。"諸將憤激，蟻附環登，生擒馬五。收隊回營，松山創甚，諭諸將曰："若等能繼我殺賊報國，我死無憾。"言畢氣絶。松山既没，諸將痛憤，磔馬五以祭其靈，攻馬七、馬八條之寨愈急。事聞，上震悼，贈太子少保，予謚忠壯，生平功績宣付史館立傳，立功省分建立專祠，並以所部陣亡各員弁附祀。

黄鼎進援雷正綰，敗績，部將韋占雄死之。鼎護粮運至寧安堡，聞賊攻雷營，急馳赴援。賊伏其精鋭，以羸師迎敵。鼎麾軍接戰，賊佯敗，正追間，伏賊四起，鼎率占雄等下馬力戰，占雄死之。金積堡賊蜂擁繼至，鼎見賊益集，結方陣徐退。正綰乘賊與鼎相持，率衆突圍出峽口，各壘盡爲賊踞，進攻之路失矣。

二月，劉錦棠與賊戰於板橋，破之。金積、漢伯二堡之賊麕集板橋，圍攻董福祥營，福祥屢擊敗之。時棗園堡賊憑秦渠築壘，金運昌、蕭章開、何作霖、易致中三路進攻金積堡，賊來援，錦棠派軍邀擊，賊敗退。次日，騎賊數千至板橋，步賊一出正北决堤，一撲金運昌營，錦棠麾軍進戰，而隄已决，鳧水猛進。黄萬友等越渠横出賊前，開礮迭轟，賊皆敗竄。

賊攻蔡家橋壘，金運昌伏兵殲之。蔡家橋距金積堡僅數里，運昌築壘駐軍以逼之，知賊必來争，遂擇要伏兵，以待其至。旋賊衆來撲，運昌出隊接戰，伏兵四起，盡殲其衆。

劉錦棠進剿山水溝賊壘，克之。先是，胡家堡、王洪堡賊决秦渠水以截河西運道，錦棠連夜修堺，引入黄河。金積堡賊復運磚石築卡於城北，環以長堤，欲引馬連渠水以困官軍。錦棠遣兵平其卡，令傍壘築長堤，北抵秦渠，南接金積堡里許，復濬溝堵洩。賊計窮，因於山水溝設卡築壩堵水。錦棠以有妨運道，遂率軍進攻。時賊已築三壘矣，野潦縱横，各軍鳧水進擊，連破三壘。次日，賊復赴山水溝修其廢壘，錦棠復督軍進擊，會金運昌率軍由北路鈔出，前後夾攻，賊衆奔潰。

劉錦棠剿平王銀栅賊壘。馬化漋以官軍進逼，日以決水絶其運道，擾其後路爲策。至是又嗾回於靈州西南五里王銀栅立二壘，覬覦州城。錦棠聞之，急馳至城，會防軍襲平其壘。化漋自此計窮，率子耀邦至軍乞撫退軍，錦棠不許。

黄鼎破賊於下馬關。馬正和黨竄擾預望城等處，周紹濂軍擊敗之。又圍李旺堡，守將李光賓擊退。賊趨下馬關，鼎與李良穆軍聞警追剿，斬獲甚衆，餘皆奔潰。

三月，劉錦棠迎剿金積堡各寨賊，大敗之。金積堡附近各寨賊零星散布，乘夜修濠，意在決引馬蓮渠之水以阻官軍進攻西南之路。錦棠令平其濠，潛修如故，遂整隊進擊，賊衆傾巢排列濠外，憑濠拒敵。乃令蕭章開、喻執益、曹得勝前驅，馬隊繼之，雙壽花良阿、余虎恩躍馬陷陣，蕭章開乘勢越濠，以擊步賊，斃賊無數，餘向金積東門逸去。越二日，賊又大出，仍分三路迎擊，塡濠而進，賊尸枕籍，生擒賊目馬二虎、陳金子等百餘名，訊明正法。

四月，黄萬友擊賊於大壩三關分水嶺。馬化漋偵知官軍廣武中衛山後粮運將至，遣賊偷渡黄河，伏大壩山關分水嶺地方，攔路邀截。黄萬友聞知，由葉昇堡渡河分兵赴三關搜剿，自率李占椿、喻執益駐大壩，獲賊諜，訊知爲馬正和黨，遂設伏待之。少頃，馬隊絡繹而至，伏起擊之，賊驚奔潰，官軍分途躡殺淨盡。

金運昌遣軍巡後路運道，擒賊目馬繼元誅之。運昌因東道梗塞，令提督王鳳鳴率馬步回顧花馬池、定邊、安邊，梭巡後路運道，遇賊百餘，殲之。詗賊攻東南民堡，馬殿英、何全忠襲之，擒賊首馬繼元誅之。

賊目陳林襲攻花馬池，提督隋君廷擊敗之。金積堡被圍乏食，陜回饑斃者多。賊目陳林率衆掠花馬池、定邊一帶，乘風雨潛襲花馬池，梯垣而登。隋君廷登城堵擊，盡殲登者，餘賊敗去。陳林掠粮將回，劉錦棠知之，伏兵截殺。賊棄粮竄奔合水之固城川，甘大有截之。敗奔寧州之襄樂鎮、蘇家川，寧州知州楊大年派譚新盛率防勇襲之。賊復由正寧出邠長靈臺之邵寨，魏光燾率所部馳至，賊奔崇信。副將彭清和往剿，此股賊遂即逃散。馬化漋見其勢日蹙，復率其子耀邦至大營乞撫並繳馬械，錦棠仍未許。

五月，劉錦棠擒賊首王洪誅之，並會金運昌攻克馬七、馬八條兩寨。馬化漋與穆生花以乞撫不得，乃求暫居板橋吴忠堡一帶耕作，錦棠漫應之。賊首王洪義請修秦渠各隄，放水溉田，亦暫許之。數日後，果有回民百餘試修，官軍相戒勿動。錦棠夜率隊分三支，一伏永寧洞，一伏下橋，一伏渠北。次日，賊來修隄，伏兵起，生擒王洪及回衆二百餘人，殄之，遂乘勝與金運昌攻馬七、馬八條二寨，悉克之。

六月，劉錦棠攻郭家、王洪兩寨，克之。連日乘賊割麥遂攻克之。

丁賢發捕韋州堡賊目蘇兆明等誅之。韋州堡賊目蘇兆明自授撫後，仍持兩端，容匿竄賊。左宗棠令丁賢發率兵捕之，及抵韋州，竄賊已遁。賢發佯與約期議事，至期，兆明率各賊目咸集，賢發數其通賊罪斬之，降賊懍然。自此金積堡東路漸平，宗棠乃令正綰、黄鼎統中路諸軍進攻峽口。

劉錦棠督攻蔡家橋水口、金積堡附近各寨，大破之。錦棠督軍進薄蔡家橋，奪據水口，攻破小何家寨，自東南環攻，近金積堡各寨俱破之，陣斬二千餘級，餘賊竄入金積堡。錦棠乘機攻剿李花橋迤西賊寨，金積堡賊出援，又敗之。總兵趙彩照力攻陣亡。

七月，雷正綰、黄鼎連克張恩堡及古靈州城。雷、黄兩軍奉檄，由中衛四百户進克張恩堡，遂逼攻峽口，破其五壘，據秦、漢、馬連三渠。金積堡賊萬餘屯古靈州城以護秦、漢兩渠，官軍乘勝一鼓克之。

八月，黄鼎攻克丁家堡，誅賊目丁一剛。金積堡賊出援附近各卡寨，官軍擊敗之，又敗於乾溝，進破其卡，遂攻丁家堡。鼎分各營繞漢渠築壘，斷金積援賊，連日急攻，馬耀邦敗走洪樂堡，遂克丁家堡，誅賊目丁一剛。

大軍攻克秦壩關各賊壘。先是，雷正綰、黄鼎率軍分路進剿，破賊堡寨二十餘處，進逼洪樂堡，遂會商先奪秦壩關，以斷馬家灘接濟金積堡之路。與賊大戰，賊敗遁，錦棠遂築壘於金積城東。徐文秀會北路各營進攻，甫抵賊壘，金積賊傾巢出援，文秀等併力奮擊，乘勝奪壘，賊均奔入金積堡。

劉錦棠襲破金積東關二十三寨。錦棠令軍士銜枚夜襲金積堡東關賊寨，伏兵西南護築礮臺。金積堡賊紛至，伏兵奮勇截擊，相持至五鼓，賊始敗退，而礮臺已成。次日，攻克東關，賊衆紛竄，遂將東關二十三寨悉攻克之。

大軍會攻老馬家堡克之。雷、黄進攻洪樂堡，化漋以其先塋所在，哀詞乞撫，黄鼎不許。會商正綰，必先破老馬家各堡，而後可圖洪樂。於是各軍圍攻老馬家堡，以巨礮裂其堡牆，乘勢猛撲，平其外濠。洪樂堡賊來援，鼎分軍堵截，賊仍回堡。金積堡賊出援，鼎等亦分隊擊退之，遂拔其堡，賊無一脱。乘勝進平石屹塔賊壘三座，徐文秀移師駐之。自是中路、北路營壘以通。

黄鼎進軍田家橋，連克附近賊壘。鼎督各軍進攻田家橋，金積、洪樂賊衆來援，鼎等分軍迎敵，援賊大潰。正綰麾軍入田家橋，鼎麾軍撲附近各壘，力攻克之。鼎亦駐軍田家橋。馬化漋復遣其弟玉漋，陝回西彌頭目普洱等赴鼎軍哀詞求撫，乞暫退軍峽口，鼎不許。金積堡衆潛向滚泉羅山各處竄遁。

徐占彪攻克洪樂堡外兩小寨。洪樂堡賊築兩小寨與洪樂相犄角，占彪力攻克之。賊知官軍已逼，罪無可逭，守禦益嚴。官軍官弁何玉超、李洪超、陳春萬、李全貴等均負重傷，陣亡兵丁甚衆。

九月，湘皖兩軍圍攻金積西門外卡平之，並克漢伯堡。劉錦棠既克金積東關，令掘濠築牆，鎖圍以困之，賊屢拚死填濠，均被擊退。時陝回集守西門外卡，金運昌督軍攻之，陝回譁潰，而城内甘回縋垣出援。金運昌中礮墜馬，張懷玉、高得勝率軍横截，賊始敗退。越二日，金積堡賊傾巢出，直撲中路各營，運昌裹創戰，劉錦棠、雷正綰、黄鼎、徐文秀督軍夾擊，賊敗入西關不出。遂連日修壘築濠，四面進逼，陝回之逃竄者均被各營擊退。金積雖已成圍，而漢伯與王洪、楊明、棗園四堡皆在長濠外，堅守不下。錦棠令軍夜伏漢伯堡旁，賊潛出者均被擒斬，各軍會攻，適西風大起，縱火焚之，賊衆亂逃，運昌截殺殲焉。

十月，賊撲洪樂堡軍，參將朱蘭亭、張友德、王宗譜死之。雷正綰、徐占彪等移駐洪樂堡。次日，賊萬餘來撲，官軍迎擊，追至金積堡濠邊，城上槍彈如雨，朱蘭亭、張友德、王宗譜皆中彈陣亡。賊見三將墜馬,復出戰。黄鼎分軍截擊,錦棠、運昌從後衝殺,賊始敗退。

雷正綰攻拔金積堡西南各賊寨。正綰令閻定邦等三路攻克丁家三堡,乘勝進攻譚家、馬家等堡,均克之,殺賊無算。於是金積西南各寨依次削平。

大軍與賊戰於金積西門,賊敗入堡。時大軍四面進逼,賊知官軍必致之死,率衆萬餘由西門出,直撲官軍,各軍拚死奮擊,賊敗入堡。

陜回襲官軍新壘,敗之,遂克下寨。陜回乘夜潛撲新壘,苦戰却之,追至米姑寺河。賊争渡,官軍掩擊之,斃賊一千餘名[5],遂攻下寨,一鼓克之。

陜回賊目余彦禄率衆竄漢伯堡,負創而歸,餘賊分竄半角城等處。賊知大勢瓦解,陜西回目余彦禄因率衆向漢伯堡奔竄,錦棠督軍截剿,槍傷其頰而歸,餘黨竄半角城、李旺堡一帶。周紹濂等剿襲之,餘竄黑城子,盡爲魏光燾所殲,惟騎賊有逸去者。

大軍攻克楊明堡。是時,劉錦棠以漢伯諸堡雖拔,而王洪、楊明二堡未下,實爲隱患,乃督軍進攻楊明堡、王洪堡。賊來援,分軍力擊,賊始敗退。是夜,令軍士分伏濠邊,夜半,賊焚巢而遁,伏兵齊起,殺賊千餘,遂平其寨。

十一月,金積堡回酋馬化漋投誠。錦棠攻克各堡寨,旋於金積東門外搶築兩壘,并築砲臺,俯瞰城中。黄鼎復抽隊逼紮西門,賊益洶懼。十一月初十日,陜回陳林、閻興春、于兆林、馬振江、金明堂、黑清全等挈老弱婦女八千餘赴營求撫,劉錦棠令呈繳馬械,分起安置。馬化漋見陳林受撫,遂懇陳林轉求,願繳馬械,自平堡牆,錦棠許之。十五日,馬化漋求陳林轉請平王洪堡。堡目王洪前已伏誅,堡回馬三仲、王朋等自毁其堡以降。錦棠亦收其馬械,均令仍居故處。化漋料就撫後必可無他,十六日,親赴錦棠營濠外涕泣請罪。錦棠開壁納之,羈之幕中,請示辦理。

十年正月,金積堡回酋馬化漋伏誅。金積堡既平,劉錦棠、雷正綰等將陜回悉數起解,遷王洪堡回安插靈州附近,遷馬家灘回安插張家川,遷馬化漋親屬於濠外各廢堡。遂將馬化漋父子兄弟并逆黨統領、參領、佐領等官八十餘名悉行誅戮,其被脅之甘回三千餘名解赴平凉安插,金積堡老幼婦女萬二千餘解固原附近安插,降回陳林等設化平廳治安插。

金順等剿平王家疃賊。先是,化漋乞撫,并函諭通昌、通貴兩堡,令其早降,獨王家疃賊據險抗拒。金順、張曜怒,攻破其堡,屠之,毁其堡。於是陜甘之回勢大挫,而崔偉、禹得彦、馬生彦、馬占鼇、馬朶大等皆紛紛請撫矣。

金順、張曜圍攻納家閘賊巢,克之。金順等圍攻納家閘,賊衆抗不就撫。曜等連日攻擊,破之。自納家閘攻克,河西遂無大股賊踪矣。

二月,以蕭章開權統湘軍,分駐金積、寧靈以資鎮攝,寧夏平。是時,劉錦棠請假,扶松山靈櫬歸葬,併全軍爲十一營,以蕭章開統之,分鎮金積、寧靈各處,而寧夏之全境遂自此平矣。

十一年,設寧靈廳同知並靈武營參將。時金積既平,總督左宗棠以金積漢回雜處,靈州鞭長莫及,議設寧靈廳,裁寧夏水利同知改爲寧靈撫民同知,並設靈武營參將、守備等官,以資控馭。

宣統三年九月，靈州會匪高士秀、高登雲等亂，陷靈州。時武昌起義，陝西各省響應，靈州會匪高士秀、高登雲等遂乘機作亂，於九月二十七日夜糾集千餘人，先攻守備署，刼取軍械，旋入州署，潘守備及署知州余重基均逃匿，靈州陷。

會匪劉華堂、劉復泰等陷郡城，左營游擊賀明堂、城守營都司多倫岱、理事同知文陞、寧夏縣知縣陳元驥皆死之。郡城五方雜處，月初即三五成群横行街道，寧夏縣知縣陳元驥捕獲李麻花、沈瘋子、周極愚等，數請正法，而道府不爲作主。時總兵張紹先晋省，左營游擊賀明堂權護鎮篆，懦弱無能，紳商等請由府税借款，招練民團，知府慶隆猶豫不决，城守都司多倫岱又從中撓之，不果。靈州陷後，人心益惶，匪目劉華堂、劉復泰遂於九月二十九晚糾集三十餘人沿街喊殺，警官劉照藜應之，先攻左營游署，游擊賀明堂死之。次攻夏縣，焚其頭門，知縣陳元驥率同家丁堵禦，槍傷劉復泰左腿，賊仍不退。元驥知賊憾之深，同堂弟鐵生縋城而出。巡道孫庭壽降賊，知府慶隆、朔縣知縣高彝逃匿。城中當鋪焚燬盡净，城守營都司多倫岱、理事同知文陞皆被殺。翼日，賊踪追元驥至李剛堡，元驥兄弟同遇害。數日後，寧夏縣典史曾全善、漢延渠委員王文郁亦被殺，惟左旗旗官牟憲章按兵不動，賊亦不問，時人莫測其故。

十月，賊攻滿城，副都統常連率兵禦之，斃其賊目劉先智。劉華堂等既陷郡城，匪黨愈聚愈多，設軍政府於道署，華堂主之，推孫庭壽爲元帥，劉復泰爲總兵，牟憲章、黄連陞等爲標統，劉照藜爲參謀，寧朔縣典史張少棠爲行軍總稽查。劉先智者，亦會匪頭目也，在南營放漂有年，至是率黨數百人來城，思欲建功，以攻取滿城自任。副都統常連禦之，元智中槍立斃，餘衆敗回。該匪等聞武昌義軍首重安民，亦嚴戒搶掠，惟令殷實紳商捐助粮饟。故城陷月餘，居民尚未受其苦累。

十一月，西軍分統馬麒率部抵寧夏，解滿城圍，並復郡城，擒僞總查張少棠誅之。劉先智因攻滿城中彈身死，劉復泰亦因前攻夏署，槍傷左腿，尋斃。賊勢少挫，聞大軍至，劉華堂、劉照藜等均先期由平羅向北路而走，惟張少棠因前署朔縣典史眷屬覊絆，未即成行。馬麒軍先抵滿城，翼晨開赴郡城。門尚未啓，軍兵由西門梯垣而入，搜緝餘匪。僅獲張少棠一人，誅之，孫庭壽、牟憲章堅以被脅爲詞，馬麒亦以孫係命官置之。

靈州匪目高士秀、高登雲遁走陝北，靈州復。高士秀等陷靈州，亦衹焚掠當鋪，於地方官紳居民未之加害。聞馬麒軍抵郡城，而李自正兵暨各團兵將臨城下，亦先期率衆由花馬池徑趨陝北。兵團入城，殺掠甚衆，故民間有“兵不如賊”之謡。

署寧夏知府陳必淮率鎮北三營抵寧夏，辦理善後，寧夏平。必淮時署皋蘭縣知縣，大府以前兩署靈州，深得民心，陞署寧夏府知府，并令募鎮北三營以剿餘匪。於十一月二十七日抵郡，時賊雖遠竄，伏莽尚多，沙湃河東團兵眈眈虎視，人心甚惶。必淮多方勸慰，并籌給餉項，令其遣散回籍。又招復流亡，請停徵比，並派軍分駐石咀山、花馬池等處，斷賊出入。搜護陳海、馬振武等數名正法示警，又將此次死亡及從來客民寄停廟宇之柩四百餘具悉爲安葬，以防兵後生疫，人民始得漸安。

民國二年七月，總兵馬福祥擒蒙酋王德呢嗎於舟中。王德呢嗎者，蒙中之狡狡也。時庫倫哲布尊丹首倡獨立，王德呢嗎響應，於東西兩蒙往來煽誘，蠢蠢欲動。適福祥入覲，取道河套，設伏誘王德呢嗎會議。王德呢嗎以舟中兵少，坦然不疑，伏起縛之，械至北京，呈請永遠監禁，河套包綏一帶人心始安堵如故。

四年八月，護軍使馬福祥遣新軍司令馬鴻賓援剿綏遠、五原賊匪，屢戰平之。四年秋，會匪弓占元聚衆東皮房，寇綏遠、五原各處，福祥命新軍司令馬鴻賓率師援剿，大戰於科布爾，賊敗潰。五年一月，餘匪復聚，適福祥覲旋，躬自追剿於匯德城。二月，漢匪盧占魁、金占魁，蒙匪白彦公、達賚公等復寇綏境。時福祥奉會辦包綏軍務之命，由包鎮追至公胡同，而西山嘴賊又大聚，鴻賓督衆力戰，一勝於東大壕，再勝於白家地，大破之。其賊之紛竄於蘇海口石拉干者，福祥又邀擊而盡殲之，綏境遂平。

五年五月，套匪盧占魁犯境，據靈武崇興寨。護軍使馬福祥遣新軍司令馬鴻賓率師擊之，陣斬賊酋金占魁，餘賊敗遁。盧占魁前在綏遠，經鴻賓擊敗，渡河而南，以賊酋金占魁爲鄉導。金占魁者，鎮戎同心城人也。鄉人半爲黨羽，盧賊賴以號召。福祥知其謀，令鴻賓據吴忠堡斷賊去路，絶其黨援，令分統馬鴻逵出天池子斷賊來路，血戰竟日。而山路崎嶇，賊衆紛竄。鴻逵遂率衆沿河扼守，賊未得渡，麕集於靈武之崇興寨。五月初四，賊進退失據，意欲衝過吴忠堡與金逆黨合。鴻賓左右埋伏，自率精騎迎擊。金占魁恃勇先進，中槍立斃，兩翼伏兵齊出，賊自相踐踏，向靈武東山狂走。鴻賓乘勝追殺至面子山，始行收隊，賊死無算。盧匪敗後，旋又糾合環縣叛匪張九才擾犯陜北定邊、環縣一帶，鴻賓節節掃盪，遁始回後套老巢。

六月，護軍使馬福祥遣昭武軍司令馬福壽圍攻昭化廟賊匪，殲之。匪目高士秀自攻陷靈武，遁入陜北，未嘗須臾忘寧夏也。五年，聚匪千人於鄂托克與烏審相界之昭化廟，福祥遣福壽率師撲攻，盡殲其衆，高匪僅以身免。

六年二月，護軍使馬福祥擒僞皇帝吴達兒六吉，誅之。吴達兒六吉，静寧細民也，以術愚人。高士秀、張九才、盧占魁等推爲清裔，奉之爲主，僭稱皇帝，南面受朝。高士秀進西犯之策，六吉喜，率衆千人自綏遠西山嘴破磴口直搗寧夏。福祥遣鴻賓迎擊於石咀山，大敗之。六吉又分犯阿拉善旗，福祥伏兵以待，又敗之。士秀遁，六吉等竄匿深谷，窮搜得之，並獲僞元帥于凌雲，僞統領蘇學奉、姚占魁，僞營官張振清、李宗文等十八人，悉置之法。

按：《通志》以歷代事蹟統名“戎事”，固有不符《舊府志》，僅記歷代戎事，名之“紀事”亦有未合，兹特將歷代戎事建置採輯成篇，仍名“歷史”，似爲完備，閲者諒之。

蒙古世系

阿拉善額魯特部一旗係元太祖弟哈布圖哈爾薩裔，駐河套西博羅冲奇克地方。清康熙三十六年，封巴圖爾額爾克爲多羅貝勒，後其子阿寶晋封郡王，孫羅卜藏多爾濟仍襲貝勒。乾隆二十三年，以功封爵封多羅郡王。三十年，晋封親王，世襲掌本旗札薩克。其牧地東至賀蘭山，與寧夏府即今朔方道邊外接界，南與凉州府、即今隴西道。甘州府即今張掖縣。邊外地接界，西至古爾鼐，與額濟納土爾扈界，北至瀚海，與額爾喀札薩克圖汗部接界。

鄂爾多斯右翼中旗系元太祖十六世孫巴爾蘇博羅特在河套内正西近南之什拉布拉圖池，在鄂勒濟呼泊西南二百六十里，東西距三百二十里，南北距四百八十里。東與北並至右翼後旗，西至喀爾喀界，南至右翼前旗界漢朔方郡南境，隋唐爲豐州地，元和中移置宥州於此。明嘉靖間爲鄂爾多斯所據。清初，其台吉隋琳沁來降，後封爲貝勒，世襲掌右翼中旗札薩克事。

軼事

元昊叛宋，其謀出於張元與吴昊[6]。張元、吴昊皆關中人，負氣倜儻，有縱横才，與姚嗣宗三人相友善。嘗薄游塞上，有經略西鄙意。姚題詩於崆峒山寺壁云："南粤干戈未息肩，五原金鼓又轟天。崆峒山叟笑無語，飽聽松聲春晝眠。"范文正公巡邊[7]，見之大驚。又有"踏破賀蘭石，掃清西海塵"之句。張題《鸚鵡》詩曰："好着金籠收拾取[8]，莫教飛去别人家。"題《白鷹》詩曰："有心待搦月中兔，更向白雲頭上飛。"將謁韓、范二帥，耻自屈，不肯往，刻詩大石，使人拽之通衢，三人從而哭之，欲以鼓動二帥。既而召見，躊躇未用間，張、吴徑走西夏。時帥以急騎追之，不及，乃表姚入幕府。張、吴至夏國[9]，夏人倚爲謀主，以抗朝廷。連兵十餘年，職此二人也。時二人家屬羈縻隨州，閒使諜者矯中國詔釋之，人未有知者。後聞西人臨境，作樂迎此二家而去。自此邊帥始待士矣。姚又有《述懷詩》曰："大開雙白眼，只見一青天。"張有《雪詩》曰："五丁仗劍決雲霓，直取銀河下帝畿。戰死玉龍三十萬，敗鱗風捲滿天飛。"任福失律於好水川，張題詩寺壁云："夏竦何人竦，韓琦未足奇。滿川龍虎舉，猶自説兵機。"蓋是時夏、韓二人爲帥也。吴詩獨不傳。觀此數聯，可想見其人矣。《容齋三筆》①

張、吴皆華州人，薄游塞上，慨然有志經略，耻於自售，放意詩酒，語皆豪險驚人，而邊帥皆莫之知。聞夏酋有意窺中國，遂叛而亡。自念不力出奇無以動其聽，乃更其名，於都門酒家釀飲，書壁曰"張元、吴昊來飲此樓"。邏者蹟其所憩，執之。夏酋詰以入國問諱之義。張、吴大言曰："姓尚不理會，乃理會名耶?"時曩霄未更名，且用中國賜姓也。於是竦然異之，日尊寵用事。《桯史》②

元昊幼時嘗往來互市中[10]，曹瑋欲一識之，屢使人誘致之，不可得。乃使善畫者圖形容，觀之曰："真英物也，此子必須爲邊患。"《夢溪筆談》③

康定間，元昊寇邊。韓魏公領西路招討，駐延安。夜有人攜匕首至卧内，褰

---

① 參見《容齋隨筆·三筆》卷十一《記張元事》。
② 參見《桯史》卷一《張元吴昊》。
③ 參見《夢溪筆談》卷九《人事》。

幃，魏公坐問："誰何?"曰："某來殺諫義。"又問曰："誰遣?"曰："張相公。"是時張元正用事夏國也。魏公復就枕曰："汝携予首去。"其人曰："某不忍，願得諫議金帶足矣。"取帶而去。明日，魏公亦不治此事。俄有守陴卒報城櫓上得金帶，乃納之。時范純佑亦在延安，謂公曰："不治此事爲得體，蓋行之則沮國威。今乃受其帶，時墮賊計中矣。"魏公握其手，再三嘆服曰："非琦所及。"《自警編》[11]

元昊常有併吞關中之意[12]。其將野利王剛浪崚、天都王某，各統精兵，爲元昊腹心。种世衡方城青澗，謀去之。察青澗僧王嵩堅樸可用，表授指揮，且力爲辦其家事。嵩感恩既深，世衡反以收蓄之，或掠械數日，嵩雖不勝其苦，卒無一詞怨懟。世衡知可任以事，召謂之曰："吾將以事使汝，須得汝不言，設其苦有甚於此者，汝能爲我卒不言否?"嵩對曰："蒙將軍恩，致身榮顯，未知死所，敢辭捶楚乎。"世衡乃草遺野利書，内作隱語，促其速行，私約之意。膏蠟置衲衣間，告嵩非瀕死不得洩，如洩之，即以負恩不能成事論。並畫龜一幅、棗一蔀爲信，俾遺野利。嵩受教，至野利所，致將軍命，出棗、龜投之。野利笑曰："吾素奇种將軍，今何兒女子見識。"度嵩别有書，索之，嵩目左右，答："無有。"野利不敢匿，乃封其信上元昊。數日，元昊召野利與嵩俱，西北行數百里，至一大城曰興州。先詣一大寺曰樞密院，次曰中書。有數胡人雜坐，野利與焉。召嵩廷詰將軍書所在，嵩堅執前對。稍稍去巾櫛，加執縛，至捶楚，嵩終不易其言。又數日，召入一官寺，垂斑竹箔，緑衣小豎立左右，嵩意此必元昊宫。少頃，箔中有人出，又以前問責之曰："若不速言，死矣。"嵩對如前，乃命曳出誅之。嵩大號，且言："种將軍遣嵩遺野利王書，戒不得妄洩。今不幸空死，不了將軍事，吾負將軍矣。"箔中急使人追問，嵩且對，乃褫衲衣取書進，移刻，始命嵩就館優待。元昊於是疑野利，陰遣愛將假爲野利使，使世衡。世衡知爲元昊所遣，未即見，命屬官日館勞之[13]。問虜中山川地形，在興州左右言則詳，道野利所部多不能悉。適擒生虜數人，因令隙中視之。生虜能言其姓名，果元昊使。世衡乃見之。燕服據案坐，屬官皆朝服，抱文籍，鳧鴈侍左右。於是賓贊引使者出拜，使者傳野利語。世衡慢駡元昊，而稱野利有心内附。乃厚遺使者曰："爲吾語若王速决。"度使者至，嵩即還，而野利已報死矣。世衡知謀已行，因欲并間天都。又爲置祭境上[14]，作文書於版以吊，多述野利、天都有意本朝，悼其垂成而敗。其文雜紙幣間，有虜至，急爇之。版字不可遽滅，虜人得之以獻元昊。天都亦以此得罪[15]。元昊既失二將，久之始悟爲世衡所賣，遂定講和之策。《自警編》①

元昊之臣野利，爲謀主，守天都山，號天都大王，與元昊乳母白姥有隙。除

① 參見《自警編》卷七《事君類下》。

日，野利引兵巡邊，深涉漢境數宿，白姥乘間譖其欲叛，元昊疑之。世衡嘗得蕃酋之子蘇吃曩，厚遇之。聞元昊賜野利寶刀，而吃曩之父得幸於野利[16]，因使竊寶刀，許之以緣邊職任[17]、錦袍、真金帶。吃曩得刀以還，世衡乃倡言野利已爲白姥譖死，設祭境上，爲祭文，序平日之情，於除夜燒紙錢，川中盡明。虜見火光，引騎窺覘，乃佯委祭具而去。虜争取，得元昊所賜寶刀，火爐中祭文雖燒，尚存數十字。元昊得之，又識其所賜刀，遂賜野利死。野利有大功，死不以罪，自此君臣猜貳，以至不能軍[18]。《夢溪筆談》①

元昊前妻生一子，曰寧令受。"寧令"者，華言"大王"也。爲娶没臧氏，元昊見其美而納之，生諒祚而愛之。寧令受之母欲除没臧氏，授戈寧令受，使圖之。寧令受間入元昊室，卒與遇，遂刺之。諸大佐及没臧訛龐仆寧令，梟之。明日，元昊死，立諒祚，舅訛龐相之。《夢溪筆談》②

有梁氏者，爲訛龐子婦，諒祚私焉，日視事於國，夜則從諸没臧氏。訛龐懟甚，謀伏甲待其入而殺之。梁氏以告諒祚，乃召訛龐，執於内室，夷其宗。以梁氏爲妻，又命其弟乞埋爲家相[19]。諒祚凶忍，治平中，舉兵犯慶州，乘駱馬，張黄蓋，自出督戰。守陴者彍弩射之中，乃解圍去，馳入一佛祠。有牧牛兒不得出，懼伏佛座下，見其脱靴，血涴於踝[20]，使人裹創，舁載而去。至其國，死。子秉常立，梁氏自主國事。梁乞埋死，其子移逋繼之，謂之"没寧令"。秉常之世，執國政者有嵬名浪遇，元昊之弟也，最老於軍事，以不附諸梁，遷下治而死。存者三人：移逋以世襲居長。其次曰都羅馬尾。又次曰罔萌訛[21]，略知書，私侍梁氏。移逋、萌訛皆以昵倖進，惟馬尾粗有戰功[22]，然皆庸材。秉常荒孱，梁氏自主兵，不以屬。其子秉常不得志。以李清事被廢③。《夢溪筆談》④

元豐中，秉常之母梁氏引兵至保安軍順寧塞，圍之數重。時塞兵至少，人心危懼。有娼姥李氏[23]，得梁氏陰事甚詳，登陴抗聲罵之，盡發其私。虜人皆掩耳，併力射之，莫能中。李氏言愈醜。虜度李不可得，遂託以他事，解圍去。雞鳴狗盗皆有所用，信然。《夢溪筆談》⑤

明景泰間，有李姓者至古靈州東北鐵柱泉，傍有窟，偕一僕爇燈以入。行二十步，推開一石門，有銅鑄佛像。旁有二僧尸，覆以錦衾，其面如生，而金貝之類環其左右。李恣意取之，將出，風颯颯，燈息門閉，鼓鈸齊鳴。李懼欲死，盡棄所

---

① 參見《夢溪筆談》卷十三《權智》。

② 參見《夢溪筆談》卷二五《雜志》。

③ 《夢溪筆談》卷二五《雜志》載："李清者，本秦人，亡虜中，秉常昵之，因説秉常以河南歸朝廷，其謀洩，清爲梁氏所誅，而秉常廢。"

④ 參見《夢溪筆談》卷二五《雜志》。

⑤ 參見《夢溪筆談》卷二五《雜志》。

取，於傍窟偕僕匍匐而出。明日，聚衆往掘之，堅不能入。靈州舊志①

清道光年，寧夏縣屬葉昇堡建築玉皇臺，款項不繼，住持某到處募化。有人以一錢與之，住持鄙其輕薄，抛棄湖中。後臺成，鑄玉皇銅像，左袖有孔如錢大，屢鑄如故。會首等思之不得，住持曰："前有人化錢一文，余抛之湖中，今有隙如錢，殆以是歟?"遂往湖中尋此錢，得之，用補其隙，恰與相合。論者謂："善在於心，非一文固善。即爲一文，亦善也。"此殆玉皇之所以點醒愚頑也乎。新採訪

著作

《論語解義》三十卷，僞夏靈武斡道冲著[24]。

《周易卜筮斷》，僞夏靈武斡道冲著。

《雲谷集》，明寧夏張嘉謨著。

《西行藁》，明寧夏張嘉謨著。

《易經述古》，明靈州趙誠著。

《百一稾》，明靈州趙誠著。

《吹萬吟》，清靈州孟養龍著。

《宣雲奏議》，清寧夏朱廷翰著。

《道統歸宗》，清中衛俞益謨著。

《青銅自考》，清中衛俞益謨著。

《澄庵集》，清寧夏劉芳猷著。

《歸田詩草》，清寧夏劉芳猷著。

《反經録》，清寧夏謝王寵著。

《韈線詩稾》，清寧夏岳峈著。

《奏疏存稾》，八卷，清寧夏趙良棟著。

《詩論十則》，清寧夏劉宏毅著。

《一嘯軒集》，清寧夏王綏著。

《琴譜小編》，清寧夏王綏著。

《耐翁編年詩集》，清寧夏趙秉鐸著。

《默齋存稾》，清平羅俞德淵著。

《默齋公牘》，清平羅俞德淵著。

《春秋傳叙》，清靈州許體元著。

---

① 參見《〔弘治〕寧志》卷三《靈州守禦千户所・祥異》。

《易經彙解》,清靈州許體元著。

《詩集古文集》,清寧夏楊毓芳著。

《西園草》,清平羅趙飛熊著。

《海天長嘯集》,清寧夏袁全豐著。

【校勘記】

[1] 西:此字原脱,據《平定朔漠方略》卷三九、《清聖祖實録》卷一八一補。

[2] 馬兆元:《〔宣統〕甘志》卷五八《職官志·名宦下》作"馬兆沅"。

[3] 半箇城:原作"半角城",據《清史列傳》卷七八《馬寧傳》改。下同。

[4] 左乳:《劉忠壯公祠堂碑記》作"左脅"。

[5] 斃:原作"弊",據文意改。

[6] 張元與吴昊:此五字原脱,據《容齋隨筆·三筆》卷十一《記張元事》補。

[7] 范文正公:原作"田公晝",據《容齋隨筆·三筆》卷十一《記張元事》改。

[8] 着:原作"著",據《容齋隨筆·三筆》卷十一《記張元事》改。

[9] 國:此字原脱,據《容齋隨筆·三筆》卷十一《記張元事》補。

[10] 互市:原作"牙市",據王國維、胡道静、金良年等考證改。參見《夢溪筆談》金良年校勘本第91頁《校勘記》[二九]。

[11] 自警編:原作"夢溪筆談",據改。參見《自警編》卷七《事君類下》。

[12] 常:原作"嘗",據《自警編》卷七《事君類下》、《朔方新志》卷五《遺事》改。

[13] 日:此字原脱,據《自警編》卷七《事君類下》、《朔方新志》卷五《遺事》補。

[14] 置祭:原作"致祭",據《自警編》卷七《事君類下》、《朔方新志》卷五《遺事》改。

[15] 亦以此:《自警編》卷七《事君類下》、《朔方新志》卷五《遺事》均作"以此亦"。

[16] 吃曩之父得幸於野利:"之父得"三字原脱,據《夢溪筆談》卷十三《權智》補。

[17] 職任:原作"戰任",據《夢溪筆談》卷十三《權智》改。

[18] 以至不能軍:此五字原脱,據《夢溪筆談》卷十三《權智》補。

[19] 家相:原作"冢嗣",據《夢溪筆談》卷二五《雜志》改。

[20] 涴:原作"淫",據《夢溪筆談》卷二五《雜志》改。

[21] 闢萌訛:原作"闢明訛",據《夢溪筆談》卷二五《雜志》改。下同。

[22] 粗:原脱,據《夢溪筆談》卷二五《雜志》補。

[23] 娼姥:原作"老娼",據《夢溪筆談》卷二五《雜志》改。

[24] 斡:原作"幹",據人名用字改。下同。

〔焦沛南〕重校朔方道志跋

此次重修《朔方道志》，係雲亭馬帥爲之倡，始得覩其成。前年纂定後，朔方不能印，延擱日久。至十六年春，將全稿運來津門。帥檢閲云，其中語句有尚須酌易者，字畫亦尚多錯誤者。正擬重校，適沛南還湘抵津，海陸道梗，帥因曾客銀川，情形熟悉，挽留校正。細閲兩遍，訛者正之，遺者録之。如科舉應標出，引語有未妥叶者，酌取易之。志餘有重叙，歌序有不能分者，提出併之，彙詩分門，以詞爲殿。校完，付手民印出，又多魯魚帝虎、遺字闕文，帥屬帳友劉君子振核對後，仍交南過目，自春徂秋，始克蕆事。計共印二千部，費洋三千元。幾經讐校，蔚爲成書。微帥之苦心孤詣，久而不渝，輕財急公，熱心若此，恐匪易集事。知後之披斯編者，觸目興懷，必低徊而不能置也。

丁卯歲秋杪[1]，湘陰焦沛南倚装謹跋於津門寧静里。

---

① 丁卯：民國十六年(1927)。

參考文獻

一　古代文獻

(一) 陝甘寧舊志

《陝西通志》：(明) 馬理、吕柟等纂，華東師範大學圖書館藏明嘉靖二十一年(1542)刻本；三秦出版社 2006 年版董健橋等校注本。簡稱《〔嘉靖〕陝志》。

《陝西通志》：(清) 賈漢復、李楷等纂，中國國家圖書館藏清康熙六年至七年(1667 至 1668)刻本。簡稱《〔康熙〕陝志》。

《陝西通志》：(清) 劉於義、沈青崖等纂，中國國家圖書館藏清雍正十三年(1735)刻本。簡稱《〔雍正〕陝志》。

《甘肅通志》：(清) 許容等修撰，中國國家圖書館藏乾隆元年(1736)刻本；影印文淵閣《四庫全書》本，臺灣商務印書館 1986 年版。簡稱《〔乾隆〕甘志》。

《甘肅新通志》：(清) 升允、長庚修，安維峻等纂，中國國家圖書館藏清宣統元年(1909)刻本。簡稱《〔宣統〕甘志》。

《〔正統〕寧夏志》：(明) 朱𣴴撰，日本國立國會圖書館藏明萬曆二十九年(1601)重刻本；中國社會科學出版社 2015 年版胡玉冰、孫瑜校注本。簡稱《〔正統〕寧志》。

《〔弘治〕寧夏新志》：(明) 胡汝礪撰，《天一閣藏明代方志選刊續編》影印明弘治刻本，上海書店 1990 年版；中國社會科學出版社 2015 年版胡玉冰、曹陽校注本。簡稱《〔弘治〕寧志》。

《〔嘉靖〕寧夏新志》：(明) 管律等修，《天一閣藏明代方志選刊》影印明嘉靖刻本，上海古籍書店 1961 年版；中國社會科學出版社 2015 年版邵敏校注本。簡稱《〔嘉靖〕寧志》。

《〔萬曆〕朔方新志》：(明) 楊壽等編，《故宫珍本叢刊》影印明萬曆刻本，海南出版社 2001 年版；《寧夏歷代方志萃編》影印明萬曆刻本，天津古籍出版社 1988 年版；中國社會科學出版社 2015 年版胡玉冰校注本。簡稱《朔方新志》。

《〔乾隆〕銀川小志》：(清) 汪繹辰纂，南京圖書館藏乾隆二十年(1755)稿本；

中國社會科學出版社 2015 年版柳玉宏校注本。簡稱《銀川小志》。

《〔乾隆〕寧夏府志》：中國國家圖書館藏乾隆四十五年（1780）刻本；中國社會科學出版社 2015 年版胡玉冰、韓超校注本。簡稱《寧夏府志》。

《朔方道志》：天津華泰印書館民國十六年（1927）鉛印本。

《〔嘉靖〕固原州志》：（明）楊經編，中國國家圖書館藏明嘉靖十一年（1532）刻本；寧夏人民出版社 1985 年版牛春生、牛達生整理本。簡稱《〔嘉靖〕固志》。

《〔萬曆〕固原州志》：（明）劉敏寬編，南京圖書館藏明萬曆四十四年（1616）刻本；寧夏人民出版社 1985 年版牛春生、牛達生整理本。簡稱《〔萬曆〕固志》。

《〔乾隆〕中衛縣志》：（清）黄恩錫修纂，《中國地方志集成・寧夏府縣志輯》影印乾隆二十五年（1760）刻本，鳳凰出版社、上海書店、巴蜀書社 2008 年版。簡稱《中衛縣志》。

《〔道光〕續修中衛縣志》：（清）鄭元吉等修纂，《中國地方志集成・寧夏府縣志輯》影印道光二十年至二十一年（1840 至 1841）本，鳳凰出版社、上海書店、巴蜀書社 2008 年版。簡稱《續中衛縣志》。

《靈州志蹟》：（清）楊芳燦等修，郭楷編，鳳凰出版社等 2008 年影印清嘉慶三年（1798）刻本；中國社會科學出版社 2015 年版蔡淑梅校注本。

《平遠縣志》：（清）陳日新編，甘肅省圖書館藏光緒五年（1879）刻本；寧夏人民出版社 1993 年版王克林、陳志旺等標點注釋本。

《寧靈廳志草》：（清）佚名編，日本東洋文庫藏清稿本；寧夏人民出版社 2008 年版胡建東整理本；陽光出版社 2010 年版張京生整理本。

《定邊縣志》：（清）黄沛、江廷球、宋謙等纂，中國國家圖書館藏清嘉慶二十五年（1820）刻本；定邊縣志編纂委員會 1985 年版王樹茂、紀國慶整理本。

（二）經部

《周易正義》：（晋）王弼等注，（唐）孔穎達等正義，北京大學出版社 2000 年版。

《尚書正義》：（漢）孔安國傳，（唐）孔穎達等正義，北京大學出版社 2000 年版。

《毛詩正義》：（漢）鄭玄箋，（唐）孔穎達等正義，北京大學出版社 2000 年版。

《周禮注疏》：（漢）鄭玄注，（唐）賈公彦疏，北京大學出版社 2000 年版。

《儀禮注疏》：（漢）鄭玄注，（唐）賈公彦疏，北京大學出版社 2000 年版。

《禮記正義》：（漢）鄭玄注，（唐）孔穎達等正義，北京大學出版社 2000

年版。

《大戴禮記》:(漢) 戴德撰,影印文淵閣《四庫全書》本,臺灣商務印書館1986年版。

《春秋公羊傳注疏》:(漢) 何休注,(唐) 徐彦疏,北京大學出版社2000年版。

《論語注疏》:(魏) 何晏等注,(宋) 邢昺疏,北京大學出版社2000年版。

《孟子注疏》:(漢) 趙岐注,(宋) 孫奭疏,北京大學出版社2000年版。

(三) 史部

《史記》:(漢) 司馬遷撰,中華書局2013年版。

《漢書》:(漢) 班固撰,中華書局1962年版。

《後漢書》:(南朝宋) 范曄撰,中華書局1965年版。

《三國志》:(晋) 陳壽撰,(宋) 裴松之注,中華書局1959年版。

《晋書》:(唐) 房玄齡等撰,中華書局1974年版。

《宋書》:(梁) 沈約撰,中華書局1974年版。

《梁書》:(唐) 姚思廉撰,中華書局1973年版。

《陳書》:(唐) 姚思廉撰,中華書局1972年版。

《魏書》:(北齊) 魏收撰,中華書局1974年版。

《北齊書》:(唐) 李百藥撰,中華書局1972年版。

《周書》:(唐) 令狐德棻等撰,中華書局1971年版。

《隋書》:(唐) 魏徵等撰,中華書局1973年版。

《南史》:(唐) 李延壽撰,中華書局1975年版。

《北史》:(唐) 李延壽撰,中華書局1974年版。

《舊唐書》:(後晋) 劉昫等撰,中華書局1975年版。

《新唐書》:(宋) 歐陽修、宋祁撰,中華書局1975年版。

《舊五代史》:(宋) 薛居正等撰,中華書局1976年版。

《新五代史》:(宋) 歐陽修撰,徐無黨注,中華書局1974年版。

《宋史》:(元) 脱脱等撰,中華書局1977年版;影印文淵閣《四庫全書》本,臺灣商務印書館1986年版。

《遼史》:(元) 脱脱等撰,中華書局1974年版。

《金史》:(元) 脱脱等撰,中華書局1975年版。

《元史》:(明) 宋濂等撰,中華書局1976年版。

《明史》:(清) 張廷玉等撰,中華書局1974年版。

《清史稿》:(近代) 趙爾巽等撰,中華書局1977年版。

《資治通鑑》：(宋) 司馬光編著，中華書局 1956 年版。

《續資治通鑑長編》：(宋) 李燾撰，中華書局 2004 年版。簡稱《長編》。

《資治通鑑綱目》：(宋) 朱熹撰，影印本，北京圖書館出版社 2005 年版。

《建炎以來繫年要録》：(宋) 李心傳撰，中華書局 1988 年版。

《九朝編年備要》：(宋) 陳均撰，影印文淵閣《四庫全書》本，臺灣商務印書館 1986 年版。

《通鑑紀事本末》：(宋) 袁樞撰，中華書局 1965 年版。

《宋史紀事本末》：(明) 陳邦瞻撰，中華書局 1977 年版。

《明史紀事本末》：(清) 谷應泰撰，中華書局 1997 年版。

《親征平定朔漠方略》：(清) 温達等撰，《西藏學漢文文獻彙刻》第四輯，中國藏學出版社 1994 年版。簡稱《平定朔漠方略》。

《明實録》：臺灣"中央研究院"歷史語言研究所校印，1962 年版。

《清實録》：中華書局 1985 年版。

《東觀漢記》：(漢) 劉珍等撰，吴樹平校注，中州古籍出版社 1987 年版。

《建康實録》：(唐) 許嵩撰，影印文淵閣《四庫全書》本，臺灣商務印書館 1986 年版。

《隆平集》：(宋) 曾鞏撰，哈佛大學燕京圖書館藏萬曆二十六年(1598)刻本、康熙四十年(1701)刻本；影印文淵閣《四庫全書》本，臺灣商務印書館 1986 年版。

《東都事略》：(宋) 王偁撰，影印文淵閣《四庫全書》本，臺灣商務印書館 1986 年版。

《太平治蹟統類》：(宋) 彭百川撰，影印文淵閣《四庫全書》本，臺灣商務印書館 1986 年版。簡稱《治蹟統類》。

《弇山堂别集》：(明) 王世貞撰，影印文淵閣《四庫全書》本，臺灣商務印書館 1986 年版。

《萬曆三大征考》：(明) 茅瑞徵撰，《續修四庫全書》影印上海圖書館藏明天啓刻本，上海古籍出版社 2002 年版。

《國朝獻徵録》：(明) 焦竑撰，《續修四庫全書》影印上海圖書館藏萬曆四十四年(1616)徐象橒曼山房刻本，上海古籍出版社 2002 年版。

《慶王壙志》：寧夏博物館藏。

《明清歷科進士題名碑録》：(清) 李周望撰，影印美國夏威夷大學藏清刻本，華文書局 1969 年版。

《清史列傳》：王鍾翰點校，中華書局 1987 年版。

《十六國春秋》：舊本題(魏) 崔鴻撰，影印文淵閣《四庫全書》本，臺灣商務印書館 1986 年版。

《元和郡縣圖志》:(唐) 李吉甫撰,賀次君點校,中華書局 1983 年版。

《太平寰宇記》:(宋) 樂史撰,王文楚等點校,中華書局 2007 年版。

《輿地廣記》:(宋) 歐陽忞撰,李勇先、王小紅校注,四川大學出版社 2003 年版。

《大明一統志》:(明) 李賢等撰,影印明天順監刻本,三秦出版社 1990 年版。

《大清一統志》:影印文淵閣《四庫全書》本,臺灣商務印書館 1986 年版。

《水經注集釋訂訛》:(清) 沈炳巽撰,影印文淵閣《四庫全書》本,臺灣商務印書館 1986 年版。

《水經注校證》:(北魏) 酈道元注,陳橋驛校證,中華書局 2007 年版。

《江西通志》:(清) 謝旻等修纂,中國國家圖書館藏雍正十年(1732)刻本。

《山西通志》:(清) 觉罗石麟等修纂,中國國家圖書館藏雍正十二年(1734)刻本;影印文淵閣《四庫全書》本,臺灣商務印書館 1986 年版。

《寧鄉縣志》:周震麟編,中國國家圖書館藏民國三十年(1941)活字本。

《荊楚歲時記》:(南朝梁) 宗懔撰,影印文淵閣《四庫全書》本,臺灣商務印書館 1986 年版。

《通典》:(唐) 杜佑撰,王文錦等點校,中華書局 1988 年版。

《通志》:(宋) 鄭樵撰,浙江古籍出版社 2000 年版。

《文獻通考》:(元) 馬端臨撰,中華書局 1986 年版。

《天方典禮擇要解》:(清) 劉智撰,《四庫全書存目叢書》影印康熙四十九年(1710)刻本,齊魯書社 1997 年版;張嘉賓、都永浩點校本,天津古籍出版社 1988 年版。

《唐會要》:(宋) 王溥撰,中華書局 1955 年版;影印文淵閣《四庫全書》本,臺灣商務印書館 1986 年版。

《宋會要輯稿》:(清) 徐松輯,中華書局 1957 年版。簡稱《宋會要》。

《清朝文獻通考》:浙江古籍出版社 2000 年版。

《清朝通志》:浙江古籍出版社 2000 年版。

《四庫全書總目》:(清) 永瑢等撰,中華書局 1965 年版。

《千頃堂書目》:(清) 黃虞稷撰,翟鳳起、潘景鄭整理,上海古籍出版社 2007 年版。

(四) 子部

《吴子直解》:(戰國) 吴起撰,《中國兵書集成》影印丁氏八千卷樓藏明《武經七書直解》本，解放軍出版社、遼瀋書社 1990 年版。

《老子今注今譯》：陳鼓應注譯，商務印書館 2003 年版。

《武經總要》：（宋）曾公亮、丁度等奉敕撰，影印文淵閣《四庫全書》本，臺灣商務印書館 1986 年版。

《續書史會要》：（明）朱謀垔撰，影印文淵閣《四庫全書》本，臺灣商務印書館 1986 年版。

《近事會元》：（宋）李上交撰，影印文淵閣《四庫全書》本，臺灣商務印書館 1986 年版。

《容齋隨筆》：（宋）洪邁撰，孔凡禮點校，中華書局 2005 年版。

《真珠船》：（明）胡侍撰，《四庫未收書輯刊》影印本，羅琳主編，北京出版社 2000 年版。

《東原録》：（宋）龔鼎臣撰，《叢書集成初編》據《藝海珠塵》本排印，中華書局 1985 年版。

《晝墁集》：（宋）張舜民撰，《叢書集成初編》據《知不足齋叢書》本排印，中華書局 1985 年版。

《新校正夢溪筆談》：（宋）沈括撰，胡道静校注，中華書局 1957 年版。

《夢溪筆談》：（宋）沈括撰，金良年整理，上海書店出版社 2003 年版。

《東坡志林》：（宋）蘇軾撰，影印文淵閣《四庫全書》本，臺灣商務印書館 1986 年版。

《東坡志林・仇池筆記》：（宋）蘇軾撰，華東師範大學古籍所點校，華東師範大學出版社 1983 年版。

《類説》：（宋）曾慥輯，《北京圖書館古籍珍本叢刊》據明天啓六年（1626）岳鍾秀刻本影印，書目文獻出版社 1988 年版。

《自警編》：（宋）趙善璙撰，影印文淵閣《四庫全書》本，臺灣商務印書館 1986 年版。

《初學記》：（唐）徐堅等著，中華書局 1962 年版。

《藝文類聚》：（唐）歐陽詢撰，影印文淵閣《四庫全書》本，臺灣商務印書館 1986 年版。

《太平御覽》：（宋）李昉等修撰，夏劍欽等校點，河北教育出版社 1994 年版。

《册府元龜》：（宋）王欽若等撰，中華書局 1960 年版。

《古今圖書集成》：（清）陳夢雷編纂，蔣廷錫校記，中華書局、巴蜀書社 1985 年版。

《涑水記聞》：（宋）司馬光撰，鄧廣銘、張希清點校，中華書局 1989 年版。

《桯史》:(宋) 岳珂撰,吴企明點校,中華書局 1981 年版。

《南村輟耕録》:(元) 陶宗儀撰,中華書局 1980 年版。

(五) 集部

《駱賓王文集》:(唐) 駱賓王撰,《四部叢刊初編》影印涵芬樓藏明翻元刊本,商務印書館 1929 年版。

《駱臨海集箋注》:(唐) 駱賓王撰,(清) 陳熙晋箋注,中華書局 1985 年版。

《白居易集》:(唐) 白居易撰,顧學頡校點,中華書局 1979 年版。

《白香山詩集》:(唐) 白居易撰,影印文淵閣《四庫全書》本,臺灣商務印書館 1986 年版。

《白居易詩集校注》:(唐) 白居易撰,謝思煒校注,中華書局 2006 年版。

《高適詩集編年箋注》:(唐) 高适撰,劉開扬笺注,中華書局 1981 年版。

《張説之文集》:(唐) 張説撰,《四部叢刊初編》影印涵芬樓藏明嘉靖十六年(1537)伍氏龍池草堂刊本,商務印書館 1929 年版。

《皇甫冉詩集》:(唐) 皇甫冉撰,《四部叢刊三編》影印常熟瞿氏鐵琴銅劍樓藏明刊本,商務印書館 1936 年版。

《韓昌黎文集校注》:(唐) 韓愈撰,馬其昶校注,馬茂元整理,上海古籍出版社 1986 年版。

《東雅堂昌黎集注》:撰人名氏不詳,影印文淵閣《四庫全書》本,臺灣商務印書館 1986 年版。

《柳河東集》:(唐) 柳宗元撰,影印文淵閣《四庫全書》本,臺灣商務印書館 1986 年版。

《張籍詩集》:(唐) 張籍著,中華書局 1960 年版。

《張司業集》:(唐) 張籍撰,影印文淵閣《四庫全書》本,臺灣商務印書館 1986 年版。

《長江集新校》:(唐) 賈島撰,李嘉言新校,上海古籍出版社 1983 年版。

《李遐叔文集》:(唐) 李華撰,影印文淵閣《四庫全書》本,臺灣商務印書館 1986 年版。

《吕衡州集》:(唐) 吕温撰,影印文淵閣《四庫全書》本,臺灣商務印書館 1986 年版。

《范文正公集》:(宋) 范仲淹撰,《四部叢刊初編》影印明覆元刻本,商務印書館 1929 年版。

《岳武穆遺文》:(宋) 岳飛撰,(明) 徐階編,影印文淵閣《四庫全書》本,臺灣商務印書館 1986 年版。

《吴文正集》:(元) 吴澄撰,影印文淵閣《四庫全書》本,臺灣商務印書館 1986 年版。

《道園學古録》:(元) 虞集撰,《四部叢刊初編》影印明景泰覆元小字本,商務印書館 1929 年版。

《玩齋集》:(元) 貢泰父撰,影印文淵閣《四庫全書》本,臺灣商務印書館 1986 年版。

《入夏録》:(明) 齊之鸞撰,影印《四庫全書存目叢書》本,齊魯書社 1997 年版。

《趙時春文集校箋》:(明) 趙時春撰,趙志强整理,天津古籍出版社 2012 年版。

《康對山先生集》:(明) 康海撰,《續修四庫全書》影印本,上海古籍出版社 2002 年版。

《存研樓文集》:(清) 儲大文撰,影印文淵閣《四庫全書》本,臺灣商務印書館 1986 年版。

《青銅自考》:(清) 俞益謨著,田富軍、楊學娟點校,上海古籍出版社 2012 年版。

《左宗棠全集·奏稿》:(清) 左宗棠撰,嶽麓書社 2009 年版。

《思益堂集》:(清) 周壽昌撰,《續修四庫全書》影印清光緒十四年(1888)王先謙等刻本,上海古籍出版社 2002 年版。

《才調集》:(五代) 韋縠編,《四部叢刊初編》影印述古堂影宋鈔本,商務印書館 1929 年版。

《文苑英華》:(宋) 李昉等編,中華書局 1966 年版;影印文淵閣《四庫全書》本,臺灣商務印書館 1986 年版。

《唐文粹》:(宋) 姚鉉編,影印文淵閣《四庫全書》本,臺灣商務印書館 1986 年版。

《宋文鑒》:(宋) 吕祖謙編,影印文淵閣《四庫全書》本,臺灣商務印書館 1986 年版。

《崇古文诀》:(宋) 樓昉編,影印文淵閣《四庫全書》本,臺灣商務印書館 1986 年版。

《唐僧弘秀集》:(宋) 李龏編,影印文淵閣《四庫全書》本,臺灣商務印書館 1986 年版。

《兩宋名賢小集》:(宋) 陳思編,(元) 陳世隆補,影印文淵閣《四庫全書》本,臺灣商務印書館 1986 年版。

《唐詩鼓吹》：不著撰人，影印文淵閣《四庫全書》本，臺灣商務印書館 1986 年版。

《唐百家詩選》：舊題（宋）王安石編，影印《四庫全書》本，臺灣商務印書館 1986 年版。

《唐詩品彙》：（明）高棅編選，影印明朝汪宗尼校訂本，上海古籍出版社 1982 年；影印文淵閣《四庫全書》本，臺灣商務印書館 1986 年版。

《樂府詩集》：（宋）郭茂倩編撰，中華書局 1979 年版。

《石倉歷代詩選》：（明）曹學佺編，影印文淵閣《四庫全書》本，臺灣商務印書館 1986 年版。

《四六法海》：（明）王志堅編，影印文淵閣《四庫全書》本，臺灣商務印書館 1986 年版。

《全唐詩》：（清）彭定求等編，中華書局 1960 年版。

《唐詩紀事》：（宋）計有功編，《四部叢刊初編》影印嘉靖間洪氏刊本，商務印書館 1929 年版。

《御定歷代題畫詩類》：（清）陳邦彦編校，影印文淵閣《四庫全書》本，臺灣商務印書館 1986 年版。

《苕溪漁隱叢話》：（宋）胡仔纂集，廖德明校點，人民文學出版社 1962 年版。

《詩人玉屑》：（宋）魏慶之編，上海古籍出版社 1959 年版。

二　現當代文獻

（一）著作

《隴右方志録》：張維編，《中國西北文獻叢書》據北平大北印刷局 1934 年版影印，蘭州古籍書店 1990 年版。

《寧夏方志述略》：高樹榆等編著，吉林省圖書館學會 1985 年内部發行。

《中國地方志聯合目録》：中國科學院北京天文臺編，中華書局 1985 年版。

《寧夏地方文獻聯合目録》：寧夏圖書館協作委員會編，寧夏人民出版社 1992 年版。

《中國地方志總目提要》：金恩暉、胡述兆編，漢美圖書有限公司 1996 年版。

《甘肅省圖書館藏地方志目録》：甘肅省圖書館編，蘭州大學出版社 1996 年版。

《近代中國國内外大事記》：李振華輯，文海出版社 1979 年版。

《西夏陵墓出土殘碑粹編》：李範文著，文物出版社 1984 年版。

《西夏佛教史略》：史金波著，寧夏人民出版社 1988 年版。

《政府公報》：中國第二歷史檔案館整理編輯，上海書店 1988 年版。

《明清進士題名碑録索引》：朱保炯、謝沛霖，上海古籍出版社 1989 年版。

《寧夏歷史地理考》：魯人勇等編著，寧夏人民出版社 1993 年版。

《中國方志文獻彙編》：中國地方志指導小組辦公室選編，方志出版社 1999 年版。

《清代官員履歷檔案全編》：秦國經主編，華東師範大學出版社 1997 年版。

《馬福祥傳》：丁明俊著，寧夏人民出版社 2000 年版。

《明清宫藏地震檔案》(上卷)：中國地震局、中國第一歷史檔案館編，地震出版社 2005 年版。

《傳統典籍中漢文西夏文獻研究》：胡玉冰著，中國社會科學出版社 2007 年版。

《寧夏歷代碑刻集》：銀川美術館編，寧夏人民出版社 2007 年版。

《寧夏歷史地理變遷》：吴忠禮、魯人勇、吴曉紅著，寧夏人民出版社 2008 年版。

《方志與寧夏》：范宗興等著，寧夏人民出版社 2008 年版。

《馬福祥》：王正儒著，人民日報出版社 2012 年版。

《寧夏地方志研究》：胡玉冰著，中國社會科學出版社 2012 年版。

《陝甘地方志中寧夏史料輯校》：胡玉冰、韓超、邵敏、劉鴻鴈輯校，上海古籍出版社 2015 年版。

（二）論文

《寧夏方志考》：高樹榆撰，《寧夏圖書館通訊》1980 年第 1 期。

《〈嘉靖寧夏新志〉中的兩篇西夏佚文》：牛達生撰，《寧夏大學學報》1980 年第 4 期。

《寧夏同心縣出土明慶王壙志》：牛達生撰，《考古與文物》1981 年第 4 期。

《〈慶王壙志〉與朱棣"靖難之變"》：牛達生撰，《人文雜志》1981 年第 6 期。

《築"三受降城"時間考》：方曉撰，《理論學習》1984 年第 6 期。

《評寧夏舊志有關回族記述的史料價值》：余振貴撰，《寧夏史志研究》1985 年第 2 期。

《〈朔方道志〉淺介》：李習文撰，《寧夏史志研究》1985 年第 2 期。

《簡談民國〈朔方道志〉》：沈克尼撰，《寧夏史志研究》1985 年第 2 期。

《〈朔方道志〉在寧夏方言研究方面的學術價值》：李樹儼撰，《寧夏大學學報》1985 年第 4 期。

《馬鴻逵主修〈寧夏省通志〉告吹始末》：吴忠禮撰，《寧夏史志研究》1986 年第 1 期。

《〈朔方道志〉淺析》：豫蔡撰，《寧夏史志研究》1986 年第 1 期。

《〈朔方道志〉淺析》(二)：豫蔡撰，《寧夏史志研究》1986 年第 2 期。

《明太祖皇子朱㮵的名次問題》：任昉撰，《中原文物》1986 年第 4 期。

《明代王陵區出土三盒墓志疏證》：許成、吴峰雲撰，《寧夏文史》1987 年第 4 期。

《〈朔方道志〉勘誤》(一、二、三)：吴和撰，《寧夏史志研究》1987 年第 4 期、第 5 期，1988 年第 2 期。

《寧夏方志録》：高樹榆撰，《寧夏史志研究》1988 年第 2 期。

《銀川方志述略》：王桂雲撰，《銀川市志通訊》1988 年第 3 期。

《三受降城修築時間考》：王亞勇撰，《内蒙古師范大學學報》1988 年第 3 期。

《元潘昂霄〈河源志〉名稱考實》：雪子撰，《中國歷史地理論叢》1989 年第 2 期。

《寧夏方志評述》：高樹榆撰，《圖書館理論與實踐》1993 年第 3 期。

《從〈宋史・夏國傳〉譯音二題看西夏語輔音韵尾問題》：聶鴻音撰，《寧夏社會科學》1995 年第 4 期。

《寧夏回族自治區地方志述評》：高樹榆撰，載金恩暉、胡述兆編《中國地方志總目提要》，漢美圖書有限公司 1996 年版。

《内蒙古烏審旗發現的五代至北宋夏州拓拔部李氏家族墓志銘考釋》：鄧輝、白慶元撰，《唐研究》2002 年第 8 卷，北京大學出版社 2002 年版。

《靈州"三賢祠"——〈乾隆寧夏府志〉、〈靈州志蹟〉、〈朔方道志〉校勘三則》：陳永中撰，寧夏文史研究館編《寧夏文史》第 21 輯，2005 年。

《民國舊志簡介之〈朔方道志〉》：王玉琴撰，《寧夏史志》2011 年第 1 期。

《西夏六號陵陵主考》：孫昌盛撰，《西夏研究》2012 年第 3 期。

後　記

胡玉冰

作爲《寧夏珍稀方志叢刊》主編，筆者非常感謝對本叢書出版給予支持的各位領導、學界同仁、研究生、責任編輯及家人們。感謝原自治區副主席姚愛興先生特批本叢書爲自治區成立 60 周年獻禮項目，解決了叢書出版費用的問題，感謝寧夏地方志辦公室給予的項目平臺，感謝崔曉華、劉天明、負有强等先生的大力支持。2011 年爲寧夏大學"學科建設年"，2016 年又逢"雙一流"建設期，感謝金能明、何建國、許興、謝應忠等校領導，感謝王正英、李學斌、李建設、陳曉芳、趙軍等職能部門領導，在你們的關心與支持下，以筆者爲學術帶頭人的學術團隊才能不斷推出新成果。合力出版本叢書，當是本團隊對學校的最好回報。邵敏、柳玉宏、蔡淑梅等寧夏大學人文學院青年教師作爲本叢書首批成果的作者，盡心盡力，不厭其煩，堅持不懈，保證了書稿的學術質量，爲完成好本項目帶了個好頭。田富軍、安正發等青年教師在本叢書計劃框架内會陸續出版高質量的學術成果。人文學院研究生韓超等同學在本叢書出版過程中也貢獻良多。孫佳、韓超、孫瑜、曹陽等是本叢書首批成果的作者，張煜坤、何玫玫、馬玲玲、魏舒婧、穆旋、徐遠超、孫小倩、李甜、李榮、張倩、曲絨、張娜娜、劉紅、蒲婧、王敏、韓中慧、付明易、何娟亮、姚玉婷等同學在舊志整理、書稿校對過程中也付出了辛勤的勞動。同學中有的已畢業離校，有的還將繼續求學。筆者想，無論他們將來身處何方，從事何種工作，大家共同追求學術的這段經歷應該是難忘的。研究生同學的青春朝氣讓筆者更加堅信：薪火相傳，學術常新。中國社會科學出版社張林等本叢書第一批成果的責任編輯、上海古籍出版社王珺等本叢書第二批成果的責任編輯，精心審讀、編輯，也讓本叢書學術質量得到了提升，謹致謝忱。本叢書的順利出版，也要感謝筆者及各位作者家人的理解與支持。你們默默無聞的奉獻精神，已幻化成萬千文字，在作者的成果中熠熠生輝。

學術成績從來就不是無源之水，無本之木。有了巨人的肩膀，我們才會看得更高、更遠。在寧夏，有一批從事地方文獻整理與研究的學者，他們的探索和努力爲我們今天的成績奠定了堅實的基礎，陳明猷、高樹榆、吴忠禮等老一輩學者更爲我們樹立了治學的榜樣。因篇幅所限，對學界各位同仁，恕不一一列舉大名。

此次全面整理寧夏地方舊志，主要由筆者策劃并組織實施。舊志整理的每一個環節，由筆者提出具體建議，各舊志底本的選擇、《總序》《前言》《整理説明》《後記》的撰寫等也皆由筆者完成。具體整理過程中，各團隊成員所取得的注釋或校勘等學術成果大家互享，這也體現了我們團隊合作的特色。宋朝沈括在《夢溪筆談》卷二五《雜志二》記載："宋宣獻博學，喜藏異書，皆手自校讎，常謂：'校書如掃塵，一面掃，一面生。故有一書每三四校猶有脱謬。'"宋綬（謚曰"宣獻"）家藏萬卷，博校經史，猶有"校書如掃塵"的感概，我輩於整理寧夏地方舊志而言，只能説："盡心而已！"更如《詩經・小雅・小旻》所詠："戰戰兢兢，如臨深淵，如履薄冰。"我們從主觀上力求圓滿，但因學識水平所限，成果中訛誤之處肯定在所難免，敬請學界同仁批評指正。

二〇一五年七月二十三日於寧夏銀川

二〇一七年八月三日修改於寧夏銀川